[MIRROR]
理想国译丛
imaginist
069

想象另一种可能

理
想
国
imaginist

理想国译丛序

"如果没有翻译，"批评家乔治·斯坦纳（George Steiner）曾写道，"我们无异于住在彼此沉默、言语不通的省份。"而作家安东尼·伯吉斯（Anthony Burgess）回应说："翻译不仅仅是言词之事，它让整个文化变得可以理解。"

这两句话或许比任何复杂的阐述都更清晰地定义了理想国译丛的初衷。

自从严复与林琴南缔造中国近代翻译传统以来，译介就被两种趋势支配。

它是开放的，中国必须向外部学习；它又有某种封闭性，被一种强烈的功利主义所影响。严复期望赫伯特·斯宾塞、孟德斯鸠的思想能帮助中国获得富强之道，林琴南则希望茶花女的故事能改变国人的情感世界。他人的思想与故事，必须以我们期待的视角来呈现。

在很大程度上，这套译丛仍延续着这个传统。此刻的中国与一个世纪前不同，但她仍面临诸多崭新的挑战。我们迫切需要他人的经验来帮助我们应对难题，保持思想的开放性是面对复杂与高速变化的时代的唯一方案。但更重要的是，我们希望保持一种非功利的兴趣：对世界的丰富性、复杂性本身充满兴趣，真诚地渴望理解他人的经验。

理想国译丛主编

梁文道　刘瑜　熊培云　许知远

[英]玛丽·弗尔布鲁克 著　陶泽慧 译

大清算：
纳粹迫害的遗产与对正义的追寻

MARY FULBROOK

RECKONINGS:
LEGACIES OF NAZI PERSECUTION
AND THE QUEST FOR JUSTICE

民主与建设出版社
·北京·

© 民主与建设出版社，2024

图书在版编目（CIP）数据

大清算：纳粹迫害的遗产与对正义的追寻 /（英）玛丽·弗尔布鲁克（Mary Fulbrook）著；陶泽慧译. -- 北京：民主与建设出版社，2025.1. -- ISBN 978-7-5139-4801-2

Ⅰ．K516.44

中国国家版本馆 CIP 数据核字第 202408WW31 号

RECKONINGS
by Mary Fulbrook
Copyright © 2018 by Mary Fulbrook
All rights reserved including the rights of reproduction in whole or in part in any form.

北京市版权局著作权合同登记号 图字：01-2024-5314

大清算：纳粹迫害的遗产与对正义的追寻
DA QINGSUAN NACUI POHAI DE YICHAN YU DUI ZHENGYI DE ZHUIXUN

著　　者	［英］玛丽·弗尔布鲁克
译　　者	陶泽慧
责任编辑	王　颂
特约编辑	徐晓雨
装帧设计	陆智昌
内文制作	陈基胜
出版发行	民主与建设出版社有限责任公司
电　　话	（010）59417749　59419778
社　　址	北京市朝阳区宏泰东街远洋万和南区伍号公馆4层
邮　　编	100102
印　　刷	山东临沂新华印刷物流集团有限责任公司
版　　次	2025年1月第1版
印　　次	2025年1月第1次印刷
开　　本	635毫米×965毫米　1/16
印　　张	54.25
字　　数	729千字
书　　号	ISBN 978-7-5139-4801-2
定　　价	159.00元

注：如有印、装质量问题，请与出版社联系。

导读

记忆和见证是最本质的"清算"

徐贲

玛丽·弗尔布鲁克是一位多产的英国历史学家,近年来她越来越多地转向大屠杀及其持续的反响,这是更具挑战性的话题。近年来,她的作品,包括《大清算:纳粹迫害的遗产与对正义的追寻》[*](2018)和《旁观者社会:纳粹德国和大屠杀中的顺从与共谋》(Bystander Society: Conformity and Complicity in Nazi Germany and the Holocaust. Oxford University Press, 2023),不仅关注纳粹灭绝欧洲犹太人的企图,而且还关注纳粹各种形式的迫害和合谋。

《大清算》在2019年获得了著名的沃尔夫森历史奖,该奖项有时被视为英国的普利策奖。该书提供了一个全景视角,展示了不同群体——幸存者、罪犯、帮凶、法院、政府和其他人——为正视纳粹历史所做的努力。弗尔布鲁克试图通过一系列围绕特定个人的案例研究,使这项艰巨的任务更易被读者理解。

作品分为三部分。第一部分"人性的深谷:迫害的模式"描述

---

[*] 后文中亦简称《大清算》。——编注

了奥斯维辛集中营、其他主要死亡集中营、不太为人所知的贫民窟和集中营、安乐死运动以及"特别行动突击队"（Einsatzgruppen）谋杀案中的迫害和灭绝政策。在第二部分"冲突：司法大观"中，弗尔布鲁克借鉴了近几十年来德语和英语的学术成果，讨论了盟军占领时期以及联邦共和国（西德）、德意志民主共和国（东德）等继承国的司法清算问题，并简要讨论了奥地利的情况。第三部分"交汇：记忆与探索"以纳粹迫害幸存者的回忆录和前犯罪者的回避声明中的趣闻轶事为基础，探讨了个人（包括公共领域和私人领域）在正视纳粹时代罪行方面所做努力的成功与不足。

《大清算》是一部关于大屠杀及其后果的历史，但它超越了人们对此类作品的典型期望。弗尔布鲁克对原始资料和二手资料的掌握令人印象深刻，该书有效地探讨了大屠杀的深远影响。大屠杀影响了许多人的生活，在某些情况下甚至毒害了许多后代人的生活，这对于任何经历过其他巨大人道主义灾难的民族来说，都能引起共鸣和提供教训。

然而，很少有大屠杀研究能够像《大清算》那样超越其基本主题，成为比各部分之和更宏大的著作。它兑现了探索大屠杀及其后果的承诺，但它走得更远，在众多大屠杀研究作品中脱颖而出，成为一部不多见的大屠杀学术研究恢宏大作。正如弗尔布鲁克自己所说，《大清算》不只是书中讨论"清算"的那153页[*]，"《大清算》是一本更大的书"。[†]

---

[*] 指本书第二部分"冲突：司法大观"，在英文原著中共153页。——编注

[†] Jeffrey Herf, Mary Fulbrook, "Featured Review Reckonings: Legacies of Nazi Persecution and the Quest for Justice," Central European History, Vol. 52, No. 2 (JUNE 2019): pp. 339-356, p.356.（导读部分脚注如无特别说明，均为导读者注）

导读　记忆和见证是最本质的"清算"

一、对历史人道罪行的"清算"

如书名所示，弗尔布鲁克的这部著作讨论对纳粹罪行的"清算"，既包括对战犯滔天罪行的审判，也包括战后对这些罪行的应对措施。必须对这些暴行进行处理的人员身份各不相同：法官和律师、罪犯、旁观者、帮凶、政府（特别是那些参与制定赔偿计划的人）、受害者、犯罪者，以及后两种人的家属。由于纳粹罪行的恶劣影响是跨代的，因此对纳粹所作所为的正视需要跨越几代人，深入到罪犯和受害者子孙后代的生活中去。

处理纳粹罪行是一种法律行为，也是情感、宽恕、复仇和其他行为。在对纳粹罪行的复仇回应中，我们在《大清算》中了解到阿巴·科夫纳（Abba Kovner）的战后计划，"他们试图在几座大型德国城市的饮用水源投毒，以此毒杀数以千计的德国人"（256）。*

科夫纳的计划愚昧、扭曲，毫无意义，幸好从未付诸实施。这凸显了弗尔布鲁克这本书的一个核心思想：对纳粹罪行的清算没有一个是成功的。从法律惩罚、赔偿、复仇、纪念、赎罪或宽恕的角度来解决问题，归根结底都是大屠杀的顽固性在作祟。这一事件太灾难性了，充满了无尽的跨代痛苦和伤害，永远无法终结。

不过，有一种清算方式可能比其他清算方式更本质和彻底，也更重要，那就是不仅要了解发生了什么、为什么发生，还要了解大屠杀是如何在有关的社区中被铭记的。这就是记忆和见证的清算。

"记忆"指的是大屠杀如何在集体和个人意识中延续。这包括通过叙事、作品、纪念馆、教育和文物来确保大屠杀不被遗忘。这里的记忆是动态的，体现了不同世代和群体随着时间的推移，如何解释这些事件并与之建立联系。"见证"最初是指幸存者提供的第

---

* 凡出自此译本的引文皆在括号中注明页码。

一手资料。随着幸存者逐渐离世,见证的角色由后代、历史学家、教育家以及各种形式的媒体和艺术所继承。因此,见证演变为一种更广泛的社会责任,即铭记并见证大屠杀的真相。

记忆与见证的清算不同于法律追责或惩罚措施的寻求终结,"法庭上的对抗只是无数种清算纳粹过去的方式中的一种"(16)。记忆和见证是持续的,其目的并非结束,而是持续参与。大屠杀的记忆方式可以随着时间不断演变,使新一代能够在这些历史事件中找到与自身的关联。

为实现这样的清算,弗尔布鲁克提出了一种对纳粹时期集体暴力案例研究的深度语境化方法。她通过详细的个人故事探讨对群体的迫害,意在"揭示受害者经历的多样性和复杂性"(90)。她将这种方法称为"暴力的微观世界",这使她能够聚焦于真实的受害者,例如被囚禁在波兰罗兹犹太区的达维德·谢拉科维亚克(Dawid Sierakowiak)及其家人,他们最终在海乌姆诺和奥斯维辛死于饥饿或毒气。

谢拉科维亚克一家的"缩影"展示了弗尔布鲁克叙述大屠杀历史的方法:她通过讲述这个注定灭亡的家庭的悲惨命运,细致地观察纳粹政策对有血有肉的受害者所产生的真实影响。然后,她再回溯至宏观层面,剖析那些导致谢拉科维亚克一家被彻底毁灭的决策过程。

弗尔布鲁克并不回避叙述的残酷性,她敢于将罗兹的波兰平民和犹太区管理者与犹太受害者的痛苦与死亡直接关联起来。正如阿瑟·凯斯勒所言:"统计数字不会流血,重要的是细节",并强调"我们只能关注现实中的小肿块"。*弗尔布鲁克的"暴力的微观世界"

---

* Arthur Koestler, *The Yogi and the Commissar: Essays on the Modern Dilemma*. The MacMillan Company, 1965, p. 92.

正是凯斯勒所说的"小肿块"。她通过"小型案例研究"揭示受害者经历的千变万化,并探讨人们如何通过各种方式逐渐演变为施暴者。弗尔布鲁克的研究追溯了一系列的微观世界和地方经验,以此来理解这一时代的多重悲剧,并为探索其深远复杂的后续影响奠定基础。

弗尔布鲁克对具体性、个人性和特殊性的强调是她这本书的一大亮点。这种方法使她能够将抽象的统计数据(例如大屠杀参与者人数的推测范围为 20 万至 100 万)赋予人性的维度。她的研究方法也让她能够更好地审视在定义受害者、幸存者与加害者时所不可避免的模糊性。

例如,波兰人既是纳粹侵略和种族沙文主义的受害者,有时也是对犹太人暴力谋杀的煽动者。他们和其他群体在某些情况下从德国对犹太人的迫害中获益,获得被驱逐犹太人留下的房产、家具和金钱。同样,"卡波"(犯人头目)也是身份矛盾的囚犯警卫:作为囚犯,他们是纳粹压迫和剥削的受害者,但作为警卫,他们又享有压迫者的特权。德国企业的领导者使用奴隶劳工时,认为自己的行为是"人道的",因为他们给工人额外的食物配给。弗尔布鲁克的微观研究揭示了这些身份错位和道德不一致之处,展现了纳粹迫害中更复杂的层面,是常规叙述无法深入触及的。

弗尔布鲁克在《大清算》中的核心论点是,反思纳粹过去的努力远远不够,而这种不足在法律回应中尤为明显。她指出,只有极少数罪犯被调查,更不用说被起诉和惩罚。许多人融入了战后社会,过上了正常生活,而幸存者则不得不面对流离失所、失去家人和朋友的痛苦以及他们心理上的创伤。弗尔布鲁克写道:"人们对纳粹统治的反应从积极的共谋,到不情愿的屈从,或痛苦的适应,各有不同。围绕这些反应的复杂性极为深刻。然而,这些人并非纳粹暴力的核心缔造者和施暴者。而真正的施暴者,极少有人被揭露并为

这段妥协的过去承担责任。"(675)

这种悲惨的局面在20世纪70年代有所改善,随着"幸存者时代"的到来,幸存者的受迫害故事得到了更多重视。最终,纪念活动逐渐超越了司法审判,成为在公共空间(如柏林的大屠杀纪念碑)缅怀受害者经历的重要方式。纪念活动本质上是为了缅怀受害者,但这种纪念往往忽略了对凶手或作恶者的关注,凶手再次从纳粹罪行的清算中消失。

尽管弗尔布鲁克仍然希望能将凶手重新纳入公共叙事中,但她的书中却弥漫着一种深深的失望感。这种失望源于她认为大屠杀与传统的人类经验范畴(无论是法律原则、道德责任,还是公共纪念的方式)难以协调。无论是通过法律、话语、纪念还是赔偿,任何清算都无法真正公正地面对大屠杀事件。浓厚的悲剧意识贯穿于弗尔布鲁克的书中,使其不仅仅信息丰富或发人深省,更深刻地撼动人心,尤其是对我这个读者而言。

《大清算》可以与其他一些关于大屠杀遗产的经典作品并列,例如彼得·海耶斯的《为什么？解释大屠杀》(Why? Explaining the Holocaust, 2017),戴维·克劳的《大屠杀：根源、历史与余波》(The Holocaust: Roots, History, and Aftermath, 2019),冈瑟·勒维的《凶手：大屠杀杀手的世界》(Perpetrators: The World of the Holocaust Killers, 2017),索尔·弗里德兰德的两卷本《灭绝的年代：纳粹德国和犹太人,1939—1945》(The Years of Extermination: Nazi Germany and the Jews, 1939–1945, 1998 and 2007),以及劳伦斯·里斯的《大屠杀：一部新的历史》(The Holocaust: A New History, 2017)。

在这一已经被众多历史学家深入研究的领域,弗尔布鲁克的《大清算》在广度上似乎超越了许多作品。许多书籍通过个人的受害、苦难或作恶、共谋来讲述大屠杀的历史,弗尔布鲁克也采用了这种方式；然而，极少有书籍深入探讨大屠杀对幸存者和加害者家庭第二代的持久影响。弗尔布鲁克的作品在雄心与视野上极具胆识：她从1945年延续至21世纪10年代，叙述了大屠杀在刑事审判、赔偿计划、企业责任逃避、跨代幸存者创伤，以及作恶者否认责任等多方面的持续影响。这一切都基于她对正义的深刻理解与探究，很难找到其他书籍在这个领域能与其媲美。

二、与清算有关的"正义"

自古以来，正义与法律之间一直存在着密切的内在关系。这种联系在于，法律所体现的惩罚旨在恢复正义，体现了惩罚性正义。弗尔布鲁克清楚地指出，正义对不同受害者的意义可能各异，但其中也存在共同之处。她说："复仇、惩罚、正义——这些词都指向不同的事物，背负着非常不同的含义。幸存者和受害者之间并没有达成广泛共识的策略，也没有任何策略能够纠正行凶者施加给他们的恶行。当机会出现之时，有些幸存者确实采取了直接的行动，报复曾经折磨过他们的人。其他人则并不想要复仇，而是不管有多么困难，都想要回归到不曾背负历史重负的人性生活中去。"（256）

《大清算》探讨了惩罚性正义，但其范围并不限于此。弗尔布鲁克通过刑事审判、赔偿计划、企业责任、幸存者创伤及加害者否认等方面，叙述了大屠杀及其余波的历史。这些问题与正义密切相关。战后的刑事审判（如纽伦堡审判）是直接追求正义的尝试，旨在通过追究加害者的责任来实现。这些审判旨在为审判战争罪行和种族灭绝罪奠定法律先例，构建国际正义框架。然而，这些审判的局限性，包括选择性起诉和许多被定罪战犯的提前获释，反映了完全实现正义所面临的挑战和困境。

向大屠杀幸存者及其后代提供的赔偿代表了正义的另一面，旨在为他们遭受的巨大痛苦提供某种形式的补救。然而，这些赔偿往往被认为不足或拖延，进而引发了关于是否可以通过经济手段实现真正正义的质疑。

企业参与大屠杀，尤其是通过强迫劳动进行剥削，展现了正义的另一个维度。这些公司逃避责任的行为，以及随后的法律斗争，凸显了在经济力量和共谋暴行的背景下实现正义的复杂性。

大屠杀幸存者及其后代持续经历的创伤显示了暴行的持久影响。在这种情况下，正义不仅仅体现在法律或经济补偿上，还包括对创伤的承认、认可和必要的心理支持。创伤的跨代传递表明，对正义的需求远超大屠杀的直接后果。

某些加害者及其支持者使用的否认和修正主义策略对实现正义构成了重大障碍。否认削弱了对罪行和受害者痛苦的认知，使实现真正的正义变得更加困难。面对并反击大屠杀否认是争取正义的更广泛斗争的重要组成部分，这涉及捍卫历史真相和受害者的尊严。

这些问题表明，大屠杀背景下的正义是多方面的，涵盖法律、道德、心理和历史等维度。实现正义不仅需要法律上的责任追究和经济赔偿，还需要对真相的承诺、对痛苦的认可，以及持续努力应对大屠杀对幸存者和社会的持久影响。

正义与这些方面的问题相关，但不仅限于此。弗尔布鲁克坚信："正义的意义远不止统计有多少人被谁送上法庭，尽管这些统计数字很重要。当然，如果我写的只是一本关于司法统计的书，我本可以用更多篇幅介绍盟军的努力，但我只是简单总结了一下。我确实提供了详细的数字统计……但我不想再写关于国际军事法庭和纽伦堡后续审判的文章；最近已有一些关于这些审判的出色研究。我也不想再写斯兰斯基审判及相关政权对犹太人犯下的其他不公正行为。"*

---

* Jeffrey Herf, Mary Fulbrook, "Featured Review," p. 350.

导读　记忆和见证是最本质的"清算"　　　　　　　　　　　　　　　ix

　　弗尔布鲁克在《大清算》和其他著作中表述的正义观复杂而多维，超越了传统的审判和定罪法律框架。她关注的正义不仅包括直接参与大屠杀者的法律责任，还涉及更广泛的社会、企业和机构的共谋。这种正义关注社会如何处理纳粹罪行遗留的问题，强调承认和处理各阶层所扮演的角色，而不仅仅是直接犯罪者。

　　她认为，正义应深刻承认受害者和幸存者所承受的痛苦，这超出了法律赔偿的范畴。这包括心理、文化和历史层面对世代相传的创伤的承认。虽然纪念活动是这种正义的一部分，但有批评指出，纪念活动有时更像是国家宣泄或政治声明，而非真正为受害者伸张正义。

　　弗尔布鲁克的著作强调了历史真相的重要性，坚决反对否认大屠杀或修正主义。她认为，正义不仅要求历史记录得到保存，还要确保这些记录得到积极的教育和正确的记忆，对任何淡化或否认大屠杀规模或性质的叙述提出质疑。除了法律审判，正义还须通过道德和伦理进行清算。这涉及社会不仅要通过法律途径，还须通过教育、公共讨论和文化实践来正视过去，反思历史，并从中汲取教训，以防止未来再次发生暴行。

　　她批评了阿伦特关于艾希曼的"平庸的恶"理论，认为这一理论虽然对分析普通德国人如何成为纳粹的同谋有其价值，但并不适用于艾希曼这种高层人物的作恶。她指出，"探究纳粹机器的官僚机制确实有其意义，但它也使得纳粹党人对罪责的轻视更具说服力。然而，这种思路并不能用来解释艾希曼这种高级官员的恶行"（377）。普通德国人的从众行为或许可以用"平庸的恶"来解释，但对于像艾希曼这样的高层人物，其恶行显然不能仅仅以此来解释。

　　德国著名作家和记者塞巴斯蒂安·哈夫纳（Sebastian Haffner）在他的《一个德国人的故事：哈夫纳回忆录，1914—1933》（*Geschichte eines Deutschen : Die Erinnerungen, 1914—1933*）中，通过自己作为反纳粹人士并流亡英国的亲身经历，分析了普通德国人顺从纳粹的根本原因。他指出，这种顺从源于缺乏对善恶的分辨，即只追求"认真办事"或表现"能干"。哈夫纳写道："这种不分青红皂白，只要'能干'就好的作风，确实是德国式的坏毛病，但德国人却将之视为美德。这正是最深厚的德国特质之一，即使我们想改也改不过来。我们是全世界最差劲的怠工者，无论做什么事，都必须做到一流，哪怕良知和自尊的呼唤也无法阻止我们。'不论做什么都要做得最好'的态度——无论是规规矩矩的工作还是铤而走险或犯罪的行为——成了麻醉我们的毒品。这种态度麻痹了我们的思想，使我们不再质疑手头工作的意义或重要性。因此，当窃贼在空门里偷得一空时，德国警察看到整洁的犯罪现场，只会以赞叹的口气说：'做得真漂亮！'"哈夫纳的评论深刻指出："这就是我们的最大弱点——不论我们是否已经变成了纳粹。"*

弗尔布鲁克强调了战后司法的选择性。她指出，由于政治权宜之计、社会重建的需要，或只是时间的流逝，许多罪犯逃脱了应有的责任。她批判这种选择性，倡导以更全面和彻底的方式追究责任。虽然通过审判进行惩罚是正义的一部分，但弗尔布鲁克主张正义的概念还应包括社会转型、教育改革，以及关于历史事件、其原因和影响的持续对话。

作为历史学家，弗尔布鲁克对德意志联邦共和国（FRG）在面对纳粹历史方面的表现持有公正的态度，既有肯定也有批评。她承认联邦德国在处理纳粹历史上做出了显著努力，尤其是通过公众纪念活动、教育计划以及建立允许公开辩论纳粹历史的政治制度，这些都有助于提高其作为一个面对历史的国家的国际声誉。

然而，弗尔布鲁克也指出了法律问责方面的显著不足。与大屠

---

* 塞巴斯蒂安·哈夫纳：《一个德国人的故事：哈夫纳回忆录，1914—1933》，周全译，译林出版社，2017，第317—318页。

导读　记忆和见证是最本质的"清算"　　　　　　　　　　　　　xi

杀期间所犯罪行的规模相比，定罪人数远远偏少，这表明司法系统未能充分处理和惩罚责任人。她直言不讳："20世纪末以前在德意志联邦共和国接受法庭审判的行凶者当中，只有164人最终被判定为谋杀犯。考虑到总共有几十万人参与了这个大规模谋杀的制度，并且有600万人死于我们所说的纳粹大屠杀，164例谋杀定罪可算不得一个多高的数字。实际上，西德的法律哪怕并非有意为之，也在宽恕那些服从夺命政权的人，而只会谴责那些逾越了纳粹已然夺人性命的界限的人。"（464）

弗尔布鲁克批评了联邦德国司法和记忆方面的选择性。尽管联邦德国在承认和赔偿方面采取了一些重大措施（如向以色列支付赔偿金），这些往往更多是为了提升国际形象，而非真正为所有受害者伸张全面的正义。这种选择性处理使得许多受害者及其后代感到得不到应有的认可或补偿。她指出，一个矛盾在于，联邦德国因承认国家责任而受到赞扬，但却未能明确界定个人的罪责，这导致了后代感受到"无辜的耻辱"。尽管国家采取了和解措施，但罪责的分配和处理却远未得到适当解决。

三、"非人化"和没有生存价值的人

虽然《大清算》的书名直接与第二部分有关，但正如弗尔布鲁克自己所说："这本书的内容要比第二部分关于司法清算的内容广泛得多。它试图从总体上探讨处于不同位置和地点的个人如何经历纳粹迫害，以及作为施害者或受害者密切参与其中的众多人，后来如何对其经历的多种遗留问题（包括个人层面的遗留问题）进行反思。"*

如果说"个人如何经历纳粹迫害"是《大清算》第一部分的内容，

---

* Jeffrey Herf, Mary Fulbrook, "Featured Review," p. 352.

那么如何"进行反思"则是第三部分的核心主题。每一个经历纳粹迫害的个人都被这个邪恶制度视为"没有生存价值的人",而进行反思则必须从"倾听受害者的声音"开始。

在第一部分中,弗尔布鲁克详细描述了大屠杀中的个人灾难,揭示了这些受害者共同遭受的悲惨命运。她指出,"纳粹迫害的经历彻底地改变了人们的生活,每一位幸存者都必须背负丧恸和疼痛,寻找活下去的方式,都必须在一个翻天覆地的世界里重新寻找人生的意义"(212)。在集中营里,虽然个人的苦难方式各异,但被"非人化"和"去人格化"的经历却是完全相同的。

弗尔布鲁克探讨了纳粹集中营中囚犯非人化的现象,认为这是大屠杀残暴行为的核心部分。她详细分析了纳粹政权如何系统性地剥夺个体的人性,在看守眼中将他们仅仅视作数字或物件。这种非人化过程不仅体现在身体上的折磨,还在于心理上的摧残,目的是毁掉囚犯的精神,抹去他们的身份认同。

"非人化"和"去人格化"在大屠杀的记忆和研究文献中并不是新课题,但弗尔布鲁克的研究具有独特之处,她探讨了这种非人化的长期影响。她详细讨论了集中营中非人化的具体机制,如囚犯所遭受的非人道条件、强迫劳动、饥饿和持续的羞辱。她还强调了这种非人化过程如何服务于纳粹的意识形态目标,加深了对某些人群是"次等人类"并因此可以被随意消灭的观念。

弗尔布鲁克还探讨了非人化对幸存者的长期影响,指出集中营中的创伤在战后依然困扰着他们,影响了他们重建自我和社会关系的努力。她写道:"有些人在集中营里遭受了极端的剥夺、非人化和折磨;有些人东躲西藏、乔装打扮,生怕因暴露身份而丧命。集中营幸存者如果挺过了战争结束后的最初几个星期(当时,突然充足的食物和肆虐的疾病导致数万人死亡),也将因为长时间的虐待而背负长期的生理和心理副作用。依靠躲藏而活命的人往往难以重新适应社会生活，他们必须重新学会信任他人，学会进入新的社会关系；长时间的蜗居、躲藏、营养不良和黑暗中的生活也影响了他们的身体。受害者一度被剥夺价值，变成没有生存价值的人，这也将造成隐蔽却深刻的影响。"（212）

在大屠杀记忆文献中，对集中营中受害者非人化和去人格化灾难的详细分析主要来自两位犹太心理学家——布鲁诺·贝特尔海姆（Bruno Bettelheim）和维克托·弗兰克尔（Viktor Frankl）。他们亲身经历了纳粹集中营，对非人化和去人格化有着深刻的体验。与历史学家的论述相比，贝特尔海姆和弗兰克尔的研究提供了心理学视角的深入分析。

布鲁诺·贝特尔海姆对集中营囚犯的心态分析不仅关注犹太人，而是涵盖所有囚犯。通过"去人格化"这一概念，他的分析也适用于其他极端境遇下的人群，包括集中营囚犯和专制或极权统治下的臣民。尽管今天的政治和社会研究者对极端状态下的心理创伤和行为扭曲已有普遍认识，但贝特尔海姆在1943年发表的论文《极端状况下的个人和集体行为》（"Individual and Mass Behavior in Extreme Situations"）中提出的观点，仍被视为是开创性的。

由于贝特尔海姆的亲身经历，他对极端状况下人群的心理分析和理论具有特殊的说服力。贝特尔海姆后来将这篇论文中的主要观点融入了他的著作《知情的心》（The Informed Heart），并在书中对囚徒心态和极权臣民心态进行了更为系统的阐述。他解释说："1943年，我将自己的观察限于个人经验。现在的讨论经过了相当大的修改和扩充，也借鉴了其他人的意见，这些意见是在这段时间内得到的。因此，我的评论不再完全基于个人经验。"* 经过补充和修订的《知情的心》如今被视为研究人在极端境遇中——无论是集

---

* Bruno Bettelheim, *The Informed Heart*. Avon, 1960, p. 109.

中营还是极权国家——身心奴役、人格毁灭和强制"社会化"的经典著作。

弗尔布鲁克高度评价了贝特尔海姆对囚犯在非人化过程中人性蜕变的分析，她写道："有些囚犯自从当上了囚犯头子，能够为自己谋取些许福利后，很快就开始模仿压迫者的行为，也变成了自己地盘里的小暴君，压迫受其管辖的人……根据贝特尔海姆的观察，有些被长期关押的囚犯不仅会模仿集中营守卫的行为，而且会试图搜刮代表压迫者身份的破旧制服和徽章，并且将集中营系统病态的规范和价值观念内化到自己的人格当中……当囚犯获得集中营'官员'的身份时，他可能会变得残暴，转而压迫、虐待受他管辖的人，并且利用这个庞大的暴力系统中的权力不平等，为自己攫取好处。"（195）。

另一位犹太心理学家维克托·弗兰克尔也有类似的集中营经历，他的著作《活出生命的意义》（*Man's Search for Meaning*）同样是讨论集中营中囚犯"非人化"的经典之作。弗尔布鲁克在《大清算》中称赞弗兰克尔在苦难中寻找生命意义的努力，"当身处绝望的境地，一切都超出囚犯的掌控时，对于绝大多数人来说，人们手中唯一的自由就是选择自身态度的自由，以及选择自己对苦难作出何种反应的自由"（207）。

弗兰克尔在《活出生命的意义》中深刻探讨了他在纳粹集中营的经历，以及这些经历如何塑造了他对人类心理的理解，特别是与痛苦、意义和生存有关的理解。他描述了集中营中系统的非人化过程，囚犯一到集中营就被剥夺了身份。这包括拿走个人物品、衣服，甚至名字，代之以数字。这种行为旨在剥夺囚犯的个性，使纳粹更容易将他们视为物品而非人类。

弗兰克尔指出，许多囚犯采取了各种心理策略来应对这种非人化。一个关键的机制是寻找或保持目标感或意义感。对弗兰克尔而言，这种意义感来源于他对妻子的爱和未完成的心理学工作。通过专注于眼前痛苦之外的事物，囚犯能够保持自我意识，抵抗完全的人格解体。他强调，尽管外在的自由被剥夺，但内心的自由——即在任何情况下选择自己态度的自由——依然存在。这种内心的自由对于抵抗非人化至关重要。通过选择在苦难中寻找意义，囚犯能够保留一部分人性。

弗尔布鲁克在弗兰克尔的研究中看到了一种关于苦难的强大悖论：当苦难被赋予意义时，它成为个人成长的途径，而不仅仅是非人化的遭遇。在苦难中，人们可以找到成就、仁慈、内心崇高和精神成长的机会。这也正是人类精神的韧性所在。即使在最不人道的条件下，也能看到善良、团结和对抗集中营暴行的行为。这些行为不仅是对非人化的反抗，也是对人性的肯定。

这种对人性的见解超越了集中营的范围。非人化和去人格的邪恶可以在各种形式中出现在日常生活中，如工作环境、社会结构或个人危机中。弗尔布鲁克通过弗兰克尔传达的信息是，通过寻求意义，个人能够抵御这些力量，保持人性。

在《大清算》中，弗尔布鲁克将非人化融入她对纳粹迫害遗留问题的广泛叙述中，利用个人叙述、历史分析和对正义的反思，表明非人化不仅是大屠杀期间控制囚犯的一种手段，还具有穿越时空的影响，影响着人们对历史上最黑暗时期之一的记忆、纪念和寻求正义的方式。

四、倾听受害者的声音

弗尔布鲁克在讨论1961年艾希曼审判的意义时指出，"艾希曼审判成为历史的转折点，它在全球范围内开启了第一次关于纳粹大屠杀的公共讨论。它使受害者得以发声，使整个社会开始倾听那些曾经遭受压迫、在极端困境中抵抗，而朋友、邻居和家人却遭遇屠戮的声音。这也是有史以来首次以种族灭绝罪名进行的审判"（373—374）。

今天，我们已经习惯了"幸存者文学"，包括回忆录、日记、口述史、自述、个人故事，甚至虚构的回忆。然而，历史上，当这些见证文字首次出现时，它们却遭到了公众的怀疑和蔑视。人们对幸存者灾难见证的价值充满了疑虑和偏见。

幸存者的灾难证词首次出现时，往往挑战了既定的叙述和集体记忆。这些个人叙述常常与官方版本或社会普遍接受的叙述相矛盾，揭露了许多人不愿面对的残酷现实，因此公众对这些证词持怀疑态度。幸存者文学中描绘的事件的创伤性质——无论是回忆录、日记还是口述历史——使公众难以接受。这些经历的极度恐怖性，例如大屠杀或其他种族灭绝事件，几乎超出了人们的想象力，导致一些人质疑这些证词的可信度。这种不信任有时也因为对幸存者本身的偏见而加剧，他们可能被视为因创伤而不可靠或带有偏见。在文化和心理上，人们倾向于忽视或贬低个体痛苦的重要性，而更倾向于接受传统的英雄主义叙述和抽象的历史观。

美国文学教授特伦斯·德普雷斯（Terrence Des Pres）是最早促成扭转对幸存者蔑视的大屠杀文学研究者之一。他在劳改营文学和纳粹集中营文学的基础上，重新解读了集中营囚犯的复杂和矛盾经验。德普雷斯通过广泛论证"生存的英雄主义"（the heroism of survival），挑战了对幸存者"被动接受命运"和"苟活"这一简单看法。

德普雷斯指出，尽管生命是每个人的至高价值，但"我们却将最崇高的敬意和最高的赞美留给以死亡为终结的行为。……几个世纪以来，那些赢得爱与效仿的人物——基督、苏格拉底、殉道者，永远的悲剧英雄，从阿喀琉斯到无名战士——他们都牺牲自己，通过死亡解决冲突，并通过死亡确保他们所言或所战斗的精神不会灭亡。这种模式如此受到尊崇和熟悉，以至于将英雄主义与死亡联系在一起似乎是自然而然的"。

正因如此，集中营囚犯的生存斗争常被视为可疑的苟活，人们谈论"只是活着"，仿佛生命本身并不值钱，仿佛只有在被否定时，生命才有意义。这种矛盾深植于我们如何理解死亡与生命的关系之中。人类一直愿意为信仰而死，牺牲生命以追求更高的目标，这曾经可能是合理的。然而，德普雷斯坚持认为，"没有活人推动，任何事业都无法前进，而我们今天的困境是……世界已不再是过去的模样"。在像奥斯维辛这样的地方，"成千上万地死亡，机器将勇气简化为愚蠢，将死亡变成与侵略的共谋。在这种情况下，谈论死亡的尊严或其对社会的祝福已毫无意义。我们需要一种与我们时代的毁灭程度相称的英雄主义"。这就是在几乎不可能的情况下，仍然坚持活着的"幸存者的英雄主义"。*

起初，公众并不理解幸存者的困境。由于社会的冷漠、怀疑，甚至敌意，苏联社会中的劳改营幸存者选择保持低调，不愿谈及过去的遭遇；纳粹集中营和犹太区的幸存者也是如此。他们常常面临质疑："你是怎么活下来的？"——这个问题背后往往隐含着一种怀疑："为了生存，你是不是做了什么见不得人的事？"那些从纳粹集中营逃脱并回到苏联的人，常常被视为软弱或潜在的间谍，被重新送入劳改营。社会普遍期待落入纳粹魔掌的人应奋起抵抗，或以坚定不屈的姿态英勇牺牲。能活下来，是否意味着他们做出了某种背叛或不光彩的行为？

在读者偏爱英雄般的勇气和抵抗的背景下，幸存者的生存价值得不到充分的认可，甚至被视为没有尊严或荣誉的"苟活"。

"二战"后的早期，纳粹集中营犹太幸存者的生存故事甚至在

---

* Terrence Des Pres, *The Survivor: An Anatomy of Life in the Death Camps*. Oxford University Press, 1976, pp. 5-6.

新建立的以色列也不受欢迎。埃利·威瑟尔在他的回忆录《百川归海》(*All Rivers Run to the Sea*)中记录了当时的情形："自1945年以来，情况一直如此。在巴勒斯坦，集中营的幸存者被当作弃儿，最多被视为可怜的受害者。他们得到了住房和同情，但很少得到尊重。人们认为，这些人应为自己的痛苦负责——他们应该像别人建议的那样，早点离开欧洲，或者起而反抗德国人。换句话说，幸存者被看作巴勒斯坦年轻犹太人拒绝成为的那种人：受害者。因此，幸存者代表了犹太历史上最悲惨的形象——软弱、需要保护的犹太人。他们成了散居地及其耻辱的象征。"*

对于那些无法以武装抵抗纳粹为荣的幸存者，由于公众缺乏对他们特殊处境的理解，常常对他们作出不公正的道德评判。这些幸存者被指责为没有及时逃亡、没有抵抗，而是"无所作为、被动就范，像羊群一样被宰杀"。这种冷酷的指责，往往是公众出于自我防御的心理，不愿对难民营幸存者给予应有的同情。威瑟尔指出，犹太复国主义的英雄主义美德被高度赞扬，而犹太散居地的灾难则遭受强烈谴责，两者似乎无法并存。犹太复国主义被视为伟大、美丽且光荣，而散居地的犹太人则被认为蒙羞、堕落，最终走向奥斯维辛。儿童幸存者则被敦促遗忘过去，抛弃他们痛苦的记忆（让过去成为过去），并在新的社区重新开始生活。这不仅被视为更健康，而且是必不可少的。

威瑟尔指出，在这种氛围下，人们很少关注大屠杀。多年来，大屠杀几乎未被教科书提及，也在大学课堂中被忽视。直到20世纪50年代初，当戴维·本-古里安和他的同事们最终决定通过以色列议会立法，建立大屠杀纪念馆时，强调的仍是勇气与抵抗。抵抗战士被视为精英，而死者与幸存者最多只能获得同情和怜悯。

---

* Elie Wiesel, *All Rivers Run to the Sea.* New York: Schocken, 1995, p. 183.

导读　记忆和见证是最本质的"清算"　　　　　　　　　　　　　　xix

受害者的命运很少被提及，尤其是在公开场合，这一话题甚至被视为尴尬。*

直到1961年艾希曼审判之后，公众才开始真正关注大屠杀幸存者。通过对纳粹战犯的审判，人们开始了解集中营中的残暴经历，并将目光转向幸存者，使他们有机会成为见证者。幸存者们开始公开讲述自己的经历，公众也开始倾听他们的证词，深入他们生命的最深处。

然而，倾听是不够的。普里莫·莱维在他的文集《被淹没与被拯救的》中"成见"（Stereotypes）这一章里回忆说，当他向高中生谈起奥斯维辛时，他们问他，在集中营里的他，还有其他犹太人为什么不逃跑？为什么不反抗？为什么不"事先"躲避被捕？这样的问题在暗示，受害者至少应当为他们的命运担负部分的责任，他们的羞耻感是咎由自取。莱维并不回避犹太人的软弱，但他也耐心地解释，受害人事实上不应该为他们的不幸遭遇担负罪过。莱维说，逃跑也许确实可以"洗刷被监禁的耻辱"，然而，"关于囚禁和逃脱的这种刻板印象与集中营里的情况没有半点相似之处"。†

在集中营的极端处境下，人并不是自己命运的主人，在大多数的情况下，他们的行为是身不由己、力不从心的。向往自由的人可以千方百计地获得自由，这经常是一个"奔向自由的幻觉"，并不是一个事实。索尔仁尼琴的《伊凡·杰尼索维奇的一天》和沙拉莫夫的《布加乔夫少校的最后一战》都让我们看到，逃跑这一首要职责并没有令那些成功逃跑的苏联战俘不被关进劳改营。集中营每发生一起逃跑事件，非但逃跑的人没能逃脱，其他犯人反倒都受到更加严厉的集体惩罚，所以逃跑者得不到同情。

检察官吉德翁·豪斯纳（Gideon Hausner）在艾希曼审判中不

---

* Elie Wiesel, *All Rivers Run to the Sea*, p. 184.
† 普里莫·莱维：《被淹没与被拯救的》，杨晨光译，中信出版社，2017，第174页。

断问证人的一个主要问题是："你为什么不反抗？"当时人们对集中营囚犯有一种刻板印象，他们像是"待宰的羊群"，被动地听由党卫队宰割，全无反抗。但幸存者的证词对这类问题的回答是：不反抗是因为有外界人们难以想象的隔离、恐怖、饥饿和持续的身体痛苦。他们的证词"表明了犹太人在集中营里的状况是多么复杂，以及要理解这种状况必须具备多么敏感和开放的心态"。*对集中营极端环境中囚犯的非人化生存，外界世界里的人们需要这样的理解吗？又如何去向他们解释呢？"待宰的羊群"这样的陈词滥调只是一种刻板印象，对集中营里的真实状况是没有解释价值的。

20世纪70年代，这类刻板印象和表述终于从关于集中营的话语中逐渐消失，人们关注幸存者在"二战"期间的悲苦经历，注意力也从单纯的悲怆抵抗转化和过渡到人在极端状况下生存的困境因素：复杂而暧昧的忍耐、求生意志、妥协和适应、人格退化、人性变异、软弱和绝望，以及当正面抵抗不可能时，如何拒绝屈服。读者关注点的转变甚至让许多幸存者都感到诧异，正如加拿大历史学家戴维·罗斯基（David G. Roskies）所说，"幸存者一早醒来，发觉自己成了广受赞誉的世俗圣人"。†特伦斯·德普雷斯是最早促成这一变化的大屠杀文学研究者。

弗尔布鲁克在《大清算》一书中肯定了这一变化和发展过程，并指出了其中的一些特征。她指出，在早年，甚至在20世纪60年代和70年代，幸存者主要被视为他人罪行的见证人，而不是拥有自己的苦难和坚韧故事的个人。然而，随着时间的推移，情况发生了明显的转变。这种转变可归因于多种因素，包括幸存者人口的老

---

* Dalia Ofer, "Israel," in David S. Wyman, ed., *The World Reacts to the Holocaust*. Johns Hopkins University Press, 1996, p. 876.

† David G. Roskies, *Against the Apocalypse: Responses to Catastrophe in Modern Jewish Culture*. Harvard University Press, 1984, p. 7.

龄化导致记录他们经历的紧迫性，以及文化运动更加重视作为历史证据的个人叙事。

公众对幸存者证词的兴趣与日俱增，这在很大程度上受到了电影、书籍和教育节目等媒体表现形式的影响。例如，史蒂文·斯皮尔伯格（Steven Spielberg）的《辛德勒的名单》（Schindler's List）所产生的影响以及随后成立的纳粹浩劫幸存者基金会（Survivors of the Shoah Foundation）都说明了大众文化如何能够放大幸存者的声音。这些平台不仅能教育大众，还能使历史叙事人性化，使其更贴近大众，在情感上更有说服力。

弗尔布鲁克强调了法律程序（如法兰克福奥斯维辛审判）在塑造公众认识方面的重要性。这些审判不仅揭露了暴行，还在法律背景下确认了幸存者的证词，从而提高了其可信度和公众兴趣。在学术方面，劳尔·希尔贝格（Raul Hilberg）的《欧洲犹太人的毁灭》（The Destruction of the European Jews）等著作的出版标志着学术界转向对大屠杀进行详细研究，这反过来又为理解幸存者的叙述提供了一个框架，从而影响了公众的讨论。

大屠杀记忆对当今世界的意义在于，幸存者从单纯的目击者转变成为了教育者。南加州大学纳粹浩劫基金会（the USC Shoah Foundation）等机构推动了这一角色的转变，这些机构不仅将证词存档，还促进了证词在教育中的应用。这种转变将幸存者定位为大屠杀教育的积极参与者，通过将历史个人化来直接影响公众的接受程度。弗尔布鲁克的研究揭示了个人记忆的复杂性、幸存者如何记忆，以及如何呈现或解释这些记忆。我们必须承认，由于创伤和记忆的性质，幸存者的证词可能并不总是直截了当的，但这种复杂性为历史叙事增添了层次，挑战着公众，尤其是作为灾难后代的公众，以一种更加感同身受和细致入微的方式参与到那些经常被刻意淡忘或抹去的历史中去。

目 录

导 读　记忆和见证是最本质的"清算"/ 徐贲 i

前 言 001
致 谢 005

第一章　纳粹过去的意义 009

第一部分　人性的深谷：迫害的模式

第二章　国家支持的暴力的大爆发 029
第三章　制度化的谋杀 061
第四章　暴力的微观世界：以波兰为棱镜 089
第五章　人生终点：机械化灭绝 133
第六章　界定人生经历 178
第七章　沉默与沟通 219

第二部分　冲突：司法大观

第八章　过渡时期的正义 255
第九章　分头审判：继承国的选择性正义 287
第十章　从安乐死到种族灭绝 353

第十一章　大型集中营审判：不止奥斯维辛..................380
第十二章　罪责的衍射..................413
第十三章　为时已晚，为时太晚..................441

第三部分　交汇：记忆与探索

第十四章　倾听受害者的声音..................469
第十五章　寻找过去的意义，生活在当下..................491
第十六章　令人不适的区域..................524
第十七章　父辈的罪孽..................549
第十八章　迫害的漫长阴影..................591
第十九章　遗忘与纪念..................623

结　语

第二十章　一段充满回响的过去..................669

注　释..................691
索　引..................771

前 言

纳粹大屠杀（Holocaust）的滔天大罪常常会被浓缩成一个词语：奥斯维辛。然而，当我们主要把目光投向这一标志性的罪恶场所时，我们常常会忽略，在行凶犯罪之人一侧，个体会因错综复杂的方式纠缠在一起，而在受害者一端，那些挣扎着最后死去，以及克服万难苟活下来的人，彼此之间又是那么不同，他们的经历也那么参差错落。我们同时还错失了纳粹迫害所产生的跨越不同时期、横跨各个大洲的长远意义。虽然欧洲这段黑暗历史的文化形象和公共形象众所周知，但是如今的欧洲对其记忆中的面貌是有所拣选的，对于在纳粹治下被暴力席卷的人来说，这些选择性的面貌和广为流传的形象，都无法公正地处理他们各式各样的主观体验和后遗症。清算这段仍旧令人不安的历史，需要我们进行许多尝试，在法庭上也好，在自述中也罢，去纠正那些持续至今的失衡，去审视那些横亘不去的不公。

这是一部下笔艰难的书。它要讲述的是，被卷入纳粹治下的集体暴力具有怎样特别的性质；它要探索的是，在分隔行凶者和受害者的深渊的两侧，是否都有一条能够走出并超越这段恐怖时期的道路。《大清算》不仅讲述大人物和大场面的故事，还有大体上处在公共叙事的雷达和媒体的聚光灯之外的人。它探究的是，人们是怎样被其经历所改变，以及在不同的事后条件下，甚至当国家和司法系统都无法将罪人绳之以法时，人们会怎样清算这段"已然过去却又不肯过去"的时期的长远意义。

这是一桩危机四伏的事业。主题是如此宏大，材料又瀚如烟海。为了将形形色色的模式，以及人们对这段意义重大的过去的个体反应传达出来，我选取了许多案例，涵盖了不同的主题、群体和地区。我着重描写了这些案例，并探讨了牵涉其中的人们的主观体验，而那些已经被汗牛充栋的文献所涵盖的广阔历史背景、方针决策、战略和大事件，我只会浅尝辄止。我时不时地会建议读者阅读相关的二手文献，毕竟我从未指望穷尽这个主题，或做到面面俱到。

《大清算》的画布铺得很大，我也很清楚地意识到，这桩事业的规模过于庞大，得出的结果也不可避免地有所缺失。这些议题所牵涉的令人难解的残忍与困难是那么不可穷尽，对其深远余波的处理则是那么困难，势必让所有讨论都付之阙如。要真正公正地对待这段历史，几乎是不可能的事情，不仅法庭和自述做不到，历史分析恐怕也束手无策。尽管如此，努力去理解这些危及无数人的迫害和集体暴力的特征，并且理解其时至今日仍旧徘徊不去的影响力，仍旧是一件重要的事情。

早在《希伯来圣经》的时代，学者们就已经发现："著书多，没有穷尽；读书多，身体疲倦。"（《传道书》12:12）而在茫茫书海中，我手中的这本书显得尤其没有穷尽，没有尽头。我们可以说，关于这个主题的任何分析都不可能穷尽一切或盖棺论定。何况总有那么一刻，我应该停下来，将这场中断的探寻交付给其他人。虽说在这个广阔的领域，作出选择和有所忽略都是难以避免的事情，我仍旧希望这本书能为这座无比重要的冰山描摹出水面上的几段轮廓。我们对这些问题的研究还远远没有结束，还有更多的问题等待我们去探究。

致 谢

许多机构和个人曾在本书的写作过程中伸出援手。我尤其感谢英国艺术与人文研究委员会（AHRC）向"1945年以来战争在德国和欧洲的回响"项目提供的合作研究经费，它为写作本书所需要的研究工作提供了经济基础。我也感谢伦敦大学学院的同事们，他们在AHRC项目的各个分支通力合作，他们分别是：斯蒂芬妮·伯德、朱莉亚·瓦格纳和克里斯蒂亚娜·维南德，还有我们这个项目的博士研究生盖尔·费希尔和亚历山德拉·希尔斯。尽管我们各自的作品有着截然不同的主旨，但彼此的讨论和交集激发出了许多火花。

我要感谢主持该项目的伦敦大学学院，特别要谢谢乔治娜·博尔顿、凯茜·布朗、达尼娅·赫雷拉，以及学院办公室的其他同事，他们的助力使得我在完成本书的同时，也能履行我作为社会与历史科学学院院长的职责，虽然这两项工作争夺着我的时间，要求我同时过两种生活，但它们也给我带来两种截然不同的满足感。我还想感谢我在研究过程中拜访的诸多图书馆和档案馆的员工，包括柏林的德国联邦档案馆、柏林艺术学院的肯波夫斯基档案馆、埃门丁根的德国日记档案馆、伦敦的维纳图书馆、哈佛大学的霍顿图书馆、纽约的意第绪犹太研究科学院、耶路撒冷希伯来大学的尤迪特·凯斯滕贝格档案馆,以及耶路撒冷的以色列犹太屠杀纪念馆。这部作品还仰赖前人在卡托维兹的国家档案馆和华沙的犹太历史研究所做的研究工作。除特别说明(比如说注释列出的是英语译本)以外,所有文献的英译工作都是由我本人完成的。

在写作过程中,我受惠于种种情景中的讨论,比方说学术会议、研讨会、讲座和其他交际场合。它们的反馈对我来说都是无价之宝。2013年,我作为访问学者在耶拿大学20世纪历史中心待了一学期,此间获益匪浅,我在逗留耶拿的时光里写作的文章,厘清了本书的许多基本思路。因此,我必须感谢诺贝特·弗赖和克里斯蒂娜·迈尔,感谢他们将这些文章编纂成一本小书《经历、记忆和历史学:德国独裁的新视角》(瓦尔施泰因出版社,2016),给予我莫大的鼓励和支持。《大清算》的主题和叙述更为广阔,也包含更为实质性的内容,而这本小书则在某些方面构成了一部简短的指南手册。我还感谢以下机构和组织,我为它们所作的演讲都反映在当下的这部作品当中:首先是2015年1月的格拉斯哥纳粹大屠杀纪念讲座;其次是我于2015年6月在维也纳的维森塔尔研究所的西蒙·维森塔尔讲座所作的演讲;最后是2015年,我在由克里斯蒂娜·莫里纳和克里恩·泰斯组织的阿姆斯特丹"旁观者"会议上,作了一场主题报告。在写作过程中,许多审稿人的意见令我收获良多,尤其是简·卡普兰和尼古拉斯·斯塔加特;他们深思熟虑、一针见血的意见在最终的修订阶段为我提供了极大的帮助。我还极其感激埃玛·帕里对这个项目一贯的支持和鼓励,感激牛津大学出版社的蒂姆·本特的目光如炬和积极主动的编辑工作。虽然我必须坦言,没有这么多人的帮助,这本书将不可能完成,但是我仍然对所有的错误、遗漏和不当之处负全部责任。

我需要特别感谢我的家人，尤其是我的孩子们，当我几近强迫性地沉溺于过去时，他们总是能够容忍我，并提醒我当下的生活依然有着无垠的广度。现在，他们已经长大成人，同他们讨论，被他们引向别处，对我而言仍旧充满趣味性，而且也是无比宝贵的体验。此外他们也以各种各样的方式，全力支持着我的工作。我感激最深的无疑是朱利安，他的支持无微不至，随着本书的进展，他对前后稿件提出了许多意见。除此之外，他还陪我无数次走访他口中欧洲"最黑暗的地方"。所以就连他也不得不承受过去的重量。没有我的家人，这本书就绝不可能成形。

第一章

纳粹过去的意义

1942年1月,在波兰西部被纳粹德国占领的瓦尔特兰省(Wartheland),一个名叫沙瓦迈克(Szlamek,几乎可以肯定这不是他的真名)的男人从内尔河畔海乌姆诺(Chełmno)的死亡集中营逃了出来。在附近的一座小镇格拉布夫(Grabów),他向犹太拉比和居民讲述了他亲眼所见的事件:来自这片区域附近的小镇和村庄的无数犹太人正被毒气所屠戮,他的家人在他眼前被杀害,他还给来自利茨曼施塔特(Litzmannstadt,这是德国人占领波兰城市罗兹[Łódź]后重新取的名字)犹太隔离区、最后死在集中营里的遇害者掘过墓。遇难者包括犹太人、罗姆人和辛提人(沙瓦迈克和时人一样管他们叫吉卜赛人)。沙瓦迈克从格拉布夫出发,来到了华沙的犹太隔离区,然后在1942年3月25日,他的讲述以文字的形式见于犹太隔离区对于可怕经历的记载之中。[1] 后来,他离开了这片犹太隔离区,最远去到了扎莫希奇(Zamość)。但后来的他还是遇害了,只是遇害的地点和时间细节不甚明了,但我们确切地知道,他没能活到战争结束。他对发生在纳粹首座专门的灭绝营*里的恐怖事件的描述是如此具体而真实，使得这份文字记载具有了独一无二的地位。历史上总共有七人逃出了海乌姆诺，沙瓦迈克便是其中一位。在后来的调查审判中，这七位逃出生天的幸存者中有三位出庭做证。

沙瓦迈克的讲述弥漫着深切的悲痛。他日复一日，甚至几乎时复一时地详细记录下发生在海乌姆诺小村以及邻近森林中的屠杀过程。他准确地记下那些刚刚抵达海乌姆诺宅邸（常常被称作"宫殿"，实际上只是庄园住宅）的人是如何遭到欺骗：年长的德国人会友善地招呼他们，这些人会礼貌地告诉他们，在继续下一段旅程之前，他们应该脱去衣物，将身上值钱的家当都交出来，然后洗个澡。接着，德国人领着他们走向一段台阶，进入一节经过特殊改造的车厢，他们将在一个小时后被废气闷死。沙瓦迈克讲到那些充斥着废气的厢式货车是如何抵达距灭绝营约4公里远的林中空地，他的讲述尽管骇人听闻，却完全基于事实。当人们在这些车厢中毙命之前，他们不住的尖叫声会持续一刻钟，等到声音停下来后，司机就会透过窥视孔确认所有人都已经死去。当尸体被拖出来的时候，有些人与家人紧紧地抱在一起，守卫只好命令犹太掘墓人把他们的四肢砍下来。

沙瓦迈克的讲述中包含一段极为少见的关于罗姆人群体受迫害的记录：

> 他们的尸体互相纠缠，卧倒在自己的排泄物里。他们看起来就像刚刚睡着一样——脸色并不苍白，而是有着自然的皮肤色泽。这些尸体仍旧是暖和的，所以"挖坑工人"就紧紧贴着

---

* 本作并不严格区分死亡营（death camp）、灭绝营（extermination camp）和集中营（concentration camp），对于同一座迫害设施，常常同时存在以上三种称呼，中译本沿袭了作者的用法。（如无特别说明，本书正文中脚注均为译者注）

第一章　纳粹过去的意义

他们取暖……清空车厢里的尸体后,"挖坑工人"接着要清理排泄物。他们先移走地上的稻草和木板,然后用他们自己的衬衣擦拭车厢,再把木板和稻草放回到车厢里。[2]

沙瓦迈克还谈到了挖坑工人的工作条件,以及他们最终的命运:

> 当货车离开,尸体被堆进坟墓之后,那些"挖坑工人"就穿上五颜六色的吉卜赛人服装,然后坐在坟中的死尸上。他们不可以和其他强制劳动力打交道。到了晚饭时间,他们只能待在坟地里,分到一杯苦涩的黑咖啡,连一小片面包都没有。[3]

这一天是这些工人这辈子的最后一天,所以也就没必要把他们喂饱了。等到那天晚上:

> 这八个"挖坑工人"被勒令不准离开坟地。他们听从命令,俯身躺在吉卜赛人的尸体上。一个宪兵用冲锋枪杀了他们。[4]

货车日复一日、时复一时地载着方圆几英里*内的犹太人,以及罗兹犹太隔离区(人数仅次于华沙)为数众多的犹太人,来到这里被废气闷死。

沙瓦迈克是个非常虔诚的犹太教徒,他还告诉我们,他和其他监狱工友每夜都承受着心灵的苦痛。有些人为此而唱圣诗,或为逝去的亲人念诵哀悼祈祷文;有些人干脆否认上帝的存在;有些人讨论着逃跑的各种可能性,讨论着他们是多么想要自杀,或者抱着警醒世界并终有一天报仇雪恨的念头努力活下去。

---

* 英里,英美制长度单位,1 英里合 1.6093 千米。——编注

与此同时，当地的波兰农民对正在发生的事情并非没有知觉。那些被安置迁居至此的当地德意志人（他们当中的一部分人是为了协助完成更为宏大的"德意志化"大计，有的则是后勤保障力量）也意识到了这一事态。在海乌姆诺，总共有15万至25万人被杀害，即便有各种各样瞒天过海，甚至伪装成安全措施的机制，如此大规模的屠杀想要瞒过公众还是极为困难的。

有趣的是，所有这些发生过极刑的场所，如今几乎都遭到了遗弃，在旅游地图上遍寻不着，甚至对那些决心探寻波兰黑暗历史的寻访者来说都难以找到。过去宅邸矗立的地方，如今只剩下空地；再度投入使用的教堂已经看不出屠戮的痕迹，过去它曾被用来储存被害者的财物；林中空地里的尸坑如今不过是几处土堆，只有考古学者才有研究的兴趣。沙瓦迈克对被害个体的生动记忆如今找不到多少落脚点，毕竟幸存者的数量实在是太少了。少数访客也许会去观摩战后在旧址上竖起的几处纪念设施，但是这里的过去正在隐没，几乎留不下多少痕迹。

虽然海乌姆诺的杀戮不仅惨无人道而且骇人听闻，但它仅仅是我们观念中那场庞大的纳粹大屠杀的一小部分：这场史无前例的浩劫有着工业化的规模，结合了迫害与种族灭绝。然而对于我们来说，我们只能借由个体的记忆、屠杀的遗迹和某些我们仍旧能够穿透的关于过去的模糊形象，才能对其展开想象。当这场纳粹治下的欧洲浩劫渐渐淡出人们的记忆、淡出人们的视线时，问题也随之出现：时至今日，这段过去为何依然能触动我们、影响我们？

挥之不去的纳粹记忆

我们也许以为，这段过去不仅在字面意义上已经死去、被埋葬，在隐喻的意义上也是如此。希特勒的欧洲帝国令暴力和谋杀席卷整

第一章　纳粹过去的意义

个大陆的那段历史，距今已过去75年，绝大多数参与者、见证者和幸存者已经不在人世，无法讲述他们的故事。很快，他们的声音就会被掩埋在堆积如山的证言档案里，他们再也不会在学校里、在博物馆里、在纪念场所现身说法，见证那段过去留在个体身上的印记。诚然，有些分析曾强调，人的记忆是会出错的，以及幸存者的叙述是具有选择性的，我们应该更多地将他们的叙述视作对幸存之伤的证言，而非史料；然而即便如此，许多写作者和教育工作者还是担心"证人之死"可能会造成负面的后果，也害怕如果失去了幸存者活生生的证明，那么年轻一代将不再关心这段历史。尽管故事的细节可能失之准确，但是幸存者不仅能为那场滔天大罪做证，也能证明那段过去的意义不曾减退。

然而，就广大公众的关切而言，似乎事情应该反其道而行之。纳粹的过去始终令人不安。它的回响反而随着时间的流逝越来越振聋发聩。海乌姆诺也许鲜有人涉足，已然几近被遗忘。然而在另一处远远比它更知名的纳粹大屠杀纪念馆——奥斯维辛，现在每年的访客数量已经大幅超过100万人次，也许在这座第三帝国最为庞大的灭绝集中营，每年访客量已经相当于它运作的五年时间里屠杀的犹太人的数量了。也许最令人感到震惊的是，纳粹大屠杀在德意志联邦共和国的身份认同和文化中占据着中心位置，并且已经被吸纳进它的实在和道德纹理之中。在21世纪初，德国人为被纳粹迫害的受害者建造了一系列纪念设施，对于纳粹大屠杀的记忆也被德国的首都柏林铭刻在心中。庞大的欧洲被害犹太人纪念碑群在2005年向公众开放，位置就在勃兰登堡门的旁边，而古老的国会大厦和总理府就在紧挨着的蒂尔加滕区，碑群离政治中心只有几步路的距离。2008年，附近还竖起了一座规模小一点的纪念碑，纪念被纳粹党人迫害的同性恋者。在离它们不远的地方，还有一座纪念遇害的罗姆人和辛提人的纪念碑，于2012年落成。而同样在这附近，在位于蒂尔加滕街4号的所谓"安乐死计划"的前总部，一处设施终于在2014年建成，纪念因精神或身体残疾而被纳粹党视为"不配活着的生命"，并进而被相关政策迫害致死的遇难者。在整个柏林（密集程度因区域而有别），在受难者曾经住过的房屋门前或人行道上，会镶嵌一块小小的"绊脚石"（Stolpersteine）。就连普通游客都会对这类纪念物留下印象，明白由纳粹迫害致死的受难者人数是多么巨大——而冷眼旁观、不愿帮助或无能为力的邻居又是多么数不胜数。这个曾经身为行凶者的国度如今承受着民族之过去的苦痛和耻辱，它被深深地镌刻进他们的风景中，供所有人观摩。

在以色列（一个在这场种族灭绝后建成的国度，纳粹大屠杀幸存者一开始对于来此避难有所犹豫，却最终在这里缔造出一份庞大的遗产），坐落于历史名城耶路撒冷郊外山上的以色列犹太屠杀纪念馆已然成为这个民族的神殿，对此我们也并未感到意外。然而，在行凶者的土地，以及在这个和受害者紧密相连的国度之外，纳粹过去才占据着中心地位。在世界超级大国美利坚的首都华盛顿特区，尽管幸存者家庭只在当地人口中占据了微小的比例，但美国纳粹大屠杀纪念博物馆却占据着与国家广场比邻的一处重要位置，和其他国家纪念场馆一样紧挨着行政和权力的中心。在许多欧洲国家，公共纪念设施同光辉的抵抗历史以及对受难者的缅怀遥相呼应。整个欧洲甚至还设立了纳粹大屠杀纪念日，只是它和以色列的纳粹大屠杀纪念日既不同月，也不同日。

在以色列犹太屠杀纪念馆和美国纳粹大屠杀纪念博物馆，以及许多其他的场所里，铭记受难者的心愿会同教育、记录和研究的使命相结合。这些纪念场馆所传达的正是如下信息：过去发生的事情太过残暴、太过骇人，这些信息必须被传递给未来的世代。纳粹大屠杀已经成为当代人类的自我理解和当代价值的关键特征，而种族灭绝这一较为笼统的观念，已经在亚美尼亚、波斯尼亚、柬埔寨、

第一章　纳粹过去的意义

卢旺达和苏丹等纷繁的语境中，变成指代大规模暴力的争议性标语。到处都在提及希特勒和纳粹，卍字符也成了人尽皆知、惹人争议的象征符号。尽管第三帝国灭亡后，世代已经更替了好几轮，但是年轻的德国人仍然需要向没有根据的刻板印象——他们拥有某种集体认同——发起抗争。

在某些方面，纳粹过去的长远意义似乎已经超出了历史事件的原始场景。纳粹的暴力就像蘑菇云一样，它最初的爆炸不仅在当时带来了巨大的破坏，而且它的阴影还不断地延伸，污染了后来的世代，并且对远离初始爆炸中心的人也产生了影响。

探究纳粹迫害的遗产

尽管许多人谈论过相关纪念场所，也探究过政治对于这段过去的种种运用和利用，但是灾难的亲历者，以及此后出生的人，他们的个人遗产却没有得到充分的理解。文学学者、精神病学者和社会心理学者都曾关注个人对创伤的叙述。但是，对于人们对这段经历的反思、他们对过去的谈论（或无法谈论），以及将这段过去的意义以习俗、焦虑、态度、行为（而非实际的故事）等方式传递给下一代的诸多历史变形，我们却所知甚少。纳粹治下的经历如何对人产生长期的影响，而他们反过来又如何影响未来的世代——这些影响方式的重大差异不仅跟当时的经历和人群分类有关，而且也同后来的语境相关联。

人们因为"种族"、性取向、宗教、残障、政治、"习惯性犯罪"以及"反社会行为"而遭到迫害，或者以强制劳动的形式遭到纳粹的压迫。大多数受害者的生活因为迫害而分崩离析，遭到污名化，受到羞辱，陷入了赤贫、受剥削和大规模死亡的极端境况。那些活下来的人，终其一生都背负着可怕的记忆，甚至当他们远走他乡，在世界的其他地方构筑新的未来时仍旧挥之不去。尽管共性不可磨灭，但是无论是在迫害发生的时候，还是在之后的岁月里，人们的经历却因为他们遭到污名化的不同方式（在某些案例中，污名化还持续了很久）而差异甚大。犹太受害者和一些纳粹政敌因为战后的语境而很快受到重视，但是许多其他群体却继续处于边缘化的境地，在战后几十年间都没有得到认可，也没有获得赔偿，其中只有一部分人在有生之年等到了这一天。语境和听众的不同则会影响人们谈论经历的方式，或者令他们陷入沉默之中；会影响他们选择的诉说对象、地点和时间；影响他们在这场大灾难后重建新生的方式。

当我们审视这些背负痛苦过去的受害者时，我们可以将他们的生存策略与行凶者群体讲述的闪烁其词、互相隐瞒、自我安慰的故事相比较。在行凶者一方，许多人后来声称他们对暴行并不负有个体责任，他们试图同自己的过去和解，并且将其描绘得比较能被后来的时代所接受。与此同时，尽管自第三帝国灭亡后，那些在其国土上建立起来的国家采取了悔罪的公共说辞，但是令人不满的司法记录却与之频频冲突，法庭上的对抗几乎体现了"不公正"的所有维度。什么样的人才能算作行凶者，这一定义往往随语境而有所变化，但通常比较狭窄。幸存的目击证人有时候也会上法庭，有一段时期里他们的证言是定罪的关键证据，但做证反而会败坏他们的名声，他们的证言也可能不会被采信。在灭绝工厂效率最高的地方，幸存者证言往往是那么匮乏，使得许多行凶者得以逃脱罪名。直到"证人时代"结束以后，行凶者才会因为他们所扮演的角色，以及他们在大规模杀人机器中所占据的职位而被定罪。

然而，法庭上的对抗只是无数种清算纳粹过去的方式中的一种。我们通常所说的"文化记忆"（实则措辞不当）虽言之有物，却不能在个人层面上全方位地体现一段过去的持久意义。对大多数人来说，一段过去渗透家庭关系的种种方式，以及给后来者（既包括行凶者的孩子和孙辈,也包括成长在过去阴影下的幸存者的家人)留下的情感遗产才是更为重要的。不管他们是否清楚灾难的具体细节,"第二代"的家庭成员后来都会在自身的身份认同中,发现其父母盘桓不去的经历。有些人更为积极地探究过去,对少数人而言,同过去和解也并非没有可能。随着时间的流逝,那些"之后出生"的家人试图理解那段经历,跨越代际的对话开始出现,使得那些对纳粹时期有着截然不同理解的人道出了他们的故事。最后,随着"证人时代"让位给"幸存者时代"(一个不断扩充却存有争议的术语),新的听众浮出了水面。

当我们将个人经历同公开清算和司法清算相叠加时,某些惊人的历史模式开始浮现在我们眼前。首先,我们发现了一个巨大的落差,一方面是官方宣扬的各种"面对过去"的神话,而另一方面则是绝大多数的行凶者逃脱了正义之网的惩罚。我们也终于开始理解,这段过去为什么仍旧令这么多人感到困惑,仍旧超出了知识分子、作家、艺术家和政治家面向公众表达的能力。而我们也终于可以瞥见,这段历史为何会回响不止,因为这段过去正跨越代际的半衰期,印染了无数其他人的生命,他们虽然没有亲历纳粹的历史,但对于他们来说,它绝不仅仅是一段"历史"。纪念场馆并不能真正体现出关于那段历史的记忆和情感,以及在我们这个时代不住回荡的巨大旋涡。

关于上述每一个议题,现有的著作早已数不胜数,所以本书试图取几条与众不同的路线。它会区分几条各不相同、有着自身内在的逻辑和节奏但又相互关联的线索,对它们进行概述。仅仅以时间顺序来讲述界线清晰的地缘政治边界内的政策、政治和历史事件,并不能帮助我们很好地重建迫害的经历和遗产。纳粹的迫害有着许多条时间线索,在纳粹政权的集体暴力所席卷的不同群体中,解读和沟通也有着互相重叠的时期。在很大程度上,纳粹迫害的地理分布也无法局限于特定的国家，而是需要根据涉及的议题和人群而涵盖广阔的区域。我们的镜头也需要不时地拉近或拉远：既要为纳粹迫害描绘广阔的全景，也要在个体层面上理解其中的内涵，这需要本书将总体的概括与选择性的深度探究结合起来。因此，这将会是一组极为复杂的景象。

纳粹迫害催生出几类截然不同的"经历群体"。我们会用三角关系来构想这些群体：行凶者、受害者和旁观者，以及某些后来变成"幸存者"的受害者。然而这些标签却不总是那么好用。即便在迫害发生之时，人们也能够在不同类别之间进行转换。尽管有些人在通常意义上不会被归类为"行凶者"，但他们会在迫害过程中协助行凶者或与之合作。许多人在某种语境中是纳粹政策的受害者，可是当语境转换，他们就可能成为受益者甚至行凶者。举例来说，波兰人受到了纳粹的迫害，并且因为残暴的占领政策而受害，然而许多人也帮助纳粹搜捕犹太人；有些人可能帮助犹太人躲藏了一段时间，因此变成了"救助者"，可是一旦恐惧袭来，或者利益回报占据上风时，他们就会出卖犹太人；有些人也许会加入反抗德国人的游击队，却会背叛那些试图加入他们的犹太人。而且在战争之后，这些标签的使用方式和意义也都发生了改变。在不同国家的司法理解中，"行凶者"甚至变得更加狭窄了，因此使得许多罪孽深重的人也可以逃脱正义的审判，而只将部分人定性为"真正有罪"之人。而在20世纪晚期被运用得越来越频繁的"幸存者"一词，其阐释也变得越来越狭窄，排除了许多被纳粹迫害的受害者，使得他们继续被排挤、被边缘化，使得他们的苦难无法得到认可，他们的故事也无法得到聆听。某些场合会出现令人难堪的"受害者身份竞赛"，要在真正的"幸存者"和假冒者之间比个究竟。然后即便有这些身份之争，纳粹主义仍旧毫无疑问地在迫害者和受迫害者之间划分出了一条深深的沟壑。尽管区分"行凶者"和"受害者"并不总是能够精准地涵盖纳粹时期给人群带来的分裂，但它们仍然是最为关键的二元区分，有助于我们理解这个时期的动力，以及推动战后争论和分裂的力量。

也许在这组三角关系中，争议最大的是"旁观者"。因为这个术语有时候能够涵盖许许多多的人，但在某些情况下，它又被限定于庞大系统中某个充斥着暴力的短暂瞬间，然而我们往往对照片背景中的脸庞所知甚少，又或者我们并不了解人们讲述中的那些无名人士，因此无法确认他们实际上持有何种立场。[5] 也许有些人更符合抵抗或合作、战斗或投敌（即区别在于对抗抑或协助希特勒的统治）的框架。即便我们在运用"旁观者"时指的仅仅是那些周遭有可怕的事情发生，却只能无力地见证一切的人，这一概念仍旧会牵涉出许多问题。没有能力行动，或者选择不去行动，或者没能搞清楚当时能采取怎样的行动，这些都是人们（不）采取行动的某种形式，并对特定情形的结果产生影响。旁观者也并非从复杂的历史进程中抽象出来的角色，他们本身便是使得某种结局成为可能的情形的组成部分。而且，旁观发生在他们周遭的事件，这一行为也影响了旁观者；到了后来，他们也将在自身的身份、没能出面阻止，甚至是他们与纳粹潜在的共谋等方面面对人性的挑战。而那些实际上站在行凶者一方的人，在后来也会常常发现一个有用的策略：他们可以把自己假扮成是无助的旁观者。

无论我们最后采取什么样的术语来形容人们当时或后来的行为，有些事情无疑是清楚的。经历过那个时期的人很少能逃脱时代的裹挟，他总会在某个时刻被扯进其中一边或另一边，有时候还会以复杂、矛盾或痛苦的方式跨越两边的界线，从一位忠诚的纳粹党人变成抵抗组织成员，从受害者变成通敌者，从怀疑政府的人变成杀人犯，从一个正派的公民变成憔悴的流浪汉。到最后，当人们面对犹太隔离区、毒气室和死人坑时，他们才发现，纳粹党已经竖起了藩篱，隔绝了那些可以活下来的人，以及那些注定要死的人，而自己已经永远地站在了其中一边。无论是卷入其中的人，还是那些在灾难过后出生的人，他们都避无可避地被这一暴力时代的长期遗产所影响。

当然了，迫害发生之后，还有一段复杂、纠缠的历史。对于被第三帝国裹挟的人来说，不同的战后语境塑造了他们后来生活的方式、讲述过去的方式、与他人互动的方式，并由此改变了那些不曾亲历恐怖的年轻一代。纳粹的过去不可避免地给这些家庭（无论是幸存者抑或行凶者）第二代或第三代人的生活带来了深刻的改变。他们即便不曾亲身经历这段时期，但它投下的阴影仍然使得他们的家庭承受着那段过去避无可避的重量。然而，过去总是大过于历史。无论是通过家庭还是借由对群体的影响力，它都构成并塑造着他们的存在。而许多人仍旧感受到与这段过去的牵绊：无论他们接受抑或反抗这份所谓的遗产，他们都会被自己的成长环境所影响；他们都对某个群体存有认同感；他们都借由自己同过去的关系，确定自身的位置，界定自己的身份。到了这一步，对于那些以各种缘由同过去产生不可挣脱的内在联系的个体，我们或许可以将他们视作"牵绊群体"，而对于那些不一定同过去有亲身联系，却重视由过去引发的问题，并认为它们具有持久影响力的人，我们可以将其视作更为广大的"认同群体"。

为了更为深入地探索这些维度，我遴选出一些案例，贯通全书予以探讨。第一部分的聚焦点是歧视、迫害和谋杀的特定场所，主要关注的是第三帝国和波兰占领区的几个场所，因为它们能够突出几个具有普遍意义的关键问题。我并不打算综合概观，也不试图面面俱到，更别提引述所有相关的二级文献；我更希望能够突出几个特别的领域、事件和问题，因为它们不仅事关理解当时的迫害过程，也事关理解迫害在不同的日后语境中的长远回响。第一部分引入的有些场所和人物会作为例子延绵整部书。比如，波兰南部靠近梅莱茨（Mielec）和登比察（Dębica）的区域就在书中反复登场。我会着眼那些在此地受到迫害，后来散落世界各地的人的经历，跟踪那些后来返回东德或西德的行凶者的命运，并且审视这段过去对于他们的孩子，以及对于更为广阔的记忆图景的意义所在。比起在本书中占据的篇幅，梅莱茨区域的历史意义可能没有那么大，甚至有所匮乏，但它的不显眼恰好点明了一个真相：它的诸多特征在许多区域普遍存在，却基本上逃脱了公众的视线。我还大致描绘出迫害的发展进程：从纳粹德国内部的迫害开始，到对心理和生理残障者的制度化谋杀和对奴隶劳工的剥削，再到犹太隔离区、集中营和灭绝营，然后是人们首度尝试讲述这些经历，试图厘清这场暴力的灾难性爆发事件。

第二部分探究的议题，主要围绕将行凶者送上法庭的司法审判，这部分挑选出了几场审判，它们发生在不同的阶段，最近的离当下并不遥远——不仅包括审判主要纳粹党人和集中营的知名案件，还包括安乐死案件，以及审判不太知名的行凶者（比如梅莱茨区域的）的案件。这一部分从纽伦堡审判一直延续至今（绝大多数纳粹行凶者已经去世，仅剩最后一批），记录下对纳粹过去的司法清算的几处关键性转变。本书不仅追踪了在通常我们所说的"证人时代"，行凶者和证人的角色如何经历了改变，还审视了来到法庭前的各种截然不同的罪行复合体，以及在不同的国家中哪类人群更容易逃脱法律的清算。纳粹罪行的控告和定罪远远没有做到位，此类情况随着时间的推移和地点的变换往往有着不同的原因，但其骇人听闻的程度却甚为普遍；无论是在奥地利、东德、西德，还是统一后的德意志联邦共和国，司法清算的准绳和实践都有着显著的差别。

经历过纳粹迫害的人们后来散居世界各地，他们的个人经历会以许多方式跨越代际，弥散入更为广大的群体，由此产生回响，所以本书第三部分将视野拓得更宽，关注居住在世界各地的人对于纳粹迫害的反应。对于那些遭受迫害而幸存下来的人，因长期受虐待而产生的生理和心理后遗症本来就很严重，而后来的社会感受和对待这些后遗症的方式则让他们的处境变得更加复杂。有些群体的苦难得到了社会满怀同情的倾听，而另外一些则因时间和地点的不同，既没有得到认可，也没有收到补偿。在20世纪70年代后期，当"幸存者时代"到来的时候，世人对受害者生出更大的同情心，而幸存者（至少是得到承认的那些幸存者）的讲述也收获了更为广大的听众。但是，与此同时，绝大多数行凶者依旧成功地藏起了狐狸尾巴，躲过了大众的视线，更不可能亲口去承认自己的罪孽。所有这些因素，使得幸存者和行凶者的子女和孙辈在应对家族过去的遗产时，陷入了各不相同且愈发复杂的方式。如今，随着个人与历史的牵绊和情感联系逐渐淡化，公共记忆渐渐取代了个人记忆，这个时代也在走向尾声了。

在整个战后年代，行凶者不仅逃脱了法庭审判，也从家庭讨论中隐没，在纪念场合缺席，对于这些问题其实大家都心知肚明。但是如果我们想书写一部"纳粹大屠杀全史"，那么我们就不仅要从受害者的角度切入，也要谈及行凶者的策略，我们必须将在生活中背负着纳粹迫害遗产的各种群体都囊括进来，并且将这段历史在双方群体中激起的延绵回响都囊括进来。

大清算

对于海乌姆诺灭绝营的许多掘墓人来说，总有一天能报仇雪恨是仅余的支撑着他们活到今天的愿望。作为这个灭绝营仅有的个把逃脱者，沙瓦迈克回忆起1942年的春天，他至少有两次阻止被囚禁的同胞自寻短见。他记下了发生在1942年1月10日星期六的一

第一章 纳粹过去的意义

桩事情：

> 下午1点30分，[废气货车]卸下了第二批尸体。突然间，同样来自克沃达瓦（Kłodawa）的艾森施塔布（Ajzenstab）无声无息地掉下了眼泪，他说现在他的生活已经没有意义了，因为他亲眼看到他的妻子以及他15岁的独生女被埋进了坑里。他甚至央求德国人开枪打死他，因为他想和自己心爱的人们埋在同一个坑里。我们把他劝了下来，我们跟他说急于求死也没有意义，如果他能逃脱出去，也许有一天他能够报仇。[6]

一天或两天后，另一个掘墓人经历了差不多的事情：

> 我的朋友盖塞尔·赫扎斯科夫斯基（Gecel Chrząstkowski）在扔进坑里的尸体中发现了自己14岁的儿子。他也想央求德国人开枪打死他，但我们劝他不要这么做。我们说他应该将一切都耐心地忍受下来，遥想未来的复仇。[7]

这些受苦的人心里想的都是报仇雪恨和正义的问题，甚至脱离苦海后，他们也执着于这些问题。但无论是艾森施塔布还是赫扎斯科夫斯基，抑或沙瓦迈克自己，都没能活到战争结束。在海乌姆诺灭绝营，几乎所有人都如此，而因纳粹迫害而丧命的数百万人也是如此。

在东部的贝乌热茨（Bełżec）、索比堡（Sobibór）和特雷布林卡（Treblinka）死亡营，只有极少数人（几十人）活了下来。正是因为怀揣着必须活下来见证这一切的信念，他们苟活着，不断地逃亡。从特雷布林卡逃出生天的扬克尔·维尔尼克（Yankel Wiernik）写下了他于战争尚未停止时在华沙躲藏的经历。他开篇就向未来的读者致辞："对我来说，生活已经了无趣味，完全是为了你们，我才勉强支撑着活下去。"他的经历折磨着他："我一次又一次，在夜半痛苦的呻吟中醒来。我明明困得要命，却总被可怖的梦魇惊醒。我看到数千具骷髅向我伸出白骨臂膀，好像在央求我施舍怜悯，饶过他们一命，但是，我被汗水浸透，感到自己全然无能为力。"他继续写道："死亡的鬼魂纠缠着我。"但是，在他笔下："我目睹了三代人的厄运，我必须为了未来而活下去。必须有人把这些野蛮人的暴行告诉这个世界，这样将来的世纪和世代才会唾弃他们。"[8]

如果我们不强迫自己去倾听这些翻涌着苦痛的叙事，如果我们不强迫自己，在如今这个安全的距离，去面对他们试图呈现的超越人类想象力的悲惨画面，我们就完全无法理解他们为了背负着历史生存而付出的努力。而许多后来的世代，尤其是那些与行凶群体有着密切情感联系的后人，就很容易相信行凶者自我开罪的借口，并且因此陷入游移不定的境地。如果我们无法直面这些悲惨画面，那我们对过去的清算就只能是片面的，而当我们试图理解纳粹迫害及其余波时，我们就必然为这一浩荡的事业所淹没，陷入力有不逮的境地。

对于幸存者来说，如斯过去的个人遗产又该如何应对，这绝非一个轻易就能找到答案的问题，而他们该如何代表数百万遇难者以及少数其他幸存者来讨回公道，答案也绝非显明。生于1922年的乌克兰人塔德乌什·博罗夫斯基（Tadeusz Borowski）曾被关进奥斯维辛和达豪集中营，后来他写了一系列短篇小说，第一篇发表于1948年，在他于1951年自杀身亡后结集成书。博罗夫斯基的短篇小说集《女士们，先生们，毒气室这边请》（*This Way for the Gas, Ladies and Gentlemen*）取材于他在奥斯维辛的亲身经历，他用尖酸的幽默、苦涩的反讽和生存的智慧与意识，记录下集中营里的残忍、暴力、生存和死亡。[9]博罗夫斯基笔下的第一人称主人公塔德克（Tadek）是集中营里相对"得到优待"的非犹太囚犯。他也能够"安排"额外的食物和物件，比方说一双好靴子或者一件丝绸衬衣，方便自己用，或者可以拿来多换点食物。自始至终，火车来来去去，人们被挑选带走，数万人被送进毒气室，被枪杀，被扔进火焰活活烧死，或者丢进乱葬坑里活埋。有一次，塔德克和另一位囚犯搭上话，对方问道："他们[行凶者]会不会逃脱惩罚？"塔德克回答说："我想对于这些遭遇不公的人来说，仅仅还他们以公正是不够的。他们希望那些罪人也遭受不公。因为只有这样他们才会明白公正的意味。"[10]

我们还可以从丹尼丝·迪富尼耶（Denise Dufournier）的笔下读到另一种观点。她是一个被关在拉文斯布吕克（Ravensbrück）女性集中营里的法国政治犯，这座集中营位于柏林北面的一座湖泊的岸边。如今这里湖水平静，一派田园风光，却曾经见证过与此风景完全不协调、几乎超越人类想象的邪恶。然而不协调的不仅仅是自然风光。在战争结束不久后，当迪富尼耶终于重获自由的时候，她写道：

  现在的我本可以放松，本可以坐在路旁，本可以品尝空气香甜的气味，现在没有人再禁止我做这些事，但禁令来自我自身，我害怕……因为我实在无法忍受，这么多的幸福将会转变成憎恶。上帝有言，"伸冤在我"。可是，当我处处听到人们将慷慨激昂的陈词指向敌人时，我的心就沉了下来，因为我还记得每一个再也回不来的人的每一张痛苦的脸庞，而他们就在我们无能的注视下，被折磨致死。[11]

迪富尼耶没有沉浸在复仇的念头中，她想要寻找一位诗人，让他道出"这个没有灵魂的种族的荒谬史诗"；在她看来，这首史诗将纠缠着后来的世代,"使得它在这个民族哺育出来的每一个人体内,他的每一个子女和孙辈的体内不停地回响,从早到晚,从晚到早,从他们出生的那一天起,直到他们死亡的那一刻,这绝望的哭号声,如鲠在喉,永世吟唱"。[12] 于是乎,司法对正义的追寻只能是片面的、零碎的;而迪富尼耶索求的"荒谬史诗"和"绝望的哭号声"则的确在某处"永世吟唱":罪恶感在这几十年来,被一代代地传递下去。当尚未来到的时间继续流逝,事态是否继续如此,还有待见证。

纳粹的过去挥之不去,它之所以仍旧困扰着我们,正是因为它的罪大恶极,以及伴随左右的大规模的不正义。无论我们做什么、怎么做,都不可能还这段过去以正义。不论在司法上如何正义地对待少数,无论在更广阔的意义上向幸存者提供多么微不足道的物质补偿,或者以美学创造的方式,创造出从回忆录到纪念碑、从诗歌到学术写作的种种作品,任何这些做法,都无法"还受害者的苦难以正义"。对于纳粹迫害所引发的恐怖,任何惩罚、补偿的措施,或者甚至是对恐怖的表现,都绝无可能做到充分、足够的地步,这种心理不仅吞没了亲历者,也席卷了战争结束很久以后才出生的人。此间牵涉的问题不会有简单的解决方案。而这种不安的情绪,以及问题的悬而未决,直到今天都伴随我们左右。

第一部分

人性的深谷：迫害的模式

第二章
国家支持的暴力的大爆发

在清算过去之前，我们必须首先承认，不同的人承担着不同程度的责任，而现实则是人们并没有公正地承担起他们的罪责。如果我们不先追踪清楚，在纳粹时期存活下来意味着什么，以及在这段史无前例的集体暴力时期，不同的经历群体是如何铸就的，我们就无法把握后来的清算是多么含混，又是多么匮乏。

对于遭受迫害的人来说，这些经历给他们的生存带来了深刻的影响。这种影响不仅落在了数百万骤然离世的人身上，也落在了幸存下来的少数人身上，这些"幸存的余众"包括犹太群体、被侮辱的同性恋者、被边缘化的罗姆人和辛提人、"反社会人士"[*]、耶和华

---

[*] 纳粹定义下的"反社会人士"(asozial)与我们今天所定义的危害他人的反社会者(antisozial)具有很大的差异。就词源而言，前缀"a-"指的是"缺乏"，而前缀"anti-"指的则是"反对"。在实际使用当中，纳粹定义的"反社会人士"包括吉卜赛人、流浪汉、罪犯、妓女、酗酒者、好逸恶劳之人等"偏离"社会常规的人，而我们今天定义的反社会者，指的则是患有反社会人格障碍（Antisocial personality disorder）的人，其个体特征是长期无视或侵犯他人，常表现为道德意识或良心低落，往往会有欺骗他人、操控他人、损人利己的行为。1938年4月和6月，纳粹德国发动了"好逸恶劳之帝国行动"(Aktion Arbeitsscheu Reich)，（转下页）

见证会信徒,以及纳粹迫害的其他目标。这些人很少能够同时具备存活的两大要素:群体内部的互助,或者希特勒某些(当然绝非全部)早期政敌赖以为生的信念:如果他们不向纳粹屈服,那么等到纳粹垮台的那一天,他们会迎来正义。但是,无论他们有何种经历,没有哪个受过迫害的人能够在这个时代全身而退。在这段持续了很久的时期内,他们人格受辱,在身体和心灵方面都被贬为次等民族,几乎没有办法感受到自己拥有任何价值,这些要素在这么多年来都深深地影响了他们。无论他们后来采取怎样的策略去应对过去,纳粹迫害给这些受害者带来的影响都深刻地改变了他们的人生。

然而在行凶者一侧,参与纳粹迫害的经历所带来的影响却截然不同。如果个人积极主动地投身暴力,那么集体暴力的经历将会给他留下一份极为不同的个人遗产。我们将在后文中看到行凶者的诸多策略,他们否认自己的主观能动性,逃避责任,并在后来驳斥罪责的指控。无论是被元首鼓动,被国家事业驱使,或是因害怕不得不服从,个体都可以声称他们被环境所限,无法对自己的行为负起个体责任。对于他们来说,仿佛只有构建出各种故事,将自身的作用降到最低程度时,他们才能保全真正的内在自我(在本质上无辜的自我)。战后的政治环境风云变幻,许多曾经的行凶者像变色龙一样不停地改变自我,这似乎成了他们的生存方式。

劳动有分工,因此责任和罪责亦有分工,这也使得个体更容易找到借口,否认自己在参与纳粹罪行时担负的个体责任。我们也将在后文中看到,早在东欧的杀人场所和臭名昭著的死亡营出现以前,纳粹迫害的舞台就已然很大了,其过程也分出很多阶段,从纳粹德国全境的暴力和歧视,到谋杀疗养院中有着精神或肉体残障的羸弱

(接上页)并且据此行动的标准逮捕了大批所谓的"反社会人士",将其关押在集中营里,强迫他们佩戴黑三角。

公民。从某些方面来看，奥斯维辛是这个漫长的过程最为极端的终极阶段——正是这个更为漫长、庞大的过程，以及暴力的景观，使得奥斯维辛成为可能，而我们要做的便是将这个终点置入其来龙去脉之中。

奥斯维辛是恶的象征

奥斯维辛的大多数基础设施仍旧完整、可见，从这里逃出生天的幸存者来自各式各样的群体，他们有的生活在欧洲，有的则离开欧洲，生活在其他地方。在战后的年代里，奥斯维辛借由无数回忆录、小说、纪录片和电影，进入了公众的想象之中。无论是比克瑙（Birkenau）臭名昭著的大门、瞭望塔，以及将囚犯直接送入灭绝营的铁路延长线，还是用来将人们挑选出来剥削或者处死的长长的"下车坡道"（ramp），都已经变成了恶的象征。就某些方面而言，奥斯维辛已然主宰了我们对于第三帝国的感知，也成为它在我们眼中的形象。

奥斯维辛能够成为记忆的标志性场所，能够象征纳粹暴力的内核，其中有好些充分的理由。超过100万人（也许多达120万人，这是一个超出常人想象的数字，是有史以来屠杀人数最多的单个场所）在这里被杀害。然而它"仅仅"占了纳粹大屠杀遇难者总数的约五分之一，而它在希特勒发起的战争里死去的5000多万人当中更是只占了一小部分。然而，撼动我们想象力的不仅仅是遇难者人数，还有他们被谋杀的方式。人们不仅仅死于比克瑙（奥斯维辛二号营）臭名昭著的毒气室，还会因殴打、折磨、"医学实验"而死，或者在营养不良的情况下过劳而死亡，还有可能被吊死、枪杀、饿死，或者生病而死。他们可能死在奥斯维辛一号营的主营地里，或者死在比克瑙里，或者死在离城镇只有几公里远、位于莫诺维茨的

21

奥斯维辛三号营的 I. G. 法尔本丁钠橡胶工厂里，或者死在散落于西里西亚附近的庞大卫星劳改营网络里。虽然有些人没有被立即杀掉，而是被挑出来干活，但是他们的生活不见得更好，甚至活得也不见得更久。无数囚犯在一个意图再明显不过的名叫"劳动式灭绝"（Vernichtung durch Arbeit）的项目中干活至死。被挑出来干活的奥斯维辛囚犯的平均生存期为三个月——不过对于少数人来说，干活确实意味着幸存的机会。

然而，如果我们把所有目光都集中在这个场所，落在奥斯维辛这一个意象上，它可能会给我们带来许多风险。其中一个风险在于，我们可能会无法明白，这一滔天大罪是如何一步步成为现实的。从我们的"当下"直接抵达奥斯维辛的"当时"，会令这一切超出我们的想象。我们眼中的"正常"行为，与实际在奥斯维辛发生的事情之间，横亘着一条过于宽阔的鸿沟，我们无从跨越。而在日常的人性与将无辜之人（包括老人、女人、孩子、婴儿）故意送进毒气室里处死之间，也存在着一道天堑。当我们面对这些意象时，我们的直接反应会是：我们只能谴责，而无法理解。后来，许多奥斯维辛的幸存者自杀身亡（我们只能从那些比较明显的案例中理解这一行为的意味），更是让我们觉得奥斯维辛的罪恶是令人无法理解的，或者说我们无法在继续笃信人性的情况下理解它。然而暴力和不正义仍旧在全世界上演，理解到底是什么条件使得如此非人的事件成为可能，对于我们有着至关重要的意义。

另一个风险则是，我们可能会因为关注奥斯维辛，忽略了其他大大小小的恐怖场所。当一个政权试图将所有受害者都搜捕出来，连藏在橱柜里、阁楼上或者"地堡"里的孩子都不肯放过时；当那些精神或肉体虚弱、需要得到照料的人被纳粹党视作"没用的饭桶"，只会给社会增加负担时；当同性伴侣的性取向被邻居所窥视、谴责并公之于众时；当一个人被指作"杂种""混血儿"（Mischling），

第二章 国家支持的暴力的大爆发

既不是犹太人，也不是"雅利安人"，因此同时被两个群体所驱逐时，恶在这个国度中显然已无处不在。剥削和谋杀不仅仅发生在东部隐蔽的死亡工厂里，它们也发生在第三帝国上下的"医疗"设施和劳改营中；有罪的不仅仅是党卫队看守和盖世太保暴徒，也包括医生、专业人士、行政官员、雇员，甚至还有那些因为顺从或者害怕而对迫害视若无睹的人。

极端暴力的确有着特定的节点，它可以是某些时刻、事件和区域；而暴力现形的时间和地点，也会有所集中。然而这些极端的肉体残暴时刻，依然内含于如海洋般广阔的系统性暴力之中。那些认同歧视、剥削和堕落的演化过程和结构的人，到最后实际上就是行凶者的同谋，因为他们给政治活动家、意识形态鼓动者和前线杀人犯提供了行凶和作恶的机会。

当我们将目光聚焦于最庞大也最醒目的犯罪场所时，我们反而可能忽略了"奥斯维辛"（以及它代表的一切）成为现实的机制，忽略了人们参与迫害机构和迫害实践的情况是多么普遍。在德国，经历过这个时期的成年人，多多少少都以某种形式与罪恶有着共谋关系，或者从迫害他人中获得益处；更何况，要抵制和挑战这个以国家对极端暴力的垄断为基础的系统，不仅仅是困难的，也常常是致命的。

除此之外，过分关注奥斯维辛还有一个更深一层且更令人担忧的层面。我们可能会因此陷入陷阱，为行凶者行了方便：我们可能会忽略那些早在毒气室运行之前或者在离毒气室很遥远的地方发生的事情，而许多人正是通过参与这些事情，向种族灭绝伸出了援手。共谋与罪责不应该局限于或简化为以下行为和形象：为了让囚犯排好队而鞭打他们的党卫队军官，对失窃财产和从受害者假牙中提取的黄金进行清点的官僚，残暴且施虐成性的集中营守卫，或者井然有序地注射致死毒药的医护人员。这些行为会把他们送上法庭，并且量刑定罪。但是仅仅关注他们，会使我们忽略无以计数的其他人，而纳粹罪行正是在他们的助力下才成为可能。许多人通过拉开自己与纳粹最可怕罪行的距离，试图逃避对罪责的承认。一个随处可见的策略便是声称他们"对此一无所知"——而这所谓的"此"已然被堂而皇之地简化成毒气室和东部的屠杀场所。

为了达成理解，无论我们要克服多少障碍，有些事情都是清楚无误的。由国家背书的暴力彻底地改变了人们的生活，他们被裹挟着，站在了纳粹风暴的此岸或彼岸。我们可以从中辨识出一种独特的暴力形式：它并非源自个人动机的孤立暴力行径，而是一种由上层发起、批准、授权，并为下层民众所接受、执行且在许多方面由其积极性所强化的集体暴力。不仅如此，这种暴力从未掩人耳目、躲藏在遥远的地方，它就发生在每个人的生活中，甚至发生在第三帝国的核心地带，为众人所见证。

国家恐怖主义

纳粹统治的残暴特性从一开始就已经显露无遗。[1]政治反对意见被飞速地取缔，反对派也遭到了恐吓、殴打，在某些情况下则被逮捕；犹太后裔受到歧视；患有"遗传疾病"的人被认为对"健康族群"构成威胁，因而被强制绝育。政府为了镇压它不想听到的声音，采取了极端的措施，对政权构成威胁的独立机构会被勒令关闭，其他组织和机构则被同化，与新的纳粹国家共进退。没过多久，在纳粹改变德国社会的运动当中，"吉卜赛人"（罗姆人和辛提人）、耶和华见证会信徒、同性恋，以及其他被定性为"反社会"（包括性工作者）或"好逸恶劳"的人都变成了打击对象。[2]

政治的世界发生了剧烈的改变。纳粹"夺权"的不同阶段可以细化至不同的日期：1933年1月30日，希特勒通过宪法程序被魏玛共和国总统兴登堡任命为联合内阁的总理；1933年3月21日，在具有象征意义的"波茨坦日"，以及随后在1933年3月24日，希特勒利用2月27日国会大厦纵火案疑虑重重的政治余波，通过了《授权法》；希特勒宣布除德意志国家社会主义工人党（NSDAP，即纳粹党）以外的所有政党均为非法政党并予以解散，并在接下来的几个月中将独立社团和组织"纳入正轨"；1934年8月，兴登堡总统逝世，希特勒宣布自己同时是党和国家的领导人，自号"元首"（Führer），而军队将对他个人宣誓效忠。尽管在初期，有些人还怀揣希望，认为希特勒的统治不能长久，但是新政权却走在了权力越来越稳固的道路上。

1933年4月7日，随着《恢复专业公务员法》（Law for the Restoration of the Professional Civil Service）的颁布，那些抱有不受政权欢迎的政治信念的人，以及那些身有"种族"血统（包括仅有一方祖父母或外祖父母为犹太人）的人，都将被清除出专业岗位的队伍。国家公务员、司法和医疗专业人士、学校和大学里的教师，都愈发被"纳入正轨"。鲜少有非犹太德国人能够像年轻的司法工作者塞巴斯蒂安·哈夫纳（Sebastian Haffner）那样好运，能够安稳地完成司法训练，然后逃到英国，躲避国内愈发迫切的政治妥协诉求。[3]

从外交部到劳动部，虽然政府机构保留了某种传统的保守民族主义形象，但它们大体上都遵从纳粹政权的目标。[4] 在传统政府结构之外，纳粹机构和组织蓬勃发展，不断地将国家推向种族歧视、战争和扩张的边缘，而在必要政策的实施过程中，纳粹政权都得到了国家官僚的忠诚协助。

当希特勒掌舵德国前进的方向时，他的主要政治伙伴虽然因私人恩怨而争吵不休，却还是制定出了详细的策略。在赖因哈德·海德里希（Reinhard Heydrich）的协助下，海因里希·希姆莱（Heinrich

Himmler）建立起一股受中央控制的庞大的警察和镇压力量；约瑟夫·戈培尔（Joseph Goebbels）策划了纳粹宣传，并且担任柏林的大区长官；赫尔曼·戈林（Hermann Göring）在第一次世界大战中得到飞行训练，他不仅组建了的德国空军，并且受命领导四年计划办公室——纳粹政权不顾德意志帝国银行行长和经济部部长亚尔马·沙赫特（Hjalmar Schacht）的经济建议，于1936年成立该办公室，其目标是让德国"在四年后"开战而做好充足准备；鲁道夫·赫斯（Rudolf Hess）本是纳粹党的副党魁，但是他在1941年秘密地去往英国，在未经希特勒授权的情况下向英方提出了和平提议，因而被英方作为战俘逮捕；马丁·鲍曼（Martin Bormann）领导着纳粹党党务中心；阿尔贝特·施佩尔（Albert Speer）尽管后来将自己粉饰为一个无关政治的建筑师，却运用其专业技能，帮助纳粹更好地展示权力，并且构筑起一个狂妄自大的新德国的愿景——所有这些人以及数不胜数的其他人，都将他们的精力投入设计和建设新帝国的使命当中，他们都将以某种方式遗臭万年。

被政权所许可的身体暴力从未避人耳目。就这一时期的纳粹支持者而言，其官方观点和认知都将此类受官方背书的暴力视作恢复街头"法律和秩序"及将"不受欢迎的人"清除出德国的必要手段。一开始，希特勒的统治由臭名昭著的褐衫军冲锋队（SA/Sturmabteilung）所维系，不过在1934年6月的"长刀之夜"后，其领袖人物，包括恩斯特·罗姆（Ernst Röhm）遭到杀害，这一组织遭到了官方的降级。随后，由希姆莱领导的黑衫党卫队（SS/Schutzstaffel）开始拥有越来越大的权柄。而愈发顺从的警察力量也在扩张权能。这支警察队伍也包括国家秘密警察，或称盖世太保（Geheime Staatspolizei），他们倚仗着一个无限扩张的集中营和拘役所网络，其中关押着帝国真正的敌人和潜在的敌人。普通市民的参与也给这台恐怖机器增添了能量，因为他们会利用这台权力的新机器，向盖世太保和其他当权者谴责那些不合群的人，揭发那些不顺从的人，借此达成自己的目的。

从一开始，所谓的野生集中营就始终存在，它们广泛地散布在德国上下的地下室、房屋、缠着铁丝网的围栏和公共建筑之中。没过多久，第一座大型纳粹集中营在慕尼黑附近的达豪破土动工，并在1933年3月大张旗鼓地开张。随后，此类机构如雨后春笋般冒头，不仅包括相对知名的集中营，也包括大量鲜有人知的分营和有时候转瞬即逝的拘役所。[5]这种拘役能够达成诸多目标：惩罚、威慑、摧毁反对力量、从社会上移除政权的眼中钉，以及遏制少数人的"改革"企图。

前期的恐怖浪潮主要针对社会主义者、共产党人和其他纳粹政敌，等到他们被肃清之后，早期的集中营开始人去楼空。在20世纪30年代中期，这些地方与其说是集中营，倒不如说是监狱，因为它们主要被用来关押常规的罪犯以及在政治和社会方面"不受欢迎的人"。从30年代后期开始，集中营系统再次开始扩张，接收的群体变得越来越多样化。这些机构是第三帝国恐怖的标志性场所，它们被继承下来，用于政治目的，并且为德国工业和党卫队提供了廉价的劳动力。我们将会在下文中看到，在战争期间，纳粹政权仅仅为了屠杀而建造一批集中营。

体制化的暴力系统的扩张并未刻意避过德国人民的耳目。大型集中营都很出名，而且大多离人口稠密、生产繁荣的地区不远。萨克森豪森（Sachsenhausen）集中营就位于柏林北上的轻轨线沿途。这座集中营是在希姆莱在1936年成为党卫队全国领袖（Reichsführer SS）时建立的，它取代了一度于1933年至1934年在奥拉宁堡（Oranienburg）运作的集中营。布痕瓦尔德（Buchenwald）集中营坐落在埃特斯堡山（Ettersberg hill）上的森林里，俯瞰着这座因歌德、席勒以及包豪斯设计学院而出名的魏玛城镇，它将于1937年开张。拉文斯布吕克集中营在1938年动工，并于1939年5月投入使用，接收女性和儿童，不过后来也有一些男性被送入此地的劳动营。拉文斯布吕克集中营位于小镇菲尔斯滕贝格（Fürstenberg）附近，小镇周边有一定数量的企业和训练场地，也有一条铁路线直通柏林（途经奥拉宁堡）。诺因加默（Neuengamme）集中营位于港口城市汉堡的郊外，它建于1938年，最初是萨克森豪森集中营的分营。1940年，它变成了一座独立的集中营。纳粹德国在1938年"联合"（Anschluss，实为占领）奥地利后，在小镇林茨（Linz，这里是希特勒上学并试图研习艺术的地方）附近建造了毛特豪森（Mauthausen）集中营，使其成为一个庞大劳动营网络的中心枢纽，用于开发附近的花岗岩矿。

所有这些集中营都关押着形形色色的人：政治犯、耶和华见证会信徒、同性恋者、"反社会人士"，等等。他们被关在这里等候惩罚，有些则接受所谓的"再教育"和劳动剥削。尽管充斥着残暴对待、口粮不足和高死亡率，但这些建于20世纪30年代的帝国集中营，在设计之初并非为了人种灭绝，这一目的直到后来在东部专事屠杀的中心的建造，才发展起来。

这个系统使得行凶者和受难者之间的区别变得昭然若揭，人们被剥去了个性，被强加以新的身份。到20世纪30年代末，这个系统的结构和操作已经发展成熟，我们几乎可以通过它们自动地联想到集中营系统。囚犯必须穿着典型的条纹服饰，被分成不同类别的群体，以不同颜色的三角作为标识，并因类别而受到不同的对待。[6] 男同性恋者佩戴粉三角，他们的境况会比佩戴紫三角的耶和华见证会信徒或者佩戴红三角的政治犯更糟糕；他们分到的食物更少，工作条件更糟糕，而且比起其他囚犯，他们更容易被用于"医学实验"。他们还遭到许多囚犯的排挤、孤立，被他们大肆嘲笑，因此也无法同其他受难者抱成一团，得不到其他人的帮助。有一项研究估计，集中营里男同性恋者的死亡率约为60%，比耶和华见证会信徒35%的死亡率高了近一倍。[7]"惯犯"佩戴绿三角，他们常常在集中营中担任行凶者的助手，参与到压迫之中，变成犯人头目，或者是这一残酷等级中的小官僚。"反社会人士"则佩戴黑三角，他们内部五花八门，可能包括妓女、流浪汉、"吉卜赛人"，以及因其他名目获罪的女同性恋者。犹太人佩戴黄星，他们永远居于最底层。虽然如此，但他们在一开始并非监狱里的主角，直到1938年11月9日至10日的"碎玻璃之夜"（Kristallnacht）发生之后，遭到逮捕和囚禁的大批成年犹太男性才突然开始充斥着各个集中营。

集中营的建设有赖银行、金融机构以及工业的通力合作。这一压迫和剥削的系统的建立，早于战争年代囚犯数量的大幅上升，早于帝国境内集中营和劳动分营的指数级增长，早于东部臭名昭著的死亡营的建设。那些后来声称自己一无所知的德国人，他们似乎忽略了一件事情：这些镇压和毫无人性的行径，早在和平年代，早在奥斯维辛的设想诞生之前，就已经在他们周围招摇过市了。他们也同样低估了一件事情：他们自身的行为在多大程度上导致了受迫害者陷入排挤和孤立的处境。

和平时代的迫害

从一开始，逮捕、周期性监禁和迫害所表现出的随意性，只要是任何明眼人都能看得出来，这是针对纳粹政敌的肆意恐怖。纳粹的政策既植根于现存的社会偏见，又进一步激化了它，对有些群体来说，生活的处境自20世纪30年代中期开始急转直下。

在战前的大部分时间里，旨在达成"无犹"德国的各项纳粹政策主要是将犹太人清除出国家机构和公共生活领域中显赫的位置，降低他们的地位和生活水准，并咄咄逼人地将他们从德国社会中孤立出去，最终将他们赶出德国领土，却并未试图剥夺他们的生命。《恢复专业公务员法》将有犹太血统的人排除在一大批专业行业之外；1935年的《纽伦堡法案》（Nuremberg Laws）将他们定为二等公民；1938年激进的反犹措施没收了犹太人的资产，强迫将房地产和商业"雅利安化"，以羞辱的方式将大写字母"J"加在犹太人的护照上，给他们强加"萨拉"（Sara）和"以色列"（Israel）等中间名，并且进一步限制了他们的行动自由——不仅影响了他们的国族身份，而且也降低了他们生存的可能性。

到了这个时候，德国境内拥有犹太血统的人已经遭到了其他公民的排挤和孤立。但是，其中有许多犹太人，尤其是那些自认为是德国人的老一辈，都不愿意离开他们的祖国。在1938年11月9日至10日的暴力事件中，犹太会堂遭遇了有组织的纵火，犹太人的财产遭到损毁，还有那些被监禁了数个星期后得到释放的犹太人也经受了肉体和精神的摧残，所有这些给此前他们心存的渡过难关的奢望以最后一击，也使得人们更加迫切地想要获取必要的护照、宣誓书和其他移民手段。

"碎玻璃之夜"并非如戈培尔试图粉饰的那样，是人民怒火的"自发性"喷发。但大量的德国人确实积极地参与了这场由国家支持的暴力行动的大爆发：有的人参加了褐衫军冲锋队，有的人则下辖于希特勒青年团，还有的是前来助阵的学生群体，甚至还有趁机顺手牵羊的人。[8]然而，这场暴行令除此以外的其他人感到震惊。柏林记者露丝·安德烈亚斯－弗里德里希（Ruth Andreas-Friedrich）在1938年11月11日星期五的日记中写道："在党卫队施暴之际，数不清的德国同胞都快要因为同情和羞愧而死去了。"[9]安德烈亚斯－弗里德里希在其日记中谨慎地记录道：针对柏林犹太人以及试图保护犹太友人和熟人的其他人的迫害在一步步地升级。在当时，很少有人能够想象得到，事态还能够大幅度恶化——但是早在战争爆发之前，同安德烈亚斯-弗里德里希志同道合的人就已经清楚地意识到，纳粹政权的迫害政策既是一种罪行，也是一种反人类行径。

至于奥地利的犹太人，在1938年3月，第三帝国突然之间就吞并了他们的国家，并且将其纳入帝国之中。他们很快就丢掉了工作、地位和谋生手段，被迫参加对他们横加羞辱的公共仪式，比如说他们会在围观人群的讥讽下，被迫跪地擦洗街道。奥地利犹太人在顷刻之间，就被扑面而来的肆意的纳粹暴力所裹挟。其实早在"联合"之前，反犹主义就已经在奥地利流行起来，而这实际上有助于纳粹统治的确立，这与后来奥地利为了洗脱罪行而推行的"希特勒的首名受害者"的神话相悖。[10]尽管（或者说正因为）杰出的奥地利犹太后裔（包括精神分析学家西格蒙德·弗洛伊德［Sigmund Freud］、作曲家古斯塔夫·马勒［Gustav Mahler］、哲学家路德维希·维特根斯坦［Ludwig Wittgenstein］，以及阿图尔·施尼茨勒［Arthur Schnitzler］、斯特凡·茨威格［Stefan Zweig］等作家，再加上许许多多其他人）对欧洲文化和思想生活作出了耀眼夺目的贡献，尽管（或者说正因为）在奥地利人当中，犹太人分布在各行各业，而不只是占据那些重要的专业工作和金融圈子，许多奥地利人依旧怀有反犹仇恨情绪。在经济和政治动荡时期，比如在第一次世界大战后，以及20世纪20年代末30年代初的经济萧条时期，这种情绪都曾经被政客煽动和利用。而在20世纪30年代中期，当奥地利政府试图颁布措施，防止种族歧视时，这些偏见甚至可能进一步加剧了。

"德奥联合"之后，奥地利犹太人被恐惧所裹挟，按照一位有多种血统的奥地利人的说法，他们被抛入了一场巨大的"精神混乱"之中，他们的生活所发生的改变，要比1933年德国犹太人所经历的更为剧烈。[11]包括非犹裔在内的许多奥地利人，在面对"几乎超越人类承受能力的处境"时，都因为过度惊吓而陷入了冷漠的"无动于衷"。[12]这股压力将社会撕裂开来,甚至改变了最为亲密的人际关系。比方说,美国人米丽娅姆·A.（Miriam A.）的丈夫是一位非犹太裔奥地利人,他有许许多多犹太人朋友。米丽娅姆生动地回忆起,当他们的犹太朋友在1940年自杀时,她体会到一股突如其来的"不安全感、恐惧感,以及一种仿佛步入噩梦的感受"。但是,她的丈夫却径直适应起新政权下的生活,两人的分歧加速了这段婚姻的破裂,也促使她返回美国。[13]与此同时,不计其数的奥地利人陷入公然的狂热情绪。无论是在奥地利,还是在德国,不同世代之间都存在着差异。正如米丽娅姆·A.所言:"在老一辈人当中,分歧是如此巨大又无法回避,已经令人颇为心寒。而年轻一辈似乎焊成一个同质化、神气活现、英雄式的瓦格纳式群体,随时准备好愿意跟随希特勒到天涯海角。"[14]

犹太人也并非唯一的受害者。在德国社会之中,罗姆人和辛提人长期以来一直遭到怀疑和排挤。当纳粹收紧歧视性政策时,德国人就对他们口中的"吉卜赛人"的悲惨命运视若无睹了;许多人甚至赞同纳粹的措施。[15]在当时,德国和奥地利境内可能生活着3万名罗姆人和辛提人后裔,据估算其中仅有10%是"纯正的"吉卜赛人,大部分人是"跨种族"婚姻的后代。虽然纳粹党人会将人群按照"混血"程度（其级别视祖父母和外祖父母中吉卜赛人的数量而定）不同而进行分类,并且耐人寻味地将那些并非吉卜赛后裔,却过着相似的流动生活的人归类为"NZ"（Nicht Zigeuner,即"非吉卜赛人"）,同时在不以"种族"问罪的情况下谴责他们的生活方式,但吉卜赛人的定义通常更关乎生活方式。[16]在20世纪30年代,流动地生活在篷车里的吉卜赛人被集中到小型城市营地中。1936年7月,为了在奥运会到来之前"清洗"整个柏林,当地的罗姆人被送到了柏林北部郊区马尔察,安顿在一处墓地附近的集中营里。到了1938年,德国上下的许多罗姆人和辛提人已经被送进集中营,并且被归类为

第二章 国家支持的暴力的大爆发

"反社会人士"。[17]1938年12月,希姆莱发布了"同吉卜赛瘟疫作战"的命令,其他"种族"政策的轨迹在此重演:针对这个受迫害群体的措施开始变得更为严峻。[18]

希姆莱对于同性恋的态度也向我们透露出,对于这个群体的政策为什么会渐渐变得越来越严苛。《德国刑法典》第175条本就将男性之间的性关系列为违法行为。20世纪初,尤其是20世纪20年代,在社会改革家的带领下,同性恋议题开始出现了更具有进步意味的观点,其中代表人物包括柏林性学研究所创始院长、临床医生马格努斯·希施费尔德(Magnus Hirschfeld)。希施费尔德曾经参演一部于1919年上映的电影,这部精彩的影片名叫《与众不同》(Anders als die Andern)。[19]这部电影的主演是康拉德·韦特(Conrad Veidt),也是那个时代最早以同情的视角表现同性恋面对的困境及其"出柜"的巨大挑战的影片之一。主人公不仅失去了工作,也失去了爱人,他最后自杀身亡。希施费尔德的研究所曾迎来诸多访客,其中便有克里斯托弗·伊舍伍德(Christopher Isherwood),而从伊舍伍德的小说中,我们可以看出纳粹崛起之时,柏林的民众对其抱有怎样的想象。但是,关于同性恋的进步观点和魏玛德国的许多事业遭遇了同样的命运,随着纳粹掌权,它们很快就成了牺牲品。希特勒上台后,研究所遭到关闭,同性恋也很快变得有碍观瞻,进而遭到取缔。

在接下来的几年中,立法层面的改变逐渐生效。[20]1935年,《德国刑法典》第175条延伸到禁止两个男性展示任何爱慕的行为,哪怕多含蓄都不行;还有个法案更进一步,提议对男同性恋者做强制性绝育手术(包括阉割)。1936年,希姆莱在演讲中表示,同性恋必须被"根除"。那些已经因为同性恋罪名而蹲过班房的人,出狱之后常常会被径直送进集中营,并被安排"改过自新",不过在多数情况下,这都意味着劳改至死。1942年,纳粹政府开始对同性恋执行死刑，其中尤以军队为甚。希姆莱的私人医生费利克斯·克斯滕（Felix Kersten）在1940年11月10日的日记中写下了他和希姆莱的一段对话。对话主题有些特别，涉及一位金头发、蓝眼睛的党卫队男同性恋者，希姆莱原本期望这位同志能够"信守诺言，改正他的行为"，但是他没能改变自己的本性。根据克斯滕的描述，对于希姆莱而言，"答复仅有一个：进一步堕落，开除出党卫队，锒铛入狱并最终送往集中营"。[21] 据说，希姆莱还进一步表示，"我们决意要剪除同性恋的根与枝"，将他们视作"对国家健康的威胁"。按照希姆莱的看法，纳粹党人容不下"此等危害国家的事态，同性恋必须被赶尽杀绝"。当克斯滕试图反驳这些观点时，希姆莱却回答"你说够了没有"，然后补充道："他们的女性化姿态和行为令我作呕。"[22]

高层态度尚且如此，整个社会也弥漫着普遍的恐同心态，在这样的背景下，纳粹治下的男同性恋者自然前途黯淡。他们和犹太人一样，在很早的时候就注意到整体氛围的变化。实际上，其他德国公民对此也早有察觉，在这段时期里，新的社会鸿沟开始出现，从前的社会纽带开始瓦解，而此前团结一致的群体也变得分崩离析。举例来说，"雅利安人"希尔德加德·沃尔夫（Hildegard Wolf）在1931年嫁给了一个犹太人，在她看来犹太人也是德国同胞，他们和新教徒或者天主教徒没有本质区别。[23] 早在1933年，她丈夫已经开始在生意上感到压力，夫妻俩也讨论过他们是否应该离开这个国家。她的丈夫要比她年长不少，曾经在第一次世界大战期间目睹过德国人在比利时犯下的暴行。1936年，他们前往哈茨山脉远足，遭遇"可憎"的纳粹党人，在这件事情过后，丈夫表示他很清楚德国人可以变得"多残忍"，并认为"现在我已经受够了"。与此同时，在他们准备移民的漫长过程中，他们继续在柏林中心街道菩提树大街经营着他们家的百货商店。有一天,一位同性恋犹太雇员的姐妹[*]来到店里,告诉他们"纳粹党人"突击检查了一家知名的同性恋夜店,逮捕了店中所有年轻男性,并将他们送往集中营。按照希尔德加德的说法,这位犹太雇员后来被释放,并且回到店里继续工作,"但是他太过于害怕,因此在我们面前绝口不提这段经历",而且他的"状况也很糟糕"。其他在这个阶段从集中营脱身的人也都不太情愿谈论自己的经历。在希尔德加德周围,很多人终止了他们的"跨种族"婚姻,而她自始至终都坚守在丈夫身边,她也因此被过去的"雅利安"朋友孤立,反而在犹太群体中感到更加自在,因为只有他们仍旧欢迎她。希尔德加德最终和丈夫移民离开了德国。她的记述并没有告诉我们,那位同性恋雇员最终命运如何。

耶和华见证会信徒(在德语中叫Bibelforscher,即"《圣经》学徒")也从纳粹掌权之初,就开始感受到歧视,而在20世纪30年代中期,压迫开始愈演愈烈。举例而言,伊丽莎白·迪克斯(Elisabeth Dirks)还记得她在萨克森(Saxony)度过的童年时光。[24] 她的父亲是一位虔诚的耶和华见证会信徒,她记得父亲几乎在希特勒上台之后就立即遭到了逮捕。伊丽莎白还认为,"自从上头发话之后",他们就遭到"恶劣的对待"。伊丽莎白的父亲先是遭到逮捕,关押了一小段时间后被释放,此后在纳粹执政初年四度入狱,被迫在附近的一座采石场做苦力。在伊丽莎白的记忆中,她最后一次见到父亲是在1936年。那一天,盖世太保闯进了他们家,"用手枪对着我的父亲,将他逮捕"。他回答说:"你们可以把枪收起来,我跟你们走,不会反抗。"她的母亲带着孩子们住到外祖父母家,可是

---

[*] 本书在使用真人案例的时候,有较多涉及家庭成员的内容,由于英语不像汉语那样清楚地区分亲属之间的长幼关系,以及属于父母之间的哪一方,故而当本书原文对此略去不谈且难以确定的时候,为了译文准确,"sister"译为"姐妹","brother"译为"兄弟","cousin"译为"表亲","aunt"译为"阿姨","uncle"译为"叔叔"。

后来，连母亲也遭到了逮捕。伊丽莎白的母亲因为宗教信仰被告上法庭，被判处两年半有期徒刑。伊丽莎白的父亲被送往萨克森豪森集中营，但他自始至终都不肯放弃自己的信仰。当局曾经给他机会，声称只要他签署文件放弃信仰，他们就会释放他，但是他坚守住自己的原则；他所在的监狱里还有另一个耶和华见证会信徒，那个人就在文件上签了名字，可是在他走出集中营的那一刻，有人朝他背后开了一枪。伊丽莎白的母亲最终签署了文件，获得释放，按照伊丽莎白的说法，这是因为她"不顾一切地"想要见到自己的孩子。然而，伊丽莎白认为，她的母亲"直到死去的那一天都心怀愧疚"。她的父亲从未获释，并且死在了狱中。

拥有犹太血统的埃内斯特·普拉茨（Ernest Platz）是纳粹党的政敌。尽管普拉茨的经历特别极端，但由于他善于观察，所以当他于1956年在澳大利亚的墨尔本接受采访时讲述的往事依旧能够给我们带来很多启发。[25]在纳粹上台的时候，普拉茨住在柏林，并且是工会报刊的记者，此外他还为一份日报做体育新闻报道。他的太太并非犹太人，他自己则是社会民主党（SPD，1933年遭禁）的成员。1933年9月，一位牙科医生告发普拉茨，说他不仅是犹太人，还是"共产党"。他随即遭到逮捕，被关押在位于柏林帕贝大街的冲锋队临时监狱——就在现名南十字车站的交通枢纽附近。在那个年代，从这里路过的人每天都可以听到遭虐待的囚犯的惨叫声。[26]数十年后，纳粹党在这座监狱里虐待政敌的行径仍旧困扰着受害者的亲属：举例来说，吉塞拉·福斯特（Gisela Faust）是一位受人尊敬的贵格会信徒，他曾参与难民儿童运动（Kindertransport，旨在帮助犹太儿童移民海外）的组织工作，向犹太人提供援助。直到晚年的时候，她仍旧会谈起丈夫在帕贝大街的遭遇。[27]普拉茨在这个地方遭到残暴的审讯，给他的肾脏造成了永久性损伤。他被监禁在地下室里，这些阴暗的房间四面都是砖墙，到处是管道和剥落的石灰，但

第二章　国家支持的暴力的大爆发　　　　　　　　　　　　　　　　　　　　047

是他并非孤身一人。他估计这里大概囚禁着700个人，大多是政治犯：狱友包括其他社民党成员、德国共产党（KPD）成员、天主教中央党（Zentrum）和德国人民党（Deutsche Volkspartei）的前成员，甚至还有德国国防军的官员。

　　普拉茨在1934年2月被释放，却难以重拾记者的职业。1935年，他在犹太文化联盟（Jewish League of Culture）找到了一份工作，并且向德国犹太援助协会（Hilfsverein der Juden in Deutschland）申请移民援助。但是他得到的答复是协会根本帮不上忙。由于普拉茨没有宗教信仰，并且他的太太并非犹太人，犹太援助协会声称："我们必须优先帮助犹太人！"[28] 后来，普拉茨再度遭到逮捕，同约1000名囚犯（其中多数并非犹太人）被关进了哥伦比亚（Columbia-Haus）集中营的盖世太保监狱，地点在滕珀尔霍夫机场（Tempelhof Airport）旁边。[29] 他想要前往中国上海，于是再次尝试移民，但是犹太援助协会再一次拒绝伸出援手。此时的普拉茨因在监狱里被虐待，肾脏已经严重受损，他最终只获得了免费的医疗。与此同时，他的公寓遭到搜查，所有图书都被没收。他的妻子无奈向种族事务局（Rassenamt）提出报告，却被强令与普拉茨离婚；她冒着被送往集中营的风险回绝了这一命令。

　　普拉茨在1938年再度被捕，和其他约400名囚犯（其中超过一半被归类为"反社会人士"，有些人仅仅是因为无业；另外约有100人是"罪犯"；约70人被归类为"政治犯"，包括几名犹太律师）一起，被短暂地关押在柏林的警察总部（Polizeipräsidium）。他离开这里后，被送进了刚刚启用的布痕瓦尔德集中营。他估计那里有3000名囚犯，大多是社民党成员和共产党成员，此外还有些人来自中央党；这里还有30个犹太人，少数同性恋，以及个别试图非法离开德国的人。在新来的这批囚犯里，大约有30人被杀害，其中包括一位"混血犹太人"，他遭党卫队毒打时还了手，因此被踩踏致死。还有个年轻的吉卜赛人被他们困在大楼楼顶，他大喊着："耶稣啊，马利亚啊，救救我，救救我！"然后被他们活活打死。党卫队怂恿"政治犯"和"罪犯"搞斗争，争夺内部管理权。政治犯有着自己的地下组织，他们在夜晚降临时会面，并鼓励普拉茨主动让自己身上的一道伤口恶化，好摆脱沉重的体力劳动。后来，普拉茨被安排统计死亡人数，并对这几个月的集中营情况作准确记录。最后，在这批囚犯中，普拉茨是仅有的几个在战争爆发前得到释放的人之一。他最终成功地离开德国，来到中国上海。此时的上海已经发展成一个德国犹太人的根据地，他经由此地前往澳大利亚。[30]

走向"民族共同体"

战争结束后，无论是对纳粹政权的同谋者而言，还是对更广大的人民群众来说，把控诉的目光锁定在政府高层，锁定在其对民众明目张胆的镇压上，显然都是有好处的。在盟军的主持下，国际军事法庭以及后续审判（史称纽伦堡审判）成功地将人们的注意力集中在少数人身上。其案例都指向显赫的人物，并没有抱着明知其不可为的心态尽可能地探究罪责。但是，将大规模屠杀变成现实的，远远不止进入公众和司法聚光灯下的那少数几个人。

有许多人出于不同的原因，未能勇敢地发起反抗，组织起反对力量，他们的支持、共谋、默许、适应、屈从，都在极大程度上帮助纳粹领袖将其事业付诸现实。人们总是以不同的程度与纳粹政权扯上关系，就情感态度而言，就有热情支持、被动接受、私下抱怨和害怕恐惧，要想准确地分辨，无疑是一件极其困难的事情。但是，考虑到人们对这段过去抱有的挥之不去的不安心理在更长远的时期里所具有的意味，那么弄清楚人们如何被卷入这个"旁观者社会"就变得非常重要了。[31]

纳粹关于"民族共同体"(Volksgemeinschaft)的理想着眼于"族群健康"的定义,然而这一理想从未成为现实;我们自然很清楚,社会、经济、政治宗教、区域等其他层面也相当重要。但如果我们仅仅认为"民族共同体"这个词更多的是指意识形态上的目标和理想而非历史学者所使用的分析工具,那么这种看法是不充分的。[32]对有些人来说,"民族共同体"的观念天然地具有很大的吸引力;那些将很多人卷入其中的事件确实会激发出某种归属感,而且常常被落实到日常生活的行为之中,由此,即便不是刻意为之,它们也会进一步排挤和孤立那些不被当局所需要的群体。人们在和平年代的共谋行为,为战争年代更为极端的政策打下了基础。这一基础包括,人们学会认出哪些人被包含在新的"民族共同体"中,以及识别并孤立那些被排除在外的群体。

诽谤性标签被强加给个体,不管他们是否接受这样的身份。举例来说,许多德国人在此时被打上了犹太人的标签,要么是因为他们有犹太亲友,要么是因为他们有犹太血统(即便这一血统很稀薄,要追溯到他们祖父母那一辈),他们因此被排除在专业工作之外;他们很快就意识到,这些强加的标签并不总是能够反映他们的自我指称和身份认同。然而,这些强加的歧视性标签会给他们的生活带来巨大的影响。

对于那些不曾遭到排挤的人来说,事态的改变走向了另一个方向。在1932年夏秋,当经济大萧条探底之后,希特勒的掌权同经济腾飞同步发生(纳粹掌权对经济的腾飞有所助力,但并非其直接原因)。随着经济复苏,以及纳粹重整军备的政策在一定程度上令工作岗位增多,许多失业者再度回到工作岗位上。在1918年战败、《凡尔赛和约》的羞辱,以及魏玛德国的动荡之后,德国终于重获强国的心态,其他人也从中找到了自信和目标。还有些人通过成为纳粹组织成员或者参加由国家组织的活动,而找到了新鲜的满足感,甚至掌握了少量的权威和权力。在这个愈发纳粹化的国家里,许多人加入了附属于政权的组织,并且展现出对于元首的热忱。希特勒的表演和公开演讲都经过精心排练,其巅峰时刻乃是每年在纽伦堡举行的大规模纳粹党集会,这一活动将人民的热情推向高潮。莱尼·里芬施塔尔(Leni Riefenstahl)掌镜的剧情片不仅捕捉到集会的氛围,更在美学表现上予以强化。无论这些事件背后有多少人为安排的因素,当时的许多观察者,比如美国记者威廉·夏伊勒(William Shirer)注意到,这些事件能够以公开的形式将对政权的支持展现出来,对集会群众的影响是不言自明的。[33]在很多未受迫害的德国人的记忆当中,第三帝国的和平年代是他们一生中最好的年华。

纳粹当局、反对群体(如流亡中的社会民主党)以及其他左翼群体留下的公共舆论评估和"情绪"报告向我们透露出某些总体的趋势。[34]人们与纳粹政权博弈的方式既因代际差异而不同,也因政治差异而有别。年轻一代比较容易从局势中看到机会;较为年长的德国人本身已经持有特定的观念,不太容易被政权说服而改变自己,不过很多人都把怨言埋在了心底。[35]

从当时的资料可以清楚地发现,当人们探索新政权的维度,"尝试"新身份的时候,他们展示自我的方式也有所更新。就连坚定的纳粹党员都注意到当时人们所经历的"学习曲线",例如有一位洛伦茨先生(Herr Lorenz,并非真名)不仅是狂热纳粹党成员,还是不伦瑞克(Braunschweig)的基层公务员,他在写给搬到另一座城镇的邻居的一系列信件中提及,人们有着"弄明白我们必须做什么,不能做什么"的实际需求。[36]洛伦茨与朋友的信件往来很有价值,就连信件末尾、署名之前的致辞都能证明人们如何从有新鲜感渐渐过渡到习以为常。在1935年9月22日的通信中,他们首次从原先的亲切问候和美好祝愿等标准致辞,变换成"希特勒万岁",并且饶有意味地加上了双引号。接下来的将近两年里,"希特勒万岁"

的信末致辞都被加上了双引号,直到 1937 年 9 月 12 日,希特勒万岁的使用再也不包含任何距离感和自创用法。从此以后,这被当作理所当然的致辞标准,再也没有人对此感到明显的难为情。

这件事从细节上向我们指明,德国社会在那些年间都经历了哪些牵涉更广的变化。许多成年人感受到新生的压力和社会期待,并学习着进入某种新角色之中。有些人主动抓住机会,他们采取的行为会在职业、社会和经济上给他们带来好处。但并非每个积极地向纳粹新社会靠拢的人,背后都有追逐职业利益和个人利益的理由。有些人的动机更多源自害怕,他们害怕自己如果表现得不够热情,会被视作"民族共同体潜在或真正的敌人"。这些人包括曾经参与左翼政治运动的人,以及那些明白政治恐怖已经在 1933 年最初几周降临到社会主义者和共产主义者头上的人。举例来说,德国犹太人格哈德·马佐夫斯基(Gerhard Mazowsky)还记得,他曾经的好些朋友都"不再敢公开地"同他或者其他犹太朋友见面,他们必须"竭尽可能地小心谨慎",不能被别人看到他们和犹太人在一起。[37]

不过,人们更为普遍的应对方式是在感受到新的压力和担忧后,简简单单地选择顺从。此类顺从包括同关系变得尴尬的朋友绝交,这种绝交几乎不会影响到"雅利安人"一方,但是对于在社会上越来越受孤立的犹太人一方而言,却常常痛苦无比。对许多人来说,他们之所以选择顺从,与其说是因为害怕招致严刑峻法,倒不如说是因为他们害怕招致污名和孤立,害怕因此被起上诸如"犹太人的奴仆"(Judenknecht)的绰号。要跨越这道全新的种族藩篱,坚守在朋友尤其是亲密伴侣的身边,需要极大的勇气和个人决心,并非每个人都能应对这样的挑战。

除了如此这般的排挤以外,所谓民族共同体,确实相较过去有着更有活力也更有激情的表现形式,许多人也是受此吸引。在现存的时人档案资料中,"建设"新社会的兴奋感可以说是呼之欲出。

举例而言，洛伦茨先生在书信末尾写下了"希特勒万岁"的新用语，但是变化不只是发生在致辞的变更上。他显然已经彻底地将民族共同体的目标和愿景内化于自身。在他的信中，他不仅同过去的邻居谈论自己家庭成员以及双方共同朋友的新鲜事，他还谈及政治事件，表达了对于社会整体发展的感触。从他写于20世纪30年代的信件中，我们可以读出一种确凿无疑的激动之情。比方说，在1935年12月22日的信中，他觉得各方面"都充斥着活动和生命力（überall Leben und Treiben），以及做不完的工作"。他接着写道："至于我们呢？我们是其中的一部分（mit dabei）——这可太棒了！"[38] 后来，在1936年2月16日提笔写信时，洛伦茨先是对自己儿子积极参与冬季援助计划（Winterhilfswerk）表达了欣喜之情，然后激动地写道："到处都充满活动和生命力！"[39]

就连不像洛伦茨这般热情高涨的人，也会在某些场合禁不住诱惑，想要归属于此类共同体，这反而把他们自己吓了一大跳。而每当纳粹党组织观众表达对于党的归属感时，这种现象就会尤其明显。举例而言，伊丽莎白·B.来自一个坚定的反纳粹家庭。1940年，在她21岁的时候，伊丽莎白·B.作为一名互惠换工生去往美国。她在当时的一篇文章中回忆起，即便是她也会在群情激昂的场合下，意外地感受到民族共同体的归属感的潜在魅力。1935年，伊丽莎白·B.还在波恩（Bonn）上学。有一回，戈林所在的车队要从学校附近经过，她和同班同学要立正等候，在他经过的时候挥舞手中的旗帜。尽管伊丽莎白·B.极度反对纳粹党，但她惊讶地发现，人群在这一场合显现出来的热烈情绪，竟然对她有着正面的影响："尽管我紧闭着嘴唇，但是我不知怎么回事，仍旧陷入了当时的狂热氛围中。"[40] 1936年，当她和其他女生一起，被选中前往柏林观摩奥运会时，她也有过类似的体验。一开始，她发现许多柏林人跟她家乡的人判然有别，他们既不狂热，也不信奉纳粹主义。[41] 可是，当她受邀前往柏林万湖的孔雀岛,参加一场盛大的节庆活动,并且有机会得到戈培尔的接见时,她为自己的反应所震惊。她记录下自己是多么"机械化,跟其他人没什么两样,我和戈培尔博士聊天,同他一起开怀大笑,并同他握手"。当她远在美国,同德国的一切保持距离,为自己留出批判的空间时,她接着写道:"我为什么会允许自己这么做,直到今天,这对我来说仍旧是一个谜团。"[42]

伊丽莎白·B.的兄弟在参与帝国劳动服务,协助巴伐利亚(Bavaria)收获庄稼时,体会到了某种共同体的精神,并为之狂热,而伊丽莎白能够在某种程度上理解他。当伊丽莎白的兄弟兴高采烈地报告他的劳动时光时,她的一位阿姨发起火来,并且在讨论中怒发冲冠,夺门而出。然而,伊丽莎白·B.反思道:"如果年轻人只能看到负面的人生,那么他还如何能够忍受生活?年轻人难道不可以走自己的路吗?"[43]

伊丽莎白·B.和她的同龄人不一样,她没有像其他年轻人那样争相加入组织,她对此一直有所抵触。虽然外界给她施加了许多压力,强迫她加入德国少女联盟(BDM),威胁她如果不加入的话就没法参加高中毕业考试(Abitur),但她还是拒绝了;即便如此,她还是参加考试并顺利通过。有些人在面对共同体的观念时,会不加批判地予以接受,但伊丽莎白·B.显然不属于这类人。然而,她通过劳动服务得到的体会却耐人寻味地近似于她兄弟的体会。她发觉,自己在一开始的时候完全"停止了独立思考",不再把自己当作一个独立的个体,而只是"群体"的一部分。[44]按照她的描述,她沦落至一种"机械状态"。过了很久,她才意识到自己仍旧是个独立的个体,能够有所作为,而不仅仅是"机器里的一枚齿轮",像小组里的其他女孩子那样,被"指令和命令"所吞没,"常常毫无知觉地去执行"。[45]

个体在面对这些新角色、新需求和新挑战时,会有许多种不同的应对方式。有些人会在内心深处与之保持距离，而有些人则会全身心地投入。无论自愿与否，许多人真心实意地赞同如下做法：将无家可归的公民从德国社会排挤出去；斩断友谊；解雇或降级犹太同事；将犹太家庭医生换成"雅利安医生"；用纳粹世界观的"种族"观念将人类同胞重新分门别类；孤立从前的朋友、邻居和熟人，只因他们与你不再是"同类"。尽管并非每一个人都发自内心地狂热，但是大多数人发现从众是一件相对容易的事情，好过冒险让自己成为暴力和排挤的目标，只要和群体一起，无论是与群体共欢乐还是一同奚落他人，都会变得更容易。

有些人会更进一步，他们会以各种方式带头，把事情做到超出上级要求的地步。在20世纪60年代，梅利塔·马施曼（Melita Maschmann）以同过去友人通信的方式，出版了一部回忆录。她这部作品的内容，与其说呈现了那个年代她那个阶层和年龄段的女孩子的典型形象，不如说是一个曾经积极地支持纳粹政权的女孩为自己所写的辩解之词。马施曼同她的两个好朋友玛丽安娜·施魏策尔（Marianne Schweitzer）和加布里埃莱（"蕾莱"）·施魏策尔（Gabriele ["Rele"] Schweitzer）有着截然不同的信念。在1933年以前，两姐妹从未意识到自己有犹太血统。她们成长于新教徒家庭，就读于柏林上流的高中，她们的父亲是一位医师。她们交友广泛，过着典型的中产生活。但是，在希特勒担任总理后不久，施魏策尔姐妹的父亲把她们喊进书房，告诉她们自己身上有着犹太人的血统。家族的这一情况在过去并不重要，但此时事态起了变化，它突然变得要紧起来。在接下来的几年中，玛丽安娜发现，她和梅利塔·马施曼的关系永远地改变了。蕾莱及其男友原本是活跃的政治反对派，由于被马施曼背叛，他们遭到逮捕和监禁，此事最终给他们的健康和幸福都带来了长期的负面影响。

在马施曼后来的讲述中，她声称自己当时醉心于建设全新的"民族共同体"的愿景，因此完全忽视了本地领袖人物的阿谀奉承，以及纳粹运动的意识形态和野心。[46]那些在观念和行为上同纳粹政权苟合的人，常常会采用这样的策略：他们会免除自身的责任（遭受蒙蔽或者陷入狂迷），以此在事后洗脱自己的罪责。友谊的破裂乃至直接的背叛，使得不同群体之间的隔阂越来越深，而正如我们将在后文谈到的那样，它还会在战后年代里留下长远的情感回响。

有正式工作的人也会将纳粹的偏见灌注到日常生活之中，远远超出组织对他们的要求。洛特·西蒙（Lotte Simon）是个"混血犹太人"，她在参加高中毕业考试的前一年被学校开除，又被一所偏向于职业培训的机构拒绝，最终和"罪犯"以及其他无家可归之人一起被放逐到强制劳动营。依据洛特对自身处境的总结，"第三帝国的手段远远超越了关于'混血儿'的法律和法令规定"；根据她的经历，"第一代混血儿极其容易遭到'诸如此类的对待'"。[47]

行动落到实处的时候，常常会远超政策指令所规定的程度。在这个过程中，德国社会经历了深刻的改变。许多人遭到排挤，生活的现状和渴望被彻底打乱，这些现象实际上是一种避人耳目的暴力形式，其实施由大多数公民的行为所维系。那些后来声称自己"对此一无所知"的人，早已学会对非人性和非正义视而不见。无论是因为本身就笃信，还是说其实并不情愿，无论是为了追求个人利益而同流合污，还是说因为害怕而向不可避免的形势低头，每个人在不同时期的情况都各不相同；但是，正是在这个过程中，德国社会发生了变化，人们在绝大多数情形下，明明目睹他人成为迫害的首当其冲者，却选择袖手旁观。

在现实中，虽然纳粹对于"民族共同体"的愿景从未得到全面的实现，但是旁观者社会却逐渐形成：在这个社会里，人们愈发对整个系统的暴力和非人性置若罔闻，而正是他们在日常生活中的所作所为，使得这个系统得以运作、得以维系。

分道扬镳：驱逐与移民

在完全无法预见的战时强制驱逐政策实施以前，许多犹太人就已然在尚能移民的阶段，想尽一切办法离开这个国家。但是即便在和平时期，纳粹的政策也逐渐走向极端，许多人被强制驱逐出德国。1938年10月，居住在德国的波兰籍犹太人及其家属（包括德国籍伴侣和子女）被包围起来，他们遭到逮捕，被遣送出境，送到波兰的国土上，在那里自生自灭。

举例而言，伊雷妮·埃贝尔（Irene Eber）于1930年出生在哈雷。她住在宽敞的公寓里，在哈雷度过了比较幸福的童年，与母亲家的亲属住得很近。她的母亲来自附近的小城莱比锡，自幼成长在大家族中。[48]20世纪30年代中期，风向开始起了变化。1935年通过的《纽伦堡法案》禁止他们雇用一位深受家人喜爱的德国籍住家保姆，而伊雷妮也在学校里遭到了反犹欺侮。但家中最剧烈的改变发生在1938年，那一年伊雷妮已经九岁了。在哈雷的监狱里待了一晚之后，他们乘坐火车，被送到波兰边境，他们在惊慌中挣扎了一晚，但是德国一侧的官员不允许他们返回德国，而波兰一侧的边防人员也不允许他们进入波兰。最后，他们总算想方设法，穿过波兰南部，来到伊雷妮父亲耶迪达·杰明德（Yedidia Geminder）的家乡小城梅莱茨。在波兰亲戚的帮助下，他们勉强搭好一座狭小的房子。一开始，伊雷妮适应得还不错，她很快就能说一口流利的波兰语和意第绪语，并且进入当地的学校学习。但是，这样的新生活没能持续多久；在不到一年的时间里，德国入侵了波兰，发动了第二次世界大战。不仅是梅莱茨，几乎整个波兰的犹太群体都被摧残殆尽。在整个欧洲，只有十分之一的犹太儿童能活过第二次世界大战，而伊雷妮就属于这幸运的少数。

德国强制驱逐"波兰"犹太人的政策给他们造成了巨大的痛苦

第二章　国家支持的暴力的大爆发

和磨难；究其缘起，驱逐政策与当时发生的一桩事件有关，正是它为纳粹政策的转变提供了直接的借口和宣传推广途径。当时有一位名叫赫舍尔·格林斯潘（Herschel Grynszpan）的犹太年轻人，他的父母是波兰犹太人，他生在德国，长于巴黎叔叔的家中。他对现实感到极度绝望，因此诉诸极端手段。1938年11月7日，格林斯潘来到德国驻巴黎大使馆的门口；他希望大使能够聆听他的心声，但是招呼他的是一位相对年轻的工作人员恩斯特·冯·拉特（Ernst vom Rath）。格林斯潘朝这位不幸的冯·拉特扣动了扳机，使他身受致命伤；两天后，也就是11月9日，冯·拉特伤重过世。戈培尔本身就已经对犹太人有意见了，在他看来，这是一个绝佳的机会，可以借此进行周密的安排，对犹太会堂、犹太财产和犹太人发动一波进攻，并在政治宣传中将它假装成人民怒火的自然爆发。

对许多人来说，"碎玻璃之夜"是一个真正意义上的转折点。在德国犹太人群体中，它催化出最后一波痛苦的移民潮。在成功移民的人当中，有一位名叫汉斯·路德维希·厄廷格（Hans Ludwig Oettinger，原姓雅各布森）的青年律师，他很小的时候就成了孤儿，被阿姨抚养长大，因此也跟随她改了姓氏。尽管反犹法案剥夺了他的律师职业资格，但在"碎玻璃之夜"前，他都想方设法在德国做着一份工作；那一夜被捕后，厄廷格在数周后才得到释放，并在1939年成功逃到英国，改名换姓变成亨利·奥蒙德（Henry Ormond）。他和弗里茨·鲍尔（Fritz Bauer）一样，在战后返回祖国，决心为受迫害的受难者伸张正义，在法庭上与那些为纳粹党辩护的人唇枪舌剑。[49] 不过，他清算罪孽的欲念早在后来实际操作的机会出现之前，便已然存在了。

难民也通过许多种方式重塑了他们投奔的文化，少数移民甚至深刻地改变了新家园的社会公共面貌。任何人如果想要全面讲解美国的现代主义建筑，或批判社会理论的进展，或者一般意义上的艺术和文化,都不可能忽略纳粹德国的移民带来的影响。但是,绝大多数移民,尤其是那些在欧洲遭受百般迫害,坚强地存活下来,直到战后才来到美国的人,他们所能做的只有在尽可能不惹人注意的情况下融入新社会。

很多在战前逃难他方的人在战争结束后回到德国,他们给德国如何处理纳粹迫害的遗产带来了极为巨大的影响。在这些逃难者中,有一位名叫弗里茨·鲍尔的年轻律师。他于1903年出生在斯图加特的一个犹太家庭,长大后成为热忱的社会主义者,并在社民党中十分活跃。1933年5月,他因参加反对活动,同其他社民党同人(其中包括后来的社民党领导人库尔特·舒马赫[Kurt Schumacher])一起被捕,被送往德国最早的几座集中营之一,西南部的霍伊贝格(Heuberg)集中营。后来,他被释放出来,却丢掉了职位(这一惩罚既因为他是犹太人,又因为他是社会主义者,据传还因为他是同性恋)。1935年,鲍尔移民丹麦;但是在战争期间,连丹麦都不再是一个安全的国度,鲍尔在1943年离开这里,移民到瑞典。他在瑞典应征入伍,与一位名叫维利·勃兰特(Willy Brandt)的年轻人一起冲锋陷阵。勃兰特生于1913年,原来的名字叫赫伯特·弗拉姆(Herbert Frahm),是吕贝克(Lübeck)一个商店店员的私生子。在20世纪40年代,勃兰特已经因其政治活动而遭到流放。纳粹战败后,这两个人也一起冲锋陷阵,解决纳粹过去的政治给德国带来的挑战:自1956年起,鲍尔担任黑森州(Hessen)的地方检察官,在法庭上带头追捕纳粹战犯;而勃兰特在1957年至1966年担任西柏林市市长,然后在1966年至1969年进入联合政府,在1969年至1974年担任总理,在这一国家变革的关键时期领导德国前行。正是这些卓越的个人,他们返回西德,面对着那些支持希特勒的同胞的阻挠,克服着极大的困难,卓有成效地改变了西德的面貌。在战后的东德,共产党是占据统治地位的政党,政府也主要由瓦尔特·乌布利希（Walter Ulbricht，他在战争期间都待在莫斯科）等共产党人组成，背后有苏联力量的支持，由此压制住了所有要求彻底变革的反对力量。

那些既有实际手段又有心理能量去别处寻找新生活的人，通常都是些年轻人。老一代德国犹太人常常到了时过境迁的地步，他们仍旧认为德国是他们的家园，他们只想待在那里。我们会在玛丽·雅洛维茨·西蒙（Marie Jalowicz Simon）或英格·多伊切克隆（Inge Deutschkron）的记述中读到一些鲜活的故事。在柏林，大约有1500人在朋友、熟人以及纳粹死敌的帮助下，运用他们的机智、资源、适应力和纯粹的运气，在"地下"生存下来。[50] 而臭名昭著的告密者施特拉·戈德施拉格（Stella Goldschlag，常常以其夫家姓氏屈布勒［Kübler］为人们所熟知）的例子则告诉我们，还有一小部分人采取更为极端的策略，他们变成盖世太保的线人，背叛东躲西藏的犹太同胞，还自欺欺人地奢望这么做会给他们自己带来好处，拯救他们的家人。[51] 而剩下的人，如果他们既没有能力出走，也无处躲藏，他们将会从1941年秋天起，被运送到东部。

在纳粹执政期间，迫害者一侧的人和被指定为迫害对象的人之间出现了一条鸿沟。在希特勒统治的和平年代里，受害者是"老"德意志帝国边界内的人，而从1938年开始，还要算上奥地利。在这些年里，人们侮辱同胞，将他们排挤出"民族共同体"，其中存在着普遍的串通和共谋。

后来，德国人声称他们"对此一无所知"，然而这种说法显然在认知上制造了一条鸿沟，切断了和平年代昭然若揭的暴力同战争年代相对避人耳目的（甚至发生在帝国境内）迫害、剥削和谋杀之间的关联。德国人试图以无知来换取无辜，但他们所谓的无知实际上指的是对有组织谋杀的无知，甚至专指对毒气室的无知，这种策略的根基在于一种对真正的恶的极为狭窄的定义，却没能看到自纳粹实行统治之初就开始建构的集体暴力的体系。不过，在迫害者共同体试图自我防御的紧张不安背后，我们会看到他们不仅知晓战争期间的暴行，同时也知晓战争前的串通与共谋；此外，在这个共同体和他们的后人中，也普遍弥漫着羞耻的感受。[44]

在人们适应纳粹政权的过程中，自上而下引入的社会隔离，以及人们在日常生活中执行的区别对待，都日益深刻地分裂着不同的群体。在集体暴力的体系里，很多人被恐惧所威慑，没有能力做任何事情；多数人随了大流，有些人则积极主动地从他人的不安和隔绝中获益；少数人最终参与到残暴和恐惧的核心节点中。至于犹太人，他们其实并不是肆虐于德国国土上的有组织、有体系的谋杀大计的第一批受害者。

第三章
制度化的谋杀

如果我们审视德国用于灭绝的机构和专门的技术，它的诞生并非始于战火掩护下的波兰森林。对公民有组织的屠杀，早在战争开始之前就已经发生在德国本土，出现在帝国的腹地里。第一个系统化的大规模谋杀项目就建造了专事屠杀的设施，不过它们针对的并非犹太人，而是那些被认为"没有生存价值的人"，或者按照纳粹糟糕的说法，就是"无用的吃食者"（unnütze Esser，这是针对优生"安乐死"实施对象的委婉说法）。[1] 而第一批大规模谋杀的遇难者，大多是由于精神或身体障碍而非"种族"原因，被纳粹剔除出"健康的民族共同体"的那些人。

与纳粹暴力在整个欧洲吞没的数百万性命（包括试图灭绝欧洲所有的犹太人）相比，第一批遇难者人数（总共几十万人）显得少很多，而且遇害理由也有所不同。纳粹最早的屠杀基于实际的考量，并结合了同战争密切相关的优生学理论。但是，安乐死项目举足轻重，它为后来的纳粹大屠杀铺平了道路。[2] 如果我们仔细审视，探究到底是怎样的心理和实践将部分德国人变成杀人犯，而将另一些人变成杀人犯的同伙,那么我们将会收获许多洞见。纳粹党公然实行此类政策,它所谋害的性命根本就无法掩盖,许多人对此知情,但他们明明良心不安,却没能采取行动。在一开始,还有人试图弱化问题,并且试图说服人们,社会需要解决这些由他们自己造成的问题,这也同样令人感到震惊。

"没有生存价值的人"

1935年春天,16岁的伊丽莎白·B.(如果你还记得的话,她的家人都反对纳粹)与同班同学一起,从波恩出发去春游,他们的目的地是巴特克罗伊茨纳赫(Bad Kreuznach),那是一座坐落于山间、风景如画的小镇,位于最后汇入莱茵河的纳厄河畔。[3]1933年,当希特勒当选总理时,伊丽莎白·B.的母亲曾极度失望。而此时能够在波恩的学校读书,也多少让伊丽莎白·B.松了口气,因为她能感觉得到,相较于她此前就读的学校,这所学校的政治氛围要轻松许多。她还能记得1932年的时候,她还在之前的那所学校,希特勒和兴登堡正竞选魏玛共和国总统,无论是支持哪一位候选人,都足以分裂这些女学生,将她们划分成敌对或者盟友阵营。[4]老师带有明显的反犹主义观念,仅有的几位犹太学生也很快离开了学校。1934年夏天,伊丽莎白·B.随家人搬迁到波恩,感到这里的环境要比此前自由许多。新学校里的女生不会像之前那所学校的那样,急切地想要加入德国少女联盟,在她的所有任课老师中,只有两位是虔诚或狂热的纳粹党人。然而,1935年的巴特克罗伊茨纳赫之旅还是证明了纳粹已经多么深入地渗透了教育机构,并为将来的迫害与屠杀做好了准备。

这趟春游持续了三个星期,并且不允许犹太女学生参加。抵达当地的青年旅舍后,学生们分到了各自的床位,并被要求上交零花

第三章 制度化的谋杀

钱,而老师会在此后分批将钱归还给她们。伊丽莎白·B.在1940年下笔回忆道:"这种做法让人觉得每个人都不过是一个数字,任何意义上的私人生活都在这段时间戛然而止。"[5]春游作为学校的教育项目,包含许多游览和参观的内容。巴特克罗伊茨纳赫之所以远近闻名,是因为它有罗马时代的遗址,它是纳厄河周边的酿酒葡萄栽培中心,它有温泉和历史悠久的房屋,其中一座可以追溯到16世纪,据传是因歌德的《浮士德》而出名的炼金术士浮士德博士的故居。乍看之下,这座小镇有着许多值得游览、具有教育意义的地方。但是,对伊丽莎白·B.影响最深的是其中一段不同寻常的游览项目,她把那个地方称作一座巨大的"精神病和疯人收容所"(Nerven-und Irrenanstalt)。

这趟"疯人院"之旅给伊丽莎白·B.留下了深刻的印象。那里关着许多女孩,按照她的话来说,她们"半疯癫半正常,身体扭曲(verwachsen),畸形难看"。有一个女孩"面容已毁,一副呆滞的神情",向参观者高呼"希特勒万岁";其他人则"相应地发出咕哝声"。伊丽莎白·B.回忆说,即便是这个本应"与世隔绝"的场所,也已经被纳粹所渗透,意识形态甚至占据了患者"疯狂的头脑"。[6]可是,当时的伊丽莎白·B.并不知晓,这并非纳粹给这些人和其他精神病患者带来的唯一影响。在接下来的几年里,事态会变得更加恶劣。而接纳未来事态的准备工作,已然在当时的德国人中悄然进行,就连伊丽莎白·B.的同学也概莫能外。

当她们返回青年旅舍时,学生中爆发出"激烈的讨论"。伊丽莎白·B.提到她们谈及了"遗传健康法"(Erbgesundheitsgesetze),也就是1933年7月出台的《防止后代遗传病法》(Law for the Prevention of Hereditarily Diseased Offspring),它将对罹患精神分裂症、癫痫症的人,以及酗酒成性的人实施强制的绝育手术。女生们正是因为那天参观了"疯人院"里的患者才谈起了这部法律。

伊丽莎白·B.记得有人直接提出了如下问题："让这些生物继续生活下去，占据其他健康人类的空间，这样真的对吗？"[7] 老师也许一点都不感到意外，他提出了该如何"解决"这些"生物"的"问题"，观点比学生更为激进。[8] 在这件事情上，伊丽莎白·B.的老师得到了学生的响应。

从伊丽莎白·B.的描述中，我们无法确知她们参观的是哪家机构；不过它很有可能是离巴特克罗伊茨纳赫30多英里远的艾希贝格（Eichberg）。从1936年1月起，一位名叫弗里德里希·门内克（Friedrich Mennecke）的医生就开始在这家诊所执业，他在1939年被提拔为这所机构的院长和主治医师。在那个年代，许多医疗专业人士都跳上了纳粹的快车，并且开始考虑将许多自己酝酿已久的激进想法付诸实践，而门内克正是其中的典型。我们将会看到，他之所以值得我们注意，并非因为他个人作出了什么独特的贡献（他隶属一个庞大的纳粹医疗专业人士队伍，他们被意识形态所驱使，直接参与了屠杀的过程），而是因为他几乎每天事无巨细地给妻子写信。德国战败后，他的妻子尽管收到了他销毁信件的要求，却没能及时执行，我们得以留存下这些证据，查看他当时的思想状况和手头的程序。

这家精神病医院接待过的访客和导游绝非只有伊丽莎白·B.所在的班级。在这个时期，其他人也会在生活中接触到诸如此类的问题，而在当局的构建下，这些病患所需要的仿佛并非治疗和缓解，而是更为极端的解决方案。无论是通过政治宣传的图像、学校里的数学教学，还是通过参观护理中心，人们被迫面对这些棘手的问题，去权衡到底应该尊重人类生命的内在价值，还是应该计算维护病弱者给广大群体带来的负担。而在了解强制绝育项目的实际体验后，我们明白患者的健康和精神福祉并非相关医疗专业人士关注的事情。在此种情况下，其他患者所遭受的虐待也就可想而知了，这也为系统化屠杀铺平了道路。到1939年秋天，位于慕尼黑附近的埃格尔芬－哈尔诊所（Eglfing-Haar clinic）的赫尔曼·普凡米勒（Hermann Pfannmüller）所长甚至准备公开吹嘘他强行饿死残障儿童的疗法。该疗法不断地减少每天提供给他们的食物配额，在他看来，这种疗法比注射致命毒素的快捷方法更值得采纳，因为比起直接的谋杀，它不太容易引起反对势力或境外媒体机构的注意。[9]

有些人完全不在意跨越道德的界限，而他们越来越肆无忌惮的公开言论也确实引起了人们相互冲突、并不一致的反应。在魏玛共和国，公众舆论确实有相应的司法和医疗探讨，为希特勒的安乐死项目提供了所谓的科学背景。1920年，莱比锡大学的卡尔·宾丁（Karl Binding）和弗赖堡大学的阿尔弗雷德·霍赫（Alfred Hoche）合写了一部题为《应当允许毁灭没有生存价值的人》（*Die Freigabe der Vernichtung lebensunwerten Lebens*）的著作。[10] 他们在书中提出了一个问题：生命的提前终止是否应该只见容于自杀的案例，因为个体有选择何时结束生命的自由；还是说它可以被用于合法杀死其他人，如果应当允许，该以什么为限？这个问题在当时的社会里酝酿已久，但是有人公开反对宾丁和霍赫的观点。在反对声音最为激烈的人当中，有一位名叫埃瓦尔德·梅尔策（Ewald Meltzer）的医生，他既是位于格罗斯赫纳斯多夫（Grosshennersdorf）的卡塔林霍夫护理中心（Katharinenhof care home）的院长，也是萨克森州的首席医疗官。[11] 他强调人类生命的内在价值；关爱弱者、病者和残障者是基督教的美德；以及残障儿童应当如何享受有质量的生活，得到恰当的照料。他还持有一种观点，认为父母和孩子之间的纽带是如此紧密，无论孩子有怎样的残障，他们都会对子女持有相同的爱。为了证明他的观点，梅尔策在1920年秋天对200名智力残障儿童的家长和监护人进行了一项调查，针对在何种情况下他们会同意"缩短"孩子的生命提出了一系列问题。与这一情景相关的条件包括：

根据专家诊断，孩子的智力可能"已无法恢复"；到最后，家长和监护人可能会先于孩子过世，无法亲自照顾他到老；以及这个孩子的生活有可能很痛苦。令梅尔策感到惊讶的是，他们收到了200份问卷中的162份，其中接近四分之三（73%）的受访者认为他们倾向于在此类情况下杀掉孩子，仅有略高于四分之一（27%）的受访者表达了相反的观点。这一发现告诉我们，父母的意志在决定孩子命运的选择中仍然占据着不可动摇的中心地位，而它也使得宾丁和霍赫在作品中提出的建议具有更高的可信度，并且为后来支持安乐死的纳粹党人所利用。[12]

但是父母的意志是否就代表了对孩子最为有利的选择，这远远不是希特勒所关心的事情。第三帝国所展开的安乐死项目被包裹在机密之中，并动用了许多煞费苦心的欺骗手法，使得屠杀的事实真相避过了受害家庭的耳目，并骗得他们相信自己心爱的亲人是因为自然原因而死亡的。从一开始，这个大规模谋杀的项目就已经跨过了一条重要的道德和法律的界限。

羸弱的受害者和专业的行凶者

后来的历史发展已然证明，自希特勒统治之初，随着医疗专业人士将注意力从个人的健康转向所谓的共同体的健康，德国已然踏上了一条不归路，而安乐死项目则是他们继续前行的关键一步。真正的个体安乐死，其内涵是当一个人处于无法治愈且无法忍受的疼痛中时，他根据自身自由意志选择结束自己的生命，但他的身体无力执行这一决定，而由旁人出手将他从痛苦中解脱出来。但是，这并非希特勒的动机所在。他真正的欲念，是要除掉德国"人民共同体"中羸弱的个人，因为在他看来，照顾这些人已然对国家和社会造成了负担。这种"优生学"的安乐死形式，将所谓的共同体福祉置于个体福祉之上，而自由意志论的安乐死观念将个体希望他人协助自己赴死的决定置于中心地位，两者有着云泥之别。[13]

对于所谓的民族健康而言，这些羸弱的个体既不"正常"，也没有"用处"，而对他们的攻伐始于1933年的强制绝育政策，并且在战争打响不久前，随着屠杀残障儿童的行动大规模升级。早在1935年的纽伦堡集会上，希特勒就同纳粹资深外科医生格哈德·瓦格纳（Gerhard Wagner）探讨过这一话题。[14] 不过，他非常小心谨慎，不愿意露骨地施行这类显然会引起众怒，并在和平时代给国外媒体递刀子的政策。

也许是受到官方的怂恿，在1938年至1939年，有些患有先天畸形并且发育有问题的孩童的父母将详细资料寄到总理府（Kanzlei des Führers, KdF），希望"安乐死"问题能够得到希特勒本人的亲自关注。1938年，人们发起了好几场请愿，要求为重病患者提供某种形式的安乐死服务。[15] 到1939年初，当局开始考虑执行第一例安乐死，即出生时就没有四肢且双目失明的格哈德·赫伯特·克雷奇马尔（Gerhard Herbert Kretschmar），其为大众所熟知的化名是"克瑙尔"（Knauer）。这个婴儿在莱比锡大学诊所接受治疗，而负责照看他的维尔纳·卡特尔（Werner Catel）教授是"安乐死"的忠实支持者。[16] 这个案例引起了希特勒的关注，他的私人医生卡尔·勃兰特（Karl Brandt）专程前往莱比锡，对这个孩子的情况作了评估。此次行程过后，勃兰特将希特勒的指令传达给卡特尔：他可以杀死这个婴儿，不用担心招致任何法律后果。1939年7月25日，勃兰特，或卡特尔，或者他们的某位同事（其中的细节至今都不甚明朗）听命杀死了这个孩子，而死因则被刻意模糊掉了。这一案例由希特勒授权，并由他个人下令，由此打开了大规模谋杀计划的泄洪闸，然而安乐死实际上从未合法过。[17]

1939年5月，当局首肯了这一处死残障儿童的系统化项目，与此同时，他们也成立了一个组织为其打掩护，它的官方名称叫"严重遗传性疾病和先天性疾病科学注册帝国委员会"，简称"帝国委员会"（Reichsausschuss）。[18] 项目的首要目标是孩童，并据此确立了注册手续，将患有包括唐氏综合征、先天性盲、四肢不全或头面部畸形在内的先天畸形新生儿和三岁以下孩童登记在册。第一步是屠杀婴幼儿，而这一程序后来又延伸到年纪较大的孩童和青少年。在 1939 年 7 月和 8 月，勃兰特和总理府主任菲利普·鲍赫勒（Philipp Bouhler）又开始同希特勒讨论针对成年人的安乐死计划。而这项计划的关键标准在于生产力，或生产力的缺失；当护理和医疗人员被要求给患者能够胜任的工作强度打分时，他们往往会刻意打低分，希望能够借此帮助患者避免重体力劳动，却没有意识到这实际上是给患者判了死刑。直到后来，此类患者得到的相应"治疗"才变得众所周知。

当局从一开始就很清楚，这一政策是无法公之于众的；它的目标并非缓解个体的苦痛，却与所谓的种族、政治和经济考量（包括减少机构工作人员，节省护理开支）有着千丝万缕的关系。希特勒似乎在等待着战争的爆发，希望战争会占据公众的注意力，他就可以不那么担心教会等具有影响力的机构或个人会向他提出反对意见了。[19] 与此同时，这一项目对医疗专业人士的选择也很谨慎，而选择的根据是他们本人是否倾向于同意安乐死项目。鲍赫勒将 15 至 20 名医生邀请到柏林，讨论项目细节，向他们解释这一项目将腾出医院的病床，为即将到来的战争伤亡做好准备。希特勒担心这一项目会引起媒体的反对，决定不在这一阶段立法，但是他希望医生们能够放心，他们会得到国家的保护，不会因为参与谋杀而招致任何法律后果。[20]

虽然如此，希特勒确实在这一项目的发号施令上留下了文字记录，这与后来灭绝犹太人的项目截然不同。1939 年 10 月，希特勒在他专用的便笺纸上写下了简短的文字,超越了他作为国家元首的职权,签署了一条可以追溯到当年9月1日(即战争打响之日)的命令,批准屠杀有精神或肉体残障的人。希特勒这道指令的接收方是勃兰特和鲍赫勒,它只有一个简简单单的句子:两位领命人肩负责任,要把指令"以特定的方式传达给指定的医生,确保遇难者仿佛患有不治之症,在经过针对医疗情况的决定性判断后,被允许施以安乐死"。[21]

这条指令从未经过立法程序的确立:它的效力没有法律根据,仅有希特勒的个人命令为其背书。它之所以重要,不仅是因为它是一道直接的、明显违法的书面屠杀令,还因为它引发了大众的不安情绪,这预示着从今往后,在比方说下令屠杀犹太人的时候,希特勒就再也不愿留下任何书面记录了。在当时,他们毫无疑问地意识到这条指令问题重重,其证据在于,即便是最热衷的,而且在项目早期就已经参与其中的医生,例如年轻且野心勃勃的霍斯特·舒曼(Horst Schumann),也都清楚地记得他们曾经发誓将它作为绝密,绝对守口如瓶。[22]

对于参与其中的人来说,项目的实际情况是一目了然的。举例而言,赫尔曼·普凡米勒医生是坐落于慕尼黑附近的埃格尔芬—哈尔诊所所长。1939年末,普凡米勒在受邀宾客(包括心理学医生)面前展示了一个快要饿死的孩子,说这个样本"就像一只死兔子"。他"面带心知肚明的表情和冷嘲热讽的狞笑",表示只要"再过上三两天",这个孩子就会死掉了。从他身上,看不到任何道德感,他也没意识到自己做错了任何事情。"这个满脸狞笑的胖子臃肿的手里托着这副瘦骨如柴、仿佛在抽泣的身躯,周围还有其他饿得奄奄一息的孩子,这幕场景"给记录下这些文字的宾客留下了挥之不去的印象。[23]

此外,司法界也都清楚杀戮的存在。严格来说,依据第三帝国通用的法律，这样的行为仍旧构成谋杀，但司法界竟从未出言反对。1941年4月，帝国司法部将所有检察长，以及州最高法院和上诉法院的院长召集到柏林开会，将安乐死项目知会给他们。所有与会人员得知消息后都"没有提出反对意见"，并且从此将"所有与此事相关信函提交到帝国司法部"。[24]

安乐死项目因其所在地址而得名代号"T4"。负责项目协调的人员被部署在一座建于19、20世纪之交的宅邸中的奢华办公室里，而这座宅邸位于柏林市中心的蒂尔加滕街4号（Tiergarten Strasse 4）。这座房子此前属于犹太商人格奥尔格·利伯曼（Georg Liebermann，他是画家马克斯·利伯曼［Max Liebermann］的亲兄弟），并由其子汉斯（Hans）继承。可是在1938年，汉斯为了逃避被送往集中营的命运，自杀身亡了。1940年，利伯曼家族的这座宅邸遭到没收，被"雅利安化"。T4项目在实行中始终有掩护，这个门面组织名叫帝国疗养院和护理中心工作小组（Reichsarbeitsgemeinschaft Heil- und Pflegeanstalten）。第三帝国安乐死中心的历史和人事配置，预示了未来波兰死亡营的发展，而无论是在帝国还是在波兰，罹患身体残障和精神疾病的人都是最先遇害的。

自战争在1939年9月爆发后，纳粹开始在新近占领的区域对精神病患者施以实验性质的杀戮，最开始的手法是在预先准备好的死人坑或集体墓地附近射杀他们。没过多久，手段就有所发展，而且这一谋杀计划显然做过详尽的准备工作：他们在萨克森豪森建造了一批拥有特殊设计的货车，用它们对患者进行一氧化碳毒杀。这支部署在瓦尔特兰省的特遣队（Sonderkommandos）由党卫队上校赫伯特·朗格（Herbert Lange）领导，专精于特殊设计的货车的驾驶任务，而有些货车的车身上还刻有"皇帝咖啡公司"（Kaisers Kaffeegesellschaft）的误导性标志。举例而言，1939年12月，蒂根霍夫（Tiegenhof，现名"杰坎卡"[Dziekanka]）的精神病医院的病患（绝大多数是波兰人）就被带到50公里以外的波森（Posen），然后被送上赴死的交通工具。[25] 这些任务是1941年12月朗格特遣队在海乌姆诺展开的行动的先声，我们从沙瓦迈克的描述中得知，它开启了纳粹针对整个欧洲犹太人的大规模谋杀。

德国最早的两处安乐死中心，一处位于柏林西面的勃兰登堡（Brandenburg），那里曾是一座监狱；另一处则位于德国西南部的村庄格拉芬埃克（Grafeneck），那里曾是一座医院和护理中心。勃兰登堡是一座重要的城镇，发达的铁路和公路使得它能直接通向帝国首都。相较之下，格拉芬埃克的位置选择似乎是因为它相对偏远，被包裹在施瓦本的乡间，以及同样拥有便捷的铁路和公路交通。格拉芬埃克的建设最早始于16世纪，在那个时候它下辖于维滕贝格公爵的领地，不是被用作狩猎小屋便是小型城堡。到20世纪20年代，它由撒马利亚人基金会购得，用于教会的"内在使命"运动，为残障人士提供居所。从格拉芬埃克这座建筑的变革中，我们可以看到地方政府是如何与纳粹当局同流合污的：1939年10月，斯图加特地方政府强行从撒马利亚人基金会购得格拉芬埃克的这座建筑，并将其转交给帝国，改造成国内第一座杀戮定点中心。

克里斯蒂安·维尔特（Christian Wirth）是斯图加特的一名警官，他同格拉芬埃克的这处设施有着密切的关系。他与纳粹精英一起，于1940年1月在勃兰登堡目睹了官方首次用毒气杀人的行动。勃兰登堡那些经过改造的房间，此时尚未装模作样地安装莲蓬头，也尚未假模假式地放水，毒气直接经由管道上的孔洞进入房间，"患者"被告知这是一种"吸入式"疗法，而他们应该在房间里大口深呼吸。官方曾大致将这一实验同其他屠杀方法相比较，结果发现毒气杀人最为高效。[26] 维尔特还先在其他安乐死中心任职，后来升任瓦尔特兰省的海乌姆诺死亡营的第一指挥官，最后还成了波兰东部的贝乌热茨、索比堡和特雷布林卡灭绝营所属的"赖因哈德行动"的督察。除了维尔特外,参观过勃兰登堡毒气室的还有勃兰特和鲍赫勒(希特勒曾向他们下达执行安乐死项目的书面命令),以及一批高级官员、化学家和外科医生。霍斯特·舒曼便是在场的医生之一,他在1940年1月至4月负责格拉芬埃克的项目运作。后来,他转至皮尔纳(Pirna)的索嫩斯泰恩诊所(Sonnenstein clinic),在那里工作过一段时间后,被调至奥斯维辛,由此在囚犯身上做了许多可怕且通常致命的绝育实验。

当局认为,勃兰登堡的杀人毒气获得了成功,由此启动了整个屠杀计划;1940年1月18日,它最先在格拉芬埃克投入使用,毒气室藏在众多建筑中间,安装在一间车库里面。勃兰登堡需要掩人耳目的做法同样值得我们注意,这么做不只是为了瞒过"患者",让他们相信自己只是去洗个澡,因而顺从地配合。随着屠杀在勃兰登堡成为常规程序,当地居民也开始察觉到苗头:周围发生了某些不妥当的事情。焚烧尸体的火焰和烟也会升腾到小镇中心的半空中,由此引发居民的关注,并催生出为官方所不喜的报道。所以,虽然毒气杀人继续在"淋浴室"里进行,焚尸炉却被关闭了,尸体于夜间被塞进邮局货车,送到小镇外围的一座建筑里。这样,尸体火化就不会引起公众的注意了。

1940年9月,勃兰登堡被关闭了,它不再是柏林周边地区的安乐死中心,取而代之的是贝恩堡精神病院(Bernburg Hospital for Psychiatry and Neurology),坐落在勃兰登堡南边的一座小城里。由于小城德绍(Dessau)发达的铁路系统,这里对柏林以及德国中北部地区而言,仍旧是个交通便利的地方。安乐死中心的员工被归到奥地利精神病学者、党卫队上级突击队中队领袖伊姆弗里德·埃贝尔(Irmfried Eberl)医生的门下,接受他的领导。1942年夏天,他离开海乌姆诺,来到特雷布林卡灭绝营,短暂地担任过那里的指挥官，他是帝国集中营指挥官里唯一的医生。

同勃兰登堡一样，出于至今不明的原因，格拉芬埃克的安乐死项目在运作不到一年后被关闭，迁移到其他地方。原因有可能是受到了当地舆论的反对。尽管格拉芬埃克地处偏远地带，而且官方也意图对其进行保密，但是，满载患者（数量实在太多了，不可能是当地或附近的居民）、不断到来的灰色巴士使得流言开始在当地人之间传播。而且毫无疑问的是，那里的工作人员下班以后也无疑在附近的酒馆里打开了话匣。但是，考虑到它在格拉芬埃克吸引到的目光并无实际影响，以及新址与居民区邻近的程度，这些应该不是决定性的原因。原因还有可能在于，整个巴登—符腾堡州（Baden-Württemberg）负责为它输送病人的疗养院，此时基本上已经腾空了，现在它需要从更遥远的地方补给。尽管有不远的巴伐利亚州和黑森州送来了一些患者，但是这块位于黑森林边沿的孤立狭小的乡村之地实在是离德国北部和西北部的人口稠密地区太远了。1949年12月，格拉芬埃克被关闭了，截至此时，已经有10,654人在这里遇害，而在黑森州的哈达马尔（Hadamar），新的屠杀中心在一座大型精神病医院和护理中心里找到了家园。

哈达马尔是一座小城，位于法兰克福北方多山的乡间，邻近兰河（Lahn River）和林堡（Limburg），有着良好的交通设施，背靠法兰克福和鲁尔区的工业资源，可以便捷地通往德国中部和北部地区，而格拉芬埃克离这些都很遥远。哈达马尔的国立"感化院"位于一座名叫门希贝格（Mönchberg，以坐落于此的宗教基金会为名）的山上，它建于1883年，主要通过劳动对刚刚出狱的犯人、本地穷人和流浪汉进行"再教育"。1906年，它也将精神失常者纳入感化对象的范畴，从1920年起，它已经将精力都投入到疗养和精神病治疗中。到20世纪20年代晚期，它已是一家专业的精神病医院。这座山顶医院俯瞰着小城，自己也落入小城居民的日常视线中，但是这一状况似乎并没有影响到选址。官方有所示意，对屠杀过程的细节要保密。医院建筑的背面因此造了一座木质车库，用来停放抵达此地的灰色巴士，车库和医院大楼的中间还建了一段临时"长廊"，这样患者从车上下来，从车库进入大楼的病房时，就不会被路人目击到了。进入大楼后，他们会脱光衣服，接受医生的粗略检查（主要是为死亡证明找到貌似合理但实际上漏洞百出的"死因"），然后被送入楼下的毒气室，然后他们的尸体就可以被天衣无缝地送到隔壁的火葬场里。从1941年1月到8月，哈达马尔的毒气室屠杀了1万多人。随着时间的流逝，以"医疗"为借口的杀戮渐渐被基于"种族"和生产力的人种灭绝所取代。哈达马尔的遇难者数量增加，包括了拥有一半犹太血统的儿童，因为罹患肺结核而失去劳动力的外国劳工，精神失常的士兵和党卫队成员，以及因为空袭和战争而遭受心理创伤、精神不复稳定的人。

避人耳目并不意味着能够保密。焚烧尸体的灰烬和恶臭飘散在小城的空中，流言也在当地民众中飞快地流传。1948年，一位曾在哈达马尔工作的护工在法庭上回忆道："对患者的毒杀以极为严酷的方式执行，到了当地人都反感这些手段的地步。甚至学校里的孩子在淘气的时候，都会用这样的话威胁对方：'你要去哈达马尔了。'意思就是你要死了。或者他们还会说得更露骨一些：'你要从烟囱钻进哈达马尔了。'"除此之外，"因为焚烧了无数尸体，医院周边的空气都被污染了，当地民众只好向教会求助"。[27] 普通民众毫无疑问都知道德国的社会中存在着这些屠戮的行为。

与此同时，其他区域屠杀中心也纷纷成立。克里斯蒂安·维尔特先是从格拉芬埃克去往勃兰登堡，又从勃兰登堡去往奥地利小镇林茨（希特勒便在此求学）附近一派田园风光的乡间，在哈特海姆（Hartheim）的文艺复兴时期城堡里负责监督和建造毒气室。1940年5月，屠戮开始在哈特海姆发生。此地不仅靠近林茨，而且离毛特豪森集中营不远；当地的铁路能把这三处地方连接起来。所以没过多久，哈特海姆的遇难者中也开始包括那些因为虚弱而无法干活的战俘和毛特豪森营的囚犯。在哈特海姆，维尔特有一位名叫弗朗茨·施坦格尔（Franz Stangl）的奥地利同事。施坦格尔后来取代了埃贝尔，成为索比堡灭绝营和特雷布林卡灭绝营的指挥官，这再一次证明，纳粹从安乐死项目中获取的经验和后来他们在死亡营中的所作所为有着多么密切的关系。

皮尔纳位于萨克森州德累斯顿（Dresden）的南面，那里的索嫩斯泰恩灭绝营于1940年6月开始运转，比哈特海姆晚了一个月。此处灭绝营的选址似乎也没有考虑保密的问题。原先的精神病诊所以渐进疗法而远近闻名，它位于一大片建筑之间，中间包围着一座15世纪的城堡。城堡坐落在易北河畔的高山之巅，俯瞰着迷人的小镇皮尔纳。可是，当赫尔曼·保罗·尼切（Hermann Paul Nitsche）在1928年至1939年担任诊所所长时，这一状况发生了改变。尼切观摩过勃兰登堡的毒气实验，他长年以来都支持优生学理论和强制性安乐死，并且逐渐成为T4项目的核心人物。当这座精神病治疗机构被关闭时，他们在地下室里建造了毒气室和焚尸炉，并在高层配备了行政管理办公室和员工宿舍。霍斯特·舒曼曾在1940年1月至4月参与格拉芬埃克的组建，后来他到了皮尔纳，指导此地的安乐死项目。在接下来的几年中，约1.5万人在这里因毒气身亡，而他们的骨灰常常被随意地抛过建筑的后墙，飘入山下的河水中。

由于死于安乐死中心的毒气受害者也有亲戚和朋友，而这些人并非迫害的对象（这同不断被孤立的犹太人的处境不同，犹太人的亲戚都是犹太人，而他们的朋友变得越来越少）；由于这些屠杀机构都位于帝国的腹地（这同后期的灭绝营不同），所以大量的德国人意识到了安乐死屠杀的存在。民众开始对此产生不安的情绪。但我们不应夸大这一情况；就连教会也基本上保持了沉默，有些教会人士对于此类做法的神学根据闪烁其词，或者说比起生命的固有神圣性，他们更在乎教会的财产。不过，还是有些人表达了关切和疑虑，其中就包括符腾堡新教会主教特奥菲尔·武尔姆（Theophil Wurm）。[28] 而在天主教会高层，也有一位资深人士发声抗议，并对舆论产生了较大的影响，他便是政治保守派人士、明斯特主教克莱门斯·奥古斯特·格拉夫·冯·加伦（Clemens August Graf von Galen）。1941年7月和8月，加伦在布道中毫不避讳地发表了反对意见，其复印件在当时流传甚广；英国皇家空军甚至大批量复印了这份布道词，并且将它们空投到德国各地。

支持率的下跌使得希特勒寝食难安，他在1941年8月下达命令，中止官方的安乐死项目。但是中止不意味着终止，德国精神病院里孱弱的人仍旧遭到屠戮，而官方行动的暂歇也不完全是出于对反对舆论的反馈。"民间"安乐死项目继续夺走精神和肉体残障者的生命，只不过现在，这些行动远离了安乐死中心，转移到众多其他场所，大量机构牵涉其中，通过绝食和过量用药将患者送上西天。

通过毒气杀人得来的专业知识，也被派上了全新的用场。我们随后将会看到，对于东方的居民，尤其是对于德国入侵苏联时遇到的大批犹太人而言，1941年的夏天将会是政策上的一个转折点。正是在这个节点，帝国本土不再需要如此大量的毒气专家了，于是希姆莱开始探索新的政策，将这批专家部署到东部前线，杀掉前方的犹太人：因为当他在1941年8月走访前线时，他发现大批量射杀犹太平民会造成部队减员。希姆莱正在寻找屠杀的简易方法，将当面射杀赤裸的男男女女、妇孺儿童的老办法淘汰掉，而那些在T4项目接受训练、掌握技术的毒气专家变成了无价之宝。所以，纳粹政策的转向并非完全迫于舆论的反对；它也是一种人员部署的调整，将专业人士送上另一个舞台，对付数量更为庞大的受害者。

在这些安乐死中心，毒气设施并没有因此而彻底关闭，而是掉

第三章 制度化的谋杀

转方向，吞噬了新的群体。在1941年到1942年的冬天，T4项目的一个延伸项目（名叫14f13）从集中营里把身体过于虚弱因而无法工作，或者在政治上存有重大问题的人挑选出来。犹太囚犯是重点目标。先是由医生敷衍了事地做一番检查（他通常只是瞄两眼书面材料），然后那些无法继续工作的囚犯就被送到某家安乐死机构，被毒杀而死。T4项目派出了一个专家组，走访各个集中营，挑选等待被屠杀的人选，而专家们似乎也享受这些差旅，因为里面也包含社交的成分。在一张摄于1941年9月的照片上，六位专家——包括保罗·尼切教授、弗里德里希·门内克医生和维克托·拉特卡（Viktor Ratka）医生——正在慕尼黑南面的施塔恩贝格湖（Starnberger Lake），他们在当地的田园风光里惬意地远足，似乎完全不关心那些即将被他们判处死刑的人。

人员的挑选完全公开，只是它的表面文章是将他们送到条件更好的地方——这在一开始还吸引了一部分满怀希望的患者自愿报名，以为自己能够从事较为轻松的工作，得到更好的照料——这很快就引起了人们的怀疑。在拉文斯布吕克女性集中营中，有一个名叫玛格丽特·布伯-诺伊曼（Margarete Buber-Neumann）的政治犯。她描述了1942年初妇女们第一次被"送上卡车"的情景。她和一位朋友"已经在怀疑其真实性"，而在次日，当"卡车再度到来，将病弱囚犯的个人财物，包括她们标有号码的三角徽记、牙刷……甚至拐杖、一条义肢和几副假牙带回来"时，她们的"疑虑得到了确证"。[29]尽管一开始有些人出于害怕的心理，轻信官方的蜜语甜言，但是拉文斯布吕克的囚犯很快就意识到了赤裸裸的真相。根据布伯-诺伊曼的报告："病人专车来去频繁，班次规律到令人害怕的地步，常常第二天就会带着患病囚犯的所有私人财物回来。"很快，被带走的就不仅仅是病人了："数以百计的犹太囚犯都步入了后尘。"有些人甚至通过某些渠道，将自己悲惨命运的消息传了回来："其中一人将一封密信缝进裙子的缝口。它被人发现了：'我们被带到德绍。现在他们下令让我们脱掉衣服。再见。'"[30] 这位囚犯提到了德绍，这表明她实际上被送到邻近的小镇贝恩堡，并死在了毒气室里。

14f13项目在贝恩堡、索嫩斯泰恩和哈特海姆一直运作到1943年，到了那个时候，纳粹早已发展出更高效的大规模屠杀技术，并且在东部全速开动。哈特海姆同隔壁的毛特豪森集中营密切合作，其毒气室一直运作到1944年12月，而此时，医生早已把患者都杀光了。

如果说，安乐死机构的毒气室的主要任务是将集中营中的无用之人杀掉，那么这也并不意味着那些精神或身体上有残障的人就安全了。由于"民间"安乐死项目的发展，疗养院再也不需要将患者送上臭名远扬的灰色巴士，送到大医院的毒气室里。这些人可以被转送到附近的机构，用其他办法处死。如此这般的转院可以更好地控制患者亲属，因为他们要隔上一阵子，才得知患者已经被转至别处，而到了这个时候，想要将患者救出险境为时已晚；原则上来说，只要有愿意动手的人员和准备妥当的手段（此时已不再依赖毒气专家），杀戮可以在任何地方发生。此外，它也可以做得更掩人耳目。

前些年里用于屠杀儿童的方法，后来拓展到成年人身上：注射或服用中毒剂量的镇静剂或药物，让被害者在几天内死亡；禁止提供食物，将病人安置在"饥饿病房"——这种方法所需时间较长，但致死效果毫不逊色。无论是将致死量的鲁米那（苯巴比妥镇静剂）或佛罗拿（另一种有安眠效果的巴比妥酸盐）拌入食物，还是故意将人饿死，其用意都是谋杀。这些手段可以大肆用于帝国内外的医疗机构。比起毒气室，其冷血程度不遑多让。

举例而言，在慕尼黑的埃格尔芬-哈尔诊所，普凡米勒曾召集当地医院和诊所的负责人，对政策进行商讨。他提议，既然已经无法将成年人送进哈特海姆的毒气室了，那么就应该考虑禁食项目了。

他启动了两座"饥饿屋",一共四间病房:两间男性病房在5号楼,两间女性病房在22号楼。住进病房的患者不得食用任何蛋白质和脂肪,仅靠少量的酸白菜和土豆维生,直到饿死为止。在战争结束之前,这四间病房里一共饿死了444人。[31]在编号为1BE的儿童病房里,孩子们的食物里被拌入鲁米那,导致他们昏昏欲睡,呼吸困难;随着身体状况的不断恶化,他们渐渐不再能进食或吞咽,此时开始注射给药,孩子们用不了几天就会死去。在1940年到1945年间,总共有322名儿童在此遇害,其中312名死于中毒,其他则死于饥饿。多伊特尔莫泽修女(Sister Deutlmoser)是当时在那里工作的一位护士,她向负责这座诊所的神父约瑟夫·拉德克(Joseph Radecker)忏悔了她的行为,并且明确告诉他,不必为这些忏悔保密。无论是听闻的消息,还是被请去为将死的成年患者举行最后的仪式时所目睹的场景,都令拉德克感到惶恐不安,于是他一路上避开了盖世太保,冒着极大的风险将这些情况都报告给慕尼黑大主教福尔哈伯枢机(Cardinal Faulhaber)。拉德克曾六次为此类事件同福尔哈伯秘密会面,枢机虽然对此表达了个人的关切,却无能为力。[32]

在战争后期,部分医疗机构显现出其重要性。哈达马尔扩大了屠杀范围,特别是将犹太人和非犹太人的混血儿,以及不再具有经济生产力的强制劳工纳入其中。在瓦尔特兰省的杰坎卡,根据拉特卡(位列T4项目名下的40位医疗专家之一)的指示,诊所设立了儿童专科,自1943年2月开始运营,直到苏联军队在1945年1月抵达才停业。战争过后,拉特卡搬到西德,在巴登(Baden)工作至退休,并于1966年在当地过世,死时71岁。[33]

缅济热奇(Meseritz-Obrawalde)精神病院也变成了一个主要的"民间安乐死"屠杀中心。[34]它位于普鲁士的边境地区(此前是波森/西普鲁士,1938年重新划归波美拉尼亚[Pomerania],如今是波兰的缅济热奇),在1939年是一所设施完善、住有900位患者的疗养院；在不到一年的时间里，纳粹将其他机构中无法继续工作的囚犯送到这里，它的规模扩大了一倍以上，容纳了2000位患者，其中有许多人的精神和身体处于极其糟糕的状态。在1941年以前，T4项目如火如荼，缅济热奇精神病院的许多患者被"送往东方"，然后人间蒸发。在接下来的几年里，人员短缺和病房超负荷的问题愈演愈烈，整栋医院只有三位医生。与此同时，狂热的纳粹党人瓦尔特·格拉博夫斯基（Walter Grabowski）成为院长。1943年春天，他告诉医院的两位雇员，希尔德·韦尼克（Hilde Wernicke）医生和海伦妮·维乔雷克（Helene Wieczorek）护士，帝国刚刚通过一条法律，规定所有罹患不治精神疾病的患者都必须立即被解除他们的痛苦。当然了，这是谋杀的委婉说法，但是这样的说辞却能够让韦尼克以为，她是在尽力帮助那些处境糟糕的患者。格拉博夫斯基以惩罚威胁她们，必须对这道命令严格保密。很显然，韦尼克立即应承下来，维乔雷克则需要回去再考虑三天。韦尼克是一位受过规范训练的医生，面对患者和送来处死的人时，她的责任是对其病史和身体状况做敷衍了事的检查；维乔雷克负责病房里同过量给药相关的护理工作。患者首先被注射鲁米那或佛罗拿等镇静剂，有些人会直接因为用药过量而死亡，而余下的人则死于注射吗啡-东莨菪碱。缅济热奇精神病院谋杀的人数，最少也有7000人，实际上很可能超过10,000人。在战争末期，入驻这所医院的病理学家判断遇害者总数为18,232，但是这一数字很可能失真了。

劳动分工和罪责分担

安乐死项目已然为我们点明，第三帝国的杀戮系统有着具体的劳动分工。其中的关键要素便是责任的分担：在这个体系中，没有任何一个个体认为，是自己作出了关键的决策，或执行了决定性行为，导致患者死亡。[35]许多人都参与进来：不仅有在柏林发号施令的人，还有接受委托、分布在第三帝国上下的"专家"、医生、护士、护工、文秘、行政人员和运输工人。有些人起到的作用相对大一些，但是拍板决策或行动的责任似乎总是落在别人身上——至少在战争结束后，这些个体便是这样呈现自己的，他们试图证明，在这个庞大的屠杀过程中，他们的参与所起到的作用只相当于一枚小小的齿轮而已。

专家团队负责评估病例；医生负责填写医疗报告表格；专业人士负责对表格进行判断，并在表格的方框里填入某个具体的符号，决定患者的生（减号标志）或死（加号标志）。由于离开了别人的协助，谁的签名都不能独自起作用，所以谁都不需要对结果承担起完全的责任。其他人会负责启动引擎，打开毒气龙头并透过小窗监视着患者死去，他们后来都声称自己只是在服从命令；医生会开出剂量致命的处方，他们的解读却是：这是必要的镇静剂量，而死亡只不过是它在残障人士身上特别容易出现的不幸"副作用"而已；护士将针剂注射进患者体内，或者将致命的粉末掺入三餐之中，却仅仅将其视作用药，并声称自己对剂量没有掌控权。我们在后文还会涉及，其中有着太多的案例，试图以此类方式为自己的参与开脱；仅仅在极少数案例中，人们成功地抵制合谋，抵制参与这些过程。

我们曾在上文提及，弗里德里希·门内克医生曾于1941年至1942年的冬天给妻子写了许多家书，从中我们能够瞥见这项工作超出常规的一面。[36]他的职责要求他四处走访，从萨克森豪森、达豪、拉文斯布吕克和布痕瓦尔德集中营里挑选送去处死之人。门内克时不时地出差，每次都要离家好几天，所以常常事无巨细地给妻子写家书。从这些信中，我们能够看到他对自己的工作效率感到自豪：他准确地写下了他每天"检视"的囚犯数量，而他自己也给"检视"一词加上了双引号，显示出他对这项"医疗"工作的合法性抱有讥讽的态度。门内克写道，这项工作实际上就是尽可能迅速地完成必须填写的表格；面对犹太囚犯时，他的工作效率更高一些，面对"雅利安人"时，他就得假装更仔细地做医学检查。举例而言，在写于1941年11月26日的信中，门内克评论道："接下来是1,200个犹太人，对这些人都不需要先做'检视'，因为光是从文件中就能找到逮捕他们的充足理由（常常多到用不完），只要把它们抄到表格里就可以了。"[37]事实上，真正让我们觉得不可思议的是，屠杀的总人数早已事先决定好，他们却在文书工作上投入这么多的时间。在1942年1月6日、8日和9日的家书中（此时的门内克正在拉文斯布吕克工作，他住在附近的小镇菲尔斯滕贝格，很享受当地的饮食），门内克向妻子提及，为了达到事先分配的数字，他还得挑选出多少名囚犯。在1942年1月9日的信里，他总结出一种更为高效的工作方法："我会直接进入评估环节，在这个过程中我只会排除那些评估过后依然不明确，需要见见本人的个例。我很确信，按照这种方法，不会有太多需要'检视'的人。"[38]

　　门内克提供的背景信息已然证明，只要接受第三帝国提供的机会，一个人要成为行凶者是多么容易。门内克出生于1904年，虽然生长于中等家庭，他却显得有些缺乏自信。一开始，他没法追随自己学医的梦想，只能先研习销售和市场营销。后来终于能够学医了，门内克也并不是一个优秀的学生，好几门课都得补考，他最终在1934年4月拿到了学位。他在1932年3月就加入了纳粹党，并在5月加入党卫队。门内克在财务和心理上的不安全感既源自他的家庭背景，也跟自己的学业不精有关，而他在职业上的腾飞要归功于纳粹德国的赏识。他对自身"成就"（比如"处理"受死之人的速度）的记录是如此详细，不仅仅是因为他想要将日常活动都告诉妻子，还因为他想要为自己以及帝国的"光辉岁月"留下一份书面的回忆。[39]

第三章 制度化的谋杀

虽然门内克的这番行为远非孤例，但是杀人者的自述也不足以解释一个规模如此庞大的有组织项目。就像第三帝国其他由国家许可的暴力行为一样，安乐死项目得以发展到后来的地步，既有赖少数人的实践改革和意识形态热忱，也依靠新的行为结构和框架的发展，进而要求更多的人被纳入进来扮演新的角色，并让他们自己遵从新的规范和需求，而置所有先前的观点和经验于不顾。除此之外，它还依赖大多数人的合谋和没能采取行动。

那些发起并运作这个项目的人，无疑都是罪孽深重的个体。但与他们肩并肩的还有传令兵、护士、护工和行政人员，而其中绝大多数人心甘情愿地参与合作，完成他们被委以的任务。在这个过程中，处于最底层的参与者几乎没有多少选择可言。无论是地位卑微的护理助理、勤务人员、司机，还是没有医疗资质的帮手，他们除了按照上级吩咐的去做以外，并没有多少选择；而有些人之所以做这些工作，并非出于个人选择，而是由于国家劳役团的安排。在战争结束不久后，一批站上东德法庭被告席的人，就属于此类情形。[40]

埃里克·保罗·S.（Erich Paul S.）在学校修习基本课程后，掌握了建筑行业的从业知识，但是在20世纪30年代初期，他同许多人一样找不到工作。1934年，他加入党卫队，希望组织能够帮助他找到工作。1939年，他被征召入伍，入选骷髅总队（Totenkopfstandarte），但很快就受伤退伍。一开始，他被安排到监狱做守卫，还要负责接电话。后来，他被安排去贝恩堡工作。埃里克·保罗·S.明白，获准进入骷髅总队可比加入党卫队难多了；然而东德法官（他显然意识到埃里克·保罗·S.智力有限）在其战后审判中注意到，他的优势在于特别高大、魁梧的身材。跟他一起坐在东德法庭被告席上的还有埃尔娜·施（Erna Sch.），她是一位木匠的女儿，在其膝下的十个孩子中排行老七。她入读过小学（Volksschule），但是因为家庭拮据，连这样基础的教育都没能读完；

她 11 岁的时候就被家里送出去干活了。1940 年 12 月 23 日，柏林的警长将她喊去，命令她去贝恩堡做义务劳动。尽管比起没怎么受过教育且对政治毫不关心的埃尔娜·施，埃里克·保罗·S. 的党卫队成员身份令他在政治上更为可疑，但是这两个人都绝非奔忙在屠杀一线的铁杆纳粹意识形态狂。

那么，这两个人都做了什么，使得他们在战后依法被捕呢？屠杀中心原先设在勃兰登堡，而取而代之的贝恩堡经过特殊的设计，完全用于这一目的：它安装有更为现代化的淋浴头，而不只是勃兰登堡那留有洞口的管道，这样就更容易欺骗"患者"了。除此之外，贝恩堡还有一位虚构的"凯勒医生"（实际上是埃贝尔医生），负责签发死亡证明。新中心在设计中就包含伪装要素，而两位被告都对此心知肚明。他们所扮演的角色尽管都相对无足轻重且边缘化，也仍旧各有不同。

埃里克·保罗·S. 负责为新建筑加固毒气设施，以及建造车库，容纳那些将受害者运输至此的灰色巴士。车库配有一道内门，可以通向主建筑里的毒气室，这样患者在下车的过程中就可以避过公众的视线。埃里克·保罗·S. 还是贝恩堡"柏林部门"的杂务工和保安，负责维修、照看供暖系统，以及防止未经授权的人员入内等工作。尽管他曾经目睹过毒气杀人，但是按照他的说法，那是因为他很好奇，想看看"此类事件到底是怎么进行的"，他本人并不直接参与谋杀。[41]虽然我们很难将他视作这一项目的核心人物，但是他似乎从未质疑过这里到底在"发生什么"。

埃尔娜·施与受害者有更多的个人接触：她是病房里的助手，负责协助"患者"，陪伴他们前往受死的场所。她对这类角色感到极其不安，反复地要求上级将自己调离这些岗位。她不断地哭泣，不断地提出反对意见，于是埃贝尔医生在 1941 年 4 月安排她给 T4 项目的组织者、总理府第二部门首脑维克托·布拉克（Viktor

Brack）照看孩子，算是休息几个星期。1941年9月，埃贝尔医生又通过安排埃尔娜·施给人做家政的形式让她休息。这一次，她的服务对象是精神病和神经学者维尔纳·海德（Werner Heyde）医生，他所领导的组织实际上负责安乐死机构的掩护工作。这些短暂的工作调整并没有改变埃尔娜·施对自身处境的态度。为了能够永远离开这个岗位，她与同事格哈德·施（Gerhard Sch.）发生关系并因此怀孕，后来她嫁给了格哈德，之后又生了第二个孩子。1942年12月，等到怀孕月数很大的时候，埃尔娜·施总算可以离开岗位。她的丈夫死于战争，所以等她走上法庭之时，她已是带着两个孩子的寡妇。

法庭记录中可以找到许多类似的案例；那些困在屠杀机器底层的人，通常也是战后最难以逃脱恢恢法网的人。我们很难确定他们到底负有多大的罪责；他们当然不是我们以为会在司法打击名单的前排看到的人，但是他们这样的人比较容易被逮到，他们的刑期也通常会比较长——至少在战后初年的东德法庭是如此，在西德法庭则不太会这样。

直接行凶的群体相对而言要小得多；但是要让各个环节的管理运作起来，包括完成人员转移和遗物处置，以及处理金融、档案和信件，则需要更为庞大的人群。而对这一切知情的人数还要比这庞大许多。安乐死项目的同谋问题延展到司法对于同谋的定义之外，它所带来的普遍不安情绪，以及不愿面对这些问题的心态，都将在战后延续数十年。

然后最大的问题在于，即便大家都知道那些灰色巴士携带着患者，将他们"转移"到另一家机构，却将他们的衣物和财物都运送回来；即便大家都知道，当时的死亡证明上会有虚假的死亡日期、死因甚至地点，在这些精心编造的谎言背后有大量的人在死亡；即便强制饿死和过量用药死亡的流言传播甚广——即便所有这些都为公众所知，人们还是会把家庭成员交给那些可能断送亲人性命的机构"照料"。

第二次世界大战开始的两年也是德国外交政策取得胜利的时期，然而在当时，政府对羸弱公民的有组织谋杀广为人知，而令人不安的报告也大肆流传。举例而言，新鲁平医院的患者以惊人的速度死亡，患者家属对此都已然警觉。很多家庭感到担心，患者到新鲁平医院几个星期后就会显现出饥饿和营养不良的迹象，过不了多久，这些家庭就会被告知，他们的亲人已经被转移到其他机构，并死于某种疾病。就连负责登记死亡情况并且将所谓的骨灰盒交还给死者家属的人员，后来都曾表示，他对死亡人数的庞大感到吃惊，明白其中肯定有不对劲的地方。[42]

这些谋杀也是人们会在家庭中讨论的问题，虽然措辞有所避讳。有一个女人的三岁孩子于1942年7月死在了勃兰登堡附近的戈登诊所，她在写给兄弟的信中透露，在她前往巴伐利亚做短期的静养治疗时，她的丈夫明明知道他们的女儿将一去不复返，却仍然自愿地将女儿交给这间诊所，并允许他们"全权"进行治疗。孩子母亲自巴伐利亚返回后立即前往诊所看望女儿。到了这个时候，她"已经瘦到我几乎认不出来了，这件事深深地刺伤了我的灵魂深处"。然而一切都已经太晚了：三天后，小女孩刚刚过完四岁生日就死去了。然而，前后几封信件告诉我们，虽然她丈夫明知道会这样，依然交出他们的孩子，她却并不责怪他，她责怪的是自己，不应该放下照顾孩子的责任，短暂地出门休养生息。她感到，应该由她自己"来承担女儿死去的罪责"。而在这个家庭里，罪责的问题就更加复杂了：孩子出生时非常健康，却因为哥哥或姐姐幼稚地大发脾气，打到她的头而造成了脑损伤。这个故事被掩盖在这个家庭里长达数十年，甚至在很久以后，当某位家庭成员试图进一步探究这个事情，引发大家的讨论时，他依旧遭到了这个被谋杀的孩子的兄弟姐妹的强烈反对。[43]

这种部分自愿的参与，或者说在默许的情况下将自己不想要的亲属交给官方安静地处理掉的做法，在当时可能十分普遍，而对此我们仅有非常零碎的证据。时不时地就会有家庭无法再应对家中有身体或精神残障的家属，因而迫不及待地想要把他们送回医疗机构。举例而言，在亨丽埃特（Henriette）的案例中，一位出于好意的医生似乎曾为这个家庭提供机会，把她救了下来：在1941年4月，因为家庭举行坚信礼仪式，他还把她放回家休息过一阵子。亨丽埃特的父亲在她母亲过世后又再婚了，而这位父亲在专业人士认为毫无必要的情况下，坚持将女儿送交医疗机构照顾，他并不打算将她留在家中。在亨丽埃特返回精神病院的三个月后，她就被送往贝恩堡，并死在了那里。[44]我们并不清楚，要是受害者家庭注意到危险的信号，尤其是从出于好意的工作人员那边得到明示时，如果他们决定将亲属留在身边，远离这些机构，有多少人其实拥有获救的余地。

许多家庭确实无法充分地照料家中有精神或身体残障的人，并且真心相信（或者说服自己相信）医疗机构的照料是最佳的选择。即便如此，这些受害者的家人后来也会认识到，他们自己也在这场悲剧中扮演了相应的角色；所以我们会毫不奇怪地发现，一旦家属在明明能够采取行动阻止家里发生惨剧的时候选择了袖手旁观，他们也会在事后选择对周围发生的事情表现得"毫不知情"。

在第二次世界大战的前两年，在安乐死项目上跨越道德界限的第三帝国公民仍旧是相对而言的少数人，但是这些人作为先头部队，继续在波兰的死亡营里屠杀欧洲的犹太人，而此时的杀戮规模已然大幅扩张了好多倍。许多安乐死项目的底层员工也被无缝衔接到东部的杀戮中心。据估计，在1939年至1941年，T4项目总共约有500名活跃分子。而在1941年至1943年，这500人中至少有121

人被派往贝乌热茨、索比堡和特雷布林卡灭绝营（自党卫队领导人赖因哈德·海德里希被刺身亡后，这三座灭绝营就被称作"赖因哈德营"）继续工作。而在赖因哈德营关闭之后，至少有78名前安乐死项目人员离开波兰，他们连同直接从德国的安乐死项目抽调出来的人员，一起被派遣到位于的里雅斯特附近的意大利东北沿海，在战争的最后两年中与那里的游击队作战，并将意大利的犹太人送往集中营。[45]

1941年夏天，德国人民抗议谋杀同胞的呼声曾一度中止第三帝国有组织的毒气杀人项目。而在这个时期，各种各样的因素也促使纳粹领导人将这些专家转移到其他地方。舆论的反对声还起到了另一个作用，它使得屠杀消失于公众的视野；但是它既没有终止对残障人士的杀戮，也不曾遏制纳粹的理念，即大规模谋杀是走向健康民族共同体的必由之路。根据纳粹党自己的数据统计，从战争初始到1941年9月1日，官方T4安乐死项目的六家指定屠杀中心一共谋杀了7万多人。[46] 后来很可能有23万"患者"因强制挨饿、故意用药过量、致命药剂注射和刻意的疏忽大意而殒命。[47]

尽管到最后，T4项目的屠杀人数只在纳粹的大规模谋杀中占据了微小的比例，但是安乐死项目的重要意义却超越了它的直接后果。T4项目的合作网络、专家和心理状态的发展，使得它在有组织的毒气杀人、系统性的饥饿致死和大规模射杀的模式中占据了核心的地位，而这些模式都将成为纳粹大屠杀的典型特征。对于更广泛的旁观者社会来说，尽管他们越发意识到反人性和谋杀的存在，却选择对其视而不见，或将优先级给予其他事项，这也成了整个社会的典型特征，使得大规模谋杀在广为人知的情况下依旧得以延续，而人们在后来还将克制表达或者否认自己知情。

第四章

暴力的微观世界：以波兰为棱镜

从1938年起，德意志帝国开始向外扩张。3月，它占领了奥地利。随后，德国于9月在慕尼黑与英国、法国和意大利举行会谈，在它们的首肯下占领了捷克斯洛伐克（Czechoslovakia）的西部边境地带苏台德地区（Sudetenland）。捷克斯洛伐克就这样失去了西部的防线，它余下的地方成了德国军队的囊中之物，并于1939年3月沦陷。西方的绥靖政策给希特勒壮了胆，接着在1939年8月，他与苏联签订了《苏德互不侵犯条约》，其条款将波兰瓜分为二。希特勒趁机在1939年9月1日发动侵略战争，入侵了波兰。在不到几天的时间里，局势已经明朗，欧洲已然掀起战争。在随后的闪电战中，德国人攻下了西欧和北欧的大部分地区；后来又将势力范围扩张到南欧和东欧，从此纳粹暴力得以输出到更为广大的区域。德国所到之处，肆意的残酷和谋杀都是其政策的标志；比起西欧人民，东欧人民受到的对待要严酷得多；而根据战败国的合作程度或是否被彻底消灭，其人民所受到的对待也会有所不同。直到德国在1941年6月入侵苏联，以及美国在1941年12月参战，这场欧洲战争才真正演变成一场世界大战，局势也因之发生了扭转。即便如此，德国残余的领导层也要等到无数城市已成废墟的德国被盟军占领，且希特勒在1945年4月30日自杀身亡，才终于在1945年5月初同意向盟军无条件投降。[1]

在纳粹占领的欧洲，暴力和死亡呈现出诸多形式。但是主要的犹太隔离区和死亡营都位于波兰。除去这些著名的苦难场所之外，纳粹还以各种方式将其统治加诸被他们征服的人民，尤其是犹太人的头上。

小型案例研究构成了暴力的微观世界，它可以揭示受害者经历的多样性和复杂性，以及人们如何通过各种各样的方法，摇身变成了行凶者。我们将审视一系列微观世界和地方经验，试图借此理解这个时代的多重悲剧，并为探索它长远、复杂的余波打下基础。

暴力帝国的扩张：波兰

对波兰公民展开有组织的施暴，是德国侵略这个国家的标志性特征。受到攻击的不仅仅有军事对手，当地的知识阶层（包括知识分子和神父）也遭到了围捕、关押和谋杀；德国还打出反游击战争的旗号，对犹太人发动了恐怖活动。特别行动突击队（einsatzgruppen）将犹太人集合起来，羞辱他们，虐待他们，并且纵火将数千名犹太人活活烧死在犹太会堂、谷仓和房屋里。[2]

没过几周，波兰德占区的特别行动突击队就被德国文官政府所取代。国界被重新绘制，根据《苏德互不侵犯条约》，苏联占领了波兰东部区域。而在德占地区，纳粹将一块波兰领土划为波兰总督府，由汉斯·弗兰克（Hans Frank）统辖，而其他几块区域——上西里西亚（Upper Silesia）东部、瓦尔特兰省、但泽和西普鲁士（Danzig and West Prussia），以及归东普鲁士所有的波兰北部地区——则被并入大德意志帝国的版图。[3]

在诸多地区，波兰人都必须为德意志裔人（Volksdeutsche）腾出地方，他们有的是来自"老帝国"的殖民者，有的则是从其他地方"返回帝国"的外来者。有些波兰人声称自己也是"德意志裔人"，想要借此占到便宜，最后却发现这可能意味着要被征召入伍，为德国军队出战。波兰人的劳动遭到剥削，他们分到的配给很稀少。年轻人只能接受基础教育，被中学和大学拒之门外。德国人心里打的算盘是：他们要塑造出一批低眉顺目的人民，除了为德国人提供体力劳动外，几乎没有其他本事。然而，并非所有波兰人都放弃了学业的追求；有那么一些人，比如诗人和作家塔德乌什·博罗夫斯基，就将阵地转移到地下，在众多志趣相投的圈子里继续讨论文学和政治。然而，即便是这样的事业也存有危险性；当华沙的一批人遭到逮捕和监禁后，博罗夫斯基也和许多其他波兰反对派一起，被送去了奥斯维辛。

波兰人在多大程度上参与了德国的占领，此事其实不甚明了。几百年来，波兰基督徒和犹太人的复杂关系都被官方所容忍，时不时地就会出现一些紧张情况，并爆发出零星的暴力事件。波兰大概有350万犹太公民，也分布着几个主要的犹太文明和文化的中心。这里不仅有犹太小村和小镇，就连大城市中心也居住着为数众多的犹太人。犹太人不仅担任拉比和教师的职务，或者操持小商贩和小手艺人的营生；在有些城市里，他们还是大实业家，而在农村里，也有着贫苦的犹太农民。有些人信仰虔诚，其他人则被同化了；有些人是社会主义者，其他人则是犹太复国主义者；有些人受过高等教育，能说好几门语言，其他人则大体目光狭隘。因此，基督徒和犹太人的关系也呈现出复杂的多个层面，而这些关系也会因为政治和经济环境的转变而迅速地发生变化。

在德国占领之下，此前就已存在的紧张关系进一步恶化了。虽然许多开明的基督徒试图保护犹太同胞，但到了战争期间，即便是他们都开始设想一个能够摆脱犹太人的波兰国家的未来了。虽然有些波兰人冒着生命危险，挽救和藏匿犹太人，但是许多其他波兰人则背叛了犹太人，从他们的苦难和放逐中收割好处。在一开始被苏联控制的区域，波兰人常常把犹太人说成是苏联压迫者的拥趸；可是在1941年，当德国人将俄国人驱逐出去后，波兰人自己又常常主动协助当权者，搜捕、迫害，甚至谋杀他们的犹太邻居。1941年7月，在如今臭名昭著的耶德瓦布内一案中，大致占半数的波兰非犹太村民成功地谋杀了村里另一半波兰犹太人。[4]先是爆发了暴力事件，接着在两个星期后，村民们将犹太人关进谷仓，浇上煤油点上火，把他们给活活烧死了。在这场屠杀中，德国人的教唆起了关键性的作用；然而，恶性的宗教反犹情绪以及嫉妒和贪婪才是那些采取行动的当地波兰人的动机。这起事件所展现的深刻裂隙，使得一代代波兰人为之惊惧，关于这起事件的激烈讨论也一直延续到21世纪。[5]

其他与纳粹合作的波兰居民则是"德意志裔人"。在战争初期，有些人加入了自卫团（Selbstschutz），负责煽起动荡，协助德国军队和特别行动突击队。后来，德意志裔人在当地政府中受到重视，他们得到的待遇要好于波兰人。

虽然非犹太波兰人的境况已然很糟糕，但是波兰犹太人的日子比他们更不好过。他们被从家中驱赶出来，他们的财产和生计遭到掠夺，他们被迫住进越来越拥挤、条件越来越糟糕的住所，而德国人则将犹太人的生意、店铺，以及条件比较好的房屋和住宅区据为己有。

1939年10月，德国人在小镇彼得库夫-特雷布纳尔斯基（Piotrków Trybunalski）设立了第一片犹太隔离区。从1940年春天开始，强迫犹太人住进规定区域的行动开始零散地传播开来，在不同地区各有不同的特点。[6]有些地方设立犹太隔离区是为了将犹太人从条件优渥的区域驱赶出来，好让德国人和波兰人搬进去；而有些地方这么做，是为了控制犹太人群，限制他们的流动，好剥削他们的劳动力；有些犹太"集合区"很快就关闭了，它们是用来将犹太人集中起来送往集中营而设的。有些居住区历经数个阶段，行使过多种功能，有些居住区则转瞬即逝，很快就被清理、拆毁。[7]犹太隔离区分布在城镇和乡村里，面积有大有小，其中最大的要数华沙犹太隔离区；它们的存续主要取决于"重新安置"（送往集中营处死的委婉说法）的进度，所以存续时间可长可短。第三帝国既可以剥削犹太人的劳动力，也可以通过强制的营养不良，让他们的身体逐渐报废。他们因饥馑和疾病而死亡；如果他们试图获取维生所需要的食物，他们就会被吊死；他们会被成批地射杀，如果"试图逃跑"也会被开枪打死。有些犹太隔离区是"开放的"，但如果犹太人跑到"禁止犹太人入内"的地区，他将面临极为严酷的刑罚，如果违反宵禁的规矩或者不随身佩戴大卫星，惩罚也很严厉；人们的生活中充斥着逮捕、殴打，甚至当场射杀的危险。无论犹太人身在何处，他们的污名化都意味着自由的受限：无论居住区是开放还是封闭，对他们的控制都相当于某种形式的监禁。对于有些刚刚来到这里、被灌输过纳粹意识形态的德国人而言，波兰犹太隔离区里这些衣衫褴褛、饥肠辘辘的人正好印证了他们听闻的关于"东方犹太人"的说辞。

最大的两个犹太隔离区分别位于波兰总督府所辖的华沙和疆域更为辽阔的大德意志帝国的瓦尔特兰省罗兹市（被德国人重新命名为利茨曼施塔特）。罗兹犹太隔离区之所以重要，原因有二：其一，在大规模灭绝犹太人的初期，它在专事杀戮的中心（在这一案例中，主要是邻近的海乌姆诺死亡营）起着举足轻重的作用；其二，它长久以来给犹太人带来了虚无缥缈的希望，让他们有可能通过工作获救，或者"通过劳动得到救赎"。它确然是存续最久的犹太隔离区；可是到了最后，这里的犹太人也都被送往集中营，绝大多数被谋杀了。

战争结束以后，从前的集中营守卫、党卫队成员、盖世太保，或者直接参与谋杀的普通警察，都被指明为"行凶者"。政府官僚往往都避过了聚光灯，逃脱了司法检控的视线。但是，他们在方方面面都同镇压与压迫的力量有着密切的合作。这在犹太隔离区的历史中尤为明显。我们将会探索罗兹犹太隔离区的历史。在这个案例中，我们会看到纳粹政策对生命有着多么毁灭性的影响。

集中受难：罗兹沦为犹太隔离区

根据战前的人口调查，在20世纪30年代，罗兹的犹太人口在23万到25万人之间。[8]自德国入侵以后，这一数字迅速下跌，许多犹太人逃往外地，后来人口跌至16万至17万人。在犹太隔离区存在的那个年代，这一数字起起伏伏，随着犹太人病亡、饿死和被送往集中营而有所减少，又因为来自欧洲其他区域的外来者（包括来自汉堡和柏林的犹太人，在某一段时间内，还有来自奥地利布尔根兰地区的吉卜赛人）的涌入而有所增加。

在纳粹大区长官阿图尔·格赖泽尔（Arthur Greiser）的领导下，瓦尔特兰省的初步"德意志化"计划是将所有帝国不想要的居民（包括波兰人和犹太人）赶出边界，迁徙到波兰总督府，给德意志裔人腾出空间，好把他们"安置"在这个更为辽阔的帝国省份。但是这个计划很快就失败了，格赖泽尔改弦更张，无论是借助乡村里的小型犹太隔离区，还是罗兹的大型犹太隔离区，都要把犹太人"集中起来"。[9]

占领罗兹之后，德国一开始针对当地民众的手段带有典型的羞辱意味。1939年10月4日星期三，在德国入侵波兰不到一个月后，一个名叫达维德·谢拉科维亚克（Dawid Sierakowiak）的青少年正走在上学的路上。然而，他没能抵达学校；他在路上被抓走，被强制参加劳动。但是，谢拉科维亚克并不是什么具有生产价值的劳动力，纳粹的这种手段很像他们在1938年针对维也纳犹太人所做的事情，这是一种公开的降格和羞辱。谢拉科维亚克热衷于写日记，所以他在笔记本里记下了自己是如何在"一个挥舞着大棒，操着粗俗话语的士兵"的监视下参加工作，"他让我把沙子都倒进一个泥潭里"。谢拉科维亚克感觉自己受到了奇耻大辱，他的目光越过大门，"看到了路人面露微笑的幸福脸庞，嘲笑着我们的不幸"。他将这些旁观者斥为"愚蠢的、愚蠢得不可救药的傻瓜笨蛋！"。虽然生活困难，但他还是维系住自尊："应该感到耻辱的不是我们，而是那些压迫我们的人。用蛮力强加的羞辱无法羞辱一个人。"即便如此，他还是承认，"当一个人被迫去做这些愚蠢、可耻、折磨人的工作时，他会受到愤怒和无望的怒火的撕扯。剩下的回应只有：复仇！"[10]然而，罗兹犹太隔离区最终变得与世隔绝，比起其他犹太隔离区来，它的封闭程度更甚，这里的起事条件自始至终都不成熟，复仇的可能性也并未浮现出来。[11]

该地区的纳粹首长弗里德里希·于贝尔赫尔（Friedrich Übelhör）早在1939年12月就讨论过设立犹太隔离区的规划方案。在当时，他已经将其视为一种"过渡性措施"，并认为"最终的目标……是彻底根除这个危害社会的脓肿"。[12]1940年春，犹太人被赶出家门，搬迁到城中破败、拥挤、萧索的巴卢蒂区（Bałuty），这里的卫生和设施状况都相当不理想。[13]当地就边界问题有过几轮磋商：德国实业家不希望因此遭受经济损失，不愿搬迁工厂和仓库；天主教会有一座教堂会随该区域一起被隔绝，他们对此有所不满；而且还要规划一条通往犹太墓地的道路，这样当地的非犹太人就不会被犹太丧事所打搅了。

但是，边界最终还是被确定下来，犹太人也迁移到居住区里。1940年4月，罗兹改名为利茨曼施塔特，而在当年夏天，犹太隔离区正式封闭。边界上的木桩和带刺铁丝网不断被加固；被要道隔开的两块居住区域间会架起互相连通的木桥；官方在周边的居民区和这片犹如牢笼的犹太隔离区（按照纳粹的宣传，这里住的都是染病的人）之间清出了一块区域，而这块无人居住的荒原就成了两类居住区之间的警戒线。曾经的罗兹犹太大会堂（1939年毁于纳粹之手）此时就已成为此类荒原。犹太隔离区陷入了孤立无援的境地，人们的收音机被没收，也失去了报纸和关于外部世界的独立消息来源，这些都加强了他们与世隔绝的感受。但是，随着新人的不断抵达，消息还是传了进来。

负责管理罗兹犹太隔离区的官员名叫汉斯·比博（Hans Biebow），他组建了一个不大的官僚团队，管理犹太隔离区的运作，监视它每日的活动，在特定情况下会动用暴力。我们从历史照片中可以看出，比博身旁环绕着珍馐、香槟和美女，过着轻松、奢华的生活。[14] 比博的作用很关键：他是犹太隔离区领导人的直接联络人，决定着犹太人劳动和生存的形式。他在同犹太委员会（Jewish council）领导人莫迪凯·哈伊姆·鲁姆科夫斯基（Mordechai Chaim Rumkowski）的合作中也发挥了重要作用，发展出一套"生产主义"居住区的生活方式。[15] 当他们确定犹太人的财产都已经被搜刮干净时，比博认为犹太人必须为德国人的战事劳动，并且通过生产让自己自力更生，成为有用的人，这一策略得到了鲁姆科夫斯基的强烈支持。

比博并非罗兹的政治首脑，他的顶头上司是利茨曼施塔特市的市长（Oberbürgermeister）。从1941年5月6日到1943年8月15日，在这关键的两年里，担任市长一职的是早在1931年就入党的忠实纳粹分子维尔纳·芬茨基（Werner Ventzki）。芬茨基是一名专业律师，曾就读于海德堡大学、柯尼斯堡大学和格赖夫斯瓦尔德大学。在20世纪30年代，他始终都以纳粹党员的身份参加帝国的政治活动。自从他得到了这个令众人垂涎的市长职务，他就将精力都投入到城市"德意志化"事业中，确保它的设施、公园、公共建筑和房屋都符合帝国的现代化视野。[16]芬茨基算是专业阶层中"富有文化教养"的成员，他并没有扣动扳机，也不曾出手殴打犹太人，但是在他的监督下，犹太隔离区约有6万人（大概是总人口的三分之一）死于饥饿。剩下的人大多数被送往集中营，死于毒气，而其中有很大一部分殒命在附近的海乌姆诺灭绝营。在战争将要结束的时候，罗兹剩下的最后一批犹太人被送往奥斯维辛，大多数人葬送在那里；在前往西部集中营的死亡长征中，只有15,000人幸存下来。90%犹太隔离区的居民死去了。

事后观之，在阅读关于罗兹犹太隔离区生活的报告、日记和回忆录时，我发现了一件不同寻常的事情：至少在犹太隔离区最开始出现的那几年里，人们倾向于认为，他们可以用某种方式挺过这个时期，以及尽管生活中有很多艰难困苦，他们却将大量精力投入文化追求、教育和对美好未来的准备当中。达维德·谢拉科维亚克仍旧做着他的模范学生，在班级里名列前茅，对文学和政治抱有浓厚的兴趣。他积极地学习外语，并在课余时间全身心地投入文学翻译当中。他在1941年7月22日星期二的日记里写道，他最近开始将奥维德（Ovid）的拉丁语诗歌翻译成波兰语，还将绍尔·切尔尼霍夫斯基（Saul Czernichowski）的希伯来语诗歌翻译成意第绪语。[17]除了参加一个青年群体的政治活动以外，谢拉科维亚克还会给后进的学生补课，以此赚取些零花钱，帮助家人填补稀少的口粮。

尽管有那么多艰难困苦，犹太人的情感生活也并未休止，关于伦理和道德的问题也并未离开人们的眼界。露西尔·艾肯格林（Lucille Eichengreen，当时名叫塞西莉娅·兰道［Cecilia Landau］）

其实早就知道父亲已在达豪遇害。住在罗兹犹太隔离区的她生活在恐惧之中，承受着慢性饥饿的折磨，然而她依旧竭尽全力，想要照顾好母亲和妹妹。她的母亲最后还是因为不堪饥饿而死去；露西尔和妹妹只好尽她们全部所能，一路扛着母亲的尸体，将她送到墓园，在坚硬的地面上挖出一方坟墓，将母亲有尊严地葬入地下。后来，露西尔的妹妹在 11 岁的时候和其他孩子一起被送进了海乌姆诺的毒气室——而截至此时，露西尔仍不确信这将会是犹太人的命运。尽管周遭发生了这一切，露西尔还是同一位年长的有妇之夫有过一段罗曼史，并因此与他分享过人生的希望和亲密的感情；在她的回忆录里，她告诉我们，尽管犹太隔离区的生活里充斥着饥饿和死亡的担忧，她仍旧担忧这段爱情的不伦之处。[18]

对大多数犹太隔离区的居民来说，未来无从谈起。而那些理应对他们的死亡负责的人，往往并非表面上显而易见的行凶者，也并非直接对他们施加暴力和蛮力的人，而是那些高高在上发号施令的管理者。比如说，人们后来发现，那些借饥荒谋害性命的行凶者在表面上同这场悲剧毫无瓜葛，然而他们通过自己颁布的政策直接造成了这些人间惨剧。

我们对于这段时期的想象往往借助了露西尔·艾肯格林等幸存者的叙述，其中包含了逃脱、可怕的经历、幸运的时刻和生存的策略。有些人会在这些故事中加入道德要素，把它们塑造成一堂关于勇气和人性的"课程"。但是，那些死在居住区或集中营里的个体的经历，却难以通过生还者的叙述来捕捉。犹太隔离区的官方摄影师叫亨里克·罗斯（Henryk Ross），他本来的任务是拍摄证件照片以及官方想要的政治宣传照，但是他用官方给他的相机和胶卷拍摄了更多的内容，其中的很多非法照片捕捉到犹太隔离区居民生活的细节。他极有创意地设计出一种三层站台，这样他就能用一张底片拍摄出 12 张证件照片，只要后续将每个人的头部剪切出来即可，而多出来的底片就可以拍摄居住区日常生活的苦痛、贫穷以及遣送集中营的景象。罗斯知道一旦被发现，自己和家人都将有生命危险，但他还是坚持拍摄这些画面，将这些负面的影像装进安全的盒子，深埋在地下。直到战争结束，他才将它们取出来。按照他的说法，他想要"记录下我们的悲剧"。他"预见到波兰犹太民族会被彻底毁灭"，并且"希望能为我们的牺牲留下历史的记录"。[19]

很多犹太人经历了长时间的苦难，慢慢地衰弱下去，最后败在疾病和衰竭手下，没能幸存下来，他们的照片令人不忍直视，他们的日记也令人不忍卒读。文官政府和犹太隔离区的管理机构强加并实施的政策直接导致犹太人死亡。尽管比博最后受到问责，但是应当为强制隔离和饥荒负责的绝大多数人却完全逃过了战后的清算，由此留下了大笔未曾解决的羞耻感和负罪感的遗产，而它们将弥散在这些人的后代的成长环境中。这显然正是延斯—尤尔根·芬茨基（Jens-Jürgen Ventzki）所面对的处境，他是曾经的利茨曼施塔特市市长的儿子，但是他直到长大成人才明白父亲所扮演的角色，随着他越来越了解父亲的历史，他也就更需要学会面对这些历史，它们从此像一道长长的阴影笼罩着他的人生。[20]

在犹太隔离区里，死亡是一件日常事务。当阅读犹太活跃分子在《罗兹犹太隔离区编年史》（*The Chronicle of the Łódź Ghetto*）中搜集整理的报告时，我们便会发现这一点。[21] 死亡也是个人日记中的一个恒常主题。举例而言，在1941年5月13日星期二，谢拉科维亚克写道："昨天，跟我同年级的一个学生因为饥饿和衰竭死掉了。因为他的样子实在是可怕，所以学校允许他想喝多少汤就可以喝多少，但这帮不了他太多忙；他是班里第三个受害者了。"[22] 几天后，在1941年5月16日星期五，他又写到自己的健康状况。他"接受了校医的检查"，他写道："我消瘦的样子把她吓了一跳。她立即安排我做了X光检查。"他继而遐想，这会不会给他带来什么好处："也许，学校也会允许我喝双份的汤。实际上，能喝五份就更好了，但是两份汤已经能让我好一些。不管怎么说，一份汤根本不顶用。"但是，这样的遐想并没有驱散恐惧："做完身体检查的我又担心又害怕。最近，犹太隔离区里很流行肺病；它带走的人已经不亚于痢疾和斑疹伤寒了。至于食物，无论在哪里情况都越来越糟糕；已经有一周没见过土豆了。"[23]事态也不曾改善。在1941年5月24日星期六，谢拉科维亚克在日记中吐露道，"该死的，已经饿得不行了，因为那一小块本该让我挺到星期二的面包，现在连个影子都见不着"。他明白，"并非只有他身陷如此严峻的处境"，但即便明白也没有用："每当我分到面包时，我根本控制不住我自己，而有时候我实在是太虚弱了，我必须把手头的食物都吃掉，然后我的那块小面包就消失了，可是下一轮面包却还没有到来，我的痛苦与日俱增。但是我能怎么办？谁也帮不了我。我们的坟墓显然都已经挖好了。"[24]很不幸的是，谢拉科维亚克一语成谶：这些日记写完后，罗兹犹太隔离区的人开始被送往海乌姆诺以及其他灭绝营的毒气室。

时人的日记以悲伤的口吻，记录下食物的紧张匮乏令家庭分崩离析的事件。有一位匿名的波兰小女孩没能活着走出罗兹犹太隔离区，我们对她也所知甚少，1942年2月末，她的日记中有如下记录："饥荒令人害怕。人们就像中毒的苍蝇一样死去。"她深思着："什么时候才算到头？我痛恨生活。我们活得连动物都不如。人生太痛苦了，但人们仍旧为之奋力拼搏。"[25]1942年3月9日星期一，我们从她的记述中读到，人们普遍因饥荒变得冷漠："始终有人被送往集中营。人们很绝望，气氛非常紧张。饥荒已经到了忍无可忍的地步，人们像苍蝇一样死去。"即便目睹同胞被送往集中营，饥荒仍旧是头等大事："我因此感到头疼，我眼睛都看不清了。整个房间里都笼罩着空荡荡的感受。连一块面包屑或一点咖啡都没剩下。"

饥饿也影响了人际关系："你可能会一头栽倒，没有人会把你扶起来。单个人一文不值，几十个人也算不上重要。人类很恶心。每个人都只关心自己。最近，我变得非常铁石心肠，无论什么事情，哪怕最可怕的苦难，我都不眨一下眼睛。这是我从其他人身上学到的东西。"[26]最让她感到不安的是家中出现的变化，她在1942年3月10日写道："我也搞不明白，为什么我没法再跟妹妹和谐相处了。我们老是吵架。我想必让我的父母很糟心。我妹妹的状况看起来不妙。她现在和我形同陌路。"[27]第二天，她又评论道："食物都已经吃光了，我们要活活饿死了。我的每一颗牙齿都疼，我饿极了。我的左腿冻伤了。"她还接着写道："我妈妈看起来糟透了，就像一道阴影。"家里的争吵愈演愈烈，而且主要是因为一星半点的食物而起争执，比如说她过分提前地把自己那点食物吃完了，或者吞下了本不属于她的食物。正是在这一天，她跟父亲发生了口角，父亲"开始因为她偷吃了整整一勺对她大吼大叫"；她"因此非常难过，并且诅咒了"他；而他"站在窗户边上，哭得像个婴孩"。在她的家庭中，这件事成了一个转折点，她觉得自己做了一件错事，对此非常自责："在这以前，连陌生人都不曾这样侮辱他。全家人都目睹了这件事情。我没吃晚饭，飞快地上了床。我以为我会饿死，因为我们家只有晚上才有饭吃。"对于这件事，这个小女孩责怪的是自己，而不是纳粹党人："要不是因为我跟每个人都吵架，我们一家人本该很幸福。所有争执都起于我。我肯定是被某种邪恶力量操控了。我总是喜欢与众不同，但是我没有足够强大的意志。"[28]这位年轻的日记作者没有活到最后，她没能看清周围的大环境，也无法把矛头指向理应对她的家庭处境负责任的人。

谢拉科维亚克的情况与之类似，他也记录下自己和父亲的关系是怎么恶化的。1941年5月26日星期一，他提到他的妹妹和母亲都削减了自己的面包定量，将它让给他的父亲。然而，谢拉科维亚克有点愤愤地写道："可是，他并不懂得感恩，父亲的态度很差，并且显露出十足的自我中心，对我也是如此。"[29] 这一状况愈演愈烈。到了1942年4月19日星期日，谢拉科维亚克写道："今天，父亲显露出他的本性。他变得越来越疯狂……他老是大喊大叫，家里每个人都嫌他烦。"[30] 1942年4月20日星期一，他描述道："妈妈陷入了绝望，她已经走不动路了。父亲在家里冲来冲去，嘴里常常喊个不停。"[31]

到最后，谢拉科维亚克和他的家人都没能幸存下来。谢拉科维亚克的父亲尽管从妻子和女儿那里分到了额外的食物，最后也死于饥饿，此外还有6万人跟他遭遇了相同的命运；谢拉科维亚克的母亲（死于海乌姆诺）和妹妹纳齐亚（Nadzia，死于奥斯维辛）因毒气而身亡，此外还有13万犹太人跟她们遭遇了相同的命运。[32] 谢拉科维亚克的最后一篇日记写于1943年4月15日星期四："今天晚上，我要准备食物，烹制晚餐，而这让我彻底筋疲力尽。政治方面没有任何新的动向。缺乏耐心的我感觉自己又要陷入忧郁中了。我们已经没有任何出路。"[33] 四个月后，也就是1943年8月8日，谢拉科维亚克死于饥饿、虚弱和疾病，此时离他19岁的生日仅有两周而已。

对于大多数身陷纳粹迫害陷阱的人来说，现实确实"没有任何出路"。有些人只有通过与当局达成在通常情况下显得在道德上可疑的妥协，才有办法生存下去。与当局协商特惠待遇，会因不同的状况得出不同的结果，但绝大多数到最后必然会失败。那些逃脱了饥荒和疾病的人，最后也会以其他方式被处死。

对于罗兹以及欧洲各地的犹太人而言，关键的转折点出现在1941年9月。纳粹针对德国犹太人的政策发生了改变，犹太人受到公然的羞辱，被要求佩戴黄星。这些措施既彻底且致命地夺走了移民的可能性，也让隔离、围捕和遭送集中营的行径变得顺理成章。

第四章　暴力的微观世界：以波兰为棱镜

这一转变对拥有大量德国犹太人口的地区（比如柏林）的居民而言都显而易见。举例而言，记者露丝·安德烈亚斯－弗里德里希在1941年9月19日星期五的日记里写道，如今犹太人已经沦为"罪犯，每个人都必须在左边的胸口佩戴黄色的大卫星，并且因此被社会视为法外之人"。不过，她对舆论的反馈抱有乐观的心态："感谢上帝，大多数人对新法令不满。我们遇到的每个人都和我们一样，为此感到羞愧。"于是，她轻描淡写地勾销了"这种犹如孩童的玩笑"的政策的重要性，在她看来，"这和真正的反犹主义无甚瓜葛，扯掉苍蝇腿，将蝴蝶扎在大头钉下，以及朝犹太人喊叫，都是孩子的行为"。即便如此，这一政策的长远意义仍旧是清楚无误的："黄星让种族隔离更容易实行。它照亮了我们走向黑暗的道路，而这股黑暗就叫犹太隔离区。"[34] 从此往后，不仅是德国的犹太人，只要是被纳粹占领的地区，所有犹太人都被送往东方。在这一过程中，犹太隔离区变得越来越拥挤，而疾病在营养不良的人群中肆虐。当局决定，要想解决犹太隔离区的拥挤问题，就得把最羸弱、最不能胜任劳动的人挑选出来，尽快将他们处置掉。

在早些时候的夏天，瓦尔特兰省周边地区的犹太人涌入此地。没过多久，罗兹犹太隔离区接纳了一大批来自西边的犹太人。在1941年10月16日到11月4日间，又有大约2万犹太人被从德国、奥地利、波希米亚、摩拉维亚和卢森堡驱赶出来，遣送到这个已然饥荒盛行、拥挤不堪的居住区。[35] 外来的犹太人常常带来许多衣物和财物，它们为居住区的住户所渴求，也因此扰乱了当地的经济。而人数的增多也使得食物和房屋的短缺更显捉襟见肘。

1941年11月，几千名吉卜赛人被送到罗兹，他们大多数来自奥地利的布尔根兰地区。他们经历了长途跋涉，几天之内数次中转，到达罗兹后大多生病了（包括传染性很强的斑疹伤寒）。由此，

1941年12月1日星期一的《罗兹犹太隔离区编年史》[*]探讨了关于"吉卜赛营埋葬死者"的问题。而截至那一天，已经有213人被埋葬，"丧事局只好在每天不晚于上午9点的时候，将灵车派往吉卜赛营的所在地"。[36]《编年史》记载道，因为死亡人数不断增多，"常常有大量尸体需要下葬，现在灵车必须提前到每天上午6点抵达营地"。[37] 事到如今，连比较强壮的人都开始扛不住了：一开始，"营地中搬出来的绝大多数尸体是小孩。直到上个月的月底，被埋葬的人当中成年人的数量才超过孩子"。[38] 没过几周，流行于吉卜赛人中的疫情也开始影响到其他人：1941年12月19日星期五，《编年史》记录下几起斑疹伤寒死亡事件，死者皆被布拉格的杜布斯基（Dubski）医生传染，这位犹太医生曾前往吉卜赛营诊治患者，并且是"当地德国刑警支队的负责人"。[39] 其他死亡事件纷至沓来。显然，犹太隔离区的疾病传播到非犹太隔离区的风险也很高。

将身体虚弱而无法从事劳动的人以及很可能就要死去的人挑选出来的想法虽然起源自其他地方，却很快在罗兹成为现实。疾病的传播加速了这个过程，它将第一批人挑选出来，遣送到海乌姆诺的废气货车里处死。

1941年12月20日星期六，《编年史》已然开始讨论挑选的细节：如何根据上级挑选出2万人的要求，先选出1万人，"重新安顿"到犹太隔离区之外。[40] 而吉卜赛营的居民被一锅端地全部清理掉，他们是第一批被卡车送出犹太隔离区的人。在1942年1月的第一个星期，《编年史》记载道，虽然"卡车用了十天时间，才将'吉卜赛人'悉数送走"，但是死亡依旧在蔓延。这份报告的作者总结道："这座营地如今已基本荒废，这周结束的时候，它毫无疑问会被彻底取缔。显然，由于斑疹伤寒的传染风险，取缔这座

---

[*] 下文中亦简称为《编年史》。——编注

营地势在必行"。[41] 这些吉卜赛人正是在沙瓦迈克生动的描述中死在废气货车和乱葬坑里的人。

然而，被遣送走的不只有他们。老人、病人、虚弱的人在接下来的几个月中时不时地被送走，这些事情左右着居民的心态。而当离开的人不被允许携带财物或生活必需品，而他们的衣物和随身物品又被送回到犹太隔离区时，关于他们命运的流言变得越来越不妙。仍旧留在居住区里的人尽管身体疲惫，但为了不顾一切地活下去，为了向德国人证明自己的利用价值，他们反而敦促自己更加努力地干活。虽然遣送时有发生，并给人们带来阴霾，但他们也渐渐习惯了这样的场面。《编年史》里一篇1942年4月1日的文章带着自我批判的口吻写道：

> 在过去，憔悴的老人和脸色惨白的孩子所组成的队列会给路过的人留下可怕的印象，可是如今，当车斗装着那些半死不活的人经过人们的眼前时，这些眼睛都已经习惯了这样的景象。他们裹着破烂的衣服，一动不动地躺在车斗里，不被人们所看见。他们空洞的眼神注视着天空，他们的脸庞苍白而没有血色，他们沉默却严厉地斥责着留在居住区里依旧忙忙碌碌、焦躁不安的人。[42]

从1942年春天开始，那些坐着交通工具向死神走去的来客不再只有罗兹的犹太人；整个波兰以及欧洲其他德国占领区域的犹太人都在滚雪球似的走向死神，走向奥斯维辛，以及贝乌热茨、索比堡和特雷布林卡灭绝营。

新闻泄露出去了，这些极刑的流言散布到遥远的地方，流入广阔的世界中。1942年末，国外的报纸开始登载大规模杀戮的报告。在帝国境内，审查制度限制了新闻公开传播的程度，但是对于犹太人的致命迫害却是一个尽人皆知的秘密。就连善于观察的柏林人，比如安德烈亚斯—弗里德里希，也比较确信那些被遣送走的人的命运。1942年12月2日，她在日记里写道："犹太人在成批成批地消失。关于这些被疏散的人的命运，社会上散布着非常可怕的流言：大规模射杀、饿死、折磨致死和毒气杀人。"她显然清楚地看到："没有人敢于冒这样的风险。任何藏身之处都已是来自天堂的礼物，救人于水深火热之中。"[43]虽然她和一些勇敢的人试图藏匿犹太人，尽可能地保护他们，但是对于那些没能逃脱遣送的犹太人而言，命运大体上已然注定。等到他们抵达东方的时候，除去一小部分被选出来干活的人，剩下的人几乎都无能为力，只能等死。

然而，罗兹犹太隔离区的人却仍旧抱持着希望，至少能够干活的人还可以得救。这种想法在一定程度上和罗兹犹太隔离区领导人的品格有关。

罗兹和华沙的犹太隔离区有着显著的差别。而有些差别，其根源在于两地接受纳粹委任、牵头犹太委员会的领导人的个人品格的差异。纳粹有一项穷凶极恶的策略，他们会安排受害群体的成员，来协调受害同胞的照料、控制和镇压，其职责不仅包括分配福利（食物、医药用品、住房），他们还肩负编写名单，安排被遣送人员的责任。犹太委员会受到胁迫，以不公平的形式同上级德国权威"合作"。这些犹太领导人身处一个无法预测却不断恶化的处境之中，他们反复妥协，徒劳地尝试保护哪怕一小部分群体成员，而犹太民兵也被部署在居民区中，负责控制居民。这些人陷入妥协之中，有的是受到了强迫，有的则在某种程度上自愿如此，他们各自以不同的方式应对着他们的处境。

在犹太领导人的光谱上，一端是战前担任工程师职务、备受尊重的华沙犹太委员会主席亚当·切尔尼亚库夫（Adam Czerniaków）。他所面对的处境既令人难以忍受也没有解决的出路，

第四章 暴力的微观世界：以波兰为棱镜

他在与之搏斗的过程中不断地忍受着失眠和严重头疼的折磨。当时有一位少女叫玛丽·贝格（Mary Berg），她在日记中表达了对切尔尼亚库夫的同情，她敏锐地写道："他的位置可没什么好令人羡慕的。"她接着说："切尔尼亚库夫常常乘车去会见弗兰克总督，这一点确有其事，但是他每次回来的时候，都已经是一个破碎之人。无论居住区里发生什么样的事情，都成了压在他肩膀上沉重的责任。"[44] 切尔尼亚库夫被互相矛盾、绝不可能达成一致的不同需求撕扯着。玛丽·贝格写道，他经常走访她就读的学校，所以连青少年都注意到，他所身陷的处境是多么不堪忍受：一边是德国人的要求，另一边则是"其饥饿、愤怒、起疑的人民的抱怨和责难"。贝格在1941年4月20日的日记里写道："他总是穿着一身黑衣服，戴着一副眼镜。他的眼神既锐利又柔和。我从来没有见过他笑；不过考虑到他身上沉重的责任，这是一件很自然的事情。"[45] 到最后，切尔尼亚库夫也无法再忍受眼睁睁地看着同胞一天天地死去，他再也扛不住与当局合谋的重负。流言四散，人们正被送往毒气室里处死（主要是在附近的特雷布林卡），而1942年7月22日，切尔尼亚库夫被当局喊去商讨遣送的配额。他在日记里写道："我们被告知，除了个别例外，犹太人无论男女老少都要被遣送到东方。今天下午4点，我们必须交出6000人。而这将成为以后每日配额（的最低值）。"[46]

对切尔尼亚库夫而言，"最悲惨的两难困境［是］孤儿院里的孩子的问题"。[47] 当切尔尼亚库夫听闻孤儿院里的孩子将被送去处死的时候，他在1942年7月23日自杀身亡了。他的最后一篇日记如是写道："现在已经3点钟了。我们已经准备好4000人了。可是上级命令我们必须在4点钟准备好9000人。"[48] 他留下一张字条，说党卫队要求他"亲手"杀掉孩子们。[49] 最后，孩子们被孤儿院的管理人员送上了死路，而他们也跟孩子们一起被杀害了。玛丽·贝格住在位于帕维亚克监狱街对面的房子里,她透过窗户看到了他们动身离开的场景:"成排的孩子互相牵着小手,开始走出大门。他们当中还有两三岁的小娃娃,而年纪最大的可能也就13岁。每个孩子手里都提着个小包袱。所有人都围着白围裙。他们每排两人,平静且面带微笑地走着。他们对自己的命运几乎一无所知。"这些孩子身旁还有许多护士和一位医生陪伴;孤儿院的负责人雅努什·科尔恰克(Janusz Korczak)负责引领着他们前行,他拒绝了逃脱的机会,陪在孩子们身边,一路安慰着他们,直到最后。[50]

华沙犹太隔离区的犹太领导人以这样的方式维持着尊严的假象,他们行使着手头有限的行动力,选择着他们的死期和死亡方式,当避无可避的暴力命运迎面走来时,他们认为自己负有责任,会去宽慰那些直面命运的人。

而在这条犹太领导人光谱的另一端,与切尔尼亚库夫截然相反的则是曾经的商人、后来的罗兹犹太委员会主席莫迪凯·哈伊姆·鲁姆科夫斯基,他似乎很享受这一有限的权力,并显然曾在受他保护的人民头上作威作福。他自吹自擂的名声在外,甚至用自己的名字命名了犹太隔离区的货币(名字唤作"鲁姆基"[rumki],取代了德国马克),而当别人都只能步行的时候,他非要坐汽车或马车。人们不仅怀疑他在分配食物和特殊待遇时偏袒朋友和盟友,并且在挑选遭送人员时也会针对他的政敌;人们还指控他性侵年轻人,包括他引以为傲的孤儿院里的孩子们。[51]尽管鲁姆科夫斯基竭力地想要通过劳动保住犹太隔离区,但是他却和德国人密切合作,将老人、弱者和年轻人挑选出来遭送到死亡营。1942年9月4日,在他最具争议性的一场演说当中,鲁姆科夫斯基为了保住仍然能够劳动的成年人,让他们活下去,恳请犹太人把他们的孩子交出来,送去附近海乌姆诺集中营的毒气室。[52]

领导风格并非这两座大型犹太隔离区仅有的差异,两处居住区

第四章 暴力的微观世界：以波兰为棱镜

形成的目的以及周边社会的特点都有所不同。罗兹犹太隔离区的设立是为了剥削犹太人的劳动力；配给份额很低，使得居住区的居民不仅被迫交出他们的财物、衣物和珠宝，而且需要参与劳动才能让自己活下去。食品供应与劳动相对应，从事重体力劳动或者担任重要职务的人会分配到比较多的食物，而不从事劳动的人就只能分到很少的食物，会更快饿死。[53]而华沙犹太隔离区的居民则陷入普遍的饥荒，只有通过走私才有可能存活。

比起华沙犹太隔离区，罗兹犹太隔离区与外界的隔绝也更为彻底。这不仅仅是因为华沙有下水道系统（可以用作运输人和货物的非法管道网络），而罗兹没有；还因为周边社会和人群特点的差异。罗兹犹太隔离区位于大德意志帝国的境内，这里有着激进的"德意志化"政策，以及强势的地方"德意志裔人"群体，所以居住区的居民就算逃脱出来，也很难指望从周围的社区中获得帮助。到访过利茨曼施塔特的德国人，都对其"德意志化"程度印象深刻，但他们都被自己的意识形态预设所蒙蔽——至少梅利塔·马施曼在回忆录里便是这么声称的，她记录下自己在目睹饥寒交迫的人的处境时，是如何压抑着本该是本能的同情，让自己"视若无睹，充耳不闻"。[54]

华沙不像罗兹那样拥有众多与军工相关的行业，而且这里的食物配给量还要低很多；不过华沙犹太隔离区在好些方面有更多漏洞，使得走私食物要相对容易一些。尽管居住区边界有重兵把守，而私自越过边界的人也会受到严厉的惩罚（包括当场射杀），孩子们却可以想方设法进出居住区，所以他们可以将外面的土豆走私进来，甚至可以逃到外界，乔装打扮生活在雅利安人的世界里。[55]

通过走私得以进入华沙犹太隔离区的可不只有食物而已：有些胆子大的人还私运武器，并在1943年4月底5月初，在居住区的最后一点点力量都要被强大的德国武力消灭干净时，发动了一场叛乱。长期以来，由于党卫队成员总是骑着三轮摩托，随意地向人群开枪或杀人（当犹太人被集合到"中继站"，等待遣送至特雷布林卡灭绝营时，这些武力的展示更是被进一步放大了），居住区居民极易遭受各类随机的身体暴力的侵袭。而在起义的那几周里，这类暴力也大规模升级。有一位面容为我们所熟知的党卫队低阶队员，名叫约瑟夫·布勒舍尔（Josef Blösche）。我们之所以觉得他眼熟，是因为他有一张流传甚广的照片，他在照片里负责将一个双手高举的小男孩遣送到集中营。布勒舍尔后来回忆道，他只能靠酗酒，让自己始终处于醉酒的状态，才能狠下心对着人群开枪；党卫队食堂随时供应大量烈酒，供参与行凶的人饮用。[56] 尤尔根·斯特鲁普（Jürgen Stroop）被赋予扫荡犹太隔离区的任务，他为希姆莱准备了一份长长的报告，里面包含 50 多张照片。他的报告生动地描述了德国人如何放火烧毁建筑，如何对着试图跳窗求生的人开枪，如何用瓦斯驱赶躲在下水道里的人，如何等待他们从窨井中冒头时扣下扳机。与之形成对照的是，居住区的居民则陷入了一场生存之战，无论男男女女都找来他们所能获取的武器，就算自己注定要灭亡，也要尽可能地给纳粹党人造成伤亡。最后，斯特鲁普估计德国人至少杀死了 56,065 人（这样的"人口灭绝"还能够算得清楚），此外还有许多人死于爆炸和火灾。1943 年 5 月 16 日，华沙犹太隔离区的毁灭以犹太会堂的爆破收尾。斯特鲁普在报告中列出了 16 个在"为元首和祖国服务"的过程中被杀害的人，以及 85 个受了重伤的人。[57]

华沙犹太隔离区的战士为了生存而投身到非凡的战斗中，他们为自己在犹太抗争史上赢得了一个永恒的位置。但是，很多人没有这样的选择可作。从时代的视角来看，面对一个远比自己强大且装备精良的敌人，并且在尚且有逃生、躲藏或做苦力获救的希望时，选择武力抵抗形同于自杀。而在切尔尼亚库夫和鲁姆科夫斯基这两种极端的领导风格之间，我们还能够找到数不清的不同程度的苟且妥协和绝望境地。在那个种族灭绝的年代，当犹太委员会面对这一骇人且闻所未闻的处境时，它们各不相同的反应必然会引发争议，乃至回响至今。

确实有那么几年，哈伊姆·鲁姆科夫斯基保证了罗兹犹太隔离区的领导层和官员得到优待。但是，这并没有让他自己活下去。有传言说，当他的所有用处都被德国当局榨干时，他也被遣送到奥斯维辛，而特遣队甚至等不及用毒气将他杀死，就把他丢进了火炉，将他活活烧死。无论这一故事是否属实，它都向我们表明，那些体验过犹太隔离区生活的不公和痛苦的人，心里藏着多么汹涌的感情。

如果我们就此无缝地走向针对灭绝营的分析，那么这未免太轻率了一些。因为无论是纳粹的压迫，还是行凶者的参与方式都还有许多种形态，需要我们更为直接地予以关注。为此，我们将转向另一处暴力的微观世界，它位于波兰总督府境内：波兰南部的小城梅莱茨及其周边区域。

社群的毁灭：梅莱茨

在第二次世界大战和纳粹大屠杀的通史中，梅莱茨几乎没有一席之地。然而，在波兰被占领以后，这里发生的惨剧也几乎发生在波兰任何一个地方。正是因为它的默默无闻，正是因为它既有自身特点，并在某些方面具有典型性，使得对于这个区域的探索为我们带来了启迪。我们将会看到，梅莱茨的案例还将在后来的司法清算中凸显出某些细微的问题，并且点明几代人在应对这段时期的长远反响时所表现出的复杂性。

梅莱茨位于克拉科夫（Kraków）东方约 60 英里处，所处的位置地势相对平坦，分布着混合林和农田，并且散落着些许小镇。在 19 世纪晚期，犹太人占据了这里城镇人口的绝大多数，但是在 20 世纪初，随着工业的发展，非犹太波兰人也开始迁居至此。到 20

世纪 30 年代，当地总人口已达 5500 人，而犹太人只占了一半多，约为 2800 人。此时的梅莱茨已经是一个重要的生产中心，其之所以重要是因为在战争爆发之前波兰在这座小镇的边陲建造了一座飞机制造厂。在德国入侵之后，这座工厂被恩斯特·海因克尔（Ernst Heinkel）名下的公司接管。1942 年，纳粹在这里设立了一座劳动营，并在 1943 年将它升级为普瓦舒夫（Plaszów）集中营的分营。[58]

1939 年 9 月，梅莱茨的犹太社群本来在为每年犹太历中最为神圣的赎罪日做准备，然而德国的入侵立即让一切都天翻地覆。一位名叫本代特·戈登克（Bendet Gotdenker）的幸存者后来回忆道，"一大群党卫队军人"迅速地包围了澡堂和屠宰场。他们将妇女和儿童赶进屠宰场以后，就"任意地开枪"并且"残暴地殴打蓄有胡须的男人"。他们进入澡堂后，立即"开枪打死在场的犹太人，他们的尸体就裹在浴袍里"。为了确保把工作做得彻底且漂亮，"党卫队军人将汽油倒在已经死掉和半死不活的犹太人身上，然后将他们点燃"。[59]

我们曾在前文中谈及伊雷妮·埃贝尔，她在不到十岁的时候和家人一起被赶出了祖国（德国）。在 60 多年后，当她提笔撰写回忆录时，她的脑海中仍旧留有清晰的回忆，那些恐怖的影像仍旧留存于她的脑际。她记得自己站在阳台上，听到"晴空中传来将死之人凄惨的尖叫声"。伊雷妮和家人"闻到了烟味，那是焚烧木材和肉体的烟味"，并且眼睁睁地看着"一道火焰之墙缓缓地吞没了我们面前的街道"。很快，我们就明白外面发生了什么："我们听到了枪声、疯狂的笑声和充满恐惧的尖叫声，那时候我们已经明白过来，小镇犹太区的一部分已经被火海吞没。"[60] 波兰房东担心要是被人知道他家里住着犹太人，他的房子也会被烧毁，于是就把伊雷妮一家人赶走了，他们只好畏缩在附近的田地里担惊受怕地过了一晚上。"烟像云一般飘散在夜空中"，伊雷妮被"飘散着烟的空气给呛到了"。

第四章　暴力的微观世界：以波兰为棱镜

她捂住了耳朵，"但是在火焰的怒吼声中"，她仍然能听到"可怕的尖叫声和疯狂的笑声"。这份纳粹恐怖的初体验给她带来了长远的影响：她被"无法消除的对于死亡的恐惧所摄住"，"它会时不时地浮出水面，吞没人的理智，令我全身麻痹，使我动弹不得"。这种恐惧"会发出数千个人的尖叫声，它只属于我自己，没有人能帮我分担"。[61]

第二天，伊雷妮目睹到，尽管大多数"受害者已经被烧得无从辨认了"，根本分不清"哪块肩胛骨属于哪块头盖骨了"，"来自丧葬协会的虔诚的人"还是试图以体面的方式埋葬这些"烧成焦炭的尸体和骨头"。[62]这场灾难就像发生在波兰其他地方的屠杀那样，它的踪影都跟随着见证者的记忆消失掉了。如今你再拜访梅莱茨，只会在镇中心找到一块粗砺的石头，标志着犹太会堂曾经所在的地方。

纳粹的占领影响的不仅仅是犹太受害者，它也改变了每一个人的生活。当德国人入侵希勒尔·K.（Hillel K.）的家乡时，他被迫逃到了梅莱茨，住到一个表亲家里。紧接着，德国人就踏足此地。希勒尔·K.回忆道："随着日子一天天过去，这座小镇的人口发生了变化，德意志裔人占据了相当一部分。"[63]他们造起了"凯旋门"，嘴里说起了"希特勒万岁"。希勒尔·K.第二天一早就跑路了；他的表亲留了下来，并在屠杀之日被逮捕。甚至在事情过去40年后，接受采访的希勒尔·K.仍旧无法接受一个事实，那便是这场针对无辜男女和孩童的屠杀"不是发生在1942年，也不是发生在1943年，而是发生在1939年"。[64]我们通常倾向于把第三帝国焚毁犹太会堂的历史标在1938年11月，而把他们屠杀犹太平民的历史和1941年入侵苏联的事件挂钩。但是，早在德国入侵波兰之际，战时针对平民的第一波恐怖就已经来袭。

在第一波打击过后，梅莱茨犹太社群的生活就开始进入一种新的模式。杰克（伊塞克）·S.（Jack［Icek］S.）在波兰被入侵时年

[89] 仅 10 岁，他的父母和兄弟姐妹都没能幸存下来，他在一篇写于 40 年后的描述中准确地回忆起他和他们共度的生活。他的大哥以色罗尔（Yisroel）"当时大概 11 岁"，他的弟弟优素福（Yosef）"大概就 7 岁"，他的妹妹德沃拉（Devorah）"可能只有 5 岁"，他还补充道，"最后是我的小妹妹吉特尔（Gitel）"，她"只有大概 3 岁的样子"。伊塞克的家人一直在自己家里待到 1942 年 3 月 9 日。不过，他们必须被迫参加劳动，排队领取配给物资。虽然没有划分犹太隔离区，但是他们依旧没有出行的自由。

在这一阶段，他们所遭受的压迫也只是可堪忍受而已。照伊雷妮·埃贝尔的说法，"生活渐渐地、小心翼翼地进入了某种熟悉的节奏"，但是"恐惧就像一个巨大的阴影笼罩在犹太人生活的街巷上"。[65] 她还记得被当局关闭的犹太人学校；越来越强烈的饥饿感；对盖世太保的恐惧无论如何都挥之不去；男子被当街逮捕，送到其他地方从事强制劳动，从此消失在人海中；其他人突然间消失，他们向东越过布格河，逃到波兰被苏联占领的地区，借此寻求安全和庇护；其他地方的犹太人被驱赶出来，跑到他们家乡，让这里变得格外拥挤；以及压抑的环境和愈演愈烈的焦虑。如果被挑出来做苦力，那么就意味着有可能会死。伊雷妮有个正在上文理高中（Gymnasium）的表亲，名叫哈伊姆（Hayim），他被送到普斯特库夫（Pustków）附近的党卫队军队训练场，被迫在那里的劳动营里干活。根据伊雷妮的回忆："普斯特库夫的守卫以残忍而出名。"才过去几周，"哈伊姆就死了——他在走到一旁小便的时候，被守卫给活活打死了"。[66]

梅莱茨的居民生活在一个互相连通的社会、政治和经济的网络中；犹太人、波兰人、德意志裔人曾经属于一个共同体，如今却四分五裂，被全新的环境所扰乱、重置。而破坏当地社群的因素不完全来自入侵的德国人。

第四章　暴力的微观世界：以波兰为棱镜

鲁道夫（"鲁迪"）·齐默尔曼（Rudolf ["Rudi"] Zimmermann）是当地的一个德意志裔人，他很快摇身一变，成了一个行凶者。1919年，鲁迪·齐默尔曼出生在"德国飞地"霍恩巴赫（Hohenbach，位于梅莱茨西北方的小村切尔明 [Czermin]，霍恩巴赫被当地人称作是"德意志殖民地"），是一个农民家庭的长子。他从没上过高中（许多犹太孩子却上过，包括伊雷妮·埃贝尔的表亲哈伊姆），只在德国人的"单班学校"接受过基础教育。齐默尔曼的文盲程度比他的许多邻居都要高，他日常都在父亲的田地里耕作。他时不时地会赶一辆马车到梅莱茨，在伊雷妮·埃贝尔祖母经营的商店里采购物资。伊雷妮还记得："在祖母的店里，来自切尔明的德国顾客都会受到周到的招待……齐默尔曼夫妇和他们阴沉的儿子鲁迪会赶着他们家的马车，从村子里进城来，而鲁文（Reuven）叔叔会在法伊格（Feige）阿姨的密切注视下，搬走一袋袋面粉，拎走白糖和扁豆。"[67]在犹太人看来，他们自己的生活不仅拮据，而且处处受到约束，相比之下，德国人的处境要好得多，而此类"大宗采购"常常会在伊雷妮的祖母和姑姑之间引起争吵，她们担心德国人手脚不干净，少给了她们钱。不过从另一个角度来看，齐默尔曼一家的收入只能算是中等。当地还有一个德意志裔人叫伊尔玛（Irma），后来成了鲁迪·齐默尔曼的妻子。根据她的回忆，齐默尔曼家"虽然用马匹辛勤耕耘，但他们家农场的产量根本就不够"。[68]这个群体既没有收音机、电话，也没有电灯，在第二次世界大战以前，他们基本上和外部世界相隔绝，了解外面的唯一渠道便是一份德语的教会通讯简报。

对于齐默尔曼一家以及其他德意志裔人而言，纳粹的崛起开启了一个新的时代。无论是被煽动起来的德国民族主义热忱，还是自卫团的组建和发展都让齐默尔曼的政治观点走向了极端，而德国的入侵也迅速地令他个人的处境脱胎换骨。齐默尔曼的父亲很快被任命为梅莱茨的市长，而他通过职权做了很多事情，其中就包括给当地的盖世太保领导人瓦尔特·托尔迈尔（Walter Thormeyer）安排了个方便幽会的房间，可以让他和犹太情妇私通。鲁迪·齐默尔曼也从中获益：尽管他算是半个文盲，但他既会说德语又会讲波兰语，所以在 21 岁的时候，他被安排了一份差事，担任德国安全警察的口译员。很快，他就加入了盖世太保，然后开始在"下等"的波兰人和犹太人头上作威作福。后来他被部署到赖希斯霍夫（Reichshof，这是波兰城市热舒夫［Rzeszów］被德意志化后的新名字）和斯塔洛瓦沃拉（Stalowa Wola），总是谨遵上级的命令，也因此获得了更多的经验，学会在纳粹政权的恐怖中行使暴力。在那些年里，每当要搜捕、遣送和射杀犹太人时，他总是一名得力的助手。在他射杀的人当中就有伊雷妮的表亲埃丝特（Esther），而伊雷妮对这位亲戚的回忆抱有比较矛盾的态度：按照她的说法，"就算我很饿，埃丝特也从来不肯分口食物给我，对我也一直都不太好"。但是伊雷妮接着写道："可是，现在的我还活着，能够享用蛋糕和苹果，埃丝特却死了，被鲁迪·齐默尔曼给开枪打死了。可是在战争爆发以前，在这个家伙变成德意志裔人以前，他的父母还在明德尔（Mindel）奶奶的店里采购补给品。"[69]

在齐默尔曼鸡犬升天的时候，他的犹太邻居的处境则恶化了。在新政权下，只有少数犹太人有足够的食物可吃。其中就包括住在伊雷妮·埃贝尔家附近的法伊纳（Feiner）一家。伊雷妮惊讶地发现，法伊纳的母亲总是有充足的面粉来烘烤一种又黑又大的面包。法伊纳家的女儿天生丽质、金发碧眼，本来也同一位"帅气"的男人订了婚，不过后来他逃到了东边，随着时间的流逝，法伊纳的女儿也渐渐地失去了她的美貌。有一次伊雷妮看到她穿着一件"很短的裙子，短到露出了她粗粗的大腿"。伊雷妮想知道，为什么"其他人每天都在变瘦，而她却长胖了"，她也"想不明白，那个曾经美丽的女孩去哪儿了，她是怎么变得如此粗鄙和肥胖"。[70]此时的伊雷妮仍然处在青春期，她没能想明白的是，按照她表亲埃丝特"直言不讳"的说法，法伊纳家的女儿为了让家人过上好日子，已经成为"一个妓女，而她的兄弟则负责拉皮条"。[71]

我们并不知道，当地的盖世太保领导人托尔迈尔是否也在法伊纳家女儿的顾客名单中。不过考虑到法伊纳家命运的变化，这显然是有可能的。无论托尔迈尔的犹太情妇是谁，她最后的结局都很悲惨。根据纳粹刑法，托尔迈尔犯下了跨种族私通的罪，后来的他害怕自己的罪行会被发现，就将情妇带进森林里散步，从背后开枪将她打死了。

海因克尔工厂的死与生

如果说，占领期的生活已然脆弱异常，而且充斥着恐惧，只有在懂得妥协的同时赶上好运气才能幸存下来的话，那么在1942年3月之后，情况再度急转直下。当局开始把犹太人"挑选"出来处死，而在波兰总督府境内，梅莱茨是最早实行这一政策的城镇。老人、小孩以及体弱多病者都被遣送走了。其他人则被送进海因克尔飞机制造厂，遭到残酷的剥削，为德国的战争经济作着贡献。这轮"挑选"使得纳粹对波兰犹太社群的破坏进入了全新的阶段；他们从此地获得的经验将成为典型，后来会扩散到其他地方去。

1942年3月9日，梅莱茨的犹太社群被当局高效地摧毁掉了，陷入了分崩离析的境地。齐默尔曼在这个社群中成长，因此对其相当熟知，对他来说，协助盖世太保定位犹太人的住所，并且找出那些试图躲藏的人，只不过是举手之劳而已。[72] 伊雷妮·埃贝尔依旧鲜活地记得"沉重的军靴"走上台阶时发出的踩踏声，仿佛这段经历又重新回到她眼前。在他们"狭小、拥挤的房间里"，房门被猛然打开，"忽然之间，数位身着灰衣的高大男人就把这个小房间的每一寸空隙都塞满了；他们仿佛也吸走了屋里的所有空气"。她的家人吓坏了，全都"缩进角落里"。但他们无处可逃："他们残忍的红色脸庞高高在上，俯视着我们，可恨的鲁迪·齐默尔曼就在他们当中，他本来是我们家的老朋友，现在却成了德意志裔人，成了杀手和盖世太保的一员。无论是他们还是我们都一言不发；因为话语已不再必要，我们的生命已握在他们手中。"[73] 从这一刻起，对鲁迪·齐默尔曼以及很多其他人而言，遵从命令杀人，只不过是他们面前的一小步而已。有些犹太人——比如鲁迪·齐默尔曼在上司赫尔穆特·亨泽尔（Helmut Hensel）的命令下枪杀的犹太老人——身体太过于虚弱，无法起身。[74] 其他人则遭受毒打，被逼出房屋，被迫集中在城镇广场上，根据伊塞克的回忆，正是在这里，"挑选的过程开始了"。[75]

年幼的、年老的以及体弱的都被带到一边，等待遣送——在波兰总督府境内，这是第一批为新建的贝乌热茨和索比堡灭绝营的毒气室挑选出来的遇害者。实际上，这些梅莱茨犹太人抵达灭绝营后，还得等候建筑工程完工才能受死，这也给有些人（例如伊雷妮·埃贝尔的家人）带来了逃跑的机会。

3月9日的这轮"挑选"之所以举足轻重，还因为它牵涉了众多不同的行凶者群体。在其中，当地宪兵队、盖世太保和党卫队自然不会缺席。但是按照齐默尔曼在后来的证言，挑选的过程里还有德国国防军的身影，以及尤为重要的是，它还牵涉了海因克尔飞机制造厂的平民雇员，包括一位名叫托伊默（Theume）的人——战争过后的他生活在西德，他的过去显然没有给他带来太多困扰。[76]

这轮挑选显然酝酿已久，从中我们能够看到一对组合力量在起作用，分别是压迫的力量，以及工业生产的需求。伊雷妮后来回忆起，从1941年12月开始，关于遣送即将发生的传闻就早已到处流传。海乌姆诺毒气室的消息也渗透到犹太人群体中。当时，她的叔叔鲁文是犹太委员会的成员；尽管他与同事无法预测未来之事的细节，但他们显然都清楚无误地察觉到了它。[77]他们并不知道灭绝营正在附近建造，但是他们都明白，大规模谋杀就在德国人的日程表上。

对有些人来说，死神的到来非常迅速。许多人在前往飞机厂的路上就被杀死了。伊塞克还记得他的家人一开始还抱团在一起，却没能坚持多久："道路两旁是党卫队突击队队员和块头巨大的德国牧羊犬。去飞机厂的半路上，德国人把所有年纪比较大的人都拉出队列，将他们当场射杀。那是我与父亲的最后一面。"[78]当局认为能够胜任劳动的人则继续走完了前往海因克尔工厂的几公里路途。而到了工厂之后，又发生了一轮挑选，伊塞克还记得："当我们终于抵达飞机厂的时候，他们将我们分成了几组。他们带走了我妈妈、我弟弟，以及我的两个妹妹，将他们送上了一辆货车。只剩下我和大哥以色罗尔还在一起。后来又经过一轮挑选后，我和大哥也被分开了。"[79]伊塞克的母亲和弟弟妹妹都坐上了前往死亡营的火车，他的大哥则被送到位于梅莱茨南方的普斯特库夫，送到有很多梅莱茨犹太劳工的党卫队军队训练场。而在海因克尔工厂，直到临时营地建好以前，伊塞克等一批人有好一阵子既没有食物也没有水。后来，伊塞克用简短的几句话总结了他在那里的几年生活，"他们在我的右手腕上刺了两个字母'KL'（代表Konzentrationslager，即集中营）"，这样即便他逃脱出去，想要不被人认出来也是难上加难。在集中营里，"守卫大多是德国党卫队，可能还有几个乌克兰人。我们在这座工厂里被迫制造和维修飞机"[80]。

这座集中营的建立，不仅是这些奴隶劳工的人生转折点，也彻底改变了海因克尔工厂（及其德国雇员）在第三帝国的地位。在波兰总督府境内，德国政策的变化最早显现在梅莱茨，而海因克尔工厂则是第一批从这些变化中获益的公司。越来越多的成年男性走上战争前线，德国的劳动力缺口变得越来越大。随着莫斯科攻防战陷入僵局，这一缺口也就变得尤为严峻。与此同时，加大武器产量的需求也变得越来越突出。1941年至1942年的冬天不仅是建造灭绝营的关键期，也是部署集中营的劳动力，让他们为德国的战争经济作贡献的关键期。

这一变化以一系列人事变动为标志。1942年2月，希特勒的建筑师阿尔贝特·施佩尔被委任为军备部部长。于是，他着手增加军备产量，提升了军备生产的存在感，也凸显出它对提升军队士气的重要意义。施佩尔是中央计划委员会（Central Planning Committee）主席，他利用自身职权，与艾尔哈德·米尔希（Erhard Milch）元帅密切合作；米尔希则是纳粹空军总监，手里握有三分之一到五分之二的军备生产。[81] 外籍劳工数量的增长势头也与此相关。弗里茨·绍克尔（Fritz Sauckel）自1923年便加入纳粹党，同时身兼图林根州的大区长官和地方长官；1942年3月，他被希特勒委以全权负责帝国劳力部署的职责，与帝国劳动部的传统官僚密切合作。外籍劳工的调动早在1939年就已经启动，而绍克尔对此又展开了更为广泛的调动。到1944年的高峰期，这一项目注册在案的帝国外籍劳工一共有近800万人，这一惊人的数字占了德国劳动力总量的约五分之一。[82] 大多数外籍劳工的生活条件很可怕，他们还会因为这样的条件而死去，无论是雇用他们的德国人，还是与他们共事的德国人，都不可能意识不到政权反人性的一面。

将数百万非犹太外籍劳工纳入帝国劳动力总量的诉求，与将灭绝作为"犹太问题的最终解决方案"的构想，两者几乎发生在同一时间，并且被冷冰冰地登记在1942年1月万湖会议的会议记录里；而当外籍劳工被引入德国的时候，德国犹太人也切切实实地被送往东部的居住区和集中营。但是与此同时，党卫队也在改变策略。1942年2月1日，在经历内部重组之后，两大部门在奥斯瓦尔德·波尔（Oswald Pohl，他支持对囚犯进行剥削，将他们压榨到生命力枯竭崩溃为止）的领导下，合并成党卫队经济与管理部（SS-Wirtschafts-und Verwaltungshauptamt）。[83] 党卫队在集中营里挑选奴工（包括犹太和非犹太囚犯），将他们租给外面的雇主，由此建立起一个经济的帝国。这满足了雇主的需求，因为他们想要的只是数量稳定、廉价的工人，而不需要长期雇用同一批人。党卫队旗下的集中营帝国源源不断地送来劳动力，可以随时取代不再具有劳动能力的人。这实际上便是"劳动式灭绝"（Vernichtung durch Arbeit）。

在纳粹占领的波兰，剥削囚犯的新政策与灭绝营的建造同步进行，它们彻底地改变了犹太人的处境。从一开始，我们就能在梅莱茨的微观世界里看到这些变化。

起先的时候，梅莱茨的海因克尔飞机制造厂的工人都是第三帝国的德国人、当地的德意志裔人和波兰人。但是在1942年3月，当梅莱茨的犹太人遭到遣送时，海因克尔飞机制造业迎来了一个新时代；而这个新时代反映出党卫队麾下的集中营和德国企业家之间的联系变得越来越紧密。[84] 在与希姆莱进行商讨，将集中营劳动力部署到飞机制造业的过程中，海因克尔和米尔希元帅都起到了至关重要的作用。到了战争的这一阶段，由于赫尔曼·戈林的管理不善，飞机制造业迫切地需要额外的劳动力，来确保生产力维持在较高的水平。[85] 在这个原本规模很小但是劳动技术含量很高的行业里，无论是国企还是私企，如今的应对方式都是雇用更高比例的低技术员工。海因克尔迫切地想要把握住这个机会。

1942年3月初，海因克尔成了德国雇用集中营劳动力的第一人，他将萨克森豪森集中营约400名苏联战俘部署到柏林以北奥拉宁堡的海因克尔工厂附近。没过几天，海因克尔又在波兰总督府成为"第一个吃螃蟹的人"，部署了梅莱茨的犹太劳动力。

约瑟夫·卡哈内（Josef Kahane）是梅莱茨的海因克尔工厂的

一名囚徒，他从1942年6月开始在那里工作，一直劳动到1944年工厂解散的时候。1947年，在制裁和审判前纳粹党人的过程中，他在慕尼黑向解放犹太人中央委员会做证。他记得许多囚犯在工厂里受到各式各样的虐待。有个名叫菲利普·施密特（Philip Schmidt）的工头常常"将他们打到鲜血直流"。另外一个名叫路德维希·朗（Ludwig Lang）的监工会把囚犯活活打死。曾经的一任集中营指挥官康拉德·德罗兹德（Konrad Drozd）"每两周就要对我们挑选一番，并且亲自打死好些囚犯"。约瑟夫·卡哈内的表亲雅各布（Jakob）就在德罗兹德的命令下被枪杀了，仅仅"因为他生病了"。[86]

其他证人也给出了类似的描述。糟糕的卫生状况和食物的匮乏使得囚犯身体虚弱，也降低了他们抵抗疾病的免疫力。当工厂内暴发斑疹伤寒疫情，有可能向外传播时，管理层采取了尤为激进的措施。工作组领导将因患病而无法工作的人员名单上交当局，而盖世太保则协助他们将囚犯带到工厂背后的树林里射杀。齐默尔曼也过来帮忙，他在用于点名的空地（Appellplatz）上挑选出羸弱的囚犯，并将他们编成小组带进树林中；那些虚弱到无法走路的人，则乘坐海因克尔工厂的车辆前往。瓦尔特·托尔迈尔此时已是梅莱茨盖世太保的领导人，他下达了射杀的命令，自己也亲手解决了几条性命。按照齐默尔曼后来的证言，托尔迈尔对射杀犹太女性情有独钟，而将解决男性囚犯的任务留给其他人。

对海因克尔而言，梅莱茨集中营只是牛刀初试而已。在接下来的几年里，他还将在赫尔曼·戈林国家工厂（位于克拉斯尼克［Krasnik］附近的布津［Budzyń］）的赞助下组建另一座工厂。这需要当局再建立一座集中营，它最后演变成马伊达内克（Majdanek）灭绝营的一座分营，坐落在卢布林区（Lublin District）的郊外。后来，布津和梅莱茨的囚犯被转移到维利奇卡（Wieliczka）地下盐矿的一座工厂，它后来变成了克拉科夫的普瓦舒夫集中营的分营。1942年

5月，当海因克尔的罗斯托克工厂（Rostock works）遭到轰炸时，他很快在德国北部的巴尔特（Barth）开设了新厂，使用了来自拉文斯布吕克的奴隶劳工，其囚犯员工数量始终维持在1800人左右。在奥地利，他将毛特豪森的奴隶劳工部署到维也纳附近的施韦夏特机场。到1944年初，来自毛特豪森的奴隶劳工已经占到了施韦夏特全部劳动力的四分之一；当这座工厂搬迁到维也纳南部名唤塞格罗特（Seegrotte）的山洞群时，囚犯已然占据了工人的大多数。[87]

随着战事的进展，恩斯特·海因克尔从各座集中营以及滋生出来的分营里搜刮了大量劳动力，比起I. G. 法尔本设在奥斯维辛－莫诺维茨更为臭名昭著的丁钠橡胶工厂，其名下各式飞机制造厂里的奴隶劳工人数要多出一倍有余。单是在奥拉宁堡，海因克尔就从萨克森豪森雇用了5939名囚犯，而奥斯维辛－莫诺维茨的I. G. 法尔本工厂只有5000人上下。[88]截至1944年春天，海因克尔已经从各座集中营雇用了一万多名奴隶劳工。而这里的情形和别处没什么两样，海因克尔的奴隶劳工也是一种消耗品；举例而言，海因克尔在巴尔特有一座工厂，那里有着一座规模相对较小的拉文斯布吕克分营。这座工厂始终维持着大约1800名工人数量，而从这座分营于1943年启动到1945年春天战争结束，一共有2000多名囚犯殒命。[89]

那些从梅莱茨、布津和维利奇卡的海因克尔劳动营里活下来的人，他们的讲述记录下日常生活里的残暴和困顿，以及频繁的枪击、绞刑，以及由疾病、营养不良和饥饿导致的司空见惯的死亡。[90]赖因霍尔德·费克斯（Reinhold Feix，常被拼写成Feiks）曾在布津劳动营担任过两年的指挥官，他是一位经验丰富的老兵，履历上有在特拉夫尼基训练营的受训经历，而在来到布津劳动营负责管理工作之前，他的上一个岗位在贝乌热茨死亡营。费克斯本人不仅是个施虐狂，依据杰克·特里（Jack Terry，本名雅各布·绍博马赫［Jakob Szabmacher］）的回忆，他甚至训练自己六岁的儿子，教他开枪打人。[91]另一位幸存者杰克·艾斯纳（Jack Eisner）认为，布津"是一场噩梦"。他总结道："虽然没有毒气室，没有焚尸炉，没有条纹囚服。但是痛苦、折磨和饥饿一样不少。每天如此。"[92]费克斯在劳动营里四处走动时会随意地开枪扫射，每次都要杀掉几个人。他这么做显然是为了找乐子，而当艾斯纳逃跑失败的时候，他就遭到了费克斯残忍的对待。[93]艾斯纳还记得有一回他们被带到附近一座小镇，那里仍然有一个人数不少的犹太群体。那一天，有几百个"吓坏了的犹太人"被"塞进犹太会堂一座狭小的木质建筑"，塞到"人都要漫出来了"，这时候费克斯一边"疯狂地大笑着"，一边往建筑上倒了一罐汽油，然后将它点燃。[94]

其他海因克尔工厂也好不到哪里去。杰克·特里还记得，随着俄国人的进军，布津的囚犯被转移到维利奇卡的盐矿里干活。在他们干活的阴暗山洞里，水会沿着墙壁往下流，一旦电线被打湿，人们就常常会被电死。[95]在贝乌日采（Bełżyce），有一个名叫波拉·格林鲍姆—克罗尼斯（Pola Grinbaum-Kronisz）的幸存者，她后来出庭做证，说自己在地底下干活长达三个月后，"整个人都变成黄颜色"。[96]只要生产目标能够达成，而附近的劳动营能够源源不断地送来新的劳动力，这些劳工的生命就全然被视作消耗品。

虽然恩斯特·海因克尔与纳粹帝国的剥削、苦难和死亡有着千丝万缕的关系，但是在战争结束以后，他就像许多其他雇用奴隶劳工的人一样，躲过了他应得的司法审判。我们将会在后文读到，他成功地保住了自己的名望，打赢了官司，并且直到他在1958年以70岁的高龄过世时，都仍旧经营着有利可图的生意。与此同时，在通常情况下，真正承受苦难的人却只能分辨出那些直接对他们施加肉体折磨的人，而对于那些改变他们命运的企业家、管理者和政客却所知甚少。幸存者的证言叙述着残暴的行径、逃跑的企图和生存的策略，却没有披露造成他们苦难的更为庞大的力量。不过，幸存者的叙述也与逃避责任的人形成了令人不寒而栗的鲜明对照，毕竟正是这些试图避人耳目的家伙从剥削中坐享其成，并对造成众人受难和死亡的情形负有真正的责任。

地域的巨变

梅莱茨的飞机场及其铁路枢纽的作用给予这座城市更为广泛的重要性。在梅莱茨南部向登比察延伸的方向，希姆莱拿下了一片长条地块。[97]它被分别划给了空军、陆军和党卫队。一座陆军的苏联战俘营在这里拔地而起，负责建造的是党卫队旗下的一座集中营。这一大片土地的重要性与日俱增，就连大体上由乌克兰人组成的加利西亚（Galicia）党卫队部队也在这里进行训练。当局疏散了普斯特库夫村的居民，在这附近建造起一批建筑设施，而党卫队的射击场则是其相当重要的一个部分。从1943年11月到1944年7月，这个所谓的海德拉格训练场（Heidelager training grounds）实际上被用作秘密的导弹实验室，与名气更响的佩讷明德（Peenemünde）火箭研究和生产设施相关联。火箭在布利兹纳村（Blizna，其所在区域由党卫队训练场严格控制，当地的居民也被疏散了）发射升空，命中有人居住的地区，那里通常是波兰抵抗组织、波兰家乡军（Armia Krajowa）的所在地。火箭的残骸被抵抗组织找到，而相关的细节也被透露给伦敦。希姆莱在1943年9月视察过这座训练场。德国火箭科学家韦恩赫尔·冯·布劳恩（Wernher von Braun，后来成为美国宇航局官员）也常常飞抵梅莱茨，拜访登比察基地，而这正是因为它在导弹研究和生产方面占据着核心地位。[98]

在这座基地里住着不少来自"老帝国"的德国人。后来，他们的这段经历被雪藏，在战后的世界里鲜有人谈论；但是他们对于纳粹体系却有着至关重要的作用。有一个名叫"彼得·米勒"（"Peter

Müller")的德国人参与了该区域的党卫队行动,对于他那一代人而言,他的人生轨迹在许多方面都具有典型意义。米勒生于1898年,他在学校里完成了基本的技术学习,成为一名护林人。[99] 他志愿入伍,参加过第一次世界大战,并在战场上伤了大腿。战争结束后,米勒加入了右翼退伍军人组织"钢盔"(Der Stahlhelm),也很有可能参与过自由军团(Freikorps,在"一战"的战后年代相当活跃的准军事组织)的暴力活动。他的父亲在1923年灾难性的经济通胀中破产,并寻了短见,而米勒将父亲的死怪罪给"犹太银行家"。纳粹一掌权,米勒就加入了武装党卫队,而他的兄弟则成了某个地区有头有脸的纳粹党人。1945年,他的这个兄弟无法面对形势的变化和未来的走向,了断了自己的性命。他的父亲和兄弟的自杀都与重大的历史动荡有着内在的联系。在父亲的自杀中,原因在于第一次世界大战毁灭性的经济后果,而他把父亲的死怪罪到犹太人头上;而他的兄弟,那个虔诚的纳粹党人,则无法面对希特勒死后的人生。米勒的家人不仅认同希特勒的偏见,也支持他的事业。国运与这些家庭成员的私生活密切相关,甚至关乎他们的生死。

战争期间,米勒表面上受雇于林业局,他后来也将自己在波兰的各项活动伪装出一副全然无辜的表象,至少在他儿子汉斯(Hans)的描述中是如此。汉斯的态度源自父亲在他心中的理想化形象,而自从米勒在一场神秘的车祸中英年早逝后,这种形象更是得到了强化。米勒对家人声称,他被派到赖希斯霍夫,来到梅莱茨南部的登比察,肩负的任务是完成海德拉格党卫队军队训练场的护林工作。"护林工作"(forestry)听起来像是只包含种树、护树和砍树;但是战后年代的人很可能不知道的是,当时护林人的实际工作由奴隶劳工或强制劳动力完成,如果他们因为精疲力尽而倒地,就很有可能会被杀死。遇害的人既包括濒死之人,也包括虚弱到无法劳动的人,护林人通常把他们称作"穆塞尔曼"(Muselmänner,这个词

第四章　暴力的微观世界：以波兰为棱镜　　　　　　　　　　　　　　　127

的旧义指穆斯林，但在这里被用来表示命中注定要提早上天堂的人）。登比察有一位犹太幸存者，他的劳动内容包括将尸体送去处理，他回忆起往事，记得尸体"包括被射杀、被绞死和被殴打致死的人"。[100]一位波兰前劳工还有印象："护林特遣队和科察诺乌卡（Kochanówka）射击场的劳动条件尤其恶劣。"[101]另一个人则记得，"在各处的施工场地里，大量犹太人被杀害"，而这样的惨案"又以负责清除周边区域树木的护林特遣队为甚"，并进一步说道，"犹太人常常在干活的过程中被殴打致死"。[102]然而，这些记叙性文字却并非出自彼得·米勒等当时在当地服役的党卫队成员的回忆。

当时，暴力在这片土地上无处不在，远远不是难得一见的稀罕事。1943年，梅莱茨劳动营升级成集中营，由党卫队把控；普瓦舒夫集中营送来了衣物，囚犯被做了文身标记，当局也调来乌克兰守卫，协助控制这里的囚犯。梅莱茨营先由一位名叫N.黑林（N. Hering，只知其姓，不知其名）的指挥官管理了一小段时间，随后换帅，接受奥地利人约瑟夫·施万贝格尔（Josef Schwammberger）的领导。此前，施万贝格尔在梅莱茨南部的普热梅希尔（Przemyśl）任职，据说他在一场不久前的屠杀中开枪打死了600名犹太人，而且他也跟费克斯一样，把手枪交给自己的儿子使用。讲述这个故事的幸存者名叫诺贝特·弗里德曼（Norbert Friedman），他并不确信自己是否看得真切，但他的记忆中有这个男孩对他说的诸如此类的话："赶紧跑吧，你这个肮脏的犹太人，否则我就会杀了你。"[103]

施万贝格尔喜欢开枪的嗜血口碑早已名声在外。比方说，在战争刚刚结束的时候，雷娜塔·特劳（Renata Trau）就讲述了她在普热梅希尔的一家人是如何通过躲在各种各样设计巧妙的藏匿处（包括阁楼、地窖、藏在衣柜背后的食品储藏室），一次又一次地躲过"围捕和遣送行动"（Aktionen）。有一回，虽然德国人把房子的阁楼和地窖都给炸没了，她和父亲依旧躲在那间公寓里，躲过了搜捕；她的父亲两腿中弹，受伤过重没法起床，而这却让他们幸运地逃过了搜捕。后来，他们得以在当地一位波兰女性的家中避难。可是当她躲在别处的母亲出来寻找他们的时候，她却遭遇了问题。在1946年（此时的她才十岁出头），她讲述道："在前往犹太隔离区的路上，她被一位秘密警察拦了下来，那是个波兰人，他拿走了她身上的全部钱财和珠宝。然后，当她从犹太隔离区回来的时候，她又被一群乌克兰警察拦下，她被带到犹太隔离区的指挥官——党卫队军官施万贝格尔面前；他用枪把我妈妈和姐妹给打死了。"[104] 在这段描述中，我们可以看到这个区域的典型场景的所有要素：这里不仅有党卫队，连波兰人也成了德国人的警察；乌克兰人也是警察；有个波兰女人试图帮助两个犹太人藏身。对于犹太人来说，想要知道谁值得信任，谁有可能拯救他们，谁又有可能背叛他们，是极其困难的一件事情。

那么，犹太人的命运是如何被这个区域的其他人的行为所影响的呢？在不少案例中，犹太人靠东躲西藏活了下来，那些庇护他们的非犹太人有着各种各样的动机，有的人是出于真正的同情，而有的人则是因为贪婪——而我们对于他们的了解，都源自幸存者的讲述，后来以色列犹太屠杀纪念馆为部分施救者颁发了"国际义人奖"（Righteous among the Nations）。不过，犹太人遭到背叛，甚至被谋杀的案例可能为数更多，还有许多波兰人以非正式的形式参与了由纳粹党教唆的"狩猎犹太人"（Judenjagd）行动。"蓝警"（德国人领导下的波兰警力）也参与到压迫和围捕的行动当中。[105]

在梅莱茨的东部，靠近扎莫希奇的什切布热申（Szczebrzeszyn）有一座镇医院，齐格蒙特·克卢科夫斯基（Zygmunt Klukowski）医生是这座医院的院长。他在当时写下的详细日记就包括了许多令人不寒而栗的记载，比如当地人是如何在犹太人受辱和被捕时嘲笑他们，以及少数人如何相当积极地参与了这些行动。克卢科夫斯基在1942年10月22日的日记中写道:"针对犹太人的行动继续进行着。唯一的区别在于,党卫队已经退出了,如今这项工作已经被交到当地的宪兵和'蓝警'手里。他们收到命令,要杀死所有犹太人,于是他们听命行事了。他们在犹太墓地里挖出巨大的沟渠,让犹太人躺在里面,然后将他们射杀。"[106] 其他人则被塞进了火车车厢,遣送他方。腾空的犹太房屋被贴上了封条,却止不住劫掠的横行。克卢科夫斯基评论道:"说起来很惭愧,但确实有一些波兰人参与了这场罪行。"[107] 克卢科夫斯基在次日的日记里还写道,另有些波兰人以更为暴力的方式参与了罪行:"城市清洁工斯科扎克(Skorzak)手头没有枪,只有一柄斧子,他用这柄斧子杀了好几个犹太人。"[108] 此类事件一再地发生,一再地被克卢科夫斯基目击到,当他挣扎地将它们记录在日记里时,他说:"这些事情难以形容。"他接着写道:"这实在是太可怕了,想要理解它几乎没有可能。"[109]

在波兰,只有极少数幸运的儿童活到了最后,而伊雷妮·埃贝尔便是其中之一。1942年,她在梅莱茨遭到遣送,被关在索比堡死亡营附近的一座村庄里,等待着灭绝设施的完工,不过在家族资金和人脉的相助下,她和父母逃脱了当时必死的命运。但是没过多久,他们还是被逮到,关进了登比察的犹太隔离区。在这里,前景变得越来越无望,当得知前往奥斯维辛的行程在即,12岁的伊雷妮决定违背父亲的意愿,不再跟家人守在一起。在母亲的帮助下,伊雷妮在铁丝网下挖了个洞,逃出了犹太隔离区,冒着暴风雪回到了梅莱茨。一开始,她前往一个波兰朋友的家里寻求帮助。此前,伊雷妮一家人曾把钱财和珠宝托付给他们,而他们也曾来到索比堡,帮助伊雷妮一家人脱身。可如今,这个女人不愿再伸出援手,她拒绝了这个哆哆嗦嗦、担惊受怕的孩子,对她关上了大门。其他波兰邻居,比如说奥尔洛夫斯基(Orlowsky)一家反而更为友善,给伊雷妮提供了住所,让她在鸡舍里避难。于是,她就躲藏在鸡舍里,伴着鸡兔的臭味和粪便，生活了将近两年时间，这漫长的 22 个月横跨了她从犹太隔离区逃脱直到苏联人在 1944 年夏天抵达此地的漫长时期。[110] 纳粹占领时期结束后，伊雷妮从藏身处步入阳光下，试图重新恢复人性的生活，但是她几乎说不出自己是如何度过鸡舍里的这段生活，她能感受到的只有"孤单和害怕"，她"能够分辨的只有长短两季——黑夜漫长的寒冷长季和温暖光明的短季"。[111] 到最后，她终于在战后过上了自我实现的生活，可是每当她面对过去时，她都会体会到深重的痛苦。

随着苏联人的进军，施万贝格尔在梅莱茨的统治也在 1944 年走向了尾声。7 月，普瓦舒夫集中营的指挥官阿蒙·格特（Amon Göth，后来他因史蒂文·斯皮尔伯格［Steven Spielberg］1993 年的电影《辛德勒的名单》［*Schindler's List*］而臭名昭著）亲自来到梅莱茨劳动营检视。此时的梅莱茨劳动营约有 2000 名男性和 300 名女性。格特下令疏散劳动营，约有 2000 名人员和器械转移到维利奇卡盐矿的海因克尔地下工厂，继续从事生产工作。[112] 在这里，他们与来自其他地方（包括布津）的工人会合。随着前线一步步西进，他们又再次转移，有些人最后迁移到帝国境内的弗洛森比格（Flossenbürg）或其他集中营。

在后文中，我们还会和梅莱茨的一些人再次相遇，其中不仅仅有像伊雷妮·埃贝尔这样的散布在世界各地的幸存者，还有各个级别的行凶者。鲁迪·齐默尔曼后来加入了德意志民主共和国（东德，GDR），并重新发明了自己的身份，伪装成一个善良的东德市民和共产党（即统一社会党，SED）党员，不过到最后，他还是被东德的司法系统给揪了出来。齐默尔曼在盖世太保的顶头上司瓦尔特·托尔迈尔和赫尔穆特·亨泽尔则加入了德意志联邦共和国（西德）；然而在这个国度，他们却不太需要害怕因为下令和执行大规模谋杀而受到司法的惩罚。在这三个人当中，身在东德的下属最后被判以无期徒刑，两位上级却能够逍遥法外，他们截然不同的战后命运凸显出东德和西德的司法系统的巨大差异。梅莱茨营的指挥官约瑟夫·施万贝格尔以及许多前纳粹党人在战后逃到了南美洲，并最终在20世纪90年代被带回德国接受审判。在这个幸存者和被告人都进入老年的时期，他的案例也标志着这些审判本身的性质、德国人对审判的接受程度，以及对于证人证言的处理都有了重大的转变。而恩斯特·海因克尔的战后职业生涯，则显现出那些靠剥削奴隶劳工获取大量利润的企业家和工业巨头能够多么轻而易举、天衣无缝地重新融入西德社会，继续他们唯利是图的生涯，成功地抵挡住司法的挑战，并且掩盖他们在纳粹历史中留下的痕迹。幸存者以及他们的后代散布在世界各地，他们试图寻找着他们所经受的磨难和损失的意义，而齐默尔曼和米勒的孩子们则分别生活在东德和西德，他们从父亲那里听到的历史是扭曲而截然不同的。梅莱茨地区泛起的波澜弥漫到非常遥远的地方。

在战争最开始的几年里，在不同地区上演着不同的情况，人们以各种不同的方式试图在这个恐怖的时代存活下来。然而从1941年到1942年的冬天，挑战变成了如何在即将到来的大规模谋杀中活下来。他们存活的机会与德国战争经济的利益，以及一系列受益者、投机倒把者和强盗密切相关。无论是困在犹太隔离区，还是散布在庞大的劳动营网络里，身体虚弱、无法胜任劳动的犹太人比起对雇主更有用的人，都会更加迅速地死去。如果我们把视野放宽到更广大的群体，有些人在某些时候是救助者，在另一些时候会变成与当局同流合污的人，甚至是受害者；很少有人能够从头到尾都从事抵抗运动。在暴力的巨大旋涡中，谁也不可能做一个完全无辜的旁观者。

时人的讲述和后来的证言都为我们点明了受害者的部分困境；

而少数行凶者（从政府管理人员和企业家到盖世太保官员和党卫队护林人）的资料也能够帮助我们理解罪孽的责任是如何以独特的方式分布在行凶者当中。而当我们明白，纳粹在奥斯维辛毒气室之外的反人性是如何波及甚广、为人们所熟知时，我们已然把握住一个关键的线索。我们将明白，人们后来声称"我们对此一无所知"时，他们的心底潜藏着多么普遍的心神不宁。

通过这样的方式，我们也终于能够凸显出，后世解决集体暴力的遗产问题的努力是多么零碎而令人不满。很多后人希望能够"把握过去"，却留下了许多无人触及的地方：大片的区域或未被曝光，或被巧妙地回避，或在个体的述说中被卓有成效地忽略掉，而绝大多数参与这个系统或者从中获利的人，却从来没有受到正义的审判。

第五章

人生终点：机械化灭绝

纳粹统治的一大独特之处在于它设计并建造出一批专事屠杀的中心。纵观全局，死于屠杀中心的人，要少于死于普遍暴行（包括射杀和绞死）的人，也少于因为疾病和饥饿而在犹太隔离区或战俘营中慢性死亡的人。而直接参与运作这些死亡工厂的人，更是远远少于参与排挤、剥削和散布恐惧的整体系统的人。

但是，死亡营却恰如其分地吸引了我们的注意力，成为纳粹欺骗和恐怖的缩影。他们对老人、弱者、病人和年幼的孩子，展开有针对性的工业化屠杀；与此同时，身体健全的人则遭到严酷的剥削，直到他们的身体也垮掉。这些屠杀行为以非常集中的方式提出了许多常人无法想象的问题：它们事关对于无辜者的冷血屠杀，事关行凶者以及少数幸存者的事后处理。

在德意志帝国，也许有20万人，甚至可能接近100万人，曾在某个时间节点积极地参与过针对犹太平民的屠杀。[1] 而使得屠杀成为可能的人所涵盖的范围就更广了。根据不同的战争时期，以及不同的迫害情境，人们以各种各样的方式牵涉其中。有些人自愿参与；有些人则因为同辈压力，一度学会在扮演特定的角色时变得残忍；还有些人尽管内心存有疑惑，也曾犹豫过，但因为他人的强制而做出了特定的行为。大多数人后来声称他们对自己的所作所为不负有个体责任。

事后的记忆图景只是选择性地呈现了纳粹暴行的现实。针对平民的大规模杀戮早在灭绝营建造之前便已然启动；杀戮也在许多场所进行，而在毒气室和焚尸炉停止运作之后，杀戮也仍在继续。[2] 在由纳粹掌控的欧洲地区，在集中营的巨大网络中，随着强制劳动力对战争经济的重要性日益提升，暴力也随之而升级。而在战争的末期，死亡长征使得这些暴力在第三帝国全境都昭然若揭，人们宣称自己"一无所知"的事情，实际上风行在所有人四周。

公开的暴行

1941年的夏天，在入侵苏联之后，东部前线开始出现针对犹太平民的有组织杀戮。在东欧的田野和森林里，大规模的流血事件发生了，整个社群的人被当场谋杀，抛尸在地，里面有妇女、儿童、老人，以及被视作"游击队"的男性。约有180万犹太人死于诸如此类的大规模枪杀，此外还有为数可观的吉卜赛人以同样的方式死去。[3]

曾经在波兰投入使用的特别行动突击队，如今再次行动起来，其活动范围变得更广，针对的目标名单也变得更长。在入侵苏联的最初几日，纳粹当局试图在当地（例如立陶宛）煽动种族屠杀，并且取得了一定程度的成功。特别行动突击队A队的领导人弗朗茨·施塔勒克（Franz Stahlecker）曾经评论道，"秘密警察的任务就是让这些清洗运动运转起来，让它们走上正轨，确保在最短的时间内完成既定的清理目标"；这一切可以在"让人察觉不到其中有着来自德国高层的指令"的情况下完成。一开始，煽动种族屠杀要比他预想的困难许多，但到最后，他对于整个任务的结果感到满意。施塔勒克进一步说道："我们向德国国防军部队做了简要的介绍，他们都表明自己完全明白行动的要义。结果，清扫行动非常顺利地完成了。"[4]有些士兵受到了惊吓。其中一位论及 1941 年 6 月 23 日发生在科夫诺的往事时说道："我看到一些立陶宛平民用各种武器殴打另一些平民，直到他们没有任何生命的迹象为止。"他注意到"旁观者几乎全部都是德国士兵，他们怀抱着好奇心，观察着这起残忍的事件"。[5]他拍下了这起事件，结果却被没收了相机，不过好在他及时地取出了胶片，把它装进口袋里，因此才保全了这些影像。其他人也曾谈及"有许多德国士兵和立陶宛人一起看着人们被殴打致死的景象"。[6]

随着德国军队的东进，特别行动突击队跟随其后。他们时常借助军队的力量，命令被害者事先挖好一个乱葬坑，然后用枪械屠杀一整个犹太社群。[7]特别行动突击队边做边学，随着杀戮在夏天愈演愈烈，他们选择动手的社群规模也越来越庞大。峰值出现在 1941 年 9 月 29 日至 30 日，那是发生在基辅（Kiev）附近的娘子谷（Babi Yar ravine）的屠杀。在两天的时间里，3.3 万犹太人被驱赶至此，他们被下令脱光衣物，把它们和钱财都整齐叠放好，被射杀后抛尸山谷，尸体层层叠叠。这全部人当中，只有 20 人幸存下来。其中有个别人在跃入或跌入乱葬坑时没有受致命伤，他们先是装死，然后成功地从堆在他们身上的泥土和尸体里爬了出来。[8]这座山谷后来还用于屠杀其他群体，其中既有苏联战俘也有吉卜赛人。

针对平民的屠杀并非秘密，它并不是人们"一无所知"的事情。直接牵涉其中的人为数众多；其他人也亲眼见过这些暴行，或对此有所耳闻。当一个个社群被毁灭时，全体东欧人民都是见证人。甚至在帝国境内，人们都意识到东方正发生着一些令人良心不安的事情。流言四处传播；来自前线的书信和访客给身在家中的人带来消息。士兵们拍下照片，将底片寄回家中冲洗；家人和朋友看过这些快照后，将它们寄回前线；士兵们将这些快照和妻儿的照片一起揣在口袋里随身携带。无论他们是否亲眼见过这些罪行，他们都曾讨论过，而且它也是人们在家中公开讨论的话题。[9]然而在1995年，"德国国防军的罪孽"（Crimes of the Wehrmacht）展览所展出的一小批照片却震惊了世人，这正是因为这些情况在当时是如此广为人知，却在同时又如此受到压抑。

站在如今回望过去，我们几乎无法想象（更别提理解）普通人是如何被召集起来，参与针对平民的大规模杀戮，毕竟这样的行为显然早已超出战争时期对于"常规"暴力的定义。没有任何单一的解释能够涵盖所有情况和个体。[10]人们会收到杀戮的指令；一旦开了个头，他们就会被各种诱因（额外的配给、战利品），尤其是被大量酒精所带来的麻醉效果困在这些岗位上。他们常常都不知道自己杀的是什么人，也不清楚自己杀了多少人。特别行动突击队D队负责在苏联的南部区域执行任务，其首脑奥托·奥伦多夫（Otto Ohlendorf）就采取了一种经典的策略，确保所有人都不会感到自己对大规模谋杀的结果负有责任："我总是下令让好几人同时开枪，这样每个个体都能避免担负任何直接、个人的责任。"[11]

在纳粹的政治宣传中，向"国际犹太民族"（对于这种疯狂的世界观来说，犹太人到底是布尔什维克还是资本家则没有太大区别）发起防御性战争的思想具有核心地位。对于参与杀戮的人而言，以下纷繁多样、互相组合的原因可能起过作用：追求名利、胆小懦弱、循规蹈矩、害怕、性欲、残忍、绝望、渴望奖励、两恶择其轻、单纯的"履行职责"或"服从命令"，或者融入群体，和大家做一样的事情。任务的表象可能会影响人们甘愿接受它的程度。对有些人来说，意识形态能够让他们的所作所为合法化。各种各样的说辞也能让屠杀平民成为战事的合法组成部分：比如与采取"报复行动"的"恶势力群体"以及"游击队"作战，或者采取必要的行动来恫吓作乱的民众。甚至有人提出，妇女和儿童必须被处死，这样才能确保未来没有人替死者报仇。被盟军俘虏以后，许多普通德国士兵曾谈论过这些暴行，并且经常用"同游击队作战"的说辞拿来包装这些杀戮。[12]

同辈群体的压力也起到了重要的作用，它使得原先无法想象的谋杀成为现实。就算有其他职位可以选择，第101后备警察营的"普通人"也会发现，听从指令执行杀戮要比拒绝服从（更别提发起抗议）更简单。[13] 随着时间慢慢过去，一开始的惊诧会渐渐褪去，射杀渐渐变成每天工作的一部分。在其他案例中，人们声称拒绝服从的惩罚实在太过严厉，他们根本看不到其他出路。

即便如此，也并非每个人都能坚持在岗位上，特别行动突击队（毕竟这是个专事屠杀的部队）的成员经常会处于极端的不适之中。有一位成员参加过特别行动突击队C队的一场机枪扫荡，按照他的说法，尽管承受着上级的命令和同侪的压力，但他已经无以为继："我开始感到不适，我犹如行进在梦境中。后来我受到了嘲笑，因为我连枪都开不了。"但是，事情已再清楚不过，"他的身体状况已经不能再开枪杀人了"。他的位置被别人取代，他甚至没有因为拒绝继续射杀而遭受责难。[14] 行凶者甚至会因为手头任务的困难和艰巨，把他们自己视作受害者。[15]

从纳粹党的视角来看，逮到犹太人并且就地杀死，并不是什么"高效"的行事方法。大规模射杀平民对许多参与者来说过于公开，而且令人不快。于是，他们便寻找新的杀人方法，减轻行凶者的困难，但要保证置受害者于死地。这一诉求正好与官方在1941年夏天终止安乐死项目的时间节点不谋而合。毒气专家奥古斯特·贝克尔（August Becker）被送到了东方，他在报告中写道，希姆莱曾对维克托·布拉克（T4项目的组织者、总理府主任鲍赫勒的副手）说："在东方，特别行动突击队的负责人现在有越来越多的怨言了，他们抱怨手底下的行刑队应对不了没有止境的大规模射杀所带来的心理和道德压力。"这位废气货车专家自己也很清楚，"这些行刑队的好些成员进了疯人院，出于这个原因，当局也必须找到一个更为妥当的新方法"。[16]

曾经担任奥斯维辛指挥官的鲁道夫·霍斯（Rudolf Höss）在战后被捕入狱，并于1947年4月16日被执行死刑，他在撰写自己的回忆录时曾回想起，在1941年，行刑队的效率是多么低下：

> 据说出现了很多可怕的场面，人们遭遇枪击时会四下逃窜，但是他们还是要了断受伤之人的性命，尤其是女人和孩子。刑事特遣队（Einsatzkommandos）的许多成员没法再承受这些血腥任务，已经自寻死路了。有些人甚至疯掉了。特遣队的大部分成员必须依赖酒精才能完成手头可怕的工作。[17]

就纳粹党的诉求而言，新方法显然是势在必行。当犹太人被带到专为杀戮而系统设计的场所时，关键的变化已然到来。后来，正是这些灭绝营化作了历史的象征，代表着一种以工业化的规模，针对犹太人发动的独特的——也许是独一无二的——有组织的大规模谋杀。

奥斯维辛综合体

在开发新的杀戮方法时，当局将速度、保密性、成本和效率都考虑在内。齐克隆B气体原本是一种消毒剂，它首次用于人体是在1941年9月初，一举杀死了900多名苏联战俘和其他奥斯维辛囚犯。

第五章　人生终点：机械化灭绝

尽管霍斯的回忆录常常细节模糊，在精确性方面很不可靠，但是他曾经令人毛骨悚然地提到，当他发现齐克隆B消毒剂与其他方法相比是多么高效（在霍斯扭曲的观念里，也更具"人性"）时，他是多么高兴："每当想到要用子弹灭绝他人，想到因此牵涉的数目庞大的众人，以及妇女和儿童，我总是会浑身发抖。"他接着说道，"因此，当我发现我们可以省去所有这些血腥场面，受害者也可以省去许多痛苦，就能走向生命的终点，我真的是松了口气"——这当真以一种令人惊愕的方式展现出他对"受害者"的关心。[18]

在实验取得显著"成功"之后，一座新灭绝营，即奥斯维辛二号营的建造工程在1941年10月启动，它距离主营有300多公里，位于一座名叫比克瑙——波兰原名叫布热津卡（Brzezinka）——的村庄里。在随后的几年里，这座灭绝营的各类设施不断扩张，不过它的最后一块规划区域自始至终未能完工。齐克隆B气体的初步应用始于两座由农舍建筑改造而成的临时毒气室。后来，比克瑙灭绝营才在1943年将四间配备焚尸炉的专门毒气室投入使用。1944年夏天，为了迎接即将到来的40万匈牙利犹太人，当局给铁路增加了一条支线，将这些囚犯直接送到比克瑙，而挑选工作就在那段臭名昭著的"下车坡道"或站台上进行，挑出那些适合干活的，以及那些马上就要被灭绝的。在遣送的高峰期，每天会有1万至12万人抵达此地，就连毒气室和焚尸炉也无法处理如此大量的受害者，于是在1944年，他们开始像1942年夏末那样，在露天的坑洞里焚烧尸体，因此升腾而起的难闻烟柱在几英里之外都能看得见。

在我们当代的记忆图景中，奥斯维辛为什么会成为标志性的"万恶之地"，这一点解释起来还算相对容易。[19]首先，奥斯维辛是有史以来屠杀人数最多的单个场所（尽管这一点本身不足以解释它长远的重要性）。更重要的是，与这个场所产生关联的群体不仅分布广泛而且异质多样。到1945年，在奥斯维辛遇害的人包括100万名犹太人；超过 7.5 万名波兰政治犯；2.1 万名辛提人和罗姆人（吉卜赛人）；1.5 万名苏联战俘；1 万名其他囚犯，其中包括一些英国和美国战俘。其受害者来自欧洲全境，不仅牵涉全欧洲人的利益，也确保各国都会出资建造纪念建筑。奥斯维辛共有三座主营和众多卫星营，它所调动的奴隶劳工为数也最为庞大。毒气室和焚尸炉只是奥斯维辛故事中的一页。对于被选中参与劳动，只不过死得较为缓慢（奴隶劳工的平均存活时间仅为三个月）的囚犯来说，配备有真实淋浴头的"桑拿间"、耻辱的剃头和编号文身、条纹囚服和不合脚的木底鞋只不过代表着另一段旅途的开始，而终点往往是奥斯维辛的分营，从附近的布莱希哈默营（Blechhammer camp），到位于较为遥远的下西里西亚（Lower Silesia）西部的格罗斯－罗森（Groß-Rosen）营，不一而足。其他人则被安排在主营附近，在周边的农场、田地、工厂和矿坑里辛苦劳作。

奥斯维辛波及的群体范围甚广。当奥斯维辛在 1940 年开张的时候，波兰政治犯和苏联战俘就已是奥斯维辛一号营的主要囚犯。此外，囚犯还包括共产党人、波兰爱国者、波兰家乡军士兵、天主教神父、知识分子，以及抵抗纳粹统治的波兰平民百姓。有一位名叫马克西米利安·科尔贝（Maximilian Kolbe）的天主教神父，尽管争议缠身，后人却对他的奉献式虔诚生出了敬拜之心，而一些波兰政治犯以及欧洲各地的共产主义抵抗运动战士也受到了人们的敬仰。希腊和匈牙利犹太人会纪念他们的同胞，而法国共产党人和社会主义者同样会如此；苏联人对纪念他们被俘虏的战士感兴趣，而以色列人也希望缅怀数目庞大的犹太受害者。各类受害者、"战士"和"烈士"为了各式各样的事业献出了生命，后来的人们也出于不同原因，以不同的方式给予他们认同。

正因为奥斯维辛综合体不仅是一个灭绝中心，还有着相当庞大的劳动营网络，所以与其他配备灭绝设施的集中营（比方说马伊达

第五章 人生终点：机械化灭绝

内克，其他专门的死亡营就更别提了）相比，它的幸存者人数也最为庞大。所以尽管奥斯维辛屠杀了那么多人，但是当红军在1945年1月27日抵达那里时，他们仍然发现了约7000名幸存者，这些人都太过虚弱，没法参与死亡长征。这与其他灭绝中心稀少的幸存者人数形成了对照。在海乌姆诺，有接近25万人遇害，现在已知的幸存者仅有7人；在贝乌热茨，超过50万人遇害，却仅有2名幸存者。在索比堡，有20万人遇害，幸存者人数仅为几十人；在特雷布林卡，有超过75万人遇害，幸存者人数仅为40—70人之间。[20]

所以，奥斯维辛也相应地留下了体量更为庞大的幸存者证言。这些人来自欧洲的各个地区，展现出各式不同的背景。除此之外，这些人数众多、善于表达的幸存者也为我们带来了一份份引人注目、具有强烈冲击力的叙述。这些人包括让·阿梅里（Jean Améry，奥地利）、塔德乌什·博罗夫斯基（波兰）、托马斯·伯根索尔（Thomas Buergenthal，捷克斯洛伐克）、夏洛特·德尔博（Charlotte Delbo，法国）、维克托·弗兰克尔（Viktor Frankl，奥地利）、凯尔泰斯·伊姆雷（Imre Kertész，匈牙利）、维斯瓦夫·凯耶拉（Wiesław Kielar，波兰）、露特·克吕格（Ruth Klüger，奥地利）、普里莫·莱维（Primo Levi，意大利）、菲利普·米勒（Filip Müller，捷克斯洛伐克）、尼斯利·米克洛什（Miklós Nyiszl，匈牙利）、鲁道夫·弗尔巴（Rudolf Vrba，捷克斯洛伐克）、埃利·维赛尔（Elie Wiesel，罗马尼亚）。除了他们以外，还有无数其他人试图传达他们所经历的奥斯维辛和其他集中营的生活是什么样子，对于读者而言，他们的作品已然化作一个同样的母题："纳粹大屠杀"。他们的写作视角纷繁多样，有哲学、文学、政治、宗教、犹太和非犹太，不一而足，而形式也分为自传、虚构或者兼而有之，正是他们借由写作将自己的经历活生生地呈现给后来的读者。[21]

这些作品如今已广为人知，它们也起到了相应的作用，将特定的时刻和事件（例如抵达、挑选、文身、犯人头目的残暴、挠人心肺的饥饿、出乎意料的善意和友爱时刻）变成了独特的"纳粹大屠杀经历"。其他关于躲藏、早期移民等内容的叙事作品则相应地遭到降级。这似乎造成了一种现象：只有依靠着某种奇迹，从死亡营里幸存下来的人，才是真正的"幸存者"。而奥斯维辛幸存者的叙事也在无意中造成了另一个问题：它淹没了其他在纳粹及其同谋者手中遭受迫害或死去的人的经历。"子弹杀人"尽管在行凶者一方有着众多目击者，却很少留下幸存者，这种屠杀方式在战后西方造成的影响因此变得微乎其微。除了娘子谷等少数例外，数不清的处决场所都没有留下痕迹，而牵涉其中的人也鲜少留存在人们的记忆里。[22]

从现实角度来看，奥斯维辛综合体的地理位置也很优越。它交通便利，与风景优美的小城克拉科夫的国际机场，以及周边几处热门旅游地点相连。它既保留了许多"货真价实"的遗迹，也有许多充满强烈暗示性的废墟。各色场所都对游客开放，不仅有奥斯维辛一号营的砖墙建筑，也包括比克瑙臭名昭著的大门和瞭望塔、各条铁轨、带有莲蓬头的"桑拿"区域、部分营房、毒气室和焚尸炉的废墟，以及位于树林（犹太人在树林里脱下衣服，抱作一团，等待着死期）中间，令人充满联想的"忧伤之湖"（这里是抛弃骨灰的地方）。

但是即便如此，博物馆的指定参观区域仍然没有将许多场所包括在内。[23]当奥斯维辛一号营和比克瑙挤满了游客时，此前被 I. G. 法尔本集团用于生产战时化学用品（包括齐克隆 B 气体）的大型工业区却位于游客区之外。莫诺维茨的奥斯维辛三号营如今还存有遗址，但是 I. G. 法尔本集团的丁钠橡胶工厂却被重新启用，变成了另外一座工厂，而对于这段历史的关注既不为当前厂址的波兰持有者所欢迎，它对历史的提醒也被后来取代 I. G. 法尔本集团的德国公司所不喜。[24] 偏远的劳动营，以及散落在小城奥斯维辛（Oświęcim）里、曾经为集中营工作人员（包括指挥官鲁道夫·霍斯，以及好几个最后沦为战犯的显赫的党卫队军官）所使用的房屋也同样被划出了游人所能涉足的区域。还有许多重要的建筑没有规划进游客的参观线路，比如名唤"加拿大一号楼"的总办事处，这里曾经被用于分拣毒气受害死者的衣物和财物。现在，这些场所都重新派上了其他用场，搬来了新的住户，它们被重新吸纳进现代的波兰小城奥斯维辛，再也没有标识，没有污渍，显然它没有受到历史鬼魂的过多困扰。

1944年秋天，囚犯们发动起义，赶在被装备更精良的守卫的火力镇压之前关停了一座焚尸炉。奥斯维辛一直运作到1945年1月，到了那个时候，所有还能走路的囚犯都被送上了死亡长征，而将死和已死之人则被直接抛弃，暴露在赶来的苏联士兵眼前。他们把在奥斯维辛发现的相机胶卷整理归档，可是即便只是重构这些场景，也足以引发人们的惊诧和恐惧。

无论是在我们如今已知的一切当中，还是在拜访这些纪念设施、聆听幸存者叙事所能学到的知识当中，奥斯维辛都不仅是一个记忆的标志性场所，它还是一个选择性遗忘的标志性场所。矛盾之处在于，在我们的记忆中，关于奥斯维辛最呼之欲出的影像（例如在1944年夏天，在比克瑙的下车坡道上对匈牙利犹太人进行挑选的臭名昭著的场景），恰恰是这个屠杀项目的晚期影像。摄影师拍摄这些照片的时候，早已有超过150万犹太人在其他专门的灭绝中心遇害，而这些死亡营却在我们后期的想象中存在感稀薄。

波兰的屠杀场所

先有1939年T4项目安乐死中心的经验，后有1941年9月奥斯维辛实验的成果，此后新设的集中营变得只有一个设计初衷：毒气杀人。帝国所发展出来的手段之间具有某种连续性，但是它们在德国公众面前却变得相对更隐形。

直接行使暴力的德国行凶者人数相对较少，在东欧，德国人对当地人（其中尤以乌克兰人为甚，但不局限于他们）进行了训练并仰赖他们的协助。不过，要是没有当地政府官员和警力的协助（其中包括宪兵，他们协助德国人围捕并遣送犹太人），这些德国人定然无法完成屠杀的任务。从1941年12月中旬开始，文官政府的官员就知道大规模谋杀的存在：波兰总督府的一把手汉斯·弗兰克曾直言不讳地认为，依靠枪决绝不可能处死350万犹太人，如果想要移除他们，必须要采用其他方法，而这一目标本身竟无人质疑。[25]

当T4项目的人员抵达海乌姆诺死亡营时，屠杀欧洲犹太人的事业迎来了一个新时期：犹太人不再仅仅是被逮到后当场射杀，他们还被运输到专门的屠杀中心。1941年12月上旬，海乌姆诺在运营之初使用的是一种经过专门设计的废气货车——值得注意的是，海乌姆诺和奥斯维辛一样，坐落在拓宽版图的大德意志帝国边界内，它们的区别在于，海乌姆诺是个小村庄，位于一片人口稀少、交通不太便利的地区，奥斯维辛则不然。

在波兰总督府，另有三座死亡营在接下来的几个月里开张：贝乌热茨、索比堡和特雷布林卡。在这些死亡营的设计中，T4项目的丰富经验再次派上了关键用场。维克托·布拉克被分派的任务是协助波兰卢布林区的党卫队警力负责人奥季洛·格洛博奇尼克（Odilo Globočnik），并且依照希姆莱的指示在波兰实现犹太问题的"最终解决方案"。[26] 布拉克听命将德国的T4项目人员转移到波兰，并在建造这些新屠杀中心的过程中贡献了他们的专业知识。这三座死亡营都装备了经过伪装的常设毒气设施，使用的毒气是由一台发动机生产的一氧化碳，并且都坐落在铁路沿线交通便捷的区域。

第五章　人生终点：机械化灭绝

这三座集中营屠杀的犹太人总数约为175万，虽然分归三处，遇害者总数却远远超过了奥斯维辛。后来，它们亦被称作"赖因哈德营"，名字取自1942年6月4日在布拉格被刺杀的赖因哈德·海德里希。[27]海德里希是波希米亚和摩拉维亚保护国的执行总督，他既是希姆莱最亲信的副官之一，也是"犹太问题的最终解决方案"的主要设计师之一，他的职责是领导特别行动突击队，以及在1942年1月担任万湖会议的召集人，协调欧洲犹太人的屠杀策略。纳粹当局为了纪念海德里希，就用他的名字来命名这三座死亡营，这也为我们点明了它们想要达成的目标。

在这三座赖因哈德营中，第一座于1941年11月设立在卢布林区的小镇贝乌热茨，场地的前身是一座强制劳动营。在克里斯蒂安·维尔特（我们已在前文述及，此人从安乐死项目中获得了许多经验）的领导下，这里的杀戮在1942年3月中旬开启。贝乌热茨位于两座小镇扎莫希奇和利沃夫（在波兰语中写作Lwów，俄语写作Lvov，乌克兰语写作Lviv，德语写作Lemberg，意第绪语写作Lemberik）之间，处在铁路沿线的附近，交通还算便利。贝乌热茨只全面运行了不到10个月，在此期间，周边区域的绝大多数犹太人死在了贝乌热茨的毒气室里。在这座死亡营中遇害的犹太人总数可能高达50万，此外还有一批人数未知（但应当要少得多）的波兰人和吉卜赛人毙命于此。[28]

在这座死亡营里，只有两名囚犯幸存下来，并在战后对此做证。一位叫哈伊姆·希尔斯曼（Chaim Hirszman），他在贝乌热茨被关闭后，从离开此地的火车中逃生，却于波兰做证期间，在1946年遭人谋杀；另一位叫鲁道夫·雷德尔（Rudolf Reder），他在战后先是移民以色列，后来又去了加拿大。雷德尔的讲述是我们如今关于这座死亡营仅存的完整幸存者证言。[29]1942年8月，雷德尔在家乡利沃夫遭到遣送，他们曾经收到过"重新安置"的消息，然而所谓"重新安置"的真实含义，早在遭送两周前就已经传开了。按照雷德尔的说法，一位工人从"死亡工厂"里逃出生天，而他在那里"建造的正是毒气室"，于是消息飞快地四处传播；一位被屠杀项目雇用的乌克兰守卫也把正在发生的事情告诉了女友，而她也把消息告诉了其他人。[30]但是，尽管有着这些预警消息，利沃夫的犹太人和其他受害者却没能逃脱这场厄运。

遭到遭送的民众先是乘坐一辆极为拥挤的列车，当他们抵达贝乌热茨的时候，迎接他们的是残暴和吼叫声，接着是一通典型的安抚式欢迎演说，演讲人是一位名叫弗里茨·伊尔曼（Fritz Irrman）的党卫队军官。聆听伊尔曼演讲的人群包括"数千位受过良好教育的专业人士"，以及普通工人、长者、女性和儿童，伊尔曼告诉他们，"你们首先要去洗澡，然后会被送去干活"。随着列车经过一个个交通枢纽，这番演说"每天通常都会重复三次"，给人们带来"一瞬间的希望和错觉"。[31]伊尔曼"总是对人们发表带有欺骗性的演讲"，而雷德尔"总会在那些将要遭到谋杀的人眼中看到希望的火光被点燃"。但是用不了多久，随着"年龄小的被从母亲手中夺走，年龄大的、身体弱的被架上担架，男人和女孩被步枪枪托顶着一路向前走……径直走向毒气室"，他们才发现等待他们的真相。[32]女人和女孩被剃掉了头发，有些人已经被关进了毒气室，有些人要在黑暗中等上整整两个小时，等到毒气室被人塞满。突然间，女人们意识到了事情的真相，"还来不及从希望转向彻底的绝望——恸哭和尖叫声就爆发了出来"。大约有12名党卫队成员"用警棍和尖刀"将人们赶进毒气室：毒气室总共有6间，每间毒气室里挤着大约750个人，房间实在是太挤了，连门都要关不上了，等到门终于关上的时候，发动机就启动了。[33]雷德尔还记得："我听到绝望的呼喊声，有波兰语，也有意第绪语，还有儿童和妇女令人胆寒的恸哭声，然后是整个人群一齐发出了骇人的哭号声，持续了15分钟。机器总共运作了 20 分钟，这 20 分钟过后，万籁俱寂。"[34] 他跟其他人一起，将"一瞬间之前还活生生的人的尸首"从毒气室里拖出来。他们"用皮带将尸体拖到事先准备好的乱葬坑，管弦乐队就跟在我们身旁。他们从早到晚，演奏个不停"。[35] 乱葬坑里渗满了血液；"我们的双足都浸泡在弟兄们的血液里，我们踏过尸首的山丘。这是我这辈子最糟糕、最可怕的经历"。雷德尔及其同事"就像毫无残存意志的人一样活动着"，他们只是"机械地忍受着可怕的人生"。[36]

在这座死亡营里，雷德尔从 1942 年 8 月开始，一直劳动到 11 月。在他干活的这几个月里，每天会有三趟人被运至此地，按照他的估算，这里平均每天都要屠杀万把人。[37] 有时候也会发生一些状况，有些人会因为某些不当的举动，以暴虐的方式被单独处死；有时候机器会罢工，或者发生故障；余下的时候，屠杀作业按部就班，非常高效。党卫队成员的生活则截然不同，就雷德尔的所见所闻，他们的家人从来都不会过来看望他们。有几个人的地位更为显赫，其中包括集中营指挥官（维尔特的任期一直持续到 1942 年 6 月，而下一任戈特利布·黑林 [Gottlieb Hering] 则在这个位置上待到了 1943 年 6 月），发表欢迎演说的党卫队军官伊尔曼，以及党卫队上级小队领袖赖因霍尔德·费克斯。在雷德尔的记忆里，费克斯是两个孩子的父亲，"他给人以疯子的印象"，并且"强迫人们唱歌跳舞，而他则会嘲笑他们，殴打他们"。[38] 费克斯后来被调往布津，担任海因克尔营的指挥官，他在那里也赢得了疯狂残忍的名声。此外还有些其他人，比如说一个名叫施密特（Schmidt）的家伙，他们在雷德尔的记忆里都是些嗜血的"怪物"。

雷德尔声称，希姆莱曾在 1942 年 10 月中旬走访过这座集中营，并且详细地描述了这起事件。尽管雷德尔信誓旦旦，但是视察这座集中营的那个"极为重要的大人物"根本不可能是希姆莱本人。[39] 不过，我们有证据表明，在当年的 1 月份，希姆莱在视察波兰总督府期间，在从利沃夫到卢布林的途中，可能走访过这座集中营；两地之间唯一一条像样的道路直接经过贝乌热茨，他有可能会在途经的时候在这座集中营歇脚看一看。[40]这里，我们先把希姆莱是否在场搁置一旁，根据雷德尔的目击情况，1942年10月的视察小组包括当地政要，以及加利西亚地区的党卫队和警察领导人弗里德里希（弗里茨）·卡茨曼（Friedrich [Fritz] Katzmann，此人作为组织者，遭送了数万名犹太人，使得他们丧命）。[41]这个小组视察了贝乌热茨的屠杀业务，并显然感到满意；他们一边检视着这些可怕的场景，一边谈论着自己升迁的希望，我们很难想象他们当时的实际感受如何。卡茨曼出于自私的目的，写下了《加利西亚区的犹太问题解决方案》(*The Solution of the Jewish Question in the District of Galicia*)，这篇著名的报告讲述了近50万犹太人遭到屠杀的事情，以及对于剩下的人的部署计划，至少卡茨曼本人到最后也没有为他的罪行伏法。[42]

从雷德尔痛苦的描述中，我们可以体会到，对于那些被判处在劳动营里干活、用不了几个星期就必然会走向死亡的"在劫难逃的囚犯"而言，生活是怎样的一番模样。他讲述道：

> 每天总有那么三回，我们都会看到数以千计的人已经被逼到精神崩溃的边缘。我们自己也快要疯了。我们挨过了一天又一天，根本不知道自己是如何挺过来的。哪怕是最渺茫的希望也已经离我们远去。每一天，当人们被运输过来的时候，我们就同他们一起，死去一点点，而他们还会在一瞬间，体验到希望的幻觉的折磨。我们已经变得无动于衷、逆来顺受，我们甚至感受不到饥饿和寒冷。我们每个人都在等待轮到自己的时候，我们都知道自己终将一死，终将承受非人的折磨。只有当我听到孩童们呼喊着"妈妈！我都还好！就是太暗了！太暗

了！"——我的心，我的心才会被撕成碎片。而后来，我们就再也没有任何感触了。[43]

当党卫队受伊尔曼之命，组织了一批人去利沃夫接收一批金属薄板时，雷德尔以超出常人的智慧，成功地从中逃脱了出来。那一天，他和四名盖世太保和一名守卫搭乘一辆卡车，并且一整天都在装卸金属薄板。那天快要结束的时候，负责管事的人决定晚上出去潇洒，只剩下一人看守雷德尔。守卫开始打盹儿后没多久就被雷德尔注意到，他趁机悄悄地溜下卡车，并且想方设法来到了此前受雇于他的女佣家中，在战争的余下岁月中都受到她的庇护和照顾。雷德尔讲道："我用了20个月才恢复身上的伤病。而且不仅仅是伤病，我还被我经历过的恐怖画面所萦绕。无论是醒着还是睡去，我都会听到发动机的呼啸声，受折磨之人的哀号声，还有孩子们的哭声。"[44]

然而，无论是伊尔曼的欢迎致辞，还是莲蓬头（将毒气室伪装成"淋浴和吸入药剂的房间"）等误导性标志，都绝非纳粹仅有的伪装。愚弄将死之人固然重要，但是同样重要的是，他们需要避人耳目，将这些行动瞒过周边的乡村，或者瞒过空中的视线。贝乌热茨和其他灭绝营一样，用茂密的绿色植被掩盖正在发生的一切：树冠织成大网遮住了毒气室，而枝丫缠进围栏，盖住了金属屋顶，掩护着灭绝营的边界以及搬运尸体的路线。

1943年初，上级认为贝乌热茨已经完满实现了目标，当时的贝乌热茨已经差不多将周边区域以及更遥远地方的绝大多数犹太人屠杀殆尽，此外还处死了一些波兰人和吉卜赛人。乱葬坑里的尸体被挖出来焚烧掉，人骨被碾成了齑粉。此外，他们还做了很多事情，试图抹去这座死亡工厂的所有痕迹。他们在集中营所在地设立了一座"农场"，并且安排一户乌克兰家庭阻止当地人挖掘残存的遗体，从中寻觅金牙或者其他躲过纳粹早期掠夺的隐藏宝藏。战争结束没多久,当雷德尔再次拜访这座集中营时,当地的农民向他讲述了"乱葬坑如何被挖开,尸体如何被淋上汽油并点燃。黑色的浓烟升腾起来,飘到了距离这堆巨大的营火几十公里以外的地方。在很长的一段时间里,臭气和人体残片都会被风吹到遥远的地方,持续了好多个日夜,好多个星期。"[45] 在这一次拜访过程中,雷德尔观察到,"被扒烂的坟墓都已然被填平,而表面被鲜血浸透的土地也已经变得平整。罪恶的德国禽兽已经用郁郁葱葱的绿色植被,盖住了贝乌热茨灭绝营里上百万犹太人的坟冢"。[46]

许多本该负起责任的个体(包括从安乐死项目转移过来的人员,以及在当地接受训练的乌克兰人)都在战后成功地逃脱了正义的天网。集中营关闭以后,有些人和其他赖因哈德项目人员一起,被派遣到意大利北部,在与"游击队员"的交锋中战死沙场,很多人葬身在的里雅斯特周边战事尤为危险的区域。贝乌热茨指挥官、赖因哈德项目督察克里斯蒂安·维尔特就以这种方式结束了他的生命,他在1944年被南斯拉夫游击队杀死。而"消灭了加利西亚所有犹太人"并引以为豪的弗里德里希·卡茨曼,一开始被派往北方,负责清除施图特霍夫(Stutthof)集中营的所有痕迹;战争结束以后,尽管他所撰写的关于50万加利西亚犹太人遭到杀害的报告被用于纽伦堡审判,卡茨曼本人却使用一个名叫"布鲁诺·阿尔布雷希特"(Bruno Albrecht)的假身份继续生活下去,直到1957年在医院里病逝,并以真名下葬。[47] 少数贝乌热茨行凶者最终在西德被送上了法庭,但是正如我们将在下文看到的,他们大多因为所谓证据的缺失而被免除罪责。维尔特有一位忠诚的助手,名叫约瑟夫·奥伯豪泽尔(Josef Oberhauser),他曾经是T4项目的工作人员,跟随维尔特在贝乌热茨和卢布林工作过。后来,他因为参与了针对30万人的屠杀而被判入狱四年半,最后只服刑了两年多。

1942年春天在索比堡成立的屠杀中心更掩人耳目,也更不为众

第五章　人生终点：机械化灭绝

人所知。它位于波兰东部的小城弗沃达瓦（Włodawa）周边人口稀少的沼泽林地。索比堡的毒气杀人采用的是废气窒息的方法，最早始于1942年5月。其首任指挥官是曾经在哈特海姆和贝恩堡"进修"的奥地利人弗朗茨·施坦格尔。1942年8月下旬，他被从特雷布林卡调至此处，他的下一任也是一位拥有T4项目背景的奥地利人，名叫弗朗茨·赖希莱特纳（Franz Reichleitner）。索比堡也像其他集中营那样，用实物的手段来确保伪装，包括安装颜色鲜亮的标志，以及在建筑外围摆放一盒盒鲜花，好让坐火车过来的人刚到火车站就能够一眼看到这些怡人的景象。这里也像贝乌热茨那样，将树枝缠进了铁丝网，以此塑造出一层厚厚的"自然"伪装。尽管这里有着严格的保密措施，但是想要谋杀并火化数万人可不那么容易遮掩。托马斯·布拉特（Thomas Blatt）是索比堡的少数幸存者之一，他记得"即使在周边几英里的范围内都可以看到火光，臭味也非常可怕"。[48]他解释道："每到夏季，高温会使得腐烂的尸体挥发出气体，而体液也会从乱葬坑里渗透出来。那种臭味令人无法忍受，能够飘散到好几英里远的地方。集中营里的供应水都受到了污染。"虽然随着时间的流逝，很多事情都发生了变化，但是迹象仍旧清晰无误："后来，当他们建造起焚尸炉时，几英里之外仍旧能够看到火光和烟雾，而集中营上方也常常盘旋着恶臭的烟雾。"[49]此外，布拉特还指出，火车总是满载而来，空载而去："最能够盖棺论定、指明三号营正在发生谋害性命的事情的证据便是：从来没有人能够活着离开这里。"[50]

布拉特当时只有15岁，他很幸运，是少数被挑选出来干活的犹太人，负责协助集中营的运作；他的家人全部被毒气杀死了。抵达这里不久后，布拉特交到了一个朋友，他叫约泽克（Jozek），跟布拉特一样来自居民主要由犹太人构成的伊兹比察（Izbica）。布拉特难以置信地发现，约泽克是一个几乎没有情绪波动的人。他通过回忆以及当时瞎写的一些笔记重构了后来书中的故事，他写道，约泽克曾经对他说："那是因为我们都已经变成了机器人，我们的生存本能已经占据了上风。如果我们的思维还像个正常人，我们都会发疯的。"[51]

毒气杀人在索比堡按部就班地发生着，其间可能发生过交易和投机，也许有人会强占新来者的财物，从他们的衣物（他们都会被扒光）当中搜出钱币，跟集中营守卫（在守卫当中，有很多人都愿意做点投机的买卖，发一笔小财）交换食物。被挑出来干活的犹太人也清楚自己终有一死，所以他们都专注于每日的存活。虽然希望渺茫，但是仍旧有些人决定发起斗争，试图重新获得自由。

在一小批人的领导下——其中特别值得注意的是一位有过从军经历的苏联犹太囚犯，名叫亚历山大·"萨莎"·佩切尔斯基（Alexander "Sasha" Pechersky）——索比堡的囚犯在1943年10月精心谋划了一场叛乱。这场叛乱利用了德国人声名远扬的准时特点，以及对剪裁优良的外套和新皮靴的贪婪和渴望，囚犯们借此在相互错开的时间点，将党卫队成员和守卫诱骗到特定的地方。他们刚到那里就会被迅速杀掉，制服和武器都被叛乱者抢走。于是，这座当时戒备还不太森严的集中营发生了一场大规模的动乱，其间许多囚犯要么被枪械射杀，要么在穿过集中营周边的死亡地带时被地雷炸飞。布拉特的外套被铁丝网勾住了；尽管被如此缠住，他还是想办法从外套里挣脱了出来，踩着早先的逃亡者用爆炸和伤亡探出的生路，趁着最后的机会跑过了已然变得相对安全的雷区。他跑进了树林里，和其他人成功会合——不过这一刻绝非他逃亡之旅的终点。

布拉特估计，集中营里被安排干活的囚犯总共约有550名。布拉特的这一估算并不准确，因为它带有一些主观印象的猜测，但是这些逃亡者各不相同的命运却能告诉我们很多很多。布拉特认为，一开始可能有320名囚犯有机会逃跑；也许后来还有150人逃了

第五章 人生终点：机械化灭绝　　　　　　　　　　　　　　　　　　153

出来。其中大概有 80 人在逃跑过程中被枪械射杀或者被地雷炸死，170 人在附近被抓获并处死。此外，后来还有 97 人"主要是因为当地人的敌意"而遭到谋杀（在成功逃脱的人当中，有相当高比例的囚犯似乎是被波兰人杀死），还有 5 人"参与游击队或常规军，与德国人作战时牺牲"。只有 48 人幸存下来，被盟军解放。[52] 此外还有 10 人在更早的时候从索比堡逃出生天（其中有 8 人是在 1943 年 7 月从树林中的一个劳动组溜出来的），使得这座集中营的幸存者总数达到 58 人。

　　在不同学者之间，索比堡遇害总人数的估算数字有着较大的出入，低至 17 万，高至 25 万。与贝乌热茨如出一辙的是，纳粹在关闭索比堡以后也试图通过种植庄稼移除所有痕迹。战争结束后，人们花了很多时间才将历史的细节重构出来：受害群体都有哪些人，以及集中营的各个部分都坐落在哪里。索比堡始终位于游人的路线之外，这里纪念工作的进展也比其他更为知名的集中营旧址要缓慢。受害者的家属，尤其是在此遇害的荷兰犹太儿童的亲人，为我们留下了一些私人回忆，但是机构和国家的支持直到最近才有所起色，此前一直聊胜于无。直到索比堡集中营关闭 70 年后，考古调查才终于发掘出此地建筑的地基，而这里正是毒气室曾经的位置。

　　在 1941 年 11 月，在华沙东北方向 50 多英里的特雷布林卡，纳粹当局建造起一座强制劳动营，里面既有犹太人，也有非犹太波兰人；1942 年 7 月，也就是次年夏天，作为"赖因哈德行动"的下辖机构，特雷布林卡扩建了二号营，配备了专门用于屠杀的设施。[53] 这里的灭绝机器从 1942 年 7 月一直运行至 1943 年 10 月。遇害的人数为 70 万至 90 万：这是遇害人数仅次于奥斯维辛的集中营。受害者还包括 2000 多名吉卜赛人。有一位名叫希蒙·戈尔德贝格（Shimon Goldberg）的幸存者回忆道，吉卜赛人始终竭尽全力地抗争，甚至被送进毒气室后都不曾止息："吉卜赛人发了狂，他们凄厉地吼叫着，甚至想要把房间拆掉。他们爬上墙壁，爬向天花板的洞口，甚至试图破坏铁窗。德国人爬上屋顶，朝里面开枪，封上了洞口，闷死了所有人。"[54]

在特雷布林卡，一开始被选中干活的人通常都只能活上几天，最多也就坚持几个星期。基尔·赖赫曼（Chil Rajchman）是极少数在这处屠杀设施干过活的人，他负责将尸体从毒气室拖到乱葬坑，或者将金牙和财物从死者身上剥下来。抵达特雷布林卡不久后，他就被迫协助管理者，将女人的头发剪下来，并且运送成捆的死者（包括他19岁的妹妹）财物和衣物，到了夜里，赖赫曼"痛苦地"躺在营房里，默默地哭泣。他身旁的人也在呻吟，于是他就同那个人交谈："他告诉我一个秘密，说自己已经在这里待了十天了。"这个人继续透露道，"这件事没有别人知道"，因为每天都有囚犯死去，会有新人来替代他们，"很少有劳工能够活得像他那么久。"[55] 每天都有工人倒地，一旦呈现颓势，跑得不够快，或者身上有太多瘀伤和鞭打的痕迹，就会被射杀；那些饥肠辘辘、负责整理受害者财物的囚犯，如果被抓到偷吃了一小片面包，就会被当场击杀；有些囚犯甚至跟随着尸体跃入乱葬坑，希望以迅捷的方式结束他们的苦难。每天清晨，营房里都会发现几个上吊自杀的囚犯，显然是在昨夜里决定终止受难。

这里的劳动令人难以忍受，其劳动节奏更是令人无法承受。赖赫曼的新朋友扬克尔·维尔尼克是少数幸存者中的另一位。逃离特雷布林卡后不久，他趁着记忆还依旧鲜活的时候回忆道：

> 我们必须抬着或拖着尸体，小跑着前进，因为即便是对规则的轻微触犯，也意味着一顿毒打。尸体摆了有一阵子了，已经开始腐烂，使得空气里充斥着腐败的臭味。尸体上也早已爬满了虫子。当我们将皮带绑在尸体上，好将它们拖走时，手臂

第五章 人生终点：机械化灭绝　　155

或者大腿常常会脱落下来。这里说不定哪天就是我们的葬身之所，而我们既没有食物也没有水，从天明一直劳作到日落。[56]

逃跑不久后，赖赫曼在华沙抵抗部队的协助下，持"雅利安"文件躲藏了起来。在此期间，他写下了关于特雷布林卡的故事。赖赫曼脑海中的影像是如此栩栩如生。他写道，当"牙医们"等待着尸体被拖出来的时候，"那场面犹如人间炼狱"。[57]一开始，他们很难将从毒气室里拖拽出来的尸体分开："他们因窒息而死时，身体会肿起来，所以这么多尸体就几乎缠成了一整块。"[58]等到尸体被分开的时候，他们能看得出来，小毒气室里出来的尸体和大毒气室里出来的不一样：小毒气室杀人只用20分钟，而大毒气室要花去45分钟。结果小毒气室里的死者嘴唇上"能看到血沫"，他们的尸体上"凝着汗珠"和其他液体："在临死前，人们会排尿、排便。"而大毒气室里的尸体"畸形得可怕，他们的面庞都黑得仿佛烧焦了一般，尸体肿胀，呈蓝紫色，牙关咬得死死的，根本就不可能掰开来"，令囚犯牙医从他们嘴里取出"金皇冠"的活计变得更加困难。[59]

不过有一些从事专门劳动的小组能够长时间地坚持劳动，因此远离了毒气室的厄运。举例而言，里夏德·格拉扎尔（Richard Glazar）主要从事分拣财物和衣物的工作，并且在战后不久写下了自己的经历。在他的笔下，我们看到了一个名叫"伪装突击队"（camouflage commando）的囚犯小组，他们的身体相对健康，能够"远离四处弥漫的尸臭味——它会渗入你的肺腑，以及建造营房所用的木材"。这个小组里的囚犯"身体比较强健，能够攀爬高大的乔木，扛着重重的一捆树枝，小跑着返回集中营"。接着，他们把树枝"缠进铁丝网里，使得集中营的整个边界都能维持绿色的伪装"。[60]

对于外部世界来说，这里就像贝乌热茨和索比堡一样，一切都应该掩人耳目，看不见实际的情况。对于抵达此处，在指令的欺骗下脱去衣物，放下财物，以为接下来要去"洗澡"的受害者来说，他们也应该等到进入毒气室的那一刻，才突然领悟到等待他们的命运。跟其他地方一样，那些死于路途或者无力行走的人，将会由卡车或人力送到"医疗室"，到了那里以后，他们会被立刻击毙，或者丢入焚尸坑里活活烧死。有时候，格拉扎尔会被强迫去帮忙抬人，他自认为很难在这个过程中保持心智的健全："只能像处理木料一样处理他们。一旦你将他们中的任何一个视作人类，你就会失心疯。不行，你还是没办法；你永远都没法转过头不去看。"最吸引他注意力的是那一双双"不会动的眼睛"："到处都有眼睛，这些眼睛变得越来越大，挡住了额头，盖住了整张脸，立在下巴上，它们都盯着我。"他所能采用的策略就是拉开距离，用法医的目光去看待它们："停住，不能这样看——好吧，看吧，直视它们，就好像这是一件非常有趣的事情，就好像你在查看每一个细节，每一具肉体。说到底，一共有多少具死尸？有一具是蜡黄色的，有一具很干瘦，有一具肿得厉害，重得难以想象，布满了小小的深紫色弹孔和奇怪又鲜明的针刺伤。"[61]

格拉扎尔还活灵活现地描写了集中营里的状况，列车抵达时的处理办法，以及党卫队守卫的行为——到后来，当审判姗姗来迟的时候，这些行为的描述会在审判某些守卫时起到无比宝贵的作用。其中一位德国指挥官名叫库尔特·弗朗茨（Kurt Franz，囚犯们普遍都管他叫"洋娃娃"[Lalka]，因为他长得很像孩子），给格拉扎尔留下了极为残暴的印象。[62]弗朗茨曾在许多安乐死中心（哈特海姆、勃兰登堡、格拉芬埃克和索嫩斯泰恩）担任过厨师，后来他跟其他T4项目人员一样，被派往东部协助死亡营的运转。在贝乌热茨短暂停留之后，他从1942年8月起在特雷布林卡工作，并从1943年8月起担任这座集中营的最后一任指挥官，并在11月监督完成了伪装和关闭的工作。他性情极为残暴，会放狗咬囚犯，让狗攻击他们的屁股和生殖器，撕咬他们的全身，这种行径在好几位幸存者的回忆录中都留下了深刻的印记。

在不同的德国守卫之间，执行每日职责的方式会稍有不同；有些守卫（不管囚犯有没有看走眼）比大多数人温柔、仁慈一些。举例而言，维尔尼克记得有个被唤作"下级小队领袖赫尔曼"（Unterscharführer Herman，即埃尔温·赫尔曼·兰贝特［Erwin Herman Lambert］）的人，"年纪五十上下，个头高大，为人和蔼"；他常常"偷偷从德国人的厨房里给我们带点食物"；但是他同我们保持着距离："他从不跟囚犯聊天"并且"害怕他的同事"。[63] 兰贝特多少有些与众不同——但这些表象带有欺骗性，因为他实际上参与了安乐死项目和赖因哈德营的毒气室的设计和建造工作。[64]

反倒是受害者临终前见到的最后一批行凶者，他们的行为更具有典型性。维尔尼克活灵活现地描述了人们抵达毒气室，并在此遭到毒打的场面："父母们把孩子抱在怀里，徒劳地奢望这够挽救孩子的性命。在走向死亡的路上，他们被步枪枪托和伊万*的烟斗推搡着，殴打着。守卫们会把狗放出来，对着他们吼叫，攻击他们，撕咬他们。"这些行径达成了守卫想要的效果，以强迫的方法令囚犯合作：为了"逃脱毒打和犬咬，人群纷纷向死神冲去，推搡着进入毒气室，强壮的人会把瘦弱的人推开来，抢先跑进去"。进了毒气室后，他们就再也无力逃脱了："骚乱只持续了一小会儿，很快房门就关上了。毒气室已装满了人，接有毒气流入管道的发动机开始启动，最多只要25分钟，所有人都会两腿一蹬死去，或者更准确地说，他们都是站着死去的。因为毒气室里连一寸的空间都没有，他们只

---

* 即可怕的伊万（Ivan the Terrible），特雷布林卡灭绝营一位令人闻风丧胆的守卫，根据其他守卫的证言，他的本名叫伊万·马尔琴科（Ivan Marchenko）。

能挤作一团。"维尔尼克写道,"这些人再也分不清美丑,因为每个人都被毒气熏黄了"。但这些尸体上仍然承载着强烈情感和人性纽带的最后痕迹:"即便已然死去,母亲还是会双手紧紧抱着她们的孩子。"[65]

尽管人们奋力、绝望地挣扎到最后一刻,可是一旦命运指向毒气室,他们就既无力拯救自己,也无法保护他们的孩子。在1942年到1943年的冬天,局势几无改变,就连"光着身子和脚丫的小孩子,也要在户外站上好几个小时,等着进入越来越繁忙的毒气室。他们的脚底冻僵了,粘在覆盖着冰雪的地面上。他们眼泪直流;有些人直接就冻死了"。而当受害者痛苦地等候时,德国人和乌克兰人则在恐吓他们:有一个名唤谢普(Sepp)的家伙"特别喜欢折磨孩子"。尽管妇女们一再请求,"他还是经常从妇女手中夺过孩子,要么把孩子撕成两半,要么拎着孩子的双腿,将孩子的脑袋撞在墙壁上,再把尸体抛走。这些惨剧绝非孤立的事件"。[66]

阅读这些叙述令人心神难安;出于本能的反应,一般人是不愿意阅读这类回忆录的,我也不应当在几十年后还将这些段落强加给读者。但是幸存者之所以写下这些细节,证明它们的存在,正是因为这"人间地狱"是多么超乎常人的想象,也因为他们想要寻求正义;他们之所以这么做,是因为他们需要留下详细的记录,好指望未来能有清算的机会——而这也是为什么,我们需要面对这些令人难以承受的叙述。

维尔尼克在写完人们在毒气室里被熏黄的段落后,突然发出了如下感慨:"我为什么要把这些都写下来?我不断地诘问自己。我的人生已经很艰难了,真的很艰难。但我必须继续活下去,把这些野蛮的行径告诉世界。"[67]维尔尼克之所以幸存下来,部分原因在于他是一位训练有素的木匠,对于建造集中营的德国人来说派得上用场;结果,他因为自己在灭绝项目中出力而自责:"我牺牲了所有对我来说最亲近、最宝贵的人。是我亲手将他们送上刑场。是我为他们建好了死屋。"[68] 他因为和折磨他的人合作而幸存下来，并为此背负着负罪感，像他这样的人还有很多。

1943年8月，特雷布林卡的囚犯也成功发动了一场叛乱。一开始有大约200人成功逃了出来，而格拉扎尔便是其中之一；虽然他成功地逃脱了，但是约半数逃犯被立即抓获。特雷布林卡和索比堡一样，在1943年10月关闭。当局在关闭特雷布林卡后，还将它改头换面，变成一座农场，试图抹除死亡营的所有痕迹。而负责运营特雷布林卡的德国工作人员也被转移到意大利北部，同游击队员作战。

有些读者可能认为，赖因哈德营的运营成本过高，因此与德国人在战争时期的其他需求相抵牾。但是布拉特的报告中却包含一些令人醍醐灌顶的数据。他告诉我们，当这三座集中营关闭时，奥季洛·格洛博奇尼克曾算过一笔账。根据他的计算，赖因哈德营的总支出大概在1200万马克，其中包括交通运输成本。但是在1942年4月1日到1943年12月15日，赖因哈德营创造了1.79亿马克的净利润。这一数字仅仅包括从集中营囚犯身上获取的财物（而且估值估得很低），不包括他们被遣送前没收的房产和其他物什。[69] 而受害者因恐惧和饥饿交出去的财物，或者同当地人做的各种交易，显然没有被包括在这一数字内。无论确切数字为何，格洛博奇尼克能够丝毫不考虑被集中营残忍夺走生命的众人，而像管理奴隶劳工项目的人那样，从支出和获利的角度思考问题，这种思考方式已然完全超出了我们的理解。

许多人虽然不是德国人，却因为同谋的行径而获利，在这些人当中，还有曾经遭受纳粹政策迫害的人；有的人抓住机遇，改善了自身处境，还有的人则别无选择，如果不合作的话自己也要承受苦难。有些集中营守卫被称作特拉夫尼基人（Trawnikis），指代的是他们接受训练的那座集中营，位于离卢布林约20公里的一座小镇上。

其中有很多人原先是被德国人抓获的乌克兰战俘。他们必须在特拉夫尼基经过密集的训练，才能转而为德国人服务。然后，他们被派遣去围捕和遣送犹太人，或者部署到死亡营，协助德国人将火车上的囚犯卸下来，赶进毒气室。

在担任守卫以前，伊万·德米扬纽克（Ivan Demjanjuk）就曾在特拉夫尼基接受训练。1920年，他出生在乌克兰，他的人生见证了曲折的20世纪历史。20世纪30年代，斯大林的政策导致的可怕饥荒差一点要了他的命，他也几乎没有接受过正式的教育。[70]在第二次世界大战期间，他在苏联军队中服役，随后被德国人逮捕，送到特拉夫尼基接受训练，后来曾服务于索比堡等多个集中营。德米扬纽克在战争行将结束之际被俘虏，得以将他不光彩的过去掩盖下来，20世纪50年代初，他移民美国，后来取得了美国公民的身份。直到20世纪80年代，他的过去才终于给他惹上麻烦，他被引渡至以色列并接受审判，后来在21世纪初，他又在2009年被引渡德国，在慕尼黑接受审判，而这一案件将名垂司法的史册。

格拉扎尔将特雷布林卡的乌克兰守卫比作"奴隶监工和刽子手的帮凶"。他接着说道："他们既被主人和刽子手鄙视，也被奴隶和行将就木的人看不起。他们每个人都很年轻，约莫20岁的样子，而他们浑身上下都弥漫着健壮和粗野的气息。"[71]乌克兰守卫过得如鱼得水，之前哪怕给他们天大的胆子，他们也不敢想象"他们会在食物、伏特加和金钱的海洋里畅游，而女人和女孩会把裙子的腰线拉高，跟随着他们前往集中营四周的村庄"。[72]在格拉扎尔看来，乌克兰人的歌喉是他们的优点："他们从遥远而偏僻的家乡带来了一份鲜有的礼物：美妙的歌曲。在暮色深沉的时刻，或者在凌晨时分，当守卫换班的时候，一列纵队会将一首狂野、忧伤的歌曲推上松林茂密的树冠，送入高空，最后用多声部的合唱包裹住整个特雷布林卡。"[73]当格拉扎尔逃出集中营，顶着假冒的德国强制劳工身份生

第五章　人生终点：机械化灭绝

活时，他对这些歌曲的熟识给他帮了大忙；他能用歌声加入东欧劳工的行列，假装自己并不是个犹太人。

除了赖因哈德营以外，还有一座重要的屠杀中心坐落在卢布林边陲的马伊达内克。它从1941年10月一直运作到1944年7月，被红军解放时，整座集中营都非常完整。马伊达内克集中营底下有好几座劳动分营，而它自己也接收被挑选出来的强制劳工；有些时候，在去往死亡营的列车上，能够干活的人会被带下列车，重新安置到这里。马伊达内克也有自己的毒气室，不过这里的死亡主要由营养不良、疾病和枪杀造成。大约6万名犹太人和2000多名苏联战俘毙命于此。这里不像我们之前看到的灭绝营，人们没有时间抹除谋杀的痕迹：由于解放来得势如破竹，毒气室时至今日都保存完好。

集中营里超出常人想象的恐怖理所当然地抓住了公众的眼球；我们将会在下文读到，后来有一批杀手被抓到法庭前，为他们的所作所为付出代价。但是，人们较少注意到，文官政府在令这些"人生终点"成为可能的过程中起到了重要的作用。在整个波兰总督府，在汉斯·弗兰克麾下，有许多地区领袖（Kreisleiter）都很狂热：他们大多出自被唤作"战时的青年一代"（Kriegsjugendgeneration），第一次世界大战爆发的时候，他们都太过年轻，无法参战，于是狂热的他们就转而想要完成他们眼中未竟的事业。[74]这些文官政府的官员并非虐待、屠杀受害者的底层暴徒。他们当中的绝大多数出身资产阶级家庭，受过良好的教育。很多人修习司法，持有高学历，甚至是博士学位。正是他们为集中营创造了条件：正是他们为污蔑和堕落提供了后勤力量；正是他们确保犹太人都佩戴黄星，遵守宵禁，变成强制劳工，困守在犹太隔离区内，并因为轻微的违规行为而遭受绞刑，或者在"报复"行动中遭到枪杀——正是他们竖立起各种相关的标志牌，确保犹太人在恰当的时间位于恰当的地点，等候着被遣送到死亡营。

奥托·古斯塔夫·冯·韦希特尔（Otto Gustav von Wächter）男爵是其中特别值得我们注意的一个案例。他生于维也纳的一个奥地利望族，其父因第一次世界大战中的军功而被授予爵位。韦希特尔很早就加入了纳粹运动，当纳粹党在奥地利仍属于非法政党时，他就已经是一名活跃分子。他前往德国完成了学业，并且在1938年"德奥联合"后作为新政府的班底回归故国。1939年，德国占领了波兰，韦希特尔成为汉斯·弗兰克的下属，担任克拉科夫的总督。他签署的文件使得这里的犹太隔离区政策落地生根。在德国人侵苏联之后，自1939年起由俄罗斯人占领的加利西亚区被纳入了弗兰克的波兰总督府，而韦希特尔最终成了加利西亚区总督。他与卡茨曼、党卫队和警察力量通力合作，确保了镇压机器的平稳运作；他还积极援助乌克兰民族主义者，帮助他们与布尔什维克党作斗争。韦希特尔的儿子叫霍斯特·冯·韦希特尔（Horst von Wächter），虽然他无力正视父亲所扮演角色的全部意味，但是他声称父亲在当时的局势下仍旧不失为一个"体面的人"。[75]

赖因哈德死亡营以一场可怕的事件走向了终点。1943年11月3日，卢布林地区发生了一场屠杀，犹太人几乎被屠杀殆尽，纳粹党人将其称作"收获节"（Erntefest）。在克里斯蒂安·维尔特的指挥下，4.3万犹太人在一天之内被枪杀——在历史上，这也是纳粹大规模射杀之最。屠杀发生在马伊达内克以及该地区的另外几座集中营和分营（其中包括特拉夫尼基，因为它既为党卫队训练乌克兰助手，也是一座犹太劳动营）。早在10月下旬，这里的犹太人已经接到挖坑的命令，他们以为这些坑是防御性的大型反坦克战壕，却没有意识到这些坑很快就会成为他们的坟地。在11月3日那个漫长的早晨，1.2万犹太人被驱赶至此遭到射杀，而负责行刑的部队包括第41后备警察营。住在附近的波兰人还记得曾经听到可怕的惊声尖叫，而德国人则播放起喧闹的音乐，部分盖住了尖叫声；波兰人还注意到，杀手们都在豪饮伏特加。屠杀在午后没多久就结束了，后来尸体被焚烧掉，在接下来的一周甚至十天内，腐肉的恶臭和犹如裹尸布的烟尘使得周围的居民生活在难以忍受的环境中。纳粹党人也像处理关停的死亡营一样，试图清除特拉夫尼基营的所有痕迹。乌克兰守卫给该区域消了毒，地里则种上了庄稼。[76]如今，当地人的视线中只剩下蔗糖厂老旧的砖头建筑依旧屹立。

奥斯维辛的命运和赖因哈德营不同，它直到1945年被苏联人占领才停止运转。奥斯维辛被正式解放的日期是1月27日，所以这一天也被选作欧洲纳粹大屠杀的纪念日。这个日期和这个地点已经成为纳粹大屠杀的象征，但是这一象征背后真正的罪恶，远远超出了彼时彼地发生的事情。

劳动式灭绝：生产效率和攫取暴利

针对纳粹受害者的暴力不仅发生在东欧的田野、树林和山谷，也不仅出现在波兰的犹太隔离区和集中营。在古老帝国的腹地，和平年代建立的集中营得到了扩建；劳动营和卫星分营的网络也大幅扩张；随着战争机械吞噬越来越多的成年男性劳动力，德国企业对外籍强制劳工的使用也因之水涨船高。对强制劳工和奴隶劳工愈演愈烈的剥削，将包括战俘和欧洲各国平民在内的数百万人卷入其中。

在战争时期，纳粹集中营的巨大网络经历了重大的改变。这一系统最初的目标是囚禁政治犯，但是在20世纪30年代中期，它开始从事"改造"工作，将同性恋、耶和华见证会信徒、"反社会人士"等各类不遵奉纳粹理想的人都纳入集中营，演变成一张剥削奴隶劳工的大网，为各类宏大的建筑项目以及军工比例越来越高的企业服务。在希姆莱的党卫队旗下，有一家成立于1938年的核心企业，名叫"德国土石制造公司"（DESt, Deutsche Erd-und Steinwerke），其采石场的重体力劳工便由各座集中营提供。1938年,在靠近捷克斯洛伐克的边境一带,一座大型集中营在巴伐利亚的弗洛森比格破土动工,而在德奥"联合"之后,奥地利的毛特豪森集中营也随之开张。在汉堡边陲的诺因加默,德国土石制造公司买下了一座砖厂,建造了一座集中营,由萨克森豪森管辖;从1940年起,它成为一座独立的集中营。同样在1940年,下西里西亚的格罗斯—罗森启动了一座集中营。一开始它也下辖于萨克森豪森,随后在1941年独立出来,并在党卫队项目"施梅尔特组织"(Organization Schmelt,以负责的党卫队军官命名)旗下的西里西亚的分营帝国中扮演了领衔的角色。[77]在西面,在被德国占领的法国阿尔萨斯(Alsace)地区,纳特兹维莱—史特鲁特霍夫(Natzweiler-Struthof)集中营在1940年成立,并且运作到1944年。而我们从一项秘密武器生产的扩张情况得知,在1943年夏末,诺德豪森(Nordhausen)地区有一座米特堡—多拉(Mittelbau-Dora)集中营,一开始是布痕瓦尔德的分营。米特堡—多拉有几条穿过哈茨山脉(Harz Mountains)的地下通道,这也使得它取代了地点更加暴露,并且愈发成为盟军轰炸目标的佩讷明德火箭生产基地。米特堡—多拉的重要性和规模与日俱增,并且最终发展出它自己的卫星分营网络。[78]

从1943年6月开始,毛特豪森也出于类似的缘由开始扩建,原先它的核心场地位于毛特豪森和古森(Gusen)附近,新建的梅尔克(Melk)和埃本塞(Ebensee)分营则挖好了通向半山腰的地下通道,用于秘密的武器制造。到最后,毛特豪森一共囊括40座卫星分营,分布在奥地利全国各地。[79]1943年春天,毛特豪森的囚犯人口是1.48万人,到战争结束的时候,这一数字已经增长到了8.45万人。在1938年至1944年,总共有20多万人进入毛特豪森集中营及其分营,其中大约有10万人毙命。在奥地利西部,达豪也下辖约13座分营。1944年9月,奥地利境内的平民强制劳工总数上

第五章　人生终点：机械化灭绝

升达 50 多万人（而奥地利总人口仅 700 万人），而除了他们以外，还有许多战俘也参与强制劳动。[80]

通过这种方式，集中营及分营的数量急剧上升，这一受难的网络四处蔓延，几乎没有放过任何一片区域。而在东方，这一网络也并非避人耳目之事：到了战争结束之时，第三帝国的大型集中营名下总共有 900—1200 座分营，分布在帝国上下的各个地区。[81]

尤其是自 1942 年起，集中营网络成为奴隶劳工的主要供应方，在奥斯瓦尔德·波尔与经济行政本部（WVHA）的领导下，这一网络对军备生产变得越来越关键。[82]在剥削奴隶劳工一事上，党卫队和主要的工业巨头——包括 I. G. 法尔本、大众汽车、斯太尔-戴姆勒-普赫（Steyr-Daimler-Puch，赫尔曼·戈林国家工厂的子公司）以及上文论及的海因克尔工厂的新型管理者——之间都有着很强的合作意愿。后来，许多工业巨头都声称自己遭到纳粹的强迫，但实际上，他们非常乐于抓住此类新机遇。他们与各类政治领袖往来，溜须拍马，攫取有利可图的生意订单。[83]在梅尔克，当政府与新晋军工企业发生冲突时，其焦点也并非原则和理念，更多的反而事关土地侵占和利益冲突，例如土地被强制征用，或者一条新的道路横穿农民的土地，而果树在修路过程中被损毁。[84]

囚犯人数呈指数式增长。早先，这一数字已经从战争爆发前夕（1939 年 8 月）的 2.1 万人跃升至 1942 年春天的 7 万至 8 万人。到了 1943 年 5 月，飞速的增长令其倍增，集中营囚犯升至 20.3 万人。截至 1943 年 8 月，囚犯人数继续上升至 22.4 万人；一年后的 1944 年 8 月，人数再度翻番，达到 524,286 人。1945 年 1 月，在战争结束前的最后几个月里，虽然纳粹已然屠杀了数百万人，但集中营里的囚犯人数仍然多达 714,211 人。[85]这完全就是一支庞大的奴隶劳工队伍：这 70 多万人来自各不相同的民族，拥有各异的背景——其中包括政治犯，后来人数又因战俘的加入而得到补充——而这些人常常在平民工人和当地居民的面前，在众目睽睽之下劳累至死。

囚犯的死亡率很高，他们既面临着疾病、饥饿的风险，一旦劳动效率低下，还会遭到屠杀；只有在能够劳动的时候，他们才是有价值的。死亡率因劳动条件和囚犯类别有所不同。毛特豪森的劳动尤其繁重，其采石场有着一道著名的"死亡阶梯"（囚犯必须背着巨大的花岗岩块，从这段阶梯攀爬上来，这完全是为了增加伤亡而设），故而这里的死亡率尤其高；1941年，超过半数（58%）的囚犯死于毛特豪森，而相比之下，达豪的死亡率约为三分之一（36%），而布痕瓦尔德（19%）和萨克森豪森（16%）则低于五分之一。[86] 但是在任何一座集中营里，死亡都无处不在，而残暴更是家常便饭。在任何一座集中营里，暴力都在系统中层层传递，从指挥官到党卫队，再从守卫到囚犯头子。普里莫·莱维有个非常出名的说法，这些囚犯头子在"灰色地带"行动，他们负责管理其他囚犯，给予惩罚，派发琐屑的奖赏，提高生产力，确保服从性，并且以一种相对有限、受制于上级的方式施展权力，影响着囚犯们生死存亡的概率。相对好心的囚犯头子会在一定程度上照顾底下的人，如果碰上这样的头子，将彻底改变囚犯在集中营里的体验和长期存活概率；然而凶恶、残忍、野蛮的囚犯头子（这类人往往是从服刑的罪犯中特意挑选出来的，因为他们对暴力非常熟稔）也能大幅缩短底下囚犯的寿命。

囚犯的身体不仅用于劳动，也会用于"科学研究"。"医疗"实验并非只有奥斯维辛——其约瑟夫·门格勒（Josef Mengele）的实验相当出名，研究领域包括绝育、传染病和基因研究（以双胞胎为实验对象）——才有，在德国腹地的"旧帝国"（Altreich），此类实验也存在于诸多集中营里。举例而言，在拉文斯布吕克，人们用女囚犯的腿部肌肉做实验，而这些实验对象即使有幸存活下来，也会因此落下永久的残疾。在达豪，人体在冰水中浸没以及缺氧的实验夺走了许多囚犯的生命，而这些实验所谓的目标是帮助德国武装力量在极端的高空或海洋环境中探寻存活的方法。只要是为了帝国服务,人命便是一笔可以随意支出的账目。

随着受剥削的奴隶劳工规模不断扩大,受害者的类型也因此增多;当成群的劳工从监禁之所走向充斥着剥削的采石场、隧道、军工厂和建筑项目时,他们的苦难势必拥有了更为众多的旁观者和见证人。尽管准确数字无从得出,但是在帝国上下,显然有数百万人,要么并不情愿地旁观,要么出于实际考量而向权威低头,要么认同帝国理念,要么借由投机倒把获利,他们都清楚地意识到暴力在他们四周横行。举例而言,在毛特豪森附近,当地农民和其他居民都不可能避开囚犯遭到残暴虐待的场面。鲜少有人敢于质问这一机构的本质;大多数人都情愿睁一只眼闭一只眼,不愿对正在发生的事情说三道四。尽管如此,还是有个别人在目睹此类情景后发出怨言:比方说在1941年,当地的一位农民向当局提出申诉,表示毛特豪森的"囚犯频频遭到枪杀;有些伤势严重的人还会存活一小段时间,躺在死人边上苟延残喘数个小时甚至一整天"。这位提出申诉的居民"不愿看到此类暴行",他接着说道,"这些场景对我的神经造成了影响,长此以往会令我无法忍受",他最后请求"这样非人的行为不要再继续下去,或者至少搬到没有人看见的地方"。[87]

这种眼不欲见的心态非常普遍。然而与此同时,人们却乐于从他人的死亡中获利,可见这种心态无甚影响力。在此地的交易市场上,哈特海姆毒气室受害者(不仅包括从安乐死项目转移至此的人,也包括毛特豪森及其分营中病弱的囚犯)的财物和黄金到处流转,当地居民从中获利颇丰。[88]

除此之外,随着集中营系统的扩张,越来越多的人以各种方式积极地参与其中。招募和培训对于系统的持续运转至关重要。可是与此同时,战事却将越来越多的年轻人纳入军队当中。当士兵们在前线牺牲时,数以万计的人被招入故土的集中营系统里。1942年,各座集中营里有5884名党卫队人员和511名其他类别的员工。而到了1945年1月，这一数字已经增长到37,675名男性员工和3508名女性员工，而其中有很多人都是在1943年之后才来到集中营受训的，在此之前他们对有组织的残暴行为几乎没有经验。[89]

比起个人能动性，这样的系统反而更加依赖自上而下的动员，督促员工扮演特定的角色。这样的系统中自然有起关键作用的推动者、鞭策者和政策发起者；但是也有越来越多的人积极地采取行动，而在其他情况下，这些行动往往是无法想象的。与其说是大量的行凶者创造了暴力系统，不如说是暴力系统创造出这些行凶者。

当面对挑战、强迫和机遇时，不同的人会有不同的反应。即便担任同样的职务，不同的人也会以不同的方式进入系统，并且以不同的态度看待他们的工作。可是，一旦进入角色之后，上级便期待他们做出特定的行为，而他们便必须调整适应。那些曾经过着"普通"生活的人，总会以这样或那样的方式，在相对短的一段时间内，摇身变成行凶者。

在拉文斯布吕克女性集中营，女性守卫所经历的改变为我们提供了范例。拉文斯布吕克就像其他集中营一样，建成几年来经历了改变和扩张。[90] 它在军工生产和当地经济中都取得了重要的地位；这里的女性不再仅仅从事毫无意义的体力劳动——当局为了"改造"囚犯的行为，会专门设计一种惩罚方式，安排他们徒劳无功地将沙堆从一个地方搬到另一个地方。女性集中营的主体建筑外围还建起了男性集中营，附近还有一座青少年集中营。在战争的最后几个月里，拉文斯布吕克变得尤为拥挤。在1944年至1945年冬天，东部的囚犯大量涌入，拥挤达到了无以复加的地步，营房已然挤得溢出来了，人们被暂时安顿在帐篷里，已然奄奄一息。在战争的最后几个月里，拉文斯布吕克在集中营的围墙外建造了一座毒气室，好处死病弱无用的人。

第五章 人生终点：机械化灭绝

随着时间的流逝，工作人员的成分也在改变。从1942年开始，拉文斯布吕克肩负起训练集中营女性守卫的任务，她们在经过长达六个月的课程训练后被分配到其他集中营；到最后，大约有3500名年轻女性在拉文斯布吕克完成了训练。自1943年起，党卫队开始大肆招募女性守卫；而同样是在这一年，帝国劳动部（Ministry of Labor）开始征召年龄在17岁到45岁之间的女性。到了该年年底，绝大部分抵达拉文斯布吕克，并接受训练成为集中营守卫的女性都是经由这种征召程序而来的，她们几乎全然不清楚自己会被安排到哪里。到1944年，除了在拉文斯布吕克接受训练的人以外，这里总共部署了大约150名女性守卫或"监工"。[91]

这些女性都是什么身份？有些女性守卫经由广告或个人介绍招募而来；相对丰厚的薪水和生活条件的改善通常对于她们有着很大的吸引力。在1944年，拉文斯布吕克的一位25岁未婚监工每个月差不多能赚到185马克，比不熟练的女纺织工人收入要高出一倍。然而，随着战事的推进，各个地区都出现了愈发严重的劳动力短缺，各类与战争相关的产业都急需女性劳动力。这个阶段招募到的人员对于此类工作就没有那么热情，也不愿意在抵达岗位时调整她们的行为了。

囚犯们也注意到，不同批次的守卫之间存在着差异。玛格丽特·布伯-诺伊曼还记得，当她被关在拉文斯布吕克的时候，早期"招募的集中营工作人员都是纳粹党员，而守卫们都是狂热的纳粹党人……她们会自发地虐待囚犯，并且以折磨他们、令他们生不如死为乐"。[92] 随着战事的延宕，囚犯的数量变得越来越多，而劳动力短缺也变得越来越严重，"只要哪里有人，集中营就会从哪里要人"，其结果便是"总体而言，招募到的人并不是那么残忍"。[93] 到了战争后期，集中营领导布罗伊宁（Bräuning）为了招人，只好前往工厂等拥有众多女性工人的地方。他们以欺骗的方式，承诺这是一份"疗养中心"的寄宿制工作，地点位于风景恬适的湖边，有着丰厚的报酬和"充足的食物"，许多普通年轻女性因此被吸引过去；其他人则是被直接派遣过去的。

不仅不同批次的人员性质有所改变，这些女性自己在适应新的环境之后，也经历了变化。布伯－诺伊曼注意到，当这些新守卫初来乍到时，她们"衣着寒酸，对于周遭不适应的环境感到相当紧张和犹疑，一副非常胆怯的模样"。她们被这里的所见所闻，以及自己要做的事情吓到了，"在刚来的第一个星期，几乎半数新人都会哭着来找朗格费尔德（Langefeld）夫人，希望能准许她们回家"。在整个集中营里，只有指挥官有权力将她们放走，解除她们刚刚签署的职责，但是大多数人都不敢找他，只能去适应这份工作，并在这个过程中得到改造："许多人自从穿上制服后，就变得再也辨认不出原来的模样。长筒靴和斜戴在头顶的军便帽赋予她们一种优越和自信的感觉。"[94]

用不了多久，这些新招募的人员就会彻底被体制所吸纳，变身为行凶者，行使着她们残暴的职责，而这是她们参与这一系统的结果，而非原因。之所以如此推论，同新晋守卫的培训内容有关，在培训过程中，她们要"永远将囚犯视作堕落且没有价值的人"，对于这类人，"她们被教导要掐灭心底任何一点同情心"。"如果违反工作规章，或者在严格的官方情形外，与囚犯有任何接触，她们都会面临严酷的惩罚。"而新晋守卫往往发现，陪同她们执行任务的同事会进一步强化这些培训的内容："陪同她们的永远是最可怕的女狱吏，每一个都是为人残暴、欺软怕硬、爱打小报告、爱扇耳光的类型"，并且每一天"都将严酷与严格灌输给她们"。除此之外，"在她们的空闲时间里，她们仅有的男伴便是党卫队成员"。[95]结果便是，除了极少数例外，"这些年轻的女工人很快就彻彻底底地变得跟老手一样恶劣，对囚犯颐指气使，羞辱她们，对着她们大喊大叫，仿佛她们打小就出生在军营里一般"。[96] 后来，这些女性大多都带有几分诚实地声称，她们并非出于个人选择才在集中营里工作，并且对那里发生的事情不负有个人的责任。

然而，我们仍旧没有穷尽受压迫者的类型。第三帝国的各种反人类行径固然臭名昭著，但是在由军队管理的集中营里，数百万战俘的死亡相对而言并没有引起多少关注。[97] 在这些人当中，苏联战俘受到的对待尤为致命，他们的死亡率也相应地高上很多，大概有350万人是因为德国人的虐待而丧命。

条条大路通向杀人

当战争走向尾声时，纳粹迫害的系统开始陷入混乱。随着苏联向西推进前线，集中营要么遭到当局疏散，要么被彻底放弃，死亡长征随之而来。当局为了利用仍然具备劳动能力的囚犯，会将他们转移到最需要劳动力的地方，有时候靠步行，有时候靠卡车或火车。长征的路途有时会极其遥远，人们会因为疲劳和疾病倒毙路边，或者因为步履踉跄而被射杀后抛尸路旁。即便是乘坐火车的囚犯，也会死在运输的半途上。以毛特豪森为例，从奥斯维辛出发走完死亡长征抵达此处的囚犯在路上死了1500人，另外还有500人在集中营大院里等待注册期间毙命。[98]

集中营常常容纳不下数量激增的囚犯，许多人抵达拉文斯布吕克或贝尔根-贝尔森（Bergen-Belsen）后没多久就丧命了。在贝尔根-贝尔森，消瘦的囚犯散坐在地上，因为疾病和饥馑而死去；1945年4月15日，贝尔根-贝尔森被英国部队解放，很多人虽然撑到了这一天，却没能继续存活下去。在拉文斯布吕克，为容纳新囚犯而撑起来的帐篷条件凄惨，而且完全不够用，而集中营的配给品和衣物也是如此，至于刚刚建好的毒气室，则完全跟不上速速处死病弱或濒死囚犯的任务进度。

在死亡长征当中，大约有 20 万到 25 万名囚犯死去，占了长征总人数的三分之一，而整个事件向我们表明，纳粹试图让最后一小批在经济上有利可图的囚犯活下去，还处死了试图逃跑或者因疲惫而倒下的囚犯，这是多么荒谬的一种行径。就其本质而言，长征实际上就是一种灭绝。但在战争末期发生的这场屠戮却具有几个独树一帜的特征。[99]

首先，这场屠戮遍及德国全境，它发生在道路两侧、乡村和城镇，而不是东方的田野、森林和死亡营。其次，当囚犯因为疲劳不堪或者缺乏食物和水，在路途上东倒西歪时，工作人员会扣动扳机，将他们杀掉，而这一行为的决定当中涉及了个人的要素。这并非机械地服从命令，并非像工业生产一样执行杀戮，也并非在战争的极端情况下向同侪压力低头，更不是盲目地相信前线正发生着游击队的战事。饥饿、孱弱、行将死亡的躯体在长征的队列中不支倒下，此类情况所带来的"危险"显然无法转换成任何军事的隐喻。最后，这些囚犯内部差异很大。他们来自不同的民族，分属不同的类别，其中仍然有着为数不少的犹太群体。并非所有犹太人都遭到屠杀，而被屠杀的也并不都是犹太人。这些杀戮的根源并非反犹的种族灭绝，而是掺杂着各式各样的动机，源自特定处境下个人主动性和宏观命令的相互结合。[100]

囚犯如果在长征中幸存下来，他们的劳动力依旧会被剥削，有人进入帝国末期的工业和军备生产，有人下到米特堡—多拉或毛特豪森分营的地下通道，有人进入梅塞施米特（Messerschmitt）或海因克尔的飞机厂，有人进入西门子或其他企业的厂房，还有人在被战火波及的德国城镇中清扫瓦砾。他们与平民共劳动，完全处在他人的视线中。

好些囚犯后来写下了他们的经历，其中就包括露西尔·艾肯格

第五章　人生终点：机械化灭绝

林（曾用过塞西莉娅·兰道的名字）。她的经历很传奇，先是从罗兹犹太隔离区被遣送至奥斯维辛，然后在那里经历了数个阶段，返回家乡汉堡，并最终在那里迎来了解放和战争的结束。[101] 从罗兹出来的人当中，有很多人都以这样的方式存活下来。海因克尔工厂的囚犯也常常被转移到弗洛森比格干活。举例而言，西格蒙德·赖希（Sigmund Reich）在战争结束不久后谈及："德国对我们有需求，因为我们是优秀的工人。"弗洛森比格规模庞大而且组织各异，在他看来，这里是"最糟糕的一座集中营"，其囚犯包括"职业罪犯"以及"来自各个民族"的苏联人。[102] 他们搭乘一辆无比拥挤的列车，在经历一段可怕的旅程后抵达弗洛森比格，所以"当我们终于来到目的地时，有很多人已经死去"，囚犯的多样性同样给马克·施特恩（Mark Stern）留下了深刻的印象，他谈到"囚犯中不仅有犹太人，还有捷克人、俄罗斯人、波兰人、德国罪犯、德国同性恋。我们是其中的少数群体；我们是奴隶；我们遭到所有人的虐待，其中既有守卫，也有其他囚犯"。[103] 施特恩在飞机厂工作，他还记得自己曾将优质铆钉替换成劣质铆钉，以损害飞机来实施破坏活动。南森·戈特利布（Nathan Gottlieb）来到弗洛森比格时年仅19岁，他也记得这里的人群十分多样化，不过他的感受有所不同："犹太人受到的对待和其他民族别无二致……至于我自己，我自己没有觉得多苦。"然而，跟他相依为命的父亲在1945年2月死于饥饿和疾病。[104] 对于从波兰各地的劳动营抵达此处的其他囚犯而言，弗洛森比格给他们留下了深刻的印象：比方说，杰克·艾斯纳就为我们留下了一段详细的描述（虽然有些记忆与现实有出入）。[105] 杰克·特里也对集中营的状况做过生动的描绘，那是在战争的最后几个月里，而他被美国人所解放。[106]

但是，有许多囚犯没能挺过死亡长征，抵达预定地点，继续为第三帝国提供重体力劳动的服务。尸体几乎随处可见，暴露在当地居民和被红军击溃、向后方撤退的德国士兵面前。有几起值得注意的事件在当时引起了讨论，但是记忆总是会消退。还有一些事件则吸引到广大群体的注意，但即便如此它们也未必能确保行凶者得到正义的审判。

加尔德莱根（Gardelegen）事件便是其中一个重要的案例，它位于马格德堡（Magdeburg）北部。1945年4月13日，从诺因加默和米特堡—多拉集中营长征至此的1000多名囚犯，被关进此地的一座谷仓，大火随即被点燃；囚犯要么被火烧死，要么在逃离谷仓时被射杀。当时，美国军队已经抵达附近，当地的纳粹党地区领袖格哈德·蒂勒（Gerhard Thiele）以及负责此事的党卫队军官显然都想在美国人到来之前摧毁罪行的证据，并且封住证人的嘴巴。但是，他们掩盖真相的工作没有做到位；次日，美国人发现了烧焦的尸体。他们大为震惊并且拍下照片；很快，这起事件就变得广为人知：1945年5月，美国《生活》杂志刊登了一篇题为《加尔德莱根纳粹大屠杀》("The Holocaust of Gardelegen")的文章，这是人们较早使用"holocaust"一词的情景，不过它在当时并没有大规模地流传开来。[107] 在1947年，美国军事法庭判处负责该事件的下级军官无期徒刑，但是下令执行屠杀的蒂勒却成功逃脱了追捕。在此之后，我们也几乎没有发现西德有审判他的迫切性；20世纪60年代，一系列的司法调查开始展开，他的妻子在1970年谎称，自屠杀那天起，她就再也没有见过自己的丈夫，而这一谎言似乎被大家取信。格哈德·蒂勒化名格哈德·林德曼（Gerhard Lindemann）继续生活着，最后在1994年以85岁的高龄过世。

虽然加尔德莱根屠杀闻名天下，但是在这段后来被称作"终期暴力"的时期里，类似的大规模屠杀事件有许多许多。尽管它们不像加尔德莱根事件一样得到全世界范围的媒体报道，但是在类似死伤事件发生的当地，它们是为众人所知晓的。举例而言，在1950

第五章 人生终点：机械化灭绝

年，东德当局在小村斯波拉（Spohla，如今下辖于萨克森州包岑区［Bautzen］维蒂歇瑙镇［Wittichenau］）挖掘出一座大型墓地。根据当地警察的报告，这些尸体均为当年的集中营囚犯，他们从格罗斯－罗森营被送上死亡长征，然后在1945年3月1日埋葬此地。该墓地一共发掘出118具尸体：有99具埋在同一处，另外19具埋在附近的一个地方。事件发生之时，就有来自当地的证人报告，但是尸体直到五年多后才发掘出来。[108] 我们现在已经知道，类似的大型墓葬遍布死亡长征的各条线路。

在这段"终期暴力"时期，还有许多杀戮发生在集中营或监狱里，而机构的管理人员则在屠杀过后逃逸。比方说，许多囚犯都曾因为一位特别凶残、名字叫海因茨·阿德里安（Heinz Adrian）的党卫队守卫而听闻过松嫩堡（Sonnenburg）集中营（后来改造成监狱）；纽伦堡的法庭曾经审理过一批"司法审判人员"，而帝国司法部秘书长赫伯特·克莱姆（Herbert Klemm）正是因为身为高级官员，却在战争末期下达命令，屠杀松嫩堡集中营里余下的囚犯，而被送上了法庭，这件事也使得松嫩堡集中营的恶名更为昭著。在1945年1月30日夜里，苏联军队即将抵达，克莱姆下达命令，将所有余下的囚犯都枪决。虽然具体数字仍有争议，但是我们可以确认，那天晚上遭到射杀的人数在740到819人之间。屠杀结束后，监狱工作人员随即逃逸。有趣的是，根据当时目击证人的报告，监狱官员显然都拒绝开枪，他们被告知要立即离开，在这个过程中他们丢了工作，并因为害怕而逃离家园。[109] 屠杀工作由党卫队以及被调来协助的盖世太保完成。后来，这一事件为东德当局提供了素材，因此东德在战后审判的初期便将海因茨·阿德里安判处死刑，并在1948年执行，而我们很容易就能预计到的是，西德没有将逃回西面的高级行凶者判刑，因此为东德所诟病。[110] 克莱姆最初在纽伦堡"司法人员审判"中被判处终身监禁，但是这一刑期后来缩短至20年

（盟军审判的许多人都是如此），最后他连减刑后的刑期都没有服满，早早地在1956年就获释出狱了。

在帝国的最后阶段，德国人对本地大规模杀戮的知悉，以及衣衫褴褛、痛苦不堪的幸存者列队穿过德国各个社区的景象，意味着第三帝国在这一时期的反人类已经到了路人皆知的地步。而且不仅仅是路人皆知：在许多事例中，许多当地民众甚至参与到屠杀当中，或者为其提供了后勤保障。当地的参与者来自社会的各个领域，从市长等政府官员到被人民冲锋队（Volkssturm，这是一支在1944年秋天仓促集结并训练出来的部队，成员年龄从16岁到60岁都有）召集起来的老者与少年，再到其他当地民众，不一而足。我们不得不再次发难，那么多人在后来声称的对此一无所知，这所谓的"此"到底指的是什么。

灭绝不仅本身形式多样，而且还囊括了许多种面孔。有罪的不只有实际扣动扳机或者施加暴力的人。如果没有扮演各类角色的大批人员参与，迫害本不可能发生。在第三帝国包容罪恶的链条上，有的人唆使、设计和执行各种形式的压迫；有的人使得暴行落地生根；还有的人每天都侧过脸庞，不去审视四周昭然若揭的反人类罪行，以此成为暴力行为的摇摆不定的同谋；这段链条上的每一个人都有罪，哪怕每个人有罪的程度不同。随着恐怖的大网铺展开来，变幻出多种形式和数不清的变体，各式各样的人都被牵扯进剥削和受难的系统中。

纳粹政权发起的集体暴力将许多人都卷入其中，而他们认为，自己作为个体只对这些害人性命的结果负有少量的责任，或根本不负任何责任。劳动的分工使得每个人的罪责相应减少。后来，它会使得行凶者更容易接受这段过去，进而顺利地与之共存。

然而，对于他们的受害者来说，这段经历的影响却要深远许多。尽管成为真正的受害者也许需要相应的资质，很多人也许作出了各种妥协,灰色的区域也许确实存在,但是那条巨大的鸿沟不应该逃脱我们的视线。纳粹迫害的对象,以及通过作为或不作为而维系或者协助迫害的人,被一条深渊、一道峡谷分隔在两侧。站在行凶者一侧的人,无论他是偶尔为之还是一以贯之,后来都试图同过去保持距离、撇清责任,甚至声称自己对发生的一切并不知情。而遭到迫害的受害者,则由于他们被强加的身份(不管他们是否接受这种分类)以截然不同的方式受到了影响。对受害者而言,如果他们足够幸运,能够在屠杀的巨大旋涡中幸存下来,那么纳粹迫害的经历将会界定他们此后人生的历程和特征。

第六章
界定人生经历

在第二次世界大战的最后几个星期中,杰克·特里从海因克尔奴隶劳动营来到弗洛森比格,并在那里活了下来,而他的全部家人都惨遭纳粹的谋杀。2009 年,当他接受采访的时候,他说道:"虽然我尽可能迅速地离开了弗洛森比格,弗洛森比格却须臾不曾离开过我。对于我们这些曾经的集中营囚犯而言,这段过去伤害了我们的整个人生。"[1] 阿龙·S.(Aaron S.)从登比察犹太隔离区里幸存下来,后来他在见证中讲述了犹太人的生命是如何连动物都不如,以及"如果他们像对待狗一样对待我们,那就已经是天堂了"。他也一样,无法摆脱过去的纠缠:"最可怕的场景会驻留在你身上,你无法忘记它们。"每过几天,他就会做逃亡、试图躲藏的噩梦。[2] 托马斯(托伊韦)·布拉特从索比堡集中营幸存下来,他也同样无法逃脱过去,不断地在思绪和噩梦中重新经历它,此外他还会定期返回波兰,确保集中营原址留有足够的纪念设施。他还记得,自己的妻子最后再也无法忍受这一切;当她最后决定离开他时,她告诉布拉特:"我再也不想生活在索比堡了……我已经在那里生活了 30 年。"[3]

无数其他幸存者也曾表达过相似的感触，拥有着相近的经历。曾经遭受的迫害界定了他们人生的经历；他们永远无法遗忘过去，也无处逃脱，只能学会与之共存。正是出于这个缘由，受害者才形成了一个独特的共同体；也正是因为这段受迫害的经历强行影响了他们的整个人生，才使得受害者个体和群体之间即便差异巨大，他们在整体上依旧和行凶者截然不同。

当然了，纳粹迫害的群体之间有着诸多差异。可是到最后，当局完全不允许犹太人继续存在：他们存在的根本，他们在地球上生存的资格，都被否定了。他们做任何事情都无法改变这一点：纳粹版的反犹主义排除了任何信仰改宗、申诉和"改造"的可能性。对于纳粹党人而言，实质的问题是在达成"最终解决方案"的过程中该如何安排各类事项。

根据优生学或种族理论，被认定为"没有生存价值的人"（精神或身体残障者），其生存受制于国家的目标。相较之下，因为行为和外观（例如政治反对派、宗教信仰、"反社会"的生活方式或者性取向）而受到迫害的人，从原则上来说其实是可以改造的，但是实际严酷的对待却将他们大批量地杀死。

无论特定群体是出于什么缘由遭到破坏，无论任意群体内部有着怎样的差异（例如犹太人有西欧和东欧之分），纳粹迫害的受害者都组成了一个范围广阔、包罗众多人群的共同体，处在由纳粹政策所划出的巨大鸿沟的一侧。受迫害者都面临着一些共同的挑战，而正是这些挑战将他们标识出来，构成一个独特的"经历共同体"（他们将在后续的几十年中，与行凶者形成鲜明的对照）。而他们遭到迫害的部分原因源于纳粹的"民族共同体"理想，因为这个共同体中根本就没有他们的位置。

纳粹的这一理想从未完全实现，而批评的声音虽然会遭到可怕的惩罚，也从未彻底销声匿迹。但是有一件重要的事情需要我们予以强调，大多数行凶者不必公开地支持纳粹理念，也不必在个人层面上接受这些意识形态和信念的鼓动。许多人完全是在为国家服务的过程中被动员起来，或者被卷入了无视个人观念和反应的集体暴力系统，进而协助它的运转。他们把自己的经历修饰得温良无害，与特定的暴行毫无瓜葛，他们借此可以遮蔽民族共同体与受迫害者经历之间的内在联系。

考虑到迫害的各种结构和机械将责任分散在每个人身上，行凶者一侧的大多数人就得以将"他们实际上做的事情"与"他们所扮演的角色"区别开来：他们可以将职责与私人生活分开；他们可以在后来将罪责推到别人头上，声称他们"只是在服从"上级的命令，而不必质疑自己的正直与品德。随着政权易手，价值观念改变，曾经身处行凶者一方的人虽然背负着令人不安的纳粹过去，却发展出一套与之共存的策略。这些经历（尤其是战争与战败的后果）也给他们的人生施加了界定性的影响，他们甚至可以借此否认个体责任，将自己改头换面，塑造成"受害者"的角色。

如此将自我和亲身经历区别开来，实则比我们想象的远为困难，它在某些案例中，尤其是对于承受暴力的人而言，是完全不可能做到的事情。他们的经历已然界定了他们的人生。他们因为自己的身份而沦为受难者，他们身份的本质，他们作为存在者的核心经受了攻击。对于存活下来的人而言，这将带来持续终身的心理回响。此外，遭受迫害的人曾经面对极端的生存环境，曾经直面死亡或者丧命的可能性；此外，残暴、虐待、疾病和饥荒都有可能留下长期的后果。他们遭受过极端的丧亲之痛，他们的世界被彻底毁灭，他们曾经失去家庭、家人、朋友、文化以及职业。

尽管"行凶者"和"受害者"的意义变动不居，其应用往往过于狭窄，并且因此引发了许多问题，但是我们有充分的理由，证明这样的区分为什么对我们而言仍然极有助益。

多样性与共通的经历

当然了，受害者共同体内部有着极大的多样性，不仅在不同群体之间如此，连同一个群体内部都存在着差异。而犹太人的经历的特殊性曾在许多场合下过于显眼，甚至遮蔽了其他群体遭受的苦难，由此引发了摩擦和争议；但是即便在犹太群体内部，我们依然会发现不同层级的受害情况。当人们试图将犹太人的苦难与其他群体相比较时，相对化的指控便应运而生；可是这种比较的缺失同样根植于针对其他受迫害群体的偏见以及他们边缘化的处境，并使得这种状况继续下去。为了理解这段过去在战后投下的巨大阴影，以及它留给我们的巨大复杂性，我们既需要对这些经历的多样性保持敏感，也需要注意迫害的共通属性。

对于所有受迫害的群体来说，政策上的不连贯和实践上的差异并不鲜见。许多受迫害群体（纳粹政敌、耶和华见证会信徒、同性恋者、"惯犯"和"反社会人士"）都以行为和信仰为特征，正如前文所述，至少当时的人们认为他们是可以改造的。这就使得此类受害者的命运与犹太人有了本质上的差异，但在实际情况中，这并不意味着他们有更高的长期存活概率。举例而言，男同性恋者也许（有时候是在阉割过后）会从集中营中获释，但是紧接着他们就被送上前线，编入某支实际上被派出去送死的部队，很快就在战场上丧命；而放弃信仰的耶和华见证会信徒在签署协议表格、离开集中营的过程中会在背后中枪死亡。至于精神和肉体残障者，如果他们能受到家人的照料，他们的处境会好很多，但要是生活在各类机构里，那么这些机构就更容易会为了替德国除掉"无用的吃食者"，或为了腾出床位，而将他们杀死。

罗姆人和辛提人所经历的大规模屠杀堪与犹太人相比。纳粹在对待和定义"吉卜赛人"和"犹太人"的方式上既有差异又有相似之处。后来,这些异同常常在"种族灭绝"(genocide)和"纳粹大屠杀"(Holocaust)的区别上引发激烈的争议。[4] 这些争议所涉及的某些基本问题值得我们暂且停下来予以考量。

在纳粹看来,犹太人基本上是个"族裔"群体:在《纽伦堡法案》中,只有在区别"异族通婚夫妇"的"第一代"子女时,宗教信仰和生活实践才会成为重要的标准,而信仰将最终决定一个人的命运,"算作犹太人"则死,算作"第一代混血儿"则从此过着边缘化的生活。相较而言,"吉卜赛人"则是一种永远混杂着社会和"种族"的双重标准的类别,而流浪的生活方式则是这一定义的核心内容。如果某人的父母为吉卜赛人,即便他过着安土重迁的生活,有着可靠的收入,也可以充分地证明他拥有犯罪的天性,而这一现象表明,对于"吉卜赛人"的社会构想是某种更为广泛的刻板印象的一部分,而种族构想在某种意义上要先于社会构想而行。然而,在纳粹的考量当中,"纯种"吉卜赛人较"混血"吉卜赛人优越,这是他们与犹太人不一样的地方。被遣送到集中营的罗姆人和辛提人主要是"异族通婚"的后代,而不是"纯种"吉卜赛人。1942年12月16日,希姆莱的《奥斯维辛法令》(Auschwitz-Erlass)致使1.3万多名混血的德国吉卜赛人被遣送至奥斯维辛的吉卜赛人分营。而"纯种"的德国吉卜赛人则不受希姆莱的法令影响,此外还有几类混血吉卜赛人因拥有稳定的工作、"有序的"生活方式以及在第一次世界大战中的英勇表现而得以保全自己。当局曾表示,免于遣送的吉卜赛人应当被绝育,但是这一政策并没有得到贯彻。

纳粹对于罗姆人和辛提人的谋杀,背后没有其反犹主义那般广大的意识形态基础,并非寻找"最终解决方案"的核心部分,也不是一种试图根除整个"种族"的明确政策。即便如此,从最终结果

第六章 界定人生经历

来看，纳粹确实在阻止一个族裔群体的延续，而这正是种族灭绝的关键要素。

遣送对于吉卜赛人的意义，不像它对于犹太人那样，代表着他们的死亡已经被事先预定。在吉卜赛人遭到遣送以后，死亡不过是他们的处境常常带来的结果。当吉卜赛人被挑选出来用毒气处死时，这么做往往是为了扑杀疾病（尤其是斑疹伤寒）。在1942年1月，罗兹犹太隔离区的吉卜赛人被转移到海乌姆诺的废气货车便属于此种情况。就算吉卜赛人被送到奥斯维辛，虽则他们的死亡率很高，但这么做也不是为了清除这一"种族"，纳粹党一开始也并没有打算用毒气将他们杀死。1944年夏天，奥斯维辛的比克瑙分营突然改变原则，将吉卜赛人挑选出来，送到毒气室里处死，原因是他们要清空吉卜赛营，好为即将抵达的大批匈牙利犹太人腾出空间。在德国占领的其他欧洲地区，吉卜赛人遭到枪杀，而有时候他们只是跟着犹太群体一起遭到屠戮。政策的执行并不连贯，不同的时间和不同的地区都为我们呈现出参差不同的面貌。

因此，尽管绝大多数吉卜赛人和犹太人所遭受命运大体相同——他们都蒙上污名，遭到虐待和谋杀——但是纳粹针对这两个群体的政策有所不同。究其根本，这种区别主要在于纳粹是否将某个群体视作种族灭绝的对象；而如今，这基本上已经成为一个学术问题。

对于各类殒命的受害者而言，这一问题显然已经毫无意义了；但是对于代表幸存者，并且以死者之名发声的群体和组织而言，它则尤为重要。而在战后数十年里，吉卜赛人仍旧被德国官员视为"反社会人士"，故而遭受持续不断的歧视，针对他们的补偿也反复遭到否决，这一问题也就因此变得至关重要了。

犹太人受到的各种对待也存在着差异和不连贯。尽管在1941年，走向极端的纳粹政策和实践在原则上试图彻底灭绝犹太群体，但是他们依旧常常被区分为具备劳动能力之人和应当立即处决之人。当然了，纳粹通过劳动式灭绝的意图已然点出了这些人的最终命运，然而即便如此，许多人确实以这样的方式存活下来。如何最终灭绝整个"犹太民族"始终是一个悬而未决的问题。涉及混血儿的问题虽然经过反复讨论（包括1942年1月召开的臭名昭著的万湖会议），却没能达成最终决议。有些纳粹党人认为，为了照顾"异族通婚"家庭里的"雅利安人"或非犹太人的情绪，短期内推行绝育措施要优于直接谋杀。但是到了战争末期，当混血儿也被遣送到劳动营时，遇害对于他们来说只是一个时间问题而已。

在谁承受了最多的苦难，谁是"真正的受害者"或"真正的幸存者"，以及犹太人面临的灭绝是否与众不同（由此使得犹太人的经历鹤立鸡群）等问题上，不同受害者群体的经历多样性为后来的摩擦埋下了种子。这些争议不仅仅是关于"独特性"和"被选中的人"的辩论（其中往往伴随着对于颠倒的精英主义、塑造不朽的受害典型的控诉，在受害者之间造成二度伤害），它们还同赔偿和修复，以及博物馆和纪念设施的性质、展览品与资助等一系列实际问题相关。甚至在20世纪80年代，随着"纳粹大屠杀"在纪念的议程上站稳脚跟，建造美国纳粹大屠杀纪念博物馆的计划也进入讨论，此类争议也使得"纪念"的种种提案陷入了复杂的境地。在战后年代里，不同受害者群体的呼声在不同的领域当中互相竞争，而各式各样的偏见从未淡出人们的视野。

尽管这些遭受迫害的群体有着这么多的差别，但是他们仍然分享着一些共同的经验。他们作为群体都被世界性的历史事件所影响。每个个体都被分门别类，被当作群体的无名成员；纳粹依据他们被归类的特定群体，对他们进行系统化的贬损、羞辱、虐待和谋杀。这一共同点使得这些国家暴力的受害者都承受了相似的创伤，并且与单个事件（例如疾病，在致命事故中失去至亲，以及抢劫、殴打或强暴所带来的人身侵犯）所引发的创伤判然不同。

它也同样使得行凶者的行为具有了特殊性。行凶者所施加的暴力背后有着来自上级的指令，他们并不完全是出于自身的主动性而侵犯他人。迫害与种族灭绝的实施背后有着官僚的组织力量。尽管一方面有人对自己扮演的角色感到不安，另一方面则有人甚至对施暴怀有使命感和积极性，但是行凶者毕竟都像微小的齿轮一样协助着这台庞大的机器运转。对于行凶者而言，关键的决定性经验也许并不是行凶的时刻，而是在战争结束之后很久的某一刻，甚至是那些将他们牵涉其中的事件终于进入大众视野的时刻。

纳粹迫害的集体特性使得受害者分享了共同的经历，迫使他们生活在相似的条件下，走上相似的道路——有时候，它是通往劳动营或毒气室的真实道路，还有的时候它更多的是一种隐喻，指向受害者都需要面对相似的生存挑战。虽则我们在群体和个体之间看到了如此多的差异，但是受迫害者本身却很快意识到了某种程度的共性，他们都感到有某种共享的经历被强加在他们身上。拉文斯布吕克的法国政治犯丹尼丝·迪富尼耶在其回忆录（写于解放后不久）的前言里写道，"除了是千万片（Stück）中的一片以外，我什么都不是"；她的经历"为许多人共同拥有"。[5]

断裂：羞辱与非人化

那么当受迫害群体的背景、受害原因和个体经历有着如此之多的差异时，到底是什么要素将他们定义为一个"经历共同体"呢？其中一个突出的要素是，他们在受迫害之前过的生活（包括其可期但并未实现的未来）和最终实际过上的生活之间存在着根本的断裂。在当时，受害者过去的身份遭到抹除，他们四周的关系网也被彻底打散，这些经历都与这种断裂相关。对于幸存者而言，迫害的创伤经历，以及各式各样的损失和深刻伤痕都将继续危害他们此后的生活。

在迫害的过程中，人们遭到羞辱；他们的个体性被夺走；他们变成了宏观的分类，成了受歧视、受剥削、受惩戒的群体成员。当最初的惊吓过去，纳粹党政策突然间侵入人们的私生活，并由此改变了人们所处的世界后，人生的转折点还将陆续到来。在周围世人的眼中，那些被迫躲藏、进入犹太隔离区、被押送到劳动营和集中营的人都是彻底堕落之人。这就将集体迫害与零星的暴力行为截然分开，因为在前者语境中，暴力行为是得到宽恕和受到教唆的，而在后者语境中，暴力行为则是受到谴责和惩罚的。受害者被四周暴力的海洋所吞没，他们无处可逃，无力对抗，许多人都被"非人化"的感受所淹没。这一体验的到来有着许多种方式，既有可能倏然而至，也有可能逐渐到来。

对于成长在纳粹德国的人来说，这一过程可能包含许多个阶段，最初的进展也非常细微。比方说，科迪莉亚·爱德华森（Cordelia Edvardson）的父亲是个犹太人，而母亲则是个混血儿——她是个私生女，父亲是犹太人，母亲是"雅利安人"。信奉基督教的爱德华森生长于柏林，与混血的母亲以及并非犹太人的外祖母共同生活，她从很小的时候就开始觉得自己与他人不同，但绝非社会的弃儿。[6] 后来，她的母亲改嫁给一个"雅利安"男性，爱德华森也就来到了新的家庭，拥有了几个年轻的弟弟妹妹，她的继父就像一位好父亲一样关心照顾她，爱德华森因此过上了相对幸福的生活。但是她仍旧因为生父的犹太血统，而同新家庭的弟妹们有所隔阂。在学校里，刚开始的时候她遭到了排挤，学校不允许她加入德国少女联盟，她因此感到非常沮丧。后来，她还被迫离开了学校和天主教会的青年组织。再后来，她被赶出了家人为她提供的"安乐窝"，住进了"犹太人的房子"，并最终被遣送奥斯维辛。部分是为了回应普里莫·莱维代表作《这是不是个人》(If This Is a Man) 的题中之义，爱德华森后来在回顾人生经历的时候给出了一个否定的答案：她在奥斯维辛一同生活的那些人都已不复是人了，他们仅仅是包裹在破布里的饥饿之徒。[7] 在她看来，这段经历给她留下了深刻的长期影响。正如其所言："这一将人变成非人，最后变成寄生虫的过程的背后有着极为明确的意图。"[8]

至于被德国占领或攻陷的地区，迫害的经历通常会在入侵发生后突然降临到犹太人跟前。比方说，来自捷克斯洛伐克的布拉迪斯拉发（Bratislava）的埃娃·S.（Eva S.）成长于一个富足的犹太家庭。德国人到来的那些日子给她留下了可怕的回忆，她曾经非常友善的德国护士竟然出乎意料地对入侵感到欢欣，而她的祖父也遭到了极为残酷的对待。[9] 这个家庭迅速被从前的朋友孤立。几乎一夜之间，似乎"再也没有人愿意和我们扯上任何关系"。[10] 埃娃·S.记得："突然之间，我们遭到了所有人的憎恶和鄙夷，你曾经以为那些人是你的朋友，可是他们倏然之间就成了你的敌人，要跟你断绝关系，便是这样一种欺骗和彻底失望的感触。"[11] 当她回到家中，向父母报告她的兄弟是如何遭到殴打时，他们几乎无法相信。而当他们开始被迫佩戴犹太黄星时，事态已然进一步恶化了。有一回，埃娃·S.在有轨电车上被一个天主教徒拳打脚踢，她想要回家，却没能得到旁人的帮助和支持，反而体会到更进一步的歧视。后来终于有人向她提供藏身之所时，这份援助也并非出于善意，而是出于贪婪："没有人帮助我们，没有人在乎，没有人心甘情愿地伸出援手。只有当我的父亲出得起钱时，这些藏身之所才是安全的。"[12] 几十年后，埃娃·S.诉说道，这些经历始终都萦绕在她的脑际。她感到"羞耻"，感到"被羞辱""被排挤"。她接着说道："我感到自己遭人遗弃，我感到自己低人一等，我感到无望且无助。"[13]

其他人同样体验到这种彻底的断裂，并由此承受了长期的心理影响。1979 年，当纽西亚·A.（Niusia A.）在以色列接受采访时，她还记得，自从战争在她的祖国波兰爆发之后，她的人生就"完全走上了另一条道路"。[14] 纽西亚原本生活在波兰南部、克拉科夫东方的一座小镇博赫尼亚（Bochnia），她和母亲有幸逃过了"围捕和遣送行动"（大约有 7000 名犹太人因此被从犹太隔离区遣送至死亡营）。她们逃脱的经历非常传奇：在围捕前的最后时刻（纽西亚隐约记得是凌晨两点钟），当地盖世太保首领的妻子为她们安排了特殊的通行手续，最终只有 100 名犹太人逃脱了当天的围捕。如今，我们已经无法确知，在这些通行证的背后到底有着什么样的动机抑或贿赂。但是在逃脱之后的几年里，羞辱和恐惧始终伴随着纽西亚，在她身上留下了长久的印记。早上六点半的时候，她在阳台上目睹了遣送行动，有人在外面喊她，问她为什么不跟他们一起走。她记得自己回到房间里："我感到羞耻，我感到羞耻，我为什么会这样，为什么偏偏是我留了下来？"她再也无法将这场遣送行动，以及曾经同她一起生活过的人们的影像从脑海里赶出来："我始终会看到人们动身出发，仿佛是要去野餐。"每个人都清楚即将发生在自己身上的事情，但是他们不愿相信，"因为他们无法设想自己即将赴死，因为这完全是反人性的，你无法设想"。后来，纽西亚和母亲在克拉科夫犹太隔离区伪造了文书，成功地逃脱出来。在接下来的几年里，她们通过躲藏和伪装，在华沙的"雅利安区"存活下来，经常搬来搬去，总是生活在被人发现的恐惧之中。到了战争末年，纽西亚和母亲成功地逃到了巴勒斯坦，从此在这里生活下去。

这并不是一个犹太人在集中营里受到残酷对待的标准故事，但是它以另一种方式给人留下了深刻、长远的影响。在接受采访时，纽西亚仍旧因为"背离同胞"，没有同他们一起在博赫尼亚被遣送集中营，没有在华沙犹太隔离区毁灭之时一起被活活烧死，而被"羞耻"的感受所纠缠。与此同时，还有另一种感受困扰着她：她被当局划归为一类与常人不同的人,她被世界所排挤,注定要遭受常人无法想象的覆灭。当她谈到克拉科夫犹太隔离区的生活时,她说"你发觉外面的世界会不一样,是一个完全正常的世界";而与之形成对照的是,"你所居住的这个小地方则是另一颗行星"。无论是在克拉科夫还是华沙,她都有这种与世隔绝的感觉,"墙壁另一侧"的人们活在另一颗行星上,过着她曾经拥有的"正常"生活。而她则始终活在恐惧中,害怕自己有哪一步会走错:无论是在回答问题时给出了错误的答案,没能记住伪造护照上的假名,还是因为佩戴眼镜、不够自信,或者频繁搬迁而招致怀疑——她和母亲常常会轮流陷入绝望,使得她们能够在对方脆弱的时候互相支持,渡过考验和难关。她的余生在以色列度过,但是她常常被噩梦所折磨,梦中的她常常行进在逃亡的路上,看到华沙犹太隔离区烈火熊熊的场景,看到她的博赫尼亚同胞被遣送集中营,在有些梦里她和他们在一起,而在另一些梦中,她"背离"了他们。

诸如此类的讲述还有很多。它们在细节上有一定差异,却拥有相近的长远影响。纳粹的政策刻意背离人道,并积极地予以执行。这一特征在受害者抵达大型集中营所经历的仪式上尤为明显:它泯灭了所有个体性,将人类转变为其亚种的成员。人们会被夺走所有个体性和人性的外部特征。比如说集中营会夺走人们的衣物和个人财产,剃掉他们的头发,给他们穿上囚服,并且根据群体身份分门别类。接着,在分配具体工作职责之前,他们可能会有一小段空白时间。丹尼丝·迪富尼耶还记得,当拉文斯布吕克的女性被脱光衣服送进浴室,被削去了头发,然后被迫穿上条纹囚服时,她们有着怎样各不相同的反应:"为了反抗这种非人化,有些年轻女性放下了羞耻,逞强地大声笑了起来,但是年长的女性却双眼枯槁、四肢颤抖,她们显然无法战胜这种羞辱。"[15] 索比堡和特雷布林卡死亡营则没有入营仪式:如果人们被从车厢里挑选出来,立即以亡命的速度开始来回搬运衣物和财物、剪短女人的头发，以及完成各种其他任务，好把数千同胞速速送进毒气室，那么这些被挑选出来的人就已经算是很幸运了。反人性的过程在顷刻之间就发生了。正如维尔尼克所言："在我见到男男女女还有小孩被领入死亡之屋的第一天起，我几乎就发疯了。"[16]

被纳入新系统之后，他们常常会穿上囚服，佩戴上代表群体类别和堕落等级的彩色三角，人们也就由此失去了个体性。在奥斯维辛，工人会被刺上具体的编号，他们将从此失去名字，以编号为代号。这里的奴隶劳工群体会让人湮没其中，一旦被它吸纳，人们就会成为受剥削、受虐待的棋子，而死亡是这种极度的非人化几乎不可避免的结局。甚至连小型集中营也都拥有某些剥夺个体性、强加囚犯身份的方法。马克·施特恩（Mark Stern）先是被送到犹太隔离区，并且同母亲和其他兄弟姐妹失散（后来他发现亲人都被毒气杀死了）；后来他又被遣送到梅莱茨干活。他记得"大门由警惕的党卫队把守着。为了确保我们无处可逃，他们在我们的手腕上刺了字母'KL'。如今，我的右手腕上仍然有这两个字母。任何经过大门的人都要接受检查，如果被发现试图逃跑，你毫无疑问会被射杀"。[17]

入营仪式非常严苛，但是幸存者还记得，有些人能够很快地适应新环境。据玛格丽特·布伯-诺伊曼所言，有个女人在抵达拉文斯布吕克几个星期后，"就已经认命，并由此适应了集中营的生活"。她记载道："她对外部世界和其他囚犯的兴趣渐渐衰退。对可怕事件的反应渐渐变得木讷，恢复的速度也越来越快。这是一个逐渐麻木的过程。很快，死刑、行刑、鞭打，甚至残忍虐待的消息都只能引起微弱的恐惧反应，而且即便是微弱的恐惧，也在几分钟后就迅速消失了。然后谈话声和笑声再度响起，集中营的生活继续下去，仿佛什么事情都没有发生过。"[18]

人际关系也因集中营的条件而发生了改变，对其他囚犯的回馈也时常变得更为残忍。布伯-诺伊曼的第一任丈夫是哲学家马丁·布伯（Martin Buber）之子，她曾批判道："基督教道德声称受难使受难者高贵"，但是她自身的集中营人生经历"表明世事并非如此，反而更有可能走向反面"。由于囚犯"被迫受苦，尤其是在他人的蓄意下被迫受苦"，并且"时常遭到刺激和羞辱"，却永远无法以言语或者暴力回击权威，他们就倾向于将挫折和怒火发泄到囚犯同胞身上。尤其是在因卖淫、轻微罪行或非常规生活方式而被逮捕的"反社会人士"中间，这场"所有人与所有人的战争"会反复上演，甚至连心怀共同事业，需要在逆境中保持团结的"政治犯"，都会"对彼此感到嫉恨"。[19]

布伯-诺伊曼是"反社会人士"的囚犯头头，她试图帮助她们，避免她们违反集中营的规则，招致进一步的惩罚。尽管布伯-诺伊曼怜悯这些女人（她们大多成长于艰苦的环境，被迫在街头巷尾靠不正当的营生过活），但她们会因为集中营所谓的"再教育"经历而变得愈发残暴，令布伯-诺伊曼也不堪忍受。尽管布伯-诺伊曼指出，"友谊和同志情结在监狱和集中营里起到的作用，比起它们在自由的外部世界中所起的作用更为重要"，但是对于这些女人来说，"盗窃、互相告发和谴责仍旧是家常便饭"。[20]

从此类叙述，以及与之相似的叙述中，我们可以鲜活地感受到，人们在应对牢狱生活时会生发出多么不同的反应方式。有些幸存者在当时就意识到了这种过程的非人化性质。一位关在奥斯维辛的法国犹太人吉尔贝·米希林（Gilbert Michlin）后来回忆道："这个完美的系统经过专门的设计，每日每夜剥夺我们的人性，将我们降格到互相厮杀的野兽的程度，使我们为了延长生命，可以接受任何事情。然而即便如此，我们依旧在这个系统中努力活下去，试图维系我们的人性。"[21]

其他人则直到后来，待到他们从中恢复，并建立起新的人生后，才深刻地意识到他们曾经屈服于一个非人化的过程。正如亚力克斯·H.（Alex H.）在1983年接受采访时所言："你会被降格到动物的层面，而现如今，当我谈论这些经历的时候，它给我带来的感受要比当时更加糟糕。"生理需要在当时具有优先级："在我们当时身处的状况之中，生存是最要紧的事情。"[22]

人们因为个性、年龄、性别、外貌而得到各不相同的对待，并且以不同的方式体验羞辱和非人化的过程。举例而言，埃拉·林根斯－赖纳（Ella Lingens-Reiner）生活在维也纳，他并非犹太人，却因为帮助犹太友人逃亡而遭到逮捕，囚禁于奥斯维辛。林根斯－赖纳在战后不久发表了一部自述作品，讲述她在奥斯维辛经历的牢狱生活，她事无巨细地描绘了盗窃的盛行、"地下组织"，以及道德准则和价值体系的全面崩塌。无论是党卫队成员，抑或囚犯，所有人为了活下去，或者为了获取蝇头小利、小恩小惠，或者为了达成其他目的，都参与到以物易物、盗窃、交易、贿赂和勒索的行为当中。林根斯－赖纳认为，比起其他地方，价值体系的崩溃在奥斯维辛尤为恶劣。[23]即便如此，在里夏德·格拉扎尔关于特雷布林卡的描述中，抑或是在托马斯（托伊韦）·布拉特关于索比堡的回忆中，诸如此类的盗窃和以物易物的情节都曾出现在我们眼前。[24]

林根斯－赖纳差点因为严重的斑疹伤寒而病死，她心里挂念着被她留在维也纳的小儿子，决心要回到他身边，才勉力支撑，躲过了死神。作为一名"雅利安人"，以及一位医疗专业人士（奥斯维辛很需要这类人才），她受到的对待要稍稍好于"非雅利安人"囚犯：她没有被剃头，也没有被文身，她保留了自己的名字，并没有化身为代号。有些时候，她甚至拥有威信，能够赢得别人格外的尊敬。不仅她的身上没有留下羞辱和非人化的印记，而且她的个人特征（尤其是她的知识和医疗资质）也受到重视，而不像许多犹太囚犯那样遭到彻底的忽视。故而，虽然她在奥斯维辛的经历充斥着恐惧（她描述过发生在她周围的令人诧异的事件、苦难和死亡），但是林根斯－赖纳仍然能够顶住逆境，坚强地活下去，并且在某种程度上维系住自己的完整性。令她下定决心活下去的那个儿子名叫彼得（Peter），他后来声称，对于他的母亲而言，相较于集中营生活的耻辱，她丈夫为了另一个女人而抛弃她的行为给她带来的耻辱反而更为深重，不过作为外人，我们无法对此作出评判。[25]

与林根斯－赖纳的经历相比，犹太人后代所遭受的对待要凄惨得多。离开布拉迪斯拉发以后，埃娃·S.和姐妹一起被遣送至奥斯维辛。抵达集中营的那一刻，奥斯维辛囚犯的样貌就给埃娃留下了深刻的印象，他们"看起来都像失去了理智的动物。他们被剃光了头，身形瘦弱。每一双眼睛都只剩下疯狂"。[26] 埃娃·S.自己则被用于医学"实验"（项目由臭名昭著的约瑟夫·门格勒及其团队把控）。她接受了药剂注射，在这个过程中，她目睹了许多可怕的场景，她周围的许多孩子都死了。在她的讲述中，有一个男孩"因为痛苦而发出尖叫"，"他们在他身上做实验，他身体的一侧已经被切开，器官都掉出来了"。还有一次，埃娃·S.被分配任务，要将"马桶端到阴沟去"，她来到"那间他们做完实验后暂时存放实验死者的房间"。这幕场景给她留下了强烈的印象："他们甚至在把玩尸体，那里有一个跟我一起被送过来的男孩，他全身赤裸地坐在地上，少了一条胳膊和一只耳朵，残肢就被他们放在他身旁。你可以看到各种器官，所以我明白他们的行径有多么可怕。"[27]

然而，在解放以后，即便她已经离开可怕的奥斯维辛，并且经历一段艰苦的历程回到家中，她在布拉迪斯拉发遭受羞辱的早期经历仍然鲜活地印刻在她的脑海中。当她被问及在她遭受的全部迫害中最糟糕的是什么时，埃娃·S.回答说，最糟糕的不仅有"实验，以及无论清晨还是傍晚都要排队点名"，还有"被夺走的尊严"。这是"绝对最令人作呕的部分"，包括在被遣送集中营之前"遭到的拳打脚踢，被推下列车"。为了强调，她又说了一遍："最令我感到冒犯的是我被夺走了尊严。"[28]一个人的尊严遭到降格，一个人的价值低于其他人，这些都成了受迫害经历的内在组成部分——而这些行为均由许许多多的普通人执行，比如说殴打她的天主教徒，比如说列车上拒绝向她伸出援手的人，还有奥斯维辛的行凶者和"医疗"人员。

纳粹施行的反人类政策也不仅限于人群分类和抹杀个人身份，它还会强迫人们生活在惨无人道的条件下。有些后果会见于肉体，有些则见于精神，甚至见于道德。在许多幸存者的叙述中，我们可以看到人们为了一片面包而你争我夺，为了从肮脏的地板上争抢几块宝贵的面包屑而撕扯在一起，被降格到动物的层面。在汉斯·弗兰肯塔尔（Hans Frankenthal）关于奥斯维辛的回忆里："搜寻食物是一件关乎生死的大事。那些试图仅靠配给过活的人，身子骨很快就会虚弱下去，在很短的时间内死去。"[29]这通常意味着，囚犯只有靠偷别人的食物才能活下去，而这会让其他人更快地死去。常常有人因此而打架，有时候会直接引发一方死亡。然而，按照弗兰肯塔尔的说法，当"人们处于饿死的边缘时，就连死亡的威胁也不足以阻止他们偷东西吃"。[30]如此分配食物份额，确保食物的稀缺性在囚犯当中和谐分配，或者说将饥饿的配额分发下去，其中的道德立场显然已不言自明。

在反人类的过程中，饥饿、虐待和疾病所产生的生理和心理效果都非常显著。后来，有些幸存者不仅探究了他们自身的经历，而且试图系统地研究集中营的牢狱生活给人们带来的影响。举例而言，在战争结束不久后，林根斯-赖纳不仅从囚犯的视角还从医疗专业人士的视角详尽且生动地描述了集中营里各式各样的疾病和不健康的状况。根据她的观察，当人处于这种极端恶劣的环境中时，就算他能以某种方法搞到额外的配给，他也基本上连一年都活不到。只有从小在艰苦环境中长大的人（林根斯—赖纳发现，波兰和苏联的农民要比他们生活在城镇里的同胞更有韧性）、能够从外部世界收到食物包裹的人，或者是拥有深厚人脉关系的人，才能维持住体重，拥有存活下来的希望。其他人则"在关押的四到十个月里毙命"。[31]集中营为囚犯提供的食物（包括寡淡的黑咖啡、寡淡的汤和分量很少的面包）不仅在能够提供的热量上严重不足，而且味道极其糟糕；患病且处于恢复阶段的囚犯无法消化它们，这也就使得囚犯一旦患病就难以恢复。在这样的条件下，传统的价值观念在生存的斗争中就变成了完全无关痛痒的东西。

有些囚犯自从当上了囚犯头子，能够为自己谋取些许福利后，很快就开始模仿压迫者的行为，也变成了自己地盘里的小暴君，压迫受其管辖的人。关押在达豪集中营的心理学家布鲁诺·贝特尔海姆（Bruno Bettelheim）在1943年写下了一篇关于"幸存者综合征"的开创性文章。根据贝特尔海姆的观察，有些被长期关押的囚犯不仅会模仿集中营守卫的行为，而且会试图搜刮代表压迫者身份的破旧制服和徽章，并且将集中营系统病态的规范和价值观念内化到自己的人格当中。[32]虽然贝特尔海姆的分析和理论化结论始终存在着争议，但是他的这番观察中却存有某种大体上的真相，得到了许多幸存者的证实。当囚犯获得集中营"官员"的身份时，他可能会变得残暴，转而压迫、虐待受他管辖的人，并且利用这个庞大的暴力系统中的权力不平等，为自己攫取好处。

在受其管辖的人面前，囚犯头子拥有许许多多的权力，而囚犯群体之间的隔阂可能会因此加重，甚至决定个体的生死。海因茨·黑格尔（Heinz Heger）因为同性恋倾向而遭到囚禁，在他的讲述中，他回忆起担任囚犯头子的主要都是刑事罪犯和政治犯，他们"肆意地滥用手头真实的权柄"。此外，"当动用暴力的时候，他从来都不避着党卫队，尤其是在收拾我们这些佩戴粉三角的人时"。[33]根据黑格尔的经历，有些囚犯头子有着强烈的恐同心理："同性恋囚犯最麻烦的敌手恰恰就是政治犯。时至今日，就在我们这个民主国家中，许多人手握大权，却依旧憎恶同性恋者。"[34]

按照黑格尔的说法，同性恋囚犯总是最先受到最残酷的对待，比如他们会"首先被列入医学实验的名单，而这些人基本上都会因此死去"。[35]男同性恋者还被党卫队选作射击训练的活靶子，他们还被迫用手推车将泥土运上一座土丘，并用泥土垒出一片打靶场；黑格尔还记得，在两周的时间内，打靶场的施工现场一共有15名同性恋囚犯被开枪射杀。[36]如其所言："他们的意图并不是将我们立即杀光，而是用恐惧和残暴，用饥饿和苦力将我们折磨致死。"[37]由囚犯头子领衔的囚犯事务处时不时地就会起草一份名单，挑选出100多名囚犯送到灭绝营用毒气杀死，或者注射致死，而在这种情况下，恐同心态再次发挥了作用："如果囚犯头子是个政治犯，那么被挑选出来灭绝掉的大多数囚犯佩戴着粉三角。"[38]在幸存者的叙述和证言当中，同性恋囚犯的比例仍旧偏低，这也许是因为偏见和与之相关的耻辱感始终挥之不去，也可能是因为收集证言的人此前主要对更早获得承认的受害者感兴趣，直到最近才开始将同性恋者的叙述纳入其中。因此，我们很难估量黑格尔的经历到底有多大的典型性，但是其他囚犯的恐同态度显然是同性恋群体必须面对的额外风险。

在这个庞大的结构内，囚犯头子所处的位置要求他们必须展现出残忍的一面，否则他们就无法保住这个位置，而在这一过程中，他们很快就发生了改变。那些在战争结束不久后讲述经历的人都提到过,长期被关押在集中营里的囚犯头子自身已然"变成了动物"（语出一位幸存者）。[39]尽管如此，还是有一些囚犯头子一边保住了职位，一边至少对部分受他们控制的囚犯展现出些许人性。囚犯们多半都清楚各位囚犯头子的名声，如果碰上一位富有同情心的囚犯头子,他们就有可能活下来。比方说,亨利·K.(Henry K.)曾讲述过,当他被送到布莱希哈默劳动营时,某位囚犯头子曾给予他优待,帮他弄到一份厨房的差事,使他获得了食物,由此生存下来,他甚至还偷偷地帮同在这座劳动营的兄弟和叔叔弄到了额外的食物。一段时间后,亨利·K.与人发生争执,导致耳朵受伤。他的耳朵发生了感染并且疼痛难忍,他为此前往劳动营的医务室,而那位囚犯头子连忙赶来,让他尽快离开。亨利·K.说自己已经发了高烧,但是囚犯头子坚持让他走。后来他才发现,原来医务室已经被清空了,而剩下的病人都会被送往奥斯维辛的毒气室;囚犯头子的及时提醒挽救了亨利·K.的性命。[40]

黑格尔甚至发现,与囚犯头子搞好关系,并且与某位囚犯头子维持性关系,能够挽救他的性命。但是这违反了他原先的道德准则:"在集中营里,我的存活意志极其强烈,但是想要顶住党卫队的残暴而活下来,需要付出高昂的代价,而这份代价便是道德、体面和荣誉。我对此心知肚明,并因此遭受了磨难。如果我不曾与囚犯头子交朋友,我势必活不到今天。"[41] 诸如此类的幸存故事还有很多,这些幸存者都作出了相应的妥协,他们的行为在集中营堕落、暴力的道德世界之外是无法想象的。

但是,在遭受迫害的人当中,不只有身陷集中营的人才需要为确保生存而作出道德妥协。玛丽·贾洛维茨·西蒙(Marie Jalowicz Simon)撕掉了衣服上的黄星,逃过了遣送,掩人耳目地生活在故乡柏林,她违反了无数自己原先持有的道德准则,她常常需要探问内心,才能保留住自己仅有的自尊和道德感。她受到了环境的迫使,不得不多次违反从小伴随她成长的世界观。她就像很多同她拥有相似处境的人一样,时常发现自己除了性服务外没有什么东西可以提供——有一次,一个患有梅毒、令人作呕的纳粹党人临场不举,令她长出了一口气——而且她也会犯下各种欺骗与不诚实的行为。不过,她后来得出结论,尽管像她这样东躲西藏的人被当局称作"违法人士",但是真正从事违法行为的人并不是她,而是在本质上非法的政权,以及它罪恶的统治。是它迫使西蒙为了生存这一最终和绝对的目标作出了适应。在她的讲述里,我们能看到险中求生的种种细节、持续不断的恐惧与偶尔的幸福时刻、摇摇欲坠的人性和体面,以及冒着牺牲自身幸福的危险向她伸出援手,帮她度过这段迫害年月的许多普通的柏林人,而在内心不断上演的道德争议不仅伴随着她度过了那段躲藏的岁月,还为她的讲述增添了一道额外的旨趣。[42]

抵制非人化

羞辱会影响受害者的自尊,让人很快陷入自己毫无价值的心态中。这一情况会因为迫害的缘由而有所不同:因为政治或宗教信仰以及道德担当而锒铛入狱的人,在自信方面会比一般的人拥有更强的外在基础。不同的人在性格、年龄和背景上也互有差异。而当人们维系自身的人性时,他们所陷入的特定处境也会在策略上产生巨大的差别。

我们都不可避免地受到幸存者叙事的影响,为他们坚忍不拔的表现所折服。但是我们不应夸大人们的抵抗能力。在受迫害的几百万人当中,最典型的故事都以死亡而非幸存为结局;而真正令他们活下来的也并非(或者说不只有)坚忍不拔,还需要各种契机的组合、盲目的抉择,以及单纯的好运气。除此之外,我们还需要设身处地理解受迫害者在当时以及在后来都如何看待他们的处境。

尽管许多幸存者都试图在讲述他们的故事时从苦难中寻求更为广阔的意义,也有许多人试图将这些恐怖的经历纳入框架之中,为他们往后的生活提供支撑,并且与这段过去和平共处,但是说实话,我们其实无法从这段可怕的时期中提炼出什么概括性的信息。托马斯（托伊韦）·布拉特利用他在索比堡时期写下的笔记，以及他在逃出生天后在波兰农民手中差点毙命的经历写下了一部回忆录，正如他在其中所言："我读过一些在我看来称得上'积极的'纳粹大屠杀作品——尽管里面讲述了人类的残忍和苦难，但是总有一种信息从书页当中照射出来，讲述着勇气、无私、虔诚的信念，以及人类精神的存续。但是我的故事里没有占据支配地位的信息，它只是一个犹太青年想要活下去的故事。"[43]而余下的作品探讨的仅仅是人们在不同的迫害处境中为了活下去，经历挑战并对其作出回应的各种方式，而他们尽管面对着这么多的困难，还是试图保留些许自我和些许人性。绝大多数人尽管采用了类似的策略，但是面对极端的强权，他们没能活下来，也无法活下来。

在维尔尼克对特雷布林卡死亡营的记忆里，折磨和死亡几乎无处不在，令人无从应对。当他来到毒气室后方的二号集中营，进入一片尤为恐怖的区域时，他遇见了几位华沙的旧相识，他们如今的模样已经几乎辨认不出。"我学会了一件事情，那便是把每一个活人都视作未来的尸体。我用自己的双眼估算他，称量出他的重量，猜测谁会将他扛到墓地，而一路上这个人又会遭到怎样的毒打。这很可怕，却是真实的。你能相信在这样处境下生存的人类，竟然时不时地会露出微笑并开起玩笑？没有什么事情是人们无法适应的。"[44]

但是，并不是每个人都像维尔尼克那样韧性十足。尽管他对受害者人数的估算高于实际可能的数字，但是他的讲述给我们留下了强烈的印象："在那段时期里，每天会有3万人遭到毒杀，总共有13座毒气室在运转"，囚犯劳工听到的声响都"是叫声、哭声和呻吟声"。在这样的时期，即便是再强的韧性也受到了严峻的挑战：

> 每当运输的车辆到来时，那些被饶过一命、安排在营地附

近劳动的人都吃不下饭,也控制不住眼里的泪水。在我们这些人当中,韧性不够强的人,尤其是比较聪明的人都会陷入精神崩溃。整个白天,他们都在处理尸体,晚上回到营房时,受害者的哭声和呻吟声仍然萦绕在他们的耳际,他们于是乎就会把自己吊死。每天都会有15到20人这样自杀身亡。

这些人无法忍受监工和德国人施加于受害者身上的虐待和折磨。[45]

竟然有人能够忍受这样的环境,并且坚持生活下去,这件事本身就令人啧啧称奇,维尔尼克紧紧地抓住见证历史的希望,勉力地生存了下来。

在其他案例中,给生存带来最大挑战的并非或者不仅仅是极端的生活条件,还有心理上的羞辱。在反抗非人化的过程中,囚犯需要把持住伦理和道德的标准(在此类状况下并不容易),也要行使主观能动性,不悖于自己此前的信念和价值观。

坚守强烈的宗教信仰是反抗非人化的一种形式。在拉文斯布吕克,当布伯-诺伊曼离开"反社会人士"的营房,变成耶和华见证会信徒的囚犯头子时,她简直不敢相信两边营地的巨大差别,因为耶和华见证会信徒令她大为惊讶,仿佛这里是一座"清洁与秩序的繁复炼狱"。[46] 他们"单纯且心满意足地相信着",只要自己能够坚守住宗教的信条,他们就能迎来救赎,会在末日审判之后重生,"这给他们带来了力量,使得他们能够忍受多年的集中营生活,忍受所有侮辱,并且仍旧保有人类的尊严"。[47] "反社会人士"会为了多抢点食物而彼此大打出手,而耶和华见证会信徒则试图将他们稀少的配给均等地分给大家,一同有序、安静、平和地用餐。因为这些信徒既不会盗窃也不会逃跑,所以替党卫队或者集中营女守卫看家或照顾孩子的活计常常会被委派给他们,因此比起食物配给更少,还从事重体力劳动的囚犯来说，他们的牢狱生活要相对轻松一些。耶和华见证会信徒也会像其他囚犯那样，因为疾病和营养不良而病倒并且死去，但是当他们面对这类结局时，他们通常较为镇静，因为"死亡对他们来说没什么可怕的"。布伯－诺伊曼评价道："让一个宗教烈士为信仰而死是多么容易，因为他相信在另一个世界里有永恒的幸福和荣耀在等待他。而政治信徒只要想到自己为他人作出了牺牲，未来世代也许有一天将享受他的牺牲换来的果实，就会感到心满意足。"[48] 至于没有宗教和政治信念的人，他们在受难的过程中就很难有此类意识形态的支撑了。

许多幸存者的讲述都突出了各自"获得救赎"的故事；一般而言，随着讲述时间的推迟，比起解放后立即出现的文本，晚近文本的救赎要素会出现得更加频繁。举例而言，在1943年夏天，诺贝特·弗里德曼被关押在梅莱茨的劳动营，而就在那一年，这座劳动营在党卫队的领导下被改造成集中营。弗里德曼还记得，"我们本就已经遭到非人化"，在集中营里，"我们从体面的人堕落到只能做出动物行为的人；我们周围的一切，我们过去所习惯的法律都被彻底颠覆，曾经正常的事情都变得不再正常，而曾经不正常的事情却被人们所接受"。[49] 就连维持最正常的人性、道德和体面都需要人们时常陷入挣扎之中。有一次，梅莱茨的奴隶劳工被召集起来，他们被告知必须选出20个人去送死。他们内部发生了争吵：有的人认为应该把最羸弱的人选出来，其他人则认为应该踢掉"制造麻烦的人"。最后，一位犹太拉比居中调停，指出按照犹太的法律，他们不能做这样的事情——任何人都无法说清楚谁的生命要比其他人更有价值。弗里德曼记得，在这个时候，其他工人都对他报以嘲笑，质问他："在我们经历了这么多以后，你说的是哪一位上帝？"但是，犹太拉比说服了他们，他们最后拒绝向盖世太保提供名单。按照弗里德曼的说法，盖世太保"非常气愤"，因为"他们没能挫败我们的精神"。然后，盖世太保将原先要求的人数加倍，选出40人处死。按照弗里德曼的观点："他们唯一达成的成果就是，此类要求再也没有出现过。"但是，他进一步说道，他们虽然额外付出了20名死者的代价，但是在这次事件之后，余下囚犯的"精神都提振了一些"。像这样拒绝与纳粹苟合，不愿参与流血屠杀的故事还有很多——但是在行凶者一方，这样陷受害者于不义境地的计谋却频频上演。想要坚守与纳粹相悖的价值观念需要付出高昂的代价，有时候这种代价还要转嫁到他人头上，更是平添了负罪感。但是，人们能够从这样的处境中汲取道德勇气，拒绝被纳粹彻底玷污。

我们需要注意的是，弗里德曼接受采访之时，这些血腥事件已经过去了半个多世纪。如今的他显然在寻找意义，寻找任何一束可以照耀在这段黑暗过去之上的光线。对他来说，仍然能够行使某种程度的能动性，以及仍然能够稍许掌控此种令人无法忍受的处境，显然有着重大的意义。弗里德曼还记得，在1944年8月一段炎热的时日，当他和其他幸存者被运送到弗洛森比格时，他们还将有机会实践和确认他们心底潜藏的人性力量。在旅途的第三天，一位好心、勇敢的过路人将一瓶可能挽救生命的水递给站在车厢窗边的人。这个人没有独自将水喝完，而是一口都没喝就将它递给了身旁的人，让他喝一小口然后传给别人。这瓶水以这样的方式传遍了整个车厢，每个人都抿了一口。在弗里德曼看来，这份经历的意义远远超出了每人所获得的一小口水分补给。他们都因此"改变了"：这个人"自我牺牲的行为将尊严归还给我们"。在路途的第四天，当他们抵达弗洛森比格时，他们"都成了和过去不一样的人"。

这个将群体福祉挂在心间，发起人性大接力的人并没有活下来，也没能亲口讲述这个故事：就在解放前的一个月，他死在了弗洛森比格。但是对弗里德曼以及其他人来说，那是他们得以幸存的关键时刻：在他们看来，这个人的行为"是一座希望和信念的灯塔"。[50]

第六章　界定人生经历

对于奥斯维辛的幸存者吉尔贝·米希林来说，他维系自尊的方式是：当身在巴黎的他有机会逃跑时，他选择了放弃，他留在母亲身边，陪伴她一直走到了最后。但是，当母亲被选出来送往毒气室时，他无力阻止这一切，由此他也越来越难以抵挡非人化的进程。但是在1944年到1945年的冬天，也就是战争的最终阶段，一个事件的发生为米希林带来了人生的转折点。在前往西里西亚的路途上，痛苦的死亡长征已经把许多囚犯都逼疯了，他们不择手段，互相殴打。野蛮已然克服了任何一点残存的人性；生存斗争非常激烈，即便牺牲囚犯同胞也在所不惜。到了最后，剩下的囚犯都被装进了火车，取道布拉格，送往德国境内的另一座集中营。火车中途在布拉格停留了一阵子。在这段旅途的间歇，突然发生了一件出人意料的事情，有一群人聚集起来，开始围观他们。一开始，米希林感到心烦意乱，他记得他们"对这样被人打量而感到羞耻"，因为他们是"那么肮脏，那么瘦弱"，而围观者似乎也在对着他们大喊大叫。这群人走开以后没多久又折返回来，"向我们丢来了面包，整条整条的面包"，然后他才意识到"他们的叫喊都是声声鼓励"。

在米希林看来，面包帮助他们生存了下来，这一点确实至关重要，但重要的不只是面包而已："我已经忘记了何为人性的姿态。我甚至忘记了人与人之间可以拥有不基于力量斗争的人际关系，我也忘记了人们可以这样给予，而团结互助也并非一个空洞的词语。"[51] 另一位法国幸存者也记录下类似的事件，当他们乘坐的交通工具经停布拉格时，当地民众给他们提供了面包，而这些捷克人的友善行为也被他拿来同波兰人的残忍行径相比较。[52]

此类故事和此类片段还有很多很多。这些故事里的幸存者不仅会找到食物和水，往往还会重回个人性的世界，发现他人对幸存者的关怀。它们在关于幸存的记忆中是那么鹤立鸡群。

当幸存者在日常生活中运用各种策略时，我们也常常能看到其中有着各类试图维系自我的故事——而且这些策略通常并不依赖任何高尚的道德感。就像托马斯·布拉特所说的那样，论及他跟其他劳工囚犯如何在索比堡死亡营幸存下来，他们所谓的"幸存战略"其实简单到只是保持个人清洁而已。他的有些狱友同胞"拒绝放弃自己"，"尽可能地保持身上干净，有机会就剃胡子，路过德国人面前时保持身姿挺拔"。[53]他们要让自己显得强壮，显得能够掌控自我，这不仅对于维持自尊有着重要意义，也能避免被守卫盯上，因为他们随时准备着把摇摇晃晃的虚弱人士给摁倒。

不过，囚犯手头的策略也不全是这类日常性质的。有时候，他们的做法还会跟外部世界原先的价值观念相冲突。布拉特就会从事一种危险的活动，他从死人身上寻觅贵重物品，拿来和集中营守卫交换食物，并且以此为乐——他这么做并不仅仅是为了获取额外的营养，更是因为这种交易能够给他带来身而为人的感受，甚至体会到某种权力的运作。布拉特告诉我们，当他用五枚金片交换香肠和伏特加时，"我会获得某种异样的感受。守卫本是我的死敌，本是我应该害怕的人，但现在他却成了人。我能够从他的眼睛里感受并目击到，他甚至比我还害怕。然而，我已经接受了自己的命运，向它作出了妥协，我做的一切都不过是在推迟我的死期，可他明明是自由的"。所以囚犯和守卫其实有共同点："在那一瞬间，我们都害怕一个共同的敌人。"除此之外，布拉特还感受到一股力量："我感到，我拥有了某种控制压迫者的力量，它能够让我好受一些。我不再只是德国人所谓的'湿麻袋'（nasse Sacke）。他必须得跟我打交道。"这种感受给布拉特带来了某种回报："此后，我又重复了好多次这类危险的交易，其中并没有什么合乎逻辑的理由，我只是想看看他们眼中的恐惧，感受到我仍然以某种方式影响着周围的世界，哪怕只是在一瞬之间。"[54]这种"仍然影响着周围的世界"的感受对于布拉特来说至关重要，他需要借此维持人性，抵挡外部强加给他的非人化。

在纳粹迫害的某些极端条件下，部分囚犯甚至会施展意志力，拒绝纳粹的食物，来维护自身的人性，确认自己对另一套信仰和另一套世界观的信奉。希勒尔·K.后来前往美国，成了精神病医生，在他的记忆里这样的事情发生过好几次。[55]他在被囚期间总是无比饥饿，有一次他跟另一位囚犯同胞聊天，得知这位同胞的家里有妻子和几个女儿，她们都成功地拿到了"雅利安文件"，并认为她们将有机会借此在战争中存活下来。这个男人不顾一切地想要活下去，想要再次见到家人。希勒尔·K.将自己的面包分了一点给他，因为相较之下，希勒尔就算努力活下去，也已经没有人盼着他回家了。他后来回想起这段往事，觉得尽管自己饥饿难耐，但"分享"面包的事情对他而言"非常重要"。他接着又说道，类似的事情还包括"虽然我并不是个遵奉习俗的犹太人，但是我会同他人一道祈祷，这也是一件重要的事情"。在1944年，尽管已经濒临饿死，他还是同其他人一起遵守犹太习俗，在赎罪日（犹太历中最神圣的一天）斋戒，因为对于他们来说，"不接受强加给他们的奴役"是一件重要的事情。对自己身体的掌控感也许是发挥主观能动性的最后一种方法，是面对虚无的最后一道防御屏障。对于希勒尔·K.而言，不仅保持清洁、沐浴身体很重要，连享受排便这样的基本生理功能也是自我主张的重要来源。当采访者出于惊讶就这一点向他提问时，希勒尔·K.回答说，在面对"一无是处的巨大恐惧时"，这是他的应对方式。他强调说，对于保存个人身份感而言，能够体会到"你的身体仍然能够运转"具有着重要的意义；他进而解释说，"当你没有任何其他自我满足的途径时，你需要将自己的身体当作自我满足的来源"，他表示人们可以用自己的身体来向自己证明："我仍然存在着。"[56]

对于生存而言，友谊和自我嘲讽同样都很重要。与他人团结一致使他们能够同众人抱作一团，互相取暖。在点名的时候，如果他们太过虚弱而站不稳时，他们可以互相搀扶；而且如果众人步调一致，他们可以将能量消耗降至最低，这对生存来说甚为关键。对希勒尔·K.来说，歌曲、希望、旺盛的内部生活、外部世界的目光（相信自己没有被彻底忘记）都能帮助他前行。在迎来解放的那一天，希勒尔·K.的体重只有62磅*，并且患有严重的斑疹伤寒——他的肉体仅余残存的生机，但是他的精神无比强健。

还有一件事情对于保存自我至关重要，那便是在内心中与牢狱的直接环境保持距离。举例而言，1905年生于维也纳的维克托·弗兰克尔是一名神经学者和心理学者，他先是在泰雷津（Theresienstadt）沦为阶下囚，然后被送往奥斯维辛成为奴隶劳工。在战争的最后几个月里，他被分配到达豪的分营，先是参与沉重的体力劳动，然后执医诊治即将死于斑疹伤寒的病人。在1945年解放之后，他在文思泉涌中回顾了这段受迫害的时期，回顾了自己以及囚犯同胞的经历。[57] 战争爆发以前，弗兰克尔的一大专长是给有自杀风险的病人提供心理支援，而他的回忆中就遍布着他的这种职业关切。在囚禁的不同阶段以及解放以后，他都试图辨认出囚犯身上的典型反应。尽管弗兰克尔自身的生理和心理状况不断恶化，但是他还是发展出一系列策略，追求内心的生活，这使得他虽然面对着四周环境的磨难，残忍的囚犯头子和工头的折磨，以及频繁的饥饿、疲惫和身体不适，依旧能够找到人生的意义。还有很多内心活动帮助他克服了一路上的艰苦跋涉，从集中营来到劳动场：对妻子（他来到奥斯维辛的第二天正好是她24岁的生日，但是他并不清楚爱人是死是活）的思念，她就在自己身边的感触，以及内心中与她的对话，想象着她的脸庞以及她可能对他的思绪给出怎样的回答；有时候，当他在黑暗中思索光明，而远处的农舍正好点亮了一盏电

---

* 磅，英美制质量或重量单位，1磅合0.4536千克。——编注

第六章　界定人生经历

灯，或者周遭出现日落等突如其来的自然之美，它们都会将希望的光芒投射到他灰暗的感知和显然无望的现实中。他还学会了带着明确的距离感观察事物，旁观牢狱生活给受难同胞带来的影响。他通过自己的经验，分析自己和其他人的各种反应的意涵，从而在苦难之中寻找意义。当身处绝望的境地，一切都超出囚犯的掌控时，对于绝大多数人来说，人们手中唯一的自由就是选择自身态度的自由，以及选择自己对苦难作出何种反应的自由。

有些囚犯有机会通力合作，发起某种形式的抵抗活动，这给其他人带来了希望的象征。举例而言，在布痕瓦尔德集中营刚刚启动的时候，里面有一位名叫弗朗茨·埃尔利希（Franz Ehrlich）的政治犯。他曾是包豪斯设计学院的学生，所以他被委以设计大门标语的任务。在萨克森豪森、布痕瓦尔德和奥斯维辛等集中营，这些标语由纳粹党人挑选，通常都是"工作令你自由"（"Arbeit macht frei"）等带有讽刺意味的格言。但是不知道出于什么原因，布痕瓦尔德所挑选的标语（虽然同样带有讽刺意味）却是"各有其报"（"Jedem das Seine"）。它是对流传了两千多年、关于正义的拉丁格言"各有其报"（"Summ Cuique"）的带有嘲讽意味的改编，原句的意思是每个人都会根据他的罪责得到他应得的报应或报答。

布痕瓦尔德集中营的指挥官卡尔·科赫（Karl Koch）尽管对拉丁文一窍不通，却显然很中意这条标语。其他集中营的标语都朝着外界，迎接来到集中营的客人，但是布痕瓦尔德的标语却刻意朝着内部，正对着用于点名和执行公开惩罚（包括绞刑）的练兵场，囚犯每天都可以看到它。近期研究表明，布痕瓦尔德内部的这条标语在当时每年都会重新粉刷，标语底下的八层油漆正好对应了集中营八年的运营历史；而在大门另一侧，集中营供外部观看的标语却只有最初的一层油漆，之后再也没有重刷过。很显然，纳粹党人认为内部的标语向囚犯传达了重要的信息。

166　　但是，这个纳粹党人肆意羞辱囚犯的故事也有着剧情转折之处。弗朗茨·埃尔利希在创作标语时并没有采用已有的字体：他将其制作成一件艺术品，展现出包豪斯设计学院给他带来的熏陶，而这所学校本身在纳粹掌权时就已经被勒令关停了。集中营大门采用三联式设计，两边的大门中间夹着一道刻有花纹的小门。相比之下，其他集中营的标语字体都粗鄙且潦草，而布痕瓦尔德的标语则设计优美、文字工整。[58]埃尔利希以巧妙的方式，采用了一种受其包豪斯导师约斯特·施密特（Joost Schmidt）和赫伯特·拜尔（Herbert Bayer）影响的字体。[59]一件字体飞扬、意味深长的艺术作品由此诞生，陈列在一众囚犯面前，俯瞰着集中营里被降格成编号和功能、饥饿、困难与生存斗争的生活。它代表了艺术、创造力甚至是美的可能性，它以这般可见的形式矗立在这个折磨和死亡的场所，不休止地提醒着众人。我们大可以认为，它的形式颠覆了党卫队原本试图传达的讽刺意味。在"各有"（"das Seine"）的部分，分属于两个单词的字母"S"经过刻意的设计，彼此贴得很近，而且字母大小相当，同样细长，暗指最终得到"应得报应"的将会是党卫队自己。

当时的人们如何看待这扇大门上的标语？它真的产生了颠覆性的效果，给身陷囹圄的人带来了希望吗？这很难说得清。在布痕瓦尔德的档案中，我们找到了一张摄于1945年4月11日的照片，从中我们可以看出，这座大门确实是囚犯首次抵达集中营时穿过的入口，而在完成工作任务之后，他们会在殴打和辱骂声中穿过这扇大门。许多幸存者都提及他们初次抵达此地的情景，却不曾谈及标语；许多人都将话题集中在集中营里的折磨、苦难和堕落上。也许今天的我们和过去相隔太远，已经在过度解读这行标语了。但是，我们确实发现了一些证据，表明它在当时对至少一小部分人产生了颠覆性的重要意味。1943年，曾于1941年至1945年关押在布痕瓦尔德

第六章　界定人生经历

的作家卡尔·施诺格（Karl Schnog）写下了一首题为《各有其报》（"Jedem das Seine"）的讽刺诗，并以此为题，于1947年出版了同名诗集。诗歌开篇第一行就吸引读者注意这一诗题的讽刺意味，暗示这些折磨他们的人竟然把这行讽刺的标语刷在大门上，"当真具有一种幽默感"。诗歌的结尾致意党卫队，它是这样写道的："相信我，有一天囚犯终将得到他真正应得的东西。而你们？你们也会得到你们应得的报应！"[60]

比起其他人，政治犯也许更容易团结一致，形成反抗的力量，而他们发起的斗争往往会在战后的各类文本中得到更多的呈现，占据更显要的位置。其中尤以布痕瓦尔德为甚，它几乎成了东德的国家神殿，而为围绕共产党领导人恩斯特·台尔曼（Ernst Thälmann，他遇害于此）和"布痕瓦尔德的孩子"（政治犯是这个孩子的救命恩人，不过救他的代价是让另一个孩子顶替他被遣送奥斯维辛，由此在21世纪引发了进一步的争议）的神话也水涨船高。在战后的法国，非犹太人的政治抵抗运动的意义也变得尤为重要，甚至掩盖了这场吞没法国和其他欧洲犹太人的悲剧的诸多特殊之处。

艺术追求也能帮助受害者保住另一种自我，守护另一个不同的世界。这一现象在泰雷津尤为突出，在这里，纳粹为了迎接红十字会的检查而采取了相应政策，塑造出一副虚假的景象，囚犯们得以从事音乐、表演和视觉艺术，勉力维系早年曾有的正常生活。红十字会的检察官也因此受到了蒙蔽，但是演奏音乐的机会确实帮助部分囚犯幸存了下来，其中就有艾丽斯·赫茨—佐默（Alice Herz-Sommer）。在被遣送走之前，她已经在布拉格将肖邦的练习曲学得烂熟于心；这一音乐素养，加上她保护年幼的儿子，不希望他意识到她所身处的糟糕处境的决心，都扮演了极为重要的角色，不仅帮助她存活下来，也令她在这个黑暗的时代向他人伸出援手。晚年的时候，她反反复复地强调她当时深深地信奉一种观念：她应当只思考和谈及"好事"，突出那些正面的事情。[61]

由于汉娜·阿伦特（Hannah Arendt）对犹太委员会作出了众人皆知的批判，犹太人在战后背上了一种完全不恰当的名声：屈从和驯服地接受死亡。[62]在个别情况下，犹太委员可能会为了拯救其他人而协助当局将部分人遣送到集中营（例如罗兹的哈伊姆·鲁姆科夫斯基的案例），此类情形确实为这种论断提供了根据，但将其推而广之则犯了以偏概全和以管窥天的可笑错误。尽管有上述情形，但是拥有各式背景的无数民众都参与了直接的身体抵抗，既有规模庞大的运动（华沙犹太隔离区起义，索比堡、特雷布林卡和奥斯维辛的反抗，对遣送的抗争，游击队，还有数不胜数的个人拒绝与当局合谋）；也有个人不顾一切地向当局发起挑战，哪怕人们在面对这个强大的对手时做什么都是徒劳的。

这些反抗既证明了人们抵抗的能力，也证明了面对抵抗的德国人对其展开镇压的本事。在1942年夏天的大规模遣送（主要送往特雷布林卡）发生后，华沙犹太隔离区剩下的犹太人在莫迪凯·阿涅勒维奇（Mordecai Anielewicz）的领导下奋起反抗，决心战斗到最后一个人倒下为止。他们在秋天结成了有组织的团体，并从外界（包括波兰家乡军）获取了武器。1943年1月，他们在当局安排遣送的过程中发起了短暂的武装抵抗，并获得了暂时性的成功，阻止了遣送的继续进行；但是胜利的果实没能持续多久。当华沙当局对犹太隔离区展开一锤定音的大清洗时，居住区居民也发起了大规模的抵抗，造成德方数十人受伤以及多人死亡（准确数字未知），并且前后一共坚持了近四个星期（从1943年4月19日到5月16日）。直到当局放火焚烧建筑，将整个区域夷为平地，这场起义才真正遭到了扑灭。其他地区的抵抗运动包括与维尔纽斯（Vilnius）犹太隔离区的阿巴·科夫纳（Abba Kovner）相关的群体的活动，他们曾

第六章　界定人生经历

在1942年宣称他们不应该"像羊羔一般温顺地走向屠宰场";以及活跃于东欧地区的别尔斯基（Bielski）游击队。其他地方也发生过规模较小、知名度较低的反抗运动和武装抵抗。比如在1943年夏天,本津-索斯诺维茨犹太隔离区（Będzin-Sosnowiec ghetto）在最后清场时就遭遇了抵抗运动。我们也应当铭记,索比堡和特雷布林卡的灭绝营正是因为反抗运动的催化才被关闭的,而在1944年,在囚犯的努力下,奥斯维辛比克瑙分营的四组毒气室和焚尸炉,也有一组停止了运作。

虽然受迫害者全无胜算,但是他们常常会选择桀骜不驯地死去,它所能带来的区别便是维系住自身的人性,行使自己的自由意志。阿伦特的作品无疑是以偏概全的,在这本书中,犹太人"像羊羔一般温顺地走向屠宰场",它的流行对犹太人并不公平。

当面对近在眼前的灭绝,一切可能性都已然失却时,其他群体也发起过抵抗。1944年5月16日,奥斯维辛吉卜赛营的囚犯得知自己即将被送往毒气室,他们用小刀、石头和铁铲把自己武装起来,拒绝离开营地赴死。那一天,他们成功地阻挠了当局的清扫计划,不过后来他们还是遭受了厄运。[63]

这些描述绝无意穷尽受迫害者的反抗形式;它们只是试图表明,尽管纳粹党人穷尽各种办法施加迫害,但是许多受害者仍旧保有自己的人性——哪怕他们在绝大多数情况下保不住自己的性命。我们不无惊奇地发现,这些纳粹受害者虽然面对如此可怕的逆境,却仍旧心怀对未来的希冀。"非人化"从未完全得逞:即便在最极端的情形下,即便受害者的处境并没有给予他们任何反抗或能动性的空间,人们还是保留了自身的个体性。不过,囚犯的自我无疑面临着严峻的挑战,而对于那些幸存者而言,其幸存下来的"自我"也从此不复当初。

受迫害者群体

纳粹迫害的经历彻底地改变了人们的生活，每一位幸存者都必须背负丧恸和疼痛，寻找活下去的方式，都必须在一个翻天覆地的世界里重新寻找人生的意义。试图为受害者排出等级次序已然是完全不妥当的做法，沉迷于受害的竞争便更是荒谬之举了。

有些人在集中营里遭受了极端的剥夺、非人化和折磨；有些人东躲西藏、乔装打扮，生怕因暴露身份而丧命。集中营幸存者如果挺过了战争结束后的最初几个星期（当时，突然充足的食物和肆虐的疾病导致数万人死亡），也将因为长时间的虐待而背负长期的生理和心理副作用。依靠躲藏而活命的人往往难以重新适应社会生活，他们必须重新学会信任他人，学会进入新的社会关系；长时间的蜗居、躲藏、营养不良和黑暗中的生活也影响了他们的身体。受害者一度被剥夺价值，变成没有生存价值的人，这也将造成隐蔽却深刻的影响。

解放以后，"躲藏儿童"的身份认同问题可能尤为突出，因为在此之前，他们都不曾发展出任何稳固的身份感。失去亲人（父母、孩子、兄弟姐妹、亲戚、朋友）的长期丧恸，无论是突然的暴死，抑或漫长而痛苦的慢性死亡，都是无法衡量的。许多幸存者在战后组建了新的家庭，并且后来声称他们因子孙满堂而感到幸福。[64] 但是即便如此，这也无法弥补他们失去的家庭，而这份丧恸和亲人缺席的感受将沿着代际传递下去。其他人，比如强制绝育的受害者，则永远失去了拥有后代的机会。而对于男同性恋者等纳粹受害者而言，如果战后他们生活在同性恋被视为犯罪的地区，羞耻感、隔绝感，以及对于暴露的恐惧心理也将贯穿他们余下的人生。即便是在被灾难席卷之前便逃离欧洲的那些人，往昔世界的覆灭也会在他们的人生中划下一道深刻而难以忘怀的裂痕。对于所有纳粹迫害的对象来

第六章　界定人生经历

说，谁也不可能过上他们在灾难之前曾经希冀或渴望的生活。

尽管我们能够在受害者当中找到如此丰富的个体特点和多样性，但是对于每个人来说，这都是一段彻底改变人生的经历，它将重新定义他们余下的整个生活。此外，更为重要而且绝不应该离开我们视野的是，在纳粹受害者和以各种方式支撑纳粹系统的人之间，横亘着一条宽阔的深渊，一道无法逾越的裂口。前者承受了巨大的苦难和丧失。对于受害者而言，纳粹迫害的时期也不可避免地变成一段界定人生的经历，将他们与不曾有过此类经历的他者区分开来。

在战争末期的前后，当人们紧紧抓住生存的希望和可能性不松手时，他们明确地感受到自己和未曾遭受迫害的人是多么不同。法国政治犯丹尼丝·迪富尼耶在1945年解放不久后就开始动笔写作，在她的记忆里，拉文斯布吕克的政治犯群体发展出一种群体认同感，即便在这座集中营末期异常混乱的几个月里，这种群体认同感都维系了下来："无论是生者还是死者，在我们所有人之间有着一份比地球上任何东西都牢固的姐妹情谊；这种感受仿佛我们都归属某个超出人类之外、坐落在神秘星球上的庞大群体；在这座星球上，可怕之人、荒谬之人、可笑之人都摩肩接踵，混杂在一片神奇而不通理性的混乱之中。"[65]在集中营最后几周的挑选和灭绝之恐怖结束后，迪富尼耶迎来了解放，红十字会先是将她送到瑞士，然后送回法国。搭乘火车返回巴黎时的记忆还鲜活地留在她的脑海里："我们既为回家而感到欢欣，其中又掺杂了作为少数派幸存者的悲伤，这些感触与不知道将面对怎样的未来的恐惧混杂在一起。它仿佛是一场漫长而难以解释的噩梦，我们从中苏醒，仿佛刚刚被重新引介给这个世界，它对于我们来说是那样的陌生。"她进而发出了疑问："在这片生者的土地上，我们的放逐还将继续下去吗？"[66]

迪富尼耶以无比惊人的适应力挺过了集中营的恐怖，面对了诸多生死存亡的挑战。她以乐观的语调收笔，结束了这段写于战后初期的记述：她和她所在的团体一起高歌着抵达巴黎。在当时，像迪富尼耶这样的政治犯还是有可能产生与他人共属同一个群体的感受的。

对于其他人，尤其是犹太人来说——此时的他们与其说是"幸存者"，不如说是"幸存的余众"——他们所能体会到的归属感更多地指向了死者，指向了在过去已然陨灭的群体，其中还掺杂了与未受迫害者互为殊途的挥之不去的感受。他们不需要参与任何特定的社会组织（比方说有组织的活跃群体），就明白他们与幸存同胞之间存在着某种本质上的共性，使得他们区别于不曾拥有此类颠覆人生之经历的人。对于他们来说，这是一道决绝的裂隙，一个永恒的挑战。正如米希林所言："这一暴行——它通常被称作这段'经历'——我永远都不会忘记。时至今日，我都渴望知道人们为何以及如何能仅仅因为我的身份，就将我投入地狱。"[67] 绍尔·弗里德伦德尔（Saul Friedländer）总结道，对犹太受害者而言，这些年岁的意义在于，它是"他们人生中最意味深长的一个阶段"，而他们始终都被"截留"在其中。如他所言："它反反复复地将他们拖入压倒性的恐惧之中，而且尽管时间一直在流逝，它却自始至终都携带着关于死者的无法抹除的记忆。"[68]

在受害者此后的人生中，这样的迫害会投下不确定的感受，使他们始终处于一种临时性的状态。借用科迪莉亚·爱德华森的话："我们这些幸存者，已经失去了'在人生中定居的权利'（unser Heimatrecht im Leben）。"[69] 无论夏日是多么美妙，他们都不可能享受它的动人之处；他们常常会感到自己并不属于当下，仍然属于那段被灼烧的荒芜的过去。虽然幸存者很难与非幸存者取得认同，但是他们也不容易在死者处寻得认同。幸存者是"继续苟活的人"（Überlebenden），他们既不是完全意义上的活人，也不是完全意义上的死者，而是一个同时与两方隔阂的群体。[70]

"继续苟活的人"不仅区别于死者，更区别于曾经折磨过他们的人、迫害过他们的人、显然对他们的命运无动于衷的人，以及对他们的惨痛经历所知甚少或毫无知觉的人。爱德华森甚至会从每一天的日常体验中体会到自己同其他生者的差别，比方说每当货运列车驶过汉堡的中央车站，20世纪80年代的普通乘客对此不会有任何感觉，而幸存者在目睹这幕场景时会产生恐怖的战栗和负面的联想。爱德华森评论道："我如何能够在你们当中生活！生活就意味着铭记，而我们之间根本就没有共同的回忆。"[71]这种陌路的感受也弥漫在更为广阔的社会关系里。爱德华森同父异母的姐姐嫁给了一个奥地利人，而她姐夫的父亲是个纳粹党人。她姐夫就像许多行凶者的子女那样并不想要孩子，而爱德华森清楚地意识到，她的世界同姐姐身处的世界是多么判然不同。

当然了，隔阂最深的自然是幸存者和行凶者。有一位名叫汉斯·明希（Hans Münch）的医生曾在奥斯维辛执业，在20世纪80年代中期，即奥斯维辛解放和第二次世界大战结束40周年之际，他开始频繁地在电视节目上露面。爱德华森将他称作"M医生"，她非常明确地体会到，自己同这位行凶者之间有着如海沟般深刻的隔阂。一边是创伤沉痛的幸存者，另一边是战后事业一帆风顺的前纳粹党人，他们之间的差异已经到了不可跨越的地步。这些差异的根源在于他们各不相同又永远都无法抹除的经历："他们各自扮演的角色已然固定，绝无更改的可能性。"根据爱德华森的看法："在此基础之上，无论是对他还是对我来说，从此往后再也没有'过去如何如何'的说法。"[72]

许多犹太幸存者找到了与自己拥有相同经历的同胞，并得以（虽然常常遭遇很大的困难）融入以色列或者世界其他地方的犹太群体。许多政治犯也有相似的经历。战争结束以后，他们找到了自己能够认同的政治团体、政党和政治运动，并与其他志同道合的个体为伴；在最理想的情况下，他们所生活的地区会支持他们曾经为之受难、为之奋斗的事业。毕竟,致使他们遭受迫害的根源,以及真正给予他们个人苦难以意义的并非他们每个人的个人身份,而是他们对更广大集体的许诺。

但是,其他群体却很难谈论他们的经历,也难以找到愿意倾听的听众。

每一个走到台前的案例背后,都至少有数千个保持沉默的个体。皮埃尔·西尔(Pierre Seel)的家乡米卢斯(Mulhouse)位于莱茵河流域、德法边境的阿尔萨斯。他有一个快乐的童年,但是随着阿尔萨斯被第三帝国吞并,这段幸福时光也走到了尾声。[73] 在青少年时期,西尔渐渐察觉自己具有同性恋倾向。他和一位同龄年轻人约(Jo)友情日深,并最终爱上了约。有一天,西尔的手表在米卢斯当地一家颇受男同性恋者欢迎的餐厅里遭窃,那是他的阿姨在他第一次领受圣餐时送给他的珍贵物品。西尔因此向当地警方报案,可是当警察得知盗窃案发生的地点时,却将他列入了同性恋者的名单。在当时,同性恋并非犯罪,实际上,自1792年起,同性恋在法国就已经不是犯罪行为了。但是,随着德国人吞并了阿尔萨斯,事态完全改变了。法国当局显然在没有德国人命令的情况下,交出了城中同性恋人士的名单,而西尔突然遭到逮捕。可怖的虐待紧随其后,因为党卫队想要获得该地所有男同性恋者的名单:"四周的墙壁回荡着我们的尖叫声。"西尔形象地描绘出党卫队成员如何强迫他们跪在木制标尺上:"他们雷霆大发的时候,会折断我们膝下的标尺,用它强暴我们。我们的肠子被捅出窟窿,血喷得到处都是。事到如今,我的耳朵里仍旧鸣响着剧痛引发的尖叫声……那是彻头彻尾的暴力,将人永远地毁灭了。"[74] 这群人被送往附近的希尔梅克(Schirmeck)集中营,"在那里恐怖和野蛮就是法律"。

但是,这还不是"最可怕的磨难",最可怕的是囚犯们必须在点名操场报到,观摩死刑的执行:"惊惶之下,我认出了我心爱的

第六章　界定人生经历

朋友约，当时他只有18岁……当时我因恐惧而动弹不得：我曾祈祷他能逃脱他们的名单、他们的围捕、他们的羞辱。可是他却在这里，就在我无力又噙满泪水的双眼前。他不像我，他没有携带任何危险的信件，没有撕过任何海报，也没有签署过任何声明。"[75]"扬声器里播放着嘈杂的古典乐，而党卫队把约脱了个精光，将一只锡桶扣在他的脑袋上"，而西尔同其他几百名囚犯必须站着旁观。[76]然后，他们放"凶猛的德国牧羊犬攻击他"："这些警卫犬一开始咬向他的腹股沟和大腿，然后在我们面前将他生吞下去。扣在他脑袋上的锡桶扭曲，放大了他痛苦的惨叫。我僵硬的身躯打了个趔趄，我的双眼亲见此等可怕的场面，泪水沿着我的双颊流淌下来。我热切地祈祷他能尽快昏迷过去。"[77]即便在几十年以后，这段记忆都会在夜里让西尔"狂叫着"惊醒。西尔对这份遗产做了如下总结："如今50年过去了，那个场面不断地闪过并重新闪过我的脑海，始终不曾停歇。我永远都不会忘记，我的爱人就在我的眼前，就在我们眼前，在我们这几百号目击者跟前，被残忍地谋杀了。为什么时至今日，他们还在沉默？"[78]

纳粹的迫害残酷地扭曲了无数人的生命，给他们带来了巨大的苦难，而西尔只不过是其中之一。他的故事必然代表着许许多多的人，提醒我们注意受害者内部的多样性，以及纳粹将其理念强加给被征服地区时所采用的残暴方式。除此之外，在西尔以及许多其他人的案例中，受害和排挤的故事并没有随着解放而结束。尽管法国总统戴高乐（De Gaulle）在战后废除了反犹法案，但是他没有废除由德国人引入的反同法案。直到1982年，时任法国总统的弗朗索瓦·密特朗（François Mitterrand）才终于废除了维希政府于1942年颁布的反同性恋法案。故而，西尔一直等到战争结束40多年后，才终于鼓起勇气，克服了自己遭遭送的原因带来的羞耻感，讲述了自己可怕的经历，但是十年又过去了，西尔依旧没有得到官方的认可，也没有因为受难而获得得到赔偿的资格。

犹太人、吉卜赛人、"反社会人士"、政治犯、耶和华见证会信徒、男同性恋者、精神障碍者、身体残障者——在纳粹的死亡机器面前，当受迫害者的人生被彻底改变或者惨遭剥夺时，无论是哪一种受迫害者，他们之间的区别都不应当遮蔽我们的视线，使我们忽略这个时代高于一切的重要意义。这些遭受迫害的人最终将组成一个广阔而独特的经历群体，而其他人则站在由纳粹政策所造成的鸿沟的另一侧。我们将毫不惊讶地发现，这道鸿沟在战后时期仍旧存在。要让不同世代的受迫害群体和迫害者群体尝试沟通（暂且不提和解），需要花上几十年的时间。

第七章
沉默与沟通

在这场吞没了整个欧洲的大灾难中,被卷入暴力的受害者和加害者双方,在灾难发生的当时都无疑想要了解和讨论正在发生的事情,即便他们对于这场灾难的范围和特点仅仅是一知半解。然而,在战争结束以后,人们却对这场近在咫尺的过去陷入了沉默(至少在很长一段时间内被认为如此),而其中既有受害者的沉默,也有迫害者的沉默。

很多年以来,这一"沉默的神话"主张,幸存者无法或者不愿讨论他们的经历。这确实是一部分原因,但是绝对无法涵盖全貌。相较之下,指向行凶者的"集体失忆症的神话"则更为尖锐,向明明刚经历过纳粹时代的暴行却声称自己对此毫无印象的行凶者发起了批判。我们大体上认为,经历过纳粹时代的人们不愿意谈论或面对这段经历,而是将他们的心力投入到构筑战后的新生活当中。

然而在战争结束以后,我们查询档案发现,有许多幸存者发表了自己的故事,由此对"沉默的神话"发起挑战。[1] 与此相似的是,我们也可以通过档案证明,有许多人实际上愿意谈论战争的经历,而这段历史仍然是一个争议不断的话题（尽管大家有选择性地只谈论特定的话题，却压抑或边缘化其他话题），这也足以使"集体失忆症的神话"得到修正。[2]我们无疑应当欢迎人们修订这些关于历史的神话，但是它们也不应遮蔽我们的视线，使我们对沉默与沟通模式的重大转变视而不见。

对于有些人来说，这段刚刚逝去的过往太过沉痛，他们不愿谈论它，另外一些人则频繁地盘桓于这段过往；在战争过去的最初几年，许多人在生活中确实有更为要紧的事情要优先处理。但是，沟通的模式已然改变。一开始，人们通常只在拥有类似经历的圈子里以非正式的方式谈论过去。在那个时候，只有与经历群体关系密切的机构或个人才对他们的故事感兴趣，并且愿意聆听他们的讲述。在20世纪70年代末期和80年代，当幸存者开始将自己的故事讲给年轻的世代时，听众的性质才终于迎来重大的改变。

尽管在一开始（战争期间以及战后初年），大众对纳粹迫害的受害者（尚未被尊称为"幸存者"）的处境既不了解也不感兴趣，但是当时已经有组织和个人在积极地搜寻见证者的讲述了。当时的部分证言来自主动的讲述方或积极的搜寻者；不过也有一些沟通的努力遭遇了冷漠和不理解；所以幸存者常常会有选择地讲述自己的经历，甚至彻底闭口不谈。最开始的时候，人们迫切地想要将发生的事情告诉外部世界；最初的时候，这场降临在欧洲受害者头上的灾难并无全貌，只有零星的个人故事。在早期证言当中，我们能够看到，人们对于事件信息的需求占据了核心的位置。直到几十年过后，幸存者的人生故事才因为自身而引起人们的关注，成为大众舆论的焦点，并且真正让没有类似经历的人产生兴趣。

这几十年来，我们能够明显地察觉到，幸存者们在奋力挣扎，为自身经历寻找意义，或者赋予它们意义。随着时间的流逝，发生改变的不仅仅是幸存者的"讲述"与他们不同人生阶段优先事项的关系，还有整个社会的理解模式，以及新听众的特点和感受能力。一开始，受迫害者和行凶者之间的鸿沟还没有显现出来，而零星的个人经历也还没有组成任何意义显明的模式。在这个情感裂隙深重、需求互相冲突的时期，很少有人有意愿去弥合这一鸿沟，或者帮助双方达成相互理解。这些任务主要得靠后来的世代去完成。

平行世界的延续

"平行世界"的现象及其自身特点，以及各方的选择性沉默，令这一现象的诸多方面都很难被记录下来。许多幸存者会在小圈子内部无休止地谈论过去，反反复复地讲述某个特定的故事，无止境地提起他们失去的共同亲友，或者是他们见证自己的爱人遇害时的感触。但是，他们的叙述只发生在内部。即便面对同情他们的群体，受过迫害的人可能也只愿意向其他幸存者打开心扉。而且，我们也几乎无法确认他们在讲述的时候是否有所保留。

众多回忆录作品使得我们得以窥见这些讨论和沉默的性质。马克·施皮格尔曼（Mark Spigelman）于1940年出生在波兰，童年的他要么被假扮成女孩子，要么过着避人耳目的生活；他的家人在战争末年存活了下来，并离开欧洲，前往澳大利亚。他提到，父母如何会在星期六的晚上向朋友们以及其他幸存者谈起往事。[3] 施皮格尔曼将其形容为某种形式的精神宣泄，在这样的小圈子讨论里，参与者愿意反复聆听同样的故事，面对同样的情感流露。但是，一旦圈子里出现一个非幸存者，这些对话的性质就会出现极大的转变。他们就绝对不会提起这些故事，也不会以宣泄的方式讲话。在拥有这些经历和没有这些经历的人之间，横亘着一道隐形且非正式的屏障。虽然他们这么做并没有什么明显的理由（并没有人认为如果一个朋友不是幸存者，他就有可能不抱有同情心），但是只要跨越了在战后的世界里，无论幸存者生活在何方，沉默似乎都是一件常见的事情。人们似乎普遍认为，没有人会愿意聆听这些往事；而幸存者也普遍不信任东道主群体，并与之有所隔阂。大体上，人们选择将自己封闭在家庭当中。[4] 比方说，当露特·克吕格谈及母亲在纽约的朋友圈时，当安妮·卡普夫（Anne Karpf）谈及家人在战后时代的伦敦时，当丽莎·阿皮尼亚内西（Lisa Appignanesi）说起父母在加拿大的圈子时，我们都能找到幸存者只有在面对其他幸存者时才会喋喋不休的例子。[5] 我们也在埃娃·霍夫曼（Eva Hoffmann）的例子中察觉到类似的情况，她生于1945年，父母是波兰的幸存者。根据她对童年的描述，我们得知波兰的幸存者只会跟"幸存者同胞或者其他可以信任的人"交流，"向他们最亲密的知己，向伴侣或者兄弟姐妹，自然还有向孩子们"吐露心声。[6] 并非所有幸存者都会参与家庭中的讨论，有些人甚至在很多年后都不愿直面过去。

有些幸存者甚至在本该具有同情心的团体中都体会到隔绝孤立的感受。当埃娃·S.离开奥斯维辛回到家乡布拉迪斯拉发与父母团聚的时候，她发现自己还是难以放松，无法恢复以往的生活："我感到自己与他人疏离了。我没法同他人亲吻或拥抱。我感到自己就像一头动物，已经很久都没有被人碰触过了。"[7] 等到她终于能够向家人打开心扉的时候，他们却再也不想询问，再也不再想聆听她在奥斯维辛被迫参与门格勒实验的往事。埃娃·S.思忖，也许她的母亲只是有太多其他的事情要烦心；毕竟她有个兄弟虽然在战争中存活下来，却因为意外而溺亡，使得家庭氛围更为复杂。埃娃·S.回忆道："我回到布拉迪斯拉发时就像一头迷失的绵羊。我在大街上晃荡，坐在我兄弟的坟墓上，还写诗，因为周围没有人理解我，我也没有人可以倾诉。"[8] 被问及她是否向父母讲述了集中营里的

第七章　沉默与沟通

经历时，她回答说："从来没有，从来没有，他们从没有问过我。所以我只能坐在我兄弟的坟墓上,写诗。"而当她回到学校时，她"受到了歧视"。[9] 对犹太幸存者的敌意不曾停歇，埃娃·S. 的家人对此感触很深，也促使他们在战争结束的三年后举家迁徙。在东欧，尤其是波兰，还有许多幸存者的记录里囊括了类似的经历。他们并没有在家乡得到人们的同情，反而面对着极端的敌意，甚至是暴力。[10]

当幸存者返回故里，或者搬迁到其他地方时，他们所处环境的群体性质也必然会影响他们的经历。对于科迪莉亚·爱德华森而言，无论是在她年纪尚轻，在中立国瑞典开启新的生活时，还是当她年岁渐长，已是一位事业有成的女作家时，她都发现要向没有类似经历的人传达她所经历的一切，是一件非常困难的事情。[11] 就算当地群体曾经被纳粹统治，并且明白受害者遭受过悲惨的经历，这也并不会让沟通变得更容易。大约有四分之三的法国犹太幸存者是由于公民同胞的帮助才得以存活下来。[12] 但是，这并没有在很大程度上帮助他们找到讲述经历的渠道。在法国，许多早期证言都赞扬了他人给予的帮助，尤其是协助孩子躲藏起来、存活下去的善行。其中有着真诚的感激之情，而在年轻人和他们的救助者之间，也因此诞生了许多真挚的感情。[13] 但是对于从集中营里返回故里的人来说，处境则没有那么轻松。吉尔贝·米希林找回了他先前的公寓、先前的老板和老朋友。但是对他来说，一切都不复从前。他"无法遗忘殴打、寒冷、饥饿、尸体、烟囱和臭气"。他明白"任何事情都不可能再回到从前。但是我想忘掉这一切，忘记我曾经去过那里，忘记我的父母就死在那里，忘记我在那里交到的朋友没能活着走出来"。结果，他从未谈论自己的经历，就连对儿时的朋友也绝口不提。[14] 米希林因此认为，他的身份在战后的法国陷入了岌岌可危的境地：否认自己的犹太身份"并非某种自我厌恶，而只是一种自我保护的方式"。[15] 在他过去的工作场所，米希林常常有与人隔绝的感受，而且发觉同事"越来越令他无法忍受"。他们对纳粹占领的历史"基本上漠不关心"，"甚至有时候还认同那段历史"。他开始感觉到，他们甚至因为他幸存下来而对他发难，隐约地质问："为什么你能活着回来，而其他所有人都死掉了？"[16] 更宽泛地来说，法国人无法面对法国政府与德国人沆瀣一气，以及法国警察协助德国人对法国犹太人（包括米希林以及他的母亲）进行围捕和遣送的诸多事实，也酝酿到某种令人无法忍受的地步。米希林自己就有亲身经历，他没法让当年逮捕他的官员承认他们犯下了严重的串通行径："这一臭名昭著的国民妥协意味着，政府里的每一个人都能留在他原来的位置。"[17] 到最后，米希林选择离开这里，前往美国。

即便是在荷兰等于纳粹占领期间遭到严酷压迫的国度，幸存者也并非总是能够觅得他们所希冀的倾听之耳。格哈德·德拉克（Gerhard Durlacher）是一个荷兰犹太人，他经历过泰雷津和奥斯维辛，却都存活了下来。当他回到荷兰的家乡时，他的家已经被后来的人占据，并拒绝让他入内。即便是家族的老朋友也不愿意听他倾诉：他记得，他们每个人"在占领时期都有自己的困境，使得我把自己的话又咽了下去，无法言说"。[18] 他发现自己"几乎已是一个异乡人，必须留神细听"，而他只能通过保持沉默来获取他人的"接纳"。[19] 沟通是不可能的："我们缺乏沟通这种经验所必需的语言"，而且"几乎没有人想要聆听"。他的话"会破坏解放的荣光，并且暴露出许多人的自欺欺人"。[20] 在短期内，沉默是唯一的解决方案："我又学着像人一样在人群当中生活，找到了善意，有时候甚至遇到人心的温暖，渐渐将过去尘封在我的记忆里。"[21] 直到40年后，当德拉克已经成为一名杰出的社会学家，他才终于能够直面过去。如今，"多亏了善解人意的治疗师"，他终于能够打开内心，面对"令人惊愕的回忆"。[22]

也许，处境最艰难的还是后来生活在德国（无论是东德抑或西德）的幸存者，他们出于各式各样的原因而无法在社群当中公开谈论自己的经历。在东德，共产党人轻描淡写地处理了此类被他们视作消极受难的行为，而赞美共产党人及其政治同盟积极抵抗的行为。这甚至影响了纳粹政权受害者协会（VVN）的犹太幸存者讲述的故事的性质，他们的故事通常都带有些许自我辩护的性质，试图强调为什么相较于纳粹党的政敌，基于"种族"原因而遭到迫害的人不容易发起积极的政治抵抗。

在西德，占主导地位的是前纳粹党人和纳粹党同路人。举例而言，达格玛·B.（Dagmar B.）讲述了她家的情况，她的父亲并非犹太人，他意识到由于他在战争期间坚定地支持身为犹太人的妻子，他在战后永远都无法获得他想要的工作和人生，由此心中渐渐郁积起愤恨的情绪。前纳粹党人只要改变自己的政治成色，就能继续得到提拔，而他却遭到污名化、边缘化。家庭内部的讨论永远都围绕着他们家是不是有可能得到赔偿，而她父亲的愤恨一直持续到他过世为止。与此同时，父亲家的亲戚已经同纳粹党和解，他们与父亲之间因此出现了一道巨大的裂隙；尤其是父亲的一位叔叔，从此和父亲形同陌路。[23] 达格玛自己虽然也从战争中幸存下来，但由于当时她过于年幼，又没有人跟她讲过那段过去，她只能通过观察和偷听他人的对话，一点一滴地获取关于这段历史的信息。尽管她会陪伴母亲去帮助其他集中营幸存者，但是没有人将自己的经历告诉她，以及为什么他们的模样在她这个孩子眼中，是那么吓人。她记得这些集中营幸存者操着意第绪语，脑袋上没有头发，"看起来犹如鬼魂"。她没法理解这些人，"而他们也总是一副担惊受怕的模样"。她记得很清楚，她们会"连续几个月都去拜访这些怪物"。[24] 达格玛·B.的母亲并没有向她解释，为什么这些女人会有这样的容貌和行为方式，这反而使得她们的行为显得更加吓人。达格玛·B.

特别害怕她们碰她:"她们都急切地想要摸摸孩子。而我当时在那里,活生生地存在着,如今我已经能够理解她们的行为。我是一块延续下来的人生碎片。她们的孩子都被杀害了,而我还活着。"[25] 但是在当时的达格玛看来,情形却恰恰相反,"这些没有头发的骷髅真的非常吓人"。[26] 妨碍她们相互理解的障碍还有很多,比方说这些女人都是"东方犹太人"(Ostjuden),而被同化的西欧犹太人觉得自己高她们一等,又比如这些女人说意第绪语,而很多西欧犹太人已经听不懂这种语言了。

达格玛的经历多少有一点不同寻常,因为她跨越了两个不同的世界,母亲是犹太人,父亲则不是。而在这些没有紧密的情感联系的不同群体之间,沟通的可能性就更加稀薄了。她的父母也很热衷于将其他地方较为不幸的人身上发生的事件纳入她的教育当中。当相关展览在汉诺威(Hanover)举办时,她的父母会带她去参观,而这场展览给这个当时只有五岁的女孩留下了深刻的印象:"展览展出了集中营的照片,上面有焚烧人体的炉子,有成堆的尸体,什么都有。"[27] 在达格玛·B.的记忆里,最可怕的东西是炉子。然而,即便母亲总是坦诚地让她目睹东欧犹太人的受难经历,尽管四周有着关于纳粹大屠杀的讨论,但是家人的死亡仍旧是一片沉默的禁区:"家人从来都不曾提及我的祖母。奶奶已经走了,永远都不会回来,她走了,再也没有人提起她。"[28] 甚至当珍贵的物品(比如说来自祖母家的银质面包篮和金质烛台)重新出现在家中时,达格玛也并不清楚它们原本属于谁。他们家里保守着一个无人言说的"沉默誓言"。[29] 失去家人实在是太令人伤痛,在这一阶段还无法被家人讨论。

汉斯·弗兰肯塔尔和他兄弟都是纳粹迫害的幸存者,他们曾在莫诺维茨的奥斯维辛三号营的 I. G. 法尔本丁钠橡胶工厂做过奴隶劳工,然后经历死亡长征,来到了米特堡—多拉地下通道的秘密武器工厂。战争结束的时候,他们在党卫队的看守下再次转移,弗

第七章　沉默与沟通

兰肯塔尔生了一场病,并且失去了意识,等他醒来的时候,他发现自己来到了已经解放的泰雷津集中营,他们的姨妈当时也在泰雷津,家人因此得以团聚,而她是因为"跨种族婚姻"的保护才幸存下来的。此时的他仍然发着高烧,离死神并不遥远。他虽然在旁人的照料下恢复健康,却因为营养不良而落下了终身的残疾,随后他回到了德国的威斯特伐利亚(Westphalia),回到了家乡施马伦贝格(Schmallenberg)。可是,他却惊讶地发现,家乡的乡亲们对两兄弟的经历几乎都不感兴趣,他们也不欢迎如今从战争中活着回来、已经变成孤儿的兄弟俩。这座小镇原来一共有51位犹太居民,战争结束后只有7人幸存了下来。[30] 在开启新生活的路上,弗兰肯塔尔没有得到任何援助(更别提疏导或治疗了),挡在他面前的只有各种障碍而已。当他尝试做生意的时候,他很快就意识到,政府大体上维持着原来的人员结构,"现在任职的官僚都是纳粹统治时期的工作人员"。[31] 除此之外,他们仍旧抱有反犹观念,歧视犹太民族:"只是现在犹太人基本上都死绝了,走光了,其他人也被劝退再也不回来了。"[32] 与之形成鲜明对照的是,人们是否曾经是纳粹党人,或者无论他们"在过去做过什么事情",似乎都无关紧要。人们"完全注意不到我们,也看不见我们的过去。而当冷战开始时,事态甚至进一步恶化,去纳粹化成了一幕闹剧"。[33] 弗兰肯塔尔想要彻底重新开始,并尽可能地融入当地社会,他为此娶了一位女基督徒。虽然他常常做可怕的噩梦,并且"会在夜里哭喊着从梦中醒来",但是他不想把自己的经历告诉妻子。[34] 在妻子家人的施压下,他的三个孩子都受了洗,但是依然遭受着歧视。[35] 他也没法开口将过去的历史告诉孩子们:"当他们问起我手臂上的文身时,我解释说那是一个我不敢忘记的重要的电话号码。"[36] 弗兰肯塔尔明白其他幸存者也跟他一样,不仅"想要遗忘这段恐怖的历史",而且周围也没有人愿意倾听:"德国人自然从未向幸存者提起过任何问题。"[37]

虽然1948年以后的以色列国和巴勒斯坦被许多犹太人视作"后纳粹大屠杀"世界的一座避风港，但即便在这里，幸存者也未必能觅得富有同情心的倾听之耳：对于战前就来到这片应许之地的犹太复国主义定居者来说，那些饥饿憔悴、脑子不太正常、在战后才从欧洲移民至此的人同他们几乎没有共同点。[38] 在小说家大卫·格罗斯曼（David Grossman）的虚构作品中，我们可以活灵活现地看到他们呼之欲出的痛苦，以及宁愿在脑海中一次次重新体验创伤经历也不愿将它们说出口的倾向。[39] 但是，即便是善于发声、热切地想要为历史做证的人，也往往会遭遇人们的漠不关心。举例而言，在1946年，16岁的耶胡达·培根（Yehuda Bacon）离开了布拉格，动身前往巴勒斯坦。他决心要为时代做证，在战争结束后的最初两年里就奥斯维辛和比克瑙写下了翔实的笔记。一开始，当他发现以色列的人对此毫无兴趣的时候，他失望至极。等到20世纪50年代初，他才发觉人们渐渐地开始倾听。1953年，以色列犹太屠杀纪念馆设立，成为全世界纪念、记录、教授和研究纳粹大屠杀的中心；但是在他看来，直到1961年艾希曼接受审判时，以色列人才终于明白，受害者身份和英雄主义如何可以完美地融为一体。[40]

战争结束以后，当人们返回家乡或者远走他方时，并非只有犹太人才会遭遇不理解和矛盾心理。其他受害者群体（尤其当他们与曾经的行凶者群体为邻时）也记录下相似的经历。举例而言，利奥波德·恩格莱特纳（Leopold Engleitner，1905—2013）是个中等出身的奥地利人，他曾在20世纪30年代早期决定不再继续信仰天主教，改宗为虔诚的耶和华见证会信徒，并积极地反对政府兵役。[41] 丝毫不让我们感到意外的是，当纳粹政权在1938年占领奥地利时，恩格莱特纳因其政治立场而惹上了麻烦。他前后经历过三座集中营——布痕瓦尔德、尼德哈根（Niederhagen）和拉文斯布吕克的男性集中营——当他在战后返回奥地利时，他所遭受的残暴对待已

第七章　沉默与沟通

经摧毁了他的身心。恩格莱特纳因坚定地反对纳粹而遭受迫害，他以此身份接受采访，并被问及奥地利"是否友善地接纳了他"。他回答说，他本以为人们"会张开双臂欢迎他"，结果惊讶地发现现实全然相反："我们被视作反社会因素，我们被当作麻风病人。"更为普遍的是，人们"对恐怖和暴行缄口不语，假装它们从未发生过"。他遇到的一些人甚至彻底否认集中营的存在。战后奥地利在接纳他们时所表现出来的敌意甚至令他感到，"就仿佛我们才是罪犯，而不是受害者"。[42] 直到几十年后，当年轻的世代渐渐成熟，开始对他的故事产生兴趣，他的勇气才终于得到人们的认可而非仇视。

　　吉卜赛群体的幸存者通常会遭到人们的敌视和怀疑，就算是在最理想的情况下，即便战前的排挤政策不复存在，人们也仍旧对他们抱有矛盾的心理。在最开始的时候，官方政策与第三帝国有着昭然若揭的连续性，而敌意态度在大众当中仍然为蔚然成风。[43] 辛提人和罗姆人也相应地退守到自己的群体当中。按照当时的说法，犹太人的集体认同根植于集体受难和幸存的故事，而辛提人和罗姆人则与之相反，他们并非一个讲述过去的群体：他们的文化特征是具有挑衅意味的遗忘，而非记忆。无论这种文化差异的观点有几分虚实，它所暗示的辛提人和罗姆人不像犹太人那样谈论过去的观点是站不住脚的。[44] 辛提人和罗姆人幸存者会在亲属之间公开地谈论他们受迫害的经历。许多吉卜赛幸存者都遭到绝育，当其他人都儿孙满堂时，不能生育的处境就会给受害者带来极大的痛苦。幸存者受到的生理或心理伤害还常常令他们无法适应此前的职业。有一个人后来谈起他的母亲，说她因为过去的经历而落下了心理疾病和情感创伤。[45] 由于他们的家庭成员后代仍然感受到普遍的敌意，害怕遭受新纳粹的暴力，所以他们的受迫害故事依然有着重大的意义。在这些人的故事当中，过去仍旧时时萦绕在他们左右。

　　还有一个群体虽然遭受了纳粹党人的迫害，却几乎对这段经历一言不发，而且就算有所吐露也只会在群体内部进行，那便是男同性恋者。直到20世纪60年代晚期（在东德截至1968年，在西德则截至1969年），同性恋仍然是违法行为。在这样一个憎恶同性恋性取向的社会当中，男同性恋者自然绝不可能自认其"罪"。直到战争过去几十年后，他们得到补偿的权利才开始获得认可。[46]在奥地利，男同性恋者在纳粹政权的统治下过得尤为凄惨，而战争结束以后，他们的名誉也通常没有得到恢复。有一个男同性恋者身高5英尺*10英寸†（约1.78米），他从集中营获释时体重仅有86磅（约39公斤）；由于其"犯罪行为"的性质，他被禁止返回原先的金融服务岗位，而被迫从事一份相对底层的工作。[47]另一个男同性恋者同样从集中营获释，却要在监狱中服完余下的刑期。其他人也要服完由纳粹党人施加给他们的刑期。当面对社会接连不断的排挤时，这样的处境势必使得男同性恋者难以开口叙述，他们甚至在自己的家庭当中都常常受到孤立。即便他们的刑期没有延续，即便他们的家人不曾排挤他们，返回家园也不一定意味着解放。海因茨·黑格尔返回祖国奥地利时终于同姐姐和母亲团聚，但是他父亲因为无法承受忧虑、压力和耻辱而自杀了。除此之外，黑格尔申请补偿的要求也遭到了拒绝，因为同性恋在奥地利仍然是一项犯罪行为，因此在当局眼中，因同性恋倾向而被关进集中营是一种有理有据的惩罚。[48]这一情形要到几十年后才会迎来转机。

早期幸存者的叙述

虽然许多受害者在讲述自身经历这件事情上遭遇了种种困难，

---

* 英尺，英美制长度单位，1英尺合0.3048米。——编注
† 英寸，英美制长度单位，1英寸合2.54厘米。——编注

第七章　沉默与沟通

但是当时仍然有许多机构和个人立即发现了这些证言的重要意义。有些人试图在受害期间写日记，记录下当时的感受，或者在战争结束不久后留下文字描述；其他人则记录下自己受迫害的经历。

许多人规律性地写下日记和笔记，对当时的事件进行记录，为我们提供了宝贵的洞见，得以窥见犹太隔离区的生活经历和受迫害的体验。[49] 许多叙述在本质上都是个人思绪，是个人生活在愈发受限的环境下处理情绪波动的各式方法；有些人之所以写作，是为了让更广大的世界了解这场裹挟他们、改变他们命运的灾难，并且向未来的世界提供证言。有些人虽然留下了文字，却没能活到最后，无法亲自将经历告诉这个世界，这些人当中既有原本可能默默无名的人，比如年纪轻轻就因为饥馑和疾病而死在罗兹犹太隔离区的达维德·谢拉科维亚克，也有一些有头有脸的人物，包括华沙犹太隔离区的犹太长老会主席亚当·切尔尼亚库夫，他宁愿自行了断生命也不想继续协助纳粹党人决定屠杀同胞的配额。[50] 有些存留下来的日记仅余残页，我们也不总是能弄清楚它们的主人是谁。[51] 有一组记录华沙犹太隔离区生活的日记具有珍贵的史料价值，其核心作者包括拉赫尔·奥尔巴赫（Rachel Auerbach）等当时活跃于文学圈内的人士。当策划这组日记的伊曼纽尔·林格尔布卢姆（Emanuel Ringelblum）明白末日即将到来时，这组日记被装在牛奶罐等密封容器里，埋藏在地下；战争结束以后，包括奥尔巴赫在内的幸存者才得以找到它们，挽救下这组珍贵档案的一部分。[52] 还有的日记作者并非纳粹迫害的直接对象。这类日记作者包括波兰医生齐格蒙特·克卢科夫斯基，当时的他居住在波兰南部扎莫希奇地区的什切布热申，并在日记中将周围正在发生的事情一一记录了下来。[53]

无论时人记录证言的动机是什么，这些记录的读者是谁也仍然是个问题。在有些圈子里，无论是在战争期间还是在直接的战后，人们对此的兴趣都很热切；但是不出几年，时间的筛选使得只有一部分作品留了下来。贝尔纳德·戈尔德施泰因（Bernard Goldstein）是一位社会学家，他在战争发生的几十年前便成为一位活跃的左翼犹太领导人，他在战争结束不久后写下了一份关于华沙犹太隔离区抵抗运动的记述。[54]然而到了冷战时期，这部关于1943年华沙犹太隔离区起义的政治英雄主义和武器走私的故事陷入了相对无人问津的地步；它几乎没有引起任何人的注意，直到2005年以简写本再版时才迎来了转机。另一部由一名少女所写的华沙犹太隔离区生活叙述则在全世界范围得到了更多的同情——但事实其实并非如此。这位年轻的玛丽·贝格（真名叫米丽娅姆·瓦滕贝格［Miriam Wattenberg］）的母亲是一位美国公民，当时德国人将她从华沙犹太隔离区释放出来，是为了同盟军的德国战俘进行交换。当她在纽约走下轮船的那一瞬间，一位名叫S. L.施奈德曼（S. L. Shneiderman）的记者走上前来，热切地想要聆听她的故事。当他得知贝格在受迫害的年岁里始终有写日记的习惯时，他很快就安排将其翻译并出版。它在1945年2月面世，玛丽·贝格在许多场合发表了演说，甚至在战争仍在进行的时间里试图提高人们对欧洲被囚或濒死的犹太人处境的认识。[55]但是，她享受了极少数能够逃离这一修罗场的特权，她因此被耻辱感所困扰，希望能够帮助并拯救他人——但是到了这个时候，一切都已经太晚了。贝格的宣传活动维持了一段时间，然后她在20世纪50年代初彻底放弃了幸存者和证人的公开身份。在后来的年岁里，她在结婚后随夫姓改名为玛丽·彭廷（Mary Pentin），并且尽可能地远离媒体的聚光灯，而其日记的再版也只会令她感到困扰。[56]

贝格不再想要谈论她的经历，这里面可能有她自己的原因。但是，在战争后的最初年岁里，幸存者的听众确实在渐渐瓦解；无论外界对此类叙述有过多大的兴趣，它都开始减退了。安妮·弗兰克的日记（由这位犹太少女在躲藏于阿姆斯特丹期间写下，她本人于

第七章　沉默与沟通

1945年因斑疹伤寒死在了贝尔根－贝尔森集中营，日记的荷兰语初版于两年后面世，英语版发行于1952年）虽然立即取得了巨大的成功，但它完全属于例外的情况。弗兰克的日记很快就成为对于苦难的经典的人性化综述，呈现出个人层面的命运飘摇。弗兰克的故事所经历的命运同其他早期出版物截然不同，它最终闻名整个世界，而在阿姆斯特丹，来自德国的弗兰克家族曾经藏身的房屋如今也变成了一处旅游景点，不过这处景点也在某些方面与导致弗兰克个人悲剧的历史大环境产生了割裂。弗兰克的日记为我们呈现出一个内省的青少年躲藏在阿姆斯特丹的生活，而玛丽·贝格也同样是个善于表达的青少年。从她的日记当中，我们也能看到华沙犹太隔离区引人入胜的生活细节、苦难和死亡，但是弗兰克的日记在出版之后彻底取代了年代更早的贝格日记。无论是因为图书销售策略上的差异，还是这种关于躲藏和发现的故事所具有的内在趣味性，弗兰克的作品所带来的结果是，对于此后的世代而言，从此代表"纳粹大屠杀"，代表受难青少年的标志性形象的人将会是弗兰克，而不是贝格。

　　战争结束不久后，尤其是在国家、政党、利益团体和社会机构对历史感兴趣的地区，涌现出一批受众广泛的文化表征作品。不过，这些作品也总是因为审查力度和冷战考量（政治竞争、西方的反共产主义、东方以"反法西斯"为名义的反资本主义）而陷入复杂的境地，由此我们很难确知它们在多大程度上对舆论产生了影响，以及它们是否促使大众对幸存者证言产生了兴趣。电影是最早表现纳粹深重罪孽的文化表征作品，不过它们也弱化了"最终解决方案"中犹太人经历的独特性，代表作品如阿伦·雷乃（Alain Resnais）执导的《夜与雾》（*Night and Fog*，1956），其令人难以忘怀的配乐出自汉斯·埃斯莱（Hanns Eisler）的手笔。由沃尔夫冈·施陶特（Wolfgang Staudte）执导、德国电影股份公司（DEFA）出品的早期东德经典电影《凶手就在我们中间》(*Die Mörder sind unter uns*, 1946), 以及诸如《星》(*Sterne*) 等其他东德电影, 对这段历史都有着独特的视角, 它们批评了与纳粹共谋的行为, 并且突出了东德人在纳粹当权之时或失势之后与之作斗争的政治策略。这些作品的出现乃是必然之势; 问题在于在欧洲各个地方, 哪些视角会得到强调, 而又有哪些会被淡化处理。

不过, 这也并不意味着所有叙述都能立即得到刊印, 或者觅得相应的市场——即便他们叙述的不仅是个人故事, 还有具备重大历史意义的事件, 情况也是如此。如果这些叙述以及与之类似的内容能够更早地得到出版, 那么关于犹太人是否像羊羔一般温顺地走向屠宰场的辩论就可能会有不同的结果。举例而言, 曾经参与过特雷布林卡起义, 并用虚假身份在德国存活下来的捷克幸存者里夏德·格拉扎尔, 就无法在捷克斯洛伐克找到出版商来出版他在战后不久写下的那份扣人心弦的自述。它要一直等到1992年才终于在德国出版。[57] 扬克尔·维尔尼克和基尔·赖赫曼都在1943年的起义中从特雷布林卡逃出生天, 他们在战争期间一边躲藏并积极地参与华沙的抵抗运动, 一边写下了他们在这座死亡营的记述。维尔尼克的记述在1945年以很低的印数发行, 而赖赫曼的文字则要等到2009年才首次以法文和德文出版, 并在两年之后译成英文。[58] 同样的情况还有, 托马斯(托伊韦)·布拉特曾经参与过索比堡起义, 并且在此后的几个月中靠东躲西藏在波兰活了下来, 他用日记的形式将自己非凡的经历保存了下来。虽然他们家庭过去的朋友和邻居都曾给予布拉特帮助, 为他提供食物, 并偶尔为他提供住所, 但是其中有许多人都更倾向于背叛他——甚至有一个最开始救助过他的人, 在情况发生变化后甚至想要害死他。布拉特将一部分日记保存在基督徒友人家中, 并在战后找回了约40%; 他依靠鲜活的记忆和找回的日记手稿, 顺利地重构出当时的一些情景。1952年, 身处共产主义

第七章　沉默与沟通

波兰的布拉特向出版社提交了初稿,但是编辑想要改动的地方实在太多了——考虑书中对贪婪、胆小,常常带有反犹倾向的波兰农民的描写,以及它对战争最后几个月和解放初期政治环境的描写,与共产党的官方说法不完全相符,这一情况也就丝毫不令人感到意外了。1958年,布拉特移民以色列以后,他将手稿借阅给一位奥斯维辛的幸存者,期待能够得到更为正面的回应。但是,这位幸存者显然既没有听说过索比堡灭绝营,也不相信犹太人会发起反抗,他给出的反馈是布拉特显然拥有"天马行空的想象力"。当布拉特的作品终于在数十年后出版时,他伤心地写道:"我在索比堡死亡营遭到党卫队的多次毒打,可是它给我带来的痛苦还不如我听到这番话时痛得那么剧烈。如果连他,一个奥斯维辛的幸存者,都无法相信我说的话,还有谁会相信?"[59]直到1987年,当电影《逃离索比堡》(*Escape from Sobibór*,布拉特对此亦有所贡献)上映之时,人们才渐渐意识到东部死亡营的存在,而布拉特对索比堡起义的描述,以及他自己的人生故事,也要等到这个时候才得以出版。[60]

可是,即便在出版业相对自由的社会里,哪怕有些叙述作品的写作技巧和文笔都更为精细、高超,它们在一开始依然会难以找到受众,更别提像安妮·弗兰克的日记一样大受欢迎了。比方说,埃利·维赛尔的《夜》(*Night*)如今已是一部关于纳粹大屠杀的经典文本。无论你认为它主要是一部自传性质的作品,还是一部大致基于个人经历的虚构作品,《夜》都活灵活现地为我们呈现出奥斯维辛和布痕瓦尔德令人心胆俱寒的恐怖画面、主人公同父亲的关系,以及他的丧父之痛。但是在一开始,维赛尔发现出版方都认为这本书的读者群体很小,故而不愿意承担出版的风险。这部意第绪语作品最初的篇幅非常巨大(大约有900页),原来的名字也带有明确的控诉意味:《然而世界保持着沉默》(*And the World Remained Silent*)。后来,维赛尔缩短篇幅,并用法语重写了这部作品,由法国的午夜出版社（Les Editions de Minuit）在1958年印行，获得了法国天主教作家、诺贝尔文学奖得主弗朗索瓦·莫里亚克（François Mauriac）的强力推荐。但是在当时，它几乎遭到法国和美国所有大型出版公司退稿。[61] 维赛尔的国际知名度慢慢地增长了起来，而他的作品要直到他在1986年荣膺诺贝尔和平奖后才终于成为畅销书，此时距离此书初版面世已经过去近30年了。即便如此，也许正是因为他的全球知名度，以及这部"自传体小说"的含混性，使得维赛尔时至今日都是一个充满争议的人物。[62]

除此以外的例子还有很多。普里莫·莱维作为奥斯维辛的幸存者，在战后没多久就出版了《这是不是个人》，不过它一开始销路不佳，一直到20多年后才真正收获了大量读者。[63] 夏洛特·德尔博既是法国抵抗运动的成员，也是奥斯维辛和拉文斯布吕克的幸存者，她最初动笔书写自身的经历是在战争结束的两三年后。但是，当她将进一步的反思补充进来，写出完整的叙述《奥斯维辛及之后》（Auschwitz and After），其出版却要等到将近20年后的1965年。[64] 2002年诺贝尔文学奖得主凯尔泰斯·伊姆雷也在小说中描写过类似的双重困境：既难以实现出版，也许更重要的是，也难以让广大公众理解纳粹大屠杀幸存者的经历。[65]

而如今，我们之所以能够收集到比较多的早期证言，使得原本可能湮没人群的受害者声音能够被记录下来，这有赖许多坚定的机构和个人的努力。他们积极地搜集叙述，常常从纳粹迫害的最早阶段就动员起来，在战争中一直坚持下去，持续到战争结束之后。许多人虽然无比痛苦，却也仍然将难以想象的事件告诉他人，希望能够为后代记录下这些可怕的经历，并引发更为广大的群体对此作出回应。[66] 最早的行动可以追溯到20世纪30年代，并且在这场悲剧吞没欧洲犹太人之后，又产生出新的重心；其他行动则在德国落败之后才启动。值得注意的是，这些为广大读者收集和保存证言的人

第七章　沉默与沟通

主要是欧洲犹太人，毕竟在这些人当中，有的人既能找到充足的材料，又能觅得具有足够同情心的环境。

在整个欧洲，各种犹太历史委员会和热心个体都在试图搜集受迫害者的经历。[67]这些人大多都是热心的外行，只有少数人是接受过正规训练的历史学者、律师或拥有其他相关资质的人士。这些活跃分子趁人们的记忆还依旧鲜活、直接的时候，用各种方法（包括问卷调查、口述历史采访）记录下背景各异的普通人的经历。尽管此类材料与历史写作的相关性要到几十年后才得到认可，但是一系列资料收集的项目在保存犹太人证言方面起到了关键的作用。

1925年，意第绪犹太研究科学院（YIVO Institute for Jewish Research）在波兰维尔诺（Wilno，也称维尔纽斯［Vilnius］）成立，专注研究近几个世纪东欧犹太人的生活和文化。它在1940年搬迁至纽约，并且在战后进一步扩充了其原本就很宽广的研究范围，将纳粹大屠杀作为其重点，并且在随后的几十年里成为美国以及其他国家研究犹太身份的参考资料中心。伦敦的维纳图书馆的立馆基础是一套由阿尔弗雷德·维纳（Alfred Wiener）在20世纪20年代发起的档案收藏，维纳先生在那个时候便已经意识到，反犹主义在德国有着越来越明显的抬头之势。当希特勒在1933年掌权时，维纳便和家人从柏林逃到了阿姆斯特丹。尽管他只能救下少量的档案收藏，但正是在那一年，他在英国犹太人代表董事会（Board of Deputies of British Jews）和盎格鲁-犹太协会（Anglo-Jewish Association）的赞助下创办了犹太中央信息处（Central Jewish Information Office）。在1939年，这批档案收藏被移至伦敦，其管理机构更名为维纳博士图书馆，后来简称维纳图书馆。维纳的证言收藏始于相当早的时间段，因此在纽伦堡审判（始于1945年）的资料准备过程起到了相当大的作用。

有些档案收藏的设立宗旨便是记录纳粹大屠杀的恐怖。华沙的犹太历史研究所（Jewish Historical Institute）最早的前身是成立于 1944 年的犹太历史委员会（Jewish Historical Commission），而当伊曼纽尔·林格布鲁姆犹太历史研究所（Emmanuel Ringelblum Jewish Historical Institute）在 1947 年成立时，其核心档案正是来自该委员会。如今这家机构的研究范围涵盖近 1000 年来波兰犹太人的生活历史，但它也存有一系列与纳粹大屠杀相关的重要档案。这其中当然首先包括林格布鲁姆在华沙犹太隔离区收集的证言档案，还有战后波兰各地的幸存者接受采访时给出的证言（均得到细致的誊写）。其他独具一格、在战争结束不久后便启动的档案收藏还包括一批学生作文，它们记录下孩子们在这个迫害和灭绝的年月里所面对的暴力和恐怖经历。[68]

波兰并非此类活动的唯一中心。在法国，当代犹太文献中心（Center of Contemporary Jewish Documentation）在伊萨克·施内尔索恩（Isaac Schneersohn）等反抗运动斗士以及法国被占领地区的犹太群体的努力下于 1943 年 4 月成立。它最初位于格勒诺布尔（Grenoble），该地区在 1943 年 10 月由意大利人占领，而随着格勒诺布尔落入德国人的手中，当代犹太文献中心也就搬迁到了巴黎。施内尔索恩与莱昂·波利亚科夫（Léon Poliakov）等人试图记录下纳粹的罪行，后来也协助司法人员让行凶者接受正义的审判。这批收藏也用于纽伦堡审判和后来的法国战犯审判，并在种族主义政策研究，以及个体幸存和抵抗的经验研究中起到了宝贵的作用。

以色列犹太屠杀纪念馆建于 1953 年，是一座专门用来研究和纪念纳粹大屠杀遇难者的机构，它搭建了一个受害者姓名数据库，推进对犹太人所受迫害的研究，并且将"国际义人奖"的头衔颁给向犹太人提供援助的个人。从许多方面来说，以色列犹太屠杀纪念馆都已经成为全世界纳粹大屠杀的档案中心和纪念场所。

除了机构以外，还有许多个人将证言记录下来。其中特别值

第七章　沉默与沟通　　239

得我们注意的是一个名叫戴维·博德（David Boder）的美国教授，他凭借非凡的努力，用磁带录音机记录下难民营里幸存者的故事。[69] 博德本人来自东欧，1886年，他诞生在库尔兰（Courland，当时隶属于俄罗斯帝国）利包（Libau）的犹太群体中，本名叫阿龙·孟德尔·米切尔森（Aron Mendel Michelson）。博德在拉脱维亚接受了学校教育，他会讲德语、意第绪语和俄语，也曾修习过希伯来语的课程。随后，他在立陶宛的维尔诺（维尔纽斯）求学，接着又先后在莱比锡大学的威廉·冯特（Wilhelm Wundt）门下以及圣彼得堡大学研读心理学的大学课程。第一次世界大战之后，俄国爆发内战，他随即离开这里，四海环游，最后来到了墨西哥，并在这里学会了一口流利的西班牙语。1926年，美国终于允许博德入境；他在这里从事心理学的科研工作，并在芝加哥的伊利诺伊理工大学（后来才更为现名）谋得了一份教职。在1946年夏天，博德走访了法国、瑞士、意大利和德国的16座各不相同的难民营，用9种语言采访了约129人。[70] 他的工作为我们带来了一套独特而非凡的口述历史记录，不仅采访时间最早，且目前仍保存良好，其中囊括了来自欧洲不同群体的幸存者。博德不仅在个人层面上对这些流离失所之人的处境抱有同情心，他还因为心理学的专业知识和对多门语言的掌握而得以胜任这一任务。他的工作还站在了当时技术的风口浪尖上；这是历史上第一批磁带录音的幸存者采访记录，由此我们不仅可以阅读到誊写在纸面上的文字（有时候还经过翻译），同时还能听到原始的声音。博德的采访内容，以及其他早期证言（例如华沙犹太历史委员会收集的档案）与后来几十年收集到的幸存者证言有着截然不同的特点，因为在几十年后，纳粹大屠杀的历史已经成为一段众所周知的故事，而它给幸存者的人生带来的影响也越来越引起人们的兴趣。然而，战后早期的叙述则与之相反，尽管在早期的叙述中，幸存者也清晰地罗列了事件的顺序，描述了对他们具有重大情感意味的事件，但是当时并没有后来广泛存在的解释性框架，幸存者的叙述也因此未受其影响。早期叙述当然需要得到补充，而在当时，无论是幸存者，还是他们的对话者，对此都没有总体性的概念。

尽管今天的我们认为博德的档案收藏具有独一无二的价值，但是在过去的时代里，它并没有被视作档案。这些东西不能在纽伦堡审判派上用场；在时人看来，这些采访不能用作检举坏人的证据，对犹太人的文化遗产也无甚贡献。在1949年，博德将第一批采访和分析付梓出版，这部作品的书名意味深长：《我没能采访死者》(*I Did Not Interview the Dead*)。[71] 但是，在这本书之后，这一项目的后续作品就很难再找到出版商接手了。除此之外，当他的研究资金在1956年耗尽之时，博德也没法申请到后续资金，完成采访的誊写和翻译工作。当博德在1961年死去时，尽管他费尽心血，却没法完成这一项目。直到几十年后，时间推移到21世纪初，这一项目的价值才得到全面的认可。

许多政治团体也关心档案资料，希望借此记录（以及庆祝）他们的抵抗运动，并以此悼念为抵抗事业献出生命的烈士。在东德，战争结束不久后，由共产党人主导的受害者群体和抵抗运动战士就开始收集受迫害者和受难者的叙述。比方说，应运而生的纳粹政权受害者协会就启动了个体经历叙述的收集工作，并且代表了受迫害者的利益。在接下来的数十年中，东德政府始终都重视这项工作，对于它想要着重凸显的人物的政治经历和形象，他们会定期地收集相关证言。[72]

人们记录证言的行动背后往往有着特定的假设，它对典型的叙述和公认的解释作出了隐含的界定。有些叙述通过口头传播，并在传播了几十年后遭到大幅度的修饰和美化，等到它们被热心人士收集起来时，距相关事件的发生已经过去几十年了。比方说，由受人

第七章 沉默与沟通

尊敬的犹太拉比、其他精神领袖（犹太列比）及其追随者（哈西德派）所叙述的"哈西德故事"（"Hasidic tales"）就属于此类情况。[73]这些故事往往都比较短小，几乎就像是奇闻逸事，有时候会落入陈芝麻烂谷子的套路，并通常带有深远的道德意味——比如说表现出某种灵性，回忆起曾预言未来或奇迹的瞬间。当大规模毁灭在四周招摇过市的时候，它们帮助信徒秉持关于善和上帝的信念。它们通过重复和重申基本的价值，与过去几近毁灭的精神世界保持着联系。人们在记录这些证言的时候，他们心怀的目标与为历史和清算之故而收集材料是截然不同的。但是它们同样为我们提供了重要的洞见，帮助我们理解受害者的主体经验，以及他们为世界赋予意义的方式，并且它们也曾帮助人们在可怕的时代中维系精神和肉体的生存。

政治组织和犹太群体从很早的时候就开始勤勉地搜集已方证言。但是在战后早期档案收集当中，有些受害者群体的缺席却颇令人瞩目。比方说，因纳粹的绝育和安乐死政策而受害的群体就没有给我们留下多少档案（有些情况有着很显然的原因），而在战后早期，他们背后也没有强大的利益集团代表他们行事。禁忌、敏感性和对进一步的社会排挤的恐惧，也都影响了受害者亲属，令他们不敢开口发声。除此之外，界限也时而会有模糊的情况。有些德国人虽然本人是狂热的纳粹分子，家中却有亲属死于安乐死项目；其他人也多少以某种方式融入了纳粹政权。对于受强制绝育和安乐死政策影响的家庭，我们至今也无法窥见全豹，而对于这些家庭内部的冲突和复杂性，我们也至多只有碎片化的、传闻式的证据。比方说，如果哪些人的亲朋好友在被新鲁平的诊所收治后死亡，而他们又试图在1945年之后探究详情，他们通常都会遭遇一堵沉默之墙。显然有人在掩盖事实：人们在调查的时候，资料会在调取过程中神秘失踪；而且不仅证据在不断消失，相关的医疗、市政和警方权威也都否认自己有任何错误行为。主任医师在战后仍然担任诊所的所长，他声称病人只是为了腾空病房而被转移出去,至于他们后来如何,或者被转移至何处,则没有人清楚具体的情况。[74]这给许多人树立了不好的榜样,他们也很快地想方设法,与自己近来还参与其中的国家支持的暴力行为拉开了距离。

至于强制劳动力,则是希特勒的受害者中最晚得到严肃对待的群体。直到20世纪70年代和80年代,西方的历史学者才表达了对于这个群体命运的关切,而在那个时期,想要与铁幕背后的普通民众取得联系仍然十分困难。等到共产主义垮台之后,大型的口述史项目开始致力于记录这些人群时,无论是他们的听众,还是更为广阔的理解框架,很多事情都已经发生了改变。[75]

塑造过去

许多早期叙述都有一个令人印象深刻的特点,那便是它们纯粹的事实属性,不过它们所包含的事实有时候是散乱而不连续的——它们更多的是按照某种时间顺序,将对事件和离散之瞬间的描述接续起来,而不是提供某种前后连贯的叙事。当人们面对极端的迫害,或者刚刚从中走出来时,他们主要关心的是记录或者传达正在发生事情,或者已然发生的事情。尽管受害者会描述个别的行凶者,尽管有些幸存者能鼓起勇气,协助追踪此前折磨过他们的人,并在起诉过程中提供帮助,但是许多早期证言的主旨并非谁该为此负责;对于许多人来说,这是后来才考虑的事情,要到了司法追求正义的阶段才需要解决。此外,除了极少数例外,许多早期叙述也并不关注在更广阔的意义上,迫害对叙述者及其所在群体的生活具有怎样的意义。对意义的关切要等到很久很久以后,在许多地方,甚至要等到听众群体扩大,以及年轻一代的出现才会到来。

在战争结束的最初几个月里,犹太中央历史委员会(Central

第七章　沉默与沟通　　　　　　　　　　　　　　　　　　　　243

Jewish Historical Commission）收集了一批波兰犹太幸存儿童的采访稿，这些档案向我们表明了年轻人（有的真的很年幼，其他则是青少年）在解放之后是如何看待他们的经历的。在许多此类叙述中，孩子们用平淡的口吻记录下极为凶险的细节：父亲被人开枪打死；母亲遭遭送后从此永别；兄弟从矿坑里走出来，因为口干舌燥而从脏水池中喝水，随后因此死去；学会撒谎，以伪装的面目生活；犹太隔离区里发生的可怕事件，或犹太人在墓地里遭到射杀；躲藏在心怀恶意和善意的波兰非犹太人家中；被当地人背叛；因为长时间躲藏在黑暗、逼仄的环境里而导致的饥饿，以及视力退化和四肢虚弱；以及因为藏身之处令人难以忍受的寒冷、潮湿和炎热，而对时间的流逝和季节的变换失去了感觉。时不时的，孩子们的记忆中也会出现哭泣的场面、善意的瞬间或情感的闪现，但是想要解释这类行为模式，我们需要的不是历史学者，而是心理学家。我们所能看到的都是关于痛苦和死亡的记录，这些年轻人的孤独，以及他们承受的身心伤害，却从来没有人向他们解释过，除了身为犹太人以外，他们为什么要经受这样的生活。[76]要等到几十年过后，他们才能够（也许终究都无法）将自己的经历拼凑到更为广阔的图景中。

然而，"也许终究都无法"却萦绕着后人，折磨着他们。戴维·博德对流离失所之人的采访档案在这方面也特别引人入胜，它清楚地向我们呈现出刚刚从灾难旋涡中脱身的成年人的原始经历，而其中的大部分人永远都无法把这些经历付诸出版。这些暂住在难民营的人当然是幸存者中独特的一支。[77]在难民营里，来自法、意等西欧国家有愿意且有能力回家的人通常会踏上返回故国的旅途。而其中接受采访的人的谈话方式，对于我们理解幸存者对刚刚发生的灾难的体验有着关键的意义。后来，当他们重新安定下来，并且对自身经历的事件的宏大背景有了更多的了解时，他们的叙事将因这些环境因素的变化而发生偏转。

博德记录下的许多故事都带有此类散乱的叙事方式，因为无论是采访者还是幸存者，他们都不清楚故事的不同部分各自具有怎样的重要性，有时候甚至不确定某些具体地点位于何方，那里都发生了什么事情，以及幸存者所叙述的事件到底是如何发生的。不确定性无处不在，无论是时间节点、特定时期的持续时长、某些事件的确切日期，谁该负责，或者为什么某些事件会这样发生，都可能无从确认。

在这些叙述中，有些经历哪怕到了后来都无法被纳入标准"幸存者故事"的框架之中。比方说，在1946年9月25日，博德在西德威斯巴登（Wiesbaden）的难民营里采访了一位名叫约瑟夫（Joseph）的男子，我们并不知道他的姓氏，因为他对此有所保留或者不希望自己的身份被后续确认。[78]约瑟夫向博德讲述了他在战争期间的行动轨迹，包括抵达普热梅希尔时的情形。按照他的说法，"红军来到此地，将普热梅希尔一分为二。有半边普热梅希尔属于红军阵营，而河对岸的那半边则属于德国"。他的妻子试图同他团聚，却被困在河的另一边，不被允许涉河而过。后来，他才知道妻子被遣送至奥斯维辛，没能在战争中存活下来。与此同时，约瑟夫也试图回到属于德国的那半边，好与妻子团聚，却被遣送到苏联，他在东方辗转于众多营地，而在战争余下的时间里，他都生活在苏联掌控的地盘。他对这些营地生活的叙述既空洞又散乱；无论是约瑟夫抑或博德，似乎都无法看清四周更为庞大的语境。关于食物、衣服和工作的特定细节非常清晰，而约瑟夫也很清楚，正是由于疾病和营养不良所导致的糟糕的身体条件，才最终让他被调到另一座条件较好、劳动强度较低的营地。他还分到了药物，他接着说道："那座营地的情况已经不是那么糟糕。人们至少可以忍受。我们不必起那么早去劳动。"当他们得知自己已经被"解放"（事实上，它指的并非战争的结束，而是他们得到释放，可以离开监狱和劳动营）时，约瑟夫和其他人都试图回家:"我们解放了,我们一面旅行,一面寻找着亲人。我们不停地上路。我们连续几个月都在路上。"他所使用的复数的"我们"包括那些死去的人,一个个虽然身已死去却依旧存在的人,约瑟夫不仅会在谈论生病的时候提起"我们",也会在其他时候谈及"我们"。

曾有一段时间,约瑟夫似乎在军中服役,并被部署到"中亚"。但是,他在那里患上斑疹伤寒和痢疾。在经历过一段时间的住院治疗和恢复后,他重新开始工作和旅行。在1946年7月,他终于回到祖国波兰。他并没有准备好迎接故乡等待他的局面:"当我们抵达波兰时……我们以为可以回到家中生活。毕竟,波兰是我们的家。我们已经在那里生活了那么多年……我们的父亲,我们的祖父都是如此。但是我们被告知,我们不能走上街头。"被问及这话是谁说的,约瑟夫答道:"到火车站接我们的犹太人。到火车站接我们的犹太人对我们说,我们不可以在街头闲逛,因为今天会有处刑活动。那天晚上,一列前往华沙—卢布林的列车经过此地,从上面下来了四个犹太人。谁也不知道发生了什么事情。第二天上午,他们就被枪决身亡了。"

波兰的这件事情发生后,约瑟夫继续向西旅行,并于约两个月后在威斯巴登接受了博德的采访。他当时所处的状态显然无法对此前几年的生活作出完整、连贯的叙述,而只能平铺直叙地讲述旅行轨迹、劳作、生活条件、糟糕的健康状况和恐惧。这种叙述永远不会进入后来成为主流的标准模式的幸存者故事。约瑟夫的故事里没有人现身拯救大家,也没有英雄式的逃亡,有的纯然是对生存的记录,至于生存的结果并不是因为运气、友谊或者人性,他实际上并未给出任何解读。在当时,阐释的框架尚不存在。

也有些受访者的讲述能够让我们感受到更大的环境,或者获得更多的细节。在博德采访的幸存者当中,也有一部分人在后来的人生中作出了更为详细的证言。到了这个阶段，他们已经能够看到更为广阔的画面；他们也获得了更多的二手知识和信息，能够填补自身叙述中的空白，并为个人的经历绘制时代的背景。到了这个阶段，他们的叙述"变得更言之有物了"，而它所要求的许多条件在战争刚刚结束时还并不成熟。

半个世纪以后，特定的几类故事已经成为众望所归的对于"纳粹大屠杀"经历的叙述。当博德的原始采访选集在1998年修订后出版时，编辑唐纳德·涅瓦克（Donald Niewyk）明确地道出了他的选目标准：他所挑选的都是"在希特勒的种族灭绝中幸存下来，并且能够传达出重要信息的犹太人"采访，而那些"无法讲述连贯故事的"采访则被"排除在外"。同样被排除在外的还有"苏联反共公民、各类教会成员，以及其他非犹太难民"的叙述。编者为了优先提取标准的犹太叙述，压制了受害者经历的多样性。甚至连收录在内的犹太人采访，也"为了时间连贯性"而做了重新整理，对"重复的材料"进行了"删节"。[79] 约瑟夫的故事就没能躲过编辑的裁剪。

这一后来面世的选集有着重要的意义，它增添了一篇导言，将其中的个人叙述纳入更为广阔的历史图景中。对于纳粹大屠杀的经历，这些经过编辑、具有可读性的故事能够为我们展现很多信息，并就众多地区的遣送、犹太隔离区、集中营和强制劳动力提供详细的洞见；采取这样的形式之后，它们所触及的读者人数远远多于博德所处的时代，这也是因为在那个时候，这类叙述并没有市场可言。

然而，这样的选集也有其代价。到20世纪90年代晚期，虽然这一方法使得博德的采访为后来的读者所获悉，但是经过处理的幸存者叙述恰恰无法传达他们在叙事能力方面的缺失和不连贯性，而这些现象正是那些不仅在地理位置上"流离失所"的人在战争刚刚结束后的行为特点。我们在博德的原始采访档案，以及波兰的孩童故事档案中所看到的，乃是这段令人费解的经历的几幅快照：它们的叙述者实际上在时间中被悬置，无法在已然发生的事情中找到意义，也不清楚接下来可以去向何方，或应该去向何方。他们的世界被彻底打碎，而他们还未能习得策略，来理解这段历史的全部意义（如果意义真的存在的话），或者他们该如何在毁灭和大灾难之后继续前行。

纠葛的友谊与撕裂的纽带

对于处在行凶者群体（无论是通过积极的参与，还是借由情感认同）中的人来说，他们人生的界定性时刻并非发生在纳粹主义出现之时（对受迫害者来说是如此），而是出现在战争结束之际，在他们需要面对战败的后果之时。

如今，许多行凶者都主要把自己视为受害者。这些人曾与恐怖的系统合谋，曾经将他人逐出家园，剥夺他人的财产，从中牟取利益，或者曾经目睹或者参与这些暴行，但是事到如今，他们却只能看到他们在事件过后自己承受的痛苦。他们对自己当下处境的愤恨渐渐发酵，他们通常把问题归罪给新的压迫者。[80]战争期间和战后的大规模人口迁徙也带来了剧烈的社会动荡。[81]德国人从前线和战俘营返回故里，或者被东欧国家驱逐出来重新定居德国，他们都怨恨地谈起自己所受的苦难。根据每个人的性别、年龄和所处地区的差异，他们所遭遇的经历包括强奸、虐待、抢劫、饥饿、疾病、对亲人的担忧、一路向西跋涉的困境、无比繁重的劳动、战俘收容营的无聊，以及在苏联遭遇的不公或重体力劳动。[82]当时的日记记录下对于食物、煤炭、衣物等物资短缺的担忧，以及对于归家的渴望，因为人们都还记得此前的他们在家中过着更为幸福和无忧无虑的生活。[83]在这些人当中，许多人也失去了亲人，并且常常表现出心理和生理上的不适，此外他们也完全不愿与纳粹迫害的受害者共情。在此后的几十年里，这些动荡在世人记忆中挥之不去。人们对它的讲述常常采用纯粹私人的口吻，而几乎不愿将这种磨难置于当时德国的政策和做法的广阔背景之中。[84]那些动用各种能力（以及不管他们离杀戮的场所有多远）支持纳粹政府的人后来都对他们此前热衷的事情保持着沉默，或者会带着某种程度的距离感审视他们的过去。其中有着一段关于自我转变的隐藏历史。

在这样的处境下，对这些人来说，试图理解受害者，并与幸存者进行对话，便成了他们最不想做的事情。这一态度也使得行凶者和幸存者之间的鸿沟变得越来越深刻。几乎没有人试图在不同的经历群体之间架设沟通的桥梁。但是有少数人尝试着和解，与一度被迫害的鸿沟分隔在不同世界的朋友共续前缘。

梅利塔·马施曼曾在德国少女联盟担任过管理和宣传的工作，她在战后做了一件与众不同的事情，于20世纪60年代初出版了一部自述，谈及了显然令她挣扎不已的负罪感问题。[85]马施曼在一份所谓的"报告"中讲述了她过去的自我认知，那是写给她曾在柏林读书时结交的犹太朋友玛丽安娜·施魏策尔的一封信，她在信中探讨了过去的她对于纳粹主义的热诚和以纳粹之名所做的各类活动。这篇叙述为我们呈现出一份结合了自我辩解和自我批评，甚至有几处濒临自我割裂的文本：它包含了精妙的平衡之术，一方面承认过去犯下的恶行和疏忽，但另一方面仍旧呈现出一个她能够心安理得地自处的自我——一个无辜的、遭受背叛的自我，一个被希特勒的诱惑力、为弱势群体"行善"的希冀和为国家的伟大和荣耀作出贡献的承诺引入歧途的年轻人。直到后来，她才在反省中明白，她自以为从事的"善行"，实际上是以不属于德意志"民族共同体"的无数他者所遭受的排挤、剥夺，以及最终的谋杀为前提的。马施曼将她过去的自我描述成一个在本质上善良、无辜的人；与此同时，她也承认她对伤害作出的"贡献"，以及她在心甘情愿地无视他人苦难、压抑对饥饿的波兰儿童的同情心、压抑对她在库特诺和罗兹犹太隔离区所目睹的苦难的同情心时所造成的害人性命的后果。[86]

这份叙述在西德面世时引起了大量的关注，得到的评价则褒贬不一。英国历史学者詹姆斯·乔尔（James Joll）批评它是一部"相当可怕和令人厌恶的书"，它仅有的优点在于，它向我们展示了"普通人能够多么容易地陷入固定模式之中，即便最可怕的事情发生了，也不会遭到质疑，甚至不会被注意"。[87] 许多历史学者后来对这部作品发起质疑，认为它无法对纳粹主义的可能性提供洞见，无法解释纳粹主义为什么能够激励那么多年轻人，让他们愿意为了纳粹的事业牺牲生命，也无法解释女人为什么会愿意协助对纳粹领土东部进行"德意志化"（让说德语的人口占据波兰以及其他地区）。[88] 但是，我们大可以认为，这部作品对20世纪60年代西德人对自身灵魂的探索，以及对受迫害者群体和协助迫害的群体之间的横亘不去的深渊，还是提供了一些有趣的洞见。

在战争爆发之后，马施曼信件的收信人玛丽安娜·施魏策尔成功地移民美国，后来嫁给了一个美国人，成了一名语言教师。[89] 尽管施魏策尔反反复复地收到马施曼的来信，但是在短暂的信件往来之后，她选择不再回信，而是将自己的精力投入到美国的新生活里。在此之后，她只同这位曾经亲密的朋友联系过一次。

马施曼在自述（她为了保护被谈及人士的匿名性，更改了部分细节）中声称，她并非因为施魏策尔的兄弟，而是因为玛丽安娜的姐姐加布里埃莱（通常被称为蕾莱）才向盖世太保检举揭发的。由于马施曼的告发，蕾莱在1937年晚些时候因参与非法青年组织dj.1.11.的反对活动而被关进了刚开放的利赫滕堡（Lichtenburg）女子集中营。蕾莱当时的男朋友、政治灵魂伴侣以及后来的丈夫名叫汉斯·塞德尔（Hans Seidel）。当时蕾莱被禁止嫁给汉斯，因为汉斯是个完完全全的"雅利安人"，蕾莱则是犹太人的后裔，而她的父亲一直等到 1933 年才将家族的血统告诉她。就像许多其他拥有"归化"家庭背景的德国犹太人那样，她从小到大都接受着基督教的熏陶。汉斯·塞德尔也遭到逮捕，并且在被囚于萨克森豪森、柏林的亚历山大广场（Alexanderplatz）警察监狱期间经受了可怕的对待，致使他此后重度抑郁症反复发作，余生都为其所困扰。[90]

1963 年，在玛丽安娜·施魏策尔移民他乡四分之一个世纪之后，她首度返回德国，拜访姐姐蕾莱，并且说服姐姐同梅利塔·马施曼见面。此时的蕾莱已经同汉斯结婚，并且在斯图加特组建了家庭。这次会面并不愉快；虽然施魏策尔后来后悔没能对过去友人的和解之举持更开放的心态，但是这次会面之后，她选择斩断了两人之间的联络关系。

像她们这样能够开诚布公地谈论这一话题，试图逾越纳粹造成的深渊，达成沟通，希望像一切都未曾改变那样重拾一段友谊，乃是非常罕见的事情。然而，许多学校团体在战后试图举办聚会，假装一切都恢复正常，这却并非少见之事。为了让友谊维系下去，人与人之间的关系时常得非常"浅薄"，而马施曼一方的朋友则不能"讲述任何往事"。对于往事保持沉默，并且假装自己向来都反对纳粹，在当时是非常常见的行为方式，只要不过于深入地探究过去，它就能使最起码的社会礼节和表面上的友谊维系下去。但是无论如何，纳粹时代以前单纯的社会纽带和关系都不再可能重新接续起来。

1969 年，也许是因为再也承受不住回忆的痛苦，也许是因为由监狱和集中营里的虐待而导致的重度精神失常，汉斯·塞德尔自杀身亡了，他是一名非常聪明的医生，也是一个拥有政治觉悟的公民，他留下了蕾莱和他们的孩子，将他们抛向了没有他的未来。[91]

在战后初年，人们通常只跟自己人交流，只在自己的群体内部交流，而不会逾越不同经历群体的界限。过去的影响力仍旧盘桓不

第七章　沉默与沟通

去，而它们也将长远地持续下去。当幸存者在竭尽所能地从受到的伤害中恢复元气时，行凶者则忙于掩盖他们的劣迹，改变他们的故事。所以，行凶者和受迫害者之间的缺乏沟通也就完全不出人意料了。他们各自的利益往往互相冲突，经历和世界观的深刻差异也会妨碍彼此和解。更何况，就连群体内部的沟通也并不容易。

在这场全面的战争造成毁灭之后，大多数人无论其背景，首先关心的都是"重建"的项目，其中既包括个人和家庭生活意义上的重建，也包括公共领域的重建。故而，这种实际意义上的平行世界就成了战后年代的特点。同一个世界内部有着很多的交流，但是平行世界之间的沟通和共情都相对匮乏。双方的情绪都发酵得越来越危险，对峙的赌注也堆得越来越高，使得任何有意义的对话都无法进行。在有些案例中，为了共同生存，无论是仇恨、复仇的欲望，甚至是和解的希望都会造成问题，而难以得到表达。所以，无论这些个体是否在当时意识到这一点，它造成的结果便是，人们既不愿意跨越由相似经历所联系起来的私交小圈子的界限，也不愿意跨越当他们在谈论不远的过去时，那些实际上可以考量、可以表达的事物的相对模糊的界限。

如果我们主要谈论"记忆"，或者将注意力局限于文化现象和政治正义，那么我们就会错失这些离我们并不遥远的经历给个人带来的长远的意义。对于经历过这段时期的人而言，过去不仅仅是一种陈述（尽管它很重要），它还意味着挥之不去的生理和心理的疼痛，意味着不曾停歇的情感投入，意味着个人的挑战和重新适应，而且它也势必扭曲、影响其后的当下。试图发起和解，试图在相互冲突的经历之间搭建沟通的桥梁，这在本质上是充满风险的，而且常常带来令人厌恶的结果，甚至在某些状况下几乎不可能达成。个人在地下层面对过去的投入仍在继续，有时候也会同公共舞台上更为显明的对抗互相交织。

直到四分之一个世纪后,这一处境才开始发生变化。然而与此同时,国际社会也在付出努力,对公认罪孽最深重的人进行审判:将大清算带到法庭上。我们将会在下文发现,司法系统及其实践并不足以面对如此严峻的任务。

第二部分

冲突：司法大观

第八章

过渡时期的正义

历史学者奥托·多夫·库尔卡（Otto Dov Kulka）在晚年写下了关于奥斯维辛的回忆录，他在其中回忆起自己还是孩童的时候，生活在焚尸炉烟雾的阴影下，心中燃起了复仇的欲念。他还记得一位囚犯同胞，那是一位"面容消瘦、胡须茂盛的年轻人，名字叫作赫伯特（Herbert）"，他改变了库尔卡的一生，给他带来了潜移默化的影响；赫伯特为他做了很多事情，给过库尔卡一本陀思妥耶夫斯基（Dostoevsky）的《罪与罚》（Crime and Punishment）。赫伯特还玩过一种"游戏，为'德意志问题的解决方案'出谋划策"，他会故意使用纳粹党人在讨论"犹太问题的解决方案"时使用的术语。[1]库尔卡记得，他们考虑过许多可能的"方案"，但是当他们为德意志人设计出"同样的解决方案"，即毒气室和焚尸炉，或者将德意志人"从世界的民族中驱赶出去时"，他们对自己的做法感到"厌恶"。[2]他们认为，这样的做法逾越了界限，并在人性上将犹太人贬低到与折磨他们的人不相上下的水准。

然而在战争结束以后，许多幸存者都积极地考虑过极端的报复形式。比方说，前抵抗运动斗士和维尔诺（维尔纽斯）犹太隔离区幸存者阿巴·科夫纳曾经领导一个名叫纳卡姆（Nakam，希伯来语词汇，意思是"复仇"）的战后犹太组织，他们试图在几座大型德国城市的饮用水源投毒，以此毒杀数以千计的德国人。[3]这一计划直到最后关头才遭到挫败。无论像这样谋杀大量德国人的想法是多么的可怕，它都确实点明了人们的苦痛有多么深重，以及与之相关的感触是多么强烈，致使部分群体呼吁发起对等的报复行为。毕竟，要将那些理应为大规模屠杀负责的人送上法庭、接受审判，从来都不是一件可以直截了当、快刀斩乱麻的事情。

复仇、惩罚、正义——这些词都指向不同的事物，背负着非常不同的含义。幸存者和受害者之间并没有达成广泛共识的策略，也没有任何策略能够纠正行凶者施加给他们的恶行。当机会出现之时，有些幸存者确实采取了直接的行动，报复曾经折磨过他们的人。其他人则并不想要复仇，而是不管有多么困难，都想要回归到不曾背负历史重负的人性生活中去。他们就像赫伯特一样，不希望自己降格到与压迫者的无差别残暴不相上下的水平。有一小部分人最终感到，如果他们想要在与自身经历共处的前提下生活下去，他们就必须原谅曾经折磨过他们的人；这是曾经参与门格勒的双胞胎实验，并幸存下来的埃娃·莫泽斯·科尔（Eva Mozes Kor）所选择的道路。[4]很多其他人都不适合这一解决方案。

无论幸存者怎么看待这件事情，绝大多数人心中潜藏着一股怒火。而对复仇和争议的诉求也使得部分受害者挺过了最极端的逆境，并且在战后激励着少数人不惜历尽千辛万苦也要抓捕纳粹行凶者。与此同时，盟军虽然希望将有罪之人送上法庭，但是这一举措很快因山雨欲来的冷战紧张局势而变得复杂。在第三帝国垮台以后，新的国家在其土地上纷纷成立，被铁幕分隔在两侧，新兴的精英取代了旧时代的精英，而政治考量也贯穿了战后的罪责问题。曾经的纳粹党人试图重新书写历史，他们想方设法地进行无代价转变，取得了某种程度上的成功，而新兴政党也依据各不相同的意识形态理念，试图建立更美好的未来。

过渡时期的正义包含了一系列复杂的审判、清洗、对无辜受难者的补偿，以及为了走出昨日、面向未来而达成的一定程度的和解。[5]纳粹时代结束之后，无论在欧洲的任何地方，对于国家支持的罪行和集体暴力的司法清算都不可能是简单和直截了当的。无论在第三帝国废墟之上建立起来的国家里，还是在寻求正义之士和想要阻止清算纳粹历史的人之间，冲突还要上演几十年的时间。

天翻地覆

战争结束后，无论是积极支持纳粹党的人，或者与纳粹统治者密切合作的人，都害怕可能到来的惩罚，而纳粹党的受害者和敌人，则本该能够更为自由地呼吸和生活。但是在战争刚刚结束之时，这种天翻地覆的程度和形式却在很大程度上依赖分隔冷战欧洲的铁幕两侧风云变幻的环境和形势。

少数人被确认为罪犯，而为数众多的人则被定性为无害的同路人，因而被免除了罪责，这两者之间存在着泾渭分明的界线。在许多国家，过去的社会隔阂以新的形式继续存在下去，而不同社会群体之间互相的仇恨和怀疑也蔚然流行。无论是在西欧民主国家，还是在东欧共产主义国家，战后诸国如何将曾经参与纳粹统治，对其表示支持，或者与其合作的绝大多数人重新吸纳进社会，这在所有国家都是一个攸关的大问题。而在不同的国家里，被选为反抗军英雄的人物会因为环境的不同而存在巨大的差异。

早期也曾出现过一些往往非法的当场报复。在战争的最后几个月里，红军士兵大规模地强奸了德国妇女；战后初期，曾经和德国人睡过觉的法国女人和波兰女人都被剃了光头；曾经与当局合作的人遭到了残忍的对待和羞辱；德国人被驱赶出东欧国家时遭遇了自发和有组织的暴力——所有这些都可以证明，人们在战争期间发酵出了强烈的感情，广大人民也怀有复仇的决心，甚至不顾被报复的个体是否真的犯有同流合污或者十恶不赦的罪行。有些人是罪有应得；但许多其他人，尤其是被强奸的年轻女性受害者，本不该受到如此对待。[6]

在有些地方，正义在当场得到迅速的执行。比方说，在1945年1月29日，当苏联军队抵达缅济热奇精神病院时，他们发现了充足的证据，表明该医院以"野外"安乐死项目的名义杀死了数以千计的人。瓦尔特·格拉博夫斯基院长以及希尔德·韦尼克医生、海伦妮·维乔雷克护士等雇员都成功地逃脱了；但是在3月份，苏联人抓获了一位名叫阿曼达·拉塔伊恰克（Amanda Ratajczak）的护士，并对其进行了简易的审讯，包括对其杀人手法的案件重演进行了录制。拉塔伊恰克承认自己协助谋杀了约1500名病人，并在1945年5月10日与另一位护工一起经过简单的审判后，被立即执行死刑。[7]在下文中，我们将在其他与安乐死谋杀相关的案例中发现，假使她成功地逃到西欧，躲过了此后十多年的审判，那么她最后的结局可能会很不一样。

在当时，人们关心的不仅仅是让个体为他们的罪行伏法。整个欧洲都对曾经协助过纳粹党的人发起了系统性的清洗运动，例如法国就对纳粹合作者发起了所谓的"净化"（épuration）运动。尽管在西欧国家里，沿袭旧有的人际关系要比激进的变革更令人瞩目，但是大多数国家都在选拔新的社会精英时采用了诸如此类的清洗运动。20世纪40年代后期，东欧各国愈发受到苏联的掌控，在这些国家里，清洗运动也被用于边缘化各类政治流派的共产主义敌人。比方说，曾经与纳粹党人作战的波兰家乡军的爱国者，很快就发现他们又一次身处历史洪流的对立面。在共产主义国家，参加过由非共产主义组织发起的抵抗运动的人，很容易遭到当局的囚禁或严酷对待。另一方面，由于波兰的官方政权并未卖国通敌，某些波兰自由派甚至认为，如果波兰能够变成单民族国家，它将迎来更美好的未来，故而波兰并不像法国那样旗帜鲜明地反对反犹主义。[8] 许多波兰人仍然反犹，有的人是出于意识形态的理由（究其历史根源，"种族"考量的权重要明显大于宗教信仰），有的人则是因为个人因素，尤其是出于物质方面的利益。有些波兰人更为极端。1946年7月的凯尔采屠杀（Kielce pogrom）引起了广泛的关注，但它实际上只是犹太人在战后返乡时所遭遇的规模最大的暴力行动。在1945年到1946年间，约有300名犹太人在波兰人手中遇害；许多波兰人都对重新出现的犹太幸存者感到怨恨，并担心如果被发现自己占有了他们的财产，或者曾经协助遣送或杀死他们，自己会迎来怎样的后果。[9]

有些人害怕自己会因为背叛或杀害犹太人，而在战后遭到报复。索比堡幸存者托马斯（托伊韦）·布拉特曾说过，在死亡营的反叛和突围之后，很多人之所以没能活到战争结束，并不是因为他们被德国人杀死了，"其中的大多数人死于充满敌意的反犹分子、民族主义团体或者四处游荡的强盗"。他清醒地意识到，"逃出生天的犹太人所面对的处境与非犹太人有着天壤之别。非犹太人可以泯然于众人并求得安全。犹太人却无法如此"。[10] 解放之后，布拉特被一个名叫博亚尔斯基（Bojarski）的农民给吓坏了，因为他一开始为布拉特及其两个朋友提供了住所，后来却试图将他们杀死。[11] 布拉特差一点就死在了波兰农民的手里，他写道，其中一个农民"要在博亚尔斯基的谷仓里将我处死……博亚尔斯基心知肚明，如果我幸存下来，就得轮到他东躲西藏了"。[12]

尽管里夏德·格拉扎尔曾在少数波兰人那里得到过帮助，但是波兰人民的敌意还是迫使他在逃离特雷布林卡后，在德国乔装打扮成一名强制劳动力。[13]所以矛盾的是,虽然德国人战败了,他们的集中营被拆毁了,战胜国也决心将最可怕的战犯送上法庭,但是波兰犹太人的生活却并没有因此变得安全。这一处境给后世留下了一笔遗产,不仅促使犹太个体决定移民他乡,还在波兰本土促成纪念纳粹大屠杀的政策和惯例。

然而,波兰的司法是严苛的:这个国家判处了193人死刑和69人终身监禁。[14]在马伊达内克解放之后没几天,关于这座集中营的第一场审判于1944年11月27日至12月2日在卢布林区得到审理。这也是全世界针对纳粹集中营的第一场审判。[15]关于马伊达内克的后续审判很快也随之而来,在1945年至1952年间得到了审理。在波兰的早期审判案件中,最为知名的被告是曾经担任奥斯维辛指挥官的鲁道夫·霍斯,他被交到盟军手里,在克拉科夫接受审判,并在1946年被处以极刑。[16]其他在波兰犯下罪行的人也受到了审判和惩罚,其中包括曾经担任利茨曼施塔特(罗兹)犹太隔离区管理机构首脑的汉斯·比博。比博虽然在战争末期逃到了德国,却被一位幸存者辨认出来。盟军认为比博应当被引渡到罗兹,他于1947年4月在那里接受审判,并因剥削犹太隔离区居民、致使他们忍饥挨饿的罪名被处以绞刑。

但是值得注意的是,有许多人本该为罗兹犹太隔离区的苦难和死亡负责,有些人将犹太人遣送死亡营,他们当中的大多数却逃过了司法的惩罚。没有被送上法庭的人包括曾经担任地区首长的弗里德里希·于贝尔赫尔,以及曾经担任市长的维尔纳·芬茨基。[17]于贝尔赫尔在战争行将结束的时候消失了。但是芬茨基和文官政府里的许多前纳粹党人一样,后来进入了西德的公务员队伍,转而将他对东部情况的熟悉用到遭驱离者、难民与战争受害者部(Ministry for Expellees, Refugees, and War Victims)的工作中。在此后的几十年里,芬茨基的儿子对父亲曾经参与纳粹迫害的往事一无所知,而我们将会看到，这一现象在纳粹党人的下一代中非常普遍。

欧洲的各个国家都有审判纳粹战犯的大型案件。战后诸国不仅要解决受害者问题，也要解决通敌卖国的政治问题。举例而言，法国注重弥补维希时期出现的裂隙，刻意地强调了法国人的抵抗运动，并且压制了犹太人遭受遣送的经历，以及法国人通敌卖国的问题。在有些地区，正义的过渡时期远远超出了战后初年，甚至到20世纪晚期都有相关的案件审判，时不时地给人们带来痛苦的回忆，并且颠覆了令人们沾沾自喜的民族神话。[18]

如果合作是被迫的，那么通敌者是否有过失，过失又有多大呢？就这一现象提出问题的众多案件发生在一个纳粹党施行迫害之时尚不存在的国家，它不仅代表了人数最为庞大的受害者群体，而且它的建立在很大程度上要归因于纳粹主义：那便是1948年建国的以色列——其依据是富有争议的《贝尔福宣言》(Balfour Declaration, 1917)，它支持犹太人在巴勒斯坦拥有一个"民族家园"，但是直到纳粹大屠杀发生，以及第二次世界大战带来的国际余波，才真正促成了这一事项的推进。[19]1950年，以色列国会（Knesset）通过了《纳粹与纳粹同谋（惩罚）法》(Nazi and Nazi Collaborators [Punishment] Law)。这部措辞严厉、充满争议的法案旨在针对有同谋行为的犹太受害者，如果他们完全是靠"灰色地带"的操作才在纳粹大屠杀中幸存下来，比方说身为集中营里的囚犯头子，或者担任犹太隔离区德国领导人的帮手，那么他们就是这部法律的打击对象。由于所有案件卷宗要过70年才会公开，所以我们暂时还不清楚因这部法律所引发的诉讼数量及相关细节。但是据估计，在1951年至1964年间，法庭审理了30到40桩此类案件。我们已然清楚的是，有些曾经的囚犯头子在面临决定自身生死又极为有限的选择时作出了痛苦的决定，并因此受到了严厉的惩罚。[20]考虑到许多有罪的纳粹分子都没有因为自身罪行而受到惩罚，如此审判囚犯头子想必会就极端情形下的罪责和责任问题引起极大的伦理争议。

对于曾经被第三帝国占领的区域来说，它们在这些问题上的处境显然与其他地方有所不同。曾经的纳粹集中营、监狱所在地，以及其他场所常常会被盟军占领国征收，用来搭建拘留营。这些拘留营常常遭到被拘留人士的批评，他们声称自己所遭到的拘留并不公平。当他们与其他想法类似、满腹怨言的人关在一起时，有些人反而变得更加同情（而不是反对）纳粹的观点。虽然我们已经在上文中了解到，梅利塔·马施曼试图与朋友重续前缘，并以失败告终，但是她还是认为与拥有不同经历的他人交谈具有重要的意义；不过她认为自己在拘留营期间接受的"再教育"没有任何用处，并声称直到她获释以后，她才开始接触到其他德国人的观点和意见，包括那些曾经反对纳粹主义的人，而她由此才终于进入漫长、缓慢的反思过程。[21]

德国的苏联占领区在1949年变成了民主德国，此地拘留营的条件要远比盟军拘留营恶劣。苏联内务人民委员会（NKVD，与警察和安全部队克格勃有着紧密的关系）一共设立了10处"特殊营地"。这些特殊营地的建造动用了纳粹的拘役机构，包括布痕瓦尔德和萨克森豪森集中营的场地，以及位于包岑和霍恩申豪森（Hohenschönhausen）的监狱。苏联的特殊营地和其他类似机构一共拘留了超过12万人。其中有不少人确实曾在纳粹系统中占据重要的职务，但很多其他人则是普通的士兵，甚至只是因为惹恼了新"老板"而当街遭到逮捕的年轻人。这些状况同样无法使苏联获得当地民众的支持，自然也很难让受到牵连的多数人产生亲共的立场。

在一开始，人们把"去纳粹化"视作一种在政府和其他关键领域清洗纳粹分子的手段。至于它在多大程度上被用来大幅度变革组织结构和人事安排，则因纳粹占领区域的实际情况而有很大的差异。[22] 如果前纳粹党人被分到一个比较糟糕的分类，那么他可能会在拘留营待上更长的时间，受到罚款，并且被禁止在特定领域内就业。在西欧，绝大多数前纳粹党人逃脱了糟糕的分类，而只是被定为"同路人"（Mitläufer），甚至被"免罪"（entlastet）。苏联占领区域建立起新的共产党政治体系，并发起了影响深远的社会和经济革命，他们的反纳粹化措施反而波及面最广。虽然当局不愿承认，但是即便在东欧，延续旧制仍然是主流，尤其是在政治敏感性不高的领域。无论是在东欧还是西欧，将"名义上"被归类为纳粹分子的人重新吸纳入社会很快就具有了优先级，其重要性要高于激进的变革。奥地利的去纳粹化手段虽然有地区差异，但总体上而言和德国一样敷衍了事，前纳粹党人很快就重新融入了奥地利的社会和政治生活。在最开始的仓促行动过后，去纳粹化在所有地方都大体上变成了社会修复工作。一方面是重组、羞辱和"再教育"的过程，另一方面则是"常态"的重建和所谓的恢复，两者之间存在着复杂的互相影响，而不同的个体对于盟军的措施有着各不相同的反馈。[23]

经历去纳粹化过程的人通常都将这些程序视作他们需要逾越的障碍，而不是直面过去的严肃契机。为了达成想要的结果，符合相应的框架，人们会重塑自身经历，重新阐释历史事实。在人们讲述的故事里，他们只是在最低程度上以及完全是形式上参与了纳粹体系，他们是遭到强迫才入党或者与纳粹党合谋，其实内心"从始至终都反对"纳粹主义，只是表面上装出一副随大流的样子，来避免引来最糟糕的后果——所有诸如此类的自我辩解的故事在当时普遍存在。由此，在第三帝国及其占领和吞并土地的废墟之上，诞生了一个不曾害人的民族。随着冷战的优先级超过反纳粹，去纳粹化的程序也就被交给德国人自行处理，故而罪犯也就愈发得到宽大处理了。

即便如此，在战后的前十年，东德、西德和奥地利仍旧审理了数千桩案件，人们也因此发现，曾经的纳粹民族共同体成员普遍地参与了针对同胞的迫害。然而无论在当时，还是在后来的意识当中，这些本土审判在盟军主导的大型审判（在当时被普遍视作"胜利者的正义"）面前都相形见绌。

"胜利者的正义"：纽伦堡国际军事法庭

在1945年至1946年间，盟军内部的紧张关系尚未爆发，冷战也尚未开启，几方在国际军事法庭（IMT）一事上达成了合作。曾经在纳粹德国主掌政治、经济和军事行动的人物被认定为罪大恶极，因此受到国际军事法庭的追究。1945年11月20日至1946年10月1日，国际军事法庭在纽伦堡的司法宫开庭，这是一座响彻历史的城市，因为它还是希特勒每年举行纳粹党集会的城市，也是他在十年前宣布《纽伦堡法案》的地方。后来，纽伦堡还曾在美国人的示意下，举行了一系列后续审判，后世称其为"纽伦堡后续审判"或者"纽伦堡军事法庭"（NMT）。这些审判关注的是各类专业团体（实业家、医生、律师、官僚）和军人（党卫队和特别行动突击队）。每个占领国也分别在各自占领区就特定案件发起审判。有些知名人士的审判案件产生了极大的公众效应；而其他案件则没有对公众产生任何影响，也没有在媒体上留下任何痕迹就悄然隐匿了。此外，盟军的审判对于第三帝国的后续历史阐释也具有重要的意义。[24]

在后期审判，尤其是根据西德法律审理的案件中，盟军所采用的司法阐释被部分甚至完全抛弃了。其中，纽伦堡审判对于"行凶者"的定义并不仅仅关注个人的残暴行为，或者某个个体的主观意识，然而这种定义却贯穿了西德的后期审判——它正是用普通的谋杀指控来控告行凶者的。盟军的着重点在于国家和整体的社会环境都负有责任。审判的设计旨在让舆论注意到工业、专业团体的合谋，以及责任分担的重要意义。然而，这并不意味着一种无组织的集体罪责的观念——如法国检察官夏尔·迪博（Charles Dubost）所言，通过让每个人都承担它，"谁都不负有责任"。[25]盟军对于"合谋"以及集体暴力系统中的劳动分工的强调，在部分程度上被后来的年代遗忘了。

在纽伦堡的一系列审判案中，最引人注目的莫过于国际军事法庭的审判，它常常被简称为纽伦堡审判，在锋芒上彻底盖过了纽伦堡军事审判等一系列后续案件。[26]盟军不希望让纽伦堡审判被视为对于"他国内政"的介入，尤其是美国人希望确保审判案只关注与战争目的有关的事项。他们在1945年8月8日达成一致，颁布了《国际军事法庭宪章》（IMT Charter），不仅在国际法的框架下对反和平罪、战争罪和反人类罪这三个罪行提起诉讼，还依据英美法律的特色，对第四类共谋罪作出审判。[27]在盟军中，每方都扮演一个事先分配好的角色。美国以罗伯特·杰克逊（Robert Jackson）为首席检察官，承担了检举共谋罪的责任，英国则以哈特利·肖克罗斯（Hartley Shawcross）为首，负责反和平罪。苏联处理东部前线的战争罪和反人类罪，而法国则担负西欧的这两类罪行。

尽管出于现实的需要，盟军对于被告必须有所选择（加上被告席"长度有限"，被告人数也受到了限制，使得某些幸运儿从潜在的被告摇身一变成了专业的目击证人），但它还是试图在审判中囊括尽可能多样的行凶者。希特勒、戈培尔和希姆莱都已经在1945年4月末和5月自杀了，故而无法被送上被告席。此外还有三个目标被告没有出现在法庭上，其中包括在开庭前自杀的前任德意志劳工阵线（German Labor Front）领袖罗伯特·莱（Robert Ley），以及当时行踪未知、在缺席的情况下接受审判并被判处有罪的前任纳粹党秘书长马丁·鲍曼。到最后，第三帝国一共有21名显要的公共或政治人物被送上了被告席，其中包括赫尔曼·戈林。他试图凭借一己之力主导诉讼程序，最终在执行死刑的前夜自杀身亡，以此戏剧性地退出了这场纷争。

　　国际军事法庭有着宏大的目标：它实际上不仅仅是为了对个别被告进行审判，也是为了展现纳粹无边的暴行。法庭就诸多领域提出了令人震撼的证据。人们常说，虽然在这一阶段，针对犹太人的种族灭绝还没有浮出水面，而"纳粹大屠杀"一词也还没有流行起来，但世界已经充分地意识到纳粹对犹太人犯下的可怕罪行，并且公开承认纳粹施行的"种族灭绝"——该词由拉斐尔·莱姆金（Raphael Lemkin）在1944年创造，并在1948年被联合国颁布的《防止及惩治灭绝种族罪公约》（Convention on the Prevention and Punishment of the Crime of Genocide）捧上了神坛——的独特地位。1945年11月，呈交给法庭的证据包括关于集中营的令人震撼的视频片段，而在法庭前做证的行凶者包括曾经的奥斯维辛指挥官鲁道夫·霍斯，以及曾经的特别行动突击队D队指挥官奥托·奥伦多夫。

　　我们不能说种族灭绝不属于纽伦堡审判的议题，因为在1946年1月28日，法国抵抗运动斗士玛丽·克洛德·瓦扬-库蒂里耶（Marie Claude Vaillant-Couturier）就种族灭绝提供了第一份目击证言。[28] 她详细地描述自己看到"一排排活生生的骷髅出门劳作"，"院子里堆着成堆的尸体"——有些还在痛苦地呻吟，显然还活着——以及寒冷、口渴、破烂的鞋子、肮脏的饭盒和疾病的问题，此外还要加上守卫任意的残忍行为和暴力。她描述了医疗实验和绝育手术，怀孕的女人如何以各种方式被打掉孩子，以及新生的婴儿如何被溺入水中淹死。瓦扬-库蒂里耶强调了犹太囚犯所处的环境是"绝对糟糕透顶的"，甚至比像她这样的政治犯还糟糕。当她在法国遭到拘留后，有1200个犹太女性比她稍晚一些抵达营地；在这些人当中，"只有125人实际被收入营地，其他人直接被送到毒气室"，而"在这125人当中，活过一个月的连一个都没有"。瓦扬-库蒂里耶所在

第八章　过渡时期的正义

的区域就位于挑选的下车坡道旁边，她常常会"目击到令人心碎的场面，年老的伴侣被迫彼此分离"，而母亲和孩子都被"送往毒气室"。瓦扬-库蒂里耶的证言早已不是为了证明某位被告的罪责，她详细地讲述了人们如何脱下衣物，被送进一处"有点像淋浴室的地方，而毒气罐会通过屋顶上的口子被丢进来"，而一个"党卫队员会透过检查孔，查看毒气罐产生的效果"。负责搬走尸体的工人告诉他，受害者"在死前必定很痛苦，因为他们都紧紧地缠在一起，很难将他们分开"。她还补充道，有一天晚上她被"可怕的呼喊声吵醒"，后来在特遣队干活的人对她说，"毒气储备用光了，他们只好把孩子们丢进火炉活活烧死"。她讲述了1944年夏天门格勒在双胞胎身上做的实验，讲述了吉卜赛营，讲述了泰雷津营被清空、囚犯被毒杀之后人们被遣送到"家庭营"。在瓦扬-库蒂里耶这批230名法国政治犯里，只有49人在战争结束后回到了法国。

到最后，12名被告被判处死刑，其中包括被执行绞刑的汉斯·弗兰克。三人被无罪释放，剩下的人则被判处刑期各不相同的监禁，少的有十年，多的则是终身监禁。希特勒的首席建筑师和后期的军备部部长阿尔贝特·施佩尔非常巧妙地将自己包装成一个无涉政治的知识分子，由此尝到了甜头，最后被关进了柏林的施潘道监狱（Spandau Prison），他在那里写下了自己的回忆录，并获得了他其实不配拥有的本质"善良"、悔过自新的纳粹分子的名声。[29] 我们将在下文谈到，许多纳粹党显赫家族（比如施佩尔、鲍曼、莱和弗兰克）的子女将在后来遭遇父母的过去，他们将在接受这段过去的过程中经历相当大的困难，而他们解决自身情感冲突的各种方式将与希姆莱偏爱的女儿古德龙·希姆莱（Gudrun Himmler）断然否认父辈有任何过错的方式截然不同。

极具洞察力的哲学家、心理学家卡尔·雅斯贝尔斯（Karl Jaspers）经历了纳粹党的时代，回顾这段往事时，他谈及纽伦堡审判其实并没有达成正义的目标,曾因此令当时的一些反纳粹分子"深受打击"。[30] 雅斯贝尔斯曾因为太太是犹太人,而在20世纪30年代晚期被解除了海德堡大学的教职。战争期间,这对夫妇在德国存活了下来,并在和平到来不久后移民到瑞士。雅斯贝尔斯曾在1945年的一场讲座(1946年出版)中谈论过罪责的问题,当他在20世纪60年代早期对此进行反思的时候,他认为纽伦堡审判并没有实现它预期的承诺。尽管它们并非"作秀审判",而且它们对法律条文的应用也"无可指摘",但是雅斯贝尔斯认为这些审判并"没有达成正义,反而导致了对正义的不信任"。[31] 即便早在1945年的讲座阶段,雅斯贝尔斯就已经对不同种类的罪责进行了区分:刑事罪责、政治罪责、道德罪责,以及他所谓的"形而上罪责"。刑事罪责和政治罪责很容易辨认。雅斯贝尔斯在其"道德罪责"的观念下囊括了"戴着面具生活",并对人们违背内心感受的各种行为方式提出了批评;他们这样做,能让自己否认对纳粹主义的顺从会给别人带来恶劣的结果,从而让自己问心无愧。[32] 至于意义不明的"形而上罪责",按照雅斯贝尔斯的观点,则与人们缺乏与其他人的团结精神有关,比如说在1938年,当犹太会堂被纵火的时候,人们就没能出手阻止,或者发出抗议政权的呼声。[33]

但是,雅斯贝尔斯对于罪责的关切在当时是较为罕见的。由于德国公众无法进入审判的法庭,所以各家媒体承受了来自盟军的巨大压力,只能以特定的视角来呈现这些审判,它们也得到了铺天盖地的报道。报社收到的来函表明,那些被拣选出来刊登的读者来信(完全无法代表整体人口)基本上都迫切地拒斥了"集体罪责"的观念,许多人谈及大众普遍对审判缺乏兴趣。根据美国占领区进行的民意调查和致占领军政府的信件,我们可以清楚地看出,人们的头脑中显然有其他更为优先的事项。尽管舆论存在明显的分歧——有些人希望正义立即兑现,认为罪责已经确凿无疑,根本不需要深

第八章　过渡时期的正义

挖，但是其他人则完全排斥法律程序——大多数人则看似只是失去了兴趣。[34]

就那些既没有发表自己的观点，也没有在媒体和政治辩论中获得发言权的人而言，要衡量他们的观点并不是一件容易的事情。即便如此，私人信件和日记虽然不具有代表性，却有助于我们窥见一些饶有趣味的画面。举例而言，胡戈·M.（Hugo M.）是一位医生，虽然他的儿子已经在俄国失踪，他却坚持定期给他写信；在这一系列由一位聪慧的人写下的单方面报告里，他就自身对纳粹政权作出的妥协为我们提供了诸多洞见，使得我们得以了解他不断变化的心态。在1946年10月20日的信中，胡戈·M.总结了同胞对纽伦堡审判结果的看法。他看到的人持有五花八门的观点，从为了反对宽大处理战犯而发起罢工抗议的共产主义工人，到"彻底冷漠"的其他人，再到拒绝承认纳粹党犯下了罪行，"至死仍要喊出'希特勒万岁'"的少数人。不过在胡戈·M.看来，"目前绝大多数人"认为那是一场"丑闻，是高高在上的胜利者对手无寸铁的被征服者发起的审判"，而没有正视盟军自身的行为和潜在的战争罪行（例如轰炸德累斯顿），使得不仅纳粹领导人遭到起诉，就连只是在履行职责的忠实追随者也遭到牵连。最后，还有的评论提及了大众对于司法程序的反馈，而它们基本上没有得到关注。依照胡戈·M.的说法，坊间盛传"就连戈林的尸体都被拖上了审判席，使得法庭至少可以象征性地宣读审判结果"，由此招致了大量德国民众的批评；随之流传的还有一条事实："被火化之人的骨灰应该被隐秘地扬在风中。"这些说法和行为通常都被视作盟军做了"我们无力阻止，甚至无法抗议的无耻行为"的证据。[35] 对于这些被判处有罪并被处以死刑的纳粹分子，指控他们受到了"无耻"的对待，这在今天的我们看来也许是有点奇怪的反应，毕竟这些纳粹分子在活着的时候犯下了如此滔天的罪行。

在西德，有一位名叫乌尔苏拉·E.（Ursula E.）的少女。她在日记里写下了时代的进展，由此就年轻世代的观点为我们提供了洞见。她关心的第一个问题是德国战败的责任。在1945年6月20日的日记中，她回顾了此前的几个星期，写道"元首深爱着德国，希望一切可以想象的美好都能在这里付诸实现"，他率领着他的部队在柏林战斗，"他为德国献出了生命"。她接着写道，"一切进展都事与愿违，这并不是他的过错"。[36] 即便在希特勒自杀和德国无条件投降的几个星期后，这位青少年仍旧相信希特勒是在领导部队作战的过程中"献出了生命"，而罪责显然应该由给希特勒招致失败的人来承担。此后，她的观点也长时间不曾改变。在一年多以后，虽然纳粹罪行得到大量的公开揭露，她仍旧难以抛弃自己曾经的情感。她将纽伦堡的死刑判决视作"谋杀"，并且仍旧把被处决的纳粹党人视作国家的引路之光。除此之外，因为"没有东西可吃，没有地方可住，没有衣服可穿，到处都是难民，没有法律，并且［德国人］遭到全世界的鄙夷和憎恶！"她的心中满怀着之于"我们德国人"的集体自怜。[37] 她写道，过去的政权"对我来说不仅曾经是，而且仍然是一个神圣的政权，现如今，阿道夫·希特勒和他的支持者遭受着如此严重的诋毁和诽谤，这总是令我伤透了心"。虽然如此，她的思想中似乎开始出现一些反思，因为她写道："从我们的青年时代起，这些人就被立为我们的理想和模范，我们相信他们，崇拜他们，故而如今的我已经无法对他们持负面观点，更别提出言批判他们了。"[38]

乌尔苏拉·E. 在日记中如此连年累月地表达了对纳粹党的崇敬之情，这确实有些不同寻常，但是她所抱有的情感显然并不是个例。一位生活在巴伐利亚的14岁青少年英格丽德·P.（Ingrid P.）也为我们呈现出类似的内心世界。她把纽伦堡审判称作"世界历史上最

第八章 过渡时期的正义

大的一幕闹剧"。与此同时,她更担心美国人和苏联人之间爆发可危的战争风险;尽管人们嘴上都在谈论和平,但是他们"比任何时候都更像是活在战争里"。[39] 1946年9月,她去战俘营看望了父亲,并且被他消瘦、憔悴的模样给吓到了。他的心中充满了怒火,并告诉她如果战争再次爆发,他很乐意将枪口对准苏联人和美国人。她很确信父亲的周围有一批志同道合、互相扶持的"同志"。[40]

1946年10月15日,英格丽德·P.像其他人一样,记录下自己对于在纽伦堡遭处决的"战犯"(她给法庭的定性称呼打上了引号)的思绪;不过,在她看来,他们都是"始终一心为德国人民[Volk]做好事的人"。她进一步写道,她和许多人一样,衷心为戈林没有被送上绞刑架而感到高兴;尽管有些人会认为这显示出戈林的怯懦,但这至少起到了惹恼军事法庭的目的。她感到每15分钟只绞死两名罪犯的做法太不人道了,因为这只会"延长他人的苦难",而且令她义愤填膺的是:"那些自己犯下了滔天大罪的人却想要对他人施行审判!"当她指出盟军的"罪行"时,她心中所想的大概是他们对汉堡、德累斯顿、柏林等德国城市的轰炸。与此同时,按照英格丽德·P.的看法,纳粹高官犯下的任何"错误"早已在"数个月的漫长调查中"赎清了罪责。[41]

至少根据美国占领区的调查数据,舆论在较短的一段时间内大规模地转向了不利于盟军正义的一面:1946年,美国高级专员公署(High Commission)的调查显示,78%的受访者认为国际军事法庭审判得到了公正的执行,而到了1950年,同意这一观点的人数比例跌到了38%。[42] 即便对有些人来说,纽伦堡审判给出的刑罚是公正的,但由于法庭只将个别显赫的替罪羊送上了被告席,这也会转移人们的注意力,让他们看不到负有罪责的其他人物。而有些人则乐于将纳粹领导层的少数成员视作主要罪犯,因为这样能够暗中使其他人免罪。

作为最引人瞩目的纽伦堡审判案件，国际军事法庭大体上面临着三种在各类意见群体中都流传较广的批评声音。第一种批评是，按照"法无明文规定不为罪"（nullum crimen sine lege，即人们犯下的行为在当时并不明显违背法律时，他们不应当受到惩罚）的原则，司法追溯有着刻意强加的问题。这一批评同与反和平罪和反人类罪相关的控诉尤其关系密切。第二种批评是，纽伦堡审判不过是"胜利者的正义"的大行其道，因为没有任何一个法官来自中立国家，或者来自反纳粹的德国法官群体，而且所有指控都呈现出一边倒的态势。这又与第三种批评密切相关，即"你也一样"（tu quoque）。盟军只关心将德国人送上法庭，却不想想自己也可能犯下了同样的罪行。这不仅事关盟军对德国城市的平民的轰炸，还包括苏联在战争初期两年里的侵略和暴虐行为（它和纳粹德国一起瓜分了波兰，以及此前暴行和清洗的劣迹）。但是，有些人认为，为了替无辜受难者伸张正义，苏联的劣迹没有以下考量那么重要：因为在1941年至1945年间，有3000万苏联公民失去了性命，其中有约2000万人是平民，而且苏联也与西方国家联手，在击败德国的战事上发挥了至关重要的作用。[43]虽然在国际军事法庭上，各方之间的紧张关系和政治差异被强行化解了，但是在此之后，盟军再也无法在后续审判上达成合作。

盟军的后续审判

虽然盟军的后续审判在社会的广泛影响力上有所收缩，但是它在引导我们注意特定领域方面具有重要的意义。在美国人的主持下，纽伦堡又审理了12桩案件，重点关注特定的罪行和行凶者类型。这些审判案探索了医疗专业人士、律师和实业家在种族灭绝中的共谋问题。纳粹空军和陆军总司令部的成员，以及威廉大街政府总部的高级官员也被送上了法庭。[44]这些审判旨在展示复杂的纳粹反人类体系是如何依靠多方面要素运转起来的,并将其中显赫的代表人物和行政官员绳之以法。

在这批案件中,第一例是卡尔·勃兰特等人的"医生审判"。这一案件以希特勒的私人医生勃兰特命名,他和共同被告维克托·布拉克曾接受希特勒的委任,负责"安乐死"项目的运作。在纽伦堡医生审判的23名被告中,有20人都是外科医生。7人被判处死刑:其中不仅有勃兰特和布拉克,还有布痕瓦尔德的前任首席医生瓦尔德马·霍芬(Waldemar Hoven),以及前任党卫队卫生研究所所长约阿希姆·姆鲁戈夫斯基(Joachim Mrugowsky)。其他被宣布有罪的人也都被下达了相对严厉的判决,有7人被无罪释放。在这些人当中,赫塔·奥伯霍伊泽(Herta Oberheuser)医生是唯一受到指控的女性,她是拉文斯布吕克集中营负责在囚犯身上进行"医学"实验的医生。她的行径包括为了猎取器官和截肢而谋杀儿童,以及在囚犯身上造成剧痛的伤口,并随后将铁锈和尘土揉进伤口加剧疼痛。检举方在法庭上提交了许多令人毛骨悚然的细节,有一位在她手下接受过腿部肌肉实验并幸存下来的目击者甚至来到法庭,展示她由此落下的残障和畸形。奥伯霍伊泽一开始被判处20年有期徒刑;但是在1951年,她被减刑至10年,然后在1952年,她在仅仅服刑5年之后,就因表现良好而提前得到释放。令人惊讶的是,她竟然返回到医疗行业,直到1958年,当她被曾经关押在拉文斯布吕克的囚犯辨认出来之后,她的从业执照才被吊销,她的重操旧业才戛然而止。[45]

"特别行动突击队审判"处理了关于大规模射杀的暴行的责任。这一审判的首要被告是特别行动突击队D队的前任指挥官奥托·奥伦多夫。他被判处死刑,并在1951年被执行绞刑;另有三名指挥官也被处决。然而,这一审判的大多数被告都成功获得大量减刑,并在 20 世纪 50 年代便重获自由。在这些人当中有奥伦多夫的副官海因茨·舒伯特（Heinz Schubert），他一开始被判处死刑，随后被减刑至十年监禁；20 世纪 70 年代，他宣称自己无罪，而我们将在下文看到，他为自己开脱所用的理由正是许多曾经犯下此类暴行之人的典型借口。

负责运营集中营和灭绝营的官僚，则在以奥斯瓦尔德·波尔为首要被告的案件中被置于聚光灯下，与他一同接受审理的还有他在党卫队经济行政本部的 18 位曾经的同事。波尔谈及了私营公司对集中营奴隶劳工的剥削，并指出使用奴隶劳工规模最大的三家企业分别是赫尔曼·戈林国家工厂、I. G. 法尔本集团，以及武器制造商哈萨格（Hasag）。[46] 波尔在 1947 年被判处死刑，但是其他被告都先后在 1948 年和 1951 年得到缓刑。

在美国主持的审判中，我们可以看出工业界对纳粹罪孽的协助是一个重要的元素，但是对这一见解的强调却几乎在战后的西德淡出了人们的视野。除此以外，在被纽伦堡法庭判处有罪的人当中，很多人都在收到初审判决后仅仅服刑四年便获得自由。

与工业大亨弗里德里希·弗利克（Friedrich Flick）一同受审的人无疑就符合这一情况。弗利克在第三帝国拥有着横跨冶铁、炼钢和煤矿等产业的众多企业，他名下总共使用了约 4.8 万名奴隶劳工，其中有 80% 的人都没能幸存下来。[47] 弗利克虽然是一名纳粹党员，但他一开始并不打算把所有鸡蛋都放在一个篮子里，但随着他讨好希特勒的政权，他也就越发深入地同政权的各类事务纠缠在一起，他因此被判处有罪，需要在监狱里服刑七年。在与他一同接受审判的五名同事当中，有三人被无罪释放，另外两人的刑期则比弗利克还短（并且把开庭之前的关押时间也计算在内）。弗利克本人到最后只蹲了不到三年的牢，在 1950 年 8 月就获释出狱。他在战后的年月里积累起大量的财富，却从未向过去的奴隶劳工支付过哪怕一分钱的赔偿。武器制造商克虏伯也大量使用了奴隶劳工，然而对他们的审判也与对弗利克的大同小异。首要被告阿尔弗里德·克虏伯·冯·波伦和哈尔巴赫（Alfried Krupp von Bohlen und Halbach）最初被判刑入狱12年，但是在仅仅三年以后，他就被赦免出狱，恢复了名下的所有公司和资产，并随后积累起大量的财富。在11名被判处有罪的人当中，有10人都得到减刑，最早的在1951年1月便获释。

在I. G.法尔本集团的审判中，最主要的议题在于对奥斯维辛奴隶劳工的使用。在总共24名被告中，有两人被判处八年有期徒刑，有一人被判处七年有期徒刑——此人为弗里茨·特尔·梅尔（Fritz ter Meer）博士；其他人的刑期则更短，另有十人被无罪释放。特尔·梅尔在1950年至1951年的大赦中被提前释放。[48]此后，他很快就在工业领域扶摇直上，成为拜耳股份公司（Bayer AG，为I. G.法尔本集团的继任公司之一）的董事长，并在领头的银行和企业兼任管理职务。他和很多实业家一样，为自己建立起"不涉足政治"的形象，淡化了自己曾经是一名纳粹党员（1937年入党）的事实。

英国在自己的占领区内组织了358场审判，将1085人判处有罪；其中有240人被判死刑，200人被执行死刑。[49]那些没有被判处死刑而只是锒铛入狱的人士，则像大多数前纳粹党人那样，随后从大范围的特赦政策中获益。而最早的特赦政策甚至早过德意志联邦共和国的成立，而自康拉德·阿登纳出任新政府的第一任总理之后，这些政策更是得到了迅速的拓展和推动。[50]英国占领区值得注意的案例包括对贝尔根－贝尔森集中营的党卫队成员和其他工作人员的审判，其中有部分人也曾在奥斯维辛等集中营工作过；以及1946年至1948年在汉堡组织的七场对于拉文斯布吕克女性集中营工作人员的审判。[51]

盟军的当务之急不断变化，并且与德国人的利益相互纠缠，这也始终是一项重要的影响因素。比方说，我们可以从纳粹空军将领阿尔贝特·凯塞林（Albert Kesselring）的事例中看出两方的互相影响。凯塞林虽然受到英方的普遍尊重，但是因为他在战争末期指挥屠杀虐待了意大利游击队员，因而他的军事生涯就染上了污点。1947年，英国人在意大利向凯塞林提起诉讼，控告他于1944年3月24日为报复游击队于前日发起的袭击，授权手下开展大规模的报复行动，在罗马附近的阿德阿提涅地窖（Ardeatine catacombs）屠杀了335名意大利人。[52] 后来，他又因为给麾下的部队下达的两条命令，而被指控谋杀了1087名意大利人。[53] 他的辩护律师是著名的纳粹党人护卫者汉斯·拉特恩泽尔（Hans Laternser），他曾在纽伦堡审判和法兰克福奥斯维辛审判中出庭辩护。凯塞林声称自己曾试图减少地窖屠杀的死亡人数，并将功劳归于自己，他还号称曾违抗希姆莱有关遣送犹太人群体的命令，由此"保护"了罗马的犹太人。[54]

拉特恩泽尔试图利用凯塞林的审判打造出一副"体面的德国士兵"形象，使之与实际上开枪射杀犹太平民的党卫队形象和"反社会因素"形成对照。[55] 其策略在于，他要将德国国防军的行为包装成完全出于军事方面的利害，而对平民实施可憎屠杀的则另有他人。这一神话虽然经年以来始终受到历史学者的挑战，但直到20世纪90年代中期，当"德国国防军的罪孽"在德国产生广泛影响之时，才在公众心中破灭。当联邦德国在1949年成立后，无论是在盟军一方，还是在阿登纳的西德一方，"关于过去的政治"都出现了飞速的变化，而凯塞林就从中得到了好处。凯塞林一开始于1947年在意大利被判处死刑，随后他的刑罚被减至终身监禁。但就像当时许多被判处终身监禁的人一样，这在实际上并不意味着罪犯要在监狱里蹲上非常久的时间：在1952年，在阿登纳出台政策力主建立欧洲防务部队（European Defense Force，从未得到批准）的时代背景下,凯塞林由英国人力主得到释放。*一开始,他只是获准就医,但是在1952年10月24日,他因政府的"仁慈之举"而获得了完全的自由,引发先前的战友大范围为此庆贺。[56]

审判的总体情况便是,战后初年量刑较为严格,但是随着冷战的开启,各国的优先事项有所改变,故而刑期也就经历了一段时间的调整和减刑。随着不同的群体试图为自己正名,有那么几年时间里(超过了盟军的占领期),盟军和德国在各方的优先事项上有着复杂的相互影响。

精英的逃避和新型叙事

每一个因为与纳粹主义有染而作出妥协的人,都试图修改对于过去的解读,为自己塑造新的生活。曾经的行凶者常常在聚会中谈论过去,而相比起来,这一情况在奥地利和德国西部区域(随后的联邦德国)要比东德更为公开化,这是因为对于东德的压迫性共产党独裁而言,自称"反法西斯国家"是它获取合法性的关键一步。

甚至在东德,在1945年后,曾有过短暂的那么一段时间,"反法西斯"的概念有着相对广泛的应用,囊括了一系列曾经反抗过希特勒的群体,包括社会民主党人、基督徒、希特勒的保守派政敌,以及耶和华见证会信徒。但是很快,这一术语就被占据领导地位的共产主义政党统一社会党据为己用,并且尤为强调反法西斯力量和积极的政治抵抗运动。而此时的"法西斯受害者"范畴不仅将

---

* 凯塞林虽为德军将领,但因军事才能而受到众多英方人士的尊重,连前任首相温斯顿·丘吉尔都曾致信时任英国首相的克莱门特·艾德礼(Clement Attlee),希望凯塞林能得到减刑。1952年7月,狱中的凯塞林被诊断为喉癌,由于另一位德军将领库尔特·梅尔策(Kurt Mälzer)已然于同年2月病死狱中,英方担心凯塞林如若也病死在监狱里,会引发外交关系上的灾难,故而力主释放凯塞林。

224 始终被社会所歧视的人（同性恋者、吉卜赛人、"反社会人士"、罪犯、患有遗传疾病的人和残障人士）排除在外，甚至将犹太复国主义者也排挤了出去（尽管东德承认犹太人是纳粹主义的首要受害者）。与之形成对照的是，共产党人则满足了官方对于"真正"的抵抗运动的定义的所有新标准。"法西斯"一词也得到了扩充，它变成了标签，被用来污蔑当下人数越来越多的国家敌人。[57] "反法西斯"成了所有支持民主德国的人或事的保护伞；"法西斯"则基本上指代了民主德国的各式"阶级敌人"。洗心革面和自我救赎的故事流传甚广。德国国防军被官方贬为"法西斯"军队，可是即便与纳粹主义有染的将军，只要在被俘期间参加过自由德国民族委员会（Nationalkomitee Freies Deutschland），就能够得到认可，由此被视作法西斯的敌人，成为洗心革面的模范典型。[58] 这些私底下的对话必须避人耳目，而曾经为纳粹征战沙场的士兵只要提及自己洗心革面的瞬间和对共产主义理想的奉献，就可以谈论自己的战争经历。不过，只要不符合政府强制推广的新神话，任何叙述在公共舆论中都没有生存的空间。但是即便如此，只要曾经与纳粹政权为伍的"同路人"愿意投身新东德的建设中去，这个国家也就愿意将他们重新整合到社会当中。

在每一个国家，人们都必须应对丧亲之痛，必须面对为祖国流血牺牲是否还有意义的终极问题。相较之下，奥地利和西德的人民更愿意讨论战争，它是酒吧、餐馆和家中话题的常客。但是人们讲述的故事里往往没有谋杀犹太人的部分。[59] 人们对此保持沉默，鲜少提出任何疑问。有一位奥地利人说，她的父亲总是喋喋不休地谈论着战争。她和兄弟姐妹们只能反复提醒他少说一点；直到这位父亲过世，她才醒悟过来，她从来都不敢问父亲是否开枪杀过人，或者是否目睹过任何暴行。他的故事里从来都没有人死去。[60] 在西德，军队被普遍粉饰成"手脚干净"的形象，与主要同党卫队相关联的

"残暴行径"没有太多瓜葛。这成了行之有效的"民族不在场证明",而替罪羊实际上是一个犯罪组织。[61] 通过这种方式,德国人得以为自己保留一种爱国的英雄主义,而在战争中痛失亲人的同胞仍然能够为替国家"战死"的人感到自豪(只是如今,他们将希特勒从"元首、人民和祖国"的铁三角中排除掉了)。关押在苏联战俘营的德国人返回家乡时受到了英雄的礼遇,甚至是因战争罪行而服刑的行凶者,也转而被视为共产主义的受害者。

有些人在明显为自己说好话的自传里,公然打造起"清白的国防军"的神话。正如凯塞林在其回忆录的最后一段里写道,他的写作目标在于,"为这段德国历史留下真实的记录,为我们伟大的军人竖立纪念碑,并帮助世界认识到战争的严酷面目"。[62] 这一神话也与同盟军在冷战时期的当务之急密切相关:凯塞林的回忆录于1954年推出了英文版,得到了美国军方战争史学者 S. L. A. 马歇尔(S. L. A. Marshall)的热情推介。凯塞林同"希特勒及其副官的错误种族政策"保持着距离,在完全没有提及特别行动突击队的屠杀行径以及国防军对其提供的协助的情况下讲完了1941年远征苏联的战役。[63] 当凯塞林在书中为残酷镇压意大利北部的"游击队"辩解时,他又搬出了这套纳粹罪行的陈词滥调。他用相当的篇幅谴责"施行破坏的部队",说他们"肆无忌惮地违反人性的律法",并且"随时随地、尽其所能地展开抢劫、掠夺和谋杀"。[64] 意大利人的游击战争"与军人英勇、清白的战斗的每一条原则相违背",因此与德国人的行为形成了强烈对照。[65] 针对意大利平民的屠杀是令凯塞林被迫站上被告席的一个主要理由,他显然决心要为自己的行为作出证明,他在书中提到,游击行动之所以如此安排,意在"使意大利南方人的脾性能够胡作非为";他们"恶劣的本能"没有"为良心不安留下多少缺口"。他谈到"他们如何毫无节制地杀人",在伪装下"做着穷凶极恶之事","却从来不敢在光天化日下这么做"。[66]

对于凯塞林而言，这些状况为屠杀平民（包括孩子）提供了理由，因为在这些区域，每一个人都可能是"战士、游击队的帮手，或者暗中支持他们的人"。[67]尽管在得到释放之后，凯塞林常常受邀参与退伍军人的聚会，但是当他在1960年过世时，他的声誉已大不如前；在20世纪50年代，并不是每一个德国人都相信凯塞林试图宣传和描绘的画面。[68]

然而，所谓"清白的军队"的神话依然在当时的大众文学和电影中蔚然流行，它们还将德国将军描绘成"体面"之人，仿佛正是他们以英雄的姿态抵挡着布尔什维克的威胁。[69]爱国的国防军形象与妖魔化的党卫队和盖世太保形象形成了鲜明的反差，而这一反差存续了几十年之久，为在战争前线痛失亲人的人们提供着慰藉。

富人精英和利益团体也以类似的方式，试图在西方世界保住自己的声誉。[70]他们同样编造故事来掩盖他们过去的行径，而这些故事直到20世纪80年代甚至更晚近的时候，才开始受到人们的关注和批判。在西德，许多显赫的商人很快就恢复了曾经位高权重的职位，在大型企业和工厂担任董事会成员，他们写下的文字记述都在为他们自己和公司的过去说好话。

弗里茨·特尔·梅尔的作品便属于这批早期的文字记述。[71]尽管他在纽伦堡被判刑入狱，但是早在1953年，特尔·梅尔已经开始在I. G. 法尔本集团的历史记述中掩盖它与奥斯维辛的关系。他在这部作品中既拉开了I. G. 法尔本集团与战争的距离，又赞扬这家公司"在祖国为生存而战斗时"始终履行职责，坚守到苦涩的结局。[72]特尔·梅尔记录下"药物和杀虫剂（Schädlingsbekämpfungsmittel，既可以翻译成'杀虫剂'，也可以翻译成'杀人毒药'）的产值"从1939年的1.52亿马克攀升到1944年的2.94亿马克；而全书从未提及，在齐克隆B气体的产量达到最高值的那几年里，它要"杀灭"的所谓"害虫"到底是什么。[73]

读者在书中读到，I. G. 法尔本集团在西部地区建造了三座丁钠橡胶工厂，而特尔·梅尔称，上西里西亚地区有一座规划中的四号工厂"自始至终都没能投入运作"。[74]因此，位于莫诺维茨的奥斯维辛三号营的丁钠橡胶工厂就这样被从公司的历史中抹除掉了。最后，特尔·梅尔认为盟军关闭 I. G. 法尔本集团完全是出于政治原因，而在那个时候，他也绝无可能"客观地描述"这家公司；可是到了"如今"（即 1953 年），他们已经"同纯粹的政治判断拉开了必要的距离"，能够写下一部客观的文字记述。[75]

显然，这一"必要的距离"使得所有替德国的战争工业而劳累倒毙的奴隶劳工的苦难，以及屠杀百万民众的"杀虫剂"的生产都陷入了历史的沉寂。然而，提及这些话题都有可能"牵涉政治"，而按照特尔·梅尔自己的说法，他只不过是一个实业家，一个训练有素的化学家，一位律师，以及西德工业的领头人物而已。

特尔·梅尔为我们展示出，这些从纳粹政权获利的精英采用了何种新的解读模式。[76]他们在由魔鬼元首领导的疯狂纳粹党人和他们自己之间划出了一道清晰的界线。他们将自己描绘成被纳粹的各种条件所限的"受害者"，而在面对这些限制条件时，他们都无力作出改变，只能选择服从。他们玩弄着德语"受害者"（Opfer，另有"牺牲"的含义）的双重含义，意指他们自己也在战争时期为国家作出了牺牲。这一叙述并没有陷入彻底的遗忘症，反而还为德国工业戴上了正面的爱国主义光环。

恩斯特·海因克尔的飞机工厂在利用（以及虐待）集中营劳动力方面与 I. G. 法尔本集团几乎不相上下，而他甚至洗脱得比特尔·梅尔还一身轻松。战争结束以后，海因克尔曾一度被盟军抓获，却成功地逃脱了审判，他把自己包装成专家团队里的目击证人，将自己在较知名的佩讷明德和米特堡—多拉的火箭生产基地，以及相对不知名的梅莱茨基地的经历都供了出来。他成功地与纳粹撇清了关系，甚至使自己"免除刑罚"。在20世纪50年代初，海因克尔也写了一本影响深远的关于公司历史和自身经历的记述，为西德战后的自我表现定下了某种基调。1953年，它最先以德语版本面世，题作《风暴人生》(Stürmisches Leben)。它的销量火爆，反复重印，并且很快被翻译成英语。[77]海因克尔还把自己描写成一个能够为盟军提供专家意见的技术人才，由此给自己原先人畜无害的第三帝国实业家和雇主的定位又增添了一分维度。尽管海因克尔早在1933年就加入了纳粹党，可他把自己写成了一个反纳粹人士，不仅受到纳粹政权的限制，也被其疏远，并谈到自己常常与当局意见不一，时而发生摩擦。比方说，他谈到希特勒政权上台的第一天，他不愿在海因克尔工厂上空升起卐字旗，因而遭到了赫尔曼·戈林的斥责。他认为"这一开端一方面显现出当局对百姓含蓄的威胁，另一方面也展现了百姓对当局犹犹豫豫、不情不愿的示好，它很可能是这一新时期的新形势的征候，而无论是当时数以百万计的民众，还是大多数纳粹领导人，都还看不清这一新形势的危险和最终的万劫不复"。[78]这段小故事简单明了地向我们透露出，海因克尔一方面希望与政治拉开距离，显现出自己受到了当局的限制，另一方面又假装无知，显现出自己的无辜。接着，他的作品开始事无巨细地讲述此后十几年间飞机研究、开发和生产的跌宕起伏。海因克尔甚至从中找出了向希特勒表示敬意的技术性理由。当他讲述自己于1943年5月23日面见元首时，他提到自己"惊讶于他的专业知识"：希特勒不像戈林那样，他对"航空技术的熟知程度令人讶异，甚至对最细小的细节都有相应的把握"。海因克尔说，他时常回想起这段持续了70分钟的谈话，并且"完全能够理解为什么像托特（Todt）和施佩尔这样的技术人员"会支持希特勒，那是因为他是一位独一无二的政治家，对于"技术问题有着如此强烈的兴趣"。[79]

这部作品处处都体现着对于技术专业性的强调，全书未曾提及在剥削奴隶劳工时出现的残暴行为和死亡。有个用词别扭的句子确实提到了其他工人，但是海因克尔通过刻意忽视和转移重点的手法，否认工厂曾使用过任何来自集中营的劳动力。海因克尔写道，在战争的晚期阶段，"不仅德国工人拼尽全力，连既不是囚犯也不是强制劳动力的数千名外籍劳工也铆足了劲，但是产量已经不可能达到常规的水准了"。[80]然而，梅莱茨、布津、维利奇卡、毛特豪森、萨克森豪森、拉文斯布吕克等地的奴隶劳工的苦难却被海因克尔从德国的过去中彻底删除掉了。飞机确实造出来了，但是在海因克尔的描述中，它与奴隶劳工毫无瓜葛。

当生活进入战后年代，海因克尔就像许多德国人那样，把自己包装成受害者。英国人"在极为礼貌和友好的氛围中"进行了审问。[81]但是海因克尔在面对苏联人和美国人的行动时，他就不再有这样的态度了：他发现自己名下的马里内赫（Marienehe）工厂被苏联人拆除，他们不仅没收了海因克尔位于奥拉宁堡的工厂，以及位于瓦尔特斯多夫的楚芬豪森（Zuffenhausen）分厂，还直接炸毁了他位于布莱谢大街（Bleicherstrasse）的厂房。[82]奥地利的情况与此类似，那些在战争的最后几个月里，为了保护工厂设施而在"阿亨湖（Achensee）、施塔斯富特（Strassfurt）和科亨多夫（Kochendorf）"建造起来的"隧道、矿山和洞穴遭到了破坏、毁灭和洗劫"。[83]其他工厂设施（包含波兰境内的工厂）"基本上都垮掉了，人员也四散他方"。[84]最后，前纳粹党人位于西德的财产也未必安全：当海因克尔得知美国人将位于斯图加特的楚芬豪森分厂"托付他人管理"时，他大为火光，咒骂这些人"就像失败的泥沼中突然盛开的数量惊人却一尘不染的花朵"。但除此以外，海因克尔并不敢越出雷池半步。[85]

不过，海因克尔的名誉也很快就恢复了，他也成了战后德国的泥沼中盛开出来的"一尘不染的花朵"。1950年2月1日，他重新拿回了楚芬豪森工厂，开始抱怨他在战败后失去的一切。[86] 像海因克尔这样的人有很多很多。而在1959年，当海因克尔的公司打赢同埃德蒙·巴尔特（Edmund Bartl，曾经在集中营当过苦力）的官司时，他也代表了许多前纳粹党人的情形；我们将会在下文中看到，德国最高法院以诉讼时间太迟为理由撤销了巴尔特的案件，并命令他支付相应开支。海因克尔就像许多在第三帝国时期发家致富，并在战后生活在联邦德国的实业家那样，在每一个方面都逃脱了惩罚，并且在声誉和利益两个方面都基本上保全了自己。[87]

在德国，众多实业家都曾经因为使用毛特豪森及其众多分营（位于奥地利的古森、埃本塞、梅尔克、维也纳周边及其他地方）的奴隶劳工而获益，他们的境况大抵与海因克尔相似。但是在纳粹政权中，并非每个占据显赫地位的人都像海因克尔那样，试图用白纸黑字为自己的人生辩解。很多人选择静悄悄地退出了历史舞台，通过逃亡他国或者使用虚假身份来躲避司法的惩罚。有些人的结局非常神秘。斯太尔—戴姆勒—普赫的董事长格奥尔格·迈因德尔（Georg Meindl）曾经给毛特豪森分营的众多囚犯造成了可怕的苦难，他一开始试图逃亡，却被美国人逮住，然后他又成功地逃脱了美国人的掌控。几天后，人们在一座小屋中发现了一具烧成焦炭的尸体，据说是自杀身亡的迈因德尔；但是这具焦尸的真实身份无从确定，考虑到迈因德尔想要逃出生天的决心，我们无法完全相信他是真的自杀了。

此外，也有德国人组织起来，帮助他们眼中面临危险的战友群体。比方说，一个名叫"战俘和被拘留人士无声援助组织"（Stille Hilfe für Kriegsgefangene und Internierte）的机构于1951年成立，旨在帮助自第三帝国倒台后便陷入困境的前纳粹党人。[88]

在西德相对底层的社会里，前纳粹党人也会相对公开地互通有无。我们曾在前文讲过护林人彼得·米勒的事迹，他曾经被部署

第八章　过渡时期的正义　　　　　　　　　　　　　　　　285

在位于梅莱茨和登比察之间的党卫队军队训练场，而他的儿子叫汉斯·米勒。汉斯记得自己还是个孩子的时候，曾听到父亲与几位朋友谈起往事："他和老同志、老战友的聊天内容会常常被我听到，他们一有机会自动就开始吹嘘"他们的战争经历。但是他们并不会讨论这些战争的意义："事实上，他们只会炫耀自己的个人成就。"[89]在战后初期，他父亲的爱好是打猎和射击，这项爱好对他父亲来说并不仅仅是一项业余运动，其中有着要成为"生与死的主宰"的内涵。尽管彼得·米勒不允许自己的小儿子拿玩具手枪对着别人，但是按照儿子的说法，他"吹嘘过自己在战争期间拿枪对着别人的事情"，并且为自己精准的枪法而自豪。[90]他在第三帝国时期赢得的奖牌也具有象征的意义，不曾被他丢弃；他将邮票贴在奖牌的卐字符上，草草地将它遮盖起来。[91]从诸如此类的故事中，我们可以看出，这些普通民众的观念有着相应的连续性，再加上他们对自己在战时取得的成就感到自豪，就可能令他们试图压抑和掩盖（在米勒的事例，真的就是用邮票盖住）过去不光彩的一面。

　　东德、西德和奥地利的大多数前纳粹党人都能转变为新国家的公民，平静地生活下去。甚至被判处犯有纳粹罪行的人都能恢复自身名誉，重新融入社会中。[92]偶尔会有从未受到怀疑的个体被曝光出来，他或她的纳粹过去不仅让众人大吃一惊，甚至有可能引发丑闻。但是，这些国家都有一大段历史被隐藏：这里有着许多在战后循规蹈矩、融入社会、遁入无名的前纳粹党人，比起偶尔登上报纸头版的轰动性揭底新闻，这个故事反而更令人良心不安，也更不为世人所了解。

　　然而令我们感到吃惊的是，在某些状况下，当人们能够按照自己的想法，对过去做适当的勾勒和呈现时，有些人会愿意公开地谈论过去。这些人在谈论经历时，通常会采用一种防御性、自我开解（有时也会吹嘘）的方式。有时候，这样的正面冲突只有在纳粹党人锒铛入狱的时候才会发生。鲁道夫·霍斯与阿尔贝特·施佩尔都很值得我们注意，这不仅是因为他们都是第三帝国时期的显赫人物，他们叙述自己经历的方式也值得我们关注。霍斯在写完回忆录不久后就被执行死刑，施佩尔则度过了年岁较长的晚年，一边公开忏悔自己的罪行，一边又否认和搅浑水，拒绝承认自己真正的责任。然而，比起那些不太知名的行凶者家人，阿尔贝特·施佩尔等显赫纳粹党人的子女其实有更多机会获知他们的父亲实际上了解的情况和做过的事情。我们将在后文中发现，这将有助于他们直面家族的遗产，面对家人与纳粹有染的挑战，或者至少有助于迫使他们放弃自己"一无所知"的辩护词。

纳粹政权彻底改变了社会，它试图通过种族排挤、政治压迫、经济剥削、侵略战争和种族灭绝来建立"民族共同体"。在不久之前，人们才为了支持纳粹的事业而被动员起来，如今就要面对一系列具有重大地区差异的过渡时期的司法审判。随着我们深入第三帝国各个继承国的后续发展，不同国家之间的差异会在我们面前变得越来越明显。

第九章
分头审判：继承国的选择性正义

在第三帝国的继承国（东德、西德和奥地利）里，针对纳粹罪行的绝大多数审判都发生在战后最初的几年里。它们仍然属于过渡时期的正义范畴，只是到了这个阶段，正义由过去培养出各类行凶者的社会的代表来执行，而不是由胜利者来执行。除此之外，这些审判的覆盖面更广，能够涉及各个国家深层的内部裂隙；这些国家的案件所审判的罪行也往往立基于地方。在奥地利，以国家社会主义之名犯下的罪行超过99%都在1955年前判决完毕。东德的准确数据则较难获取；但是按照民主德国的说法，截至1950年，全数行凶者中约95%都已经被判刑。[1] 在西德，所有案件中的55%，以及所有有罪判决中的约90%，都在20世纪40年代和50年代处理完毕。[2] 这些早期审判首要关注的是在第三帝国疆域内犯下的罪行，它们不仅被众人所目睹，而且在地方记忆中仍旧鲜活。

盟军占领期间，德国人只能检举针对德国人以及德国领土内无国籍人士的罪行。随着第三帝国的继承国（东德、西德和奥地利）纷纷成立，这一限制有所松动，他们可以就针对国外受害者的罪行提起诉讼了,因此诉讼适用的地域范围也就扩展到整个欧洲。在1960年的西德,除谋杀罪和谋杀共谋罪以外的所有罪行都开始受到诉讼时效的制约,这意味着从此往后,司法审判的中心将转移到东部的大型屠杀场所。但是在那个时代,几乎所有地方的注意力普遍都在移转。

在每一桩案件中,对于正义的追寻都要受到社会考量和政治优先事项的影响和扭曲。所有继承国都迫切地想要同纳粹过去拉开距离,并希望全世界都认为他们在认真地审判行凶者。即便如此,司法审判的状况依旧参差不齐。在不同的国家和不同的时期,对特定种类罪行的选择性强调,以及对有罪之人在量刑上的宽大处理程度都有着显著的差别。有些行凶者群体成功淡化了他们在纳粹体系中的参与程度,因此逃脱了司法的制裁,而其他人则被置于聚光灯下。与此同时,不同的受害者群体也受到了不同程度的强调和边缘化待遇。早年的决策为后期的审判设定了路径,甚至连司法行业也因此而改变,政治和文化环境也随之移转。

家门口的罪行:盟军占领期的审判

由慕尼黑现代历史研究所(Munich Institute of Contemporary History)维护的数据库显示,东德、西德和奥地利的法庭审理了数以万计的审判案件,这一数字要明显多于由阿姆斯特丹律师克里斯蒂安·弗雷德里克·吕特尔(Christiaan Frederik Rüter)、迪克·德·米尔特(Dick de Mildt)及其同事编纂的具有宝贵价值的谋杀罪审判资料集所罗列的案件数量。[3] 早期审判不仅为我们点明了官方在挑选哪些议题又淡化处理哪些问题时所考虑的政治优先顺序,还为我们展现出当地人士关注的事项和存有的争议。它们还帮助我们洞悉,曾经的"民族共同体"成员对于共谋的指控有何反应,受害者如何

第九章　分头审判：继承国的选择性正义　　289

看待仍旧遍布左右的前纳粹党人，以及地方当局如何在互相冲突的利益之间作出裁定。从某种意义上来说，纳粹时代的冲突在战后早期的国内审判中仍然继续上演，只是相应条件已然彻底改变：人们被迫面对他们刚刚经历的过去，并且被迫应对他们的社会中始终存在的深刻裂隙。

相较于盟军备受瞩目的审判，德国和奥地利的法庭审理的人群，通常社会地位都比较低，而其受害者也常常能在大众里引起人们的共情。[4] 除此之外，这些审判案件的主要关注对象也并非东部杀戮场所的暴行，而是在法院当地犯下的罪行。尽管纽伦堡审判已经提交了许多证据，尽管幸存者的叙述也开始为人们所知，但是对犹太人的大规模谋杀在此时尚未成为人们的核心关切。在 20 世纪 50 年代后期之前，"大屠杀"（holocaust）这个词汇里的"h"都是小写的，而且前面往往会修饰以形容词，比方说"核武器大屠杀"。此外，早期案件解决的也都是国家内部的分歧。

在德国和奥地利，法庭的注意力主要集中在"家门口"的案件，它主要有两种含义：地理位置上的接近，以及直接的相关性。有些人在解释这些法庭的狭隘视野时，认为这是因为法庭代表并不"了解"纳粹在东部犯下的罪行，而只清楚自己辖区内的情况。但是民众其实已经获知了大量事实，并不局限于纽伦堡以及其他盟军审判已然披露的细节。以下情况也无法解释这种狭隘的视野：许多法官和律师本身就是前纳粹党人；这一情况在西德比较明显（1949 年后的情况更甚于盟军占领时期），在奥地利也是如此，但是东德曾对其司法从业人士进行过大清洗。除此以外，还有人认为，战后的法庭和律师尚且不具备能力，来考虑由国家支持的如此恶性的罪行，故而只能假装"一切如常"，继续他们的司法工作，并审理符合人们对于"常规"罪行的期待的案件。当时的法官确实没有审判官僚罪行的经验；而处理人身伤害的犯罪行为要更为简单。我们也将在下文中看到，当处理"安乐死"谋杀时，检察官更容易将个别医生，以及低级别的护理和行政人员告上法庭，而不是将安乐死中央办公室（直到1952年才开始在司法程序中现身）送上被告席。

在绝大多数审判发生的年代里，罪行才刚刚发生，在人们的记忆里依旧鲜活，行凶者也相对年轻，身体状况能够支撑他们接受审判，而许多目击证人也可供法庭传唤，但是这些年代的绝大多数案件都只解决国家内部的社会和政治分歧，却无法直面将大规模谋杀犹太人的罪犯送上被告席的挑战。

人们也考量了关于哪些人被算作重要受害者群体的问题，这些群体仅仅包括（尤其是东欧）有组织的政治抵抗运动、纳粹暴力在国内造成的伤亡，以及1938年暴力事件的犹太受害者，却将男同性恋者、罗姆人和辛提人，以及"反社会人士"排除在外。纳粹在东部犯下的罪行也几乎无人触及。尽管纳粹死亡营（包括奥斯维辛）里有数十万受害者都是德国公民，而对于此类罪行的控诉检举完全能够在盟军占领期开庭，但是在曾经于奥斯维辛工作过的6000到8000人中，只有那么六七个人在这段时期的西德区域受到了审判。甚至在联邦德国成立后，法庭可以审理外籍受害者的案件时，事态也几乎没有发生变化；甚至在战争结束几十年后，仍然只有几十名奥斯维辛工作人员受到了审判。[5]

在民主德国，由于掌权的共产党人的过往经历，东德法庭尤其关注纳粹在1933年展开的政治压迫，以及个体在纳粹统治中所经历的困境。其受害者往往是因为怀恨在心、自私自利或有政治意图的邻居或工友的告发而被关进监狱和集中营的德意志人。东德法庭的这一优先事项一直持续到民主德国的垮台，截至1990年，一共有435起告发案被诉诸法庭。这实际上是利用司法手段延续了第三帝国时期的政治斗争，试图为纳粹政权下的政治冤屈伸张正义。

在东德法庭上，在纳粹时期犯有谋杀罪的第二大群体是"战争

第九章 分头审判：继承国的选择性正义　　291

罪"犯人，他们被囊括在172场审判中，均符合"违反国际战争法的法律和惯例、针对士兵和战俘的谋杀罪"定义。此外，有141场审判处理针对拘留中心人员的谋杀罪，以及118场"与其他纳粹罪行"相关的审判。相较之下，专注"大规模灭绝罪"（这是受害者因种族政策而遭受"种族屠杀行为"时，法庭定罪所用的术语）的审判数量则少得多。只有7场审判针对特别行动突击队的屠杀行为，13场审判针对集中营里的大规模灭绝，62场审判针对"其他大规模灭绝罪"。此外还有23场审判与安乐死屠杀有关。[6]

　　东德的审判状况与西德法庭对于案件议题的选择形成了有趣的对照。围绕纳粹在1933年掌权所展开的暴力行为，以及对于政敌的告发，在东德案件中占到了很大的比例，而它们在西德则没有这么大的份额。相形之下，西德超过半数（53%）的案例都与"终期罪行"，也就是在战争末期犯下的罪行有关。[7]这些罪行的受刑者常常都是德意志人——要么是士兵，要么是其他人士，他们因为失败主义的言论、拒绝上阵打仗、擅自离开部队，或其他在混乱的战争末期犯下的违法行为而遭到处决。[8]总共有295场审判与"终期罪行"有关，相比之下，由特别行动突击队犯下的大规模灭绝罪只占了52场，而与集中营里的大规模灭绝罪相关的审判有45场，与"其他大规模灭绝罪"有关的审判有187场。[9]此外还有34场审判与安乐死屠杀有关。

　　在1945年至1949年的占领期，西德的法庭有过一段特别繁忙的时期，而所有因纳粹罪行而被定罪的人中，约有70%的人都在这一时期被审判。在这一阶段，所有罪行都尚未超出诉讼时效，所以即便相对轻微、对应刑期较短的犯罪行为也能受到审判。[10]在1945年到2005年的60年间，西德以及德国统一后的原西德地区一共发起了36,393次调查和审判，总共牵涉172,294个人，其中只有3.7%的受审对象是女性。在所有这些审判当中，总共有13,600起发生在1945年到1949年的四年间。[11]而其中宣判被告有罪人数最多的一年是1948年，一共判刑2011例；第二高的年数是1949年，下达有罪判决1474份。[12]从此往后，判案数字就大幅度下跌到两位数，甚至是个位数。

因此，理解战后初年的德国人如何在这些审判中面对过去，就有了特别的重要性。在以后的审判以及关于纳粹过去的公共意识中，战争罪、集中营和监狱里犯下的罪，以及与大规模灭绝相关的罪都将变成令人无从回避的庞然大物，但是在这一阶段它们却几乎无人问津。有趣的是，纳粹在1938年11月对犹太人犯下的罪行（"碎玻璃之夜"）反倒是大众注意力的焦点，超过了占领期全部审判案件的15%。[13]

与1938年这场屠杀相关的审判的背后推手通常都是该事件的幸存者和幸存者家属，此外还常常包括流亡者、犹太社群以及政治活动家；它们背后的推手常常还有地方当局，因为它们要为犹太会堂和墓地的维修找到承担开支的罪犯。[14]这些案件向我们展现出，当地人在多大程度上参与了针对犹太人的暴力，参加公开的羞辱和堕落仪式，对各类物资和钱财进行盗窃、侵占和劫掠，确保自己的债务被一笔勾销，或者以其他自私自利的方式从这场由上级发起的屠杀中寻觅获利的办法。这些案例还证明，即便有搭乘卡车过来的非本地人在煽动暴力，但是他们立即在当地民众里找到了积极配合的人。这些罪行的犯罪分子包含了各式各样的人，而当地企业、学校和老师在里面尤为突出。然而，这场屠杀又与其他犯罪类型有所不同，因为在被带到法庭面前的行凶者里有着许多各个年龄层的女性。审判也并不容易推进。无论在任何地方，都有为数众多的人被牵涉到这场屠杀之中，而行凶者常常矢口否认自己对暴力的某一特定方面负有责任，或者将罪责归到知名的纳粹冲锋队员头上，而这类人要么如今已经死了，要么早就在战争中失踪了。占有他人财产的人声称这只是代为受害者"保管",而并非盗窃。尽管这些罪行都发生在当地,而且彼时就有很多目击者,但是人们在审判前就对好了口径,常常不愿"回忆"起太多内容,更别提作为目击证人,针对他们仍需友善相处的邻居提供不利的证词。法庭也通常偏袒被告,即便在证据确凿的情况下,它也作出了许多宽大处理,甚至是令人惊讶的无罪释放的判决。年轻的犯罪者通常被认为受到了纳粹政治宣传的误导,而年长的犯罪者则是"被灌醉了",或者只是在服从命令,或者为同志情谊所说服,他们的行为都因此得到了宽恕。总体上而言,尽管西德在占领期耗费了大量的精力将侵害犹太人的罪犯送上法庭,但是因此留下的记录却无法显现出严格或前后连贯的正义。即便如此,在1945年到1949年间,西德法庭一共审理了1174起有关11月屠杀的案件,并作出了1076例有罪判决。

在盟军的西德占领区,就针对犹太人的其他犯罪行为(如协助遣送)所提出的诉讼,成功率就相对而言没有那么高了,并开始展现出西德后期审判的某些特征:只有在行政人员的作为超出纳粹当局命令的限度时,起诉才会成立,比如明知遣送的结局是死亡,却为了凑人数强行将"享有特权的异族通婚"人士和异族通婚夫妇的后代送上遣送的交通工具。如果只是单纯地遵从纳粹规章,协助谋杀机器运转,则不构成犯罪行为。

无论占领期给我们留下多么不堪的总体印象,那个时期的人们至少在公开场合中普遍地参与到与那段近在咫尺的过去的互动当中。法院显然人满为患,无论是支持被告,或者偶尔批判过于宽大的处理,旁听者都会大声地表达他们的意见。可是在1949年之后,随着审判数量的大幅下滑,以及大众与纳粹暴力共谋的议程淡出人们的视线,对于当地犯罪行为的密切参与和关注也就开始消退了。

至于东德,尽管档案材料还没有经过全面的核对和详细的研究,但是涉及1938年11月暴力事件的审判数量要少于西德。在1945

年至 1949 年的这段时期，东德总共有 300 起涉及"碎玻璃之夜"的审判案件。[15] 但是，考虑到东德人口规模较小，以及地区性的犹太人口差异，我们很难从这一数量差异中得出确切的结论。即便如此，我们也能够清楚地看到，苏联占领下的东德通过案件的选择呈现出截然不同的侧重点。

这一时期的东德法庭尤其关注工人在纳粹统治下——或者按照执政的德国统一社会党（在 1946 年 4 月由共产党人和社会民主党人联合组成）的说法，是在"法西斯"统治下——承受的各种苦难，以及雇主对工人的剥削。[16] 比方说，在拉文斯布吕克的西门子分厂，以及位于柏林外围的哈瑟尔霍斯特（Haselhorst）的西门子工厂，营养严重不良、不再具有劳动能力的囚犯会被送到萨克森豪森处死，当局就在这些地方搜集了有关强制劳动力的食物严重不足和受到剥削的报告。不同的工人群体也被区别对待。犹太妇女在报告中提出，比起其他囚犯，她们的工作时长更长、工作条件更差；她们不得在餐厅就餐；而且她们也分不到肉类、蔬菜或其他必要的营养品。官方还搜集了关于抵抗组织的报告，包括伸出援手的基督徒，以及成功获得非法文件的法国强制劳动力。[17]

大体而言，这一时期对于工人群体的关注并不意味着犹太人的特定经历会因此遭到忽视。比方说，在与工厂设在莱比锡的武器制造商哈萨格（在第三帝国的所有企业中，它使用的奴隶劳工数量排行第三）相关的一桩审判中，纳粹政权受害者协会、莱比锡犹太群体和美国占领区的犹太中央委员会之间就达成了合作关系。东德记者汉斯·弗赖（Hans Frey）在 1949 年出版的讲述"卡缅纳（Kamienna）地狱"的作品就基于这场审判，并且记录下超过 17,000 名（真实数字更接近 25,000 名）被送到哈萨格的卡缅纳分厂劳作的犹太人的命运。这部作品特别记录下纳粹党剥削和谋杀犹太人的程序，其原因无非是他们身为犹太人而已，而对犹太人的灭绝是"这个罪恶政权

第九章　分头审判：继承国的选择性正义　　　　　　　　　　　　　　295

最丑恶的罪行"。[18]大多数犹太人要么因为"劳动式灭绝"而死亡，要么在犹太隔离区被清空时被遣送到特雷布林卡；只有少数群体先是被遣送到其他劳动营，然后经历死亡长征后存活了下来。[19]虽然东德法庭将优先权给予政治抵抗，使得纳粹大屠杀在很大程度上遭到边缘化，但它也并没有完全从东德人民的视线中消失。

　　如果说，东德的受害者身份相对清晰，那么主要犯罪分子的身份也是如此：那便是企业管理人员，尤其是为了躲避司法的惩罚而"投奔"西方司法系统的企业负责人。比方说，西门子董事沃尔夫－迪特里希·冯·维茨莱本（Wolf-Dietrich von Witzleben）就符合这一情形，尽管他长期支持纳粹主义，却于1947年在西柏林的施潘道区（施潘道监狱所在地区，这座监狱里关押了七名被纽伦堡审判判处有罪的纳粹战犯，包括1966年从这里获释的阿尔贝特·施佩尔和1987年死在这里的鲁道夫·赫斯）撇清了同纳粹的关系。幸存者黑德维希·朔尔（Hedwig Scholl）就在报告里愤愤地说道，据她所知，这位曾经掌管他们的纳粹工程师如今仍然在公司里担任高层职务，而在朔尔曾经共事过的所有犹太人中，只有一个人活了下来。[20]1948年2月28日，该西门子董事的洗白行为在东柏林的两处工厂——特雷普托（Treptow）的电子设备厂和下舍恩魏德（Niederschöneweide）的德意志黄铜厂——引发了组织有序的抗议罢工行动。

　　东德被选定的群体要么受到他人的动员，要么积极主动地介入早期审判案件中。比方说，在1949年1月，纳粹政权受害者协会就代表检举方介入了有关德累斯顿的格勒工厂（Goehle Works，曾大量使用强制劳动力）的案件审理中。[21]当被告拒绝承认自己对强制劳动力所遭受的虐待和身处的可怕环境负有责任时，纳粹政权受害者协会的代表对他们厚颜无耻的态度（Unverfrorenheit）大为恼火。在他们作为共同原告提交的12页文档中，纳粹政权受害者协会还把矛头指向了一个更为广大的群体，他们说："这些工厂还雇用了数以千计的德累斯顿市民，那么他们当中少说也有几百人目睹了强制劳动力所遭受的虐待。但是他们保持了沉默，并以这种方式成为同谋者。"[22]典型的"善行辩护"也受到了挑战：即便被告能证明他们"做过一两件善行，曾给他人送去面包、烟草、衣物或其他东西"，这也无法证明他们没有做过他们被指控的恶行。除此之外，受迫害者"依据个人经验也明白，我们无法因为某人没能做出人性的举动而将其斥为罪犯"，并且行凶者本身"也同样是人类"。[23]

东德在早年的侧重点并没有在随后的数十年里淡出人们的视线。举例而言，德累斯顿的格勒工厂就并未离开人们的视野。我们将会在下文谈到，在接近40年后，一位牵涉其中的党卫队军官亨利·施密特（Henry Schmidt）才终于在1987年被送上法庭。[24]这一姗姗来迟的案例显现出东德法庭在关切对象方面的连续性，并凸显出20世纪80年代后期的某些关键变化。

随着民主德国在1949年成立，执政的统一社会党试图确立这样一种形象：他们已经卓有成效地"解决了"纳粹主义的问题，主要的纳粹分子要么已经受到了惩罚，要么就逃到了西德。1950年夏天，在所谓的瓦尔德海姆（Waldheim）审判中，法庭在没有任何前道司法程序的情况下，对曾经被拘留在苏联特殊营地的3345人迅速地下达了判决。这些营地在1950年初被关闭，关闭过程至少体现出合法性的氛围是很重要的。然而，虽然许多受到判决的人确实因为纳粹主义而犯下了罪行，但是有些人却成了战后政治的无辜牺牲者。比方说，恩斯特·肯齐亚（Ernst Kendzia）曾经担任过瓦尔特兰省的劳动局局长。他所担负的责任是从犹太隔离区调用强制劳动力，并且在1941年后期冷血地提议"疏散"（灭绝的委婉说辞）罗兹犹太隔离区中"没有劳动能力"的犹太人，他实际上是在倡议将"不健康的人"送往刚建好的海乌姆诺死亡营。在帝国劳动部的高级官员中，肯齐亚事实上是唯一因其罪行而被执行死刑的人；生活在西德的劳动部高级官员大多数逃过了起诉，并在公务员系统中继续身居高位。[25]

敷衍了事的瓦尔德海姆审判的惊人速度和可疑流程同时意味着有罪之人的实际行为也几乎没有得到关注。刑罚看似过于严苛：超过90%的人被判处十年以上有期徒刑，并包含33例死刑。但是判决的长期效果与之不无矛盾之处。

即便在奥地利，早期司法的触手也伸得很远。1945年于维也纳成立的临时政府立即设立了"人民法庭"（Volksgerichte），专门处理在纳粹主政下犯下的罪行。1945年6月20日，奥地利通过了《战争犯罪条例》（Kriegsverbrechergesetz），其中沿袭纽伦堡国际军事法庭的相关规定，囊括了对于战争罪和反人类罪的追诉权力。[26] 而在奥地利开庭审判的案件实情也再次证明，它们主要以本国事务为首要关切。

奥地利人和法国人一样，特别关注与纳粹党的政治合作问题；因此在奥地利，有相当一部分的早期审判以在1938年"德奥联合"之前非法加入纳粹党的人为审判对象，并认为这些人都是"不爱国人士"。另一项主要审判议题，涉及在奥地利国土犯下的人人得以见之的暴力罪行，比如强制劳动营和死亡长征中对于战俘的虐待。即便如此，这些审判与现实的差异依旧十分惊人。就像东德和西德那样，纳粹大屠杀的犹太要素在这一阶段的奥地利审判案件中尚不明晰，而东欧的大规模谋杀的罪行也尚未跻身人民法庭议程的显要位置。[27] 此外，在战争结束约三年后，奥地利的报纸似乎就对案件失去了兴趣，讨论反而转向了这类特殊法庭何时才会解散，这类审判何时才会停止——由此预示了后来奥地利人对将纳粹行凶者送上法庭兴趣寥寥。[28]

政治化与部分起诉：东德

根据东德为自己打造的官方形象，它不仅要起诉仍然生活在东德的（按照他们的说法是少数）行凶者，还要对生活在西德的行凶者进行缺席审判，并且针对活跃于西德公共生活的前纳粹分子发出高调的抗议。民主德国对政治的工具化以及对司法的滥用，招致了西德的大规模批评；此外，民主德国借由起诉前纳粹党人的事项，将自己包装成"模范"德国，也遭受了不少质疑。这一"模范德国"之争在冷战时期发展到白热化的阶段。尽管两德在1990年统一，但是民主德国的这番包装却并没有就此消逝：甚至在二十五年后，民主德国国家安全部（斯塔西）的前任高级官员仍然在他们的司法记录辩护中，要与西德一争高下。[29]

自从司法职责从驻德苏联军事管理委员会移交到由共产主义统一社会党所领导的新政府手中，东德遭到检举起诉的人数就出现了大幅下跌。自1951年起，经过一系列大赦后，监禁刑期不长的多数人都得到了释放；到1956年，所有被判处有罪的人当中，只有34人还身陷囹圄。此外，由于他们的罪行已经盖棺论定，所以他们既不能再次接受审判，也不必在此后面对就同样的犯罪行为发起的更为严格和深入的调查。

从1957年开始，东德的纳粹罪犯已经无人可赦，而国家安全部开始将重心落在对前纳粹党人的追捕上。在20世纪60年代，国安部的两个新部门——第九总局十部（HA IX/10）和第九总局十一部（HA IX/11）——开始同其他部门合作，担负起收集和归档材料，并推进调查的职责。随着时间的流逝，他们为庭审案件准备好所有细节材料，甚至包括关于宣传、媒体报道和证人人选（有利于检举方而不是被告方）的建议，以及关于审判和量刑的提议。这样的审判在本质上是政治表演，可以从最初一直排演到最后。

第九章 分头审判：继承国的选择性正义

相比西德，被告在东德更容易被证明有罪，这不仅跟政治因素有关，也与被政治渗透的司法系统有关。与联邦德国不同的是，民主德国并不排斥纽伦堡审判的原则，就谋杀案而言，被告行为的致命后果通常就足以给他定罪。而对行为之违法的无知也不被视作充足的辩护理由。这意味着两德的审判标准有着很大的差异，民主德国会因为被告采取过特定的行为而判处他们有罪，而不管他们当时处在何种主观的心理状态，也不理会他们声称自己在当时对事态一无所知的辩护词。实际上，只有在当局认为证据充足确凿、无可辩驳时，案件才会真正得到审判，而被告则几乎没有辩护的空间。第二次世界大战后，东德的法律行业经历了全面的改革，而在战后初期，司法的政治关切弥补了专业资质和技能的匮乏。由于执政人员的彻底洗牌，所以法官和律师都同情反对纳粹的人或纳粹的受害者，而不会同情处于被告位置的纳粹分子。这一难以定义的情况确实起到了一定作用，有待后来的学者在比较研究的基础上进一步探究。[30]两德之间的互相较劲和道德—政治的竞赛也发展成一股动力，促使它们让曾经的行凶者接受司法的审判。

与此同时，民主德国发展出一种有关"法西斯理论"的宣传，认为纳粹主义根植于"垄断资本主义"，而这一系统如今已经在东德销声匿迹，却在西德延续了下来。虽然东德赋予这一理论以诸多面貌和神话，但是在东西德的对比中却存在着一定程度的真相。当共产主义力量在东德掌握权力时，随之而来的激进社会革命确实比西德更行之有效地在重要的政治岗位（其他行业则不然，比方说在医疗行业里，专业知识仍然是最紧要的事情）剔除了纳粹分子。[31]而许多与纳粹罪行瓜葛很深的人也确实从东德逃到了西德，因为在他们看来，他们在西德的处境会更加乐观，而历史证明他们所料不假。比方说，在安乐死项目中，所有来自德国东部并转而在"赖因哈德行动"下辖的死亡营中继续从事杀人工作的工作人员，都离开了苏联占领区和东德投奔西德，有些人甚至在逃避司法惩罚时将家人抛在身后。[32]

20世纪50年代晚期，国际局势变得愈发紧张，柏林墙也在1961年建立起来，统一社会党开始以新的方式利用纳粹历史的政治。他们不仅希望表明民主德国的纳粹党人已经被全部被揪了出来，并且受到惩罚；还将大量的精力投入谴责西德的宣传活动中，因为在1959年，西德曾爆发出反犹主义行动，包括涂抹卐字符号，以及污损犹太墓地。东德的关注要点，在于强调仍旧有为数众多的纳粹党人在西德政府中占据高位，而许多声势浩大的宣传活动也意在反对西德高调的政客和公务人员。东德在1960年出版了臭名昭著的"棕皮书"（Braunbuch，于1965年和1968年两次更新修订，而西德政府对此的回应方式是在后来也出版了民主德国纳粹分子的"棕皮书"），将许多西德人钉在了耻辱柱上。[33]

遭到宣传活动的针对，并且受到缺席审判的人士包括阿登纳的总理府幕僚长汉斯·格洛布克（Hans Globke），以及阿登纳的难民与战争受害者部部长特奥多尔·奥伯兰德尔（Theodor Oberländer），他们分别在1963年和1960年的审判秀中被判处有罪。尽管有阿登纳的支持，奥伯兰德尔还是选择了辞职，因为围绕其纳粹过去的持续宣传令他在政治上羞辱难当。许多指控都在反共的西德遭到了驳斥，被认为不过是苏联的抹黑行为，并不包含任何确凿的内容。由于东德的定罪证据常常是伪造或经过处理的，这种反驳声音也就因此显得有理有据。比方说，曾任西德总统的海因里希·吕布克（Heinrich Lübke）就遭遇了这样的情形，由于东德指控他曾在施佩尔的佩讷明德火箭研究基地及其奴隶劳工营房的建设规划中出过力，导致他在任期结束的三个月前被迫请辞。在有些方面，人们确实可以证据确凿地认为，西德让前纳粹分子继续在政府里坐享高位是一件荒谬的事情，但是东德为了夸大指控而对事实作出的歪

第九章　分头审判：继承国的选择性正义

曲和捏造反而伤害了这一言之有理的指控。

不过与此同时，统一社会党和国安部也对自己国家已知的前纳粹分子缄口不语。因为如果让这个自称的"反法西斯国家"承认自己也并没有彻底清除纳粹党人，那将会是一件颜面尽失的事情，此外前纳粹党人也很容易被威胁或者勒索，进而为国家安全部所用。[34] 所以，东德国内的肃清情况并不像统一社会党领导人所宣传的那么彻底。在1973年至1974年，国安部编纂出一份包含815人的名单，其中的民主德国公民都曾隶属盖世太保、中央保安局或特别行动突击队，因此被怀疑曾参与犯罪行为。[35] 当局仔细考虑了法庭审判的人选，而影响人选的因素包括起诉成功的可能性，以及这些罪犯此前未遭起诉的情况遭到曝光后是否令当局丢失颜面。在战争犯的镇压和保护中，不让消息泄露到西德是工作的重中之重。

有时候，斯塔西会让前纳粹分子担任他们的"非正式告密者"（inoffizielle Mitarbeiter），让他们躲避在公共聚光灯之外，从事所谓的"历史的机密政治"。[36] 这一做法遭到了西德的批评，而曾经在国安部担任官职的迪特尔·斯基布阿（Dieter Skiba）和赖纳·施滕策尔（Reiner Stenzel）则出言为其辩护，声称那些被斯塔西用作告密者的人都是被怀疑犯有纳粹罪行但无充足证据可以送上法庭的人。他们认为，西德的许多前纳粹分子在为东德的敌人工作，而能够动用这些群体对于东德来说是一件具有重要意义的事情。斯基布阿和施滕策尔声称，这样的安排并没有让任何行凶者逃脱司法的审判，以及对纳粹罪行的惩罚。然而，曾经做过斯塔西的告密者，最后还被送上法庭的人包括约翰内斯·金德（Johannes Kinder）、弗朗茨·蒂姆（Franz Timm，别名诺伊曼）、格奥尔格·弗伦茨勒（Georg Frentzle）和卡尔·戈尔尼（Karl Gorny）。至于其他人的案例，比方说曾经在奥斯维辛政治部门工作过的约瑟夫·塞特尼克（Josef Settnik）或者曾经为盖世太保效劳过的卡尔·马利（Karl Mally），当局则声称他们没有掌握足够的证据来发起必胜的起诉。[37]

许多前纳粹党人都成功地埋葬了他们的过去，心甘情愿或者另有思绪地开启了作为民主德国市民的新生活。在这些前纳粹党人当中，大多数人适应了新的环境，过上了相对不受打扰的生活。考虑到最终定罪的人数相对偏低，那么显而易见的是，成千上万曾经积极参与过纳粹罪行的人大多从未进入公众的视野，更别提被送上法庭了。

我们时不时地能够在文献中读到曾经的行凶者过上了新的生活，以及他们如何转变为善良的公民。比方说，在1965年，杜塞尔多夫（Düsseldorf）法院在准备特雷布林卡死亡营审判的过程中，追踪到一位曾经从1942年起在特雷布林卡服役的前党卫队成员鲁迪·贝尔（Rudi Baer）。[38] 西德法院于是向东德当局请求相关信息，而东德官员也确实在鲁迪·贝尔位于东德小镇哈雷（Halle）的家中找到了他。我们在哈雷当地警察于1965年6月22日给出的精彩记述中，读到了这个曾经参与过大规模屠杀的人后来过上的宁静生活。他是一位以"整洁而有序的方式独立"开展工作的"木匠师傅"。[39] 他遵守法律关于产品定价的要求，并且在公寓楼里有着很好的口碑。邻居们都说他是个"生性平和"的人。[40] 他所协助维护的这栋公寓楼属于他的父母，而他要确保必要的维修工作必须"痛快地得到解决"。[41] 他对于邻居总是乐于伸出援手，并且他的婚姻很幸福。只有谈及他的政治观点时，这份文件才显露出一点批评的痕迹，然而"他的政治意见仍有一定的不确定性"。根据文件的报告，贝尔显然为了安全起见，"从来不会参与家中的此类讨论"。[42] 除此之外，他也回避了该区域的社区活动。更糟糕的是，在1961年8月4日，也就是柏林墙建造起来的一个多星期前，贝尔试图非法离开民主德国，却遭到了逮捕。不过这份报告总结道，从总体上来说，贝尔并没有吸引到任何"负面"的注意力。[43] 这份报告大致上向我们表明，一个曾经服役于特雷布林卡党卫队的人如何出色地转变成公民，消失在民主德国的人海中，即便在自家的公寓楼里也从不对住户提起他过去干过的勾当。在无数低下头颅、成功且悄无声息地融入东德社会的前纳粹党人里，贝尔很可能是个非常典型的人物。另外的人就相对没那么好运了，而我们将会在约瑟夫·布勒舍尔和鲁迪·齐默尔曼的后续案例中见证这一点。

民主德国勤勉地追猎着他们挑选出来的行凶者，这项行动一直持续到1990年10月3日，持续到它作为一个独立国家的最后时刻；一旦被告挑选完毕，审判程序启动，东德当局在总体上就没有西德当局那么宽大仁慈、设身处地地为被告着想了。有时候，民主德国的审判也仅仅是为了正义，并没有令其为政治所用的明显意图。许多审判的被告都是低级别的行凶者，只有在偶然的情况下才会引起公众的注意。跟西德的情况一样，东德的政策也是一个复杂的平衡之举，他们既试图将前纳粹分子整合到新社会中，也试图曝光并严厉惩罚一小部分人，然后根据最有利于当局的情形，大规模地无视、压制证据，或者利用其中一部分人。[44]

同情、主观性与法律：西德

从建国之初，联邦德国就开始强调它是德意志联邦的唯一合法继承国，而这与民主德国形成鲜明对比。直到维利·勃兰特基于东方政策（Ostpolitik）正式承认民主德国之前，民主德国都被西德称为"占领区"，意指它是苏联占领区的一个非法实体。

尽管德意志联邦共和国在人员上存在着显著的连续性，但它希望外界认为它已经同第三帝国彻底决裂，并且能够行使自己的主权（这也意味着同美国的政策撇清关系，并且在1951年终止盟国管制理事会第十号法案的应用）。对联邦德国非常重要的是，受到起诉的行凶者应当根据德国现有的刑法（虽然历经修订，其源头是德意志帝国于1871年颁布的刑法典），而不是纽伦堡审判的原则受到审讯。这其实是在强调，纳粹政权本身是对德国司法传统和道德标准的背离。这也意味着，司法不应追溯的原则不应该被违反，也就是说当人们做出的行为在当时并不违法犯罪时，他们不应该为此而受到审判，而这正是人们对纽伦堡审判最主要的批评。

然而在实际的运作上，西德的司法系统问题重重。它意味着法院要用谋杀的罪名来提出指控，因为即便在整个第三帝国时期的德国刑法典中，谋杀都是犯罪的行为。但是要证明某人不只是犯下了过失杀人（Totschlag）的罪行，而是犯下了谋杀（Mord）或者相对轻微的"协助和教唆"谋杀（Beihilfe zum Mord）的罪行，就意味着需要满足这些罪行苛刻的主观心理状态标准。被控诉为谋杀的人必须有个人层面的主动行为，而不能只是服从命令；其行为源自"卑劣的动机"（niedrige Beweggründe）；他以"无度的行凶者"（Exzesstäter）的形式表现出特定的虐待倾向、残忍或残暴的性情；并且他必须在当时就意识到行为的错误本质。主观要素在谋杀的罪责归因上至关重要。辩护律师往往可以援引各式各样可减轻罪责的因素：比如说被告只是服从命令才杀人；罪犯的行为没有表现出虐待倾向，他也没有因此而得到享受，因此可能构成了他只是勉为其难地杀人的证据；被控诉为谋杀的人并没有意识到这一行为是违法的；或者，虽然他们意识到这是违法行为，但是他们不得不采取这样的行动，因为违抗命令将会给他们带来不利后果。

这些包含个人动机的罪行的法定标准，并不能胜任审判背后有国家支持的大规模谋杀的任务。曾有一些设想罪行综合体的阶段性尝试（如盟军所为），将大规模谋杀考虑作集体的系统，而个体在其中贡献各不相同的力量，但是西德的法院大体上都倾向于将被告视作以个人动机犯罪的主体。实际上，正如我们将在贝乌热茨审判

第九章 分头审判：继承国的选择性正义

中见证的那样，曾经屠杀过数千名无辜者的人可以在西德的法律下以只是服从命令为辩护词，而被判无罪；这样的说辞非常有效，因为并不存在幸存者能够出庭提供关于残忍和虐待倾向的证据。

由此，西德的被告越来越容易被归类为"同谋"，具有"协助和教唆"谋杀的嫌疑，而判决也相应变得较为宽大仁慈。在20世纪60年代，在被判处有罪的人当中，约有三分之二（61%）的人被归类为"谋杀的协助方"，他们是同谋而不是谋杀犯，因为导致数万人或数十万人死亡而被判三到五年有期徒刑，只有7%的人被判十到十五年有期徒刑。[45]这意味着在这关键的十年里，虽然西德"直面"过去的声誉在国际舞台上声名鹊起，但是参与大规模谋杀的人却在实际上被改头换面，变成国家顺从的奴仆，他们只是被意识形态蒙蔽了双眼，或者因为害怕上级才如此行事。尽管也有很多知名的判例不符合这种描述，但是许多判决结果表明，虽然大规模的谋杀毫无疑问地发生了，但是执行杀戮的人却并非谋杀犯。常规的刑法显然无法胜任审判背后有着国家授权的杀戮的任务。

除此之外，西德还存在其他复杂的状况。其一是诉讼时效条款，它规定即便某人犯有谋杀罪，也不能在案件发生的20年后遭起诉。在20世纪60年代初期，哪怕是1945年也即将成为20年前，但是对于纳粹在东部犯下的大规模屠杀罪行的系统调查和起诉尚在起步阶段。而在此前的50年代中期，起诉曾一度陷入停滞。案件都被送到联邦德国的各联邦州（Länder），要么是被起诉的行凶者生活的地方，要么是罪行发生的地方。由于在第三帝国的主要罪行中，有许多都发生在联邦德国当时的国境之外，所以检察官开展工作，基本上只能依靠公民们自己认出住在当地的前行凶者，并随后向当地政府报告自己的发现。到50年代晚期，西德开始协调各方力量，在尚不清楚行凶者居住区域的情况下，对德国以外的犯罪综合体状况展开研究。在1958年，这促使当局在斯图加特北部小城一座迷人的18世纪建筑里，设立了国家司法行政局路德维希堡纳粹罪行调查中央办事处（Ludwigsburg Central Office of the State Justice Administrations for the Investigation of National Socialist Crimes，对一个小部门来说，这倒是个煞有介事的冗长机构名）。该机构的职责是调查德国国境之外的犯罪综合体，核对相关材料，并协调不同联邦州的力量，协助法院进行起诉。最初，当局考虑到纳粹罪行的诉讼时效即将到期，故而他们认为这个办事处的工作将很快宣告结束，所以它在设立之初只有少量的工作人员和相对有限的资源。但是在它为法兰克福奥斯维辛审判做前期准备的过程当中，由于受到弗里茨·鲍尔的坚定决心的激励，证据开始不断地涌现出来。[46]

人们开始意识到，哪怕面对如此残暴的罪行，以及堆积如山的证据，正义恐怕也无法快速地得到实现。人们之间展开了热烈的讨论，认为谋杀罪的诉讼时效应该得到延长。由于在盟军占领期，德国法院只能审判德国领土上的罪行和针对本国国民的罪行，故而最初的解决方案是占领期的四年（1945—1949）将不计入20年的时效范畴。因此，纳粹罪行的追诉时限从1965年延后至1969年，而在这一时限到来之前，进一步讨论也随之开展。[47]经过激烈的讨论之后，有关谋杀案的诉讼时效再次延长了十年，截至1979年；随后，这一诉讼时效被彻底取消。但是，这一时效并不适用于相对轻微的犯罪行为，它也因此促使被告和辩护律师更竭尽所能地将谋杀减轻为过失杀人。

由此，一项关键的司法进步就因为人们的狡猾、诡辩、错误和疏忽而搁浅了。[48]在1968年，新的法律立法通过，其措辞的细微变动却没有引起大范围的注意。相对于就犯罪行为负主要责任的行凶者，它并没有规定罪行的"同谋者"可能要接受相应较轻的刑罚，而是规定如果他们缺乏所谓的"行凶者特质"，则量刑必须得到宽大处理。这一变化意味着，在他们能够被起诉的法律规定时限内，

第九章　分头审判：继承国的选择性正义　　307

追诉审判已经发生了改变，而宽大处理从酌情处理变成了强制规定，而诉讼时效一旦超期，那么同谋者将不得被提起诉讼。在实际的司法应用中，法院自1960年以后就已经无法将人们起诉为纳粹罪行的同谋者了，而这一时限甚至还具有追溯效力。在那之后不久，数百名因自身的纳粹劣迹而即将面临法律诉讼的人，都被告知针对他们的案件已经销案。对于前纳粹党人来说，这一调整是个巨大的解脱，尤其对曾在20世纪60年代中期接受案件调查的希姆莱中央协调办公室、帝国保安总局（Reichssicherheitshauptamt），以及安全警察部队的数百名公务人员来说，这确实让他们松了口气。[49]

西德司法系统的所有这些特点，都在纳粹行凶者的审判中起到了一定的作用。[50]但是司法系统本身便是政治决策的结果。因此，在西德这个独特的社会语境中，人们追寻正义的方式也受到了包含国际因素和国内因素在内的更为广泛的各类因素的影响。

即便在占领期，西方盟军的当务之急也已经从对付纳粹主义变成巩固对抗共产主义的盟友关系。许多有影响力的人物发声支持释放狱中的纳粹党人，他们也变得越来越不像是战争犯，而成了盟军司法的政治受害者。1951年，美国驻德高级专员约翰·麦克洛伊（John McCloy）对在纽伦堡审判中被判有罪的人进行大赦，将他们的刑期降低至15年以下，而被判处15年有期徒刑以下的人也都获得了减刑；到1958年，也就是纽伦堡审判的仅仅10年后，几乎所有在纽伦堡被判处有罪的人都已经得到了释放。[51]然而，这些人之所以能够得到减刑，也不只是因为美国的当务之急已经发生改变。

对于保守派人士、联邦德国第一任总理康拉德·阿登纳来说，成为西方强国的关键盟友并且重新获得完整的主权才是德国的当务之急。这不仅意味着他们要承担纳粹过去的罪孽与责任，作出表率向以色列支付赔偿金，还意味着他们要在战后初年脆弱的民主体系中根除右翼的修正主义可能带来的不稳定因素。

249　　　阿登纳提倡的"关于过去的政治",要求德国必须将绝大部分前纳粹党人重新吸纳进社会,这一策略不仅同西方盟军不谋而合,也是迫于巨大的国内压力。在联邦德国国内,一个由政见各异的人群(从右翼分子、小型政党以及对纳粹分子抱有同情心的人士到新教教会、天主教会的代表人物)组成的联盟,在名为"海德堡小组"(Heidelberg Circle)的右翼律师群体的协助下,就缩短盟军判处的刑期期限、对囚犯做宽大处理,以及减轻正在等待调查或审判的人士身上的负担等事宜,向阿登纳政府施加了巨大的压力。到20世纪50年代初期,有些人开始为赦免全部纳粹党人,将盟军措施斥责为纯粹是"胜利者的正义"而奋斗,比如曾经担任纳粹德国驻丹麦全权大使,并且曾在帝国保安总局任职的维尔纳·贝斯特(Werner Best)便属于这一类人。

当然,此类观点并非没有引发争议,也有些人发声反对他们的做法。可是到最后,力量天平的偏向使得阿登纳区分了应当受到惩罚的所谓少数"真正的罪犯",以及不应该为纳粹统治下所谓轻微的错误行为而受到惩治的大多数人。[52]这使得大多数人脱离了不利处境,逆转了盟军最初达成的成果。

由于诉讼时效条款的影响,许多不那么严重的犯罪行为在1950年以后就不再能被提起诉讼。但是,西德还存在进一步的司法措施,使行凶者得以脱离正义的惩戒范畴。1949年12月31日,新成立的德国议会通过了一项大赦法案,适用于所有刑期不超过六个月的判决。[53]这一大赦法案只关注犯罪行为可能招致的刑期长度,由此巧妙地模糊了盟军占领期间人们犯下的轻微的、通常属于"经济"范畴的犯罪行为(当时的黑市非常活跃,使得涉及货币和交易的违法行为构成了日常生计的一部分,而且人们出于便利也会使用虚假身份)与纳粹主持下往往具有暴力要素的犯罪行为之间的区别。[54]1954年,议会再次通过了另一项大赦法案,适用于所有在1944年10月德国"溃败"以后犯下的，牵涉"职责冲突"，并且刑期不超过三年的判决。这同样模糊了一些重大的区别，转而强调因害怕不利的结果而服从命令，即被迫执行命令之苦衷（Befehlsnotstand）的观念，而完全不管即便在"最终阶段"的混乱时期里，许多人仍然持有错误的信念。

这项新通过的法案惠及约40万人。从更宽泛的层面来说，从此以后，因参与过纳粹迫害而给人定罪的做法变得越来越失去合法性，而关于彼时的人们承受着服从命令的巨大压力的各类逸闻故事则变得越发流行。[55] 这些自我防御的策略将被所有层次的人所运用，从法庭上面对严重指控的被告，到试图向子女和孙辈解释历史的相对低层次的前纳粹分子。虽然少数纳粹分子形同妖魔，但是剩下的人成功地开脱了自己的罪名。到20世纪50年代中期，当阿登纳就战俘归国事宜与苏联进行协商时，虽然其中有一部分人因为恶劣的罪行而完全罪有应得，但归国同胞还是普遍得到了西德社会的欢迎，受到了返乡英雄的礼遇。

阿登纳为前纳粹分子恢复名誉的政策还在其他方面带来了重大影响。基于《基本法》（Grundgesetz，即宪法）第131条，西德于1951年5月11日通过的法案允许那些因去纳粹化政策或诸如此类的行动（包括遣散盖世太保或其他纳粹组织）而失业的前公务员、前政府工作人员与前职业军人恢复原职或级别相同的职位，并保有全额的养老权利。这部法案甚至为前纳粹党人规定了强制性的就业配额，因此将在第三帝国时期没有完成学业或尚未就业的人排除在外，它还将那些曾因"种族"或政治立场而被排除在外的人再次排除在外。《基本法》第131条不仅没有优先为受害者安排就业，还优先恢复了前纳粹党人的职位，它由此变本加厉地巩固了纳粹的排挤和污名化策略。

在西德的许多政府部门里，人员的前后一致性达到了惊人的地步，许多曾经忠实地为希特勒效劳的人，如今为阿登纳政府鞍前马后：在外交部和内政部，有五分之二的官员都是"第131条受惠者"，而考虑到纳粹德国在东欧丢失的领土，难民与战争受害者部有多达三分之二的人员都是"第131条受惠者"也就不足为怪了。[56]

这一条款也对纳粹公务员队伍表面上的无辜产生了间接影响。举例而言，波兰总督府在将波兰犹太人关押进犹太隔离区、遣送去死亡营，以及对东躲西藏的犹太人展开致命追捕等事务上起到了关键作用，但是战后的审判却几乎不曾将其人员列为被告。他们互相协调辩护词，后来都说着几乎相同的故事：党卫队才是真正的罪人，而他们自己只是参与到行政管理的事务当中。事实上，在这些前纳粹行政管理人员当中，只有一人被送上法庭，而且得到了无罪判决；就战后的公共舆论而言，法庭没能将其他行政人员送上被告席，相当于协力构造了纳粹公务员的无辜神话，并且使得他们很少受到关注。[57]许多人都像曾经担任利茨曼施塔特（罗兹）市长的维尔纳·芬茨基那样，继续在西德的公务员体系中担任高级职务，而他曾经的下属、犹太隔离区行政长官汉斯·比博则被引渡波兰，在1947年接受审判并被判处死刑。绝大多数公务员很快就意识到，他们很可能不必承担责任，随后他们也就认为没有必要反思自己在这场吞噬数百万人的灾难中所扮演的角色了。有些显赫人物成了东德的政治宣传和令人难堪的缺席审判的打击对象，格洛布克和奥伯兰德尔便是其中的代表。[58]但是，直到历史研究在21世纪初拓宽了视野，委托写作了一系列以核心政府部门的共谋问题为研究对象的作品，这一问题才终于浮出水面。在此之前，有过纳粹历史的西德公务员通常都能躲在官方的无辜之幕背后。

西德的司法部门也同样迅速地逃脱了战后的司法拷问。[59]第三帝国时期的法庭具有明显的政治倾向，共有约8万人被其判处死刑；因此，曾在纳粹德国担任法官的人，都势必逡巡于罪责的海洋里。

然而，许多法官都因为《基本法》第131条而官复原职，由此在20世纪50年代的西德司法行业造成一种"再纳粹化"的现象。[60] 在这一时期，大约四分之三的西德法官和律师曾为第三帝国服务。[61] 他们如今认为，自己曾经主持的法律事业并没有显现出特殊的政治倾向，而只是履行职业职责，维护这片土地的法律，而这与当时执政的政府没有瓜葛。到50年代晚期，他们已经采取措施，将自身行业在纳粹时代的所作所为排除在法庭的审查范围之外。这意味着，曾经在纳粹德国的特殊法庭和人民法庭履职的法官，不会因为他们为希特勒政府下达的数万起死刑判决而遭到起诉。进一步而言，考虑到许多法官对于纳粹政权的认同，他们也会倾向于怀揣着同情与理解，看待身为前纳粹党人的被告所面对的案件。[62]

与此同时，法官对于特定种类的被告也格外抱有同情心。比方说，被告如果是资产阶级社会出身，有着被共产主义国家俘虏的悲惨经历，或者曾作为难民被东欧国家驱逐出境，那么这种情况常常都会在量刑中被纳入考量。当案件存在模棱两可的情况时，法庭对被告主观心态的描述往往会偏向有利于他们的方向（证据则通常无关紧要）。所以，被告要么是被纳粹意识形态和宣传"蒙蔽"了，所以当他们变成信念坚定的纳粹分子时，他们除了如此这般地行动以外别无选择；或者截然相反，他们不情不愿地做出了这些行为，只是服从命令，并非真的想要这么做，由此也降低了他们的罪责程度。除此以外，所谓"人性化"的小举动（例子可以包括精准的枪法，好尽快结束被谋杀的人的苦难，或者成功地欺骗受害者，使得他们对即将到来的末日毫无知觉）也有助于减轻他们的过错。与此相似的是，如果被告号称他们坚守在岗位上，只是为了阻止更糟糕的事情发生，那么这样的辩护词往往会得到严肃的对待，而他们如果表现出懊悔的情绪，也可能会对自己有所襄助。

此外，司法队伍还对某些受害者群体表现出持续性的歧视态度。

比方说，他们在大体上对罗姆人和辛提人毫无同情心可言。保罗·维尔纳（Paul Werner）曾担任阿图尔·内贝（Arthur Nebe，刑事警察厅负责人，直接向赖因哈德·海德里希汇报工作）的副手，他一度参与将吉卜赛人遣送奥斯维辛的事务，却在1963年12月9日被斯图加特的一座法院豁免，而法院的依据竟然是直到1943年，纳粹当局都并非出于"种族"身份才将吉卜赛人送往集中营，他们这么做，更多的是一种"对于犯罪行为的预防性打击"。此外，斯图加特法院还持如下观点：即便迟至1943年，那些将吉卜赛人送往奥斯维辛的人也无法预见他们会有极高的死亡率。[63] 这所法院似乎完全没有考虑过吉卜赛人是否应该被拘留的问题。

因为这些缘故，西德法庭的法官和非职业法官反而更容易对行凶者而非受害者表现出同情心。有一位法官甚至在"二战"结束几十年后说道："时间的流逝仁慈地给受害者的苦难及其亲属的眼泪盖上了一层遗忘之幕。"[64] 其结果给德国的司法留下了一批宽大处理，甚至无罪释放的记录，而这些被告都是确凿地杀过许多人的家伙。

西德司法人员队伍的前后连续性究竟在多大程度上对追寻正义带来了不利影响，如今已经有了一些讨论的声音。[65] 这一问题显然牵涉了一系列错综复杂的因素。长远来看，司法行业的政治因素是相对次要的，更重要的是法律本身的重大变化，因为一旦新法案被写进法律，无论个体律师本身是否同情前纳粹党人，后续的审判都势必会受到法律变化的影响。因此，阿登纳时期（无论政府班子、公务员系统，以及司法行业都充斥着前纳粹党人）所设定的轨迹，已然结构性地决定了后期审判的基本参数，而无论法律行业的相关因素如何随着时间变化，都已经落入相对次要的境地。

此外，更广泛的社会语境也使得西德能够方便地缩小"行凶者"范畴，默默地忽略专业群体曾经扮演的关键角色。除了已经死亡或者面临长期监禁的纳粹领导人以外，行凶者的观念主要被限定为缺乏教育、做出过残暴行为的低阶层暴徒，比方说集中营守卫，而这些人当中有很多都是乌克兰人或来自德国以外的国家。[66]甚至连这些人，也并非全部都受到了责罚，尤其是当他们声称自己"只是在服从命令"的时候；如果我们以这样的视角审视德国民众，那么真正的罪犯就只有个别行为"超出"国家授意的井然有序的杀戮的人了。这样的观点已然接近于认可整个集体暴力系统的合法性，而只是惩罚那些逾越国家命令的人。与此同时，监管、授权和实施身体暴力的精英由于没有亲自执行杀戮，而是与直接的暴力保持着一定的距离，也由此大体上被安全地排除在司法考量之外。

从纳粹系统中获利的人大体上也是如此。我们可以从关于奴隶劳工的早期审判中辨识出西德司法根本而独特的优先关切。虽然这些案件很重要，但是比起大型集中营审判，它们并没有得到充分的关注。

1952年，一位曾经被囚奥斯维辛的奴隶劳工诺贝特·沃尔海姆（Norbert Wollheim）向I. G. 法尔本集团提起了诉讼。[67]在战争的最后阶段，I. G. 法尔本的全部劳动力中，整整有半数都是奴隶劳工。在纽伦堡审判中，I. G. 法尔本以"防御的必要性"为辩护词，大体上成功地为自己开脱了罪名，却在奥斯维辛工厂（莫诺维茨生产齐克隆B气体的丁钠橡胶工厂）和福尔斯滕格鲁伯工厂（Fürstengrube plant，一座卫星分营，位于奥斯维辛北部数英里远的煤矿地区，这里的人主要不是被毒气立即杀死，而是被选出来当奴隶劳工，并因条件恶劣而在三到六个月的时间内毙命）的案子上失利了。纽伦堡的判决指明，如此条件下的用工已然相当于"反人类罪"和"战争罪"；企业完全知晓党卫队会对囚犯施加非人性的待遇，却仍然在此情况下用工，而I. G. 法尔本的用工条件也确实加剧了囚犯的苦难。即便如此，被判有罪的人也得到了相对宽大的判决，他们早早地得到释放，并在战后西德的产业中升任重要的岗位，而在德国化学家弗里茨·特尔·梅尔一案中，他还迅速地掩盖了公司涉足奴隶劳工和人员死亡的真实故事。[68]盟军还进一步地将这个庞大的企业拆分为数家公司（拜耳、赫斯特和巴斯夫），而其中一家名为 I. G. 法尔本产业清算公司（I. G. Farben i. L.）确保了这些后继公司都不必面对受害者的索赔问题。

这样的安排很快就受到了考验。1951 年 11 月 3 日，律师亨利·奥蒙德代表沃尔海姆提起诉讼，声称丁钠橡胶工厂对沃尔海姆长达 22 个月的劳动奴役给他造成了一万马克的损失。奥蒙德可不是什么寻常的西德律师；他就像弗里茨·鲍尔那样，对于追寻正义有着某种个人的兴趣。奥蒙德本名叫汉斯·路德维希·雅各布森，父母皆为不信教的犹太人。他的双亲在他还是个孩子的时候便过世了，于是他被一位单身的姨妈收养，从此改从母姓"厄廷格"。后来在战争期间，他又被迫流亡他国，并给自己取了个英国姓氏"奥蒙德"。他接受过律师的教育，却在 1933 年 4 月为纳粹颁布的《恢复专业公务员法》的反犹太条款而丢掉了工作。他后来找到了其他工作，在一位同情他的雇主底下干活，这样的生活一直持续到 1938 年。那一年 11 月的"碎玻璃之夜"，他遭到逮捕并被关押在达豪集中营，直到 1939 年才移民他乡。他先是在加拿大被拘留了一段时间，然后被重新安置到英国，并最后服役于英国陆军。战争结束以后，奥蒙德回到德国，像鲍尔一样决心要在这个新成立的民主国家寻求正义的实现。[69]奥蒙德不仅在沃尔海姆案中起到了核心作用，他还在十年后成为法兰克福的奥斯维辛审判的起诉人。

沃尔海姆案于 1952 年 1 月 16 日在法兰克福开庭。过去曾经被囚于丁钠橡胶工厂的人作为证人出席，证明了当时的生活和劳动条件是多么骇人；辩护律师言辞激烈地否认了这些证词，法官甚至不得不出言斥责了他。1953 年 6 月 10 日，初审法庭对案件下达了判决，沃尔海姆确实理应为他所承受的不当身体损害而得到赔偿。与此同时，这一案件也引起了其他幸存者的注意：到1952年秋天，共有1100名幸存者与奥蒙德的法律事务所取得了联系。此后，德国工业的代表与阿登纳政府通力协作，防止后续案件形成雪崩之势，因为他们害怕这会损坏德国及其工业的国际声誉（尤其是在美国的声誉，因为许多做过奴隶劳工的人都在战后定居美国）。政府施加了巨大的压力，确保法庭不再有后续的此类个人诉讼案件，并通过立法保护了德国的商业利益。1957年2月5日，I. G. 法尔本的公司资产清算人同"犹太人对德国物质索赔大会"（The Conference on Jewish Material Claims Against Germany）达成协议，向大会提供一笔3000万马克的基金，用来补偿强制劳动力的损失，但是它有一个条件：沃尔海姆案的判决将被撤销，此外还加上了一个较短的时限，法院在这一时限内将不再认可受害者提出的任何索赔诉求。这一基金还为雇用时间超过六个月（当然了，考虑到奥斯维辛奴隶劳工的工作条件，他们的平均劳动寿命仅为三个月，所以绝大多数劳动时间超过六个月的人都已经死了）的奴隶劳工提供了一笔上限为5000马克的一次性款项。如果劳动时长短于六个月，款项数额则会相应下降，而如果受害者错过了提交申请的最后期限，他就连一分钱都拿不到。尽管历史汇率和平均工资都难以精确计算，不过根据1957年的汇率，款项的上限额度大致相当于1200美元或425英镑，也大致相当于1957年美国人平均年收入的四分之一。除此之外，这笔赔偿金还有一个条件：支付这笔款项并不意味着承认公司负有法律或政治的责任，它只是一种出于所谓道德感的纯自愿行为。

　　沃尔海姆案所树立的典型，将在此后数十年间得到遵循。我们从文献中得知，海因克尔公司也在法庭上遭到起诉。埃德蒙·巴尔特博士并非犹太人，他是一位德国律师，也是纳粹党的政敌。过去的他因为讲了一个政治笑话而遭到盖世太保的逮捕和监禁，在囚禁两年之后，他被转移到萨克森豪森集中营，并被迫在奥拉宁堡的海因克尔工厂变成一名奴隶劳工。[70] 他的健康状况和视力都因为不安全的工作条件而遭受破坏，在得到解放的时候，他的体重仅有 86 磅。在 20 世纪 50 年代，他为准备案件材料花费了不少时间，并且向海因克尔位于斯图加特的后继公司提起了诉讼。1959 年，巴尔特终于就海因克尔公司使用奴隶劳工一事提起诉讼，他认为自己理应为损失的工资，承受的伤害和痛苦而得到赔偿。一开始，他在地区法院赢得了关于工资损失的诉求，但同时他也被告知，他关于痛苦和受难的诉求提得太晚了，因此遭到驳回。巴尔特并不服从这一判决，他又上诉到斯图加特的法院，由此推翻了地区法院的判决。

这个故事本来有可能就此以喜剧收场，但是新闻杂志《明镜周刊》(Der Spiegel) 就这一案件登载了一篇报道。该文章不仅指出痛苦和受难并不"受时间的限制"，而且直接罗列了其他可能受到类似指控的 51 家公司，还额外补充了这些公司使用过的奴隶劳工数量。[71] 海因克尔公司的代表决心不让自己被后续起诉的洪水所淹没，于是立即向德国级别最高的联邦法院（Bundesgerichtshof，有时候也被译为德国最高法院）上诉。而联邦法庭在来自财政部和实业家说客的双重压力下，选择优先照顾德国企业的利益，而不是受害者的利益：它撤销了巴尔特的上诉，其所使用的具有争议性的法律依据是，巴尔特作为德国公民，需要在很短的时限内（虽然他此前曾成功地立论说，他需要这么长的时间才能够确定自己需要起诉的相关后继公司是哪一家）提起诉讼。除此以外，联邦法院还强调，根据 1953 年的《伦敦债务协定》(London Debt Agreement，它规定德国因两次世界大战，而需要向其他国家偿还债务和赔款），任何偿还给外国公民的债务都必须等到和平条约的签订才能结算——然而在冷战期间，由于不存在能够代表德国的政府，这样的和平条约也就不可能签订，因此它也就不在国际社会的议程之中。这一裁决使得德国公司不再需要担心它们必须被迫向前奴隶劳工（无论他们是不是德国人）支付赔偿了。巴尔特因为充当奴隶劳工而损失了大量工资，承受了巨大的痛苦和病痛，然而联邦法院却不仅拒绝了他的赔偿诉求，而且甚至命令他支付所有的法庭和诉讼开支，这更是给他的伤口上撒了把盐。巴尔特遭受了毁灭性的经济打击。海因克尔和其他通过这种方法躲避司法惩戒的公司则又一次取得了胜利。

往轻了说，这里至少值得我们注意的是，联邦法院在20世纪60年代中期对判决结果的审议在时间上恰恰与西德在国际上因为将奥斯维辛集中营送上审判席而赢得"直面历史"的美誉相吻合。而且令人惊讶的是，实业家和政府圈相应的心态也在此后许多年都不曾改变。1970年，一位名叫图维亚·弗里德曼（Tuviah Friedman，主要在以色列开展活动，同时也是纳粹政权犹太受害者全球联盟的主席）的纳粹猎人代表奴隶劳工提出了赔偿的要求。他指出，总共约有200万犹太人曾经沦为奴隶，其中只有20万人活了下来，因此这些为德国的战争工业服务的人死亡率高达90%。然而，他对于赔偿的呼吁不仅没有取得成功，甚至在当时也没有引起世人的关注。当全球联盟的代表团专赴德国推进赔偿和诉讼时，德国工业联盟甚至拒绝接待他们。[72]

尽管如此，还是有些企业发现，作出一定的让步姿态能够为他们赢取声誉，少量企业也学习 I. G. 法尔本集团，向受害者提供了为数不多的补偿款项。这些微小的代价帮助西德和实业家在国际上赢得了更好的声誉，但是它对于因为他们而受难的大部分人而言却助益寥寥。此外，起诉方还面临着数不清的法律层面和实际层面的困难，他们需要经历索赔大会，需要证明他们确实曾经为特定的公司劳动，还要及时提出诉讼。因此，各家公司实际支付给受害者的款项就更为有限了。

许多实业家不愿意承认，他们对补偿负有道德责任。弗里德里希·弗利克在纽伦堡审判中被判入狱，结果在不到三年后就获释了，当他在1972年过世的时候，他很有可能是德国最富有的人，放眼全球也很有可能跻身富豪榜的前五名。然而，他在死后将大笔财富留给家人，并且向右翼政治家提供了大量的资金支持，却连一分钱都没有赔给曾经为他劳动的犹太奴隶劳工。这也许是一个极端的案例，但既然弗利克拒绝承认自己负有任何法律和道德责任，那么在这个自称自己正尽其所能地承担历史责任的国度，他就代表了一种面对过去的典型。

西德对于前纳粹党人的起诉记录，在整体上而言只能说是零散的，而且因为政治的考量而有着明显的区别对待。特别热衷于让前纳粹党人受审的人（比如弗里茨·鲍尔），往往自己便是受害者或者纳粹政敌，或者本身属于更为年轻的世代。相较之下，曾经支持纳粹政权的人在推进审判的事宜上则行拖延之事。有些人曾经声称，西德与共产主义东德的反差非常强烈，它在法律问题上的处事方式"无涉政治"，但是这一说法并不能成立。西德人停止相关讨论或者与过去"划清界限"（"einen Schlussstrich ziehen"）的普遍意愿，总是与其他考量相冲突：比如需要顾及西德的国际声誉，需要回应批评的声音，需要在与邻国不间断的竞争中占据道德高地。[73]此外，来自左翼自由派个体和群体的压力也变得日渐沉重，而随着时间的推移，他们在媒体、机构、社会运动和时事政治中也变得越来越重要。人们到底该如何应对纳粹的过去，这个问题在公共社会中越发占据着中心的地位。这样的事态进展需要人们时刻保持警惕并且积极地参与，而人们这种心态的重要性不应当被我们所低估。即便如此，当西德对其公民提出纳粹罪行的指控时，它所面临的结构性和司法方面的阻碍，实则在建国之初便已经印刻在体制里，并不容易克服。

放弃正义：奥地利

奥地利不仅在最初培养了大量行凶者，随后还给予他们中的大多数人以庇护，而且到最后，奥地利也是最不情愿对他们展开追捕的国家。"希特勒最早的受害者"一直都是在奥地利的政治中占据统治地位的神话，它始终掩蔽了（甚至长时间彻底掩盖了）奥地利在维系纳粹恐怖的系统中参与的程度之深。[74] 这一说法在战争期间就已经被盟军所使用，时任英国首相的温斯顿·丘吉尔（Winston Churchill）及其亲密的政治同人安东尼·伊登（Anthony Eden）都曾强调，奥地利是"德国侵略行为最早的受害者"；1943 年，这一说法又在由美国、英国和苏联的外交部长（或国务卿）联合签署、宣布 1938 年"德奥联合"无效的《莫斯科宣言》（Moscow Declarations）中的"关于奥地利的宣言"（Declaration on Austria）的部分得到了进一步的巩固。其实，这份宣言也提及奥地利站在希特勒一方，参与了这场战争，因此负有相应的责任，但是在战争结束以后，奥地利政客选择忽略这一指控。当时的临时总统卡尔·伦纳（Karl Renner）甚至将绝大多数奥地利纳粹党人重新包装，说他们不仅是"德奥联合"的"受害者"（事实上，这种说法得到了相当多人的青睐），而且还在经济、社会或政治上遭到了德国人的胁迫。[75] 大多数人当然乐于接受这种方便的虚构之词，它也由此深深地嵌入了奥地利的公共文化当中，使得奥地利人可以将罪责"外化"（将罪责归咎给他人），由此常常造就出带有欺骗性的话语。

在这样的环境下，曾经支持纳粹主义或主动适应纳粹新形势的奥地利人，并没有感受到需要直面过去的特定压力。1948 年，在毛特豪森集中营和哈特海姆城堡安乐死中心附近的林茨（也是希特勒曾经求学的地方），一项民意调查显示，超过半数的受访者（55.2%）认为"国家社会主义是一种良好的意识形态，只是在执行上出了问题"。[76] 与此同时，战前奥地利的 20 万犹太居民中，只有极少数（仅 1730 人）在 1945 年回到家乡，而等待他们的也多半是奥地利人冷若冰霜的脸庞。[77] 此外，政府将希特勒的第三帝国定性为境外势力，不愿意为其行动造成的损失作出补偿或赔偿，更是让犹太人深切地感受到自己在这里并不受欢迎。大众的反犹情绪虽然改变了形态，却依然存续着，而在 20 世纪 40 年代晚期，当犹太居民数量随东欧移民的到来增长到 10,000 人时，反犹情绪也跟着愈演愈烈。[78] 考虑到纳粹主义刺激了奥地利经济的现代化，有许多奥地利人在纳粹统治期间获利，而且 1955 年的《奥地利国家条约》（Austrian State Treaty）在恢复奥地利国家主权时，赋予它中立国家的有利定位，那么大多数奥地利人认为他们并不需要解决罪责的问题，不需要承担纳粹过去的责任，也就丝毫不令人感到奇怪了。这种态度的背后有着极为广泛的政治共识。整体风向也似乎影响了奥地利人对于正义的追寻，或者换句话说，使得他们在追寻正义时遭遇了相对而言的失败。

在对毛特豪森集中营及其庞大的分营网络相关的审判案件进行分析后，我们发现曾经在毛特豪森工作过的 9808 人当中，只有 41 人在奥地利的法庭以谋杀罪名遭到起诉：这也就意味着剩下的 9767 个曾在毛特豪森或其分营工作过的人却能从此不为司法程序所累。在这 41 位受到指控的人当中，有 29 人被判入狱。其中只有拥有一半犹太血统的囚犯头子约翰·路德维希（Johann Ludwig），虽然挺过了奥斯维辛，却因为轻微且有瑕疵的证据，在 1948 年 2 月 25 日被判处死刑。然而，职位更高、罪行更恶劣的党卫队却得到了相对宽大的处理。比方说，弗朗茨·多佩尔赖特（Franz Doppelreiter）前后经历过两次审判，但随着时间的流逝，他成功地将自己的死刑判决减刑为监禁；党卫队下级小队领袖阿洛伊斯·约翰德尔（Alois Johandl）在坦白自己曾参与古森分营的残暴屠杀后，却因为年龄较

第九章　分头审判：继承国的选择性正义　　　321

轻，以及长期接触"有犯罪潜质的"囚犯而容易变得残酷等理由，仅仅被判处20年有期徒刑。在米尔地区（Mühlviertel）所谓的"野兔狩猎行动案"（Hasenjagd）中，约有250名囚犯逃出了毛特豪森，却因米尔地区的居民协助当局而遭到包围和杀戮，法院倾向于接受被告编造的故事和潜在证人已经失去相关记忆的骇人说法，由此庇护了当地社区的居民。[79]

由于奥地利政府否认了自己对第三帝国负有任何责任，它也就认为自己无须向纳粹迫害的受害者支付补偿金和赔偿金。当个体处于此种语境之下，他也会心平气和地拒绝他人提出的赔偿要求，或者想方设法地保住自己因纳粹的雅利安化政策或其他相关的将犹太群体排挤出奥地利人生活的社会运动而攫取的财产。大体而言，曾经支持或默许纳粹统治的奥地利人，主要在痛惜他们自身的损失，希望在自己的苦难中找到意义。对于大多数人来说，真正的要义是祭奠他们在战场上的牺牲将士，照料或接纳残疾或截肢的归国军人。前纳粹党人大体上都能够融入新的社会，而无须应对过去，也不必害怕会被送上法庭。

奥地利的情形就像东西两德一样，他们对前纳粹分子提起的诉讼绝大多数都发生在战后的前十年，也就是在1955年重新取得完整主权之前。[80]然而，奥地利不同于西德的地方在于：在这一阶段，这个国家并不禁止将纽伦堡审判所引入的新型罪行（包括种族灭绝）以追诉的方式用来审判早年的犯罪行为。但是，这也并不意味着对于犹太人或者吉卜赛人的大规模谋杀在奥地利人的议程上具有任何优先级。奥地利的拉肯巴赫（Lackenbach）吉卜赛营的指挥官弗朗茨·朗米勒（Franz Langmüller）可谓是残暴到了臭名昭著的地步，他虽然在拉肯巴赫营犯下了折磨和谋杀吉卜赛人的罪行，被判处的刑期却只有一年而已。[81]

考虑到奥地利的人口规模较小（到1955年已经下降到700万），

它的人民法庭相对而言还算比较活跃。约13.7万人在战后的前十年接受了调查。2.8万人接受了审判，其中约1.36万人被定罪、量刑。这些审判一共下达了43例死刑判决，其中30例被实际执行。共29人被判处终身监禁，350人被判处十年及以上有期徒刑。律师和外科医生都得到了相对宽大的处理。

自《国家条约》于1955年生效，给予奥地利完全的主权和独立之后，这个国家对前纳粹党人的审判也就基本上销声匿迹了。[82]1955年12月，人民法庭遭到废除。常规法庭接手了起诉纳粹党人的职责，最后造成了某些人口中的"惨淡的收尾"。[83]根据一位学者的估算，在1955年以后的半个多世纪里，奥地利总共只对35名前纳粹分子下达了有罪判决。[84]由于审判已经转由普通法院的非职业法官经手，因而受害者无法成功地提起诉讼，与其说是司法系统的问题，不如说是缺乏政治意愿，以及社会对待过去的普遍态度所致。

1957年3月，前纳粹党人得到大赦，从此往后只有违反奥地利此前法律法规的罪行才会受到惩罚。在奥地利长期以来的法律体系中，谋杀的司法定义涵盖范畴要比在西德法律体系中的更为广泛，并不像西德那样如此依赖主观要素；因此，奥地利的司法系统在原则上本应更容易处理集体暴力的行为。西德法律强调犯罪的动机，以及实施犯罪的方式；然而在1974年的司法改革之前，在奥地利的法律体系中，只要证明一个人采取了某种行为，带有杀人的意向，而他们的行为也在事实上造成了他人死亡，就已经足够定罪了。对于构成谋杀行为的司法定义差异，意味着某些在西德会被视为过失杀人的行为，在奥地利会被当作谋杀来处理。

除此之外，奥地利就像西德一样，曾反复修改有关诉讼时效的规定。在最开始的时候，适用死刑判决的犯罪行为不受诉讼时效的约束，而其他犯罪行为则根据适用的服刑时长而拥有5年、10

第九章　分头审判：继承国的选择性正义

年或20年的诉讼时效，超过这一时效之后，就不能因为这些罪行而受到起诉了。在1950年，死刑遭到废止，并被终身监禁取代。在1965年，立法机构决定，曾经适用死刑判决的犯罪行为不会转而适用20年的诉讼时效（此时时效已过期），因而不受诉讼时效的约束。因此，在国家社会主义的授意下犯下的谋杀罪行没有理由不受到指控。[85]

但是，在1955年以后，奥地利司法系统的这些特征（更为宽泛的谋杀定义，以及部分罪行不受诉讼时效的约束）却在实际上意味着，当局不会再积极地追查纳粹行凶者。起诉成功之案例的稀少也并不完全是因为组织效率的低下。在1963年，奥地利联邦内政部成立了一个新部门，其专门职责是协调对纳粹罪行的调查。然而无论是这个部门还是整个司法行业，它们面临的工作要求过高，人手又严重不足，所以都不能胜任调查和追捕纳粹行凶者、整理足够的证据，并且成功对他们提起诉讼的沉重任务。资源的匮乏并不是一种纯粹的偶然：政客对资源的分配负有责任，所以除非某个特定案件掺杂了重要的外交政策考量，否则对前纳粹党人的追捕就不是奥地利政府的当务之急。[86]

尽管以色列的艾希曼审判以及西德的第一场奥斯维辛审判备受瞩目，而公众对纳粹种族灭绝项目的庞然规模的意识也在提升，但是奥地利对纳粹战犯的追捕仍然风雨飘摇。在20世纪60年代和70年代早期，被送上法庭的人几乎屈指可数，而其中又有略多于半数的人被无罪释放。在对48名被告提起诉讼的35场审判中，法庭一共下达了43例判决：20人被定罪，23人被无罪释放。[87]这些审判基本上在70年代初在奥地利彻底销声匿迹。这样的结局并不完全是因为司法系统的弊病；它还因为奥地利法官对接受审判的人表现出确凿无误的同情心，这也许是因为他们持有共同的政治信仰，也可能是因为法官对被告需要接受质问和调查的处境有所共情。

1977年，奥地利司法部印发的一本小册子为我们总结了当时的情形：截至1972年，总共有13,607人因为纳粹罪行而被定罪、判刑，其中包括43例死刑和23例终身监禁。[88]然而，这些判决的绝大多数是在1955年以前作出的。[89]在1978年，奥地利所有悬而未决的案件都被弃审。奥地利对个别前纳粹分子的审判直到20世纪90年代才启动重审。

在1970年到1983年的这段时期里，奥地利政府显然极不情愿对前纳粹分子发起审判，然而令人玩味的是，这一时期主持奥地利政局的恰恰是与这一姿态南辕北辙的人物：布鲁诺·克赖斯基（Bruno Kreisky）。克赖斯基不仅本人并非纳粹时期的"同路人"，反而有点像同时期的西德总理维利·勃兰特以及东德的许多政界领导人那样，曾在第三帝国时期流亡他乡（克赖斯基和勃兰特都曾流亡瑞典，而东德的大部分领导人则流亡莫斯科）。在20世纪60年代晚期和70年代早期，西德在对待纳粹主义的问题上发生了巨大的变化，而这一变化同维利·勃兰特密切相关，所以外人可能会期待奥地利在克赖斯基的主持下也会经历类似的变革。

然而讽刺的是，这两位领导人之间有着关键性的差别。克赖斯基不仅是一位坚定的社会主义者，和勃兰特不同的是，他还拥有犹太血统。也许正是因为克赖斯基深切地意识到种族主义的危害，所以他所奉行的奥地利民族主义才带有了世俗的非宗教化特点，仿佛他坚定地认为这个世界上并没有所谓"种族"身份一般。克赖斯基不认可本质主义的、基于种族的犹太身份观念的合法性，他所奉行的这种态度，令我们想起了战后初期的法国盛行的方针（纳粹的犹太受害者和非犹太受害者都被统一在法国爱国主义和抵抗的大旗下）。他还延续了将前纳粹党人整合进社会的长期优先政策，并淡化了追捕纳粹分子的事业的重要性。克赖斯基认为，去纳粹化的工作做得不彻底并不是一件应当予以积极解决的问题，而且他也不认可当时显要的纳粹猎人西蒙·维森塔尔（Simon Wiesenthal）以及他在奥地利首都维也纳开展的各类活动。维森塔尔虽然辗转经历过数座集中营，其中包括雅诺夫斯卡营（Janowska，位于他家乡小镇利沃夫附近）、普瓦舒夫营、格罗斯－罗森营、布痕瓦尔德营和毛特豪森－古森营，但都幸运地活了下来；在纳粹大屠杀的过程当中，他失去了数不清的家庭成员，其中包括他的母亲。[90]他自己也差点没活到解放的那一天，不过从那以后没过几个星期，维森塔尔就开始全身心地投入这项他为之奋斗终身的使命，誓要将纳粹分子都送上法庭，并花费了大量精力追踪藏匿起来的纳粹党人，其中包括著名的艾希曼和门格勒。奥地利等战后组建的政府以各种各样的形式回避了对前纳粹党人的追捕，甚至帮助他们恢复了名誉，维森塔尔对此提出了非常多的批评。当维森塔尔反复指出克赖斯基的内阁成员有过身为纳粹党人的过去，而克赖斯基要么未能调查他们的罪责，要么为了帮助他们融入当下而淡化了历史时，他们俩产生了非常巨大的分歧。[91]此外，他们的分歧还在于：克赖斯基总体上持亲巴勒斯坦的态度，并且希望中东能够维系和平。

奥地利人的地位在20世纪70年代水涨船高：这个国家被普遍视为中立国，独立于欧洲经济共同体（EEC）、北约和华沙条约之外，不被当时的冷战困境所约束，也不被纳粹的历史所拖累——哪怕有艾希曼以及其他显要的奥地利纳粹党人在国外受到审判。在20世纪70年代和80年代，奥地利之所以在起诉前纳粹党人方面偃旗息鼓，根源不仅在于克赖斯基的特定背景和观点所带来的影响力，还在于更为广泛的政治考量和一定程度的实用主义思维。正如我们在前文所见，比起死去的纳粹受害者，奥地利法官反倒对受审的纳粹党人抱有更多的同情心。如果继续公开地给前纳粹党人下达无罪判决，那无疑是令人尴尬的；要是这样，还不如从一开始就不将他们送上被告席。

奥地利作为受害国的神话最早在20世纪80年代中期受到了挑战，不过这一挑战也产生了某些事与愿违的结果。在1985年至1986年的总统竞选中，曾经在1971年至1981年担任过联合国秘书长，此时成为总统候选人的库尔特·瓦尔德海姆被人挖出了战争时期的经历和纳粹党人的历史。[92] 这在全世界范围内引发了关于奥地利人掩盖历史、与纳粹共谋的议题，不仅将瓦尔德海姆自己的过去置于舆论的聚光灯下，还暴露出许多其他人的劣迹。然而，奥地利国内对这一事件的反应则截然不同。相当多的大众媒体以及部分显要政客（包括瓦尔德海姆本人）都将这一反对他的事件诽谤成世界犹太人大会（World Jewish Congress）的阴谋。原来，重提历史、扰乱和平、污蔑奥地利士兵（毕竟按照奥地利的"神话"，他们同样是希特勒的战争的受害者）受人敬重的战争履历的"恶行"要怪罪到国际犹太"游说团体"的头上。所以一方面，瓦尔德海姆事件在战后第一次激起了关于纳粹过去的公众辩论，另一方面，它又几乎立即被反犹主义所裹挟。

无论这一事件包含着怎样的含糊性和讽刺意味，它都改变了国际社会对奥地利的看法。而在这个国家里，关于记忆和责任的新思维方式也开始出现；尽管它将始终面对着根深蒂固的反对意见，并且始终远远落后于在德国开花结果的纪念文化，但它仍然会细水长流地在接下来的25年里，给奥地利带来巨大的变化。然而，就将前纳粹分子绳之以法而言，这些改变来得太晚了。

将背后有国家支持的大规模谋杀的罪犯送上审判席，确实要面临许多困难，而每个国家都以各不相同的方式应对着这些困境。绝大多数纳粹行凶者的有罪判决都是在战后前十年下达的，而大多数早期案件的受害者是德国人，犯罪行为也都发生在德国附近，并且与审判发生时整个社会关注的事项具有联系。要理解和应对犹太种

第九章　分头审判：继承国的选择性正义

族灭绝的暴行，还需要花上更长的时间。到20世纪60年代和70年代，当越来越多的证人站上证人台，帮助审理发生在东方的大规模杀戮时，证人证言和回忆的可靠程度也越发受到质疑，而被告因为身体问题而无法接受审判的诉求也变得越来越合理。正义的前景已然堪忧。

从20世纪50年代后期开始，东德和西德继续起诉前纳粹党人的意愿，主要来自它们互相纠缠的局势、国际社会的曝光度，以及关键人物的决心；因此，就算纳粹猎人竭尽了全部努力，中立的奥地利也更容易避入相对籍籍无名的舒适处境中。

到最后，这三个国家的司法记录呈现出非常混杂的结局。它们的刑法体系无力清算由纳粹党人及其同伙犯下的大规模集体暴力。既定的政治和经济利益预定了某些领域将会受到更多的强调和关注，而其他领域则只能默默地被排挤在聚光灯外。实际审判所起到的作用，往往让关于行凶者的狭隘定义更加深入人心。但是，它们同样也使得某些受害者的经历得到更为广泛的舆论关注，并催生出大量的学术研究，发掘出更多的犯罪材料——虽然很遗憾的是，它们没有被法庭充分采纳，却充实了历史学者手头的资料。

在第三帝国的所有继承国中，没有任何一个国家能够轻松地完成对纳粹迫害的司法清算。当我们遴选出具体的案件，对其细节进行探索时，我们将会看到它们如何在不同的情形中，以各种各样的方式寻求正义或扭曲正义。在20世纪60年代和70年代的大型审判中，虽然这三个国家都认为自己在追寻正义，虽然联邦德国在这一过程中收获了美誉，但是我们同样会明白，所谓的"证人时代"其实是一种徒有其表的说辞。

一、创造纳粹"民族共同体"

图1 "碎玻璃之夜"后,马格德堡的一间犹太人商店,1938年11月9日至10日。有些德国人为此感到羞耻,而其他人从犹太人的不幸中获利。摄影师未知。BArch Bild 146-1979-046-22

图2 德国的孩子们在贝尔费尔登(Beerfelden)的彼得·盖梅因德大街犹太会堂玩耍,这座犹太会堂毁于1938年11月的"碎玻璃之夜"。许多人都参与羞辱了犹太人。摄影师未知。美国纳粹大屠杀纪念馆,96945,由贝尔费尔登市立档案馆提供

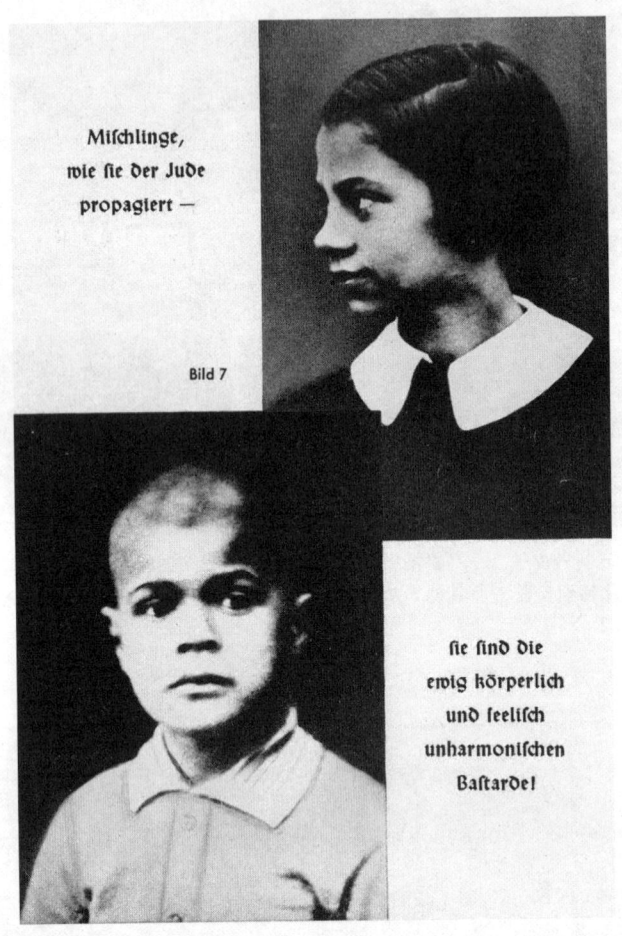

图 3　纳粹政治宣传图片上的一个男孩和一个女孩。图片文字如下："混血儿，只要父母中有犹太人——他们就永远都是生理上和精神上的杂种！"美国纳粹大屠杀纪念馆，62923，由 G. 霍华德·泰利耶（G. Howard Tellier）提供

图4 纳粹宣传海报，突出了1936年用于照顾患有所谓遗传疾病的人士的相对成本。美国纳粹大屠杀纪念馆，07672，由罗兰·克勒米希（Roland Klemig）提供

图5 优生学海报，标题写作"大自然消灭体弱者和患病者"，来自阿尔弗雷德·福格尔（Alfred Vogel）所著《图示遗传学说与种族科学》（Hereditary Teachings and Racial Science in Pictorial Representation）。海报摄影师：林赛·哈里斯（Lindsay Harris）。美国纳粹大屠杀纪念馆，94181，由汉斯·保利（Hans Pauli）提供

二、从安乐死到种族灭绝

BERLIN, den 1. Sept. 1939.

ADOLF HITLER

Reichsleiter B o u h l e r und
Dr. med. B r a n d t

sind unter Verantwortung beauftragt, die Befug-
nisse namentlich zu bestimmender Ärzte so zu er-
weitern, dass nach menschlichem Ermessen unheilbar
Kranken bei kritischster Beurteilung ihres Krank-
heitszustandes der Gnadentod gewährt werden kann.

图 6 写于希特勒总理府办公室信纸上的书信,由希特勒签署,生效日期追溯至战争打响的第一天,命令菲利普·鲍赫勒和卡尔·勃兰特授权医生为患有所谓绝症的患者"施行仁慈的死刑"。"安乐死"项目从未在法律上正式生效。美国纳粹大屠杀纪念馆,67072,由科利奇帕克的国家档案与记录管理局提供

图7　T4医疗专家在慕尼黑市的施塔恩贝格湖旁，1941年9月。维克托·拉特卡医生（左三）在杰坎卡领导着"野蛮的"安乐死杀戮，并且参与了14f13项目的挑选工作；弗里德里希·门内克医生（左四）在写给妻子的书信中谈及将集中营囚犯挑出来杀死；而身为教授的赫尔曼·保罗·尼切医生（左五）被从索嫩斯泰恩调到T4项目的柏林总部，并在那里发挥了主导作用。摄影师未知。
BArch, B 162 Bild-00680

图 8　格拉芬埃克安乐死机构的员工出门远足，1940 年。许多安乐死机构的工作人员都被转移到"赖因哈德"灭绝营，随后又被派往意大利北部的屠杀机构，其中包括威廉·奥古斯特·米特（Wilhelm August Miete，最右）；维利·门茨（Willi Mentz，右二）；弗朗茨·叙多（Franz Sydow，前排左四）；以及后排的根茨（Genz）和贝利茨（Belitz），他们都是门茨在特雷布林卡的助手。照片取自维利·门茨的相册，摄影师未知。负责调查国家社会主义罪行的国家司法行政机关中央办公室图片库。BArch B 162 Bild-01818（旧标注：AR-Z 230/59; B 162/3822, Bl. 1198）

图9 约瑟夫·奥伯豪泽尔（左）、弗里茨·伊尔曼（中）和库尔特·弗朗茨（右）在贝乌热茨，约1942年或1943年。弗朗茨曾在哈特海姆、勃兰登堡、格拉芬埃克和索嫩斯泰恩工作，然后被调到卢布林和贝乌热茨，并且是特雷布林卡的最后一任指挥官。伊尔曼负责"欢迎"囚犯抵达贝乌热茨。奥伯豪泽尔曾在格拉芬埃克、勃兰登堡和贝恩堡工作，然后被调到贝乌热茨，最后被部署到意大利北部。负责调查国家社会主义罪行的国家司法行政机关中央办公室图片库 B 162。摄影师未知。BArchB 162 Bild-00575

三、波兰场景

图 10　罗兹一位名叫黑纽斯·科普洛维茨（Henius Koplowicz）的犹太男孩的照片，一年之后他被迫住进犹太隔离区，三年后他在附近的海乌姆诺灭绝营遇害。美国纳粹大屠杀纪念馆，23719，由雷吉娜·尼克尔·科佩尔曼（Regina Kniker Kopelman）提供

图 11　一个在罗兹犹太隔离区等待遣送海乌姆诺的瘦弱男人，1942年初。美国纳粹大屠杀纪念馆，37344，由西德尼·豪尔茨施塔克（Sidney Harcsztark）提供

图12 汉斯·比博过生日,1942年12月。比博负责罗兹犹太隔离区的行政管理工作,还协助对犹太人进行遣送,以及最后对犹太隔离区的清洗。摄影师未知。美国纳粹大屠杀纪念馆,74504A,由罗伯特·艾布拉姆斯(Robert Abrams)提供

图13 镇压华沙犹太隔离区起义,1943年4月19日至5月16日,出自党卫队领导人尤尔根·斯特鲁普的报告。照片中位于右边第二个的党卫队是约瑟夫·布勒舍尔。(另参见图34。)摄影师未知。BArch 183-41636-0002

图 14 位于切尔明的德意志殖民地霍恩巴赫，靠近波兰的梅莱茨。来自这个村庄的许多"德意志裔人"（包括鲁道夫·齐默尔曼）都参与了纳粹暴行（另参见图 35）。摄影师未知。德国境外研究所，约 1929 年。BArch, Bild 137-030469

图 15 德国入侵后被纵火的梅莱茨犹太会堂，1939 年（另参见图 36）。摄影师：库尔特·罗伯特·费迪南德·希佩特（Kurt Robert Ferdinand Hippert）。BArch, Bild B 162 Bild-00927

图 16 在德国士兵和盖世太保成员（包括鲁道夫·齐默尔曼）的监视下，梅莱茨的犹太群体在被遣送前集中在城镇的广场上，1942 年 3 月 9 日。摄影师：库尔特·罗伯特·费迪南德·希佩特（Kurt Robert Ferdinand Hippert）。BArch, Bild B 162 Bild-00409（旧标注：AR 376/63; Blatt 1196; File B 162/1429）

图 17　党卫队二级突击队大队长汉斯·普罗欣斯基在波兰登比察的海德拉格党卫队军队训练场。普罗欣斯基后来被判处无期徒刑。摄影师未知。BArch, Bild B 162 Bild-05508（旧标注：AR-Z 280/59; B 162/401）

图 18　汉斯·普罗欣斯基（左）和首席护林人（在本书中他被称作"彼得·米勒"）以及其他党卫队成员，在波兰登比察的海德拉格党卫队军队训练场。负责调查国家社会主义罪行的国家司法行政机关中央办公室图片库。摄影师未知。BArch, B 162 Bild-05512（旧标注：AR-Z 280/59; B 162/401）

四、反人性的见证

图19 在斯图加特附近的阿斯佩格（Asperg），路人围观辛提人和罗姆人被遣送的场面，1940年5月22日。许多德国人认同将他们周围的"吉卜赛人"赶走的行为。摄影师未知。
BArch R 165 Bild-244-42

图20 在苏联的奥廖尔（Orel），德国士兵给被处绞刑的"游击队员"拍照，1941年或1942年。画面中至少能看到五台照相机；士兵们会把照片寄回家中，由此将暴行的消息散播出去。摄影师：科尔（Koll）。BArch Bild 101I-287-0872-28A

图 21　在乌克兰的斯拉罗（Slarow），犹太人在乌克兰德意志裔人的监视下，给自己挖坟墓，1941 年 7 月 4 日。摄影师未知。BArch Y 01-3861

图 22　在乌克兰的斯拉罗，人们围观犹太人给自己挖坟墓，1941 年 7 月 4 日。摄影师未知。BArch Bild 183-A0706-0018-029

图 23　海因里希·希姆莱的家人参观达豪集中营，1941 年 7 月 22 日。左二是希姆莱的女儿古德龙，她认为这次参观活动"令人愉快"，旁边是她的母亲玛格丽特（玛格）·希姆莱（Margarete [Marga] Himmler，左三）。照片里的其他人还有古德龙的阿姨和表亲，以及希姆莱的朋友、纳粹德国作家协会主席汉斯·约斯特（Hanns Johst）及其家人。摄影师未知。BArchN 1126 Bild-16-002（旧标注：N 1126/16; N 1126-16-02-2）

图 24　奥斯维辛—莫诺维茨的 I. G. 法尔本丁钠橡胶工厂，1941 年至 1955 年。许多囚犯曾在这里劳动；有些人死在岗位上，其他人准备送到附近的奥斯维辛—比克瑙毒气室杀死。摄影师未知。BArch Bild 146-2007-0057（旧标注：Bild 146-1971-034-39）

图 25　抵达奥斯维辛—比克瑙，等待挑选的匈牙利犹太人，1944 年 5 月。摄影师未知，但可能是恩斯特·霍夫曼（Ernst Hofmann）或者伯恩哈德·瓦尔特（Bernhard Walter），来自《奥斯维辛影像集》(Auschwitz Album)。BArchBild 183-N0827-318

图26 刚刚被德国人遗弃的奥斯维辛-比克瑙大门，1945年初。摄影师：斯坦尼斯瓦夫·穆哈（Stanisław Mucha），代表波兰红十字会和苏联奥斯维辛纳粹罪行调查会。BArchB 285 Bild-04413（旧标注：Bild 175-04413）

图 27 死亡长征，1945 年春天：囚犯被从布痕瓦尔德转移到达豪集中营。玛丽亚·赛登贝格尔（Maria Seidenberger）从位于达豪附近的家中悄悄地拍下了这张照片。她替囚犯藏匿并寄送照片和信件。美国纳粹大屠杀纪念馆，99216，由玛丽亚·赛登贝格尔提供

图 28 一位美国士兵在加尔德莱根附近的一座谷仓监督德国市民发掘一处乱葬坑，超过 1000 名囚犯从米特堡—多拉集中营的分营出发，行进至此处后被关押在这里，并且在 1945 年 4 月 13 日被活埋。照片摄于 1945 年 4 月 18 日。美国纳粹大屠杀纪念馆，17074，由约翰·欧文·马拉霍夫斯基（John Irving Malachowski）提供

图 29 在北莱茵-威斯特伐利亚（North Rhine-Westphalia）的苏特罗普（Suttrop）郊外，德国市民被迫经过一处发掘出 57 具苏联人尸体的乱葬坑，一位女性遮住了儿子的眼睛，不让他看到这一幕，1945 年 5 月 3 日。这些苏联人是在战争结束不久前被党卫队射杀的。美国纳粹大屠杀纪念馆，08197，由科利奇帕克的国家档案与记录管理局提供

图 30 德国市民挖掘波兰和苏联强制劳动力的尸体，他们在哈达马尔的"安乐死"机构被杀死，然后埋在乱葬坑中。照片由美国军方摄影师拍摄，1945 年 4 月。美国纳粹大屠杀纪念馆，05485，由罗桑·巴斯·富尔顿（Rosanne Bass Fulton）提供

五、正义路迢迢

图 31　美国的战争罪调查员审问哈达马尔精神病院的护士长伊姆加德·胡贝尔（Irmgard Huber），1945 年 5 月 4 日。尽管胡贝尔被判处的刑期很长（25 年加 8 年），但是她像很多纳粹党人一样，在 1952 年的大赦中获释，并在哈达马尔一直生活到 1983 年。美国纳粹大屠杀纪念馆，73720，由科利奇帕克的国家档案与记录管理局提供

图 32　赫塔·奥伯霍伊泽在 1947 年的医生审判（纽伦堡后续审判之一，审理发生在拉文斯布吕克的各类"医疗"实验）中被判处有期徒刑 20 年。她同样在 1952 年获释，并且重回医疗行业，直到 20 世纪 50 年代晚期才因为他人的抗议而离开这个行业。她死于 1978 年。美国纳粹大屠杀纪念馆，41017，由科利奇帕克的国家档案与记录管理局提供

图33 奥斯维辛幸存者埃娃·富尔特（Eva Furth）在民主德国针对康拉德·阿登纳的总理府幕僚长汉斯·格洛布克的缺席审判中做证，1963年7月16日。摄影师：埃娃·布吕格曼（Eva Brüggmann）。BArch Bild 183-B0716-0005-014

图34 曾经协助镇压华沙犹太隔离区起义（参见图13）的约瑟夫·布勒舍尔在民主德国的爱尔福特接受审判，1969年3月。在上诉失败之后，他在1969年7月19日被执行死刑。摄影师未知。BArch, File DP3 1578

六、分配不均的纪念和被遗忘的痕迹

图35 位于切尔明的霍恩巴赫的前德意志殖民地公墓，靠近梅莱茨。2013年的纪念仪式庆祝了这个群体的历史，却没有提及其犯下的纳粹罪行（另参见图14）。照片由作者拍摄

图36 前梅莱茨犹太会堂遗址，1939年被毁，如今用一块粗糙的石头标识其位置，并且被涂抹了卐字符号。城镇广场中没有任何纪念犹太群体的设施（另参见图15和图16）。照片由作者拍摄

图37　一座位于拉文斯布吕克的雕像，表现一位强壮的女囚犯在帮助另一位虚弱的囚犯，基于威尔·拉默特（Will Lammert）创作于1957年的雕塑作品《抱人者》(Tragende)，照片摄于1965年4月15日。它强调了团结的精神和抵抗的力量，这是东德纪念场所的典型主题。摄影师：海因茨·容格（Heinz Junge）。BArch 183-D0415-0016-006

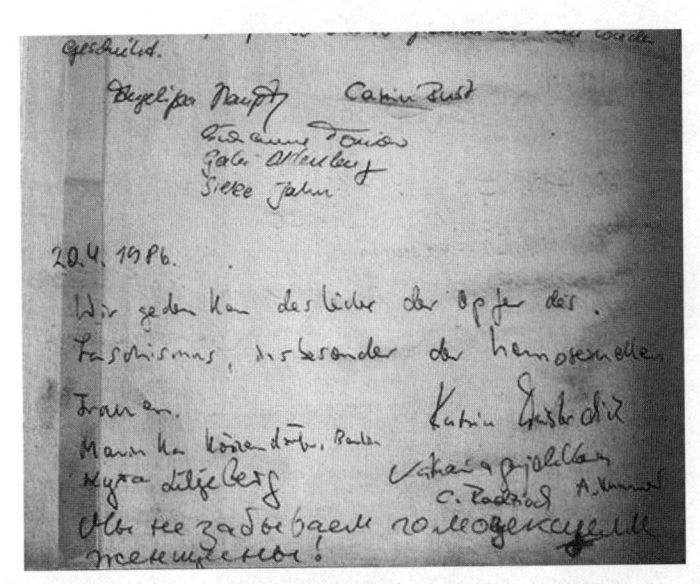

图38　几位女同性恋者于1986年4月20日在拉文斯布吕克的访客留言本上写下的内容："我们记得法西斯受害者，尤其是女同性恋者承受的苦难。"斯塔西没收了这本留言本，防止其他人读到这份向一个仍旧被边缘化的群体致敬的文字。拉文斯布吕克博物馆展品，照片由作者拍摄

图39 直到20世纪80年代晚期，男同性恋群体也依旧在西德处于边缘化的地位。这座纪念碑上写着："殴打至死——沉默至死。致国家社会主义的同性恋受害者。"诺伦多夫广场地铁站，照片由作者拍摄

图40 在奥地利的梅尔克附近的山坡上，有一个若隐若现的洞口，这是这座前毛特豪森分营巨大的地底通道系统仅剩的最后一处踪迹。整个欧洲有很多这样没有任何标识的大规模受难和死亡的场所，当地人对于遗迹的了解最终会随着痕迹的消失而消失。照片由作者拍摄

第十章

从安乐死到种族灭绝

正如纳粹的安乐死项目早在专门的死亡营出现之前便已经启动,审理第三帝国杀害具有精神和身体残障人士的案件,也发生在公众开始关注东部针对犹太人的大规模谋杀之前。直到1961年的艾希曼审判,种族灭绝才成为德国舆论的焦点。不过,关于安乐死谋杀的审判也向我们披露出这些审判的许多特征是如何妨碍了战后将行凶者绳之以法的种种努力。

早期针对安乐死的审判

在所有三个继承国当中,对于强制绝育和安乐死的调查最初都是司法的当务之急;此外,这些案件的罪行都发生在"家门口",其受害者也与其他早期案件一样,主要都是德国人。即便如此,司法记录也愈发呈现出倾斜之势,专业性较强的人士反而更容易逃过司法的惩戒,而事实证明,比起资深的医疗专家和行政人员,小人物(护工和助理)反而更容易被定罪。

在纽伦堡后续审判中，第一批"医生审判"（1946—1947）针对的是医疗专业的滥用问题，其中包括针对集中营囚犯的非人性实验，以及致人患病、致人残疾，甚至致人死亡的种种做法。但是正如其他领域一样，盟军给医疗方面带来的司法成果也不长久。比方说，赫塔·奥伯霍伊泽虽然因其在拉文斯布吕克所做的实验而被判刑，但她很快就获得释放，并在20世纪50年代的很长一段时间里重操旧业。这一情况引发了零星的抗议声音，但是正如其他犯下多起谋杀案的罪人所面对的处境一样，它并没有在社会上造成多少实质性的影响。[1]黑森州司法部长此前也曾赦免另一位犯有大规模谋杀罪行的医生，他甚至认为，有那么多犯过类似或者更可怕罪行的医生都仍然从事医疗行业，而不为法律所侵扰，所以针对奥伯霍伊泽的宽大处理竟会引起这么多批评的声音完全是不可理喻的。[2]

德国已有的刑法本该能够用于审理纳粹的安乐死项目。甚至在执行之际，该项目也并非一种合法的行为。尽管希特勒以元首的权柄（"元首授权"）对此下达了私人指令，但是安乐死项目从未获得正式的合法地位，相应的立法工作也并未启动。[3]以法律术语来衡量，即便在第三帝国，安乐死谋杀都是触犯刑法的犯罪行为。而当时司法行业的最高层级也清楚地意识到这一点。[4]然而，案件的关键议题在于被告当时是否意识到了其行为的违法实质。[5]在这些机构里，甚至最低级别的人都曾被迫签署声明，承诺将对项目的屠杀行径严格保密，如有违犯将招致严酷的惩罚。这一要素在早期审判（尤其在苏联占领区域）中起到了重要的作用，而它的重要性在于，它显现出行凶者意识到了自己在非法行为中扮演了同谋者的角色。但是正如其他类型的审判，司法管辖和政治环境也给安乐死审判的结果带来了很大的变数。

在三个继承国当中，参与过安乐死项目的人都曾被送上被告席。六大安乐死机构当中有三家都位于东德境内：勃兰登堡、贝恩堡以

第十章　从安乐死到种族灭绝　　　　　　　　　　　　　　　　　　355

及皮尔纳的索嫩斯泰恩。有两家位于西德：哈达马尔和格拉芬埃克。最后一家哈特海姆则位于奥地利境内。审判的举行地点往往取决于被告的居住区域，而不是杀戮发生的地方。战后的最初两年里，法庭曾给出过一些相当严厉的判决，但是对与安乐死项目相关人士的司法追捕存在很大的差异，而随着时间的流逝，工作人员也渐渐失去了干劲。

一篇针对截至1955年的奥地利安乐死案件的评论表明，人民法庭往往能相对行之有效地审判安乐死案件。而这些案件，尤其是受害的儿童，也唤醒了人们的同情心。[6] 在奥地利，总共有13例安乐死案件以有罪判决收尾。在这些案件的33名被告当中，5人被判处死刑，1人被判处20年有期徒刑，2人15年有期徒刑，1人12年有期徒刑。余下的24人则分别被判处2到10年不等的有期徒刑。

如果我们考虑到奥地利后期的司法记录，早期案件严厉的判决和明确的焦点自然会引起我们的关注。[7] 然而，安乐死案件从此在奥地利陷入了长达几十年的沉寂。直到2000年，当年轻的世代开始直面纳粹的过去时，人们才重新呼吁发动针对海因里希·格罗斯（Heinrich Gross）医生的审判。1948年，格罗斯曾因为于战争期间在维也纳精神病院谋杀儿童而受到人民法庭的起诉，但是他的有罪判决因为法律技术问题遭到撤销。随后，他重操旧业，成为一名法医精神病专家和神经病理学家，继续用遭谋杀的儿童的大脑开展研究。但是在1975年，一位幸存者出乎意料地揭开了他的伪装。在1981年，他又输掉了一场诽谤官司。即便如此，又过了20年，随着更多的证据被发掘出来，格罗斯才因为其罪行而站上了审判席。此时，他已经年高83岁，法庭也采信了他伪装出来的痴呆说辞——虽然他在法庭中显示出来的神志不清与他离开法院后接受电台采访时所展现的思维敏捷判若两人。这一案件没能继续审理下去。[8] 可以说，这起案件具有典型的奥地利后期司法冲突的特征，或者说其最典型的特征就是司法冲突的存在感很稀薄。

安乐死案件也是盟军占领期的东德和西德早期案件的焦点所在。但是东西两德之间的巨大差异很快就显现出来。其中一个范例便是阿尔弗雷德·洛伊（Alfred Leu）医生案。东德的什未林（Schwerin）附近有一座规模较小的萨克森贝格诊所（Sachsenberg Clinic）。1946年，在一桩关于这家诊所的案件中，办案人员很快发现洛伊医生害死了70到100个孩子的性命。然而，洛伊逃到了西德，当他后来接受审判的时候，他竟然得到了法庭的同情。

在东德，各个层级的专业人士被告都得到了严肃的处理。纽伦堡医生审判之后不久，就有15人因为与皮尔纳的索嫩斯泰恩安乐死机构的关联而于1947年在德累斯顿被送上审判席。[9]这场安乐死审判紧随一场纳粹律师审判举行，而且它还颇受统一社会党的重视。当时的东德正在推进一轮政治宣传，试图影响舆论，却不慎露出了狐狸尾巴，人们发觉纳粹观点在当前政府仍然蔚然流行，有为数众多的人支持对有精神和身体障碍的患者实施"安乐死"，有些人甚至认为在当前匮乏和饥馑的条件下，安乐死甚至比过去更有必要性。被告的辩护律师在公共集会上发表讲话时，甚至得到听众自发的掌声鼓励。[10]而在另一方面，失去亲属的证人为我们讲述了令人心碎的证词，报告了他们是如何听闻自己心爱的人明明最近还身体健康，却突然被转去其他机构，有时候短时间内连续转院两次，然后他们就突然收到了死讯，告知他们骨灰盒即将送达，而亲人的死因往往令人难以置信。[11]对这一案件的媒体报道流传甚广，公众对此也表现出极大的兴趣。因此被定罪的人当中有4人被判处死刑，其中包括索嫩斯泰恩诊所的前所长赫尔曼·保罗·尼切教授。尼切本来就是T4和14f13"特殊疗法"项目的关键成员，曾经做过维尔纳·海德的副手，后来在1941年12月接手成为T4项目的负责人。他在官方安乐死项目终止之后继续组织针对患者的杀戮，也恰恰是他提议使用鲁米那,可以使患者昏睡,也可以引发其他直接造成死亡的医疗条件。尼切在1948年被执行死刑。被判死刑的人中还有一位叫赫尔曼·费尔费(Herman Felfe),然而他是一位级别很低的护工,只在整个事件中起到了很次要的作用;他在死刑执行之前就自杀身亡了。[12]还有7人被判处3年有期徒刑到终身监禁,有3人则被无罪释放。

其他人仅仅因为和安乐死项目有着很牵强的关系,就被处以严厉的判决。当我们审视这些原本不那么重要的案件时(包括一些我们已经在前文中涉及的案件),我们会痛苦但清楚地发现,处于社会底层的人反而会因为自己并不心甘情愿的同谋行为而以各种方式付出惨重的代价。

1948年3月,在东德马格德堡的地区法院里,法官因建筑工人埃里克·保罗·S.和护工埃尔娜·施在贝恩堡所扮演的角色而判处他们有罪,并在后来的上诉中驳回被告的请求,维持原判。[13]就纳粹被告而言,这些人都只是无足轻重的普通人。我们已经在上文谈及,埃里克·保罗·S.只是协助建造了用来停放巴士的车库,并且为用来杀人的砖砌房间做了加固的工事,而埃尔娜·施在意识到贝恩堡的真相时曾试图逃避,甚至为了逃出贝恩堡而不慎怀孕。东德法庭在审判这两个人时显得尤为苛刻。他们因为明知自己所做的事情不对,却仍然提供协助而被判处有罪:埃里克·保罗·S.被判入狱五年,而已经守寡、育有两个孩子的埃尔娜·施则被判处三年有期徒刑(包括她因为接受调查而遭到监禁的两年又四个月)。

1948年4月,马格德堡法院甚至对克特·H.(Käthe H.)下达了更为严厉的判决。[14]克特·H.是一位裁缝的女儿,她就像埃尔娜·施一样,教育水平不高,只接受过基本的学校教育。她在土地上劳作到17岁,也曾在柏林当过一段时间的清洁工。在她20岁的时候,她决定进入护理行当,并在1921年取得了护工(Pflegerin)

的资格。她也像埃尔娜·施一样,在1940年被征集从事义务劳动,受命前往柏林波茨坦广场的哥伦布屋参加会议——T4项目就恰恰在这里为其门面机构租有办公场所,其中包括一个保健机构慈善基金会（Charitable Foundation for Care Institutions）。克特·H.和其他护士、护工一起宣誓保守秘密,并且签署了一份声明——按照她的说法,她甚至没有仔细看过这份声明。然后她坐上巴士,被送往德国南部,被安排在格拉芬埃克工作。她被迫协助将人们处死,按照她的服务经历,她估计这家机构总共可能杀死了2000人。然后,她被转移到哈达马尔,再次按照她的估算,这里可能杀死了10,000到12,000人。

克特·H.因"反人类罪"被判处15年有期徒刑,并被额外剥夺了10年公民权利,但实际上,她在1956年就提早获释。[15]案件审理的重心放在了克特·H.意识到机构的运转是建立在欺骗之上。她声称自己不过是在服从命令。但是,法官认为她应当知道自己在参与犯罪行为,因为这个机构对保密事宜强调再三,而她并没有试图逃离,也不曾拒绝执行;即便她只是在服从命令,这也没有减轻她身上的个体责任。唯一有助于减轻罪行的事实是,她此前没有任何犯罪记录。[16]

· 当身处低位的普通人在他人的命令下犯罪时,他们受到的判决往往会相对严厉。然而,虽然法庭从重判罚,当地的民众却常常对被告抱有同情的心态。前纳粹医生常常摇身一变,成为所谓善良的反法西斯人士,并且受到邻居甚至地方官员的拥护。[17]除此以外,拥护医生的不仅仅只有当地的民众。随着时间的流逝,州政府也常常发现有重要人物逃脱了司法的惩戒,而此类事件往往会变得越来越令人尴尬。有些参加过安乐死项目的医疗行业精英人士后来得到了庇护,被允许低调行事（政府甚至在某些案例中提供相应的帮助）。[18]民主德国便是依靠这种方式,一方面对大部分人的罪

第十章　从安乐死到种族灭绝

行三缄其口，另一方面又赢得了严厉判决和从重处罚犯罪分子的口碑。

安乐死审判在西德则走向了一个截然不同的方向。1946年，希尔德·韦尼克医生和海伦妮·维乔雷克护士在柏林被判处死刑，他们的罪行是在缅济热奇精神病院杀害了约600名患者。经调查发现，他们出自"卑劣的动机"，以"恶劣"的方式杀死了被害者，换言之，他们的行为符合1941年修订版《德国刑法典》第211条关于谋杀的定义。辩护律师认为，他们本身想善待患者，只是服从了上级的命令，这一说辞并没有被法庭接受；他们对纳粹主义的认同、听从指令的意愿，甚至是韦尼克一开始的不情愿，都被视作他们已经将纳粹指令内化并"变成他们自身想法"的证据。在当时，谋杀是一项适用死刑的罪名，所以这两位女性都在1947年1月被执行死刑。[19]这一案件为她们赢得了一项怪异的"殊荣"，成为西德因参与纳粹罪行而被处死的仅有的两位女性。[20]但是，西德对待安乐死行凶者的方式很快就要发生改变。

在1946年12月法兰克福的艾希贝格审判中，臭名昭著的弗里德里希·门内克要为他在T4项目的行为接受质询，而他的所作所为包括将2262名患者送往哈达马尔屠杀中心，将14f13项目选出来的约2500人处死，并将这一切详细地记录在写给妻子的家书中，此外还有艾希贝格诊所里发生的杀戮。[21]他辩称自己是不情不愿地参与了这个项目，但是他的家书戳穿了他的谎言，因为这些文字中洋溢着对于这项事业的热忱。法庭慎重地考察了门内克以及其他被告的精神状态。门内克于1947年1月28日在拘留过程中因先前患有的疾病死去，由此躲过了死刑，但他更有可能是在妻子的协助下自杀身亡的，因为她曾在门内克死前两天探过监。虽然其他被告也辩称自己只是在服从命令，而且努力地平衡着互相冲突的各项职责，但就算西德刑法强调主观的精神状态，它也不能免除他们的罪责，不过，它也为后期宽大处理的判决和无罪释放铺好了道路，而这样的处理将迅速成为德国法庭的特点。

1947年法兰克福的哈达马尔审判延续了1945年威斯巴登美国军事法庭的哈达马尔工作人员审判，其审理时间与美国组织的纽伦堡医生审判大致相同。美方在威斯巴登开庭的案件审判主要针对1944年至1945年发生在哈达马尔的针对476名患有肺结核的苏联和波兰强制劳动力的屠杀，而T4项目在哈达马尔谋杀了近15,000人的案件则只能由德国的法院来审理。[22]1945年，在美方的审理过程中，有3位被告被判处死刑，1位被判处终身监禁，还有3位被判处较长时间的监禁。在1947年的法兰克福，在德国人的主持之下，关于各类人员参与T4项目的情况得到了细致的探究，医疗人员、护工、技术助理和行政职工等不同角色得到了精细的划分。法庭经过确认得出，人们其实可以拒绝参与杀戮过程，而不会招致任何极端的个人后果。然而，尽管德国法院的分析更为详细，但是它给出的判决结果要比美国人在两年前下达的要宽大得多。两位被告——汉斯·博多·戈加斯（Hans Bodo Gorgass）医生和阿道夫·瓦尔曼（Adolph Wahlmann）医生——因为被发现至少分别犯下了1900起谋杀而在最初被判处死刑；但是他们后来都被减刑为终身监禁，最后就像许多其他人那样，早早地得到了释放，其中瓦尔曼在1952年回归社会，戈加斯则在1958年离开监狱。[23]其他被告的判决要轻微许多：协助谋杀的护士被判处2.5年到8年有期徒刑。行政岗位的员工则被无罪释放。

1947年受审的哈达马尔安乐死中心行凶者是西德最后一批受到相对严厉判决的纳粹党人。从那以后，行凶者的处境开始大幅好转。1949年，27名参与过符腾堡（Württemberg）安乐死活动的人接受了调查，其中有19人与格拉芬埃克屠杀中心（谋杀了约1万人）有瓜葛。然而，最后站上审判席的8人当中，只有3人被判处有罪，

第十章 从安乐死到种族灭绝

刑期最长的也只有 5 年。[24] 此后，西德法官对犯有谋杀罪行的专业人士表现出越来越明显的同理心，并且也给出了越来越宽大的判决；1949 年，汉堡法院甚至表达了如下观点："对精神上已经彻底死去的个体，或者'人性的空壳'来说，毁灭他们"并不必然构成"绝对的和先验的不道德行为"。[25] 直到 20 世纪 60 年代后期和 70 年代初期，诸如此类的辩护理由才受到大众的广泛批判。然而，即便在那个时候，西德当局也能够相对容易地协助安乐死屠杀参与者躲避司法的惩戒。

在西德的法庭上，法律论据也经历了重大的进展。[26] 在战后初年，法庭通常认为，无知不可以被用作辩护的理由；但是随着时间的流逝，这一看法发生了改变。如果人们在当时没有意识到谋杀患有精神和身体障碍的人是违背法律的行为，那么他们就只是单纯地受到了误导，"对何为禁忌存有困惑"（被德语复合词"Verbotsirrtum"简洁、精到地概括了出来）。这一辩护理由常常被用于职位级别较低的人（护士、行政助理）身上，以智商较低或教育水平较低为根据，免除他们的罪责。

与此同时，职位级别较高、对谋杀行径完全心知肚明的人，则发展出一种新的辩护理由：也就是"职责的冲突"（因此又催生出一个好用的新词 Pflichtenkollision）。除此以外，担任此类职务的人也可以声称，他们之所以坚守岗位，是为了防止"更糟糕的事情发生"；比方说，他们为了给自己辩护可以声称自己通过坚守岗位避免了其他员工卷入杀戮，或者略微减少了被害人数。[27] 西德所谓"基于情感的法律体系"（Gefühlsjurisprudenz）强调被告的主观性，许多被告如今都可以声称，他们实际上"内心反对"杀戮，他们只是不情愿的同谋，而并非真正的行凶者。[28] 结果，他们确实没有被定下谋杀的罪名。

从西德对位于慕尼黑附近的埃格尔芬-哈尔诊所谋杀儿童的案

件审判中，我们发现的案例与东德相应的案例形成了鲜明的反差，这种反差为我们指明西德法院是如何在几年内变得对被告越来越有同情心。在1948年，三位护士（审判记录将他们分别称作"D.""L."和"S."）被送上了审判席。[29] 他们都曾用大剂量的鲁米那镇静剂致使儿童患病，并最终致其死亡，用药病例数至少有120例。当"D."（多伊特尔莫泽修女）发现这种白色粉末实际为何物时，她随即拒绝给药，并向神父约瑟夫·拉德克忏悔，促使他将此事报告给慕尼黑大主教福尔哈伯枢机，希望能够借此终止这一谋杀项目。但是即便如此，多伊特尔莫泽还是继续将药粉交给其他人给药。儿童通常会在这种"治疗"开始的两三天后死亡，有些孩子能够坚持到第五天才死去。

护士们都曾被要求签署文件，确认自己对这一切有着保密的职责，并同意如果他们将自己的所作所为说出去，将受到死亡的惩罚。然而，他们是在注射致命的鲁米那长达六个月后才签署的这份文件，而且实际上在这一阶段，他们可以要求调到其他的岗位。但是，在1940年到1945年，他们在明知药剂的致命后果的前提下，仍然继续将毒药注射入儿童体内。因为命令来自上级，所以他们被判为谋杀犯的同谋；他们都没有杀人的个人动机，并不因受害者的死亡而获益，也没有以"恶劣"的方式杀人。据称，多伊特尔莫泽在让外部世界了解安乐死机构的所作所为方面有一定的贡献。[30] 三位护士都不是纳粹党员，而在法庭看来，他们也并不热心拥护纳粹主义。在他们身上，我们既发现他们承认自己做了错事（所以不能用自己对恶行一无所知来开脱），也发现他们认为自己所做的事情是富有人性的，因为孩子们已经病重到无法治愈的程度，留给他们的只有痛苦。律师在为护士辩护的时候指出，她们曾经的上司、埃格尔芬－哈尔诊所所长赫尔曼·普凡米勒"是一个尤其强势的人"，"机构里的每一个人在他面前都会瑟瑟发抖"，所以他们认为自己除了服从

第十章 从安乐死到种族灭绝

他的指令外别无选择。[31]三位护士（包括多伊特尔莫泽）都被判处两年半有期徒刑。

在这场审判开庭之际，护士们曾经的上司普凡米勒据说因身体原因无法出席审判。普凡米勒是个虔诚的纳粹党人，他早在1922年就加入了纳粹党，并在1933年更新了党籍。[32]我们已经在前文谈及，普凡米勒曾在一群心理学学生面前展示过他杀害儿童的方法，并证明了这一方法的高效；他还以个人的名义启动了饥饿项目，设立了为成年人准备的"饥饿屋"，并在整个战争年月里主持项目的运作。[33]你也许会认为，只要普凡米勒身体状况改善，能够出席接受审判，他就会因为在名下机构杀害儿童而背负的重大罪责被定罪。但是事实并非如此。

1951年3月，普凡米勒在慕尼黑接受了审判。此时的西德在司法审判上已经充斥着宽厚的氛围，法官的态度已经同判处韦尼克和维乔雷克死刑的五年前大不相同。慕尼黑法院竟然认为，普凡米勒没有采取"恶劣"的行为，因为孩子们都成功地受到了蒙蔽：致命的药粉被撒到餐食里，在日常用餐时间吃了下去，他们都以"温和"的方式死去。这种论据认为，在脆弱的受害者不知情的情况下将他们杀死，并不能算作真正的"谋杀"：只要犯罪行为缜密地骗过了受害者，让杀戮行为完成得更为顺畅，那么它就越不构成真正的犯罪。除此以外，许多人也始终认为，如此杀人有着正当的理由。

慕尼黑法院或多或少地承袭了纳粹的思路，认为普凡米勒的行为背后并没有"卑劣的动机"，因为他们声称，安乐死这种观念直到如今都拥有许多受人尊敬的支持者。尽管法院掌握了许多证据，表明普凡米勒在20多年的时间里，积极地参与纳粹的运动，甚至可以一直追溯到希特勒掌权之前，然而法庭认为他只不过是纳粹党人的"同谋"，因此他的行为并非出于自身的自由意志。由此，即便普凡米勒身上背着超过3000条人命，法院却认为他并未犯下谋杀罪，而只犯下了相对轻微的过失杀人，并且是作为从犯，过失致人死亡。他最初被判处入狱五年，后来经上诉得到减刑，后续又进一步减刑至两年（包括他被拘留的时间），到最后，法院认为其身体条件已经无法服完余下的刑期。[34] 他的生命在此后延续了十年，于1961年4月10日死去。

阿尔弗雷德·洛伊医生的案件也十分令人瞩目，这位外科医生的夺去了萨克森贝格诊所100个孩子的性命，而在一开始的时候，他曾为了躲避司法的惩罚而逃到了西德。洛伊医生案进一步证明了西德对安乐死谋杀犯的理解方式是多么令人不安。1951年10月，洛伊在科隆（Cologne）被送上法庭。[35] 法院认为，洛伊致人死亡的案件并不能构成谋杀案，而是罪行相对轻微的"协助和教唆谋杀"。法官还接受了洛伊的论点（在前纳粹分子中非常流行）：他之所以参与谋杀，是为了阻止事态变得更糟糕。他声称，上级命令他处死的儿童共有180名，如果换成其他人，可能会杀死全部人，由于他"只"杀了一半左右（先杀了70人，然后又杀了20到30人），他实际上"保护了"，甚至是"挽救了"其他人。

1953年12月，当法庭进行到复审下达判决的阶段时，最终裁定甚至变得更有利于洛伊。法院接受了洛伊的说辞，甚至赞同他的观点，几乎在为其谋杀行为辩护。法院认为，洛伊的杀人行为仅仅构成过失杀人，或协助和教唆过失杀人。依据法院的观点，由于洛伊声称自己继续参与这一项目是为了阻止屠杀，其行为的罪责也就得到了进一步的减轻。然而，积极支持一个不断杀戮的项目到底怎么就构成了"阻止"，法院却没有予以澄清。不过，法院依然相信洛伊及其同事，相信他是为了更有效地"阻止"，才"伪装"成一个狂热的纳粹分子和安乐死的拥趸。这一离奇的判决同所有经验性证据的观点相矛盾，它也由此向我们证明，20世纪50年代初期的西德始终充斥着对于纳粹主义观点的同情。

第十章　从安乐死到种族灭绝

那么，在安乐死项目中起到关键性作用的其他人呢？1939年的时候，维尔纳·卡特尔教授向希特勒申请许可，谋杀畸形的婴儿克雷奇马尔，由此打开了安乐死的泄洪闸门，然而他却从头到尾都不曾接受审判。[36]他既不用东躲西藏，也不曾改名换姓——他甚至都不曾改变或掩饰他关于"安乐死"的观点，甚至写了本书为自己的观点辩护。[37]1964年，西德新闻杂志《明镜周刊》对他进行了深入的采访，使得他有机会详细阐述杀害拥有身体和精神残疾的儿童如何具有"人性"的特点，这进而宣扬了卡特尔的立场，使得其观点更能够取信于人。[38]

我们在前文中提到过霍斯特·舒曼，他一开始是格拉芬埃克安乐死中心的负责人，后来被调到索嫩斯泰恩诊所主持工作。他不仅在这里杀害了有精神或身体残疾的患者，还在14f13行动中参与了用毒气杀死集中营囚犯的任务，而正是这一行动使得毒气设施在安乐死项目正式终止后继续得到使用。后来，舒曼在奥斯维辛进行了一系列极端痛苦、致人畸形，甚至常常致人死亡的实验，而他的专长是阉割，以及通过大量使用X光造成灼伤，进而使人失去生育能力。尽管舒曼一开始被美国人抓获，但他随后得到释放，在西德作为一名医生执业，直到1951年被人认了出来。东德对他下达了逮捕令，但是他仍旧想方设法从西德逃脱，做了一段时间船医（甚至用真名在日本换了新护照），在埃及工作过一段时间，还在苏丹当过医院院长（又被一位奥斯维辛幸存者认出），然后被加纳引渡回西德。但是，由于德国警察的拖延，加上医疗业同行的支持，舒曼成功地逃过了司法的惩罚。他借助自己的医学知识，在自己身上量出了很高的血压，表示这一症状会导致头疼和晕眩，他还吞下自己的血，然后在去法院的路上吐出来，假装自己罹患严重的疾病。法院被其带血的呕吐物以及内出血的可能性所蒙蔽，宣布他的身体状况不宜出庭受审。1972年7月，舒曼得到释放，与妻子在法兰克福安享晚年，并在 1983 年 5 月自然死亡。在百折不挠的记者恩斯特·克莱（Ernst Klee）看来，舒曼被德国的司法和警察力量的故意拖延（或者说是合作）所挽救，在 1951 年初次下达逮捕令的时候，他们给予舒曼足够的时间获取消息并逃之夭夭，舒曼也被医疗行业的同事所挽救，他们在 1970 年至 1971 年的审判期间为他撰写的医疗报告给他帮了大忙。[39]

不断变化的视角

在纳粹的安乐死项目中，只有极少数领头人物被送上了法庭。即便如此，在 20 世纪 60 年代，西德对纳粹历史的舆论反应也出现了变化。这是一个代际冲突和政治转型的时期：学生运动的势头上升，而在 1966 年至 1969 年，随着基督教民主联盟（Christian Democratic Union）与由西德总理库尔特·格奥尔格·基辛格（Kurt Georg Kiesinger，此人为前纳粹党人，于 1933 年加入了纳粹党）领衔的社会民主党组成了大联合政府（Grand Coalition），"议会外反对派"（Außerparlamentarische Opposition）的声势也变得如火如荼。针对德国人普遍就历史保持沉默的做法，年轻的世代、左翼自由派媒体精英和意见领袖开始发出了越来越尖锐的批评声。我们不禁要问，第三帝国毕竟已经倒台了四分之一个世纪了，此时真正值得注意的到底是批评观点的水涨船高，还是西德法官仍旧不愿将犯有谋杀罪行的人绳之以法。不过，舆论的天平显然已经倾斜了。

1967 年，法兰克福法院对最初与库尔特·博尔姆（Kurt Borm）一起被起诉的海因里希·邦克（Heinrich Bunke）、阿奎林·乌尔里希（Aquilin Ullrich）和克劳斯·恩德鲁魏特（Klaus Endruweit）医生下达了无罪判决。乌尔里希曾经在勃兰登堡安乐死中心工作；他向 T4 项目的维尔纳·海德推荐了他从学生时代就认识的恩德鲁

第十章　从安乐死到种族灭绝

魏特，而恩德鲁魏特也靠自己在索嫩斯泰恩诊所找到了一个与霍斯特·舒曼和博尔姆一起共事的工作岗位；邦克则在勃兰登堡和贝恩堡都工作过。这些被告熟练地运用起经过反复排练的辩护词，声称他们之前相信安乐死项目有着法律和科学的根基，而他们的根据就是由卡尔·宾丁和阿尔弗雷德·霍赫合著的《应当允许毁灭没有生存价值的人》（1920年）。他们还进一步声称，他们以为围绕安乐死杀戮的保密措施是出于战争时期的环境，而杀戮本身是人性化的，患者并不清楚等待他们的命运，他们也没有感到痛苦。正如其他审判的情形那样，这些被告并没有被视作是虔诚的纳粹党人，而只是被当作"孱弱的角色"。当法院下达无罪判决时，法院里旁观审判的群众竟自发地响起了掌声。[40]

尽管公众对被告展现出同情心，但是联邦法院还是在1970年以陪审团审理的形式重新处理了这桩案件。此时，三位被告都声称，重新审理带来了巨大的压力，致使他们的身体状况恶化到无法出席审判的地步。然而，虽然他们搬出了身体不适的说辞，但是在接下来的十年里，他们都仍然操持着医生的工作，邦克一直执业到1979年，乌尔里希一直到1984年2月，而恩德鲁魏特则工作到1984年3月。[41]1987年5月，这一案件再次旧案重提，但是这一次仅仅针对乌尔里希和邦克。邦克因为于1940年8月中旬至1941年8月在勃兰登堡和贝恩堡执行的至少11,000例谋杀而被判处协助和教唆谋杀，乌尔里希因为于1940年4月到1940年8月在勃兰登堡执行的至少4500例谋杀而被判处同样的罪行。他们都被处以四年有期徒刑，并在1988年12月减刑至三年。审判恩德鲁魏特的案子在1990年结案，因为此时的他身体状况仍旧不宜出庭。[42]从很多方面来说，这桩案件都是前纳粹党人逃避司法、司法系统拖延了事的典型代表；等到人们被送上审判席时，即便舆论环境已经改变，想要将被告处以恰当的刑期也已经不复可能了。

博尔姆于 1972 年在法兰克福接受了审判。他的身上背着 1940 年 12 月到 1941 年 8 月在索嫩斯泰恩和贝恩堡死去的 4696 条人命，除此之外他也在 T4 项目的核心组织中起到了一定作用。博尔姆是个坚定的纳粹分子，他声称自己曾以为自己所做的一切具有合法性，而采用"施托姆医生"的化名，以及遵循保密工作也"只是在服从命令"而已。博尔姆的说法得到了采信，并且没有被判处任何罪行。1974 年，联邦法院试图修正判决结果，认为关于博尔姆精神状态的证据并不具有决定性意义，但是即便案件打开了这个缺口，他也最多只能被判处协助和教唆谋杀，而此时这项罪名已经超过了诉讼时效，不再能够提起诉讼。

无论是博尔姆案件的处理，还是最终的调查发现，都遭到了舆论的激烈批评：1974 年 3 月 22 日，《南德意志报》(Süddeutsche Zeitung) 撰文抨击案件，1974 年 6 月 10 日，一批包括格莱芬·冯·登霍夫 (Gräfin von Dönhoff)、君特·格拉斯 (Günter Grass)、马丁·瓦尔泽 (Martin Walser) 和海因里希·伯尔 (Heinrich Böll) 等人在内，作为"民族良心之声"而闻名的西德公共知识分子签署了一封公开信，发表在《法兰克福汇报》(Frankfurter Allgemeine Zeitung) 上。[43] 反对声终于开始形成了声势，他们抗议对过去的司法清算工作没有做到位。但是博尔姆没有受到过去的干扰，始终作为医生执业，到 2001 年才去世。

在民主德国，著名的国家公诉人弗里德里希·卡尔·考尔 (Friedrich Karl Kaul) 于 1973 年出版著作，使得东德开始关注纳粹安乐死谋杀的问题，而考尔身为律师，曾在西德对参与过 T4 项目的个人提起诉讼，也无疑促进了这一意识的觉醒。在 1967 年的乌尔里希、邦克和恩德鲁魏特审判，以及同年的格哈德·博内 (Gerhard Bohne)、赖因霍尔德·福尔贝格 (Reinhold Vorberg)、迪特里希·阿勒斯 (Dietrich Allers) 和阿道夫·古斯塔夫·考夫曼

（Adolf Gustav Kaufmann）医生审判中，考尔都曾参与案件的讨论，然而他代表公诉方所采取的法律干预基本上未能取得成功。考尔认为，西德法庭太过纵容被告，凡是被告声称不清楚自己的行为有错，或者表示自己的身体状况无法出庭受审时，法庭都很容易接受这种说辞。此外法庭也倾向于将谋杀了数千名患者的人仅仅视作犯罪"同谋"，由此从轻发落，考尔的著作由此对西德法庭的行径提出了激烈的批判。[44]

莱比锡神学家库尔特·诺瓦克（Kurt Nowak）从另一个角度探究了这个话题，他主要关心的是新教教会和天主教教会在其中扮演的角色。诺瓦克论述纳粹安乐死和强制绝育政策的著作于1977年在民主德国出版，当它于次年在西德再版时，它甚至引起了一定程度的社会关注。[45]

然而，普遍的政治环境发挥了重要作用，确保这些早期的动议不会在民主德国引起舆论的共鸣。尽管医药史学者，以及对地方和区域历史感兴趣的个别人士曾经势单力薄地争取过，但是敏感的档案材料大体上都无法被公众所获取。西德的条件在某种程度上对研究者更为有利，但是要探究这一主题仍然是一件不容易的事情。在20世纪80年代，有些突出的个别人士介入这一局面，其中尤以恩斯特·克莱为甚；他有坚定的决心要对纳粹行凶者发起公开的谴责，而他的事业得到了关于"医学"实践和受害者所承受的致命后果的生动描述的支撑。[46]当时许多学术研究的内容非常枯燥，而怀有政治和道德使命的克莱在大量搜集档案资源的基础上，对医疗行业的罪行进行了引人入胜的描写，与当时的学术研究形成了鲜明的对比。这一特点也适用于政治科学学者和记者格茨·阿利（Götz Aly）的作品。阿利将大量的精力投入安乐死的主题中，他所调查的这个问题在当时仍被视为禁忌。尽管西德的相关研究呈增长态势，但是这些议题的四周仍然矗立着一道沉默之墙。

虽然舆论在20世纪70年代和80年代发生了改变，但是对司法审判来说，它们都为时已晚。至少在战后的前20年（甚至在随后的年月里），前纳粹医生都能够摇身变成善良的战后公民。无论是在西德还是东德，他们的背后都常常有同情他们的邻居和当地政要的支持。广大社会成员给予前纳粹医生的庇护，极大地加剧了司法系统的局限性。

与此情形相似的是，宽恕安乐死罪行的法律人士以及其他高级别的专业人士也都逃过了司法的惩戒。黑森检察总长弗里茨·鲍尔关注许多纳粹历史的问题（尤其是逮捕艾希曼和奥斯维辛审判），而他也决心要将对纳粹安乐死项目知情且提供过协助的高级律师送上法庭。如果他取得了成功，那么他的事业本该产生更大的影响，比如将遭安乐死项目谋害的人认可为"纳粹迫害的受害者"——而实际上，这些人的受害者地位直到两德在1990年统一时仍然没有得到承认。[47] 鲍尔为了让世人认可清算过去的必要性而呼吁奔走、持续战斗，他因此筋疲力尽，也受尽了委屈，此外他还遭受过许多次人身攻击（包括有一段时间他在夜间持续受到电话骚扰），他也因此在1968年就英年早逝了。[48] 鲍尔努力将明知安乐死是犯罪行为却依旧宽恕安乐死罪行的高级律师送上审判席，但是在他过世之后，接替他职位的霍斯特·高夫（Horst Gauf）却默默地将这项事业打入了冷宫。[49]

焦点变迁

舆论反应的变化在一定程度上与代际的变迁相关联。然而与此同时，人们最为关注的犯罪行为也经历了巨大的变迁。战后初年的德国审判主要关注针对德国受害者的犯罪行为。但是从20世纪50年代后期开始，人们开始愈发关注纳粹在整个欧洲范围犯下的罪行，以及针对犹太人（这个纳粹大规模谋杀政策的最大受害群体）的罪行。

1958年，十位"蒂尔西特"（Tilsit）特别行动突击队前队员在西德的乌尔姆市（Ulm）站上了审判席。纳粹德国在1941年6月下旬入侵苏联以后，这支特别行动突击队是最早在东部前线对平民发动大规模杀戮的部队。尽管盟军的"纽伦堡后续审判"中有一场是专门针对特别行动突击队的，但是"蒂尔西特"审判会被提起诉讼大体上是因为运气的因素。[50] 梅默尔（Memel，立陶宛的克莱佩达的旧称）的前警察局长伯恩哈德·菲舍尔-施韦德尔（Bernhard Fischer-Schweder）原本应当为该区域数千桩谋杀负责，但是他在战后撇清了纳粹的身份，改用了一个稍有不同的假名伯恩·菲舍尔（Bernd Fischer），在西德悄悄地过着自己的生活。从1955年起，他开始担任乌尔姆市附近的难民收容所的负责人。当他的真实身份暴露之后，他被迫提交了辞呈。失业后的菲舍尔-施韦德尔没能找到工作，他因此提起诉讼，要求恢复自己不幸失去的公职。然而，梅默尔的一位幸存者在报纸上看到了这起案件，认出了他的真身，并且就特别行动突击队的屠杀对他提起了控诉。菲舍尔-施韦德尔接受了调查，案件也随之扩大，牵扯出十名前盖世太保和党卫队军官，并且令他们都受到了谋杀的指控。菲舍尔-施韦德尔被判有罪，被处以十年有期徒刑；他于1960年因肺栓塞死在了监狱里。

虽然乌尔姆案从来不像大型集中营审判那样受到媒体的广泛关注，但它的重要之处在于使得大众开始关注专事杀戮的部队在东部前线犯下的暴行。乌尔姆案在其他方面也具有重要的意义。从中我们可以清楚地看出，依靠普通市民来辨认曾经的行凶者并对其提起诉讼，绝非对由国家授权的犯罪行为进行系统调查的最佳方法，也不是将被告送上审判席的最有效手段。1958年，路德维希堡中央办事处的设立代表着对行凶者的追捕进入一个更集中化的时代，而在乌尔姆案中担任检察官的埃尔温·许勒（Erwin Schüle）则成为该办事处的第一任负责人。[51]许勒自己曾是纳粹党人和冲锋队队员，他在服役过程中被派到苏联前线，身处的环境也势必需要他作出妥协。苏联和民主德国都奋力传播着关于许勒曾经参与暴行（据说他曾因一名青年盗窃巧克力而将其吊死，也曾残忍地射杀一批无辜的夫妇）的流言。[52]1966年秋天，许勒在接受调查后，返回他此前担任的斯图加特高级国家公诉人的职位，而路德维希堡中央办事处的负责人一职由阿达尔贝特·吕克尔（Adalbert Rückerl）接任。

路德维希堡规模虽小，却肩负着协调联邦德国的各联邦州的起诉事务的职责，然而它受到的掣肘不只有人手不足。这家机构在一开始受到的限制还包括对纳粹罪行相对狭隘的理解，以及当时的欧洲局势：当时的西德需要服从所谓的哈尔斯坦主义（Hallstein doctrine），这使得西德必须拒绝与任何承认民主德国合法地位的国家建立正式的外交关系，再加上当时民主德国的各类运动加剧了普遍的反共情绪和不信任情绪，西德官方也就不愿从东欧各国获取审判所需要的证据了。除此之外，各类为前纳粹分子提供协助的机构——比如"战俘和被拘留人士无声援助组织"，以及由纳粹同情者组建的各类非官方援助机构（Seilschaften）——持续采取的行动也对正义的追寻造成了阻碍。这些同情者中还包括司法官僚和警官，他们有时候会拖慢工作的进度，或者在某些案件的起诉过程中，会于逮捕前先行通知嫌疑人，由此有效地协助他们逃避司法的惩戒。[53]在这一时期，行凶者一方（暂且不论这一定义会多么粗糙和难以达成）组成了一个享有共同经历的活跃群体，他们愿意协助因纳粹政权时期的罪行而遭受调查和指控的人。

即便如是，路德维希堡中央办事处的设立也代表着西德在追捕纳粹罪犯的事业上前进了一步。在接下来的几十年里，路德维希堡的团队勤勉地做着调查，积累了一大批材料，虽然其中只有一小部分被实际用于法庭上，但它们对于历史学者来说将具有无比宝贵的价值。与此同时，对行凶者的追捕也在东德变得愈发重要，在20世纪60年代，国家安全部出面主导，发展了一套越来越集中化的审判和追捕系统。这些变化的背后不仅有1959年到1960年西德一连串的反犹事件以及相关的国际因素考量，艾希曼审判也在这些变化的背后大力地推了一把。[54]

在20世纪60年代，东德和西德的视野都变得宽阔了许多，不再囿于早期审判的地区性视角。然而，随着人们把注意力转向犹太人的灭绝，对国内早期同谋行径（包括检举揭发、"碎玻璃之夜"，以及安乐死案件中的"同谋"行径）的关注也在一定程度上失焦了，而行凶者的定义也再次发生了变化。

恶的意义：艾希曼审判

随着阿道夫·艾希曼于1961年在耶路撒冷受到审判，希特勒对犹太人有计划的种族灭绝行径的特殊性质终于在战争结束超过15年之后，在法庭中成了众人的焦点。但是，直到经过艾希曼审判的棱镜扩散之后，受害者的声音才终于引起了行凶者故乡人民的关注。

弗里茨·鲍尔暗中向以色列的特务机构摩萨德（Mossad）透露了情报，使得艾希曼在阿根廷被逮捕，鲍尔此举实际上是一种特意的安排，确保艾希曼将在以色列而不是德国接受审判，因为鲍尔担心如果艾希曼在德国受审的话，那么审讯过程可能会偏向于对他有利。[55] 如果说纽伦堡审判曾被德国人诟病为"胜利者的正义"，那么在十多年后，许多德国人也将艾希曼审判视为某种"受害者的正义"。

艾希曼审判成为历史的转折点，它在全球范围内开启了第一次关于纳粹大屠杀的公共讨论。它使受害者得以发声，使整个社会开始倾听那些曾经遭受压迫、在极端困境中抵抗，而朋友、邻居和家人却遭遇屠戮的声音。这也是有史以来首次以种族灭绝罪名进行的审判（纳粹的这种大规模罪行直到1948年《防止及惩治灭绝种族罪公约》的签订才得到明确的定义）。这一审判借助以色列在1950年颁布的《纳粹与纳粹同谋（惩罚）法》，以"反犹太人罪"起诉了艾希曼。法院判决他与他人同谋，"实施了名为'犹太问题的最终解决方案'的意在灭绝犹太人的计划"——这是对《日内瓦公约》（Geneva Convention）第二条关于"意图部分或整体消灭一个民族、人种、种族或宗教团体"的宽泛表述的具体演绎。[56]

法庭程序的意图不仅仅是审判艾希曼，它还希望能够起到某种更为广泛且具有教育意义的作用：首席法官摩西·兰多（Moshe Landau，出生在彼时下辖于德国的但泽，如今为波兰的格但斯克）和首席检察官吉德翁·豪斯纳（Gideon Hausner，出生在彼时下辖于德国的伦贝格，如今为乌克兰的利沃夫）都希望能够突出受害者的苦难，并且在以色列同胞（不管他们自己是否受到纳粹大屠杀的影响）身上激发出对于犹太民族苦难的认同感。豪斯纳在庭审的开场发言中激动地谈到自己如何并非只是以自己的名义发声，而是以死去的600万犹太人的名义发声：

> 以色列的诸位法官，当我站在你们跟前，主持对阿道夫·艾希曼的起诉，我并非孤身一人。我的身后有600万的控诉者。但是他们没法起身，也没法将愤怒的手指指向这个如今坐在被告席上的人，说出"我控诉"。因为他们的骨灰已经在奥斯维辛的群山上，在特雷布林卡的田野间堆成土丘，飘散在波兰的森林里。他们的坟墓散布在欧洲大陆的东南西北。他们的血液在呼号，但是他们的声音却无人聆听。因此我将成为他们的代言人，我以他们的名义呈上这份可怖的起诉书。[57]

第十章 从安乐死到种族灭绝

我们很难再找出一段话，能比这番掷地有声的发言更体现出吉德翁·豪斯纳对没能活下来的人、对没能靠自己来追求正义的广大群体的认同感。

豪斯纳试图在这起案件中捕捉历史事件的完整意义。站在审判台上的不仅仅是艾希曼，正如豪斯纳的发言代表了受迫害的人一样，艾希曼审判也向世界展现出曾经发生的巨大灾难：

> 在历史的黎明时刻，人类有过许多场灭绝的战争，一个民族会怀抱着毁灭的意图讨伐另一个民族，人们在激情和战斗的风暴中遭到杀伐、屠戮和流放。但只有在我们的世代里，才有民族会对爱好和平、手无寸铁的民族下手，决心要彻底毁灭他们，男男女女、老人儿童，都关押在通电的铁丝网背后，囚禁在集中营里。
>
> 自从该隐杀死亚伯的那天起，人类就沾染了谋杀的罪；这并不是什么新世相。但是我们要等到20世纪，才用我们的双眼见证了一种新式的谋杀：它并非一时杀意的萌生，或者灵魂的玷污，而是一种经过权衡的决定，一种事无巨细的规划；它并非借由个体的贼心得到施行，而是牵涉了千千万万的人，借由强大犯罪的密谋才得以实行；它并非针对单一的受害者，只要某位杀人者有决心消灭他就可以实行，而是针对一整个民族。[58]

在当时，这场审判具有非同凡响的重要性。如果说，纽伦堡审判试图将纳粹罪行一股脑儿地装进反人类罪的箩筐里，将其宏大的规模展示给世界，为后代留存记录，而没有特别将纳粹如何对待犹太人单独拎出来的话，那么艾希曼审判则恰恰用大规模谋杀犹太人的说法重新定义了纳粹的罪行。

在经历十年的忘却和忽视之后，艾希曼审判起到了关键性作用，将这一话题重新摆到国际舆论的聚光灯下。[59] 它的重要性还体现在它为接下来数十年的讨论定下了基准。

艾希曼审判运用幸存者证言的方式也是它开历史先河的地方。幸存者证言不仅被用来证明被告的罪行，也许更重要的是，它们令犹太人的灾难变得栩栩如生，为它提供了许多故事和画面，令其巨大的规模和之于人类的意义被全世界所熟知。法庭允许证人四处走动，讲述他们自己的故事，脱离讲话稿自由发挥；证人在法庭上宣泄情感的场景司空见惯，有一名叫耶希勒·德－努尔（Yehiel De-Nur，他出版作品时用的笔名是他在奥斯维辛的编号，卡－蔡特尼克135633）的证人就在法庭上发生了令人难忘的昏倒事件。在运用幸存者证言将灾难的情景传达给全世界这件事情上，艾希曼审判确实取得了重大的突破。

审判也使得关键的主题浮出水面，比如在阿巴·科夫纳的叙述中，出现了关于犹太隔离区斗士的英勇行为以及抵抗运动的意义。科夫纳是一位年轻的诗人，也是维尔纽斯犹太青年群体的成员，正是他在1941年12月31日写下了第一份宣言，宣告了"希特勒毁灭所有欧洲犹太人的计划"，他鼓励犹太人发起武装抵抗，并且毫不屈服地声称："我们不会像羊羔一般温顺地走向屠宰场。"[60] 科夫纳也热衷于寻求正义和复仇，他甚至曾经提议对德国的水源进行大规模的投毒。[61]

但是，许多人从这场审判中收获的却主要不是英雄主义的叙事、苦难以及苦难对受害者的影响，反而是汉娜·阿伦特关于"平庸的恶"的警语。阿伦特关于这场审判的评论富有争议，她由此提出了一些关键的议题，并且重新构建了行凶者和受害者的视角。[62] 阿伦特将注意力聚焦在"文员行凶者"（desk perpetrators，即在"最终解决方案"中下达指令以及在行政层面上起作用的人）上。她对案件的评论有着历史分析的基础，并且在很大程度上受惠于劳尔·希尔贝

第十章　从安乐死到种族灭绝　　　　　　　　　　　　　　　　　　　　　377

格（Raul Hilberg，然而希尔贝格声称阿伦特并没有充分认可他的学术成就）的著作。[63] 阿伦特的洞察也许有些仓促，没能全面理解艾希曼的自我呈现的意味：他呈现给法庭的木讷形象影响了她的观点，同时也隐藏了其意识形态和行动中更为狂热的一面。[64] 探究纳粹机器的官僚机制确实有其意义，但它也使得纳粹党人对罪责的轻视更具说服力。然而，这种思路并不能用来解释艾希曼这种高级官员的恶行。除此之外，阿伦特对于犹太委员会所起作用的批评也助长了一种广泛流传的观点，即犹太人曾被动与纳粹合作，葬送了自己的活路。与此同时，阿伦特对大多数犹太人所谓的消极被动的批评，以及对犹太委员会的严厉批评也使得大众对真正行凶者的关注失焦了，并且将受害者置于相当不令人同情的境地，由此为这一争议火上浇油，直至今天都尚未熄灭。

即便如此，艾希曼审判还是给予第三帝国的各个继承国以极大的冲击，迫使他们直面历史。当艾希曼遭到逮捕的新闻传出来后，这一事件引起了各界的密切关注，德国媒体密切地跟踪了这场审判。除此之外，大面积的新闻报道也使得社会各界提出了深刻的问题，报道也将纳粹的反犹罪行置于舆论的聚光灯下，从此无处躲藏。尽管有些声音表示，社会不应将这些令人不安的问题强加在年轻的世代身上，但是20世纪50年代的沉默和压抑已经彻底一去不复返。[65]

西德对于审判的反应（就我们掌握的资料而言）帮助我们洞悉了法兰克福奥斯维辛首批审判（first Frankfurt Auschwitz trial）开始前的大众舆论观点。盖洛普民意调查组织（Gallup Poll）在英国、美国、瑞士和德国这四个国家中就同一批问题进行了调查：艾希曼是否不应该在以色列接受审判，而应该被转交给德国法庭审理？在美国，6%的受访者认为应该由德国人审判艾希曼，而在英国和瑞士，只有3%的人认为事情应该如此。与之形成对照的是，整整四分之一的德国人认为应该由他们自己来审判艾希曼。[66] 正如我们在前文谈到的，弗里茨·鲍尔已然意识到，德国几乎势必会对他作出相对宽大的判决，法院也会对其更为同情，所以他才发挥了重要的作用，确保艾希曼被以色列人抓捕。

盖洛普的调查还包含另一个问题：在战争结束15年后提醒世界铭记国家社会主义集中营里的恐怖事件到底是一件"好事"还是"坏事"？只有三分之一（34%）的德国人认为这是一件好事，而在英国、美国和瑞士，这一比例分别为56%、62%和70%。[67]西德民间对于这场审判有许多讨论的声音，其中涵盖了各式各样的观点，不过还是显露出一种一以贯之的对于纳粹主义的同情。而各项资料甚至显示，希望停止审判纳粹罪行的人数比例在20世纪50年代中期虽然有所下降，但是随后这一比例开始呈上升的态势：在50年代初，大部分人希望能够停止此类审判；在1958年，也就是乌尔姆审判那一年，只有34%的人持此态度，但是在艾希曼审判期间，这一数字又回升至53%。[68]

在1961年4月，一位新教教徒恩斯特·维尔姆（Ernst Wilm）对当时的讨论做过非常恰当的总结。他观察发现，许多人认为如果德国人承认他们的罪责，那么以色列要求的赔偿金就会更高。[69]其他人则重复着流传甚广的自辩之辞：这不可能是真的，这都是敌人的宣传，没有人能够烧掉那么多尸体，这根本就是不可能的事情；纽伦堡不过是胜利者的正义。或者他们会提出更为功利主义的说辞：如果我们无法否认它，我们至少不应该谈论它；为了全体人民，我们不应该老是提及一小批罪犯的错误行为；最重要的是，为了保护民族的荣誉，我们不应该把它告诉孩子们。除此之外，敌人也犯下了程度相当的罪行，比如英国人轰炸了德累斯顿，苏联人也在德国东部领土犯下了恶劣的行径。最后，维尔姆写道，德国人民提出质疑，他们怎么可能知道犹太人遭到谋杀的事情，他们还声称，就算猜也猜不到；除此以外，他们还说，他们如何能够相信自己国家政府的人、

第十章　从安乐死到种族灭绝

自己民族中受到他们信任的人会做出这样的事情？[70]

东德和西德的早期案件关注地方性的犯罪行为，然而这一关注点随后开始出现变化。考虑到这些罪行程度较轻、刑期较短，法院也很难对其进行检举和揭发，因此关注点的变化在一定程度上也是避无可避的。但是，它也在大众观念中引发了更为普遍的变化。艾希曼审判不仅使得人们开始关注种族灭绝，它也标志着在接下来的几十年中，随着纳粹大屠杀的观念落地生根，"受害者时代"也即将到来。

关键个体和群体施加的压力对于司法清算而言具有核心的重要性，而受害者的证言虽然对审判结果具有关键意义，却一再地受到挑战。但是从20世纪60年代开始，受害者的声音终于不再遭到忽视：在与纳粹历史的司法冲突中，幸存者开始扮演核心角色。即便如此，他们的声音还是不像几十年后那样广泛地受到尊重；这一"受害者时代"仍将延续着尖刻的争论。

第十一章
大型集中营审判：不止奥斯维辛

　　1963 年至 1965 年，法兰克福开庭审理了关于奥斯维辛的审判，它已然成为西德试图"应对和面对历史"的象征。[1] 有些人将它视作德国司法清算的核心审判案件。[2] 它被称作"法兰克福奥斯维辛首批审判"（为了避免与其他涉及奥斯维辛工作人员的审判混淆），并且常常被拿来与纽伦堡审判和艾希曼审判相提并论，由此给大众留下了深刻的印象，并且使得其他审判案件相形见绌。这一定程度上是因为奥斯维辛本身的重要性，以及在审判过程中揭露的罪行恐怖程度所致。它还因为审判发起者的特定目标就是把整个大规模灭绝的系统送上法庭，而不是仅仅审判几个个体。在这一意义上，它呼应了艾希曼审判——考虑到黑森检察总长弗里茨·鲍尔在两起审判中起到的关键性作用，这也就丝毫不令人奇怪了。但是从更广阔的语境来看，历史的审判必须要有理有据才行。

　　就公众对纳粹大规模灭绝政策的意识而言，法兰克福奥斯维辛首批审判显然是一个转折点。这些案件引起了媒体的热切关注和舆论的激烈辩论，并且使得人们的观点趋于两极分化。它使得较为年

第十一章　大型集中营审判：不止奥斯维辛

轻的世代更加密切地与过去产生联系，在20世纪60年代后期萌芽的代际冲突中也起到了相应的作用。除此以外，它还激发了人们对历史做更为细致的研究，它尤其激励了慕尼黑现代历史研究所的学者，其中有四人专门就这一批审判发表了长篇的专家报告。[3]

截至当时，非犹太历史学者还没有普遍对纳粹大屠杀产生兴趣。在以色列，纳粹大屠杀即便在艾希曼审判之前都必然是个热门话题，只不过当时以色列学者的研究主要关注犹太领导层、抵抗运动和日常生活的问题，而不像纳粹大屠杀的盎格鲁美国学者和德国学者那样关注行凶者的政策。[4]在20世纪50年代和60年代，即便在东欧、西欧和北美，学界都没有研究纳粹对犹太人的迫害的普遍现象。无论学者本身是不是犹太人，只要他书写的是有关纳粹大屠杀的主题——包括奥地利裔美国历史学者劳尔·希尔贝格和东德历史学者赫尔穆特·埃施韦格（Helmut Eschwege）——他在出版作品的初期都会遭遇困难。[5]因此，法兰克福奥斯维辛审判的作用还在于，它在非犹太学者和普通读者当中确立了纳粹大屠杀的重要地位。

然而从司法清算的角度来说，奥斯维辛审判却不能代表人们以司法形式直面纳粹历史时所取得的成功，反而更能说明，任何此类行为都固有着某种短缺之处。首先，这场审判证明，要在法庭上对大规模谋杀作出判决，几乎是一件不可能的事情。当一个集体暴力系统由国家启动并支持，吸纳普通人参与进来的时候，要以个体罪责的司法类别（而且雪上加霜的是，西德的司法体系还强调"卑劣的动机"或者"无度的"残暴）对其进行审判，必然会是一件困难重重的事情。在有些法官眼里，服从命令开枪射杀或者将致命药物注射进被害者体内并不能算作谋杀。

在法兰克福奥斯维辛审判的这个历史阶段，无论是收集证据还是提交证人都还有着很大的机会，然而这场审判凸显出在将前纳粹党人送上法庭这件事情上，不同经历的群体（不论是在不同的受害者群体一边，还是在行凶者一边）分别在冲锋陷阵或施加阻挠上起到了关键性的作用。然而，无论是这场审判，还是后续的集中营审判，它们都向我们表明，在这些大型审判的几十年间，在这个所谓的受害者时代，受害者所面对的听众其实并不对他们抱有同情心。法院里的交锋与其说是一场对话，不如说是两败俱伤：受害者的故事受到充满敌意的审查，而律师也会为了辩护而质疑它的可信度。

在耶路撒冷的艾希曼审判中，幸存者的故事获得了最大程度的倾听，然而与之截然不同的是，德国的法庭几乎无意完整听取幸存者的故事：作为证人的受害者常常在快要讲到对他们而言最重要的事情时遭到打断，并且会因为没法回忆起量刑所需要的准确细节而遭到蔑视。对于法律而言重要的事情常常并不是幸存者想要讲述或者能够谈论的事情。审判也许帮助一部分人更加公开地谈论了他们的过去，但是对于有些人来说，审判只给他们传递了没人愿意倾听或相信他们的信号。

除此以外，虽然审判表明了有越来越多的人开始关注纳粹大屠杀，而且人们（尤其是年轻人）也越来越愿意倾听受害者的声音，但是普遍的现实依旧是，司法系统无法让行凶者接受足够的惩罚。时代已然错过。等到人们开始普遍地聆听受害者的时候，等到"幸存者时代"终于姗姗来迟的时候，绝大多数行凶者已然成功地逃脱了司法的惩戒。

奥斯维辛审判

这个世界上有大量的人对法兰克福奥斯维辛审判感兴趣，这不仅仅是因为奥斯维辛囊括了类别多样的群体和受害者，它还牵涉了各式各样的行凶者和同谋行径。我们已经在前文论及，奥斯维辛下辖众多分营：奥斯维辛一号营是这里最早的集中营，关押着许多政治犯和苏联战俘；奥斯维辛二号营又叫比克瑙营，这里有专门用于屠杀的毒气室和焚尸炉，超过 100 万犹太人在这里遇害，此外还有为数庞大的罗姆人、辛提人以及其他人士在这里遭谋杀；莫诺维茨的奥斯维辛三号营是 I. G. 法尔本集团工厂的基地，被选出来在这里劳动的工人遭到了残忍的虐待，许多人劳动至死；此外还有一个庞大的、下辖 45 座分营的卫星营系统，以及一个更为庞大的劳动场所网络，有数万人在这里勉力求生，也有许多人毙命于此。尽管学界列出的奥斯维辛死亡人数只略高于 100 万人，但是 21 世纪 10 年代的一项估算数字认为，整个奥斯维辛综合体的死亡人数包括至少 135 万犹太人、2 万罗姆人和辛提人、1.17 万苏联战俘和约 8.3 万政治犯和其他囚犯。[6]

在奥斯维辛犯下的罪行并非只有在奥斯维辛审判中才受到起诉。[7] 我们已经在前文论及，与奥斯维辛有瓜葛的个体曾经在战后初年被送上被告席。奥斯维辛前指挥官鲁道夫·霍斯就受到了华沙的波兰最高法院的审判，并于 1947 年 4 月 16 日在奥斯维辛一号营被执行绞刑。1947 年 11 月 24 日至 12 月 22 日，另有约 40 名曾经在奥斯维辛任职的工作人员在克拉科夫接受审判。这场审判的结果是有一人（汉斯·明希医生）被无罪释放，总共有 22 人被判处死刑，其中包括曾先后短暂地担任马伊达内克和奥斯维辛指挥官的阿图尔·利伯恩舍尔（Arthur Liebehenschel）。在波兰的一系列审判中，约有 700 名党卫队成员因为他们在奥斯维辛犯下的罪行而被判处有罪。[8] 在西德的盟军审判中，奥斯维辛也同样是一个重要的主题，在奥斯维辛犯下罪行的被告曾出现在纽伦堡审判和贝尔根-贝尔森审判（这是 1945 年 9 月至 11 月在英国占领区举行的第一批盟军审判）的被告席上。而且除开此类审判，西德就奥斯维辛举行的审判也并非只有法兰克福的首批审判：在随后的 1965 年 12 月至 1966 年 9 月，以及 1967 年 7 月至 1968 年 6 月，西德还安排过后续的案件审理。除此以外，东德的奥斯维辛审判也在不久后举行，虽然东德在宣传上做了很多努力，但是它在国际社会上的反响远不如前者那么热烈，而且就东德人民反馈而言，它似乎也产生了与预期相反的效果。

由于I. G. 法尔本集团的后继企业都位于西德，所以东德当局尤其迫切地想要证明德国工业以丁钠橡胶工厂的形式参与了奥斯维辛的迫害。他们还关注纳粹的药物滥用。莫诺维茨的前集中营首席医生霍斯特·菲舍尔（Horst Fischer）曾经在比克瑙参与过囚犯挑选的工作，东德为了安排一场与西德旗鼓相当的审判，在1965年将他送上了被告席。[9] 当地民众的反应似乎与西德没什么两样：在意见光谱的一端，人们认可做过此类可怕行径的人理应受到严厉的惩罚；在光谱的另一端，人们则认为战争已经结束20年了，是时候要"与过去划清界限"了——人们应该停止讨论这些两难的议题，继续前行。这种说辞频繁出现。有个人甚至评论道，菲舍尔的行为依据乃是一种"伦理的原则"，他想要帮这个世界除掉犹太人——这无疑证明了，即便在所谓的"反法西斯国家"，对于纳粹主义的认同仍然盘桓不去。[10] 许多人写信提出要求，将菲舍尔自1945年以来的清白人生以及在勃兰登堡的菲尔斯滕瓦尔德地区（Fürstenwalde）担任乡村医生的光辉事迹纳入考量，由此为他减刑。甚至连福音派教会的代表都向法院提出了从轻发落和减刑的要求。在斯塔西的报告中，人们对此事的讨论向我们透露出他们对于严厉的刑罚抱有普遍的不安情绪，而对于过去的人们如何被事态所席卷进而支持纳粹主义，则抱有普遍的理解心态。[11]

但是，所有关于从轻发落的请求都遭到了驳回，在1966年7月，菲舍尔在莱比锡的断头台上被执行了死刑，他也由此名载史册，成为德国最后一个死在断头台上的人。菲舍尔案打开了许多此前在东德被视为禁忌的舆论空间，人们的讨论显现出，反犹、反共，以及将德国视作受害者的地下观念世界从未离我们远去。尽管东德当局尽力组织了公共活动来安抚民众，但是他们并不能由此平复民众对于审判的忧虑和讨论；除了以严厉的判决凸显东德与资本主义西德的区别外，这场审判并没能达成官方为其安排的作秀审判的目标。

法兰克福奥斯维辛首批审判则与此不同。它显然是一种原型案件，其安排和设计有着独特的眼界与野心：它试图借助一系列被告和证人的代表，将纳粹的工业化架构的剥削和灭绝项目送上审判席，由此将正义和真相传达给广大的民众。

它确实在西德国内引起人们的热切关注：据估计，光是出席审判的人数就约有2万，有些人的旁听时间还非常之久。[12]而更多的人则通过纸媒和电视的报道跟进了案件的审理。我们暂且撇开八卦小报不谈，光是西德的四家主流媒体——《世界报》（*Die Welt*）、《法兰克福汇报》、《南德意志报》和《法兰克福评论报》（*Frankfurter Rundschau*）——就在为期21个月的审理过程中刊登了933篇文章。[13]虽然如今我们很难对当时的舆论作出衡量，但是考虑到德国人对艾希曼审判的同理心，他们在这一审判上也未必能好到哪里去；但是，无论他们的心态是多么的模棱两可，纳粹的历史已经无法被强行压制或搁置一旁了。

此外，这场审判的英雄也并非"西德"，而是个别几位人物：其中最为突出的是弗里茨·鲍尔和赫尔曼·朗拜因（Hermann Langbein）。[14]他们不像绝大多数法官、律师、政客和公务员那样，他们在纳粹政权下遭受过实实在在的迫害。我们已经在上文谈及，鲍尔是一位移民，也曾经是一位抵抗运动战士。[15]生于1912年的朗拜因则是奥地利人，他曾经作为政治犯被关押在达豪和奥斯维辛，战争结束以后，他成了维也纳的奥斯维辛国际委员会（International Auschwitz Committee）的秘书长。他不知疲倦地寻求正义，试图将奥斯维辛的罪行推向世界。[16]正是鲍尔和朗拜因联手抵挡住西德

293 国内巨大的反对力量，确保了这场审判的举行。鲍尔在公开场合是一位意志坚定的乐观主义者，但是在私底下，他却对这项事业的成功机会抱有极其悲观的心态。[17]

将奥斯维辛送上审判席的任务是浩大且艰巨的。在奥斯维辛的整个运作时期，共有约8200名男性党卫队队员和约200名女性守卫在这里工作过。这些人当中只有极少一部分曾在西德受审，余下的7000多人从来没有被送上过法庭。[18]法兰克福奥斯维辛首批审判的检察官对被告进行了挑选，选出了那些他们觉得最有可能定罪的人选。这意味着审判对被告的选择不仅要考虑到他们在集中营系统中所担任的不同职业角色和工作场所，他们还要挑选容易被揪出来也能够展现出行凶者之残忍和虐待的人选。

一共有来自16个国家的200多名幸存者受邀出庭做证；101人来自东欧集团国家，其中有61人来自波兰（尽管当时联邦德国尚未与波兰正式建交）。[19]尽管证人们都希望证明纳粹行凶者的恐怖行径，但是许多人也害怕因此给自己带来的后果。许多人害怕自己会被安排同被告及其家人住在同一家酒店里。

在伦敦的医学研究委员会工作的幸存者鲁道夫·弗尔巴是一个特别勇敢的人，他不仅逃出了奥斯维辛，还将关于集中营的许多细节展现在世界眼前，但是即便是他也会在出庭做证的时候心生焦虑，为其所困。1963年3月1日，弗尔巴致信朗拜因，向他确认自己已经做好准备，打算前往法兰克福做证，却补充道："请您回信告诉我，按照你的看法，我在法兰克福的个人安全是否有保障，或者说我是否需要留心保护好我自己，毕竟我并不知道党卫队是否仍旧活跃于西德。"[20]

弗尔巴的害怕不是没有根据的，在当时的德国，尽管人们越来越支持这些证人，但是右翼分子也持续不断地开展着各类活动。在这些担惊受怕的人当中，就有克劳斯·邦赫费尔（Klaus

Bonhoeffer)的遗孀埃米·邦赫费尔(Emmi Bonhoeffer)。克劳斯因为参与1944年7月20日刺杀希特勒的密谋,而被元首本人下令处死,他的兄弟、神学家迪特里希·邦赫费尔(Dietrich Bonhoeffer)也一同遇难。战争结束以后,埃米·邦赫费尔积极地参与事业,希望德国人能够面对这段过去。但是她也体会到,来为奥斯维辛审判做证的幸存者都面临着困境,所以她组织搭建了一个提供照料和协助的系统。然而,为数众多的旁观者大体上都是冷漠的;在1963年,尽管艾希曼审判等一众案件得到了审理,但是只有少数西德人对幸存者的命运和经历表现出兴趣。[21]

无论幸存者的恐惧是否合理,他们强烈的焦虑感都不仅影响了他们出面做证的主观意愿,也影响了他们证言的性质。举例来说,幸存者玛丽拉·罗森塔尔(Maryla Rosenthal)曾经在所谓的奥斯维辛一号营政治部担任过秘书,所以她掌握了第一手的信息,清楚当时的一位被告威廉·博格(Wilhelm Boger)施加在囚犯身上的酷刑,及其审讯手段所导致的痛苦死亡。当时有一种酷刑工具就以他来命名,叫作"博格秋千",会把囚犯的手脚绑在上面倒挂下来。罗森塔尔作为一名高水平的译者,通晓波兰语、法语、德语和英语等多门外语,她在20世纪50年代晚期从以色列移民到柏林,并且在1959年3月接受了采访。即便到了这个时候,她依然害怕博格,所以她只能反反复复地说着,尽管他有过那么多残暴的行径,谋杀过那么多人,但他仍然是个"好人",对她态度友善,她在个人的层面上为他辩护。[22]她丈夫的一封信件对此作出了解释,她这么说完全是因为她害怕"当时毫无疑问仍旧存在的党卫队组织"。[23]

许多证人能准确地描述行凶者的残暴和谋杀行径,其中就包括因协助犹太友人逃离奥地利而身陷囹圄的维也纳医生埃拉·林根斯,以及年仅11岁时就被从泰雷津遣送到比克瑙"家庭营"的历史学者奥托·多夫·库尔卡。[24]林根斯向法庭确认了集中营里的所有工作人员都清楚集中营里发生的事情。[25]

这场审判的被告不仅有集中营指挥官的前任副手罗伯特·穆尔卡（Robert Mulka，而此案的官方名称也正是以他命名，叫作"诉穆尔卡等人案"），还包括其他21人，其中有2人因病中途退出。受到起诉的人员涵盖甚广，从集中营中级别较高的盖世太保和党卫队，到牙医和医生，再到低级别的职位，甚至也包括囚犯头子，目的在于以一种广阔且多面的方式展现出奥斯维辛综合体的运作机制。记者西比尔·贝德福德（Sybille Bedford）将穆尔卡形容作"一个68岁的灰发老人，穿着黑色外套和细条纹裤子"，"看起来就像一位身体微恙、受人尊敬的神职人员"。好几位被告"看起来都平凡得令人费解"，而"余下的人面容都很可怕——眉头深锁，面色阴沉、僵硬；显现出冷酷、残暴和空虚的特征"。[26] 大多数被告得到了保释，可以自由地出入法庭："他们高扬着头颅，跺着脚走路。他们的照片和罪行都被印在许多报纸的头版上，但是当他们进入或离开法庭，或者在公共场所吃饭饮酒，却不受到警察的保护。"行凶者与担惊受怕的受害者形成了强烈对照，他们"之所以不受保护，是因为他们不需要受保护。无论是旁观者还是大众都不曾威胁过他们"。[27]

专家（尤其是慕尼黑现代历史研究所的历史学家）的介入有助于更好地揭秘这个有组织的大规模谋杀的系统。[28] 除此以外，来自路德维希堡中央办事处的专家库尔特·欣里希森（Kurt Hinrichsen），开始着手应对在党卫队中已成经典的辩护词：他们是被迫服从犯罪命令的（Befehlsnotstand）。欣里希森在这一领域耕耘多年，他表示在他经手过的所有案件中，没有任何一个党卫队成员会因为拒绝服从而面临生命危险。[29] 与之相反的是，在他遇到过的许多案件中，党卫队成员只需要付出极小的代价，就能够拒绝在他们感到不适的领域工作，比如拒绝参与在下车坡道上对等待处死的犹太人进行挑选，或者拒绝在焚尸炉工作。依据欣里希森的看法，在许多案件中，所谓服从命令的辩护词是后来才生造出来的。但是它仍然被不断地传播，而在后续的审判中，其流传依然对被告具有相应的价值。

审判的被告在德国被称作"作案人"（Täter），然而他们看待自己所作的"案"（Tat）时，却认为自己不具有个人能动性，也不对自己的行为负有责任。无论是在审判前的调查中，还是在审判的过程中，被告都声称他们与恶行的真实场所保持着一定的距离，他们对实际发生的事情并不真的知情，他们并不对杀戮负有任何责任，他们只是在遵从命令，如果胆敢不服从，他们就会给自己招致可怕的命运。

比方说，当穆尔卡接受检察官约阿希姆·屈格勒（Joachim Kügler）的问询时，他声称自己"从来不知道有毒气杀人的事件在发生"。他还声称"［自己］在当时不知道齐克隆 B 气体为何物"。他说："在战争结束之后，自己当然听闻了奥斯维辛可能发生过什么事情。"[30] 在这一声明之后，穆尔卡这位集中营指挥官副手还令人惊讶地断言，他从来没有进过"主营、比克瑙营，以及任何其他下辖于奥斯维辛的集中营"，因此他"从来都不清楚这些集中营的内部组织架构"。[31] 除了这种身体的距离外，他的辩护词中还包含了所谓的"心理的距离"。1961 年 9 月，当穆尔卡在法兰克福受到海因茨·杜克斯（Heinz Dux）的问询时，他谈起自己在奥斯维辛工作时"对于政治的无感"以及内心的冲突，声称他认为自己总是处在"一种难以想象的冲突和矛盾的境地"。除此以外，他还断言大家都知道他"对于政治的无感"，这件事据说曾引起霍斯等集中营领导层的关注。他还进一步暗示，年轻一代可能无法想象他在当时的感触。[32] 而在审判过程中，穆尔卡不断地将自己塑造成一个无知且无辜的人。当穆尔卡被问及是否清楚那些被卡车送来、在下车坡道上经过挑选后被送进毒气室的人会被毒气杀死时，他声称："我并没有被告知任何此类信息，就此而言我对它并不知情。"[33] 然而，穆尔卡曾在1942年8月12日的一份文件上与霍斯先后签字，命令党卫队成员与毒气室保持距离，至少在毒杀完成后的五个小时内不得靠近毒气室15米以内的范围，因为曾有一位党卫队军官由于泄漏的毒气而中毒。[34]

一位名叫约瑟夫·克莱尔（Josef Klehr）的党卫队卫生员承认，他曾给250名到300名囚犯注射过苯酚，导致他们死亡，但是他声称自己在这件事情上别无选择："我完全是身不由己。我们能说什么呢？毕竟，我们不过跟囚犯一样，只是一组数字而已。"[35] 当遭到诘问时，他才吐露了他杀害的人数，但声称是"收到了命令"。[36] 克莱尔的同事赫伯特·舍尔佩（Herbert Scherpe）则想方设法逃脱了这样的职责，并被安排到一座分营里从事其他工作，但是他依然在奥斯维辛审判上提供了令人齿冷的证言，披露了集中营谋杀孩子的行径。他声称孩子们不仅没有感到痛苦，而且事先也并不知道即将降临在自己身上的命运，这使得他的证言不仅与自己早先的说法相矛盾，而且与许多证人的证词相左；早先有报告表示孩子们发出了尖叫声，并且对死亡感到极度痛苦的恐惧，然而他否认了此类报告的真实性，不过还是承认有一个在外等候的儿童哭着并且徒劳地呼喊着已经不可能回来的亲人的名字。[37]

卡尔－弗里德里希·赫克尔（Karl-Friedrich Höcker）先是在马伊达内克集中营工作，然后在1944年成为奥斯维辛指挥官里夏德·贝尔（Richard Baer）的副手，就连这个人也脸若冰霜地装出一副无知的样子：贝德福德记载道，赫克尔"看起来既不善良也不邪恶，既不聪明也不愚蠢，他坚称自己没有下达任何命令，没有目睹过任何暴行，对一切都一无所知"。当法官逼问他："你真的相信无辜的孩子遭到杀害，是为了保护公众吗？"赫克尔径直回答说：

"怎么说呢，他们是犹太人。"[38]赫克尔有一本相册，记录了他的闲暇时光，以及周末与奥斯维辛同人前往周边乡村的远足，这本相册向我们证明，一个人竟然可以如此令人震惊地将生活的不同侧面分隔开来，完全无视他人的苦难。[39]

有一些被告在展现自身人性的时候，相对其他人更具有可信度。最后被无罪释放的弗朗茨·卢卡斯（Franz Lucas）博士就在报告中提出，他通过装病躲避工作，不需要参与在下车坡道上从刚到达的囚犯中挑人送去毒气室处死的任务；他还最终成功地被调到集中营其他岗位上。许多被告虽然一面竭力宣称自己对事态一无所知，另一面却试图通过追溯自己小小的善行乃至试图挽救囚犯的行为，来证明自己的无辜和内在的善良。举例而言，前党卫队卫生员、小班长格哈德·诺伊贝特（Gerhard Neubert）声称，他以为在莫诺维茨晕倒在地的囚犯会被送去照料，而不是被毒气杀死；他声称自己直到审判的过程中才发现事情的真相。[40]一位名叫埃米尔·贝德纳雷克（Emil Bednarek）的囚犯头子在面对证人揭发他的残忍以及他害死了许多人时，只能对所有指控都矢口否认。[41]其他被告的辩护词则相对复杂和精巧，比如说药剂师维克托·卡佩休斯（Victor Capesius）在受审时声称，针对他的不利证词的根源在于他被错认为另一个党卫队医生，后者确实参与过在下车坡道上挑选赴死囚犯的工作，而且此时他已经长眠地下死无对证了。[42]约翰·朔贝特（Johann Schobert）先是在东部前线受伤，然后被安排在奥斯维辛的政治部工作，他希望勾起自己那一代人（他在希特勒掌权时年方十岁，在整个成长过程中被教育要做一个好纳粹分子，却在保护祖国的战争中负伤）的同情心，并认为他们也应该被视作"国家社会主义的受害者"。[43]

在整个审判过程中，最怪异的自白来自出生于巴西，曾在奥斯维辛政治部任职的佩里·布罗德（Pery Broad）。在沦为战俘之后，布罗德自发地写下了一份关于奥斯维辛记述,以实事求是的态度记录下这座集中营的结构和特点,并且在贝尔根－贝尔森审判中协助过英国军方。[44] 布罗德受过良好的教育,人也非常聪慧,然而他写下这份记述的口吻却几乎不带任何感情,甚至带有一些批判的色彩,仿佛他自身从来没有在那里工作过,仿佛他不曾在他所描述的恐怖中扮演积极主动的角色。在审判中,布罗德突然变了个人,否认自己此前曾对奥斯维辛有过如此详细的探讨。证人的证言显示,他是一类与众不同的行凶者,"为人聪明、智商很高、行事巧妙",与施行常规暴力的恶棍和施暴者(例如博格)很不一样。[45]

在法兰克福审判的审理过程中,许多证人遭到了非常具有进攻性的对待,采取这种行为方式的人士当中尤以辩护律师汉斯·拉特恩泽尔为代表。在早期的战后审判中(包括意大利的凯塞林案,以及几桩纽伦堡后续审判案),他就已经因为替纳粹分子辩护而积攒了名气。朗拜因记录下拉特恩泽尔在奥斯维辛审判中是如何恶劣地对待证人,他常常因为证人无法回忆起特定事件发生的准确日期和时间而语带讽刺地暗示证人都是骗子。[46] 而在辩护的阶段,拉特恩泽尔则持完全相反的策略,甚至试图像被告自我呈现的那样,将他们说成是"希特勒的受害者"。[47]

媒体对这场审判做了全方位的报道,将令人厌恶的日常残忍和杀戮的细节呈现给德国公众。除此以外,电视新闻播报也将奥斯维辛送入了许多德国家庭的客厅(在这一时期,联邦德国正变得越来越富庶,电视拥有率也迅速提升)。新闻报道总体而言都比较持重,它们展现出官方的观点,鲜少包含独立的批评意见。[48] 奥斯维辛的幸存者汉斯·弗兰肯塔尔出席了审判,给出了自己的证言,他后来回忆起这段往事,说直到战争结束 20 年后,人们才终于"第一次能够公开地谈论奥斯维辛"。[49] 而这些讨论确实开始给局面带来变化。到 20 世纪 60 年代中期,在学生运动愈演愈烈、代际冲突愈发

第十一章 大型集中营审判：不止奥斯维辛

广泛的语境下，人们开始发出声音，要求更加严肃地面对过去，这就使得这段过去变得无比接近当下，也变得更加容易设想。

1965年8月20日，随着审判长汉斯·霍夫迈耶（Hans Hofmeyer）发表完长篇演说，宣布判决之合理合法，法兰克福奥斯维辛首批审判也宣告结束。由于此时的西德已经废除了死刑，所以最终判决中也就不包含死刑判决的选项。在20名被告中，只有6人被判终身监禁；有10人的入狱刑期在3.5年到14年不等；有一名被告在奥斯维辛时期尚未成年，因此以未成年人的相关规定进行判罚；还有3人因证据不足而被无罪释放。在审判走向终点的时候，西比尔·贝德福德告诉我们："那位使尽全力让现场保持冷静，引领着法庭度过数次情绪的喷发和激烈的争吵，自己却从未情绪失控的法官霍夫迈耶博士，现在终于找到余裕的时间，陷入了崩溃之中。"[50]

如果以将行凶者绳之以法为标准来衡量，这样的结果无疑是令人失望的。以被告犯下的罪行程度来衡量，许多判决都显得无足轻重，更何况为了使奥斯维辛得以运作，总共需要6000到8000名人员，而在法庭上被判有罪的仅有17人。鲍尔确实成功地让奥斯维辛进入了公众的视野，但是结果离他所追寻的正义相去甚远。除此以外，在他为之努力的过程中，他也越发清楚地体会到这项事业的反对力量是如何盘桓不去：就像他对同事说的那样，每次当他离开办公室，他都感到自己仿佛生活在"敌人的领土上"。[51]

即便如此，考虑到与审判携手而行的展览，以及铺天盖地的电视播报和新闻报道，这场审判仍然在大众对纳粹罪行的认知中构成了一道分水岭：从此往后，德国人再也无法忽视奥斯维辛的存在了。这不仅事关政治倾向，也事关世代的更替，正如贝德福德在1966年提到的："对于在第三帝国时期已经成年的人（哪怕是憎恨帝国，曾不惜代价违抗纳粹可怕命令的人）来说，他们如今都希望能把这段过去抛在身后，余生中都不愿再去回想它。然而在这些事件之后出生的年轻人，则对它更感到好奇，更为其所困扰，也更为之而惊愕。他们想要知道过去都发生了什么，它们是如何发生的，又是出于什么原因，他们希望老一辈人能够承担起责任，而老一辈人却只想遗忘。"[52]

对于经历过这段历史时期的人而言，法兰克福审判也具有重要的意义。无论回顾记忆是一件多么令人痛苦的事情，这场审判都构成了一副催化剂，使得受害者可以跳出幸存者的小圈子，把经历讲述给更多听众。比方说，有六位证人都在2005年再次接受采访时谈起了自己由此作出的决定。[53]在这六人当中，三人是波兰非犹太人，两人是移民以色列的捷克裔犹太人，还有一人是移民法国的维也纳犹太人。其中一位波兰受访者名叫伊格纳齐·戈利克（Ignacy Golik），他声称在审判调查启动之前，他从未对任何人提起过自己在奥斯维辛的经历。[54]其中一位名叫安娜·帕拉尔奇克（Anna Palarczyk）的波兰女性说自己是有意地不让奥斯维辛在战后侵入她的生活。她作出的决定是不对丈夫和几个儿子谈论她在奥斯维辛的经历，孩子们只在学校里听说过集中营的事情，而帕拉尔奇克只会跟过去的同志聊起他们在奥斯维辛的共同经历。[55]另一位波兰幸存者名叫约瑟夫·米库斯（Józef Mikusz），他保持沉默有着很直白的政治缘由：在战争结束以后，他甚至因为参与过波兰抵抗运动而遭到迫害。当时的他不得不从扎布热（Zabrze）逃到弗罗茨瓦夫（Wrocław），直到改革派新领导人瓦迪斯瓦夫·哥穆尔卡（Władysław Gomułka）随1956年10月事件的风波上台，由此带来政治解冻之后，他才能够返回家乡。[56]

三位犹太幸存者对在战后出庭做证的事情抱有矛盾心理。在这三人当中，只有伊姆雷·根齐（Imre Gönczi）表示在战后最初的几年里有人愿意聆听他的讲述：他受到邀请，作为战后捷克斯洛伐克的国家囚犯组织的官方发言人（Referent）公开分享自己的经历，但是他很快就意识到有人开始针对他散布反犹言论，指责他利用自己作为犹太人的经历而寻求升迁。[57]维也纳犹太人保罗·沙费尔（Paul Schaffer）并没有回到奥地利，而是返回到他最后居住的地方：法国南部。他是一个虔诚的犹太复国主义者，战后立即进入一个犹太复国组织工作。对他来说，与幸存同胞交流是一件非常重要的事情，因为他希望自己可以借"交流而获得自由"。[58]

引起公众注意的法庭证言未必能给受害者本人带来益处。在20世纪60年代和70年代的诸多西德审判（自法兰克福审判以降）中，受害证人常常会感到仿佛是自己被送上了审判席。西德法律专家阿达尔贝特·吕克尔认为，证人的记忆大体上都太过模糊，而且由于距今太过遥远，已经很难派上用场，而许多西德审判的法官都赞同这一观点。[59]当幸存者受到召唤来到西德出庭做证时，法庭常常为了确定行凶者的身份，以及在特定时间、特定地点的行为，采用特定的法律术语来提问，要求证人就此给出非常具体的答案。而如果证人无法出席，那么行凶者就常常没什么好害怕的。

尽管法兰克福审判影响甚广，但是受害者证言在奥地利的影响力却微乎其微。在弗里茨·鲍尔将奥斯维辛送上西德法庭的事业中，奥斯维辛国际委员会主席赫尔曼·朗拜因是一号关键人物，而他也决心要在奥地利发起类似的审判。当朗拜因专注于编辑手头的审判档案时（1965年出版），他还非常乐观地以为相似乃至更为重磅的审判很快就会在奥地利上演。[60]由于在波兰犯下罪行的奥地利人无法被引渡德国审判，所以在当时即将有几号大人物在奥地利受审。

第一起案件在1960年3月就已经被上诉公堂，它比法兰克福审判早了好几年，被告是曾经在奥斯维辛、施图特霍夫、格罗斯-罗森和弗洛森比格等多处集中营任职，战后在维也纳公开营业的医生格奥尔格·弗朗茨·迈尔（Georg Franz Meyer）。其他案件的被告还有卡尔·约瑟夫·菲舍尔（Karl Josef Fischer，注意不要同东德医生霍斯特·菲舍尔混淆）医生和埃尔温·黑施尔（Erwin Heschl）医生。奥斯维辛—比克瑙营指挥官的副手约翰·辛德勒（Johann Schindler），以及奥斯维辛党卫队中央建筑团队的领导人瓦尔特·德亚科（Walter Dejaco）当时也都在奥地利。其他为人所知且并未避人耳目、继续在奥地利生活和工作的奥斯维辛行凶者包括建筑师弗里茨·埃特尔（Fritz Ertl），建筑工程师赫尔曼·特费尔（Hermann Töfferl），前党卫队守卫罗兰·阿尔贝特（Roland Albert，其孙女芭芭拉·阿尔贝特［Barbara Albert］后来拍摄了一部电影，主题便是对受压抑的纳粹家庭过去的探寻）、阿洛伊斯·库尔茨（Alois Kurz，他也曾经在马伊达内克和米特堡—多拉工作过）和奥托·格拉夫（Otto Graf），他们都被控曾参与毒气室和焚尸炉的工作。除了他们以外，被告还有一位女性守卫。考虑到仍旧生活在奥地利的奥斯维辛行刑者的分量之重和类别之多，以及足以对他们提起诉讼的扎实证据，难怪朗拜因会以为"维也纳审判的重要性怎么也不会低于法兰克福审判"。[61]

然而，尽管调查在20世纪60年代初就已经启动，但是奥地利的首批奥斯维辛审判直到1971年下半年才正式开庭。[62]审判的诉讼程序安排在维也纳，时间是1972年1月19日到3月10日，牵涉两位建筑师（瓦尔特·德亚科和弗里茨·埃特尔），起诉的罪名是他们负责建造了奥斯维辛的毒气室。然而，法庭并没有给他们下达有罪判决，部分原因在于证人证词有所谓的不可信的问题。共产主义报纸《人民呼声报》（*Die Volksstimme*）评论道，正是因为诸如此类的判决，奥地利才活该收获了"纳粹大规模谋杀犯的自然保护公园"的恶名。[63]

维也纳的第二场审判于1972年4月25日至6月27日进行了审理，听证程序持续了31天，被告是奥斯维辛集中营党卫队的两位成员奥托·格拉夫和弗朗茨·文施（Franz Wunsch）。这场审判同样因为对证人的恐吓与质疑而显得非常突出；在所有证人当中，只有一人集结起全身各处的力量、自信和幽默顶住了这样的对待，这个人就是鲁道夫·弗尔巴（此时的他已经在加拿大成为大学教授）。[64] 弗尔巴也担心自己的安全，需要当局提供保护，而有人建议他，最好的自保方法就是彻底远离奥地利这个国家。[65]

最后判决宣布之时，格拉夫和文施被无罪释放，这一判决的很大一部分问题出在证人证词上。除此之外，诉讼时效的存在也使得协助和教唆谋杀等相对轻微的犯罪超出了能够判刑的时限。从此以后，奥地利的司法系统大体上放弃了对纳粹行凶者的审判。

"赖因哈德行动"死亡营审判

在20世纪60年代中期，西德通过在法庭上追捕行凶者建立了良好的国际声誉，与邻国奥地利形成了鲜明的反差。但是，西德的司法系统仍然有着一个核心的悖论——灭绝机械设计得越完美，谋杀者被判处有罪的可能性就越低；如果找不到幸存者，被告的自我辩护就越容易滴水不漏。"赖因哈德行动"死亡营审判——贝乌热茨审判（1963年和1965年）、特雷布林卡审判（1964年至1965年，以及1970年）和索比堡审判（1965年至1966年）——就同时为我们显现了"证人时代"的意义和局限性。[66]

在"赖因哈德行动"死亡营审判之前，于1962年至1963年在波恩举行的海乌姆诺营（第一座专门的灭绝营）审判对12人提起了控诉，控诉的理由是他们在海乌姆诺的大规模谋杀中充当了同谋。然而，无论是实物证据还是证人证言，与海乌姆诺相关的证据都非常稀少，使得半数被告最终被无罪释放（三人被立即宣判无罪，还有三人在上诉后改判无罪）。各类减罪因素也使得余下之人的刑期得到缩短：有一个被告声称自己并不想在海乌姆诺工作，而另一个被告则曾给集中营里劳动的犹太人分发过香烟，考虑到罪名之严峻（协助屠杀了至少15万名犹太男女和孩子，以及约5000名吉卜赛人），将这样的举动列为减罪因素，也真够贴心的。[67]

"赖因哈德行动"死亡营（贝乌热茨、特雷布林卡和索比堡）的合计死亡人数甚至超过了奥斯维辛—比克瑙营。但是，负责建造和运营的人员相对而言不算多：总共有121人，他们都已经在安乐死项目的屠杀中积累了经验，才被送到波兰总督府修建的经过伪装的这些大规模谋杀场所，而且他们也在不同的死亡营之间互相借调。[68]所以审判席上的被告很容易就能拿出他们只是在服从命令的说辞。只有当幸存者现身，证明被告曾经施行过某种特定的暴力和"无度的"残忍时，行凶者才有可能被判处有罪。当法庭缺乏这样的证言时，被告就可以声称他们只是那台巨大机械里的螺丝钉，他们无力掌控局面。[69]

据估计，约有50万人在贝乌热茨遇害。但是只有一位行凶者因参与其中而被判处有罪。对贝乌热茨工作人员的第一场审判于1963年在慕尼黑开庭，而8位被告中有7位被无罪释放，原因是他们只是听从命令才做出如此行为。剩下的那位被告名叫约瑟夫·奥伯豪泽尔，针对他的慕尼黑审判只用了4天，从1965年1月18日至21日。法庭只召集了14位证人，而其中至少有13人是前党卫队或T4项目的工作人员（他们显然不愿意让前同事变成罪犯，因为这样他们自己也会有被判刑的风险，他们也不想刺激被告，以免被告将矛头对准他们自己）。[70]这14位证人当中，有6人曾经站在被告席上，而其中又有5人当时正与其他同事一起被牵涉到索比堡死亡营的审判中。

贝乌热茨审判之所以最后裁定出这样的结果，证人证言的缺失起到了关键性的作用。[71]到20世纪60年代，贝乌热茨的幸存者只

第十一章　大型集中营审判：不止奥斯维辛

剩下最后一位了，实际上就我们已知的情况而言，这座死亡营的全部受害者只有两人活了下来。其中一位哈依姆·希尔斯曼于1946年在卢布林的犹太历史委员会做证期间，在极为可疑的情况下遭到了暗杀。[72] 另一位幸存者鲁道夫·雷德尔也曾在克拉科夫的犹太历史委员会做证。雷德尔的报告完成于战争刚刚结束的时候，在其生动的刻画中，运输车每天都会抵达；当男人已经被送进毒气室时，女人还在剃头；当尖叫声渐渐停歇时，毒气室门被打开，尸体被拖出来；互相纠缠的尸体被分开，一路被拖到乱葬坑里，等待填埋。雷德尔的描述中还有集中营守卫以及他们令人无法言说的残忍，有的守卫是乌克兰人，有些则是德意志裔人，他们都受到党卫队的严密监督。[73]

尽管雷德尔已经就死亡营中横行的残暴写下了这份翔实的报告，可是到了20世纪60年代中期，当面对法庭的当务之急，以及推定杀手的主观心态时，他却很难真正起到作用。作为证人，他只能孤身奋战。而在冷战的语境下（哈尔斯坦主义使得西德同所有承认东德的国家交恶），西德当局也不愿将波兰工人、曾经目睹集中营境况的当地居民，以及经历过特拉夫尼基营、后来居住在苏联或者其他东欧国家的人士召唤到西德充当证人。[74] 哈尔斯坦主义于20世纪70年代初随着维利·勃兰特的东方政策被最终废止，但是它也对证据的获取产生了巨大的影响，那些与波兰领土上的行凶行为相关的定罪证据和证人证言由此在法庭上大面积地缺席了。

鉴于幸存证人的缺席，法庭上也就没有人能够对被告的片面且自私自利的表述提出反对意见了。也没有确凿的外部证据，证明他们号称自己只是在执行国家的命令时抱有怎样的主观"心态"。除去约瑟夫·奥伯豪泽尔这个仅有的例外，其他人都被无罪释放了。[75]

奥伯豪泽尔和其他人的区别在于，他没能成功地诉诸"只是在服从命令"的辩护词，因为他是指挥官的左右手，因此被判定具有更多的个人主观能动性。奥伯豪泽尔还声称，自己已经在民主德国接受过审判，并因此在监狱里服刑八年。但是这套辩护词也没能站得住，因为经过更为细致的调查之后，法院发现这桩东德的案件审理的是安乐死杀戮，而不是发生在贝乌热茨的谋杀：所以奥伯豪泽尔是为了格拉芬埃克、勃兰登堡和贝恩堡的T4项目犯罪行为才在民主德国蹲了监狱。即便如此，慕尼黑的西德法官也认为奥伯豪泽尔已经通过此前的牢狱惩罚完成了某种形式的先行悔过，或者已经在受难上"先行存款"了。在法官看来，因为他已经"在比联邦德国条件更为艰苦的东部区域的刑事监禁机构服了相当长的刑期"，因此在贝乌热茨的罪行审理上可以对他从轻发落。[76] 他最初被控诉协助和教唆谋杀了45万人，后来遇害者人数修正为30万人，而他仅仅被判处入狱四年半（包括他被拘留的时间）。到最后，奥伯豪泽尔只服刑两年零三个月就被释放了。

然而比起同情受害者，西德司法系统反而更同情行凶者的情形可不只有这一次而已。后来，意大利法院在缺席审判中因奥伯豪泽尔在的里雅斯特（他与其他前T4项目人员一样，在贝乌热茨关停后被调至此地）犯下的罪行判处他终身监禁。意大利法庭的判罚所依据的罪行包括谋杀游击队员以及其他等待遣送的人士。德国当局拒绝了意大利方的引渡要求，而奥伯豪泽尔在慕尼黑过着不受打扰的生活，只在克洛德·朗兹曼（Claude Lanzmann）试图用摄像机对身为酒吧酒保的他进行采访时，受过短暂的打搅，随后就在1979年因病去世了。

由此，对于发生在贝乌热茨的约50万桩谋杀案，德国的司法清算最终以将一个人关进牢房两年多而收尾。经过换算后我们得出，每一桩谋杀案的刑罚只相当于不到五分钟的牢狱惩罚。也许在严格的司法意义上，这样的结果也算作是某种形式的正义，这个问题只能留待律师去回答，但是就道德正义感而言，这与真正的正义显然

第十一章 大型集中营审判：不止奥斯维辛

有着云泥之别。

另外两座赖因哈德营的审判情况则有所不同，因为特雷布林卡和索比堡都曾经发生过抵抗运动，也都曾经有囚犯出逃，这就意味着这两座赖因哈德营都被提前关闭了，因此有更多幸存者活了下来。

特雷布林卡首批审判于1964年10月至1965年9月在杜塞尔多夫进行审理，被告包括前指挥官库尔特·弗朗茨以及其他工作人员，审理过程召集了超过100名证人。绝大多数被告是前党卫队或T4项目人员，也有些专家证人在法庭上谈及被迫服从命令的问题。[77] 不过，幸存者证人在诉讼过程中起到了关键性的作用。

杜塞尔多夫法庭将被告分为主要行凶者（Haupttäter）、同谋（Mittäter）和犯罪助手（Gehilfen）。主要行凶者被认定为罪行的"发起者"：包括希特勒、希姆莱、戈林、海德里希，以及纳粹党和党卫队的一小圈高层人士。[78] 这样的定义意味着，即便是参与死亡营运作的人都可以被自动归类为犯罪助手，最多也只能算作同谋。在这样的情况下，为了证明一个人负有罪责，确定他抱有卑劣的动机，或以个人名义行使过残暴行径，或表现出虐待倾向，就成了至关重要的元素。在库尔特·弗朗茨的审理中，有两位幸存者雅各布·雅库博维奇（Jakob Jakubowicz）和莱奥·莱维（Leo Lewi）在战后生活在德国，他们都认出弗朗茨就是死亡营中的"洋娃娃"，并做证他个人有残忍的行为，并且犯下过几桩谋杀的罪行。另一位名叫塞缪尔·劳伊齐曼（Samuel Rajzmann）的幸存者是一位从蒙特利尔赶来的会计，他在特雷布林卡的审判上提供了关键的证词，而此前他也曾在纽伦堡审判上做证。[79] 弗朗齐歇克·宗贝茨基（Franciszek Zabecki）也是一位相当重要的证人，他曾是波兰地下组织的成员，当时在特雷布林卡火车站担任站长职务，目的就是监视德国的火车和货物。尽管特雷布林卡的德国人也尽量掩盖了他们留下的痕迹，在战争结束以前销毁了所有证据——他们在特雷布林卡做得特别绝，在1944年把整个特雷布林卡火车站都给炸飞了——但是宗贝茨基仍然成功地留存了部分运货单以及其他德国铁路档案。[80]

由于留存下来的证人证言体量庞大，总共有4名被告（包括弗朗茨）在特雷布林卡审判中被判处终身监禁；有5人被判处3到12年不等的有期徒刑；有一人被无罪释放。1970年，在与特雷布林卡罪行有关的后续审判中，弗朗茨·施坦格尔（在巴西被逮捕并遭送回国）也被判处终身监禁。施坦格尔就像其他许多人那样，在特雷布林卡任职之前曾参与过T4安乐死项目，他也曾担任索比堡的指挥官。[81]

索比堡审判的主要部分于1965年9月6日到1966年12月20日在哈根（Hagen）开庭审理。一开始，该案以参与索比堡谋杀的罪名对12人提起诉讼，而其中有一人因为健康状况不佳而得到特殊对待，另一人，即库尔特·博朗代（Kurt Bolender），则自杀身亡。迪特里希·措伊格（Dietrich Zeug）是1959年被安排进行审前调查的路德维希堡官员之一，他在找寻幸存证人的事情上非常勤勉，为了追踪线索与以色列的调查员和检察官以及纽约的世界犹太人大会都保持着密切的联系。[82]然而根据东德当局的说法，西德调查员由于需要奉行哈尔斯坦主义的关系，对于从波兰获取证据并不抱有热情，而波兰实际上存有许多材料和档案，甚至包括一份时时更新的前行凶者名单，上面还详细罗列了他们在战后的生活状况和轨迹。[83]而且许多幸存者愿意出庭做证。就索比堡审判来说，西德总共邀请了127位证人，其中有许多人从美国和以色列远道而来出庭做证。这就给审判带来了巨大的变化，与早先的贝乌热茨审判相比更是显示出巨大的差异。

与贝乌热茨守卫获得的无罪审判相比，索比堡审判的判决显然就没有那么宽宏大量了，但是不同场次的审判仍然有所区别。在1950年的早期索比堡审判中，埃里克·鲍尔（Erich Bauer）一开始因为运作索比堡的毒气室而被判处死刑，后来被减刑至终身监禁。然而在1965年至1966年的索比堡审判中，只有一位名叫卡尔·弗伦策尔（Karl Frenzel）的被告被证据证明参与了至少15万起谋杀案，因而被判处终身监禁；但是关于他的另外十项起诉，都因为证人的陈述具有疑点而免责了。另一位名叫弗朗茨·沃尔夫（Franz Wolf）的被告在被调到索比堡之前，曾在哈达马尔的安乐死机构工作过，他因为协助至少3.9万起谋杀（这一数字几乎像是随意选取的）而被判8年有期徒刑。有两人因为分别参与了1.5万起和7.9万起谋杀案而被判入狱4年。至于索比堡的剩下5名被告，包括曾经在特拉夫尼基负责训练乌克兰人的埃里克·拉赫曼（Erich Lachmann），则都被判无罪。尽管拉赫曼在索比堡素有行事凶残的名声，法庭却以受到逼迫和精神不健全为依据，将他无罪释放了。[84]

奥地利的赖因哈德审判就更谈不上成功了。"赖因哈德行动"牵涉300多名党卫队员，而其中约有60人曾经在奥斯维辛工作过，还有几百人则参与过警察营。在这300人当中，仅有7人在奥地利接受了审判，而且所有人都没有被定罪。举例而言，恩斯特·莱尔希（Ernst Lerch）曾在"赖因哈德行动"的谋杀行动中担任奥季洛·格洛博奇尼克的助手。尽管他在党卫队中身居高位，在克拉科夫以及随后的卢布林都扮演着具有战略意义的角色，并且明显参与了波兰总督府的数万起犹太人谋杀案，但是于1971年在克拉根福（Klagenfurt）开庭的莱尔希审判案却因为所谓的证据不足而仅仅审理了两天就休庭了。这起案件没有得到进一步审理，并在1976年彻底结案。[85]鉴于其他继承国的无罪判决和从轻发落已经被社会各界视为丑闻，奥地利当局似乎认为，干脆就不要起诉才是上策。[86]

总体而言，公众舆论对赖因哈德营的兴趣似乎要明显少于奥斯维辛审判，但是与此同时，它们又引发大量民众对被告表示同情，也由此激发后来的部分人士否认纳粹大屠杀的存在。[87]如果说，这便是人们时而宣称的"证人时代",那么我们可以说在这个时代,要让证人得到聆听并不是一件轻松的事情。[88] 被告的辩护词(他们当然是在服从命令,而且因为害怕拒绝服从会招致可怕的后果,故而别无选择)被人们采信,而且在判决中反复出现。正如某位法官在呼应被告说辞时所言:"他们当时是被迫服从命令才参与了犹太灭绝,因为他们不这么做的话就会被管教、被惩罚,被送到集中营,被射杀,或者受到程度相当的身体和精神的惩罚。对于他们来说,除了服从命令以外,他们不知道该如何避免此类危险,而其他可能性也并不存在。"[89] "基于推定的强迫状态和必要性情况"——德语里有一个词能够把"强迫"的概念力度翻番:强迫紧急状况(Nötigungsnotstandslage)——被告得到了宽恕,并被无罪释放。[90] 通常情况下,比起被告的实际行为,法官更愿意相信被告关于自身心态的陈述。

被告得到了大家的信任,幸存者证言却没有获得同等待遇:许多西德法官都认为这些证言并不完全可靠。毕竟时隔 20 多年,他们的记忆想必已经模糊了。除此以外,法官还注意到,大多数证人都曾拜访过以色列,或者已然定居以色列,他们会时不时地互相碰面,交流往事,所以他们有可能"把他们自己经历的事情与他们听闻的事情"混为一谈。[91] 进一步而言,因为他们有可能失去了亲密的亲友,他们可能会受到个人利益的驱使,仅仅因为别人曾经在集中营里工作过,而不管他们的罪责是不是同特定的罪行相关,就希望判处他们有罪。一位索比堡审判的法官正是由此对幸存者证言作出了无差别的谴责,批判他们"常常不对个体的参与程度和罪责程度进行区分,而是情绪化地认为集中营所有工作人员'都是谋杀犯',应当为他们的苦难负责,也许他们至今都这么认为"。[92]

司法正是通过这种方式,较之同情绝望地追寻正义的受害者,反而更能对因"服从命令"而成为行凶者的人产生共情。到了 20

世纪 70 年代初，大型灭绝营的审判已告结束。然而大众对于纳粹大屠杀和幸存者的兴趣才刚刚开始萌芽。

马伊达内克审判

西德的最后一场大型集中营审判发生在大众（包括年轻一代的成员）的兴趣刚刚被点燃的时候。杜塞尔多夫的马伊达内克审判前后持续了超过五年半，从 1975 年 11 月 26 日一直审理到 1981 年 6 月 30 日，可以说是西德持续时间最长的战争罪审判案，而且整个审理过程也历经了舆论对过去的态度和看法的重大转变。

第一场马伊达内克审判早在战争结束之前，也就是苏联解放这座集中营不久后的 1944 年 7 月 22 日，就在波兰开庭进行审理，而杜塞尔多夫的马伊达内克审判则在 30 多年后才终于开庭；而第二场审判也已于 1946 年至 1948 年在波兰进行了审理。德国的后续审判为什么拖延了这么长的时间，其中的缘由我们并不清楚。

马伊达内克集中营坐落在卢布林的市郊，可以一览无余地俯瞰整座城市。这座集中营本身就剥削奴隶劳工，同时也为其他劳动分营和灭绝营提供人员。它建有自己的毒气室，同时也是进行过大规模枪杀的场所，其中包括 1943 年 11 月 3 日对约 18,000 犹太人进行的所谓的"收获节屠杀"。1944 年夏天，马伊达内克集中营出乎意料地被苏联人占领，集中营的领导层没能销毁此地发生过谋杀行为的证据，而毒气室和体量庞大的定罪证据也都被完整地保留了下来。

然而在战争结束后的 30 年里，西德虽然启动了针对马伊达内克 387 位人员的诉讼程序，却似乎无法将哪怕一个人送上审判席。在这 30 年里，没有哪怕一个人遭到起诉，或在法庭中受审，而针对其中 58 人的案件调查也宣告终止。[93] 这一情况在 20 世纪 70 年代中期终于迎来了改变。

在1975年姗姗来迟的杜塞尔多夫审判中，一开始共有17人受到控诉，其中有2人因身体状况不佳无法出庭受审，还有一人在审理结束前便过世了。最初的那批被告中包括赫尔曼·哈克曼（Hermann Hackmann），此人早在1947年就在美国法庭的审判中，因在布痕瓦尔德犯下的臭名昭著的残暴罪行而被判处死刑，这一刑罚随后被减刑至终身监禁；以及曾经在萨克森豪森、诺因加默和格罗斯-罗森工作过的埃米尔·劳里希（Emil Laurich）。马伊达内克审判还包括几名女性被告。其中一位是诨名"血腥布丽吉特"（Bloody Brigitte）的德国护士希尔德加德·拉赫特（Hildegard Lächert），她曾经在许多集中营里工作过，包括拉文斯布吕克、毛特豪森-古森，此外还有奥斯维辛。她因为自己的所作所为于1947年在克拉科夫被判刑，并且在1956年（15年有期徒刑未满）就被释放出来。另一位女性被告名叫赫米内·布劳恩施泰纳（·赖恩）（Hermine Braunsteiner [Ryan]），她是一位奥地利人，在"德奥联合"之后搬到了德国；她曾有一段时间在拉文斯布吕克工作，随后她被调到马伊达内克，因为残忍地对待囚犯，甚至包括用金属鞋底的靴子踩踏囚犯而赢得了"母马"（the Mare）的恶名。奥地利法庭在1948年就曾因为她在拉文斯布吕克的罪行而判处她三年有期徒刑，但是她仅服刑两年就提前获释了。后来，她嫁给了一位美国人，改名拉塞尔·赖恩（Russell Ryan），先是移居加拿大，然后又迁往美国，显然从来没有想过自己还要再度回来面对自己的纳粹过去；她在丈夫的陪伴下参加了杜塞尔多夫审判，而这位男性对她遭受的所谓污蔑感到怒不可遏。

马伊达内克审判的特殊重要性在于它显现出关于纳粹历史的力量平衡已经发生了改变。在这一时期，纸媒和电视媒体都已经开始例行对西德法庭的审判作出批判了。有些记者终于姗姗来迟地意识到这些审判的重要意义，开始关注其中的丑闻，推动新闻的传播，并借此在新闻报道领域谋求名声。如今许多人都准备好直指纳粹过去，点明某些右翼律师对于行凶者的同情，并且批评他们对待证人的方式，然而在十年前的奥斯维辛审判，人们总体而言并没有做好这样的准备。[94]

除此以外，巨大的代际变化也在其中起到了作用。受到1968年激进的学生运动的影响，许多年轻人变成了记者、教师或其他公众教育工作者。由于他们与历史上的罪行不存在任何共谋关系，他们也就对了解纳粹时期产生了愈发浓厚的兴趣。到1977年春天——也就是美国迷你电视剧《纳粹大屠杀》（*Holocaust*）公映，由此戏剧性地改变了公众的意识和兴趣的两年前——越来越多的教师开始认为马伊达内克审判非常重要，由此带领越来越多的学生观摩案件的审理。许多人都对辩护律师拖延审理或恶待证人的行为提出了批评；有些人也开始意识到，这些被告（尤其是女性被告）像极了他们的祖父母；大多数人被他们听闻的集中营细节震撼到了。[95]尽管也有一位出身犹太家庭的孩子认为，自己在家里已经听够了这些事情，但是大部分人说他们的父母从来都不愿意谈论这个话题："他们说，毕竟那都是过去的历史事件了。"[96]

这场审判还因为以下因素值得我们注意：同情纳粹的右翼分子也在公共场合变得越来越活跃。他们试图通过分发小册子来影响舆论，其中就包括一本否认纳粹大屠杀的小书《奥斯维辛谎言》（*Die Auschwitz-Lüge*）；他们还协助被告统一证言的形式，确保党卫队一方的所有证人统一口径，在出庭做证时都讲述同样的故事，而且他们也想方设法地中伤和威胁检控方的证人。[97]亲纳粹的"战俘和被拘留人士无声援助组织"与海因里希·希姆莱的女儿古德龙·希姆莱有着密切的关系，它在这一时期也变得非常活跃，并且明目张胆地参与各项活动。该组织的工作人员会前往监狱探监，帮助被告协调辩护策略，并且为他们出谋划策。约瑟菲娜·尤尔根斯（Josefine

Jürgens）便是这个组织的工作人员，她还因为服务囚犯而获得了联邦服务奖章（Bundesverdienstkreuz）。她此前人称"囚犯的天使"，不仅是"战俘和被拘留人士无声援助组织"的成员，还是本来声望很高的基督—犹太协会（Christlich-Jüdischen Gesellschaft）的名誉代表。在一档名为《监督》（*Monitor*）的电视节目上，她宣称"马伊达内克审判的正义必须以德国公民的名义，而不是以共产党人和犹太人的名义被宣判"。[98]

纳粹同情者的介入反而更大限度地曝光了这场审判和这些议题。西德广播公司在1977年12月16日播出了一档节目，邀请双方展开话题讨论，一方是赫尔曼·朗拜因和布痕瓦尔德幸存者兼历史学者欧根·科贡（Eugen Kogon），另一方则是著有《奥斯维辛谎言》的前党卫队成员蒂斯·克里斯托弗森（Thies Christophersen）以及政治学者、纳粹大屠杀修正主义者兼新纳粹国家民主党（NPD）创始成员乌多·瓦伦迪（Udo Walendy）。按照当时旁观过案件审判并为此写下长篇专著的海纳·利希滕施泰因（Heiner Lichtenstein）的说法，这档节目非常成功，"因为它所触达的公众此前甚少会出现在法庭中：家庭主妇和领取养老金的退休人员"。利希滕施泰因记录道，在节目播出后的几个月当中，"他们开始亲自来体验审判，而在节目播出之前，他们只是偶尔才会看到或听闻这类事件"。[99]

无论在法庭内外，纳粹同情者都尤为活跃。在这场审判的启动阶段，就有人对参与审理的一位历史专家沃尔夫冈·舍夫勒（Wolfgang Scheffler）提出异议：他们认为，由于舍夫勒的博士学位是在一位犹太人教授的指导下取得的，并且他曾经去过伦敦的维纳图书馆，所以他无法保持足够的客观性。按照这种说法，但凡与犹太人有往来的人都无法保持必要的"客观性"，而拥有纳粹背景，或者同情纳粹党的人却不知怎么回事就能保持客观。当时的一位辩护律师路德维希·博克（Ludwig Bock）是知名的右翼纳粹同情者，

第十一章　大型集中营审判：不止奥斯维辛

曾经代表国家民主党参与竞选却铩羽而归。博克为确保客户获得无罪判决，很显然逾越了法律授权他的行动界限。他前往了以色列，隐瞒了自己作为纳粹党辩护律师的身份，并试图讨好幸存者，借此影响他们的证言。他尤其在对待证人方面游走于敏感的灰色地带。博克甚至过分地暗示，一位名叫亨里卡·奥斯特洛夫斯基（Henrica Ostrowski）的波兰女证人，应当以协助谋杀的罪名被告上法庭。[100]当奥斯特洛夫斯基被囚马伊达内克的时候，她被分到的一项任务是将装有齐克隆B气体的管子搬运到毒气室。博克的姿态显现出当时部分人群固执己见的心态。当博克因姿态问题遭到法官的反对，最后被夺去辩护律师的资格时，替换他的初级律师实则与他在同一个办公室工作，他只是以不那么引人耳目的方式延续了与博克相近的策略。

1984年，西德的电视台播出了一部以这场审判为主题、总共分为三集的纪录片。[101]这部片子收录了对于被告、证人和案件旁听群众（其中就有记者海纳·利希滕施泰因，他对学生的旁听反应做了报道）的采访。前纳粹党人的发言尤其令人大开眼界。其中一位马伊达内克守卫负责管理犬只，荧幕上的他半个身子隐在黑暗中，侧脸对着屏幕，头顶上是十字架和蜡烛。他显然在经历某种信念上的剧变，也是唯一一位表现出悔意的行凶者。对他而言，能够出庭做证显然是一种解脱。其他人都只会为自己说好话。有些人声称他们只是像士兵一样，在履行职责。在1943年11月3日，也就是波兰总督府所有剩下的约4.3万名犹太人都要被处死的那一天，马伊达内克的工作人员至少花了八个小时的时间才枪杀掉1.8万名（每一轮射杀50人）囚犯。到了傍晚时分，焚尸炉已经开始腾起了烟雾；纪录片里的一位女守卫提起，这些烟雾的可怕臭味整整弥漫了好几天时间。一位前任警察似乎认为自己对上述惨案不负有任何责任。他们都认为自己对事态无能为力。他们要么是被迫服从命令，要么当时被灌输了错误的信念，无论怎样他们都不背负任何罪责。

几位女性守卫也认为无须为自身行动负责。其中有一人曾协助将200名儿童带去毒杀、焚尸，她表示自己一开始相信了他们告诉她的故事，以为只是送他们去幼儿园；她坚持声称自己后来曾就此向指挥官提出抗议，却被警告说她已经和囚犯走得太近了。无论她们是否亲自参与了暴力行为，这些女性守卫显然并没有被她们每日目睹的境况所困扰，而只记得每天工作结束后开心的时光。有一个人喜欢去户外骑马，还有一个人喜欢回家生起炉火烹饪做饭。她们都喜欢看电影、看话剧，享受德国之家（一种活动中心）提供的各类文化活动，也喜欢喝咖啡、光顾当地餐馆、唱歌、庆祝生日，以及其他节庆活动。

与此同时，出庭马伊达内克审判的幸存者却被迫重新体验了他们痛苦的经历：与被送往毒气室的亲人生离死别；被剥去衣物，分到带有号码的标签，遭到羞辱；尘泥、污秽、虱子和饥饿；打扫公共厕所，遭到血腥布丽吉特（也被叫作"野兽"）的殴打；被降格到低于人类的境况。当他们又在法庭上遭到恶待时（比如证人亨里卡·奥斯特洛夫斯基在遭到博克的攻击之后，甚至一开始觉得他说得没错，她确实可能也是个谋杀犯），他们难免要怀疑自己遭受这些痛苦是否值得。

然而，马伊达内克审判的最终判决依然相当宽大。5人被无罪释放，另有2人因患病而得到释放。6人被判处3到10年有期徒刑。只有2人被处以较为严重的处罚，1人被判处12年有期徒刑，1人被判处终身监禁。被判处终身监禁的人是赫米内·布劳恩施泰纳·赖恩，她也是唯一按检方的要求得到处罚的被告。她的丈夫也断然无法接受这样的判决，并转而怪罪受害者；在判决宣布之后，他评论道："美国犹太人要求举行这些审判，而这就是审判的结果。"[102]

第十一章 大型集中营审判：不止奥斯维辛

20世纪60年代和70年代举行的一系列令人瞩目的集中营审判，不仅向我们证明了某些杰出个人试图至少达成一定程度正义的决心，以及他们在联邦德国早期的几十年中，在司法系统和政治气候等方面遇到的阻碍。它们还向我们表明，即便是在证人证言起到关键性作用的"证人时代"，要证明个体身上的罪责仍然是一件无比困难的事情。

无论如何，西德毕竟尝试着将某些应当为大型集中营里的谋杀负责的人送上了审判席。奥地利就配不上这样的评价。在这个国家里，人们试图在20世纪60年代启动马伊达内克审判的努力最终化为泡影，而诉讼程序也在1972年宣告终止。[103] 其他引发国际舆论的愤怒的审判还有对人称"维尔纽斯的屠夫"（"butcher of Vilnius"）的奥地利人弗朗茨·穆雷尔（Franz Murer）的审判，正是他作为主导者将8万犹太人送进了犹太隔离区，并最终消灭了他们；1963年，他在格拉茨（Graz）举行的审判中被宣布无罪，这场审判仅持续了一周时间，并且犹太证人还在法庭上遭到了蔑视和嘲笑。20世纪70年代中期，有好几起诉讼即便证据确凿也没能成功地对被告进行定罪，在那以后人们几乎彻底放弃了对已知行凶者的审判。比方说，约翰·文岑茨·戈格尔（Johann Vinzenz Gogl）曾在毛特豪森集中营和埃本塞分营担任过守卫，他最初于1972年在林茨接受审判，并被宣布无罪，随后他又于1975年在维也纳受审，却在专家号称已具备针对他的"压倒性"证据的情况下再次被宣布无罪。[104] 在1972年，法庭中的前党卫队成员曾为他的无罪判决起立欢呼。[105] 而在奥地利的司法系统面对奥斯维辛的罪行时，我们早已目睹了其失败的信号。

尽管事实已然证明，在西德的刑法体系下，将受国家支持的大谋杀送上审判席是一件极为困难的事情，但是实际举行的审判至少令公众注意到纳粹的暴力体系，并在许多情况下富有教育意义。但是，它们没能让绝大多数犯有大规模谋杀和集体暴力罪行的人接受充分的司法惩戒。

从规模相对较小的审判中，我们可以看出，当审判发生在铁幕的两侧，当它们发生在不同的政治语境中时，它们之间会有多大的差别。这些审判还为我们披露了大量关于行凶者使用的辩护词的信息。事实证明，这些辩护词在很大程度上要依据他们在战争期间所处的位置，以及他们在战后所生活的地区。当我们进入纳粹暴力的庞大系统，仔细地审视几桩特定的案件时，上述区别就会显现得更为清楚明晰。

第十二章
罪责的衍射

在20世纪60年代和70年代，大型集中营的审判既是当时公众舆论的焦点，也将在接下来的半个世纪中始终占据着大家的注意力。而在冷战时代，铁幕两侧在处理纳粹罪责时所产生的根本差异也以一种非常显眼的方式呈现在我们眼前。然而，当我们将目光投向发生在大型集中营之外、往往并未引起公众注意的小型审判时，双方的差异还会显得更令人震惊。这些案件代表了东西两德在呈现和对待被告上存在关键性差异。除此以外，小型审判中相对名不见经传的行凶者也在许多方面更能代表从未站在审判席上的大多数纳粹党人。我们在前文中已经探讨过波兰小城梅莱茨以及登比察党卫队军队训练场附近区域的行凶者的命运，它们凸显出行凶者在战后所处的区域会给司法审判带来很大的影响。再考虑到华沙地区行凶者截然不同的命运，它们不仅凸显出纳粹恐怖的诸多方面，而且也揭露出不同行凶者与过去共处的方式，以及过去给他们的家庭带来的各不相同的长期影响。

这些相对不那么知名的审判还凸显出另一大特色：随着时间的

流逝，证人的角色发生了变化，而且所受的对待也有所不同。1991年至1992年，在东德和西德刚刚统一的时候，梅莱茨集中营的前指挥官约瑟夫·施万贝格尔被送上了审判席，此时的情形已经同20年前大不相同了。尽管证人已经离目击事件更加遥远了，而我们也有理由认为他们的记忆已经较先前而言更不可靠了，但是他们还是受到了敬重——而在确定罪责方面，他们的证言也变得不那么关键了。在20多年后的伊万·德米扬纽克、奥斯卡·格伦宁（Oskar Gröning）和赖因霍尔德·汉宁（Reinhold Hanning）审判中，这一进展甚至变得更为突出和明显。但是到了那个时候，虽然公众有更强烈的决心要追捕行凶者，对幸存者证言的依赖程度也变得越来越低，但是一切都已为时过晚。

梅莱茨行凶者：东德与西德相异的同情心

尽管蜷缩在波兰南部一隅的梅莱茨发生过许多恐怖的行径，但是与其相关的小型审判却并没有像20世纪60年代的大型审判那样引起媒体的广泛关注。但是，正是因为梅莱茨审判在德国内部（东德和西德）的国际声誉竞争中几乎起不到任何作用，并且也不涉及大规模的媒体造势，所以它们反而更能披露出这两大系统之间的根本性差异。

东德和西德的梅莱茨审判几乎于同一时间举行，很多相同的议题也都在边境两侧得到考虑。在西德的案件中，坐在审判席上的是曾经主管梅莱茨盖世太保总部并负责下达命令的纳粹高管瓦尔特·托尔迈尔；而在东德的案件中，被告则是他文化程度有限的一位下属，德意志裔人鲁道夫（"鲁迪"）·齐默尔曼，他服从上级下达的命令，并且因此执行了许多暴行。这两起审判受到的对待可以说是完全不同。

第十二章 罪责的衍射　　　　　　　　　　　　　　　　　　　　　　415

　　1966年2月10日，西德弗赖堡地区法院的国家公诉人向位于民主德国（然而，这封来自联邦德国的信件的收件地址上并未特意提及这个国家的名字，因为在当时，西德仍然不承认东德是一个独立的国家[1]）的柏林总检察长办事处的国家社会主义罪行中央办公室写了一封信。西德方在信中请求东德当局寻找一位名叫鲁道夫·齐默尔曼的人，希望他能参加1966年9月19日开庭的针对瓦尔特·托尔迈尔等一众人士（其中包括托尔迈尔的前任梅莱茨盖世太保首脑赫尔穆特·亨泽尔）的审判，并且出庭做证。[2]结果，东德当局在一座名叫阿尔滕堡（Altenburg）的小镇上找到了他，而此时的他正与妻子和四个孩子在镇上安静地生活着。

　　到了这个时候，齐默尔曼已经入乡随俗地成了东德公民，并且加入了执政的共产党和统一社会党，以及官方工会组织自由德国工会联盟（FDGB）。他甚至因为勤奋和献身社会主义制度而赢得了一系列荣誉。他在纳粹的恐怖体系中仅仅占据底层职位，并且在20年的时间里彻底改变了自己的生活方式，像他这样的人生履历在前纳粹党人当中很具有代表性。但是在东德的司法体系中，这样具有普遍意义的经历却不能为他开罪。东德当局并没有睁一只眼闭一只眼仅仅让齐默尔曼在关于托尔迈尔的审判中出庭做证，而是直接将他逮捕并且将他送上了民主德国的法庭。

　　有趣的是，齐默尔曼反倒因为被当局揪出来问责，而几乎像是松了一口气。1966年1月13日，齐默尔曼在向柏林市中心米特（Mitte）区的预审法官陈述时，因良心不安而吐露出一桩不同寻常的往事（旁人可能会觉得这番举动毫无必要）："我想补充一点，就针对我的逮捕令而言，我确实有罪。"他承认，"由于时间的流逝，我已经记不清自身罪行的一些细节了"。即便如此，"我确实参与了杀戮和对处死人员的挑选，这一点没有错"。他写道，这件事情给他造成的困扰已经到了很严重的地步，"我在两三年前就开始考虑要自首了"。但是，他接着说道："我已经有了家庭，而且说到底，在那个时候也没有勇气这么做。"[3] 然而在遭到逮捕后，齐默尔曼就敞开了心扉，道出了自己参与暴行的无数细节，大致描述了从梅莱茨海因克尔飞机制造厂仓库到附近森林的屠杀场所的路线，并且交代了其他大规模谋杀"行动"的骇人细节。他有时候会记不得自身行为的每一个细节，但是这并非选择性失忆症在起作用；他显然被这段挥之不去的过往所困扰。

齐默尔曼的证言不仅直白得令人醍醐灌顶，而且相当不同寻常；与其说他的动机是自认其罪，不如说他是希望释放自己身上被压抑的记忆，而其特征就是带有真正悔过意味的口吻。在战后最初的20年里，行凶者证言往往带有自以为是、否认罪行和记忆衰退的特点，齐默尔曼的证言与之形成了鲜明的对照。齐默尔曼开诚布公地谈到，在他担任口译员的赖希斯霍夫、梅莱茨和斯塔洛瓦沃拉的盖世太保办事处，"消灭犹太人"是这些机构的一项主要任务（Hauptaufgaben）。[4] 由于盖世太保既同当地的文官政府高层合作，也同警察和安全部队的高层合作，所以齐默尔曼的证言还有助于我们看清各个层级所担负的责任和传达的命令。纳粹占领波兰以后，担任总督的汉斯·弗兰克所下达的指令将由"地区领导人和乡镇长官负责执行"。文官政府与镇压部队也有着密切的合作："受人尊敬的盖世太保办事处负责监督所有措施，并明确地区领导人和乡镇长官的具体职责。"然后，"党卫队和宪兵执行遣送的具体事务"，而"监督事宜由与执行遣送事务的地区相关的盖世太保办事处负责"。[5] 齐默尔曼在这段权威和号令的链条上只占据着最底层的位置。

我们很难仅仅依靠审判的卷宗材料，猜测出齐默尔曼在当初执行命令时到底抱有多大的热情。齐默尔曼住在小村庄切尔明，属于霍恩巴赫的德意志裔人农民群体，他从小在小村周边数英里的范围内长大，与梅莱茨受过良好教育的犹太人属于两个阶层。所以当他

第十二章　罪责的衍射

在这些此前高自己一等的人面前突然手握权力时，他很可能一开始非常享受这种感觉，兴致高昂地行使着这份随着身上的制服而来的新权力，并且主动地协助鉴定、围捕和遣送梅莱茨犹太人。但是，当事态进展到需要他协助在飞机制造厂中把人挑选出来，然后送到附近的树林里大规模射杀时，他似乎开始感到不安。即便如此，他还是继续在周边各个区域参与有组织的杀戮行为。

齐默尔曼的判决牵涉了大量心理、社会和政治的考量。法院考虑到，齐默尔曼事实上不像许多普通的行凶者那样在执行谋杀的时候摄入大量酒精——原因在于酗酒遭到官方的明令禁止，而他非常害怕上级官员。法官据此推测，齐默尔曼"对强横、粗暴的上级的恐惧要超过他对自己手上的受害者的同情"。他所接受的命令似乎"取代了人性的冲动和共情"。法官记载道，"被告在执行暴行期间从不饮酒，但仍然服从了相关命令"；然而在某些可能的情况下，"甚至是这位被告也希望用酒精来麻痹自己时而遭受困扰的良心"。法官推测，"为了不与上级的命令相冲突，他只在犯下罪行之后饮酒"。[6]

因此，法庭在多数情况下都在强调齐默尔曼相对卑微的地位，他对这些行动的内心挣扎，以及害怕违抗命令而招致的后果，所以法官认为他"只是顽强地支撑了下来"。如果针对他的审判发生在西德，那么这些考量将具有很大的分量，并且给量刑（或者无罪判决）带来截然不同的影响。

法庭还考虑了齐默尔曼前后的性格变化，以及作为民主德国模范公民的行为举止。齐默尔曼育有四个孩子，如今分别都已经长到了10岁到17岁，他在附近的厄尔士山脉（Erzgebirge Mountains）一座名叫维斯穆特（Wismut）的大型铀矿工作，而它对于整个苏联阵营都具有重要的战略意义。在1953年和1955年，他两次获得"积极分子"（Aktivist，这是企业为工作效率高的工作人员颁发的荣誉奖项）的称号，在1954年，他甚至获得了级别更高的"服务积极分子"

（Verdienter Aktivist，这一奖项的评奖标准更为苛刻，需要工作人员持之以恒地保持高效率，并具有服务和奉献的精神）称号。1958年，他被提名"民主德国采矿模范"（Meisterhauer der DDR）；1960年，他赢得了"二级工作模范"（Meister der Arbeit, II. Klasse）的奖项。他是工会组织和德苏友好协会的成员。他在1955年提交入党申请，并在大约六个月后加入了统一社会党。齐默尔曼显然并不理会政府的政治色彩，只懂得谨遵上级的命令。如果只考虑他表现给外人的具有奉献精神的工作履历的话，他算得上是一个标准的民主德国模范公民。

虽然如此，卷宗资料显示齐默尔曼对自己在1945年之前的所有经历和活动都缄口不语："无论是在维斯穆特铀矿的个人档案中，还是在他提交的入党申请中，被告都隐瞒了自己曾经作为盖世太保和帝国保安部成员的经历。"[7] 此外，尽管他需要为"严重影响了其他公民的生命和健康"而负法律责任，[8] 但是依据法庭的观点，过去的齐默尔曼是一个没有受过良好教育的年轻人，尚未定型的他被纳粹主义所感染，只懂得服从命令，而如今他已经成长为一个成熟的民主德国公民，他的心中有负罪感，因此在"犯有类似罪行的人当中占据着一个特殊的位置"：他跟许多前纳粹党人不同，他"因自己早年行为的罪责而受到了折磨"。[9] 作为"我们国家的公民"，齐默尔曼"为了弥补自己的罪责，几乎已经做了他所能做的一切"，并且产生了要"结束他这一生的谎言"的冲动。但是到最后，"懦弱"和"巨大的恐惧"阻止他进一步向前。于是乎，他继续"隐秘地抹除了自己的罪责"。[10]

法庭以这样的方式将齐默尔曼表述为一个改过自新的人（"后来的齐默尔曼已经与此前判然不同"），他不仅是早年（纳粹掌权之前以及执政期间）社会条件的产物，同时也是一个非常成功地完成社会主义改造的人。除此以外，在前往西德并生活过一段时间后，他还主动返回民主德国,选择在这里生活,而没有滞留西德。他工作勤奋,富有效率,赢得了诸多奖项,并且对自己的过去感到悔意。对于民主德国来说,他在许多层面上都算得上是一个励志故事,证明东德能够多么成功地在人们身上改造出理想的"社会主义人格",哪怕他此前受到纳粹主义的彻底蒙蔽也无妨。

然而,这个故事的分量并不足以平衡东德司法天平另一头的砝码。齐默尔曼仍然需要为他早年的罪行而遭受刑罚。法官在结案的陈词中说道,即便齐默尔曼对民主德国社会作出了令人刮目相看的贡献,即便他在维斯穆特铀矿的工作富有成效,但这不足以抵消罪责的重量。而且,虽然他的罪行是在"德国法西斯"的灌输下所犯,但这也不足以免除他个人的罪责。[11] 我们已经在当时的西德审判中见识过,服从命令是一种有效的辩护词,但是东德的情况则截然不同,服从命令无法作为辩护词,也不能弥补齐默尔曼个人的罪责。[12] 按照西德的标准,对待这个受教育程度不高的人的判决实在是非常严厉。东德法官虽然罗列了各项减罪因素,包括家庭背景、当地环境、意识形态影响和战后的改革自新,但是他仍然总结说,齐默尔曼应该受到"公正的判罚":无期徒刑且剥夺公民权利终身。[13]

虽然民主德国谨慎地保证齐默尔曼的孩子们不会在学校里被区别对待,他们未来的学业和就业前景也不会受到父亲错误行为的影响,但是这一结果依旧给他的妻子和四个孩子带来了沉重的打击。在齐默尔曼的两个女儿就读的卡尔·马克思高中(Erweiterte Oberschule),党委书记于1968年4月26日致信国家公诉人,表示孩子们集中注意力的能力、在校表现,以及学习的意愿,都受到父亲风雨飘摇的命运的负面影响。[14] 学校在两个多星期后收到了国家公诉人的回信,我们从这封信中确认,由于孩子们对父亲的罪行几乎一无所知,所以他们应当得到额外的协助,好在遭遇问题时能够渡过难关;在这个社会主义国家中,孩子们不应该受到父亲不法行为的负面影响。[15]

鲁迪·齐默尔曼的妻子伊尔玛成长于梅莱茨附近的乡村。她直到最后都保持着对于丈夫的忠诚，定期给他写信，去监狱里探监，尽她所能做的一切帮助鲁迪提早释放，只是最后都没有取得成功。也并非所有信件都被投递到她丈夫手中。一封日期为1968年8月26日的信就被保存在档案中，并且夹了一张条子，表明监狱在1968年9月10日向囚犯朗读了这封信，却刻意跳过了当局标记的一个句子，然后这封信又被送到了国家公诉人手中。信件的大部分内容在讲述伊尔玛是多么思念丈夫，以及家中自留地里发生的事情，而关于孩子的细节消息相对较少：我们听闻了暑假的消息，家里有许多水果，但是孩子们很快就要返校了。受到当局审查的那句话位于信件的末尾。伊尔玛显然是在回应丈夫早先说过的一句话："你说得对，我最亲爱的鲁迪，无论多么艰难，人都要勉力支撑下去，生活总会继续，人世本没有正义可言，对于小人物来说从来就没有正义。"[16] 在后来（1973年6月12日）写给民主德国国家总检察长的一封长信中，伊尔玛·齐默尔曼记录下孩子们的进步：三人通过了高中毕业考试（Abitur），并且成功考上了大学，而最年幼的孩子仍然在中学里读书。但是，她自己已经快要支撑不住生活的重负了：她健康状况不佳，已经接近崩溃的边缘。[17] 无论是这些恳求还是后续的诉求都没有起到任何效果，齐默尔曼的无期徒刑一直维持到他1988年12月过世的时候。

然而对于在1942年夏天至1943年秋天掌管梅莱茨的盖世太保总部，身为齐默尔曼顶头上司的前党卫队高级小队领袖瓦尔特·托尔迈尔而言，西德司法程序的结果却大相径庭。在西德的媒体报道中，齐默尔曼被反反复复地描绘成"梅莱茨的恐惧"（Schrecken），这一手法也符合将行凶者与教育水平低下的野蛮人相联系的做法。[18] 然而他的上级托尔迈尔此时正在弗赖堡法院的

第十二章　罪责的衍射

公证办公室担任高级法院书记（Justizobersekretär），他所受到的对待则相对友善得多。

托尔迈尔此前的身份和错误行为并无含糊之处。据说他是克拉科夫党卫队办公室相关人士的"亲信"。他的职权范围很广，囊括该地区的全部犹太强制劳动营，其中包含海因克尔飞机制造厂，以及公路建设公司"博伊默与勒施"（Bäumer & Loesch）。对于那些因为身体虚弱而无法继续劳动的人，他曾亲自下达对他们进行大规模射杀的命令，亲自监督屠杀过程，甚至积极地参与其中，而齐默尔曼也曾参与过其中几次事件。正是因为西德当局找上门来，要求齐默尔曼于1966年下半年在弗赖堡的托尔迈尔审判上出庭作证，才使得齐默尔曼首次引起了东德当局的注意；而东德人掌握了他的个人信息和居住地点后，他的命运也就基本上盖棺论定了。但是在这一案件中，齐默尔曼实际上只是个"小人物"，只有他是真的在服从命令。在大多数情况下，下达命令的要么是亨泽尔，要么就是托尔迈尔。托尔迈尔曾下达命令，要求将梅莱茨的飞机制造厂里不再具有工作能力的犹太人送到飞机棚附近的森林里，脱光衣服，让他们眼睁睁地看着别人在他们面前被枪杀，然后轮到他们自己被拖到墓地里射杀。根据齐默尔曼的证言，托尔迈尔不仅下达了命令，而且在许多场合亲自开枪杀人。[19]托尔迈尔管齐默尔曼叫"蠢笨的乡巴佬笨蛋"，显然看不起他。[20]按照齐默尔曼的说法，他很怕这位上司，所以费尽心思不想惹他生气，而托尔迈尔和其他下级的关系也并不融洽："他对每个人都颐指气使，而且老是觉得自己是最有脑子的人。这也是为什么他跟我们都成不了好兄弟。"[21]我们已经在前文提到过，当托尔迈尔与犹太情妇的不法之恋成为别人嘴上的谈资并且令他自己身陷"种族污染"（Rassenschande）的指控威胁时，他就开枪将她给打死了。[22]

齐默尔曼的证言令我们不寒而栗地认识到这些"行动"是如何

得到执行，它也使得我们瞥见受害者在生命的最后时刻有着怎样的经历。托尔迈尔会要求工作负责人提供一份被挑选出来处死的人员名单，然后这些人会被召集到"点名的空地"上。齐默尔曼还记得"当犹太强制劳工看到我们过来时，他们就会产生极大的恐慌，因为他们很清楚我们一过来马上就要开始挑人开枪打死了"。[23] 在1943年夏天，这些居住条件不卫生且食物配给不足的劳工群体里爆发了一场斑疹伤寒疫情，这意味着身体虚弱或抱恙的人将会更加频繁地被挑选出来，拉到附近森林的乱葬坑里击毙。那些身体羸弱到无法走路的人会被人用海因克尔工厂的马拉货车送到墓地里。他们一旦抵达行刑场地就会被拖下货车，摆到地上开枪打死，然后被丢进乱葬坑里。[24]

根据齐默尔曼的证言，托尔迈尔每逢大规模杀戮的场面似乎都倾向于亲手射杀犹太女性，他总是会从队伍里先将她们挑选出来，然后开枪将她们打死，而剩下的全部犹太男性则由齐默尔曼及其盖世太保同事弗里德里希（Friedrich）和格拉曼（Glamann）射杀。齐默尔曼认为，托尔迈尔似乎能够从这样的行为中获得快乐，他会"带着某种享受之情枪杀犹太女性"。[25]

齐默尔曼还注意到那些被挑选出来处死的犹太人的反应，他们的"表现极度焦虑。他们哀号着，痛哭着，请求托尔迈尔让他们活下去"。[26] 有一回，托尔迈尔让他们坐下来："听到这番话后，他们多少平静了下来。不过他们还是哀号着紧紧相拥在一起。轮到他们的时候，托尔迈尔会粗暴地将他们拉扯开来，把他们推进乱葬坑里，对着他们的后脑勺开枪，将他们击毙。"[27]

弗赖堡法院在审理托尔迈尔一案时对这些细节都是心知肚明的。对于这桩吸引了大量目光和旁观人群的案件，当时的新闻报道为我们提供了不少饶有趣味的洞见。托尔迈尔声称自己始终"对政治不感兴趣"，他之所以做出那些行为，只是因为他在训练课程中

第十二章 罪责的衍射

被教导自己必须毫不犹豫地"执行命令"。[28] 托尔迈尔在1929年成为一名警察，在1937年决定加入纳粹党，随后又加入了党卫队，而"他这么做并非出于政治上的信念，而是希望能够更快地得到提拔"。[29] 1959年1月，为了获得他当时的职位，他就自己的纳粹过去说了谎，他致信巴登-符腾堡司法部，表示他"不曾参与针对犹太人的恶劣行径，并且在当时对此一无所知"。[30] 如今，当他被召唤到法官跟前，需要坦白自己的行为时，他"面色苍白、满脸羞愧地坐在被告席上"，可是一旦他开口说话，他就突然变得"确凿且自信"。[31] 即便如此，他还是用"颤抖的声音"讲述了自己从背后射杀8名或9名奴隶劳工的事情；他声称他和三位同事都认为这是一件"令人痛心"的事情，并且丝毫不曾从中获得享受。[32] 他甚至表示，这份可怕的"负担"一直压在他身上，并将"耗尽他的余生"。[33] 然而，他的这番自我描述遭到了许多证人的反对。其中一个证人姓格拉曼（名字有"威廉"和"海因里希"两种说法），他曾经在梅莱茨的盖世太保与托尔迈尔共事，并且曾经协助射杀犹太劳工，此时是位于希尔德斯海姆（Hildesheim）附近的小镇贝库姆（Beckum）的镇长。[34] 格拉曼还记得，托尔迈尔的所作所为对他自己"完全没有影响"，他"甚至抱着彻底的玩世不恭的态度"。[35] 其他在工厂担任领导职务的前同事也都声称自己不曾听闻，不曾眼见，也不知道任何关于屠杀的事情；他们谈论这些事情的时候，都抱有一定程度的冷漠。[36] 犹太证人的证词更有信息量，确认了人们不仅因为身体虚弱无法工作而遭到射杀，还会因为点名迟到、"偷窃"土豆或者犯下其他轻微的罪行而惨遭杀害。[37]

西德法官最终判处托尔迈尔有期徒刑12年。他对这般从轻发落所给出的理由，显现出即使战争已经结束20余年，这些法官仍然更同情前纳粹党人，而不是他们的受害者。[38] 当时的托尔迈尔是弗赖堡高级法院的官员，所以他实际上是法官的同事。法官在给出判决的时候表示，"在被告年事已高的情况下，对他判处过长的刑期将会摧毁他的经济状况，并且让他在服刑结束后难以重归过去的生活"，他明显考虑了托尔迈尔战后的生活方式，以及他此后还能不能延续这种中产阶级的生活方式。[39] 不仅如此，对于这些习惯优渥生活的人而言，监狱的生活条件也是极为艰苦的。[40]

除此以外，法官还在最后一项考量中以一种惊人的方式展现出对于被告的同情与理解。至少根据这位法官的看法，托尔迈尔在林间漫步的过程中从背后开枪打死犹太情妇的做法是一种"富有人性"的行为。托尔迈尔的杀人动机是确凿无疑的，它绝对无法用"服从命令"的说辞搪塞掉，因为那是一种完全自私的行为，目的是要保护自己免受流言蜚语的干扰和"种族污染"的指控。但是在法官看来，托尔迈尔没有事先告知就谋杀了情妇，却证明了托尔迈尔的"考虑周到"。这无疑让人想起赫尔曼·普凡米勒在安乐死案中提出的说辞，他辩称由他"照料"的孩子并没有意识到自己的食物里被撒上了有毒的粉末。按照西德对于法律的解读，如果受害人不曾怀疑谋杀即将到来，那么哪怕是谋杀也没有那么罪大恶极。

登比察党卫队：经过排练的辩护词与不可靠的受害者

事实上，并非只有透过行凶者的视角看待案件的法官才会明显地同情被告，而且这一情况也并不局限于托尔迈尔一案。西德的前纳粹党人之间常常互通有无，讨论如何协调彼此的故事，并且准备好相应的辩护词。比方说，前帝国保安总局公务员、前纳粹全权大使维尔纳·贝斯特就在20世纪60年代非常活跃，他会代表各类被告，协助前盖世太保领导人在陈词方面统一说辞，他协助的案件中就包括奥托·博芬西彭（Otto Bovensiepen）一案：博芬西彭在1941年至1943年担任过柏林盖世太保的首脑，他被指控的罪名是将柏林犹太人遭送至集中营。贝斯特曾给一长串前盖世太保同事写信，邀请他们一起证实当时的他们对于被运送到东方的犹太人的去向和命运都"不知情"；然而有些人以实事求是的态度回答说，他们确实清楚这些被运走的人会如何殒命时，贝斯特就将他们的名字划掉，不会找他们当证人，而其他人会在他的安排下做好准备，为博芬西彭完全不足以取信的一无所知的说法撑腰。[41]代表前武装党卫队成员的互助协会（HIAG）也积极主动地起到了类似的作用，通过成员的互相确认来确保每个人都使用最不易被识破的辩护词。[42]而且正如马伊达内克审判所明示的那样，战俘和被拘留人士无声援助组织也在为前纳粹党人提供协助。

西德法院对这类互相扶持、互对口径的行为都是心知肚明的。但是比起幸存者在战后互相结识，彼此交流的事态来说，这一情况反倒算不上什么问题。在对前党卫队二级突击队大队长汉斯·普罗欣斯基（Hans Proschinsky，他在位于梅莱茨南部的登比察党卫队训练场犯下了一系列暴行）的审判中，法官对待证人和行凶者陈词的方式就向我们显现出他们可能对行凶者群体抱有怎样的无意识同理心。[43]1994年，普罗欣斯基一位前同事彼得·米勒的儿子汉斯·米勒接受了一项口述史研究的采访，为我们提供了些许洞见。[44]正如我们在前文提及的，汉斯对这一领域发生的事情确实是一无所知，他不仅在茫然无知中成长，等到接受采访时依旧对此一头雾水。尽管汉斯·米勒并不了解任何特定的事件，但是他确实意识到，在审判的准备过程中，四周的人确实在更为频繁地活动。根据他的回忆，在20世纪60年代的某个时间节点，波兰当局挖开了一些乱葬坑，并以官方"授权"的形式对其展开调查。官方的调查员拜访了汉斯·米勒的母亲，想要详细了解其丈夫（此时的他已经过世十多年了）在这一区域的具体活动。米勒还记得，他的母亲变得"极其激动"，并且声称她对一切都一无所知，并且已经跟她丈夫过去的朋友和"战友"都"断了联系"。她的儿子还记得,在政府调查员离开他们家后,她为了"提前向他人预警","非常忙碌地打起了电话"。"为了以防万一,她还试着和别人统一了口径。"[45]

此时的汉斯·米勒仍旧不清楚,在他父亲被部署的这个地区,党卫队到底有怎样的作为,他没有询问父亲实际上可能做过什么,而是发现他的父亲可能对罪行是"知情的"。所以,他的怀疑仅仅指向了父亲所宣称的不知情:"显然我的母亲要么刻意压制了这类话题,要么她有意识地不去触及它们,实际情况远不止如此。所以我确信他们俩知道的情况都比他们愿意承认的多。"[46]

汉斯·米勒的母亲当时试图向登比察党卫队训练场的其他行凶者发去警报,确保彼此的说辞不会出现漏洞。在审判彼得·米勒的前同事普罗欣斯基的法庭上,法官对被告的共谋行为都是心照不宣的。正如一位法官所说,一位前党卫队领导人曾在1973年的陈词里"承认他曾联系部署在这座训练场的其他前党卫队成员,好帮助被告免除罪责"。此外,这样的行为"是在被告辩护律师的首肯下进行的"。[47]所以法官意识到,就连被告辩护律师也参与了行凶者一方证言的有组织协调。法官还进一步暗示,无论如何,所有人其实都知道前党卫队同人彼此间保持着联系。他接着说道,可是这不应当有损他们证言的价值,在他看来,我们"完全可以从人性的角度理解"他们对于被告的"战友式善心"。[48]那么我们大可以怀疑,在其他没有进入舆论聚光灯的小型案件中,负责裁决的西德法官也可能持有类似的观点。

这场审判令我们全面地了解了纳粹在登比察犯下的罪行细节。1941年夏天,纳粹在登比察建造了一座大型营地,那里的军营可以容纳35,000人的部队,其设施可以为射击提供训练场地。截至1941年秋天,关押在这座营地的绝大多数俄国战俘已经遇害;他们被埋进了乱葬坑里,后来这些尸体被挖掘出来,并被拉到一座巨大

第十二章　罪责的衍射

的殡仪馆焚烧掉。后来，犹太奴隶劳工被安排住进俄国战俘曾经待过的地方，其中有些人来自距此仅20公里远的梅莱茨。这里的暴行骇人听闻，囚犯因营养不良、劳累过度和罹患疾病而丧失工作能力，他们要么被现场枪杀，鞭打或脚踹致死，要么就被送到贝乌热茨和索比堡死亡营。[49]剩下的犹太囚犯于1944年遭到遣送，大多数被送到了奥斯维辛，其中也有一部分人被当作军工厂的劳动力挑选出来，转而遣送到帝国的腹地——包括诺德豪森附近的米特堡–多拉，并继续在韦恩赫尔·冯·布劳恩的火箭生产项目中劳作。

尽管这一切罪行看似足以定罪，但是登比察审判还是凸显出了西德法律中"主观"要素的影响：在证明罪行到底是谋杀还是过失杀人方面，被告行凶时的精神状态再度被赋予中心地位。事实上，只有"行凶过度之人"，也就是超出了纳粹当局和迫害体系对他们的要求的人，才会被西德刑法视为谋杀犯。而在登比察党卫队军队训练场，当奴隶劳工在劳动期间崩溃倒地或"试图逃跑"而被射杀时，当他们被鞭打脚踢致死，或者被党卫队员专门随身携带的绳索吊死或勒死时，从严格意义上来说他们并非遭到"谋杀"，而只是过失杀人的受害者罢了；判决结果完全取决于法庭是否认为有足够的证据可以证明行凶者在采取行动时符合特定的精神状态。

因此在登比察审判中，法庭在判定每项罪责时，会同时考虑"具体事件的外部事实"，以及"与该行为相关的主观状态"。根据这一原则，普罗欣斯基在部分案件中被判定并未犯有谋杀罪，而其中有一桩案件的受害者是在不间断的鞭打之下丧命的，可是这一暴行的目击者并没有提供额外的决定性证据证明普罗欣斯基在犯下这一残暴行为的时候具有相应的精神状态。正如法官所言："目击者德里（Dri.）的陈述无法得出以下结论：在受害者惨遭鞭打的虐待时，被告怀有杀死受害者的意图，他当时并未预料到受害者死亡的可能性，也不希望这一事态发生。"[50]然而，普罗欣斯基也无法在法庭上就自己鞭打奴隶劳工致死时的心态给出任何决定性的经验证据，但是他还是因为动机存疑而得到了好处，他在这一受害者的谋杀案上被判定并未持有谋杀的意图。

虽然如此，其他事件也已经能提供足够的证据，给普罗欣斯基安上"用枪击、颈勒、踩踏的方式导致强制劳工死亡"的罪名，并且令其被判处终身监禁。这一最终判决似乎是恰当的。但是即便有这样盖棺论定的结果，法官依旧认为证人的陈词不足以证明这名被告当时的精神状态——而这就意味着天壤之别。在纳粹占领的波兰，仅仅在正常执行党卫队任务的情况下杀人并不必然构成谋杀；各路行凶者从这种存疑的状态中获得了很多好处。这也与同一时期的西德对待控告方证言的方式形成了鲜明的反差。

东德与西德：证据的权重不一

作为苏联战俘的约瑟夫·布勒舍尔在被囚捷克斯洛伐克期间因为一场事故而毁容，在战后的20年里，他始终在图林根的小镇乌尔巴赫（Urbach）过着宁静的生活。[51] 他在附近的门特罗达（Menteroda）的人民钾肥厂工作，下辖于官方工会组织自由德国工会联盟，并且曾经获得"工作能手"的荣誉称号。在同事的记忆中，他是个乐于助人、认真尽责的人。他的妻子经营着一家当地合作商店的附属餐厅，他们一共育有两个孩子：一个儿子，一个女儿。布勒舍尔非常自然地融入了东德社会。1964年，他甚至有足够的积蓄买下了一辆卫星牌小轿车，这是一种当时许多人都排着队想要的奢侈品。只有当电视节目或谈话中出现与战争有关的话题时，布勒舍尔才会变得激动，他会拒绝发言，有时候会在苦恼中走出房间。当他住在汉堡的兄弟古斯塔夫（Gustav）告知他，有人在询问古斯塔夫战争期间的活动时，他的不安开始愈演愈烈。布勒舍尔自己的过

第十二章 罪责的衍射

去很快就要缠住他不放。

布勒舍尔是个受教育不多的年轻人,过去的他只在党卫队中占有一个卑微的岗位,却需要履行许多暴力的职责。1966年,当汉堡法院要求引渡他出庭做证时,他引起了东德当局的注意。自1960年以来,西德当局一直都在调查路德维希·哈恩(Ludwig Hahn)博士的战争罪行。哈恩接受过律师职业的培训,曾经担任华沙秘密警察和帝国保安部的指挥官,因此是个位高权重之人。[52]哈恩对发生在华沙的大规模"报复性"极刑、个别暴力事件、帕维亚克监狱里囚犯受到的虐待,以及通过一系列"行动"(暴力围捕)将约30万名犹太人遭送到特雷布林卡死亡营(他本人曾在1942年亲自访问此地)的行为负有责任。在1943年春天"消灭犹太人"的最后时期,哈恩也对镇压犹太人暴动,镇压1944年波兰起义负有相应的责任。虽然布勒舍尔相比哈恩要年轻许多,但是他自青年时期就已经是纳粹事业的忠实追随者,他曾在这些事情上出过力,并且协助过尤尔根·斯特鲁普(他是镇压犹太隔离区起义的负责人,并且在镇压不久后成为华沙党卫队和警察部队的领导人)。我们确实常常能够在这一时期的照片资料中(比如一张小男孩双手高举的著名照片)看到布勒舍尔的身影,他经常站在离斯特鲁普很近的地方。

布勒舍尔最初在1965年夏天被认了出来,然后在1967年1月遭到逮捕。与此同时,西德的引渡请求遭到了东德官方的拒绝。他被关押在东柏林的斯塔西部门旗下的霍恩申豪森监狱,频繁地受到4名斯塔西官员的审讯。[53]他的妻子对这次逮捕显得忧心忡忡,她显然对丈夫的暴力过去毫不知情,并且在结婚17年后的当时表示完全信任自己的丈夫。[54]她和布勒舍尔的姐妹、邻居、单位同事都接受了询问,幸存者也给出了目击证言。

布勒舍尔的审判于1969年3月17日在爱尔福特(Erfurt)开庭审理。他在陈词中承认了自己的罪行,并愿意为自己的行为承担全部的责任，他说自己已经记不清所有细节了，但是大致情形是准确的。他在青年时期被国家社会主义的意识形态所吸引，参加了右翼青年组织，在故乡苏台德地区的德意志裔人群体中煽动起民族主义动乱，后来又在党卫队受到纳粹意识形态的灌输。他曾相信犹太人是"下等的种族"，他曾毫不顾虑地使用暴力来达成"最终解决方案"的目标。曾有一位犹太隔离区的警察直言不讳地告诉他，被遣送特雷布林卡的人会被毒气杀死，但是他不曾关心这些人的命运。有一次，斯特鲁普要求他开枪打死一个裸体女孩，他没能狠下心来动手，经过这次事件之后，他应该已经知道，即便违抗命令，也不会招致什么不利的后果。[55] 在这场审判中，布勒舍尔完全没有动用西德法庭中非常典型的各类辩护策略，这一点很值得我们注意。有人呼吁对他执行死刑，但柏林高等法院立即驳回了这一呼吁，并且重申了爱尔福特法院的判决结果。[56] 然而，布勒舍尔最终还是在1969年7月19日被执行了死刑——正义判决的到来不可谓不快。

然而，布勒舍尔的上司哈恩在西德接受的审判（正是这场审判促使东德官方探究布勒舍尔在战后的下落），却与这场审判显现出巨大的差距。1959年，一位名叫君特·科赫（Günter Koch）的记者意外发现，对华沙许多条人命负有责任的哈恩竟然大摇大摆地生活在汉堡；于是乎，科赫就对哈恩提起了诉讼。[57] 虽然科赫得到了波兰驻哥本哈根大使馆的协助，但是诉讼也几乎没有进展；直到案件出现了一位犹太幸存者，哈恩才终于被批捕。尽管他被控诉的罪名包括遣送大批犹太人，对1943年犹太隔离区起义和1944年华沙起义的镇压，以及数不清的枪杀命令和报复性处刑，但是哈恩得到了保释，继续从事着有利可图的工作，买下了一块土地，并且给妻子和四个孩子盖了一栋房子。案件调查无比缓慢，虽然哈恩在1965年再次被刑拘，但是在1967年，他再次因为健康原因获释。

在1966年，有关哈恩审判的文档已经扩充到2.2万页之多。[58]

第十二章　罪责的衍射

大约 2000 名证人提供了证词，据说在 1967 年，负责调查的律师面对如大山般堆积的证据，因缺少帮手而陷入了精神崩溃的境地。[59] 当时的情况已经无比清楚，无论是通过直接下令在华沙地区开展行动，还是组织人员将犹太人遣送到特雷布林卡毒死，哈恩都因为自身担任的职务而对数十万人的死亡负有责任。然而，西德当局似乎又无从对其发起审判。在布勒舍尔被处以死刑之际，西德司法的批评者不禁要发出疑问，为什么西德拥有如此大量针对布勒舍尔前上司所犯罪行的证据，然而要把哈恩送上审判席却如此之难。有些人发出了抗议的声音，其中就包括纳粹大屠杀幸存者、历史学者约瑟夫·武尔夫（Josef Wulf），他在 1961 年出版的关于第三帝国行凶者的著作详细地论及了哈恩、布勒舍尔，以及华沙犹太隔离区起义遭受的镇压。[60] 武尔夫在学术圈里颇受孤立，但是他在这本书的写作上得到了左翼自由主义记者，以及无处不在的奥地利纳粹猎人西蒙·维森塔尔的支持。有些记者认为，哈恩受到了妹夫约翰内斯·施泰因霍夫将军（Johannes Steinhoff，在北约军事委员会中担任重要职务）的照顾。最终，在经过 12 年的集中调查之后，案件在 1972 年重新开庭，审理哈恩对帕维亚克监狱中约 100 名波兰人死亡所负有的责任。他被判处有罪，接受了 12 年有期徒刑。1974 年，第二场审判开庭，审理他在犹太隔离区清洗一事上所起的作用，法院在 1975 年下达判决，认为他至少谋杀了 23 万人，并判处他无期徒刑。然而，哈恩到最后只服刑了 8 年，就在 1983 年获得释放。

这两个相互关联的案例为我们展现出一种更为普遍的模式：西德的司法程序有时候会在东德引发一场与之直接相关且组织更为有序的审判。无论是西德还是东德，都在乐于（或不乐于）互相协助，安排嫌疑犯的引渡或提供证据材料方面采取一种复杂的外交斡旋姿态。布勒舍尔的案件对波兰当局也具有重要意义，他们向东德司法团队和国家安全部的代表团提供了协助，提交了档案证据和证人证词，并且给代表团安排了一场预定计划之外的"娱乐项目"：将特雷布林卡之旅安插在乘船旅行和华沙国家歌剧院的行程中间。这趟行程还为控诉齐默尔曼的审判收集了额外的材料。关于这趟行程的报告表明，波兰和民主德国想对汉堡法院的哈恩审判以及同一时期杜塞尔多夫法院的特雷布林卡指挥官弗朗茨·施坦格尔审判施加影响，它们也想曝光西德在审判纳粹党人方面的失败。除此以外，波兰当局曾宣称，波兰人并未协助屠杀犹太人，他们也希望这些案件能够为他们的说法撑腰。[61]

不过在这一情况下，民主德国当局决定不让布勒舍尔审判得到舆论的大量关注。当局达成一致意见，只有受邀人士才被允许出席审判——确实如此，法庭审判的照片显示出审判的观众都显得清醒且专注，主要都是身着西装、打着领带的男性，以及少量仪态端庄的女性。当地的媒体和民主德国的主流报纸《新德意志报》（*Neues Deutschland*）只以有限的方式对其进行报道，其中后者只是简单地提及布勒舍尔被判处死刑，而此时的哈恩仍旧在西德逍遥法外。[62]有一位学徒读者致信《德国青年世界报》（*Junge Welt*），表示虽然官方宣传所有前纳粹党人都逃到了西德，但是他仍旧担心这些人可能仍旧潜伏在民主德国，并在暗中组织活动——这封信件引起了不少人的注意。在民主德国司法部的指示下，地区检察官来到这位学徒的家中与他进行谈话，让他放心：布勒舍尔不仅出生在德国之外，他所犯下的罪行也在德国之外，他之所以定居在民主德国，是因为他的面部毁了容，而且他自以为能够不被人发现。[63]

相较之下，1983 年的海因茨·巴尔特（Heinz Barth）审判就是一个非常高调的事件，这一审判的安排就意在凸显民主德国的高效与联邦德国的拖延之间的差别。[64]1944 年 6 月 10 日，武装党卫队曾在法国格拉讷河畔奥拉杜尔（Oradour-sur-Glane）谋杀了近 650 人，巴尔特参与了这场屠杀。其他在这场谋杀中起过重要作用

第十二章　罪责的衍射

的人都得以自由地生活在西德，其中包括批准这场屠杀的海因茨·拉默丁（Heinz Lammerding）将军。1953年，法国法院在缺席审判中判处拉默丁死刑，但是西德方面拒绝了法国的要求，并没有对他进行引渡；他在西德过着安静、富足的生活，直到1971年过世，得到许多前党卫队同事的深切悼念。

与此相似的是，鉴于法国发起的克劳斯·巴比（Klaus Barbie）审判，民主德国也在1987年安排了一场高调的审判案。这场案件针对的是前德累斯顿盖世太保首长亨利·施密特（他曾在20世纪40年代晚期因格勒工厂的强制劳工问题而受审，但如今的案件有了新的重点）。无论是在东德还是西德的审判中，遣送都是一个鲜少有人触及的话题：在民主德国，一共有6场审判涉及遣送的罪名，全部以有罪判决收尾；然而在西德，相关审判一共有13场，但是最后有38人被无罪释放，只有9人被判处有罪。[65]施密特的审判尤其凸显了将犹太人遣送泰雷津和奥斯维辛的罪行，而在这个时期，历史研究也打开了新的思路，民主德国的学者也以一种更为直接的方式研究犹太人的经历。

亨利·施密特就像布勒舍尔、齐默尔曼以及无数他者那样，在后续的专政国家过着模范公民的生活。施密特出身普通社会背景，在纳粹时期踏上军旅生涯。战争伊始的时候，他在波兰的特别行动突击队积累经验，在拉文斯布吕克和萨克森豪森集中营接受训练。他在党卫队中逐渐高升，到最后，当局将德累斯顿犹太人遣送泰雷津和奥斯维辛的事宜交由他来管理。战后，他清除掉身上党卫队专用的血型文身，并且顶着本名在民主德国过上了全新的生活。他成了一名模范公民：他像齐默尔曼一样同家人生活在德国东部小镇阿尔滕堡，不仅因为工作出色而收获各种荣誉（包括"社会主义劳动积极分子"称号），而且多次在当地的消防队、地方工人住房合作社，以及自己所在的住宅区域做过志愿者。[66]施密特还有一点和大多数接受审判的行凶者不同，反倒更接近齐默尔曼：当他陷入与自身纳粹过去的对峙中时，他也变成了一位模范被告。[67]也许因为施密特知道，在东德的司法体系中，无论他怎么为自己辩驳都无济于事，所以他并没有把自己的行为怪罪给某些职位高高在上的替罪羊；虽然施密特指出，帝国保安总局在命令下达的过程中起到了一定作用，但是他并没有否认自身行为所负有的责任，也承认自己知道遣送目的地等待犹太人的致命结果。

这场审判的组织涵盖了最为细节的事项，而作为揭发者的证人（无一人站在被告一边）经过了精心的挑选，最终的结果和公开报道也都提前做好了安排。民主德国最高上诉法院（Oberstes Gericht der DDR）下达的最终判决支持德累斯顿地方法院的无期徒刑判决。法院在审理过程中提及了施密特的人生经历，包括他在战后的模范公民生活；但是与西德不同的是，这些要素都没能减轻他的罪行，事实上法院认为，施密特是在压抑和否认其过去的前提下才能融入民主德国的社会之中。[68]法院专门提及，"迫害犹太人的目标是将他们灭绝干净"，而实现这一目标需要多方规划者的协作：需要有人下达命令，需要有人执行命令，各个层级需要在"国家组织的谋杀"体系中协调一致；而被告作为这一体系的组成部分，需要为其结果承担相应的责任。[69]控方律师霍斯特·布塞（Horst Busse）后来就这场审判出版了一部插图作品，其中充斥着各类政治观点。布塞写道，这位年近75岁的被告一点都不糊涂，在整个审理过程中都显得异常平静；按照布塞的说法，他显然是一个"具有两副面孔的人"。[70]当局对媒体评论做了细致的协调，向不同的报纸读者提供了不同的新闻报道，比如说统一社会党官方喉舌《新德意志报》就登载了布塞的演讲陈词。在这篇演讲中，他情绪激动地陈述着，对于在同纳粹主义的斗争过程中牺牲的人们而言，这场审判如何实现了民主德国对于他们的"承诺"和"义务"，以及"考虑到罪行的

第十二章　罪责的衍射

严重程度，以及个人在很大程度上负有的责任"，施密特应该被"永久地排除在社会之外"。民主德国永远都不会停下脚步，"直到最后一名纳粹罪犯"被揪出来绳之以法。[71] 与此同时，根据新闻报道，在人头攒动的法院里，包括年轻人在内的许多人都被证人的证词深深打动。[72] 东德国营的德国电影股份公司也制作了一部纪录片，其中包括了施密特家人的一组镜头，完全没有考虑到他们的隐私权。这场审判卓有成效地毁掉了施密特的生活：他的妻子因为无法面对这种耻辱，在审判首日就自杀身亡了。

尽管司法受到了显而易见的扭曲（包括没有为被告安排任何证人），当施密特在1992年提出上诉的时候，法院还是维持原判。年高84岁的他在1996年4月4日因健康原因获释，在此六周后就过世了。

梅莱茨的指挥官：受害者证言的衰微

1990年3月，在民主德国的共产主义政权垮台后，在东西两德于七个月后以出人意料的速度实现统一之前，关押在东德监狱里的余下23名纳粹囚犯的悲惨状态引起了西德新闻期刊《明镜周刊》的注意。[73] 其中处境较为极端的囚犯已经被关押了34年；而新近被判刑的人则刚刚服刑几个月。按照记者的观点，确实有一些被判处无期徒刑的纳粹行凶者余生都待在监狱里，这反而证明了民主德国本身的非人性化，以及其司法系统具有政治偏见的特点。按照这篇《明镜周刊》文章的口径，统一社会党的政权"为了向全世界展现东德共和国的清白"，需要一直"将其纳粹心腹"关押在监狱里。[74] 在这些囚犯当中，有些人被判处无期徒刑，如果他们的审判发生在死刑依旧存在的早年，他们有可能会被处以极刑。无论他们是不是罪有应得（施密特就被认为是罪该如此），罪责的考量仿佛都不及如下问题重要：东德为了构建国际政治声誉而滥用了司法和正义。《明镜周刊》的这篇文章强调说，考虑到这些前纳粹分子的年老体衰，这些判决都是不人性的。西德的自由民主党派人士的喉舌似乎又一次站在了给人们带来死亡和苦难的行凶者一侧，而不是他们的受害者一侧。

即便在战争结束约45年后，在处理前纳粹党人的事宜上，西德和东德之间仍然上演着抢占道德高地的激烈竞争。然而，当一个国家通过更为严格的方式处理行凶者和纳粹的历史遗留问题，来标榜自身的道德优越性时，另一个国家竟然通过向这些行凶者展现仁慈和人性，来标榜自己的道德优越性。

虽然在法庭上，德国人试图公正地对待纳粹历史遗留问题的诸多尝试大体上是失败的，但此时我们尚未抵达这个故事的结局。在20世纪90年代两德统一后，一批针对高龄人士的审判开庭审理。这些案件不仅凸显了东西两德司法系统的对抗和差异的终结，而且也代表着迫害者和受迫害者之间的冲突年代行将结束。案件慢悠悠地进行着，最后迎来了一个出人意料的大转折，然而这一切都来得太迟了，对于遭受迫害和谋杀的数百万人而言，对于正义的这般追寻已经没有任何实际的意义了。

另外一桩与波兰南部相关的案件表明司法的重点发生了转移。普热梅希尔和梅莱茨劳动集中营的前指挥官约瑟夫·施万贝格尔最终于1991年至1992年在斯图加特被送上了审判席，此时距离他在某位我们只知道是"德意志裔人"（有可能是齐默尔曼，或者与其类似的人物）的协助下在波兰南部（包括斯塔洛瓦沃拉）犯下暴行，已经过去了近半个世纪。[75]

施万贝格尔于1912年出生在奥地利，有着典型的中下阶层背景和工作经历，他还在20世纪30年代失业过一段时间；他像很多人一样，通过纳粹党和党卫队获得了全新的社会地位，并且开启了

第十二章　罪责的衍射

新的职业生涯。战争期间的他活跃于克拉科夫东部的普热梅希尔和梅莱茨地区，素有残暴之名。关于他的故事四处流传，其中有一个故事说他"允许"自己6岁的儿子向6名面朝墙壁而立的犹太人开枪，但是他的儿子拒绝了。[76]在另一个版本的故事中，施万贝格尔抵达梅莱茨时，刚刚在普热梅希尔实施了一场屠杀，他不仅亲手射杀了600名犹太人，还把手枪交给年幼的儿子射击。讲述这个故事的幸存者回忆道，施万贝格尔的儿子后来曾经对他说过诸如此类的话："赶紧跑吧，你这个肮脏的犹太人，否则我就会杀掉你。"[77]

尽管施万贝格尔名声在外，但是他仍然在随后的近半个世纪里逃脱了司法的制裁。战后的他成功从关押他的法国人手中逃脱，并且像许多人那样，借助梵蒂冈臭名昭著的"老鼠路线"（ratline）移民南美洲。梵蒂冈的难民救援委员会——其中尤以阿洛伊斯·胡达尔（Alois Hudal）主教为甚——以为这些前纳粹党人是对抗共产主义的中坚力量，帮助其中的许多人拿到了新的身份、红十字会护照，以及跨越大西洋的船票。[78]在施万贝格尔离开欧洲之前，他还委托因斯布鲁克市（Innsbruck）一位名唤金佩尔（Gimpel）的医生，去掉了手臂上可能会让他遭受指控的党卫队血型文身，这样他就能够更轻易地进入地下，躲过恢恢法网。[79]

施万贝格尔逃到南美洲之后经常受到各方势力的协助，其中就包括德国驻布宜诺斯艾利斯（Buenos Aires）大使馆——当他的护照在1954年过期时，使馆不仅用他的本名给他发放了新护照，甚至在1963年，当他已经遭到全球通缉时，使馆还再度用本名为他的护照延期。[80]阿根廷政府也为他们提供了庇护。不过活跃的纳粹猎手仍然在极力推动逮捕他。1973年，西德当局开始尝试将他引渡回国。当斯图加特法院向提供消息、协助逮捕他的人提供（并且实际支付了）高额奖金时，他终于在1987年被追踪并逮捕。他在1990年被引渡回德国。

这场审判在 1991 年 6 月 26 日开庭，并在 1992 年 5 月 18 日下达判决，整场案件的审理为我们点明了其中的许多问题。首先，我们很清楚地看到，施万贝格尔在许多方面都具有典型的纳粹行凶者的特点：他是一把为系统所利用的小工具，而他也任凭自己被系统所利用。他并不是一个非常聪明或具有很高积极性的人，只是顺着时代的潮流就攀升到如此具有权势的位置。然而到了这个时候，把自己说成是一个只会服从命令的小齿轮的标准辩护词，已经越来越不具有效力了，而实际参与杀戮的事实则变得越来越有分量。

其次，到 20 世纪 90 年代初，所谓证人记忆的不可靠性在决定罪责的事宜上变得越来越不构成问题。近 100 名证人给出了证言。即便如此，施万贝格尔的辩护律师还是试图中伤幸存者的陈述，对他们百般刁难。比如说，有一个证人显然是没有办法前后连贯地回忆起某个日期某场杀戮的细节，因此就遭到了律师的诘难。他最后恼怒地大喊道："每天都有这样的事情发生，而这就是为什么我记不清这个特定的事件。"[81] 其中一位证人不得不提醒辩护律师，他之所以没法准确地说出事情发生的时间，是因为集中营里的所有手表都被没收了，因此每当他被喊醒，被带到工作场所，或者参与点名的时候，他总是搞不清楚具体的时间。[82] 另外一位证人不断地遭到质问，他是不是真的亲眼看到一位名叫弗伦克尔（Frenkel）的犹太拉比遭到他人的谋杀。[83] 当证人说自己站在前排，看到了弗伦克尔拉比被枪打死时，辩护律师报以冷笑。按照这位律师的说法："我们目前听到的每一份证词都声称自己站在前排。这想必是一条很长很长的前排。"本场审判的法官乃是法官小组的组长，他出手帮助证人，用强调、重复的话语向辩护律师指出："我们只能依赖这些幸存下来的人……这些幸存下来的人，才能知道真相。"[84]

考虑到证人受到的都是这样的对待，那么在时过境迁的半个世纪后，很少有幸存者还会相信德国法院能够实现正义的判决，或

第十二章　罪责的衍射　　　　　　　　　　　　　　　　　　　439

者还愿意让自己承受辩护律师不断施予的这种对待，也就不足为怪了。虽然如此，这个时期的德国法院已经比过去几十年间更为强硬了。施万贝格尔被判处有罪，他的各类罪行包括在1942年9月下旬的犹太赎罪日谋杀了弗伦克尔拉比，并且于犯下该罪行的三个星期前，在普热梅希尔组织了一场针对犹太人的大规模处刑，射杀了至少500名犹太人。他被判处无期徒刑，并最终于2004年以92岁的高龄死在了监狱里。他本有可能像许多其他纳粹分子一样，在前些年就过世，此生不必被送上法庭，也永远不需要对自己的过去负责。

这个时期的很多时事评论员认为，这场审判的到来已经为时过晚。例如，记者格哈德·毛茨（Gerhard Mauz）甚至认为，年轻人对过去几乎一无所知，这场审判也无力为他们提供任何教育。按照他的观点，这场审判甚至可能产生了相反的效果，甚至会令年轻人反对追捕纳粹党人；许多人似乎感到他们已经受够了这一切，不想再承担祖辈错误行为的重担。[85] 除此以外，毛茨认为年轻人还可能因此留下错误的印象，仿佛应当为大规模谋杀负责的只有"小人物"而已。[86] 诸如此类的批评声音也见诸其他报道中，比如汉斯·许勒（Hans Schueler）在颇有声望的德国《时代》（*Die Zeit*）周报上发表的报道。[87]

审判发生的时间和地点都给审判结果带来了变数，这一点不仅适用于意图造成巨大舆论效果（无论是为了提供历史教诲，还是为了获取政治优势）的大型审判，也适用于重要性不那么突出的小型审判。即便如此，随着时间的流逝，各不相同的政治考量、社会同情心，以及司法程序都给控告的性质、审判的特点，以及判罚的力度和意图施加了影响。

无论对于哪个层级的行凶者而言，接受审判的时间和地点（尤其是审判发生在铁幕的资本主义一侧，还是共产主义一侧）都会极大地影响他们的命运。在一侧完全能构成谋杀的罪行，到了另一侧就只能算作过失杀人；在一侧要背负个体责任和罪责的情形，到了另一侧就变成了只是在服从命令。对于有罪的行凶者来说，对其罪行性质的判断，以及他们受到的对待都有重大的差异。在西德，犯有重罪的人常常在服完刑期之前就能获释。在东德，纳粹行凶者的无期徒刑通常就意味着无期徒刑：服刑人员确实终身被关押在监狱里，直到铁幕出人意料地倒塌才获释，而这一历史事件对齐默尔曼这样的囚犯而言则来得太晚了。

自1990年起，在统一后的德意志联邦共和国，随着新一代人重新考虑采用司法程序和手段将前纳粹党人（此时已经很少有人还活着并且能够接受审判）绳之以法，形势再度发生了变化。当年轻一代的德国人怀着更为坚定的决心要实现司法的正义时，无论是对于绝大多数幸存者，还是对于绝大多数行凶者而言，这一切都为时已晚。

第十三章

为时已晚，为时太晚

在1945年后的几十年里，纳粹迫害的幸存者不断地发起斗争，为他们所承受的痛苦和损失争取哪怕微不足道的赔偿。在日益增长的压力下，依据不同受害者群体和具体情况的差异，受害者的某些诉求终于在不同阶段得到了部分且不情不愿的满足。在这一方面，正义不仅迟到，而且迟而未到。我们大可以认为，如果以充足的补偿为标准，那么正义就永远不可能达成：因为已然犯下的罪行永远不能被消除。然而，受迫害者的战后生活，本该更为及早地得到改善。

无论是纳粹迫害者可能的命运，还是各类证言得到接纳与评价的方式，以及各类证据所发挥的作用，都因为时代的不同而出现了巨大的差异。在迫害与灭绝的数十年后，随着德国在1990年实现统一，少数几桩孤立的案件再度为我们标示出司法过程的重大转变，其中不仅有对约瑟夫·施万贝格尔的审判，关键的还有对伊万（约翰）·德米扬纽克、奥斯卡·格伦宁和赖因霍尔德·汉宁的审判。

这些转变并不能让真正有罪的人为其罪行伏法；它们的主要作用是向我们表明，公众的态度在这几十年里发生了多大的变化，以及这样的政治意愿如果在更早的阶段到来，将可能实现如何不同的结果。但是在这个阶段，理应对纳粹迫害承担最多责任的绝大多数人成功地躲过了司法的惩戒。2013年，人们发动了"最后的行动机会II"，并以"为时已晚，但不算为时太晚"（Spät, aber nicht zu spät）的口号对行凶者展开了追捕。但是到了这个阶段，一切实际上已经为时已晚了：不仅对纳粹行凶者来说，任何形式的严肃司法清算都为时已晚，而且对于在他们手中受难的人来说，对他们的需求的周到关怀也为时已晚。

"补偿"

如果说惩罚有罪之人只是司法这枚硬币的一面的话，那么对受害者进行补偿和赔偿则是硬币的另一面。[1] 当受害者提出补偿的诉求却遭到拒绝时，或者当各个级别的补偿金额都低到侮辱人的程度，而曾经支持过希特勒的公务员、法官和医疗专业人士，以及曾经在军队或党卫队中服役，并且在战后继续从事专业工作的人，却能够得到很高的工资并且最终拿到全额养老金时，不公正的感触就会显得呼之欲出。

汉斯·弗兰肯塔尔是奥斯维辛的一位幸存者，他同许多其他人一样，生前没有机会看到为赔偿而进行的漫长战斗——为奴隶劳工争取的"补偿"（Wiedergutmachung）——落下帷幕。不过他更关心的是一种更为深层次的危机。正如他所言："我从来都不喜欢'补偿'这个说法，因为我认为没有任何东西能够真正补偿我们所承受的苦难。"[2]

毫无疑问的是，无论什么样的举措都不能"弥补"纳粹政权的罪过，也不能让遇害的数百万人起死回生。幸存下来的人所争取的赔偿虽然同他们的受难不可同日而语，却仍然面临重重的障碍。那

第十三章　为时已晚，为时太晚　　　　　　　　　　　　　　　443

些被官方委任分发补偿金的人，可能自己就与前政府有着密切的关系。此外还存在进一步的不平等形式，而个中缘由可能是有些幸存者群体可以通过有效的组织引起官方的注意力，也可能是挥之不去的偏见和同情心理，又或者是政治语境，以及不断变化的舆论风向。各地的情况详情有所不同，但是在第三帝国的继承国中，没有任何一个国家曾给纳粹迫害和虐待的全部受害者提供全方位的补偿。[3]

在民主德国，官方将国家社会主义阐释为"法西斯主义"，而曾经作为纳粹的左翼政敌承受痛苦意味着共产主义政府不愿意承认国家对"补偿"负有任何意义上的责任。苏联（它在同纳粹德国的战争中损失了超过2500万公民）的首要关切是获得战争赔款来重建自身被战争摧残的经济，而为达成这一目的，它还在战争结束以后从东德抽调了材料、装备和人员。此外，对于谁是纳粹的主要受害者，也存在前后的变化。纳粹政权受害者协会被迫在1953年解散，并且被反法西斯抵抗战士委员会（Committee of Antifascist Resistance Fighters）所取代。随着犹太人的苦难受到淡化、共产主义抵抗运动的重要性得到凸显，以及民主德国同美国和以色列完全不同的外交关系，东德国内并不存在太多需要补偿犹太受害者的压力。

尽管原因完全不同，但是奥地利也很明确地不愿为受害者提供赔偿。各个阵营的政党以及大多数国民都试图构建一种全新的"奥地利"民族身份，而这种身份将与他们所谓不情不愿地被纳入大德意志帝国的往事拉开距离，且不受其玷污。[4] 后继政府与公民社会都拒绝承认自己负有补偿或赔偿纳粹受害者的责任。这一情况要等到20世纪末期，随着瓦尔德海姆事件的余波扩散以及日益增加的国际压力，奥地利当局才开始承认，有些重要的说法需要当局予以考虑，有些案件也需要审理。可是即便是将由纳粹党人掳夺走的艺术品物归原主这样简单的事情，也需要施加很多的压力才能做到，甚至还需要提起专门的诉讼，比如美国居民玛丽亚·阿尔特曼

(Maria Altmann)——她是阿德勒·布洛赫-鲍尔(Adele Bloch-Bauer)的侄女——也需要通过诉讼，才取回了以她为模特的克里姆特(Klimt)画作。[5]

西德号称自己是德国的直接继承国，有着民族上的连续性，因此它也就负有官方责任，需要对由第三帝国造成的破坏作出补偿。此外，西德还时时留心改善自己可怕的国际声望。在马歇尔计划的助力下，西德早早地迎来了经济奇迹，这意味着它具备了财政的优势，能够争取更为良好的声誉，而康拉德·阿登纳也立志要让西德得到世界的接纳，并成为美国的重要合作伙伴。在1951年，阿登纳向德国联邦议院(Bundestag)发表的讲话承认了西德所肩负的责任，却没有认同其相应的罪责。在1952年的《卢森堡条约》(Luxemburg Agreement)中，阿登纳同意向以色列支付30亿马克，协助以色列吸纳近50万名定居的纳粹大屠杀幸存者，并且还向世界犹太人大会额外支付了4.5亿马克，用于协助生活在其他地方的幸存者。

阿登纳的方案不仅出于外交政策的考量，也出于一种道德上的义务感。而许多高调国际组织（尤其是犹太索赔大会，即建立于1951年的犹太人对德国物质索赔大会）的存在，也确保了对犹太受害者的物质支持，以及对失窃财物的补偿都在德国政治的议程上成为优先事项。即便如此，赔偿金的金额仍然很低，也极其富有争议性。而且值得注意的是，在20世纪50年代的政治环境下，西德国内为战争所害的德意志人——包括被驱逐出境的人、难民，以及归国的战俘（其中许多人与大规模谋杀有着很深的瓜葛）——反而比纳粹迫害的受害者更能得到人们的同情。[6]1952年颁布的《均衡负担法》的立法宗旨是抹平许多所谓无辜的"历史受害者"所承受的不公待遇，但是实际上，它所补偿的与其说是纳粹的受害者，不如说是那些积极维护纳粹主义，并且因其而受益的人。

由于纳粹主义的"罪行"在法理上被局限为集中营守卫的虐待行为,"行凶者"的定义也受到了相应的限制,故而有资格要求赔偿的潜在受害者总人数也受到了限制。正如汉斯·弗兰肯塔尔所回忆的那样,尽管他的和弟弟恩斯特(Ernst)都曾在 I. G. 法尔本丁钠橡胶工厂做过奴隶劳工,但是他们总共只"收到了 10,000 马克的赔偿金,补偿企业曾将我们当作奴隶劳工,补偿当局曾将我们遭送,补偿我们失去的青春、在集中营里的监禁、失去所有的亲人,以及持续终身的身体和心理问题"。[7] 他甚至还得花钱买回他从小居住的家族宅邸,因为它在纳粹治下被强制"雅利安化"了。除此以外,他和弟弟还几乎对"全额养老金不抱希望。我僵硬的膝盖、小腿上深深的疤痕,以及废掉的牙齿都在养老金方面派不上用场"。[8] 他的弟弟恩斯特也曾被关押在米特堡—多拉和泰雷津,并因身受虐待,致使肝脏出现永久性损伤,但是他连一分钱抚恤金都没有收到。汉斯怀着恨意写道,给恩斯特做身体检查的医生曾经是纳粹党人。他接着写道:"我们碰到的医生,常常要么在 1945 年以前就在执业,要么曾经是纳粹分子,并且仍旧信奉纳粹意识形态。结果,现在居然由这些人负责评估给我们发放多少残疾抚恤金。"[9]

某些社会群体所遭受的歧视不曾中断,特别是被视为"反社会人士"或"罪犯"的群体。反吉卜赛政策在战后德国仍旧生效,而许多官员本身就是曾在第三帝国时期"处理"过罗姆人和辛提人的纳粹官员。[10] 比方说,在西德的巴登—符腾堡州,当受害人以被囚集中营期间受到不公正待遇为理由,提出赔偿诉求时,官方在 1950 年 2 月作出答复,"上述群体所遭受的迫害和囚禁在很大程度上并非基于种族,而更多的是由于他们反社会和犯罪的态度"——这番惊人的话语无疑有助于我们确认,纳粹党人即便没有证据证明"吉卜赛人"犯有任何特定的违法行为,也认为他们在本质上为非作歹、无法无天,具有"犯罪"行为倾向的观点延续到了战后时期。[11] 官方政策确实已然改变，而且人们也非常敏感地意识到，纳粹的态度不应该得到延续；然而还是有许多官员将吉卜赛人视为一大问题，甚至称他们是一场"瘟疫"，要么试图对他们进行迁移，要么以一种惩罚性的方式对待他们。但是，罗姆人和辛提人的某些成员如今变得越来越敢于发声，他们要求自己的利益得到关照，要求获得特定的权利和补助。[12]

西德的赔偿法案于1953年生效，并在1965年施行最终版本，在此法案下，因为"在政治上反对国家社会主义，或出于种族、宗教或意识形态（Weltanschauung）的原因"而遭到迫害的人都有权利得到赔偿。[13] 但是，罗姆人和辛提人却被排除在这些范畴之外；而当局认为，他们是依据此前存在的司法体系，因为"反社会行为"而遭到如此对待的。根据这种观点，罗姆人和辛提人自1940年起被遣送的遭遇完全是为了"抗击吉卜赛瘟疫"、确保秩序和安全而展开的合法措施，而西德当局也断然反驳了他们的断言，声称那些身为"反社会人士"或"惯犯"而遭到迫害的人，所遭受的并不是一种特定的纳粹形式的迫害。[14] 在1961年，慕尼黑法院甚至试图证明，当局在1940年将吉卜赛人遣送波兰总督府的行为在本质上是出于军事安全的考虑。只有因为1942年12月16日的《奥斯维辛法令》而遭到遣送的人才有权利获得赔偿。

直到1963年12月，这样的观点才在联邦法院中遭到质疑，它还进一步承认，罗姆人和辛提人早在1938年就因"种族"原因而遭到歧视了。[15] 然而，许多幸存者还是因为各式原因的相互叠加，而无法得到赔偿，比如说羞耻感、不识字、未能及时提交申请、律师的剥削、当局不承认其婚姻事实，以及来自医生的持续不断的歧视（他们撰写的医疗评估故意让受害者在赔偿上吃到闭门羹）。[16] 从20世纪60年代中期开始，事态确实开始发生改变；但是即便如此，西德政府仍然在赔偿原则的让步方面举步缓慢。1980年12月，

第十三章 为时已晚，为时太晚   447

联邦德国终于同意对强制绝育作出5000马克的一次性赔偿，而许多吉卜赛人（尤其是伴侣为"雅利安人"并且因此被允许滞留在德国的吉卜赛人）以及其他人士都曾经受过这样的虐待。

在很长一段时间里，男同性恋者也不曾因其苦难而获得任何赔偿，并且他们也没有在社会上或经济上获得被认可为纳粹迫害受害者的权利。而且，与对他们施行迫害的人相比，他们甚至没有因为在集中营参与艰苦的劳动而获得任何养老津贴。负责处理此类事务的官员，要么就是在战争结束以前就在纳粹体制下迫害过他们的人，要么就认同纳粹时期的恐同心态，或者受其教化。要说有什么区别的话，20世纪60年代的西德官方针对同性恋的态度恐怕比20年代更加恶劣。在魏玛共和国时期，受到起诉的男同性恋者总人数低于1万人，而在20世纪60年代中期，西德有超过4.4万男同性恋者因其性取向而受到起诉；而这些起诉的源头是纳粹政府在1935年对《德国刑法典》第175条所做的修订，此时它们还没有被修正回原先相对轻微的版本。[17]

自20世纪70年代以来，舆论的风向开始发生转变，年轻的世代开始表达更为开放包容的观点，而同性恋群体中越来越勇敢的成员也准备公开出柜，争取认同，由此给当局施加了越来越多的压力。奥地利有一位名叫约瑟夫·科胡特（Josef Kohout）的活跃分子，他更为人所知的身份是一位自传性质作品的作者，他在其中将自己称作海因茨·黑格尔，他在20世纪70年代试图让当局认可自己作为受迫害者的身份，并且努力为自己在劳动营所受的折磨争取补助金。[18] 从20世纪80年代早期开始，维也纳同性恋倡议组织（Homosexuelle Initiative Wien）安排人员为纳粹的男同性恋受害者提供照料。这个组织试图用他们遭受监禁的刑期来为他们增加养老服务，并为他们争取受公众认可的受害者身份。在1995年，奥地利终于成立了国立纳粹受害者基金（National Funds for Victims of

National Socialism），而只有少数幸存下来的男同性恋者收到了该机构提供的象征性经济补偿，即便如此，他们也仍旧没有得到《受害者福利法》（Opfer Fürsorge Gesetz）的认可。

在法国，皮埃尔·西尔与他人一起联合行动，争取当局和社会的认同，也为纳粹迫害的男同性恋受害者争取赔偿。他愤愤地评论道，他曾被关押在希尔梅克营，而这座集中营的前任指挥官卡尔·布克（Karl Buck）成功地逃脱了司法的惩罚。虽然他最终被逮捕，但是"经过几场糟糕透顶的审判后，他竟然得以在位于斯图加特附近的鲁德斯贝格（Rudesberg）的豪宅中安享平静的退休生活"。[19] 布克在1977年6月以80岁的高龄过世。西尔为此感到恶心和难过，他决定更加发奋努力，为受纳粹迫害的男同性恋者争取认同。他向法国老兵与战争受害者部（Ministry of War Veterans and War Victims）提出请求，希望被认可为纳粹受害者。1993年，这一请求终于得到了回复，该部门表示虽然他们在原则上没有理由反对这项申请，但是他们要求西尔提供两份"目击证人"的宣誓书，能够亲自证明西尔至少在希尔梅克营待过90天。在法国当局看来，他的兄弟为其逮捕和遭送做证而出具的宣誓书不能作数。西尔指出，他自己差不多是"希尔梅克营最年轻的囚犯之一"，要找到一个如今已经八九十岁的幸存者同胞，并且能够出来替他做证的可能性已经微乎其微。按照他的看法，这一"行政要求，这一法律要求，简直就像直接出自卡夫卡的小说"。[20]

正如我们在谈及埃德蒙·巴尔特起诉海因克尔工厂，却在赔偿方面受到阻挠的案例时已经论述过的那样，西德一开始把对强制劳动力和奴隶劳工的剥削视为战争"正常"的一面，这一点也无疑证明，西德当局同纳粹政权有着惊人的连续性。与此同时，当局还推迟处理涉及外籍强制劳动力的赔偿问题，他们的依据是，相关赔偿需要等待和平条约出台，而这当然就使得赔偿问题无法在两德分裂时期得到解决。外籍强制劳动力通常承受着双重不利因素,当他们回到祖国的时候,他们当中的许多人会在某种程度上受到怀疑,旁人会认为他们在德国工作期间有与纳粹分子"狼狈为奸"的嫌疑。[21]

但是,随着风向在20世纪80年代出现转变(对少数群体的同情心在增强,对身份政治和社会运动的回应在增多)后,年轻一代的历史学者和政治活跃分子开始关注他们的境遇。此时舆论的重点越发地落在指出到底有哪些公司曾参与强制劳动和奴隶劳动,并对他们进行公示羞辱。[22]也是在这一时期,关于德国军队中为坚守自己原则而变成逃兵的人是否应该被视为纳粹政策受害者的问题也开始浮现在舆论中。

东西两德在1990年重归统一,然而这一过程并没有促使双方就结束第二次世界大战的各类相关事宜签订任何官方和平条约,故而来自各方的压力也就因此水涨船高。在热衷于审判案件和官司的美国就有许多板块开始对德国施加压力。共产主义垮台之后,延续了几十年的铁幕也宣告瓦解,这就意味着许多在战后返回东欧国家的前强制劳动力的声音也开始被人们听到。各类投诉信和索赔信如洪水一般涌入德国。还有一个同样重要的因素是,在20世纪90年代,许多曾经使用强制劳动力和奴隶劳工的德国企业(如西门子、大众汽车等知名企业)所面对的市场也变得越来越全球化。如果它们拒绝承认自己具有污点的过去,如果它们拒绝抽出一部分利润为这些财富所倚仗的人们支付赔偿,那么它们的国际声誉将会遭受不可估量的损失。弗利克·梅赛德斯·奔驰集团、德意志银行和大众汽车都越发被推向严厉的聚光灯下。

有些公司相对迅速地作出了反应,但它们的措施大多只具有象征性的意义,比方说为受害者修建纪念碑,或者在编纂公司历史时不再对其纳粹时期虐待劳工的历史闪烁其词。事实上,早在20世纪50年代早期,当时显赫的工业巨头就已经做过诸如此类的事情了。

还有一些公司向寻求和平与和解的组织支付了款项。所有这些行为反映出，这一时期的企业在道德和社会敏感性有所增强（或者这些企业试图表现这一点），故而也给相关公司的国际声誉带来了好处。但是，当轮到这些公司向受害者支付赔偿金以及承认相关法律责任的时候，就完全是另外一回事情了。

尽管赔偿协议最终在德意志联邦共和国得到签订，本身就已经具有开创性的意义，但是其过程却矛盾地显现出，这个国家的政策仍然与阿登纳最初采纳的模棱两可的政策具有相当可观的延续性。这一回，当局依然只在代表受害者的组织的强大压力下才作出让步。1998年，美国人对活跃于北美市场的德国公司发起集体诉讼。而在20世纪90年代末愈发全球化的世界里，这些公司在德国国内也越发受到媒体宣传的挞伐；由于这些舆论有可能给销售和市场份额带来不利影响，它们也就势必要作出回应。这些公司作出了巨大的调整，这不仅仅是因为来自国际舞台的压力日益增大，也因为德国国内的运动越发声势浩大；可是，如果没有这些外部压力，我们有理由怀疑这些公司的政策调整是否会在目标的达成和实现上取得同等程度的成功。[23]

德国企业的妥协方案将政府也牵涉了进来，它成功地将两大目标合为一体：一方面显然是一种在道德上负责任的立场，另一方面则是对德国工业利益始终如一的支持。在1999年到2000年期间，一家名唤"铭记、责任和未来"（EVZ, Erinnerung, Verantwortung und Zukunft）的基金会在德国政府和个体企业的资助下成立了。美国和德国政府通过这一基金会就补偿金达成协议。只有满足了特定的条件，基金会才会诚恳地进行赔付。这些条件包括（与近半个世纪以前的诺贝特·沃尔海姆诉I. G. 法尔本集团案如出一辙），以后所有的诉讼案件都将搁置，个人诉讼也从此不予立案。除此以外，EVZ还在自身的融资背景上采取了一种非常狡黠的策略。它关注的不仅仅是确实曾与纳粹勾结的公司，它还呼吁所有德国产业来支持这场以道德责任为根基的事业。超过五分之三的EVZ资金来自12家成立之初就在列的企业，而在总数多达6500家的成员企业中，约有四分之一的企业资助的金额低于1000马克——这实际上是一种表达道义支持的象征性款项。[24]

德国政府和德国产业就是依靠这种方式，联合开发出一套关于责任的说辞。然而，还是没有任何人以公开或个人的方式承认自己身上担负法律的责任。在20世纪50年代，德国政府占据着道德的高地，而犯有重大罪行的行凶者却不用背负任何实际的罪责，就能轻松地隐身在一道徒有其表的责任之幕背后。

直到2001年，也就是EVZ成立的次年，强制劳动力和奴隶劳工才开始收到赔偿金。在接下来的六年里，散居在近100个国家里的1,655,000多名前强制劳动力总共收到了约43.7亿欧元的赔偿金。[25]不过，并非每一位受纳粹影响的人都得到同等的对待。总数达296,740名曾经在集中营、犹太隔离区或类似条件下劳动的幸存者平均收到了7128欧元的赔偿金，用来弥补他们遭受的磨难。按照2007年的汇率，当时这笔钱相当于10,000美元，或者差不多5000英镑。而561,282名曾经被强制遣送、关押或者人身遭到监禁的受害者平均收到了2252欧元——这笔钱还不到相关公司管理人员两个星期的薪水。约80,110名曾经被强制安排在农场、家庭或被占领地（工作环境据说相对没有那么恶劣）劳动的人平均收到了1196欧元。还有代表另外644,826名申请人提出的索赔诉求遭到了断然的拒绝。[26]

最新近的进展情况是，2002年颁布的《犹太隔离区养老法案》（ZRBG，Ghettorentengesetz）是为了确保曾经在犹太隔离区工作的人能够收到与劳动相关的养老金。这些工作实际上是有酬劳的，只是数额非常低，而且虽然这些人实际上都被关在居住区里，这些

346　工作却号称人们是"自愿"申请入职的。就算这一情况谈不上无法满足负责社会养老金的相关保险公司的各类标准,它在实际中也相当复杂。[27]据估计,在法案通过的前五年里,在总数约为七万份的申请当中,只有5%的人成功拿到了养老金,故而它在老年申请人群体中引发不满也就是理所当然的事情了。[28]到了这个时期,差不多超过半数的幸存者都已经超过80岁,他们很有可能已经等不到事态发生任何改变了。[29]

　　向人数已经变得相对稀少的在世幸存者给出象征性的赔偿,这件事情只不过以另一种方式再次巩固了德国能够面对过去的道德声誉,但是它并没有以一种相对精准和有的放矢的方式解决罪责的问题。进展当然不可否认,但即便是深度参与赔偿的获取,以及协助建立"铭记、责任和未来"基金会的人也都承认,这一迟来的正义并不全面完整。这一机构的历史顾问卢茨·尼特哈默尔(Lutz Niethammer)曾说,这是一种"受损的正义"或"有瑕疵的正义"(beschädigte Gerechtigkeit);美国前总统比尔·克林顿(Bill Clinton)和前国务卿马德琳·奥尔布赖特(Madeleine Albright)在纳粹大屠杀问题上的特别代表、代表强制劳动力和奴隶劳工出面协商的斯图尔特·艾森施塔特(Stuart Eizenstat)将其称为"不完美的正义"。[30]

　　直至今日,EVZ仍然积极地资助各类研究项目,帮助大家关注幸存者所遭受的磨难,并参与各类和解活动;它对受害者的承认,以及对物质赔偿和象征赔偿的关切都是毋庸置疑的。然而,在没有区分清楚罪责归属的情况下推动羞耻感的这种做法,却是对既往有失平衡的做法的一种继承。这一主题也在下文中继续浮现,我们将会看到,各类受害者的回忆录大面积涌现,而受害者类型也将随之不断扩大,但是行凶者的多重面目却没有得到相应的认可。

　　然而与此同时,在道德责任感增强的新形势下,人们也确实虽姗姗来迟却更为积极主动地将剩下的最后一批行凶者送上审判席。对于正义的追求来说,这也将会是一种不完美的形式。

德米扬纽克之后:证人的式微和复兴

虽然年事已高的幸存者仍然在不顾一切地为自己承受的苦难寻求赔偿,但是有相当人数的老年行凶者仍然逍遥法外。不过,随着针对受害者的舆论态度在发生改变,社会也有了更强的决心要将行凶者绳之以法。

在战后最初的30年里,虽然证人的声音只在很短的一段时间里得到聆听,但是他们对于确定罪责却有着至关重要的意义。证人记忆的不可靠问题,或者完全缺乏幸存者的情况,使得许多行凶者得以收获无罪判决,从法庭全身而退,从此不再受到诘问。但是,随着约翰·德米扬纽克在2011年接受审判,这一情况发生了彻底的改变。忽然之间,法律不再要求必须提供目击证人的证词才可宣布结案。然而,这些司法实践的变革所波及的人群,跟几十年前逃脱司法惩罚的人群并不是同一批人。他们可以说是错误的打击对象。

乌克兰人伊万·尼古拉维奇·德米扬纽克(Ivan Mykolaiovych Demjanjuk)出生于1920年,他首次在红军中服役就是在第二次世界大战的时候。在数次受伤以后,他于1942年遭到德军的俘虏和关押。[31] 德米扬纽克就像许多乌克兰战俘那样,被挑选出来接受训练,成为特拉夫尼基集中营的一名守卫,后来还曾被调动到索比堡和弗洛森比格担任守卫。1952年,他从西德移民美国,并在1958年拿到了美国公民身份。他从头到尾都守口如瓶,不曾谈论自己的过去。在20世纪70年代,随着这个国家对纳粹战争罪行的兴趣被重新点燃,德米扬纽克成了牺牲品,司法部开始更为密切地审查来自东欧的移民,甚至专门设立特殊的调查办公室,而此时的国际形势已经相对缓和，过去的档案也就更容易调取查验了。[32]1981年，德米扬纽克的美国公民身份被撤销，其依据是他的移民文件上存在谎言。于是，德米扬纽克就成了一个没有国籍的人，他在1986年被引渡到以色列，因其在特雷布林卡集中营的作为而接受审判，在幸存者的记忆里，这位守卫就是传说中的"可怕的伊万"。

以色列的这场审判主要关心的是德米扬纽克的身份问题，因为他的特拉夫尼基身份证上显示他服务的集中营是索比堡而不是特雷布林卡。但是检方似乎认为，他们能够更为容易地找到特雷布林卡的幸存者，来指证"可怕的伊万"的行径。这场审判就像1961年耶路撒冷的艾希曼审判一样，并不仅仅是为了让某个特定的个人接受审理，也是为了给予证人机会，让他们做证自己的苦难和损失，并且服务于更为广泛的纳粹大屠杀教育的利益。

德米扬纽克在1988年被判处死刑，但是他经过上诉成功地推翻了这一判决。共产主义的垮台和苏联的解体为他提供了协助：俄罗斯档案流出的新资料显示，特雷布林卡的"可怕的伊万"实际上是伊万·马尔琴科，而非德米扬纽克。最初判决因为弄错了被告的身份而在下达五年后被推翻，德米扬纽克以自由身回到美国；他于1998年重新获得了美国公民身份。

但是，德米扬纽克在死亡营中到底起了什么作用，这一点既令纳粹猎人困惑也令他们愤怒，他们绝不会对这件事袖手旁观。其身份卡片的真实性受到了辩护律师的质疑，他们认为德米扬纽克并不是在特拉夫尼基接受训练的乌克兰守卫，而且证据浮出水面：在特雷布林卡，名唤"可怕的伊万"的人并非只有一个。但是，德米扬纽克实际是在索比堡死亡营工作的档案似乎又非常确凿。2002年，他的美国公民身份再次遭到撤销，2009年，尽管他身体虚弱，年近90岁的德米扬纽克还是被引渡回德国，在慕尼黑接受审判。

德米扬纽克被指控作为从犯，参与了针对27,900名犹太人的

第十三章　为时已晚，为时太晚　　　　　　　　　　　　　　　　455

谋杀，这个数字是在某个特定时期活着从韦斯特博克（Westerbork）搭乘火车抵达索比堡，并且立即被毒气杀死的荷兰犹太人的数量，而有证据显示，德米扬纽克在此期间正好在索比堡死亡营工作（此外还有另外的指控针对他在马伊达内克和弗洛森比格时犯下的罪行）。整个审理流程从 2009 年 11 月 30 日开始，到 2011 年 5 月 12 日结束，实际审理过程一共花了 90 多天；它时不时地因为德米扬纽克健康状况不佳，或无法长时间在法庭中接受审理而中断。他坐在轮椅里被人推进法庭，有时候甚至躺在担架上，身上盖着一条毯子，时不时地会有医生或医护人员关照他的情况。在审判的大多数时间里，他似乎对审理流程的各类事项都没有太多兴趣。

虽然在证人证词方面，法庭没有能将他的行为或心态与这段时间的任何特定杀戮直接联系起来的铁证，但是德米扬纽克最终还是被判处有罪。在早期的德国判例中，能够证明主观意图和卑劣动机的准确证词是非常重要的，此时它们对最终判决来说似乎已经无足轻重了。只要能够出示档案证据，证明他曾在某个特定的时间段扮演过某个特定的角色，而在此期间曾发生特定数量的谋杀事件，就足以证明他有罪。不过即便如此，德米扬纽克还是以"无罪之身"故去：判决下达以后，他被送到了一家疗养院，并在 2012 年以 91 岁的高龄去世，而此时上诉仍在审理之中，所以按照严格的司法程序来说，他离开人世时还是一个无罪之人。

德米扬纽克案引发了许多问题，其中不仅仅有被告的高龄问题和所用证据的问题。尽管如此，这起审判仍然具有重大的意义。目击证人不再是定罪的必要条件。拥有能证明被告扮演过特定的角色，以及在特定大规模谋杀事件期间亲身在场的档案证据就足够了。法庭不再将大规模谋杀视为个体犯罪的事例，因而主观心态也就不再被视作有罪的关键证据。法庭最终决定，只要被告在大规模谋杀的庞大机制中行使过简单的功能，就足以将其定罪。[33] 实际上，盟军战后初期的审判就已经在关注被告在庞大的体系之中所起的作用，其中尤以"共谋罪"指控为代表。弗里茨·鲍尔倾向于将"奥斯维辛"作为更广泛的犯罪综合体进行审判，而各类被告则作为从中挑选出来的代表性人物，也在关注这一角度；但是鲍尔并没有实现他的目标。西德法庭通常都选择关注被告的个人动机和"过度行为"，并且将针对被告的指控作为个体犯罪来处理，而不会将它纳入更为庞大的犯罪综合体中。但是德米扬纽克审判标志着，法庭终于承认了纳粹大规模谋杀的系统性特征。

从此以后，法庭可以仅仅因为某人在暴行发生的场所工作过而审判他。这极大地拓宽了能够被送上法庭的人群。"最后的行动机会"运动（就是提出了"为时已晚，但不算为时太晚"的那场运动）由此迸发出新的热情，也提供了现金奖励的诱惑，试图揪出能够在新形势下被起诉到法庭的人。虽然这场运动也确实找出了一些老年被告，但是它根本就谈不上是一场运动，其最主要的成就，就是凸显出在将纳粹党人绳之以法方面，各方长期以来都做得不够。

能够体现这一事态的案例有很多，其中格伦宁案就凸显出，德国司法系统在检举纳粹罪行时，完全不能将诉讼提到此类罪行应有的高度，这些长期积累的失败已经发出了最后的死亡阵痛。[34]2014年，奥斯卡·格伦宁已经93岁了，但是他被人发现，他符合接受审判的条件。他曾经是一位银行职员，也是武装党卫队的成员。他说自己只不过是个"办公人员"和会计师，负责清点和分类从抵达奥斯维辛的囚犯身上取走的财物。战争结束以后的这么多年来，他一直对自己在奥斯维辛的过去守口如瓶，但是当纳粹大屠杀的否认者过于甚嚣尘上，令他越来越感到担忧的时候，他终于决定打开话匣。他甚至在劳伦斯·里斯（Lawrence Rees）拍摄的关于奥斯维辛的纪录片中接受了长篇采访，他明确表示自己曾有一次目睹毒气杀人的场景，也为下车坡道上的挑选、枪击和暴力感到震惊，但是

第十三章 为时已晚，为时太晚

他个人从来没有犯过任何罪行。尽管他痛恨这些杀戮的方法，但是他表示当时的他认为这是战时对付"敌人"（他正是在纳粹政治宣传和社会主义教育的影响下，将犹太人视为"敌人"）的必要手段。[35] 格伦宁还在2005年接受《明镜周刊》的采访，他在采访中陈述："我会把自己的作用比作整台设备中的一个小齿轮。如果你能说这也是有罪的话，那么我就有罪。从法律上来说我是无辜的。"[36] 考虑到这么多年来的司法状况，他即使这么说也不会冒被起诉的风险。

但是在2015年，在德米扬纽克案结束后，格伦宁终于还是被送上法庭，被指控作为从犯参与了针对约30万人的谋杀。这是因为德米扬纽克案给司法带来了改变：只要格伦宁在那个期间在这座集中营里工作过，那么他就被认为在大规模谋杀的机制中起过作用。在审判开庭之初，格伦宁承认自己在"道德上构成同谋"，但是在法律上是否有罪，则要留待法庭去裁断。此时的情形同他接受《明镜周刊》采访的十年前已经截然不同，在2015年，判决所需的司法举证已经彻底改变。只要能证明他曾受雇于奥斯维辛，哪怕担任的是不从事杀戮的工作，也已经足够了。

被传唤在格伦宁审判做证的幸存者所受到的对待也与早期审判很不一样。除了得到普遍的尊重以外，如今的幸存者不需要证明格伦宁在任意特定的时间里与任何特定的事件有关联。他们的证词仅仅是泛泛之谈，仅仅是关于恐怖和受难的个人往事。

在第一批证人中，有一位是年高81岁的埃娃·莫泽斯·科尔。埃娃和她的双胞胎姐妹米丽娅姆（Miriam）在奥斯维辛同父母和姐姐们分开之后，此生再也不曾见面，她们俩在约瑟夫·门格勒手中被用于"医学"实验，差一点因此而丧命。假如这对姐妹有任何一个在实验过程中死亡，那么另一个人就会为了解剖对照而被杀死。[37] 两姐妹虽然留下了永久性的创伤，但是都存活了下来。在格伦宁案中，科尔显然是自发地拥抱了被告，表现出对其出人意表的同情心以及想要"原谅"他的意愿，因此登上了新闻头条。科尔的这番行为建立在20年间致力于和平和谅解的工作上，她在此期间为经受纳粹实验的双胞胎幸存者创立了蜡烛组织*，接触到奥斯维辛医生明希，并在一定程度上与他取得了和解。[38]

另一位名叫苏珊·波拉克（Susan Pollack）的证人也已经84岁了，她从英国远道而来，在证词中讲述了自己的经历。她刚刚从匈牙利被遣送到奥斯维辛，就同随后被送进毒气室的母亲永别。她回忆道："恐惧熄灭了我的灵魂。抵达那里之后，恐惧似乎就终止了我的思考能力。"她记得自己被反复送到门格勒面前供他挑选："我们常常赤身裸体，列队走到他跟前……我们完全被剥夺了人性。那是一个我无法用语言描述出来的世界。我也找不到语言去描述那种害怕，那种痛苦。我只想缩回到自己体内。"波拉克先在古本（Guben）的一家军工厂做了一段时间奴隶劳工，然后在战争末期被迫参与死亡长征，并且在贝尔根-贝尔森待了一段时间，最终在1945年4月得到解放。但是根据她的记忆："解放对我来说这并不是一段充满喜悦的经历，因为我并不能觉察出这到底意味着什么。"她生了病，身体和精神都崩溃了。按照她在格伦宁审判中的说法，她回想起她在得到解放时的感受："那种非人性化和彻底绝望的感受——它彻底侵入了我的整个存在。"[39] 在奥斯维辛，格勒宁负责清点从抵达的受害者身上没收的财产和金钱，他的所作所为与这份令人为之揪心的证言几乎没有什么关系。

在这场审判中，证人有了新的意义，他们不仅证明确实有过某些行为，或者这些行为的直接后果，他们还证明这段过去留下了哪些不那么直接却延绵不绝的回响。他们所起的是一种在本质上具有

---

* 蜡烛组织（CANDLES），实为"Children of Auschwitz Nazi Deadly Lab Experiments Survivors"，即"奥斯维辛纳粹死亡实验幸存者之子女"的缩写。

第十三章　为时已晚，为时太晚

教育意义的作用——主要是为了告诉人们发生过什么（比如，艾希曼审判便是如此），也是为了传达已经发生的事情的长远意义。有些人代表他们失去的家庭成员做证，并且与此同时证明这段过去还在持续不断地对后继世代施加影响。例如，朱迪思·卡尔曼（Judith Kalman）就从加拿大远道而来，谈论纳粹大屠杀给她的家庭带来的毁灭性影响。她尤其关注跟她有一半血缘关系却无缘认识的姐姐埃娃·埃迪特·魏因贝格尔（Eva Edit Weinberger，朱迪思把埃娃用作自己的中间名）；她还谈到了其他家庭成员，其中包括埃娃的表哥朱迪特·博伦施泰因（Judit Borenstein），他在12岁的年纪死于毒气室，而朱迪思这个名字就是为了纪念他而取的。朱迪思·卡尔曼告诉我们，她这个有一半血缘关系的姐姐在6岁的时候就被毒气杀死，这件事"从此给我留下了挥之不去的、沉重的幸存者内疚感，它从此成为我人生的一个决定性特点"。这段早在她出生以前就已经发生的过去留下了许多遗产，它也决定了卡尔曼的整个人生，它投下的阴影笼罩着她的童年，影响了她的职业选择、伴侣选择，以及价值观和人生大事的决断。[40]

这种关于纳粹大屠杀之广泛影响的间接证词，与20世纪60年代和70年代大型审判中征集或听取的证词大相径庭。举证责任也同样天翻地覆——此时只要明确知道某一机构在雇佣被告期间行使的功能，以及被告当时在场就可以了。如果在大量已知的前纳粹分子都还在世、正值壮年，而不是垂垂老矣、年弱体衰的时候，法庭就采取这样的举证方法，那么它肯定会以更快的方式作出为数多得多的有罪判决。但是，当时间流转到21世纪的第二个十年，此时距战争结束已有70余年，就算现在重新开始搜寻前党卫队守卫，过去几十年的失败也太过深重，如今已经不可能弥补了。

奥斯卡·格伦宁被判处入狱四年。尽管有些幸存者乐于见到这样的结果，但是科尔对此提出了批评。按照她的观点，他在人世间尚存的时间最好能够被用来向年轻人和广大公众讲述过去：他应该接受的判决是"从事社区服务，用言论反对新纳粹分子"。她也阐发了自己对于"原谅"的理解："我的原谅和行凶者没有任何关系。这是我个人的疗愈。而我之所以发声，是因为许多幸存者在70年后还承受着精神的苦难，而他们并不明白他们其实有力量和权利去原谅。"[41]

格伦宁提出上诉，理由是自己已经太过年老和虚弱，无法完成监狱服刑，但是德国宪法法院在2017年12月底驳回其上诉请求，维持原判。对于姗姗来迟的正义来说，这些曾经的行凶者的年纪变得越来越大，使得形势变得更为复杂。格伦宁审判并不是最后一场，但也差不多要到最后一场了。后来，代特莫尔德（Detmold）法院开庭审判了前奥斯维辛守卫赖因霍尔德·汉宁，控告他作为从犯，参与了针对超过17万人的大规模谋杀，而他声称自己不过是将他们护送到毒气室而已；他最后被判处5年有期徒刑。哈瑙（Hanau）法院原本计划审判另一位奥斯维辛守卫恩斯特·特雷梅尔（Ernst Tremmel），但是这场审判没有如期举行，因为就在审判开庭的几天前，特雷梅尔以93岁的高龄去世了。针对奥斯维辛医生胡贝特·察夫克（Hubert Zafke）的审判因故中止，因为法庭认为当时已经95岁的胡贝特健康状况过于糟糕，不宜出庭受审。

司法记录

在外的名声往往无法与现实的复杂性相吻合。在冷战的阵营分裂时期，就继承国如何安排审判，如何呈现它们对纳粹遗产的清算而言，诉讼与反诉扮演着非常重要的角色。正如我们在上文中所见，联邦德国有着积极清算纳粹过去之遗产的名声。而与之相对的是，在共产主义东德于1989年至1990年垮台前，民主德国却因为滥用

第十三章　为时已晚，为时太晚

司法制度，以及主要带着政治目的审判前纳粹党人，而在西方名声不佳。然而从另一个角度审视，按照共产主义国家的观点，西德成了前纳粹党人的避风港，而按照东德政府的说法，它在早期就全面完成了针对纳粹"大人物"的审判，并将余下愿意接受改造、转而将精力投入社会主义建设的纳粹"小人物"重新整合到东德社会中。

但是，无论从哪方视角来看，东德和西德都存在名不副实的问题。尽管双方都在某些方面表现英勇、竭尽全力，尽管东西两德互相较劲，都想占领道德高地，但是铁幕两侧的总体司法表现都非常糟糕。反倒是两边在1990年统一后，德国才真正谈得上怀抱更大的道德热忱、投入更大的精力动员大家追捕行凶者，但此时已经为时过晚。

由于奥地利在冷战时代受政治宣传的波及较少，故而尚且能够维持其"希特勒最早的受害者"的说辞。但是在20世纪80年代，随着总统候选人、前联合国秘书长库尔特·瓦尔德海姆的纳粹过去遭到揭发，就算这个谎言在某些圈子里还未彻底破灭，它也大体上被戳破了。直到此时，奥地利才迟迟地开始面对自己与纳粹沆瀣一气的问题——而这种面对也几乎完全局限在纪念的领域，而没有延伸到法院。正如我们在上文中论及的，在20世纪70年代，当东西两德在冷战的氛围中相互竞争，标榜自己才是"更好的德国"时，奥地利基本上从对正义的追求中退场了。

表面上最为成功的故事，背后也有着令人不安的转折。实际上，西德并未卓有成效地全面清算它的过去；它只是"看起来"做得卓有成效而已。虽然西德的公共领域中出现了公开的讨论，但是手握权力的利益团体仍然静悄悄地确保了某些重要的议题永远都不会得到解决，或者只有在强有力的挑战无法被成功压制的时候才姗姗来迟地出面解决问题。某些关键的精英群体从来没有为自己的过去承担责任，而出力维系纳粹系统的大部分人都在战后毫发无损地逃脱了司法的惩罚。在20世纪60年代，正是因为西德国内以及国外有志之士的不懈努力，并且战胜了国内强大的反对势力，大型集中营审判才得以举行，并且撕开了公共讨论的口子，这一情况直到20世纪80年代才在奥地利发生，在东德的政治环境下则几乎没有可能成为现实。然而，在西德出现的挑战和争议最终发展成一场纪念受害者的大规模运动，而这与西德当局允许行凶者继续生活在社会当中，几乎不受任何针对其纳粹过去的清算所困扰的现状是完美吻合的。

所以西德和其他两个国家的区别，实际上只是这里的政治体制留出了公开讨论的公共空间，而非这个国家实际上伸张了正义，惩罚了过去的恶行。西德享誉世界的秘密在于，随着时间的流逝，这个国家里可以听到越来越多的声音，但是大部分曾经的行凶者并没有因其罪行而受到恰当的惩罚。所谓对于过去的公共"清算"，基本上只是一种媒体讨论，而不是司法判决。在这个新兴的民主国家里，这样的做法从实用主义的角度而言可能有助于政治稳定：对于少数人的警戒性惩罚加上对多数人的名誉恢复，使得当局在不致引发大规模动荡的情况下，为民众提供了一种道德上的教育。

但无论是从伦理的角度，还是从实用主义的角度，这其中都存在着一个悖论。在西德，我们所熟知的公共辩论和文化表征的叙述关乎以越来越公开和诚实的态度来"面对过去"，但是这一叙述几乎势必要与法庭中的实际司法记录相冲突，也势必要同每个家庭在相对私密的氛围中讲述的故事相冲突。[42]

在第三帝国的三个继承国里，没有任何一个通过司法程序充分处理了由国家授权的大规模暴力问题。每个国家在未能充分处理的问题上都有各自不同的原因：其中既有司法系统谨小慎微的问题，也有政治意愿和社会偏见的问题。世代更替对于舆论形势的变化具有非常重大的意义；没有经历过纳粹时期的人，往往都不那么同情被告。但是，法庭对抗所牵涉的各类因素的平衡总是极其复杂的。

那么在大多数行凶者仍旧在世，并且身体状况也足够良好，可以接受审判的这段时间里，对于纳粹战犯的整体追捕情况如何呢？这个问题的答案是，这些国家的司法系统、政治考量和社会实践，都不足以应对纳粹治下国家支持的大规模暴力行为。当我们审视全局的统计数据，并且将屠杀数字与受到起诉并被判有罪的被告人数相比较，我们就只能对政治的辞令和司法记录的现实之间的巨大分裂望洋兴叹。

这几十年来，虽然路德维希堡中央办事处的资源非常有限，但它仍旧孜孜不倦地整理证据，开展研究。这项研究所挖掘出来的真相，只是纳粹统治欧洲之时所施暴行的一小部分，而审判法庭所展现的罪行，也只不过是庞然冰山的尖尖一角。数十年的艰苦调查积累起了如山般的文件资料，考虑到实际得到审理的案件如此稀少，这一艰巨的努力似乎显得完全入不敷出。

奥斯卡·格伦宁是联邦德国被判有罪的第6657人。[43]然而联邦德国判处犯有纳粹罪行的总人数甚至还少于奥斯维辛的全体雇员数量。负有行政责任的文职公务员、雇佣奴隶劳工的企业家，以及在希特勒的法庭上下达死刑判决的法官等许多群体，在这几十年中甚至都不被视作行凶者。审判的焦点仍然停留在非常肤浅的层次，只关注那些施行残暴行为、直接手握人命的第一线人员。

整体司法记录也仍然存在争议。只要粗略地比较东西两德在起诉和量刑方面的差异，就能显露出冷战分裂的深意。当我们做这番比较时，我们必须始终铭记，这些统计数字并非完全可靠，需要不时地对其作出修正。但是大体轮廓已经相当清晰了。

据统计，截至1998年，德意志联邦共和国（1990年之前只包括西德，此后则包括统一后的整个德国）一共调查了106,496人。[44]在这些人当中，只有6500人因纳粹罪行而遭到审判，这一比例本身已经低到了惊人的地步，只占到了被调查总人数的6%。近期的数据分析将更为轻微的犯罪行为（尤其是战后初年的地方审判记录）也考虑在内，表明在1945年至2005年的西德时期和统一后时期，总共有36,393例案件对簿公堂，一共牵涉了约14万人（其中有些人的名字不只出现在一次审判中，故而被告总人次高于实际人数，为172,294人）。[45]但是即便如此，上述比例并没有太多变化：仅仅比从官方数字推算出来的结果高了2.4%，其中有6656人被定罪，有5184人得到了赦免，而余下的诉讼流程最后都无疾而终了。[46]其中一共有16例死刑判决和166例无期徒刑（而我们也已经在前文探讨过，它最终都会得到减刑）。在被判处有罪的人当中，只有5.5%是女性，而且其分布也不成比例，大多犯的都是诸如告发（被判有罪的女性当中差不多有三分之二犯有这一罪行）等相对轻微的罪行，或者参与了安乐死的罪行（女性占据此类被告的27%，并在定罪人群中占了38%）。[47]大多数判决（4993例）相对宽大仁慈，最长的刑期也不超过两年。[48]

20世纪末以前在德意志联邦共和国接受法庭审判的行凶者当中，只有164人最终被判定为谋杀犯。考虑到总共有几十万人参与了这个大规模谋杀的制度，并且有600万人死于我们所说的纳粹大屠杀，164例谋杀定罪可算不得一个多高的数字。实际上，西德的法律哪怕并非有意为之，也在宽恕那些服从夺命政权的人，而只会谴责那些逾越了纳粹已然夺人性命的界限的人。

东德的相关数据甚至比西德更不可靠，但是大致的信息同样清楚无误。东德的大部分审判定罪都发生在1945年至1955年之间，其中在1948年到1950年出现了一个高峰期——总共下达了11,274例判决。这批数字包括1950年时，苏联政府将特殊营地余下的囚犯转交给新上位的民主德国权威，而后者就在所谓的瓦尔德海姆审判中，以敷衍了事的流程对其作出了3432例判决。他们这么做的意图是想要展现民主德国已经在其境内成功地解决了纳粹行凶者的问题,只是依然不断有人被辨认出来,并遭到起诉。从20世纪50年代中期开始,接受审判的人数开始下降了,但是这一涓涓细流却不曾中断:只有1984年是仅有的例外。从20世纪50年代直到民主德国消失,东德每年都会判罚1到11名纳粹行凶者。这些审判并不总是只有政治宣传上的噱头,只是在相关的情形下,它们总是会被用于政治的目的。

在1945年到1989年之间,东德一共下达了12,890例判决,尽管人口还不到西德的三分之一,判决数量却接近西德的两倍。[49] 总体而言,前纳粹党人在东德遭到起诉并被判处有罪的概率要比西德高5到6倍。就算我们把瓦尔德海姆审判所牵涉的大批被告排除在外,双方的数据对比仍然非常惊人:人口约为1700万的东德共有9459人被判刑,而人口将近6000万的西德却只判了6495人。此外,东德的纳粹分子不仅受到起诉的概率更高;一旦被判有罪,针对他们的量刑也往往更为严苛。民主德国判处有罪的人当中有129人被判死刑(最后一例发生在1977年),274人无期徒刑(最后一例发生在1988年),3191人十年以上有期徒刑(最后一例发生在1989年),1924人三到十年不等有期徒刑,7372人三年以下有期徒刑。[50]

但是,当我们再次将定罪人数与实际参与杀戮的人数相比,即便民主德国前纳粹分子被判刑的概率高于西德,它也仍然微不足道。1700万人口的东德一共作出了403例死刑或无期徒刑判决,这一状况是否"优于"作出164例同类判决、人口却有约6000万的西德?这一问题的最终判断虽然在纯粹的数据对比上可谓不言自明,但它更多的是一种见仁见智的问题。毕竟,民主德国并没有在谁"更好"地应对纳粹过去的争议上取得过胜利。随着民主德国共产主义政权在1989年至1990年垮台,自身的不人道措施(包括它对因纳粹罪行而入狱的囚犯的虐待)也很快受到了广泛的批判。

在 20 年代末和 21 世纪初，统一的德意志联邦共和国的新一代人怀抱着新的热情，试图追捕并审判剩下的每一个纳粹党人，以此弥补前几代人的拖延搪塞行为。然而在过去的几十年里，有那么多人都逃脱了惩罚，时至今日，地位卑微的乌克兰守卫和集中营会计师都已届暮年，在这个阶段对他们发动追捕，是否给法庭追求正义的故事画上了一个令人满意的句号，又是另外一回事了。

关于痛苦、磨难和不公正的档案记录似乎永远都翻不完。所有那些没有白费的司法调查，所有那些来自世界各地的幸存者的痛苦证言，以及所有那些由被调查者及其亲友提供的口供，现在似乎都很难有益于司法正义的事业，而只能为历史学者所用了。

如果有罪之人基本上都能逃脱惩罚，那么只有无辜的人会受苦，而且将继续受苦。除此以外，就算他们等到出席法庭的那一天，那也未必是一个可以真正供他们讲述经历的舞台。

无论如何，清算过去都是一个非常庞大的故事，审判在其中只占了很小的一部分。人们解决罪责问题的大部分精力并没有耗费在法庭的公共舞台之上，而是用在了家中相对私密的空间里，用在了家人、朋友和邻里之间的讨论中，或者用在了回忆录和日记的个人记述中。比起法庭上的对抗，反而有更多人卷入了这些私密场合的清算中。而且，每个人与过去的私下较量，并不像法庭判决那样清晰和一锤定音，而是一个缺乏明确目标，始终变动不居的过程。

第三部分

交汇：记忆与探索

第十四章
倾听受害者的声音

尽管审判对于追求正义有着重大的意义，但是它仅仅触及了纳粹历史清算的海洋表面。伤痛和伤疤会伴随受害者终生，他们必须重建自己被摧毁的生活，尽自己所能地应对损失和痛苦的回忆。行凶者一方则要么必须否认自己曾经的作为或不作为，要么必须以某种方式为自己找到理由。至于行凶者和受害者的孩子们，则不得不生活在过去的阴影下，它们会以各种方式浮现出来，有时候明白无误，有时候则压抑不已，有时候直言不讳，有时候则分外沉默。除了司法对抗的间或喧嚣外，私人领域同样平行上演着一部初具雏形、无限重要且不曾中断的清算史。

这部平行的私人清算史的韵律，虽然从未完全跟随不断变化的公共表征，但至少也在部分上与之相关。在国民的记忆模式层面，文化现象、媒体事件和政治辩论当然都非常重要。但是这两部公共与私人清算的年表，还是以各种复杂的方式纠缠在一起。

真正令历史翻篇，过渡到"幸存者时代"的并非艾希曼审判和奥斯维辛审判，甚至也不是1968年的代际冲突，这个新时代是随着幸存者的人生故事占据舞台中央才终于到来的。当某些幸存者能够以更为公开的方式谈论他们痛苦的经历时，他们也恰逢社会突然生出更大的意愿，不仅希望聆听他们的讲述，而且还会积极主动地寻求受害者的声音。也正是在这个时期，"幸存者"的概念开始生根发芽，它成了一座奖杯，被赋予那些亲身涉足地狱，身上背负伤痕，活下来并且愿意讲述故事的人。

幸存者时代

20 世纪 60 年代和 70 年代是大型审判的时代，也是相对狭义的"证人时代"。虽然幸存者经常受到怀疑，遭到攻击性很强的诘问，有时候甚至感到接受审判的是自己而不是被告，但是受害者证言对审判的结果确实具有关键的作用。然而，即便证人得到严肃且富有同情心的聆听，他们也必须专注于讲述审判席上被告的罪责，而无法袒露这些经历对于他们自己的人生来说有着怎样的意味。这一点从 20 世纪 70 年代开始发生改变。

焦点的移转虽然非常微妙，但是也非常重要。此时的幸存者讲述开始被视为一种本身就非常宝贵的材料，它传达出幸存者一生的经历，记录下的不仅仅是受迫害的时期，还有灾难"之前"不可寻回、已然失却的世界，以及灾难对于"之后"的人生的深意。这些讲述的重要性不再仅仅出于它们首先是对恐怖的记录，还因为它们传达出关于幸存者的信息。

在这一发展过程中，真正重要的问题不是幸存者"开口讲述"，而是终于出现了一批愿意聆听的听众。幸存者其实一直都在讲述，他们尤其会在内部沟通，有些人还将他们的经历付诸笔墨。但是，这种沟通主要局限于特定的经历群体。如今，随着（不仅是受害者的，还有行凶者的）子女和孙辈都希望聆听幸存者的声音，各种新的沟

第十四章 倾听受害者的声音

通模式开始在不同的群体和不同的世代中浮现出来。

文化表征不仅探索了这些发展，也促进了这些发展，并且在这个科技飞速变革的时代里，各式各样的辩论也逾越了国家的边界，进入到更广阔的世界中。讨论不仅跨越了国界，而且也延伸到不同的世代。纪录片制作、视频证词录制（VHS 和 Betamax 格式的录像带都是在 20 世纪 70 年代投入大规模使用的）的发展，以及历史学者越来越完善的口述史方法，都在激励人们为了未来的研究和公共传播的目的发起采访。由于这一新生视频媒体的出现，越来越多的幸存者证言被引导出来，使个人经历的讲述变得可以为公众所获取。市面上不再只有由凤毛麟角的几位名人撰写的少量文学出版物；如今成千上万的普通人都可以"讲述他们自己的故事"。

虽然听众的需求增长了，接受能力也增强了，但这并不总是有助于让有受迫害经历的人敞开心扉。虽然如此，新听众的出现也恰逢幸存者的人生新阶段。活下来的人当中，有很多人在受迫害之时都还是年轻人。战争结束以后，他们的首要关切是建立新的生活，组建家庭，并且融入新的社会。在 20 世纪走向尾声的那几十年里，他们的人生也已经到了一定阶段，此时的他们更愿意倾诉，也更有能力倾诉。此时的他们已经在职业生涯中站稳脚跟，还有许多人已经退休了；原先有些人希望保护孩子，不想让他们接触这些令人痛苦的信息，但是现在这些孩子都已经成年了，他们又生出新的使命感，要将这份信息传递下去。这些个人考量的变化也伴随着外部环境的变迁：自助团体开始出现，身份政治呈增长态势，越南战争结束以后，受害者也在得到重新评估。这些变迁也许在时间节点和特征属性上各有不同，但是我们可以在北美、欧洲多数地区（同时包括东欧和西欧）和以色列观察到许多类似的变化。

人们尝试过用各种方法来解释这些变迁。[1] 但是在德国，这些变迁的影响随着战后世代步入成年而变得声势更强。在互有冲突的经历群体之间,原本横亘着一条由纳粹划开的裂隙,然而这些群体之间的互相对峙,逐渐被心怀其他关切的年轻世代所消解。相比在纳粹时代就已经成年的人来说,20世纪70年代和80年代新晋的教师、记者、制片人和历史学者都不曾浸淫在纳粹的各类表征里。然而与此同时,他们的至亲曾亲历那个时代,又或者,他们会代表自己所属的群体,体会到一种更为普遍的羞耻感,所以许多人又同过去的时代有着强烈的情感联系。这就会既激发他们的兴趣,赋予这项事业以紧迫感,又不会因此把罪责归咎给他们,由此使得他们裹足不前。

代际变迁也同文化语境的变化密切相关,而这一变化以身份政治的诞生和寻"根"文化为特点——以美国尤甚,亚力克斯·黑利(Alex Haley)在1976年出版了《根:一个美国家族的传奇》(*Roots: The Saga of an American Family*),随后在1977年改编成电视剧并且大获成功,对这一文化形成推波助澜之势。美国人对于纳粹大屠杀的意识到底是从何时开始增强,背后又有哪些原因,如今尚存争议。但我们也非常清楚,在这个后越战的时代,创伤和受害者都被赋予一层崭新且正面的意义。整个欧洲也对受害者有了明显的认知转变,并且以如下事件为标志:在1980年,创伤后应激障碍(PTSD)得到了《精神疾病诊断与统计手册》(第三版)的官方认可。[2]

大约也是在这一时期,纳粹大屠杀(Holocaust)的首字母也开始采用大写形式了,专门用来指代犹太人经历的这场灾难,它也开始成为20世纪公认的"大悲剧"或"关键事件"。由杰拉尔德·格林(Gerald Green)编剧、马尔温·J. 乔姆斯基(Marvin J. Chomsky)执导的迷你电视剧《纳粹大屠杀》于1978年在美国公映,并于次年上线德国,参演明星包括梅丽尔·斯特里普(Meryl Streep)、詹姆斯·伍兹(James Woods)和迈克尔·莫里亚蒂(Michael Moriarty,他所饰演的律师不仅加入了党卫队,还成了赖因哈德·海德里希的私人助理）。无论是在美洲还是欧洲，这部电视剧都成了一道分水岭。虽然我们可以从不准确和不真实的角度对它提出批判，但是它所产生的意义是毋庸置疑的。它以虚构故事的形式将纳粹大屠杀的视觉恐怖直接带到德国的千家万户，它所刻画的人物得到了人们的认同和共情，它触动了几百万观众的心弦，并且在家庭中、在不同世代之间引发了关于纳粹过去的辩论。而且，在西德人谈论纳粹对吉卜赛人的迫害方面，它也构成了一个转折点，如今他们越来越被尊称为罗姆人与辛提人。[3]

随着最支持、最容忍纳粹主义，或者至少是最不积极反对纳粹主义的那一代人逐渐在公共领域失去了影响力，西德也见证了一场非常戏剧化的冲击。部分历史学者开始使用口述史的方法，探索纳粹治下普通人的生活经历。其实口述史的方法并不新颖，但是在用于第三帝国的研究时，口述史方法的介入程度却是与众不同的。这些历史学者的父辈都曾经亲历那个时代，遭受过纳粹主义的影响，而他们自己则在战后逐渐成年，被卷入20世纪60年代的代际冲突和政治紧张局势之中。这些历史学者不仅有在大学任教的学者，还有不断壮大的"历史作坊运动"的业余历史作家，他们都对背负着纳粹主义的老一代人持批评态度，并且着手地方志项目，试图在高层政治和制度以下的层面阐明社会的进程。他们探寻了各类不服从和反对声音的痕迹，也批判了官方对于传统国民抵抗势力的狭隘关注，比如在西德广受赞誉的7月密谋事件（July Plot）。罪责的分析也开始呈现出丰富的层次。人们不再盲从20世纪60年代的审判所塑造起来的刻板印象，也不再首先将行凶者视为有虐待倾向的残忍之徒，或者平庸的行政官僚。然而，有些领域的人会怀疑这类研究的政治和学术意图，并对其抱有相当大的敌意。正如口述史的杰出先驱和践行者亚历山大·冯·普拉托（Alexander von Plato）所言，那时候的人们可不希望历史学者在埋有尸骨的地方挖掘。[4] 虽然奥地利的整体社会氛围很不相同，但是受到瓦尔德海姆事件的刺激，这个国家普遍得到接受的观点和对过去的沉默也显然受到了相当程度的挑战。

这部1978年的美国迷你电视剧不仅让已经使用了一段时间的"纳粹大屠杀"成为一个家喻户晓的名词，而且"幸存者"的概念此时也开始流行起来。[5] 这一形势给许多遭到边缘化和排挤、生活在恐惧之中的人带来了帮助。但是，这些观念也并未得到普遍的接受，正如曾经被囚禁在贝尔根－贝尔森的维尔纳·魏因贝格（Werner Weinberg）愤愤地写道，纳粹大屠杀的"幸存者"与地震或海难等事故的"幸存者"，在用法上是不太一样的。正如他所言："纳粹大屠杀的幸存者身份是一种终极状态……我余下的整个人生都已经被它归类。"根据他的观点，被归类为纳粹大屠杀幸存者，"进一步加剧了我所承受的伤害；这就像佩戴着一颗小小的新式黄星"。[6] 许多人只想摆脱过去，摆脱这种人生从此永远不同的感受。

然而，受害者的范畴也在变得越来越广阔。诺曼·芬克尔施泰因（Norman Finkelstein）不仅是幸存者的后代，也是一位颇有争议的学者，他认为如果我们将受害者定义为"承受了犹太隔离区、集中营和奴隶劳动营（常常是按照这一顺序）的独特创伤的人"，那么在战争结束以后，"真正的幸存者"约有10万人。不过，芬克尔施泰因进一步声称，到了后来，"纳粹大屠杀幸存者"被重新定义，不仅指代承受了纳粹迫害的人，还包括成功躲过了纳粹迫害的人，但是他并不赞成如此扩充这一定义。[7] 即便如此，那个时代也仍旧给没有被送入劳动营或集中营的纳粹受害者打下了一辈子的烙印；许多人都经历过躲避、逃跑和流亡，并不符合经典的集中营幸存者的画像，对于这些经历的长期影响的忽视，也常常是纳粹迫害的一部分后果。受害者经历的论资排辈并不能给我们带来任何帮助。

不同群体有着各不相同的受害情况。有的人曾经被关押在集中

第十四章　倾听受害者的声音　　475

营，有的人则没有，人们对此也是议论纷纷，它在机构制度方面具有着重要的意义。1978年,吉米·卡特（Jimmy Carter）安排埃利·维赛尔作为委员会主席，成立了纳粹大屠杀总统委员会（President's Commission on the Holocaust）。这一委员会最终在1980年达成决议，在华盛顿特区成立了美国纳粹大屠杀纪念博物馆。维赛尔被任命为美国纳粹大屠杀纪念委员会的创始主席，负责博物馆的设计。不过，在思想上作出纪念逝者的决定，总是要比在实践中实现它要容易。[8] 委员会就哪个非犹太群体应该得到展示的问题进行了激烈的辩论，展览应该囊括吉卜赛人、同性恋者和其他人吗？还是应该仅仅关注"犹太问题的最终解决方案"？而展览为了对照的目的，应该提及哪些种族灭绝事件？委员会提议应该将亚美尼亚种族屠杀囊括在内，结果导致几位主要的捐助人威胁收回资金支持。如今，他们想要赋予犹太人的地位，是一种经历过"独一无二"的苦难并且受难"最多"的民族地位；所以之前就曾经被边缘化的群体，经过这一反常且矛盾的反转之后，再度遭到了边缘化。而且，这些尖刻的辩论还令一些人群对"犹太精英主义"提出了指控，进而使得纳粹大屠杀历史学者劳尔·希尔贝格犀利地指出："犹太人再次获得了一种给他们带来负担的特权地位。"[9]

尽管（乃至正是因为）有这些争议，进入舆论聚光灯下的群体范围反而变得更加广泛了。无论按照什么样的定义，人们都怀抱着更大的同情心来聆听幸存者的故事，新的项目纷纷涌现，试图在"一切都太晚之前"记录和传递幸存者的话语。突然之间，不论他们的经历是否构成一道通往过去"真正发生过的事情"的可靠路径，他们都获得了一种真正的内在价值。这些变化的发展在不同的环境中各有不一。率先发起行动的往往并不是"国家"，而是能够对不断变化的环境施加影响力的个体。

在法国，马塞尔·奥菲尔斯（Marcel Ophuls）于1969年拍摄完成的《悲哀和怜悯》（Le Chagrin et la Pitié）一直遭遇禁播，直到 1981 年才在法国的电视台获准放映。奥菲尔斯本人就是一位幸存者，他的家人先是逃出纳粹德国，来到了法国，随后又从法国逃到了美国（并且在这个过程中将姓氏里的"ü"改成了"u"）。战争结束以后，奥菲尔斯回到法国。《悲哀和怜悯》通过许多采访展现出法国人面对战争失败和被德国占领的种种方式。有些人会起身抵抗，也有些人会在维希政府期间与德国人勾结，推行他们的政策。这部电影与罗伯特·帕克斯顿（Robert Paxton）关于维希法国的突破性历史作品一起，构成了法国文化界的代表性事件，对关于法国在"至暗年代"所做的诸多妥协的讨论产生了影响。[10] 路易·马勒（Louis Malle）执导的《拉孔布·吕西安》（Lacombe Lucien）讲述了一位少年的故事，他因为一系列意外事故（包括他的自行车坏掉），没能参加当地的抵抗团体，结果反而成了占领法国的纳粹当局的帮凶。尽管这个故事完全是虚构的，但是它也触动了人们的心弦，因为它向我们表明，维希治下的法国人最后会站在哪一方，这件事有时候几乎是随机的，这里面有很多模糊的灰色地带，有些在一瞬间作出的选择，以及个人情感的因素，最后往往会包含重大的道德抉择，有可能会给他们带来致命的后果。在战后初年，戴高乐的民族抵抗神话曾经具有举足轻重的地位，如今它却越来越分崩离析。

随着法国内部与纳粹合作的话匣子被打开，人们也开始关注纳粹迫害的犹太受害者的独特命运。在 20 世纪 70 年代，泽格·克拉斯费尔德（Serge Klarsfeld）开始费尽心力地整理档案，恢复法国纳粹受害者的姓名与照片，并且试图提升公众对这一庞大的受难者数目的意识。克拉斯费尔德的著作在 1978 年面世，题为《从法国遭送走的犹太人纪念书》（The Memorial to the Jews Deported from France），其中包含了 75,700 位从法国遭送走的犹太人的姓名。[11] 他的另外一部与他人合著的作品是一部关于被遭送儿童的纪念书，其中包含了他所能搜集到的各类细节和照片。这部登载了约2500幅照片的著作记录下11,400多名最终死亡的被遣送儿童，并且尽可能详细地记录下他们的命运。对于克拉斯费尔德而言，这份记录也是对于受害者的纪念："这本书便是他们的集体墓碑。"[12]这部刻苦勤勉的纪念之作不仅帮助许多家庭与受害者搭建起桥梁，而且也帮助其他人更好地理解这场悲剧的性质和波及范围。当这本书诞生的时候，社会环境已经发生改变，人们开始对记忆本身产生兴趣，纪念的浪潮也在所谓的"记忆场所"呈大规模扩展之势。[13]

克拉斯费尔德与德裔妻子贝亚特·克拉斯费尔德（Beate Klarsfeld，原姓金策尔［Künzel］）也试图让行凶者被绳之以法。这一意图在马塞尔·奥菲尔斯的纪录片《终点旅店：克劳斯·巴比的人生与时光》（*Hotel Terminus: The Life and Times of Klaus Barbie*）中也分外彰显，它关注作为里昂盖世太保头目的巴比对他人的残酷对待、他在战后逃亡南美的经历，以及他迟迟到来的引渡和最终的判罪。这部纪录片大规模地使用了采访镜头，借助各色人士的不同视角来解读这些事件。

甚至在纳粹历史遭到官方观点扼制，由此牺牲了多元性和言论自由的东欧国家，新的论调也开始在20世纪80年代涌现出来。在东德，尽管共产主义抵抗运动仍然是占据主流地位的官方基调，大多数受害者是犹太人的事实也开始浮出水面。在20世纪80年代越来越动荡的年岁里，无论是在历史领域，还是在人们的纪念当中，我们都能看到新的举措在官方许可和政治上可能的边界内显现出来。比如在使用口述史的方法探索被官方表征抑制的叙述方面，我们也看到了一些必然受到限制但依旧具有开创性的举措。[14]在波兰，扬·布翁斯基（Jan Błoński）在1987年发表了《贫穷的波兰人眼望犹太隔离区》（"The Poor Poles Look at the Ghetto"），使得这里的话题不再只有纳粹统治下遭受压迫的波兰人，还有他们对于犹太人受到的迫害的沉默和同谋行径。[15]

在以色列，变化也非常明显。在战后初年，关于没有受到过迫害的以色列人应该对来自纳粹欧洲的难民抱有多大的同情心，舆论观点存在着分歧。[16] 无论这种观点的对立在一开始偏向哪一方，到了20世纪90年代，风向都已经开始转变，人们渐渐不再能听到公开的批评声，开始对难民抱有更大的共情和理解。与之相伴随的是，人们也越来越意识到，当时幸存者遭受羞辱和迫害的处境，往往会使得人们不具有抵抗和英雄主义的可能性。如果一位幸存者没能挺身抵抗，那么如今的他不再受到苛责，而且幸存者也越来越作为"犹太"社会（而不是"以色列"社会）的一分子而受到尊敬。[17] 到了20世纪末，纳粹大屠杀已经成为犹太群体遭受迫害并幸存下来的漫长历史中集体身份的标志物。

国际社会也越来越关注记录幸存者的声音。耶鲁福图诺夫档案馆（Yale Fortunoff Archive）在1979年启动，这是历史上首个关于纳粹大屠杀幸存者视频见证的大型档案收藏，在这些视频里，我们能看到许多人依然深受创伤。[18] 这一项目最初由一小群人启动，其中包括幸存者及其亲属：多里·劳布（Dori Laub）是个来自罗马尼亚的幸存儿童，杰弗里·哈特曼（Geoffrey Hartman）则是第一批接受采访的其中一位幸存者的伴侣。这些采访使得幸存者得以专注思考他们的经历给他们的人生、感受和人际关系带来的长远影响。这些采访不突出特定的主题、事件和场所，也没有固定的时长要求。对于他们的经历，以及这些经历对于他们的意义，幸存者无论想要谈多久都可以。这与证人在司法审判的情景中给出的陈述有着天壤之别。

其他档案收集项目也很快随之出现。1993年，史蒂文·斯皮尔伯格执导的《辛德勒的名单》上映，次年，由他发起的纳粹大屠杀幸存者视觉历史基金会（Survivors of the Shoah Visual History

第十四章　倾听受害者的声音

Foundation）成立，并且在20世纪90年代中期收集了大量的证言。他们在世界许多地方都配有训练有素的采访团队，甚至跨越大洲进行采访，由此收集到数十万份证人证言，一切都只为了赶在"为时太晚"以前。在21世纪以后，纳粹大屠杀纪念基金会（Fondation pour la Mémoire de la Shoah）也开始在法国行使类似的功能。[19]

还有些项目仅仅提供幸存者讲述的节选内容，它们针对的受众是更为广泛的普罗大众。卡尔·弗鲁克特曼（Karl Fruchtmann）在1979年到1980年完成了对幸存者采访的录制，并于1981年在西德电视台德广联（ARD）频道播出。克洛德·朗兹曼具有里程碑意义的《浩劫》（Shoah）虽然在1985年才首播，但在此之前他已经拍摄了近十年的采访，而接受采访的不仅有幸存者，最关键的在于其中还有行凶者和旁观者（包括住在灭绝营附近的波兰农民）。颇具争议的是，按照当时这部作品的描绘，旁观者的被动状态，以及他们在犹太人被谋杀或被剥夺财产后乐于从中获利的行为，在本质上都构成了某种同谋行径。[20]

这些搜罗幸存者证言的项目在突然之间如雨后春笋般出现，原因并不在于幸存者在"寻找表达的渠道"或者"打破了自身的沉默"。正如我们前文所见，自从迫害和灭绝的伊始，就有数不清的受害者曾谈论他们的处境。事态的不同之处在于，首先，现在有很多抱有决心的个体在搜集这类讲述；其次，受众群体已然扩张，对于他们人生故事的接纳和评价也已经发生改变。与此同时，新的互动关系也对上述情况产生了影响。受害者身份逐渐得到扩张，囊括了范畴越来越广的人群。但是并非所有受害者都平等地得到了聆听，有些人士得到的关注还是要超过其他人士。而且除去少数例外情况（尤其是克洛德·朗兹曼的作品），行凶者的声音还是有非常明显的缺席。

受害者身份的多样性

随着纳粹大屠杀的受害者开始吸引到更多人的关注和同情，他们的公众形象也开始发生转变，从一开始卑微的状态（在战后初期，他们是可怜兮兮、疾病缠身、依赖他人、普遍不受人欢迎的负担），变成了更具有英雄气概的"幸存者"，他们的故事给所有人类带来了宝贵的教益，成为一道连接可怕的过去与更好的未来的桥梁。在个人层面上，这一事态的发展并不一定会让每个人的记忆都为旁人所知晓。但是，它确实有助于形成特定的范式，赋予故事以相应的框架。

并不是每个人都遵从为公众所接受的叙事结构。但是，富于同情心的新气象也为诚实留出了更多的空间。过去敏感的话题如今也可以讨论了，不过当沉默一开始被打破的时候，往往会引发极大的争议。这一现象在人们对囚犯头子（如囚犯头子或者在杀戮过程中提供协助的特遣队成员）所起作用的讨论上尤其引人注目。在这些人当中，大部分人会为纳粹当局工作两到三个月，然后他们自己也会被毒气杀死，这么做的目的恰恰是让他们无法向世人证明曾经存在这样的罪行。但是，有极少数囚犯头子幸存了下来，讲述了他们的故事。

比方说，曾经在法兰克福奥斯维辛审判上做证的菲利普·米勒，就将他在奥斯维辛的悲惨经历付诸笔墨。他被安排了许多任务，包括将人们赶进毒气室，然后将尸体拖出来，并且放入焚尸炉中火化，他几次濒临自杀的边缘。他说服自己并且下定决心，如果他能够幸存下来，他会挺身做证。然而，做证绝非一件易事。在战争结束以后，他拖着病体在医院中完成了初稿，于1946年用捷克语发表了第一部短篇陈述。在奥斯维辛审判做证以后，他写作数年，完成了一部完整的陈述。英语译本在1979年出版；尽管德语译本也在次年上市了，但是在他接受朗兹曼的采访之前，这部作品一直都默默无闻。[21] 米勒的讲述有着很大的争议。按照普里莫·莱维的说法，他的作品属于"灰色地带"，这是一个经过妥协才求得生存的领域，它也因此在某些群体中遭到了言辞激烈的批评。但是，米勒作品的出版，以及他在朗兹曼电影中的现身，都具有举足轻重的意义。它表明人们越来越渴望理解这些经历的复杂性和多样性，而并不只是希望谴责这些在令人难以接受的抉择面前作出遭人质疑的妥协的人。

对于某些受害者来说，不断变化的大环境也带来了获得认可的新（尽管是迟到的）机会。公众对于带有英雄主义色彩的幸存故事的胃口显然无法得到满足，所以关于纳粹大屠杀回忆录的出版产业也在切实地增长着。由于这代人已经到了消逝的临界点，所以获取采访和证词的紧迫性明显在提升。除了20世纪80年代和90年代的口述史档案以外，如今又多了无数晚年的回忆录和自出版的个人讲述，而出版商也在搜寻和推广具有市场潜力的故事。

这个产业背后的驱动力并不只有对商业利益的追求；人们也有一种道德意愿，想让过去遭到忽视的故事为人们所知晓，想让没有被充分探讨的领域能够得到阐明。奴隶劳工就是其中一处还没有被光照到的角落。比方说，前奥斯维辛奴隶劳工汉斯·弗兰肯塔尔就讲述了自己在奥斯维辛三号营遭到 I. G. 法尔本丁钠橡胶工厂剥削的经历。弗兰肯塔尔的著作基于由德国奥斯维辛委员会组织、由专家对他进行采访而录制的录音带；这本书在1999年出版，而作者也于当年过世。这一项目让弗兰肯塔尔表达出他对战后不公不义的担忧；图书的几位编辑也贡献了一篇"后记"，勾勒出这场司法战役的面貌，以及德国在赔偿前奴隶劳工方面还做得不够的地方。[22]

纳粹的另一项暴行虽然性质有所不同，所波及的人群也少得多，但是对有些人来说却也有着无比巨大的重要性，那便是纳粹对艺术品的劫掠，以及后来在将艺术品物归原主，或者还给其继承人时的不情不愿。对这一问题的清算也在20世纪90年代迸发出动力。比方说,纪录片《盗窃克里姆特》(Stealing Klimt)和一部与之相关的故事片《金衣女人》(Woman in Gold)就讲述了玛丽亚·阿尔特曼经过不懈的努力,最终成功地从奥地利政府和维也纳美景宫美术馆(Vienna Belvedere Gallery)取回曾经属于她们家族的几幅古斯塔夫·克里姆特画作的故事,其中就有以她身着金衣的阿姨阿德勒·布洛赫-鲍尔为主角的那幅名画。[23]尽管有着相当大的阻力,尽管经历了许多年的司法博弈,但是浪潮的流向已经发生改变。

虽然受害者的声音变得越来越重要,虽然他们的故事有了更广阔的市场,但是新的问题也应运而生。随着越来越多的代理人和代笔人协助年事已高的幸存者"讲述他们的故事",真实性的问题——暂且不谈那些完全虚假的叙述,宾杰明·维尔科米尔斯基(Binjamin Wilkomirski)骗局可谓是臭名昭著——也随之产生。[24]在维尔科米尔斯基的案例中,作者对纳粹大屠杀的极端认同,使得他把一些虚构(如果说得更不客气的话,就是捏造)出来的东西,当作真实的自传性质的童年创伤经历书写出来。它在1995年出版时受到了高度好评,但是在1998年骗局首次败露时,就引起了一场暴风骤雨般的争议。但是,从20世纪90年代开始,在一大批涌现出来的真实的幸存者的叙述中,仍然有某种另外的因素在起作用,也因此对其内容、形式和真实性提出了疑问。

第一人称叙述有可能会显得很真实,因为每个人故事的细节都是独一无二的。但是在专业写作的协助下,作品的"声音"、文风和笔调都会与讲述故事的幸存者产生偏差。额外的细节、更广阔的知识背景和语境影响都有可能介入进来,这些都会超出幸存者当时乃至以后的知识储备。而且事情都已经过去几十年了,当年的场景和对话的细节不太可能记得那么分明,描写的时候也就需要动用更多的文学技巧。当后来的写作者借助幸存者个人记忆以外的"知识"

对作品进行补充时，一旦它有失准确就会令文字显得尤其刺眼。比如说，杰克·艾斯纳对自身经历的生动讲述就在写作方面得到了欧文·A. 莱特纳（Irving A. Leitner，一位童书作家，他的妻子也是一位幸存者）的协助。在这部作品里，艾斯纳似乎不仅记得人们之间的详细对话，能够以直接引语的方式写出来，而且还记得弗洛森比格集中营大门的标志——但事实上，他将其与布痕瓦尔德集中营大门独特的标志混为一谈了。[25]

有时候，如果幸存者对于历史写作非常敏感，他会为了传达在他的脑海中依旧鲜活的记忆而坚持使用直接引语，弗兰肯塔尔的讲述便是如此。[26] 然而，尽管为了让读者更好地理解故事，作者添加了一些必要的内容，但也有许多细节在这个过程中被遗漏了。也许这么说有点夸大其词，但是口述证词最令人着迷的一点在于，它可以被称作是一种生活哲学，或者至少也表达出了某种更为普遍的态度，以及解读世界的方式。不过，有些叙述是专业作者代表幸存者所写的，所以故事的总体道德意味和信息无论是会再现人们的期待，还是对其发起挑战，都会经受专业作者笔触的标准化。在某种意义上，剧情常常变得比文风更为重要；而讲好一个能吸引读者注意力的故事，也常常变得比探索主观看法、与过去对抗，或者关注叙事的真实性更为重要。只有像露特·克吕格这样出色的作者，才能就幸存者的早期自我和晚期自我之间的互相作用提出精彩的问题，才能把叙述构建得既清晰明了，又无法以简单、单线程的方式对其进行重述。[27] 文学性不太强的叙述往往会采纳比较直截了当的情节线索，强调人们在面对背叛、危险、痛苦和损失时表现出来的英雄主义、勇气、救助和希望；如果作者本人并非亲身经历所述事件的幸存者，文本往往会更倾向于采用这样的结构。

不过，这些文字仍然是一份无价之宝，因为它们将原本可能连至亲都无缘聆听的经历记录下来，传达给广大的受众。在协助幸存者讲述故事的人当中，有的是他们的家庭成员，他们协助年老的亲属理清思绪，并将记忆化作文字，或者将锁在柜子里、藏在阁楼里沉睡已久、无人触碰的大量档案和资料呈现在世人的眼前。有些伸出援手的人自己就是专业人士，他们具备优秀的素养，能够将自己所爱之人的故事推向这个世界，比如安·基施纳（Ann Kirschner）就做了许多研究工作，为其母亲的家书集锦附上了历史的语境。基施纳的母亲萨拉（Sala Kirschner）经历过施梅尔特组织（Schmelt Organization，以党卫队军官阿尔布雷希特·施梅尔特[Albrecht Schmelt]的姓氏命名）旗下位于上西里西亚的一系列劳动营，并且幸存了下来；这些信件经过整理之后被锚定在更广大的故事情景中，它们于2006年得到出版，成为一份非常了不起的档案，不仅能够让读者在阅读中接触第一手的个人经历，同时还能提供后来者的视角，帮助读者更全面地理解幸存者在当时的遭遇。[28] 在其他情况下，如果提供协助的家庭成员并不比幸存者本人更擅长讲故事，他们也许会共同努力，呈现出一整部基于不同视角但同样精彩纷呈的家族经历。施普林格家族（Springer family）就属于这一情况，他们的回忆录出版于2009年，其中既有家长的，也有孩子们的幸存故事。[29]

然而，在其他事例中，剧情可能会掌握在代笔作者手中，而故事的叙述口吻可能也会跟实际经历它的幸存者口吻截然不同。比方说，2012年出版的萨姆·皮夫尼克（Sam Pivnik）回忆录就属于这种情况。叙述者会频繁地介入进来，解释当时的历史语境——比方说"当时我并不知情，但是……"然后就辅以历史语境解释——这些内容显然出自历史知识更为丰富的代笔作者，它们突然出现在缓缓展开的角色描写之中，有时候会显得非常刺眼。[30] 这些作品的客观口吻实际上来自代笔作者，而非幸存者本人，它往往会令那些对代笔情况一无所知的读者感到讶异，他们的评论显示出，他们会惊讶于幸存者竟然能够如此冷静地与这些感性的事件保持距离。如果这样的故事采取所谓的第一人称叙述，其"故事寓意"所产生的广泛影响是否会出现偏差，也就势必会引发人们的疑惑了。

难堪的受众和层级化的羞耻

语境的变化也同样举足轻重。如今，新元素被纳入人们可以讲述的事件范畴；由于人们期待受众会抱有同情心，所以这也影响了人们打算倾诉的内容，也弱化了过去对特定议题的回避。至少在保持一定距离的情况下，"羞耻"在某种程度上（尽管在具体人群中无法测量其具体程度）也成为一种人们有可能坦然承认的情绪。比方说，约瑟夫·鲍姆加腾（Josef Baumgarten）在奥斯维辛接受医疗"手术"时曾被摘掉一颗睾丸，他在接受南加利福尼亚大学视觉历史档案馆的采访时，发现自己第一次能够公开谈论这件往事。虽然有点结结巴巴的，但是他也终于愿意接受并不总是令人感到舒服的"幸存者"标签了：他这一后来的自我开始试图传达早期自我的感受，其实当时的他只是想多活一天，多吃一餐，多拿一块面包罢了。[31]

有些纳粹迫害的非犹太幸存者已经不再担心会被社会所隔绝了，但是对于他们来说，年轻世代变得更愿意聆听他们的经历，也仍然是一件重要的事情。耶和华见证会信徒利奥波德·恩格莱特纳出生于1905年，他的故事在20世纪90年代总算被一位口述史从业者采集到，可以说他的勇气也是因为他足够长寿才终于姗姗来迟地得到世界的认可。当恩格莱特纳已经90多岁的高龄时，他在采访中回忆道，耶和华见证会信徒如何长期被"贴上不愿工作和具有犯罪倾向的标签，长期被当作二等公民来对待"，以及"这些事情在这么多年里都被当作禁忌，如今终于能够公开谈论它们"，是多么"令人感到满足"。[32] 如今的他不再被当作"某种贱民",不再被人们"恶言相向",而是反复地被人告知,"他们有多么钦佩和尊敬[他的]作为"。[33] 在采访就要结束的时候,他把自己的经历总结为"从一个受迫害、受鄙视的集中营囚犯和一个懦弱但富有良知的反对者变成了一个名誉完全得到恢复的人,甚至被他人视为榜样"。[34]

并非所有幸存者群体都能觅得富有同情心的听众。人们之所以保持沉默,其根源在于他们对广大的社会有何反应心怀焦虑,再加上害怕亲属会遭到污名化,比如"安乐死"政策的受害者家庭便是如此。对这些群体来说,最关键的事实在于受害者仍然被圈定在"正常"范围之外。[35] 人们常常担心,亲属确实是因为遗传方面的缺陷而遭到谋杀的。许多家庭不希望谈论他们的亲属,并且试图压抑自己的记忆。如果一位家庭成员被发现是受害者,或者某位亲属的生命轨迹受到调查,常常会出现的一种困难情况就是其他亲属可能会希望回避这个敏感的领域。在有些案例中,会有那么一个人坚持不懈地进行调查,而其他人则不希望自己被拖入其中。在有些案例中,亲属们虽然有其他选项,却抛弃家人,将他们交给负责照料的机构,最后致其丧命,他们会因此背负一定程度的罪恶感,或者可能遭到谴责。对于有些人来说,亲人遇害所带来的伤痛或损失可能永远都不会完全消失,而正视这种伤痛则是一项几乎无法完成的任务。[36]

出于其他不同的原因,辛提人和罗姆人在这几十年来都很难在自己群体的外部找到愿意聆听他们故事的人。随着迷你电视剧《纳粹大屠杀》于1979年在德国公映,这一处境也开始发生改变。[37] 据说到了这个时期,有些德国人仍然无法面对他们对于犹太受害者的负罪感,便开始寻找他们能够接受并为其奔走的其他受害者。有些人控诉犹太人垄断了关注和赔偿的市场,我们从这些针对犹太人的控诉中也觉察出一种隐约的反犹主义暗流。不过无论是出于什么样的原因,罗姆人和辛提人总算是跟其他被边缘化的群体一起,被列入了纳粹迫害的受害者名单里。德国辛提人和罗姆人中央委员会（Central Council of German Roma and Sinti）于1982年成立，并在随后的几年当中帮助人们越来越清楚地意识到他们的处境，也越来越对他们报以同情。即便如此，他们也还远远没有跻身大多数人对于纳粹受难者的认知中。

不过出人意料的是，福图诺夫档案馆里藏有一批绝无仅有的对于西德辛提人家庭的采访，录制时间就在东西两德刚刚统一之后，而在那个阶段，东西两边都存在着种族主义事件。[38]这个项目的执行人是加布丽埃勒·蒂瑙尔（Gabrielle Tyrnauer），她是一位存有一定争议的学者，不过她显然很受这些受访家庭的信任。[39]这些家庭都住得很近，所以针对个人的采访常常会因为朋友和亲人的来访而增加受访对象，伴侣、孩子、侄子、孙辈和邻居也常常在采访中进进出出。在这个社群里，几乎每个人要么自己就是幸存者，要么是幸存者的子女或孙辈。在这个社群中，过去从来没有遭到压制，也没有被贴上封口令；伤口和伤疤仍然没有愈合，所以他们的挑战与其说是讲述过去的故事，不如说是应对极端迫害留存至今的身体伤害和心理伤害。这些采访也鲜明地反映出新近统一的德国紧绷的情感和政治环境，他们很明显地体会到自己遭到了当地社区的排挤，也害怕自己会在现实中遭到新纳粹分子的攻击。

对于这些罗姆人和辛提人幸存者而言，迫害的经历似乎不曾消退，他们对于种族主义侵犯的重度焦虑一直延绵到20世纪90年代初。受访者会谈及他们"巨大的恐惧"，以及现实中的他们经常需要搬家，也经常被赶出他们希望定居的地方。他们不像犹太人那样拥有祖国，他们哪儿都去不了，而且觉得哪儿都不欢迎他们。有些人提出，如果他们试图保护自己，抵挡新纳粹分子的攻击，到最后遭到逮捕的不会是袭击者，反而会是他们。许多人都觉得自己的养老金和各项福利极其微薄，尤其是与曾经迫害过他们的前党卫队相比。政府并没有因为他们在集中营里承受的苦难而给他们发放赔偿金，所以他们当中的许多人都觉得纳粹对于"流浪者"和"反社会人士"的歧视一直尾随着他们，一直延续到战后的年代。

其他资料来源也暗示，他们仍旧普遍被视作"反社会人士和罪犯"，由此印证了上面的这些说法。[40] 有一个名叫玛莎·E.（Martha E.）的女人曾被关押在奥斯维辛、拉文斯布吕克和贝尔根－贝尔森，她展示了自己身上的伤疤，那是她在十岁的时候，为了获得一块食物而越出界线，结果遭到暴怒的集中营守卫殴打而留下的。后来的她仍旧因为当年的虐待和饥饿而身体不适，她常常有被害妄想，因此几乎不敢出门。她常常被人怀疑偷了东西——甚至连她放在女儿（她因一场车祸而不幸早逝）坟墓上的鲜花也会被怀疑是偷来的。玛莎·E.还提及，当她因为身体状况不佳需要接受休养治疗时，一位医生曾经对她说过一番非常可怕的话。她声称当这位医生看到她手臂上的奥斯维辛数字时，他说："真可惜，你怎么没被毒气杀死？你可不能享受什么休养治疗。"[41]

无论这是不是这位医生的原话，她和这个群体的其他成员所体会到的受排斥的感觉显然是确凿的。在罗姆人和辛提人的居住社区、营地和养老院进行的这类深入访谈十分鲜见，它也鲜少被整合到幸存者经历的叙述中，以及迫害的长期后果的广大文献中。[42]

即便在纳粹大屠杀成为一个热门话题，而且犹太幸存者成为公众尊重的焦点很久后，还是有许多人对其他类型的受害者群体抱有明显更少的同情心。战争结束许多年后，男同性恋者依然在害怕受到惩罚。纳粹在1935年制定的令同性恋行为入罪的刑法第175条，直到1969年才终于被西德废止。民主德国成立不久就开始采纳前纳粹时代的法律体系了，但是即便如此，同性恋行为直到1968年以前都是一项可以被惩罚的违法行为。在以天主教徒和保守派为主的奥地利，法律的修正直到1971年才到来。然而，舆论态度并没

第十四章　倾听受害者的声音

有随之跟进，男同性恋者想要公开谈论他们的经历，仍旧是一件相当困难的事情。

海因茨·黑格尔非常坦诚地讲述了他作为一个男同性恋者在纳粹集中营里经历的遭遇，而这在男同性恋群体中也是个例外。[43] 黑格尔的这本书写完没多久，同性恋行为就在奥地利被合法化了，于是这本书在1972年首次出版。除了黑格尔这位同性恋者选择开口讲述自己的经历外，这本书还在许多其他方面都打破了禁忌。但是黑格尔很快发现，他在战后的奥地利社会遭到了人们的孤立、蔑视和歧视。他作为纳粹迫害的受害者地位也没有得到承认。正是由于奥地利的黑格尔、法国的皮埃尔·西尔等一批人更为公开地谈论了他们的经历，同性恋的处境才开始发生变化。[44] 但是，要一直等到2002年，那些因为同性恋倾向而遭纳粹政权迫害的人，才终于恢复了自己的名誉。与此同时，尽管自20世纪80年代以来，社会运动和身份政治的崛起带来了许多文化的变革，但是许多纳粹的男同性恋受害者并不希望讲述他们的经历，也不希望再次招致亲属和保守的地方社群的社会性羞辱。那些勇敢发声的少数人，确实常常需要再次面对他人的排挤和嘲笑。

就连收集证词的主要机构也并未主动向同性恋者寻求采访。规模最大的南加利福尼亚大学视觉历史档案馆在最初的阶段主要关注犹太幸存者的叙述，只是到了后来才开始拓宽视野。耶鲁福图诺夫档案馆藏有来自各个群体的证词，但是其目录中关于同性恋的条目却没有男同性恋者讲述自己人生故事的内容。它们反而记录下了其他囚犯对于令人反感的同性恋者的回忆，比如有些囚犯头子就试图违背他们的意愿跟他们发生性行为。在这些事例当中，同性恋被视为一种权力的滥用，人们往往在提及它们的时候心怀厌恶。有些证词还会以某种疏远的第三人称方式提及其他囚犯是同性恋：他们仿佛是远景中的某个物体，而证人和这些囚犯几乎没有什么私交。

在第三帝国受到迫害并幸存下来的所有男同性恋者中，很少有人能够活到社会发生改变的那一天，并用他们自己的视角向怀有同情心的听众讲述他们的故事。在2000年，一部由罗伯·爱泼斯坦（Rob Epstein）和杰弗里·弗里德曼（Jeffrey Friedman）执导、名叫《活着为了证明》（*Paragraph 175*）的纪录片电影，帮助纳粹迫害的少数男同性恋幸存者中的五位发出了他们的声音。

文化的转变微妙地影响着受害者的心态，他们对可能遭到嘲笑和轻视的恐惧，以及对可能得到敬重和尊重的期待都有所改变。这些恐惧和期待，因为人们遭到迫害的不同原因、他们得以幸存下来的不同方式，以及战后生活环境的变化而有所差异。并非所有受害者都能平等地参与幸存者的新时代；禁忌和敏感地带依旧存在，而不同程度的边缘化也有着明显的层级和模式。沉默和言说的时间演变也相应地存在差异。

除此以外，"幸存者时代"实际上也是一种跨越代际的沟通：一种面向未来，面向年轻世代的沟通，而不是行凶者和受害者之间的沟通。战后最初几十年以双方之间的平行世界为特点，而这一点常常会延续到最后。但是也有很多个体的考量影响着人们言说的意愿，以及他们选择以什么样的方式来言说迫害给他们的生活带来的影响。

第十五章

寻找过去的意义，生活在当下

普里莫·莱维观察发现，无论是对于幸存者还是行凶者来说，他们都有很多理由就过去的事情保持沉默。"受到伤害的人倾向于封存记忆，以免旧痛复发；而曾经伤害他人的人则试图摆脱记忆，将它压在心底，来减轻负罪感。"[1]因选择性记忆和遗忘所招致的困境绝不新鲜，也并不局限于纳粹迫害的历史。不过，16世纪的法国哲学家米歇尔·德·蒙田（Michel de Montaigne）有一句智慧之言：最令一件事情牢驻记忆的办法就是想要忘掉它。记忆被讲述的方式也受到时间流逝的影响。正如普里莫·莱维所言："如果一段记忆太常浮现，并且总是被讲成一个故事，那么它就会固化成某种刻板印象，变成某种被经历确证的形式，凝结成晶体，去除不完美的地方，被加以装饰，最后取代了原始记忆，并且在它的残骸上生长起来。"[2]

然而，顽固地留存在记忆里的事物并不一定会直接转换成它们被谈论、被压抑、被绕过或被回避的形式。人们对一段痛苦的过去保持沉默，背后可能有许多原因。为什么有些人选择不停歇地讲述，一遍又一遍地重复某些话题，却无法得出任何解决办法；为什么他们对其他事情沉默不语，也许只会隐隐约约地提及敏感的话题，也许只对他们最信任的朋友和家庭成员吐露心声；以及为什么有些经历只会在噩梦中，或者被外部刺激因素意外激发时才会浮现，它们的背后也都有着许许多多的原因。心理学者和心理分析师详细地探究了表达和压抑的模式，讨论创伤经历到底是只会以闪回或画面的形式回溯到我们面前，还是可以被重新构造成部分可控、自我疏远，甚至具有治疗功能的记忆叙述。社会和文化语境，以及时间的流逝，也会影响人们的回忆。我们从中也许可以观察到好几种模式。

将自我疏远作为一种自我保护方式

我们会颇为惊讶地发现，许多幸存者都会以某种方式，令后期的自我与经历过可怕时期的早期自我保持距离。后纳粹大屠杀的自我往往与经历过死亡营的自我，或者经历过这场毁灭之前的自我分裂开来，比邻而居。夏洛特·德尔博的多部杰作（既包括她在解放后不久写下的关于奥斯维辛和拉文斯布吕克的零碎经历的原始记述，也包括她后来对跟她关押在一起并且幸存下来极少数女性之命运的书写）对这一现象都有精彩的着墨。[3] 不过，这一现象其实在各类叙述中都很突出。

对于受害者来说，记忆的疼痛可能会过于锐利，而陈述过去可能也是一件过于复杂的事情。保持某种形式的距离，维持某种超然的感觉，反而会简单一些。幸存者常常会表达出一种感受，仿佛事情"真正"发生的时候，他们并没有那么真切地"在场"。他们对自己的表述，仿佛当年不曾身处恶之中心，只是从边缘地带观察而已。"真正"的受害者是那些已经遇害的人；而用普里莫·莱维的话来说，那些归返之人是"被拯救的"人，他们无法为那些"被淹没"死者代言。而且只有那些死者，才有真正的受难经历。在这里，也许心理学者比历史学者更有资格发言，无论是出于何种原因，全面接受现实也许是一件太过可怕、令人无法承受的事情。

后来，时间的流逝在幸存的自我和过去的人生之间置入了足够的距离，人们可能会因为重访这些一度令他们受难的场所，也会为了重新拼凑他们支离破碎的生活，而生出清点这些损失的需求。历史学者奥托·多夫·库尔卡于1933年出生于捷克斯洛伐克，他直到晚年才写下自己在奥斯维辛家庭营中的儿时记忆。他在回忆录中强调，自己从来没有进过毒气室。直到几十年后，他才亲身走下了毒气室废墟的台阶：

> 我顺着台阶一级级地走下去，走向我记忆中的名字和形象都曾下去的那个地方，而我也看到无数众生被焚尸炉所吞噬，而后来我曾想象他们是如何在火焰中升腾而起，飞向烟囱上方被火焰照亮的夜空。最后，我终于到达台阶底部。毒气室已经进不去了，因为它的屋顶已经坍塌，堵住了入口。所以我转过身来，最后又慢慢地步上同样的台阶。[4]

库尔卡此行的一大使命，是要将他分裂的自我重新整合在一起，而正是这一分裂使得他能够背负着这段历史的痛楚，忍受着它活下去。他不停地做着噩梦，梦里的他不仅被惩罚受死，也被惩罚要幸存下来，深陷于他无法逃避的"不变法则"中永远循环下去。

这一使命还将他引向了另一个地方，那也是一个他始终保持距离的地方，但是对他来说也是一个悲剧的核心地带：他母亲死去的地方。他最后一次见到她是在奥斯维辛，是在她被遣送施图特霍夫的那一天；库尔卡后来真的拜访了他母亲被用作奴隶劳工的地方，他刚出生的弟弟（考虑到这里惨无人道的环境，怀孕简直是一件令人无法想象的事情）被杀死的地方，他母亲逃出生天的死亡长征路线，以及他后来发现的母亲躲藏的地方——当时苏联军队就要解放这片区域，他的母亲躲在这里，想要活下来，却罹患斑疹伤寒，并在1945年1月25日病逝。[5]

对于许多幸存者而言，自我疏远源自一种与死者团结一心的感触，其中包含着一种希望理解他们的经历的愿望，但与此同时也明白他们已经死而不能复生，而生与死之间的距离是不可能跨越的。这一点在克洛德·朗兹曼的《浩劫》中就显得非常突出，因为他在访谈中带领受访者走到了死亡经历的边缘。对其他人来说，时间的流逝，以及过去自我与当下自我之间的日益疏远，是一件非常重要的事情。许多幸存者要等到在过去与自己之间拉开足够的距离之后，才能将这些经历变成铅字出版出来，历史学者绍尔·弗里德伦德尔和奥托·多夫·库尔卡，以及文学学者露特·克吕格都属于这类情形。[6]

有些人试图探索与他们自身经历稍有距离的事物来维系这种疏远的距离。许多幸存者成为虚构或非虚构作家，他们的写作主题与自身经历联系紧密，但又稍有差异，这样就既不会同自身经历走得太近，却以某种方式与其相连。有些人不仅书写他人，而且还为其代言，比方说夏洛特·德尔博笔下列车上17岁的女孩；普里莫·莱维对奥斯维辛里的其他人的描写；以及赫尔曼·朗拜因、维克托·弗兰克尔、H. G. 阿德勒（H. G. Adler）和埃拉·林根斯－赖纳对集中营生活的分析——所有这些幸存者都通过分析他人的生存策略，通过向那些没能活下来的他人致敬，而在某种程度上疏远了自身的苦难。

有些人会选择另外的文体，而不采用可以被解读为自传体作品的形式。这种策略可能也会与运用小故事、隐喻、插曲、风景描写或书写"其他内容"的策略相结合，起到隐藏"真实的"故事或主体叙述的效果。凯尔泰斯·伊姆雷的作品，比如说他描写自己的集中营经历的作品《无命运的人生》（*Fateless*，虽然是一部虚构作品，

第十五章 寻找过去的意义，生活在当下

但带有很强的自传性质），以及他"采访"自己而写成的作品《档案K》（*Dossier K*），都很好地点明了"虚构"与"事实"之间的差异问题。[7] 阿哈龙·阿佩尔费尔德（Aharon Appelfeld）同样将自己的经历移植到更宽广的虚构世界中，写进了他关于幸存下来的人们的记忆以及中欧生活的小说中。露特·克吕格也在其自传作品中表明，每一部回忆录都包含很多构建的因素，以及很多的文学技巧。

如果幸存者成为历史学者，那么他们的专业精神会要求他们致力于基于证据的描述，因此文学想象和创意虚构式的放飞自我就没有用武之地了。但是，描述、分析和指认责任方的行为，还是允许他们将个人经历纳入更广大的视角中。有些人会书写他们自己经历过的场所，以及他们的近亲和家庭成员殒命的场所，伊扎克·阿拉德（Yitzhak Arad）对赖因哈德营的分析便符合这一情形；阿拉德的双亲死在了特雷布林卡，而他和姐妹则幸存了下来。[8] 但是值得注意的是，还有许多成为历史学者的幸存者（比如奥托·多夫·库尔卡）的主要写作范畴和他们的自身经历并没有太大的联系。他们并不会以第一人称的方式直面自身的经历，而是关注行凶者、德国的官僚阶层，或者某些有助于解释迫害环境和条件的事物。

无论是面对战后初期不愿聆听的受众，还是面对后来更具同情心的听众，幸存者的经历都既不容易概括，也很难向人们传达。然而奇怪的是，其中最难以复述的并不是暴行的故事，而是人们如何仍然能够维系一丝丝人性，或者（甚至写下这些都让人觉得不妥当，甚至有点令人愤慨）在这样的极端条件下，人们如何仍然能够维系某种享受生活的能力，甚至在这样的逆境中找到意义的故事。

尽管如此，受害者的生活当中还是偶尔出现明确的超然时刻。这些时刻在某些幸存者的讲述中显得分外突出，却给讨论和理解带来了挑战。它们会引发一种强烈的不安感；他们在书写这种时刻的时候常常经历过几十年的沉默，会进行自我审查，然后才会鼓起勇

气，吐露出这些对于他们来说非常珍贵却有可能跟不同受众的期待以及公认叙述模式不相符的个人回忆时刻。

如果幸存者曾在骇人的生存条件下回忆起宁静的时刻，甚至是幸福的瞬间，它可能会在幸存者后续的人生中导向一种对于这个失落世界的近乎怀旧的感受，他会怀念自己曾在这个瞬间以这样独特的方式生活过，毕竟这是他们人生当中一个真实的瞬间，不应该被完全否定，不留一丝余地。库尔卡在一个富有诗意的题为"夏天的碧空"的碎片化章节中讲述了他在1944年目睹"银色的玩具飞机载着来自遥远世界的问候，缓慢地飞过蔚蓝色的天空，而在它们四周的天空就像白色的泡泡一样发生着爆炸"时所体会到的幸福。[9] 现在我们已经知道，这些美军飞机拍下了奥斯维辛-比克瑙灭绝营的航空照片，而在这些照片上，一列列匈牙利犹太人正被送往毒气室的方向。事实上，当时的美国人优先选择轰炸位于附近的莫诺维茨的工厂，而将比克瑙的灭绝设施排在了后面。库尔卡为这个段落配上了其中一幅航空照片。在他看来，这是一个纯粹之美的瞬间，当他置身这个瞬间的时候，他就可以将四周死亡的景象排除在自己的脑海之外。如今他所关注的只有"这份美丽和这些色彩"："在那个晴朗的夏日，飞机飞过，天空依然碧蓝且美丽，蓝色的远山如故，仿佛这个世界并没有被它们感知到。这个世界便是这个11岁男孩的奥斯维辛。"[10] 这个瞬间一直留在他的心里，成了他"童年风景"中"最美丽的经历"。在他心里，这个瞬间成了"夏天的色彩、宁静的色彩、遗忘（暂时遗忘）的色彩……所有这些［将会］成为我永远的美之试金石"，哪怕周围已经尸横遍野。[11] 对于另一位年轻的囚犯格哈德·德拉克来说，飞机代表着解救的可能性，他认为美国将有可能炸毁毒气室，但是他随后崩溃地发现，毒气室并非他们的优先攻击目标。美国人为什么没有炸毁比克瑙？这个问题终身都萦绕在德拉克的脑海中。[12]

第十五章　寻找过去的意义，生活在当下

凯尔泰斯·伊姆雷在小说《无命运的人生》中也提到了集中营生活包含幸福时刻的可能性，乃至人们对这一时期的怀旧情绪。在小说的最后，年轻的主人公久里（Gyuri）离开了不理解他的叔叔们，回到故乡试图寻找他的母亲，他注意到傍晚时分是多么宁静。"甚至直到当下，就在此地，我也能认出那是我在集中营里最爱的每日时分，而我也被一股强烈、疼痛又徒劳的渴望所攫住。突然之间，它又活了过来，它始终都在那里，在我的体内涌动着，它所有怪异的情绪都让我讶异，关于它的碎片式记忆令我浑身颤抖。"[13]尽管久里发觉这种感触很奇怪，而且他克服了那么多困难才实现了转变，但是他还是从中觉察出某种连续性，而不仅仅是在他返乡之后，其他人试图强加给他的全新的开始："因为即便是在那个时候，当我身处轮番的折磨之间，身处烟囱旁边的时候，我也体会到了某种类似幸福的东西。"但是，这样的感受并不容易传达给别人："每个人都只会询问你所经历的困苦和'暴行'，然而对我来说，那种体验才是我余生当中最铭记心头的记忆。是啊，下次我再被人询问的时候，我应该把集中营里的幸福时光说出来。如果我真的被人询问。而且我自己没有忘记的话。"[14]在这个看似令人难以置信的段落中，凯尔泰斯不仅点出了他和不曾分享同样经历的同时代人之间的鸿沟，也点出了他的前期自我与后期自我之间的鸿沟。

凯尔泰斯小说的读者可能会觉得，当返乡的主人公遇到这些支持他的人时（包括希望能从他这里采到一篇生动地描写那个恐怖时代的报道的记者，以及希望他能够忘掉过去，开始新生活的叔叔们），他没能向他们传达他应该传达的观点。无论是库尔卡回忆录的读者，还是库尔卡本人（他一生中所做的恰恰是不去谈论他的过去）可能都想知道，一个人真的能够经历如此强烈的幸福感，以至于能够阻隔周围不断上演的死亡吗；他们也许也会质疑，谈论这样的情感真的值得吗，他们会害怕人们可能会滥用它，达成否认纳粹暴行、使

之相对化的目的。这两份叙述都凸显了沟通之困难，即便是面对富有同情心的听众亦是如此。[15]

有些回忆以独特的方式将时间和地点融为一体，表达出渴望和失落的情绪。战争结束以后，伊雷妮·埃贝尔既没有回到德国，也没有回到童年的故乡梅莱茨定居。她在1994年动身前往耶路撒冷旅行，她对耶路撒冷的印象部分源自她童年时挂在她家墙上的一幅照片，部分来自她父亲吟唱过的一首歌曲，开头是"锡安，在绿色的田野中，那是羔羊的牧场"。尽管耶路撒冷的城市环境非常古旧，但是这里各类事物的无常感受令她十分震惊；她也感到自己并没有完完全全地在当下在场："我目睹着那些自亘古时代就存在的石头变成了新的房屋，而其他的变成了我走过的道路上的灰尘。但我在这里是个陌生人，因为当我走在这些喧嚣而阳光明媚的街道上，我也正走过白雪皑皑、铺满尸体的田野，在那里，父亲的锡安之歌已经无法听见，而我儿时的那幅锡安照片也已经在很久前被撕成了碎片。"[16]

人生阶段与不断变化的故事

人们私生活的节奏并不一定与公共表征的节奏合拍。但是，它们会以复杂的形式互相交织。随着人们年岁的增长，他们最关心的事情也会发生改变；一开始，他们会希望对过去保持沉默，组建自己的新生活，但是随后这样的考虑就会被向新一代传递信息的迫切愿望所取代；外部事件会激起埋藏在心底的记忆，并且重新促使人们关注过去。

在这样短暂的时间内，我们无法做到真正在过去中求得意义。试图理解和应对迫害的后果，需要我们付出一生的努力。然而，理解过去无论是对于失去所爱之人的痛楚，还是对苦难的毫无意义，

第十五章　寻找过去的意义，生活在当下

都谈不上有什么宽慰的作用。对于那些当时就足够年长，能够回忆起"此前生活"的人来说，要将"此前"和"此后"拼接成前后连贯的叙事，常常是一件极其困难甚至没有可能成功的事情；而对于受迫害之时尚且年幼的人来说，甚至只是建构起连贯的身份认同感都是一件难事。许多幸存者都留下了终身的错位感，他们与他人共同生活，却不属于任何地方。任何个人的清算都谈不上盖棺论定，但是人们需要编织出他们能够与之共存的故事。即便道德反思的重心有所转移，潜在的模式和关键的节点都倾向于保持稳定。

后来，随着许多组织开始出面搜集幸存者的故事，人们在晚年讲述的故事重点会变得跟战争时期和战后初年的紧急状况下给出的证词有所不同。早期叙述关注特定的时间和直接的经验，而20世纪70年代以后的叙述则包含更为宏大的框架和问题。而且，随着时间的流逝，人们也越发意识到，个别经历如何能够在人的一生当中留下盘桓不去的影响。

心理分析师告诉我们，不同的人对创伤有着截然不同的反应，有的人非常有韧性，有的人则无法应对，进而造成悲剧。[17]大多关于纳粹大屠杀幸存者的心理学文献基于向心理分析师寻求专业帮助的人，或者申请赔偿所要求的医疗报告。[18]但是很多人没有这么做。他们适应新的环境，组建新的家庭，结交新的朋友，过着表面上安稳的职场生活和私生活——而且并不是所有人都希望把自己的身份归到"幸存者"的类别之下。

有些人会试图抛弃幸存者的标签，即便他们早年曾以这样的面貌示人。玛丽·贝格就很明显地属于这一情况：在出版华沙犹太隔离区的日记之后，从20世纪50年代初到她于2013年去世，贝格彻底回避了公众的视线。当有人提议她出一部新版日记时，据说她唐突地回答道："不要再挤犹太大屠杀的奶了……不如想办法去改变如今正在波斯尼亚和车臣上演的大屠杀。"[19]相较之下，许多幸存者也是直到晚年，受到越来越多的来自博物馆和证言档案馆的采访者的邀请，才开始谈论他们的经历。而且，有些人的故事到最后也无人问津，不受公众欢迎。

所有人在叙述自己的记忆时都会受到文化语境和社会语境的影响。当这些叙述变成出版物时，它们还会受到商业考量、审美考量和个人考量的影响。在证言记录中，采访者的特点和预期的受众也会影响受访人所讲述的故事和由此产生的形象。例如，克洛德·朗兹曼在摄制《浩劫》的时候就采访了特雷布林卡的幸存者里夏德·格拉扎尔，而他不断地要求格拉扎尔提供对于特定事件的细节反应。这些事件包括：当格拉扎尔进入一个满是裸体女人（她们被迫脱衣；即将被送进毒气室）的房间时，他作何感受；或者当新的运输车辆抵达，过了一阵子后，囚犯终于得知又送来了食物时，他们处在怎样的情绪中。[20]当我们观看这些没有用在电影里的镜头，看着朗兹曼不断地打探格拉扎尔的反应时，我们从中得出的印象会截然不同于格拉扎尔于1981年1月参加由美国纳粹大屠杀纪念委员会（US Holocaust Memorial Council）在纽约和华盛顿特区举办的国际解放者大会（International Liberators' Conferences）时留下的口述史采访录音。[21]在后面这场采访中，负责访问他的女性只提出了有限的、基于事实的问题；我们因此对格拉扎尔的人生经历有了大致的理解，却几乎听不到朗兹曼打探出来的那种互相冲突的情感和心理层面的难题。采访所呈现的是他对人生的粗略概括；采访者甚至偶尔会打断格拉扎尔的思考过程，强行打断他正在说的话，而不是耐心地等他继续说下去。格拉扎尔的回答所包含的事实信息，如今都可以在他的自传作品中找到，这本书最初写于1946年，但直到1992年才出版。[22]所以在格拉扎尔这个例子中，我们可以看到社会从战后的冷漠慢慢转变，在20世纪80年代开始产生兴趣，最后在第一次采访的十年后出版并翻译了他的回忆录。每个人的历程都有所不同，最终的经历呈现会随着幸存者、对话者和目标受众的兴趣而发生变化。

有些采访项目（尤其是接受过专业训练，做过类似项目的团队）常常会事先确定叙事结构，预先为不同的问题分配不同的时长，并且专注特定的话题，而不会将注意力分散到其他话题上；当受访人犹豫不决的时候，他们就会放下这个问题继续推进。另一些采访项目（比如耶鲁的福图诺夫档案馆或者耶路撒冷的凯斯滕贝格档案馆）则恰恰对幸存者反应中的复杂性和模糊性感兴趣。有些项目注重对失落世界的重建，讲述迫害之时发生的事件；其他有些项目则更关注迫害在解放以后对于幸存者的人生有着怎样的意义。许多幸存者都表达出一种挫败感，他们自认为不可能充分地展现他们的经历。文字记录无法传达出采访录音中通过声调或视频中的肢体语言传达出来的微妙之处，因此为各种不同的解释留出了更大的发挥空间。

于是，语境就通过所有这些方式，影响了这些选择讲述的幸存者的自我表征。但是，有更多的人几乎无人聆听；我们只是在偶然间，瞥见这些个体在奋力地同过去搏斗。比方说，有这么一位幸存者，在纽约的皇后区过着一种听起来悲惨且孤独的生活，他从来没有向任何人谈起自己孩提时期在奥斯维辛的经历；格哈德·德拉克在还是青少年的时候，曾与几位"比克瑙男孩"一起关押在所谓的奥斯维辛"家庭营"里，他在追查这些"男孩"的过程中，在一次晚宴上遇到了这位沉默寡言、脾气暴躁的男人，并在书里描写了他们之间磕磕巴巴的交谈。[23]

还有很多人的讲述并不符合各类机构或个人所寻求的证词类型。比方说，皮埃尔·西尔因为是一名同性恋而被关押在故乡阿尔萨斯的希尔梅克集中营（位于纳特兹维莱-史特鲁特霍夫）。他在战争中幸存下来，但是他所用的方法却不符合令人肃然起敬的幸存者故事的剧本。[24]他通过为帝国服劳役而得到释放，然后被德国陆军招募，成了所谓的"迫不得已"之人——这些法国人被迫代表德国敌军作战。战争结束以后，西尔的人生也无法让身为幸存者的他成为英雄；在这个恐同的社会里，西尔为自己的性取向感到羞耻，他结了婚，养育了三个孩子，最后陷入抑郁，离婚，酗酒度日。一直到20世纪80年代，西尔才从其他准备公开出柜的同志（包括海因茨·黑格尔）那里得到了勇气，也因此终于找到了自己的声音——只是即便到了这个时候，同性恋群体也不总是能迎来接纳他们的听众。相对而言，愿意观看西尔（他是电影《活着为了证明》采访的几位男同性恋者之一）讲述自身经历的整个圈子是有限的。而且，他的人生故事仍然与一般人眼中的"幸存者"故事不相符。

因此，尽管我们已经积累了体量庞大的材料，但是要概括出幸存者如何在他们的过去中寻求意义，仍然不是一件容易的事情。即便如此，我们还是察觉到某些模式（相似的主题、共同的挑战和同样的回应），对于那些没能将自己的讲述印成铅字的人来说，这些模式阐明了幸存者与过去共存的长远意义和个人意涵。

选择性沉默和个体差异

幸存者会尝试控制他们所说的内容，以及他们讲述的时间和对象。这么做的背后有许多原因。即便这些事件已经过去几十年，表达悲痛仍然有可能给幸存者带来疗愈，又或者只会打开陈旧的伤口，引发新的疼痛。无论是不同的人生阶段，还是变化的人际关系，都会对个人选择产生影响，其中就包括将过去的一切告诉孩子们的种种考量。

在有些幸存者于晚年写下的人生叙述中，战后最初的年岁在他们的记忆中是一段几乎只有幸福的时光。当然了，人们回顾青春，常常会对那段时期青眼有加。然而，人们是如此频繁地谈起自己如何享受战后初年的生活,这一点还是令我们印象深刻。在经历过解放所带来的冲击,身体从饥饿、营养不良和疾病中恢复过来后,许多幸存者都能回想起,当时的自己为活着而感到纯粹的喜悦。尽管那个时代也有艰难困苦和不确定性,但是许多人能够回忆起,那时的他们有着幸福和满足的时刻,尤其是他们在那个时候建立起来的全新人际关系,可以帮助他们应对失去亲友的丧恸。

这一心态与幸存者在人生后期体会到的压抑和孤独形成对照。此外,人到晚年的他们还会觉得,年轻的时候他们还可以畅所欲言,后来反而做不到这一点。幸存者们还记得,一开始人们是如何忙于寻找失散的亲属,结交新的朋友;人们在集中营里也说过很多话。米拉·P.(Mila P.)出生在波兰的赫扎努夫(Chrzanów),她在经历过奥斯维辛后被转移到劳动营,最终在那里幸存了下来。她还记得有过那么一个时期,每个人都在询问"你在哪里?"。但是,当米拉·P.于1980年在美国接受福图诺夫档案馆的采访时,她感到"如今已经没有人愿意谈论它了"。她认为这种情况主要跟信息的过度饱和有关:"如今我们都清楚过去发生了什么,没有人真的想要谈论它们。"[25]她注意到事态已经发生了改变,从强调收集事实和迫切地想要交换信息,转变为一种觉得人们已经听到耳朵起老茧的疲惫感。

尽管战后强调在废墟上重建物质社会,却很少有人提及人们同样需要心理上的治疗;仿佛人们就应该直接过上新的生活。正如蕾切尔·P.(Rachel P.)在瑞典接受尤迪特·克斯腾伯格研究项目的采访时说的那样,一开始谁也没有想过人们应该接受心理咨询:"那时候跟现在不一样,现在的你应该好好解决心理问题";但是在那时候,他们必须"尽快消化它",这样"一切就能够如常,仿佛什么事都不曾发生过"。[26]蕾切尔·P.没有谈论自己在犹太隔离区、拉文斯布吕克和贝尔根-贝尔森度过的童年,也没有提及母亲在解放后不久就死于斑疹伤寒的往事。当第一次说起自己在战后的瑞典已经是个孤儿,以及后来在以色列度过了青年时光的时候,蕾切尔·P.说道:"不行,我始终都无法对任何人说起……我决定我应该是个年轻、漂亮的人,我要把这一切都留在身后,如今我应该开启我的新生活。"她想要为自己打造一个美好的未来:"我一开始就很努力地让自己变得勇敢,有本事,有能力。"她继续"伪装"(这是儿时的她在集中营里学会的生存技能)的努力虽然成功,但是问题重重:"我是很勇敢,但没有我假装的那么勇敢。"[27]

这样的长期策略常常意味着,幸存者不仅不能汲汲于过去,而且也不能透露出它的影响。即便在同一个家庭里,不同的成员在应对过去的主观意愿上也有差异。法国有三个孩子(两女一男)就属于这种情况,他们的父母被遣送到集中营惨遭谋杀,而他们则被法国的天主教徒收养。战争结束以后,他们三人都移民澳大利亚。然而,他们当中只有波莱特·G.(Paulette G.)在1994年接受采访后终于动身回到法国,试图寻访那些在他们小时候勇敢地挽救过他们性命的人,并且探寻他们母亲的遭遇。尽管她尽了最大的努力,想要说服她的兄弟和姐妹与她一同前往,但是到了最后,她只能只身赴法。而且当她回来的时候,她的姐妹也不想听她讲述:"她想要了断过去,活在当下,我的丈夫也是如此。"[28]波莱特·G.发现,自己想要理解过去的主观意愿,与其家人的反应是截然不同的。

波莱特·G.和蕾切尔·P.很像,她尽全力掩饰自己的过去,改变自己的身份。身为孤儿的她发现澳大利亚的其他人都认为她低人一等,是个人人都可以占便宜的对象:"如果一个男生想要跟我接吻,而我却不想,他会说:你只不过是孤儿,你完全可以跟我接吻,你不得不跟我接吻,你必须要表现得像个孤儿,而我不喜欢你这副样子。"[29]她深深地受到受害者状态和这种低人一等的感受的困扰:"我总是觉得自己比不上别人,因为我羡慕别人拥有父母和祖父母,

第十五章　寻找过去的意义，生活在当下　　　　　　　　　　　　　　　　505

在过去，这件事总是令我感到难过。"[30] 她决心不沉沦于过去。她一直到 50 多岁的时候，才加入了幸存者同胞的互助小组，总算开始面对其经历的长远影响。即便到了那个阶段，她也很难开口讲述。正如她所言："在我陷入封闭之前，我感觉很好，很舒服，很开心，一切都很美好。"[31] 但随后，事情发生了改变："我似乎无法将过去和现在接续起来，接续它们之所以困难，是因为你必须为当下而活。"她一度决心要"享受当下的每一天"，但如今这份决心在不断弱化："自今年以来，我必须要说，过去的我从来没有这么爱哭过。我不记得自己以前有这么爱哭。"[32] 对于其他幸存者来说，唯一的解决方案就是继续保持沉默。

波莱特·G. 的第一任丈夫的家庭背景与纳粹大屠杀毫无瓜葛，她每次收到男方母亲送来的礼物总是感到非常为难。草草离婚之后，她又嫁给了一个跟她一样双亲已逝的幸存者。但是即便在两人结婚 32 年以后，她仍旧对他的过去知之甚少。她甚至不知道丈夫当时被关押在哪个集中营，他一直到波莱特·G. 参加互助小组之后，才开始同她谈论他的过去。然而，他们的孩子仍旧对父母的过去一无所知。[33] 虽然波莱特·G. 和她的丈夫都承受着噩梦和痛苦往事的重现，但是她的丈夫不愿意跟她谈论这些事情。"他白天的时候会跟我说，他昨天夜里做了噩梦，但是他从来不跟我说噩梦的内容，我猜到它们跟那段过去有关。他从来都不开口。"[34]

对某位幸存者有效的策略可能不见得对其他人也有效。埃娃·S. 和她的姐妹玛莎是门格勒双胞胎实验的幸存者，当她于 1993 年在澳大利亚接受采访时，她解释了为什么自己连在幸存者治疗小组里发言都会觉得困难。她也不再向姐妹过多地提起她们共同经历的这段创伤过去。埃娃 S. 在采访中对心理分析师说道，玛莎的"愤怒感比她更强烈"。[35] 她的姐妹选择不去言说这种愤怒感，只是怀抱着它生活下去，而且她们也并不清楚在治疗小组里表达这种愤怒感会不会对她们有好处。

就算人们开口言说，他们也对内容有所选择。埃娃·S.开口讲过一个她在奥斯维辛经历的、令她困扰已久的事件。那时候的她还是个小孩子，却被委以照顾儿童营里其他更年幼的孩子的任务。结果那一天，负责那片监狱的"囚犯头子"从埃娃·S.手中强行夺走了本该喂给孩子们的牛奶，因为按照那个女人的说法，反正这些孩子也活不下去了。埃娃·S.没法讲完这个故事，只是说这个女人后来又对她说了一些她就算"带到自己坟墓里"也不会说出口的话，而这个女人如今也生活在澳大利亚。[36]我们并不清楚到底是什么原因，让她对几十年前别人说过的话缄口不语：也许是因为埃娃站在"自己这个民族"的集体认同的立场上，为这个女人的行为感到羞耻，也许是因为即便在半个世纪过后，埃娃·S.仍旧顾虑到这个女人也是她所属的纳粹大屠杀幸存者群体的一分子。羞耻和战后的人际关系都对选择性沉默起到了推波助澜的作用。还有很多情况下，人们的羞耻感指向了他们自己的行为。而且在有些案例中（上述案例并非如此），叙述者会把令他们感到羞耻的自身行为安在别人的头上，这样他们就既能袒露这种行为，自己又不会引起他人的侧目。

幸存者反而比真正有罪之人更受到负罪感的困扰，他们会觉得自己本可以或者本应该做更多的事情，来挽救他们心爱的人；会觉得自己做了错误的选择；会觉得自己为了生存下来，也许做了什么不道德的事情；会觉得其他人应该代替他们幸存下来。对于有些人来说，让过多的伤痛重新浮出水面并没有什么好处。亚力克斯·H.于1983年在美国接受了福图诺夫档案馆的采访，他还记得自己在战争结束之后有哪些事情必须优先考虑："我是如此沉浸在为新生活而奋斗的过程中，实在是无暇顾虑其他的事情。"[37]亚力克斯·H.成长于上西里西亚东部的小镇斯切米斯采（Strzemieszyce），在邻近的城镇本津上过一所对学业要求很高的文理高中，可是随后他就被迫离开了富庶的家庭,被送到犹太隔离区生活,最终和兄弟一起被送进了奥斯维辛。采访者给予亚力克斯·H.充分的时间,让他专心讲述对他而言最重要的事情。但是,基本的"迫害"故事(还包括他所在的集中营的细节)用了不到15分钟就讲完了,亚力克斯·H.很快就来到了最令他困扰的几个问题:首先是他没能挽救他的兄弟,这件事给他带来了巨大的心理折磨;其次是当时的他已经被降格到动物的状态;最后是在这些事件过去40年后他所身陷的抑郁状态。战争结束以后,他来到美国,却不会说英语,没有任何家人,也没有接受过在这边就业所需的相关教育。他的生活被"日常的斗争"所裹挟,"占据了他全部的精力和思绪"。但是他说,如今他已经全部实现了这些目标,而"我过去的那段时光开始萦绕不去"。

亚力克斯·H.花了一些时间才重新恢复镇定,他继续接受采访,解释说有时候"我的眼前会出现一幅画面,它实在是太过真实,我都可以伸手碰触到它"。当他回忆起他认识的那些人都遭遇了哪些命运时,他说:"我陷入了抑郁,我完全走不出来,这样的状态会持续很多天。"此前的他其实并非忘记了过去:"它其实一直都跟随着我,但是我也一直将它推开",然而随着年岁的增长,就算是看着他的孩子和孙辈,一切都会"将过去打捞起来"。他想要跟拥有相同经历的其他人聊天,想要借此获得帮助和慰藉:"我没法跟过正常生活的人聊这些事情",因为他们不会理解的。亚力克斯·H.认为,除了竖立纪念碑以外,人们还可以投入资源,建设一个幸存者可以聚会的地方,因为"他们只有彼此相处时才会感到自在",而且大多数人都害怕自己会孤身一人,害怕"他们在这个世界上再也没有可以亲近的人"。[38]

几乎每一位受访者都提到,当回忆在脑海中闪回时,他们不可避免地都会感到伤痛。即便是外表很坚强、很能适应环境的幸存者(比方说阿龙·S.)也是如此。阿龙·S.是登比察犹太隔离区、普瓦舒夫集中营和梅莱茨集中营的幸存者,当他搭上一辆"每个人都明白他们不可能活下去"的列车时,他最终成功从上面跳了下来。当阿龙·S.于1989年在美国接受采访时,他提到"那些可怕的场景会留存在你心里,你无法遗忘它们";每隔几天,他就会做噩梦,梦里的他不停地奔跑,试着找到可以藏身的地方。[39]

对于幸存者来说,回避痛苦的记忆是一件稀松平常的事情。米拉·P.说:"我个人不想讨论它,因为它太痛苦了,它会浸透我的全身,然后我就会陷入难过和紧张之中,掉下眼泪来。"[40]当她的孩子们看了一部电影或舞台剧,被勾起好奇心的时候,他们会问她为什么哭泣。"我在哭什么?我的妹妹为什么不能活下来?她要是还活着,现在已经49岁了。为什么我的双亲——为什么他们要这样走上死亡的那条路呢?我哪里比他们好了,凭什么我就幸存下来了?"思及她的愧疚感,她还接着说道,她已经"没有足够的眼泪供她哭泣了"。采访者关掉了摄像机,但是录音机还在继续运转着,我们可以听到米拉·P.说:"而现在的我觉得我想要去死。"

幸存者保持沉默的一个常见动机是希望保护他们的孩子。比方说,他们该怎么一方面不让孩子们承受太多痛苦,一方面向他们解释为什么自己的家庭与那些不曾经受悲剧的家庭有所不同,以及他们家里为什么没有祖父母和其他亲戚?以及他们在谈及这些缺憾的时候,如何能避免在孩子面前崩溃?他们希望让孩子看到自己坚强的一面,但是这么做只会暴露出他们的脆弱和伤心欲绝。

此外,幸存者也希望他们的孩子能够融入社会,不要像他们那样被视作与众不同的人。波莱特·G.聊到她从来没有在孩子的成长过程中同他们讨论过去时说:"我希望他们能和其他所有人一样。"[41]每当他们向她提出问题时,她"都会失声大哭起来"。[42]但是她又补充道:"我希望我的孩子能把我视作和别人一样的正常人。"[43]对她而言,哪怕徒有"正常"表面也很重要。她害怕自己不能给孩子提供他们需要的教育,她请人帮忙照顾孩子,然后自己不停地工作来填补这部分开支。她希望孩子们身边有个"正常人",这样他们就能"跟其他澳大利亚的孩子一样,像个正常的孩子那样成长";她不希望孩子们像"我一样有口音",希望他们能"讲一口地道的英语"。[44]

埃娃·S.也提到她如何想方设法给孩子们提供她力所能及的最好的教育:她"从来不曾向他们提起过去发生的事情"。她希望能"保护他们不受这一切的伤害,等到他们年长一些再告诉他们"。[45]然而,即便孩子们已经长大成人,埃娃·S.发现自己还是很难直接跟他们谈论过去,而是交给他们"一盘磁带,让他们去听"。[46]与此同时,她在孩子成长过程中希望他们掌握的技能也同她自己对于生存必需技能的亲身经历密切相关:"我确保他们都学会了柔道,我带他们去游泳。还有一切跟自我保护和逃跑有关的技能。"[47]尽管她很关心她的孩子,但是她的亲子关系受到了奥斯维辛的门格勒实验给她带来的创伤经历的影响,而且她也对用身体接触表达亲密关系的方式感到不适:"我的孩子们认为我没有充分表达出爱意……我从来不跟人亲吻、拥抱和依偎,我不喜欢这样。他们觉得我不够温暖。"[48]

蕾切尔·P.也说自己很关心此类事情,她希望确保孩子们有个幸福的童年,千万不要和她自己有类似的经历。她年轻的时候在以色列和后来的丈夫相遇,当时的他是个"朝气蓬勃的以色列年轻人"。他们一起移民瑞典,她也尽可能地在那里过上"正常"的生活。"我从来不跟经历过战争的人来往,我只跟出生在瑞典的当地人交朋友,我很成功地融入了当地。我明白,我想成为跟他们一样的人。"[49]她之所以这么做,一部分是为了孩子,所以她也从来不曾跟他们讨论过去。"我用一种很特殊的方式将他们抚养成人,我很爱他们,我不容许他们有任何忧虑。我会替他们打点好所有忧虑,他们遇到的所有问题都由我来处理。我会解决好它们,所以我教育孩子的方式很不正常,也就是说在我经历过这一切后,我希望他们的人生应该像童话故事一样,没有任何忧虑。"她希望孩子们能"一直幸福下去",而他们对母亲经历的过去也一无所知,直到他们长大成人。[50]

这样的教育方式显然会带来负面效果。蕾切尔·P.的孩子们不像母亲那样在孩提时期就被迫明白"生活十分严峻,以及生活需要斗争"。而且"因为我解决了他们所有的问题和所有的忧虑,从来没有让他们经历过挫折,所以他们也跟其他人不一样"。[51]除此以外,她的策略也影响了家庭的人际关系,她的丈夫希望她能够对孩子们坦诚一些,而这一点引起了蕾切尔·P.的抵触,家庭氛围也就难免因此而变得紧张:"我对他非常恼火。他不应该扰乱这片田园景象。"她认为如果讨论这段"创伤深重"的过去,她将无法应对"所有的痛苦",也无法维系"所有的伪装";她"不想继续承受它",只想"生活下去"。[52]这些相互冲突的需求将她引向不同的方向,她怎么也找不到可以调和它们的方法。

在有些事情上,比方说到底要不要跟孩子们讲过去发生的事情,其他人的反应跟她截然不同。阿龙·S.在美国接受采访的时候说道,他的家人就像所有美国小孩那样,一开始都不想听他的故事。虽然随着孩子们年岁渐长,他们对过去的"兴趣渐浓",阿龙·S.还是认为这个时代"对我们并不友好",并担心反犹主义也许还会抬头。[53]米拉·P.也把"一切"都告诉了孩子们,而且他们也饶有兴趣地作出了回应:尽管"学校课程从未涉及这个话题",但是他们还是阅读了书籍,观看了相关的电视节目,并且向她提出了各类问题。尽管米拉·P.个人觉得很痛苦,但是她认为让孩子们在教育中意识到自己是广大犹太群体中的一分子,是一件很重要的事情:"作为犹太人,他们负有责任,他们应该知道。"[54]

战争结束的时候,奥尔加·S.(Olga S.)在捷克斯洛伐克幸存了下来,之后移民到美国,并且嫁给了一位来自她家乡城镇附近的幸存者同胞。一开始,他们俩谁也不向对方提起自己在战争期间的经历。[55]奥尔加·S.本来就能熟练使用多国语言(捷克语、意第绪语、德语、俄语和匈牙利语),如今她必须学习英语,并且发现"人们竟然会因为你不会说英语的事实而对你区别对待"。无论她受过多好的教育,无论她能说多少门语言都无关紧要,人们并不感兴趣。为了融入当地的环境,她也没有对孩子讲过自己的经历。直到后来,当他们所居住的社区有了更多犹太人,以及发生了好几起反犹事件之后,她的孩子们才对这些事情产生了更多兴趣,而她也由此更多地谈起过去。

对于其他幸存者来说,过去必须以某种方式得到运用。不妨举一个例子,马克·施特恩出身克拉科夫一个相对富裕的家庭,他的父亲是一个生意人。随着克拉科夫被纳粹占领,他成了梅莱茨的一名奴隶劳工,"KL"文身也从此留在了他的手腕上。当梅莱茨遭到疏散时,他先是被送到了普瓦舒夫,然后又来到弗洛森比格。解放以后,他本来计划前往巴勒斯坦,但这个时候他遇到了未来的妻子。她在美国有亲戚,所以他们就移民美国。1981年,他在匹兹堡接受采访,录音带被寄给了当年在以色列举办的世界纳粹大屠杀幸存者大会(World Gathering of Holocaust Survivors)。他在采访中解释道自己是如何努力地既在自己的经历中也在自己的幸存中寻找意义。他和妻子在抚养孩子的过程当中,灌输给他们这样一种观念:"作为犹太人,我们必须要坚强;作为犹太人,我们必须为了生存而斗争,并且让犹太宗教和犹太生活方式的知识传承下去。"按照施特恩的观点,这是他们得以幸存的原因:上帝希望他们"将孩子带到这个世界上",他们"可以成为未来的犹太人民"。面对纳粹大屠杀时,"幸存者必须持有一种希望,我们能够幸存下来,一定是有某种理由的","而以色列建国正是其中一部分"。[56]他们支持以色列,背后的根源不仅仅在于他们下定决心要为犹太人维系一处安全之地(一个将他们视为独一无二的人民、可以让他们保家卫国的国家），还有一部分在于，他们希望从毫无意义的苦难中找到意义。而大环境也强化了犹太人的这一观点，1981年召开世界纳粹大屠杀幸存者大会的这一历史事件也反映出这一点。

人们也可以从微小的个人经历中寻求意义。许多人都试图把很多事情局限于完全私人的领域。甚至是将全部职业生涯都奉献给解读这场吞没了纳粹幸存者的大灾难的专业人士，也可能会这么做。绍尔·弗里德伦德尔既是国际知名的纳粹大屠杀历史学者，年幼时也曾是一位幸存者，他认为"有些记忆是无法与人分享的，在它们对于我们的意义和其他人可能从中得出的意义之间有着一道巨大的鸿沟"。[57] 他接着写道："即便是将故事完整讲述到最细枝末节的地步，有时候也会变成一种自我隐瞒的行为。"[58] 最重要的记忆往往是那些无法充分表达的记忆。弗里德伦德尔在回忆录中生动地描写了他这辈子最后一次见到父母的那个瞬间：当时的他从一家把他安置在安全场所的天主教机构逃跑，然后在附近的一所医院找到了父母，当时的他们正住在那里，等候遭送。但是，即便他用饱含情感的口吻来描述这个他与父母生离死别的瞬间，他的这番回忆所召回的与其说是他儿时的情感，不如说更像是一段视觉影像。"我父亲母亲当时的具体感受已经跟随他们而消失；我当时的具体感受也已经彻底消逝，而这个令人心碎的瞬间只在我的记忆里留下了一张剪影，那是一个孩子，在平静的秋色里，由两位黑衣修女在两旁护送着，沿着他不久前才走过的加尔德大街，反方向折返回来的形象。"[59]

在马克·施皮格尔曼（也是一位学者）的案例中，当战争走向尾声，生存的可能性变得越来越大时，他收到了一份圣诞节礼物，那是他第一次尝到食糖那无比甜蜜和美妙的味道；这段对他来说无比重要的儿时记忆，成了他选择留在心底，不告诉任何人的秘密；直到70年后，他才第一次在公共场合提到它。[60] 这是一幕属于个人的影像，没有必要与他人分享。它们对这些个体具有深刻的意义，但是他们并不希望冒险让它们遭到误解，或被视为无关紧要的事情。

幸存者保持选择性沉默的原因多种多样，有的很令人吃惊，有的非常个人化，还有的则在各类群体中都很常见。到底是开口还是沉默，这一进退两难的抉择从来都很难解决。人们到底是选择言说，还是选择沉默，还是选择性地言说，仅仅分享支离破碎的记忆、理解和反思，取决于许多因素。无论幸存者选择用哪种方式去调节他们对损失、疼痛和过去发生的可怕事件的意识，他们都无法展现出一个连贯的人生故事。不过所有人都有一种强烈的感觉，他们的人生已经偏离了本来可能拥有的模样。

许多人感到，由于他们战前的世界已经被摧毁，所以他们并不真的归属于任何地方。移民都怀抱一种挥之不去的断裂感，他们都会设想他们原本可能拥有怎样的生活。对于奥尔加·S.来说，尝试融入美国生活的难度似乎并不亚于在战争中幸存下来的难度。但是，在共产主义垮台后，她和丈夫动身回了一趟故乡，并且拜访了生活"处境糟糕"的校友；她突然之间意识到，她已经在"美国过上了美好的生活"。然而，尽管她"在美国过得很舒适"，但是她的"根仍旧［在］这里"。[61]

并非只有集中营幸存者才会经历移民的不确定性以及新身份带来的挑战，那些在战争爆发之前就已经逃亡的人也不能幸免。如果他们留下来的亲人都死于非命，他们也会为自己的幸存抱有一种深深的愧疚感。比方说，埃费洛蕾·S.（Evelore S.）在"碎玻璃之夜"不久后就逃离了德国，一开始前往英国，后来又去了美国，因为她的父亲已经在那里安定了下来。[62] 埃费洛蕾·S.还记得，当她离开德国的时候，"我母亲的身体垮掉了"。为了把母亲接出来，她做了她所能做的一切，努力打了一连串低收入的零工，但是没有任何用处。她的母亲在1943年遭到遣送，从此她就再也没有见到过她。

埃费洛蕾·S.在美国安定下来以后非常努力地生活，也尽可能地采取一种积极的人生态度。但是她的心中始终有一种错位感。"当你回到德国的时候，你明白你并不喜欢德国人，然而不知何故，你仍然觉得自己属于这里，这里是你的家，这是属于你的文化。"她试图压抑自己，不去思考自己的生活本来可以是什么样子："有的时候，我会忍不住思索，如果当时留在这里，我会经历什么。我猜测我的生活会截然不同，但是你不能抓住这种思绪不放，我的意思是你要感恩你当下拥有的一切。"在1958年返乡的过程中，她已经下定决心不让自己的生活陷入"对那里所有人的仇恨"中。她试图不沉沦于过去——"你也知道，那样一点用都没有"——并且总结说她的方法是让自己"活出最好的状态"。但是当采访进行到最后的时候，埃费洛蕾·S.却在强忍着眼泪。

自我发现：幸存下来的孩子

太过年幼的孩子往往不会被选出来当工人，他们也很少能在集中营里幸存下来；这些后来还能讲述过去的孩子，当时基本上是靠躲藏活下来的。按照孩子的定义，他们在战争结束的时候，最年长的约为16岁；而要对纳粹时期有记忆，最年幼也要有个四五岁。这些幸存下来的孩子对迫害之前的安稳生活几乎一无所知；他们的经历构成了他们的全部，塑造了他们的生活和身份认同。而且他们的经历也是非常独特的。

纳粹党人的子女如果当时太过年幼，即便跟幸存下来的孩子年纪相仿，也往往无法分担父辈的责任，但是幸存下来的孩子却不能像他们那样，被视作"第二代人"。幸存下来的孩子是怀着生存焦虑经历迫害的。从纳粹的视角来看，犹太人的孩子都是危险人物，既因为他们代表了这个"种族"的未来，还因为如果让他们活下来，他们长大之后可能会滋生出复仇的欲念。许多幸存下来的孩子在很年幼的时候就失去了父母。大多数孩子必须隐藏自己的身份，他们也对自我，以及应该对谁说什么样的话感到困惑。他们只知道自己在某些方面"与众不同"，不能自由、随便地跟其他孩子玩耍，也无法过上"正常"的童年生活。

这些在迫害时期非常年幼的孩子有时候不会被称为"第一"代，而是被称作"第1.5"代。[63] 他们花了更长的时间才被认可为"幸存者"，才发觉自己其实是一个特殊的群体。幸存下来的孩子无法讲述一个前后连贯的故事，他们在很长一段时间内不被当作证人，甚至连他们自己也不觉得他们"有故事可讲"。

他们的边缘地位因为地理位置的因素而更加恶化。大多数幸存下来的孩子躲在西欧——尤其是法国，绝大多数在纳粹大屠杀中幸存下来的欧洲孩子生活在这里。他们当中的许多人都因此认为，他们同包括波兰在内的东欧幸存"故事"没有太大关系。

对于确实躲藏在波兰而得以幸存下来的孩子们来说，他们也需要面对其他复杂的因素。有些人受到天主教徒的照料，因而改变了他们的信仰。他们常常是被收养或者寄养的，因此对照顾他们的家庭怀有忠心和爱意。无论是否属于这种情况（有些人是在很可怕的环境下幸存下来的，照顾他们的家庭虽然虐待了他们，却也为他们提供了庇护和一定程度的安全），大多数人只想在战后融入社会，而不希望别人注意到（甚至在某些情况下，不希望人们意识到）他们的犹太出身。考虑到反犹主义不曾消退，掩饰身份（甚至瞒着自己的孩子）也是一种审慎的举措，而很多人的孩子直到后来才发现他们的双亲当中有一个犹太人。[64] 新闻记者、心理学家安娜·比孔特（Anna Bikont，她直到成年后才发现自己有犹太血统）曾经谈到，"犹太身份是一件必须得到'揭露'的羞耻之事"，这样的看法不仅是"不言自明"的，而且得到了世人的广泛接受。[65]

幸存下来的孩子们直到事态逐渐发展才开始集结起来，并且意识到童年经历对自己造成的深远影响。但是，随着他们进入中年或者从职场上退休，他们也开始更深刻地探索这些问题。许多人成立了自助小组；有些人出版了他们的故事，或者向研究人员（这些人很晚才意识到，幸存下来的孩子的讲述无论是就受迫害时期，还是就战后不同环境中适应社会的独特困难，都很有价值）讲述了他们的经历。[66]

这些幸存下来的孩子往往会有一种自相矛盾的感受，他们觉得自己确实经历了纳粹大屠杀，却又好像没有"真的"这么经历过。如果当时的他们过于年幼，无法将他们这一人生阶段连贯地叙述出来的，情况就尤其如此。他们对特定的场景和事件有着鲜活的记忆，却记不得详细的时间顺序。直到后续的发现、出版物和目击证词将过去锚定下来，他们才得以克服重重困难，将转瞬即逝的感知和碎片编织进更广大的叙事中，由此将自己的故事拼凑成形。对于有些人而言，厘清自己的身份，理解历史事件如何以各种方式塑造了他们的存在本身，都需要他们用整个人生去探寻。

不妨举个例子，达格玛·B.出生在1940年，她的母亲是犹太人，父亲则不是，她最早的真实记忆出现在战争的最后两年。[67] 她还记得，当他们的房子遭到轰炸并烧起大火，而他们提着几个装有最宝贵的财物的手提箱冲到烈火熊熊的大街上时，她母亲的镇定是多么令人难以置信。她隐隐约约地记得，在汉诺威附近的一个小村庄，她和母亲在当地家庭的帮助下躲藏起来；她的母亲还秘密地同父亲（当她躲到农民家里时，他还在城里工作）见面；以及她的母亲害怕她的犹太身份被人识破，禁止她跟当地的孩子一起玩耍。在某个时间节点，她们又搬回去跟父亲同住，一家挤在贫民区的一间小阁楼里。达格玛还记得当时自己对空袭的恐惧，而无论是她还是母亲都不能进入防空洞（那是留给"雅利安人"的），她的母亲一

第十五章　寻找过去的意义，生活在当下

边躺在她的身上保护她，一边自己也因为恐惧而变得歇斯底里。当她被问及当时的景象时，达格玛回答说："我只记得废墟和着火的房屋。"[68]

达格玛对自己的家庭背景几乎一无所知，直到战争结束以后，她才部分地将它拼凑起来。她的父亲由于拒绝同妻子离婚而遭到降职，没能如愿以偿地获得自己想要的职业发展；战争结束以后，他仍旧对此愤愤不平。她的双亲从来没有将两位犹太外祖父母的遭遇告诉过她，她也从来没有问过；她只知道外祖母被遣送到泰雷津，除此以外就没有任何进一步的细节了，他们一家也从来没有聊起过这件事情。

战争刚刚结束后的那段经历对于达格玛而言是最为重要的。第一件事是，她的犹太舅舅在战争打响前就移民美国了，此时的他穿着盟军的制服返回家乡，送给她一些糖果，并且在街上拥抱了她的母亲，这件事引起了当地人的闲话，认为他们是在同敌人勾结。这也引起了旁人的嫉妒："突然之间发生了一件我从前没有经历过的事情，那便是其他孩子都在羡慕我。"[69]一家人如今可以离开拥挤的阁楼，搬到一个更好的街区，他们的新公寓曾经被纳粹党人占有，如今这些人都被赶走了，好给犹太幸存者腾出住所。达格玛还记得，当地的居民如何对他们一家人抱有敌意，他们仍然怀抱深刻的反犹情绪，他们仇视"这些如今得到了一切东西的犹太人"，这批人都"充满了仇恨，真的充满了仇恨"。[70]

当时的达格玛只有五岁，对她来说最糟糕的事情在于，虽然德国人战败了，但是如今的她又遭到了指责和排挤："谁都不允许自家孩子跟我玩耍"；她注意到"人们在互相交谈，发出诅咒和咒骂"。[71]这些经历对达格玛的自我意识有着毁灭性的影响："我只知道，我这个人身上肯定有什么事情是非常坏的。"她还补充说，这是一种全新的经历："荒谬的是，这件事直到战争结束后才发生。"[72]一直

到她接受采访的1995年，达格玛仍然在努力解决身份感混乱的问题，以及犹太血统给她带来的矛盾心理。她仍旧怀有一种感觉：承认自己是犹太人是一件"危险"的事情，而她本身犯有严重的错误，一旦被人发现，将会危及她的生存。后来的她被焦虑感所困扰，而矛盾之处在于，当她在战争期间有着生命危险的时候，她并没有这样的焦虑感，反而因为受到父母的保护而感到安全。在达格玛年过五十之后，她终于开始解决这种挥之不去的焦虑感。与此同时，她的人生也充斥着如下鲜明的特点：普遍的沉默、因环境而变化的身份认同，以及德国人对她的指责，因为她的存在只会让他们想起一段沉重的过去，他们会因此感到不适。

其他幸存下来的孩子也经历过类似的困境。蕾切尔·P.于1936年4月出生在波兰罗兹附近的城市彼得库夫—特雷布纳尔斯基。她对纳粹迫害之前的时期没有任何记忆，但是对于战争期间发生的一些事件却记得很清楚。"我记得的第一件事情是，1939年，战争打响了，我们开始奔走、逃亡，我不记得确切的方式，一辆马车……我们始终都在逃亡的路上……我的整个童年都由逃亡组成，我们在这里睡一天，在那里也睡一天。"[73]她将姐妹后来告诉她的事情与她自己记忆中的碎片拼凑了起来。她支离破碎的叙事以其风格告诉我们，叙事的前后连贯是不可能达成的：

我没有故事可讲，炸弹无时无刻不落在波兰，首先被关在彼得库夫的集中营，是的，一开始彼得库夫有个犹太隔离区，犹太人都必须分开生活，然后我们就被火车送走，是的，就是这么回事，被火车拉到拉文斯布吕克，而我不知道那是从什么时候开始，到什么时候才结束，那里很糟糕，我们被当成狗一样对待，[缺少]食物，我记得我四周始终都很混乱，始终都很害怕，我的母亲还活着，我们两姐妹在一起。男人被分开送到

第十五章　寻找过去的意义，生活在当下

布痕瓦尔德，而我只记得我姐妹告诉我的事情。"[74]

这些成长经历从此令她无法获得一种稳固的自我意识，而她也反复地用"伪装"来形容这件事情。她的母亲"常常用打扮来伪装"她，让她看起来年长一些；"脸颊像这样弄一下，像那样弄一下，头上放一块方头巾，我的脸颊会看起来更红润，我应该要看起来健康，看起来能干活。"[75]这一早期的社会化留下了长远的影响："这种伪装伴随着我的一生，我知道我必须以某种方式这么做，所以许多年以后我从来都没有做过我自己，所以战争不只发生在过去，还包括它所裹挟的一切。并不只有发生的时候它才会带来创伤，它还会持续许多许多年。"对持续性伪装的需求还伴随着生存焦虑的感受，"因为我当时太小了，所以我时常害怕我的生活会被人夺走"——她认为这种害怕的心理"时至今日都留在我身上"。与此同时，其他感觉也必须被压抑："我麻木了，我找不到任何食物，我也没法站起来。我记得那种饥饿，人们从别人那里拿来面包屑，尸体，可怕的事情，是的，很可怕，而我是个孩子，这是最糟糕的，孩子什么都会接受。你看着那些尸体，你没有了任何感觉，什么感觉都没有。这是很可怕的，你陷入了一种完全没有任何感觉的处境。"[76]即便在她母亲因斑疹伤寒去世的时候，她也没法为其哀悼："当时的我完全无动于衷。"[77]当蕾切尔·P.在20世纪90年代接受采访的时候，她仍旧在努力应对自身经历所带来的长期影响。

马克·施皮格尔曼的人生则显现出一种不同的模式。施皮格尔曼于1940年出生在波兰，他因为父母擅长伪装而幸存了下来。由于他有一头金发和一双蓝眼睛，所以他的母亲在一开始的时候，将他打扮成一个小女孩（这样他的身份就不需要接受必要的割礼检查了），她把自己的头发也染成金色，假装成一位德国母亲，平时搭乘专为德国人预留的有轨电车车厢，而这些人的身份文件从来都没有人会检查。有一次，当一个波兰女人质疑她的身份时，施皮格尔曼的母亲甚至利用自己那一口流利的德语，成功地让这个波兰女人（而不是她自己）被赶下了有轨电车。后来，当犹太隔离区设立的时候，一家人曾将施皮格尔曼藏在地下挖出来的一个土坑里；在躲过了犹太隔离区的大清洗之后，他们又找到了其他藏身之所，其中包括一个波兰家庭的衣橱，而这个波兰家庭之所以伸出援手也是出于某种保险措施，这样他们就能为自己积累也许会在战争结束后派上用场的道德筹码。直到几十年后，施皮格尔曼才意识到，他自己也是一位"纳粹大屠杀幸存者"。他开始将自己噩梦中反复出现的影像同双亲和其他人告诉他的故事结合起来，重建自己的童年经历。[78] 他开始意识到，他幼年时期的经历如何塑造了他的整个人生。孩提时期的施皮格尔曼有着伪装的身份，也总是处在躲藏之中，他已经学会了要始终保持微笑，永远不要露怯或哭泣。他后来谈到，自己这辈子最大的一个遗憾是，他父母过世的时候他哭不出来——他在很小的时候就已经学会了，他永远都不可以流露任何情绪。[79]

与此相似的是，幼年环境也教会施皮格尔曼，他永远都不应该引起他人的注意，永远也不能信任任何人。当他在五岁的年纪迎来"解放"时，他并不知道人生还有其他可能性；这对他来说就是"正常的生活"，他也花了很多年的时间，才学会让自己真正学会信任别人，并且与别人交朋友。后来当他人到中年的时候，他已经成为一位国际知名的古流行病学（将医学和法医考古学相结合）教授。当他前往一座演讲大厅发表主题演讲时，他突然意识到自己仍然在寻找可供使用的逃生方式（大门、窗户），以便纳粹党人突然来的话，他可以迅速地逃脱。他也突然之间明白过来，这种在童年时期学会后再也无法摆脱的潜意识自我保护策略竟是如此荒谬。[80]

如果幸存下来的孩子年龄稍长一些，那么他们对受迫害之前的童年记忆会更加清晰。比方说，利洛·C.（Lilo C.）就是在希特勒刚刚掌权的时候出生在柏林的。[81] 她的父亲在1938年被捕，接着在"碎玻璃之夜"被送到集中营关了一段时间；这个家庭此时已经意识到，他们必须要离开这里了。由于家庭条件富庶，他们成功地离开了德国，移民到美国安定下来。当利洛·C.于1994年在纽约接受采访时，她反复地强调，当她不得不从一个"早熟"、自信、能力出众、在柏林接受过良好教育的孩子变成一个英语水平不高、对美国社会又一无所知的"不合群"的孩子时，她花了多少心思，用了多少办法去适应这种变化。当已届中年的她加入幸存孩子组成的小组时，她开始意识到年少时期的经历给她带来的长远影响。[82] 她还强烈地意识到家庭之中存在着紧张与不和谐的关系，于是她也开始着手解决这些经历过迫害和迁徙的家庭所共有的难题。

伊雷妮·埃贝尔也在很长一段时间里对自己的身份认同抱有不确定的心理。她凭着东躲西藏活了下来，战争结束以后，她已然不知道自己是谁。她尝试过赋予自己各种可能的身份：藏匿她的家庭曾对外人说她是个波兰天主教徒，然后她就成了一个渴望成为修女的虔诚天主教徒，接着她又成了虔诚的犹太人，最后又变成世俗的犹太人，她还在青春期追捧过共产主义的理念。她的母亲和姐妹都在奥斯卡·辛德勒（Oskar Schindler）那份出名的名单上，幸存下来的她们在战后终于团聚，然后同埃贝尔先后移民到美国。在20世纪50年代，她们在"洛杉矶不断扩张的郊区安定下来"，"过上了非常平凡的生活"，体验着生活中"微小的幸福和琐屑的烦恼"。但是她们从来没有获得过稳定的身份认同感："我们学会了在日常生活中扮演一个与我们真正的自我不同的人物，而且我们也恭祝自己如此成功地扮演了这个角色。"但这件事是有代价的："向他人隐瞒我们的焦虑、强制行为、害怕、噩梦和各种奇怪的恐惧症，还有肠道紊乱、找不出病因的疼痛和疲劳等生理疾病，都因此变得非常重要。"她们很快就意识到，并不是所有东西都能轻易地掩人耳目，这些露馅的时刻包括"对某些情境作出不恰当的反应，比如该笑的时候哭，或者该表达情感的时候显得很冷酷"。[83] 埃贝尔毕竟经历过一个依靠快速的反应、灵活性和飞快的身份转变才能幸存下来的时期，所以她对生命的无常和脆弱异常敏感，她也对自己该成为谁、该做什么、该渴望什么等各类主动选择的可能性异常敏感。但是，要让她摆脱"恐惧和焦虑"却不是一件容易的事情，因为它们"就像是旅途上不受欢迎的同伴"，陪伴着她的整个人生。[84]

幸存下来的孩子如果在年幼时就失去了双亲，他们通常难以重新构建父母的经历，甚至无法回想他们的容貌，也由此危及他们的自我意识。举例而言，西尔维娅·露特·古特曼（Sylvia Ruth Gutmann）于1939年出生在比利时，她的双亲都逃离了"他们挚爱的柏林"；他们最后来到法国。1942年，她的双亲遭到围捕后被遣送出法国，他们将孩子交给了一家援助机构，而这家机构悄悄地将她们走私出边境，送到了瑞士。古特曼后来收到了一些档案资料，使得她能够将父母的经历和她自己的幼年时光拼凑起来："这一双我不曾记得又无法忘记的父母，被整整齐齐地叠好，装进深灰色的信封里，来到我跟前。"那些记忆突然回溯到她眼前，"那是一段深受我姐姐丽塔影响的人生，它在我心中勾起了一个悲伤、害怕的黑发小女孩的形象"，而那个女孩曾经名叫露特。"如今的我年事已高，被害的双亲在我眼前重生，我也满怀着爱意回想起已故的姐姐丽塔。但是露特，这个非常危险的犹太人名字，却几乎从未浮现在她的脑海中。她不允许她成为我的一部分。"[85] 幸存下来的孩子如果太过年幼，往往记不住也无法认同受迫害时自己众矢之的的身份，但是在体会到断裂感之后，他们还是会承认这些不存在于记忆中的过去以戏剧性的方式塑造了他们的整个人生。

对于所有幸存下来的孩子来说，童年的自我和后来的自我之间往往有深刻的裂隙。绍尔·弗里德伦德尔在自传性质的反思文章中生动地描述了全家在他六岁时逃离布拉格的经过,以及其双亲被遣送集中营(当时他已经十岁)之前他们一家在法国的经历。但是,他几乎没有任何办法将儿时的自我认同跟成年后的自我联系起来,而这种断裂感也在部分上导致他这么多年来换了好几个名字——从帕维尔(Pavel)到保罗(Paul)再到保罗-亨利(Paul-Henri),后来又换成沙乌勒(Shaul)和绍尔(Saul)——反映出他前后的一系列身份。[86] 他总结出其中根本的裂隙:"对于经历这一时期的事件时还是孩子的我们来说,我们记忆中的某处有一条不可逾越的天堑:靠近我们时代这一侧的事物是昏暗的,而另一侧的事物具有幸福曙光般的强烈光芒——哪怕我们的理性力量和我们的知识都告诉我们,两个时期之间有着显而易见的联系。"对于较早的那个时期,"我们始终抱有一种无法压抑的怀旧情绪"。[87]

幸存者经历的多样性无法简化成个别共同的要素。年龄、生存环境,以及战时和战后社会环境的性质都会改变过去经历的长期影响;他们后续在不同社会中获得的经历将会具有关键性的作用,会塑造其后期的身份认同,也会影响羞耻的程度、信息的隐瞒和自我保护的长期策略。但是这些层次众多的差异中也有着一致的线索,其中就包括他们对达成不可能之事的欲念,以及在面对不可弥合的裂隙时怀抱的决心。

"遗忘"似乎是行凶者的特权。值得注意的是,虽然幸存者在一生中会因为过去的经历而受苦,但是在行凶者群体当中,模式化故事的滋生却使人们能够应对公开或隐含的责难,还能使他们即便在问题重重的过去中扮演过罪恶的角色,也能够心安理得地生活下去。

第十六章
令人不适的区域

　　数以百万计的人曾以各式各样的方式支持过纳粹党的统治，后来他们也曾经对朋友和家人谈起过个人的经历，尤其是他们曾经近距离地目睹过重大事件或跟重要人物有过一面之缘；想要忍住不跟旁人吹嘘自己曾在集会上见过一位纳粹领导人，或者自己在战争时期有过英雄主义的经历，确实是一件很难的事情。但是，那些主动参与纳粹统治的人，后来会在讲述他们一生的故事方面遭遇重大的挑战。除非他们周围的人也都是同情纳粹党的人，否则他们就无法轻易找到支持纳粹的行为和态度的依据。他们也没法略过或者谴责他们人生中的这一整个时期；纳粹时期往往是他们人生中一个重要的成型阶段（尤其是对当时正值青少年的人而言，而且也常常是他们活得很享受的时期），他们在谈论自己的时候没法略过这个时期，仿佛自己基本上"缺席"了一般。人们通常都希望自己的人生是有意义的。哪怕是支持过纳粹主义的人，或者在纳粹政权中起过积极作用的人，无论他们的作为是多么微小，都不会希望淡化这段经历之于他们人生的重要性。然而，他们也不想因为它而遭到他人的评

第十六章 令人不适的区域

判。这些个体希望弥合此前人生和此后人生之间的裂缝，试图跨越1945年的分界线，重建某种个人的连续性，口述史学者会将这样的行为描述成一种希望达成"镇静"*的欲望。但是，由于那些被卷入纳粹主义的人也有共谋的问题，所以即便这段岁月是他们人生中最有趣也最富有冒险精神的阶段，他们也常常在讲述自己人生故事时遭遇各类困难。一面是他们在纳粹时期的幸福时光和对个人成就的自豪感，一面要对他们在当时扮演的角色和所作所为的后果作出辩护，平衡好这两方面是很困难的。

当然了，人们讲述自己人生故事的方式会随着时代和环境的变化而改变。无论前纳粹党人私下里有多少抱怨，无论他们有多么支持前政权（正如我们在约瑟夫·布勒舍尔的案例中所见），他们当中的大部分人在战后的生活中遵循着继承国的新规范和新做法。考虑到政府禁止人们发表极右观点，我们也就无法量化人们到底在多大程度上改变了他们的观点，还是说他们只是学会了发表新的陈词滥调。

由于西德的公共文化一方面否定了过去，另一方面也接受了自身的责任，所以自我辩护式的叙述在西德公民里显得尤其突出。而且随着西德经济的腾飞和民主制的稳定，人们往往也接纳了新的社会体系。在东德，人们承受了来自上级的更大压力，要遵从共产主义政权，而过去认同纳粹主义的人当然尤其反感这一点。但是只要他们保持相对的安静，他们通常也不需要坦白自己的纳粹过去，而在官方意识形态中，纳粹主义被贬为"法西斯主义"乃是逃到西方的资本家和军国主义者的责任。奥地利人也很少感受到要为他们的

---

* "镇静"（composure）是口述史中的一种重要理论，由格雷厄姆·道森（Graham Dawson）提出。镇静的心理暗示在于，当个体无法将其记忆与被公众所接受的过去相结合时，就会陷入不镇静（discomposure）的状态，为了维系镇静，个体就必须构建一个可以与之共存且被公众接受的过去，由此实现一种连贯的认同感。

过去辩护的压力（尽管原因很不一样），不过他们也会编造更为后人所接受的故事版本。当第三帝国的继承国里的人们真的谈论起他们在纳粹统治时期的经历时，他们会采取一系列的一般性策略。

"无知与无辜"：自我疏远是一种自我辩护的方式

毫无疑问的是，无论是涉及地理位置、知情与否还是具体行动，自我疏远都是最为普遍的策略。当人们在战后被问及关于迫害和大规模谋杀的事实时，许多人声称"我们向来都对此一无所知"（Davon haben wir nichts gewusst）。[1] 其中不曾言明的意味便是，如果人们真的"对此有所知觉"，那么他们有可能挑战"此"。但是，如果一个人显然是知情的，那么他就会采取其他类型的策略。

当自我疏远涉及地理位置时，"此"总是发生在和叙述者有一定距离的地方，无论距离是近还是远，它都发生在"别的地方"。除了空间距离以外，叙述者通常还会否认自己对事件有任何知觉。数不清的叙述都在强调死亡营坐落在非常遥远的地方，隐藏在波兰的森林中，而且东部前线的杀戮也是在绝密的情况下执行的。就像所有具有可信度的故事那样，这些叙述必须扎根在具有可能性和潜在可信度的范畴内。但是，人们并不需要靠得多近，就能够得知东部正在发生的事情。新闻会不胫而走，流言会自行传播，而关于大规模射杀和毒气杀人的故事也会变得越来越常见。所以，哪怕集中营隐藏在德国西南部风景如画的黑森林里，我们也不能轻信有关地理位置的辩护理由。[2]

除此以外，"对此一无所知"的说法背后也有一种以可怕的歪曲为基础的预设。当他们声称自己对"此"一无所知时，这个"此"也就堂而皇之地被简化为东部的毒气室了。但是，纳粹政权纯粹的反人类是随处可见的：针对政敌的暴力和残忍；针对"低劣"人群

第十六章 令人不适的区域

和边缘人群的污名化和贬损；在第三帝国和占领区遍地开花的劳动营，以及对强制劳动力的剥削；对轻微违法行为的可怕惩罚（常常致人丧命）——所有远不止于此的暴行，只要有心就肯定能够看到。而且事实上，对于并非真心支持希特勒的人来说，普遍服从的背后确实有对重罚的恐惧在起重要作用。人们并非没有意识到恐怖机器的存在。

即便如此，地理位置的策略在后期似乎还是被用作人们没有全面意识到纳粹恐怖的借口。即便他们就位于暴行发生地的附近，他们也有可能声称两者间存在着距离。比方说，一位61岁的西德人还记得，他年轻的时候曾经住在上西里西亚的兴登堡；他经常看望住在新加奇（Neu-Gatsch）的祖父母，而那里"离奥斯维辛只有间距不大的三个火车站那么远"，他经常会在周末拜访的时候住在他们家里。即便已经离得这么近了，即便他经常看到"一批批"人被运送到奥斯维辛，他还是声称自己离得太远，所以对"此"并无"知觉"。在他祖父母居住的村庄里，"人们常常可以看到奥斯维辛的上空升起阴郁的烟云，然后有传闻说犹太人又被赶到烟囱里，或者被烧伤"。他接着说道："没有人知道任何进一步的细节。"

所以我们不禁会想，若想了解"进一步的细节"，还需要做些什么？不过，他们手头确实有一个不作进一步探究的理由："[如果]关于奥斯维辛或希特勒政权的内情变得尽人皆知的话，每个人都会害怕自己是不是会被送进去。"撇开这些借口不谈，他们"当真"知道的都有什么呢？按照他的说法："村子里有个熟人在奥斯维辛营的厨房里干活，这个人原话是这么说的：'我的天哪，你要是知道集中营里都发生了什么的话。'"[3]

这番话里最令人印象深刻的一点在于，这个人觉得人们对情况的了解程度还不够。那么，要让人们觉得骇人听闻的话，他们当时还需要"知道"什么呢？当地在集中营厨房干活的人提醒人们，还有一些事情是他们"不知道"的。与此同时，这个人的话还暗示了，即便了解得不全面，透漏风声也是一件危险的事情；散播此类流言的人可能也会被送到奥斯维辛。当他们意识到自己已经知道得太多时，声称自己一无所知就成了他们唯一的办法；这能够让人维系自尊。

其他人后来则声称，尽管他们目睹过令人良心不安的场面，但是他们在当时并不明白它实际上意味着什么。比方说，有一个男人在回忆录里谈及一件往事，当时的他还是个小伙子，经由克拉科夫被送往东部，他和同伴们看到了运输犹太人的列车，但他们不想明白这意味着什么。他写道，当他们进入克拉科夫区时，他们看到了"一些货车车厢，车厢里戴头巾的女孩时而会悲伤地透过一扇小窗向外张望"。其中的意味清楚无误："每个人都明白，这些人是要被运输到东部的犹太人。但人们会转开视线，压抑住这种知觉。谁也不曾讨论过它。"而且，尽管他看到了运输途中的犹太人，他在回忆往事时还是动用了地理位置疏远的策略："直到战争结束以后，当我听说奥斯维辛时，我才发现它离我们很近。"[4] 这种直到战后才知情的说法也非常典型。哪怕是一段相对不长的距离，也足够为无知以及无罪提供辩护词了。

这些人在当时都没有亲身、积极地参与杀戮行为，所以他们在面对普遍的责难（尤其是当年轻世代成熟起来，向他们发出挑战的时候）时，只需要为自己辩护就行了，他们表示如果他们当时意识到了实际发生的事情，他们本来有可能试着做更多的事情，来阻止这一切的发生。

将罪责的重担转移到别人身上（道德自我疏远）的策略在很早期就出现了。"真正"的纳粹分子到底意味着什么？这个问题的隐含意味使得许多前纳粹党员声称自己并非"真正"的纳粹分子，或者他们是因为某种原因被迫入党的。即便他们是主动入党的，或者乐于参加纳粹组织的活动（包括希特勒青年团的运动），他们也不

第十六章 令人不适的区域

是"真正"的纳粹分子。从战后立即启动的去纳粹化阶段起,这种策略就非常普遍和显眼了,而且这么做之所以必要,背后有着实际的理由:不仅能逃过罚款,对于当时已经成年的人来说,还能保住自己的工作。随着口述史在20世纪晚期和21世纪早期逐渐发展起来,随着在第三帝国时期还相对年轻的人进入中年或老年,这种策略也演变出了新的形式。受访者经常说,相较于那些"100%"的纳粹分子,他们只能算是"80%"的纳粹分子。比方说,一位前纳粹青年团领袖号称自己在什么领域都是专家,但是到了纳粹暴行的范畴,他的专业性就戛然而止了:他自称对当时发生的各类情况所知甚少。[5]一个自称是那个时代万事通的人却说自己对纳粹罪行一无所知,这里的落差不可谓不大。

曾经热忱拥护纳粹主义的人后来很快就疏远了这一切,不承认自己担负有任何责任或者采取过积极的行动。人们普遍声称自己在当时无能为力,这不仅常见于女性行凶者,也在整个战后人群中回响。[6]还有一种与此相关的策略承认当事人确实醉心于纳粹主义,但在某种程度上是被它"冲昏了头脑";希特勒和纳粹意识形态所施展的魔法力量太过强大,常人无法抵挡。[7]人们实际上是那个时代的无辜受害者:遭到利用,遭到虐待,无法独立地行动,无法抵抗意识形态的蒙蔽。我们甚至能够在诺贝尔文学奖获得者君特·格拉斯(他曾在战争就要结束的时候短暂地加入过武装党卫队)姗姗来迟的坦白中明显地察觉到这种说辞。[8]在民主德国,这样的说辞在年轻一辈的东德人当中非常有说服力,他们自己就对强大的国家逼迫人民就范的种种方式深有体会,因此这里的代际关系就相对和缓一些。

道德的自我疏远需要人们声称自己在不体面的时代维持了"体面",没有做过(或者不想做)在道德上有错的事情。无论人们同纳粹罪行的瓜葛有多深,参与罪行本身反而远远没有个别的怜悯行为重要，例如试图发起抵抗，或者协助受迫害者，甚至是挽救一个人的生命。这些孤立的行为竟然能代表他们"真正"的自我。

战后德国充斥着这些关于零星的怜悯行为或"抵抗"动作的故事。兵工厂的工人通过低效的劳动微乎其微地破坏武器的生产；尽管有禁止亲密接触的政策，但人们允许强制劳动力和家人一起用餐；给他们分发更好的食物，或者超过官方规定的配给量——所有这些都可以被置于道德的天平上，有利于那些经历过第三帝国时期却仍然能够在道德上毫发无损的人。但是从受害者的角度来说，这些明显带有同情意味的行为也有其他可能的解释。比方说，埃拉·林根斯-赖纳医生在法兰克福奥斯维辛首批审判中做证说，个别的慈悲行为显示出行凶者确实是复杂多面的人类，而不是完全的虐待狂或怪物。根据她的看法，这个世界上没有彻头彻尾的坏人。[9] 在某些幸存者的叙述中，行凶者仿佛将其行为的不可预测性当作一种权力在使用。他们主宰着生与死，前一分钟可以把囚犯插到另外的队伍中，让他们活下去，或者给他们一些小恩小惠，多给他们一些面包配给或其他好处；而下一分钟就可能拿囚犯来消遣，示意他们将帽子抛向围栏外，再去把帽子捡起来，然后就在"他们试图逃跑的时候"（auf der Flucht erschossen，一个所谓"合法"的杀人理由）开枪将他们打死。他们行为的变幻莫测本身就是一种权力。对于某些囚犯的偏袒也是如此，而这些囚犯就因此受制于施予恩惠的行凶者了。最后，随着战败的临近，许多行凶者都启动了一种更为系统化的"保险措施"（即便他们不会这么形容它），他们会频频向囚犯施恩，在他们身上播撒下正面看法的种子，希望在越来越可能到来的战败当中，收获一批支持他们的证言。

叙述者如果想在道德上同恶行保持距离，就非常依赖他的故事能不能被他人所接受，而这一点会因不同的环境而有所差异。所以在西德，各类叙述都在掩盖恶行的随处可见，将其局限在奥斯维辛

第十六章 令人不适的区域

的毒气室中,也就丝毫不令人惊讶了。与之形成对照的是,东德共产主义制度下生存的需求和挑战,反而转移了人们对纳粹过去的关切。在乌尔苏拉·B.(Ursula B.)的案例中,这位支持纳粹主义的前地主竟然成了一位正派的民主德国公民。这件事情证明,即便是信奉纳粹"民族共同体"的人,也会在讲述自己人生故事的时候,回避掉自己曾经跟纳粹政权令人难堪的亲缘关系。[10]在民主德国接受审判的前纳粹党人案例(齐默尔曼、布勒舍尔、施密特)表明,一个人只要安静地夹着尾巴,变成一个表面上"善良"的民主德国公民,那么低调地生活几年甚至几十年,都是一件很容易的事情。这个世界上肯定还有很多人从来没有被识破过,而在东德的家庭里,纳粹时期的事也从来不是一个人们热衷于讨论的话题。[11]

对行凶者来说,与回忆中的事件存有时间上的距离也是一件很重要的事情,这关系到是谁在讲述故事,以及他们想要谈论的具体内容。两德统一之后,随着幸存者得到越来越多的关注,受害者的范畴也在不断拓宽。就连受到战争和战败影响的德国人(无论他们此前是否拥护希特勒),都把他们自己说成是历史力量的受害者。这本身并不是一件新鲜事:从20世纪50年代开始,"德国人是受害者"的说法就在阿登纳的西德蔚然流行、甚嚣尘上,西德也始终在为前战俘以及从东欧"逃亡和遭驱逐"(flight and expulsion)的受害者提供物质援助。但是,西德政治文化的首要关切是铭记犹太受害者,与此同时转移社会对行凶者的关注,并且为纳粹主义的"同路人"提供支持。在20世纪走向尾声的时候,随着战争期间的孩子到达退休的年纪,一波关于受难的新呼声开始出现,而这一次他们为自己打出的旗号是"战争的孩子"(Kriegskinder)。在幼年时期经历过空袭、逃亡和驱逐的人开始意识到他们拥有共同的经历。[12]以心理治疗的角度审视所谓"被遗忘的世代"("战争的孩子",甚至"战争的孙辈")的书籍开始在火车站和机场的书报亭里热销,它们显然拨动了许多人的心弦。而以第三帝国时期的孩子为采访对象的口述史作品开始更多地以"他们当时知道什么"为标准问题，而不是当时的他们可能做过什么。那些曾经在老师的带领下，在"碎玻璃之夜"嘲笑犹太人，还在遭破坏的商店和犹太会堂里拾捡"战利品"的学生，都不再记得自己过去的作为，最多也只认为他们对遥远的事件仅有模糊的意识。[13]

恶的大门前：一位教师的故事

一位西德人士对于自身过去的讲述，向我们透露出人们是如何将一系列策略组合在一起的。玛丽安娜·B.（Marianne B.）曾经是一位学校教师，1943年9月1日，那个时候的她还很年轻，被安排到奥斯维辛市的一所学校任教。[14]在她已届晚年的时候，这段经历既令她感到骄傲，也潜在地令她感到不安。她的回忆录显现出某种积聚而成、局部自相矛盾的"集体记忆"形式，从中我们可以看出，她对他人思考方式的想象组成了其回忆的结构，并且留下了很深的影响。而与此同时，她的用语和各式假定都透露出，过去的纳粹思考模式仍然盘踞在她身上。[15]玛丽安娜·B.的这部回忆录写于1999年春天，那时候的她已经八十好几了，从中我们可以读到她对自己在奥斯维辛的那所高中授课一年半时光的讲述。虽然这些文字都是写给家人看的，但是我们能够从她的笔触中找到证据，表明她所设想的读者超出了家人的范畴。老年的玛丽安娜·B.在写下她对往事的回忆时，就像其他经历过纳粹德国、占据社会主导地位的"雅利安"群体成员那样，明白在更为广大的社会环境中哪些事情是公众可以接受的，所以她就很难为自己的成就和经历感到自豪。

奥斯维辛集中营指挥官中任期最久的鲁道夫·霍斯就有几个孩子曾是玛丽安娜·B.的学生；在她的同事当中，有一位老师的丈夫

第十六章 令人不适的区域

是集中营的党卫队军官,而这位老师会出席有其他党卫队军官在场的社交活动和晚会。尽管她所任教的高中与奥斯维辛的大门近在咫尺,尽管她的同事和学生家长对集中营里发生的事情了如指掌,玛丽安娜·B.却声称自己对那是"实际"发生的事情一无所知。不过,她的自述当中还是透露出某些不安的证据,其中还有针对他人就其不作为的批评(可能是她假设的,也可能是实际发生的)的回应。仅仅依据回忆录,我们无法判断她是不是真的遭到了他人的诘问,但是它实际发生过的可能性很高。其结果便是,这部回忆录有着自我辩护的口吻特色,这一点与她同时希望让自己的独特经历、她与权力的过从甚密,以及纳粹政权的成就得到认可的愿望相冲突。

因此,这部自述就会同时在不同的方向上展开,并且显露出互相矛盾的冲动。玛丽安娜·B.把自己说成是一个来自柏林的年轻、单纯的教师,当她答应被派去东方的时候,她完全不知道那里等候她的是什么。考虑到她就身处欧洲最大的灭绝场所周边,她不得不承认自己的处境充斥着特权,甚至几乎对此感到自豪。她确实暗示自己了解的情况很多,并且承认她实际上没法忽视集中营内部发生的事情。但是,她需要就此作出一定调整,来呈现出一个能够为人所接受的自我,并且维系住自尊。如果知道得太多,可能会让玛丽安娜·B.被指控没能采取有效的行动,或者发起抵抗;它有可能会引发玛丽安娜·B.这一代西德人在20世纪60年代后期实际目睹过的愤怒反应。因此,她坚称自己没有"看到"那里发生的事情。尽管当时的玛丽安娜·B.离奥斯维辛的大门很近很近,但是她还是宣称自己跟它之间有一定的空间距离。她说,自己没法进入集中营实际所在的区域,因为那里的一切都受到了密切的监守。她从来没"见过"集中营的内部,也没有亲眼"见过"里面的囚犯,只见过一队看起来吃得很好很健康、皮肤黝黑的工人,一边唱着德国歌曲,一边行进在前往道路施工工地的路上,或者随着工人们列队经过,集中营交响乐团演奏音乐的场景。[16]

她对那里发生的事情也"不知情"。她像很多人那样，声称自己只是从别人那里间接地听说有什么非常糟糕的事情正在发生。虽然如此，相关证据并不充分，她除了表示同情，表达共情和难过以外，也没法做更多的事情。有一天，她上完课回到自己房间，结果被吓了一跳：房间里的所有东西都蒙上了一层厚厚的灰尘。

> 它就像结构奇特又美丽的灰白色雪茄烟灰，铺在我书桌的黑色木制桌面上。"这到底是什么呢？"[我的女房东]把身子探出窗外。"它不可能是从 I. G. 工厂吹来的，因为今天的风来自集中营的方向。他们的焚尸炉又在烧东西了。所以这是人的骨灰。这种事情我们已经遇到过好多次了！"她说完这番话就把我丢下了。我大受震撼，被吓呆了。这难道不是那些不幸之人中的一个，最后一次向我发来问候，这难道不是一道指控，一道请求我去帮助可怜的受害者的请求？——不过，它并不能证明发生过大规模谋杀。毕竟，每一所大型营都必然有焚尸炉——即便如此，我也永远不会忘记这些有着奇特之美的悲伤骨灰。[17]

然而，她一边暗示自己目睹过更多的情况也知道得更多，却一边还是否认了这是发生过大规模谋杀的证据。即便在她来到这座小镇的第一天，她已经明白过来，有什么不幸的事情正在这里发生。当她在1943年9月抵达时，她受到了市长的欢迎，据说他曾经告诉她："每个星期都有更多的囚犯抵达这里，但是总人数始终保持不变！"还说了两遍以示强调。[18] 除此以外，在她第一天开始上课之前，她就惊讶地发现，她的学生们因为这里的环境而感到痛苦：

第十六章　令人不适的区域

> 一群来自五班的身材矮小、心神不宁的女孩子已经在走廊里迎接我了，她们挂着悲伤的表情向我投来求救的目光。"可是今天上午，又有很多人坐着货运列车来到这里，被卸在下车坡道上。"其中一个孩子说道。我一开始没太听懂她的意思，但是随后，我就被吓傻了，什么话也说不出来。"你们都看见了什么？我昨天刚刚从柏林来到这里。告诉我！"她们失望地转过身去。接着上课铃声就响了。我非常难过。难道他们就不能别在众目睽睽之下，搞这个名叫"挑选"（把预定要死的人挑选出来）的可怕流程吗？至少这些只隔着两个站台的学校里的孩子不必目睹这个流程？！！[19]

玛丽安娜·B.首先同情的是孩子，因为他们被迫目睹了列车轨道旁发生的挑选过程，而不是那些她用平静的语气描述的"预定要死"的受害者。她抗议的不是这些夺人性命的流程本身，而只是希望它不要发生在众目睽睽之下，这样它就不会暴露在孩子面前。错的似乎不是谋杀，而是谋杀所使用的方法。

她在一场于集中营的领地内举办的社交活动中遇到了门格勒医生的一位同事（或者至少是负责挑选流程的其中一位医生）。

> 我的身边坐着一位集中营的医生：他是个惹人喜爱、富有魅力，有着绝对骑士风度的奥地利人。他很英俊，但是他的双眼闪烁着诡异的光芒。他用一口令人愉悦的维也纳口音与小桌上的人谈笑风生……[在他走后，]当女主人回来时她悄悄对我说："那是最坏的人当中的一个！他才从车站回来，他在那里牵头选人，而且他现在要回去继续把人选完！"
> 我因为恐惧而发起抖来。[20]

尽管有这些暗示和提醒（来自市长、学校孩子、女房东，以及她在社交场合认识的党卫队军官和他们的妻子），尽管她自己频繁地产生反感、悲伤，甚至"恐惧"的反应，但是玛丽安娜·B.仍旧坚持她的主张：她"真的"从来都对集中营里面发生的事情毫不知情。她反复地把自己说成是一个无辜、无知的人，即便是当时她有所疑虑的事情都已经令她受到惊吓；不过她还是声称，她第一次真正意识到囚犯的极端处境时，战争已经接近尾声了，那时候的她看到了衣衫褴褛、行将就木的囚犯行走在死亡长征的路上。[21]

玛丽安娜·B.甚至试图在奥斯维辛的负责人和那里发生的事情之间拉开距离。她不认为鲁道夫·霍斯对此负有责任。那只是他的"命运"。她认为希姆莱确实负有责任，然而又暗示甚至连希特勒都可能对发生的这一切不大知情。[22]

玛丽安娜·B.还有几个观点，能够显现出其自述的自相矛盾和试图自我辩护的特点。首先，她相信德国军队在战争期间必定不曾听闻或知晓这些罪行，因为它会给他们的士气带来负面的影响，进而影响战争的进程。就像她写的一样："我最担心的事情就是，真相会传到前线奋战的士兵耳中。他们可一定不能知道这些愧对他们的行动、这些可怕的罪孽，以及这些永远都无法弥补的政治愚行。"[23]她通过这样的表达方式，一方面谴责了"可怕的罪孽"和"政治愚行"，另一方面仍旧维持着自己爱国者的身份，在战争时期还是优先支持自己的祖国。除此以外，她还接着写道："从来都没有人强迫我或奥斯维辛的任何一个市民对此保持沉默。政府是不是认为在1944年的战争困难时期，没有人会通过散播非难政府的谣言削弱政府？这难道不会给德国带来重大的打击吗？"她指出，"为了生存下去，在自己的人民当中维持良好的口碑是很重要的"。[24]谈论罪行只会令帝国"陷入危机"，而且不管怎么说，"大多数人没法相信，也不愿相信它的存在"。[25]

第十六章　令人不适的区域

其次，她诉诸了"缺乏行动能力"的辩护词，声称在自己当时的处境下，她本来也做不了任何事情。即便如此，她还是试图挽回自己的形象，把自己说成是一个内在善良的人，甚至也是一位受害者："对我而言，无论怎么样，我当时住在离这些非人罪行这么近的地方，而这些罪行又那么昭然若揭，我的良心一直都受到困扰。"[26]

最后，她还用上了地理位置距离的论点，并且隐含地将其扩展到所有德国人身上。如果像她这样，生活和工作就在奥斯维辛大门附近的人都对其"一无所知"，那么离它很远很远的人又怎么可能知情呢？

这么些年来，通过各类传言以及对外部细节的观察，我们认为我们能够将发生在铁丝网和高墙背后的悲剧大致拼凑出一幅模糊的画面，这一点确实不假，但是要我们宣誓做证却是不对的；因为能够从外部收集的信息实在是太少、太不确定、太过微不足道了。因此，如果我们这些直接住在附近的邻居都不能作为证人去证明那里发生过这些事情，那么让全体[德国]人民为其负责就是一件荒谬且不公平的事情。[27]

从这番话中，我们可以听到一颗试图自我辩护的良心在发出怨言，我们看到了她关于哪些可以"知情"而哪些又无法知情的说法在自相矛盾，我们还看出她相信祖国的需要高于一切。很多人虽然承认希特勒的统治夺走了众多生命，引发了恶劣的后果，但是他们从来不曾彻底抛弃他们对纳粹政权的忠诚，而这些令人不适的观点组合在这些人的叙述中就很常见了。

我们暂且放下这些矛盾的心理，再来看看西德的自我反省，它有一个很显著特征，那就是对罪责的分外关切（哪怕只是为了化解他人的挑衅）。玛丽安娜·B.的回忆录证明，人群中普遍存在着先发制人的自我辩解。[28]当我们几乎没有办法去独立地验证个体经历的真实性时，我们当然也就很难通过它们得出更具普遍性的结论。当时间流转到20世纪80年代和90年代，当行凶者已经抚养出第三代人时，这些孙辈当中有很多人可能并不相信，他们的祖父乃是一名"纳粹"。罪责的重担已经被曾经支持纳粹主义的人转移到别处了。[29]

他人的罪责

如果一个人的共谋行为或罪责存有档案，那么他就显然有迫切的理由不愿承认自己应当为自身行为负责。他们最害怕遭到起诉，因此也不可避免地总是准备好最完美的辩护词。在大体上，这意味着他们会对过去守口如瓶。除此以外，他们开口言说的所有场景都具有一定特异性；比方说他们是在内部交流，却被人"偷听"去了，又比方说，老战友施加的同侪压力所引出的言论可能并不能反映个体对那段令人不安的回忆所持的疑虑。[30]我们很少能够瞥见他们私底下会怎么想，或者他们在司法程序的语境之外会怎么讨论他们的过去。

然而，守口如瓶，不讲述自己过去，也会引发很多问题。比方说，弗朗茨·沙林（Franz Schalling）是一位德国警察，他曾被委以看守海乌姆诺灭绝营的工作。克洛德·朗兹曼在采访沙林的时候使用了一台隐藏式摄像机，以不正当的方式记录下这场采访的过程。沙林先是描述了一群"半死不活"的犹太人抵达之后即将被毒气杀死，接着又解释道，他为何从来都无法跟儿子或妻子谈论他曾经目睹的可怕场面。[31]他的儿子不会理解他为什么没能起身反抗，并且会因此鄙视他，而他的妻子会说他是一个谋杀犯。我们可以从采访中看出，沙林知道集中营里发生的事情（包括他自己所起的作用，虽然他从来都不认为自己是杀人犯），以及他永远都无法同哪怕最亲密的家庭成员谈论它的事实，令他感到焦虑不安。

　　直接参与暴行的人群往往都会有一些共同的自我辩护策略。比方说，海因茨·舒伯特是特别行动突击队 D 队指挥官奥托·奥伦多夫的副官。这支部队曾于 1941 年至 1942 年在乌克兰南部和高加索地区（Caucasus）肆虐，根据希姆莱的指令屠杀犹太人、吉卜赛人和共产主义"游击队"。战争结束以后，他们在特别行动突击队审判中站在了被告席上，奥伦多夫在 1948 年被判处死刑，并于 1951 年执行。[32] 舒伯特在当时也被判处死刑，但是他要走运一些：他被减刑至监禁服刑，并且在 1952 年便早早获得释放。我们可能会认为，他的罪责已经得到了充分的探讨和证明。可是当舒伯特在 1979 年接受克洛德·朗兹曼的采访时，他却使用了非常典型的逃避手法。[33] 舒伯特的妻子会出于谨慎而频频插嘴打断采访，她显然决心不让丈夫自证其罪。她其实没必要这么做：舒伯特自己就很擅长拉开自己与罪责的距离，他甚至引用了奥伦多夫。据他说，奥伦多夫曾经对他说："你跟所有这些事情都没有半点关系，你应该为此感到高兴。"[34] 奥伦多夫当然在很久以前就因其罪行而受到了制裁，而舒伯特声称自己对这些罪行不负有任何责任。除此以外，舒伯特还声称那些真正应该负责的人从来都没有遭到讯问。他说"直到今天"，他还在等待他们站在审判席上的那一刻。[35] 当他被问及自己是否背负着道德上的负担（seelisch belastet）时，舒伯特承认自己身上有道德负担，却拒不承认自己有任何罪责。当一个人面对一大群"必须被处决"的人，却不清楚"每个个体案例"遭处决的具体原因时，他必然会背上道德负担。[36] 这个时候，舒伯特的妻子担心他的话已经接近于承认自己主动参与了罪行，她突然插话强调，舒伯特自己实际上并没有出现在杀戮的现场。在被朗兹曼进一步逼问时，舒伯特回答说，他认识的很多其他人也"背负着道德上的负担",而且他曾经代表他们同奥伦多夫交涉,要求替他们,尤其是已经"组建家庭,成为父亲"的人,免除相应的工作职责。[37] 舒伯特竟然试图通过与德国人（而不是与受害者）共情——所谓德国人的苦难只是他们需要执行道德上艰难的行动——来占领道德高地。最后,舒伯特及其妻子强调了因监督杀戮行为而需要承担责任和只是单纯目睹杀戮行为之间的差异,而他们所使用的德语词汇"监督"（beaufsichtigen）和"目睹"（besichtigen）很巧妙地在发音上相近,在语义上则不同。[38]

朗兹曼的另一位受访者卡尔·克雷奇马尔（Karl Kretschmer）也展现出类似的手法。[39] 克雷奇马尔服役于特别行动突击队C队的特遣队4a小队,他们对于1941年9月29日至30日发生在基辅附近娘子谷的大规模杀戮负有责任,在这里有超过3.3万名犹太人在屠杀中遇害。朗兹曼明白克雷奇马尔并不是心甘情愿地接受采访,所以他又一次偷偷地架设了摄像头和麦克风。克雷奇马尔也确实坚持说,他不想谈论这件事情,它实在太令人不愉快,他宁愿离它远远的。他已经在1945年到1948年之间的三年里遭到过拘禁了;自从路德维希堡中央办事处成立以后,他也已经先后在1959年和1969年两次接受司法调查,而在第二次司法调查中,达姆施塔特（Darmstadt）法院因"证据不足"而宣告他无罪。[40] 克雷奇马尔认为,他们小队的任务是清除这个区域"从事破坏活动的人",此时的他仍旧在使用纳粹术语。朗兹曼尖锐地质问道,为什么他们把犹太儿童都纳入到"从事破坏活动的人"的概念里。对此,克雷奇马尔迅速给出了回答,他说幸运的是,自己从来不曾背负这样的责任。当他被问及,他到底见过多少犹太人被杀害时,克雷奇马尔回答说,他在当时没有计算过;当他被问及,1942年夏天是不是有一种说法,声称苏联已经没有犹太人了,克雷奇马尔的答复是,他并不知道战争打响以前那里有多少犹太人,他也不知道这样的说法可能有什么

第十六章　令人不适的区域　　541

样的意味。无论如何,"不停地开枪"(Schiesserei)对他来说都是一件困难的事情。不过当克雷奇马尔退无可退时,他的辩护词总是"不予评价"。

对于近距离接触暴行的人来说,地理位置上的距离是无法用作借口的。许多行凶者转而采用相对抽象的距离形式,将"真正"的自我与在特定情境中采取行动的自我分离开来,并且由此暗示那个采取特定行动,做出特定行为的人并不是"真正的我"。"真正"的自我是内在的道德自我;采取行动的外在、可见的自我受到诸多外部考量的刺激,而自我几乎无力掌控这些因素。最手到擒来的辩护词便是声称他们身处一个别无选择的处境中,他们只是在服从命令而已。

甚至连当时掌握实权的人,也总是有办法疏远当时的情景,仿佛自己并没有"真的"参与过一样。当梅莱茨的犹太人在1942年3月9日遭到遣送,并随后遭到杀戮(包括为"博伊默与勒施"道路建设公司"清洗"犹太奴隶劳工)时,赫尔穆特·亨泽尔都是当地盖世太保的首脑。[41]亨泽尔曾亲自给齐默尔曼等人下达命令,要求他们协助执行诸如此类的屠杀,其中就包括1942年7月19日在大拉多梅希尔(Radomyśl Wielki)犹太人墓地射杀100到140名犹太人的事件。[42]但是,他在西德从未接受过审判。毫不令人意外的是,亨泽尔拒绝前往东德为其接受审判的前下属齐默尔曼做证。不过,他在一份于1967年10月6日呈交给西德当局的声明中声称,他并不知道遣送的具体含义以及犹太人可能的去向。[43]他同样还宣称,自己只是"听说"有射杀事件发生,却对此"没有更多具体的了解"。他声称自己反对所有这些"措施",也不希望"自己跟它们扯上任何关系"。[44]

甚至连奥斯维辛指挥官鲁道夫·霍斯都使用了自我疏远的策略,将"真正"的自我与当时采取行动的自我分离开来。霍斯的回忆录写于他在1947年关押波兰期间，虽然我们不难想到，它在本质上是相当自私自利的，但是其中也包含了相当程度的自我反思。他记录了自己在不得不应对一个困难的系统时，都经历了哪些改变。他没有说自己"只是在服从命令"，进而责怪他的上级，而是采取了一个巧妙的迂回办法：他指出上级把一批在他看来完全是犯罪分子的人塞给他当工作人员，因此上级也就间接地负有责任。他坚持认为，他手头分到的犯罪头子和职业犯罪分子都是坏人中的坏人，他只能依赖他们把集中营建造起来。霍斯通过这种方式，不仅将罪责推给了上级，也推给了下级。他甚至都不信任自己的党卫队下属。这么做的结果便是，他变得非常孤僻且难以相处："因为我周围的人统统都不值得信任，所以我在奥斯维辛就像变了个人一样。"[45]

积极参与谋杀的医疗专业人士甚至发展出一种关于不同形式的杀戮有着不同程度的道德和"人道"的讨论。在1947年于波兰举行的奥斯维辛审判上，汉斯·明希医生被免除了罪责，这一判决的理据是存在有利于他的目击证词，明希医生后来也在1964年的法兰克福奥斯维辛首批审判中做证，他曾描述过集中营医生之间的讨论。执行挑选流程的人在工作过程中"没有任何热情可言"。但是其他人持如下观点："如果当局真的决定犹太人必须被消灭，只有那些具备工作能力的人，可以先留着做他们能做的工作，然后也应该被消灭"，那么在这样的形势之下，"将不具备工作能力的人——即便他们还是孩子——送进毒气室，无疑是一种更为人道的举措"。按照明希的说法，这就是"当时人们讨论的话题"。[46]除此以外，医生还经常讨论"毒气杀人的人道问题"，或者说，"注射死亡或其他什么方式"才是更好的死法。[47]虽然明希曾经在约瑟夫·门格勒挑选出来的实验对象身上做过医疗实验，但是他不认为自己做过任何错事。在1964年出庭做证的时候，他对自己的医学观察的专业性感到自豪，他讨论了一个人如果每天只摄入有限的热量，那么他

第十六章 令人不适的区域

预期能活多少个月,而如果他能"设法弄到"额外的配给,或者当上囚犯头子,因而具备了一丁点儿权力,并且能够掌控资源,那么他的寿命可能会延长多久。

就像其他很多参与纳粹医疗实验的医疗专业人士那样,明希似乎能够将他的专业兴趣从工作处境的不人道中抽离出来。这种抽离似乎是一种相当普遍的情形。比方说,我们也能在"安乐死"医生的行为中观察到一种"双线程"的现象。这些医生会使用专业的技能,但是他们使用技能的目的有悖于这一行业先前的伦理标准。[48]

当这些前纳粹党人描述他们的过去时,他们身处的言论环境非常关键。如果他们受制于去纳粹化的程序,或者处在被审判的风险中,他们描述过去的方式会截然不同于跟老战友一起回忆往事的情景。当他们年轻气盛的时候,他们可能会在自己人圈子里吹嘘过去的成就,重温那段美好的时光。当他们正值壮年的时候,职业生涯方面的考量可能会迫使他们更为谨慎地行事。但是在他们活到老年的时候,老年痴呆的发作可能会放松他们的戒备,他们可能会道出自己不再想要压抑的回忆。当他们进入老年,开始丧失部分记忆的时候,长期记忆(以及相关的情感和说话方式)反而会比短期记忆显得更加清晰。他们可能不再像早年那样进行自我审查,纳粹的话术会时不时地从他们不谨慎的言谈中泄漏出来。

我们又从明希身上看到了一个有趣的例子。1947 年,他得到免罪,随后收获了"好医生"的名号,他还利用过去的经历找到了营生的办法。在 20 世纪 80 年代,当公众的兴趣日益高涨之时,他频频在媒体和报刊上露面,接受采访。但是到了 20 世纪 90 年代后期,他的党卫队历史被人挖了出来。在他收看过朗兹曼的《浩劫》后,德国新闻杂志《明镜周刊》于 1997 年对他进行了采访。这场采访在 1998 年 9 月刊登,其中包括了一些被认为不恰当的观点。明希先吃了一块大理石蛋糕,然后又吃下几片面包和肉,开始高兴地回忆起他在奥斯维辛的时光，原来他刚到那里一两天就已经习惯了那里的生活。[49]先是一通反犹言论，然后夸奖了党卫队医疗实验室良好的研究条件，以及门格勒的大力支持——所有这些话都在采访中从这个老人的嘴里倾泻而出，而他的妻子则试图将记者打发走。明希承认自己参与过挑选，认为相较于让人们等死，直接将他们送进毒气室反而是更加"人道"的做法；他曾经故意让囚犯感染疟疾；他用朋友兼同事门格勒医生送来的孩子头颅做实验。然而，他依然能够在战后逍遥法外，享受着长寿以及看起来很愉快的退休生活。

《明镜周刊》的采访令许多读者大为惊诧，司法调查也随之启动。他的儿子声称明希患有阿尔茨海默病，已经失去了短期记忆，到最后这种说法占据了上风，而刑事诉讼也在2000年撤销了。2001年，明希以90岁高龄去世。然而，这个案例所提出的问题是，明希的表现是否真的像他儿子声称的那样，是由于精神方面的错乱，还是说实际上是因为自我审查能力的下降。如今的明希已经无法再伪装出他在战后所塑造的"奥斯维辛的善良医生"的形象，所以随着关于过去的这段岁月的正向自我表征的逐渐淡去，明希开始以骇人的清晰程度，暴露出之前所抱持的纳粹"道德"。

大部分行凶者不像明希这样，他们都过着低调的生活。他们压抑着这段难以示人的记忆，用各种方式包装它们，令它们变得能够为人所接受。20世纪90年代后半叶举办的"德国国防军的罪孽"巡回展览的意义在于它第一次迫使人们面对他们主动参与的暴行。陆军士兵杀害平民的影像证据挑战了"清白的国防军"的神话，而随着年轻人旋即用各类新方式质问他们的祖父母，它也迫使老一辈人加入到对话中。正是因为第二代人和第三代人越来越想要聆听受害者的故事，所以他们也越来越向前纳粹支持者和同路人所讲述的故事发起挑战。

如今，开始重新审视自己曾经参与的纳粹迫害的并非只有德国

第十六章　令人不适的区域

人而已。通过美国纳粹大屠杀纪念博物馆收藏的档案节选，我们发现还有很多出色的采访调查了那些参加过大规模射杀的东欧人民。他们谈及自己在这些由德国人发起大规模杀戮中所扮演的角色，或者因为迫害的结果而有所受益时，展现出了一种混合着共情、恐惧和疏离的奇特心理。比方说，尤奥扎斯·阿列克西纳斯（Juozas Aleksynas）于1914年出生在立陶宛的马克里凯（Makrickai）。[50] 阿列克西纳斯曾在1941年下半年作为德国部队的辅助人员，参与了对白俄罗斯（Belarus）犹太人的大规模杀戮。阿列克西纳斯声称自己在这个过程中还是试图展现出"人性"，他描述自己在射杀一家人之前，会让父母跟年幼的孩子一起躺进坑里；这些父母通常都会把孩子抱在怀里，试图安抚他们。当阿列克西纳斯被问及他会先开枪打死谁时，他会回答说是父亲。父母如果被射杀，孩子"不会有什么感觉"，但是对于眼睁睁地看着自己怀里的孩子被射杀的父亲，阿列克西纳斯却能够共情。他认为先杀死父亲在某种程度上更人道一些。当他被问及对杀人有何感受时，他说那很可怕、很糟糕。如今的他已经无法想象当时他如何能做出这样的事情。"但是，当时的人变得几乎都像机器人一样。"战争结束后，他再也没有提过这件事情："无论对谁说都太可耻了，这是个耻辱。它既可耻又可怕。那是一种残忍、可怕的处境。太可怕了。"他没法为自己作出任何解释：他只能责怪上帝，没法理解"为什么他允许人类去毁灭无辜的人"。他声称这就是当时的他所思考的问题，即便是在开枪打死孩子的时候。

即便是那些"仅仅"在犹太邻居遇害以后获益的人，也很难开口谈论他们对这个时期的参与。一位名叫雷吉娜·普鲁德尼科瓦（Regina Prudnikova）的立陶宛女性在一场采访中描述道，当地的农民是多么迫不及待地抢夺当地遇害犹太人的财物：床褥、衣服、鞋子、金戒指，甚至还有镶金的牙齿。[51] 她坚称自己没有参与这样的掠夺；但是她曾试图拿走几双鞋子，只是到最后，她没有把它们留在家中。她发现有两只鞋子根本就配不成一双，所以就把它们还了回去；还有一双已经被她的表亲相中了，所以她就把它们让了出来。但是她在采访的尾声透露，镶在自己一颗牙里的黄金就是从一位遇害犹太人的牙齿里取出来的。她并没有详细描述自己取得这块镶金的过程。很显然，想要圆好这个不曾参与的道德之谎（并不是出于罪责，而是出于实际原因才归还鞋子，以及把别人牙齿里的镶金弄到自己牙齿里），并不是一件容易的事情。

战争结束以后，那些因为整个社群遭遇灭顶之灾而获益的"邻居"和少数幸存下来的犹太人之间的长期关系，会因为嫉妒和怀疑的因素而变得更加复杂。有人指出，并非只有幸存者才会因为有可能再次遭受战后反犹主义的侵害而感到"害怕"，就连曾经帮助过犹太人的波兰人也害怕邻居会觉得他们肯定从此类行为中受过益，而萌生出怒火或贪欲。战争结束以后，这一情况长期危害着犹太人和波兰人之间的关系。[52]

在行凶者都是德国人的情况下，波兰人往往愿意就此地发生的暴行做证。但是，当波兰人和德国人站在同一边时，他们的说法就会存在更多的问题。波兰人也发展出种种策略，来减轻自己道德上的不安。比方说，许多波兰人为第41后备警察营在特拉夫尼基犯下的大规模谋杀提供了目击证词，其中只有一个证人表现出焦躁和不安——而这是因为这个人有个远房亲戚曾经是德国人的同谋。卡齐米日·K.（Kazimierz K.）报告说，他"见过烟雾，而且意识到这是焚烧尸体产生的气味，整个区域都弥漫着这种令人作呕的气味"。[53] 他有位表亲的丈夫在特拉夫尼基营工作，平日穿一身黑色的制服，帽子上还有德意志之鹰。尽管卡齐米日表亲的丈夫给德国人干活，但是按照卡齐米日的说法，他"是个体面的男人，会将德国人的各类行动提前告知波兰人"（没有提到是否会告知犹太人）。

第十六章 令人不适的区域

这个男人就像处在德国一方的其他人（包括在特拉夫尼基受训后变成集中营警卫的乌克兰人）那样，在战争结束后逃离了波兰；在20世纪60年代中期，他和妻子生活在纽约。卡齐米日·K.以肯定的语气写道，他们仍旧给住在特拉夫尼基的亲属寄来包裹和家书。尽管卡齐米日·K.想要给这位"体面的人"做证，但是他的采访反而证明了波兰人的共谋、与德国人的积极合作，以及对战后后果的惧怕。

许多人曾经从纳粹政策中获益。这些人有时候被称作"旁观者"，但是他们被牵涉进事态中的程度显然在许多方面超出了"旁观者"的含义。[54] 无数波兰人因为犹太人的遇害、对其财产的豪夺及其整个社群的毁灭而成为受益者。有些人不仅仅是纵容遭送和杀戮，他们甚至是积极主动的参与者和同谋。后来的波兰人几乎没有办法面对这段历史。除此以外，官方共产主义版本的历史强调的是英雄主义和壮烈牺牲，它常常将犹太人彻底扫除出波兰的历史。随着时间流转到20世纪80年代，几十年的相对沉默开始被打破——隔壁的共产主义民主德国也有类似的情形。尤其是团结工会运动（Solidarity movement）促使人们对波兰复杂的过去进行更为广泛的讨论，并且探索新的应对方式——而天主教会，以及更为世俗化的知识分子阶层和波兰民族主义者也参与到这场辩论中，使得波兰更为多元文化的过去得以复苏。朗兹曼的《浩劫》以毫不偏倚的方式描绘了普通波兰人如何见证犹太人的苦难，并且从中受益，它也因此引发了极大的争议。在20世纪80年代后期，还会有更多的出版物和创新举措进一步引发激烈的公共讨论。[55]

在共产主义垮台之后，关于波兰历史的辩论变得进一步白热化了。2001年，杨·格罗斯（Jan Gross）出版了《邻人》（*Neighbors*），讲述了发生在1941年7月的耶德瓦布内（Jedwabne）的小型波兰人社区的事件。在这场事件中，约有1600名犹太人被他们的波兰"邻人"杀害，并由此引发出延绵不绝的巨大争议。[56] 这场辩论不仅发生在国家媒体上，同时也发生在地方社区的普通民众之间。波兰新闻记者安娜·比孔特的调查透露出，人们是如何担心公开表达会招致报复，因而生活在恐惧中。[57] 这些问题在 2012 年被搬上了大荧幕：由瓦迪斯瓦夫·帕西科夫斯基（Władysław Pasikowski）执导、编剧的电影《余波》（*Pokłosie*）大致上以耶德瓦布内故事为蓝本。在德国占领结束半个多世纪后，波兰非犹太人对其犹太邻居的谋杀依然在撕裂波兰的社会，而这段往事的后果（包括恫吓、财产破坏、身体暴力，甚至是谋杀）依旧鲜活，远远没有死去，也没有被埋葬在历史的尘埃中。

当我们对行凶者一侧的故事进行探索后，我们会清楚地发现，力量和能动性的表征反而出现了一种奇怪的反转。过去的行凶者会制定各式各样的防御策略，淡化自己的能动性，并且同他们所知晓和所做的事情拉开距离，而受害者反而常常被痛苦的内疚感（无论是因为他们自身的幸存，还是因为他们没能帮助他人）所折磨。我们看到，处在不同环境下、不同时期里的行凶者都在试图构建"善良的自我"。但是，无论在受害者一侧，还是在行凶者一方，不管他们发展出怎样的叙述，他们都无法真正地将过去翻篇。过去的回响不仅会跨越漫长的时间，还会延绵许多个世代。

第十七章
父辈的罪孽

阿诺德·施佩尔（Arnold Speer）是阿尔贝特·施佩尔的儿子，阿尔贝特曾是希特勒的建筑师，也是军备部的部长。阿诺德·施佩尔曾在一部关于父亲的纪录片里说过："直到1945年，他都是一位值得我仰望的父亲；到了1945年以后，他就是个战犯。"[1]这番话非常直白地表达出数以万计的德国人需要在战后面对的处境。

行凶者家庭的第二代人并不是一个同质的群体。它涵盖的年龄范围非常广阔：有些人成长于第三帝国时期，接受了纳粹的社会主义教育，有些人生于战后，他们从小接受的文化也谴责这段纳粹的过去。他们对相关知识的了解也有很大的差异：有些人的父母是纳粹要员，他们不太可能意识不到自己父母的过去存有污点，而其他人则是在意外的情况下发现，或者隐约有所怀疑，却不敢探究他们的罪行。了解程度或发现方式的语境会给他们如何接受这些关于纳粹过去的故事带来巨大的差异。并且，个体在应对这份棘手的遗产时，他们选择的策略也会截然不同：他们既想爱戴、尊敬他们的父母，又必须谴责他们做过的事情、代表的人性之恶，这确乎是一个巨大的难题。这可能会令他们陷入一种令人无法忍受的心理情境。有些人不再相信他们的父母会说出真相，并且彻底地跟他们断绝关系。其他人则接受了父母的故事，并且成为他们掩盖过去的得力同谋。有些人尝试了各种方法，想要弥合两种显然势不两立的立场。有些人则在这个过程中打破了家中的宁静，造成了新的问题和新的紧张关系。

所有这些模式都可以从历史中找到：在一些极端情形下，子女们会通过忽视或回避难以回答的问题，不加批判地支持纳粹党人的狡辩理由，为他们的父母辩护；而在另一些极端情形下，子女们会与这种令人无法承受的处境彻底决裂，与父母断绝来往，或者几乎被家庭的纷争所击垮。但是，即便"应对"过去意味着忽视或压抑它，并且尽可能地远离它，人们实则也无从逃避；然而还是有些人宁愿自己处在无知无识之中。这些纷争的重担无疑会影响第二代人。人们甚至会在一生中改变应对的策略。但是，无论行凶者的孩子走上哪条道路，他们都不可能使问题得到完美的解决。有些人确实在这片危险的水域中航行得更为顺利。也有些人直面这段过去的意义，并且投入相当多的时间和精力，为实现更好的当下和未来而努力。

重塑过去：从梅莱茨行凶者到民主德国受害者

东德小镇阿尔滕堡位于地势起伏的乡间，不过它也有着便利的交通线路，能够直通莱比锡市。虽然阿尔滕堡可能算不上是个旅游名城，但这也是一座魅力非凡的小镇，有着蜿蜒的鹅卵石街道、美丽的老式房屋、一座宽敞的市政广场、一座博物馆。镇中心不远处有一片小湖，而山顶的城堡旁边有一座气派的教堂，巴赫曾在这里演奏过管风琴。这里还因为是流行的扑克牌游戏斯卡特（Skat）的发源地而小有名气。除了偶然映入眼帘的荒废建筑以外，如今的阿

第十七章 父辈的罪孽

尔滕堡几乎找不到任何纳粹或共产主义的历史痕迹。

在鲁道夫("鲁迪")·齐默尔曼从苏联战俘营获释后,这个日渐人丁兴旺的家庭就选择在阿尔滕堡安定了下来。除了他以外,他们一家还有他的母亲、他的妻子,以及从20世纪50年代初开始的七年里先后诞生的四个孩子。[2]齐默尔曼非常努力地工作,他们家有了一栋带花园的房子,除了似锦的鲜花以外,他还种了水果和蔬菜,并且热衷于养蜜蜂。齐默尔曼的兄弟和姐妹也离开了波兰;不过他们选择定居在西德和奥地利,虽然在1961年之前,德国内部的边界还没有封锁的时候,鲁迪·齐默尔曼曾去拜访过他们,但他还是选择在民主德国生活下去。有那么一段时光,他似乎活得很成功。我们从家庭照片中可以看出,他们一家人很幸福,有个善良、慈爱的父亲,常常在波罗的海的海滩上度假。

自从他遭到逮捕,接受审判,被判无期徒刑之后,这一切都戛然而止了。正如法官在总结陈词中写道,齐默尔曼已经成为民主德国的一名模范公民:一位备受珍视、效率极高的工人,一位信仰坚定的工会主义者,一位统一社会党党员,以及一位用社会主义精神培养孩子的好父亲。[3]尽管他显然已经从一位顺从的纳粹分子改造成一位坚定的共产党员,但是在法官眼里,齐默尔曼还是因为协助围捕、遣送和谋杀犹太人而有罪,并且这些罪行理应让他被判终身监禁。而且在民主德国,所谓终身监禁真的就会关人一辈子:1988年12月,齐默尔曼死在了监狱的医院里。

克劳斯是齐默尔曼四个孩子里年纪最小的。当他的父亲在1966年被捕时,他还只有七岁。克劳斯还清楚地记得,他跟其他家庭成员被关在一个房间里,而在他看来隶属于斯塔西(东德秘密警察)的人员则将屋子和花园翻了个底朝天,甚至还搜了齐默尔曼最爱的养蜂装置。克劳斯并不清楚他们到底在找什么。

自从父亲被捕并锒铛入狱后,克劳斯几乎再也没有机会同他说话了。一直到克劳斯18岁那一年，他才被允许去监狱探望他已有11年未曾谋面的父亲。可是即便到了这个阶段，他每年也只能很仓促地跟他见上一面。探监的权利是有限制的，每个季度只有两个人能见到爸爸。克劳斯的母亲每次都会去，而四个孩子就只能轮流去了。探监没有任何亲密性可言：他的父亲穿着囚服，被关在铁丝网后面，身边还有一个警卫。他们根本不可能将礼物或食物递给他。有时候，克劳斯会用霍恩巴赫的施瓦本语跟父亲交谈，这是他老家小村子里的德意志裔人说的方言，可以一直追溯到施瓦本（Swabia）定居者于1783年在这里建立"德意志殖民地"的年代。由于祖母和父亲在家里都说这种方言，所以克劳斯也能说得很熟练；但是狱警听不懂，所以他就反复地斥责他们，要求他们说"标准的德语"。克劳斯没有机会跟父亲敞开心扉交谈，更别提探究他是为什么进了监狱，不过在他幸福的童年记忆里，父亲仍然是慈爱的。

齐默尔曼的妻子伊尔玛也来自霍恩巴赫，她从小就认识他，并且在他从战俘营归来后就嫁给了他。身为妻子的她自始至终都忠贞不二。但是为了赡养婆婆，抚养四个孩子，伊尔玛不得不拼了命地干活，似乎也因此榨干了自己全部的能量。她的儿媳妇萨比娜（Sabine）在仔细地斟酌过措辞后，说她是个没法给人性温暖留出余裕的女人。她肯定过得很不容易，但是她还是成功地把生活维系了下来。

不过，伊尔玛最令人讶异的成功在于她卓有成效地将丈夫的纳粹过去，改造成一个民主德国受害者的故事。她亲身体会过他对纳粹主义的拥护，也知道他为梅莱茨盖世太保干活；她也全程出席了他的审判，听取了他详细的忏悔，以及幸存者提供的证据。然而据克劳斯所言，她在家里讲述的故事与真相完全不同。

2016年，当我与克劳斯和萨比娜交谈的时候，我完全没有料到他们竟然全然不知道齐默尔曼参与过谋杀的事情，也不曾怀疑他做

第十七章　父辈的罪孽

过任何错事。我原本以为他们早已对细节一清二楚，结果这些事情还都是我告诉他们的。

在伊尔玛讲述给孩子们的故事当中，齐默尔曼实际上是民主德国不公的体系的受害者。斯塔西无缘无故就逮捕了他。按照伊尔玛的说法，她的丈夫只不过是纳粹党人的口译员，曾经因为翻译的准确性问题，导致他们杀"错"了人——后来责任就被推到口译员身上，而不是真正有罪的人身上。除此以外，她在讲述中还指出，真正阻止齐默尔曼自证清白的人并不是"真正的行凶者"，而是民主德国当局。齐默尔曼的两位上级，托尔迈尔和亨泽尔，原本可以替他做证，却因为"签证被拒"而无法进入民主德国——尽管事实上，他们之所以置身事外，恰恰是为了不想让自己冒被起诉的风险。最后，伊尔玛声称判罚之所以如此严厉是因为这是一场"作秀审判"——然而当局实则明令禁止记者出席审判，而且它在民主德国的报纸上也不曾激起任何水花。

伊尔玛的反共视角使得她将丈夫再造成民主德国司法不公的受害者，而不是一个背负着许多条人命因而良心不安的人。当故事被如此重塑后，齐默尔曼的孩子们在成长过程中也就始终相信，他们的父亲是个遭受了莫须有的逮捕和牢狱之灾的无辜之人。

此外，大环境给予这个家庭的支持也增加了这个故事的可信度。孩子们的学校确保他们不会因为父亲的纳粹过去而遭受不公待遇。无论是老师还是同学都不曾拿这件事情做文章。朋友或者邻居也从来没有因为这件事情而明着排挤他们。克劳斯还记得，他父亲的过去只被人提起过一次，那就是他接受强制兵役评估的时候。他们问他，他怎么看待他的父亲以纳粹之名所做的种种事情；他回答说，这些事情跟他没有任何关系。除此以外，克劳斯就再也没有听人提起过了。齐默尔曼入狱给这个家庭造成的实际后果，并非与直面罪行相关的情感困境或社会困境，而是它本身所造成的各类难题。

428　　齐默尔曼死后，整个事件出现了一个奇怪的转折，开始引起人们的怀疑。随着齐默尔曼病逝，他的私人物品并没有按照常人期待的那样，被归还给他的遗孀或者他的孩子们，而是被交给了他的一位女婿。这个人本身就引起了亲戚的注意。每到家庭聚会的时候，他就会绕着小孩子们打转，向他们提出各种奇怪的问题。在两德统一以后，有些行业的雇员会接受"评估"，他们会被调查是否曾经和斯塔西合作过。这位女婿在这个时期丢掉了饭碗。结果他们发现，斯塔西存有大量与这个家庭的成员有关的文件，尽管里面的名字都被涂黑了。人们还怀疑是这个男人以齐默尔曼有可能串通纳粹以及齐默尔曼与奥地利和西德的兄弟姐妹有联络的名义，告发了齐默尔曼一家。无论诸如此类的怀疑是否有根据，这件事肯定给家庭氛围带来了不和谐的因素。

克劳斯和萨比娜接受了如下事实：关于父亲的过去，他们有着需要面对的难题。作为有责任心和通情达理的成年人，他们明白自己应该以开放的心态共同探索和讨论这些难题。克劳斯原本希望为其父亲的行为找到一种同情的解释，他也向我提出了一种具有辩解性质的叙述的可能性——他的父亲在扣动扳机时，也许不得不听命于他人，如果他拒绝从命，他自己就会被射杀。我必须纠正他的说法，我为此感到不安，但也不愿意同他一起掩盖真相。我不得不点出了齐默尔曼自己的忏悔，以及幸存者的叙述。齐默尔曼积极主动地利用他对当地情况的了解找到了犹太人，甚至在完全可以协助他们藏匿的情况下暴露或杀害了他们。就当时能够确认的信息而言，我只能把他形容成一个没有受过良好教育的年轻人，他自以为抓住了一个向上爬的机会，结果陷入了不断升级的暴行中，只能依赖酒精才能继续前行。直到后来，他才开始痛苦地忏悔，并且试图通过在民主德国开启全新的生活来赎罪。

我没有料到自己必须向齐默尔曼的儿子和儿媳透露他的罪行，

第十七章　父辈的罪孽

我也没有料到齐默尔曼的妻子和母亲明明了解更多情况，却不愿向孩子们透露，在几十年里维系着这么一道完美的沉默之幕。民主德国的社会环境在对待这样的孩子时也会给予他们支持，没有人会谈论诸如此类的家庭故事，这同样意味着他们父亲的纳粹过去从来都不是一个真正的问题。对于这个单亲家庭（在战后德国相当普遍，很多家庭都没有父亲）来说，生活的实际困难才是他们需要面对的最为严峻的问题，父亲参与大规模谋杀的记录所带来的情感挑战只能放在相对次要的位置。

这个案例的不同寻常之处仅仅在于，齐默尔曼真的被送上了审判席，而他的妻子就因此不得不重塑这段过去。考虑到德国人参与纳粹暴力的普遍程度，以及起诉案件的相对稀少，肯定还有数不清的案例从未浮出水面，而在这些家庭里，人们可以更为轻松地调整叙述。除非发生了什么事情，令他们注意到某位亲属曾经参与纳粹暴行，不然对于大部分第二代人来说，纳粹的过去在本质上只是一份历史的遗产，而非与他们个人休戚相关的遗产。[4]

选择性探索：从登比察党卫队到西德的自我

然而，即便第二代人所知甚少，行凶者父母也不可避免地会留下间接的影响以及与他们个人相关的遗留问题。同样来自梅莱茨的另一个行凶者案例（此人最后定居西德）为我们阐明了，哪怕他们从来没有真正地直面过这些问题，它们依旧会留下挥之不去的影响。如果说在东德，人们可以重塑叙述，令纳粹行凶者改头换面，变成民主德国的受害者。那么在西德，这一改头换面则是针对心理方面，以及对于个人身份的影响。

我们在前文已经聊过彼得·米勒，他是一名武装党卫队的成员，也是位于登比察和梅莱茨之间的党卫队军队训练场的护林人。[5]1954

年的一个深夜，当彼得赢得射击比赛开车返回的时候，他显然打起了瞌睡，并且径直将车撞到了树上；他因伤重不治而死亡。他的儿子汉斯当时还是个青少年，彼得的死给他带来了创伤；无论是汉斯还是妈妈，他们脑海中关于彼得的记忆都具有理想化的色彩。

汉斯在父亲早逝的阴影下长大成人，却对父亲在战争期间的作为所知甚少。随后的几十年里，他也从来没有进一步探究过。在20世纪90年代初，汉斯在替一位同事代班的时候，机缘巧合地参与了一档广播节目的制作，节目内容探讨的是战争带来的破坏，以及波斯尼亚战争对孩子们产生的影响。这件事对他产生了很大的触动。他突然明白过来，"父母对孩子的爱，以及同样的父母在从军期间所施展的暴力，虽然南辕北辙，却能并行不悖。"[6] 这触动了他心中的一根弦。他主动在1994年2月申请参加一个以纳粹给个人留下的遗产为研究对象的项目，接受了研究人员的访问。

截至采访进行的时候，汉斯躲避这些问题实际上已经有很多年了。他的父亲在战后曾被关押，1948年才得到释放；除了婴儿时期以外，汉斯只有在7岁到13岁之间才跟父亲生活在一起。在他的记忆里，父亲是个慈祥、和蔼又有能力的人。他对父亲过去的后续了解受到了母亲的积极塑造，这位丧夫的寡妇像打磨偶像一样打磨着他的形象：他只是个普通的护林人，他之所以穿上党卫队的制服，不过是因为这是当时标准的职业晋升渠道而已。[7] 汉斯的心中始终存有些许疑虑，但是他又无法挑战父亲的这一形象。

汉斯还对探索自己与父亲相像的部分感兴趣。他尤其发现，父亲拥有他所说的"女性化"特质，并且因此猜测他跟女性的情感关系。彼得年轻的时候，为了考验双方的爱情是否长久，曾经和早年的女朋友分手过；随后，这个女孩嫁给了彼得的哥哥，而他则娶了前女友的姐妹。这段乱点鸳鸯谱的婚姻以悲剧收场，没留下孩子：彼得的第一任妻子很快就表现出精神分裂症的症状，并且被一家诊所收治。1934年，彼得因纳粹有关遗传疾病的法律而与妻子离婚。她被转到另一家诊所后，在"20世纪30年代后期"某个不确定的日期死去。

在这一时期，任何人只要死于精神疾病机构，都不可避免地会引起人们的怀疑。我们几乎可以肯定，彼得的第一任妻子是"安乐死"项目的受害者；但是显然没有人讨论过她到底是因为"自然原因"早逝，还是遭人杀害。这个家庭几乎可以被视作纳粹种族政策的受害者——只是彼得并没有坚守在患有精神病的妻子身边。几年后他就再婚了，而这位妻子就是汉斯·米勒的母亲。彼得的儿子最关心的问题是，父亲有可能压抑了自己的同性恋取向。汉斯的弟弟是一个公开自己性取向的同性恋者，但是汉斯经过了一番犹豫，才承认他自己也有类似的倾向——他在心理剧团体中喜欢扮演小姑娘的角色，也喜欢这样的妆容和服饰。

汉斯最关心的问题似乎是父亲"女性化"的一面，以及他潜在的同性恋取向。有趣的是，他几乎不曾探究身为武装党卫队成员的父亲在纳粹占领下的波兰实际上都做了什么。尽管他意识到，母亲呈现给他的是一个理想化的形象，但是他自己的疑虑主要围绕的是父亲究竟在多大程度上"知情"——也就是所谓的"一无所知"的问题。对于父亲实际上可能做过什么，汉斯几乎不曾提出疑问。而且，尽管他考虑过是否要去波兰做进一步的了解，但是在他接受采访的时候，汉斯还没有在真正意义上付出过努力，去探究详情。

普斯特库夫有一个巨大的党卫队海德拉格军队训练场，他的父亲曾在这里生活过一段时间。在互联网时代以前，想要获取关于普斯特库夫劳动营及其周边巨大的掩体系统的信息，可不是一件容易的事情。不过，汉斯父亲的同事、前党卫队二级突击队大队长汉斯·普罗欣斯基曾于1972年至1973年在汉诺威接受审判，想要读到其审判记录就要容易得多。[8]普罗欣斯基一案为发生在汉斯父亲的工作场所的死亡和暴力提供了确凿的证据，汉斯光从这个案子就可以了解到当时的许多情况。普罗欣斯基被判无期徒刑（在当时的西德算是相当重的判罚），所以彼得与党卫队暴力具有密切关系的可能性是非常高的。在有些照片里，普罗欣斯基位于普斯特库夫的党卫队靶场；而在有一张照片里，他紧挨着站在"首席护林人"身旁，而这位护林人就是我们所知的彼得·米勒。彼得在劳动营的管理层中级别比较高，而且他也热衷于精准射击和靶场开发，所以他当然对在他麾下死去的犹太奴隶劳工负有责任。

在普罗欣斯基的审判上，彼得的朋友和前党卫队同事曾经串口供。考虑到是彼得的妻子将司法调查的消息告诉各位同志，米勒一家人肯定意识到了，在审判开始之前曾有过一些讨论。那么，儿子就完全有可能至少通过间接的方式，更多地了解父亲的经历。他有可供起步的基准点，包括关键的地名和日期。但是他并没有直面这些令人不安的可能性。

在采访过程中，汉斯认为只要对父亲可能"知道"些什么做一番猜测，也就已经足够了。比方说，他的父亲曾谈及"乱葬坑"，尽管他心里也害怕所谓的"护林"也许意味着用植树来掩盖此类坟堆，但是汉斯还是设想，父亲指的是苏联部队在卡廷森林（Katyn Forest）屠杀波兰军官的事件。他还担心父亲也许"知道"奥斯维辛。对他来说，这些假设更吸引人，他反倒没有那么想知道这些乱葬坑是否就位于他父亲驻扎的区域，以及里面的犹太人是不是死在了他父亲的党卫队同事手里——以及很可能也死在了他父亲的手里。

汉斯通过这样的方式，将自己对纳粹遗产的担忧转移成父亲是否与女性存在情感关系的问题，以及他对性取向的矛盾心理可能造成哪些后果的问题。他通过这样的方式，在可能带来无限多痛苦的未知领域面前停下了探索的脚步。

尽管如此，汉斯所强调的特征，如果单独来看，可能并没有什么特殊的意味，但是如果被置入广阔的语境中，就开始产生一种不同的意味——并且表明他肯定已经心存疑虑了。汉斯回忆起，在战争时期父亲是多么热爱射击，战争结束以后，他也喜欢跟孩子们一起出门打猎，并且参加射击比赛。现在我们回头来看，汉斯勾画出了父亲人生态度当中令人不寒而栗的细节。彼得曾经向儿子解释过，要注意"选出"最虚弱的动物，优先打死它们，让最强壮的动物留下来繁衍生息。汉斯将父亲的这种方法与其他猎人进行了对比，其他人都把个头最大的鹿头和鹿角当作战利品，他说他的"父亲特别注重选择性地杀死病恹恹的个体［Stücke］"[9]——拉文斯布吕克死亡营幸存者丹尼丝·迪富尼耶指认出，这个德语词是用来物化集中营囚犯的用语。

彼得于1954年在杜塞尔多夫赢得了他梦寐以求的射击比赛冠军，他就在当晚出了车祸，撞在了树上。参加这场射击比赛的人，可能都是害怕面对司法程序的前党卫队同事。其中有一人在20世纪60年代听说自己将要接受审判的时候自杀了。当历史巨变扭转个人命运的时候，彼得的父亲和兄弟都自杀身亡了，前者是在1923年通货膨胀的时候，而后者则是希特勒的帝国在1945年倒台的时候。我们永远都不会知道，作为一个生活在战后德国的前纳粹分子，自杀是不是彼得应对困难所选择的方式。无论这起致命事故的起因是什么，它都给他的儿子留下了一份艰难的个人遗产。

总体来说，汉斯如果不去探究父亲的党卫队历史，反而更有可能过上相对轻松的生活。考虑到参与纳粹暴行的人数之众，对于行凶者的孩子来说，保持无知才是与这份遗产共存的最轻松的生活方式。

公共知识：纳粹要员的子女

然而，那些清楚自己的父母在第三帝国时期做过什么的人，在这件事情上就没有那么多选择了；他们手头所有的选项都关乎他们该怎么处理这些知识。纳粹要员的子女还会仅仅因为他们的名字而成为媒体或舆论的焦点。希特勒亲信的子女的经历是独特的，并不具有代表性；但是他们仍然构成了一个值得研究的群体，展现出不同类型的个人反应。[10]

在这些人当中，大多数人生于第三帝国时期，其中有些人的年纪不小，还记得父母掌权时期的生活。我们可以在包含希特勒身影的生活影片和照片中看到阿尔贝特·施佩尔的孩子，他们在希特勒位于贝希特斯加登（Berchtesgaden）的贝格霍夫行馆高楼上，享受着午后耀眼的阳光，将壮美的阿尔卑斯山风景尽收眼底。帝国劳工阵线领袖罗伯特·莱在女儿雷娜特·瓦尔德（Renate Wald）还很年幼的时候，就曾经带她参加纳粹党会议。[11] 马丁·博尔曼的长子马丁·A. 博尔曼（Martin A. Bormann，1930—2013）有一段时间住在希特勒位于贝希特斯加登的行馆附近的区域；他上的学校也是一所寄宿制的纳粹精英学校。[12] 他们都发展出不同的方式，来应对父母的过去。

在纳粹要员的子女当中，海因里希·希姆莱的女儿古德龙（她在嫁给布尔维茨后换成了夫家的姓氏）也许是最令人印象深刻的拒绝与父母划清界限的例子。一部近几年才上映的基于家庭文件、私人信件和希姆莱日记的纪录片生动地展现出，当希姆莱为了帝国的事业长时间在外的期间，古德龙在巴伐利亚的阿尔卑斯山间度过了牧歌式童年，而这个受到保护和溺爱的孩子确实对暴行的细节一无所知。[13] 所以，当她后来声称自己并没有意识到纳粹在当时犯下的暴行时，我们也能够予以理解。但是随着战争的结束，当古德龙看过关于集中营尸横遍野的各种阴森可怖的影片时，当她从纽伦堡审判（她的母亲在其中做证）获知各种令人震惊的细节时，她却依旧拒绝面对真相，也拒绝接受真相。她仍然忠于她的父亲，甚至在

第十七章　父辈的罪孽

1945年之后，她依旧为其父亲的审判奋战不休。到了1949年夏天，当联邦德国成立之时，年满20岁的她已经是一个青年。从1951年开始，她和朋友弗洛伦廷·罗斯特·范通宁根（Florentine Rost van Tonningen）成了"战俘和被拘留人士无声援助组织"的活跃分子，而这个组织会给（尤其是面临审判或牢狱之灾的）纳粹分子提供协助。[14]她在1959年接受采访，谈及自己的姓氏令她很难找到工作，此后她就以"一个满腹怨恨的女儿"[15]形象退回到自己的小圈子里，不再抛头露面。

布丽吉特·霍斯（Brigitte Höss，她在搬到美国以后，把自己的名字改成了"布里奇特"[Bridget]）是前奥斯维辛指挥官鲁道夫·霍斯的女儿。她比古德龙·希姆莱小了四岁，但她也一样不愿承认自己的父母犯下了惨无人道的暴行。霍斯替她的父亲辩护，并且令人难以置信地声称，虽然他们的别墅位于奥斯维辛的隔壁，与集中营隔着一道花园的围栏，但是他们完全看不到另一边发生的恐怖行径。[16]任何人只要参观过奥斯维辛，见识过霍斯家的别墅离集中营的焚尸炉和绞刑架（鲁道夫·霍斯本人最后就吊死在这上面）有多近，就会明白这番话只能说明这个绝望的孩子在苦苦地抓着童年时父亲溺爱她的记忆不肯松手。

其他人也会发现，想要淡化自己和父辈的关系并不是一件容易的事情。沃尔夫-吕迪格·赫斯（Wolf-Rüdiger Hess）是希特勒的亲信、纳粹党副党魁鲁道夫·赫斯的儿子。鲁道夫·赫斯在1941年出逃英国，匆匆结束了他作为纳粹党人的生涯。1959年，德国记者诺贝特·莱贝特（Norbert Lebert）采访了包括年轻的沃尔夫-吕迪格·赫斯在内的一系列纳粹要员的子女；40年后的2000年，莱贝特的儿子斯特凡（Stephan）再度采访他们，看看这么多年来他们都有哪些变化。在斯特凡·莱贝特的笔下，此时的赫斯已经是"一个身体虚弱、充满怨恨、无动于衷的人，时至今日他都在否认纳粹大屠杀所具有的庞大规模",并且"仍旧是希特勒的热忱崇拜者"。他"怀疑有组织的纳粹大屠杀是否真的发生过。他仍旧是一个反犹分子,坚称一个民族如果长期受到迫害,那么背后一定是有原因的"。[17]

希姆莱、霍斯和赫斯都是位高权重的纳粹党人的子女,而像他们这样露骨地替各自父亲辩护的情况也是相对少见的。其他人则彻底否定了他们的父母。尼克拉斯·弗兰克(Niklas Frank)是其中较为突出的例子。汉斯·弗兰克的罪行铁证如山,所以他于1946年10月16日在纽伦堡被绞死也是罪有应得,当时的尼克拉斯只有七岁。汉斯·弗兰克一共有五个孩子,每个人对纳粹过去的反应都截然不同。尼克拉斯·弗兰克长大后成为记者,他写下了一系列图书,表达他对自身家庭的感受,甚至包括在他还小的时候,父亲的处刑在他身上引起的性幻想的细节。当弗兰克关于这一主题的一系列文字在德国连载,并随后在20世纪80年代结集成书时,它毫不意外地引发了一场犹如暴风骤雨的争议。[18]弗兰克还记得,当时他收到的大多数私人信件"充斥着仇恨,因为世界上没有一个儿子应该像他那样对待自己的父亲"——显然这些写信人都不曾停下来想一想,他父亲对待波兰犹太人的方式是否让他有资格这么说,以及《圣经》中关于不能杀人的诫命是否应该优先于尊重父母、保护父母荣誉的社会伦理。[19]不过,舆论的反应可以说是毁誉参半:按照某些人的说法,弗兰克带有末世论风格的语言有损于他想要传达的信息,而其他人则赞扬他在情感上的诚实。第一本书出版以后,他又以母亲为主题写了第二本书,后来还写过他的哥哥诺曼(Norman)。[20]诺曼比尼克拉斯年长九岁,并且在他的幼年和少年时期,跟父亲共同生活了更长的时间,他不会像弟弟尼克拉斯那样,怀着仇恨的心情如此激烈地谴责他。

尼克拉斯·弗兰克通过这些书籍以及许多场采访清楚地表明了其父母的身份是如何影响他的生活,以及他如何(不像自己的四个

第十七章　父辈的罪孽

兄弟姐妹）最后得以打破他们的魔咒。他的一个姐妹曾经发誓自己不愿活得比父亲更久，并且显然是因为巧合，恰好在父亲被处决的年龄死去；还有个姐妹死在了南非，她直到生命终结的那一天都是个虔诚的纳粹党人，她认为针对犹太人的大规模谋杀有很大的争议，用毒气室杀死那么多犹太人不具有可行性。他的一个兄弟没有办法面对父亲的故去，染上了强迫性豪饮牛奶的恶习，年纪轻轻就因为极度肥胖和器官衰竭而过世。在这些兄弟姐妹当中，尼克拉斯只能跟哥哥诺曼敞开心扉地交谈，不过就算是他们，彼此的观点也有很大的差异。诺曼最终染上了酗酒的恶习。而尼克拉斯也只能通过自己找到的应对策略，才能既面对父母留下的骇人记录，同时保护下一代人（也就是他的女儿）不因家族的历史而承受某些心理上的后果。弗兰克尽其所能地探究一切事实，将所有信息都大白于天下，他的努力显然带来了回报：在2011年的纪录片《希特勒的子孙们》（*Hitler's Children*）中，他的女儿向他表示了感谢，感谢他筑起了一道"墙"，保护她和她的孩子免受家族历史的影响，同时也庇护了未来的世代。

尼克拉斯·弗兰克在比较早的时候就开始直面父亲的过去，至少在西德，这个时间节点要远远早于20世纪90年代中后期由"德国国防军的罪孽"巡回展览所引发的普遍社会冲突。丹尼尔·戈尔德哈根（Daniel Goldhagen）的《希特勒心甘情愿的刽子手》（*Hitler's Willing Executioners*）的出版，以及非常上镜的戈尔德哈根与汉斯·莫姆森（Hans Mommsen）等老一辈历史学者的电视辩论，也在舆论中点燃了有关父母和祖父母之罪责的讨论。[21] 尽管专业人士对戈尔德哈根作品的评价很低，但是他对所谓的1945年之前的"种族灭绝式反犹主义"的猛烈攻击，在为自我怀疑所困扰的世代中大受欢迎。在20世纪90年代，"克服"更为晚近的民主德国独裁乃是人们重点关心的问题，但是它并没有取代人们对纳粹时代的关注。

家族里有人曾投身纳粹主义的问题不仅得到了更为广泛的讨论，也更多地出现在电视节目、纪录片和媒体讨论中。对父母一代人的同谋问题的审视在21世纪前十几年里也势头不减。在2013年，电视剧《我们的父辈》（Unsere Mütter, unsere Väter）每一集首播的时候都有700万的收视人数。与父母同谋问题的公开对抗不仅是沉默的，也是局部的，它在某种意义上甚至是自私自利的，它的共情特点几乎达到了意图免罪的程度。而且这一冲突也来得很晚，与纳粹要员的子女的经历相对照，我们会发现他们已经同父母负有罪责的现实对抗了几十年的时间。

加利西亚区前任总督奥托·古斯塔夫·冯·韦希特尔在最后一批犹太人遭到谋杀的时期负责当地的民政事务，对于他的儿子霍斯特·冯·韦希特尔来说，将纳粹时期纳入更为宽广的历史视野中，似乎并不是一件那么困难的事情。韦希特尔逃避了以任何严肃的方式面对父亲背负的战争罪行的责任，他生活在奥地利一座冷风瑟瑟的城堡里，这里令人不禁回想起圣殿骑士团的历史。在电影中，当他同尼克拉斯·弗兰克和菲利普·桑兹（Philippe Sands）一起回到了利沃夫附近的区域，反反复复地遭遇他父亲曾经参与遣送和谋杀加利西亚犹太人的种种证据时，韦希特尔似乎无法接受这些证据的含义，选择逃避到对他来说相对舒适的假想之中：他认为他的父亲曾经协助乌克兰民族主义者，跟他们一起同布尔什维克主义作斗争。[22]

有些纳粹要员的子女从宗教和政治的许诺当中找到了某种程度的慰藉。不妨以前任纳粹党秘书长、阿道夫·希特勒的私人秘书马丁·鲍曼的儿子小马丁·鲍曼为例。鲍曼在早年和晚年时期分别接受过诺贝特和斯特凡·莱贝特的采访，其间还曾接受以色列心理学家丹·巴尔—昂（Dan Bar-On）的访问，他在这些访谈中讲述了自己如何通过宗教信仰，才能够承认父亲的罪责并维持对他的爱戴。[23] 根据巴尔-昂的转述，鲍曼还记得："有一回，古德龙·希姆莱怒气冲冲地打来电话。她大声地责备他：他怎么能够把过去说得那么糟糕？"鲍曼试图将父亲和他的行为区别开来。但是，古德龙·希姆莱显然并不明白他的用意：按照鲍曼的说法，她还"远远没有走得这么远"。[24] 鲍曼还批评了弗兰克处理父亲罪责问题的方法，认为那基本上只有愤怒。[25] 威廉·奥德（Wilhelm Oder）曾在拉布卡（Rabka）的党卫队和乌克兰灭绝小队训练学校担任副指挥官，他曾就如何对准犹太人的后脑勺开枪而下达指令。与鲍曼的情况相似的是，威廉·奥德的儿子维尔纳·奥德（Werner Oder）最终发现，热忱的基督教信仰能够帮助他与父亲过去的"诅咒"共存。[26]

有些人只能延续父辈的策略，拉开自己与真正的恶之间的距离。即便是完全认同战后道德观念的纳粹后代，也会很难彻底承认父辈的罪行程度。雷娜特·瓦尔德是其中比较值得一提的例子，她的父亲罗伯特·莱在1923年就加入了纳粹党。作为德国劳工阵线的领导人，莱和马丁·鲍曼、鲁道夫·赫斯都是纳粹党的组织性和教育性活动的关键人物。当莱在1945年面对纽伦堡国际军事法庭的审判时，他在审判程序开始之前通过自杀（在牢房里令自己窒息而亡）躲避了司法的惩戒。他的女儿雷娜特出生于1922年，她在纳粹年代与父亲的关系非常密切，她公开标榜自己是个左翼自由派，但是她从来都没有办法彻底否认父亲。

雷娜特·瓦尔德在西德长大成人，变成了一位对劳工市场问题感兴趣的社会学学者，这在某种程度上延续了她父亲关心的问题。尽管她反对父亲曾经服务的政治体系，但是她的学术工作却在继续探索令他父亲深深着迷的主题。当瓦尔德在20世纪80年代中期接受巴尔-昂的采访时，她仍旧试图维持自己的匿名性；她不希望父亲的名字出现在巴尔-昂的写作里。[27] 不过这场采访促使（或者至少在时间上是同步发生的）瓦尔德进入了一个更为积极且长期解决家庭历史问题的时期。20多年后，在她刚过80岁的那几年里，瓦尔德终于准备好公开面对这段过去，并且出版了一部关于她父亲的回忆录，最后她在2004年过世。[28] 瓦尔德在这部作品中给父亲的人生作出了最后的评价，但是她依然在对于父亲历史地位的批判性叙述中，掺杂了强烈的个人依恋和爱戴。即便在战争结束60年后，瓦尔德仍旧试图把他写成是一个追求着正确的目标却不清楚政权的恶劣行径因而在本质上无辜的人。而围绕其父亲的反犹主义、放纵的生活方式，以及挪用公款等问题，她根本没有办法给出诚实的回答。[29] 这一切说辞又是老调重弹：他的父亲并不知道在这个他积极效力、对其忠贞不二的政权里，都有什么事情正在发生。她对于父亲的这番描绘，与其说是她临终之际痛苦的诀别，不如说是继续在用部分否认的形式为其父亲辩解。

有一些人真的接受了父母的罪责，他们虽然还与父母保持着和睦的关系，却用自己的方法去赎罪。在这些采取"赔偿策略"的人士当中，阿尔贝特·施佩尔的女儿希尔德·施拉姆（Hilde Schramm）是一个相当鲜明的例子。希尔德生于1936年，并且在第三帝国度过了她的童年时光。当父亲在纽伦堡审判后被长期关押在施潘道监狱时，她开始意识到父亲在战争时期所扮演的角色。[30] 1952年，16岁的她去美国交换学习了一年。当时的她还名叫希尔德·施佩尔，她的签证一开始遭到美国官方的拒绝，但是有人出面帮她申诉（包括一些犹太家庭），她得以前往美国学习，寄宿在一个曾经也收容过纳粹犹太受害者的贵格会家庭。学习结束以后，施拉姆回到了欧洲，但此时的她对于如何面对过去已经有了新的目标和使命感。她积极展开活动，想让父亲提早从施潘道监狱获释，不过因为苏联的阻挠而没能取得成功，她也活跃地参与左翼政治运动与和平运动。在20世纪80年代晚期和90年代早期，她作为西德一个小型左翼政党候补名单党（Alternative List，不要跟成立于2013年的右翼政党德国选择党［Alternative for Germany］混淆了）的代表进入柏林的市政府。在德国统一之后，随着政治形势的不断变化，施拉姆在1993年加入了联盟90/绿党（Alliance 90 / Green Party），并在绿党中担任领导职务。在面对过去，也寻求更美好的未来方面，她以个人形式作出的实际贡献包括创立了一个名叫"归还"（Zurückgeben）的组织，以奖金和奖学金的方式资助犹太艺术家。这个组织还专门呼吁那些因为犹太人的财产被纳粹没收而获益的人向它提供物质捐赠。

施拉姆其实明白，归还的象征性举动实际上只会让"归还"的人好受一些，却几乎无法改善他人的生活。这是一个真实的难题，也是一个不易战胜的挑战，但是施拉姆能够提出这些问题，并且勇敢地直面它们，仍旧具有非常重要的意义。[31] 在2005年，当施拉姆被问及她是否怀有负罪感时，她回答说，她"在很多年以前就不再挖掘自己的过去了"。她说道："与其使用负罪感来形容我的感受，其实还有一个词更为合适，那就是羞耻感。我为过去发生的事情感到羞耻，当然我也为它发生在离我这么近的地方，而且就发生在我的家里而感到羞耻。时至今日我都为此感到羞耻。"[32]

施拉姆将自己的情感导向社会参与和政治参与，但是很少有其他人能够做到这一点。负罪感和羞耻感的问题（以及这两者的区别）并不容易消解，而对于许多纳粹党人的子女而言，他们在人生的不同阶段，都怀抱着各不相同的决心来应对这些问题。

羞耻感的韵律

心理治疗师伊雷妮·安哈尔特（Irene Anhalt）是希尔德·施拉姆在"归还基金会"的同事。她的反思证明，无论她如何成功地应对了她父亲的纳粹过去，其中都必然存有许多心理上的复杂情况，以及挥之不去的情绪挑战。[33]安哈尔特的父亲（她并没有透露名字）早在1929年就加入了党卫队，并且在党卫队旗下负责情报与安全的帝国保安部晋升至中尉。很多年来，他被部署在位于柏林阿尔布雷希特王子大街（Prinz-Albrecht-Strasse）的臭名昭著的盖世太保总部，而且从1942年开始，他被提拔到更为重要的柏林城市主管的位置。在父亲已届晚年的时候，安哈尔特通过研究确凿地证明，她之前所抱有的父亲"可能对死亡营一无所知的幻想彻底崩塌了"。除此以外，他作为城市主管"不仅负责城市的管理和官方的活动"，而且他"并不是以公务员的身份，而是以党卫队高级军官的身份担任这一职务"，其中的意味自然不言自明。[34]尽管安哈尔特对细节有所保留，但是她这么做实际上还是在保护父亲，她透露道，除了各项其他活动以外，他还参与了冲锋队领导人的逮捕，而这些人在1934年6月遭到处决。当希特勒在1944年7月20日险些遇刺之后，他还参与下达命令，前后杀了5000人。[35]

安哈尔特和施拉姆一样，在反对父亲所做的事情，并且反对他所代表的意识形态的同时，依然在心底对他保持着爱意。但是她花去了一生的时间，直到父亲死去，才明白自己到底能够接受的是什么。安哈尔特用第一人称的形式，出版了直接写给父亲（不过，是在他死后）的书信，才实现了对于父亲的清算。这部作品帮助她把握住了这样一种领悟：与过去的多层次冲突是多么的复杂，它不仅会随着时间而变化，而且会影响亲密关系的双方，令其充满了爱与恨、忠诚与负罪、羞耻与痛苦。

安哈尔特在一个安全且充满关爱的家庭中度过了幸福的童年时光，但是在她只有四岁的时候，她跟父亲的关系就戛然而止了。安哈尔特的父亲在战争即将结束的时候被抓获，成为苏联的战俘。他一开始被判处死刑，然后又改判在西伯利亚服25年的苦役。到最后，他终于在1955年年底返回了德国。阿登纳时期有许多德国人

第十七章 父辈的罪孽

被关押在苏联，安哈尔特的父亲回国后，就像他们一样"受到了英雄的礼遇"。安哈尔特还记得，他们当时生活的这座"小城市"是如何欢迎他回来的：他"的返乡庆祝活动就像过节一样"，"州政府［为他］举办了欢迎仪式，很多人发表了讲话，还安排了管弦乐队"。市长甚至向他保证，会帮助他找到合适的工作。安哈尔特在父亲被囚的时候曾有过自残的行为（甚至用指甲在小腿上刻出了卐字符），但她现在非常自责："我为自己感到羞耻，我怎么能够怀疑你呢？"[36]她信任慈爱的父亲，她心甘情愿地相信他讲述的故事、作出的解读，她为自己的疑心而感到恼怒，觉得自己实在是太傻了，这些行为模式在行凶者的子女当中非常常见。

不过，只要借助来自家庭外部的证据，并且以此仔细地审视父辈的故事，那么它们就有可能会受到挑战。有一次，安哈尔特到汉堡的一个朋友家中做客，当她第一次有意识地阅读一本带有奥斯维辛照片的书籍时，她受到了极大的震撼："我不知所措；这就是那么多年来我一直在怀疑的事情，一个阴暗的秘密，一桩无法想象的罪行。"但是要公开与父亲对峙并不是一件容易的事情，她还记得自己写信给他：

> 在经历了几天的内心折磨以后，我问了你有关奥斯维辛的事情。你的反应生硬且闪烁其词。我从来没有见过你这副模样。你跟它一点关系都没有，这是你的回答。当我试图把照片拿给你和妈妈看时，你生气地将它推开；你想禁止我追究这件事情。妈妈脸色苍白，她什么都没说。换句话说，你知道这些照片，你知道集中营里发生过什么；只是这些你知道的事情，你一直在瞒着我。为什么？这是我第一次对你们感到失望，感到自己受了背叛。[37]

当父亲声称他"跟犹太人的遇害没有任何关系",他在当时对此一无所知时,她相信了父亲所说的话。如今,她感到有罪的反而是她自己:"我的心里充满了小时候曾经有过的负罪感。现在,我终于为我的负罪感找到了证据:原来是我一直都对犹太人的苦难漠不关心。"后来,她对此作了更为深入的思考:"当时的我没有意识到,我是多么主动地背负起罪责,这令我没有看到你身上背负的罪责。我的良知遭到了割裂,一面是对于作为法西斯受害者的犹太人的同情,另一面则是对于你的忠诚——就是那个号称为了多数人的利益而拥护法律的你。"[38] 她正是通过这种方式,获得了父亲的信任;她在实际中支持了父亲的阐释,成了他的同谋。

但是,即便她主动背负罪责,并且相信父亲所讲述的过去,这种状况也不可能维系多久。当安哈尔特意外地发现父亲是西德特务机关的雇员时,这种信任他、作为他知己的快乐又再次遭到极为剧烈的摇撼。突然之间,她明白过来,父亲一直在欺骗和操纵她,这跟他欺骗和操纵别人的手法没什么两样。当她第二次意识到自己遭到了背叛的时候,这种感受就很难再通过将罪责内化而搁置一旁了。

安哈尔特是一位执业的心理分析师,她越来越清楚地意识到围绕在自己身边的各式策略和情感纠葛。她的醒悟并不会让问题能够更为轻易地得到解决:这场斗争没有立即结束。安哈尔特还记得,当她和父亲谈论他同纳粹的纠葛时,他们有很多话都说不出口。将谈话的焦点转移到其他地方,用第三人称的方式(比如图书作品中的解读、其他人的故事)谈论敏感的议题,相对来说要容易得多。她父亲的过去实在是太敏感了,没有办法直接切入。

当她的父亲进入晚年的时候,两种形式的和解最终缓解了安哈尔特所面临的难题。一种形式是她自己的女儿(Andrea)对外祖父无条件的爱:"第三代人"前来营救了。父亲死后,安哈尔特依旧写信告诉他,根据她的看法:"她对你这个外公的爱,令我回想我小时候同你度过的最初的幸福时光；我通过她又体会到你的多面性，而我一直用愤怒和失望蒙蔽了我自己。"[39] 彻底的否定被一种更为复杂、局部的理解所代替。

另一种和解形式是她父亲在临终时说出的一番近乎忏悔的话。他们按照惯常的方式，谈论着书籍，以及可以从其他人的经历中学到的教训。安哈尔特还记得父亲在弥留之际与自己的这番对话："你动用了所有的力量，仿佛从另一个世界召回了这番话语，你说道：'西班牙人了杀死印加人，夺走了他们的土地，这么做是不对的。'我的喉咙因为泪水而发紧，我回答说：'是的，父亲——谢谢你。'"[40] 无论这位行将就木之人所说的这番话有什么含义，但是至少对于安哈尔特来说，它代表了某种形式的忏悔，而她也在一定程度上得到了解脱，终于有可能同这位直到似乎那时才总算悔罪的前纳粹分子达成和解。

家庭动力学*：罪行暴露与紧张关系

当行凶者家庭的成员对一度被接受的叙述发起挑战，并且对父辈的罪行发起控诉时，他们的家庭关系往往会进一步恶化。德国人甚至有专门的术语来形容这类人：Nestbeschmutzer，即"把家庭弄得一团糟"的人。

卢丁家庭就是一个鲜明且具有代表性的例子。马尔特·卢丁（Malte Ludin）是纳粹德国驻斯洛伐克大使、坚定的纳粹分子汉斯·卢丁（Hanns Ludin）的儿子。 汉斯·卢丁与数千名犹太人被遣送杀害的事件有牵连，所以他在捷克斯洛伐克被送上了审判

---

* 家庭动力学（family dynamics），心理学术语，以家庭为系统来阐明家庭成员之间的关系如何对个体产生影响。

席，并于 1947 年 12 月被处以极刑。马尔特·卢丁的家庭用各式传奇的故事粉饰父亲的罪行，而为这样的同谋行为而感到沮丧的马尔特在其于 2005 年上映的电影《关于他的二三事》(2 or 3 Things I Know about Him)中记录下了自己与亲姐妹们之间的紧张关系。[41] 他一直等到母亲过世才开始拍摄这部电影，因为他在电影中控诉了母亲为不可辩护之人所作的辩护。卢丁的姐妹埃里卡（Erika）既爱着父亲，又意识到他的罪行，她没有办法解决两者之间剑拔弩张的关系。她因此间歇性地陷入抑郁状态，并且染上了酗酒的恶习，后来她在醉酒之后跌入一缸滚烫的沸水里，造成致命的烫伤，最后死得非常痛苦。她的女儿亚历山德拉·森夫特（Alexandra Senfft）鼓起勇气直面家庭的遗产，出版了著作《沉默会伤人》(Schweigen tut weh)，也探讨了这份遗产给母亲带来的后果。[42] 对于马尔特·卢丁和亚历山德拉·森夫特来说，问题不仅仅出在纳粹的这段过去，还有家庭对其保持沉默的共谋行为。卢丁的电影和森夫特的著作各自的副标题都显示出其作品的重要意义：前者是"存在于德国家庭中的过去"（Die Gegenwart der Vergangenheit in einer deutschen Familie），后者是"一个德国家庭的历史"（Eine deutsche Familiengeschichte）。

森夫特尽了很大的努力，同她外祖父曾经迫害的幸存者及其后人达成和解。她跟一位名叫托米·赖兴塔尔（Tomi Reichental）的幸存者一同前往布拉迪斯拉发，既参观了被执行死刑的卢丁的墓地，也参观了位于附近的赖兴塔尔的出生地（他们一家人正是因为纳粹政策而流亡海外的）。格里·格雷格（Gerry Gregg）用镜头记录下这趟试图解决遗留至今的龃龉的旅行，拍摄成纪录片《走近恶》(Close to Evil, 2014)。但是在这趟旅行中，并非所有的和解都取得了成功。赖兴塔尔原本希望能借这个机会让贝尔根-贝尔森前守卫希尔德·米赫尼亚（Hilde Michnia）表达她的悔过之心，但是她不仅拒绝同他见面，甚至还动用了纳粹的话术。这部纪录片在不同世代的人之间引发了热烈的反应：行凶者之子、社会工作者汉斯－尤尔根·布伦内克（Hans-Jürgen Brennecke）在观看纪录片后被米赫尼亚的话激怒，他认为这在 21 世纪的德国是令人无法接受的。由于他的控诉，法院对米赫尼亚提起了公诉。

时间的流逝以及家人与行凶者个人关系的渐行渐远当然有助于缓解家庭中的紧张关系。虽然古德龙·希姆莱一辈子都忠于她的父亲，但是希姆莱的侄孙女卡特琳·希姆莱（Katrin Himmler，她的祖父是海因里希·希姆莱的兄弟）则与家庭的关系足够疏远，得以怀着勇敢和诚实的态度去面对家族的过去。在她追寻历史真相的过程中，她找到了一位志同道合的伴侣：以色列人丹尼（Dani，他的犹太家人曾遭受过迫害），两人最终结成连理并育有一子。在儿子还小的时候，卡特琳·希姆莱曾说过："我依然在害怕，有一天他会发现自己家人中的一脉曾想尽办法灭绝另一脉。每当我思索这一天时，唯一能给予我慰藉是，我可以亲自解答他的这些问题，并且为他提供准确的信息，告诉他我的父辈都背负着怎样的罪责和责任。"[43] 赖因哈德·海德里希的侄子也认为自己并没有过多地受到家族姓氏的影响，甚至在演戏的时候还会公开地对其加以利用。尽管如此，他还是为一种悔恨的感受所困扰。[44] 这种感受也渗透了他的作品，他会在讽刺剧和批判剧中非常直白地将它表演出来。除此以外，海德里希的侄子还会对那些在他看来用过度认同受害者的方式解决自身问题的人提出批评。[45] 还有奥斯维辛前指挥官之孙赖纳·霍斯（Rainer Höss），他也是霍斯家族中唯一一个公开抗议、谴责鲁道夫·霍斯所作所为的家族成员。他花费大量的精力在学校中发表演说，试图制衡当代右翼运动中的纳粹遗产。[46]

在有些家庭里，如果纳粹过去的回响剧烈且引人注目（比如因为父亲接受审判并被判刑，或者自杀身亡），那么家人通常也无法回避它。还有些行凶者家庭的孩子直到后来才发现父母的所作所为，他们面对过去的方式会因此截然不同。在通常情况下，行凶者的孩子在成长过程中并不会对历史起疑心，而令他震惊的发现往往来自外部的刺激——比如说展览、公开演讲、审判、电影或书籍。

延斯–尤尔根·芬茨基的父亲在战争结束的时候，从为第三帝国服务的利茨曼施塔特（罗兹）市长无缝过渡成阿登纳领导的联邦德国政府的公务员，所以他的成长环境始终都相对优渥和富足。在芬茨基还小的时候，一家人就从柏林搬到了波恩，而他只是模糊地意识到，父亲担心自己会接受司法调查，也担心自己的身份可能会曝光，但是他依然爱戴且尊敬父亲，因此没有深究这些问题。即便如此，他还是隐隐地有所怀疑。成年以后，他开始围绕这个问题发力，试图更多地了解罗兹，毕竟那里是他出生的地方。正是在这个过程中，证明父亲罪责的种种证据出现在他眼前。芬茨基还心怀恐惧地回忆起，当他第一次明白过来父亲在历史上是何等人物又起过什么作用时，他受到了多大的惊吓。1990 年，他在法兰克福犹太博物馆参观了一场关于罗兹犹太隔离区的展览。[47] 这场展览不仅展出了关于犹太隔离区的照片，还有一封由他父亲在 1942 年 5 月签字的书信，上面的签名他非常熟悉，绝对不会认错。这封信用轻描淡写的口吻，谈及该怎么处理在海乌姆诺死亡营的"犹太行动的过程中"（灭绝的委婉说法）收集起来"用过的纺织品"。芬茨基的父亲仿佛把它当作一件稀松平常的日常事务，讨论了消毒的成本，以及这些在废气货车中被谋杀的人的衣物和财物都可能派上哪些用场。芬茨基告诉我们，这份文件令他遭受了他原本希望自己永远都不会遭受的"沉重打击"。[48] 芬茨基后来用了很多年的时间了解关于他父亲的真相，他也试图帮助其他父母被曝光为行凶者的人，努力地同受害者和解，并且为未来的世代提供教益。

莫妮卡·赫特维希（Monika Hertwig）直到成年才通过一部

第十七章　父辈的罪孽

书籍和一部电影获知了关于父亲的真相。她是阿蒙·格特最小的女儿，而且是个私生女。格特是普瓦舒夫-克拉科夫集中营臭名昭著的前指挥官，拉尔夫·费因斯（Ralph Fiennes）在史蒂文·斯皮尔伯格的《辛德勒的名单》（1993）中的表演为我们呈现了他的罪行。格特做过的事情包括：在管理普瓦舒夫集中营的过程中下令杀死了一万多名犹太人，清洗克拉科夫犹太隔离区，以及关闭舍布涅（Szebnie）强制劳动营。他的施虐倾向非常知名，会放狗咬囚犯，还亲自射杀了包括儿童在内的几百名犹太人。战争结束以后，他在波兰受审，并且因为折磨和杀害"为数众多"的人而被判有罪，并且罪有应得地在1946年9月被处以绞刑，而在这个时候，他的小女儿还不到一岁大。在莫妮卡成长过程中，她的母亲始终都跟她说，她的父亲是个好人，而她也不顾所有证据，始终将自己心目中的父亲理想化。即便如此，莫妮卡还是意识到了有什么事情不太对，并且反复地询问母亲，父亲到底开枪打死过多少个犹太人。[49]尽管她问得很频繁，但是她从来都只能得到模糊的答案，暗示父亲有可能杀过一两个，也许是三四个，肯定不超过十来个。她也是因为机缘巧合，在酒吧里碰到了一个曾被关押在这座集中营里的男人，才终于怀着极大的恐惧意识到真实的情况要糟糕无数倍。在她的强迫下，她的母亲只能面对这段过去，而当托马斯·肯尼利（Thomas Keneally）的著作《辛德勒的方舟》（*Schindler's Ark*，斯皮尔伯格后来的电影正是以此为基础改编的）在1982年出版后不久，莫妮卡·赫特维希的母亲就在1983年自杀了。[50]可是，莫妮卡自己要一直到看过电影以后，才在惊吓中全面地意识到她父亲行为的恐怖。

并非只有知名或高级别的纳粹分子家庭才必须与过去的阴影作斗争。有些人只对父母的经历、工作和战争时期所处的地区有大致的了解，但并不知道任何详细的信息，他们也会因此产生怀疑；其他人则只能猜测他们的父母在当时都可能做过什么。第二代人为了让自己相信父母是无辜的，往往会执迷于寻找证据，证明他们的父亲曾经试图从需要作出妥协的地方"逃离"，曾经"试图救助一位犹太人"，或者"对此一无所知"。但是，事情总是会出现意料之外的转折。

考虑到只有极少数纳粹分子进入了公共视野（更别提接受审判了），所以年轻的一代人虽然并不情愿怀疑，但可能也还被疑虑缠身，总觉得自己的父母曾经是纳粹体系的一员。就算疑虑最终能得到解决，它也会持续好多年。有时候，人们只要稍稍探寻父母的过去，对其中的少数几个方面略有所知，就会放下疑虑，编织起双方都能接受的故事——他们就通过这种方式选定了将会传承下去的家庭遗产。这些叙述往往会提及无可争议的事实，却草草略过一些令人尴尬的细节。不过这些叙述对于家庭成员来说已经足够了，他们会因此认为，自己已经知道了所有应该知道的事实，而不需要再进一步追问了。许多针对行凶者家庭叙述的研究都表明，其中藏有一定程度的模糊性和对于事实的歪曲；但是在缺乏来自独立来源的外部证据的情况下，回忆的研究者只能猜测这些家庭故事的含义，并且永远都无法弄清楚哪些故事反映了真相，而哪些故事则在遮蔽真相，并将其驱赶到边缘地带。[51]

然而，当我们考虑到参与纳粹体系的人数之众，那么在千百万德国人中最为普遍的经历便是他们并不真的想要知道父母是否参与过第三帝国的罪行。于1936年出生在汉堡的"迪特尔·亨宁"（Dieter Henning，并非真名）可能是个很具有代表性的典型人物，他并没有循着显而易见的线索，去探究他可能会发现的事情。[52]他的父亲生于1907年，在第三帝国时期隶属于武装党卫队，曾经被部署在布拉格附近等地。战争结束以后，他曾作为战俘被关押在位于纽伦堡的美国监狱。在20世纪40年代后期获释时，他在汉堡的一家银

第十七章　父辈的罪孽　　　　　　　　　　　　　　　　　　　　577

行重操战前的旧业。虽然他试图重新融入普通人的生活，但是他过得并不顺利，一系列的问题（比如重度酗酒，以及有关银行取现的违规操作）导致银行在没有预先通知他的情况下就将他解雇了。在1961年，他输掉了这场涉及不公平解雇的官司，而按照他儿子的看法，输掉官司的原因出在法官对于他的纳粹履历持有负面的看法。[53] 没过多久他就去世了，年仅50多岁。亨宁不曾沿着任何线索探索他父亲的纳粹过去，他说自己"只是从来没有开口问过"。[54] 采访者问道，他在什么时候得知纳粹分子曾经犯下大规模谋杀的罪行，并且补充说，"显然，这是人们绝不会在家里讨论的话题"。[55] 亨宁认为，他很可能是在西德的学校里学到这段历史的，不过他也提到历史课的内容不包括1933年以后的事情。但是，他似乎并不在意将自身的历史知识与父亲的过去相匹配。亨宁明确知道的几项关键事实显然令他有些不安，可是每当令人困扰的思绪抬头时，他都倾向于将它们大而化之。"他的工作单位位于布拉格附近。然后，我就会突然想到，他在那里都做了什么呢？他是不是完全正常……"他接着说道："捷克斯洛伐克好像曾经被德国占领过。我不太确定，也许是这么回事……"[56] 每句话说到最后就开始支支吾吾，虽然提出了某些想法，最后却不了了之，亨宁是在主动选择让自己无知无识，并且表示自己在历史知识方面有比较多的短板。他会陈述不同的事实，却不会在它们之间建立联系。"我对历史不算太了解。那附近也有一座集中营。他当时隶属于武装党卫队。但是过去的我从来不去烦心这些事情。"[57] 他从来没有就党卫队在布拉格附近的活动阅读过任何基础性的资料，他虽然意识到"那附近也有一座集中营"（很可能是指泰雷津），却从来没有探究过。亨宁认为，现在冒出来的所有说法都只不过是"猜测"而已。不过回首过去，他承认自己应该在还有机会的时候多问几个问题。但是他很早就结了婚，在21岁的时候搬出了父母的家。[58]

更为常见的反应是，人们会径直否认有些事情值得探究，他们有时候还会攻击指控者，认为他们的指控毫无根据。他们宁愿对指控者抱有一种泛泛的愤怒，也不愿诚实地面对父母的过去。比方说，霍斯特·L.（Horst L.）就在半个世纪后重新审视了父亲在去纳粹化时期的经历，以及没能重新取得高中校长职位的往事。他仍旧对此感到愤怒，他没有把父亲的"时运不济"归结于他作为前纳粹分子所应当背负的罪责，而是归结于"年轻一代人"（他对自己到底属于哪个世代的认定相当混乱）对前纳粹党人的过激反应，他们把所有纳粹党人都"妖魔化成魔鬼、罪犯和杀人犯"。他埋怨年轻一代人，因为他们将一切事物都置于"可怕的纳粹大屠杀的透镜下进行审视"。正是出于这个缘故，"整整一代国家社会主义者才羞耻地转开视线，保持沉默。而我们这个紧随他们而来的世代，就生活在这种禁忌之中，我们为自己的父母感到羞耻"。纳粹党人的子女"也同样透过纳粹大屠杀的透镜来看待所谓第三帝国的那一整段历史，并且保持着沉默"。[59]这些话出现在一位始终愤愤不平的老人在20世纪90年代所撰写的回忆录中，不过它们反映出他始终都对其父亲的战后经历感到不公，它们也展现出他希望将父亲曾经的身份与"纳粹大屠杀"脱钩——而这不过是在重复行凶者本人的自我疏远策略。

然而，否认常常会遭遇困难。当人们明显与纳粹有过纠葛的时候，无论它是多么微不足道，家庭动力学也势必会受到影响。比方说，赖纳·L.（Rainer L.）在战争结束的时候已经15岁了。他的父亲在1937年加入纳粹党，并且在当地担任着一个很普通的党政职务。[60]虽然按照儿子的说法，"我们家以及我们的整个交际圈都把反纳粹当作理所当然的事情"，但是战争结束后，生活在西德的赖纳·L.的父亲还是因为曾经参与纳粹党的活动而丢掉了工作。失业给他带来的影响在很多年里都挥之不去：赖纳·L.的父亲"完

第十七章　父辈的罪孽

全变成了一个麻木的人。有他在场的情况下，幽默和讽刺都不复可能"。他从此不在饭桌上说话。他怀着悲伤的心情，把大量的时间都投入到园艺之中。[61]这种氛围弥漫在整个家庭生活中。赖纳·L.的父亲并没有受到任何胁迫就出任了纳粹党的官职，他并不清楚父亲是否为此而感到羞耻。不过，也从来没有人提起过"[他]父亲的罪责问题"。也许是因为，这并不是一项"在任何意义上可以辩驳的罪责"问题，"反而体现出人性的弱点"，并且在根本上质疑了他的品性和人格，因而这个问题才"始终被笼罩在迷雾中"。然而，沉默一直延续到他过世。直到这个时候，赖纳·L.的母亲才"以不留情面的清晰思路"批判她已故的丈夫，控诉正是他这种人让那场战争毫无必要地延长下去。[62]这些反思写于20世纪90年代中叶，此时的赖纳·L.刚刚年过六十。它们反映出，在当时无边无际的反人性环境中，哪怕父辈的行为几乎无足轻重，他们的纳粹历史也可能在战争结束以后影响家庭生活达数十年之久。在这个案例中，家庭生活数十年来紧张关系的根源，与其说是父亲的某个特定行为，不如说是因为父亲在战后的总体际遇揭示出他的性格，表明他无法应对失败所带来的耻辱，而这有损于他作为父亲的权威。

　　并非所有的父母都像孩子们担心的那么糟糕。代际动力学也可能出现完全不同的转折。在巴尔-昂的对行凶者子女的研究当中，有位"鲁道夫"（Rudolf）的叙述最令人感到不同凡响。他生于1930年，并且就像许多完整接受过纳粹主义社会教育的人一样，成了希特勒青年团的热心成员。[63]当鲁道夫为自己在青年组织里——他们会演唱《旗帜大过死亡》（"The Flag Is Greater than Death"）等歌曲——当上小领导而自以为是时，他宗教信仰虔诚的父亲正在东部的铁路建筑工地劳动。鲁道夫的父亲在当地的犹太社群里交到了几个好朋友。随着他们即将覆灭的流言四起，鲁道夫的父亲来到犹太隔离区，同他们一起向上帝祈祷，希望能够得到庇护和拯救；但是就在第二天，他目睹整个犹太隔离区遭到了大规模的谋杀，其中就包括前一天夜里跟他一起热切祈祷的人。鲁道夫的父亲因为目击的一切而陷入了恐慌，他没有办法消化这种情绪，身体和精神都彻底崩溃，只好离开这个区域，被安排住进了医院。他再也没有彻底恢复过来，不过等到他觉得可以安全地将这份痛苦付诸纸面时，他立即就在1945年5月中旬将这段经历生动地记录下来。他的儿子鲁道夫在当时还是个全身心信奉纳粹事业的少年。鲁道夫花了很长的时间才明白自己受纳粹组织和意识形态贻害有多深；在理解父亲的经历之前，他必须先行解决自己的同谋问题。

令人不适的身份与面向未来的使命

哪怕父母只是时代的同谋，只是目击了活跃的纳粹行凶者犯下了种种罪行，纳粹历史的重负也会弥散开来，常常影响到下一代人的生活。[64] 在许多案例中，对于历史的认识会影响人生的抉择。

许多行凶者的孩子所选择的职业，都是他们认为有助于改善未来的工作：教师、社会工作者、心理分析师、历史学者、记者。正如巴尔-昂的一位受访者所言，她的职业选择"令我能够尽可能地帮助他人，保护他人，免于痛苦和折磨，这一事实是我个人小小的贡献，是一种补偿的形式。我把我的职业视作我同权威与权力，尤其是国家权力的行使所作的斗争"。[65] 其他人的职业选择恰恰是为了不再重蹈父辈的覆辙。"彼得"（Peter）的案例便是如此，他的父亲是个曾经在奥斯维辛工作的外科医生，他自己就拒绝接受大学教育。从来没有人同他讨论过父亲曾经在奥斯维辛工作的事实；事实上，无论是在家庭里、学校里，还是他成长的整个大环境里，关于纳粹时期的整个话题都遭到了刻意的压抑。直到恰巧在电视上收看了一档节目，他才发现了一些跟他父亲有关的细节。而他的整个人

第十七章 父辈的罪孽

生都拒绝重蹈父亲的覆辙所塑造。[66]

在希尔德·施拉姆的带领下,有些人发起了某些形式的"补偿"行动,其中包括旨在和解的活动——例如"和解行动:维护和平"(Aktion Sühnezeichen Friedensdienste)——与欧洲的纪念性景观相关的事业,此外也有人选择以替代役*的形式作出补偿。许多人关心生育的问题,为了不再延续自身受到污染的家族血脉,他们选择不要孩子,甚至会去做绝育手术。正如巴尔-昂所指出的,这可能正是幸存者子女和行凶者子女之间的关键差异:"前者肩负着种群延续的任务,而后者则担心他们会继续播下'坏种'。"[67]

许多人会发起"个人的项目",其中包括主动认同受害者。这常常使得人们对犹太教产生极大的兴趣,有的人会皈依犹太教,还有许多人跟犹太人交朋友,甚至结为连理。有个行凶者的儿子将自己的名字改成梅纳赫姆(Menachem,典型的犹太人名字),甚至成为一名拉比,并且搬到了耶路撒冷。[68] 还有一个名叫维克托·P.(Viktor P.)的人,他的父亲曾经在达豪集中营工作。父子之间的关系一度极为恶劣,直到最后,维克托·P.才对父亲有所共情,才能够更为全面地看待他这个人。然而,他也对受害者产生了强烈的认同,进而对犹太教产生了兴趣,甚至有一段时间假装自己是个犹太人。[69]

"汉内洛蕾·克林根巴赫"(Hannelore Klingenbach)是一个非常奇特的案例,她的经历代表了第三代德国人所面对的某些议题的极端形式。[70] 时年26岁的她于20世纪90年代中叶在澳大利亚接受了采访,她表示自己花了很多年的时间"才意识到生而为德国人并没有罪"。[71] 她自认为属于"德意志裔人"群体,但是她觉得因

---

* 替代役(alternative military service),一种不同于兵役的服国民役形式。服役者因身体残疾、健康原因、宗教信仰或政治观念而不服兵役,转而在非营利性政府机构从事劳动。

为自己有斯拉夫人的背景，所以没有得到"真正"的德国人的接纳，她甚至考虑过要改信犹太教。[72] 她知道改宗之事会受人怀疑。就好像她自己说的那样："你看看，我是个德国人。人们有时候会问，你是不是因为有过一段纳粹的过去才改信犹太教的。"[73] 克林根巴赫的讲述中充斥着悬而未决的暴力问题、愤怒、疑虑，以及紧张的家庭关系。谈到祖父时，她评价道，他是"我认识的人当中反犹倾向最严重的"。[74] 她的父亲是个"种族主义者、民族主义者，并且他持有亲纳粹观点"。[75] 她会做关于家庭的噩梦。她杂乱无章的采访显露出很多情绪困扰的迹象，但是不论她有哪些潜在的心理问题，其困扰的各式表现都反映出战后德国历史和德国人的身份所带来的挑战。

克林根巴赫随家人移民到澳大利亚，生活在这里的她在德国以外的环境中面对着身为德国人的种种问题。有些第二代德国人自行选择离开德国，去其他国家开启新的生活。虽然这样的选择背后必定都有高等教育、工作或职业前景的因素在起作用，但是对有些人来说，他们还考虑过一个额外的因素：他们希望拉开距离，来"应对"他们的德国历史。这并不意味着彻底去国离乡，只是拉开距离能够让他们更自由地敞开心扉，"打破沉默"，并且逃脱他们在成长过程中经历过的令人窒息的同谋环境。[76]

许多（哪怕不是大多数）行凶者子女从未公开谈论过父母的罪责。然而，纳粹的过去仍旧困扰着他们。对于行凶者的孩子而言，哪怕并非人人都在成长过程中经历过对死亡和暴力的恐惧和幻想，这也是一个相当常见的后果。如果父亲或某位近亲曾经参与大规模谋杀，那么这一事实将给第二代人的生活蒙上一层阴影，在有些案例中，甚至严重到需要精神科医生的介入。[77] 巴－昂的一位受访者就被遇害的恐惧所折磨。事实上，他身为纳粹党人的父亲就是自杀身亡的，而在此之前，他曾跟妻子探讨过杀死全家的计划。[78] 无

第十七章 父辈的罪孽

论这样的家庭背景是否起到了一定的作用,这位受访者的儿子也在人生的某个阶段自杀了。

有些行凶者的子女认为自己在本质上也是受害者,他们受害于自身的家庭背景,甚至声称他们所承受的痛苦要甚于幸存者的子女。有些人因为幸存者家庭的下一代人得到的关注而对他们心生嫉妒。他们号称,战争对于受害者来说已然结束了,但是对于行凶者群体而言则并非如此。许多人因为没有得到完全的接纳而心有愤恨;当他们试图与幸存者和解,却遭到拒绝的时候,这种愤恨就会变得尤为强烈。他们还觉得,他们"自身"的家族身份和传统遭受了某种形式的损失。有些人一方面为他们的父母辩护,另一方面努力建设一种新的未来——比方说,他们在培养孩子的时候有着反威权的侧重点。[79]

尽管各式各样的故事和个人回应之间有着很大的差异,但是我们还是能够从中觉察出某种共同的模式,随着时间的流逝和环境的改变而有所变化。

与家庭的过去共存:生活中的主题与形式变化

关于1968年及其引发的代际冲突所具有的重要意义,人们已经进行了许多论述。在美国,它围绕着越南战争,将个人事务与政治事务相结合,浓缩成一句"做爱,不作战"(Make love, not war)的口号;在民主德国以及其他共产主义国家里,它围绕着布拉格之春,直指独裁统治的压迫和政治改革;在西德,1968年的代际冲突则引发了关于纳粹历史的激烈对抗。然而,除去少数例外情况,1968年东西两德的抗议人群主要关注普遍的社会和政治议题,却没有直接着手解决他们自身家庭牵涉纳粹主义的问题。除此以外,许多人对此仅有一种模糊的认知。就算个体在一开始就意识到家庭中潜藏着某种秘密，选择性的沉默也有助于让秘密维系下去。

截至20世纪末，尽管人们已经对纳粹的罪行有了全面的了解，也对受害者的困境有着高度的敏感性，但是第二代以及第三代成员却常常将公共记录和私人叙述截然分开。他们似乎找到了办法，一方面相信自己的家庭基本上是无辜的，另一方面则从容地应对不断扩大的历史知识。

对于这些并不了解纳粹罪行细节的家庭，当我们审视它们同纳粹历史共存的方式时，我们一定要记住这样的家庭并不罕见；我们在这些家庭里找到的说法都在否认他们并不为之感到骄傲的事情，或者掩盖它们，或者为其作辩护；而且也很少有人有那种资源、韧性和欲望，越过所有人都能够接受、都能与之共存的故事，进一步地探究真相。[80]

这一生活方式如何行之有效，会随着时间和地点的变化有所不同。比起东西两德，成长于奥地利的纳粹党子女所接受的社会教育往往更能接纳人们在纳粹态度上的延续性。在某些前纳粹家庭的圈子里，年轻人会被送到奥地利风光秀丽的湖区参加夏令营，他们在那里会遇到其他想法相近的人，而在这样的圈子里，人们似乎从来都不曾否定过第三帝国。[81]尽管他们的父母在公开场合必须像其他地方的人那样采用各种否认的策略，但是家庭内部的动力学则有所不同。

西德与东德以截然不同的方式公开否定其纳粹往事，这些做法对年轻世代产生的影响相当引人注目。当德国在1990年统一时，两国之间的这种差异开始变得显而易见。东德的年轻人在成长过程中浸淫在相对令人感到安慰的反法西斯抵抗运动的神话中。比方说，安妮特·莱奥（Annette Leo）就说，她在年轻的时候理所当然地认为所有德国人都是希特勒的敌人或者受害者（她的祖父确实在奥斯维辛遇害），她还认为真正有纳粹背景的家庭是非常罕见的。直到

第十七章　父辈的罪孽　　585

后来她才渐渐意识到，他们才是大多数：人们在1945年之后才"变成"了反法西斯人士，即便他们曾经参加过希特勒青年团和其他纳粹组织，支持过元首和祖国，或者曾在德国国防军和其他机构中与共产主义战斗。[82]

一般而言，民主德国的年轻人往往更能够理解曾经加入纳粹党的父母和祖父母，也更能与他们共情。位于莱比锡的中央青少年研究所（Central Institute for Youth Research）曾在20世纪80年代后期（结果与民主德国的垂死之日相吻合）做过一项研究，探讨了那些别无选择只能加入国家青年团体、大型组织、执政的统一社会党或某个卫星党的东德年轻人都持有怎样的观点。[83]在经历过被迫从众和胁迫，明白违抗组织对他们的期待会招致怎样严重的惩罚后，他们就更能同情在第三帝国时期有过相同经历的父母或祖父母。学校教育和"反法西斯神话"还卸掉了所有家庭中可能传承下来的罪责重担。虽然人们不见得真的相信以"反法西斯国"为自豪的公共文化，但是与之相随的还有家庭内部的团结，以及对行凶者父母和祖父母的理解。

相形之下，西德的第二代成员则成长于羞耻的公共文化中，使得许多人被不应该由他们背负的罪责所困扰。一项完成于1989年的针对113个德国学童（包含第二代和第三代人）的研究发现，每当上一代人犯下的大规模谋杀成为大家讨论的话题时，有接近三分之二的人（65%）会有羞耻感，甚至有五分之二的人（41%）会为与他们完全无关的谋杀抱有负罪感。[84]然而即便如此，对于实际参与屠杀之人的行为，他们还是倾向于为其寻找借口或辩护理由。

20世纪90年代对统一后德国东部和西部地区劳动人民的研究，进一步确证了统一之前东西两德年轻人之间存在的差异。[85]在20世纪90年代的西部地区，纳粹大屠杀与纳粹时期有着非常密切的关系；许多西德人都采取防御性的姿态，他们早已预料到人们会对德国人提出怎样的指责。东部地区则与之相反，1945年以前的时期主要跟战争以及战争给个人带来的后果有关；人们的视角大体上瞄准自身家庭作为战争及其余波的受害者的经历，他们还会提及红军士兵的强奸和劫掠，占领时期的一贫如洗，对于逮捕的担惊受怕，以及共产主义的强制推行。[86] 年轻世代便以此为基础，对学校和纪念场所的官方立场产生了怀疑，因此他们也并不认同官方的反法西斯抵抗神话。然而在1990年的统一之后，年轻的东德人仍旧不加质疑地使用着共产主义的"法西斯"概念。而由于他们在国家层面上缺乏罪责感和羞耻感，他们也就更能够一方面认同父辈的苦难，另一方面不需要就父辈支持纳粹主义的问题而采用自我辩护的策略，因此又同西德的年轻人产生了差异。

此外，1945年以前的这段时期在东德的重要性也不及它在西德的地位。比起同一个世代的西德人，生于战后的东德人更不倾向于认为自己与纳粹历史有所关联，也更不会表示是时候要"放下这段过去，继续前行了"；他们在各种意义上都不把这段过去放在心上。[87] 许多同行凶者家庭的"第二代人"相关的议题都只跟西德人有关，因为只有他们的社会教育环境才弥漫着一种确乎无从逃避的对这段羞耻历史的国家责任感。对东德人来说，真正的转折点是发生在1989年至1990年的共产主义垮台和东德解体期间，它们比过去的战争重要得多。当话题涉及纳粹时期时，西德人会关注发生于1938年11月9日至10日（"碎玻璃之夜"）的暴力等话题，而东德人则很容易跳过这些话题，谈起人们在战争末期从东欧逃亡，或者被驱逐出东欧的话题。简而言之，对西德年轻人来说，纳粹时期是属于导向性范畴的核心问题，但是对于东德年轻人来说则并非如此。[88]

不同世代的人会对家庭故事进行更改和协商，他们也会使用各

第十七章 父辈的罪孽

种类型的辩护理由对过去做无害化处理。一项基于182场定性访谈*的研究发现,经历过战争的那一代人回忆和讲述过去的方式,与他们的子女和孙辈呈现祖辈人生经历的方式之间,存在着重大的差异。老一辈人普遍喜欢强调他们对纳粹主义的着迷,认可20世纪30年代的经济腾飞(被归功于希特勒)所带来的福利。年轻一代则强调,他们认为父辈和祖辈在当时承受了许多压力和约束;在他们看来,老一辈人并非真的想要这么做,而是被迫无奈。[89] 针对迫害犹太人的自我辩解往往都采取"对此一无所知"的形式,而子辈和孙辈都倾向于相信这样的说法。如果这些亲戚事实上"不可避免"地见证过暴行,那么年轻一代会倾向于认为,他们必定相当害怕如果自己试图抵抗会招致怎样的后果,因此只能选择那么做。[90] 有些事件会按照纳粹合法化的术语,被解读成"同游击队作战"或诸如此类,因而不构成任何问题,也同"纳粹大屠杀"没有瓜葛;这常常使得人们将纳粹的刻板印象传给下一代人,令他们用纳粹的标准判断哪些是正常的、合法的和可以接受的,以及谁属于他们的小圈子,而谁又应当被排除在外。[91]

有些前纳粹党人的孩子意识到父母曾经参与纳粹罪行的某些细节,但是要让他们与父母的过去对抗,也仍然存在相当大的困难。随着时间的推移,有些人开始正视他们的家庭遗产,并且对其展开讨论。这是一个充满犹豫、被困难团团围住的缓慢过程。在个人层面上,它常常意味着人们会在爱戴或否认甚至中伤家长的冲突中左右为难,无法承受这样的挣扎;它也可能意味着人们会审视自己是否拥有暴力倾向,或者担心父母是否会对自己动用暴力。人们必须阻止家庭的崩坏,必须面对公开的非难,必须考虑如何寻找不在场

---

* 定性访谈(qualitative interview),区别于定量访谈,相比量化的数据,更关注个体或者群体的主观体验、感受和观点,有深度访谈(人数较少)和座谈会(人数较多)等形式。

证明，如何编织令人安心的谎言，也必须考虑家庭的安宁有可能会彻底被打破。然而，与此同时，也有少数人试图跨越代际，同与受害者有关的群体达成某种"替代性和解"。在这些事情当中，没有一件是容易的。

想要诚实地直面这些议题并且对其取得更深刻的理解，可能需要几十年的时间。第三代人要做到这一点会相对容易一些。比方说，历史学者莫里茨·普法伊费尔（Moritz Pfeiffer）就通过自己的独立研究，比较了外祖父所讲述的故事和他在自己家中听闻的故事。普法伊费尔借助从档案资料和家庭文件里获取的事实，向试图予以人宽慰的家庭故事发起了挑战，重建了他的外祖父汉斯·赫尔曼（Hans Hermann），以及外祖父的兄弟西格弗里德（Siegfried）在战争时期服役的岗位，并且探索了他们可能的见闻和所作所为。在这个过程中，直到外祖父弥留之际才揭露出来的最惊人的事实是，在西格弗里德志愿前往东部前线作战并据说死于战事之前，他曾有过一段从未张扬的党卫队经历。[92] 外祖父曾经声称自己一无所知，但他显然是不想讨论自己兄弟的往事，可是到了这个时候，他突然告诉普法伊费尔，西格弗里德曾有一段时间被部署在"那里"；在普法伊费尔的进一步追问下，他承认他所指的"那里"正是奥斯维辛-比克瑙。这个被揭露出来的隐情虽然一开始令人感到震惊，但是普法伊费尔随后发现它并没有事实根据：那里的工作人员名单里并没有西格弗里德，不过他有可能去那里参观过。然而，其他档案资料清楚地显示，西格弗里德曾于1942年4月16日至1943年2月8日在登比察的党卫队军队训练场服役，而这里也是彼得·米勒和汉斯·普罗欣斯基曾经工作过的地方。西格弗里德还有可能参与过清洗登比察犹太隔离区的行动，致使1.2万犹太人被遣送进毒气室，而伊雷妮·埃贝尔正是在这次行动中死里逃生。西格弗里德正是在驻守登比察期间，因为自己目睹和执行的事情而深受困扰，才志愿

第十七章 父辈的罪孽

去东部前线作战,由此一去不返。

汉斯·赫尔曼的家庭成员曾经密切参与过纳粹大屠杀,但是他将这个阴暗的秘密保守了几十年。普法伊费尔的外祖父无法消化关于兄弟的这些历史细节,转而阅读并推荐了乌韦·蒂姆(Uwe Timm)的自传体小说,蒂姆在这部小说里有一位经历过相似命运、曾经隶属于党卫队的兄弟,他奔赴战场后同样一去不返。[93]对于普法伊费尔的家庭来说,这个阴暗的秘密以及曾经参与过针对犹太人的大规模谋杀的往事,会自动地同奥斯维辛这个名字联系在一起;他们对此保持沉默,选择不再进一步探究。他们就像汉斯·米勒那样,不想进一步了解登比察区域发生的暴行。直到他们家第三代人中出现了一位专业的历史学者,他怀抱着客观的态度和好奇心,才深入地探究了这段历史——并且一方面维系了他对外祖父母的爱与尊敬,另一方面也在事实细节上承认他们曾经与纳粹主义有着很深的瓜葛。[94]

人们与过去的情感联系,以及人们并非只是对它抱有知识兴趣的种种形式,都以一种潜移默化的方式影响着人们的成长和教育,影响着他们将会成为哪一种成年人——影响着他们的理想和追求、他们的道德和政治选择、他们的婚姻伴侣、他们的职业,以及他们对待自己孩子的方式——正是有了这些关键的知识,我们才能理解为什么即便第三帝国已经在政治上成为一种过去式,纳粹时期本身却还不能单纯地"变成一段历史"。

当他们所知的家庭故事过于模糊,而掌握的细节知识也不足以实现进一步的探究时,许多第二代和第三代成员会用各种方式替前人开脱,或者减轻他们的罪责。情感遗产会随着大环境的变化而改变。"德意志人"(被视为一个在时间上延续的群体)的集体认同在西德带来了一种挥之不去的不安感,以及一种基于扩散的羞耻感(常常还有负罪感）的强烈道德责任感。一旦跨过了德国内部的边界，这种感受在东边就没有那么普遍了。然而，就我们所知，在统一之后的德国，无论是在西边还是东边，年轻世代都会区别对待他们从学校里、博物馆里、纪念场所中"获知"的关于纳粹时期的知识，以及他们从家庭故事中收集到的或解读出来的信息。而且在家庭当中，信任和关爱往往会（虽然也不总是如此）支撑一种更为体谅和理解近亲的态度。个人联系和情感联系同历史知识曾经极不协调，它令第二代和第三代人对起身挑战家庭故事感到心神不宁，但是等到第四代时，这些联系已经所剩无几，留下的也只有历史的知识而已。

对行凶者来说，那段过去显然拥有一种基于代际的半衰期，它会随着时间的流逝而衰落、消亡。不过，幸存者家庭的代际动力学则与此判然有别。

第十八章

迫害的漫长阴影

海伦·爱泼斯坦（Helen Epstein）生于布拉格（1947年），长于美国。从她的幼年时代起，她就意识到他们一家跟街坊邻里的其他家庭不一样，甚至跟他们所处的纽约城区域的其他犹太家庭也不一样。[1]她的父母说话时带有外国口音，给人的感觉也不像其他人的父母那么自信。她还感到，自己跟其他大多数孩子也有点不一样，而这些孩子包括犹太会堂（没到安息日，她都很不情愿去那里）和学校里的"非常典型的美国"犹太孩子。

在学校里，只有几个孩子跟她拥有相似的背景：他们的父母像她爸妈一样"热衷于读报纸"；有个朋友"从来不聊家庭，不聊历史，也不聊她爸妈是怎么来到纽约城过生活的"。[2]爱泼斯坦立即体会到某种亲切感："当我到他们家做客的时候，我就感觉回到了家里。他们家有一股紧张感，一股关于生活的凶狠劲，这些感受在其他人更为随和、悠闲的家庭氛围中是缺席的。那里萦绕着一种非常强烈的神秘感。"[3]有个朋友的父母从来不出门，因为"他们害怕一旦自己离开家，房子就会被纵火或者洗劫。我毫不怀疑地接受了这种说法,仿佛这不过是一种自然而然的顾虑"。[4] 在爱泼斯坦自己家里,一家人似乎只有在周末到乡村公园野餐,跟其他幸存者见面,用母语(而不是用他们在工作日使用的带有喉音等口音的英语)交谈时,他们才能够享有自由和自在的感受。

所以,从很小的时候起,爱泼斯坦就意识到他们家有一些独特之处,而且虽然她察觉到了,但她从来没有公开地谈论过它:"我们这些孩子跟其他美国孩子不一样。这一事实再明显不过了,根本就用不着讨论。"[5] 此外,他们也有充分的理由不去谈论它,我们的"朋友和我们的家人一样,非常注意保护他人,不要让他们承受痛苦。尽管我们都知道,我们成长的家庭里遍布着大量的痛苦,但是我们从来不会直呼其名"。[6]

爱泼斯坦当然是幸存者的孩子。20世纪70年代,作为年轻人的她开始将自己的经历同其他幸存者孩子的经历进行比较,并且由此发现,尽管存在着差异,但是他们之间也有很多共同点。其他人也差不多在同一时间发现了这一点,例如有五个幸存者的孩子于1975年在犹太杂志《回答》(Response)上发表了他们的讨论结果,表达出他们所体会到的集体认同感。[7] 在20世纪80年代,这些幸存者的子女随身份政治和自助小组的崛起而日渐长大成人,探索"根源"、传统和遗产的时机终于成熟了。正如这一领域的先锋——露西·施泰尼茨(Lucy Steinitz)在探索这一主题的一部早期文集中所写的那样:"我们的共同源头催生出一种集体认同。"[8]

这批自我觉醒的第二代成员基本上所属世代相近,年龄相仿。纳粹的程序意味着,比起要先接受劳动力剥削因而有着更大存活机会的年轻人来说,特别年幼和特别年长的人都更容易被挑出来杀死。等到迎来解放的时候,幸存下来的大多数人是年轻人。他们都倾向于在战争结束不久后的20世纪40年代晚期和50年代早期开始寻找伴侣、成家立业,或者重组家庭,然后在难民营里或新国度中就生下孩子。[9] 与行凶者的子女形成反差的是，在纳粹迫害时期尚且年幼的人也会被算作幸存者，即所谓的"第1.5代"。幸存者家庭里的第二代人都没有亲身经历过纳粹时期，但是他们都成长于这段有着无处不在的触手的过去的阴影下，而且他们都受到了父辈经历的深刻影响。

界定第二代人

这些"第1.5代"的人至少在一开始将自己定义为"第二代人"。早期的难民虽然逃脱了纳粹的暴行，身上没有留下犹太隔离区和集中营的记号，但是他们也承受了污名化、迁徙、重新定居和负罪感的心理后果。这些难民的孩子一开始遭到了某种程度的边缘化，人们直到后来才发现，他们也被父母撕裂的过去所深深影响。即便如此，无论这些犹太移民是在什么时期离开欧洲的，他们的孩子都拥有一种共同的宏大叙事：他们都属于一个曾经受难的历史群体，而且可能会仅仅因为身为犹太人而再次受到迫害，然而这个存在已久的命运共同体已经经受了许多个世纪的迫害、驱逐和流放，却依旧延续至今。这个共同体有着按照族群、宗教和文化术语而界定的严格边界，不过它在数千年的历史中已经散播到世界各地。庆祝逾越节的犹太人将关于受难、流放和幸存的回忆都纳入到每年的日历中去了。

但是这一点并不适用于其他受纳粹迫害的群体。许多纳粹安乐死项目的受害者在遇害的时候都还是孩子，所以他们并没有后代。接受绝育手术的大多数人在绝育时也没有孩子，而已经有孩子的也通常不希望别人注意到自己的情况。对于家人由于"医疗"原因而遭到纳粹党人杀害或致残的家庭来说，要去理解和纪念这些家人通常会有困难。[10] 男同性恋者同样不想要孩子，他们也不希望自己的家庭关注他们遭囚禁的原因，不过个中缘由自然与其他群体截然不同。犹太人和非犹太人的"混血儿"可能会遭到双倍（既来自犹太群体，也来自非犹太群体）的排挤，所以丝毫不觉得自己属于第二代幸存者。父母因为政治活动而遭到迫害的人即便觉察到自己与他人"不同"，也不会把这段经历提升到界定人生的地步。比方说，埃拉·林根斯-赖纳曾经因为协助犹太人逃出纳粹奥地利而被关押到奥斯维辛，她的儿子彼得（Peter）就属于上面所说的情形。[11] 母亲受迫害的经历对彼得影响很大；与此同时，他却没有得到幸存者子女群体的接纳。他的一个犹太前女友甚至质疑他母亲在奥斯维辛的经历的意义，认为他"永远也不能真正理解"；他自己也认为，自己确实无法理解。[12] 他的自传题作"局外之观"（Ansichten eines Außenseiters）能恰当地反映出在战后奥地利，他在许多方面都觉得自己是一个"局外人"。

所以情况直到后来才发生变化。在过去，主张"第二代人"标签的主要是受纳粹控制的欧洲集中营和犹太隔离区的幸存者后代。越来越多的讨论和研究关注在这类幸存者家庭中成长可能会带来哪些影响。虽然在越南战争之后的几年里，在创伤后应激障碍（PTSD）成为舆论的焦点话题时，这项研究得到了更为普遍的推动，但是它实际上在很久以前就已经启动。而且随着这个群体步入成年，变得更有组织性和自我觉悟，这项研究也得到了推进。积极分子、自助团体和社会运动都对集体意识的发展具有关键意义。有些关键时刻从中脱颖而出。

在20世纪70年代，当爱泼斯坦等人20多岁的时候，他们开始发觉有很多人跟自己拥有同样独特的童年经历，而幸存者家庭的成长经历对他们的身份认同也产生了影响。在接下来的几十年里，他们开始认为，与面对相同挑战的人交谈会给他们个人带来好处。爱泼斯坦在美国和加拿大找到了其他青年，并且与他们展开了系统

第十八章 迫害的漫长阴影

性的对话。她在1979年出版的著作《纳粹大屠杀的孩子：幸存者子女谈话录》(Children of the Holocaust: Conversations with Sons and Daughters of Survivors)，以及露西·施泰尼茨等人的作品，代表着第二代人的定义来到了历史的转折点。[13]事实上，一个清晰的关系群体正在成型：他们都与一段特定的过去时期有着深刻的个人关系，而且他们也因为这段共同的过去而同彼此产生了更为普遍的联系。

从20世纪80年代开始，以色列、英国和欧洲大陆也出现了致力于探索第二代议题的团体。在法国，泽格和贝亚特·克拉斯费尔德在1979年成立了"遭送自法国的犹太人子女协会"(Association des fils et filles des déportés juifs de France)，这个组织主要通过揪出对犹太人的遭送和死亡负有责任的行凶者和其他人来实现正义。法国的特殊之处在于，这里有比较高比例的孩子曾经躲藏起来，得到保护，并且在成长过程中明白自己是个孤儿；因此有很多人觉得有必要将杀害他们父母的凶手绳之以法。在这些人当中，最年轻的人虽然已经不记得这段时期，但是失去双亲的痛苦给他们留下了深刻的伤害，他们通常都将自己视为第二代人，而不是"幸存者"。

在这个流动性日益增强的世界里，第二代成员所组成的网络有了国际化的性质。在1981年6月，第一届世界纳粹大屠杀幸存者大会在耶路撒冷召开。这场盛会不仅包括幸存者，还有约1000名第二代成员，他们"接过了父辈的遗产，要为这个世界提供见证"。[14]随后，同样在1981年，纳粹大屠杀幸存者子女国际网络(International Network of Children of Jewish Holocaust Survivors)成立，由梅纳赫姆·Z.罗森沙夫特(Menachem Z. Rosensaft)出任创始主席。纽约的第一届纳粹大屠杀幸存者子女国际大会(International Conference of Children of Holocaust Survivors)于1984年召开，犹太拉比格尔松·D.科恩(Gerson D. Cohen)和埃利·维泽尔（Elie Wiesel）在会上发表了演说，而耶路撒冷的纳粹大屠杀幸存者子女国际大会则于1988年开幕。在英国，第一场此类大会的召开时间是1994年。[15]英国的第二代成员可能是因为人群规模较小，所以比起北美、以色列和法国的同人，他们花了较长的时间才意识到彼此之间的共性和共同的关切。于1994年和1995年为纳粹受害者子女和孙辈举行的伦敦大会，最终促成了第二代网络（Second Generation Network）的组建，在1996年，凯瑟琳·克林格（Katherine Klinger）发起了一个名叫"第二代受托基金会"的团体。[16]

随着第二代人年龄的增长，以及他们开始反思父母和祖父母的经历对他们自己的人生有何影响，针对幸存者子女所背负的长期遗产的研究兴趣也有所提升。这种影响不仅确实重大且引人瞩目，而且它在有些案例中也表现得更为极端。

无从逃避的遗产

现如今，整个世界范围内的纳粹大屠杀幸存者后代共有几百万人，其中只有一小撮人明确地探究过他们作为"第二代"成员的身份认同。虽然这一小撮人当中也存在差异，但是我们还是能够从中辨识出一系列共同的主题。他们的讲述都显示出，那些他们不曾亲历的历史事件是如何具有无从逃避的内在重要性。

对于笼罩在纳粹大屠杀阴影里的家庭来说，孩子们的成长可能会遭遇各式各样的挑战。有些挑战跟纳粹迫害对父母的心理和生理的长期影响有关；其他挑战则植根于后期的环境中。以下种种因素都会造成差异：双亲是否都是幸存者或者只有一方是，他们幸存下来的方式，移民他乡的时间，个性、信仰和适应能力。[17]有些人是在战争爆发之前就逃离纳粹迫害的难民，他们虽然没有经历过犹太

第十八章　迫害的漫长阴影

隔离区、集中营和死亡长征，却也失去了关系亲密的家庭和社区成员，而且常常为自己将他们抛在身后的行为而感到愧疚。其他人则悲剧性地被战争时期的暴力所残酷地席卷。他们承受了极端的境遇，常常因为长时间的迫害而留下长期的心理和生理后果。大多数幸存者在新的国家定居下来，学习新的语言和新的技能，适应着急速变化的不同环境，在迫害、贫困和痛失亲属的创伤经历后，又增添了关乎移民身份的新问题。

所以，这些人的家庭生活会全然有别于街坊邻居的家庭生活，也就丝毫不令人讶异了。这不可避免地对家庭动力学产生了影响。有一位名叫葆拉·法斯（Paula Fass）幸存者的女儿描述了她在纽约布鲁克林区度过的童年生活，她在家里说意第绪语，在外面要替父亲当翻译员和口译员，而父亲糟糕的英语水平也会给家里人带来羞耻和尴尬："我讨厌做这件事情，不仅仅是因为它给我的童年增添了成年人的负担和束缚，而且它还暴露出我们家庭的脆弱之处，颠倒了家中的权力关系。这让我感到痛苦和不适，赋予我一种我从未察觉到的能力。"[18]

有时候，他们的父亲或母亲会陷入无助或愤怒的情绪中，会无法自控地勃然大怒，或者陷入一阵阵抽泣，或者变得沉默寡言，仿佛身在另一个世界之中。战争结束以后，埃娃·霍夫曼的家人曾在波兰生活了几年，她还记得在自己的童年时光中，过去是如何不断地介入当下的生活："在日常事务之中，母亲会突然被某个尖锐、可怕的影像所慑服，或者突然流下眼泪。在其他话题上，她都头脑清醒、表达清晰；可是，每当她对所爱之人的回忆刺穿她脑海中的保护性屏障时，她的语气就会变得虚弱，宛若悲伤的连祷。"她没法逃脱那些可怕的影像，其中包括"她的姐妹——这是最关键的丧恸——是如何遭到谋杀"的画面。[19]这些情绪的爆发有可能会吓到孩子。许多人都表示他们曾以某种方式试图抚慰父母的悲伤，由此从非常年幼的时候起就颠倒了家中有关照料的情感关系。

与此同时，即便父母的照料方式并不妥当，孩子们也不希望因为回绝它而伤害父母的感情。曾经忍受过极端贫困和饥馑的父母，有时候会对必须吃完每餐的所有食物小题大做，而不顾他们是不是已经吃饱了。即便在同一个家庭里，孩子们面对此类压力的反应方式也不尽相同。举例而言，诺姆（Noam）和约埃尔（Joel）是一对在以色列长大的兄弟。[20] 他们的父母都在罗兹犹太隔离区里幸存了下来，但是他们的父亲在罗兹待的时间比较短，他先是在1940年被送到了一座劳动营，然后又被遣送到奥斯维辛，在那里的I. G. 法尔本丁钠橡胶工厂劳作。战争结束以后，他虽然能够相对轻松地谈论自己的经历，却无法面对自己没能挽救其他家庭成员的问题。与之形成对照的是，由于他们的外祖父是罗兹犹太委员会的成员，所以他们的母亲在犹太隔离区里一直待到了1944年8月的最终清洗，然后被先后送到了奥斯维辛和贝尔根-贝尔森集中营；她几乎无法谈论对她而言充满着创伤的过去。父母双方都对两个儿子保护过度，逼迫他们吃饭，害怕不这么做的话他们就会饿死。约埃尔很听话，所以他小时候很胖；然而诺姆则变得非常害怕吃饭，没法吞下食物，他的父亲无法控制自己的愤怒，常常因此而打他，而这个过程又再度加重了诺姆对食物的惧怕心理。诺姆因此非常瘦削，而他的进食问题也因此影响了他自己的儿子罗宁（Ronen）。[21] 作为幸存者子女的诺姆和约埃尔，以及作为第三代人的罗宁，并不需要听闻家庭经历的故事就已经在个人层面上受到了这段过去的影响；他们个人就代表了纳粹迫害的长远回响。这个直白的例子告诉我们，仅仅关注"回忆"不能够帮助我们全面地把握一段曾经的迫害时期和后来的当下之间所具有的内在联系。

子女往往并不清楚父母过去的具体经历。他们听说过一些片段，一些父母愿意重复程式化的故事，但是通常无法形成一个前后连贯

第十八章　迫害的漫长阴影　　　　　　　　　　　　　　　　　　　　　　599

的叙事。当霍夫曼回忆起"关于纳粹大屠杀的最初沟通具有破碎和不连贯的性质，话语因为痛苦的压力而支离破碎"时，她代表了许多人的心声。她还记得"这些片段，这些自我保护的连祷是如何被反复重复，却从未得到解说"。她指出："我儿时所接受的，除了特定的内容以外，恰恰还有这些无法消化的表述，以及极度沉重、密集的情感。"[22]

父母解读自身过去的不同方式会造成差异；帮助他们活下来的不同策略，或者至少是他们后来声称在当时起过重要作用的不同策略，也会造成差异。有一位名叫雅尔·丹尼利（Yael Danieli）的心理学家曾对纽约的幸存者家庭进行分析，总结出了四种不同的适应类型：分别被她称为受害者家庭、战斗家庭、麻木家庭和"成功克服"的家庭。但是，无论它们如何表征过去，在所有这些家庭里，"纳粹大屠杀都无处不在"。[23]对于这些将幸存者家庭的后代与其他同龄群体区别开来的心理症状，学者和心理治疗师都曾展开过研究；尽管从20世纪60年代后期开始，精神病学者就认为他们可以找出其中独特的模式，但是这项研究至今仍然存在争议。[24]更为晚近的研究认为，幸存者子女身上可能存在表观遗传变异，通过激活或压抑调控冲击反应的特定基因，使得父母的创伤经历能够跨越代际，"遗传"给下一代人；这种观点也存在争议。[25]但是很显然的是，它在文化阐释和个体自我理解方面都存在重要的影响。

正如法斯所言，这是"一个属于历史的世代，他们被处于20世纪中心的大火所灼伤，这场大火也摧毁了他们的欧洲家园，迫使他们投身创造一个崭新的战后世界"。第二代的成员"既是纳粹大屠杀可憎之处的一部分"，但也因此"得到拯救，过上了更好的生活"。[26]无论他们的新生活比父母逃脱的旧生活"好"多少倍，他们构想生活的方式都永远不可能与过去分离。而且，许多人都感到，他们必须面对逃避的必然后果，必须面对可能正在失却和可能已经失却的事情。

幸存所带来的遗产既会减少第二代人所能拥有的经历，也会赋予它们另外的意义。父母的经历也改变了他们试图向子女传授的生活智慧：不管任何天气，都让他们穿上保暖的衣物；吃光餐盘里的所有食物；始终对外部世界可能存在的种种危险保持戒心和警惕——所有这些教诲都频繁出现，而且还有对人类生命的无常和脆弱的普遍感触。但是，他们不仅仅会被保护过头；幸存者的子女常常会发现，他们在很小的时候就需要担任父母的"父母角色"。他们觉察到父母生活中的哀悼和失亲之痛，以及脆弱与痛苦，并且感到他们应该做些什么，来对此作出弥补。过去发生的可怕暴行使得孩子们当下的经历变成相对来说无足轻重的东西。有些人感到他们永远无法表达自己的痛苦与不幸，要么是因为这会让父母变得更加难过（由此他们生活在一个虚假的快乐世界里），要么是因为当前的痛苦或不幸永远都无法跟幸存者父母的经历相提并论。他们没有属于自己的真情实感可以表达——毕竟害怕看牙医跟身处集中营的害怕相比，根本就不值一提。

后来者

第二代人普遍都感到自己并不拥有属于自己的当下人生，他们都附属于一段无比重要的过去。安妮·卡普夫是个在伦敦长大的幸存者子女，她曾在参观以色列犹太屠杀纪念馆时曾被一种情绪所吞没，她是这么反思的："当时的我感到，我似乎并没有活出属于我的生活的核心经历——在它的核心处，在我的内心深处，有一种缺席。"[27] 第二代人都普遍拥有一种自己是"后来者"的感触。真正意义重大的事情，真正对他们的生活举足轻重的事情，甚至都发生在他们出生以前。正如法斯所言："在我们的存在背后，在几乎我

第十八章　迫害的漫长阴影

们所做的一切背后，都隐藏着一种先在的生活，我们只在部分上经历过它，而我们只是后来者，或者我们是它的证明，或者可能是它的救赎，但是如果缺乏这种先在的生活，我们的意识就不会完整。"[28]

霍夫曼的著作就恰如其分地题作《这些知识之后》(*After Such Knowledge*)，其中就始终弥漫着这种"后来者"的感受，它开篇的第一个句子是这么写的："战争是一切的开始。"[29] 对于在1945年犹如一片废墟的波兰出生的她来说，"我所知的人和世界并不是从子宫里生出来的，而是从战争里生出来的"。[30] 直到进入成年，她才开始理解过去所发生的事情："在我最初的稚嫩理解当中，纳粹大屠杀是一段被人们深深内化却又很奇怪地一无所知的过去。"[31] 在了解纳粹大屠杀的具体暴行之前，她就已经明白它非常重要了："在针对这些事件的回应方面，后纳粹大屠杀世代的轨迹与普通人的轨迹恰好相反。"通常的顺序被颠倒了，"那些在大灾难之后出生的人，会先体会到它最为内在的意义，然后得努力向外探索，了解有关事件的事实，以及它在现实中的形态"。[32]

这种"后来者"的意识甚至根深蒂固地存在于由父母给予孩子的个人身份中。许多在战后出生的幸存者子女的名字取自父母痛失的亲属。这会让他们感到，他们必须不能辜负遇害者常常被理想化的形象，才能弥补丧亲之痛。[33] 他们并不是真正的"自己"，而是被视作其他人的替代品，或者是父母得以幸存的所谓的"理由"。孩子们也经常会被赋予"使命"，要背负家族的遗产继续前行。通常情况下，在第二代的兄弟姐妹当中，只会有一个人与过去产生强烈的联系——或者被强加这样的联系。他们被称作"纪念的蜡烛"，身上背负着一种特殊的重担，而其他家庭成员能够在当下过着"平凡"的生活。[34] 他们常常都无法承受这份重担——正是因为这个原因,他们才接受了心理治疗。正如一位"纪念的蜡烛"哈瓦（Hava）

所言："我关心纳粹大屠杀，而我的兄弟却关心我的新冰箱。"[35] 这份遗产常常有吞没任何新生的个人认同感的危险。生于1946年的阿里耶（Arye）的双亲都是幸存者，他的三个名字都来自死去的亲属。他感到："我实际上将整个家族都扛在了肩膀上。"他还补充说："他们把所有死去亲属的名字都堆到我身上。"如今，他感到自己已经"没有选择，只能背着死者前行"。[36]

德沃拉（Devorah）同样出生在1946年，她的名字来自父亲的姐妹。"对我来说，始终拖着死者前行是一件很困难的事情。"她这么说道，"我并不是家族的灵车，然而那竟然真的就是我。"[37] 她的父亲曾强调过，她跟他死去的姐妹德沃拉长得很像，然而他又反反复复地对她说，她永远都比不上他的姐妹漂亮。另外一个名叫巴鲁赫（Baruch）的幸存者子女也发现自己的身份是以死去亲属为基础构建的，其中包括他的父亲非常仰慕的兄弟："我是我父亲的父亲，我是他的兄弟，我是他的反面，我可以是任何人，我只是不能真的做我自己。"[38] 他解释说："我经常觉得我父亲希望我能够成为他没能成为的人。"结果便是，他感到"我总是不能满足他的期望"。[39] 从分析者的视角来看，在诸如此类的许多案例中，逝者都被理想化了，而孩子们永远都无法达到逝者形象的高度。

当然，并不是所有幸存者子女都要经历这些事情。但是许多人都体会到，自己身为"后来者"面对着一份庞大的遗产。玛丽安娜·希尔施（Marianne Hirsch）提出了"后记忆"（postmemory）的概念，传达出人们对于无法捉摸、"未曾经历"的"此前"发生之事的非常鲜活的想象，也生动地传达出为什么人们明明对这段过去没有任何记忆，它却能活跃地存在于家庭氛围中。她将其定义为一种"'后来世代'与此前世代的个人创伤、集体创伤和文化创伤的关系——他们只能通过成长过程中接触的故事、影像和行为才能'记得'这种经历，与它产生联系"。希尔施认为，人们与过去的联系"并非

第十八章　迫害的漫长阴影

通过直接的回忆来实现，而是通过具有想象力的投入、推断和创造来实现"。[40] 霍夫曼认为，她自己"是一个历史遗产的容器"。随着幸存者世代渐渐离开人世，她"越来越明显地察觉到，纳粹大屠杀的遗产正被传递给我们这一批具有象征性的后代和近亲"。[41] 对她来说，第二代人在传递过程中起到了关键作用，他们是"枢纽的世代"，接受传承，成为"纳粹大屠杀的监护人"。第二代人具备一种关键的能力，他们能够"带着一种鲜活的联系，去思考源于纳粹大屠杀的某些问题"。[42] 这种能力并非源于特定的故事，它完全是源于一段甚至常常不被谈及的过去的绝对情感重量。

身为后来者，意味着他们所接受的教诲有可能并不适于当下。卡普夫记录下自身的挣扎：她在理解父母经历的过程中给儿时的她带来了很大的影响，这不仅影响了她同他们的关系、她同自我的关系，也影响了她同更为广阔的世界的关系。比方说，虽然她成长于相对安全的战后伦敦，但是她也必须频频面对死亡的议题，并且反反复复地将它作为自身恐惧和感触的核心来面对。卡普夫的父母经历过各式各样的劳动营和灭绝营（她的父亲当时身在苏联，而她的母亲则身在普瓦舒夫和奥斯维辛），他们成功地逃离了战后的波兰，才终于抵达伦敦。与卡普夫拥有类似家庭背景（父母有着类似经历）的人，都抱有跟卡普夫相似的焦虑。按照卡普夫的说法，战争"就像某种不断飘移的烟雾，径直渗入我的家中，定居下来。整个房子和我的父母似乎都覆盖着一层深入皮下的悲伤"。[43] 她的双亲会仔细地端详"抢救出来的战前年代的相册，里面包含着一群群面带幸福表情的人们，他们的幸福令人感到害怕"，父母"谈起他们的时候总是活灵活现，仿佛他们随时都有可能穿过房门走进来"，但实际上他们已经不在人世了，每当这种时候，死亡都永远在场"。[44] 这些都只会让断裂显得更为尖锐。

父母的经历往往会在孩子年幼的时候就改变他们的世界观。朱迪思·卡尔曼曾写过她在加拿大度过的安全的童年时光："很早的时候，我就通过父亲讲述的故事，以及母亲披露出来的令人震惊的恐怖事件，吸收了这样一些知识：无辜的孩子也可能被谋杀，整个家庭和社区都可能被超出他们控制的力量所消灭。"[45] 她接着说道："我可能只是在玩一个玩具娃娃的时候，脱掉了它的衣服，暴露出位于她背后的机械发声盒，然后我说道：'妈妈。'我的母亲会大呼小叫地说：'别给我看那个东西。它会让我想起我的表亲布兰卡（Blanka），当时的我们就像蚂蚁一样在漫天的炸弹底下逃窜，我就在她身旁奔跑，她的后背被弹片给炸开了。'这样的爆炸对我的母亲来说是寻常的事情。"对于孩子们来说，这种情况最难应对之处在于，他们无法预测家长什么时候会突然爆发："我们不知道我母亲的记忆可能会在什么时候引爆，或者有什么东西会诱发它。那种感觉就好像你以为地雷都排除干净了，结果它又引爆了。这个世界显然是个可怕的地方。"[46] 埃娃·霍夫曼也记得，在她家中"战争时期的经历如何不断地喷发出一幕幕影像，一些突然而至的碎片词句，一些反反复复的破碎怨言"。过去的这些喷发"所使用的是身体的语言，这种非常私密而有力的家庭语言拥有一种令人恐惧的直接性"。"过去"不仅仅是故事，它也"通过噩梦惊醒的声音、叹气和疾病的习语、眼泪和急性的疼痛——它们都是我的父母躲藏在潮湿的阁楼里，忍受种种条件所留下的后遗症——倏然而至"。[47] 如果一段过去会以如此猛烈之势打断当下，那么就算人们对其所知不多，也不可能选择忽视它。

在幸存者看来，生活的有些方面显得尤其危机四伏——哪怕这些领域显得尤其令我们意想不到。比方说，丽莎·阿皮尼亚内西回忆起她在战后加拿大度过的童年时光，她的父母总是反反复复地安排她转学，并且不断地发明出各种各样的故事；每当她在新学校注册的时候，她最害怕又无法回避的问题便是：她的出生地是哪里，

第十八章　迫害的漫长阴影

她不知道该回答波兰还是法国，因为她的父母会根据不同的环境选择他们认为更合适的故事版本，而出生地是一个会根据版本而有所变动的信息。[48] 幸存者所具有的某些反应方式，对于在战争中幸存下来至关重要，但是它们在战后的生活中就不再合适了。阿皮尼亚内西还记得，在 20 世纪 50 年代，当他们一家人出门度假，靠近加拿大和美国的边界时，她的母亲和父亲反应各不相同——但是都跟他们各自早年的生存策略一致。她的父亲看到身穿军装的边境守卫时，会害怕得一动都不敢动；她的母亲则会摆出一副风骚的模样，通过打情骂俏让自己安全过关。[49]

有句话说得好，对第二代人而言，"纳粹大屠杀意味着某种缺场的永恒在场"。[50] 没有在世的亲属就是其中一个主要的缺场。在有些家庭里，甚至对于从未与遇害亲属谋面的孩子们来说，死者的"在场感"甚至比周围的活人还要强。卡尔曼还记得，他的父亲"经常讲起他死去的挚爱之人，他们的身影在他的脑海中挥之不去"，她甚至因此可以认出照片中的他们，并且能像背书一样背出死者的名字。"我都无法想象，为什么他能在失去所有家人之后，这么快就重新组建了第二个家庭。我认为，我父亲始终背负在身上、威胁着要将他拖入深渊的生存负罪感，是能够用他在这些年来不间断地倾倒出来的讲述和回忆来衡量的。"[51]

尽管这段缺场的过去几乎无处不在，但是与此同时，他们又同过去全然地断裂开来。这一现象与多数行凶者家庭里的延续感形成了强烈的反差，虽然行凶者家庭对过去的大多数事情保持沉默，但是他们的过去并没有跟现在分离开来，两者之间并没有深刻且不可弥合的裂隙。但是对幸存者家庭来说，却存在着一个令人惧怕的虚空，一个毁灭和死亡的黑洞。正如一位幸存者子女丽莎·赖特曼-多比（Lisa Reitman-Dobi）所言，她"明白一种孤立、遥远的恐惧"已经"不留痕迹地将过去与当下割断"。[52] 然而与此同时，满负荷的沉默也无处不在；法斯形容说："这些永远都无人注目的影像和永远都无人说出口的名字"，就是"笼罩着我们生活的隐身画面和沉默之词"。[53]

曾经有过婚姻，但是伴侣和孩子都死于纳粹大屠杀的父母，往往很难将过去的生活同新的亲密关系整合起来。他们常常把过去的家庭当作秘密。比方说，法斯知道母亲有过一段婚姻，她的儿子名叫沃尔夫·莱布·克罗莫洛夫斯基（Wolf Leib Kromolowski），在战争爆发不久前出生在罗兹。在1942年9月初，充满争议的犹太委员会主席哈伊姆·鲁姆科夫斯基在绝望的处境下试图保住具有劳动能力的人，下令让犹太人将孩子交给当局遣送，而当时只有三岁的沃尔夫就在"儿童行动"（Children's Action）中被交给当局。法斯的母亲用这样的方式向她讲述了这个被遣送到海乌姆诺的同母异父的哥哥的事情："她缝了一个小包挂在他的脖子上，往里面放了一片供他路上吃的面包，然后就把他送走了。"[54] 相较之下，她的父亲则不曾谈论他过去的家庭。法斯还记得，当年方七岁的她第一次得知父亲之前有过一任妻子和四个孩子时，她是多么惊讶。[55] 在他们身处罗兹犹太隔离区的整个过程中，他都通过贿赂犹太隔离区官员保护了家人，在"儿童行动"期间将两个最年幼的孩子藏了起来，但是到最后，他没能从奥斯维辛的毒气室里将他们救出来。他拒绝保存自己手头仅有的一张家庭合照——上面有他曾经为其感到骄傲的四个孩子；这张照片跟着一位阿姨去了以色列，这个秘密也就和沉默一起在家中维持了下来。对于成长于美国的法斯来说，这个充满阴影的家庭给年轻时的她带来了很多困惑。"我学校里的同学从来都没有死过兄弟姐妹。那么你爸爸妈妈死去的丈夫和妻子分别都叫什么？他们是不是隔了一代的继父母，几乎跟你们的父母差不多？"[56]

这些孩子所属的家庭建立在悲剧之上，他们的成长经历几乎总是悬置于时间之中，被一段他们不曾亲身经历的过去所萦绕，他们父母的抚养方式带有另一个时代的生存策略的印记，而他们肩负的未来使命常常不是他们主动选择的。许多人都根据这段未曾经历的过去塑造他们的方式来定义自己的身份认同。有些人用创意写作和视觉艺术来表达他们的情感；数以万计的人写下了日记，并在后来的互联网大发展时期设立了个人网站，与他人交流经验或展开讨论。

过去也会影响他们对未来的选择。他们普遍都有一种感触，为了弥补父母的悲伤和损失，他们必须取得成就。这可能意味着职业成就——成为医生、律师或从事者其他社会地位高的职业，这也可能意味着私生活方面的成就，通过繁衍后代、组建一个庞大的家庭，确保希特勒试图灭绝的犹太人民能够存续下来。非犹太人对犹太人的恐惧和不信任，无疑也激化了犹太父母（哪怕是在信仰方面不太虔诚的家庭里）对"与外人结婚"的反应。

因此，第二代人在自己的人生道路上就承受了许多额外的压力。如果他们没能取得相应的成就，或者做出了父母并不认可的行为，他们就有可能招致父母悲痛的责难："我从集中营活下来，就为了这样？"如果第二代人想要脱离父母的束缚，发展出独立的、不受纳粹大屠杀遗产拖累的身份认同，就需要面对情感的纠葛和家庭的紧张关系，这有可能会非常复杂，并且引发重重问题。

身无所属

战后的大环境对父辈如何适应有着重大的影响，因此它也影响了他们子女的成长经历。20世纪70年代和80年代的北美年轻人不仅要受到自身家庭的过去的塑造，也要受到以身份政治和"连字符身份"*为特点的整体文化环境的影响。在这个纳粹大屠杀在民族意识中获得显赫地位的时期,幸存者的子女寻找着新的身份格局,来匹配属于他们自己的混合身份感受。

不过,当我们把目光移向中欧,移向"行凶者的土地",身为幸存者子女的成长经历在这些地方就完全是另外一种情形了。即便在欧洲内部,比如在第三帝国的三大继承国(东德、西德和奥地利)里,或者在波兰这样曾经遭到占领、情况更为复杂的国家里,幸存者家庭的处境也像纳粹大屠杀的所有其他方面一样,有着重大的差异。你是成长于以色列的幸存者家庭,还是在北伦敦或澳大利亚,还是在世界其他地方的典型犹太社区度过的童年时光,其中也蕴含着很大的差异。每一种不同的环境都会给第二代成员带来不同的挑战,而且在每一种环境中,第二代人对于自己出生在此类家庭意味着什么,也都有着或多或少的意识。

以色列当然在很多方面都有其特异性。根据丹·巴尔-昂的表述,它发展出一种"受害者文化","时时给我们施加压力,要从'纳粹大屠杀中学习'"。[57]这种文化随着时间的推移而进一步发展,并且在艾希曼审判之后经历了重大的变化。[58]但是,即便在这场审判开庭之前,纳粹大屠杀也已然无处不在,令人无法逃脱,并且给日常生活带来了真实可感的后果。[59]以色列甚至有一个词来形容遭到过去的间接伤害的人:"背负伤痕之人"(scarred ones),在这些人身上留下痕迹的暴力并不直接发生在他们身上,而是被施加在其他人身上,身为纳粹大屠杀幸存者子女的他们具有一种"刮伤者"(sarut)和"负伤者"(srutim)的自我感知。[60]以色列民族志学者卡罗尔·基德隆(Carol Kidron)用两个希伯来语词汇"machuk"和"sarut"(它

---

* "连字符身份"(hyphenated identity)是指用连字符将族裔、民族与国籍相连而构成的一种身份表达方式,例如爱尔兰裔美国人(Irish-American)等。"连字符身份"不同于"多族裔身份"(multiraciality),后者指的是一个人的父母来自不同的族裔。

第十八章 迫害的漫长阴影

们各自的意思分别是"擦伤者"和最高级的"刮伤者")来形容"那些在经历过创伤后,无法完全回归到普通人身份中去的人"。[61] 人们并不总是对此作出负面解读。基德隆的某些受访者对这种疾病和医学的隐喻作出了争辩,他们并没有因此被毁灭或伤重,而是为自己所背负的历史伤口感到自豪。[62] 不过在最近的几十年里,一种负担相对较轻、与拥有相似处境的他人探索和分享共同经历的方法则更为流行。

以色列到处都是第二代人,而且许多人都积极主动地参与各类协会举办的活动,来传承关于过去的回忆,传递关于逝去世界的知识,而不为其"所伤"。在20世纪晚期,活跃于个人生活或专业领域的成年人得以发现,他们可以在不受限于受害者子女的身份,或者不为其后果所束缚的前提下,识别出一种共同的过去。然而,尽管许多人对家庭的欧洲传统感兴趣,但是他们仍旧感到自己缺乏一种与特定地点的个人联系。而且他们也对自己的幸存者父母的困境感同身受,明白他们的孤独,以及许多幸存者都体会到的典型的不信任感——它也在(甚至是以色列的)广大犹太群体中造成裂痕。[63]

尽管以色列的第二代人所拥有的共有特点本来就是不言而喻的,但是如果幸存者家庭生活在非犹太群体占据主导地位的社会中,或者当地很少有战前难民或战后移民时,这种意识的觉醒就会非常缓慢和零散。卡普夫就在作品中写出了英国犹太群体大体沉默的情形,他们历来都不希望引起别人不必要的注意,此外英国政府也由于惧怕滋生反犹主义,相对不愿意接受过多难民——令人感到讽刺的是,这又是将可能造成的社会问题归咎于受害者。[64] 其结果便是,尽管卡普夫的父母与许多幸存者同胞保持着联系,而且她也在成长过程中认识了许多他们的后人,但是她依旧在主流的文化环境中体验一种相对的孤立感。在英国,第二代人观念的出现比美国整整晚了十年。

在东德，犹太幸存者的子女有可能根本就不曾意识到其父母背负的遗产。他们也可能完全没有意识到，他们许多同班同学的父母曾经追随过希特勒。无论是对于曾经受过迫害的群体来说，还是曾经站在行凶者一方的人而言，反法西斯国家的神话都为下一代人卸下了一个沉重的负担。西德的相应情形就很不一样，因为他们官方强调，西德对纳粹过去负有公共的责任（即便就像前面的章节所探讨的那样，它只在司法上引发了有限的回响）。然而，由于西德的犹太家庭子女所成长的社会中有可能到处都是前行凶者，所以这些犹太家庭也会有很强烈的孤立感。当其他人的孩子跟亲戚们一起庆祝生日，而他们只能自己过生日时，当左邻右舍怀抱着敌意或疑心对待他们，或者用夸张的亲犹主义对待他们时，他们都将无法摆脱自己与他人有所不同的感受。无论他们做什么事情，他们都永远携带着"与众不同"的标签：由希特勒在"犹太人"和"德意志人"之间划下的天堑，在纳粹国家消亡以后仍将长久地存续下去。留在德国的幸存者不仅常常会对自身所处的地理位置感到不安，而且还会觉得自己这样做只是一种折中之举，比不上移民以色列的同胞。

波兰社会在针对纳粹过去的问题上有着非常深刻的分歧。尽管在战争时期，很多波兰非犹太人曾经出于私利或者内心善良的原因藏匿过犹太人，但是也有更多的人曾经背叛犹太人，或者与纳粹同流合污。有些人曾经杀害犹太邻居——并非只有臭名昭著的耶德瓦布内谋杀一例。无论他们是否亲涉暴力，大量的波兰非犹太人因为约300万犹太人从他们的身边消失而受益，并且进而接收了他们的房屋、财产、店铺和农场。在这个许多人身陷底层和赤贫的经济体中，怀疑和嫉妒是人们少不了的日常反应。幸存下来的犹太人如果试图在战后的波兰谋生，就会常常被指控与共产主义压迫势力串通，由此导致民众对他们产生进一步的不信任。在这样的环境下，那些拥有犹太背景、在经历过屠杀和反犹镇压之后仍然没有逃离波兰的人，

第十八章 迫害的漫长阴影

也就完全不希望人们了解他们的身份了。

一项在共产主义垮台不久后启动、针对第二代成员的研究项目发现，共产主义波兰并没有将纳粹大屠杀的幸存者登记在册，这也就使得研究者很难找到拥有第二代成员的家庭。[65]而且，人们在一开始也对研究者的意图抱有疑虑，并不愿意参与这个研究项目。当他们最终找到符合研究目的的家庭时，他们发现所有幸存者的结婚对象都不是犹太人。在研究涉及的20个第二代成员样本中，只有6人在幼年时期就意识到他们有犹太血统，其他14人则直到童年晚期甚至成年之初才发现这一点。幸存者父母常常会隐藏他们的身份，这本身就是他们在纳粹主义制度下得以幸存的一种手段，而且为了更好地融入大体上对犹太人抱有敌意的战后社会，他们也会延续这一策略。他们常常会发现，只要没有人注意到他们的犹太血统，他们就能够更容易地融入社会。在这项调研中，足足有半数第二代受访者认为，他们的父母将纳粹大屠杀视为一个应当隐藏起来的私人秘密。除了像所有其他地方的幸存者家庭那样对过去保持着沉默，波兰的幸存者家庭还有另外一层禁忌：那就是围绕着他们身份的各种信息。在研究者看来，第二代人所肩负的重担不仅有过去到底发生了什么，还有他们到底是什么人，以及他们在当下的身份认同应当是什么。

这一情况当然会随着时间的流逝而发生变化，这与其他地方没什么两样。随着波兰幸存者家庭的第二代成员在20世纪70年代步入成年，他们当中的大多数人对犹太身份认同和犹太文化产生了浓厚的兴趣。在20年后的后共产主义时代，波兰人对于犹太文化传统的兴趣呈指数级增长，这大大改善了第二代成员所处的生活环境，比他们父辈所处的更加充斥敌意的环境要友好许多。[66]即便如此，第二代成员虽然认为他们是百分之百的波兰人，但也有时候会觉得他们并不真正属于任何地方。

无论第二代成员成长于何方，他们都常常拥有一种"身无所属"的不安感受，这一点有别于其父母所体会到的"流离失所"的感受。他们感到自己并不真的"来自"他们出生和成长的地方，而且基于不同的情形，也不一定会对这些地方有归属感。成年之际，他们常常会开始寻找自己的根，哪怕他们连他们父母的故乡也没有任何归属感。

返回未知之地

第二代成员一边对自身家庭背景的模糊性感到不安，一边又意识到其中重大的意义，他们有时候会对历史景观展开探索，而这种探索有时候是亲身前往，有时候则采用比喻的形式。举例而言，北美的第二代成员就通过文化和艺术的媒体来探索家庭遗产，及其对他们身份认同的重要意义。无论这些声音可能多么不具有代表性，他们的作品也标志着"第二代人"在文化和社会意义上的诞生。跨越各式题材——从阿特·斯皮格曼（Art Spiegelman）出版于1996年11月的图像小说《鼠族》（*Maus*），到乔纳森·萨夫兰·弗尔（Jonathan Safran Foer）以富有想象力的方式运用魔幻现实主义手法而创作的小说《了了》（*Everything Is Illuminated*, 2013），再到丹尼尔·门德尔松（Daniel Mendelsohn）的新闻和自传性质作品《失去之人：六百万中寻六人》（*The Lost: A Search for Six of Six Million*）——的出版物不仅书写了过去，而且也涉及"后来者"的生活。[67] 他们触动了许多读者心中的一根弦，我们也大可以认为，他们代表这个大无限倍的、在人海中未能公开表达自身感受的群体发出了呼声。哪怕并不完整，这种对于家庭过去的探索也在变得更为普遍。

第二代人也用身体力行的方式，"返回"对他们来说仍然未知

第十八章　迫害的漫长阴影

的家庭起源之地。对幸存者来说，他们同被纳粹统治所摧毁的故乡之间的关系是复杂的。许多定居到其他国家的德国犹太人后来拒绝返回德国，也拒绝说德语；而那些回国探访的人也常常在这个过程中生出矛盾和疏离的感触。波兰犹太人虽然还是说波兰语，也延续着波兰的文化传统，但是他们也会抵触对这个他们成长其中的国家产生认同感。这在部分上同这个国家的历史本身有关，也同他们出生的时期有关。法斯讨论了讨厌波兰的父亲如何将自己视作"犹太人"，而不是"波兰犹太人"："这个国家在他出生20年后才出现，随后希特勒占领了它的西半边，它也就消失了，我父亲的出生地罗兹被纳入德意志帝国的版图中，所以他的波兰人身份对他毫无意义，用这样的身份根本无法描述他与这个国家的关系。"[68]

其他人试图通过地方协会和社会网络来维系对于地点和传统的归属感。当幸存者紧紧抓住他们被迫离开的"故国"文化的某些元素不肯放手时，第二代成员有时候会表示反对。比方说，阿尔农·戈德芬格（Arnon Goldfinger）执导的电影《公寓》（*Die Wohnung*, 2011）就显示出祖父母公寓的"德国特性"，而与之相对的是，他们的女儿，也就是第二代人的公寓则非常现代、非常整洁，不包含任何地区的特性。[69]一直到第三代人，也就是孙辈的出现，这个家庭的过去才得到探索。但是对于大多数家庭来说，人们对于家庭来自何方都是有所体会的，人们常常谈论它，它也是无数故事发生的场所，但它也是一个很难想象的地方。

这常常会在人们心中催生出一种感触：他们需要"返乡"，需要探索过去，需要亲眼看看父母、祖父母或其他亲属的故乡。[70]大多数"返回"先辈故乡的行动不会让人觉得事情得到了解决，反而会令人注意到自己失去的东西。人们也许仍旧能够找到过去的蛛丝马迹，但是这些地方已经不同于灾难发生之前以及过去的社会被摧毁之前的时候了。即便故乡遗迹的物理形态得到了良好的保存，且寻址探路也都相对容易（并非总是如此），年轻人也常常体会到一种失落感，认为这个地方并不符合他们之前对它的想象。许多人展开了侦探工作，或者用想象力对其进行重构，或者寻找证人来填补丢失的环节。就算只是漫步在父母的故事里耳熟能详的区域，寻找他们曾经在儿时听闻的街道名字，也能够带来帮助。就像法斯在提到她第一次探访父母的家乡罗兹时所说的那样，她在这里"最能感受到自己与过去紧密相连"。[71]

有时候，这些旅行还附带额外的使命：他们要为幸存者父母收集照片或纪念品，在亲属死去的地方为他们竖立纪念碑，探访死者的坟墓并且致以吊唁。在个人层面上，人们也可能借此感到，虽然他们生于流离失所之地，但是他们通过将身份认同置于特定的地点中，在自己和过去之间架起了桥梁，变得能够理解、重建和重构这份"传统"。而且，为了"将它抛在身后"，并且"继续前行"，人们也普遍觉得自己需要去看看"那一切发生的地方"——所有空间的隐喻都常常被用来表达地域、时间和心理。

探访过去的生活之地和死亡之地能够有助于化解痛苦的情绪。比方说，随着索利·卡普林斯基（Solly Kaplinski）的幸存者父母在1987年过世，他在1988年探访了波兰，并且依据这段经历创作了一部包含诗歌和画作的书。[72] 这本书中充满了愤怒等种种情绪。卡普林斯基的父母曾经是游击队员，逃亡对他们来说是家常便饭。按照卡普林斯基的说法，尽管他的父母为了保护子女，从来没有讨论过他们的经历，但是他们仍旧"背负着伤痕，常常容易陷入焦虑、恐慌和抑郁的发作之中"。卡普林斯基写道，他也通过他自己的方式保护父母，他从来都不提及过去，却导致自己成了一个"情感上的跛子"（语出卡普林斯基本人）。1988年的波兰之旅是"生者之旅"（March of the Living）项目的一部分，他还写道，这段旅行"对我来说是一个纾解的时刻：它令我完整地释放出一通迄今为止始终遭

第十八章　迫害的漫长阴影

到压抑的情感反应"。[73]

第二代成员显然有一份巨大的情感遗产需要去面对。这些此前未知的陌生之地曾经发生过许多事情，改变了他们家庭的历史，也令许多人的生活天翻地覆，并且影响了后来的世代。"返回"这些地带的旅行对第二代成员来说有着治疗之效。[74]

不过，绝大多数第二代人只会像他们的父母一样，把生活继续下去。纳粹大屠杀幸存者露西尔·艾肯格林的儿子巴里·艾肯格林（Barry Eichengreen）后来成了一位杰出的经济学和政治科学教授，他在公开场合几乎从来没有讲过母亲作为罗兹犹太隔离区和集中营（包括奥斯维辛）幸存者的经历给他带来过哪些个人影响。[75]纳粹大屠杀领域的杰出学者阿兰·施泰因韦斯（Alan Steinweis）也同样不将自己认同为第二代人，不曾参加任何致力于探索这一身份之重要意义的团体。[76]许多幸存者的子女或孙辈都是出于对家族历史的兴趣，而不是为了寻求自我界定，才试图了解更多细节的。

并非每一个幸存者的子女都会发展出"第二代人"的自我认同。不过，对于有些人来说，归属于这个群体对于增进个人理解有着重要的意义。然而无论自愿与否，其他人还是背负着家庭历史的重量。而且所有人都会以某种方式受到父母经历的影响：很少有人能够在遵循或违抗父母意愿的过程中，走出一条完全摆脱父辈压力、约束和欲念的道路。他们的成长环境中存在着一个强大的力场，他们也许会向它低头，也可能会发起反抗，但无论如何，他们都无法忽略它。

但是，也许最不同寻常的是，有少数人作出了更多的努力，试图跨越群体的藩篱，在受害者子女和行凶者子女之间搭建对话的机制。

寻求相互理解

受害者子女的自我意识的提升也有助于推进如下进程：行凶者

子女的"身份公开"。人们都能猜到,社会对受害者子女将抱有同情心,但是行凶者子女对自身家庭的过去抱有很深的矛盾情绪,并且也不确定公开身份会给自己带来什么好处。在西德,变化在20世纪80年代开始出现,其中包括时任总统的里夏德·冯·魏茨泽克(Richard von Weizsäcker,他本人就是纳粹要员之子)借"二战"结束40周年的契机,在1985年发表的一场具有里程碑意义的演讲。这场演讲概括并传达了行凶者子女希望向受害者表达认同的主观意愿,并且也没有否认他们自己父母的罪责以及下一代人所肩负的特殊责任。始于20世纪80年代后期的争论向我们证明,对于西德人而言,这仍然是一个非常敏感也难以解决的议题。不过,它开始作为公共话题而得到探讨,而不再只是人们在私底下摸索的话题。而且,这些探讨也开始出现他们在同受害者和幸存者子女的对话之中。受害者群体内部的活跃分子,也再一次在推动新进展方面起到了关键作用。

正如我们在上文所提及的,以色列心理学者丹·巴尔—昂在20世纪80年代中期开始对成长于纳粹家庭的人所拥有的经历产生了兴趣。他一开始非常害怕走访德国,但后来他克服了恐惧,为了研究多次前往那里。他找到了许多前纳粹分子(有些人级别非常高)的子女,并对他们进行了采访。他注意到,在他于1987年第三次实地走访时,德国的社会氛围已经发生了明显的变化。[77] 在巴尔—昂动身访问德国的不久前,身为记者和幸存者子女的彼得·西赫罗夫斯基(Peter Sichrovsky,他的父母在战争结束后返回了故乡维也纳)采访了许多纳粹党人的子女,并且结集成书出版。[78] 西赫罗夫斯基的系列采访有几篇提前刊登在《明镜周刊》上。大约与此同时,德特·冯·韦斯特哈根(Dörte von Westernhagen,她是一位行凶者的女儿)也出版了一部类似的访谈录,受访对象皆为行凶者子女,探索的也是他们共同面对的议题。[79] 十多年后,斯特凡·莱贝特延续了父亲诺贝特·莱贝特的事业（早在1959年，身为记者的他就采访过纳粹要员的子女），对早已成年的要员子女再次进行采访，并将访谈结集出版。[80]与此同时，在20世纪90年代，越来越多的研究人员（包括社会心理学者、政治学者、社会学者、历史学者）开始关注家庭内部讲述故事的种种方式，以及跨世代对话的重要意义。90年代离迫害的年代已经过去了半个世纪，幸存者后代和行凶者后代都展现出更加强烈的发起对话的意愿。

加布里埃莱·罗森塔尔（Gabriele Rosenthal）等人所做的研究凸显出，无论是在幸存者家庭中还是行凶者家庭中，他们应对一段困难的过去所采取的策略都具有诸多相似性。[81]罗森塔尔及其同事对生活在东德、西德和以色列的家庭展开了案例研究，并且将研究对象分为两个大类：一类是行凶者和同谋者的家庭，另一类则是在战争打响之前就逃离祖国的家庭、在集中营里幸存下来的家庭，以及通过躲藏而存活下来的家庭。为了与这段令人不安的过去共存，两类家庭都使用了"履历修复的策略"。但是幸存者既不想重新体验伤痛和苦难，也不想将这份重担强加给子女或孙辈，他们的选择性沉默与行凶者的沉默是截然不同的，因为后者的沉默是为了掩盖他们过去的踪迹，以及避免罪责的指控。此外，幸存者后代的焦虑也同行凶者子女或孙辈所抱有的恐惧和幻想存在差异。

比起行凶者群体的子女，幸存者家庭的第二代成员在直面过去这件事情上所遭遇的困难要少一些。比方说，柏林一些学校的学生曾经接受过采访，研究人员通过这些采访对拥有抵抗运动背景或犹太家庭背景的学生，和拥有纳粹行凶者家庭背景或"同路人"家庭背景的学生进行了比较。前一组学生能够更为公开地谈论纳粹过去，话题涉及的频率更高，其中也包括更多的积极认同。而后一组同纳粹主义有更多家庭瓜葛的学生则会抛出更多的陈词滥调，来掩盖他们无法诚实面对的问题；而且他们会更着重强调自身家庭所承受的苦难，而不是纳粹受害者所经受的苦难。大多数第二代成员会同他们的父母共情。[82]哈拉尔德·韦尔策（Harald Welzer）等研究人员也发现了类似的家庭策略，孙辈会对敬爱的祖父与纳粹妥协的过去打马虎眼，使得韦尔策及其合著者以"爷爷不是纳粹党"的说法对此作出了总结。[83]当时间推移到21世纪，纳粹过去的意义挥之不去的问题仍然悬而未决。

就算没有公开的讨论，这些家庭内部所采用的策略方法也不总是能维系下去。当争议变得越来越公开，再加上以底层和高层行凶者子女为采访对象的访谈录纷纷面世，越来越多行凶者家庭的第二代成员得以走出此前的孤立状态，意识到寻找拥有相同背景的人群，同能够互相共情、互相理解的他人一起探索棘手的情感议题，可能会给他们带来哪些有利的结果。不伦瑞克的前盖世太保首脑之子迪尔克·库尔（Dirk Kuhl）便是其中一例。库尔给媒体写了一封公开信，引起了包括巴尔-昂在内的许多人的注意。后来，库尔在这些相互理解和对话的活动中成了关键的参与者——而除了他这批人以外，这方面的努力通常是由幸存者子女一方发起的，而巴尔-昂在其中发挥着突出的作用。

从20世纪80年代后期开始，巴尔-昂不仅探索了个别行凶者子女面对的心理难题，而且促成了双方第二代成员的会面。第一场大会于1988年在伍珀塔尔（Wuppertal）举行。巴尔-昂很快就找到了其他志同道合者。任教于波士顿大学放射学系、父母皆为幸存者的萨姆森·芒恩（Samson Munn）教授和迪尔克·库尔都加入了巴尔-昂的团队。这两个人出人意料地成为了朋友，虽然他们各自的家庭背景几乎势不两立，但是他们很快就发现彼此有很多共同点。他们日益加深的互动和合作关系后来成为了一部纪录片的主题。[84]

芒恩延续了巴尔-昂发起的这一倡议，在促成后续的群体会面中起到了关键作用。他在名为"反思与信任"（To Reflect and

第十八章　迫害的漫长阴影

Trust）以及"奥地利会面"（Austrian Encounter）的群组中扮演了核心人物，而且也参与了包括北爱尔兰在内的其他冲突地区的群组。促进相互理解、发起双方对话的可能性日益成为双方的行动议程，但是这从来都不是一个轻松的过程。有些本来有可能参与会面的人士，会因为害怕自己的安全遭到威胁（例如有四位奥地利罗姆人和辛提人就遭受了爆炸袭击）而不愿出席活动。[85]其他人则担心自己会被焦虑、愤怒和敌意的情绪冲昏头脑。双方的讨论充满了情感的要素，也常常散发着紧张的情绪；虽然每次会面的参与人数都很少（大概就十来个人），但是它们对参与者的意义却十分重大，甚至有可能就此改变他们的人生。

在北美，父母都是纳粹大屠杀幸存者的心理学教授莫纳·魏斯马克（Mona Weissmark）引起了媒体的关注。她关注司法体系的缺陷，关注不公的感受是如何以种种方式在代际之间传递，在幸存者家庭成员和与行凶者家庭成员之间造成敌意和紧张关系。[86]1992年，魏斯马克抱着些许恐惧的心理，与一位拥有行凶者背景的朋友协力为双方组织了一场会面；次年，他们又在德国重复了这场实验。这些会面的录像片段有助于我们窥见参与者所面临的情感动荡。实际上，双方都不得不在这个过程中放下他们的遗产。对行凶者子女而言，他们在面对过从甚密之人应当被谴责的行为时，早就已经遭遇过这一情况。但是更令人吃惊的是，有些幸存者子女也感到他们在这个过程中不得不背离他们对自身社群的承诺。有一位幸存者的女儿在会面中遇到了一位名叫奥托·杜舍莱特（Otto Duscheleit，按照他自己的说法，他是个"完全正常的党卫队员"）的前纳粹分子。她在目睹杜舍莱特对于过去所感到的痛苦后，开始明白他年幼的时候为什么会在希特勒青年团里被纳粹主义控制了思想，她意识到他"并不符合"她所预期的"刻板印象"：他"是个和蔼的绅士，没有进攻性，一点都不傲慢"；而且她有一种想要拥抱他的冲动，哪怕因此感到自己"背叛了我的父亲母亲"。然而,她也意识到这种个人层面上的和解行为将意味着她没能兑现为遇害亲属和广大犹太群体复仇的内在承诺——按照她的说法,"鬼魂和幽灵"站在她身后,"说着'替我复仇!'",在平息自己最初对他发火、向他吐唾沫的想法之后,她也不得不以某种方式放下她的过去。[87]

倡议组建此类团体的人士并不只局限于美国、西德和以色列,他们也在其他地方涌现,并且与宏观的发展互相交织。尽管克林格设在伦敦的"第二代受托基金会"主要面向难民和幸存者的子女,但是它也将纳粹行凶者的子女和其他近亲纳入其受众人群中。基金会也将第二代和第三代成员的对话与和解设为它的一大目标。这个组织在许多举措中发挥了重要作用,包括借第二次世界大战爆发60周年之际——最终在其他组织的支持与协助下——于1999年9月在奥地利举办了一场国际大会。这场会议的名字叫作"缺席者的在场:纳粹大屠杀见证者与'双方后代'国际大会",德语版会议名称为:Die Lebendigkeit der Geschichte: Internationale Konferenz für Überlebende und Nachkommen von Opfern und Tätern des Nationalsozialismus,即"历史的生命力:幸存者与纳粹受害者和行凶者后代国际大会"。这场大会成了历史上的一个关键时刻,它推动幸存者相关人士与行凶者相关人士展开了一场大辩论,而在奥地利,即便20世纪80年代出现过瓦尔德海姆事件的争议,这样的辩论在那时也没有出现。在萨姆森·芒恩看来,"像这样一场与纳粹大屠杀相关,而且规模庞大、面向公众,却仍旧能够触动个人的盛会能够在奥地利召开,在历史上实属头一回"。[88]

对于这些群组当中的任何一位参与者来说,进行这样的对话都谈不上容易。在这样的会面过程中,甚至语言本身都是一个敏感问题:用德语沟通并且亲身踏上德国的土地,对有些幸存者子女来说是一件难事,而不管行凶者子女的英语有多流利,他们一旦脱离母

第十八章　迫害的漫长阴影

语,也常常感到无法充分地表达出自己复杂的情感。但是这些为数不多的参与会面的人,本身都已意识到自己因过去而背负的包袱,也拥有物质条件、决心和时间(这样的会面通常会持续好几天),将他们的情感表达、沟通清楚。

就算第二代成员清楚自身所背负着纳粹大屠杀的遗产,也并非每一个人都为这样的会面做好了准备;有些幸存者子女甚至反对让自己的名字跟行凶者后代的名字出现在同一本书中。艾伦·L. 伯杰(Alan L. Berger)和娜奥米·伯杰(Naomi Berger)共同编写了一部收录双方子女文章的作品,他们在导论中写道,其中有两位投稿人,梅尔文·布基特(Melvin Bukiet)和安尼塔·诺里奇(Anita Norich),在得知这本书也会收录德国人的文章时,选择撤回了他们的稿件,还有第三个人,名叫芭芭拉·芬克尔施泰因(Barbara Finkelstein),她"对'牵线搭桥'的行为表达了很深的疑虑",并且认为"任何暗示这两个群体能构成共同体的想法都是病态的,而且是对殉难死者的不敬"。伯杰夫妇写道,诺里奇同样反对"对话",认为"这样的尝试只会在纳粹大屠杀受害者的继承人与夺走他们性命的人之间生造出一种错误的、必然肤浅的联系,不仅侮辱了历史,也侮辱了我们将继续为之哀悼的犹太民族"。布基特"不想与夺走他祖先性命的杀手后代为伍"。但是由于他们"与出版方的合同义务,以及他们对编者的个人感情,他们都同意在引言添加这一段落的前提下,不再撤回他们的稿件"。[89]

这些不可能消除的敏感议题,以及诸如此类的深切观点,显然都会令发起对话的尝试遭遇重重困境,并且会让第二代(如今是第三代)德国人觉得,在这些他们并不负有个体责任的行为上,他们需要周而复始地道歉,永远都无法摆脱这项义务。即便如此,人们还是继续努力拉近两边各个世代的关系。奥斯维辛前指挥官之孙赖纳·霍斯也反复地同幸存者联络,其中包括曾经接受门格勒实验的宽厚仁慈的埃娃·莫泽斯·科尔；在多次拜访奥斯维辛之后，他还希望与幸存者、他们的后代、重要文化人士、犹太领导人和世界政坛代表一同出席庆祝奥斯维辛解放75周年的典礼。霍斯为了面对家庭的罪责遗产、给下一代人提供教益，并且搭建不同群体间沟通的桥梁而付出的种种辛酸努力，就像这个充满情感挣扎的领域里的许多其他事情一样，具有很大的争议性。[90]

在纳粹过去的阴影之下，由背景各异的人士为提升自我意识、促进相互理解而组建的各类群体，其数量和活动的增长皆令人印象深刻。与这段分裂的过去有着直接情感联系的人，如今试图在不同的社群之间搭建起新的联系。但是，即便第二代成员开始互相交谈，行凶者世代却仍然耐人寻味地缺席了；纳粹的暴力摧毁了如此之多的人生，又使得幸存者散落在世界各地，而那些曾经与这种暴力同谋的人却仍旧大体上不见踪影，包括在欧洲不断扩张的纪念性景观中亦是如此。*

---

* 本书作者玛丽·弗尔布鲁克的母亲哈丽雅特·C. 威尔逊（Harriett C. Wilson, 1916—2002）既是一位社会学者、社会活动家（参与创办了儿童贫困行动小组 [Child Poverty Action Group]，并担任其副主席达15年），也是一位出生在德国的犹太后裔。她于1916年9月14日出生在柏林，原来的姓氏叫弗里德堡（Friedeberg）。弗里德堡一家家境殷实，从19世纪起就改宗不再信犹太教。1935年，哈丽雅特嫁给了家族的一个犹太朋友哈罗·法伊特·西蒙（Harro Veit Simon），并被迫随之逃离纳粹德国，移民到英国伦敦。第一段婚姻在1938年走到了尽头，哈丽雅特在1946年同加拿大籍结晶学学者阿瑟·威尔逊（Arthur Wilson）结为连理，并育有两个孩子，分别为霍华德和玛丽。

第十九章
遗忘与纪念

欧洲的土壤里浸透了几百万人的鲜血，这里布满了无数受难和残暴的场所。欧洲的景观也留下了纳粹剥削和种族灭绝工事的痕迹，有些分外醒目，还有些则不那么显眼。时至今日，这些物质遗产仍旧向我们提出严肃的问题。[1]

纳粹党人为了掩盖自身罪行，已经在一定程度上破坏了某些场所；其他场所则出于实际的原因，在战争结束后被派上其他用场，被后续的居民先后占用；还有些随着时间的流逝，成为纪念受害者的场所——对于前来向死者致意的人来说，它们几乎就是圣地：人们为了纪念他们，哀悼他们，并且警示后人，在这里点燃了蜡烛。

我们今日所见证的记忆景观，既向我们诉说了它们所试图保存或描绘的纳粹过去，也透露出时人所关注的事情，以及每个时期的优先事项都发生了怎么样的移转。我们所到之处，对受害者的纪念设施都会映入我们的眼帘。但是就像所有关乎纳粹大屠杀的事项那样，并不是每一种受害者都得到了同等程度的纪念，有些群体的纪念设施的出现要滞后许多。

不过，这些纪念场所很少会涵盖行凶者，这一现象引人注目。这或许是可以理解的。因为在幸存者的意识当中，行凶者的存在感已然太强了；他们不希望曾经折磨过他们的人，在死后依然玷污这些纪念场所，因为这些场所在本质上形同墓园，对于整个群体来说都是一片神圣的地方。随着时间的流逝，围绕纪念这一功用的社会、政治和教育职能开始涵盖更为广阔的领域。但是无论是在过去，还是在现在，用什么样的策略来描绘行凶者都是一个难题，很容易陷入极端：一方面可能将他们彻底妖魔化，这样我们就有可能无法分析这种罪行，而只是将其视为一种"反常"；另一方面则有可能将他们人性化，这也就为误解乃至免罪留出了空间。也许直到当下，随着最后一批纳粹分子也离开了人世，我们才终于有可能去描述人们参与这个迫害体系的种种方式，并且对他们应当为自身行为背负多大的责任和罪责作出评估。

最近的几十年里，我们看到各地的纪念设施如雨后春笋般涌现，火热程度不尽相同。在柏林，致力于忏悔和再现纳粹过去的纪念馆和博物馆呈指数级增长。我们也许可以说，柏林已经成为纪念纳粹大屠杀的世界首府。此话不假，如果你穿过位于柏林市中心的蒂尔加藤公园（Tiergarten），你一路上会看到建于19世纪的胜利纪念柱（Siegessäule，这是一座庆祝德国人依靠军事胜利实现国家统一的纪念性建筑）、欧洲被害犹太人纪念碑群（为国家的耻辱和种族灭绝罪行立碑纪念），以及一系列规模较小、纪念其他群体的纪念性建筑。

随着欧洲的开放与"黑暗旅游"*的兴起，其他地方也同样集中了许多纪念场所。然而，虽然有些场所的访客不断增长，另一些则

---

* "黑暗旅游"（dark tourism），主要指游客出于理解他人的痛苦或接受历史教育的目的，游览与死亡和悲剧有关的场所。纳粹大屠杀旅游就属于"黑暗旅游"的一种。

第十九章 遗忘与纪念

几乎陷入了被人遗忘的境地。

当各方利益诉求发生冲突时,想要解决问题往往并不容易。许多遗迹在早期遭到了破坏,其痕迹也遭到抹除,这一点符合多方的利益:许多人希望忘记这段过去,对它做一个了结(尽管行凶者群体和幸存者群体各有完全不同的理由);在遭到战争摧残、经济遭受毁灭性打击的土地上利用好稀缺的资源;为流离失所、一无所有的人提供住所;在旧社会的遗迹上建立一个新的社会。而与之形成对抗的是一种哀悼、铭记的欲望,一种确保死者的名字不会随着物质遗迹的消失而消亡的欲望。

但是,随着时间的逝去,围绕纪念的各类问题开始衍生出新的维度。是否应该频频地提醒后来的世代,我们的社会曾经发生过这样的暴行,还是说他们有权利心无挂碍地生活,而不受这段不停地退入历史深处的过去的幽灵打扰?纪念、教育和其他后来出现的利益诉求之间应该如何取得平衡?此外还有一个令人不安的问题,对受害者近乎强迫性质的纪念,是否主要是一种同行凶者有关的群体用来排解他们继承下来的负罪感的手段?这样的纪念方式使得他们能够公开证明自己是认同受害者的,并且代表他们的先辈表达了悔恨——但仍旧使得行凶者以匿名的方式逃脱耻辱和惩罚。

我们如今目睹的纪念景观,并非一幅没有疏漏的全景。它们也没有完整地呈现出受到纳粹控制的欧洲地区应当为其迫害所肩负的全部责任。历史纪念在城市中的形态会促使我们从特定的角度考虑过去,令我们选择关注某些方面却不够重视甚至忽略其他方面。这种选择性不仅与地理位置和特定的受害者群体有关,也同罪责的分摊有关。

国际象征符号与"万恶之地":奥斯维辛

奥斯维辛仍旧是这一历史纪念的标志性场所。在21世纪之初,囊括奥斯维辛一号营和比克瑙营在内的博物馆每年能吸引约150万访客前来参观。[2]夏季的访客人群多到几乎令人窒息：博物馆方不得不引入了一套设有规定时长的团体游览售票系统来控制奥斯维辛一号营区域的人流量。导览耳机里流淌出来的讲解内容经过了精心的准备，涵盖的语种数量令人叹为观止。然而，奥斯维辛仍旧不可避免地强调了某些方面，而让其他方面陷入了沉默或边缘化。

在奥斯维辛一号营，曾经用作营房、"医疗实验"场所、酷刑惩罚室和处死前的等候室的大型砖头建筑，如今都已经改造成展览恐怖的种种侧面的"展厅"。有的游客虽然兴趣浓厚，却只能被团体游览带着向前走，无法自行控制参观的步调和关注的焦点，还有的人同纳粹大屠杀有着私人的联系，他们前来铭记受害的家庭成员或同胞，他们也许会发现，在这样的参观当中很难获得沉思的空间。奥斯维辛二号营（比克瑙营）的占地面积要大得多，集中营的一头是大门的瞭望塔，另一头是毒气室和焚尸炉，散落的营房遗迹之间有着大片的空地，这里更能让人感受到这一工事的庞大规模，以及这座死亡工厂的深重罪行。即便在这里，每到夏季，访客也会挤到步履缓慢的地步；游客乘坐的巴士从克拉科夫出发，一路游览盐矿、瓦维尔城堡（Wawel Castle，这里是纳粹波兰总督府总督汉斯·弗兰克的驻地），以及克拉科夫的卡齐米日（Kazimierz）老犹太区和因为斯皮尔伯格的电影《辛德勒的名单》而闻名的辛德勒珐琅工厂。奥斯维辛一号营的大门上刻着臭名昭著的"工作令你自由"标语，这个地方已经毫无悬念地成为21世纪游客的必去之地。比克瑙营的大门口也有一座臭名昭著的瞭望塔，这里还在1944年修建了铁轨，直接将匈牙利犹太人运输到靠近毒气室的站台或"下车坡道"上，它也已经成为全世界公认的纳粹罪行的形象。

另一方面，无论是奥斯维辛三号营（位于莫诺维茨的I. G. 法尔本丁钠橡胶工厂），还是遍布于周边乡间的大量劳动分营，这些

第十九章　遗忘与纪念

奴隶劳工曾经受难的场所却或多或少地从人们的视线中消失了。这种选择性在整个战后时期都分外醒目。[3]

与这座场所相关的群体本身具有很强的多样性，这使得它在不断变化的政治条件下能够开展各种形式的纪念活动。奥斯维辛－比克瑙国家博物馆在1947年6月14日正式成立。在解放仅仅两年半后，博物馆所覆盖的区域就已经同先是遭到纳粹遗弃，又于1945年1月被红军发现的这片地方截然不同了，而博物馆方又在之后的几十年里进一步改变这个场所。共产主义时期建造的纪念设施强调的是遭受纳粹迫害的"民族"的多样性，淡化了其中绝大多数人是犹太人的事实。在当时，这里成了庆祝共产主义抵抗运动等波兰式英雄主义和英勇牺牲的中心，而不是纪念犹太受难的场所。在20世纪60年代，纪念活动开始变得更为国际化，随着波兰裔教宗若望·保禄二世（Pope John Paul II）在1979年参观这个场所，哪怕共产主义话语仍旧在1989年之前占据着主导地位，它也迎来了一系列关键的转变。[4]但是，甚至晚至20世纪80年代后期，比克瑙这个犹太人受难的主要场所都仍然处在人们的忽视中，布满野草，几近被废弃。[5]

共产主义垮台之后，随着国际旅游业在廉价航空的时代大幅增长，这一情况也经历了戏剧化的改变。比克瑙营受害者以犹太人为主的特点终于得到了凸显，不过这一地位的变化从来不曾以取代其他叙述的地位为代价（包括至今充满争议的对于受难的波兰天主教徒的崇拜）。关于重新在营房或"展览厅"举办展览的讨论往往都旷日持久，并且时常出现大面积的延后。关于特定"民族"的展览，其首要目标到底是给人们提供教育，还是通过激发情感反应，将历史刻印在人们的记忆里？[6]新设立的犹太展览得到了以色列犹太屠杀纪念馆的支持，使用了包括音乐、艺术、氛围照明等最新技术来营造展览环境，但是它引起了很大的争议。[7]

历史文物的选择也可能存在争议。在匿名性和大规模死亡的背景下，该如何选择与特定个体有关的文物（成堆的毛发、被遗弃的鞋子、破旧的行李箱、眼镜等个人物品）来进行展示？这些文物与敬拜特定个人的场所形成了对比，比方说在处决过很多人的"死亡之墙"（Wall of Death）一侧臭名昭著的第11区（Block 11）有一间"站立"惩罚室，纪念的是天主教神父马克西米利安·科尔贝。在科尔贝遇害的那一天，一位将要被处死的囚犯弗朗齐歇克·加约夫尼泽克（Franciszek Gajowniczek）哭喊着说自己还有家人，科尔贝挺身而出替他受刑。加约夫尼泽克活到了战争的结束，而科尔贝代替他死去了。1982年，教宗若望·保禄二世因科尔贝的自我牺牲行为将他封为圣徒。虽然科尔贝的行为令人感动，但是在战争爆发之前，他担任主编的期刊曾经刊登过许多反犹的文章，对于清楚这一点的人来说，这一展览被赋予如此重要的地位，也许就构成了某种冒犯。[8] 虽然我们不希望因此削弱科尔贝牺牲的意义，但是我们也可能会因此而好奇，为什么其他人没有得到相同的对待：比如说参与炸毁一座焚尸炉并于1945年1月初被处以绞刑的那些女人。[9] 其中有一个女人的照片确实出现在老展览区的一个布满灰尘的角落里，她的名字实际上叫阿拉·格特纳（Ala Gertner），但是展览方把她的名字弄错了（至少在我最近一次参观的时候还是如此）；还有一张照片则被错误地标识为格特纳。考虑到科尔贝所在的监狱区域的牢房数量，我们不禁好奇，为什么他们的展陈没有更多地体现出受害者的多样性。这本不是历史学者该考虑的问题，而应该引起博物馆方的警惕。

对于大多数德国人来说，当他们声称自己"对此一无所知"时，他们所说的"此"指的便是奥斯维辛。在他们的脑海中，奥斯维辛远离德国的核心地带，但实际上它位于大德意志帝国的工业区内，就在一条铁路干道的沿线，而不像"赖因哈德行动"集中营那样隐匿在波兰东部的偏远地带。即便如此，奥斯维辛所指代的"此"也被堂而皇之地缩减为被铁丝网和瞭望塔围绕的毒气室，却没有囊括随东部前线的军队和特别行动突击队而不断转移的杀戮场所，或者遍布德国和奥地利的安乐死机构，或者剥削奴隶劳工的工厂、建筑工地和农场。奥斯维辛——这个一切罪恶的中心——不仅同声称自己对此一无所知的人相距遥远，而且和他们也扯不上任何关系。

在许多方面，奥斯维辛都是纳粹大规模杀戮的工业化机器的缩影。但是与此同时，奥斯维辛在当代纪念景观中的显赫地位也带来了风险，毕竟普罗大众都参与了更为广泛的暴力系统和整个毁灭的机器，它也有可能会转移人们对这个问题的关注。

铭记与忽视的诸种形态：波兰的杀戮场所

当记忆被集中到少数几个大型场所时，其他场所的相对边缘化也就随之而发生了。与受害者有着个人关系的人，或者对特定群体有着深刻认同的人常常会采取行动，试图让人们铭记他们，但是除非他们财力雄厚，或者有着深厚的背景，否则他们能做的最多也就是在墓前献上一块鹅卵石、一根蜡烛或者一个花圈。而且，如果没有政治力量的支持，潜在纪念场所的意义也可能会丢失。只要审视波兰专门的灭绝场所在战后经历的命运，我们就能发现纪念的景观并不能充分地反映出历史事件的地理分布。

即便在战争结束以前，马伊达内克营、施图特霍夫营和奥斯维辛－比克瑙营就已经被临时波兰政府宣布为纪念场所了，而在1947年，波兰议会将它们归入"抗战烈士纪念设施保护委员会"（Rada Ochrony Pomników Walki i Męczeństwa）。[10]然而问题也随之出现：到底哪些地方应该被视为"同类场所"。并非所有与暴行有关的场所都像奥斯维辛－比克瑙营（或者退而求其次，像马伊达内克营）

那样，拥有来自官方和访客的关注和资源。冷战欧洲的政治考量毫无疑问会影响相关决策。

耐人寻味的是，在战后初期的波兰，犹太人的抵抗不像其他类型的抵抗那样与占据主流地位的共产主义叙述格格不入。在1944年的华沙起义中，德国人镇压了波兰民族主义者的抵抗，而红军在远处袖手旁观，这导致华沙遭到毁灭，这一事件对共产党人来说非常棘手。他们没有去纪念华沙起义里的民族英雄（其中包括了他们的敌人波兰家乡军），转而把注意力投向了1943年的犹太隔离区起义。由南森·拉波波特（Nathan Rapoport）设计的纪念场馆于1948年在华沙的一片废墟之中揭幕，颂扬彼时犹太隔离区居民的勇气。[11] 尽管波兰的反犹主义始终阴魂不散，但是拉波波特设计的这座纪念场馆始终具有重要的地位：1970年12月，西德总理维利·勃兰特正是在这里双膝跪地，这一显然源于自发的姿态，后来成了德国人悔悟罪恶、希望和解，并且与东欧国家建立新的外交关系的象征性事件。纪念1944年起义的现代化博物馆直到2004年才终于向民众开放。我们从许多其他场所中也可以明显地看出，对于犹太受难和波兰烈士的纪念之间存在着紧张的关系。随着政府的当务之急发生变化，这一平衡也会发生偏转。

特雷布林卡曾经被用作奴隶劳动营和灭绝营，它在1964年被官方宣布为国家纪念馆。虽然地区政府提供的资金相对充裕，而且从华沙也很方便过去，但是与奥斯维辛相比，特雷布林卡仍旧是一个相对边缘化的纪念场所。由亚当·豪普特（Adam Haupt）和弗朗齐歇克·杜申科（Franciszek Duszeńko）设计的遇害犹太人纪念设施在1964年5月面向公众开放。这是一片遍布着崎岖乱石的土地，令人联想起墓碑破碎的乱葬岗，碑石上铭刻的并非个人的名字，而是整个社群的名字。刻在碑石上的犹太教灯台凸显出，这座灭绝营的绝大多数受害者是犹太人。然而，在这座纪念设施的揭幕仪式上，

第十九章 遗忘与纪念

负责新闻报道的记者却严守20世纪60年代波兰的政治主线，只谈"国籍"而不涉及宗教，所以新闻报道提及的都是葬身于此的"欧洲国家公民"。[12]

后来，来自世界各地的犹太人捐赠了许多纪念石，显示出一种跨越国界的关联感。据估计约有78万到80万犹太人死在特雷布林卡，这是除奥斯维辛－比克瑙以外犹太死亡人数最多的集中营。21世纪的犹太群体通过"生者之旅"等项目的组织，常常去参观特雷布林卡（尽管通常是在去参观奥斯维辛的半途上）。游客沿着灭绝营外一条遍布死者骨灰的小径，会来到一座单独的劳动营，并且在这里看到一片带有传统基督教符号的墓地。这里有十字架，坟墓上有鲜花，有时候还有死者的照片，它们见证了一万多名葬身当地采石场的波兰天主教徒的亲属在积极地缅怀逝去的亲人。所以，尽管与这片场所有着个人关系的群体显然仍旧活跃，但是国际社会却没有显现出太多的兴趣。虽然特雷布林卡有着重大的意义，它的游客却远远少于奥斯维辛，而且也没有成为与奥斯维辛同一级别的国际纪念场所。

与它们相比，深藏于森林中的索比堡灭绝营则更为远离旅游路线，也远离人们的视线。这个场所位于现在波兰同乌克兰和白俄罗斯的边界线附近，只能借由一条坑坑洼洼、颠簸异常的单车道，穿过森林才能到达那里。它的与世隔绝普遍让德国人觉得他们有理由宣称自己"对此一无所知"。索比堡不仅是一个相对难以抵达的地方；在战后的许多年里，它在公共话语中也几乎没有存在感。其中一部分原因在于，它在1943年的起义后就已经被关闭了。被英国军队、美国军队和苏联军队解放的集中营（包括贝尔根－贝尔森、达豪、马伊达内克和奥斯维辛）往往会流传出许多照片和新闻故事，吸引人们关注发生在这里的暴行，然而发生在索比堡的大规模杀戮却直到1965年至1966年的哈根审判才被媒体广泛报道。在20世纪80年代，一系列关于犹太人起义的电影和纪录片得到拍摄；观众由此得以窥见人们在发起反叛时所经历的困境，并且由此确认并不是所有犹太人都像人们批评的那样，"像羊羔一般温顺地走向屠宰场"。由杰克·戈尔德（Jack Gold）执导的英国电影《逃出索比堡》（Escape from Sobibor，1987）在内容上大量采用了幸存者托马斯（托伊韦）·布拉特的讲述，它为我们提供了一个很具有代表性的范例。[13]由莉莉·范登伯格（Lily van den Bergh）和帕维尔·科根（Pavel Kogan）负责制片，并于1989年在德国上映的《索比堡起义》（Aufstand in Sobibór）就相对不那么出名，它借起义45周年之际，对其中的一些关键参与者做了采访，包括曾在起义中担任关键军事领袖的犹太血统苏联士兵亚历山大·佩切尔斯基。克洛德·朗兹曼在创作史诗长片《浩劫》（1985）的过程中也拍摄过索比堡集中营，随后他又拍摄了一部讲述这场起义的电影，片名叫作《索比堡，1943年10月14日16点》（Sobibór, 14 octobre 1943, 16 heures），并于2001年首映。这些作品都以各不相同的方式帮助索比堡在大众的历史意识中获得一席之地。

然而，即便这场起义进入了公众的想象，这个场所的纪念活动本身却没有映射出这一点。共产主义政府竖立的标识所使用的仍旧是国籍的话语，而不是犹太人的身份，天主教会也占用了其中的一部分区域。1986年，嘉布遣修会（Capuchin order）在这个场所兴建了一座教堂，其中还包括一尊科尔贝神父的等身木制雕像。[14]这里还修建了一所幼儿园和一座儿童游乐场。按照布拉特的说法："不仅犹太人的生命在索比堡被夺走，现在连关于他们曾经存在的记忆也要被抹除了。"布拉特等人决心要纠正这一状况。1987年，他组建了纳粹大屠杀遗址保护委员会（Holocaust Sites Preservation Committee），并且担任其主席。七年过后，布拉特及其同人成功地让索比堡被定为历史地标；幼儿园关闭后，其建筑改造成一座博物

第十九章　遗忘与纪念　　633

馆。他们最终还成功地更换了纪念所使用的说明牌——按照布拉特的看法，这是"最为艰难的任务"。[15]在索比堡起义50周年的1993年，博物馆举行了一场纪念仪式，参与人员包括波兰政府官员。重要人物也纷纷来信，并且在仪式上被宣读出来，其中包括波兰总统、前团结工会领导人莱赫·瓦文萨（Lech Wałesa）和波兰总理的致辞；布拉特骄傲地回忆起，仪式上的发言人包括"华沙犹太隔离区起义副指挥官马雷克·埃德尔曼（Marek Edelman）、政府代表、军方指挥官、一位犹太拉比和一位天主教主教"。[16]

　　布拉特及其同人成功地纠正了这一场所的纪念活动。但是即便如此，在接下来的20年里，索比堡也不曾引起公众的广泛关注。当我在2013年参观索比堡时，这个场所已经陷入了门可罗雀的状态。曾经用作幼儿园，后来改造成博物馆的那栋小建筑曾在2011年临时对外关闭，并且挂出一块标识引导参观者给几英里以外的小镇弗沃达瓦的地区博物馆打电话。这里的铁路曾经将约20万乃至更多的人送到这里谋杀掉，但如今除了几个喝啤酒的当地人以外，这里再也没有其他人影了。集中营内部还保留着1965年竖立的纪念设施，此外还有弗沃达瓦博物馆索比堡分馆开展工作的一些迹象。个人纪念活动主要来自荷兰，因为那里曾有超过34万犹太人在1943年夏天被遣送到索比堡——其中还包括来自维格（Vught）营的1200个孩子。荷兰家庭在通往索比堡营的道路沿线竖立了许多小型石碑，荷兰政府也提供过经济方面的援助。

　　2012年，索比堡成为马伊达内克州立博物馆的分支机构，这意味着它将给索比堡注入新的资源和学术关注。姗姗来迟的考古调查终于启动，新的游客中心也完成了设计。2014年，考古学家发现了毒气室的地基结构，进一步为这里补充了公众所关注的"真实"遗迹。但是考虑到索比堡的地理位置和交通方面的不便，这里真的能够进入游客的旅行线路吗？这一点仍旧存疑。

贝乌热茨死亡营位列"赖因哈德行动"第三营，我们对它的追查倒是告诉我们，人们的努力取得了更为迅捷且显著的结果。[17]当这座死亡营被关闭以后，它遭到了当地人的劫掠，人们前来寻找纳粹可能遗留下来的宝贵物品，比如金牙或者钱币。就我们所知，这座死亡营只留下了两位幸存者，然而这两个人的后续处境都无法令他们敦促人们纪念这个场所——哈伊姆·希尔斯曼还没来得及宣读证词，就在1946年遭到谋杀，而鲁道夫·雷德尔虽然在1946年就写下了一份报告并且在贝乌热茨审判上出庭做证，但是年事已高的他生活在加拿大，最终在1968年过世，享年87岁。[18]这个场所的建筑已经被夷为平地，这片杂草丛生的土地也已经被当地的寻宝猎人翻过了一遍又一遍，所以无论是仅剩的两位幸存者，还是在这里遇害的近50万人的亲属，都没有机会也没有意愿在这里竖立纪念碑。

贝乌热茨被荒废了几十年。它就像索比堡一样，直到1965年举行贝乌热茨审判才终于引起了更多的关注，一座小型纪念设施随之在当地得到修建。然而，它所推行的仍旧是关于"国籍"的观念，而淡化了绝大多数受害者都是犹太人的事实。

共产主义垮台后，贝乌热茨才终于迎来了全面的认可，领头人物依然是与这个场所有着个人联系的个体。1995年，美国犹太委员会（American Jewish Committee）和波兰抗战烈士纪念设施保护委员会就建造新的纪念设施签署了协议。这一倡议主要是由美国纳粹大屠杀纪念博物馆顾问委员会成员迈尔斯·莱尔曼（Miles Lerman）发起，他的家乡就在贝乌热茨附近；他的大多数近亲在这里遇害。[19]2004年1月1日，贝乌热茨被正式并入马伊达内克州立博物馆。2004年6月3日，设施先进的贝乌热茨纪念博物馆对外开放，其中的展览将丰富的信息与高品质的美学和诗意纪念活动互相结合。在2016年，马伊达内克州立博物馆总共接待了213,237名访客；虽然博物馆方没有提供贝乌热茨的单独数据，但是我们大

第十九章 遗忘与纪念

致可以猜到，不会有太多访客来到这么偏远的地方。尽管有学校和青年团体组织参观，但是贝乌热茨还是显得相对冷清。[20]

海乌姆诺死亡营也是一个关键场所。尽管它作为第一座专门用于灭绝人类的设施而在历史上具有重要性，尽管它的受害者人数甚众（很可能在25万左右，与索比堡的死难人数相当），可是海乌姆诺依然是一个边缘化的纪念场所。它就像贝乌热茨那样仅有极少数幸存者——总数也许只有7人。而且这座死亡营留存至今的物质遗迹也极为稀少。受害者先是被集中在宅邸（或"宫殿"）里，然后被赶入废气货车，而这座建筑已经在1943年4月被纳粹党人摧毁了。当地居民很快就进入建筑的残骸，搜刮各类遗物。[21]在一开始的时候，这座场所的重要意义没有得到认可，而最后一辆废气货车甚至都没有保存下来。1957年，当人们在这里安放了第一块纪念石碑时，碑文又一次对受害者主要是犹太人的事实避而不谈。不过，附近森林里的乱葬坑确实引起了人们的关注，很早就有人倡议对其（特别是其中的当地社群成员）进行纪念。即便如此，这些项目的资金情况都很糟糕，工作的协调也不顺畅。到最后，大型的纪念设施直到1964年才真正揭幕，这一时间节点大致与索比堡和贝乌热茨纪念设施的修建时间吻合，也恰逢第二次世界大战爆发的25周年。1987年，海乌姆诺博物馆终于成立，对该场所的严肃考古调查也总算启动。1990年，这座博物馆正式向公众开放。

海乌姆诺有一个引人注目的特点，那就是它高高长长的记忆之墙（Wall of Remembrance），人们得以在上面悬挂照片和纪念匾牌，来缅怀个体和家庭。许多被从罗兹犹太隔离区遭送至此的受害者来自更为遥远的地方，其中包括来自汉堡的德国犹太人，所以参与纪念的团体也就跨越了国界。在罗兹犹太隔离区大清洗的50周年之际，以色列的首席拉比和以色列驻波兰大使都参观了这里，由此引起了国际社会对这一场所的进一步关注。海乌姆诺博物馆每年能吸引约

5万名游客到访。

波兰的犹太遗产也在吸引越来越多的人关注这里。华沙的波兰犹太人历史博物馆（POLIN Museum of the History of Polish Jews）在2014年10月首次举办展览。整个波兰都发生了复兴犹太文化的运动，并且出现了各类项目，认可犹太人在过去的几个世纪中对波兰生活作出了独特的贡献。在克拉科夫的卡齐米日老犹太区等部分地区兴起的旅游业引发了很多争议。比方说，丽莎·阿皮尼亚内西的小说《回忆者》（The Memory Man）就描写了主人公真正的"回忆旅行"与旅游业的残酷现实之间的巨大反差。[22]斯皮尔伯格基于托马斯·肯尼利的小说《辛德勒的方舟》改编的电影《辛德勒的名单》也激发了公众对这个地区的兴趣。

然而，最引人注意的都是发生过抵抗或灭绝惨剧的场所，像位于盐矿地底的海因克尔飞机制造厂等奴隶劳工场所，则处于被人遗忘的境地。数千座劳动分营（有的规模比较大，有的规模则很小，而且存在时间也远比其他劳动营要短）中的大多数也同样无人关注；只有预先具备详细相关知识的最为勤勉的访古游客，才有希望找到这些劳动营的具体位置。

波兰基督徒的矛盾行为也是一个历史遗留问题：受到纳粹统治的他们既遭到当局压迫，也会主动与当局合作。1941年，耶德瓦布内的波兰犹太人遭到了基督徒邻居的屠杀，杨·格罗斯的著作《邻人》（2001）就描写了这一事件，引发了一场如同暴风骤雨的争议。[23]瓦迪斯瓦夫·帕西科夫斯基从这部作品中得到灵感，执导了电影《余波》，在十余年后再次引发激烈的争议。纪念在耶德瓦布内受害的犹太人的设施遭到了纳粹卐字符号的玷污，而《余波》的一位演员（非犹太人）也遭到了反犹主义的攻击。关于纪念设施该如何指称行凶者（是德国人？还是当地的波兰人？）的争议也很激烈。[24]格罗斯和一些学者受到了警方的调查，历史学者探求过去真相的努力遭遇了严峻的挑战。

在波兰的其他地区，关于纳粹时期的事件记录也经常没有得到保存。就算存在一些纪念设施，它们的出现也通常源于个人的关系或群体的认同。在特拉夫尼基，曾经有数千人遇害的分营和训练场地上竖立着一座小型的方尖碑。此外，这处纪念设施还有两块石板。其中一块为共产党人所刻，言及这座劳动分营的"国际"属性。另一块则缅怀在1943年11月3日的收获节屠杀中遇害的犹太人，在这起惨案当中，约有6000到10,000名犹太人在长长的壕沟中被射杀，他们的尸体随后遭到掩埋，臭味和烟雾弥漫在这里，几天都挥散不去。这座分营的少数几位幸存者之一戴维·埃弗拉蒂（David Efrati）为这处纪念设施提供了资金，后来他想方设法移民到以色列。[25]这种分为两个层面的纪念非常具有典型性：一方面是共产主义时代对来自各个国家的工人的缅怀，另一方面则是由犹太个体所发起的纪念犹太受害者的倡议。但是在这个场所根本没留下任何可供瞻仰的遗迹了，人们需要依靠老地图和老照片才能弄清楚过去的事情都可能是在哪里发生的。所以普通游客来到这个场所已经看不到任何关于过去的景观了，就连纪念碑本身都很容易被游人忽略。

在如今现代化的罗兹，过去的犹太隔离区已经成为一个萧条的区域；由于当前的居民对历史上发生的事情并不负有责任，所以他们也不愿将过去的幽灵背负在自己的肩头。曾经起过重要作用的建筑上会挂有匾牌，还有一座建于共产主义时代、用于纪念遇害的波兰儿童的巨大纪念碑；曾经关押过罗姆人和辛提人的地方也竖立着一些小型的纪念设施。位于犹太隔离区边沿地带的拉德加斯特（Radegast）曾有一座小火车站，当年的犹太人就是经由这里被遣送到海乌姆诺、奥斯维辛等地，如今这里已经废弃不用，并且建有一座规模相对较大的纪念场馆。这座场馆大体上是在个人倡议的基础上修建的，主要出资人是一位犹太人约瑟夫·布赫曼（Josef

Buchmann，他自己就出生在罗兹，家人皆葬身此地，而他在贝尔根—贝尔森幸存了下来）。场馆包括一座博物馆以及一节火车车厢真品，不仅会举办纪念活动，还对受害者的命运展开研究。

波兰各地都有类似的倡议。但是考虑到罪行之深重，以及恐惧所裹挟的地域范围之广，并非所有的场所都能充分地纪念这段过去。当伊雷妮·埃贝尔在 1980 年返回登比察，寻访当时她与父亲永别、逃出生天的犹太隔离区踪迹时，她一无所获。[26] 过去的市集如今已经变成一座公园；似乎谁也不被那段令她深受折磨的"无法抹除的记忆所困扰"。[27] 埃贝尔搜寻着过去的居住区的线索，哪怕是一块匾牌或者标识也行，但是最终还是徒劳无功。直到她闻到了从一座烘焙坊飘散出来的"绝对不会错的新鲜面包的香味"时，她才突然意识到这条街"就是分隔波兰人区和犹太隔离区的界线，它的中间本来有一段围栏"。[28] 突然间，她非常确定地说："我们那间有老鼠出没的小屋大概就在烘焙坊的街对面。"她想知道"公园里有没有哪个老人还记得犹太隔离区及其受难的居民"。她最后说道，很可能除了她自己以外，他们都已经不记得了："对有些人来说，遗忘是多么容易。"[29] 所有其他痕迹都已经被抹除了。

这些场所的实体标识有其局限性，它们无法保护一段在他人看来已经终结、不再拥有未来的过去。埃贝尔曾描写过她儿时的一个朋友托希卡（Tośka），她还是个少女的时候就在贝乌热茨的毒气室被杀死，这段描写帮助她留存于历史的长河中，为我们重建了一个独特的个体，比任何只是写有她名字的匾牌都更有力量。[30] 而且无论用什么样的话，什么样的展示方式，都已经无法弥补这种损失了。

那么梅莱茨又如何呢？1942 年 3 月 9 日，为了将受害者遣送至专门的灭绝场所或用作奴隶劳工，波兰总督府在梅莱茨安排进行了第一轮人员挑选。接受挑选的人们被集中在这座小城的集市上，但是这个地方却没有任何标识提醒游客这里曾发生过这样的事情。

第十九章 遗忘与纪念

过去犹太会堂的旧址如今立着一座纪念巨石，但是上面没有任何铭文（而且还遭到了玷污，我在2014年访问的时候，上面画着一个反向的卐字符）。在市中心和海因克尔飞机制造厂中间的某一个地方，房地产开发商买下了一块空地，准备规划住房，而这里曾经是一群在遣送途中掉队的人被射杀的地方。来自世界各地的犹太家庭以及梅莱茨当地的犹太社群在这块空地上为亲人们竖立了纪念碑，但是这里似乎只是偶尔有人打理，在我访问的时候，已然蔓生出许多杂草和灌木。海因克尔飞机制造厂（如今这里是欧洲公园）的附近立着一座孤零零纪念碑，隐蔽在灌木丛中，乃是在20世纪70年代中期由波兰的一个青年群体为纪念死在这里的青年工人而立，这是与他们相似的青年工人群体在时隔多年之后对于他们的认同。除此以外，我再也没能找到任何其他记录，能够显示出约瑟夫·施万贝格尔曾经统治过的这个集中营的地理位置。乐于助人的当地工人告诉我，老一辈人还知道附近森林里乱葬坑的位置，而且会带他们的孙辈前去瞻仰。但是随着世代的更替，这一知识终将消逝。也许永远也不会有人建造纪念碑，去标示出在鲁道夫·齐默尔曼等人的枪口下遇难的受害者的葬身之地了。

遗忘是和解的代价。在切尔明附近，人们在德国人墓地中竖立了一块抛光的石头，纪念存在于1783年至1944年的德意志殖民地霍恩巴赫。这片墓地中的墓碑都翻倒在地，仿佛是被当地愤怒的民众所推倒，而这些墓碑所标示的都是来自这片殖民地的德意志裔人，其中也包括齐默尔曼的家庭成员。2013年5月11日，在这块纪念碑的揭幕仪式上，霍恩巴赫德意志裔人的美籍后人阿尔弗雷德·康拉德（Alfred Konrad）发表了演讲，强调了因为红军的推进而被迫逃亡的德意志裔人所承受的苦难，他在讲话中还提及了"疯子"阿道夫·希特勒。[31]但是，他完全没有提及这片德意志殖民地的成员参与围捕和谋杀当地犹太群体成员的历史。

毕竟，应对行凶者的问题非常困难，而铭记受害者总归要简单许多。

对羞耻的纪念：柏林以及其他地区

海因茨·黑格尔因为"交错了朋友"而被送到弗洛森比格，随后又被派到一座为德国高速公路桥梁提供原材料的花岗岩采石场干活。黑格尔一边书写自身的经历，一边反思着德国在20世纪60年代晚期所迎来的富足，他对繁荣的环境背后遭到隐匿的意义而感到愤恨：

> 奔驰于德国高速公路上的汽车司机，有哪一个知道每一块花岗岩上都沾染了无辜之人的鲜血？这些人没有做错任何事情，却仅仅因为他们的宗教、他们的出身、他们的政治观点，或者他们对同性的感情，就在集中营里被活活逼死。支撑高速公路桥梁的每一根花岗岩柱子，都牺牲了无数受害者的生命——这是血的海洋，这是人类尸体的高山。如今的人们只会迫不及待地给这些事情盖上一件仇恨和遗忘的斗篷。[32]

如今，整个形势发生了彻底的倒转。至少就公开展示羞耻、悔恨和责任而言，德国的首都柏林已经成为世界的纪念之都。大部分国家纪念自己的英雄和烈士；而当代的德国与之形成强烈反差，它展示的是自身惨无人道的暴行。但是，就算受害者的纪念设施已经遍布德国全境，这里还遗留着一个进展缓慢的疑难问题：行凶者的呈现。

在20世纪50年代的康拉德·阿登纳时期，西德就已经确立了自身对于纳粹过去的公共责任。正如我们所见，就法庭的司法程序而言，这一说辞并没有被完全付诸实践，而且也并非所有受害者都被承认有权获得赔偿。随着时间的推移，1944年策划"7月密谋事件"、试图刺杀希特勒的保守派成员——此外还有一批经过挑选的人员，包括围绕朔尔兄妹*的天主教白玫瑰青年团体——开始得到认可和纪念，而协助和藏匿犹太人所表现出来的"公民勇气"的意义也得到越来越多的强调。然而，即便对于纳粹过去的责任已经成为西德身份认同的核心组成部分，在20世纪80年代以前，罪责的问题也并没有被显著地反映在记忆景观的地理分布上。

西德倾向于将重心都放在羞耻和责任的问题上，由此逃脱罪责的问题，而东德的政治剧本则以抵抗（而不是悔恨）为核心。民主德国把自己标榜为一个"反法西斯国家"，从无处不在的遇难共产党领袖恩斯特·台尔曼的纪念设施中，我们可以看出它强调的是共产党的英雄主义。民主德国内部的集中营（拉文斯布吕克、萨克森豪森、布痕瓦尔德）纪念设施都优先展示英雄的雕像以及共产主义抵抗的纪念碑——包括弗里茨·克雷默（Fritz Cremer）在1958年创作的布痕瓦尔德大型雕像，它以某种脱离现实的形式展现了英雄主义的抵抗——包括那些几乎无法站起身的囚犯。但是，对于犹太受害者的纪念遭到了低调处理，而在1987年向拉文斯布吕克行进的奥洛夫·帕尔默和平游行†举行以前，东德也从未向因性取向而遭到迫害的人表达过哪怕一丝丝的认同。其他受害者也鲜少出现在记

---

* 朔尔兄妹（Scholl siblings）皆为白玫瑰青年团体的成员，分别名叫汉斯·朔尔和索菲·朔尔，他们以非暴力的形式发起了针对纳粹德国的反抗运动，主要活动形式是发放反对战争和希特勒独裁统治的传单。战争结束以后，朔尔兄妹成为德国抵抗极权主义纳粹政权的象征。

† 奥洛夫·帕尔默和平游行（Olof Palme Peace March）是一场发生在民主德国的跨国和平游行活动，参与人员来自西德、东德和捷克斯洛伐克，游行始于波罗的海沿岸的施特拉尔松德（Stralsund），终于德累斯顿。游行的名称是为了纪念瑞典前任总理奥洛夫·帕尔默，他于1986年2月28日在斯德哥尔摩遭人枪杀。他在生前反对军备竞赛，并且呼吁在中欧开拓一条无核走廊。在这场游行中，东德的反对政党也被允许合法参与游行，这是它名载史册的一个原因。

忆的景观中。

双方各自强调的不同方面，使得罪责的定义变得非常狭隘，相应的，东西两德对于行凶者的描绘也很具有局限性——从共产主义视角来说，行凶者就是垄断资本主义和"法西斯主义"，而在西德的描绘当中，行凶者则是希特勒身边的魔鬼和党卫队。双方对于行凶者和抵抗运动的描绘在本质上具有二元对立的色彩，所以广大的人民群众所扮演的角色并不容易被整合到这幅画面中。

随着两德统一，柏林被选作新生德国的首都，这一情况开始发生改变。[33] 人们不仅讨论该如何"铭记"刚刚寿终正寝的东德独裁体制（主要以柏林墙和为人们所憎恨的国家安全部或斯塔西为象征），呼吁直面纳粹主义的浪潮也随之而兴起。20世纪90年代中期，人们开始重新关注行凶者，丹尼尔·乔纳·戈尔德哈根的《希特勒心甘情愿的刽子手》和令人大开眼界的巡回展览"德国国防军的罪孽"都引发了激烈的讨论。[34] 然而，尽管已经如此昭然若揭，但是人们试图发起讨论的迫切性、直面难题（它们所涉及的领域其实早已为历史学者所熟知）的主观意愿，以及将针对行凶者的学术研究转变为更为恒久的纪念景观的种种努力仍然会遭遇重重困难。背靠这种羞耻和悔恨的文化，继续强调抵抗运动，继续铭记受害者，反而还容易一些。

2005年5月，位于柏林市中心、靠近勃兰登堡门和国会大厦的欧洲被害犹太人纪念碑群在争议中向公众开放。这一规模庞大的纪念设施主要由莱亚·罗什（Lea Rosh，她给自己改了一个听起来更像"犹太人"的名字）发起倡议，历史学者埃伯哈德·耶克尔（Eberhard Jaeckel）也提供了协助，包含了2711个尺寸不一的混凝土块，它所构成的高低不平的地形，足以让游客迷失其中，令人联想起大型墓地。它表明人数众多的纳粹党人后裔对他们先辈所迫害的犹太人有着强烈的认同感。[35] 然而，这些后裔身为德意志民族，就会以一

第十九章　遗忘与纪念　　　　　　　　　　　　　　　　　　　　　643

种隐含的方式强调继承自上一辈人的羞耻，所以对于其他群体（例如土耳其裔德国人）来说，这些纪念设施是否具有意义就不太明朗了。[36] 这座纪念设施的地底下还陈列了来自欧洲各地的幸存者所经历的命运。虽然案例经过精心的挑选，能够准确地阐明历史上究竟发生了什么，但是并没有试图完整地回答这一切如何有可能发生的问题，或者应当负责的人是谁。恐怕，陈列的目标也并非回答这些问题。无论是这座纪念场馆，还是由丹尼尔·利贝斯金德（Daniel Libeskind）为柏林犹太博物馆（Jewish Museum Berlin）设计的建筑，都试图重现苦难的深重，并且在访客身上引导出一种失衡和迷失方向的感触，促使他们反思受害者支离破碎的经历。更宽泛地来说，此类纪念设施有可能会刺激人们的情绪，激发出集体参与感，而对于细节的知识好奇心则要依靠其他方式才能满足。但是它们反而可能会因为集中展示集体记忆，而使得人们无法以个体的形式与过去互动。

　　纪念设施所能采取的形式并非只有这些而已。在更为细微的层面上，无处不在的"绊脚石"会提醒路人注意，这里曾经是纳粹迫害的受害者的居所。"绊脚石"的创意最初由艺术家君特·德姆尼希（Gunter Demnig）在1993年提出，而第一块"绊脚石"于1996年被放置在柏林的克罗伊茨贝格区（Kreuzberg district）。这个将个人悲剧和历史罪行相结合的小小标志在一开始被认为是违法的，但后来又被许可保留了下来——这是一个非常典型的德国程序。从2000年开始，这场在人行道上安装小小的方形铜片的运动传播得越来越广；截至2017年底，不仅有无数"绊脚石"遍布柏林的大街小巷，它还出现在德国境内1100个地区，以及其他20个欧洲国家。[37] 这些刻有铭文的铜片代替了人行道上的鹅卵石，承载着曾经住在这里的人们的名字、他们的出生和死亡日期（如果已知的话），以及对其最终命运的简短说明。这些铜片所做的事情，不仅仅是将曾经把这个地方选作他们家园的个体名字重新铭刻在这里，它还隐含地对从前的邻居提出了控诉——这些人从窗户里旁观了整个过程，他们肯定注意到邻居突然之间就消失了，或者被人用暴力赶走。

柏林当然也是行凶者之都。有好几处场所都提醒着人们，帝国是如何运作的，以及大规模谋杀的机器又是如何运转起来的。[38] 恐怖地形图博物馆（Topography of Terror）建在盖世太保位于原先的阿尔布雷希特王子大街的旧址上。1987年，盖世太保总部的地窖在紧靠柏林墙的一片地块上被发掘出来，本来这只是一座临时展览，而且还遭遇了很大的阻力。但是自那以后，它就成了一个重要的纪念中心，不仅有常设展览（包括由海因里希·希姆莱领衔的臭名昭著的帝国保安总局的各种细节），而且还会组织各种特色展览，并附有新书发布、公共讲座等活动。在柏林绿树成荫的湖畔郊区，在所谓的"万湖会议之家"，有一座博物馆专门关注这场于1942年1月举行的具有决定性意义的会议。正是在这场由赖因哈德·海德里希主持的会议上，包括阿道夫·艾希曼在内的一群高级官僚就"犹太问题的最终解决方案"的细节进行了讨论和协调。

除了这些场所以外，在柏林或者德国其他地区以及奥地利的记忆景观中，行凶者往往并不会占据舞台的中心。当然了，有些著名的景点是同行凶者有关的，比如希特勒位于贝希特斯加登高山上的"鹰巢"、慕尼黑与纳粹党有关的各处场所，更不用说专门为纳粹党集会所设计的纽伦堡权力景观。几十年来，人们一直都在保持着一种谨小慎微的平衡，既要抹除可能会被后来的纳粹主义信徒所敬拜的"神坛"，又要出于教育未来世代的目的，避免彻底摧毁所有"真实的历史遗迹"。不同的政党和政治团体有着互不兼容的利益考虑，而当地的权力斗争也会决定最终的结果；此外，代际变化也起到了一定作用。虽然人们在以更为公开的姿态去直面这段不停地退出人们视线的过去，但是在主要的"行凶者场所"和"国家社会主义的自我呈现的场所",纪念活动该如何筹措仍然是一个充满争议的问题。[39]

曾经的集中营如今都将展示的重心放在暴力和受害者所承受的苦难上,对于行凶者的呈现仍然存在诸多问题。专家对错误的呈现可能带来的影响非常敏感,他们尤其对基于法律和个人隐私而保护相关资料的做法提出了质疑。人们需要为了避免显而易见的极端,规划出一条恰当适中的路径:既不能把行凶者描绘成我们无法理解而只能谴责的"怪物",也不能用共情的角度去描绘这些"普通"个体,因为这有可能会让暴力得到"正常化",或者给予他们不应得的同情。有些场所(尤其是诺因加默和拉文斯布吕克集中营)已经重点采取举措,以便更全面地将行凶者呈现出来。比方说,拉文斯布吕克就在展陈中布置了一个前党卫队军人的板块,将女性守卫的个人概况收入其中。诺因加默不仅展出了一批行凶者的个人概况,而且博物馆方还认识到其个人和家庭生活在展陈中的重要意义,花了很多的时间和资源与行凶者的后代展开合作。[40] 也有越来越多的集中营展览(例如2016年在布痕瓦尔德开幕的展览)都试图突出集中营与更为广大的剥削网络的内在联系,它不仅下辖许多分营,而且将奴隶劳工投入到农业和工业的生产当中——当地人不仅对此是知情的,而且有许多人从中获利。

在奥地利,毛特豪森集中营展出了党卫队守卫的个人概况,其中包括他们在战后的详细命运,并且展览机构在2016年出版了一部相关著作——这是第一部与这座集中营有关的书籍。[41] 梅尔克分营早在1992年就开始在展览中囊括行凶者的个人概况——它因此在奥地利各座分营中拔得头筹。[42] 后来,其他集中营也纷纷在展览中将矛头指向了应当为罪行负责的人,其中就包括毛特豪森的另一座分营,即位于地下工厂黑暗、寒冷的入口隧道内的埃本塞分营。游客能够感受到这里的刺骨寒冷和潮湿(隧道顶部和墙壁都时常会滴下水来）——这种体验与人们对外面的集中营的想象形成了强烈的反差，而后者基本上已经被建在囚犯营房旧址上的房屋开发项目抹除了。只有集中营的大门留存了下来——对于当代的居民来说，这个居民区的入口反而与大环境显得格格不入。

21世纪10年代的我们正处在一个过渡时期，行凶者世代正渐渐离开人世，而应当为暴力和整个系统的维系而负起责任的人，也更为频繁地被呈现在公共的聚光灯下。即便是考虑得非常周到的呈现形式，也会在纪念、教育，以及后来生活在这些仍旧回响着历史之声的地方的人们所拥有的权利之间的平衡上遭受质疑。

在这片领域内，没有任何事情是直截了当的。当人们把目光投向最主要的几座集中营和公共纪念设施，把它们当作铭记受害者的场所，再把目光投向特定的几处"行凶者场所"，并通过它们指责那些纳粹党领袖时，这种做法可能只会重现出某种简单、片面的对比，而把人们的注意力从行凶者涵盖非常广泛的人群的这一事实上转移开来。但是，这包括大型集中营和众多分营在内的场所也向我们提出一个问题：当地袖手旁观的人在当时都有怎样的反应，都起了什么样的作用。旁观者社会的含义并不是那么容易就可以呈现出来的。

此外还有一系列问题：我们到底用多少场所才能代表发生过纳粹迫害的如此众多的场所，以及在这片"遭受污染"的欧洲大陆"景观"中，有多少场所不需要被标识出来。[43] 比方说，虽然整个东欧都存在着各种当地的传言和鲜活的描述，诉说着发生在这些"血染之地"的大量惨剧，但是这些地方性的场所直到21世纪10年代才引起人们的关注。[44] 而且，光天化日之下的杀戮也并非仅仅发生在这些场所。在战事的最后几个月里，在帝国的腹地内，在德国和奥地利，在田野和道路两旁，在村落和谷仓里，在死亡长征的受害者倒毙或被射杀的地方，存在着无数处无人知晓的地方，见证了成千

第十九章　遗忘与纪念

上万人的死亡。越来越多热心的公民在这些地方竖立起小型的纪念碑，但即便在这样的情形下，当下的需求与记忆的需求仍旧会相互竞争。巴伐利亚州南部的居民和访客当然希望能全身心地享受施塔恩贝格湖的美景，沃尔夫拉茨豪森（Wolfratshausen）或巴特特尔茨（Bad Tölz）当地阳台种着鲜花、粉刷得美如画的老房子，以及阿尔卑斯山脚下"绿色的伊萨尔河"两岸风景怡人的骑行和徒步路线，而不想频繁地被人提醒这里曾经发生过血腥的屠杀。奥地利境内多瑙河沿岸的骑行者可能也更倾向于停下车来，欣赏梅尔克修道院的景色，而未必想要探访毛特豪森分营的焚尸炉，更别提动身前往附近的乡村，走过鲜有人迹的灌木丛，在山坡上找到半被植物掩蔽、不允许人们进入的隧道——曾经有那么多人在这里劳动并死去，然而这里却连一座纪念碑都没有。

　　有欧洲经济引擎之称的德国工业也是如此。在强制劳动力和奴隶劳工曾经遭到剥削的地方，我们几乎找不到任何纪念设施。依靠奴隶劳工赚得盆满钵满的绝大多数企业设法回避承认自身所负有的法律责任，有些甚至连作出补偿的道德责任都想要逃避。有些公司很晚才委托编纂公司历史，就其纳粹年代接受审查。现如今，我们在拥有纳粹传统的大型企业中往往能找到小小的铜片，它会提醒进入这些公司并且注意到这些标志的访客：这些企业曾经剥削、压迫奴隶劳工，曾经踩在他们的苦难上赚取利润。所以，尽管小小的"绊脚石"令人们意识到"旁观者"的无处不在，纪念景观中却鲜少有内容提请人们注意这些暴发户、实业家和商业受益者所起到的重要作用。

　　有些类型的受害者情况比较复杂，很难对其展开纪念。如今的德国军队的主要任务是保家卫国、维护民主，他们既要做负责任的公民，又要维护和平。但是公众几乎不曾关注过它在自己所负责的战俘营中所扮演的角色，而实际上关押在这些战俘营中的苏联俘虏曾因疾病、蓄意的饥荒和恶劣的条件而大批死亡，死亡人数相当惊人。[45]

许多德国士兵和奥地利士兵把自己献给了"祖国"，为其捐躯牺牲，无论他们是出于自愿，抑或被迫如此，那些为他们而建造的纪念设施都存在很大的问题。阵亡士兵名单里的人来自无数乡村和城镇，当我们查看一些小型社区的情况时，这份名单就尤为触目惊心，因为显然整整一代父亲、兄弟和儿子都被战争的风暴给吞噬了。

然而到了今天，就连在战争最后的几天里被枪决的逃兵也被追认为纳粹的受害者。这股纪念活动的浪潮似乎毫无结束的迹象。

备受争议的受害者身份和被边缘化的受害者

如今，越来越多曾被边缘化的受害者群体进入了我们的视线。不过从20世纪70年代开始，当纳粹大屠杀在德国和国际上都收获了铺天盖地的关注时，许多其他受害者群体的命运在很长一段时间内都难以进入公众的视线。人们对于同性恋者、罗姆人和辛提人，以及患有身体或心理残障的人士的态度转变得相对缓慢，而与其相关的纪念场所提出的问题，也有别于同犹太受害者相关的场所。

战争结束以后，纳粹恐同症的受害者仍旧遭受歧视，同性恋关系依旧要面临刑事诉讼，他们也就只能继续"躲在柜子里不敢出来"。可以理解的是，在这些法律被废除以前，对于他们在纳粹统治时期经受的命运的公开纪念也就不会出现在人们的议程上了。然而从20世纪80年代开始，活跃分子开始敦促为纳粹恐同症的受害者设立纪念碑。这些活跃分子大多都是年轻世代的成员，而他们所属的群体对受害者抱有认同感；恐同症的受害者通常没有家庭，也没有势力强大的利益集团愿意替他们发声。1987年向拉文斯布吕克行进的奥洛夫·帕尔默和平游行告诉我们，甚至在处于共产主义阵营的民

第十九章 遗忘与纪念

主德国，也有活跃分子为他们争取当今社会的接纳，也为他们在纳粹主义下所受的迫害争取认同。[46]然而，无论是公开示威，还是争取认可和纪念，在西德做成这些要比在东德容易得多。

即便如此，这些努力从来不会缺少反对意见——而且令人惊讶的是，有的反对意见还来自其他受害者群体。达豪国际委员会（Comité International de Dachau）在20世纪90年代中叶以前都始终反对在达豪为遇害男同性恋者设立纪念碑。在1985年，名字恰如其分的"和解新教教会"（Versöhnungskirche，其教堂就坐落在达豪纪念遗址区域内）同意为他们竖立了一座粉三角，上面的铭文写道："殴打至死——沉默至死。致国家社会主义的同性恋受害者"（Totgeschlagen—totgeschwiegen. Den homosexuellen Opfern des Nationalsozialismus）。直到2002年，随着达豪纪念博物馆一场新展览的揭幕，男同性恋者才终于名正言顺地与其他受害者群体一起得到陈列。[47]对于许多其他地方来说，从20世纪80年代中叶到90年代中叶的这段时期同样也是关键时期，因为这些地方带有不同铭文的粉三角也是在这一时期出现的，其中包括在科隆女同性恋者和男同性恋者人权群体的倡议下放置在当地的粉三角。1989年，柏林的诺伦多夫广场（Nollendorfplatz）为纳粹主义的同性恋受害者竖立了一座形似达豪粉三角的小型纪念碑，在20世纪20年代，这里曾经是朝气蓬勃的同性恋文化的中心，因克里斯托弗·伊舍伍德的作品而永驻人们心间——但是这一切仍旧遭遇了相当多的反对意见，柏林公共交通公司（BVG）因为纪念碑将属于它的建筑用于特殊的目的而提出了反对意见。[48]曾经因为性取向而被判有罪的人在21世纪被追溯赦免无罪，这也给许多如今年事已高的幸存者带来了鼓励，帮助他们讲出了自己的故事。[49]

联邦德国政府最终接受了有关纪念设施的要求，尽管项目存在一定争议，但是实施方案还是在柏林落地了。这座由官方筹措的纳粹迫害同性恋受害者纪念碑于2008年5月揭幕，主持仪式的人选再合适不过，乃是柏林首位公开性取向的男同性恋市长克劳斯·沃韦赖特（Klaus Wowereit）。这座纪念碑是个高4米的四方形方块，坐落在柏林蒂尔加藤公园的边沿，正对着欧洲被害犹太人纪念碑群。我们有理由认为，这座纪念碑相对隐蔽的地理位置和它适中的规模是比较妥当的。即便如此，它也不可避免地引发了争议。在它揭幕以后，供游客观看的讲述同性恋关系的影片片段的玻璃面板数次遭人蓄意破坏。对其他受害者群体抱有认同的人士也对它所处的方位提出了质疑。比方说，犹太历史学者、纳粹大屠杀幸存者伊斯拉埃尔·古特曼（Israel Gutman）感到，用如此靠近的地理位置将同性恋者的苦难与针对数百万犹太人的大规模谋杀联系起来并不恰当。[50] 除此以外，邀请观看者通过一个小孔来"窥视"男同性恋伴侣和女同性恋伴侣的场景，来达到挑战他们可能存在的既有偏见的做法，也仍然存在着争议。

这样的进展并不局限于德国。在2003年，美国纳粹大屠杀纪念博物馆举办了一场关于纳粹迫害的男同性恋受害者的巡回展览，邀请人们关注这个仍未受到足够重视的群体。[51] 在2014年，以色列也为他们竖立了一座纪念碑。[52]

纳粹迫害的罗姆人和辛提人受害者同样迟迟才受到认可，并且获得了物质方面的纪念。从20世纪80年代起，在某些个体的坚持下，一系列当地的举措和倡议得到了激发和实现。在民主德国，由赖马尔·吉尔泽纳赫（Reimar Gilsenach）领衔的运动，使得一座纪念设施于1986年在柏林北部郊区马察恩（Marzahn）的前集中营（吉卜赛人当时就被关押在这里，并且有许多人都被遣送到奥斯维辛）附近落地。尽管吉尔泽纳赫对纪念设施牌匾的措辞（它由共产党设计，所以我们完全能够预料到，它赞扬了"光荣的苏联军队"在"解放我们的人民"的过程中所起的作用）并不完全满意，但是在当时的环境下，这已经是一项重大的成就了。即便如此，由于坐落于一座大型墓地侧边小道的尽头，所以它的位置还是很偏僻，很难被找到，也几乎无法引起广泛的关注。

在柏林城市快铁马察恩站附近的一块剩余空地上残留着曾经的集中营的部分遗址，这里有一场信息量很大的展览，能够为我们提供关于这座集中营，以及在此受难之人的生活的细节信息。在20世纪90年代，再次出于某些个体的倡议（包括以学校竞赛的形式），西德的一些重要场所也开始设置纪念牌匾；在2001年，科隆和汉堡的前集中营都竖立了纪念牌匾，来缅怀罗姆人和辛提人受害者。[53]

2012年10月，德国总理安吉拉·默克尔（Angela Merkel）为德国罗姆人和辛提人纪念碑主持了揭幕仪式。这座纪念碑位于国会大厦附近的林子里，周边有一座水波不兴的小池塘，湖畔的许多石头刻着罗姆人和辛提人遇难的地点，一派宁静的景象。音乐家罗密欧·弗朗茨（Romeo Franz）是一个为罗姆人和辛提人权益奔走的社会活动分子，当访客进入林间的空地时，他们就能听到由他所谱写的感人至深的小提琴乐曲《我们这群人》(Mare Manuschenge)。尽管有许多热心的公民在尽心尽力，但是罗姆人和辛提人仍然处于边缘化的境地。2015年10月，这座纪念碑遭到了亵渎，有人给它涂上了标语，并且画上了一个大大的卐字符。[54]

2014年9月，蒂尔加藤公园的边缘竖立了一座缅怀纳粹安乐死政策受害者的纪念碑，纳粹当局正是在纪念碑所处的位置（蒂尔加藤街4号）策划出这一政策，而T4项目的名字也恰恰来源于此。[55]此处最早的两处纪念设施可以追溯到1989年。其中一处是一块刻有铭文的铺路石（很像一块铺在地上的平整墓碑），位于一座公交站背后的地面上，很容易被路人所忽略，也常常被落叶所覆盖。另外一处是里夏德·塞拉（Richard Serra）的雕塑作品《柏林路口》(Berlin Junction)，尽管它最初的创作意图指涉的是柏林的分裂，但是在 1989 年以后它就被重新安置到这里；它几乎跟安乐死没有任何关系。与安乐死受害者拥有个人关系的人士开始发出他们的声音，恐怖地形图博物馆（这座机构位于前盖世太保总部所在地）便在 2007 年组织了一场圆桌讨论会。[56] 讨论会的参会人员有西格丽德·法尔肯施泰因（Sigrid Falkenstein）——她的姨妈安娜·莱恩克林（Anna Lehnkering）在格拉芬埃克遇害，所以她对此进行了研究。在这次以及后续的讨论当中，安乐死与强制绝育受影响人士协会（Bund der "Euthanasie"-Geschädigten und Zwangssterilisierten）的代表认为，仅仅为受害者竖立纪念碑还不足够。虽然他们没有获得建造新建筑的许可，但是他们成功地在原址设立了一个信息展示柜，展陈了强制安乐死和绝育政策的策划和执行相关人士的详细信息。他们还对受害者的概念作出了更为宽泛的阐释，认为所有遭受纳粹党人压迫、羞辱和谋杀，但是后期没有得到利益团体、家庭或者广泛社群的强势代表的人，都应当拥有纪念设施。[57]

安乐死纪念碑有可能会是蒂尔加藤公园的最后一座纪念碑，因为这片位于柏林中心的记忆景观几乎已经到了拥挤不堪的地步。与此同时，在专门的杀戮中心为安乐死受害者竖立的纪念碑却仍旧没有多少人关注。

如今的海乌姆诺已经相对无人问津了。这是一座远离所有公共交通线路的小村庄，而且它在波兰所处的区域也几乎没有旅游景点，所以这里没有游客也就丝毫不令人感到意外了。正如我们在上文所讨论的，贝乌热茨和索比堡也属于类似的情形。但是最先进行固定式毒气释放设施实验的哈弗尔河畔勃兰登堡（Brandenburg on the Havel）就位于柏林的西部，离首都只有差不多 40 英里远。从柏林西部的万湖湖畔郊区搭乘火车，只用不到半个小时就能抵达这里。尽管勃兰登堡的规模远远大于海乌姆诺，但是如今的它也鲜有

第十九章　遗忘与纪念

游客问津。在共产主义政权垮台25年后，随着年轻人纷纷搬离这里，去其他地方寻找更好的前景，这座小城的人口降幅也超过了四分之一，从10万多人下降到仅有7.1万人。虽然街道两旁不乏修葺良好的建筑，但是依然有许多房屋的立面破旧不堪，令人回想起东德行将就木的时代。为希特勒的"安乐死"项目受害者而设立的纪念设施位于过去的监狱所在地（并且与当地曾经的斯塔西总部比邻而居），在这里并没有多少人关注。尽管这里是德国第一个试验用毒气大规模杀人的地方，但是这处纪念设施的博物馆却直到2012年才终于开放，整体规模也不大。博物馆里的空间很狭小，甚至进去三四个游客就会开始感觉拥挤了。这里的展览提供了相关的背景信息和详细的案例研究，对放置在过去的监狱（如今已是市属的停车场）的纪念牌匾作出了补充。然而，这里毕竟是毒气室最先得到试验的地方，它就是从这里开始，才臭名昭著地被灭绝营广泛用于大规模谋杀。纳粹党人就是为了谋杀在他们眼中"犹如渣滓的存在"，摆脱只会对纳粹"民族共同体"的"种族健康"构成威胁或带来负担的人，才专门设计出了这种毒气室，并且在这个位于帝国境内的地方率先使用。而这个场所之所以在众多备选方案中脱颖而出，成为首个毒气实验地，恰恰是因为它跟柏林靠得很近，而且在各方面都很便利。[58]

　　无论是在共产主义东德，还是在民主的西德，所有地方在为安乐死机构竖立纪念碑的事宜上都存在旷日持久的拖延。不同的政治体制会对纪念活动的性质产生影响，但是双方在涉及这个领域时都表现出明显的不情愿。两边的进展虽然略有差异，但是大体相似：一开始是当地人发起的小规模纪念倡议，直到很久以后才会有通常由国家资助的官方纪念场所成立。那些对过去胸怀责任感的人，就取代了因个人关系而率先发起纪念项目的人，或者对他们的事业作出了补充。但是，通常只有在与纳粹罪行有着很深瓜葛的人离开人世舞台之后，这样的进展才有可能会发生。

这样的进展同代际变化有很高的相关性。战后的东德和西德在医疗行业都只完成了最低限度的去纳粹化。在那些继续营业的精神病院中，战争前后的工作人员几乎没有太大的变动；更宽泛地来说，高度纳粹化的医疗行业其实并不愿以批判性的态度去审查这段并不久远的过去和其中挥之不去的心态。这意味着，纳粹政权时期的谋杀行径是一个在个人层面上非常敏感的话题，它会使人们注意到他们的专业同事曾经有过一段阴暗的历史。人们在很早的时候就发起过纪念的倡议，但是它们通常都局限于纪念受害者的范畴。涵盖主题更广的展览通常要等到20世纪80年代才开始出现——在这个时期，人们不仅开始大面积地"倾听受害者的声音"，而且许多在纳粹时期进入职场的人如今也到了退休的年龄。

在东西两德安乐死中心的纪念活动发展史都反映出这些因素。贝恩堡地区的精神病院在1949年至1990年都处在民主德国境内。1952年，纳粹政权受害者协会在曾经的毒气室所在的地下室放置了一个小小的骨灰瓮。但是，这一行动几乎没能引起他人的注意，公众无法进入这间地下室，也没有任何相关的展览。在20世纪60年代，贝恩堡精神病院的院长约亨·匡特（Jochen Quandt）医生在这间地下室里设置了一个纪念房间，并且将纳粹时期这里曾经发生过的事情告诉给同事们。[59] 在20世纪80年代初（值得注意的是，此时离民主德国解体已经越来越近了），人们通过努力办成了一场小型展览，但是它并不向公众开放。这场展览在1988年得到扩充，并于1989年9月重新开放——此时的民主德国正发生着激烈的讨论和政治骚乱，柏林墙也将在两个月后轰然倒塌。

如今的贝恩堡仍然有一所专门的精神病诊所。2006年，一场新的展览在贝恩堡开幕。展览的构思容纳了教育和纪念的双重目的，据称参观人士主要是带有教学目的的团体。尽管它也被罗列在"黑暗旅游"的网站上，但是它在具有重要历史意义的旅游景点名单上排名并不高。[60]

在皮尔纳的索嫩斯泰恩，变化也终于在20世纪80年代晚期到来。在小镇皮尔纳，索嫩斯泰恩安乐死中心就坐落在易北河畔一座小山山顶的城堡里，非常引人注目。然而自1947年开始，随着德累斯顿审判的结束，皮尔纳的这段杀人往事也就遁入了默默无闻中。1973年，通向城堡的台阶上出现了一块很容易被人忽视的纪念牌匾，缅怀"法西斯罪行的受害者"，却不曾解释在索嫩斯泰恩到底发生了什么样的罪行。在1987年，一位名叫托马斯·席尔特（Thomas Schilter）的学生听老师说，铭记反法西斯的抵抗运动战士要优先于铭记其他受害者。年轻的席尔特并不满足于老师的说法，他询问了许多有一定年纪的当地居民，看看他们都知道什么，结果他惊讶地发现他们都还详细地记得灰色巴士、从烟囱里升腾出来的烟雾、燃烧尸体的甜腻气味，以及党卫队军人在通往城堡的道路上巡逻的景象；他们还向他确认，当时小镇里的人们尽管抱有一定程度的谨慎态度，但也都对此议论纷纷。[61]与此同时，当地的神父贝恩德·里希特（Bernd Richter）自20世纪70年代担任神职起，就一直很关注当地有多少人有着良心方面的困扰——他们因为自己所见所知，以及（在某些案例中）亲身参与的事情而良心不安，他们觉得有必要在完全保密、不必担心后果的情况下和别人谈一谈这件事。[62]席尔特借助莱比锡神学家库尔特·诺瓦克在西德的人脉（这件事发生在德国统一以前），与西德的新闻记者和政治学者格茨·阿利取得了联络。席尔特、里希特，以及当地的新教教堂（提供了社区活动中心作为场地）都在筹备展览和建立纪念场所上起到了至关重要的作用。1989年秋天，在民间讨论和草根活动都愈演愈烈的形势下，这一倡议甚至还出人意料地得到了当地某些政客的支持。1989年9月1日，在希特勒下达命令赋予医生杀戮"权力"的刚好50年后，以及柏林墙倒塌的两个多月前，第一场展览随着库尔特·诺瓦克的演讲拉开了帷幕，展陈内容还包含了格茨·阿利所提供的档案材料。[63]

1991年，由皮尔纳的热心市民和遇难者亲属组成的协会成立了一个指导小组和一个咨询委员会，纪念中心也于2000年向公众开放。[64] 为了确定毒气室的具体位置，协会有必要向比较年长的市民请教，其中就包括过去神父的遗孀——当时这位神父的住所能够将安乐死中心尽收眼底，所以他们只好被迫把家搬到了其他地方。1992年10月，席尔特和西德记者恩斯特·克莱探索了安乐死中心的地下室；后来，一位考古学者确定了毒气室的准确位置。[65] 在2014年，随着这座纪念中心庆祝自身成立的第25周年，其展览也已经发展得更为完备，记录下这个地方从史前到现代的对待精神和身体残障人士的历史。然而尽管在它开放之初，当地民众对它有过普遍的关注，但就像许多其他的纪念中心那样，它也很少吸引其他地方的游客前来参观。

尽管西德的政治氛围与东德有着很大的差异，但是在这里，纪念的发展顺序大同小异：最初是对受害者的纪念，后来包含教育功能的展览才会把注意力也投向行凶者。哈达马尔据说是第一个为受害者设立纪念设施的安乐死中心。1953年，弗里德里希·施特夫勒（Friedrich Stöffler）医生在哈达马尔的入口处放置了一块纪念浮雕，后来的他成了黑森州福利协会（Landeswohlfahrtsverbandes Hessen）的第二任会长。1964年，一项协议同意将安乐死中心所在建筑上方山顶的墓园用作纪念区：约3500名安乐死受害者都被埋葬在这座乱坟岗，其上是几排普通人的墓碑，这是当时人们为了欺骗访客而设的。这处场所得到了清理，并且竖立了更有意义的纪念碑。不过，这里就像其他地方一样，直到20世纪80年代初期才在新任馆长的指导和大学生的建议下，真正提出陈设一场面向公众

第十九章　遗忘与纪念

的展览。1984年，在这个号称是德国第一处为安乐死幸存者而设的纪念设施中，地下室的几个关键房间（毒气室、解剖室和焚尸炉）都已经开放，展览也在次年得到进一步扩充。它同时具备了教育和纪念的功能，既关注历史，也提供历史上个人的详细情况，并且帮助参观者注意到那些以各种不同的方式参与这个等级制度的广泛人群，以及战后司法系统的失效。[66]哈达马尔同包括法兰克福在内的几个重要城市之间都有相对便利的交通工具，它在2014年总共接待了约1.8万名游客，其中大部分都是学生，以及其他类型的团体访客。[67]

格拉芬埃克的纪念活动也开展得相对晚近。尽管这里的墓园从1962年开始就被用作纪念场所，但是曾经用作毒气室的建筑却在1965年被拆除了。1990年，这里的纪念场所正式开放，从1995年开始，它开始编纂名册，试图尽可能地恢复这些已经逝去的受害者身份。2005年，一块纪念碑石在这里设立，用于铭记在格拉芬埃克被毒气杀死的10,654人。格拉芬埃克的一场小型展览罗列了一些行凶者，并且提供了关于他们战后生活的详细信息。如今的格拉芬埃克仍旧是一处残障人士护理中心，所以它既要求访客了解这所机构的过去，也会促使他们思考自己对格拉芬埃克当下的患者负有哪些责任。[68]格拉芬埃克虽然地处农村，交通不便，但它到2014年依旧能每年吸引约1.5万名访客到访参观。[69]

在奥地利，哈特海姆城堡安乐死中心最早在1969年就向访客开放了它的毒气室，但是直到1997年，上奥地利州政府与上奥地利州福利协会才规划出一座配有研究和游客服务中心的完整展览场馆。我们在展览中能够看到有关各类受害者的证据，其中既包括意大利的战俘，也包括来自波兰、奥地利和德国的新教徒和天主教徒，由此凸显出并非所有的受害者都是基于身体或心理残障挑选出来的，有些人实际上是从附近的毛特豪森集中营转移过来的。[70]当博物馆方决定对主展览（仅展示在哈特海姆犯下的罪行）进行扩充，在楼上增设一场题为"生命的价值"展览时，它引发了相当大的争议。[71]这场新展览探究了启蒙运动时期至今人们对待"异常"人士的种种态度（包括针对异常胎儿的产前鉴定），由此引出了有关堕胎的伦理议题。有些人认为，其中带有过于明显的天主教说教色彩，对于一个针对纳粹大规模谋杀的纪念机构来说并不妥当。

1995年，奥地利政府借第二次世界大战停战50周年之际，向各类纳粹迫害的受害者（明确提及了同性恋者、罗姆人和辛提人，此外还包括纳粹安乐死和强制绝育政策受害者的子女和近亲）提供了一笔略高于5000欧元的"象征性赔偿金"（Gestezahlung）。[72]除了象征性赔偿以外，奥地利政府还姗姗来迟地开始收集受迫害者的人生故事和"痕迹"（Lebensspuren）。

对于纳粹安乐死政策受害者的认可和纪念之所以出现如此严重的延误，背后的原因非常复杂。在当时，有许多人对发生在安乐死中心的事情起了疑心，但是他们依旧将自己的亲属托付给这些疑点重重的杀戮场所。这样的做法确实令我们感到惊讶，而事情过去以后，显然会有很多人背负起负罪感。对于这些家庭来说，失去亲人的回忆依旧鲜活，令人痛彻心扉。但是考虑到当时的许多当务之急（包括战争期间其他形式的丧亲之痛），当时的受害者亲属既无力追查这些机构，也无力为受害者竖立属于他们自己的坟墓（如果死者已经安息的话）。然而除此以外，这些机构还有一个更为迫切的理由，使得它们不希望在战争结束以后，为数以万计在此遇害的受害者设置纪念牌匾或纪念碑。正如我们在前文所见，曾于第三帝国期间在此工作的医疗专业人士和其他员工，并没有被战后的司法清算所影响。他们当中的绝大多数都没有接受调查，更别提因其罪行而受到起诉或被判刑了。所以，当这些手握主导权的医科专家继续领导这些机构时，当同样的医生和护士任职于同样的病房时，当同样的厨师、建筑工人和搬运工人继续为患者的日常生活提供协助时，突然出现自我认罪是不太可能的。公众的信任，以及源源不断的就诊患者也在很大程度上依赖严格的压抑和否认。直到这一代人故去，那些曾经直接参与罪行的人不复在场，其他人才开始挽救安乐死受害者于遗忘之中，并且指出究竟是哪些人应当对这场大规模谋杀负责。

定位纪念场所

地点只有在拥有意义的时候才变得重要——而意义包含着多个层次，可以具有很大的争议空间。对于同某个场所拥有个人联系的人来说，地点甚至不需要在公共的记忆景观中标识出来，就能够被赋予主观的意义。

菲利普·桑兹的祖父是一位幸存者，而在总人数达80人左右的整个大家族里，他是唯一幸存下来的人。菲利普·桑兹在制作电影《我的纳粹遗产》(*My Nazi Legacy*)时，得到了尼克拉斯·弗朗克和赫斯特·冯·韦希特尔的协助，而他们的父亲都是遇难的桑兹家族所在地区的高层行凶者。尼克拉斯的父亲汉斯·弗朗克是被德国占领的波兰的纳粹总督，而赫斯特的父亲奥拓·冯·韦希特尔男爵在加利西亚犹太人遭到大规模谋杀时，高坐在加利西亚总督的职位上。[73]他们一同探访了桑兹祖父位于利沃夫附近的家乡，进入了桑兹家人曾世代崇拜的犹太会堂，站在如今人迹罕至的建筑空壳里。对于桑兹来说，这里在1941年被纳粹党人付之一炬之前，曾是他的家人、朋友和亲属最后一次参与犹太教仪式的地方；对于尼克拉斯来说，这座空无一物的建筑富有深刻的意义，象征着遭到纳粹铲除，也遭到他父亲强烈排挤的犹太生活和文化的丰富性；对于赫斯特·冯·韦希特尔来说，这只不过是一栋建筑物而已，它只是一个从过去留存下来的物质结构，也将在未来继续存在下去。韦希特尔通过关注这一地点的物质性，逃避了曾经把这里当作圣所的犹太人的命运问题，以及负责推行纳粹政策之人的罪责问题。对于韦希特尔来说，对于犹太人命运所负有的责任并不是一个法律责任或个人选择的问题：当他从历史大趋势的角度去审视时，他认为这些发展完全是一个"不可避免性"的问题。按照这种观点，韦希特尔就像许多纳粹分子一样，显然不具有任何个人能动性。

不久后，三人移步至小镇外不远处，来到一个长满杂草的宁静场所，这里埋着3500具曾经生活在这里但是后来惨遭射杀的犹太居民的尸体。到了这个时候，他们各自态度的差异甚至变得更加鲜明。这3500具尸体中就有桑兹的家人，而霍斯特·冯·韦希特尔的父亲则对射杀负有全面指挥的责任。尼克拉斯·弗兰克已经能够面对自己父亲的罪责了，可是哪怕韦希特尔明明肉眼可见地感到局促不安，他也仍旧无法承认自己父亲在其中所起的作用。在由乌克兰的加利西亚党卫队部队（由韦希特尔的父亲在1943年成立，在某些乌克兰民族主义者看来，它是一股乌克兰人反对俄罗斯人统治的重要力量）老兵组织的聚会和葬礼仪式上，韦希特尔曾短暂地享受过这些部队老兵的热情接待。在这个问题重重的时刻，虽然韦希特尔看到有人胸前垂挂着卐字符的吊坠，他还是认为自己的父亲维持了基本的"正派"。在有些场合下，尼克拉斯·弗兰克会愿意驻足或坐在父亲曾经待过的地方，其中包括父亲在被绞死前度过生命中最后一个夜晚的纽伦堡牢房。韦希特尔在奥地利拥有一座历史悠久的17世纪城堡，他就情愿退缩到这座城堡的空虚和逃避现实中，而它悠悠的历史也能帮助他回避自己父亲曾经经历的过去。当这三个人来到各自家庭命运交错的场所时，尽管他们拥有许多共同的过去，但是这场经历只会疏离韦希特尔，使得他完全不愿意就过去的意义与其他人取得一致的意见。

第十九章 遗忘与纪念

对于曾经的受害者来说，身处这些地点所引发的意义截然不同于那些为了学习和参观而来到这里的人所感受到的意义，自然也不同于那些居住在这些场所附近或者并未受其触动的人所体会到的意义。比方说，当地居民对拉文斯布吕克女性集中营的反应，就与前囚犯的部分记忆势同水火。此外，当地因提议在当前的纪念场所边缘开设一家超市而引发争议时，商业诉求和市政诉求也呈现出针锋相对之势。[74] 服替代役的德国青年常常服务于"和解行动：维护和平"等致力于战后和解的机构，出力保护这些纪念场所。这些活动也引来了批评的声音：比如露特·克吕格就愤愤不满地谈及，无论这些新世代心怀多大的善意，他们都永远不可能真的理解或设想这些地方曾经发生过的事情。[75]

哪些东西可以示人，哪些东西可以被选出来展示，哪些东西需要压抑——哪些东西可以被"看到"——会因为个人记忆和后期观点的不同而不同。皮埃尔·西尔因为同性恋性取向而在年少的时候遭到了纳粹的关押。1989年，他跟随一个团体，回到了阿尔萨斯的希尔梅克集中营，这里是他曾经遭受磨难的地方，也是他被迫眼睁睁地看着他的朋友、他一生的挚爱约被狗撕咬、生吞的地方。然而，希尔梅克集中营没有留下多少物质痕迹，这令他感到惊讶："那里所发生的一切都被虚伪地转变成象征性的牌匾和雕塑，然而我们却仍然被挥之不去的记忆所纠缠。"[76] 西尔令广大公众注意到男同性恋者的处境，由此为这个受害者群体作出了巨大的贡献。但是，甚至当时间推移到20世纪90年代，大环境仍旧充满了敌意。此时，西尔所能做的也只有纯个人和私人层面的纪念：

> 在我怒不可遏的时候，我拿起了外套和帽子，满脸轻蔑地走到大街上。在我的想象中，我漫步在一片不复存在的墓园里，漫步在死者的安息之地，而他们悲惨的命运丝毫不能打搅到生

者的良知。而我想要尖叫……

结束漫步之后，我回到家中。然后，我会点燃厨房里的蜡烛，每当我独自一人的时候，它永远都会亮着。它羸弱的火焰是我对约的思念。[77]

在很大程度上，正是因为像西尔等少数勇敢的男同性恋者（包括在电影《活着为了证明》中接受采访的人士）公开地发出了自己的声音，事态才开始发生改变。在2003年，西尔终于被官方认定为纳粹主义的受害者。2005年4月，就在西尔过世的八个月前，法国总统雅克·希拉克（Jacques Chirac）首次在纳粹大屠杀纪念日公开表示同性恋者也是纳粹的受害者。

如今的我们正处在一个矛盾的过渡处境中。对于受害者的纪念尚未克服恐惧和偏见的阻挠：反犹主义、恐同心理、针对非定居社群的歧视、针对"外国人"以及各类"他者"的敌意仍旧活跃于我们的社会中。民粹主义政党和运动仍在大肆利用社会的脆弱之处。而在纳粹德国遭遇战败之后，虽然纳粹主义遭受了近乎普世的谴责，但是绝大多数行凶者仍旧没有接受司法的审判。哪怕近些年来，人们发起了很多倡议，迸发出许多新的能量，事到如今，这一切都势必为时已晚。

不过，公共纪念活动还是像雨后春笋般不断壮大。各式纪念场所的运营环境越来越具有国际属性。人们能够更为便捷地旅行，而"纳粹大屠杀旅游"也火热了起来。纳粹大屠杀电影的票房佳绩使得某些场所成为人们关注的焦点。世界各地的波兰犹太人后裔也频频地走访家乡，以及他们的亲属曾经受难或亡故的地方。犹太青年（包括与纳粹大屠杀没有直接个人关系的以色列人和美国犹太人）都被带来参观纳粹大屠杀场所，由此更好地融入整个犹太群体。事实上，对于许多人来说，波兰已经取代了德国的地位，成了那个"遭

第十九章 遗忘与纪念

人仇视的他者"；德国人在针对纳粹大屠杀的赔款、公共教育和纪念等方面的所作所为产生了一定的效果，而人们对波兰恐怖场所的关注，也使得种族灭绝的历史背景得到了更为锐利的呈现。[78]

与此同时，负责保护和开发相关场所的人士也在变得越来越专业化，他们会在工作中采纳流行于国际的趋势，也会在本馆的布展中推行通行的标准。各类博物馆都就"真品""圣地"，以及如何在教育新世代的同时以富有尊严的方式纪念过去等潜藏着危险的雷区领域提出了许多新的问题。[79] 也有要求称，这种"纪念"本身应该成为整个欧洲，乃至整个世界的共有现象。在 2005 年，联合国将 1 月 27 日定为"每年纪念纳粹大屠杀受害者的国际节日"，而欧盟的相应纪念日也设在了这一天。[80] 联合国和欧盟之所以选定这一天，是因为它是奥斯维辛得到解放的日子。人们将以缅怀所有纳粹大屠杀受害者的方式度过这一天。虽然欧洲国家普遍都设有这个节日，但不同国家的人对其重要性乃至存在的认知有着很大的差异。2015 年，在奥斯维辛解放 70 周年，英国媒体用很多版面和篇幅报道了纪念的仪式，并且登载了仍旧能够讨论这段过去的幸存者的声音。到了这个阶段，在奥斯维辛－比克瑙营臭名昭著的坡道和铁轨上，架设的帐篷里已经只剩不到三百名幸存者前来聚集、聆听讲话、点燃蜡烛了，人们必然会意识到，历史已经来到一个过渡性的时刻。在这样的纪念仪式当中，幸存者的身影正变得越来越形单影只，这意味着我们即将从亲历者的回忆过渡到面向未来的教育。

但是与此同时，纪念活动继续呈增长的态势，活动形式也变得越来越多样化。演讲、电视剧、公共争论，以及其他纪念活动反复上演，确保对于过去的阐释虽然在几十年里不断变换着侧重点，却永远不曾离开公共领域的视野。[81] 公共呈现与私下或家庭讨论之间的冲突愈演愈烈，这也是一个非常重要的侧面。

这股姗姗来迟的纪念活动以及与之相关的敏感性的浪潮并非德

国所独有。不仅欧洲各地的恐怖和受难场所不断地被标记出来，就连美国也竖立了为数不少的纪念设施。美国从未遭受过德国的入侵或占领，但是很多美国家庭的亲人里有移民、难民、纳粹大屠杀受害者，此外还有约 8 万名犹太难民在 20 世纪 50 年代早期远渡重洋来到这里。尽管犹太人在美国人口中的占比很低（约为 2%，根据不同的定义会略高于或略低于这一数值），但是考虑到总人数，美国的 600 万犹太人口与以色列大致相当，为全世界犹太人口最多的两个国家。纳粹大屠杀几乎已经成为美国"遗产"的一部分，也成为关于多样化认同、挑战和救赎的国家叙述的一部分。位于华盛顿特区的美国纳粹大屠杀纪念馆正是经历了冗长的辩论和争议之后才得以建立的。[82] 从马萨诸塞州的波士顿到得克萨斯州的休斯敦，从康涅狄格州的纽黑文到加利福尼亚州的洛杉矶，纪念设施、博物馆和教育中心纷纷在城市和乡镇中设立，确保公众将纳粹大屠杀铭记于心。相对而言，纳粹迫害的其他受害者在美国就没有受到广泛的关注，不过从 20 世纪 80 年代开始，同性恋群体权益的进展以及艾滋病/艾滋病毒所带来的毁灭性打击提高了人们的意识。在旧金山的卡斯特罗区有一座粉三角公园，在艾滋病/艾滋病毒吞没男同性恋群体的时期，有许多男同性恋者都在这里生活并死去。在 2001 年，人们在这里竖立了一座纪念国家社会主义的同性恋受害者的纪念碑。

所有这些纪念活动都势必存有争议。作家马丁·瓦尔泽在 1998 年的德国法兰克福书展中收获了和平奖的荣誉，他在演讲词中对纪念提出了新的疑虑。瓦尔泽谈到了所谓的"我们的历史负担，我们永恒的耻辱"，并且对"我们的耻辱的无休无止表现"提出了批评。[83] 他将柏林的被害犹太人纪念碑群形容作"一场如足球场般巨大的噩梦"和"我们的耻辱的纪念碑化"。[84] 过去人们只敢在私下里表示，如果受害者不至于反复地汲汲于过去，事态就能恢复"正

第十九章 遗忘与纪念

常",而如今一位大作家竟公然赋予这种观点以合法性。这场演讲得到了人们的热烈欢呼,只有德国犹太委员会主席伊格纳兹·布比斯(Ignatz Bubis)拒绝鼓掌。1998年11月9日,布比斯借"碎玻璃之夜"60周年之际发表了一场生动的演讲,他指出,瓦尔泽至少四次提到德国人"耻辱"(Schande),却连一次都不曾提及德国人的"罪行"(Verbrechen)。[85] 布比斯还尖锐地评论道,柏林的纪念碑群与其说是一种"耻辱的纪念碑化",不如说是耻辱本身,也即纳粹的罪行才变成了真正意义上的纪念碑;而这些罪行在最初的时候并不是因为被人们铭记才"化作纪念碑"的。[86]1979年,瓦尔泽曾评论说,"幸存者和行凶者仍然站在泾渭分明的两侧",并且指向了"推动和解的组织"以及"阻止令羞耻转变成麻痹的种种努力"。[87]那个时期的他,以及他在1965年撰写的反思奥斯维辛审判的文章,都曾探讨过罪责的议题。[88]但是,在20世纪走向尾声的时候,瓦尔泽似乎已经厌倦了这种斗争。应当遭受责备的竟然又是那些将过去推到人们眼前、令人们感到不适的受害者,而不是那些因为犯下了罪行而催生出纪念需求的行凶者。

无论是在整个欧洲还是在其他地方,我们似乎感到,在姗姗来迟的情况下,似乎只有以一种过量且具有争议的方式不断地纪念受害者,才能弥补我们无法恰当地处理行凶者的缺憾。而现在,我们也许应该好好想一想,除了纪念受害者以外,我们应该如何以一种更为全面的方式,展现出应当为纳粹迫害的出现而负起责任的各类人士,并且凸显出仍然在强化各种形式的排挤、压迫和污名化的行为。

如今映入我们眼帘的纪念景观,是战争结束后几十年来的产物:它并不能充分地呈现有关过去的恐怖和现实,而只能代表人们出于各式各样的原因,而试图参与、保存和描绘的侧面。它也反映出人们心中挥之不去的偏见、不同的权力模式,以及掌握在各类群体手中不同的物质和象征资源。如今的世界各地有越来越多的纪念设施、博物馆、纪念牌匾和场所，将纳粹迫害和不断扩大的受害者群体呈现在我们眼前，但是我们已经几乎没有可能以一种全面的方式纵览它们了。

如今有很多人将这些设施称作一种"记忆"的景观，可是对于拥有真实且可怕的经历、已然不久于人世，而记忆也如风中残烛般闪烁且消退的人来说，这种说法也许还在造成进一步的不公。至少对于当下的我们，以及未来的世代而言，对于记忆具有选择性的意识，以及教育的重要性，仍然需要携手并进。

结 语

第二十章
一段充满回响的过去

"奥斯维辛"这个词已然代表了现代时期一种特定的罪行了。当我们面对奥斯维辛的巨大暴行时,我们很容易在困惑中停下脚步,认为根本没有任何答案能够回答这等规模的残忍行径为何会发生,以及又如何成为可能。但是,历史学者至少能够分辨清楚,纳粹迫害的参与模式和责任都有哪些,并且探索这段过去可能会给亲历这段时期的人和后人带来怎样的影响。关键在于,我们不仅要注意到这段过去最初呈现出来的不可理解性,还要(恰恰是因为这是一段重要且富有挑战性的过去)超越最初不敢置信的反应,并且思考清楚经历这段过去,以及与这段过去共存将会带来哪些后果。

也许,"这些残忍行径为何会发生"的问题并没有答案——或者它至少不是历史学者能够回答的问题。但是,如果我们能够重建起当时社会和政治发展与个体生活相互交叉,使得为数众多的人最终被动员起来,服务于谋杀事业(其中有些人比其他人更具有主观意愿)的种种方式,那么我们也许能够回答"这些残忍行径是如何发生"的问题。这个系统源于少数人的意志,却通过多数人的服从和动员而得以维系,并且以针对反对者的镇压为后盾。人们面临着服从的压力,有些人会受到奖赏,而另一些人则受到制裁。外部行为并不总是同内在观点密切相关。而区分"合法"暴力与"非法"暴力之间的界线也总是变动不居,随着视角、世界观和环境的变化而变化。但是在纳粹治下的欧洲,无论我们采取哪种研究路径,无论是出于怎样错综复杂的理由(个人观念、环境和机遇),对于受排挤和受驱逐之人的迫害和大规模谋杀,都已经远远超过了人们通常预料会出现在当时战争中的杀戮形式。

这是一种难以总结的现象,它超出了任何特定群体的经验,也拒绝被任何具有限定性和严格定义的单个词语(灾难、浩劫、纳粹大屠杀)所概括。它不仅吞没了那些被杀害的个体,也吞没了所有经历过它的人,而且它还继续影响着在其之后降生的人们。

在联邦德国,"过去"尤其指代纳粹的那段时期。历史学家劳尔·希尔贝格出生在维也纳,他的全部家人都在战争打响之前移民到美国。他认为,"过去"的这种用法是在试图清晰地区分"彼时"和"当下",是在将遭到否定的过去与改革后的当下分离开来。正如他在出版于1961年、时至今日仍旧具有经典性的论述犹太人之毁灭的作品中所说的那样:"在战后时期用于描述纳粹政权行为的所有术语当中,意味最深长的莫过于无所不包的'过去'(Vergangenheit)。它封闭了发生的一切,切断了它们与当下的联系。"[1]然而,所有试图"封闭"过去和"与过去划清界限"的尝试都没能取得成功;尽管有那么多人试图"将过去一笔勾销",但是它的重要性仍然顽强地存续了下来。截至20世纪80年代中期,在希尔贝格写下这些观点的25年后,德国哲学家恩斯特·诺尔特(Ernst Nolte)将纳粹时代称作是"一段拒绝湮灭的过去"。[2]而且这段过去还将继续弥漫于当下,只是其方式在过去几十年中产生过诸多形变。

第二十章　一段充满回响的过去

在第三帝国毁灭很多年后才诞生的那一代人，就成长并生活在这段过去的漫长阴影下。无论人们是否清楚地意识到纳粹迫害的这份遗产，它都将在大多数行凶者、迫害的幸存者和罪行的见证者已然逝去很久以后继续发出回响。幸存者、行凶者和幸存者的子女和孙辈都会受到家庭教育方式、同家庭成员以及他人的人际关系的影响。这些遗产塑造了他们的生活方式、价值观、职业生涯，甚至是对朋友和伴侣的选择。它反过来还会影响他们给予自身子女的教育，以及他们试图铸造的未来。对于这段过去的种种反应，在塑造记忆的景观以及我们如今所栖居的历史环境方面都起到了重要的作用，由此影响了当代世界的政治观和道德观，并且为其提供了参照。

被卷入纳粹迫害的所有人，都因为他们各自暴露其中的程度而以这样或那样的方式遭受了污染。而且他的毒性在后续的世代中盘桓不去。这种毒性有着一种代际半衰期，如今它的毒效已经减弱了，只留下了愈发稀释的残留物和愈发遥远的回声。毫无疑问的是，总有一天，当新一代人同受此时代影响的人不复拥有任何个人联系时，纳粹过去也将不复在他们身上产生任何回响。即便如此，从原则上来说，纳粹党人所发动的规模巨大的暴力，仍然会令其具有普遍和持久的意义。

国家许可的暴行与分配不均的罪责

暴力是纳粹统治的内在组成部分，并且从一开始便是如此。这里的大街上、拘留所中和早期集中营里都有随处可见、随处可闻的残忍行径。政权对恐怖手段的依赖从一开始就广为人知。德国人飞速地完成了向默许（甚至是热情拥护）的转型，其中伴随着借助恐惧、监禁和流放而对余下之人施行的严酷镇压。从1938年开始，纳粹政权开始向欧洲其他地方扩张，纳粹的恐怖手段也开始对外出口——而这一次，它也再度获得了数百万人的合作和共谋，其中也牵涉了对另外数百万人的野蛮压迫。

在不过十多年的时间里，纳粹政权发展出了一整套迫害体系，以野蛮的方式对政敌进行攻击，残忍地虐待"不受欢迎"的群体，剥削并杀害那些被视作"低人一等"的人士。有些暴力行为的出现是因为当局希望消灭反对力量，并且在政治上取得支配地位；有些是出于意识形态的驱动而追求"种族纯洁"的观念，由此消灭那些被认为毒害了新社会的"健康"的人士；还有些则与残酷无情的剥削有关，其服务对象是支配世界的欲念和受战争驱使的经济。到最后，所有这些目标都起到了重要的作用，有的时候它们甚至会彼此产生冲突。但是，当被组合到一起的时候，它们就构成了一整套集迫害、集体暴力、对于人权的侵犯，以及心甘情愿地参与规模惊人的谋杀行径等种种形式于一身的系统。

尽管希特勒在其中占据着核心地位，但是这个导致数百万平民丧命的系统却并非仅仅以一个人甚或一个小圈子的观念和行动为基础。数十万人以这样或那样的方式积极地参与了排挤、遭送、虐待和杀戮的实践与过程，还有数百万人对于这种暴力以及至少对整个毁灭机器的某些侧面是知情的。然而，行凶者一方的很多人后来却否认自己知情，并用无知作为无辜的借口。

纳粹时期已然过去，但是如果我们希望了解它以及它的漫长余波，我们还需要了解这个系统的权力结构的鲜明特征，以及人们适应、维系和改变这个系统权力结构的社会过程。人们有可能会体会到某种焦虑感，甚至认为他们"内心反对"他们正在做的事情，然而与此同时，他们还是顺从地执行命令，甚至自主自发地完成他们的本职工作。人们后来可能会说，自己是受到了强迫，才会这样行事，因此他们对自身行为不负有任何个体责任。

并不是所有人都负有同等程度的罪责。人们所背负的罪责会因

第二十章　一段充满回响的过去

为他们所扮演的特定角色，以及他们是自愿参加还是被迫征召而有所不同；一旦我们弄清楚他们所陷入的机构类型，我们还能够根据他们的个人态度和行为而区分他们的罪责。有些人试图退出，有少数人出言反抗，或者曾积极地试图反对或扭转事件的走向；许多其他人则以某种方式适应或合理化他们的处境，并且充分地执行他们被分配的角色；还有一些人，出于不同程度的追名逐利和忠诚奉献的组合因素，对于纳粹事业抱有极大的热情。

有些群体直接参与了暴力的第一线：常规警力人员、盖世太保、党卫队和褐衫军冲锋队、特别行动突击队、集中营守卫和包括部分军队士兵在内的其他人，参与了连他们自己都难以辩护的针对平民的暴力行径。后来，在这些群体当中，只有极少数个体需要为他们的暴力行径负责，并成为舆论焦点中的"行凶者"。很长时间以来，只有直接参与杀戮的人、下达命令的人，以及整个等级中居于高位的纳粹要员才被视为行凶者。然而，应该为发生的惨剧承担责任的人并非只有他们。无论是在扩张后的第三帝国内部，还是在帝国占领区，民政部门在让政策落地方面都起到了举足轻重的作用。集中营世界就嵌套在商业和企业的网络中，而这个网络的运作依赖于剥削奴隶劳工的共同利益和协作。包括医生、律师、人口规划专家在内的专业人士都起到了各式各样的作用，推动毁灭机器向前进发。在受过高等教育的德国人当中，有相当高比例的人都向纳粹的反人类做法低下了头，这一现象令人惊叹。而且无论是在帝国内部还是欧洲各地，有越来越多的人作为纳粹政策的合作者和受益者参与进来。

在日常生活当中，歧视和排挤的社会实践对于孤立和污名化受害者是非常重要的；这些非正式的实践能够更为积极地发展为具有针对性的剥削以及刻意借助极端不公而从中获利。恐惧也在改变迫害景观的过程中起到了重要的作用。因为纳粹网络的受害者在陷入不利情况之后很难依靠过去的朋友、邻居或其他人来获得支持，也很难获得藏身或逃跑方面的协助。尽管有些信念坚定的个体发起了抵抗和破坏的行动,但是考虑到恐怖和镇压的机构具有如此压倒性的力量,而且抵抗活动也会和普通人及其家人的福祉相冲突,绝大多数人要么不够勇敢(确实存在牺牲的可能性),要么未必有能力将其付诸行动。第三帝国要依靠世界大战中巨大的外部力量才终于被击败。

虽然人们可能很容易就会得出结论,对整个"行凶者社会"进行谴责,但是本书并不打算这么做。毕竟睡在被遣送的犹太孩子的婴儿床里、还在蹒跚学步的"雅利安"婴儿并不负有任何罪责,就算他负有责任,他也只是一个纳粹政策的受益者,而并未借助任何自身行为而导致这一点;如果我们要让同谋的观念言之有物,那么它就得有适用范围。[3]公职人员和积极主动的受益者所呈现出来的是一幅截然不同的画面。

比起密切参与系统的人在后来的陈述中所展现的情况,实际情况必定充斥着更多的不确定性。人们既可以是系统的受益者(比如说利用了奴隶劳工),同时却感到自己在以某种方式颠覆它(比如说将额外的面包配给分给"属于他们"的劳工,或者用本不应该的友善方式对待他们)。后来的他们会利用这类故事,好让他们在面对自己在过去所扮演的角色时能够自我感觉良好一些,但是与此同时,他们却不愿意承认自己也应当为助力系统的运作而负有责任。与此相似的是,人们既可以是纳粹政权的受害者(比如生活在被纳粹占领的国家,他们的自由因此而受限,他们的生活水准因此而降低,他们的财产被夺走,而许多同胞沦为强制劳动力),但是与此同时,当面对在受害者等级中地位更卑下的人时,他们也可以是同谋或行凶者,他们会主动背叛犹太人,或者谴责抵抗群体(尤其是几股反纳粹势力互相对立、发生冲突的时候)。这是一个暴力具有诸多面向的系统,一个人想要从中全身而退、保持清白可不是一件容易的事情。

此外，在纳粹德国境内以及占领地区，也有许多人既不曾从纳粹政策中获益也不曾出力维系这些政策，他们实际上没有参与过任何抵抗运动，不曾拯救过任何人，他们只是单纯地想要生存下去。不过，这些人是否能被归类为"无辜的旁观者"，则是另外一个问题。在这样一个维系多年的集体暴力系统中，暴力的动力机制在本质上已经没有"局外"可言了。[4] 不干涉特定的冲突情境本身，就已经是一种会影响结果的行为方式了；而且我们也需要将"不干涉"的动力机制和后果置于更长的时段里，才能真正理解它。人们对纳粹统治的反应从积极的共谋，到不情愿的屈从，或痛苦的适应，各有不同。围绕这些反应的复杂性极为深刻。然而，这些人并非纳粹暴力的核心缔造者和施暴者。而真正的施暴者，极少有人被揭露并为这段妥协的过去承担责任。

战后司法的不足之处和经历共同体

战后的司法系统在本质上无力应对这种规模（不仅是在实际上，甚至是在观念上）的集体暴力。确然，种族灭绝的罪行是直到当今才被如此认定的。相较于参与集体暴力的总人数，只有很小一部分纳粹罪行的行凶者受到了调查（更别提被送上法庭并真的定罪）；绝大多数人完全逃过了恢恢法网。这并不仅仅是因为罪行的庞大规模和参与罪行的人数，不过我们也应当承认，让全部罪人受到惩罚在实际上是不可能达成的：任何意义上的全面司法清算都会彻底挤爆欧洲的法庭，而这些检察官就算用一辈子时间也起诉不完这么多案件。它也不像人们常常暗示的那样，是因为前纳粹党人对于战后新国家的运作是必不可少的。这一现象的背后还有其他原因，它们会根据地点和时间的不同而有所差异。这些原因包括新出现的冷战动力机制，以及盟军方与此相关的考虑。随着第三帝国的解体和新国家的成立，这些国家当时的社会和政治考虑都会影响对特定类型的行凶者的选择性起诉，这些考虑也用各种方式帮助其他人恢复原来的生活，重新进入社会。

　　审判既试图清算纳粹过去，本身也是一部关于战后的历史。它并非只有纽伦堡审判式的"胜利者的正义"，以及后来的大型集中营审判。在战后最初的几年里，在第三帝国的每个继承国中，数以百计的小型审判处理着与当时社会和政治的优先事务相关的议题。在东德和西德，对德国同胞的个人谴责具有很高的优先级，这反映出根源于私人摩擦和政治分歧的人际关系断层线。在东德，额外的左翼政治因素（对社会主义和共产主义的纳粹政敌的残酷镇压，以及对了资本主义的批判）在早期优先事项中排名很高，而在西德，战争末期针对德国人的暴力，以及与1938年"碎玻璃之夜"相关事件都是重要的议题。安乐死罪行在所有继承国中都是人们关注的焦点。所以我们在一开始似乎觉得，纳粹统治下德国社会的裂隙在早期审判中得到了直接的解决。可是没过多久，尽管东西两德各有不同的强调侧面，但是前纳粹党人的恢复原职占据了优先的位置。等到后期审判的时候，人们的注意力已经主要集中在东部的暴行和大规模杀戮上，行凶者的形象也大体上被局限为集中营里的暴徒和身处高位、发号施令的人。

　　我们有很多办法可以评估这些事件的发展——但是所有办法都具有一定程度的假设性。有些人认为，帮助曾经被动员起来为杀人政府服务的人重新进入社会，是确保新国家的稳定和高效运转的唯一办法。但是，战后国家的稳定并不仅仅依赖（或者完全不依赖）这样的重新整合；除了让少数人成为替罪羊，而让大多数前纳粹分子悄悄地得到整合以外，奥地利和西德（尤其还有共产主义东德）的民主政治的稳定还牵涉了其他因素。在西德，政府、行政部门、

第二十章 一段充满回响的过去

司法系统,以及其他专业群体根本就不需要让纳粹政权的旧臣恢复原职,就能够轻松地运转起来。不让他们恢复原职,并不必然意味着法院可以起诉更多的行凶者。但是,如果实权岗位上拥有劣迹的人更少一些,那么它就会以其他方式帮助正义得到伸张(包括对受害者的赔偿和认可)。如果我们能够从中获得一般性教训的话,那么在由国家支持的大规模集体暴力时期结束以后,我们必须在重建国家、社会和司法系统的时候更加深思熟虑,我们不仅要考虑时代的大背景,也要考虑行凶者承担责任的种种特定方式。[5]

相对非正式的层面也受到影响。正是因为大批人士所扮演的角色、所采取的行为,才使得大规模谋杀和迫害成为可能。后来,他们使用各种方法试图令他们的过去合理化,或者令其陷入沉默中。行凶者群体所讲述的逃避责任的故事,常常会为过去蒙上一层面纱,使得他们可能亲自参与的暴行几乎在这段过去中隐匿。然而矛盾的是,随着处理德国本土各类罪行的早期审判渐渐从公众视野中退场,而注意力也转向针对东部灭绝场所的审判,那些曾经以各种方式与纳粹同谋的人反而能够更加轻易地声称自己同纳粹罪行保持着距离。渗透日常生活的反人类行为反而因为关注远方的残忍行径而从人们的视线中消失了。

与之形成反差的是,受迫害者的整个余生都受到了影响。尽管他们尽了最大的努力要重新开始生活,但是许多幸存者不可避免地被他们的过去所折磨,被负罪感所纠缠,被可怕的场景和回忆所萦绕,因为失去家人、朋友和家园而感到痛苦。人们为没能发起抵抗运动,为没能为了挽救他人而做更多的事情,为谁承受了最多的苦难,为谁没能获得认可和赔偿,为谁的记忆得到优先对待和保存而谁的记忆又遭到边缘化和压抑,而展开了激烈的辩论。这些受害者对这段悬而未决的过去的痛苦清算,与那些逃过司法惩戒的压迫者形成了鲜明的反差。对于有些幸存者来说,为了在内心中求得安宁而尝试遗忘，尝试放下过去继续生活，甚至尝试"原谅"，可能反而更为简单；但是对于其他人来说，这根本就是不可能做到的。

人们很自然地会对双方处境巨大的差异而义愤填膺：有那么多行凶者能够在战后过上相对而言没有太多困扰的生活；却有那么多受迫害者在余生当中都被他们的经历所伤害、困扰，陷入流离失所的境地。只有极少数行凶者承担了责任，司法的正义是如此短缺。

还有很多人在回顾过去时，声称自己是所谓的无辜"旁观者"。对他们来说，不曾目睹或耳闻"实际"发生的事情，对此处于"不知情"的状态，成了回顾往事时坚称自己无辜的一个主要因素。然而，人们曾以无数种方式参与纳粹政权的统治，并且从中获益。如果不是因为在商业、工业和强制劳动力之间，在纳粹新秩序的推行者和当地民众之间，在执行公务的公职人员和每日非正式的行为之间存在着多重的联系，这个政权是不可能正常运转的。按照不同的背景，依据不同的方式，这既可以被视作一个自上而下的系统，也可以被视作一个自下而上的系统。纳粹的压迫、剥削和没收政策的受益者（包括"雅利安化"政策的受益者），直接对集中营奴隶劳工进行剥削的雇主，甚至是搬进遇害邻居条件更好的房屋、侵占他们的财产的波兰人，都同样逃过了战后所谓的司法之网，并且在大多数时期也避过了公共舆论的聚焦。直到后期，当巨大的争议出现，社会发起大讨论的时候，这些议题才开始浮出水面。

因此，在国家支持的迫害系统及其复杂的分工，与后来清算这段历史的种种尝试之间，存在着巨大的不匹配。几十年来，不仅行凶者不曾以同罪行规模相当的方式被绳之以法，既得利益和挥之不去的偏见还导致幸存者提出的各类赔偿诉求很少（甚至完全没有）得到满足；而且有些幸存者在余生当中仍将继续受到歧视。

受污染的过去与其代际半衰期

在纳粹大屠杀幸存者凯尔泰斯·伊姆雷的小说《清算》(*Liquidation*)中有这么一个人物，他想起自己的朋友是这么描述一位纳粹迫害的受害者同胞的："幸存者所代表的是一个独立的物种……这是我们的精神世界变态而且堕落的原因。奥斯维辛。然后是我们从此置于背后的40年岁月。"[6]对受迫害者产生影响的不仅有他们的亲身经历，还有凯尔泰斯所说的、他们在后续的几十年里不得不应对的"当今生存之畸形"。[7]而在行凶者这一侧，那些同样受到自身所贡献的暴力影响的人却没有得到足够的了解，或者说至少至今都没有被充分地探究过。即便行凶者在私下里被记忆和噩梦所折磨，但是他们大多数人似乎找到了与对过去的知情共存的方式，以他们能够接受的方式赋予其新的框架，或者令其堕入沉默之中。任何单一的元叙述都无法涵盖这段复杂的过去。许多股因素交织在一起，其复杂程度远远超过DNA的双螺旋结构。公共和私人的发展互相关联，却依据不同的节奏运转。国家和国际环境对审判和公共表征产生了关键影响，而他们常常与家庭讨论和私人清算的动力机制无甚关联。

在公共辩论的大纲以及对于过去的文化表征之外，还有着一个埋藏在深处、难以捕捉、很难精确且犀利地得到定义的故事，它讲述着社会对于受迫害者的感知是如何发生着变化，社会是如何增进对他们的认可。这一故事的发展经历了三个互相重叠的阶段。最初，在战争期间以及战争刚刚结束的时候，纳粹迫害的受害者在自身群体之外几乎找不到任何人愿意聆听他们的经历，所以交谈主要发生在内部。犹太受害者中"幸存的余众"能够比较容易地寻觅到互相倾诉的同胞，而相较之下，同性恋群体等其他受害者就没有那么容易做到这一点了。第二个阶段与第一个阶段稍有重叠，但是它要等到战争结束差不多15年后才会进入全盛时期，这就是以新出现的跨越群体界限的交流（但是这种交流方式常常并不导向彼此更为深入的理解）为特点的"证人时代"。少数幸存者被带领到冲突环境的公共舞台（例如审判）上，以此确立被告的罪责或者获取赔偿（在这一点上，某些群体再一次比其他群体得到更多的曝光，具有更高的成功可能性）。人们对他们的证言产生了更多的兴趣，人们关心的不仅仅是过去都发生了什么，还有谁应该负起责任。在20世纪60年代和70年代吸引公众眼球的大型审判时期，证人的处境非常矛盾。只有当他们的证词能够协助确认被告的罪责或者证明他们的无辜时，他们才会得到聆听；关注的焦点在于行凶者在特定时间和犯罪场合的行为和精神状态，而不在于受害者以及宽泛意义上的受害者生命。故而对于足够坚强、足够有决心，希望正义得到实现而因此向法庭贡献自己的时间和情感能量的少数证人来说，所谓具有代表性的"证人时代"其实也并不是一个令他们感到舒适的时代。

从20世纪70年代后期开始，也许可以被称作"幸存者时代"的第三阶段开始了，其标志性特征是，越来越多有关受迫害者人生的证言得到了搜集，这些降临到许多人身上的事情不仅发生在灾难进行的过程中，也发生在灾难以后。这段时期也正值幸存者进入老年阶段，其标志性特征是有些人有了更强烈的倾诉欲望。随着环境发生变化，人们开始对受害者报以更多的同情心，新的技术也使得记录和传播证言变得更为容易，所以新的听众也因此出现。对幸存者叙述的关注点已经发生了转移，从前人们关注受害者如何谈论曾经压迫他们的人，现在人们关注幸存者如何讲述他们自己。

想要更好地理解幸存者时代，我们要明白它有一个特别重要的特征：代际变化。过去曾作为行凶者、合作者、辅助人员、公职人员、受益者或不那么无辜的旁观者而一度牵涉其中的老人，已经不再把持拥有很多权力和影响力的位置了。年轻世代的成长环境中弥漫着

第二十章　一段充满回响的过去

过去的重担，他们已经手握重要的位置，可以处理这段过去了——虽然考虑到他们会因为自己熟识且拥有强烈情感纽带的人，而与过去保持着密切的联系，所以并不必然会保持一种"客观"的距离感，但是至少在个人层面或专业层面，他们都同这段过去没有那么利害相关了。此外，年轻世代的成员不仅越来越想要了解过去，而且也开始与受害者共情并试图认同他们。再次需要强调的是，这一事态的发展会随环境的不同而有所不同。

伴随着幸存者的崛起，这个故事还出现了第二个自相矛盾的重大转折：幸存者作为法庭关键证人的地位出现了衰落。由于行凶者一代正在渐渐离开人世，法院能够找到并绳之以法的人也都身体衰弱、年事已高，过去所从事的行业岗位通常层级较低、地位较为边缘化，所以证人在断案中所起的作用也发生了戏剧性的变化。如今他们所起的作用是在极为宽泛意义上"提供见证"：他们已经成为纳粹迫害之遗产的具象，他们用自己的苦难以及存在本身为这段历史的长远意义提供了见证，而不仅仅是借助具体的知情情况来证明特定被告的某项具体罪责。

幸存者已然崛起，他们仅凭借自身就能引起他人的关注，而证人的证词已然衰落，它们不再在法庭中起到确定罪责的关键作用，这些发展象征着一种更为宽泛的转型已然发生。人们理解过去的需求在增长，他们希望了解这段过去对经历过它的世代产生了什么影响，也希望了解它如何影响了在它之后才出生的人。

在第二代成员当中，这段过去的余波也出现了某些出人意料的转折。有些幸存者子女会通过梳理父母的记忆来探索过去，重构家族历史来追溯他们的根源，其他人则会转过身去，决心尽可能地压制对这段其家庭赖以建立的暴力断裂时期的意识，以此建立新的生活。在行凶者子女当中，有些人试图参与疗愈性、教育性和恢复性的活动，以此类方式"作出补偿"；许多人或者说多数人感受到一种四处弥漫的不安感，甚至是一种错位的负罪感，并且由此自我防卫地选择关注当下，而"不去过度地了解"父母的过去。双方都有人付出了很多努力，想要逃离这段过去，他们有时候会关注与其差异很大的议题，会转移自身的不安感，会压抑那股令自己不得安宁的责任感——而这股责任感会要求他们去治疗这段他们不曾经历的时期所留下的伤口。

从不和谐的杂音到合唱曲

人们频频试图以各种不同的方式清算纳粹的过去，这段历史是复杂的。我们不仅要试图理解纳粹时期究竟发生了什么，它产生了哪些直接的影响，还要试图理解对于后续世代的成员而言，这段过去是如何仍旧具有重大的意义。

暴力的大爆炸在一开始只影响了身处恶之中心地带的人。然后，污染开始蔓延，影响了那些同直接参与杀戮的人或同被杀戮的人有着直接关系的人。随着世代的更替、全球流动性的增长，以及新生的社会运动和文化观的出现，这场核爆的蘑菇云开始扩散得越来越远，虽然它的威力有所减弱和稀释，但是它所影响的范围却变得越来越大。

过去的事件正变得越来越遥远，所以新出现的叙事在理解过去的同时，也令我们以并非完全无法忍受的方式与之共存。叙事因时间、地点、环境和群体而有所差异，它们也带有各自的模糊性和紧张关系。比方说，在某些幸存者那里，有关积极努力地存活的故事，以及有关抵抗和拯救的故事，可能会比坦承自己陷入绝望和无力境地的故事更容易讲述，特别是当听众更愿意听克服逆境的英雄主义故事，而不是包含着漫长的痛苦和绝望、眼睁睁地看着自己所爱之人日渐衰弱并死去的故事时，便尤其如此。但是，如果不是因为大

第二十章　一段充满回响的过去

面积地压抑其他记忆，这些关乎意志和能动性的故事未必就能流传下来；而且它们也可能伴随深刻的负罪感，幸存者会为自己没能拯救在犹太隔离区和集中营里，在街道、市场和山谷中，在依赖奴隶制的工厂里，在毒气室里，在死亡长征上死去的人，而抱有负罪感。对于许多幸存者而言，就算白天选择性地谈论很多，就算将自己投身于具体的活动中，都未必能够抑制住噩梦和往昔的闪回，未必能抑制住其经历所带来的长期痛苦和抑郁。怎样的回应（无论它们是被积极地引导出来的，还是令他人皱起眉头）具有现实的可能性，会因为环境的变化而有所不同：波兰、以色列、美国和法国在认可受害者群体的公共文化，以及对特定少数群体的大众回应方面都有很大的差异；在第三帝国的继承国中，不同时期也有着很大的差异，曾经与纳粹同谋的人仍然主导公共生活的时期，就不同于后来新一代人开始接手握有权力和影响力的职位的时期。

对于幸存者的子女和孙辈而言，"返回"那个他们从来没有去过的地方，也许有助于他们将家族故事置入具体的背景中，更好地理解它，并且由此收获一种过去缺失的"归属于某地"的感受；但是它也有可能会再次令他们意识到失去家人（他们从来没有见过这些家庭成员，最多只能模糊地予以想象，或者试图重建他们曾经经受的命运）的痛苦仍旧在父母心头挥之不去，而自己却对父母的苦难全然没有任何体会。这种失去的"复得"或至少是对于它的铭记，能够在纪念的实体场所中发生，或者通过谈话和写作得到重建，将碎片拼凑起来——但是无论这种碎片的拼图事业做到什么地步，它都不可能呈现出完整的画面。

在行凶者群体中，叙事的动力学则相当不同。压迫和大规模谋杀的机器的原始分工使得人们能够更为轻易地同过去发生的事情拉开距离。有些叙述暗示纳粹德国是一个"极权主义国家"，任何形式的抵抗在这里都是不可能实现的，这样的叙事否认了人们具有采取其他行为的主观能动性。关于过去的选择性故事也使得人们可以跟过去发生的非常糟糕的事情保持距离。而将"奥斯维辛"作为恶之化身而聚焦其上的叙事,也意味着人们可以轻易地逃避,不去承认自己曾经参与这个就在他们四周的暴力和迫害的系统。

在战争结束后,德国人提出了种种理由,驳斥"集体罪责"的观念,然而这一事态又在后来出现了自相矛盾的转折:他们又认可了(无论这在道德高地上站得有多高)"集体责任"的观念。这种说法给并未参与纳粹罪行的人施加了负担,然而除此以外,它也可能为真正负有罪责的人行了方便,令他们得以藏身在一个过于庞大和模糊的术语背后。比方说,我们就可以用以下事例予以印证:许多行业和公司曾经受益于奴隶劳工,后来他们以各种方式同相对清白的公司合作,象征性地向奴隶劳工支付款项,却并不承认自己负有赔偿的责任。事实上,前有阿登纳在 20 世纪 50 年代就一早承认德国负有责任而没有罪责,后有德国企业在半个世纪之后故作道德姿态,向前奴隶劳工支付象征性的款项,却绝不承认自己负有任何法律责任,这两种相似立场的背后有着惊人的连续性。

行凶者一代和后来的世代保守着个人和家族的秘密,这种做法也可以同积极地关注"公共历史"、认同受害者、投身正义事业相结合。但是这种关乎被压抑的原始罪责感或耻辱感的情感经济学,以及试图解决这一赤字的种种尝试从来都无法保持平衡。在官方政策层面,由于行凶者只愿意承担道德的责任而不肯承认任何罪责,所以受害者代表并不能轻易或直接地从他们那里获得赔偿,而是必须经过努力的争取,才能拿到一定程度的赔偿和补助。除此以外,任何"重新和好"的尝试在原则上都是永远不可能取得成功的;即便在受害者赔偿方面不存在不到位、故意拖延和诡异的姗姗来迟,也没有任何举措能够弥补纳粹迫害施加的恶行,以及大规模的苦难和死亡。而且无论怎么纪念受害者,怎样为无名的受害者"恢复姓

第二十章 一段充满回响的过去

名",都不可能挽回他们的生命,让他们重新回到他们心爱的人身旁。

有些国家(尤其是联邦德国)最终获得了"直面过去"的美名。但是,如果我们审视得更为仔细,我们会发现有关这个领域之进展的叙事存在着明确的复杂因素。对于受害者的铭记、对于抵抗的颂扬和从过去吸取历史教训,未必就伴随着明确有罪之人的身份,以及将其钉上耻辱柱的行为。而且国家也并非积极面对过去的关键行动者;真正采取行动的是来自特定经历群体、联系群体或认同群体的个人,他们试图更为积极地应对纳粹迫害的遗产,即便有其他人试图阻止这样的清算。

正是在此处,识别不同群体互相冲突、各不相同的叙事,理解当前蔚然流行的大合唱(其中不乏挑战,也不乏不和谐的声音)是在时间的流逝中发展起来,它从一开始互相竞争的杂音中脱颖而出,终于汇聚成一首合唱曲,就成了一件特别重要的事情。这首合唱曲赋予特定的音符与和声以特权地位,并且淹没了其他声音,它使得非主流叙事遭到非难、压制,令它们无法获得认可。当我们更为仔细地审视它们时,我们发现这首合唱曲的"作曲者"乃是特定群体的成员,有些人在这一议程上拥有比其他人更大的权力和控制权,有些人必须非常努力地拼搏才能抵挡住巨大的反对力量,让自己的声音得到聆听。而且,许多股不同的力量在持续不断地修订对纳粹过去的阐释,并且时而为种族主义观点调动起巨大的民众支持,在政治、经济和社会陷入不确定的局面时尤为如此。这是一个始终处于变化之中的万花筒。

西德的悖论在于,它在相对较早的时期就确立了一种应对过去并且不断确保过去不会遭到搁置的公共文化,但恰恰与此同时,它也铺设好路径,确保绝大多数有罪的人永远不会真的为他们的罪行负责。年轻世代的成员拿起了继续同过去对抗的指挥棒,但是到了这个时候,想要修正早期的忽略之罪已经为时太晚了。东德的悖论在于，它将过去用作政治工具的名声相当糟糕，这使得即便它确实在一定程度上成功地将一些（大体上级别都不高的）行凶者绳之以法，这些作为也几乎都遭到了忽视，而且相对来说不那么受罪责困扰的年轻世代也更注重解决共产主义当下的弊病，而不是纳粹过去的邪恶。随着民主德国在1990年垮台，它开始被视作某种另外的事物，某种历史的"脚注"或边缘地带，而几乎没有被整合到任何认可纳粹迫害的持续性个人意义及政治后果的长远观点中。而奥地利则出于截然不同的原因，在几十年中都没能将前纳粹分子送上法庭，与之相伴随的是，关于这段历史的公共纪念设施也相当匮乏；尽管如今后面的问题正在得到纠正，但是想要纠正前面的问题已经为时太晚。总体而言，年轻一代的奥地利人得以继续沉浸在假象中，认为他们风景如画的小小祖国是清白无辜的。直到相对晚近的时期，这一神话才越发遭遇挑战；如今，奥地利的纪念景观所能实现的正义已然远远多于这个国家的法庭在20世纪下半叶所能实现的正义。

无论我们采取什么样的路径，这都是一段不易面对的过去。自从希特勒释放的暴力席卷整个欧洲以来，纳粹的迫害在此后的四分之三个世纪当中留下了许多遗产。在审视它的过程中，我们发现其余波最为显著的特征是行凶者的部分隐身和选择性消失。总的来说，绝大多数以某种方式同大规模谋杀存有共谋关系的人逃避了法院的起诉；尽管大众文化和媒体对于纳粹主义近乎痴迷，但是在欧洲各地涌现的博物馆和纪念场所依然很难处理这一主题。无论是在东欧还是西欧，纪念场所的主要关切都是铭记受害者：褒奖他们的记忆，为他们提供某种程度的死后永生（哪怕他们的骨灰无法葬在各自的坟墓里）；表达敬意；颂扬他们的生命；悼念他们的故去。除了铭记受害者以外，这里还有对英雄主义的颂扬，例如献给抵抗者、挽救者和解放者的纪念碑。

纪念设施的内容会因时间的流逝和政治环境的变化而产生重大

第二十章　一段充满回响的过去

差异，但是无论在什么地方，明确当地的同谋者、受益者和行凶者都绝非这些机构最关心的事情——除了明确这些人的身份、将其钉上耻辱柱的行为会持续地引发摩擦以外，这些机构可能也认为它们会玷污这些已然成为圣所的机构。有一种观点认为，这些"邪恶之人"最好大体上维持一种身穿制服、所属组织已经消亡的无名人士状态，而这些纪念机构也最好不要展现他们的个体面貌和个人资料。甚至在普遍注重肩负起责任，承担起过去的道德负担的西德，耻辱也主要依靠纪念受害者而得到表达，对于广大的行凶者和协调者则仅有有限的、部分的和姗姗来迟的指认。两德在1990年统一之后，行凶者世代渐渐故去，指认行凶者的可能性也在提高，但是即便如此这一事业仍然没有得到充分的开展。在东欧的一些地区，纳粹同谋者常常是当地居民，还有许多人曾是大规模罪行的受益者，那么要将行凶者的名字与肖像陈列在这些地方的受害者纪念设施里就会非常困难。许多乱葬坑遗址没有任何标志，而随着曾经参与或亲身见证这些事件的世代，以及知晓其位置或曾经被牵涉其中的人逐渐离开人世，有关这些遗址位置的记忆也将消逝。

　　行凶者群体的下一代成员可能也受到羞耻的推动，为受害者建造更多的纪念设施。四处弥漫的焦虑感，以及第二代成员同应当为诸多苦难负责的长辈之间无数的情感纽带，也令他们裹足不前，不愿在有罪之人尚且存世的时候将矛头直接指向他们。但是事到如今，不仅目击证人和幸存者离开了人世，行凶者也在相对不引人注目的环境中渐渐离开了我们，故而我们也迎来了一种新的机会，能够将涵盖范围更广的行凶群体重新植入到关于过去的公共叙事中。这首合唱曲由此再次发生变化。

　　那么从更一般性的角度来说，我们了解这段独特的历史，能够学到什么呢？如果我们暗示，通过分析应对这片无意义苦难的汪洋

537 大海的各类尝试，就能够从中得出任何具有普遍性的结论的话，这样必然是不妥当的，但是确实有一些模式在这个过程中浮现了出来。

清算超出了已然完结的对于过去的简单表征；与之不同的是，清算试图纠正一段剧烈动荡的时期后所出现的明确的不平衡，并且试图平息由未能解决的个人冲突和社会冲突所引发的不安。清算可以是个体为过去的行为和经历负起责任，由此在后来截然不同的情境中，恢复一种可以被接纳的自我，重建或重获一定程度的自尊。清算可以通过法庭、政治或社会进程，或者日常生活的非正式压力而从外部施加。在清算的情境下，明确的不正义需要以某种方式得到纠正，给予相应的处罚，并且制定相应的赔偿措施。如今已经永远不可能退回到不存在冲突的情形了，挥之不去的不正义感有可能会长期存在下去，并引发进一步的冲突。

我们探查了清算纳粹迫害遗产的多种方式，它们因地点和时间以及不同的群体而有所变化，有些持续存在的不平衡态势甚至达到了惊人的地步。尽管幸存者付出了艰苦的努力重构他们遭到毁灭的生活，尽管各类群体都付诸行动，悼念并缅怀迫害的受害者，但是严重的不平衡依旧存在。尽管得到纪念的受害者类型在不断扩大，但是曾经的行凶者还是能够很轻易地逃脱，无须为他们在纳粹时期的罪行中所扮演的角色而负责。这种持续存在的不平衡如今只能被确认，而无法被纠正。

有些人将自己的经历付诸纸面，他们的文字能够帮助我们厘清纳粹迫害的受害者处境的种种差异。而在绝大多数避开聚光灯的行凶者中，我们所了解的少数人的情况能帮助我们了解罪责的特殊分布，而且当我们获悉这个集体暴力系统的庞大规模、昭然若揭和不断扩张的参与人数时，我们也能把握住迫害模式和后期普遍的不安感受的关键线索。当我们探索这种暴力的长期回响时，我们也开始理解这段令人不安的过去为何会挥之不去，还能明白它为何时至今

第二十章　一段充满回响的过去

日,还会以种种方式具有相关性——甚至在某种意义上仍旧是一种活生生的当下。

在21世纪,早期纷繁的杂音已经开始汇聚成一首广阔世界的合唱曲,呼应着"不再重蹈覆辙"的普世信息——然而这个信息又反复受到复苏的暴力和种族主义运动的挑战。尽管这对道德责任感和公民意识提出了很多要求,但是这样的信息却有着过分笼统、泛化的危险,有可能导致我们没能识别出其中的历史特殊性和诸多差异。这并不是某种关乎宽容(无论它是多么值得称赞)的一般化的抽象信息,而是个体与不断变化的环境的详细互动,如果我们希望了解这段充斥暴力的过去的动力机制以及迫害之遗产的长期重要性,那么我们就应该关注这种互动。这个特殊的时期以某些非常特殊的方式,定义了我们这个时代。

特定情境、政治结构和社会过程的本质,对于理解人们如何被如此大规模的集体暴力所席卷,以及他们在犯下或者承受过如此暴行之后是如何生活的,有着关键性的意义。不同的地区和时期有着重大的差异,但是我们也能够得出一种更具有普适性和一般性的观点。

理解集体暴力的独特性是一件非常重要的事情。无论是个人动机或者某种特定的畸形人格,都无法解释为何会有这么多人积极地参与由国家首肯的迫害行为,而且在后来,行凶者也没能分别构想出能够将此前的行为合理化的说辞。这些带有集体性质的社会现象需要被置入更宏大的背景中予以理解。因此,我们不仅需要关注个体选择(以及有罪程度),也要关注令这些暴力成为可能的政治、社会和体制环境,以及后续清算发生时不断变化的情境。这种方法可能有助于减轻集体暴力带来的影响,毕竟集体暴力是一种永远都不会消失,并且持续以各种形态、各种伪装在世界各地出现的现象。

这也影响着我们看待以下问题的方式——过去对个体有着怎样的持续性意义?文化表征、政治征用和公共争议在有关"接受过去"

的种种历史表述中吸引了大量注意。这段过去给个人及其家庭带来的心理后果往往依赖关注个体的学科和专业（尤其是心理学、心理治疗和创意写作）去探讨。但是，如果我们希望更为全面地理解这段残酷迫害时期的长期影响和遗产，那么历史学者也必须探索属于他们的各种方法，不仅探究人们的个体经历，也探究将个人故事嵌入广阔语境（它不仅影响了过去发生的事情，也影响了人们后续如何被他们的经历所影响，以及如何应对和阐释他们的经历）的种种方式。这正是我在这部作品中试图采用的方法——而我在这里只能对所有这些领域浅尝辄止，还有很多东西等待进一步的探索。

环境会影响人们的行为方式，也会影响人们理解具有挑战性的处境和应对其余波的方式；我们能够识别出各种模式与变形。但是它们并不能解释一切。人类会作出个体的道德选择，并为他们的行为担负个体责任——哪怕他们是在并非由他们自己选择的条件下被迫采取行动，哪怕可供他们选择的选项局限到令人难以置信的地步，或者至少在他们看来是如此。处在不同阶段、来自不同的社会背景和处于不同岗位上的人们，拥有着不同程度的余地，可以作出不同的选择，采取不同的行动，甚至对过去和当下持有不同的观点。

这意味着我们需要以一定的精确性来处理这段过去。对于责任的分析必须更为具体，而不能泛泛地归结成指责。如果坚称广阔的群体都负有抽象的社会责任和道德责任，它就会掩盖与真实的罪责和法律责任有关的具体地理位置。这样一种覆盖面更广的道德责任感也许是宝贵且值得欲求的，但是它应该对更为准确的清算作出补充，而非取而代之。

用这样的方式探索纳粹过去的遗产，我们得以开始理解这场规模巨大的浩劫，它不仅塑造了过去的 20 世纪，也将继续塑造我们的当下和我们自己。

注 释

第一章 纳粹过去的意义

1. "An Account by Szlamek," translated and reprinted in Łucia Pawlicka-Nowak, ed., *Chełmno Witnesses Speak* (Łódź: Council for the Protection of Memory of Combat and Martyrdom, and the District Museum in Konin, 2004), 101–118.
2. "An Account by Szlamek," 106.
3. "An Account by Szlamek," 107.
4. "An Account by Szlamek," 107.
5. 劳尔·希尔贝格就这种框架（或者说人群三角关系）写下了一部开创性作品，在谈论旁观者的部分，他就各种各样的"历史演员"写了好几个章节，包括"希特勒欧洲的民族""帮忙的人、获利的人和旁观的人""传信人""犹太人的救助者""朋友""中立国家""教会"。Raul Hilberg, *Perpetrators, Victims, Bystanders* (New York: HarperCollins, 1993). 我在以下文章中探讨过这一概念的研究路径：M. Fulbrook, "Bystanders: Catchall Concept, Alluring Alibi, or crucial clue?" in M. Fulbrook, *Erfahrung, Erinnerung, Geschichtsschreibung: Neue Perspektiven auf die deutschen Diktaturen* (Göttingen, Germany: Wallstein, 2106), ch. 5（尽管书名是德文，但这篇文章是用英文登载的）。我的以下作品将进一步探讨这一主题：M. Fulbrook, *Bystander Society: Nazi Germany on the Brink of Genocide* (in progress)。
6. "An Account by Szlamek," 111.
7. "An Account by Szlamek," 112.
8. Yankel Wiernik, *A Year in Treblinka* (New York: American Representation of the General Jewish Workers' Union of Poland, 1945), 4, available at http://www.zchor.org/wiernik.htm, accessed January 24, 2016.

9. Tadeusz Borowski, *This Way for the Gas, Ladies and Gentlemen*, trans. Barbara Vedder (New York: Penguin, 1976).
10. Borowski, *This Way for the Gas*, 90.
11. Denise Dufournier, *Ravensbrück: The Women's Camp of Death*, trans. F. W. McPherson (London: George Allen & Unwin, 1948), vii; 省略号为原文所有。
12. Dufournier, *Ravensbrück*, vii–viii.

第二章　国家支持的暴力的大爆发

1. 关于第三帝国的文献卷帙浩繁。从这里开始贯穿全书，尾注的数量会尽可能保持在最低限度。概论性质的文献，参见 Richard J. Evans, *The Third Reich in Power* (London: Penguin, 2005) 和 *The Third Reich at War* (London: Penguin, 2008)。关于纳粹大屠杀，参见 Saul Friedländer, *Nazi Germany and the Jews*, 2 vols. (London: Weidenfeld & Nicolson, 1997–2007)。
2. 在第三帝国时期，混合了多种血统的人常常会被归入"吉卜赛人"的大范畴下遭到迫害，这个术语还包括某种居无定所的生活方式，而那些过着定居生活的血统"纯正"的人，则相对不容易遭到放逐或者谋杀。我们需要从一开始就指出，这个术语会给其中的许多群体带来问题：如果我们使用纳粹的术语"吉卜赛人"，而不是"罗姆人和辛提人"或者"罗姆尼人"，我们就可能像纳粹一样使用了贬义用语。不同领域的专家在术语使用上有所区别。Michael Zimmermann, *Verfolgt, vertrieben, vernichtet: Die nationalsozialistische Vernichtungspolitik gegen Sinti und Roma* (Essen, Germany: Klartext, 1989) 在涉及纳粹政策和迫害对象时，使用"吉卜赛人"（Zigeuner）一词，在涉及这些群体的自我指称时则使用"罗姆人和辛提人"。Julia von dem Knesebeck, *The Roma Struggle for Compensation in Post-War Germany* (Hatfield, UK: University of Hertfordshire Press, 2011), 1n2 指出了术语的细微区别，并认为"罗姆人和辛提人"的用法更显礼貌和尊重。Eve Rosenhaft, "Blacks and Gypsies in Nazi Germany: The Limits of the 'Racial State'," *History Workshop Journal* 72 (2011): 161–170. 在不使用纳粹用语时，倾向于使用"罗姆尼人"。Guenter Lewy, *The Nazi Persecution of the Gypsies* (Oxford: Oxford University Press, 2000), ix 写道，使用"罗姆人"和"辛提人"固然是"政治正确"的做法，但是"吉卜赛人"并没有贬义意味，而且许多吉卜赛作家出于保护历史连续性，以及表达同在这个范畴下受到迫害的人团结与共的意味，坚持使用这一术语。也有人质疑，当我们使用不符合真实时代的用语时，我们可能会伤害历史准确性，但是如果我们确实使用真实用语，我们书中每一页都可能被必要的引号占据，比如说当我们谈论纳粹为了大批处死那些被认为"没有生存价值的人"而执行"安乐死"项目——甚至涉及"第三帝国"本身也是如此，而很多德国作者在用到该词时确实会加引号。对某些群体来说，回避那些受害群体（比方说包含各色群体的"反社会人士"范畴）被贴上的标签，则是一件不可能的事情。
3. Sebastian Haffner, *Geschichte eines Deutschen: Die Erinnerungen 1914–1933* (Munich: Deutscher Taschenbuch Verlag, 2002), translated into English under the title *Defying Hitler: A Memoir*.
4. See, e.g., Eckart Conze, Norbert Frei, Peter Hayes, and Moshe Zimmermann, *Das Amt und die Vergangenheit: Deutsche Diplomaten im Dritten Reich und in der Bundesrepublik* (Munich: Karl Blessing Verlag, 2010).

5. Christian Goeschel and Nikolaus Wachsmann, eds., *The Nazi Concentration Camps, 1933–1939* (Lincoln: University of Nebraska Press, 2012); Nikolaus Wachsmann, *KL: A History of the Nazi Concentration Camps* (London: Little, Brown, 2015).
6. Wachsmann, *KL*, 118–119.
7. Ruediger Lautmann, "Gay Prisoners in Concentration Camps as Compared with Jehovah's Witnesses and Political Prisoners," in *A Mosaic of Victims: Non-Jews Persecuted and Murdered by the Nazis*, ed. Michael Berenbaum (London: I. B. Tauris, 1990), 203; Albert Knoll, "Homosexuelle Häftlinge im KZ Dachau," in *Das Konzentrationslager Dachau: Geschichte und Wirkung nationalsozialistischer Repression*, eds. Wolfgang Benz and Angelika Königseder (Berlin: Metropol, 2008), 237–252.
8. Alan Steinweis, *Kristallnacht 1938* (Cambridge, MA: Belknap Press of Harvard University Press, 2009).
9. Ruth Andreas-Friedrich, *Berlin Underground, 1938–1945*, trans. Barrows Mussey (New York: Henry Holt, 1947), 25.
10. Evan Burr Bukey, *Hitler's Austria: Popular Sentiment in the Nazi Era, 1938–1945* (Chapel Hill: University of North Carolina Press, 2000), 22–24.
11. Harvard Houghton Library (henceforth HHL), b MS Ger 91 (4), Henry A., 62.
12. HHL, b MS Ger 91 (4), Henry A., 65.
13. HHL, b MS 91 (9), Miriam A., 37.
14. HHL, b MS 91 (9), Miriam A., 84.
15. Lewy, *Nazi Persecution of the Gypsies*, 14.
16. Raul Hilberg, *The Destruction of the European Jews*, 3rd ed. (New Haven, CT: Yale University Press, 2003), 3:1070–1071.
17. Hilberg, *Destruction of the European Jews*, 3:1070–1071.
18. Hilberg, *Destruction of the European Jews*, 3:1070.
19. 《与众不同》由里夏德·奥斯瓦尔德（Richard Oswald）执导，并且由他和马格努斯·希施费尔德合作担任编剧；重制版本曾于2015年在柏林的德国历史博物馆放映。
20. David Fernbach, introduction to Heinz Heger, *The Men with the Pink Triangle*, trans. David Fernbach (London: Gay Men's Press, 1980), 11.
21. Felix Kersten, *The Kersten Memoirs, 1940–1945*, trans. Constantine Fitzgibbon and James Oliver (London: Hutchinson, 1956), 57.
22. Kersten, *Kersten Memoirs*, 58.
23. Yale Fortunoff Archive HVT-937, Hildegard W. (born 1912 in Berlin), interviewed on August 14, 1987, by Laurie Vlock.
24. Yale Fortunoff Archive HVT-95, Elisabeth D., interviewed on July 22, 1980, by Laurel Vlock. See also Mary Fulbrook, *Dissonant Lives: Generations and Violence through the German Dictatorships* (Oxford: Oxford University Press, 2011).
25. Wiener Library (henceforth WL), 055-EA-1034. P.III.H. no. 378, Ernest Platz, "Experiences in Berlin Gestapo Prisons and in Buchenwald," interviewed in Melbourne, 1956. 由于他既是

记者，又是抵抗军的成员，所以我使用了他的本名。
26. 在安西娅·肯尼迪（Anthea Kennedy）和伊恩·威布林（Ian Wiblin）执导的电影《我们家的风景》(*The View from our House*, 2013) 中，听到惨叫声是一个反复出现的主题。
27. Gisela Faust, personal communications, Friends House, Berlin, 2013.
28. WL, 055-EA-1034. P.III.H. No.378, Ernest P., 4 (p. 2 of report).
29. WL, 055-EA-1034. P.III.H. No.378, Ernest P., 5 (p. 3 of report).
30. 关于此类精彩的文本，see Irene Eber, *Voices from Shanghai: Jewish Exiles in Wartime China* (Chicago: University of Chicago Press, 2008)。
31. Mary Fulbrook, *Bystander Society* (in progress).
32. Frank Bajohr and Michael Wildt, eds., *Volksgemeinschaft: Neue Forschungen zur Gesellschaft des Nationalsozialismus* (Frankfurt am Main: Fischer Verlag, 2009); Detlef Schmiechen-Ackermann, ed., *"Volksgemeinschaft" : Mythos, wirkungsmächtige soziale Verheißung oder soziale Realität im "Dritten Reich" ?* (Paderborn, Germany: Ferdinand Schöningh, 2012); Martina Steber and Bernhard Gotto, eds., *Visions of Community in Nazi Germany* (Oxford: Oxford University Press, 2014); Michael Wildt, *Volksgemeinschaft als Selbstermächtigung: Gewalt gegen Juden in der deutschen Provinz 1919 bis 1939* (Hamburg: Hamburger Edition, 2007).
33. William Shirer, *Berlin Diary: The Journal of a Foreign Correspondent, 1934–1941* (London: Hamish Hamilton, 1941).
34. 极具开拓性的著作有 Ian Kershaw, *Popular Opinion and Political Dissent in the Third Reich: Bavaria, 1933–45* (Oxford: Oxford University Press, 1983) and *The "Hitler Myth" : Image and Reality in the Third Reich* (Oxford: Oxford University Press, 1987). See also *Deutschland-Berichte der Sozialdemokratischen Partei Deutschlands (Sopade) 1934–1940* (Frankfurt am Main: Verlag Petra Nettelbeck & Zweitausendeins, 1980), and Heinz Boberach, ed., *Meldungen aus dem Reich: Die geheimen Lageberichte des Sicherheitsdienstes der SS 1938–1945*, 17 vols. (Herrsching, Germany: Manfred Pawlak Verlag, 1984).
35. See further Fulbrook, *Dissonant Lives*.
36. Emmendingen, Deutsches Tagebuch Archive (henceforth DTA), 1035/II W. Fr. L., Briefe an Familie B., 1935–44, letter of July 22, 1935. 在这本书中，"洛伦茨先生"就像其他"普通德国人"那样是假名，我借此保护他们的真实身份。
37. HHL, b MS 91 (158), Gerhard M., 12.
38. DTA, 1035/II W. Fr. L., Briefe an Familie B., 1935–44, December 22, 1935.
39. DTA, 1035/II W. Fr. L., Briefe an Familie B., 1935–44, February 16, 1936.
40. HHL, b MS 91 (35), Elisabeth B., 42.
41. HHL, b MS 91 (35), Elisabeth B., 48.
42. HHL, b MS 91 (35), Elisabeth B., 49.
43. HHL, b MS 91 (35), Elisabeth B., 62.
44. HHL, b MS 91 (35), Elisabeth B., 68.
45. HHL, b MS 91 (35), Elisabeth B., 69.

注 释　　695

46. Melita Maschmann, *Fazit: Kein Rechtfertigungsversuch* (Stuttgart: dva, 1963).
47. WL, 051-EA-0789. P.III.e. No.727, K. G. R. interviewed by H. G. Adler, July 20, 1957, 1.
48. Irene Eber, *The Choice: Poland 1939–1945* (New York: Schocken, 2004), ch. 7, 177–208.
49. Introduction to Katharina Rauschenberger and Werner Renz, eds., *Henry Ormond—Anwalt der Opfer: Plädoyers in NS-Prozessen* (Frankfurt am Main: Campus Verlag, 2015), 7–28.
50. Marie Jalowicz Simon, *Gone to Ground*, trans. Anthea Bell (London: Profile, 2016); Inge Deutschkron, *Ich trug den gelben Stern* [I wore the yellow star] (Munich: dtv, 1978); Leonard Gross, *The Last Jews in Berlin* (New York: Carroll and Graf, 1999).
51. 以下是一部讲述她的通俗作品，see Peter Wyden, *Stella* (New York: Simon & Schuster, 1992)。

第三章　制度化的谋杀

1. 为了表明纳粹的程序与真正的辅助性死亡没有任何相似之处，许多作者在使用"安乐死"一词时都会加上引号。在点明这种程序的屠杀本质之后，后续我将不再使用引号。
2. Henry Friedländer, *The Origins of Nazi Genocide: From Euthanasia to the Final Solution* (Chapel Hill: University of North Carolina Press, 1997).
3. HHL b MS Ger 91 (35), E. B., writing in Long Island, New York, April 1, 1940; born 1918, Berlin.
4. HHL b MS Ger 91 (35), Elisabeth B., 16–17.
5. HHL b MS Ger 91 (35), Elisabeth B., 38.
6. HHL b MS Ger 91 (35), Elisabeth B., 38.
7. HHL b MS Ger 91 (35), Elisabeth B., 38.
8. HHL b MS Ger 91 (35), Elisabeth B., 39–40.
9. Michael Burleigh, *Death and Deliverance: "Euthanasia" in Germany, c. 1900–1945* (Cambridge: Cambridge University Press, 1994), 45.
10. Karl Binding and Alfred Hoche, *Die Freigabe der Vernichtung lebensunwerten Lebens: Ihr Maß und ihre Form* (Leipzig: Verlag von Felix Meiner, 1920).
11. Burleigh, *Death and Deliverance*, 21–25.
12. Götz Aly, "Medicine against the Useless," in *Cleansing the Fatherland: Nazi Medicine and Racial Hygiene*, by Götz Aly, Peter Chroust, and Christian Pross, trans. Belinda Cooper (Baltimore: Johns Hopkins University Press, 1994), 29–31.
13. 以下作品探讨了"优生学"安乐死和"自由意志论"安乐死的区别：Michael Bryant, *Confronting the "Good Death": Nazi Euthanasia on Trial, 1945–1953* (Boulder: University Press of Colorado, 2005), 3–4。
14. Robert Jay Lifton, *The Nazi Doctors: Medical Killing and the Psychology of Genocide* (New York: Basic Books, 1986), 50–51.
15. 这些请愿由汉斯·黑弗尔曼出面应对，而由维克托·布拉克及其副手领导的总理府第二部门总体负责处理杀死重病患者的问题。

16. Ulf Schmidt, *Karl Brandt: The Nazi Doctor; Medicine and Power in the Third Reich* (London: Hambledon Continuum, 2007), 117–123.
17. Ernst Klee, ed., *Dokumente zur "Euthanasie"* (Frankfurt am Main: Fischer Taschenbuch Verlag, 1985).
18. 德语全称叫 *Reichsausschuss zur wissenschaftlichen Erfassung von erb- und anlagebedingten schweren Leiden*。
19. Cf. Karl Brandt's comments in Nuremberg, quoted by Alice Platen-Hallermund, *Die Tötung Geistes-Kranker in Deutschland: Aus der deutschen Ärztekommission beim amerikanischen Militärgericht* (Frankfurt am Main: Verlag der Frankfurter Hefte, 1948), 22–23.
20. Klee, *Dokumente zur "Euthanasie,"* 68.
21. 这张便条的复印件多处可见，例如重印于 Astrid Ley and Annette Hinz-Wessels, eds., *Morde an Kranken und Behinderten im Nationalsozialismus* (Berlin: Metropol Verlag, 2012), 51。
22. Thomas Schilter, "Horst Schumann—Karriere eines Arztes im Nationalsozialismus," in *Sonnenstein: Beiträge zur Geschichte des Sonnensteins und der Sächsischen Schweiz*, Vol. 3, 2001 (95–108), 97.
23. Quoted in Patrick Montague, *Chełmno and the Holocaust: The History of Hitler's First Death Camp* (London: I. B. Tauris, 2012), 10. See also Alexander Mitscherlich and Fred Mielke, eds., *Medizin ohne Menschlichkeit: Dokumente des Nürnberger Ärzteprozesses* (Frankfurt am Main: Fischer Taschenbuchverlag, 1960).
24. Bettina Winter and Hanno Loewy, foreword to Hanno Loewy and Bettina Winter, eds., *NS-"Euthanasie" vor Gericht: Fritz Bauer und die Grenzen juristischer Bewältigung* (Frankfurt am Main: Campus Verlag, 1996), 11.
25. Ernst Klee, *"Euthanasie" im Dritten Reich: Die "Vernichtung lebensunwerten Lebens,"* rev. ed. (Frankfurt am Main: Fischer Taschenbuch Verlag, 2010), 104–8; Friedländer, *Origins of Nazi Genocide*, 136–139.
26. Volker Rieß, "Christian Wirth—der Inspekteur der Vernichtungslager," in *Karrieren der Gewalt: Nationalsozialistische Täterbiographien*, ed. Klaus-Michael Mallmann and Gerhard Paul (Darmstadt, Germany: Wissenschaftliche Buchgesellschaft, 2004), 239–251; Friedländer r, *Origins of Nazi Genocide*, 86–88; and Burleigh, *Death and Deliverance*.
27. Dick de Mildt, ed., *Tatkomplex: NS-Euthanasie; Die ost- und westdeutschen Strafurteile seit 1945*, vol. 1 (Amsterdam: Amsterdam University Press, 2009), 346.
28. Nicholas Stargardt, *The German War: A Nation under Arms, 1939–1945* (London: Bodley Head, 2015), 144–154.
29. Margarete Buber-Neumann, *Under Two Dictators: Prisoner of Stalin and Hitler*, trans. Edward Fitzgerald (London: Pimlico, 2008), 210.
30. Buber-Neumann, *Under Two Dictators*, 210–211.
31. "Hungerhäuser," *Der Spiegel*, December 1, 1965, 82, commenting on the report by Gerhard Schmidt, *Selektion in der Heilanstalt 1939 bis 1945* (Stuttgart: Evangelisches Verlagsanstalt,

1965).
32. Markus Krischer, "Euthanasie: Die Mordbilanz von 1BE," *FOCUS Magazin*, June 26, 1995; Markus Krischer, "Euthanasie: Kundschaften aus der Hölle" *FOCUS Magazin*, October 16, 1995. "Wie Münchner Staatsanwaltschaft und bayerisches Justizministerium versuchten, Sewering mit falschen Ermittlungsberichten zu entlasten."
33. Lutz Kaelber, "Tiegenhof [Dziekanka] (Landesheilanstalt Wojewodschafts-Anstalt für Psychiatrie Tiegenhof [Gnesen])," http://www.uvm.edu/~lkaelber/children/tiegenhof/tiegenhof.html.
34. Susan Benedict and Tessa Chelouche, "Meseritz-Obrawalde: A 'Wild Euthanasia' Hospital of Nazi Germany," *History of Psychiatry* 19, no. 1 (2008): 68–76; Susan Benedict, Arthur Caplan, and Traute Lafrenz Page, " 'Duty and 'Euthanasia': The Nurses of Meseritz-Obrawalde," *Nursing Ethics* 14, no. 6 (2007): 781–794; Friedländer, *Origins of Nazi Genocide*, 160–161.
35. 经由以下作品强调指出：Platen-Hallermund, *Die Tötung Geistes-Kranker*。
36. Thomas Vormbaum, ed., *"Euthanasie" vor Gericht: Die Anklageschrift des Generalstaatsanwalts beim OLG Frankfurt/M. gegen Dr. Werner Heyde u.a. vom 22. Mai 1962* (Berlin: Berliner Wissenschafts-Verlag, 2005), 323–336.
37. Vormbaum, *"Euthanasie" vor Gericht*, 333.
38. Vormbaum, *"Euthanasie" vor Gericht*, 335.
39. Friedrich Karl Kaul, *Nazimordaktion T4: Ein Bericht über die erste industriemäßig durchgeführte Mordaktion des Naziregimes* (Berlin: VEB Verlag Volk und Gesundheit, 1973), 104; Aly, Chroust, and Pross, *Cleansing the Fatherland*, 248.
40. De Mildt, *Tatkomplex: NS-Euthanasie*, 1:325–339.
41. De Mildt, *Tatkomplex: NS-Euthanasie*, 1:333.
42. Letters in the Bundesarchiv (henceforth BArch), DO 1/32563, e.g., Frau Ida H., report of February 25, 1946.
43. Feldpostsammlung Museum für Kommunikation (FMK), 3-2002-1248, letter of 1 August 1942, 12; and Wolfgang-D. Sch., "Vorbemerkung," p. 5. 进一步细节参见 Mary Fulbrook, *Dissonant Lives: Generations and Violence through the German Dictatorships* (Oxford: Oxford University Press, 2011), 226–228。
44. Helga Schubert, *Die Welt da drinnen: Eine deutsche Nervenklinik und der Wahn vom "unwerten Leben"* (Frankfurt am Main: Fischer Taschenbuch Verlag, 2003), 88–98.
45. Sara Berger, *Experten der Vernichtung: Das T4-Reinhardt-Netzwerk in den Lagern Belzec, Sobibor und Treblinka* (Hamburg: Hamburger Edition, 2013), 14–15.
46. Ley and Hinz-Wessels (eds.), *Morde an Kranken*, 55.
47. Wolfgang Benz, "Verweigerte Erinnerung als zweite Diskriminierung der Opfer nationalsozialistischer Politik" in Margret Hamm, ed., *Ausgegrenzt! Warum? Zwangssterilisierte und Geschädigte der NS-Euthanasie in der Bundesrepublik Deutschland* (Berlin: Metropol, 2017) (15–22), 18.

第四章　暴力的微观世界：以波兰为棱镜

1. 这方面的历史著述浩如烟海。Cf., e.g., Richard J. Evans, *The Third Reich at War, 1939–1945* (London: Allen Lane, 2008); Ian Kershaw, *To Hell and Back: Europe, 1914–1949* (New York: Viking, 2015); Kershaw, *The End* (London: Penguin, 2011); Mark Mazower, *Hitler's Empire: Nazi Rule in Occupied Europe* (London: Allen Lane, 2008); Timothy Snyder, *Bloodlands: Europe between Hitler and Stalin* (London: Vintage, 2011); and Nicholas Stargardt, *The German War: A Nation under Arms, 1939–1945* (London: Bodley Head, 2015).
2. Jochen Böhler, *Auftakt zum Vernichtungskrieg: Die Wehrmacht in Polen 1939* (Frankfurt am Main: Fischer Taschenbuch Verlag, 2006); Alexander Rossino, *Hitler Strikes Poland: Blitzkrieg, Ideology and Atrocity* (Lawrence: University Press of Kansas, 2003).
3. Martin Winstone, *The Dark Heart of Hitler's Europe: Nazi Rule in Poland under the General Government* (London: I. B. Tauris, 2015).
4. Jan Gross, *Neighbors: The Destruction of the Jewish Community in Jedwabne, Poland, 1941* (Princeton, NJ: Princeton University Press, 2003); Anthony Polonski and Joanna Michlic, eds., *The Neighbors Respond: The Controversy over the Jedwabne Massacre in Poland* (Princeton, NJ: Princeton University Press, 2003).
5. Anna Bikont, *The Crime and the Silence: A Quest for the Truth of a Wartime Massacre*, trans. Alissa Valles (London: William Heinemann, 2015).
6. Cf., e.g., Tim Cole, *Holocaust City: The Making of a Jewish Ghetto* (New York: Routledge, 2003).
7. 具体例子，参见波兰本津市逐渐沦为犹太隔离区的数个阶段：Mary Fulbrook, *A Small Town Near Auschwitz: Ordinary Nazis and the Holocaust* (Oxford: Oxford University Press, 2012)。
8. Alan Adelson, "One Life Lost," introduction to *The Diary of Dawid Sierakowiak: Five Notebooks from the Łódź Ghetto*, ed. Alan Adelson (New York: Oxford University Press, 1996), 3.
9. Catherine Epstein, *Model Nazi: Arthur Greiser and the Occupation of Western Poland* (Oxford: Oxford University Press, 2010); Michael Alberti, *Die Verfolgung und Vernichtung der Juden im Reichsgau Wartheland, 1939–1945* (Wiesbaden, Germany: Harrassowitz Verlag, 2006).
10. *Diary of Dawid Sierakowiak*, 47, Wednesday, October 4, 1939. 这部感人的日记在以下著作中有相关讨论：Nicholas Stargardt, *Witnesses of War: Children's Lives under the Nazis* (London: Jonathan Cape, 2005), and Saul Friedländer, *Nazi Germany and the Jews*, vol. 2, *The Years of Extermination, 1933–45* (New York: HarperCollins, 2007)。
11. Adelson, "One Life Lost," 7. See also Alan Adelson and Robert Lapides, eds., *Lodz Ghetto: Inside a Community under Siege* (New York: Viking, 1989), xvii.
12. Quoted in Adelson, "One Life Lost," 3.
13. Gordon Horwitz, *Ghettostadt: Łódź and the Making of a Nazi City* (Cambridge, MA: Harvard University Press, 2008).
14. 示例照片参见 Lucjan Dobroszycki, ed., *The Chronicle of the Łódź Ghetto, 1941–1944,*

trans. Richard Lourie, Joachim Neugroschel, and others (New Haven, CT: Yale University Press, 1984)。
15. 关于"消耗主义"和"生产主义"的区别，以及比博起到的作用，参见 Christopher Browning, *The Origins of the Final Solution: The Evolution of Nazi Jewish Policy, 1939–1942* (London: Heinemann, 2004), 111–168。
16. Horwitz, *Ghettostadt* 对此有所着重强调。
17. *Diary of Dawid Sierakowiak*, 113.
18. Lucille Eichengreen, with Harriet Hyman Chamberlain, *From Ashes to Life* (San Francisco: Mercury House, 1994).
19. 在"亨里克·罗兹的罗兹犹太隔离区摄影"网站上可以看到一些精选照片：http://agolodzghetto.com。
20. Jens-Jürgen Ventzki, *Seine Schatten, meine Bilder: Eine Spurensuche* (Innsbruck, Austria: Studien Verlag, 2011).
21. Dobroszycki, *Chronicle of the Łódź Ghetto*.
22. *Diary of Dawid Sierakowiak*, 90.
23. *Diary of Dawid Sierakowiak*, 91.
24. *Diary of Dawid Sierakowiak*, 94.
25. Anonymous girl, Łódź Ghetto, in Alexandra Zapruder, ed., *Salvaged Pages: Young Writers' Diaries of the Holocaust* (New Haven, CT: Yale University Press, 2002), 231, entry misdated February 24, 1942, but actually February 27.
26. Anonymous, in Zapruder, *Salvaged Pages*, 255–256.
27. Anonymous, in Zapruder, *Salvaged Pages*, 236.
28. Anonymous, in Zapruder, *Salvaged Pages*, 238.
29. *Diary of Dawid Sierakowiak*, 95.
30. *Diary of Dawid Sierakowiak*, 156.
31. *Diary of Dawid Sierakowiak*, 157.
32. Adelson, "One Life Lost," 14.
33. *Diary of Dawid Sierakowiak*, 268.
34. Ruth Andreas-Friedrich, *Berlin Underground, 1938–1945*, trans. Barrows Mussey (New York: Henry Holt, 1947), 70.
35. Dobroszycki, *Chronicle of the Łódź Ghetto*, 78n92.
36. Dobroszycki, *Chronicle of the Łódź Ghetto*, 85.
37. Dobroszycki, *Chronicle of the Łódź Ghetto*, 85–86.
38. Dobroszycki, *Chronicle of the Łódź Ghetto*, 86.
39. Dobroszycki, *Chronicle of the Łódź Ghetto*, 96.
40. Dobroszycki, *Chronicle of the Łódź Ghetto*, 96–97.
41. Dobroszycki, *Chronicle of the Łódź Ghetto*, 108.

42. Dobroszycki, *Chronicle of the Łódź Ghetto*, 141.
43. Andreas-Friedrich, *Berlin Underground*, 83.
44. Mary Berg, *Warsaw Ghetto: A Diary*, ed. S. L. Shneiderman (New York: L. B. Fischer, 1945), 57.
45. Berg, *Warsaw Ghetto*, 57–58.
46. Raul Hilberg, Stanislaw Staron, and Josef Kermisz, eds., *The Warsaw Diary of Adam Czerniaków: Prelude to Doom*, trans. Stanislaw Staron and staff of Yad Vashem (New York: Stein & Day, 1979), 384.
47. *Warsaw Diary of Adam Czerniaków*, 385.
48. *Warsaw Diary of Adam Czerniaków*, 385.
49. Josef Kermisz, introduction to *Warsaw Diary of Adam Czerniaków*, 70.
50. Berg, *Warsaw Ghetto*, 174.
51. 例如，参见露西尔·艾肯格林与蕾贝卡·卡米·弗罗默（Rebecca Camhi Fromer）合著的自传中的描述：*Rumkowski and the Orphans of Lodz* (San Francisco: Mercury House, 2000)。
52. 引用鲁姆科夫斯基原话的人如是写道："犹太隔离区遭受了痛苦的打击。他们要求我们放弃我们所拥有的最好的人：孩子和老人。我从来不敢想象，我会被迫亲手向祭坛献上这样的牺牲。在我老年的时候，我必定会伸开双臂请求，弟兄们和姐妹们：请将他们交给我！父亲们和母亲们：请把孩子交给我！"可在美国纳粹大屠杀纪念博物馆的线上《纳粹大屠杀百科全书》里找到：http://www.ushmm.org/wlc/en/article.php?ModuleId=10007282, accessed January 26, 2016. 居住区居民的反应参见 Dobroszycki, *Chronicle of the Łódź Ghetto*, 250–255。
53. Isaiah Trunk, *Łódź Ghetto: A History*, trans. Robert Moses Shapiro (Bloomington: Indiana University Press, 2006), 104–147.
54. Melita Maschmann, *Fazit: Kein Rechtfertigungsversuch* (Stuttgart: dva, 1963), 90 and, on the Kutno and Łódź ghettos, 85–90.
55. In Hochberg-Mariańska and Grüss, *The Children Accuse*, nos. 1 and 2, 3–11.
56. Quoted in Heribert Schwan and Helgard Heindrichs, *Der SS-Mann: Josef Blösche—Leben und Sterben eines Mörders* (Munich: Droemer Knaur, 2003), 157, 163–164.
57. Jürgen Stroop, *Es gibt keinen jüdischen Wohnbezirk in Warschau mehr!*, facsimile in *Żydowska dzielnica mieszkaniowa w Warszawie juŻ nie istnieje!*, ed. Andrzej Żbikowski (Warsaw: Instytut Pamięci Narodowej, 2009), available at http://www.pamiec.pl/ftp/ilustracje/Raport_STROOPA.pdf; English version: Jürgen Stroop, *The Stroop Report: The Jewish Quarter of Warsaw Is No More!*, trans. Sybil Milton, Andrzej Wirth (New York: Pantheon, 1979).
58. 大致的概要参见 Wolfgang Benz and Barbara Distel, eds., *Der Ort des Terrors: Geschichte der nationalsozialistischen Konzentrationslager*, vol. 8 (Munich: C. H. Beck, 2008), 296–297。
59. BArch, DP 3/1587, Testimony of Bendet Gotdenker, (n.d., c. 1967), fo. 176.
60. Irene Eber, *The Choice: Poland 1939–1945* (New York: Schocken, 2004), 78.
61. Eber, *Choice*, 79.

62. Eber, *Choice*, 80.
63. Fortunoff Archive, HVT-69, Dr Hillel K., interviewed May 3, 1980 by Dori Laub and Laurel Vlock.
64. Fortunoff Archive, HVT-69, Hillel K.
65. Eber, *Choice*, 85.
66. Eber, *Choice*, 96–97.
67. Eber, *Choice*, 56.
68. BArch DP 3/1590, vol. 6, Letter of June 12, 1973 from Irma Zimmermann to the Generalstaatsanwalt der DDR, Dr. Streit, 2. See also Zimmermann's statement in BArch DP 3/1591.
69. Eber, *Choice*, 95.
70. Eber, *Choice*, 98.
71. Eber, *Choice*, 98.
72. Zimmermann's statements in BArch DP 3/1588, BArch DP 3/1589, and BArch DP 3/1591.
73. Eber, *Choice*, 10; Rochelle Saidel, *Mielec, Poland: The Shtetl that Became a Nazi Concentration Camp* (Jerusalem: Gefen, 2012), 56.
74. BArch DP 3/1588, fo. 248.
75. Yad Vashem, 033/1699, Record group 0.33, File number 1699.1, Jack (Icek) S., 3.
76. BArch DP 3/1588, fo. 247.
77. Eber, *Choice*, 9.
78. Yad Vashem, 033/1699, Jack (Icek) S., 3.
79. Yad Vashem, 033/1699, Jack (Icek) S., 3.
80. Yad Vashem, 033/1699, Jack (Icek) S., 3.
81. Adam Tooze, *The Wages of Destruction: The Making and Breaking of the Nazi Economy* (London: Penguin, 2007), 558–559.
82. Tooze, *Wages of Destruction*, 517.
83. Nikolaus Wachsmann, *KL: A History of the Nazi Concentration Camps* (London: Little, Brown, 2015), 392–443.
84. Tooze, *Wages of Destruction*, 513–551.
85. Richard Overy, *Goering: The "Iron Man"* (London: Routledge & Kegan Paul, 1984), ch. 7; Lutz Budrass, "Der Preis des Fortschritts: Ernst Heinkels Meistererzählung über die Tradition der deutschen Luftfahrtindustrie," in *Unternehmer und NS-Verbrechen: Wirtschaftseliten im "Dritten Reich" und in der Bundesrepublik Deutschland*, ed. Jörg Osterloh and Harald Wixforth (Frankfurt am Main: Campus Verlag, Wissenschaftliche Reihe des Fritz Bauer Instituts, 2014), 217–249.
86. Yad Vashem, Subsection M.21.3, File 35, Kriegsverbrecherrrefarat/War criminals section, Legal department at the Central Committee of Liberated Jews, Munich [IT Number 3692876], Testimony of Josef Kahane 2.L, 1947, fo. 50.

87. Budrass, "Der Preis des Fortschritts," 218.
88. Budrass, "Der Preis des Fortschritts," 218–219.
89. Budrass, "Der Preis des Fortschritts," 218.
90. 例子参见 Alicia Nitecki and Jack Terry, *Jakub's World: A Boy's Story of Loss and Survival in the Holocaust* (Albany: State University of New York Press, 2005), 35–47。
91. 关于赖因霍尔德·费克斯的讨论参见 Nitecki and Terry, *Jakub's World*, 35–47. See also Ulrich Baron, "Sie haben uns nicht erwischt: Holocaust-Überlebende spielen auf in Deutschland; Jack Eisner erzählt die Geschichte der 'Happy Boys,' " *Die Welt*, August 14, 2004. 关于费克斯及其儿子的命运，不同的说法有着不同的故事和结局，许多人认为费克斯逃过了正义的裁决，在自家床上安然过世，也有人说他被俄罗斯人俘房，丢掉了一条腿，大概是通过自杀死在了他们手中。他的儿子几乎肯定自杀死了，当时他可能很年轻，也可能迟至1980年，在他刚过四十岁的时候。例子参见 Nitecki and Terry, *Jakub's World*, 116; 与此相冲突的故事版本参见 Baron, "Sie haben uns nicht erwischt"。
92. Jack Eisner, *The Survivor*, ed. Irving A. Leitner (New York: William Morrow, 1980), 247.
93. Eisner, *Survivor*, 247–250; Nitecki and Terry, *Jakub's World*, 35–47.
94. Eisner, *Survivor*, 250.
95. Nitecki and Terry, *Jakub's World*, 46–47.
96. Quoted in Nitecki and Terry, *Jakub's World*, 47.
97. George H. Stein, *The Waffen SS: Hitler's Elite Guard at War, 1939–1945* (Ithaca, NY: Cornell University Press, 1966), 109n47.
98. Volkhard Bode and Gerhard Kaiser, *Building Hitler's Missiles: Traces of History in Peenemünde*, trans. Katy Derbyshire (Berlin: Ch. Links Verlag, 2008), 59–61; Benjamin King and Timothy Kutta, *Impact: The History of Germany's V-Weapons in World War II* (Cambridge, MA.: Da Capo, 1998), 73–74. 希姆莱视察海德拉格训练场的照片可访问如下网站：http://pustkow.republika.pl/historia.html, accessed October 27, 2014, and Christy Campbell, *Target London: Under Attack from the V-Weapons during WWII* (London: Hachette Digital, 2012), 143。
99. 这些传记资料由其子在接受采访时提供，藏于耶路撒冷的克斯腾伯格档案馆（Kestenberg Archive，以下缩写为 KA）: (257), 26–42, HM。在这份档案记录里，"彼得·米勒"并非一个具有"重大历史意义的人物"，因此我为了隐藏他的真实身份，采用了化名。
100. C. F. Rüter and D. W. de Mildt, eds., *Justiz und NS-Verbrechen: Sammlung deutscher Strafurteile wegen nationalsozialistischer Tötungsverbrechen, 1945–1999*, vol. 39, *Die vom 05.06.1973 bis zum 26.07.1974 ergangenen Strafurteile: Lfd Nr. 795–813* (Amsterdam: Amsterdam University Press and K. G. Saur Verlag München, 2008) Lfd. Nr. 802. Tatkomplex: NS-Gewaltverbrechen in Haftstätten/Tatort: ZAL Truppenübungsplatz Dębica, 345.
101. Rüter and de Mildt, *Justiz und NS-Verbrechen*, 39:351.
102. Rüter and de Mildt, *Justiz und NS-Verbrechen*, 39:353.
103. University of Southern California, Visual History Archive (henceforth USC VHA), Norbert Friedman (b. 1922, Kraków), interviewed by Mark Goldberg on June 7, 1995, West

注释　　　　　　　　　　　　　　　　　　　　　　　　　　　　　　　　　　　703

Hempstead, NY.
104. Hochberg-Mariańska and Grüss, *The Children Accuse*, 15.
105. Jan Grabowski, *Hunt for the Jews: Betrayal and Murder in German-Occupied Poland* (Bloomington: Indiana University Press, 2013).
106. Zygmunt Klukowski, *Diary from the Years of Occupation 1939–44*, trans. George Klukowski, ed. Andrew Klukowski and Helen Klukowski May (Urbana: University of Illinois Press, 1993), 219.
107. Klukowski, *Diary*, 220.
108. Klukowski, *Diary*, 220.
109. Klukowski, *Diary*, 220.
110. Eber, *Choice*, 45–52, 114–116.
111. Eber, *Choice*, 114.
112. Benz and Distel, *Ort des Terrors*, 8:296.

第五章　人生终点：机械化灭绝

1. Horst Möller, foreword to Christian Hartmann, Johannes Hürter, and Ulrike Jureit, eds., *Verbrechen der Wehrmacht: Bilanz einer Debatte* (Munich: C. H. Beck, 2005), 12; Christian Hartmann, "Wie verbrecherisch war die Wehrmacht? Zur Beteiligung von Wehrmachtsangehörigen an Kriegs- und NS-Verbrechen," in Hartmann, Hürter, and Jureit, *Verbrechen der Wehrmacht*, 69–79.
2. 此类文献如汗牛充栋。但如果你想阅读概览性质的作品，可以参见诸如 David Cesarani, *Final Solution: The Fate of the Jews, 1933–49* (London: Macmillan, 2016); Saul Friedländer, *Nazi Germany and the Jews*, vol. 2, *The Years of Extermination, 1933–45* (New York: HarperCollins, 2007); Dan Stone, ed., *The Historiography of the Holocaust* (Houndmills, UK: Macmillan, 2004); and, for insights into a less familiar area, Wendy Lower, *Hitler's Furies: German Women in the Nazi Killing Fields* (London: Vintage, 2014)。
3. Donald Bloxham, "The Einsatzgruppen: An Overview," in *Einsatzgruppen C and D in the Invasion of the Soviet Union*, ed. Dieter Pohl and Andrej Angrick, Holocaust Educational Trust Research papers, vol. 1, no. 4 (London: Holocaust Educational Trust, 1999–2000), 4.
4. Ernst Klee, Willi Dressen, and Volker Riess, eds., *"The Good Old Days" : The Holocaust As Seen by Its Perpetrators and Bystanders*, trans. Deborah Burnstone (New York: Free Press, 1991), 27.
5. Klee, Dressen, and Riess, *Good Old Days*, 32, see also 33.
6. Klee, Dressen, and Riess, *Good Old Days*, 34; see also 35.
7. 历史学者对于军队介入的讨论最早可以追溯至 20 世纪 50 年代；e.g., Gerald Reitlinger, *The Final Solution: The Attempt to Exterminate the Jews of Europe 1939–1945*, 2nd ed. (South Brunswick, NJ: Thomas Yoseloff, 1961), 208–213。
8. 目击证人的讲述参见 Klee, Dressen, and Riess, *Good Old Days*, 63–68。

9. Nicholas Stargardt, *The German War: A Nation under Arms, 1939–1945* (London: Bodley Head, 2015), 233–267.
10. Pohl and Angrick, *Einsatzgruppen C and D*; Christopher Browning, *Ordinary Men: Reserve Police Battalion 101 and the Final Solution in Poland* (London: HarperCollins, 1992); Olaf Jensen and Claus-Christian Szejnmann, eds., *Ordinary People as Mass Murderers: Perpetrators in Comparative Perspectives* (Houndmills, UK: Palgrave Macmillan, 2008).
11. Klee, Dressen, and Riess, *Good Old Days*, 60.
12. Sönke Neitzel and Harald Welzer, *Soldaten: Protokolle vom Kämpfen, Töten und Sterben* (Frankfurt am Main: S. Fischer, 2011), 145.
13. Browning, *Ordinary Men*.
14. Klee, Dressen, and Riess, *Good Old Days*, 62.
15. Andrej Angrick, "Einsatzgruppe D," in Pohl and Angrick, *Einsatzgruppen C and D*, 23.
16. Klee, Dressen, and Riess, *Good Old Days*, 69.
17. Rudolf Höss, *Autobiography of Rudolf Höss*, in *KL Auschwitz Seen by the SS*, eds. Jadwiga Bezwińska and Danuta Czech, trans. Constantine Fitzgibbon (Oświęcim, Poland: Publications of Państwowe Muzeum w Oświęcimiu, 1972), 95.
18. Höss, *Autobiography*, 94.
19. Cf. Raul Hilberg, "Auschwitz and the 'Final Solution,' " in *Anatomy of the Auschwitz Death Camp*, ed. Yisrael Gutman and Michael Berenbaum (Bloomington: Indiana University Press, 1994), 81; Jonathan Huener, *Auschwitz, Poland, and the Politics of Commemoration, 1945–1979* (Athens: Ohio University Press, 2003), 15.
20. Huener, *Auschwitz*, 20. 数字基于马丁·吉尔伯特（Martin Gilbert）的早先作品，确切的数字目前未知。所有的估算数字确实是估算出来的。这些数字的用意仅在于表明幸存者数目非常稀少，与奥斯维辛综合体的数千名幸存者相比，这里的幸存者数目只有个位数或两位数。
21. 范例作品参见：Jean Améry, *At the Mind's Limits: Contemplations by a Survivor of Auschwitz and Its Realities*, trans. Sidney and Stella P. Rosenfeld (Bloomington: Indiana University Press, 1980); Charlotte Delbo, *Auschwitz and After*, trans. Rose C. Lamont (New Haven, CT: Yale University Press, 1995); Wiesław Kielar, *Anus Mundi: Five Years in Auschwitz*, trans. Susanne Flatauer (Harmondsworth, UK: Penguin, 1982); Primo Levi, *If This Is a Man*, trans. Stuart Woolf (London: Everyman's Library, 2000); Filip Müller, *Eyewitness Auschwitz: Three Years in the Gas Chamber* (Chicago: Ivan R. Dee, 1999); Miklós Nyiszli, *I Was Doctor Mengele's Assistant* (Oświęcim, Poland: Frap, 2001); 塔德乌什·博罗夫斯基的自传体短篇小说集 *This Way for the Gas, Ladies and Gentlemen* (London: Penguin, 1992); 以及自传体小说范例作品有 Imre Kertész, *Fateless*, trans. Tim Wilkinson (New York: Vintage International, 2004) and Elie Wiesel, *Night* (New York: Hill & Wang, 1960). 纳粹大屠杀写作的文学浩如烟海；具体例子参见 Ruth Franklin, *A Thousand Darknesses: Lies and Truth in Holocaust Fiction* (New York: Oxford University Press, 2011)。
22. Father Patrick Desbois, *The Holocaust by Bullets: A Priest's Journey to Uncover the Truth behind the Murder of 1.5 Million Jews* (Houndmills, UK: Palgrave Macmillan, 2008).
23. 更为翔实的图文资料，参见 Hans Citroen with Barbara Starzyńska, *Auschwitz—Oświęcim*

注 释

(Rotterdam: Post Editions, 2011). 许纳（Huener）指出,这间国家博物馆占地1.8平方公里,"使其成为最大的前集中营纪念场馆",但它仍旧只包括"1941年划定的所谓的奥斯维辛'开发区域'的不到二十分之一"; Jonathan Huener, *Auschwitz, Poland, and the Politics of Commemoration, 1945-1979* (Athens, Ohio: Ohio University Press, 2003), 253n42。

24. Andreas Plake, Babette Quinkert, and Florian Schmaltz, afterword to Hans Frankenthal, *The Unwelcome One: Returning Home from Auschwitz*, trans. John A. Broadwin (Evanston, IL: Northwestern University Press, 2002), 127–137.
25. Markus Roth, *Herrenmenschen: Die deutschen Kreishauptleute im besetzten Polen—Karrierewege, Herrschaftspraxis und Nachgeschichte* (Göttingen, Germany: Wallstein Verlag, 2009), 203–204.
26. Michael Bryant, *Confronting the "Good Death": Nazi Euthanasia on Trial, 1945–1953* (Boulder: University Press of Colorado, 2005), 98–104.
27. Yitzhak Arad, *Bełżec, Sobibór, Treblinka: The Operation Reinhard Death Camps* (Bloomington: Indiana University Press, 1987); Robert Kuwałek, *Das Vernichtungslager Bełżec*, trans. Steffen Hänschen (Berlin: Metropol, 2013). "赖因哈德行动"有时候也拼作"Operation Reinhardt",结尾多一个字母"t"。
28. Kuwałek, *Vernichtungslager Bełżec*, 247–254.
29. Rudolf Reder, *Bełżec* (Kraków: Centralna Żydowska Komisja Historyczna przy C. K. Żydów Polskich, 1946); 英语版译作 *I Survived a Secret Nazi Extermination Camp*, ed. Mark Forstater (London: Psychology News, 2015)。希尔斯曼的证言由他的妻子在他遇害后完成,可以在以下网址查阅到: https://kollublin.wordpress.com/2011/10/01/chaim-hirszman-testimo/, accessed January 25, 2015。
30. Reder, *I Survived*, 13.
31. Reder, *I Survived*, 18.
32. Reder, *I Survived*, 23.
33. Reder, *I Survived*, 19.
34. Reder, *I Survived*, 20.
35. Reder, *I Survived*, 20.
36. Reder, *I Survived*, 30.
37. Reder, *I Survived*, 22.
38. Reder, *I Survived*, 35–36.
39. Reder, *I Survived*, 37–38.
40. Peter Witte et al., eds., *Der Dienstkalender Heinrich Himmlers 1941/42: Im Auftrag der Forschungsstelle für Zeitgeschichte in Hamburg* (Hamburg: Hans Christians Verlag, 1999), 310–311, 关于1月7日至8日的"视察"细节,以及很可能经过贝乌热茨的"200公里"的路途,参见311n26。
41. 1942年8月,当希姆莱人在伦贝格时,可能亲眼见过这里的犹太人遭到遣送。关于加利西亚, see Dieter Pohl, *Nationalsozialistische Judenverfolgung in Ostgalizien, 1941–1944* (Munich: Oldenbourg, 1996); and Thomas Sandkühler, *"Endlösung" in Galizien* (Bonn, Germany: Dietz Verlag, 1996)。

42. Wendy Lower, *The Diary of Samuel Golfard and the Holocaust in Galicia* (Lanham, MD: AltaMira, 2011), 98–100.
43. Reder, *I Survived*, 38.
44. Reder, *I Survived*, 39.
45. Reder, *I Survived*, 39.
46. Reder, *I Survived*, 40.
47. Pohl, *Nationalsozialistische Judenverfolgung*, 388.
48. Thomas (Toivi) Blatt, *Sobibor: The Forgotten Revolt; A Survivor's Report* (Issaquah, WA: HEP, 1997), 18.
49. Blatt, *Sobibor*, 17.
50. Blatt, *Sobibor*, 17.
51. Thomas (Toivi) Blatt, *From the Ashes of Sobibor: A Story of Survival* (Evanston, IL: Northwestern University Press, 1997), 96.
52. Blatt, *From the Ashes of Sobibor*, 232–33n13. See also Arad, *Belzec, Sobibor, Treblinka*; Blatt. *Sobibor*; Jules Schelvis, *Sobibór: A History of the Nazi Death Camp*, trans. Karin Dixon (Oxford: Berg, 2007).
53. Witold Chrostowski, *Extermination Camp Treblinka* (London: Vallentine Mitchell, 2004).
54. Shimon Goldberg, quoted in Arad, *Belzec, Sobibor, Treblinka*, 153.
55. Chil Rajchman, *Treblinka: A Survivor's Memory, 1942–1943*, trans. Solon Beinfeld (London: MacLehose, 2011), 50.
56. Yankel Wiernik, *A Year in Treblinka* (New York: American Representation of the General Jewish Workers' Union of Poland, 1945), 8. Available at http://www.zchor.org/wiernik.htm, accessed January 24, 2016.
57. Rajchman, *Treblinka*, 58.
58. Rajchman, *Treblinka*, 59.
59. Rajchman, *Treblinka*, 59.
60. Richard Glazar, *Trap with a Green Fence*, trans. Roslyn Theobald (Evanston, IL: Northwestern University Press, 1995), 56.
61. Glazar, *Trap with a Green Fence*, 64.
62. 关于弗朗茨，see also Arad, *Belzec, Sobibor, Treblinka*, 189–91。
63. Wiernik, *Year in Treblinka*, 16.
64. Arad, *Belzec, Sobibor, Treblinka*, 40, 123.
65. Wiernik, *Year in Treblinka*, 12–13.
66. Wiernik, *Year in Treblinka*, 16.
67. Wiernik, *Year in Treblinka*, 13.
68. Wiernik, *Year in Treblinka*, 4.
69. Blatt, *Sobibor*, 91–92.

70. 例子参见 Timothy Snyder, *Bloodlands: Europe between Hitler and Stalin* (London: Bodley Head, 2011)。
71. Glazar, *Trap with a Green Fence*, 53.
72. Glazar, *Trap with a Green Fence*, 53.
73. Glazar, *Trap with a Green Fence*, 53.
74. Roth, *Herrenmenschen*; 关于"战时的青年一代", 参见 Michael Wildt, *Generation des Unbedingten: Das Führungskorps des Reichssicherheitshauptamtes* (Hamburg: Hamburger Edition, 2002), and Wildt, *Generation of the Unbound: The Leadership Corps of the Reich Security Main Office* (Jerusalem: Yad Vashem, 2002); see also Mary Fulbrook, *Dissonant Lives: Generations and Violence through the German Dictatorships* (Oxford: Oxford University Press, 2011)。
75. Philippe Sands, "My father, the good Nazi," *Financial Times Magazine*, May 3, 2013, available at http://www.ft.com/cms/s/2/7d6214f2-b2be-11e2-8540-00144feabdc0.html, accessed January 31, 2016; see also Philippe Sands, *East West Street* (London: Weidenfeld & Nicolson, 2016).
76. BArch DP 3/2164, Bd. 31, Reservepolizeibataillon 41 (Kriegsverbrechen in Polen), 1980.
77. 例子参见 Wolf Gruner, *Jewish Forced Labour under the Nazis: Economic Needs and Racial Aims, 1938–1944*, trans. Kathleen M. Dell'orto (Cambridge: Cambridge University Press, 2006), 214–29; Stephan Lehnstaedt, "Coercion and Incentive: Jewish Ghetto Labor in East Upper Silesia," *Holocaust and Genocide Studies* 24, no. 3 (Winter 2010): 400–430; Sybille Steinbacher, *"Musterstadt" Auschwitz: Germanisierungspolitik und Judenmord in Ostoberschlesien* (Munich: K. G. Saur, 2000), and Steinbacher, "In the Shadow of Auschwitz: The Murder of the Jews of East Upper Silesia," in *Holocaust: Critical Concepts in Historical Studies*, ed. David Cesarani (London: Routledge, 2004), 110–136。
78. Jens-Christian Wagner, *Produktion des Todes: Das KZ Mittelbau-Dora* (Göttingen, Germany: Wallstein, 2001).
79. Bertrand Perz, *Projekt "Quarz" : Der Bau einer unterirdischen Fabrik durch Häftlinge des KZ Melk für die Steyr-Daimler-Puch AG 1944–1945* (Innsbruck, Austria: Studien Verlag, 2012); Silvia Rief, *Rüstungsproduktion und Zwangsarbeit: Die Steyrer-Werke und das KZ Gusen* (Vienna: Studien Verlag, 2005).
80. 详细数字参见 Florian Freund, Bertrand Perz, and Mark Spoerer, *Zwangsarbeiter und Zwangsarbeiterinnen auf dem Gebiet der Republik Österreich, 1939–1945* (Vienna: Oldenbourg Verlag, 2004)。
81. Daniel Blatman, *The Death Marches: The Final Phase of Nazi Genocide* (Cambridge, MA: Belknap Press of Harvard University Press, 2011), 43.
82. Wachsmann, *KL*, ch. 8, "Economics and Extermination."
83. Michael Thad Allen, *The Business of Genocide: The SS, Slave Labor, and the Concentration Camps* (Chapel Hill: University of North Carolina Press, 2002), 167–171.
84. Perz, *Projekt "Quarz,"* 224–228.
85. Blatman, *Death Marches*, 31, 42. Also Wachsmann, *KL*, table 1: "Daily Inmate Numbers in

the SS Concentration Camps, 1934–45," 627

86. Gordon J. Horwitz, *In the Shadow of Death: Living outside the Gates of Mauthausen* (New York: Free Press, 1990), 9–10.
87. Horwitz, *In the Shadow of Death*, 35.
88. Horwitz, *In the Shadow of Death*, 43–44; 30. Gordon J. Horwitz, "Places Far Away, Places Very Near: Mauthausen, the Camps of the Shoah, and the Bystanders," in *The Holocaust and History: The Known, the Unknown, the Disputed, and the Reexamined*, ed. Michael Berenbaum and Abraham J. Peck (Bloomington: Indiana University Press, 1998), 409–420.
89. Blatman, *Death Marches*, 37, 370.
90. Simone Erpel, ed., *Im Gefolge der SS: Aufseherinnen des Frauen-KZ Ravensbrück* (Berlin: Metropol Verlag, 2007); Sarah Helm, *If This Is a Woman: Inside Ravensbrück: Hitler's Concentration Camp for Women* (London: Little, Brown, 2015).
91. Jack C. Morrison, *Ravensbrück: Everyday Life in a Women's Concentration Camp, 1939–45* (Princeton, NJ: Markus Wiener, 2000), 24–25.
92. Margarete Buber-Neumann, *Under Two Dictators: Prisoner of Stalin and Hitler*, trans. Edward Fitzgerald (London: Pimlico, 2008), 175.
93. Buber-Neumann, *Under Two Dictators*, 176.
94. Buber-Neumann, *Under Two Dictators*, 232.
95. Buber-Neumann, *Under Two Dictators*, 232.
96. Buber-Neumann, *Under Two Dictators*, 232–233.
97. Christian Streit, *Keine Kameraden: Die Wehrmacht und die Sowjetischen Kriegsgefangenen, 1941–1945* (Bonn, Germany: Dietz Verlag, 1991).
98. Horwitz, *In the Shadow of Death*, 21.
99. Blatman, *Death Marches*.
100. 试比较 Blatman, *Death Marches*, with Daniel Jonah Goldhagen, *Hitler's Willing Executioners: Ordinary Germans and the Holocaust* (London: Little, Brown, 1996)。
101. Lucille Eichengreen, with Harriet Hyman Chamberlain, *From Ashes to Life* (San Francisco: Mercury House, 1994).
102. David P. Boder interviews: Sigmund Reich; August 26, 1946; Geneve, Switzerland: Voices of the Holocaust Project, http://voices.iit.edu/interviewee?doc=reichS.
103. Yad Vashem, YV 069/310, testimony of Mark Stern (Markus, Maniek), Pittsburgh, PA, June 1981, "specifically, for the World Gathering of Holocaust Survivors in Israel," 12.
104. Yad Vashem, record group 0.3, file no. 12865, Nathan Gottlieb, born 1925, Radom, Poland, interviewed February 2, 2007, by Esther Hagar, 54.
105. Jack Eisner, *The Survivor*, ed. Irving A. Leitner (New York: William Morrow, 1980), 266.
106. Alicia Nitecki and Jack Terry, *Jakub's World: A Boy's Story of Loss and Survival in the Holocaust* (Albany: State University of New York Press, 2005).
107. Sven Felix Kellerhoff, "Der SS-Mörder von Gardelegen blieb straflos," *Die Welt*, April 13, 2015, available online at http://www.welt.de/geschichte/zweiter-weltkrieg/

article139484279/Der-SS-Moerder-von-Gardelegen-bliebstraflos.html, accessed February 1, 2016.
108. BArch, DO 1/32699, Bericht vom 25.6.50, Betr: Gräberfund auf der Flur Spohla—Wittichanau, Landesbehörde der Volkspolizei Sachsen, fos. 58–62.
109. BArch, DO 1/32574 Bd 1, fos. 243–244, testimony of Gertrud L.
110. 关于东德的报告，参见 BArch, DO 1/32574 Bd. 1; BArch, BArch, DO1/32574 Bd. 2.; BArch, DO 1/32577。

第六章　界定人生经历

1. Jack Terry, "Ich fühle noch den Schmerz," *Der Spiegel*, March 18, 2009, available at http://www.spiegel.de/einestages/kz-ueberlebender-jack-terry-a-949757.html, accessed November 30, 2015.
2. Fortunoff Archive, HVT-1521, Aaron S. (born 1909), interviewed by Bernard Weinstein and Susanna Rich, March 28 and April 5, 1989.
3. Sarah Kaplan, " 'I'm Still There—In My Dreams', Said Thomas Blatt, Survivor of Daring Escape from Nazi Death Camp," *Washington Post*, November 3, 2015, available at https://www.washingtonpost.com/news/morning-mix/wp/2015/11/03/thomas-blatt-vocal-survivor-of-rare-revolt-at-nazi-deathcamp-dies-at-88/, accessed December 17, 2015.
4. Cf. Guenter Lewy, *The Nazi Persecution of the Gypsies* (New York: Oxford University Press, 2000), 219–228, and Anton Weiss-Wendt, introduction to Anton Weiss-Wendt, ed., *The Nazi Genocide of the Roma: Reassessment and Commemoration* (New York: Berghahn, 2013), 1–26.
5. Denise Dufournier, *Ravensbrück: The Women's Camp of Death*, trans. F. W. McPherson (London: George Allen & Unwin, 1948), viii.
6. 这是一部以第三人称写就的自传体小说：Cordelia Edvardson, *Gebranntes Kind sucht das Feuer*, trans. Anna-Liese Kornitzky (Munich: Carl Hanser Verlag, 1986)。
7. Primo Levi, *If This Is a Man*, trans. Stuart Woolf (London: Random House, 2000).
8. Cordelia Edvardson, *Die Welt zusammenfügen*, trans. Jörg Scherzer and Anna-Liese Kornitzky (Munich: Deutscher Taschenbuch Verlag, 1991), 11.
9. Judith Kestenberg Archive (henceforth KA), Hebrew University of Jerusalem, interview no. (257) 24-15, Eva S., 2–3.
10. KA, (257) 24-15, Eva S., 8.
11. KA, (257) 24-15, Eva S., 8.
12. KA, (257) 24-15, Eva S., 8.
13. KA, (257) 24-15, Eva S., 8.
14. Fortunoff Archive, HVT-87, Niusia A. (born 1924 in Kraków), interviewed on November 5, 1979 by Laurel Vlock in Israel.
15. Denise Dufournier, *Ravensbrück: The Women's Camp of Death*, trans. F. W. McPherson

(London: George Allen & Unwin, 1948), 16.
16. Yankel Wiernik, *A Year in Treblinka* (New York: American Representation of the General Jewish Workers' Union of Poland, 1945), 12, available at http://www.zchor.org/wiernik.htm, accessed January 24, 2016.
17. Yad Vashem (YV) 069/310, Mark Stern, June 1981.
18. Margarete Buber-Neumann, *Under Two Dictators: Prisoner of Stalin and Hitler*, trans. Edward Fitzgerald (London: Pimlico, 2008), 185.
19. Buber-Neumann, *Under Two Dictators*, 185.
20. Buber-Neumann, *Under Two Dictators*, 173.
21. Gilbert Michlin, *Of No Interest to the Nation: A Jewish Family in France, 1925–1945* (Detroit, MI: Wayne State University Press, 2004), 73–74.
22. Fortunoff Archive, HVT-210, Alex H., interviewed July 16, 1983 by Rosemary Balsam and Paul Schwaber.
23. Ella Lingens-Reiner, *Prisoners of Fear* (London: Victor Gollancz, 1948), 50–53 and passim.
24. Richard Glazar, *Trap with a Green Fence*, trans. Roslyn Theobald (Evanston, IL: Northwestern University Press, 1995); Thomas (Toivi) Blatt, *Sobibor: The Forgotten Revolt; A Survivor's Report* (Issaquah, WA: HEP, 1997).
25. Peter Michael Lingens, *Ansichten eines Außenseiters* (Vienna: Verlag Kremayr & Scheriau, 2009), 38.
26. KA, (257) 24-15, Eva S., 31.
27. KA, (257) 24-15, Eva S., 35.
28. KA, (257) 24-15, Eva S., 73.
29. Hans Frankenthal, with Andreas Plake, Babette Quinkert and Florian Schmaltz, *The Unwelcome One: Returning home from Auschwitz*, trans. John A. Broadwin (Evanston, IL: Northwestern University Press, 2002), 50.
30. Frankenthal, *Unwelcome One*, 51.
31. Lingens-Reiner, *Prisoners of Fear*, 50–53.
32. Bruno Bettelheim, "Individual and Mass Behavior in Extreme Situations," *Journal of Abnormal Social Psychology* 38 (1943): 417–452.
33. Heinz Heger, *The Men with the Pink Triangle*, trans. David Fernbach (London: Gay Men's Press, 1980), 32. 该囚犯实际上名叫约瑟夫·科胡特（Josef Kohout）；海因茨·黑格尔是汉斯·诺伊曼（Hans Neumann），他的这部作品基于他对科胡特的详细采访。这段叙述的重要性在于，它使人们更多地注意到男同性恋者在战争期间和战后的处境。
34. Heger, *Men with the Pink Triangle*, 101.
35. Heger, *Men with the Pink Triangle*, 35.
36. Heger, *Men with the Pink Triangle*, 44–45.
37. Heger, *Men with the Pink Triangle*, 45.
38. Heger, *Men with the Pink Triangle*, 101.

39. Wiener Library (henceforth WL), 049-EA-0666, P.III.b.Np.1178, Janka Galambos, recorded by Alexander Szanto, London, February 1960, 6.
40. Fortunoff Archive, HVT-2836, Henry K. (born 1923), interviewed by Steven Gonzer and Judith Melman, February 28, 1995.
41. Heger, *Men with the Pink Triangle*, 75.
42. Marie Jalowicz Simon, *Gone to Ground*, trans. Anthea Bell (London: Profile Books, 2016).
43. Thomas (Toivi) Blatt, *From the Ashes of Sobibor: A Story of Survival* (Evanston, IL: Northwestern University Press, 1997), xxii.
44. Wiernik, *Year in Treblinka*, 14.
45. Wiernik, *Year in Treblinka*, 17–18.
46. Buber-Neumann, *Under Two Dictators*, 193.
47. Buber-Neumann, *Under Two Dictators*, 195.
48. Buber-Neumann, *Under Two Dictators*, 195.
49. USC VHA, 3022, Norbert Friedman (born 1922, Kraków), interviewed by Mark Goldberg, June 7, 1995, West Hempstead, NY.
50. USC VHA, 3022, Norbert Friedman.
51. Michlin, *Of No Interest to the Nation*, 93.
52. Mémorial de la Shoah, Center of Contemporary Jewish Documentation (CDJC) CMXXI-45, Témoignage de Robert Frances; letter dated August 8, 1945.
53. Blatt, *Sobibor*, 47.
54. Blatt, *Sobibor*, 47–48.
55. Fortunoff Archive, HVT-69, Dr. Hillel K., interviewed May 3, 1980 by Dori Laub and Laurel Vlock.
56. Fortunoff Archive, HVT-69, Hillel K.
57. Viktor Frankl, *Man's Search for Meaning*, trans. Ilse Lasch (London: Rider, 2004), 48–52, 73.
58. Gerd Fleischmann, " 'Jedem das Seine': Eine Spur vom Bauhaus in Buchenwald," in *Franz Ehrlich: Ein Bauhäusler in Widerstand und Konzentrationslager*, eds.Volkhard Knigge and Harry Stein (Weimar, Germany: Stiftung Gedenkstätten Buchenwald & Mittelbau-Dora, 2009), 112.
59. 在埃尔利希的作品中，有好几处都体现出包豪斯的影响：他仿效约斯特·施密特，采用了一种笔画较为狭窄，顶部短小、笔直的字母"J"，他遵从赫伯特·拜尔，在通用字体中采用了较为圆融的字母"m"和"n"；字母"n"饰有衬线，而只有字母"m"采用了没有衬线的 Grotesk 字体；Fleischmann, "Jedem das Seine," 113。
60. Karl Schnog, *Jedem das Seine: Satirische Gedichte* (Berlin: Ulenspiegel-Verlag, 1947), 54, reprinted in Knigge and Stein, *Franz Ehrlich*, 175.
61. 在艾丽斯·佐默年高106岁的时候，我有幸采访了她，当时她独自生活，仍然迫切地希望凸显正面的事情。See also Melissa Muller and Reinhard Piechocki, *A Garden of Eden in Hell: The Life of Alice Herz-Sommer* (London: Pan, 2008), and Alan Rusbridger, "Life Is Beautiful," A 2006 Interview with Alice Sommer, *Guardian*, December 13, 2006, available at

http://www.theguardian.com/music/2006/dec/13/classicalmusicandopera.secondworldwar, accessed January 26, 2016.

62. Hannah Arendt, *Eichmann in Jerusalem: A Report on the Banality of Evil* (London: Penguin, 2006).
63. Till Bastian, *Sinti und Roma im Dritten Reich: Geschichte einer Verfolgung* (Munich: Verlag C. H. Beck, 2001), 62.
64. 例子参见美国国会议员汤姆·兰托斯（Tom Lantos）的家庭，相关描写参见以下纪录片：James Moll, *The Last Days* (Steven Spielberg and Shoah Visual History Foundation, 1998)。
65. Dufournier, *Ravensbrück*, 130–131.
66. Dufournier, *Ravensbrück*, 150.
67. Michlin, *Of No Interest to the Nation*, 1.
68. Saul Friedländer, *Nazi Germany and the Jews: The Years of Extermination* (London: Penguin, 2007), 663.
69. Edvardson, *Die Welt zusammenfügen*, 13.
70. Edvardson, *Die Welt zusammenfügen*, 13–14.
71. Edvardson, *Die Welt zusammenfügen*, 42.
72. Edvardson, *Die Welt zusammenfügen*, 39.
73. Pierre Seel, *I, Pierre Seel, Deported Homosexual*, trans. Joachim Neugroschel (New York: Basic Books, 2011).
74. Seel, *I, Pierre Seel*, 25–26.
75. Seel, *I, Pierre Seel*, 42, 43.
76. Seel, *I, Pierre Seel*, 43.
77. Seel, *I, Pierre Seel*, 43.
78. Seel, *I, Pierre Seel*, 43–44.

第七章　沉默与沟通

1. David Cesarani and Eric J. Sundquist, eds., *After the Holocaust: Challenging the Myth of Silence* (London: Routledge, 2012).
2. Robert Moeller, *War Stories: The Search for a Usable Past in the Federal Republic of Germany* (Berkeley: University of California Press, 2003); Norbert Frei, *Adenauer's Germany and the Nazi Past*, trans. Joel Golb (New York: Columbia University Press, 2002); Jeffrey Herf, *Divided Memory: The Nazi Past in the Two Germanys* (Cambridge, MA: Harvard University Press, 1997).
3. Mark Spigelman, "And you shall dream all the days of your life," in *The Words to Remember It: Memoirs of Child Holocaust Survivors*, ed. Survivors Group (Sydney: Scribe, 2009), 48-49.
4. Yael Danieli, "The Treatment and Prevention of Long-term Effects and Intergenerational Transmission of Victimization: A Lesson from Holocaust Survivors and their Children," in

注 释 713

    Trauma and Its Wake, vol. 1, *The Study and Treatment of Post-Traumatic Stress Disorder*, ed. Charles R. Figley (New York: Brunner/Mazel, 1985), 298–299.

5. Lisa Appignanesi, *Losing the Dead* (London: Chatto & Windus, 1999); Anne Karpf, *The War After: Living with the Holocaust* (London: Heinemann, 1996); Ruth Klüger, *Weiter leben: Eine Jugend* (Göttingen, Germany: Wallstein Verlag, 1992).

6. Eva Hoffman, *After Such Knowledge: A Meditation on the Aftermath of the Holocaust* (London: Vintage, 2004), 9.

7. KA (257) 24-15, Eva S., 46.

8. KA (257) 24-15, Eva S., 66.

9. KA (257) 24-15, Eva S., 66.

10. Jan T. Gross, *Fear: Antisemitism in Poland after Auschwitz* (Princeton, NJ: Princeton University Press, 2006).

11. Cordelia Edvardson, *Gebranntes Kind sucht das Feuer*, trans. Anna-Liese Kornitzky (Munich: Carl Hanser Verlag, 1986); Cordelia Edvardson, *Die Welt zusammenfügen*, trans. Jörg Scherzer and Anna-Liese Kornitzky (Munich: Deutscher Taschenbuch Verlag, 1991), 52–53.

12. Jacques Semelin, *Persécutions et entraides dans la France occupée* (Paris: Éditions du Seuil, 2013).

13. 证言的例子参见 Mémorial de la Shoah, Center of Contemporary Jewish Documentation (CDJC), including CDJC CMXXI-42, Fella Isboutsky, saved by two French women, Marinette Guy and Juliette Vidal, or CDJC CMXXI-43, Eva Mendelsson, and CDJC DLXI-36.

14. Gilbert Michlin, *Of No Interest to the Nation: A Jewish Family in France, 1925–1945* (Detroit, MI: Wayne State University Press, 2004), 103.

15. Michlin, *Of No Interest to the Nation*, 104.

16. Michlin, *Of No Interest to the Nation*, 105.

17. Michlin, *Of No Interest to the Nation*, 105.

18. Gerhard Durlacher, *Stripes in the Sky: A Wartime Memoir*, trans. Susan Massotty (London: Serpent's Tale, 1991), 100.

19. Durlacher, *Stripes in the Sky*, 100.

20. Durlacher, *Stripes in the Sky*, 99.

21. Durlacher, *Stripes in the Sky*, 100.

22. Durlacher, *Stripes in the Sky*, 100.

23. KA (257) 26-24, Dagmar B., 25–26, 30.

24. KA (257) 26-24, Dagmar B., 27.

25. KA (257) 26-24, Dagmar B., 27.

26. KA (257) 26-24, Dagmar B., 27.

27. KA (257) 26-24, Dagmar B., 28.

28. KA (257) 26-24, Dagmar B., 28.

29. KA (257) 26-24, Dagmar B., 29.

30. Hans Frankenthal, with Andreas Plake, Babette Quinkert, and Florian Schmaltz, *The Unwelcome One: Returning home from Auschwitz*, trans. John A. Broadwin (Evanston, IL: Northwestern University Press, 2002), 78.
31. Frankenthal, *Unwelcome One*, 82.
32. Frankenthal, *Unwelcome One*, 82.
33. Frankenthal, *Unwelcome One*, 84.
34. Frankenthal, *Unwelcome One*, 90.
35. Frankenthal, *Unwelcome One*, 91.
36. Frankenthal, *Unwelcome One*, 92.
37. Frankenthal, *Unwelcome One*, 92.
38. Tom Segev, *The Seventh Million: The Israelis and the Holocaust*, trans. Haim Watzman (New York: Holt, 2000).
39. David Grossman, *See Under: Love*, trans. Betsy Rosenberg (London: Vintage, 1999), "Momik."
40. Dagi Knellesen, "Momentaufnahmen der Erinnerung: Juristische Zeugenschaft im ersten Frankfurter Auschwitz-Prozess—Ein Interviewprojekt," in *Zeugenschaft des Holocaust: Zwischen Trauma, Tradierung und Ermittlung*, ed. Fritz Bauer Institut (Frankfurt; Campus Verlag, 2007), 123–24.
41. Bernhard Rammerstorfer, *Unbroken Will: The Extraordinary Courage of an Ordinary Man* (New Orleans: Grammaton, 2004).
42. Rammerstorfer, *Unbroken Will*, 163–164.
43. Gilad Margalit, *Germany and its Gypsies: A Post-Auschwitz Ordeal* (Madison: University of Wisconsin Press, 2002).
44. Luisa Passerini, "Memories between Silence and Oblivion," in *Memory, History, Nation: Contested Pasts*, ed. Katharine Hodgkin and Susannah Radstone (New Brunswick, NJ: Transaction publishers. 2006), 238–254. 但是，参见以下作品带有自传性质的描述：Ceija Stojka, *Wir leben im Verborgenen: Aufzeichnungen einer Romni zwischen den Welten*, ed. Karin Berger (Vienna: Picus Verlag, 2013)。
45. Yale Fortunoff Archive HVT-2805, Karl W., interviewed July 22, 1991, by Gabrielle Tyrnauer.
46. Christian Reimisch, *Vergessene Opfer des Nationalsozialismus? Zur Entschädigung von Homosexuellen, Kriegsdienstverweigerern, Sinti und Roma und Kommunisten in der Bundesrepublik Deutschland* (Berlin: Verlag für Wissenschaft und Kultur, 2003).
47. 例子取自 Niko Wahl, *Verfolgung und Vermögensentzug Homosexueller auf dem Gebiet der Republik Österreich während der NS-Zeit: Bemühungen um Restitution, Entschädigung und Pensionen in der Zweiten Republik* (Munich: Oldenbourg Verlag, 2004), 83–88。
48. Heinz Heger, *The Men with the Pink Triangle*, trans. David Fernbach (London: Gay Men's Press, 1980), 114.
49. Zoe Waxman, *Writing the Holocaust: Identity, Testimony, Representation* (Oxford: Oxford University Press, 2006); Alexandra Garbarini, *Numbered Days: Diaries and the Holocaust* (New Haven, CT: Yale University Press, 2006).

50. Raul Hilberg, Stanislaw Staron, and Josef Kermisz, eds., *The Warsaw Diary of Adam Czerniaków: Prelude to Doom*, trans. Stanislaw Staron and staff of Yad Vashem (New York: Stein & Day, 1979); Dawid Sierakowiak, *The Diary of Dawid Sierakowiak: Five Notebooks from the Łódź Ghetto*, ed. Alan Adelson (New York: Oxford University Press, 1996).

51. Alexandra Zapruder, ed., *Salvaged Pages: Young Writers' Diaries of the Holocaust* (New Haven, CT: Yale University Press, 2002); Michał Grynberg, *Words to Outlive Us: Eyewitness Accounts from the Warsaw Ghetto*, trans. Philip Boehm (London: Granta, 2004).

52. Samuel D. Kassow, *Who Will Write Our History? Rediscovering a Hidden Archive from the Warsaw Ghetto* (London: Penguin, 2007).

53. Zygmunt Klukowski, *Diary from the Years of Occupation, 1939–44* (Urbana: University of Illinois Press, 1993).

54. Bernard Goldstein, *Five Years in the Warsaw Ghetto: (The Stars Bear Witness)*, trans. and ed. Leonard Shatzkin (Oakland, CA: AK Press/Nabat, 2005).

55. Mary Berg, *Warsaw Ghetto: A Diary*, ed. S. L. Shneiderman (New York: L. B. Fischer, 1945).

56. Jennifer Schuessler, "Survivor Who Hated the Spotlight," *New York Times*, November 10, 2014, available at http://www.nytimes.com/2014/11/11/arts/survivor-who-hated-the-spotlight.html?_r=0, accessed August 1, 2015; Amy Rosenberg, "What Happened to Mary Berg?," *Tablet*, July 17, 2008, available at http://www.tabletmag.com/jewish-news-and-politics/981/what-happenedto-mary-berg, accessed August 1, 2015; Mike Argento, "Holocaust Diary Author Mary Berg Lived in York County for Years," *York Daily Record*, December 23, 2014, available at http://www.ydr.com/local/ci_27170657/holocaust-diaryauthor-mary-berg-lived-york-county, accessed August 12, 2015.

57. Richard Glazar, *Trap with a Green Fence*, trans. Roslyn Theobald (Evanston, IL: Northwestern University Press, 1995), viii.

58. Chil Rajchman, *Treblinka: A Survivor's Memory, 1942–1943*, trans. Solon Beinfeld (London: MacLehose, 2011); Yankel Wiernik, *A Year in Treblinka* (New York: American Representation of the General Jewish Workers' Union of Poland, 1945), 8, available at http://www.zchor.org/wiernik.htm, accessed January 24, 2016.

59. Thomas (Toivi) Blatt, *From the Ashes of Sobibor: A Story of Survival* (Evanston, IL: Northwestern University Press, 1997), xxi–xxii.

60. Thomas (Toivi) Blatt, *Sobibor: The Forgotten Revolt; A Survivor's Report* (Issaquah, WA: HEP, 1997); Blatt, *From the Ashes of Sobibor*.

61. Elie Wiesel, *Night*, trans. Marion Wiesel (London: Penguin, 2006), x.

62. 例子参见 Alexander Cockburn, "Did Oprah Pick Another Fibber? Truth and Fiction in Elie Wiesel's *Night*: Is Frey or Wiesel the Bigger Moral Poseur?," *CounterPunch*, April 1–3, 2006, 注意劳尔·希尔贝格指出，维赛尔的文学叙述并非可靠的史料。否认纳粹大屠杀的修正主义者就曾攻击过维赛尔的可信度；cf., e.g., Nikolaus Grüner, *Stolen Identity: Research* (self-published, 2007)。

63. Primo Levi, *If This Is a Man*, trans. Stuart Woolf (London: Random House, 2000) 在1947年以 *Se questo e un uomo*（《这是不是个人》）为书名首版于意大利，并于1958年首次在英语世界面世，当时美国版的书名为 *Survival in Auschwitz*（《从奥斯维辛活下来》）。

64. Charlotte Delbo, *Auschwitz and After*, trans. Rosette Lamont (New Haven, CT: Yale University Press, 1995).
65. 例子参见 Imre Kertész, *Fateless*, trans. Tim Wilkinson (London: Vintage, 2006); Kertész, *Fiasco*, trans. Tim Wilkinson (Brooklyn, NY: Melville House, 2011); Kertész, *Liquidation*, trans. Tim Wilkinson (London: Vintage, 2007); Kertész, *Kaddish for an Unborn Child*, trans. Tim Wilkinson (London: Vintage, 2010); and Kertész, *Dossier K.*, trans. Tim Wilkinson (Brooklyn, NY: Melville House, 2013)。
66. 关于"证言"的某些关键特征, see Horace Engdahl, "Philomela's Tongue: Introductory Remarks on Witness Literature," in *Witness Literature: Proceedings of the Nobel Centennial Symposium*, ed. Horace Engdahl (New Jersey: World Scientific, 2002), 1–14。
67. Laura Jokusch, *Collect and Record! Jewish Holocaust Documentation in Early Postwar Europe* (Oxford: Oxford University Press, 2012).
68. Maria Hochberg-Mariańska and Noe Grüss, eds., *The Children Accuse*, trans. Bill Johnstone (London: Vallentine Mitchell, 1996).
69. Donald L. Niewyk, *Fresh Wounds: Early Narratives of Holocaust Survivors* (Chapel Hill: University of North Carolina Press, 1998); Alan Rosen, *The Wonder of Their Voices: The 1946 Holocaust Interviews of David Boder* (Oxford: Oxford University Press, 2010); online collection at http://voices.iit.edu.
70. Rosen, *Wonder of Their Voices*, 239–240.
71. David Boder, *I Did Not Interview the Dead* (Chicago: University of Illinois Press, 1949).
72. Mary Fulbrook, "East Germans in a Post-Nazi State: Communities of Experience, Connection and Identification," in *Becoming East German: Socialist Structures and Sensibilities after Hitler*, ed. Mary Fulbrook and Andrew Port (New York: Berghahn, 2013), and Fulbrook, *Dissonant Lives: Generations and Violence through the German Dictatorships* (Oxford: Oxford University Press, 2011).
73. Yaffa Eliach, *Hasidic Tales of the Holocaust* (New York: Oxford University Press, 1982).
74. BArch DO 1/32563, letter of April 27, 1949, fo. 26.
75. 由德国哈根函授大学历史与传记研究所的亚历山大·冯·普拉托及其同事主导的大型跨国口述史项目记录下了那些曾经当过强制劳动力的人的讲述：Alexander von Plato, Almut Leh, and Christoph Thonfeld, eds., *Hitler's Slaves: Life Stories of Forced Labourers in Nazi-Occupied Europe* (New York: Berghahn, 2010)。
76. Hochberg-Mariańska and Grüss, *Children Accuse*.
77. 关于难民营里的经历, 例子参见 Dan Stone, *The Liberation of the Camps: The End of the Holocaust and Its Aftermath* (New Haven, CT: Yale University Press, 2015); Atina Grossmann, *Jews, Germans and Allies: Close Encounters in Occupied Germany* (Princeton, NJ: Princeton University Press, 2007)。
78. Available at http://voices.iit.edu/interview?doc=joseph&display=joseph_en, accessed November 25, 2015.
79. Niewyk, *Fresh Wounds*, 5–6.
80. 例子参见 DTA Emmendingen, 386, Heinrich R., "Nicht in der Gnade der späten Geburt"。

81. Pertti Ahonen et al., *People on the Move: Forced Population Movements in Europe in the Second World War and Its Aftermath* (Oxford: Berg, 2008); Pertti Ahonen, *After the Expulsion: West Germany and Eastern Europe, 1945–1990* (Oxford: Oxford University Press, 2003); Michael Schwartz, *Vertriebene und "Umsiedlerpolitik" : Integrationskonflikte in den deutschen Nachkriegs-Gesellschaften und die Assimilationsstrategien in der SBZ/DDR, 1945–1961* (Munich: Oldenbourg, 2004); Philipp Ther and Ana Siljak, eds., *Redrawing Nations: Ethnic Cleansing in East-Central Europe, 1944–1948* (Lanham, MD: Rowman & Littlefield, 2001); Alexander von Plato and Wolfgang Meinicke, *Alte Heimat—Neue Zeit: Flüchtlinge, Umgesiedelte, Vertriebene in der Sowjetischen Besatzungszone und in der DDR* (Berlin: Verlags-Anstalt Union, 1991).

82. 参见由瓦尔特·肯波夫斯基(Walter Kempowski)收集、如今藏于柏林艺术学院的日记、书信、自传和回忆录档案（此后缩写为 Kempowski BIO），其中包括，比方说 Kempowski BIO 4517, Anni A., Tagebuch 01.06.45–27.07.46, and 1947 essay "Flucht, Heimkehr und Zwangsevakuierung" in "1784–1984. Kirche und Kirchgemeinde Poischwitz. Anfang und Abschied. Zwei Dokumente" ; Kempowski BIO A 933/7, letters from Rita O., 1945–47; Kempowski BIO 5674, Heinz E., "Die Hölle von Lamsdorf. Dokumentation über eine polnisches Vernichtungslager [sic]," published by the Landsmannschaft der Oberschlesier e/V/Bundesverband, Bonn, Kaiserstr 173 (1969); DTA Emmendingen, 735/I.1 and 735/I.2, Marianne O.-B。

83. 例子参见 Kempowski BIO 3105, Christiane K., Tagebuch 1947–50, entry of October 16, 1946。

84. 例如 : Kempowski BIO 4166, Margarete K., Briefwechsel mit Bekannten in Polen (Filehne/Posen) 1946, 她谈及自己人在罗兹的时光，并对波兰人对待她的各种方式提出抱怨，却不曾提及此地的犹太隔离区，and Kempowski BIO 5910, Helmut F., "Weisser Jahrgang 28: Eine Jugend 1943–1947"。

85. Melita Maschmann, *Fazit: Kein Rechtfertigungsversuch* (Stuttgart: dva, 1963), translated as *Account Rendered: A Dossier on My Former Self* (London: Abelard-Schuman, 1965).

86. Maschmann, *Fazit*, 85–90.

87. James Joll, "Review: The Conquest of the Past: Some Recent German Books on the Third Reich," *International Affairs* 40, no. 3 (July 1964): 487.

88. 例如，它在以下作品中被反复引用 : Richard J. Evans, *The Coming of the Third Reich: How the Nazis Destroyed Democracy and Seized Power in Germany* (London: Penguin 2004), 225, 313; Evans, *The Third Reich in Power* (London: Penguin, 2006), 98, 166, 275, 367, 492, 549–550, 553, 587, 696; Evans, *The Third Reich at War* (London: Penguin, 2008), 9, 39–41, 65–66, 189–190, 679, 721, 731, 752。马施曼的案例也被用于 Claudia Koonz, *Mothers in the Fatherland: Women, the Family and Nazi Politics* (London: Jonathan Cape, 1987), 162–163, 194, 195, 399, and Daniel Jonah Goldhagen, *Hitler's Willing Executioners* (New York: Knopf, 1996), 88–89, 103, 429. 但是，参见以下作品中对于自我表现的精细分析 : Elizabeth Harvey, "'We Forgot All Jews and Poles': German Women and the 'Ethnic Struggle' in Nazi-Occupied Poland," *Contemporary European History* 10, no. 3 (November 2001): 455。

89. "Afterword, as told by Marianne Schweitzer Burkenroad to Helen Epstein," appended to the

English edition of *Account Rendered: A Dossier on My Former Self* (Kindle edition); Helen Epstein, "I Was a Nazi, and Here's Why," *New Yorker*, May 29, 2013, available at http://www.newyorker.com/books/page-turner/i-was-a-nazi-and-heres-why, accessed May 21, 2014.

90. 由塞德尔的儿子汉斯—约阿希姆·塞德尔讲述，参见 Rudi Kübler, "Die doppelte Verfolgung," *Südwest Presse*, January 3, 2014, available at http://www.swp.de/2381825 accessed August 28, 2015。

91. 这些文字源自我的一些私人关系。蕾莱·塞德尔是我母亲的密友，她们都曾于20世纪30年代初在柏林同一所学校求学过。每年夏天，当我们一家去巴伐利亚度假时，我们都会住在塞德尔家中。我还记得我在童年时期见过汉斯·塞德尔，这份记忆里包括他时不时的沉默、晚餐几乎吃不下什么东西，以及饭后会在夜间出门散步，显然深受失眠的困扰。我还曾在以下作品中谈论过更为广泛的学校团体：Fulbrook, *Dissonant Lives*; see also Mary Fulbrook, *A Small Town near Auschwitz: Ordinary Nazis and the Holocaust* (Oxford: Oxford University Press, 2012)。

第八章　过渡时期的正义

1. Otto Dov Kulka, *Landscapes of the Metropolis of Death: Reflections on Memory and Imagination* (London: Allen Lane, 2013), 48.

2. Kulka, *Landscapes of the Metropolis of Death*, 49.

3. Tom Segev, *The Seventh Million: The Israelis and the Holocaust*, trans. Haim Watzman (New York: Holt, 1991), 140–152; David Cesarani, *Final Solution: The Fate of the Jews, 1933–49* (London: Macmillan, 2016), 782–783.

4. 例子参见 Eva Mozes Kor, with Guido Eckart, *Die Macht des Vergebens* (Wals bei Salzburg, Austria: Benevento, 2016); 以及她为门格勒双胞胎实验幸存者所创立的组织"火烛"，其网站如下：http://www.candlesholocaustmuseum.org, accessed November 9, 2015。

5. Jon Elster, *Closing the Books: Transitional Justice in Historical Perspective* (Cambridge: Cambridge University Press, 2004).

6. 关于更大的语境，例子参见 István Deák, Jan Gross, and Tony Judt, eds., *The Politics of Retribution in Europe* (Princeton, NJ: Princeton University Press, 2000); Jeffrey Herf, *Divided Memory: The Nazi Past in the Two Germanys* (Cambridge, MA: Harvard University Press, 1997); Norman Naimark, *The Russians in Germany* (Cambridge, MA: Harvard University Press, 1995); 关于欧洲的概述，参见 Tony Judt, *Postwar: A History of Europe since 1945* (London: Heinemann, 2006)。

7. Susan Benedict, Arthur Caplan, and Traute Lafrenz Page, "Duty and 'Euthanasia': The Nurses of Meseritz-Obrawalde," *Nursing Ethics* 14, no. 6 (2007): 781–794.

8. Michael C. Steinlauf, *Bondage to the Dead: Poland and the Memory of the Holocaust* (Syracuse, NY: Syracuse University Press, 1997), 32–33; Barbara Engelking, *Holocaust and Memory: The Experience of the Holocaust and Its Consequences: An Investigation Based on Personal Experiences*, ed. Gunner S. Paulsson, trans. Emma Harris (London: Leicester University Press, 2001), 276.

9. Martin Winstone, *The Dark Heart of Hitler's Europe: Nazi Rule in Poland under the General*

注 释　　　　　　　　　　　　　　　　　　　　　　　　　　　　　719

Government (London: I. B. Tauris, 2015), 247; also Jan Gross, Fear: Anti-Semitism in Poland after Auschwitz (Princeton, NJ: Princeton University Press, 2006).

10. Thomas (Toivi) Blatt, Sobibor: The Forgotten Revolt; A Survivor's Report (Issaquah, WA: HEP, 1997), 103.

11. Thomas (Toivi) Blatt, From the Ashes of Sobibor: A Story of Survival (Evanston, IL: Northwestern University Press, 1997), 155–225.

12. Blatt, From the Ashes of Sobibor, 223.

13. Richard Glazar, Trap with a Green Fence, trans. Roslyn Theobald (Evanston, IL: Northwestern University Press, 1995).

14. Raul Hilberg, The Destruction of the European Jews, 3rd ed. (New Haven, CT: Yale University Press, 2003), 3:1170; Bogdan Musial, "NS-Kriegsverbrecher vor polnischen Gerichten," Vierteljahrshefte für Zeitgeschichte 47 (1999): 25–56.

15. Claudia Kuretsidis-Haider, Irmgard Nöbauer, Winfried Garscha, Siegfried Sanwald, and Andrzej Selerowicz, eds., Das KZ-Lublin-Majdanek und die Justiz: Strafverfolgung und verweigerte Gerechtigkeit; Polen, Deutschland und Österrreich im Vergleich (Graz, Austria: CLIO, 2011), 53.

16. Michael Bazyler and Frank Tuerkheimer, Forgotten Trials of the Holocaust (New York: New York University Press, 2014), 101–127.

17. Gordon J. Horwitz, Ghettostadt: Łódź and the Making of a Nazi City (Cambridge, MA: Harvard University Press, 2008), 317–318.

18. Cf., e.g., Norbert Frei, ed., Transnationale Vergangenheitspolitik: Der Umgang mit deutschen Kriegsverbrechern in Europa nach dem Zweiten Weltkrieg (Göttingen, Germany: Wallstein, 2006); Richard J. Golsan, "Crimes-Against-Humanity Trials in France and their Historical and Legal Contexts," in Atrocities on Trial: Historical Perspectives on the Politics of Prosecuting War Crimes, ed. Patricia Heberer and Jürgen Matthäus (Lincoln: University of Nebraska Press, 2008), 247–261; Richard J. Golsan, ed., Memory, the Holocaust and French Justice: The Bousquet and Touvier Affairs (Hanover, NH: University Press of New England, 1996); Julian Jackson, France: The Dark Years, 1940–44 (Oxford: Oxford University Press, 2001), 570–632; Claudia Kuretsidis-Haider and Winfried Garscha, eds., Keine "Abrechnung" : NS-Verbrechen, Justiz und Gesellschaft in Europa nach 1945 (Leipzig: Akademische Verlagsanstalt, 1998); Ahlrich Meyer, Täter im Verhör: Die "Endlösung der Judenfrage" in Frankreich, 1940–1944 (Darmstadt, Germany: Wissenschaftliche Buchgesellschaft, 2005); Devin O. Pendas, "Seeking Justice, Finding Law: Nazi Trials in Postwar Europe," Journal of Modern History 81, no. 2 (June 2009): 347–368; and Nathan Stoltzfus and Henry Friedlander, eds., Nazi Crimes and the Law (Cambridge: Cambridge University Press, 2008).

19. Cf. Dan Stone, The Liberation of the Camps: The End of the Holocaust and its Aftermath (New Haven, CT: Yale University Press, 2015), 179–180.

20. Michael Bazyler, "The Jewish Kapo Trials in Israel: Is There a Place for the Law in the Gray Zone?" in Bazyler and Tuerkheimer, Forgotten Trials of the Holocaust, 195–225.

21. Melita Maschmann, Fazit: Kein Rechtfertigungsversuch (Stuttgart: dva, 1963).

22. Lutz Niethammer, Die Mitläuferfabrik: Die Entnazifizierung am Beispiel Bayerns (Berlin:

Dietz, 1982) 仍然是一部经典研究作品。关于苏联占领区域, 例子参见 Damian van Melis, *Entnazifizierung in Mecklenburg-Vorpommern: Herrschaft und Verwaltung, 1945–1948* (Munich: Oldenbourg Verlag, 1999); Timothy Vogt, *Denazification in Soviet-Occupied Germany: Brandenburg, 1945–1948* (Cambridge, MA: Harvard University Press, 2001)。关于比较视角下的奥地利: Walter Schuster and Wolfgang Weber, eds., *Etnazifizierung im regionalen Vergleich* (Linz, Austria: Archiv der Stadt Linz, 2002), and Robert Knight, "Denazification and Integration in the Austrian Province of Carinthia," *Journal of Modern History* 79, no. 3 (2007): 572–612 批判了以下作品的进路 Dieter Stiefel, *Entnazifizierung in Österreich* (Vienna: Europaverlag, 1981)。

23. 例子参见 Ulrike Weckel, *Beschämende Bilder: Deutsche Reaktionen auf alliierte Dokumentarfilme über befreite Konzentrationslager* (Stuttgart: Franz Steiner Verlag, 2012); Mary Fulbrook, *Dissonant Lives: Generations and Violence through the German Dictatorships*, vol. 2, *From Nazism through Communism* (Oxford: Oxford University Press, 2017)。

24. Cf., e.g., Donald Bloxham, *Genocide on Trial: War Crimes Trials and the Formation of Holocaust History and Memory* (Oxford: Oxford University Press, 2001).

25. Dubost quoted in Lynne Viola, "The Question of the Perpetrator in Soviet History," *Slavic Review* 72, no. 1 (Spring 2013): 4. See also Lawrence Douglas, *The Memory of Judgment: Making Law and History in the Trials of the Holocaust* (New Haven, CT: Yale University Press, 2001), 91.

26. 这方面的文献汗牛充栋。如果想要进一步了解这一专题, 例子参见 Kim Priemel, *The Betrayal: The Nuremberg Trials and German Divergence* (Oxford: Oxford University Press, 2016); 档案参见 *Der Prozess gegen die Hauptkriegsverbrecher: Vor dem Internationalen Militärgerichtshof Nürnberg* (Nuremberg, 1948); 案件英文选集参见 Michael Marrus, ed., *The Nuremberg War Crimes Trial, 1945–46: A Documentary History* (Boston: Bedford, 1997)。

27. Michael Bazyler, *Holocaust, Genocide, and the Law: A Quest for Justice in the Post-Holocaust World* (New York: Oxford University Press, 2016), 69–108.

28. Available through the Yale Law School Avalon Project at http://avalon.law.yale.edu/imt/01-28-46.asp.

29. Cf. Gitta Sereny, *Albert Speer: His Battle with the Truth* (London: Macmillan, 1995).

30. Karl Jaspers, *Die Schuldfrage (und) Für Völkermord gibt es keine Verjährung* (Munich: Piper, 1979), 93.

31. Jaspers, *Schuldfrage*, 92–93.

32. Jaspers, *Schuldfrage*, 46–47.

33. Jaspers, *Schuldfrage*, 52–53.

34. Heike Krösche, "Abseits der Vergangenheit: Das Interesse der deutschen Nachkriegsöffentlichkeit am Nürnberger Prozess gegen die Hauptkriegsverbrecher 1945/46," in *NS-Prozesse und deutsche Öffentlichkeit: Besatzungszeit, frühe Bundesrepublik und DDR*, ed. Jörg Osterloh and Clemens Vollnhals (Göttingen, Germany: Vandenhoeck & Ruprecht, 2011), 96, 105.

35. DTA Emmendingen, 1828, Hugo M., "Briefe an einen vermissten Sohn (1943–1971)," letter

of October 20, 1946.
36. Kempowski BIO, 25/1–3, Ursula E. diary, entry of June 20, 1945, 41.
37. Kempowski BIO, 25/1–3, Ursula E. diary, entry of October 8, 1946, 57–58.
38. Kempowski BIO, 25/1–3, Ursula E., diary entry of October 8, 1946, 57–58.
39. DTA 3853-1 Ingrid P., July 26, 1946.
40. DTA 3853-1 Ingrid P., September 19, 1946.
41. DTA 3853-1 Ingrid P., October 15, 1946.
42. Donald Bloxham, "Milestones and Mythologies. The Impact of Nuremberg," in *Atrocities on Trial: Historical Perspectives on the Politics of Prosecuting War Crimes*, Patricia Heberer and Jürgen Matthäus (Lincoln: University of Nebraska Press, 2008), 270–71; Anna J. Merritt and Richard L. Merritt, eds., *Public Opinion in Occupied Germany: The OMGUS Surveys* (Urbana: University of Illinois Press, 1970).
43. Bazyler, *Holocaust, Genocide, and the Law*, 83–85.
44. Bloxham, *Genocide on Trial*; Bob Carruthers, ed., *SS Terror in the East: The Einsatzgruppen on Trial* (Barnsley, UK: Pen & Sword Military, 2013); Hilary Earl, *The Nuremberg SS-Einsatzgruppen Trial, 1945–1958: Atrocity, Law and History* (Cambridge: Cambridge University Press, 2009); Kim Priemel and Alexa Stiller, eds., *Reassessing the Nuremberg Military Tribunals: Transitional Justice, Trial Narratives, and Historiography* (New York: Berghahn, 2012); Ulf Schmidt, *Justice at Nuremberg: Leo Alexander and the Nazi Doctors' Trial* (Houndmills, UK: Palgrave Macmillan, 2004).
45. 关于赫塔·奥伯霍伊泽，参见 Kathrin Kompisch, *Täterinnen: Frauen im Nationalsozialismus* (Cologne: Böhlau Verlag, 2008), 143–144。
46. Felicja Karay, *Death Comes in Yellow: Skarżysko-Kamienna Labor Camp*, trans. Sara Kitai (Amsterdam: Harwood Academic Publishers, 1996), 1.
47. Robert S. Wistrich, *Who's Who in Nazi Germany* (London: Routledge, 2013), 61.
48. Bernd Boll, "*Fall 6*: Der IG-Farben Prozeß," in *Der Nationalsozialismus vor Gericht: Die alliierten Prozesse gegen Kriegsverbrecher und Soldaten, 1943–52*, ed. Gerd R. Ueberschär (Frankfurt am Main: Fischer Taschenbuch Verlag, 1999), 133–43; Sebastian Brünger, "Der Vergangenheit eine Form geben: Mentale Kontinuitäten nach 1945 am Beispiel des IG-Farben Prozesses und Fritz ter Meers," in *Unternehmer und NS-Verbrechen: Wirtschaftseliten im "Dritten Reich" und in der Bundesrepublik Deutschland*, ed. Jörg Osterloh and Harald Wixforth, Wissenschaftliche Reihe des Fritz Bauer Instituts 23 (Frankfurt am Main: Campus Verlag, 2014), 183–216.
49. Bazyler and Tuerkheimer, *Forgotten Trials*, 129.
50. 尤其参见 Norbert Frei, *Vergangenheitspolitik: Die Anfänge der Bundesrepublik und die NS-Vergangenheit* (Munich: C. H. Beck, 1996); available in English as *Adenauer's Germany and the Nazi Past: The Politics of Amnesty and Integration*, trans. Joel Golb (New York: Columbia University Press, 2002)。
51. Anette Kretzer, *NS-Täterschaft und Geschlecht: Der erste britische Ravensbrück-Prozess 1946/47 in Hamburg* (Berlin: Metropol, 2009), and Bazyler and Tuerkheimer, *Forgotten*

Trials, 129–57.

52. Albert Kesselring, *Kesselring: A Soldier's Record* (New York: William Morrow, 1954), 353; Kerstin von Lingen, *Kesselring's Last Battle: War Crimes Trials and Cold War Politics, 1945–1960*, trans. Alexandra Klemm (Lawrence: University Press of Kansas, 2009); Richard Raiber, *Anatomy of Perjury: Field Marshal Albert Kesselring, Via Rasella, and the Ginny Mission*, ed. Dennis E. Showalter (Newark: University of Delaware Press, 2008); Alessandro Portelli, *The Order Has Been Carried Out: History, Memory, and Meaning of a Nazi Massacre in Rome* (New York: Palgrave Macmillan, 2003).

53. Kesselring, *Kesselring*, 354.

54. Kesselring, *Kesselring*, 366.

55. Von Lingen, *Kesselring's Last Battle*, 6, 294.

56. Kesselring, *Kesselring*, 374n1.

57. Annette Leo, "Antifaschismus," in *Erinnerungsorte der DDR*, ed. Martin Sabrow (Munich: C. H. Beck, 2009), 38–39.

58. Christoph Höschler, *NS-Verfolgte im "antifaschistischen Staat" : Vereinnahmung und Ausgrenzung in der ostdeutschen Wiedergutmachung, 1945–1989* (Berlin: Metropol, 2002), 232.

59. Robert Moeller, *War Stories: The Search for a Usable Past in the Federal Republic of Germany* (Berkeley: University of California Press, 2001); Axel Schildt, "The Long Shadows of the Second World War: The Impact of Experiences and Memories of War on West German Society," in *Experience and Memory: The Second World War in Europe*, ed. Jörg Echternkamp and Stefan Martens (New York: Berghahn, 2010), 197–213; Dorothee Wierling, "The War in Postwar Society: the Role of the Second World War in Public and Private Spheres in the Soviet Occupation Zone and Early GDR," in Echternkamp and Martens, *Experience and Memory*, 214–228; Christian Morina, *Legacies of Stalingrad: Remembering the Eastern Front in Germany since 1945* (Cambridge: Cambridge University Press, 2011).

60. Personal discussion, Helene B., December 2015.

61. Gerald Reitlinger, *The SS: Alibi of a Nation 1922–1945* (London: Arms & Armour, 1981).

62. Kesselring, *Kesselring*, 376.

63. Kesselring, *Kesselring*, 111.

64. Kesselring, *Kesselring*, 270–271.

65. Kesselring, *Kesselring*, 271.

66. Kesselring, *Kesselring*, 271.

67. Kesselring, *Kesselring*, 271.

68. Von Lingen, *Kesselring's Last Battle*, 302.

69. Hartmut Berghoff, "Zwischen Verdrängung und Aufarbeitung: Die bundesdeutsche Gesellschaft und ihre nationalsozialistische Vergangenheit in den Fünfziger Jahren," *Geschichte in Wissenschaft und Unterricht* 49, no. 2, (1998): 108.

70. See also Norbert Frei, ed., *Hitlers Eliten nach 1945* (Munich: dtv, 2003).

71. Fritz ter Meer, *Die I. G. Farben Industrie Aktiengesellschaft: Ihre Entstehung, Entwicklung und Bedeutung* (Düsseldorf: Econ-Verlag, 1953).
72. Ter Meer, *I. G. Farben Industrie Aktiengesellschaft*, 113.
73. Ter Meer, *I. G. Farben Industrie Aktiengesellschaft*, 114.
74. Ter Meer, *I. G. Farben Industrie Aktiengesellschaft*, 92.
75. Ter Meer, *I. G. Farben Industrie Aktiengesellschaft*, 115.
76. 进一步内容参见 Brünger, "Der Vergangenheit eine Form geben"。
77. Ernst Heinkel, *Stürmisches Leben* (Stuttgart: Mundus Verlag, 1953), 英语版本为：*He 1000*, ed. Jürgen Thorwald, trans. Mervyn Savill (London: Hutchinson, 1956)。该书在出版第一年重印三次；1955年，它被开放给欧洲读书俱乐部的20万名会员；次年，它的英译本面世；1959年重印两次，并分别在1963年、1977年和1998年出了新版。Lutz Budrass, "Der Preis des Fortschritts: Ernst Heinkels Meistererzählung über die Tradition der deutschen Luftfahrtindustrie," in Osterloh and Wixforth, *Unternehmer und NS-Verbrechen*, 221.
78. Heinkel, *He 1000*, 147.
79. Heinkel, *He 1000*, 232.
80. Heinkel, *He1000*, 270.
81. Heinkel, *He 1000*, 274.
82. Heinkel, *He 1000*, 276.
83. Heinkel, *He 1000*, 276.
84. Heinkel, *He 1000*, 276.
85. Heinkel, *He 1000*, 276.
86. Heinkel, *He 1000*, 277–278.
87. See also Benjamin B. Ferencz, *Less than Slaves: Jewish Forced Labor and the Quest for Compensation* (Cambridge, MA: Harvard University Press, 1979).
88. Oliver Schröm, with Andrea Röpke, *Stille Hilfe für braune Kameraden: Das geheime Netzwerk der Alt- und Neonazis* (Berlin: Chr. Links Verlag, 2001).
89. Kestenberg Archive, Jerusalem (KA) (257) 26-42, HM, 13.
90. KA (257) 26-42, HM, 14.
91. KA (257) 26-42, HM, 9.
92. Case studies in Christina Ullrich, *"Ich fühl' mich nicht als Mörder": Die Integration von NS-Tätern in die Nachkriegsgesellschaft* (Darmstadt, Germany: Wissenschaftliche Buchgesellschaft, 2011).

第九章 分头审判：继承国的选择性正义

1. *Neues Deutschland*, September 29, 1987; press clipping in BArch DP 3/2273.
2. Andreas Eichmüller, *Keine Generalamnestie: Die Strafverfolgung von NS-Verbrechen in der frühen Bundesrepublik* (Munich: Oldenbourg Wissenschaftsverlag, 2012), 5.

3. Andreas Eichmüller, "Die Strafverfolgung von NS-Verbrechen durch westdeutsche Justizbehörden seit 1945: Eine Zahlenbilanz," *Vierteljahrshefte für Zeitgeschichte* 4 (2008): 634; C. F. Rüter with L. Hekelaar Gombert and D. W. de Mildt, eds., *Justiz und NS-Verbrechen: Sammlung deutscher Strafurteile wegen nationalsozialistischer Tötungsverbrechen, 1945–2012*, 49 vols. (Amsterdam: Amsterdam University Press, 1968–2012), and C. F. Rüter and D. W. de Mildt, *DDR-Justiz und NS-Verbrechen: Sammlung Ostdeutscher Strafurteile wegen Nationalsozialistischer Tötungsverbrechen, 1945–1998*, 14 vols. (Amsterdam: Amsterdam University Press, 2002–2010).
4. C. F. Rüter, "Die Ahndung von NS-Tötungsverbrechen: Westdeutschland, Holland und die DDR im Vergleich; Eine These," in *Keine "Abrechnung" : NS-Verbrechen, Justiz und Gesellschaft in Europa nach 1945*, eds. Claudia Kuretsidis-Haider and Winfried Garscha (Leipzig: Akademische Verlagsanstalt, 1998), 180–184.
5. "Die Schande nach Auschwitz," *Der Spiegel*, August 25, 2014, 31.
6. 罪行分类和数据来源于 Rüter and de Mildt, *DDR-Justiz und NS-Verbrechen*, Register und Dokumente (2010), available at http://www1.jur.uva.nl/junsv/ddr/DDRTatkengfr.htm, accessed December 13, 2014。关于吕特尔的罪行分类的数据分析和讨论，参见 Raimond Reiter, *30 Jahre Justiz und NS-Verbrechen: Die Aktualität einer Urteilssammlung* (Frankfurt am Main: Peter Lang, 1998)。
7. Rüter, "Ahndung von NS-Tötungsverbrechen," 183.
8. Dick de Mildt, *In the Name of the People: Perpetrators of Genocide in the Reflections of Their Post-War Prosecution in West Germany; The "Euthanasia" and "Aktion Reinhard" Trial Cases* (The Hague: Martinus Nijhoff, 1996), 21.
9. 统计数据由以下图书的罪行分类的索引汇编而成：Rüter and de Mildt, *Justiz und NS-Verbrechen*, summary available at http://www1.jur.uva.nl/junsv/brd/Tatkdeufr.htm, accessed December 13, 2014.
10. Edith Raim, *Nazi Crimes against Jews and German Post-War Justice: The West German Judicial System during Allied Occupation, 1945–1949* (Berlin: De Gruyter Oldenbourg, 2015), 本段文字基于该文献。
11. Eichmüller, "Die Strafverfolgung von NS-Verbrechen," 624–625.
12. Raim. *Nazi Crimes*, 152.
13. Eichmüller, "Die Strafverfolgung von NS-Verbrechen," 628. See also Alan Steinweis, *Kristallnacht 1938* (Cambridge, MA: Belknap Press of Harvard University Press, 2009).
14. Raim, *Nazi Crimes*, 186–301.
15. Raim, *Nazi Crimes*, 262.
16. 有关各类案件，参见 BArch, DP/3/1804。
17. BArch, DO 1/32729, fols. 94 ff.
18. Joachim Käpper, *Erstarrte Geschichte: Faschismus und Holocaust im Spiegel der Geschichtswissenschaft und Geschichtspropaganda der DDR* (Hamburg: Ergebnisse Verlag, 1999), 63, quoting the 1949 publication *Die Hölle von Kamienna*.
19. 关于由幸存者写下的学术专著，参见 Felicja Karay, *Death Comes in Yellow: Skarżysko-*

Kamienna Labor Camp, trans. Sara Kitai (Amsterdam: Harwood Academic Publishers, 1996)。

20. BArch, DO 1/32729, fo. 105.
21. BArch, DO 1/32729, 这份文档共 12 页，单独编了页码。
22. BArch, DO 1/32729, 5.
23. BArch, DO 1/32729, 7.
24. BArch DP 3/1614, Henry Schmidt, Oberstes Gericht der DDR, 1. Strafsenat 1 OSB 8/87, "Urteil im Namen des Volkes! In der Strafsache gegen den ehemaligen Kriminalkommissar der Geheimen Staatspolizei und SS Obersturmführer Henry Schmidt," meetings of December 21 and 22, 1987; biography on 3–4.
25. Kim Christian Priemel, "Arbeitsverwaltung vor Gericht: Das Reichsarbeitsministerium und die Nürnberger Prozesse 1945–1949," in *Das Reichsarbeitsministerium im Nationalsozialismus: Verwaltung—Politik—Verbrechen*, ed. Alexander Nützenadel (Göttingen, Germany: Wallstein Verlag, 2017), 492.
26. Winfried Garscha and Claudia Kuretsis-Haider, "Die strafrechtliche Verfolgung nationalsozialistsicher Verbrechen—eine Einführung," in *Holocaust und Kriegsverbrechen vor Gericht: Der Fall Österreich*, ed. Thomas Albrich, Winfried Garscha, and Martin Polaschek (Innsbruck, Austria: Studien Verlag, 2006), 11–12.
27. Garscha and Kuretsis-Haider, "Die strafrechtliche Verfolgung nationalsozialistsicher Verbrechen," 17–18.
28. Claudia Kuretsidis-Haider, "Die Rezeption von NS-Prozessen in Österrreich durch Medien, Politik und Gesellschaft im ersten Nachkriegsjahrzehnt," in *NS-Prozesse und deutsche Öffentlichkeit: Besatzungszeit, frühe Bundesrepublik und DDR*, ed. Jörg Osterloh and Clemens Vollnhals (Göttingen, Germany: Vandenhoeck & Ruprecht, 2011), 426.
29. Dieter Skiba and Reiner Stenzel, *Im Namen des Volkes: Ermittlungs- und Gerichtsverfahren in der DDR gegen Nazi- und Kriegsverbrecher* (Berlin: Edition Ost, 2016).
30. 以下作品在这一点上持明确立场：Ingo Müller, *Furchtbare Juristen: Die unbewältigte Vergangenheit der deutschen Justiz*, 2nd ed. (Berlin: Klaus Bittermann, 2014), Part 3, 255–399。
31. Mary Fulbrook, *The People's State: East German Society from Hitler to Honecker* (Oxford: Oxford University Press, 2005).
32. Berger, *Experten der Vernichtung*, 363–364.
33. Nationalrat der Nationalen Front des Demokratischen Deutschland, ed., *Braunbuch: Kriegs- und Naziverbrecher in der Bundesrepublik* (Berlin: Staatsverlag der Deutschen Demokratischen Republik, 1960–68).
34. Jens Gieseke, "Antifaschistischer Staat und postfaschistische Gesellschaft: Die DDR, das MfS und die NS-Täter," *Historical Social Research* 35, no. 3 (2010): 79–94, available at http://nbn-resolving.de/urn:nbn:de:0168-ssoar-310694.
35. Henry Leide, *NS-Verbrecher und Staatssicherheit: Die geheime Vergangenheitspolitik der DDR*, 2nd ed. (Göttingen, Germany: Vandenhoeck & Ruprecht, 2006), 109
36. Leide, *NS-Verbrecher und Staatssicherheit*.

37. Skiba and Stenzel, *Im Namen des Volkes*, 40–41.
38. BArch DP 3/1861.
39. BArch DP 3/1861, fo. 3.
40. BArch DP 3/1861, fo. 3.
41. BArch DP 3/1861, fo. 3.
42. BArch DP 3/1861, fo. 3.
43. BArch DP 3/1861, fo. 3.
44. See Leide, *NS-Verbrecher und Staatssicherheit*; Gieseke, "Antifaschistischer Staat und postfaschistische Gesellschaft."
45. Greve, "Täter oder Gehilfen?," 202.
46. Annette Weinke, *Eine Gesellschaft vermittelt gegen sich selbst: Die Geschichte der Zentralen Stelle Ludwigsburg, 1958–2009* (Darmstadt, Germany: Wissenschaftliche Buchgesellschaft, 2008). Eichmüller, *Keine Generalamnestie* 认为路德维希堡中央办事处的建立与其说是西德审判的转折点，不如说它是一座标志着始于20世纪50年代中期的转变的里程碑。
47. Marc von Miquel, *Ahnden oder amnestieren? Westdeutsche Justiz und Vergangenheitspolitik in den sechziger Jahren* (Göttingen, Germany: Wallstein Verlag, 2004); Michael Greve, *Der justitielle und rechtspolitische Umgang mit NS-Gewaltverbrechen in den sechziger Jahren* (Frankfurt am Main: Peter Lang, 2001).
48. 不同的历史学者对此持有分歧。
49. Ronen Steinke, *Fritz Bauer, oder Auschwitz vor Gericht* (Munich: Piper, 2013), 274–276; Ulrich Herbert, *Best: Biographische Studien über Radikalismus, Weltanschauung und Vernunft, 1903–1989* (Bonn: Dietz Verlag, 1996), 537 将其称为西德历史上对纳粹行凶者影响最为深远的一次大赦。
50. Michael Bryant, *Eyewitness to Genocide: The Operation Reinhard Death Camp Trials, 1955–1966* (Knoxville: University of Tennessee Press, 2014); Norbert Frei, *Vergangenheitspolitik: Die Anfänge der Bundesrepublik und die NS-Vergangenheit* (Munich: C. H. Beck'sche Verlagsbuchhandlung, 1996); Ingo Müller, *Hitler's Justice: The Courts of the Third Reich*, trans. Deborah Lucas Schneider (London: I. B. Tauris, 1991).
51. De Mildt, *In the Name of the People*, 22–23.
52. Herbert, *Best*, 535–36. On Best's postwar activities, see Part 6, "Fall und Wiederaufstieg," 403–476, and Part 7, "Vergangenheit und Gegenwart," 477–521.
53. Andreas Eichmüller, "Die strafrechtliche Verfolgung von NS-Verbrechen und die Öffentlichkeit in der frühen Bundesrepublik Deutschland 1949–1958," in Osterloh and Vollnhals, *NS-Prozesse und deutsche Öffentlichkeit*, 53–73.
54. Frei, *Adenauer's Germany and the Nazi Past*, 23–25.
55. Frei, *Adenauer's Germany and the Nazi Past*, 67–91.
56. Frei, *Adenauer's Germany and the Nazi Past*, 54.
57. Markus Roth, *Herrenmenschen: Die deutschen Kreishauptleute im besetzten Polen—Karrierewege, Herrschaftspraxis und Nachgeschichte* (Göttingen, Germany: Wallstein Verlag,

2009), 434–438.
58. Christian Dirks, "*Die Verbrechen der Anderen*" : *Auschwitz und der Auschwitz-Prozess der DDR; Das Verfahren gegen den KZ-Arzt Dr. Horst Fischer* (Paderborn, Germany: Ferdinand Schöningh, 2004), 53–72.
59. Michael Bryant, *Eyewitness to Genocide: The Operation Reinhard Death Camp Trials, 1955–1966* (Knoxville: University of Tennessee Press, 2014), 191–221.
60. Müller, *Furchtbare Juristen*, Part 3.
61. Wolfram Wette, "Der KZ-Kommandant Josef Schwammberger und die deutsche Justiz," foreword to Almut Greiser, *Der Kommandant: Josef Schwammberger: Ein NS-Täter in der Erinnerung von Überlebenden* (Berlin: Aufbau Verlag, 2011), 12–13. See also Müller, *Hitler's Justice*; Kerstin Freudiger, *Die juristische Aufarbeitung von NS-Verbrechen* (Tübingen, Germany: J. C. B. Mohr Paul Siebeck, 2002); Jörg Friedrich, *Freispruch für die Nazi-Justiz: Die Urteile gegen NS-Richter seit 1948; Eine Dokumentation* (Berlin: Ullstein, 1998); Annette Weinke, *Die Verfolgung von NS-Tätern im geteilten Deutschland: Vergangenheitsbewältigungen 1949–1989, Oder: Eine deutsch-deutsch Beziehungsgeschichte im Kalten Krieg* (Paderborn, Germany: Ferdinand Schöningh, 2002), 339, 343.
62. Michael Greve, "Täter oder Gehilfen? Zum strafrechtlichen Umgang mit NS-Gewaltverbrechern in der Bundesrepublik Deutschland," in "*Bestien*" *und* "*Befehlsempfänger*" : *Frauen und Männer in NS-Prozesse nach 1945*, eds. Ulrike Weckel and Edgar Wolfrum (Göttingen, Germany: Vandenhoeck & Ruprecht, 2003), 194–221.
63. Guenter Lewy, *The Nazi Persecution of the Gypsies* (Oxford: Oxford University Press, 2000), 209.
64. L. G. Verden (Rüter vol. 18, 567), quoted in Greve, "Täter oder Gehilfen?," 214.
65. Ruth Bettina Birn, "Book Reviews," *Journal of International Criminal Justice* 12 (2014): 639–651.
66. 值得注意的是，后来接受审判的赖因哈德营工作人员主要都出身中下阶层，参见 Yitzhak Arad, *Belzec, Sobibor, Treblinka: The Operation Reinhard Death Camps* (Bloomington: Indiana University Press, 1987), 198. 以下作品提出了"规范性界定人群"的观念：Norbert Frei, *Adenauer's Germany and the Nazi Past: The Politics of Amnesty and Integration*, trans. Joel Golb (New York: Columbia University Press, 2002)。
67. Andreas Plake, Babette Quinkert, and Florian Schmaltz, afterword to Hans Frankenthal, *The Unwelcome One: Returning Home from Auschwitz*, trans. John A. Broadwin (Evanston, IL: Northwestern University Press, 2002), 129–135.
68. Fritz ter Meer, *Die I. G: Farben Industrie Aktiengesellschaft: Ihre Entstehung, Entwicklung und Bedeutung* (Düsseldorf: Econ-Verlag, 1953).
69. Katharina Rauschenberger and Werner Renz, introduction to Katharina Rauschenberger and Werner Renz, eds., *Henry Ormond—Anwalt der Opfer: Plädoyers in NS-Prozessen* (Frankfurt am Main: Campus Verlag, 2015), 7–28.
70. Benjamin B. Ferencz, *Less than Slaves: Jewish Forced Labor and the Quest for Compensation* (Cambridge, MA: Harvard University Press, 1979), 174–177; Joachim R. Rumpf, "Die Entschädigingsansprüche deutscher Zwangsarbeiter," in *Rüstung, Kriegswirtschaft und*

Zwangsarbeit im "Dritten Reich," ed. Andreas Heusler, Mark Spoerer and Helmuth Trischler (Munich: Oldenbourg Verlag, 2010), 269–294.

71. "Entschädiging: Sklaven des Reichs," *Der Spiegel*, May 13, 1964, 59–61; list reproduced on 61.
72. Ferencz, *Less than Slaves*, 182–183.
73. Weinke, *Die Verfolgung von NS-Tätern*.
74. 关于奥地利，例子参见：Bertrand Perz, "Österreich," in *Verbrechen erinnern: Die Auseinandersetzung mit Holocaust und Völkermord*, ed. Volkhard Knigge and Norbert Frei (Munich: C. H. Beck, 2002), 150–62, and David Art, *The Politics of the Nazi Past in Germany and Austria* (Cambridge: Cambridge University Press, 2006), 101–144。
75. Evan Burr Bukey, *Hitler's Austria: Popular Sentiment in the Nazi Era, 1938–1945* (Chapel Hill: University of North Carolina Press, 2000), 228.
76. Bukey, *Hitler's Austria*, 230.
77. Anton Pelinka, *Austria: Out of the Shadow of the Past* (Boulder, CO: Westview, 1998), 184. More than half of Austrian Jews escaped before deportations started; the number murdered in the Holocaust is 65,459.
78. Pelinka, *Austria*, 190.
79. Peter Eichelsberger, " 'Mauthausen vor Gericht' . Die österrreichischen Prozesse wegen Tötingsdelikten im KZ Mauthausen und seinen Außenlagern," in Albrich, Garscha and Polaschek, *Holocaust und Kriegsverbrechen vor Gericht*, 198–228.
80. Garscha and Kuretsis-Haider, "Die strafrechtliche Verfolgung nationalsozialistsicher Verbrechen."
81. Lewy, *Nazi Persecution of the Gypsies*, 208.
82. Albrich, Garscha, and Polaschek, *Holocaust und Kriegsverbrechen vor Gericht*; Winfried Garscha, "The Trials of Nazi War Criminals in Austria," in *Nazi Crimes and the Law*, ed. Nathan Stoltzfus and Henry Friedlander (New York: Cambridge University Press, 2008), 139–150.
83. Garscha, "Trials of Nazi War Criminals," 147.
84. Claudia Kuretsidis-Haider, "Die Rezeption von NS-Prozessen in Österrreich durch Medien, Politik und Gesellschaft im ersten Nachkriegsjahrzehnt," in Osterloh and Vollnhals, *NS-Prozesse und deutsche Öffentlichkeit*, 403.
85. Garscha and Kuretsis-Haider, "Die strafrechtliche Verfolgung nationalsozialistsicher Verbrechen," 13.
86. Garscha and Kuretsis-Haider, "Die strafrechtliche Verfolgung nationalsozialistsicher Verbrechen," 23–24.
87. Garscha, "Trials of Nazi War Criminals," 142.
88. Adalbert Rückerl, *The Investigation of Nazi Crimes, 1945-1978*, trans. Derek Rutter (Hamden, CT: Archon, 1980), 74.
89. Garscha, "Trials of Nazi War Criminals."

注 释 729

90. 维森塔尔因为编造故事、美化细节、自相矛盾上臭名昭著，甚至在讲述自己人生的故事时也是如此。See Tom Segev, *Simon Wiesenthal: The Life and Legends* (London: Jonathan Cape, 2010), and Guy Walters, *Hunting Evil: How the Nazi War Criminals Escaped and the Hunt to Bring Them to Justice* (London: Bantam, 2009).
91. Segev, *Simon Wiesenthal*, 244ff.
92. Art, *Politics of the Nazi Past*, 115ff.

第十章 从安乐死到种族灭绝

1. Gerald Reitlinger, *The Final Solution: The Attempt to Exterminate the Jews of Europe, 1939–1945*, 2nd ed. (South Brunswick, NJ: Thomas Yoseloff, 1961), 551.
2. Günter Dahl, "Hände, die töteten, statt zu heilen," *Die Zeit*, February 27, 1958.
3. Susanne Benzler and Joachim Perels, "Justiz und Staatsverbrechen: Über den juristischen Umgang mit der NS- 'Euthanasie,' " in *NS- "Euthanasie" vor Gericht: Fritz Bauer und die Grenzen juristischer Bewältigung*, ed. Hanno Loewy and Bettina Winter (Frankfurt am Main: Campus Verlag, 1996), 18–19.
4. Bettina Winter and Hanno Loewy, foreword to Loewy and Winter, *NS- "Euthanasie" vor Gericht*, 11.
5. Willi Dreßen, "NS- 'Euthanasie'-Prozesse in der Bundesrepublik Deutschland im Wandel der Zeit," in Loewy and Winter, *NS- "Euthanasie" vor Gericht*, 36.
6. Martin Achrainer and Peter Ebener, " 'Es gibt kein unwertes Leben': Die Strafverfolgung der 'Euthanasie'-Verbrechen," in *Holocaust und Kriegsverbrechen vor Gericht: Der Fall Österreich*, ed. Thomas Albrich, Winfried Garscha, and Martin Polaschek (Innsbruck, Austria: Studien Verlag, 2006), 57–86.
7. Achrainer and Ebener, "Es gibt kein unwertes Leben," 82.
8. Patricia Heberer, "Justice in Austrian Courts? The Case of Josef W. and Austria's Difficult Relationship with Its Past," in *Atrocities on Trial: Historical Perspectives on the Politics of Prosecuting War Crimes*, ed. Patricia Heberer and Jürgen Matthäus (Lincoln: University of Nebraska Press, 2008), 240–241; see also "The Long Shadow of Nazi Psychiatry: The Case of Dr Heinrich Gross," available online at http://gedenkstaettesteinhof.at/en/exibition/17-long-shadow-nazi-psychiatry, and John Silverman, "Gruesome Legacy of Dr Gross," BBC News, May 6, 1999, available online at http://news.bbc.co.uk/1/hi/world/europe/336189.stm.
9. Joachim S. Hohmann, *Der "Euthanasie" -Prozeß Dresden 1947: Eine zeitgeschichtliche Dokumentation* (Frankfurt am Main: Peter Lang, 1993); Boris Böhm and Gerald Hacke, eds., *Fundamentale Gebote der Sittlichkeit: Der "Euthanasie" -Prozess vor dem Landgericht Dresden 1947* (Dresden: Sandstein Verlag, 2008).
10. Thomas Müller, " 'Ein Prozess, dem das stärkste Allgemeininteresse entgegengebracht wurde'—Der Dresdner 'Euthanasie'-Prozess und die Öffentlichkeit," in Böhm and Hacke, *Fundamentale Gebote der Sittlichkeit*, 79–80.
11. Boris Böhm and Agnes Muche, "Zeugenschaft der NS- 'Euthanasie' — Angehörige der

Opfer im Prozess," in Böhm and Hacke, *Fundamentale Gebote der Sittlichkeit*, 85–94.

12. Sara Berger, *Experten der Vernichtung: Das T4-Reinhardt-Netzwerk in den Lagern Belzec, Sobibor und Treblinka* (Hamburg: Hamburger Edition, 2013), 370.

13. Dick de Mildt, ed., *Tatkomplex NS-Euthanasie: Die ost- und westdeutschen Strafurteile seit 1945*, vol. 1 (Amsterdam: Amsterdam University Press, 2009), 325–339.

14. De Mildt, *Tatkomplex: NS-Euthanasie*, 1:341–350.

15. De Mildt, *Tatkomplex NS-Euthanasie*, 1:343.

16. De Mildt, *Tatkomplex NS-Euthanasie*, 1:348–349.

17. Ute Hoffmann, " 'Das ist wohl ein Stück verdrängt worden⋯' Zum Umgang mit den 'Euthanasie'-Verbrechen in der DDR," in *Vielstimmiges Schweigen: Neue Studien zum DDR-Antifaschismus*, ed. Annette Leo and Peter Reif-Sirek (Berlin: Metropol Verlag, 2001), 51–66; Hohmann, *Der "Euthanasie" -Prozeß Dresden 1947*.

18. Leide, *NS-Verbrecher und Staatssicherheit*, 332–347.

19. Kerstin Freudiger, *Die juristische Aufarbeitung von NS-Verbrechen* (Tübingen, Germany: J. C. B. Mohr Paul Siebeck, 2002), 110–13; Michael Bryant, *Confronting the "Good Death" : Nazi Euthanasia on Trial, 1945–1953* (Boulder: University Press of Colorado, 2005), 118–120.

20. Andreas Eichmüller, "Die Strafverfolgung von NS Verbrechen durch westdeutsche Justizbehörden seit 1945: Eine Zahlenbilanz," *Vierteljahrshefte für Zeitgeschichte* 4 (2008): 637.

21. Bryant, *Confronting the "Good Death,"* 121–128.

22. Patricia Heberer, "Early Postwar Justice in the American Zone: The 'Hadamar Murder Factory' Trial," in Heberer and Matthäus, *Atrocities on Trial*, 25–47.

23. Dreßen, "NS- 'Euthanasie'-Prozesse in der Bundesrepublik Deutschland" , 38. See also Bryant, *Confronting the "Good Death,"* 128–135, and Bettina Winter, Gerhard Baader, Johannes Cramer, et al., *"Verlegt nach Hadamar" : Die Geschichte einer NS- "Euthanasie" - Anstalt*, Historische Schriften des Landeswohlfahrtverbandes Hessen, Kataloge, 2 (Kassel, Germany: Landeswohlfahrtverbandes Hessen, 2009), 166–181.

24. Heberer, "Early Postwar Justice in the American Zone," 40.

25. Quoted in Heberer, "Early Postwar Justice in the American Zone," 41.

26. Benzler and Perels, "Justiz und Staatsverbrechen," 15–34.

27. Matthias Meusch, "Der Düsseldorfer 'Euthanasie'-Prozess und die juristische Exkulpation von NS-Tätern," in Böhm and Hacke, *Fundamentale Gebote der Sittlichkeit*, 172–189.

28. Benzler and Perels, "Justiz und Staatsverbrechen," 31.

29. De Mildt, *Tatkomplex NS-Euthanasie*, 1:363–378.

30. De Mildt, *Tatkomplex NS-Euthanasie*, 1:363–378, 376.

31. De Mildt, *Tatkomplex NS-Euthanasie*, 1:373.

32. De Mildt, *Tatkomplex NS-Euthanasie*, 1:378.

33. See also Patrick Montague, *Chelmno and the Holocaust: The History of Hitler's First Death Camp* (London: I. B. Tauris, 2012), 10, and Alexander Mitscherlich and Fred Mielke, eds.,

Medizin ohne Menschlichkeit: Dokumente des Nürnberger Ärzteprozesses (Frankfurt am Main: Fischer Taschenbuchverlag, 1960).

34. Dreßen, "NS- 'Euthanasie'-Prozesse," 43–46; Freudiger, *Die juristische Aufarbeitung von NS-Verbrechen*, 272–278; Ernst Klee, *Das Personenlexikon zum Dritten Reich: Wer war was vor und nach 1945*, 2nd ed. (Frankfurt am Main: Fischer Taschenbuch Verlag, 2007), 458.
35. Dreßen, "NS- 'Euthanasie'-Prozesse in der Bundesrepublik Deutschland," 40–43.
36. See also Friedrich Karl Kaul, *Nazimordaktion T4: Ein Bericht über die erste industriemäßig durchgeführte Mordaktion des Naziregimes* (Berlin: VEB Verlag Volk & Gesundheit, 1973).
37. Werner Catel, *Grenzsituationen des Lebens: Beitrag zum Problem der begrenzten Euthanasie* (Nuremberg: Glock & Lutz, 1962).
38. "Aus Menschlichkeit töten? Spiegel-Gespräch mit Professor Dr. Werner Catel über Kinder-Euthanasie," *Der Spiegel*, February 19, 1964, 41–47, interview with Spiegel journalist Hermann Renner.
39. Ernst Klee, *Was sie taten—was sie wurden: Ärzte, Juristen und andere Beteiligte am Kranken- oder Judenmord* (Frankfurt am Main: Fischer Taschenbuch Verlag, 1986), 98–107.
40. Dreßen, "NS- 'Euthanasie'-Prozesse," 50–51.
41. Dreßen, "NS- 'Euthanasie'-Prozesse," 52.
42. Dreßen, "NS- 'Euthanasie'-Prozesse," 52–54.
43. Dreßen, "NS- 'Euthanasie'-Prozesse," 46–48; *Süddeutsche Zeitung* quoted here, 48.
44. Kaul, *Nazimordaktion T4*.
45. Kurt Nowak, *"Euthanasie" und Sterilisierung im "Dritten Reich" : Die Konfrontation der evangelischen und katholischen Kirche mit dem Gesetz zur Verhütung erbkranken Nachwuchses und die "Euthanasie" -Aktion* (Göttingen, Germany: Vandenhoeck & Ruprecht, 1978).
46. Ernst Klee, ed., *Dokumente zur "Euthanasie"* (Frankfurt am Main: Fischer Taschenbuch Verlag, 1985); Klee, *Was sie taten—was sie wurden*.
47. Winter and Loewy, foreword to Loewy and Winter, *NS- "Euthanasie" vor Gericht*, 13.
48. 关于鲍尔的死因，各类说法互有矛盾之处，有人说鲍尔心脏病发作是由过量摄入安眠药导致的，有些人则认为是由过劳和压力所引致；see Ronen Steinke, *Fritz Bauer, oder Auschwitz vor Gericht* (Munich: Piper, 2013), 268–277。
49. Michael Greve, *Der justitielle und rechtspolitische Umgang mit NS-Gewaltverbrechen in den sechziger Jahren* (Frankfurt am Main: Peter Lang, 2001), 387–393; Steinke, *Fritz Bauer*, 274–276.
50. See Hilary Earl, *The Nuremberg SS-Einsatzgruppen Trial, 1945–1958: Atrocity, Law and History* (Cambridge: Cambridge University Press, 2009).
51. Annette Weinke, *Eine Gesellschaft vermittelt gegen sich selbst: Die Geschichte der Zentralen Stelle Ludwigsburg 1958–2009* (Darmstadt, Germany: Wissenschaftliche Buchgesellschaft, 2008).
52. BArch DP 3/1878, vol. 47, file on Erwin Schüle 1965.

53. Annette Weinke, *Die Verfolgung von NS-Tätern im geteilten Deutschland: Vergangenheitsbewältigungen 1949–1989; Oder, Eine deutsch-deutsch Beziehungsgeschichte im Kalten Krieg* (Paderborn, Germany: Ferdinand Schöningh, 2002), 341–343.
54. C. F. Rüter, "Die Ahndung von NS-Tötungsverbrechen: Westdeutschland, Holland und die DDR im Vergleich; Eine These," in *Keine "Abrechnung" : NS-Verbrechen, Justiz und Gesellschaft in Europa nach 1945*, ed. Claudia Kuretsidis-Haider and Winfried Garscha (Leipzig: Akademische Verlagsanstalt, 1998), 183; Henry Leide, *NS-Verbrecher und Staatssicherheit* (Göttingen, Germany: Vandenhoeck & Ruprecht, 2006); Joachim Käpper, *Erstarrte Geschichte: Faschismus und Holocaust im Spiegel der Geschichtswissenschaft und Geschichtspropaganda der DDR* (Hamburg: Ergebnisse Verlag, 1999), 97ff.
55. Steinke, *Fritz Bauer*, 13–27.
56. Michael Bazyler, *Holocaust, Genocide, and the Law: A Quest for Justice in a Post-Holocaust World* (Oxford: Oxford University Press, 2016), 143, 132–133.
57. Attorney general's opening speech, session no. 6, April 17, 1961 (morning), from the trial transcript, courtesy of the Nizkor Project, available at http://www.nizkor.org/ftp.cgi/people/e/eichmann.adolf/transcripts/ftp.cgi?people/e/eichmann.adolf/transcripts/Sessions/Session-006-007-008-01, accessed April 20, 2014.
58. Attorney general's opening speech, at http://www.nizkor.org/ftp.cgi/people/e/eichmann.adolf/transcripts/ftp.cgi?people/e/eichmann.adolf/transcripts/Sessions/Session-006-007-008-01.
59. 有些人认为，它在以色列的意义可能被夸大了。Cf. Boaz Cohen, *Israeli Holocaust Research: Birth and Evolution*, trans. Agnes Vazsonyi (London: Routledge, 2013), 269–278.
60. Quoted in Saul Friedländer, *Nazi Germany and the Jews*, vol. 2, *The Years of Extermination, 1933–45* (New York: HarperCollins, 2007), 325–326.
61. Tom Segev, *The Seventh Million: The Israelis and the Holocaust*, trans. Haim Watzman (New York: Holt, 1991), 140–52; David Cesarani, *Final Solution: The Fate of the Jews, 1933–49* (London: Macmillan, 2016), 782–783.
62. Hannah Arendt, *Eichmann in Jerusalem: A Report on the Banality of Evil* (New York: Penguin, 1977); see also Deborah E. Lipstadt, *The Eichmann Trial* (New York: Schocken, 2011).
63. Raul Hilberg, *The Politics of Memory: The Journey of a Holocaust Historian* (Chicago: Ivan R. Dee, 1996).
64. Bettina Stangneth, *Eichmann before Jerusalem: The Unexamined Life of a Mass Murderer*, trans. Ruth Martin (New York: Alfred Knopf, 2014), challenges Arendt's portrayal of Eichmann.
65. Peter Krause, " 'Eichmann und wir': Die bundesdeutsche Öffentlichkeit und der Jerusalemer Eichmann-Prozess 1961," in *NS-Prozesse und deutsche Öffentlichkeit: Besatzungszeit, frühe Bundesrepublik und DDR*, ed. Jörg Osterloh and Clemens Vollnhals (Göttingen, Germany: Vandenhoeck & Ruprecht, 2011), 306; see also Peter Krause, *Der Eichmann-Prozess in der deutschen Presse* (Frankfurt am Main: Campus Verlag, 2002).
66. "Deutsche und Weltmeinung über den Eichmann-Prozess," in *Der Eichmann-Prozeß in der*

deutschen öffentlichen Meinung, ed. Hans Lamm (Frankfurt-am-Main: Ner-Tamid Verlag, 1961), 71.

67. Lamm, *Eichmann-Prozeß*, 72.
68. Hartmut Berghoff, "Zwischen Verdrängung und Aufarbeitung: Die bundesdeutsche Gesellschaft und ihre nationalsozialistische Vergangenheit in den Fünfziger Jahren," *Geschichte in Wissenschaft und Unterricht* 49, no. 2 (1998): 110.
69. Ernst Wilm, "Eichmann und wir," *Kirche und Mann*, April 1961, reprinted in Lamm, *Der Eichmann-Prozeß*, 16.
70. Wilm, *Kirche und Mann*, 16–17.

第十一章 大型集中营审判：不止奥斯维辛

1. Devon O. Pendas, *The Frankfurt Auschwitz Trial, 1963–1965: Genocide, History, and the Limits of the Law* (Cambridge: Cambridge University Press, 2006); Rebecca Wittmann, *Beyond Justice: The Auschwitz Trial* (Cambridge, MA: Harvard University Press, 2005). More broadly: Nathan Stoltzfus and Henry Friedlander, eds., *Nazi Crimes and the Law* (Cambridge: Cambridge University Press, 2008); Thomas Albrich, Winfried Garscha, and Martin Polaschek, eds., *Holocaust und Kriegsverbrechen vor Gericht: Der Fall Österreich* (Innsbruck, Austria: Studien Verlag, 2006).
2. Peter Reichel, *Vergangenheitsbewältigung in Deutschland: Die Auseinandersetzung mit der NS-Diktatur in Politik und Justiz*, 2nd ed. (Munich: C. H. Beck, 2007), 10.
3. Hans Buchheim, *Anatomie des SS-Staates*, vol. 1, *Die SS—das Herrschaftsinstrument: Befehl und Gehorsam* (Munich: Deutscher Taschenbuch Verlag, 1967), 它的初稿是一篇在1964年发表的针对法兰克福奥斯维辛审判的专家报告；Martin Broszat, Hans-Adolf Jacobsen, and Helmut Krausnick, *Anatomie des SS-Staates*, vol. 2, *Konzentrationslager, Kommissarbefehl, Judenverfolgung* (Munich: Deutscher Taschenbuch Verlag, 1967), 它的初稿是三篇在1964年发表的针对法兰克福奥斯维辛审判的专家报告。
4. Boaz Cohen, *Israeli Holocaust Research: Birth and Evolution*, trans. Agnes Vazsonyi (London: Routledge, 2013).
5. Raul Hilberg, *The Destruction of the European Jews* (New Haven, CT: Yale University Press, 2003), 他在一开始找不到出版商；Helmut Eschwege, ed., *Kennzeichen J. Bilder, Dokumente, Berichte zur Geschichte der Verbrechen des Hitlerfaschismus an den deutschen Juden, 1933–1945*, 2nd ed. (Berlin: VEB Deutscher Verlag der Wissenschaften, 1981). 有关在东德出版作品的初期遭遇的困难，see Helmut Eschwege, *Fremd unter meinesgleichen: Erinnerung eines Dresdner Juden* (Berlin: Ch. Links Verlag, 1991), 184–211.
6. Sabine Loitfellner, "Auschwitz-Verfahren in Österreich: Hintergründe und Ursachen eines Scheiterns," in Albrich, Garscha, and Polaschek, *Holocaust und Kriegsverbrechen vor Gericht*, 183.
7. Hermann Langbein, *Der Auschwitz-Prozess: Eine Dokumentation* (Vienna: Europa-Verlag, 1965), 2:993–1005，书中含有一份列表，罗列了所有与奥斯维辛罪行相关的审判和判决。
8. Gerhard Werle and Thomas Wandres, *Auschwitz vor Gericht: Völkermord und*

bundesdeutsche Strafjustiz (Munich: Verlag C. H. Beck, 1995), 43.

9. Christian Dirks, "*Die Verbrechen der anderen*" : *Auschwitz und der Auschwitz-Prozeß der DDR; Das Verfahren gegen den KZ-Arzt Dr. Horst Fischer* (Paderborn, Germany: Ferdinand Schöningh, 2006).

10. Christian Dirks, " 'Vergangenheitsbewältigung' in der DDR: Zur Rezeption des Prozesses gegen den KZ-Arzt Dr. Horst Fischer 1966 in Ost-Berlin," in *NS-Prozesse und deutsche Öffentlichkeit: Besatzungszeit, frühe Bundesrepublik und DDR*, ed. Jörg Osterloh and Clemens Vollnhals (Göttingen, Germany: Vandenhoeck & Ruprecht, 2011), 369–370.

11. Dirks, " 'Vergangenheitsbewältigung' in der DDR," 370–374.

12. Werle and Wandres, *Auschwitz vor Gericht*, 42.

13. Werner Renz, "Der 1. Frankfurter Auschwitz-Prozess 1963–65 und die deutsche Öffentlichkeit: Anmerkungen zur Entmythologisierung eines NSG-Verfahrens," in Osterloh and Vollnhals, *NS-Prozesse und deutsche Öffentlichkeit*, 361, citing Jürgen Wilke, Birgit Schenk, Akiba A. Cohen, and Tamar Zemach, *Holocaust und NS-Prozesse: Die Presseberichterstattung in Israel und Deutschland zwischen Aneignung und Abwehr* (Cologne: Böhlau Verlag, 1995), 53.

14. Norbert Frei, *Adenauer's Germany and the Nazi Past: The Politics of Amnesty and Reintegration*, trans. Joel Golb (New York: Columbia University Press, 2002).

15. Ronen Steinke, *Fritz Bauer, oder Auschwitz vor Gericht* (Munich: Piper, 2013).

16. Hermann Langbein, *People in Auschwitz*, trans. Harry Zohn (Chapel Hill: University of North Carolina Press, 2004).

17. Werner Renz, *Fritz Bauer und das Versagen der Justiz: Nazi-Prozesse und ihre "Tragödie"* (Hamburg: CEP Europäische Verlagsanstalt, 2015).

18. Dagi Knellesen, "Momentaufnahmen der Erinnerung: Juristische Zeugenschaft im ersten Frankfurter Auschwitz-Prozess—Ein Interviewprojekt," in *Zeugenschaft des Holocaust: Zwischen Trauma, Tradierung und Ermittlung*, ed. Fritz Bauer Institut (Frankfurt am Main: Campus Verlag, 2007), 133; Werle and Wandres, *Auschwitz vor Gericht*, 43; Hermann Langbein, *Der Auschwitz-Prozess: Eine Dokumentation* (Vienna: Europa-Verlag, 1965), 2:993ff.

19. Knellesen, "Momentaufnahmen der Erinnerung," 127 给出了共有 211 名幸存者受邀作证的数据；Werle and Wandres, *Auschwitz vor Gericht*, 41 给出的数字则较高，认为在全部 359 名证人当中，共有 248 名前奥斯维辛囚犯。

20. Irmtrud Wojak, ed., *Auschwitz-Prozess 4 Ks 2/63: Frankfurt am Main* (Cologne: Snoeck, 2004), Vrba on 299–319.

21. Knellesen, "Momentaufnahmen der Erinnerung," 128–129.

22. Wittmann, *Beyond Justice*, 83–87.

23. Letter of March 2, 1959, quoted in Wittmann, *Beyond Justice*, 86.

24. Detailed reports by Bernd Naumann, originally in the *Frankfurter Allgemeine Zeitung*: Bernd Naumann, *Der Auschwitz-Prozess: Bericht über die Strafsache gegen Mulka u.a. vor dem Schwurgericht Frankfurt am Main, 1963–1965*, rev. ed. (Hamburg: CEP Europäische

Verlagsanstalt, 2013). 弗里茨·鲍尔研究院对录音和文字记录做了数字化处理，链接参见 http://www.auschwitz-prozess.de, accessed January 1, 2015。
25. Lingens, in Naumann, *Der Auschwitz-Prozess*, 103.
26. Sybille Bedford, "The Worst That Ever Happened: The Trial of Twenty-Two Former Staff of Auschwitz Concentration Camp, Frankfurt, West Germany," *Saturday Evening Post*, October 22, 1966, 29–33; reprinted in Sybille Bedford, *As It Was: Pleasures, Landscapes and Justice* (London: Picador, 1990), 219.
27. Bedford, "Worst That Ever Happened," 238.
28. Hans Buchheim, Martin Broszat, Hans-Adolf Jacobsen, and Helmut Krausnick, *Anatomie des SS-Staates* (Munich: Deutscher Taschenbuch Verlag, 1967).
29. Langbein, *Auschwitz-Prozess*, 2:833–835.
30. Wojak, *Auschwitz-Prozess 4 Ks 2/63*, 283.
31. Wojak, *Auschwitz-Prozess 4 Ks 2/63*, 283.
32. Wojak, *Auschwitz-Prozess 4 Ks 2/63*, 284.
33. Wojak, *Auschwitz-Prozess 4 Ks 2/63*, 289.
34. Wojak, *Auschwitz-Prozess 4 Ks 2/63*, document dated August 12, 1942, 292.
35. Klehr, quoted in Naumann, *Der Auschwitz-Prozess*, 85.
36. Klehr, quoted in Naumann, *Der Auschwitz-Prozess*, 85.
37. Scherpe, quoted in Naumann, *Der Auschwitz-Prozess*, 91–93.
38. Bedford, "Worst That Ever Happened," 222.
39. Christoph Busch, Stefan Hördler, and Robert Jan van Pelt, eds., *Das Höcker-Album: Auschwitz durch die Linse der SS* (Darmstadt, Germany: Wissenschaftliche Buchgesellschaft, Philipp von Zabern, 2016); see also "Auschwitz through the Lens of the SS: The Album," at the United States Holocaust Memorial Museum website, https://www.ushmm.org/wlc/en/article.php?ModuleId=10007435.
40. Neubert, quoted in Naumann, *Der Auschwitz-Prozess*, 95–96.
41. Bednarek, quoted in Naumann, *Der Auschwitz-Prozess*, 96–97.
42. Naumann, *Der Auschwitz-Prozess*, 87.
43. Langbein, *Der Auschwitz-Prozess* 1:565.
44. Reproduced in Jadwiga Bezwińska and Danuta Czech, comps., *KL Auschwitz seen by the SS*, trans. Constantine Fitzgibbon (Oświęcim, Poland: Publications of the Państwowe Muzeum w Oświęcimiu, 1972).
45. Naumann, *Der Auschwitz-Prozess*, 127.
46. Werle and Wandres, *Auschwitz vor Gericht*, 64–65; Langbein, *Der Auschwitz-Prozess*.
47. Hans Laternser, *Die andere Seite im Auschwitz-Prozess, 1963–65: Reden eines Verteidigers* (Stuttgart: Seewald Verlag, 1966); Naumann, *Der Auschwitz-Prozess*; and Langbein, *Der Auschwitz-Prozess*.
48. Sabine Horn, *Erinnerungsbilder: Auschwitz-Prozess und Majdanek-Prozess im westdeutschen*

Fernsehen (Essen, Germany: Klartext, 2009).

49. Hans Frankenthal, with Andreas Plake, Babette Quinkert, and Florian Schmaltz, *The Unwelcome One: Returning Home from Auschwitz*, trans. John A. Broadwin (Evanston, IL: Northwestern University Press, 2002), 100.

50. Bedford, "Worst That Ever Happened," 259.

51. Norbert Frei, "Die Aufklärer und die Überlebenden," in *Zeitgenossenschaft: Zum Auschwitz-Prozess 1964*, Martin Warnke (Zürich: Diaphanes, 2014), 57.

52. Bedford, "Worst That Ever Happened," 239.

53. Knellesen, "Momentaufnahmen der Erinnerung."

54. Knellesen, "Momentaufnahmen der Erinnerung," 121.

55. Knellesen, "Momentaufnahmen der Erinnerung," 121–122.

56. Knellesen, "Momentaufnahmen der Erinnerung," 122.

57. Knellesen, "Momentaufnahmen der Erinnerung," 122.

58. Knellesen, "Momentaufnahmen der Erinnerung," 123.

59. "Was haben wir gelernt? Zum Urteil im Majdanek-Prozess in Düsseldorf (1981)," in Gerhard Mauz, *Die großen Prozesse der Bundesrepublik Deutschland*, ed. Gisela Friedrichsen (Springe, Germany: zu Klampen Verlag, 2005), 47–48.

60. Langbein, *Der Auschwitz-Prozess*, 2:1002–1005.

61. Langbein, *Der Auschwitz-Prozess*, 2:1003. See also Claudia Kuretsidis-Haider, Johannes Laimighofer, and Siegfried Sanwald, "Auschwitz-Täter und die österreichische Nachkriegsjustiz," *Täter: Österreichische Akteure im Nationalsozialismus*, ed. Dokumentationsarchiv des österreichischen Widerstandes (Vienna: Dokumentationsarchiv des österreichischen Widerstandes, 2014), 13–39.

62. Loitfellner, "Auschwitz-Verfahren in Österreich" ; Michael Thad Allen, "Realms of Oblivion: The Vienna Auschwitz Trial," *Central European History* 40 (2007): 397–428.

63. Quoted in Loitfellner, "Auschwitz-Verfahren in Österreich," 190.

64. Loitfellner, "Auschwitz-Verfahren in Österreich," 192–193.

65. Loitfellner, "Auschwitz-Verfahren in Österreich," 194.

66. Cf. Annette Wieviorka, *The Era of the Witness*, trans. Jared Stark (Ithaca, NY: Cornell University Press, 2006).

67. Patrick Montague, *Chełmno and the Holocaust: The History of Hitler's First Death Camp* (Chapel Hill: University of North Carolina Press, 2012), 179–180; C. F. Rüter and D. W. de Mildt, eds., *Justiz und NS-Verbrechen: Sammlung deutscher Strafurteile wegen nationalsozialistischer Tötungsverbrechen 1945–1999*, vol. 21, Lfd. no. 594.

68. Sara Berger, *Experten der Vernichtung: Das T4-Reinhardt-Netzwerk in den Lagern Belzec, Sobibor und Treblinka* (Hamburg: Hamburger Edition, 2013).

69. Michael Bryant, *Eyewitness to Genocide: The Operation Reinhard Death Camp Trials, 1955–1966* (Knoxville: University of Tennessee Press, 2014).

70. Adalbert Rückerl, ed., *NS-Vernichtungslager im Spiegel deutscher Strafprozesse* (Munich: dtv,

1977), 89–90.
71. Bryant, *Eyewitness to Genocide*, 35–70.
72. Rückerl, *NS-Vernichtungslager*, 83.
73. 雷德尔的波兰语原版证言还包括照片和绘画；see Rudolf Reder, *Bełżec* (Kraków: Centralna Żydowska Komisja Historyczna przy CK Żydów Polskich, 1946), translated into English as *I Survived a Secret Nazi Extermination Camp*, ed. Mark Forstater (London: Psychology News Press, 2013)。
74. Berger, *Experten der Vernichtung*, 374.
75. Belzec-Prozess-Urteil, LG München I, 21.1.1965, 110 Ks 3/64; Kerstin Freudiger, *Die juristische Aufarbeitung von NS-Verbrechen* (Tübingen, Germany: J. C. B. Mohr Paul Siebeck, 2002), 163–167.
76. Belzec-Prozess-Urteil, LG München I vom 21.1.1965, 110 Ks 3/64.
77. Rückerl, ed., *NS-Vernichtungslager*, 81.
78. Bryant, *Eyewitness to Genocide*, 94.
79. Bryant, *Eyewitness to Genocide*, 103–104.
80. Bryant, *Eyewitness to Genocide*, 100–101. 宗贝茨基也曾在 1966 年、1968 年和 1970 年（施坦格尔案）的审判上作证。
81. Gitta Sereny, *Into that Darkness: From Mercy Killing to Mass Murder* (London: Pimlico, 1995).
82. Bryant, *Eyewitness to Genocide*, 124–189.
83. BArch, DO 1/32572, "Das Vernichtungslager Sobibor," report by the "Presse-Agentur Zachodnia Agencja Prasowa" sent by Dr. Rudi Goguel on April 7, 1970, to Heinz Schumann, Ministry of the Interior, GDR, 9.
84. Bryant, *Eyewitness to Genocide*.
85. Claudia Kuretsidis-Haider, "NS-Verbrechen vor österreichischen und bundesdeutschen Gerichten. Eine blianzierende Betrachtung," in Albrich, Garscha, and Polaschek, *Holocaust und Kriegsverbrechen vor Gericht*, 347.
86. Winfried Garscha, "The Trials of Nazi War Criminals in Austria," in *Nazi Crimes and the Law*, ed. Nathan Stoltzfus and Henry Friedlander (New York: Cambridge University Press, 2008), 141.
87. Berger, *Experten der Vernichtung*, 377–380.
88. Cf. Wieviorka, *Era of the Witness*.
89. Rückerl, *NS-Vernichtungslager*, 85.
90. Rückerl, *NS-Vernichtungslager*, 86.
91. Rückerl, *NS-Vernichtungslager*, 88–89.
92. Rückerl, *NS-Vernichtungslager*, 89.
93. BArch, DO 1/32629, "Ein Report aus Anlass des Majdanek-Prozesses in Düsseldorf," VVN Bund der Antifaschisten and published by the VVN Präsidium in Frankfurt/Main, compiled

by Karl Sauer, Leiter des Referates NS-Verbrechen beim Präsidium der VVN—Bunde der Antifaschisten, foreword by Werner Stertzenbach, Vorsitzender des Kreis der Antifaschisten Düsseldorf, 15–16.

94. Horn, *Erinnerungsbilder*, 243–249.
95. Heiner Lichtenstein, *Majdanek: Reportage eines Prozesses: Mit einem Nachwort von Simon Wiesenthal* (Frankfurt am Main: Europäische Verlagsanstalt, 1979), 129–40.
96. Lichtenstein, *Majdanek*, 140.
97. Lichtenstein, *Majdanek*, 141–151.
98. Ernst Klee, *Was sie taten—was sie wurden: Ärzte, Juristen und andere beteiligte am Kranken- oder Judenmord* (Frankfurt am Main: Fischer Taschenbuch Verlag, 1986), 239.
99. Lichtenstein, *Majdanek*, 140.
100. See also Claudia Kuretsidis-Haider, Irmgard Nöbauer, Winfried Garscha, Siegfried Sanwald, Andrzej Selerowicz, eds., *Das KZ-Lublin-Majdanek und die Justiz: Strafverfolgung und verweigerte Gerechtigkeit; Polen, Deutschland und Österrreich im Vergleich* (Graz, Austria: CLIO, 2011).
101. Eberhard Fechner, *Der Prozess*. Eine Darstellung des sogenannten "Majdanek-Verfahrens gegen Angehörige des Konzentrationslagers Lublin/Majdanek" in Düsseldorf von 1975 bis 1981 in drei Teilen von Eberhard Fechner. Erstsendung am 21.November 1984. Teil 1: "Anklage," Teil 2: "Beweisaufnahme," Teil 3: "Urteile."
102. Quoted by John Vinocur, "Ex-New Yorker Gets Life for Crimes in Nazi Camp," *New York Times*, July 1, 1981.
103. Kuretsidis-Haider et al., *Das KZ-Lublin-Majdanek und die Justiz*, 321–442.
104. Garscha, "Trials of Nazi War Criminals," 140.
105. Peter Eichelsberger, " 'Mauthausen vor Gericht': Die österrreichischen Prozesse wegen Tötingsdelikten im KZ Mauthausen und seinen Außenlagern," in Albrich, Garscha and Polaschek, *Holocaust und Kriegsverbrechen vor Gericht*, 222.

第十二章 罪责的衍射

1. 这行地址用德语书写为：Zentralstelle für die Bearbeitung von nationalsozialistischen Verbrechen bei dem Generalstaatsanwalt Berlin。
2. BArch DP 3/1587, fols. 1–5.
3. BArch DP 3/1587, 15.10.1966, fol. 15.
4. BArch DP 3/1591, draft protocol of Zimmermann's statement, fo. 14.
5. BArch DP 3/1591, draft protocol of Zimmermann's statement, fo. 23.
6. BArch DP 3/1589, fo. 532.
7. BArch DP 3/1589, fo. 551.
8. BArch DP 3/1589, fo. 539.

9. BArch DP 3/1589, fo. 539.
10. BArch DP 3/1589, fo. 539.
11. BArch DP 3/1589, fo. 597.
12. BArch DP 3/1589, fo. 597.
13. BArch DP 3/1589, fo. 598.
14. BArch DP 3/1587, letter of April 26, 1968, from Parteisekretär Schlenker of Karl-Marx-Schule (Erweiterte Oberschule), fo. 225.
15. BArch DP 3/1587, letter of May 9, 1968, from Friedrich, Staatsanwalt, to Genossen Schlenker, Parteiorganisation of the Karl-Marx-Schule (Erweiterte Oberschule), fos. 226–227.
16. BArch DP 3/1590, fo. 604.
17. BArch DP 3/1590, letter of June 12, 1973, from Irma Zimmermann, to the General State Prosecutor (Generalstaatsanwalt) of the GDR, Dr. Streit, 4–5.
18. *Husumer Tageszeitung*, February 24, 1967; *Heilbronner Stimme*, February 24, 1967; *Pforzheimer Zeitung*, February 24, 1967.
19. BArch DP 3/1587, fo. 141.
20. BArch DP 3/1587, fo. 139.
21. BArch DP 3/1587, fo. 139.
22. BArch DP 3/1587, fos. 27–35.
23. BArch DP 3/1587, fo. 142.
24. BArch DP 3/1587, fo. 148.
25. BArch DP 3/1587, fos. 146–147.
26. BArch DP 3/1587, fo. 147.
27. BArch DP 3/1587, fo. 147.
28. *Badisches Tagblatt*, December 7, 1966; Berlin *Tagesspiegel*, December 7, 1966; repeated in similar words in others, including the *Weser-Kurier*, December 7, 1966.
29. *Badisches Tagblatt*, December 7, 1966.
30. *Basler Nachrichten,* December 7, 1966.
31. *Badische Zeitung*, December 7, 1966.
32. *Die Welt*, December 7, 1966.
33. *Westdeutsche Allgemeine*, December 7, 1966.
34. 齐默尔曼也记得格拉曼曾参与过针对犹太人的射杀：BArch DP 3/1588, fo. 229。
35. *Badische Zeitung*, December 16, 1966.
36. *Badische Zeitung*, December 20, 1966.
37. *Badische Zeitung*, January 14, 1967.
38. See also Michael Greve, "Täter oder Gehilfen? Zum strafrechtlichen Umgang mit NS-Gewaltverbrechern in der Bundesrepublik Deutschland," in *"Bestien" und "Befehlsempfänger" : Frauen und Männer in NS-Prozesse nach 1945*, ed. Ulrike Weckel und

Edgar Wolfrum (Göttingen, Germany: Vandenhoeck & Ruprecht 2003), 194–221; on the Thormeyer case, 219–221.

39. C. F. Rüter and D. W. de Mildt, eds., *Justiz und NS-Verbrechen: Sammlung deutscher Strafurteile wegen nationalsozialistischer Tötungsverbrechen 1945–1999*, vol. 26, *Die vom 16.03.1967 bis zum 14.12.1967 ergangenen Strafurteile. Lfd. Nr. 648–662* (Munich: K. G. Saur Verlag, 2001), 385.

40. Rüter and de Mildt, *Justiz und NS-Verbrechen*, 385.

41. Ulrich Herbert, *Best: Biographische Studien über Radikalismus, Weltanschauung und Vernunft, 1903–1989* (Bonn: Dietz Verlag, 1996), 498–500.

42. Karsten Wilke, *Die "Hilfsgemeinschaft auf Gegenseitigkeit" (HIAG) 1950–1990: Veteranen der Waffen-SS in der Bundesrepublik* (Paderborn: Ferdinand Schöningh, 2011).

43. C. F. Rüter and D. W. de Mildt, eds., *Justiz und NS-Verbrechen: Sammlung deutscher Strafurteile wegen nationalsozialistischer Tötungsverbrechen 1945–1999, Vol 39, Die vom 05.06.1973 bis zum 26.07.1974 ergangenen Strafurteile. Lfd Nr. 795–813* (Amsterdam: Amsterdam University Press and K.G. Saur Verlag München, 2008) Lfd. Nr. 802, Tatkomplex: NS-Gewaltverbrechen in Haftstätten/Tatort: ZAL Truppenübungsplatz Dębica (313–462).

44. KA (257) 26–42, interview with HM, 2 February 1994.

45. KA (257) 26–42, interview with HM, 2 February 1994, 34–35.

46. KA (257) 26–42, interview with HM, 2 February 1994, 35.

47. Rüter and de Mildt, *Justiz und NS-Verbrechen*, 39:386.

48. Rüter and de Mildt, *Justiz und NS-Verbrechen*, 39:386.

49. Rüter and de Mildt, *Justiz und NS-Verbrechen*, 39:330–364.

50. Rüter and de Mildt, *Justiz und NS-Verbrechen*, 39:455.

51. Heribert Schwan and Helgard Heindrichs, *Der SS-Mann: Josef Blösche—Leben und Sterben eines Mörders* (Munich: Droemer Knaur, 2003); Dieter Skiba and Reiner Stenzel, *Im Namen des Volkes: Ermittlungs- und Gerichtsverfahren in der DDR gegen Nazi- und Kriegsverbrecher* (Berlin: Edition Ost, 2016), 36–40.

52. BArch, DP 3/1577, fos. 2–3, letter of April 6, 1966; Jacek Andrzej Młynarczyk, "Vom Massenmörder zum Lebensversicherer. Dr. Ludwig Hahn und die Mühlen der deutschen Justiz," in *Die Gestapo nach 1945: Karrieren, Konflikte, Konstruktionen*, ed. Klaus-Michael Mallmann and Andrej Angrick (Darmstadt, Germany: Wissenschaftliche Buchgesellschaft, 2009), 136–150.

53. 有关施滕策尔对审讯布勒舍尔的描述，参见 Skiba and Stenzel, *Im Namen des Volkes*, 36–40。See also Schwan and Heindrichs, *Der SS-Mann*, 17–21.

54. BArch, DP 3/1577, fo. 20, letter of January 31, 1967.

55. BArch DP 3/1578, fos. 402–411, "Vernehmungsprotokoll," March 24, 1969.

56. BArch DP 3/1578, fos. 493–505.

57. See Młynarczyk, "Vom Massenmörder zum Lebensversicherer."

58. BArch, DP 3/1577, fo. 9, letter of June 27, 1966 from the Hamburg regional court to the

注 释

GDR state prosecutor.

59. Młynarczyk, "Vom Massenmörder zum Lebensversicherer," 145, citing *Stern* magazine.
60. Josef Wulf, *Das Dritte Reich und seine Vollstrecker* (Berlin: Arani, 1961).
61. BArch, DP 3/1577, fos. 61–65.
62. BArch DP 3/1578, fo. 393, internal note of March 20, 1969; fo. 434, *Neues Deutschland*, May 4, 1969; fo. 444, 信封中包含这场审判的照片。
63. BArch DP 3/1578, fos. 512–518.
64. BArch DO 1/32778, 新闻剪报（1985—1990），包括《新德意志报》1983 年 6 月 8 日登载的海因茨·巴尔特一案的报道。
65. Beate Meyer, "Der 'Eichmann von Dresden': 'Justizielle Bewältigung' von NS-Verbrechen in der DDR am Beispiel des Verfahrens gegen Henry Schmidt," in *Deutsche, Juden, Völkermord: Der Holocaust als Geschichte und Gegenwart*, ed. Jürgen Matthäus and Klaus-Michael Mallmann (Darmstadt, Germany: Wissenschaftliche Buchgesellschaft, 2006), 275–291; 遣送相关的审判数字位于第 275 页。
66. Meyer, "Der 'Eichmann von Dresden,' " 281–283.
67. BArch DP 3/1614; BArch DP 3/1615.
68. BArch DP 3/1614, Oberstes Gericht der DDR, 1. Strafsenat, 1 OSB 8/87, 21.
69. BArch DP 3/1614, Oberstes Gericht der DDR, 1. Strafsenat, 1 OSB 8/87, 18.
70. Horst Busse and Udo Krause, *Lebenslänglich für den Gestapokommissar: Der Prozeß gegen den Leiter des Judenreferats bei der Dresdener Gestapo, SS-Obersturmführer Henry Schmidt, vor dem Bezirksgericht Dresden vom 15. bis 28. September 1987* (Berlin: Staatsverlag der Deutschen Demokratischen Republik, 1988), 11.
71. *Neues Deutschland*, September 24, 1987, BArch DP 3/2273.
72. *Neues Deutschland*, September 29, 1987, BArch DP 3/2273.
73. "Büßen für die Sauberkeit: Inhaftierte NS-Verbrecher in der DDR hoffen auf Gnade," *Der Spiegel*, March 5, 1990, 150–151, available at http://www.spiegel.de/spiegel/print/d-13497256.html, accessed August 20, 2013.
74. "Büßen für die Sauberkeit," 150.
75. Almut Greiser, *Der Kommandant: Josef Schwammberger; Ein NS-Täter in der Erinnerung von Überlebenden* (Berlin: Aufbau Verlag, 2011); Gerhard Mauz, *Die großen Prozesse der Bundesrepublik Deutschland*, ed. Gisela Friedrichsen (Springe, Germany: zu Klampen Verlag, 2005); Oliver Schröm with Andrea Röpke, *Stille Hilfe für braune Kameraden: Das geheime Netzwerk der Alt- und Neonazis* (Berlin: Chr. Links Verlag, 2001); Aaron Freiwald with Martin Mendelsohn, *The Last Nazi: Josef Schwammberger and the Nazi Past* (New York: W. W. Norton, 1994).
76. BArch, DP 3/2078, Bd. 14.
77. USC VHA Mielec, Norbert Friedman (b. 1922, Kraków), interviewed by Mark Goldberg on June 7, 1995, in West Hempstead, NY.
78. Greiser, *Der Kommandant*; Freiwald, *The Last Nazi*; Gerhard Steinacher, *Nazis on the Run:*

How Hitler's Henchmen Fled Justice (Oxford: Oxford University Press, 2011), chs. 2 and 3.
79. BArch, DP 3/2078.
80. Greiser, *Der Kommandant*, 31.
81. Greiser, *Der Kommandant*, 188.
82. Greiser, *Der Kommandant*, 196.
83. Greiser, *Der Kommandant*, 189–198.
84. Greiser, *Der Kommandant*, 196.
85. Gerhard Mauz, "Stellvertretend für das System: Über den NS-Prozess gegen Josef Schwammberger in Stuttgart (1992)," in Mauz, *Die großen Prozesse*, 58.
86. Mauz, "Stellvertretend für das System," 63.
87. Hans Schueler, "Schuldig ist nur, wer grausam mordet," *Die Zeit*, May 22, 1992.

第十三章　为时已晚，为时太晚

1. 关于这一话题，例子参见：Henning Borggräfe, *Zwangsarbeiterentschädigug* (Göttingen, Germany: Wallstein Verlag, 2014); Constantin Goschler, *Schuld und Schulden: Die Politik der Wiedergutmachung für NS-Verfolgte seit 1945* (Göttingen, Germany: Wallstein Verlag, 2005); Christoph Höschler, *NS-Verfolgte im "antifaschistischen Staat" : Vereinnahmung und Ausgrenzung in der ostdeutschen Wiedergutmachung (1945–1989)* (Berlin: Metropol, 2002); Jürgen Lillteicher, *Raub, Recht und Restitution: Die Rückerstatting jüdischen Eigentums in der frühen Bundesrepublik* (Göttingen, Germany: Wallstein Verlag, 2007)。
2. Hans Frankenthal, in collaboration with Andreas Plake, Babette Quinkert, and Florian Schmaltz, *The Unwelcome One: Returning Home from Auschwitz*, trans. John A. Broadwin (Evanston, IL: Northwestern University Press, 2002), 95.
3. 关于德国、法国和瑞士之间的反差，参见 Regula Ludi, *Reparations for Nazi Victims in Postwar Europe* (Cambridge: Cambridge University Press, 2012), particularly ch. 4, "Germany: Hitler's Many Victims and the Survivors of Nazi Persecution," 76–144。
4. 例子参见：David Art, *The Politics of the Nazi Past in Germany and Austria* (Cambridge: Cambridge University Press, 2006)。
5. Michael Bazyler, *Holocaust, Genocide, and the Law: A Quest for Justice in the Post-Holocaust World* (New York: Oxford University Press, 2016), ch. 5.
6. 例子参见：Robert Moeller, *War Stories: The Search for a Usable Past in the Federal Republic of Germany* (Berkeley: University of California Press, 2001), ch. 2。
7. Frankenthal, *Unwelcome One*, 96.
8. Frankenthal, *Unwelcome One*, 96.
9. Frankenthal, *Unwelcome One*, 97.
10. Guenter Lewy, *The Nazi Persecution of the Gypsies* (Oxford: Oxford University Press, 2000), 199–217; Gilad Margalit, *Germany and Its Gypsies: A Post-Auschwitz Ordeal* (Madison: University of Wisconsin Press, 2002). See also Julia von dem Knesebeck, *The Roma Struggle*

注 釋

for Compensation (Hatfield, UK: University of Hertfordshire Press, 2011).

11. Till Bastian, Sinti und Roma im Dritten Reich: Geschichte einer Verfolgung (Munich: Verlag C. H. Beck, 2001), 83.

12. Margalit, Germany and Its Gypsies.

13. Quoted in Lewy, Nazi Persecution of the Gypsies, 203.

14. José Brunner, Norbert Frei, and Constantin Goschler, "Komplizierte Lernprozesse: Zur Geschichte und Aktualität der Wiedergutmachung," in Die Praxis der Wiedergutmachung: Geschichte, Erfahrung und Wirkung in Deutschland und Israel, ed. N. Frei, J. Brunner, and C. Goschler (Göttingen, Germany: Wallstein Verlag, 2009), 41.

15. Lewy, Nazi Persecution of the Gypsies, 203–204.

16. Lewy, Nazi Persecution of the Gypsies, 204.

17. Brunner, Frei, and Goschler, "Komplizierte Lernprozesse," 40.

18. Wahl, Verfolgung und Vermögensentzug Homosexueller, 89–90.

19. Pierre Seel, I, Pierre Seel, Deported Homosexual, trans. Joachim Neugroschel (New York: Basic Books, 2011), 134.

20. Seel, I, Pierre Seel, 139.

21. Henning Borggräfe, "Deutsche Unternehmen und das Erbe der NS-Zwangsarbeit: Verlauf und Folgen des Streits um Entschädigung seit den 1990er Jahren," in Unternehmer und NS-Verbrechen: Wirtschaftseliten im "Dritten Reich" und in der Bundesrepublik Deutschland, ed. Jörg Osterloh and Harald Wixforth, Wissenschaftliche Reihe des Fritz Bauer Instituts (Frankfurt am Main: Campus Verlag, 2014), 368.

22. Borggräfe, "Deutsche Unternehmen und das Erbe der NS-Zwangsarbeit."

23. Goschler, Schuld und Schulden, 480–481.

24. Borggräfe, "Deutsche Unternehmen und das Erbe der NS-Zwangsarbeit," 386.

25. Alexander von Plato, Almut Leh, and Christoph Thonfeld, eds., Hitler's Slaves: Life Stories of Forced Labourers in Nazi-Occupied Europe (New York: Berghahn, 2010), ix.

26. Borggräfe, "Deutsche Unternehmen und das Erbe der NS-Zwangsarbeit," 384–385.

27. Brunner, Frei, and Goschler, "Komplizierte Lernprozesse," 32.

28. Brunner, Frei, and Goschler, "Komplizierte Lernprozesse," 45.

29. Brunner, Frei, and Goschler, "Komplizierte Lernprozesse," 14.

30. Goschler, Schuld und Schulden, 477; Lutz Niethammer, "Converting Wrongs to Rights? Compensating Nazi Forced Labor as Paradigm," in Restitution and Memory: Material Restoration in Europe, ed. Dan Diner and Gotthard Wunberg (New York: Berghahn, 2007); Stuart Eizenstat, Imperfect Justice: Looted Assets, Slave Labor, and the Unfinished Business of World War II (New York: Public Affairs, 2003).

31. Angelika Benz, Der Henkersknecht: Der Prozess gegen John (Iwan) Demjanjuk in München (Berlin: Metropol Verlag, 2011); Robert D. Mcfadden, "John Demjanjuk, 91, Dogged by Charges of Atrocities as Nazi Camp Guard, Dies," New York Times, March 17, 2012, available at http://www.nytimes.com/2012/03/18/world/europe/john-demjanjuk-nazi-

guard-dies-at-91.html?_r=0, accessed August 19, 2015.
32. Raul Hilberg, *The Destruction of the European Jews*, 3rd ed. (New Haven, CT: Yale University Press, 2003), 1171.
33. Lawrence Douglas, *The Right Wrong Man: John Demjanjuk and the Last Great Nazi War Crimes Trial* (Princeton, NJ: Princeton University Press, 2016), 260 将此观点视为德米扬纽克案和格勒宁案中法院"简单、粗暴而伟大的洞见"。
34. Peter Huth, ed., *Die letzten Zeugen: Der Auschwitz-Prozess von Lüneberg 2015; Eine Dokumentation* (Berlin: Reclam, 2015).
35. *Auschwitz: The Nazis and the Final Solution*, written and produced by Laurence Rees, BBC, 2005; Laurence Rees, *Auschwitz: The Nazis and the Final Solution* (London: BBC Books, 2005).
36. Quoted in "Oskar Gröning to Stand Trial for Being Auschwitz Guard in Case That Could Make German Legal History," *Independent*, February 14, 2015.
37. Miklós Nyiszli, *I Was Doctor Mengele's Assistant*, trans. Witold Zbirohowski-Kościa (Oświęcim, Poland: Frap-books, 2001); 本书原先以匈牙利语出版，该英文版基于波兰语译本译出。
38. The CANDLES website, http://www.candlesholocaustmuseum.org, accessed July 20, 2015.
39. "Oskar Gröning trial: British Auschwitz survivor takes the stand," *Guardian*, May 13, 2015, available at http://www.theguardian.com/world/2015/may/13/oskar-groning-trial-british-auschwitz-survivor-susan-pollack, accessed July 20, 2015.
40. Judith Kalman, "Victim Impact Statement at the Trial of Oskar Gröning," available at http://judithevakalman.com/nazi-war-crime-trial-testimony/courttranscript/, accessed July 20, 2015.
41. See now https://candlesholocaustmuseum.org, and formerly http://www.candlesholocaustmuseum.org/sites/default/files/Statement%20on%20sentencing%20of%20Groening%20-%2015%20July%202015.pdf, accessed July 20, 2015.
42. 有大量文献都涉及了公共辩论、媒体争议，以及政治和文化的干预，其中以西德的最为丰富。Peter Reichel, *Vergangenheitsbewältigung in Deutschland: Die Auseinandersetzung mit der NS-Diktatur in Politik und Justiz*, 2nd ed. (Munich: C. H. Beck, 2007) 提供了一份选择性的综述。关于西德隐藏的"第二罪责"，例子参见 Ralph Giordano, *Die zweite Schuld: Oder von der Last ein Deutscher zu sein* (Hamburg: Rasch & Röhring, 1993); Ralph Giordano, ed., *"Wie kann diese Generation eigentlich noch atmen?" Briefe zu dem Buch Die zweite Schuld, oder Von der Last Deutscher zu sein* (Hamburg: Rasch & Röhring, 1990)。另参见以下著作的"文献路径"：Donald M. McKale, *Nazis after Hitler: How Perpetrators of the Holocaust Cheated Justice and Truth* (Lanham, MD: Rowman & Littlefield, 2012); 批评意见参见：Peter Hayes, *German Studies Review* 36, no. 3 (October 2013): 728–730。
43. Kate Connolly, "'Accountant of Auschwitz' Jailed for the Murder of 300,000 Jews," *Guardian*, July 15, 2015.
44. 数字出自 Michael Greve, "Täter oder Gehilfen? Zum strafrechtlichen Umgang mit NS-Gewaltverbrechern in der Bundesrepublik Deutschland," in *"Bestien" und "Befehlsempfänger": Frauen und Männer in NS-Prozesse nach 1945*, eds. Ulrike Weckel und Edgar Wolfrum (Göttingen, Germany: Vandenhoeck & Ruprecht, 2003), 202.

45. Andreas Eichmüller, "Die Strafverfolgung von NS-Verbrechen durch westdeutsche Justizbehörden seit 1945: Eine Zahlenbilanz," *Vierteljahrshefte für Zeitgeschichte* 4 (2008): 624–25.
46. Eichmüller, "Die Strafverfolgung von NS-Verbrechen," 634.
47. Eichmüller, "Die Strafverfolgung von NS-Verbrechen," 637.
48. Eichmüller, "Die Strafverfolgung von NS-Verbrechen," 636.
49. 民主德国的人口相对稳定，仅有小幅波动，而西德在建立之初人口约为5000万，到20世纪60年代后期，已经增长到6000万，截至两德统一之时，则增长到近6400万。判决数量取自 Adalbert Rückerl, *The Investigation of Nazi Crimes, 1945–1978*, trans. Derek Rutter (Hamden, CT: Archon, 1980), 72–73。
50. 数字来源：C. F. Rüter, *DDR-Justiz und NS-Verbrechen: Sammlung Ostdeutscher Strafurteile wegen Nationalsozialistischer Tötungsverbrechen, Register und Dokumente* (Munich: K. G. Saur Verlag, 2010), 97–98。

第十四章　倾听受害者的声音

1. Cf., e.g., Peter Novick, *The Holocaust and Collective Memory* (London: Bloomsbury, 2000), and Theodore S. Hamerow, *Why We Watched: Europe, America and the Holocaust* (New York: W. W. Norton, 2008), 452–478. 另参见充满争议的 Norman Finkelstein, *The Holocaust Industry: Reflections on the Exploitation of Jewish Suffering*, 2nd ed. (New York: Verso, 2003)。
2. 关于对于创伤的方法论变化，参见 Didier Fassin and Richard Rechtman, *The Empire of Trauma: An Inquiry into the Condition of Victimhood*, trans. Rachel Gomme (Princeton, NJ: Princeton University Press, 2009), chs. 1–4。
3. Gilad Margalit, *Germany and Its Gypsies: A Post-Auschwitz Ordeal* (Madison: University of Wisconsin Press, 2002), 180ff.
4. Alexander von Plato, "Geschichte ohne Zeitzeugen? Einige Fragen zur 'Erfahrung' im Übergang von Zeitgeschichte zur Geschichte," in *Zeugenschaft des Holocaust: Zwischen Trauma, Tradierung und Ermittlung*, ed. Fritz Bauer Institut (Frankfurt am Main; Campus Verlag, 2007), 141–142.
5. Dina Porat, *Israeli Society, the Holocaust and Its Survivors* (London: Vallentine Mitchell, 2008), 389.
6. Werner Weinberg, quoted in Peter Novick, *The Holocaust and Collective Memory: The American Experience* (London: Bloomsbury, 2001), 66.
7. Finkelstein, *The Holocaust Industry*, 81, 83.
8. 例子参见以下著作中的描述：Judith Miller, *One by One by One: Facing the Holocaust* (New York: Simon & Schuster, 1990)。
9. Raul Hilberg, *The Destruction of the European Jews*, 3rd ed. (New Haven, CT: Yale University Press, 2003), 3:1142.
10. Robert Paxton, *Vichy France: Old Guard and New Order, 1940–44* (New York: Columbia

University Press, 1972). See also: Robert Gildea, *Marianne in Chains: Daily Life in the Heart of France during the German Occupation* (New York: Henry Holt, 2002); Julian Jackson, *France: The Dark Years, 1940–1944* (Oxford: Oxford University Press, 2001); Adam Nossiter, *France and the Nazis: Memories, Lies and the Second World War* (London: Methuen, 2001); Henry Rousso, *The Vichy Syndrome: History and Memory in France since 1944*, trans. Arthur Goldhammer (Cambridge, MA: Harvard University Press, 1991); and Olivier Wieviorka, *Divided Memory: French Recollections of World War II from the Liberation to the Present*, trans. George Holoch (Stanford, CA: Stanford University Press, 2012).

11. Serge Klarsfeld, *Memorial to the Jews Deported from France, 1942–1944: Documentation of the Deportation of the Victims of the Final Solution in France* (New York: B. Klarsfeld Foundation, 1983).

12. Serge Klarsfeld, "Author's Preface," in *French Children of the Holocaust: A Memorial*, ed. Susan Cohen, Howard M. Epstein, and Serge Klarsfeld; trans. Glorianne Depondt and Howard M. Epstein (New York: New York University Press, 1996), xi.

13. Pierre Nora, *Realms of Memory*, trans. Arthur Goldhammer (New York: Columbia University Press, 1998), 3:609–637.

14. 参见其中一位先驱带有自传性质的陈述：Annette Leo, "Oral History in der DDR: Eine sehr persönliche Rückschau," in *Es gilt das gesprochene Wort. Oral History und Zeitgeschichte heute*, ed. Knud Andresen, Linde Apel and Kirsten Heinsohn (Göttingen, Germany: Wallstein, 2015)。

15. First published in *Tygodnik Powszechny*, January 11, 1987.

16. Tom Segev, *The Seventh Million: The Israelis and the Holocaust* (New York: Hill & Wang, 1991); Porat, *Israeli Society*, ch. 19.

17. Porat, *Israeli Society*, 388–403.

18. Lawrence Langer, *Holocaust Testimonies: The Ruins of Memory* (New Haven, CT: Yale University Press, 1993).

19. 关于纳粹大屠杀纪念基金会，参见 http://www.fondationshoah.org。

20. 弗鲁克特曼采访的抄录稿参见 Karl Fruchtmann, *Zeugen: Aussagen zum Mord an einem Volk* (Cologne: Kiepenheuer & Witsch, 1982); Claude Lanzmann, *Shoah: An Oral History of the Holocaust* (New York: Pantheon, 1985). 南加州大学的视觉历史档案馆管理着这份由斯皮尔伯格发起并收集的资料；参见 http://sfi.usc.edu。

21. Filip Müller, *Sonderbehandlung: Drei Jahre in den Krematorien und Gaskammern von Auschwitz* (Munich: Stenhausen, 1979); Filip Müller, *Eyewitness Auschwitz: Three Years in the Gas Chambers* (Chicago: Ivan R. Dee, 1999); Gerhard Zwerenz, "Auf Bertelsmanns Spuren: Der Fall Filip Müller," available at http://www.poetenladen.de/zwerenz-gerhard-sachsen48-filip-mueller.htm.

22. Andreas Plake, Babette Quinkert, and Florian Schmaltz, afterword to Hans Frankenthal, with Andreas Plake, Babette Quinkert, and Florian Schmaltz, *The Unwelcome One: Returning Home from Auschwitz*, trans. John A. Broadwin (Evanston, IL: Northwestern University Press, 2002), 127–137.

23. 《金衣女人》(2015) 由西蒙·柯蒂斯 (Simon Curtis) 执导、艾历克西斯·凯伊·坎贝尔

（Alexi Kaye Campbell）编剧，它明确承认自己是以纪录片《偷盗克里姆特》为底本的。

24. Binjamin Wilkomirski, *Fragments: Memories of a Wartime Childhood*, ed. Carol Brown Janeway (New York: Shocken, 1996).
25. Jack Eisner, *The Survivor*, ed. Irving A. Leitner (New York: William Morrow, 1980), 266, 他在文中声称大门上写着："依功过论处。劳动带来自由。"（Jedem das Seine. Arbeit Macht Frei.）
26. Frankenthal, *Unwelcome One*.
27. Ruth Klüger, *Weiter leben* (Göttingen, Germany: Wallstein, 1992).
28. Ann Kirschner, *Sala's Gift: My Mother's Holocaust Story* (New York: Free Press, 2006).
29. Doris Martin, with Ralph S. Martin, *Kiss Every Step* (privately published, 2009).
30. 例子参见 Sam Pivnik, *Survivor: Auschwitz, the Death March and My Fight for Freedom* (London: Hodder & Stoughton, 2012). 由于公众对幸存者故事的胃口几乎无法得到满足，所以代笔作者也就变得越来越重要，认识到这一点也并不有损于幸存者经历、苦难和勇气的真实性。
31. Josef Baumgarten, USC VHA, Interview Code 10509; born Będzin July 7, 1925; interviewed San Diego, CA, by John Kent, December 22, 1995.
32. Bernhard Rammerstorfer, *Unbroken Will: The Extraordinary Courage of an Ordinary Man* (New Orleans: Grammaton, 2004), 164.
33. Rammerstorfer, *Unbroken Will*, 174.
34. Rammerstorfer, *Unbroken Will*, 177.
35. Stefanie Westermann, Tim Ohnhäuser, and Richard Kühl, "'Euthanasie'-Verbrechen und Erinnerung," in *NS- "Euthanasie" und Erinnerung: Vergangenheitsaufarbeitung—Gedenkformen—Betroffenenperspektiven*, ed. Stefanie Westermann, Richard Kühl, and Tim Ohnhäuser (Berlin: Lit Verlag, 2011), 7–15.
36. Alfred Fleßner, "Zur Aufarbeitung der NS- 'Euthanasie' in den Familien der Opfer," in Westermann, Kühl, and Ohnhäuser, *NS- "Euthanasie" und Erinnerung: Vergangenheitsaufarbeitung*, 195–207.
37. Margalit, *Germany and Its Gypsies*, ch. 8. 例子另参见 Wolfgang Wippermann, *"Wie die Zigeuner": Antisemitismus und Antiziganismus im Vergleich* (Berlin: Elefanten, 1997)。
38. 采访人为加布丽埃勒·蒂瑙尔，收藏在耶鲁福图诺夫视频档案室（YVA），尤其是：HVT 2802, August D., July 21, 1991; HVT 2805, Karl W., July 22, 1991; HVT 2769, Martha E., July 21, 1991; HVT 2810, Agnes B., July 21, 1991; HVT 2812, Gertrud B., July 22, 1991; HVT 2807, Friedrich L., July 19, 1991。
39. Guenter Lewy, *The Nazi Persecution of the Gypsies* (New York: Oxford University Press, 2000), 227.
40. Christian Reimesch, *Vergessene Opfer des Nationalismus? Zur Entschädigung von Homosexuellen, Kriegsdienstverweigeren, Sinti und Roma und Kommunisten in der Bundesrepublik Deutschland* (Berlin: Verlag für Wissenschaft und Kultur, 2003), 173.
41. Yale Fortunoff Archive, HVT 2769, Martha E., July 21, 1991, 20:55.
42. 但是，可参见 Eve Rosenhaft, "At Large in the 'Gray Zone': Narrating the Romany

Holocaust," in Unsettling History: Archiving and Narrating in Historiography, ed. Sebastian Jobs and Alf Lüdtke (Frankfurt am Main: Campus, 2010); Eve Rosenhaft, "Blacks and Gypsies in Nazi Germany: The Limits of the 'Racial State,'" History Workshop Journal 72 (2011): 161–170。

43. Heinz Heger, *The Men with the Pink Triangle*, trans. David Fernbach (London: Gay Men's Press, 1980).

44. Pierre Seel, *I, Pierre Seel, Deported Homosexual: A Memoir of Nazi Terror*, trans. Joachim Neugroschel (New York: Basic Books, 2011); Frank Rector, ed., *The Nazi Extermination of Homosexuals* (New York: Stein & Day, 1981); Gad Beck with Frank Heibert, *An Underground Life: The Memoirs of a Gay Jew in Nazi Berlin*, trans. Allison Brown (Madison: University of Wisconsin Press, 1999); Niko Wahl, *Verfolgung und Vermögensentzug Homosexueller auf dem Gebiet der Republik Österreich während der NS-Zeit: Bemühungen um Restitution, Entschädigung und Pensionen in der Zweiten Republik* (Munich: Oldenbourg Verlag, 2004).

第十五章 寻找过去的意义，生活在当下

1. Primo Levi, *The Drowned and the Saved*, trans. Raymond Rosenthal (London: Michael Joseph, 1988), 12.

2. Primo Levi, *Drowned and the Saved*, 11–12.

3. Charlotte Delbo, *Auschwitz and After*, 2nd ed., trans. Rosette C. Lamont (New Haven, CT: Yale University Press, 2014).

4. Otto Dov Kulka, *Landscapes of the Metropolis of Death: Reflections on Memory and Imagination* (London: Penguin, 2013), 11.

5. Kulka, *Landscapes*, 56–71.

6. Saul Friedländer, *When Memory Comes*, trans. Helen Lane (New York: Farrar, Straus & Giroux, 1979); Kulka, *Landscapes*; Ruth Klüger, *Weiter leben* (Munich: Deutscher Taschenbuch Verlag, 1994).

7. Imre Kertész, *Fateless*, trans. Tim Wilkinson (London: Vintage, 2006;), also published as *Fatelessness*; Imre Kertész, *Dossier K.*, trans. Tim Wilkinson (Brooklyn, NY: Melville House, 2013).

8. Yitzhak Arad, *Belzec, Sobibor, Treblinka: The Operation Reinhard Death Camps* (Bloomington: Indiana University Press, 1987).

9. Kulka, *Landscapes*, 75.

10. Kulka, *Landscapes*, 75.

11. Kulka, *Landscapes*, 75, 77.

12. Gerhard Durlacher, *Stripes in the Sky: A Wartime Memoir*, trans. Susan Massot (London: Serpent's Tale, 1991).

13. Kertész, *Fateless*, 261.

14. Kertész, *Fateless*, 262.

注 释

15. 库尔卡的回忆就遭到了以下文章的质疑：Anna Hájková, "Israeli Historian Otto Dov Kulka Tells Auschwitz Story of a Czech Family That Never Existed," *Tablet*, October 30, 2014, available at http://tabletmag.com/jewish-arts-andculture/books/186462/otto-dov-kulka, accessed May 9, 2015. 哈伊科娃的批评引发了有关历史学者侵犯个人隐私的问题。

16. Irene Eber, *The Choice: Poland 1939–1945* (New York: Schocken, 2004), 24.

17. 以下作品强调了人们的韧性：Aaron Hass, *The Aftermath: Living with the Holocaust* (Cambridge: Cambridge University Press, 1996)。多里·劳布治疗的是患有严重精神疾病的患者，她从他们身上看到了叙述创伤经历的困难之处。例子参见 Dori Laub, "From Speechlessness to Narrative: The Cases of Holocaust Historians and of Psychiatrically Hospitalized Survivors," *Literature and Medicine* 24, no. 2 (Fall 2005): 253–265。

18. Hass, *Aftermath* 特别提到了这一点。

19. Quoted in Amy Rosenberg, "What Happened to Mary Berg?," *Tablet*, July 17, 2008, available at http://www.tabletmag.com/jewish-news-and-politics/981/what-happened-to-mary-berg, accessed October 2, 2015.

20. Available on the United States Holocaust Memorial Museum website, http://www.ushmm.org/online/film/display/detail.php?file_num=5090, accessed December 29, 2015.

21. Available on the United States Holocaust Memorial Museum website, http://collections.ushmm.org/search/catalog/irn513313, accessed December 27, 2015, 这里他的名字被写作 Richard Glazer（而不是 Glazar）。

22. Richard Glazar, *The Trap with a Green Fence: Survival in Treblinka*, trans. Roslyn Theobald (Evanston, IL: Northwestern University Press, 1992).

23. Gerhard Durlacher, *The Search: The Birkenau Boys*, trans. Susan Massotty (London: Serpent's Tail, 1998), 62–79.

24. Pierre Seel, *I, Pierre Seel, Deported Homosexual: A Memoir of Nazi Terror*, trans. Joachim Neugroschel (New York: Basic Books, 2011).

25. Fortunoff Video Archive for Holocaust Testimonies, Yale University Library (YVA), HVT-111, Mila P., interviewed by Dori Laub and Laurel Vlock, February 23, 1980.

26. Kestenberg Archive (henceforth KA), (257) 30-85, "Rachel P." (not her real name), born Poland 1936, interviewed in Sweden, 1.

27. KA (257) 30-85, "Rachel P." 3.

28. KA (257) 24-9, Paulette G., born Paris, March 1938; resident in Australia, interviewed 1994, 18–19.

29. KA (257) 24-9, Paulette G., 37.

30. KA (257) 24-9, Paulette G., 38.

31. KA (257) 24-9, Paulette G., 41

32. KA (257) 24-9, Paulette G., 41–42.

33. KA (257) 24-9, Paulette G., 20.

34. KA (257) 24-9, Paulette G., 20.

35. KA (257) 24-15, Eva S., 67.

36. KA (257) 24-15, Eva S., 32.
37. YVA, HVT-210, Alex H., interviewed 16 July 1983 by Rosemary Balsam and Paul Schwaber.
38. YVA, HVT-210, Alex H.
39. YVA, HVT-1521, Aaron S., interviewed by Bernard Weinstein and Susanna Rich, 28 March 1989 and 5 April 1989.
40. YVA, HVT-111, Mila P.
41. KA (257) 24-9, Paulette G., 19.
42. KA (257) 24-9 Paulette G., 19.
43. KA (257) 24-9 Paulette G., 20.
44. KA (257) 24-9 Paulette G., 35.
45. KA (257) 24-15, Eva S. (born 1931 Bratislava), 62.
46. KA (257) 24-15, Eva S., 62.
47. KA (257) 24-15, Eva S., 62.
48. KA (257) 24-15, Eva S., 65.
49. KA (257) 30-85, "Rachel P." 3.
50. KA (257) 30-85, "Rachel P." 3.
51. KA (257) 30-85, "Rachel P." 3.
52. KA (257) 30-85, "Rachel P." 3.
53. YVA, HVT-1521, Aaron S.
54. YVA, HVT-111, Mila P.
55. YVA, HVT-2705, Olga S., born 1929 in Czechoslovakia (now Ukraine), interviewed by Naomi Rappaport, November 4, 1993.
56. Yad Vashem, 069/310, Testimony of Mark Stern (Markus, Maniek), June 1981, 18.
57. Friedländer, *When Memory Comes*, 85.
58. Friedländer, *When Memory Comes*, 75.
59. Friedländer, *When Memory Comes*, 88.
60. Mark Spigelman, "And You Shall Dream All the Days Of Your Life," in *The Words To Remember It: Memoirs of Child Holocaust Survivors*, ed. Sydney Child Holocaust Survivors Group (Sydney: Scribe, 2010). 马克·施皮格尔曼是艺术家阿特·施皮尔曼（尽管姓氏拼写有所不同）的表亲，他在后者的以下这部作品中是一个哭喊着"哇！我好饿！"的三岁孩子：Art Spiegelman, *The Complete Maus* (London: Penguin, 2003), 125。
61. YVA, HVT-2705, Olga S.
62. YVA, HVT-1285, Evelore Sch., born 1921 in Frankfurt am Main, interviewed November 13, 1989.
63. Susan Rubin Suleiman, "The 1.5 Generation: Thinking about Child Survivors and the Holocaust," *American Imago* 59, no. 3 (Fall 2002): 277. See also Susan Rubin Suleiman, *Crises of Memory and the Second World War* (Cambridge, MA: Harvard University Press,

注 释

2006), 178–214.

64. Anna Bikont, *The Crime and the Silence: A Quest for the Truth of a Wartime Massacre*, trans. Alissa Valles (London: Penguin, 2015), 11–12.
65. Bikont, *Crime and Silence*, 12.
66. 例子参见：Danielle Bailly, ed., *The Hidden Children of France 1940–1945: Stories of Survival*, trans. Betty Becker-Theye (Albany: State University of New York Press, 2010); Sharon Kangisser Cohen, *Child Survivors of the Holocaust in Israel: "Finding their Voice"; Social Dynamics and Post-War Experiences* (Brighton, UK: Sussex Academic Press, 2005); Wiktoria Śliwowska, ed., *The Last Eyewitnesses: Children of the Holocaust Speak*, trans. and ed. Julian Bussgang and Fay Bussgang (Evanston, IL: Northwestern University Press, 1998); Sydney Child Holocaust Survivors Group, *Words To Remember It*。
67. KA (257) 26-24.
68. KA (257) 26-24, 20.
69. KA (257) 26-24, 23.
70. KA (257) 26-24, 24.
71. KA (257) 26-24, 24.
72. KA (257) 26-24, 24.
73. KA (257)30-85, Rachel P., interviewed in Swedish in 1993, English translation, 1; 以下皆为原文摘录，不曾纠正过其中的行文错误。
74. KA (257)30-85, Rachel P., 1.
75. KA (257)30-85, Rachel P., 1.
76. KA (257)30-85, Rachel P., 2.
77. KA (257)30-85, Rachel P., 2.
78. Spigelman, "And You Shall Dream."
79. Mark Spigelman, personal conversation with the author, Jerusalem, April 30, 2014.
80. Spigelman, "And You Shall Dream."
81. KA (257) 15–20, Lilo C, 3.
82. KA (257) 15–20, Lilo C, 13.
83. Eber, *Choice*, 175.
84. Eber, *Choice*, 176.
85. 西尔维娅·露特·古特曼的讲述可以在她的个人网站上找到：https://sylviaruthgutmann.com/my-story, and Paul Haist, "Survivor Credits Foundations for Saving Her Life," *Jewish Review*, February 15 2000。
86. Friedländer, *When Memory Comes*.
87. Friedländer, *When Memory Comes*, 33–34.

第十六章　令人不适的区域

1. Frank Bajohr and Dieter Pohl, *Der Holocaust als offenes Geheimnis: Die Deutschen, die NS-Führung und die Alliierten* (Munich: C. H. Beck, 2006); Bernward Dörner, *Die Deutschen und der Holocaust: Was niemand wissen wollte, aber jeder wissen konnte* (Berlin: Ullstein, 2007); Peter Longerich, *"Davon haben wir nichts gewusst!" Die Deutschen und die Judenverfolgung, 1933–1945* (Munich: Siedler Verlag, 2006); Nicholas Stargardt, *The German War: A Nation under Arms, 1939–1945* (London: Bodley Head, 2015).
2. Cf., e.g., Christabel Bielenberg, *The Past Is Myself* (London: Chatto & Windus, 1968).
3. Letter reprinted in Heiner Lichtenstein and Michael Schmid-Ospach, eds., *Holocaust: Briefe an den WDR* (Wuppertal, Germany: Peter Hammer Verlag, 1982), 84.
4. DTA Emmendingen, 386, Heinrich R., b. 1925, "Nicht in der Gnade der späten Geburt," 1998–99, 27.
5. Harald Welzer, "Die Konstruktion des 'anderen Nazis': Über die dialogische Verfertigung der Vergangenheit in einem Zeitzeugeninterview," in *Aus einem deutschen Leben: Lesarten eines biographischen Interviews*, ed. Christian Geulen and Karoline Tschuggnall (Tübingen, Germany: Edition Diskord, 2000), 77–78.
6. Gudrun Schwarz, *Eine Frau an seiner Seite: Ehefrauen in der "SS-Sippengemeinschaft"* (Hamburg: Hamburger Edition, 1997), 282.
7. Harald Welzer, Robert Montau, and Christine Plaß, *"Was wir für böse Menschen sind!" Der Nationalsozialismus im Gespräch zwischen den Generationen* (Tübingen, Germany: Edition Diskord, 1997), 14.
8. Cf. Günter Grass, *Beim Häuten der Zwiebel* (Göttingen, Germany: Steidl Verlag, 2006), 125–27.
9. Lingens quoted in Bernd Naumann, *Der Auschwitz-Prozess: Bericht über die Strafsache gegen Mulka u. a. vor dem Schwurgericht Frankfurt am Main 1963–1965*, rev. ed. (Hamburg: CEP Europäische Verlagsanstalt, 2013), 103–104.
10. Kempowski Bio (KB), 2910/2, Ursula B. diary. 对此更为详细的讨论，参见 Mary Fulbrook, "East Germans in a Post-Nazi State: Communities of Experience, Connection and Identification," in *Becoming East German: Socialist Structures and Sensibilities after Hitler*, ed. Mary Fulbrook and Andrew Port (New York: Berghahn, 2013), ch. 2。
11. Sabine Moller, *Vielfache Vergangenheit: Öffentliche Erinnerungskulturen und Familienerinnerungen an die NS-Zeit in Ostdeutschland* (Tübingen, Germany: Edition Diskord, 2003).
12. 例子参见：Sabine Bode, *Kriegsenkel: Die Erben der vergessenen Generation* (Stuttgart: Klett-Cotta, 2009); Bill Niven, ed., *Germans as Victims: Remembering the Past in Contemporary Germany* (Houndmills, UK: Palgrave Macmillan, 2006)。
13. Cf. Eric Johnson and Karl-Heinz Reuband, *What We Knew: Terror, Mass Murder and Everyday Life in Nazi Germany* (London: Hodder, 2005); Alan Steinweis, *Kristallnacht 1938* (Cambridge, MA: Harvard University Press, 2009), 77, 82ff., 150.
14. DTA Emmendingen, 463, Marianne B., "Bericht über die Dienstzeit als Gymnasiallehrerin in

Auschwitz (1.9.43—21.1.1945)."
15. 以下作品尤其强调了其纳粹思考方式的盘踞不去：Norbert Frei, *1945 und wir: Das Dritte Reich im Bewußtsein der Deutschen* (Munich: C. H. Beck, 2005), 156–159。
16. DTA Emmendingen, 463, 21, 47.
17. DTA Emmendingen, 463, 20–21.
18. DTA Emmendingen, 463, 9; 强调格式为原文所有。
19. DTA Emmendingen, 463, 10.
20. DTA Emmendingen, 463, 22–23.
21. DTA Emmendingen, 463, 65–68.
22. DTA Emmendingen, 463, 21.
23. DTA Emmendingen, 463, 21.
24. DTA Emmendingen, 463, 15.
25. DTA Emmendingen, 463, 15.
26. DTA Emmendingen, 463, 21.
27. DTA Emmendingen, 463, 15–16; 强调格式为原文所有。
28. Cf. also Welzer, Montau, and Plaß, *Was wir für böse Menschen sind*.
29. Cf. Harold Welzer, Sabine Moller, and Karoline Tschuggnall, *Opa war kein Nazi: Nationalsozialismus und Holocaust im Familiengedächtnis* (Frankfurt am Main: S. Fischer Verlag, 2002).
30. Sönke Neitzel and Harald Welzer, *Soldaten: Protokolle vom Kämpfen, Töten und Sterben* (Frankfurt am Main: S. Fischer Verlag, 2011).
31. Interview with Franz Schalling, Claude Lanzmann Shoah Collection, RG-60.5034, Accession Number 1996.166, Film ID 3355, 3356, available at the United States Holocaust Memorial Museum website, USHMM, https://collections.ushmm.org/search/catalog/irn1004244.
32. Hilary Earl, *The Nuremberg SS-Einsatzgruppen Trial, 1945–1958* (New York: Cambridge University Press, 2009), ch.2; Bob Carruthers, ed., *SS Terror in the East: The SS-Einsatzgruppen on Trial* (Barnsley, UK: Pen & Sword Military, 2013), 368ff.
33. Interview in Ahrensburg, Germany, 1979. Available through the United States Holocaust Memorial Museum, Claude Lanzmann Shoah Collection (subsequently USHMM), Heinz Schubert, Story RG-60.5013, Film IDs 3216, 3217, 3218, 3219.
34. USHMM, Story RG-60.5013, Film ID 3218.
35. USHMM, Story RG-60.5013, Film ID 3218.
36. USHMM, Story RG-60.5013, Film ID 3218.
37. USHMM, Story RG-60.5013, Film ID 3219.
38. 另参见 Sue Vice, "Claude Lanzmann's Einsatzgruppen Interviews," in *Representing Perpetrators in Holocaust Literature and Film*, ed. Jenni Adams and Sue Vice (London: Vallentine Mitchell, 2013), 47–68。
39. USHMM, Interview with Karl Kretschmer, Film IDs 3246, 3247.

40. USHMM, Film ID 3247.
41. BArch DP 3/1588, Protocol by Rudolf Zimmermann, Berlin, April 25, 1968, fos. 228–229, fo. 248.
42. BArch DP 3/1588, fos. 249–52.
43. BArch DP 3/1587, Helmut Hensel, October 6, 1967, fos. 207–211, fo. 210.
44. BArch DP 3/1587, fo. 210.
45. Rudolf Höss, *Autobiography of Rudolf Höss*, in *KL Auschwitz Seen by the SS*, ed. Jadwiga Bezwińska and Danuta Czech, trans. Constantine Fitzgibbon (Oświęcim, Poland: Publications of Państwowe Muzeum w Oświęcimiu, 1972), 43.
46. 1. Frankfurter Auschwitz-Prozess "Strafsache gegen Mulka u.a.," 4 Ks 2/63, Landgericht Frankfurt am Main, 22. Verhandlungstag, 2.3.1964 und 23. Verhandlungstag, 5.3.1964, Vernehmung des Zeugen Hans Wilhelm Münch. Available from the Fritz Bauer Institute at http://www.auschwitz-prozess.de, accessed February 8, 2015.
47. 1. Frankfurter Auschwitz-Prozess "Strafsache gegen Mulka u.a.," 4 Ks 2/63.
48. Robert Jay Lifton, *The Nazi Doctors* (New York: Basic, 1986), 418–429.
49. Bruno Schirra, "Die Erinnerung der Täter," *Der Spiegel*, September 28, 1998, 90–100; available at http://www.spiegel.de/spiegel/print/d-8001833.html, accessed February 8, 2015; Imre Karacs, "Is Dr Munch a Confused Old Man or a Defiant Nazi?," *Independent*, November 8, 1998.
50. Juozas Aleksynas interview, United States Holocaust Memorial Museum online exhibit, "Some Were Neighbors," http://somewereneighbors.ushmm.org/#/exhibitions/workers/un2991, accessed 2 July 2015.
51. Regina (Kirvelaitytė) Prudnikova interview, "Some Were Neighbors," http://somewereneighbors.ushmm.org/#/exhibitions/neighbors/un2916 accessed July 2, 2015.
52. Jan Gross, *Fear: Anti-Semitism in Poland after Auschwitz* (New York: Random House, 2006).
53. BArch DP 3/2164, Bd. 31, Reservepolizeibataillon 41 (Kriegsverbrechen in Polen) 1980, testimony of Kazimierz K., Fol. 341b.
54. 更多内容参见：Mary Fulbrook, "Bystanders: Catchall Concept, Alluring Alibi, or Crucial Clue?" in *Erfahrung, Erinnerung, Geschichtsschreibung: Neue Perspektiven auf die deutschen Diktaturen* (Göttingen, Germany: Wallstein, 2106), ch. 5。
55. Michael Steinlauf, *Bondage to the Dead: Poland and the Memory of the Holocaust* (Syracuse, NY: Syracuse University Press, 1997), ch. 7.
56. Jan Gross, *Neighbors: The Destruction of the Jewish Community in Jedwabne, Poland, 1941* (London: Arrow, 2003); Antony Polonsky and Joanna Michlic, eds., *The Neighbors Respond: The Controversy over the Jedwabne Massacre in Poland* (Princeton, NJ: Princeton University Press, 2004).
57. Anna Bikont, *The Crime and the Silence: A Quest for the Truth of a Wartime Massacre*, trans. Alissa Valles (London: William Heinemann, 2015).

第十七章　父辈的罪孽

1. *Speer und Er* (*Speer and Hitler: The Devil's Architect*), directed by Heinrich Breloer (2005).
2. 该节基于我于 2016 年 8 月 5 日在阿尔滕堡对鲁迪·齐默尔曼之子克劳斯及其妻子萨比娜的采访。我由衷地感谢克劳斯和萨比娜·齐默尔曼，虽然这个主题如此困难，他们却愿意同我交谈，我也感谢他们为我付出的时间，以及他们对我的理解。
3. 有关齐默尔曼审判的细节，参见上文第十二章。有关这份判决书的正式出版文件，参见 C. F. Rüter, with L. Hekelaar Gombert and D. W. de Mildt, *DDR-Justiz und NS-Verbrechen: Sammlung Ostdeutscher Strafurteile wegen Nationalsozialistischer Tötungsverbrechen*, vol. 2, *Die Verfahren Nr. 1031–1963 der Jahre 1965-1974* (Munich: K. G. Saur Verlag, 2002), 463–493。
4. 例子参见 Oliver von Wrochem, with Christine Eckel, *Nationalsozialistische Täterschaften: Nachwirkungen in Gesellschaft und Familie* (Berlin: Metropol, 2016)。
5. KA (257) 26-42, HM (born 1941).
6. KA (257) 26-42, HM, 1.
7. KA (257) 26-42, HM, 2.
8. C. F. Rüter and D. W. de Mildt, eds., *Justiz und NS-Verbrechen: Sammlung deutscher Strafurteile wegen nationalsozialistischer Tötungsverbrechen 1945–1999*, vol. 39, *Die vom 05.06.1973 bis zum 26.07.1974 ergangenen Strafurteile* (Amsterdam: Amsterdam University Press, 2008), 313–462.
9. KA (257) 26-42, HM, transcript 12, 他在这里的原话是"Vater einen besonderen Wert darauf legte, kranke Stücke auszuschießen"。
10. Cf., e.g., Stephan Lebert and Norbert Lebert, *My Father's Keeper: The Children of the Nazi Leaders—An Intimate History of Damage and Denial*, trans. Julian Evans (Boston: Little, Brown, 2001); originally published as *Denn Du trägst meinen Namen* (Munich: Karl Blessing Verlag, 2000); Peter Sichrovsky, *Born Guilty: The Children of the Nazis*, trans. Jean Steinberg (London: I. B. Tauris, 1988); Gerald Posner, *Hitler's Children* (London: Heinemann, 1991).
11. Dan Bar-On, *Legacy of Silence: Encounters with Children of the Third Reich* (Cambridge, MA: Harvard University Press, 1989), ch. 5; Renate Wald, *Mein Vater Robert Ley: Meine Erinnerungen und Vaters Geschichte* (Nümbrecht, Germany: Galunder, 2004).
12. Bar-On, *Legacy of Silence*, ch. 8. 尽管马丁·A. 鲍曼［原名叫阿道夫·马丁·鲍曼（Adolf Martin Bormann）］的身份并没有在本书里得到披露，但是后来鲍曼本人详细地谈论过他的经历: Martin Bormann, *Leben gegen Schatten: Gelebte Zeit, geschenkte Zeit* (Paderborn, Germany: Bonifatius, 1996)。
13. *The Decent One* (2014).
14. Oliver Schröm and Andrea Röpke, *Stille Hilfe für braune Kameraden* (Berlin: Christoph Links Verlag, 2001); Lebert and Lebert, *My Father's Keeper*, 194.
15. 这是莱贝特对她的形容，参见 Lebert and Lebert, *My Father's Keeper*, 180, and on Gudrun Himmler's interview, 154–196。
16. Thomas Harding, *Hanns and Rudolf: The German Jew and the Hunt for the Kommandant*

of Auschwitz (London: Random House, Windmill Books, 2014).
17. Lebert and Lebert, *My Father's Keeper*, 83.
18. Niklas Frank, *In the Shadow of the Reich*, trans. Arthur S. Wensinger (New York: Alfred Knopf, 1991); originally *DerVater: Eine Abrechnung* (Munich: C. Bertelsmann, 1987).
19. 弗兰克的说法转引自 Lebert and Lebert, *My Father's Keeper*, 151。
20. Niklas Frank, *Meine deutsche Mutter* (Munich: C. Bertelsmann, 2005) and *Bruder Norman! "Mein Vater war ein Naziverbrecher, aber ich liebe ihn"* (Bonn: Dietz, 2013).
21. Daniel Goldhagen, *Hitler's Willing Executioners: Ordinary Germans and the Holocaust* (New York: Knopf, 1996).
22. Philippe Sands, *My Nazi Legacy* (BFI, 2015). See also Philippe Sands, "My Father, the Good Nazi," *Financial Times Magazine*, May 3, 2013, available at http://www.ft.com/cms/s/2/7d6214f2-b2be-11e2-8540-00144feabdc0.html, accessed January 31, 2016.
23. Lebert and Lebert, *My Father's Keeper*, 107–121; Bar-On, *Legacy of Silence*, Ch. 8.
24. Lebert and Lebert, *My Father's Keeper*, 120–121.
25. Lebert and Lebert, *My Father's Keeper*, 121.
26. Werner Oder, *Battling with Nazi Demons* (West Horsley, UK: Onwards & Upwards, 2011).
27. Bar-On, *Legacy of Silence*, ch. 5.
28. Wald, *Mein Vater Robert Ley*.
29. Richard J. Evans, *The Third Reich in Power* (London: Penguin, 2006), 462–465.
30. 关于施佩尔自己富有争议的清算，参见 Albert Speer, *Erinnerungen* (Frankfurt am Main: Ullstein, 1969), and Gitta Sereny, *Abert Speer: His Battle with the Truth* (New York: Alfred Knopf, 1995)。
31. 希尔德·施拉姆于 2009 年 2 月 15 日发表的演讲，available at the Zurückgeben website, http://www.stiftung-zurueckgeben.de/69.html, accessed November 2, 2014.
32. "I feel ashamed"——Hilde Schramm interview with Henrik Hamrén, "How It Really Feels to Be the Daughter of Albert Speer," *Guardian*, April 18, 2005, available at http://www.theguardian.com/world/2005/apr/18/secondworldwar.gender/print (accessed October 7, 2013).
33. Ilka Piepgras, "In vielen Wohnzimmern steht von den Nazis beschlagnahmter Besitz—eine Stiftung will auf das Unrecht aufmerksam machen. Schnäppchen mit dem Hausrat deportierter Juden," *Berliner Zeitung*, February 16, 1995, available at http://www.berliner-zeitung.de/archiv/in-vielen-wohnzimmern-steht-von-den-nazis-beschlagnahmter-besitz---eine-stiftung-will-auf-das-unrecht-aufmerksam-machen-schnaeppchen-mit-dem-hausrat-deportierter-juden,10810590,8915128.html#plx1317477401, accessed October 27, 2015.
34. Irene Anhalt. "Farewell to My Father," in *The Collective Silence: German Identity and the Legacy of Shame*, eds. Barbara Heimannsberg and Christoph Schmidt, trans. Cynthia Oudejans Harris and Gordon Wheeler (San Francisco: Jossey-Bass, 1993), 47.
35. Anhalt. "Farewell to My Father," 47.
36. Anhalt. "Farewell to My Father," 40.

37. Anhalt. "Farewell to My Father," 43.
38. Anhalt. "Farewell to My Father," 44.
39. Anhalt. "Farewell to My Father," 46.
40. Anhalt. "Farewell to My Father," 48.
41. Malte Ludin, dir., *2 oder 3 Dinge, die ich von ihm weiß: Die Gegenwart der Vergangenheit in einer deutschen Familie*, 2004.
42. Alexandra Senfft, *Schweigen tut weh: Eine deutsche Familiengeschichte* (Berlin: Ullstein, 2007).
43. Katrin Himmler, *The Himmler Brothers: A German Family History*, trans. Michael Mitchell (London: Macmillan, 2007), 307–308.
44. Bar-On, *Legacy of Silence*, 144.
45. Bar-On, *Legacy of Silence*, 155.
46. 例子参见：Konstantinos Lianos, "Auschwitz Commander's Grandson: Why My Family Call Me a Traitor," *Daily Telegraph*, November 20, 2014, available at http://www.telegraph.co.uk/news/worldnews/europe/germany/11241714/Auschwitz-commanders-grandson-Why-my-family-call-me-a-traitor.html, accessed July 13, 2017.
47. Jens-Jürgen Ventzki, *Seine Schatten, meine Bilder: Eine Spurensuche* (Innsbruck, Austria: Studien Verlag, 2011), 32ff.
48. Ventzki, *Seine Schatten, meine Bilder*, 33.
49. 参见她在以下两部纪录片中的讨论：*Inheritance* (2006) and *Hitler's Children* (2011)，以及她在以下作品中带有自传性质的叙述：Matthias Kessler, *Ich muß doch meinen Vater lieben, oder? Die Lebensgeschichte von Monika Göth, Tochter des KZ-Kommandanten aus "Schindlers Liste"* (Frankfurt am Main: Eichborn, 2002)。
50. Thomas Keneally, *Schindler's Ark* (London: Hodder & Stoughton, 1982).
51. 例子参见：Olaf Jensen, *Geschichte machen: Strukturmerkmale des intergenerationellen Sprechens über die NS-Vergangenheit in deutschen Familien* (Tübingen, Germany: Edition Diskord, 2004); Sabine Moller, *Vielfache Vergangenheit: Öffentliche Erinnerungskulturen und Familienerinnerungen an die NS-Zeit in Ostdeutschland* (Tübingen, Germany: Edition Diskord, 2003); Margit Reiter, *Die Generation danach: Der Nationalsozialismus im Familiengedächtnis* (Innsbruck, Austria: Studienverlag, 2006); Gabriele Rosenthal, ed., *The Holocaust in Three Generations: Families of Victims and Perpetrators of the Nazi Regime* (London: Cassell, 1998); Harold Welzer, Sabine Moller, and Karoline Tschuggnall, *Opa war kein Nazi: Nationalsozialismus und Holocaust im Familiengedächtnis* (Frankfurt am Main: S. Fischer Verlag, 2002); and Harald Welzer, Robert Montau and Christine Plaß, unter Mitarbeit von Martina Piefke, *"Was wir für böse Menschen sind!" Der Nationalsozialismus im Gespräch zwischen den Generationen* (Tübingen, Germany: Edition Diskord, 1997)。
52. KA (257) 26-25, DH.
53. KA (257) 26-25, DH, 23.
54. KA (257) 26-25, DH, 24.
55. KA (257) 26-25, DH, 24.

56. KA (257) 26-25, DH, 3.
57. KA (257) 26-25, DH, 3.
58. KA (257) 26-25, DH, 3.
59. DTA Emmendingen, Handbibliothek T Lutt 1a, Horst Lutter, *Tagebücher meiner Mutter*, 202.
60. DTA Emmendingen, 301, Rainer L., "Zwölf Jahre" (written 1994–98).
61. DTA Emmendingen, 301, Rainer L., "Zwölf Jahre," 10.
62. DTA Emmendingen, 301, Rainer L., "Zwölf Jahre," 11.
63. Bar-On, *Legacy of Silence*, ch. 9. On the "1929ers" more generally, see Mary Fulbrook, *Dissonant Lives: Generations and Violence through the German Dictatorships* (Oxford: Oxford University Press, 2011).
64. 例子参见：Björn Krondorfer, "Eine Reise gegen das Schweigen," in *Das Vermächtnis annehmen: Kulturelle und biographische Zugänge zum Holocaust—Beiträge aus den USA und Deutschland*, eds. Brigitte Huhnke and Björn Krondorfer (Gießen, Germany: Psycho-Sozial Verlag, 2002), 315–344。
65. Bar-On, *Legacy of Silence*, 257.
66. Bar-On, *Legacy of Silence*, 26–41.
67. Bar-On, *Legacy of Silence*, 330.
68. Bar-On, *Legacy of Silence*, 160–178.
69. Dörte von Westernhagen, *Die Kinder der Täter: Das Dritte Reich und die Generation danach* (Munich: Kösel, 1987), 102–107.
70. KA (257) 24-21: "HK."
71. KA (257) 24-21: "HK," 5.
72. KA (257) 24-21: "HK," 51–52.
73. KA (257) 24-21: "HK," 41.
74. KA (257) 24-21: "HK," 37.
75. KA (257) 24-21: "HK," 39.
76. 例子参见：Krondorfer, "Eine Reise gegen das Schweigen"。
77. Cf. e.g. Vamik D. Volkan, *A Nazi Legacy: Depositing, Transgenerational Transmission, Dissocation, and Remembering through Action* (London: Karnac, 2015).
78. Bar-On, *Legacy of Silence*, 74.
79. Cf. Reiter, *Die Generation danach*, 262–291.
80. 关于理论方面的考虑，参见 Dorothee Wierling, " 'Zeitgeschichte ohen Zeitzeugen': Vom kommunikativen zum kulturellen Gedächtnis—drei Geschichten und zwölf Thesen," *BIOS* 21, no. 1 (2008): 28–36。
81. Reiter, *Die Generation danach*.
82. Annette Leo, "Antifaschismus," in *Erinnerungsorte der DDR*, ed. Martin Sabrow (Munich: C. H. Beck, 2009), 38–39. See also the account by her son, Maxim Leo, *Red Love: The Story of*

注 释 759

    an East German Family, trans. Shaun Whiteside (London: Pushkin, 2013).

83. BArch DC 4/305, Zentralinstitut für Jugendforschung, Dr. Wilfried Schubarth, "Zum Geschichtsbewusstsein von Jugendlichen der DDR."

84. Konrad Brendler, "Die NS-Geschichte als Sozialisationsfaktor und Identitätsballast der Enkelgeneration," in *"Da ist etwas kaputtgeggangen an den Wurzeln…" : Identitätsformen deutscher und israelischer Jugendlicher im Schatten des Holocaust*, eds. Dan Bar-On, Konrad Brendler, and A. Paul Hare (Frankurt am Main: Campus, 1997), 54.

85. Annette Leo, "Das Problem der nationalsozialistischen Vergangenheit," in *Zweierlei Geschichte: Lebensgeschichte und Geschichtsbewußtsein von Arbeitnehmern in West- und Ost-Deutschland*, ed. Bernd Faulenbach, Annette Leo, and Klaus Weberskirch (Essen, Germany: Klartext Verlag, 2000), 300–340.

86. 一个有趣的例子参见：Bettine Völter and Gabriele Rosenthal, "We Are the Victims of History: The Seewald Family," in Rosenthal, *Holocaust in Three Generations*, 264–284。

87. Moller, *Vielfache Vergangenheit*, 82–105; Iris Wachsmuth, *NS-Vergangenheit in Ost und West: Tradierung und Sozialisation* (Berlin: Metropol, 2008).

88. Simone Scherger und Martin Kohli, "Eine Gesellschaft—zwei Vergangenheiten? Historische Ereignisse und kollektives Gedächtnis in Ost- und Westdeutschland," *BIOS* 18, no. 1 (2005): 3–27.

89. Jensen, *Geschichte machen*, 382.

90. Jensen, *Geschichte machen*, 379–380.

91. Jensen, *Geschichte machen*, 380–381.

92. Moritz Pfeiffer, *Mein Großvater im Krieg, 1939–1945: Erinnerung und Fakten im Vergleich* (Bremen, Germany: Donat Verlag, 2012), particularly 148–163.

93. Uwe Timm, *Am Beispiel meines Bruders* (Munich: Kiepenheuer & Witsch, 2003).

94. Pfeiffer, *Mein Großvater im Krieg*, 173–175.

第十八章　迫害的漫长阴影

1. Helen Epstein, *Children of the Holocaust: Conversations with Sons and Daughters of Survivors* (London: Penguin, 1979).

2. Epstein, *Children of the Holocaust*, 16.

3. Epstein, *Children of the Holocaust*, 16.

4. Epstein, *Children of the Holocaust*, 16.

5. Epstein, *Children of the Holocaust*, 16.

6. Epstein, *Children of the Holocaust*, 16.

7. Arlene Stein, *Reluctant Witnesses: Survivors, Their Children and the Rise of Holocaust Consciousness* (Oxford: Oxford University Press, 2014), 75–76; Stephen Cohen, ed., "The Holocaust: Our Generation Looks Back," special issue, *Response: A Contemporary Jewish Review* 25 (Spring 1975).

8. Lucy Y. Steinitz, "A Personal Foreword," in *Living after the Holocaust: Reflections by Children of Survivors in America*, ed. Lucy Y. Steinitz, 2nd ed. (New York: Bloch, 1979), iii.
9. Atina Grossmann, *Jews, Germans, and Allies: Close Encounters in Occupied Germany* (Princeton, NJ: Princeton University Press, 2007), 184–235.
10. 例子参见: Stefanie Westermann, Tim Ohnhäuser, and Richard Kühl, " 'Euthanasie'—Verbrechen und Erinnerung," in *NS- "Euthanasie" und Erinnerung: Vergangenheitsaufarbeitung—Gedenkformen—Betroffenenperspektiven*, ed. Stefanie Westermann, Richard Kühl, and Tim Ohnhäuser (Berlin: Lit Verlag, 2011), 7–15, and Alfred Fleßner, "Zur Aufarbeitung der NS- 'Euthanasie' in den Familien der Opfer," in Westermann, Ohnhäuser, and Kühl, *NS- "Euthanasie" und Erinnerung*, 195–207。
11. Peter Michael Lingens, *Ansichten eines Außenseiters* (Vienna: Verlag Kremayr & Scheriau, 2009).
12. Lingens, *Ansichten eines Außenseiters*, 83.
13. Steinitz, *Living after the Holocaust*.
14. Alan L. Berger and Naomi Berger, eds., *Second Generation Voices: Reflections by Children of Holocaust Survivors and Perpetrators* (Syracuse, NY: Syracuse University Press, 2001), 3.
15. Anne Karpf, *The War After: Living with the Holocaust* (London: Minerva, 1997), 250, 219.
16. 一份英国公司的在线名单显示，这个机构的成立时间是1996年12月19日，解散时间是2012年5月22日: http://www.companieslist.co.uk/03294539-second-generation-trust, accessed January 4, 2014。
17. 讨论参见: Aaron Hass, *In the Shadow of the Holocaust: The Second Generation* (Cambridge: Cambridge University Press, 1996)。
18. Paula S. Fass, *Inheriting the Holocaust: A Second-Generation Memoir* (New Brunswick, NJ: Rutgers University Press, 2009), 145.
19. Eva Hoffman, *After Such Knowledge: A Meditation on the Aftermath of the Holocaust* (London: Vintage, 2004), 10.
20. Gabriele Rosenthal, Michal Dasberg, and Yael Moore, "The Collective Trauma of the Lodz Ghetto: The Goldstern Family," in *The Holocaust in Three Generations: Families of Victims and Perpetrators of the Nazi Regime*, ed. Gabriele Rosenthal (London: Cassell, 1998), 51–68.
21. Rosenthal, Dasberg, and Moore, "The Collective Trauma of the Lodz Ghetto," 58–59.
22. Hoffman, *After Such Knowledge*, 11.
23. Yael Danieli, "The Treatment and Prevention of Long-term Effects and Intergenerational Transmission of Victimization: A Lesson from Holocaust Survivors and Their Children," in *Trauma and Its Wake*, vol. 1, *The Study and Treatment of Post-Traumatic Stress Disorder*, ed. Charles R. Figley (New York: Brunner/Mazel, 1985), 295–313.
24. 关于这一争议的精彩介绍，参见 Hass, *In the Shadow of the Holocaust*。
25. Cf., e.g., Helen Thomson, "Study of Holocaust Survivors Finds Trauma Passed On to Children's Genes," *Guardian*, August 21, 2015, available at http://www.theguardian.com/science/2015/aug/21/study-of-holocaust-survivors-findstrauma-passed-on-to-childrens-genes, accessed August 24, 2015.

26. Fass, *Inheriting the Holocaust*, 5.
27. Karpf, *War After*, 146.
28. Fass, *Inheriting the Holocaust*, 109.
29. Hoffman, *After Such Knowledge*, 3.
30. Hoffman, *After Such Knowledge*, 3.
31. Hoffman, *After Such Knowledge*, 6.
32. Hoffman, *After Such Knowledge*, 16.
33. Dina Wardi, *Memorial Candles: Children of the Holocaust* (London: Routledge, 1992).
34. Wardi, *Memorial Candles*.
35. Wardi, *Memorial Candles*, 46.
36. Wardi, *Memorial Candles*, 28.
37. Wardi, *Memorial Candles*, 36.
38. Wardi, *Memorial Candles*, 221.
39. Wardi, *Memorial Candles*, 222.
40. Marianne Hirsch, *Generation of Postmemory: Writing and Visual Culture after the Holocaust* (New York: Columbia University Press, 2012), 5; Marianne Hirsch, *Family Frames: Photography, Narrative and Postmemory* (Cambridge, MA: Harvard University Press, 1997).
41. Hoffman, *After Such Knowledge*, x.
42. Hoffman, *After Such Knowledge*, xv.
43. Karpf, *War After*, 4.
44. Karpf, *War After*, 5.
45. Judith Kalman, "Victim Impact Statement at the Trial of Oskar Gröning," available at http://judithevakalman.com/nazi-war-crime-trial-testimony/court-transcript/, accessed August 24, 2015.
46. Kalman, "Victim Impact Statement."
47. Hoffman, *After Such Knowledge*, 9–10.
48. Lisa Appignanesi, *Losing the Dead: A Family Memoir* (London: Random House, 2000), 32–33.
49. Appignanesi, *Losing the Dead*, 49–52.
50. Berger and Berger, *Second Generation Voices*, 1.
51. Kalman, "Victim Impact Statement."
52. Lisa Reitman-Dobi, "Once Removed," in Berger and Berger, *Second Generation Voices*, 19.
53. Fass, *Inheriting the Holocaust*, 109.
54. Fass, *Inheriting the Holocaust*, 111.
55. Fass, *Inheriting the Holocaust*, 113–119.
56. Fass, *Inheriting the Holocaust*, 109.

57. Dan Bar-On, *Legacy of Silence: Encounters with Children of the Third Reich* (Cambridge, MA: Harvard University Press, 1989), 4.
58. Tom Segev, *The Seventh Million: The Israelis and the Holocaust*, trans. Haim Watzman (New York: Henry Holt, 1991).
59. 它也存在于虚构作品中，例子参见 David Grossman, *See Under: Love*, trans. Betsy Rosenberg (London: Vintage, 1989), and Aharon Appelfeld, *The Immortal Bartfuss*, trans. Jeffrey Green (New York: Grove, 1988)。
60. Carol. A. Kidron, "Silent Legacies of Trauma: A Comparative Study of Cambodian Canadian and Israeli Holocaust Trauma Descendant Memory Work," in *Remembering Violence: Anthropological Perspectives on Intergenerational Transmission*, ed. Nicholas Argenti and Katharina Schramm (New York: Berghahn, 2010), 193–228.
61. Jaclyn Blumenfeld, "Conscription and the Marginalization of Military Values in Modern Israeli Society (1982–2010)" (honors thesis, Emory University, 2010), 17.
62. 这个词有时候也用于药物成瘾或者有严重的情绪困扰的人。例子参见："The Magical Mystery Tour (2 of 2)," *Haaretz*, December18, 2003, available at http://www.haaretz.com/the-magical-mystery-tour-2-of-2-1.109095, accessed June 14, 2012.
63. Dina Wardi, "Familial and Collective Identity in Holocaust Survivors and the Second Generation," in *A Global Perspective on Working with Holocaust Survivors and the Second Generation*, ed. John Lemberger (Jerusalem: JDC-Brookdale Institute in cooperation with the World Council of Jewish Communal Service, 1995), 331–340.
64. Karpf, *War After*.
65. Maria Orwid, Ewa Domagalska-Kurdziel, and Kazimierz Pietruszewski, "Psychosocial Effects of the Holocaust on Survivors and the Second Generation in Poland: Preliminary Report," in Lemberger, *Global Perspective*, 205–242.
66. 例子参见：Piotr Madajczyk, "Experience and Memory: The Second World War in Poland," in *Experience and Memory: The Second World War in Europe*, ed. Jörg Echternkamp and Stefan Martens (New York: Berghahn, 2010), 70–85。
67. Art Spiegelman, *Maus: A Survivor's Tale* (New York: Pantheon, 1997); Jonathan Safran Foer, *Everything Is Illuminated* (Boston: Houghton Mifflin, 2002); Daniel Mendelsohn, *The Lost: A Search for Six of Six Million* (New York: HarperCollins, 2006).
68. Fass, *Inheriting the Holocaust*, 7.
69. *Die Wohnung*, dir. Arnon Goldfinger, 2011.
70. 例子参见：Monika Maron, *Pawels Briefe* (Frankfurt am Main: Fischer, 1999) and Mendelsohn, *Lost*。另参见 Erin McGlothlin, *Second-Generation Holocaust Literature: Legacies of Survival and Perpetration* (Rochester, NY: Camden House, 2006); Irene Kacandes, " 'When Facts Are Scarce': Authenticating Strategies in Writing by Children of Survivors," in *After Testimony: The Ethics and Aesthetics of Holocaust Narrative for the Future*, ed. Jakob Lothe, Susan Rubin Suleiman, and James Phelan (Columbus: Ohio State University Press, 2012), 179–197。
71. Fass, *Inheriting the Holocaust*, 28.
72. Solly Kaplinski, *Lost and Found: A Second Generation Response to the Holocaust: A Polish*

Experience (Cape Town: Creda, 1992).

73. Kaplinski, *Lost and Found*, 9.

74. Wardi, *Memorial Candles*, 214–215 讨论了某些"纪念的蜡烛"如何在治疗的最后阶段，得以放下他们被指定的角色，并且"卸下了未经思索的悲痛和沮丧的重担"。他们实现疗愈的方法常常是这样的：他们通过探访家庭的故乡，"发现他们从支离破碎的故事中听闻的城镇、乡村和住所竟然真的存在，那里还真的住着人。于是，想象过去的人物、家庭和社群对他们来说不再困难。过去的世界开始获得了形态和意义"。

75. Lucille Eichengreen, with Harriet Hyman Chamberlain, *From Ashes to Life: My Memories of the Holocaust* (San Francisco: Mercury House, 1994). 巴里·艾肯格林在以下著作中撰写了关于欧洲经济的章节：Mary Fulbrook, ed., *The Short Oxford History of Europe: Europe since 1945* (Oxford: Oxford University Press, 2000). 尽管事实上我们谈论过彼此来自中欧的移民背景，但我不记得他涉及过其母亲经历的任何细节。

76. Personal interview; excerpts may be seen in my film on Będzin, available on YouTube at http://www.youtube.com/watch?v=iHyRb3ctnx0.

77. Bar-On, *Legacy of Silence*, 291.

78. Peter Sichrovsky, *Born Guilty: The Children of the Nazis*, trans. Jean Steinberg (London: I. B. Tauris, 1988).

79. Dörte von Westernhagen, *Die Kinder der Täter: Das Dritte Reich und die Generation danach* (Munich: Kösel, 1987).

80. Norbert Lebert and Stephan Lebert, *Denn Du trägst meinen Namen: Das schwere Erbe der prominenten Nazi-Kinder* (Munich: Karl Blessing Verlag, 2000).

81. Rosenthal, *Holocaust in Three Generations*.

82. Gertrud Hardtmann, "Auf der Suche nach einer unbeschädigten Identität," in *"Da ist etwas kaputtgeggangen an den Wurzeln…" Identitätsformen deutscher und israelische Jugendlicher im Schatten des Holocausts*, ed. Dan Bar-On, Konrad Brendler, and A. Paul Hare (Frankfurt am Main: Campus, 1997), 106–107.

83. Harold Welzer, Sabine Moller, and Karoline Tschuggnall, *Opa war kein Nazi: Nationalsozialismus und Holocaust im Familiengedächtnis* (Frankfurt am Main: S. Fischer Verlag, 2002); Harald Welzer, Robert Montau, and Christine Plaß, *"Was wir für böse Menschen sind!" Der Nationalsozialismus im Gespräch zwischen den Generationen* (Tübingen, Germany: Edition Diskord, 1997).

84. *Eine unmögliche Freundschaft*, prod. Michael Richter, Provobis, 1998.

85. Samson Munn, "The Austrian Encounter," available at http://nach.ws/SummarySamson.html, accessed January 4, 2014.

86. Mona Weissmark, *Justice Matters: Legacies of the Holocaust and World War II* (Oxford: Oxford University Press, 2004).

87. 例子参见：*NBC Dateline*, "Journey to Understanding," part 2, 2011, available at http://www.youtube.com/watch?v=IcWeufEszyo。

88. Cf., e.g., Samson Munn, "The Austrian Encounter," available at http://nach.ws/SummarySamson.html, accessed January 4, 2014.

89. Berger and Berger, *Second Generation Voices*, 10.
90. 例子参见：Naftali Bendavid and Harriet Torry, "How Grandson of Auschwitz Boss Is Trying to Remake Family Name," *Wall Street Journal*, January 26, 2015, available at http://www.wsj.com/articles/how-grandson-of-auschwitzboss-is-trying-to-remake-family-name-1422243182, accessed August 24, 2015。

第十九章　遗忘与纪念

1. 就本书讨论的所有议题而言，文献实在太过庞大，不可能在这里充分罗列。不过，就大环境而言，例子参见 Peter Reichel, *Politik mit der Erinnerung: Gedächtnisorte im Streit um die nationalsozialistische Vergangenheit* (Munich: Hanser, 1995); James E. Young, ed., *The Art of Memory: Holocaust Memorials in History* (Munich: Prestel-Verlag, 1994); and James E. Young, *Stages of Memory. Reflections on Memorial Art, Loss, and the Spaces Between* (Amherst: University of Massachusetts Press, 2016)。
2. Piotr Trojański, academic advisor to the International Center for Education about Auschwitz and the Holocaust, Memorial and Museum Auschwitz-Birkenau, at a workshop organized by University College London at Auschwitz, September 19, 2013.
3. Jonathan Huener, *Auschwitz, Poland, and the Politics of Commemoration, 1945–1979* (Athens: Ohio University Press, 2003).
4. 按照许纳的说法，"虽然教宗在这个场所的言行使得波兰的纪念模式获得了合法地位，但是它们也标志着其解体的开端"。Huener, *Auschwitz*, 30.
5. 比较以下著作中的照片，由我在 1988 年参观时拍摄：Mary Fulbrook, *A Concise History of Germany*, 2nd ed. (Cambridge: Cambridge University Press, 2004), 203。
6. Trojański, September 19, 2013.
7. Trojański, September 19, 2013.
8. E.g., Anne Karpf, *The War After* (London: Heinemann, 1996).
9. Mary Fulbrook *A Small Town near Auschwitz: Ordinary Nazis and the Holocaust* (Oxford: Oxford University Press, 2012), ch. 12.
10. Michael Steinlauf, *Bondage to the Dead: Poland and the Memory of the Holocaust* (Syracuse, NY: Syracuse University Press, 1997), 48.
11. Steinlauf, *Bondage to the Dead*, 49.
12. Quoted in Steinlauf, *Bondage to the Dead*, 73.
13. Thomas (Toivi) Blatt, *Sobibor: The Forgotten Revolt; A Survivor's Report* (Issaquah, WA: HEP, 1997).
14. Blatt, *Sobibor*, 130.
15. Blatt, *Sobibor*, 131.
16. Blatt, *Sobibor*, 131.
17. Robert Kuwałek, *Das Vernichtungslager Bełżec*, trans. Steffen Hänschen (Berlin: Metropol Verlag, 2013), 307–334.

18. 希尔斯曼的英文版证词可以在以下网址找到：https://kollublin.wordpress.com/2011/10/01/chaim-hirszman-testimo/, accessed January 25, 2015; see also Rudolf Reder, *Bełżec* (Kraków: Centralna Żydowska Komisja Historyczna przy C. K. Żydów Polskich, 1946), in English translation in *I Survived a Secret Nazi Extermination Camp*, ed. Mark Forstater (London: Psychology News Press, 2013). 译者弗尔斯塔特（Forstater）的家庭成员就死在了卢布林区，这让他感到自己与这段历史有着个人的联系。

19. Kuwałek, *Vernichtungslager Bełżec*, 327.

20. "Growing Number of Visitors to the State Museum at Majdanek," January 12, 2017, available at http://www.belzec.eu/en/news/growing_number_of_visitors _to_the_state_museum_at_majdanek/758, accessed July 18, 2017.

21. Łucja Pawlicka-Nowak, "Events Commemorating the Former Extermination Camp at Chełmno-on-Ner (until 1995)" and "Events Commemorating Chełmno (1995–2004)," in *Chełmno Witnesses Speak*, ed. Łucia Pawlicka-Nowak (Lodz: Council for the Protection of Memory of Combat and Martyrdom, District Museum in Konin, 2004), 32–39, 40–41.

22. Lisa Appignanesi, *The Memory Man* (London: Arcadia, 2004).

23. Jan T. Gross, *Neighbors: The Destruction of the Jewish Community in Jedwabne, Poland, 1941* (London: Arrow, 2003); Antony Polonsky and Joanna Michlic, eds., *The Neighbors Respond: The Controversy over the Jedwabne Massacre in Poland* (Princeton, NJ: Princeton University Press, 2004).

24. Anna Bikont, *The Crime and the Silence* (New York: Farrar, Straus, and Giroux, 2015).

25. Robert Kuwalek, *From Lublin to Bełżec: Traces of Jewish presence and the Holocaust in South-Eastern Part of the Lublin Region* (Lublin, Poland: Ad Rem, n.d.), 13.

26. Irene Eber, *The Choice: Poland, 1939–1945* (New York: Schocken, 2004), 43–45.

27. Eber, *Choice*, 44.

28. Eber, *Choice*, 44.

29. Eber, *Choice*, 45.

30. Eber, *Choice*, ch. 4.

31. Alfred Konrad, speech on May 11, 2013, *Leseprobe aus dem Mitteilungsblatt, Hl. Band*, June 2013, available at http://www.galizien-deutsche.de/hochgeladen/dateien/Leseprobe-Juni2013-Ansprache-A.Konrad.pdf, accessed January 26, 2015.

32. Heinz Heger, *The Men with the Pink Triangle*, trans. David Fernbach (London: Gay Men's Press, 1980), 50.

33. 例子参见：Brian Ladd, *The Ghosts of Berlin* (Chicago: University of Chicago Press, 1997); Uta Staiger, Henriette Steiner, and Andrew Webber, eds., *Memory Culture and the Contemporary City: Building Sites* (London: Palgrave Macmillan, 2009); Karen E. Till, *The New Berlin: Memory, Politics, Place* (Minneapolis: University of Minnesota Press, 2005)。

34. Daniel Jonah Goldhagen, *Hitler's Willing Executioners* (New York: Alfred A. Knopf, 1996); Hannes Heer and Klaus Naumann, eds., *Vernichtungskrieg: Verbrechen der Wehrmacht, 1941–1944* (Hamburg: Hamburger Edition HIS Verlag, 1995).

35. Micha Brumlik, "Der Sinn des Holocaustdenkmals zu Berlin," in *Umkämpftes Vergessen:*

Walser-Debatte, Holocaust-Mahnmal und neuere deutsche Geschichtspolitik, by Micha Brumlik, Hajo Funke, and Lars Rensmann (Berlin: Verlag Das Arabische Buch, 1999), 175–76; Wolfgang Thierse, "Warum ist es notwendig, in Berlin einen Erinnerungsort an die Opfer des Holocaust zu haben?," in *Was hat der Holocaust mit mir zu tun? 37 Antworten*, ed. Harald Roth (Munich: Pantheon, 2014), 224–228.

36. 不过也参见 Cem Özdemir, "Was geht mich das an? Erinnerungskultur in der Einwanderungsgesellschaft," in Roth, *Was hat der Holocaust mit mir zu tun?*, 234–236。
37. 参见君特·德姆尼希的"绊脚石"项目网站：http://www.stolpersteine.eu/start/。
38. 例子另参见：Caroline Pearce, "Visualising 'Everyday Evil': The Representation of Nazi Perpetrators in German Memorial Sites," in *Representing Perpetrators in Holocaust Literature and Film*, ed. Jenni Adams and Sue Vice (London: Vallentine Mitchell, 2013), 207–230。
39. 以下文献对与行凶者有关的场所和幸存者的"纪念场所"作出了区分：Markus Urban, "Memorialization of Perpetrator Sites in Bavaria," in *Memorialisation in Germany since 1945*, ed. Bill Niven and Chloe Paver (Houndmills, UK: Palgrave Macmillan, 2010), 103。See also Neil Gregor, *Haunted City: Nuremberg and the Nazi Past* (New Haven, CT: Yale University Press, 2008).
40. Oliver von Wrochem, ed., *Nationalsozialistische Täterschaften: Nachwirkingungen in Gesellschaft und Familie* (Berlin: Metropol Verlag, 2016).
41. Gregor Holzinger, ed., *Die zweite Reihe: Täterbiografien aus dem Konzentrationslager Mauthausen*, Mauthausen-Studien 10 (Vienna: New Academic Press, 2016).
42. Bertrand Perz, *Projekt "Quarz" : Der Bau einer unterirdischen Fabrik durch Häftlinge des KZ Melk für die Steyr-Daimler-Puch AG, 1944–1945* (Innsbruck, Austria: Studien Verlag, 2012), 551–553.
43. E.g., Martin Pollack, *Kontaminierte Landschaften* (Vienna: Residenz Verlag, 2014).
44. Patrick Desbois, *The Holocaust by Bullets: A Priest's Journey to Uncover the Truth behind the Murder of 1.5 Million Jews* (Houndmills, UK: Palgrave Macmillan, 2008).
45. Jens Nagel, "Remembering Prisoners of War as Victims of National Socialist Persecution and Murder in Post-War Germany," in Niven and Paver, *Memorialisation*, ch. 2.5.
46. Mary Fulbrook, *Anatomy of a Dictatorship: Inside the GDR, 1949–1989* (Oxford: Oxford University Press, 1995).
47. Albert Knoll, "Homosexuelle Häftlinge im KZ Dachau," in *Das Konzentrationslager Dachau: Geschichte und Wirkung nationalsozialistischer Repression*, ed. Wolfgang Benz and Angelika Königseder (Berlin: Metropol, 2008), 237–252; Harold Marcuse, *Legacies of Dachau: The Uses and Abuses of a Concentration Camp, 1933–2001* (Cambridge: Cambridge University Press, 2001).
48. Christopher Isherwood, *The Berlin Stories* (New York: New Directions, 1945).
49. E.g., Rudolf Brazda, *Itinéraire d'un Triangle rose* (Paris: Massot, 2010), and Alexander Zinn *"Das Glück kam immer zu mir" : Rudolf Brazda—Das Überleben eines Homosexuellen im Dritten Reich* (Frankfurt am Main: Campus Verlag, 2011).
50. Reactions summarized in "Homo-Denkmal in Berlin eröffnet," *Medrum*, http://www.

medrum.de/content/homo-denkmal-berlin-eroeffnet.

51. 例子参见 Elizabeth Olson, "Gay Focus at Holocaust Museum," *New York Times*, January 4, 2003。

52. Jonathan Danilowitz, "Remembering the '175ers,' " *Jerusalem Post*, January 23, 2014.

53. Patricia Pientka, *Das Zwangslager für Sinti und Roma in Berlin-Marzahn: Alltag, Verfolgung und Deportation* (Berlin: Metropol Verlag, 2013), 197–202.

54. "Nazi Graffiti Mars Berlin Memorial to Roma," *Deutsche Welle*, October 20, 2015, available at http://www.dw.com/en/nazi-graffiti-mars-berlin-monument-to-roma/a-18814597, accessed January 13, 2016.

55. 例子参见 : Melissa Eddy, "Monument Seeks to End Silence on Killings of the Disabled by the Nazis," *New York Times*, September 2, 2014。

56. Gerrit Hohendorf, "Informations- und Gedenkort Tiergartenstrasse 4 in Berlin—Der Appell des Arbeitskreises vom 14. Juni 2010 und die Stellungnahme von 8. Dezember 2010," in *Den Opfern ihre Namen geben: NS- "Euthanasie" -Verbrechen, historisch-politische Verantwortung und Erinnerungskultur: Fachtagung vom 13. bis 15. Mai 2011 in Kloster Irsee*, ed. Arbeitskreis zur Erforschung der nationalsozialistischen "Euthanasie" und Zwangssterilisation, Berichte des Arbeitskreises 7 (Münster, Germany: Klemm & Oelschläger, 2011); see also the letter to the German president, Parliament, and key individuals of December 8, 2010, reproduced here, 70–74.

57. Arbeitskreis, *Den Opfern ihre Namen geben*, 69.

58. Henry Friedlander, *The Origins of Nazi Genocide: From Euthanasia to the Final Solution* (Chapel Hill: University of North Carolina Press, 1992), 88–89.

59. Boris Böhm, "Der Umgang mit der NS- 'Euthanasie'-Verbrechen in der DDR," in *25 Jahre Aufarbeitung der NS- "Euthanasie" in Pirna*, ed. Kuratorium Gedenkstätte Sonnenstein e.V. (Pirna, Germany: Kuratorium Gedenkstätte Sonnenstein e.V., 2014), 13.

60. 参见"贝恩堡纪念馆协会"网站：http://www.gedenkstaette-bernburg.de，以及以下网站中的"贝恩堡'安乐死'中心"页面：http://www.dark-tourism.com/index.php/germany/15-countries/individual-chapters/357-bernburg-euthanasia-centre, accessed September 15, 2014。

61. Thomas Schilter, "Persönliche Erinnerungen," in Kuratorium Gedenkstätte Sonnenstein, *25 Jahre Aufarbeitung*, 18–21.

62. Bernd Richter, "Erinnerungen des Pfarrers der Gemeinde Pirna-Sonnenstain," in Kuratorium Gedenkstätte Sonnenstein, *25 Jahre Aufarbeitung*, 22–25.

63. Kurt Nowak, "Krankenmorde im NS-Staat: Die Vernichtung 'lebensunwertes Lebens' in den psychiatrischen Anstalten Sachsens 1939/40–1945," in Kuratorium Gedenkstätte Sonnenstein, *25 Jahre Aufarbeitung*, 33–46.

64. Gedenkstätte Pirna-Sonnenstein website, https://www.stsg.de/cms/pirna/startseite, accessed September 15, 2014.

65. Thomas Schilter, "Persönliche Erinnerungen," in Kuratorium Gedenkstätte Sonnenstein., *25 Jahre Aufarbeitung*, 18–21.

66. Bettina Winter, Gerhard Baader, Johannes Cramer, et al., *"Verlegt nach Hadamar" : Die Geschichte einer NS- "Euthanasie" -Anstalt*, Historische Schriften des Landeswohlfahrtverbandes Hessen, Kataloge, 2 (Kassel, Germany: Landeswohlfahrtverbandes Hessen, 2009).
67. Gedenkstätte Hadamar website, http://www.gedenkstaette-hadamar.de/webcom/show_article.php/_c-618/_nr-1/_p-1/i.html, accessed September 15, 2014.
68. Susanne Knittel, "Remembering Euthanasia: Grafeneck in the Past, Present and Future," in Niven and Paver, *Memorialisation*, 124–133.
69. Gedenkstätte Grafeneck website, http://www.gedenkstaette-grafeneck.de/265.htm, accessed September 15, 2014; see now http://s522790709.online.de/265.htm.
70. Hartmut Reese and Brigitte Kepplinger, "Das Gedenken in Hartheim," in *Tötungsanstalt Hartheim*, ed. Brigitte Kepplinger, Gerhart Marckhgott, and Hartmut Reese (Linz, Austria: Oberösterreichisches Landesarchiv und Lern- und Gedenkort Schloss Hartheim, 2013), 523–48; see also Bizeps—Zentrum für Selbstbestimmtes Leben, ed., *Wertes/unwertes Leben* (Vienna: Bizeps—Zentrum für Selbstbestimmtes Leben, 2012).
71. Official website at http://www.schloss-hartheim.at/index.php/en/memorial-site-exhibition/exhibition-value-of-life, accessed September 9, 2016.
72. See http://de.nationalfonds.org, accessed September 15, 2014.
73. *My Nazi Legacy* (BFI, 2015).
74. Klaus Neumann, *Shifting Memories: The Nazi Past in the New Germany* (Ann Arbor: University of Michigan Press, 2000), ch. 9; Annette Leo, *"Das ist so'n zweischneidiges Schwert hier unser KZ…" Der Fürstenberger Alltag und das Frauenkonzentrationslager Ravensbrück* (Berlin: Metropol, 2007).
75. Ruth Klüger, *Weiter leben* (Göttingen, Germany: Wallstein Verlag, 1992).
76. Pierre Seel, *I, Pierre Seel, Deported Homosexual: A Memoir of Nazi Terror*, trans. Joachim Neugroschel (New York: Basic Books, 2011), 134.
77. Seel, *I, Pierre Seel*, 140.
78. Erica Lehrer, "Relocating Auschwitz: Affective Relations in the Jewish-German-Polish Troika," in *Germany, Poland, and Postmemorial Relations: In Search of a Livable Past*, ed. Kristin Kopp and Joanna Niżyńska (New York: Palgrave Macmillan, 2012), 213–237.
79. Cf., e.g., Jennifer Hansen-Glucklich, *Holocaust Memory Reframed: Museums and the Challenges of Representation* (New Brunswick, NJ: Rutgers University Press, 2014).
80. United Nations General Assembly, October 26, 2005, Sixtieth session, Agenda item 72, A/60/L.12, available as a PDF on the Yad Vashem website at http://www.yadvashem.org/yv/en/remembrance/international/pdf/un_decision.pdf, accessed November 1, 2013.
81. 例如，Bill Niven and Chloe Paver, introduction to Niven and Paver, *Memorialisation*, 5 认为，到了20世纪末，"对德国受害者的关注（大体上）不再像20世纪50年代那样充斥着仇恨和政治化的特征"。
82. Cf., e.g., Judith Miller, *One by One by One* (New York: Simon & Schuster, 1990).
83. 演讲的英语译文参见Martin Walser, "Experiences while Composing a Sunday Speech (1998),"

注 释   769

in *The Burden of the Past: Martin Walser on Modern German Identity: Texts, Contexts, Commentary*, by Thomas Kovach and Martin Walser (Rochester, NY: Camden House, 2008, 89)。

84. Walser, "Experiences while Composing a Sunday Speech," 91.
85. Ignatz Bubis, "Rede des Präsidenten des Zentralrates der Juden in Deutschland am 9. November 1998 in der Synagoge Ryketsrasse in Berlin, 9.11.1998," in *Die Walser-Bubis-Debatte: Ein Dokumentation*, ed. Frank Schirrmacher (Frankfurt am Main: Suhrkamp, 1999), 109.
86. Bubis, "Rede," 112.
87. Martin Walser, "No End to Auschwitz (1979)," in Kovach and Walser, *Burden of the Past*, 26.
88. Walser, "No End to Auschwitz," 26. See also Martin Walser, "Our Auschwitz (1965)," in Kovach and Walser, *Burden of the Past*, 7–18.

第二十章　一段充满回响的过去

1. Raul Hilberg, *The Destruction of the European Jews*, 3rd ed. (New Haven, CT: Yale University Press, 2003), 3:1134.
2. Ernst Nolte, "Die Vergangenheit, die nicht vergehen will: Eine Rede, die geschrieben, aber nicht gehalten werden konnte," *Frankfurter Allgemeine Zeitung*, June 6, 1986, also in *"Historikerstreit" : Die Dokumentation der Kontroverse um die Einzigartigkeit der nationalsozialistischen Judenvernichtung* (Munich: Piper, 1987).
3. 在这里，我与下书持不同意见：Götz Aly, *Hitlers Volksstaat* (Frankfurt am Main: Fischer Verlag, 2005)，按照它的看法，所有受益者都受到了公共罪责的污染。
4. See further Mary Fulbrook, "Bystanders: Catchall Concept, Alluring Alibi, or Crucial Clue?" in *Erfahrung, Erinnerung, Geschichtsschreibung: Neue Perspektiven auf die deutschen Diktaturen*, by Mary Fulbrook (Göttingen, Germany: Wallstein, 2016), ch. 5.
5. 关于针对历史"教训"的有根据的怀疑论，参见 Michael Marrus, *Lessons of the Holocaust* (Toronto: University of Toronto Press, 2016)。Cf. Timothy Snyder, *Black Earth: The Holocaust as History and Warning* (New York: Tim Duggan, 2015), 319–343.
6. Imre Kertész, *Liquidation*, trans. Tim Wilkinson (London: Vintage, 2007), 18.
7. Kertész, *Liquidation*, 18.

索 引

（按汉语拼音顺序排列，页码见本书边码）

14f13 项目（14f13 program）58–59, 269, 271, 276

7 月密谋事件（July Plot [1944]）364, 497

dj.1.11.（dj.1.11）200

I. G. 法尔本工厂［奥斯维辛三号营］（I. G. Farben [Auschwitz III]）130, 221, 226, 340, 345, 370, 486；丁钠橡胶工厂（Buna plant）21, Fig. 24；强制劳动力（forced laborers）96, 181；战后审判（postwar trials）253–255；齐克隆 B 气体（Zyklon B gas）112；另参见：莫诺维茨工厂［奥斯维辛三号营］（Monowitz plant [Auschwitz III]）

"M 医生"（"Dr. M"）参见：明希，汉斯（Münch, Hans）

S. L. 施奈德曼（Shneiderman, S. L.）185–186

T4 项目（T4 program）56–58, 60, 64–65, 67–68, 108, 113, 118, 123, 269–272, 304, 305, 505；另参见：安乐死项目（euthanasia program）

A

阿德阿提涅地窖（Ardeatine catacombs）222

阿德勒，H. G.（Adler, H. G.）380

阿德里安，海因茨（Adrian, Heinz）138–139

阿登纳，康拉德（Adenauer, Konrad）222–223, 242, 248–250, 253, 255, 339, 344, 410, 440, 497, 533, Fig. 33

阿尔贝特，罗兰（Albert, Roland）301

阿尔布雷希特，布鲁诺（Albrecht, Bruno）参见 Katzmann, Friedrich (Fritz)

阿尔布雷希特王子大街（Prinz-Albrecht-Strasse）439, 499

阿尔萨斯（Alsace）129, 172, 386

阿尔特曼，玛丽亚（Altmann, Maria）339,

371

阿尔滕堡（Altenburg）315, 331, 425

阿根廷（Argentina）282, 334

阿亨湖矿山（Achensee mines）228

阿拉德，伊扎克（Arad, Yitzhak）381

阿勒斯，迪特里希（Allers, Dietrich）279

阿里耶（Arye）465

阿利，格茨（Aly, Götz）279, 508

阿列克西纳斯，尤奥扎斯（Aleksynas, Juozas）420–421

阿龙·S.（Aaron S.）141, 391, 393

阿伦特，汉娜（Arendt, Hannah）167–168, 285

阿梅里，让（Améry, Jean）111

阿姆斯特丹（Amsterdam）190

阿涅勒维奇，莫迪凯（Anielewicz, Mordecai）167

阿佩尔费尔德，阿哈龙（Appelfeld, Aharon）381

阿皮尼亚内西，丽莎（Appignanesi, Lisa）177, 467–468, 493

埃贝尔，伊雷妮（Eber, Irene）41, 87–92, 101–102, 383–384, 401, 455, 494–495

埃贝尔，伊姆弗里德［凯勒医生］（Eberl, Irmfried [Dr. Keller]）54, 63–65

埃本塞营（Ebensee camp）129, 229, 313, 500–501

埃德尔曼，马雷克（Edelman, Marek）491

埃尔利希，弗朗茨（Ehrlich, Franz）165–166

埃尔娜·施.（Erna Sch.）64–65, 269–70

埃费洛蕾·S.（Evelore S.）395–396

埃弗拉蒂，戴维（Efrati, David）494

埃格尔芬—哈尔诊所（Eglfing-Haar clinic）48, 51, 59, 273–274

埃里克·保罗·S.（Erich Paul S.）63–64, 269

埃施韦格，赫尔穆特（Eschwege, Helmut）289

埃斯莱，汉斯（Eisler, Hanns）186

埃特尔，弗里茨（Ertl, Fritz）301

埃娃·S.（Eva S.）148–149, 153–154, 177–178, 389–390, 392

艾肯格林，巴里（Eichengreen, Barry）476

艾肯格林，露西尔［塞西莉娅·兰道］（Eichengreen, Lucille [Cecilia Landau]）75–77, 136, 476

艾森施塔布（Ajzenstab）12

艾森施塔特，斯图尔特（Eizenstat, Stuart）346

艾斯纳，杰克（Eisner, Jack）97, 137, 371

艾希贝格诊所［精神病院］（Eichberg clinic [asylum]）47, 271

艾希曼审判（Eichmann trial [1961]）参见：战后审判（postwar trials）

艾滋病［病毒］（HIV/AIDS）516

爱德华森，科迪莉亚（Edvardson, Cordelia）148, 171–172, 178

爱尔福特（Erfurt）328

爱国的英雄主义（patriotic heroism）224

爱国主义（patriotism）414

爱泼斯坦，海伦（Epstein, Helen）457–58, 460

爱泼斯坦，罗伯（Epstein, Rob）377

安德烈亚斯—弗里德里希，露丝（Andreas-Friedrich, Ruth）28, 79–80, 82

安哈尔特，伊雷妮（Anhalt, Irene）439–441

"安乐死"（mercy killings）50

安乐死项目（euthanasia program）：巴登—符腾堡州疗养院（Baden-Württemberg

索引

nursing homes）54；开端（beginning of）276；贝恩堡精神病院（Bernburg Hospital for Psychiatry and Neurology）54, 63–64, 277；勃兰登监狱（Brandenburg prison）53, 277；卡特尔的著作（Catel book）276；与天主教会（and the Catholic Church）60；关闭（closure of [1941]）57, 108；纪念死去的亲属（commemoration of dead relatives）459；先天畸形（congenital deformities）50；掩盖真相（cover-ups）193；批评（critic of），48；死亡人数（death toll）45, 54–57, 67–68, 304；残障人士（disabled）49, 62, 67, 276；劳动分工（division of labor for）61–68；纪录片（documentation about）193；"双线程"（"doubling"）419；与东德的审判（and East German trials）63–65；种族灭绝（genocide）55；戈登诊所（Görden clinic）66；格拉芬埃克安乐死机构（Grafeneck euthanasia institute）53–56；哈达马尔精神病院（Hadamar Psychiatric Hospital）55, 509, Fig. 30；哈特海姆城堡安乐死中心（Hartheim Castle euthanasia center）56, 132；希特勒发起（Hitler's initiation）48–49, 51, 57, 267, 508, Fig. 6；作为制度化的谋杀（as institutionalized murder）45；犹太儿童（Jewish children）55；正义与行凶者（justice and perpetrators）277–280；安乐死与强制绝育受影响人士协会（League of those Affected by Euthanasia and Compulsory Sterilization）505；司法专业人士（legal professionals）52；合法地位（legal status of）48–49, 51, 57, 267；"没有生存价值的人"（"life unworthy of living"）4, 45–49；鲁米那 [苯巴比妥镇静剂]（Luminal [phenobarbital]）269；Mauthausen camp（毛特豪森集中营）56, 59, 510；医疗专业人士（medical professionals）49–63, 511；纪念受害者（memorialization of victims）505–511；精神疾病（mental illness）55, 430；新鲁平医院（Neuruppin clinic）65–66；保密协议（Non-Disclosure Agreement）267, 270；文书工作（paperwork）62；父母的支持（parents' support for）49, 66–67；《应当允许毁灭没有生存价值的人》[图书]（Permitting the destruction of life unworthy of living (Die Freigabe der Vernichtung lebensunwerten Lebens[book]）277；毒害（poisoning）59；战后德国对其的态度（postwar German attitudes about）279–280；生产力（productivity）50；宣传海报（propaganda posters）Fig. 4, Fig. 5；精神病患者（psychiatric patients）60；舆论（public opinion）67；作为死亡营的"排练"（as "rehearsal" for death camps）56–58, 67–68, 112–13, 302；严重遗传性疾病和先天性疾病科学注册帝国委员会 [帝国委员会]（Reich Committee for the Scientific Registration of Serious Hereditary and Congenital Diseases [Reichsausschuss]）50；帝国疗养院和护理中心工作小组（Reich Working Group of Sanatoria and Care Homes, Reichsarbeitsgemeinschaft Heil- und Pflegeanstalten）52；报复（retribution for）207；保密（secrecy）51；索嫩斯泰恩诊所（Sonnenstein clinic）56, 277；饿死（starvation）68, 274；国

家支持的暴力（state-sponsored violence）63；家族的污点（stigma on families）374；支持（support for）274；T4 项目（Tiergarten Strasse 4[T-4]）4；魏玛共和国（Weimar Republic）48；维尔特作为督察（Wirth as inspector）53, 114；另参见：战后审判（postwar trials）

安乐死与强制绝育受影响人士协会（League of Those Affected by Euthanasia and Compulsory Sterilization [Bund der "Euthanasie"-Geschädigten und Zwangssterilisierten]）505

盎格鲁—犹太协会（Anglo-Jewish Association）190

奥伯豪泽尔，约瑟夫（Oberhauser, Josef）118, 302–304, Fig. 9

奥伯霍伊泽，赫塔（Oberheuser, Herta）220, 266–267, Fig. 32

奥伯兰德尔，特奥多尔（Oberländer, Theodor）242, 251

奥德，威廉（Oder, Wilhelm）437

奥德，维尔纳［儿子］（Oder, Werner [son]）437

奥地利（Austria）28–29, 80, 96, 129, 183, 184, 211, 228, 231, 258–262, 339, 342, 364, 371, 376, 452, 470, 479, 501："联合"（Anschluss）26, 28–29, 69, 183, 258；针对受害者的赔偿（compensation for victims）259, 342, 510；集中营（concentration camps）26, 129；安乐死项目（euthanasia program）56, 267–268；作为希特勒"最早的受害者"（as Hitler's "first victim"）258, 264, 353；纪念（memorialization）353, 500–502, 510–511；缺席者的在场：纳粹大屠杀见证者与"双方后代"国际大会（The Presence of the Absence: International Holocaust Conference for Eyewitnesses and Descendants of "Both Sides" 1999）480；第三帝国（Third Reich）28, 452；审判（trials）11, 239–240, 258–265, 300–301, 306–307, 313, 334, 535；华沙条约（Warsaw Pact）263

《奥地利国家条约》（State Treaty of 1955 [Austria]）259, 261

奥尔巴赫，拉赫尔（Auerbach, Rachel）185

奥尔布赖特，马德琳（Albright, Madeleine）346

奥尔加·S.（Olga S.）393, 395

奥尔洛夫斯基（Orlowsky）101

奥菲尔斯，马塞尔（Ophuls, Marcel）366, 367

奥拉宁堡营（Oranienburg camp）25, 95–96, 228, 255

奥伦多夫，奥托（Ohlendorf, Otto）107, 214, 220, 416

奥蒙德，亨利（Ormond, Henry）参见：厄廷格，汉斯·路德维希（Oettinger, Hans Ludwig）

奥斯特洛夫斯基，亨里卡（Ostrowski, Henrica）311–312

奥斯维辛国际委员会（International Auschwitz Committee）292, 300

《奥斯维辛谎言》[否认纳粹大屠杀的小册子]（"Die Auschwitz-Lüge" [The Auschwitz lie, Holocaust denial pamphlet]）310

奥斯维辛集中营（Auschwitz concentration camp）：亚力克斯·H. 的记忆（Alex H. memories of）390–391；"工作令你自由"（"Arbeit macht frei"，"Work

索引

sets you free")165，485；《奥斯维辛及之后》[图书]（Auschwitz and After [book]）188–189；培根的笔记（Bacon notes）182；贝尔作为指挥官（Baer as commandant）296；市民对其的"无知"（Citizens' "ignorance" of）406–407；强制绝育（compulsory sterilization）53；死亡人数（death toll）20, 109, 290, 296；《奥斯维辛谎言》（Die Auschwitz-Lüge, The Auschwitz lie）310；"M 医生"（"Dr. M"）172；作为恶的象征（as epitome of evil）20–23；家庭营（family camp）379；法兰克福奥斯维辛首批审判（First Frankfurt Auschwitz trial 1963–1965）参见：审判（trials）；强制劳动力（forced laborers）136；这里的吉卜赛人（Gypsies in）144–145；霍斯作为指挥官（Höss as commandant）108, 411, 434；在厨房里干活的人（kitchen help）406–407；库尔卡的回忆录（Kulka memoirs）205；劳动营（labor camps）112；"忧伤之湖"（"lake of sorrows"）111；被苏联人解放（liberated by Soviets）110, 112, 128, 490, 514；林根斯—赖纳的讲述（Lingens-Reiner account of）152–153；罗兹居住区的犹太人（Łódź ghetto Jews）75, 79；纪念（memorialization of）485–487；照片（photographs of）440；政治部（Political Department）294, 297；这里的战俘（prisoners of war in）153, 290；里斯拍摄纪录片（Rees documentary）350；鲁姆科夫斯基被活活烧死（Rumkowski burned alive in）86；教师的回忆录（schoolteacher memoir of）410–415；舒曼做实验（Schumann experiments）276；奴隶劳工（slave laborers）109, 164, 221；这里的幸存者（survivors from）110–111, 178；文身（tattooing）151；旅游业（tourism）4, 111–112；起义（uprising）112, 167–168；与维赛尔的书（and Wiesel book）188；齐克隆 B 气体（Zyklon B gas）108–109, 226；另参见：比克瑙［奥斯维辛二号营］（Birkenau [Auschwitz II]）；"医学实验"（"medical experiments"）；审判（trials）

奥斯维辛—莫诺维茨营（Auschwitz-Monowitz camp）96, 181, 226

奥运会（Olympic Games）30, 38

澳大利亚（Australia）177, 209, 450

B

巴比，克劳斯（Barbie, Klaus）330, 367

巴登—符腾堡州（Baden-Württemberg）54, 322, 340–341

巴尔—昂，丹（Bar-On, Dan）436–437, 448–450, 470–471, 477, 478–479

巴尔特，埃德蒙（Bartl, Edmund）228–229, 255–256, 343

巴尔特，海因茨（Barth, Heinz）330

巴尔特分营（Barth sub-camp）96

巴伐利亚（Bavaria）54, 129, 501

巴勒斯坦（Palestine）150, 182, 210, 263

巴黎（Paris）190

巴卢蒂区（Bałuty）74；另参见：罗兹犹太隔离区（Łódź ghetto）

巴鲁赫（Baruch）466

巴斯夫（BASF）254

巴特克罗伊茨纳赫（Bad Kreuznach）45–47

巴特特尔茨（Bad Tölz）501

白俄罗斯（Belarus）421

柏林（Berlin）4, 30, 33, 38, 218, 484, 497–500, 503–505, 516

柏林城市快铁马察恩站（Marzahn S-Bahn station）504–505

《柏林路口》[雕塑]（Berlin Junction[sculpture]）505

柏林墙（Berlin Wall）242，498

柏林犹太博物馆（Jewish Museum Berlin）498

拜尔，赫伯特（Bayer, Herbert）166

拜耳股份公司（Bayer AG）222, 254

"绊脚石"（Stolpersteine [stumbling stones]）5, 498–499, 502

邦霍费尔，迪特里希和埃米（Bonhoeffer, Dietrich and Emmi）293–294

邦霍费尔，克劳斯（Bonhoeffer, Klaus）293

邦克，海因里希（Bunke, Heinrich）277–279

包岑监狱（Bautzen prison）211

包豪斯设计学院（Bauhaus school of design）165–166

保健机构慈善基金会（Charitable Foundation for Care Institutions）270

保密协议（Non-Disclosure Agreement）267, 270

鲍尔，埃里克（Bauer, Erich）306

鲍尔，弗里茨（Bauer, Fritz）42, 247, 254, 280, 282, 286, 288, 292–293, 298–300, 349

鲍赫勒，菲利普（Bouhler, Philipp）50–51, 53, Fig. 6

鲍曼，马丁（Bormann, Martin）214, 436–437

鲍曼，马丁·A.[儿子]（Bormann, Martin A. [son]）433, 436

鲍姆加腾，约瑟夫（Baumgarten, Josef）373

"卑劣的动机"（"base motives"，niedrige Beweggründe）245, 271, 274, 289, 305, 348

《悲哀和怜悯》[电影]（Le Chagrin et la Pitié [The Sorrow and the Pity] [film]）366

北约军事委员会（NATO Military Committee）329

贝德福德，西比尔（Bedford, Sybille）294–295, 298–299

贝德纳雷克，埃米尔（Bednarek, Emil）297

贝恩堡精神病院（Bernburg Hospital for Psychiatry and Neurology）54, 59, 63–64, 118, 267, 269, 277–278, 304, 507–508；另参见：安乐死项目（euthanasia program）

贝尔，里夏德（Baer, Richard）296

贝尔，鲁迪（Baer, Rudi）244

贝尔费尔登（Beerfelden）Fig. 2

《贝尔福宣言》（Balfour Declaration [1917]）210

贝尔根–贝尔森集中营（Bergen-Belsen camp）135, 186, 222, 291, 297, 351, 365, 388, 442, 490

贝格，玛丽（Berg, Mary）83, 185–186, 385

贝克尔，奥古斯特（Becker, August）108

贝利茨（Belitz）Fig. 8

贝斯特，维尔纳（Best, Werner）249, 323

贝特尔海姆，布鲁诺（Bettelheim, Bruno）155

贝乌热茨集中营（Bełżec concentration camp）13, 53, 67, 82, 92, 110, 113–114, 117–118, 246, 302–303, 306, 491–492, 506

贝希特斯加登（Berchtesgaden）433, 499

"背负伤痕之人"（"scarred ones"）470–471

索 引

被告（defendants）246, 251–252, 262–264, 295, 297, 324, 349；另参见：战后审判（postwar trials）
被挑选出来处死（selection to death）109, 317, 413, 420, 495, Fig. 25
本津—索斯诺维茨犹太隔离区（Będzin-Sosnowiec ghetto）168
比博，汉斯（Biebow, Hans）74–75, 77, 209, 251, Fig. 12
比克瑙［奥斯维辛二号营］（Birkenau [Auschwitz II]）20–21, 109, 111–112, 182, 290–291, 294–295, 300, 386, 485–486, Fig. 26；另参见：奥斯维辛集中营（Auschwitz concentration camp）
比孔特，安娜（Bikont, Anna）397, 423
比利时（Belgium）31
彼得库夫·特雷布纳尔斯基（Piotrków Trybunalski）72, 399
边缘化（marginalization）6, 9, 143, 207–208, 364–365, 397, 502–511
别尔斯基（Bielski）168
宾丁，卡尔（Binding, Karl）48–49, 277
病人专车（Sick Transports）58
波茨坦日［1933年3月21日］（Day of Potsdam [March 21, 1933]）23
波恩（Bonn）38, 45–46, 302, 443
波尔，奥斯瓦尔德（Pohl, Oswald）94, 130, 221
波拉克，苏珊（Pollack, Susan）351
波莱特·G.（Paulette G.）388–389, 392
波兰（Poland）:《这些知识之后》［图书］（After Such Knowledge [book]）465；"围捕和遣送行动"（Aktionen）149；奥斯维辛纪念设施（Auschwitz memorial）486；"蓝警"（"blue police"）100–101；儿童幸存者（child survivors）397；冷战审判（Cold War trials）314；此地的同谋者（collaborators in）472；此地的集中营（concentration camps in）69, 112–128, 405；对于受难的波兰天主教徒的崇拜（cult of Polish Catholic suffering）486–487；遣送波兰犹太人（deportation of Polish Jews）149；特别行动突击队（Einsatzgruppen [special killing squads]）105–108；伊曼纽尔·林格布鲁姆犹太历史研究所（Emmanuel Ringelblum Jewish Historical Institute）190；德意志裔人（ethnic Germans [Volksdeutsche]）73；安乐死项目（euthanasia program）52；犹太问题的最终解决方案（Final Solution of the Jewish Question）113–114；波兰总督府（General Government [Generalgouvernement]）70；德国入侵（German invasion of）41, 69–70, 87；"德意志化"（"Germanization" of）3；"收获节屠杀"（Harvest Festival massacre [1943]）128；作为"遭人仇视的他者"（as "hated other"）514；波兰家乡军（Home Army [Armia Krajowa]）98, 110, 168, 208, 488；"狩猎犹太人"（"hunt for the Jews" [Judenjagd]）100；耶德瓦布内谋杀（Jedwabne murders）71, 423, 472；犹太人子女的战后故事（Jewish children's postwar stories）190, 197；战前的犹太居民（Jewish residents prewar）41, 71；犹太人的经历（Jews' experiences）8；罗兹犹太隔离区（Łódź ghetto）1；烈士（martyrdom）489；卡廷森林的波兰军官屠杀（massacre of Polish officers in Katyn Forest）431；乱葬坑（mass

graves）324；纪念（memorialization in）488–496；梅莱茨屠杀（Mielec massacre）87–88；《邻人》（Neighbors）423；佩讷明德火箭研究项目（Peenemünde rocket research），98；政治犯（political prisoners）110；《贫穷的波兰人眼望犹太隔离区》（"The Poor Poles Look at the Ghetto"）367；战后幸存者（postwar survivors）177；战后审判（postwar trials）209, 329–330；"重新安置"［遣送］（"resettlement" [deportation]）72；《苏德互不侵犯条约》（Ribbentrop pact）69–70；《浩劫》［电影］（Shoah [film, 1985]）369；团结工会运动（Solidarity movement）422–423；苏联占领（Soviet occupation of）70, 89, 219；党卫队军队训练场（SS Training Ground）93, 324；幸存者家庭（survivor families）470, 472–473；旅游业（tourism in）485；德意志裔人（Volksdeutsche [ethnic Germans]）71；另参见：反犹主义（antisemitism）；审判（trials）；华沙居住区（Warsaw ghetto）

波兰家乡军（Home Army, Armia Krajowa）98, 110, 168, 208, 488

波兰人（Polish people）3, 8

波兰总督府（General Government [Generalgouvernement]）70, 73, 126–127, 302, 307, 311–312

波利亚科夫，莱昂（Poliakov, Léon）190

波斯尼亚（Bosnia）5

波希米亚（Bohemia）113

伯尔，海因里希（Böll, Heinrich）278

伯根索尔，托马斯（Buergenthal, Thomas）111

伯杰，艾伦和娜奥米（Berger, Alan and Naomi）481

勃兰登堡监狱（Brandenburg prison）53–54, 56, 267, 277–278, 304, 506

勃兰登堡门（Brandenburg Gate）4, 498

勃兰特，卡尔（Brandt, Karl）50–51, 53, 220, 245, 262, Fig. 6

勃兰特，维利（Brandt, Willy）42–43, 303, 488

博德，戴维（Boder, David）191–192, 194–197

博尔姆，库尔特（Borm, Kurt）277–279

博芬西彭，奥托（Bovensiepen, Otto）323–324

博格，威廉（Boger, Wilhelm）294, 297

博赫尼亚（Bochnia）149–150

博克，路德维希（Bock, Ludwig）311–312

博朗代，库尔特（Bolender, Kurt）306

博伦施泰因，朱迪特（Borenstein, Judit）351

博罗夫斯基，塔德乌什（Borowski, Tadeusz）14, 70, 111

博内，格哈德（Bohne, Gerhard）279

博亚尔斯基（Bojarski）208

"博伊默与勒施"道路建设公司（Bäumer & Loesch construction）320, 417

"补偿"（"making good again"）338

不伦瑞克（Braunschweig）36, 478

不受欢迎的人（undesirables）24, 25

不同世代（generations）10, 36, 176，183, 343, 363, 410, 442, 451, 452–454；反犹主义（antisemitism）29；与安乐死项目（and euthanasia program）277；《我们的父辈》［电视剧］（Generation War, Unsere Mütter, unsere Väter [TV series,

索引

2013])436;纳粹大屠杀回忆录（Holocaust memoirs）373–374；纳粹主义（Nazism）5–6, 364；"第1.5代"（"1.5 generation"）396–367；行凶者的后代（perpetrators' descendants）13, 456；战后审判（postwar trials）280–282, 290；学生运动（student movement）298；青年运动（youth movement）309；另参见：第二代的后果（second generation consequences）

布比斯，伊格纳兹（Bubis, Ignatz）516
布伯，马丁（Buber, Martin）151
布伯–诺伊曼，玛格丽特（Buber-Neumann, Margarete）58, 133–135, 151–152, 159–160
布尔什维克（Bolshevism）107
布赫曼，约瑟夫（Buchmann, Josef）494
"布痕瓦尔德的孩子"（"Buchenwald child"）167
布痕瓦尔德集中营（Buchenwald concentration camp）25–26, 33–34, 62, 129, 131, 165–167, 183, 188, 211, 220, 263, 309, 371, 497, 500
布基特，梅尔文（Bukiet, Melvin）481
布津（Budzyń）96–97, 102, 116, 228
布克，卡尔（Buck, Karl）342–343
布拉迪斯拉发（Bratislava）148, 153–154, 177–178, 442
布拉格（Prague）113, 162
布拉格之春（Prague Spring）451
布拉克，维克托（Brack, Viktor）64–65, 108, 113, 220
布拉特，托马斯［托伊韦］（Blatt, Thomas [Toivi]）118–119, 124–125, 141, 153, 158–159, 162–163, 187–188, 208, 490–491
布莱希哈默营（Blechhammer camp）110, 157

布莱谢大街（Bleicherstrasse）228
布劳恩施泰纳·赖恩，赫米内（Braunsteiner Ryan, Hermine）309, 312
布勒舍尔，古斯塔夫［兄弟］（Blösche, Gustav [brother]）327
布勒舍尔，约瑟夫（Blösche, Josef）85, 244, 326–331, 405, 409, Fig. 13, Fig. 34
布利兹纳（Blizna）98
布伦内克，汉斯–尤尔根（Brennecke, Hans-Jürgen）443
布罗德，佩里（Broad, Pery）297
布罗伊宁（Bräuning）134
布洛赫–鲍尔，阿德勒（Bloch-Bauer, Adele）339, 371
布塞，霍斯特（Busse, Horst）332
布翁斯基，扬（Błoński, Jan）367
布宜诺斯艾利斯（Buenos Aires）334

C

财政部（Ministry of Finance）256
采石场（stone quarry）32, 129–130, 489
残疾人难民营（DP [displaced persons] camps）191–192, 194–195, 458, 515
残障人士（disabled）6, 1, 45, 48–49, 53, 59, 62, 67, 142, 144, 224, 268, 276, 509；另参见：安乐死项目（euthanasia program）
察夫克，胡贝特（Zafke, Hubert）352
"孱弱的角色"辩护理由（"weak characters" defense）277
沉默（silence）21, 110, 129, 162, 175–176, 181, 378, 384, 390–392, 395, 398–399, 415, 442, 478
"沉默的神话"（"myth of silence"）175–176
《沉默会伤人》［图书］（Schweigen tut weh,

Silencing hurts [book]）442
"沉默誓言"（"vow of silence"）181
冲锋队（SA [Sturmabteilung]）24, 28
出版物（publications）187, 187–188, 199, 225, 226, 276, 277, 310, 371, 397, 410, 423, 435, 442, 474；回忆录（memoirs）85, 108–109, 124, 177, 186, 205, 215, 227, 370–373, 379–380, 385, 407, 410–415, 418, 437;《从法国遭送走的犹太人纪念书》[图书]（*The Memorial to the Jews Deported from France* [book, 1978]）367；幸存者的讲述（survivors' accounts）185, 189, 197；Wilkomirski fraud（维尔科米尔斯基骗局）371
楚芬豪森（Zuffenhausen）228
创伤后应激障碍（post-traumatic stress disorder [PTSD]）363, 459
创伤后应激障碍（PTSD [post-traumatic stress disorder]）363, 459
茨威格，斯特凡（Zweig, Stefan）29
措伊格，迪特里希（Zeug, Dietrich）306

D

达格玛·B.（Dagmar B.）180–181, 398–99
达豪国际委员会（Comité International de Dachau）503
达豪集中营（Dachau concentration camp）25, 58, 62, 129, 131, 254, 490, 503, Fig. 23
达姆施塔特（Darmstadt）417
打猎（hunting）432
大德意志帝国（Greater German Reich）70, 72, 85, 339
大规模谋杀（mass murder）：与酗酒（alcoholism and）106–107, 317；娘子谷屠杀（Babi Yar ravine massacre）106, 111；"蓝警"（"blue police"）100–101；在社群中（in communities）104–105；集中营审判（concentration camp trials）289, 313；死亡长征（death marches）136；劳动分工（division of labor for）533；在东部前线（in the Eastern Front）57, 105, 405；特别行动突击队（Einsatzgruppen [special killing squads]）105, 220；终期暴力（end-phase violence）138；"服从命令"（"following orders"）107；波兰总督府（General Government [Generalgouvernement]）302, 311–312；种族灭绝（genocide）5；吉卜赛人[罗姆人和辛提人]（Gypsies [Roma and Sinti]）144；"收获节屠杀"（Harvest Festival massacre [1943]）127；海因克尔工厂的工人（Heinkel factory workers）95, 316–317, 320–322；杀戮之"人道"（"humanity" of killing）420–421；意大利游击队（Italian partisans）105, 222；正义与行凶者（justice and perpetrators）205；凯尔采屠杀（Kielce pogrom [1946]）208；罗兹犹太隔离区（Łódź ghetto）72；在纳粹治下（under Nazi rule）521–522；邻居谋杀邻居（neighbors murdering neighbors）421–423；纽伦堡审判与（and the Nuremberg Trials）232–233；格拉讷河畔奥拉杜尔（Oradour-sur-Glane）330；"游击队"（of "partisans"）105, 107；同辈群体压力（peer group pressure）107；在波兰（in Poland）71, 113, 208；战后审判（postwar trials）246–247；精神病患者（psychiatric patients）52；教师的回忆录（schoolteacher memoir）412；党卫

索 引

队（SS [Schutzstaffel]）85；国家支持的暴力（state-sponsored violence）264；特拉夫尼基人（Trawnikis）422；目击证人的证词（witnesses testimony）349；另参见：集中营（concentration camps）；安乐死项目（euthanasia program）；射杀（shootings）

大拉多梅希尔墓地射杀事件（Radomyśl Wielki cemetery shootings）417

大联合政府（Grand Coalition）277

大区长官（Gauleiter）73, 94

大赦（amnesty）223, 240–241, 248, 261, Fig. 31

大卫星标志（Star of David insignia）79, 127, 149, 157

大萧条（Depression [economic]）35

大众汽车（Volkswagen）130, 344

代笔作者（ghostwriter）371, 373

代特莫尔德（Detmold）352

戴高乐（De Gaulle）173

丹麦（Denmark）42, 249

丹尼利，雅尔（Danieli, Yael）463–464, 501

但泽和西普鲁士（Danzig and West Prussia）70

当代犹太文献中心（Center of Contemporary Jewish Documentation, CDJC）190

党卫队（SS [Schutzstaffel]）25, 28, 31, 55, 63, 85, 94, 98, 122–123, 130, 133, 138, 253, 291, 322, 508, 512；作为"民族不在场证明"（as "alibi of a nation"）224；子女（children of）160；集中营（concentration camps）34, 115, 132, 166, 500；死刑（death sentence）222, 259；与遣送赴死（and deportation to death）92–93, 316–317；与强制劳动力（and forced laborers）25, 94–95；海德拉格军队训练场（Heidelager training grounds）431；施梅尔特组织（Organization Schmelt）129；战后年代（postwar years）225, 243, 375；普斯特库夫劳动营（Pustków labor camp）93, 431；拉布卡训练学校（Rabka training school）437；松嫩堡营屠杀（Sonnenburg camp massacre）139；审判（trials）212, 220–221, 293, 295–296, 300–303, 305–307, 310, 313–314, 327；军队训练场［波兰］（Troop Training Ground [Poland]）89, 92–93, 229, 324；武装党卫队（Waffen-SS）324, 330, 349, 408, 429–430

党卫队全国领袖（Reichsführer SS），25；另参见：希姆莱，海因里希（Himmler, Heinrich）

《档案K》（Dossier K.）381

导弹（missiles）98

《盗窃克里姆特》［电影］（Stealing Klimt [film]）371

道德（morality）153

道德负担（moral burden）416

道德自我疏远（moral self-distancing）407–410

道德罪责（moral guilt）216

德·蒙田，米歇尔（de Montaigne, Michel）378

德·米尔特，迪克（de Mildt, Dick）232

德尔博，夏洛特（Delbo, Charlotte）111, 188–189, 379–380

德国（Germany）27–28, 30–31, 35, 41, 69, 79, 144, 179–182, 191, 211, 375, 452–454, 533–534；去纳粹化（denazification）212；强制劳动力（forced laborers）344；入侵奥地利［联合］（invades

Austria [Anschluss]）26, 28–29, 69, 183, 258；入侵捷克斯洛伐克（invades Czechoslovakia）69, 148–149；入侵波兰（invades Poland）41, 69–70, 87；入侵苏联（invades Soviet Union）57, 69, 105；入侵苏台德地区（invades Sudetenland）69；"碎玻璃之夜"（Kristallnacht）27–28；《伦敦债务协定》（London Debt Agreement [1953]）256；战后审判（postwar trials）125, 212–214, 354；统一（reunification）240, 314, 332–333, 337, 343, 375, 452, 497–498；奴隶劳工（slave laborers）344, 502；受害者身份（victimhood of）409–410；魏玛共和国（Weimar Republic）35；另参见：德意志联邦共和国（Federal Republic of Germany）；德意志民主共和国（German Democratic Republic [GDR]）；大德意志帝国（Greater German Reich）；纳粹主义（Nazism）；第三帝国（Third Reich）

德国安全警察（German Security Police）90

德国奥斯维辛委员会（German Auschwitz Committee）370

德国电影股份公司［电影公司］（DEFA, film company）332

德国工业联盟（Federation of German Industry）257

德国共产党（German Communist Party [KPD]）33

德国国防军（Wehrmacht）92, 105–106, 222–225, 420, 498, 502

"德国国防军的罪孽"展览（Crimes of the Wehrmacht [German Army] exhibition）106, 223, 420, 435, 498

《德国青年世界报》［报纸］（Junge Welt [newspaper]）330

德国人民党（German People's Party [Deutsche Volkspartei]）33

德国少女联盟（BDM, Bund deutscher Mädel, League of German Maidens）38, 46, 148, 198

德国统一社会党（Socialist Unity Party of Germany [Sozialistische Einheitspartei Deutschlands]）102

德国土石制造公司（DESt; Deutsche Erd- und Steinwerke；German Earth- and Stoneworks Corporation）129

德国辛提人和罗姆人中央委员会（Central Council of German Roma and Sinti）375

德国选择党（Alternative for Germany）438

德国犹太援助协会（Aid Association for Jews in Germany, Hilfsverein der Juden in Deutschland）33

德国之家（German House）312

德国作家协会（German Writers' Association）Fig. 23

德拉克，格哈德（Durlacher, Gerhard）179, 382, 386

德累斯顿（Dresden）217, 238–239, 268, 287, 330–331, 508

德罗兹德，康拉德（Drozd, Konrad,）95

德米扬纽克，伊万·尼古拉维奇（Demjanjuk, Ivan Mykolaiovych）125, 314, 337, 347–349, 350

德姆尼希，君特（Demnig, Gunter）498–499

德-努尔，耶希勒（De-Nur, Yehiel）284

德绍（Dessau）54, 58–59

德苏友好协会（Society for German-Soviet Friendship）318

索 引

德沃拉（Devorah）466
德亚科，瓦尔特（Dejaco, Walter）300–301
德意志国家社会主义工人党（NSDAP [Nationalist Socialist German Workers' Party]）23, 63, 75, 94, 137
"德意志化"（Germanization）3, 73, 85
德意志黄铜厂（Deutsche Messingwerke factory）238
德意志劳工阵线（German Labor Front）213, 437
德意志联邦共和国（Federal Republic of Germany）4, 11, 222, 245, 353, 355–57, 433, 443–44, 504
德意志裔人（ethnic Germans, Volksdeutsche）73, 85, 328, 426, 496
德意志裔人（Volksdeutsche [ethnic Germans]）71
德意志银行（Deutsche Bank）344
地区领袖（district leaders [Kreisleiter]）126–127
地下通道（tunnels）129, 136, 181, 228, Fig. 40
的里雅斯特（Trieste）67, 118, 304
登比察党卫军队训练场（Dębica SS training ground）97–99, 101, 141, 229, 314, 323–326, 391, 429, 455–456, 495, Fig. 17
迪博，夏尔（Dubost, Charles）213
迪富尼耶，丹尼丝（Dufournier, Denise）14–15, 147, 170, 432
迪克斯，伊丽莎白（Dirks, Elisabeth）32
敌意（hostility）178
抵抗（resistance）98, 167–168, 179, 185, 205, 207–209, 214, 223–224, 233, 284–285, 339, 366, 408；另参见：起义（uprisings）

帝国保安总局（Reich Security Main Service [Reichssicherheitshauptamt RSHA]）248, 331, 499
帝国劳动服务（Reich Labor Service）63
帝国疗养院和护理中心工作小组（Reich Working Group of Sanatoria and Care Homes [Reichsarbeitsgemeinschaft Heil- und Pflegeanstalten]）52；( ) 另参见：安乐死项目（euthanasia program）
帝国委员会（Reichsausschuss [Reich Committee]）50；另参见：安乐死项目（euthanasia program）
帝国银行（Reichsbank）24
"第1.5代"（"1.5 generation"）396–397, 458
第101后备警察营（Police Battalion 101）107
第11区（Block 11）487
第131条（Article 131）250：恢复前纳粹党人的职位（rehabilitation of Nazis）250, 251
第二次世界大战（World War II）20, 69, 105, 133, 137–139, 256, 258；另参见：各个国家词条（individual nations）
第二代的后果（second generation consequences）：作为"后来者"的幸存者子女（"afterness" of children of survivors）464–470；祖辈的故土（ancestral homelands）475；通过传记进行修补的策略（biographical repair strategies）478；"牵线搭桥"（bridge-building exercises）481；行凶者子女（children of perpetrators）415, 433–439, 443, 448–451, 476；面对纳粹过去（confronting the Nazi past）512；定义（defining of）458–

461；医疗行业的去纳粹化（denazification of the medical profession）507；群体会面（encounter groups）479；幸存者的家庭动力学（family dynamics of survivors）457–458；家庭遗产（family legacy of）473–476；纳粹大屠杀的守护者（guardianship of the Holocaust）466；"连字符身份"（"hyphenated identities"）470；幸存者的遗产（legacy of survivors）461–464；"生者之旅"项目（March of the Living program）475；"与外人结婚"（"marrying out"）470；作为"纪念的蜡烛"（as "memorial candles"）465；混血儿（"mixed race" [Mischling]）459；民主德国的纳粹后人（Nazi descendants in the GDR）428–429；纳粹家庭（Nazi families）477；纳粹遗产（Nazi legacy）522, 535；"第1.5代"（"1.5 generation"）458；行凶者家庭（perpetrators' families）424–425；后记忆（postmemory）466；职业生涯（professional careers）469–470；和解（reconciliation）7, 442, 455；"背负伤痕之人"（"scarred ones"）470–471；寻找认同（search for identity）470–473；第二代网络（Second Generation Network）461；第二代受托基金会（Second Generation Trust [1996]）461, 480；"身无所属"的感受（"unplaced" identity）473；以色列的受害者文化（victims' culture in Israel）470；另参：孩子（children）

第三帝国（Third Reich）23, 25, 27–28, 36, 47, 93–94, 129, 214, 227, 234, 239, 377, 452, 525–529；另参：安乐死项目（euthanasia program）；纳粹主义（Nazism）

第一次世界大战（World War I）29, 31, 35, 98, 126–127, 191

"蒂尔西特"特别行动突击队（Tilsit）280

蒂勒，格哈德（Thiele, Gerhard）137–138

蒂姆，弗朗茨（Timm, Franz）243

蒂姆，乌韦（Timm, Uwe）455

蒂瑙尔，加布丽埃勒（Tyrnauer, Gabrielle）375

癫痫（epilepsy）47

电视（television）298–299, 309, 363–364, 368, 436

电影拍摄（filmmaking）362–363

电子设备厂（Elektro Apparate Fabrik）238

丁钠橡胶工厂（Buna plant）21, 96, 226, 370, Fig. 24

定罪的人数（convictions）243–244

东部前线（Eastern Front）57, 105, 213, 405

东德（East Germany）：此地的反共（anti-communism in）292；反法西斯（and antifascism）223, 452, 472, 497；此地的反犹主义（antisemitism in）291–292；柏林墙（Berlin Wall）498；共产党人（communists）43；同性恋的去罪化（decriminalization of homosexuality）184, 376；与安乐死审判（and euthanasia trials）63–65, 267–270, 304；纳粹大屠杀电影（Holocaust films）187；缺少国民羞耻或罪责（lack of national shame or guilt）453–454；纪念受害者（memorialization of victims）166–167, 367；清洗律师（purge of lawyers）233；统一社会党（SED [Socialist Unity Party]）237；松嫩堡营屠杀（Sonnenburg camp massacre）139；作为继承国（as successor state）231；与幸存者（and survivors）179–180；此地

索 引

的幸存者家庭（survivor families in）470–472；此地的审判（trials in）11, 236–238, 240–245, 291, 315–320, 327, 356–357, 417, 535；乌尔苏拉·B. 的回忆录（Ursula B. memoir）409；另参见：德意志民主共和国（GDR [German Democratic Republic]）

东方政策（Ostpolitik）245, 303

东欧（Eastern Europe）207–208

东欧犹太人（"eastern Jews", Ostjuden）180

东普鲁士（East Prussia）70

毒气杀死（gassing）：勃兰登堡实验（Brandenburg experiments）506；一氧化碳毒杀（carbon monoxide poisoning）113, 118；遣送梅莱茨犹太人（deportation of Mielec Jews）92；安乐死项目（euthanasia program）57, 108；首次在勃兰登堡使用（first use of in Brandenburg）53, 56, 92；（gas vans）废气货车 2, 12, 52, 81, 108, 113, 444, 492；杀死吉卜赛人（of Gypsies）145；"humanity" of killing（杀戮之"人道"）418；罗兹居住区的犹太人（Łódź ghetto Jews）75；作为集中营杀戮的最理想方法（method of choice for concentration camps）113；梅莱茨犹太人（Mielec Jews）92；政治犯（political prisoners）58；索比堡集中营（Sobibór concentration camp）119；华沙居住区的犹太人（Warsaw ghetto Jews）83

毒气室（gas chambers）参见：集中营（concentration camps）

杜布斯基（Dubski）81

杜克斯，海因茨（Dux, Heinz）296

杜塞尔多夫（Düsseldorf）244, 305, 308–309, 330, 432

杜舍莱特，奥托（Duscheleit, Otto）480

杜申科，弗朗齐歇克（Duszeńko, Franciszek）489

断头台（guillotine）292

"对何为禁忌存在着困惑"的辩护理由（"confusion about what was forbidden" defense）272–273

多佩尔赖特，弗朗茨（Doppelreiter, Franz）259

多伊切克隆，英格（Deutschkron, Inge）43

多伊特尔莫泽修女（Deutlmoser）60, 273–274

堕胎（abortion）510

E

厄尔士山脉（Erzgebirge Mountains）317

厄廷格，汉斯·路德维希（Oettinger, Hans Ludwig）42, 254–255

饿死（starvation）：贝尔根—贝尔森集中营（Bergen-Belsen camp）135；布津（Budzyń）97；孩子（of children）48, 59–60；对幸存者子女的影响（consequences of on survivors' children）462–463；死亡长征（death marches）162；死亡人数（death toll）59；非人化（dehumanization）155；安乐死项目（euthanasia program）68, 274；强制劳动力（forced laborers）237；海因克尔飞机制造厂（Heinkel aircraft factory）95；"饥饿病房"（"hunger wards"）59；罗兹居住区的犹太人（Łódź ghetto Jews）75–79, 84, 185, Fig. 11；门格勒的"医学实验"（Mengele "medical experiments"）419；梅莱茨营（Mielec camp）91；新鲁平医院（Neuruppin clinic）66；波兰犹太人（Polish Jews）72, 194；监狱中因争夺食物而打架（prison fights over food）154；苏联战俘（Soviet prisoners of war）502；特雷布林卡集中营（Treblinka concentration camp）121；华沙居住区的犹太人（Warsaw ghetto Jews）83–84；"民间"安乐死杀戮（wild euthanasia killings）57；赎罪日斋戒（Yom Kippur fast）163

噩梦（nightmares）391, 400–401, 450, 467, 532

恩德鲁魏特，克劳斯（Endruweit, Klaus）277–279

恩格莱特纳，利奥波德（Engleitner, Leopold）182–183, 374

"儿童行动"［罗兹犹太隔离区］（"Children's Action" [Łódź ghetto]）469

F

法尔肯施泰因，西格丽德（Falkenstein, Sigrid）505

法官（judges）233, 251–252, 300, 307–308, 323, 325, 335, 355

法国（France）：反犹主义（antisemitism）173, 208；同谋者（collaborators）366–367；针对男同性恋者的赔偿（compensation for gay men）342–343；难民营（DP camps）191；同性恋权利（gay rights）376–377；同性恋者（homosexuals）173, 342–343, 386；作为犹太人的避难地（as Jewish refuge）178；《悲哀和怜悯》［电影］（Le Chagrin et la Pitié, The Sorrow and the Pity [film]）366；纪念（memorialization）368, 514；

格拉讷河畔奥拉杜尔屠杀（Oradour-sur-Glane massacre）330；战后审判（postwar trials）190, 213, 239–240, 263, 330；"净化"运动（"purification", épuration）207；和解（reconciliation）179；作为儿童幸存者的避难地（as refuge for child survivors）397, 402, 460；抵抗（resistance）167, 209, 214, 366, 386；维希法国（Vichy France）179, 209–210；战争罪审判（war crimes trials）190

法国的"净化"运动（"purification" in France [epuration]）207

法国犹太人，遣送赴死（French Jews, deportation to death of）209, 388

法兰克福（Frankfurt）271, 277

《法兰克福汇报》［报纸］（Frankfurter Allgemeine Zeitung [newspaper]）278, 292

《法兰克福评论报》［报纸］（Frankfurter Rundschau [newspaper]）292

法斯，葆拉（Fass, Paula）462, 464, 465, 469, 474–475

法西斯主义（fascism）223–224, 241, 338；另参见：纳粹主义（Nazism）

法伊纳一家（Feiners family）91

《凡尔赛和约》（Treaty of Versailles）35

反法西斯（antifascism）186, 223, 338, 452, 472, 497

反法西斯抵抗战士委员会（Committee of Antifascist Resistance Fighters）339

反共（anti-communism）281–282, 292

反和平罪（crimes against peace）213, 219

反人类罪（crimes against humanity）213, 219, 239, 253, 270, 284

"反社会人士"（"asocials"）6, 19, 26–27, 33, 128, 143, 152, 159–160, 183, 224, 233,

索 引

340–341；另参见：吉卜赛人［罗姆人和辛提人］（Gypsies [Roma and Sinti]）

"反思与信任"（TRT [To Reflect and Trust]）479

反犹主义（anti-Semitism）：在美国（in America）393；雅利安化（Aryanization）27–28；在奥地利（in Austria）28–29, 259；在英国（in Britain）471；在捷克斯洛伐克（in Czechoslovakia）300；玷污耶德瓦布内的纪念设施（defacing Jedwabne memorials）493–494；在东德（in East Germany）291–292；科尔贝神父的日记（Fr. Kolbe's journal）487；赫斯与（Hess and）434；与纳粹大屠杀幸存者（and Holocaust survivors）181–182, 374–375；明希接受采访（Münch interview）419；在纳粹占领的法国（under Nazi occupied France）173；在波兰（in Poland）187, 208, 397, 421–422, 488；战后德国（postwar Germany）398；战后西德（postwar West Germany）242, 282；宗教与（religion and）71, 208；学生（school children）46, 80, 410；瓦尔德的回忆录（Wald memoir）437；维纳图书馆（Wiener Library）189–190；另参见：纳粹主义（Nazism）

反资本主义（anticapitalism）186

犯人头目（Kapos）26, 111, 131, 155–157, 210, 294, 297, 369–370, 377, 418

范登伯格，莉莉（van den Bergh, Lily）490

范通宁根，弗洛伦廷·罗斯特（van Tonningen, Florentine Rost）433

梵蒂冈（Vatican）334

"防御的必要性"（"defense of necessity"）253

《防止后代遗传病法》（Law for the Prevention of Hereditarily Diseased Offspring [1933]）47

"非吉卜赛人"（NZ [Nicht Zigeuner] [Not Gypsy]）30

非人化（dehumanization）147–160, 162–163, 166–170

非犹太人（gentiles）71, 87, 100, 194, 208, 423, 470, 472

非正式告密者（unofficial informers [inoffizielle Mitarbeiter for East German Stasi]）243

菲尔斯滕贝格（Fürstenberg）26, 62

菲舍尔，伯恩（Fischer, Bernd）参见：菲舍尔–施韦德尔，伯恩哈德（Fischer-Schweder, Bernhard）

菲舍尔，霍斯特（Fischer, Horst）291–292

菲舍尔，卡尔·约瑟夫（Fischer, Karl Josef）300

菲舍尔–施韦德尔，伯恩哈德（Fischer-Schweder, Bernhard）280–281

费尔费，赫尔曼（Felfe, Herman）269

费克斯，赖因霍尔德（Feiks, Reinhold; Feix, Reinhold）96–97, 115–116, 551n91

分营（sub-camps [Außenlager]）25, 87, 129；另参见：埃本塞营（Ebensee camp）；古森分营（Gusen sub-camp）；梅尔克分营（Melk camp）；党卫队（SS [Schutzstaffel]）

芬茨基，维尔纳（Ventzki, Werner）75, 209, 251, 443

芬茨基，延斯–尤尔根［儿子］（Ventzki, Jens-Jürgen [son]）77, 443–444

芬克尔施泰因，芭芭拉（Finkelstein, Barbara）481

芬克尔施泰因，诺曼（Finkelstein, Norman）365

焚尸炉（crematoria）109, 112, 118, 312, 325, 412, 434, 485, 487, 509

粉三角（pink triangle）26, 156, 503

粉三角公园（Pink Triangle Park）516

《风暴人生》[图书]（Stürmisches Leben, Stormy life [book]）227

冯·布劳恩，韦恩赫尔（von Braun, Wernher）98, 325

冯·登霍夫，格莱芬（von Dönhoff, Grafin）278

冯·普拉托，亚历山大（von Plato, Alexander）364

冯特，威廉（Wundt, Wilhelm）191

弗尔，乔纳森·萨夫兰（Foer, Jonathan Safran）474

弗尔巴，鲁道夫（Vrba, Rudolf）111, 293, 301

弗赖堡（Freiburg im Breisgau）315, 320, 322–23

弗赖，汉斯（Frey, Hans）237

弗兰克，安妮（Frank, Anne）186, 188

弗兰克，汉斯（Frank, Hans）70, 113, 126–127, 215, 316, 434, 485, 512

弗兰克，尼克拉斯［儿子］（Frank, Niklas [son]）434–437, 511–512

弗兰克，诺曼［儿子］（Frank, Norman [son]）435

弗兰克尔，维克托（Frankl, Viktor）111, 164–165, 380

弗兰肯塔尔，恩斯特（Frankenthal, Ernst）340

弗兰肯塔尔，汉斯（Frankenthal, Hans）154, 181–182, 298, 338, 340, 370, 372

弗朗茨，库尔特［洋娃娃］（Franz, Kurt [Lalka]）122–123, 305, Fig. 9

弗朗茨，罗密欧（Franz, Romeo）505

弗里德伦德尔，绍尔（Friedländer, Saul）171, 380, 394, 402–403

弗里德曼，杰弗里（Friedman, Jeffrey）377

弗里德曼，诺贝特（Friedman, Norbert）99, 160–61

弗里德曼，图维亚（Friedman, Tuviah）257

弗利克，弗里德里希（Flick, Friedrich）221, 257, 344

弗利克·梅赛德斯·奔驰集团（Flick Mercedes Benz）344

弗鲁克特曼，卡尔（Fruchtmann, Karl）368

弗伦策尔，卡尔（Frenzel, Karl）306

弗伦茨勒，格奥尔格（Frentzle, Georg）243

弗伦克尔（Frenkel）335

弗洛森比格营（Flossenbürg camp）102, 129, 136–137, 141, 161, 300, 347–348, 371

弗洛伊德，西格蒙德（Freud, Sigmund）28

弗沃达瓦（Włodawa）118, 491

佛罗拿（Veronal）59, 61

服从命令（obeying orders）142, 146–147, 236, 249–250, 252, 270, 289, 295–296, 302, 304–305, 307, 317–319, 322, 328；另参见："服从命令"的辩护（"following orders" defense）

"服从命令"的辩护（"following orders" defense）61–62, 104, 107, 142, 146–147, 245–246, 253, 271, 302, 304, 307, 320, 323, 335–336, 417, 418

服务积极分子（activist of service, Verdienter Aktivist）318

索引

符腾堡（Württemberg）272
福尔贝格，赖因霍尔德（Vorberg, Reinhold）279
福尔哈伯（Faulhaber）60, 273
福尔斯滕格鲁伯工厂（Fürstengrube plant）253
福格尔，阿尔弗雷德（Vogel, Alfred）Fig. 5
福斯特，吉塞拉（Faust, Gisela）33
福图诺夫档案馆（Fortunoff Archive）368, 375, 377, 386–387, 390
父母（parents）391–392, 421, 436, 457–458, 462, 464–466, 468–469, 472–473, 475；与安乐死项目（and euthanasia program）49–50, 66–67；作为纳粹党人（as Nazis）424–425, 429–432, 454–456；另参见：孩子（children）
复仇（revenge）205–207
复仇（vengeance）14
富尔特，埃娃（Furth, Eva）Fig. 33
富有良知的反对者（conscientious objector）182–183, 374

G

盖洛普民意调查组织（Gallup Poll）286
盖世太保（Gestapo [State Secret Police]）25, 43, 90, 95, 225, 243, 316–317, 320, 323, 427, 439, 478；法兰克福奥斯维辛首批审判（First Frankfurt Auschwitz trial, 1963–1965）294；梅莱茨营（Mielec camp）92–93, 417；松嫩堡营屠杀（Sonnenburg camp massacre）139；恐怖地形图博物馆（Topography of Terror）499, 505
"钢盔"（Stahlhelm）98
高夫，霍斯特（Gauf, Horst）280
高加索地区（Caucasus）416

告发（denunciations）234
告密者（informers）43
戈德芬格，阿尔农（Goldfinger, Arnon）474
戈德施拉格，施特拉［屈布勒］（Goldschlag, Stella [Kübler]）43
戈登克，本代特（Gotdenker, Bendet）87
戈登诊所（Görden clinic）66
戈尔德，杰克（Gold, Jack）490
戈尔德贝格，希蒙（Goldberg, Shimon）120
戈尔德哈根，丹尼尔·乔纳（Goldhagen, Daniel Jonah）435–436, 498
戈尔德施泰因，贝尔纳德（Goldstein, Bernard）185
戈尔尼，卡尔（Gorny, Karl）243
戈格尔，约翰·文岑茨（Gogl, Johann Vinzenz）313
戈加斯，汉斯·博多（Gorgass, Hans Bodo）272
戈利克，伊格纳齐（Golik, Ignacy）299–300
戈林，赫尔曼（Göring, Hermann）24, 38, 95, 214, 218, 227, 305
戈培尔，约瑟夫（Goebbels, Joseph）24, 28, 38, 41–42, 213
戈特利布，南森（Gottlieb, Nathan）137
哥伦比亚集中营监狱（Columbia-Haus prison）33, 270
哥穆尔卡，瓦迪斯瓦夫（Gomułka, Władysław）299
格哈德·施.（Gerhard Sch.）65
格拉博夫斯基，瓦尔特（Grabowski, Walter）60, 207
格拉布夫（Graböw）1
格拉茨（Graz）313

格拉芬埃克安乐死机构（Grafeneck euthanasia institute）53–56, 267, 270, 272, 276, 304, 505, 509–510, Fig. 8

格拉夫，奥托（Graf, Otto）301

格拉曼（Glamann）321–322

格拉讷河畔奥拉杜尔（Oradour-sur-Glane）330

格拉斯，君特（Grass, Günter）278, 408

格拉扎尔，里夏德（Glazar, Richard）122–123, 126, 153, 187, 208, 385

格赖泽尔，阿图尔（Greiser, Arthur）73

格勒工厂（Goehle Works）238, 330

格勒诺布尔（Grenoble）190

格雷格，格里（Gregg, Gerry）442

格林，杰拉尔德（Green, Gerald）363–364

格林鲍姆-克罗尼斯，波拉（Grinbaum-Kronisz, Pola）97

格林斯潘，赫舍尔（Grynszpan, Herschel）41–42

格伦宁，奥斯卡（Gröning, Oskar）314, 337, 349–352, 355

格罗斯，海因里希（Gross, Heinrich）268

格罗斯，杨（Gross, Jan）423，493–494

格罗斯赫纳斯多夫（Grosshennersdorf）48

格罗斯-罗森营（Groß-Rosen camp）110, 129, 138, 263, 300, 309

格罗斯曼，大卫（Grossman, David）182

格洛博奇尼克，奥季洛（Globočnik, Odilo）113, 125, 307

格洛布克，汉斯（Globke, Hans）242, 251, Fig. 33

格特，阿蒙（Göth, Amon）101–102, 209, 444

格特纳，阿拉（Gertner, Ala）487

《各有其报》（"Jedem das Seine"，"To each his own"）165–166

《根：一个美国家族的传奇》[迷你电视剧]（Roots: The Saga of an American Family [television mini-series, 1977]）363

根茨（Genz）Fig. 8

根齐，伊姆雷（Gönczi, Imre）299

工会（trade unions）315, 318, 327

工业（industry）27, 112, 213, 221, 344–346, 533–534；另参见：强制劳动力（forced laborers）；各家公司词条（individual companies）；奴隶劳工（slave laborers）

公民（citizens）25，27，44，45，57，65，70，92，101，103–105，225，260，338，523–26

公务员（civil service）23–24, 27, 251

《公寓》[电影]（Die Wohnung, The Flat [film, 2011]）474

共产党人（communists）25, 33, 37，43，110, 179–180, 192, 223–224, 237, 338–339

共产主义（communism）208, 225, 234, 422–423, 486

共谋（complicity）22, 267

沟通模式（communication patterns）175–177, 201, 223, 362, 377

孤儿（orphans）388–389, 396, 402, 460

孤儿院（orphanages）83–84

古本工厂（Guben factory）351

古森［毛特豪森集中营分营］（Gusen [Mauthausen sub-camp]）129, 229, 309；另参见：毛特豪森集中营（Mauthausen camp）

古特曼，西尔维娅·露特和丽塔（Gutmann, Sylvia Ruth and Rita）402

古特曼，伊斯拉埃尔（Gutman, Israel）504

"关于奥地利的宣言"（Declaration on

索　引

Austria [1943]）258
《关于他的二三事》[电影]（*2 or 3 Things I Know about Him* [film, 2005]）442
"惯犯"（"habitual criminals"）6, 143, 144
归还（restitution）338
"归还"[基金会]（Giving Back [foundation]）438–439
贵格会信徒（Quakers）33, 438
国安部第九总局十一部（Hauptabteilung IX/11 [HA IX/11]）241
国会大厦（Reichstag building）4, 23, 498, 505
国际纪念日（International Day of Commemoration）514–515
国际解放者大会（International Liberators' Conferences）385
国际军事法庭（International Military Tribunal, IMT）34, 212–214, 218–219；另参见：纽伦堡军事法庭（Nuremberg Military Tribunals, NMT）；纽伦堡审判（Nuremberg trials）；审判（trials）
"国际义人奖"（"Righteous among the Nations"）100, 190
国家安全部（Ministry for State Security）参见：斯塔西（Stasi [State Security Service]）
国家民主党（National Democratic Party, NPD）310–311
国家司法行政局路德维希堡纳粹罪行调查中央办事处（Ludwigsburg Central Office of the State Justice Administrations for the Investigation of National Socialist Crimes）247, 281–282, 295, 306, 355, 417
国家支持的暴力（state-sponsored violence）22–28, 63, 264, 332, 523–526
国立纳粹受害者基金（National Funds for Victims of National Socialism）342

过渡时期的正义（transitional justice）210, 230–231
过失杀人（manslaughter）245, 247, 275, 325–326, 336
过食（overeating）462–464

H

哈达马尔精神病院（Hadamar Psychiatric Hospital）55, 60, 267, 270–272, 306, 509, Fig. 30, Fig. 31
哈恩，路德维希（Hahn, Ludwig）327–330
哈尔巴赫，阿尔弗里德·克虏伯·冯·波伦和（Halbach, Alfried Krupp von Bohlen und）221
哈尔斯坦主义（Hallstein doctrine）281–282, 303, 306
哈夫纳，塞巴斯蒂安（Haffner, Sebastian）24
哈根（Hagen）306, 490
哈克曼，赫尔曼（Hackmann, Hermann）309
哈瑙（Hanau）352
哈萨格武器制造商（Hasag armaments）221, 237
哈瑟尔霍斯特（Haselhorst）237
哈特海姆城堡安乐死中心（Hartheim Castle euthanasia center）56, 59–60, 118, 132, 267, 510
哈特曼，杰弗里（Hartman, Geoffrey）368
哈瓦（Hava）465
哈西德故事（Hasidic tales）192
孩子（children）：阿列克西纳射杀（Aleksynas shootings）421；德国儿童的反犹主义（antisemitism of German children）80, 410；奥斯维辛附近的学校（Auschwitz school）411–413；"坏种"（"bad seed"）

449；"布痕瓦尔德的孩子"（"Buchenwald child"）167；被活活烧死（burned alive）215；孩子对纳粹大屠杀的记忆（childhood memories of the Holocaust），379–380, 382, 394–395；纳粹父母的子女选择绝育（children of Nazi parents choosing sterilization）449；《纳粹大屠杀的孩子：幸存者子女谈话录》（Children of the Holocaust: Conversations with Sons and Daughters of Survivors）460；罗兹犹太隔离区的"儿童行动"（"Children's Action" in the Łódź ghetto）469；来自奥地利的赔偿（compensation from Austria）510；改宗犹太教（conversion to Judaism）449；被从维希法国遣送（deportation from Vichy France）367；遣送赴死（deportation to death）83–84；躲藏时的伪装（disguise in hiding）177；溺死（drowning of）214；被谋杀的荷兰犹太人孩子（Dutch Jewish murdered）120, 491；战后波兰关于孩子的文章（essays of in postwar Poland）190, 197；战后的安乐死审判（euthanasia postwar trials）267–268, 273–274, 323；安乐死项目（euthanasia program）66；作为行刑者（as executioners）96–97, 99, 334；法兰克福奥斯维辛首批审判（First Frankfurt Auschwitz trial, 1963–1965）296；在毒气室里（in the gas chamber）123–124；吉卜赛孩子死亡（Gypsy death）80–81；"躲藏儿童"（"hidden children"）169；《希特勒的子孙们》[电影]（Hitler's Children [film, 2011]）435；纳粹大屠杀回忆录（Holocaust memoirs）373；杀死孩子的"人道"（"humanity" of killing）418；

"饥饿病房"（"hunger wards"）59–60, 274；纳粹大屠杀幸存者子女国际大会（International Conference of Children of Holocaust Survivors）460–461；纳粹大屠杀幸存者子女国际网络（International Network of Children of Jewish Holocaust Survivors, 1981）460；战后审判的遗产（legacy of postwar trials）361；罗兹居住区的犹太人（Łódź ghetto Jews）76；马伊达内克集中营（Majdanek concentration camp）312；对意大利孩子的屠杀（massacre of Italian）225；大规模谋杀（mass murder of）107；"医学实验"（"medical experiments"）153–154, 220；纪念（memorialization）494；"跨种族婚姻"的孩子（of mixed marriage）181；纳粹父母的孩子（of Nazi parents）215, 424–425, 438–441, 447–448, 454–456；纳粹寄宿制学校（Nazis boarding school）433；幸存者父母的过度保护（overprotection by survivor parents）464；照料父母（parenting parents）462–463；与父母对过去的沉默（and parents' silence about the past）391–392；行凶者的孩子（of perpetrators）12–13, 415, 443, 448–451, 476, 531–532；索比堡的游乐场（playground at Sobibór）490；波兰犹太人的孩子（Polish Jews）101；波兰幸存者的孩子（Polish survivors）194；选择性沉默（selective silencing）395；幸存者的自我发现（self-discovery of survivors）396–403；孩子的头颅（severed heads of）420；对孤儿的性虐待（sexual abuse of orphans）84；射杀裸体的犹太女孩（shooting of naked Jewish girl）328；党

索 引

卫队军官的孩子（of SS officers）160；饿死（starvation of）48–52；幸存者的孩子（of survivors）363, 392–393, 457–458, 533；作为纳粹大屠杀的幸存者（as survivors of the Holocaust）396–403；"战争的孩子"（"war children", Kriegskinder）410；战争孤儿（war orphans）388–389, 402；齐默尔曼一家的孩子（Zimmermann's family）319–320, 425–429；另参见：犹太儿童（Jewish children）；父母（parents）；青年（youth）

海德，维尔纳（Heyde, Werner）65, 269, 277

海德堡小组（Heidelberg Circle）249

海德拉格军队训练场（Heidelager training grounds）98, 431, Fig. 17

海德里希，赖因哈德（Heydrich, Reinhard）24, 67, 113–114, 252, 305, 363–364, 443, 499

海乌姆诺死亡营（Chełmno death camp）：作为第一座死亡营（as first death camp）1, 492；死亡人数（death toll）3, 110, 302, 492；毒气杀死吉卜赛人（gassing of Gypsies）1–3, 145；毒气杀死梅莱茨犹太人（gassing of Mielec Jews）92；废气货车（gas vans）2, 12, 113, 444, 492；朗格特遣队（Lange Commando）53；罗兹居住区的犹太人（Łódź ghetto Jews）75–76, 79, 81, 84, 239；乱葬坑（mass graves）492；纪念（memorialization）3–4, 492–493；"赖因哈德行动"营审判（Operation Reinhard camp trials）302；挖坑工人（pit-workers）2, 12；沙林接受采访（Schalling interview）415；与T4项目管理者（and the T4 administrators）113；沙瓦迈克的叙述（Szlamek narrative）1–3；

旅游业（tourism）493, 506；芬茨基的书信（Ventzki letter）444；维尔特作为第一任指挥官（Wirth as first commandant）53

海因克尔，恩斯特（Heinkel, Ernst）87, 96–97, 102, 227–229

海因克尔飞机制造厂（Heinkel aircraft factory）91–97, 136, 141, 227–228, 255–256, 316–317, 320–322, 343, 493, 495

汉堡（Hamburg）26, 129, 218–219, 222, 272, 327, 505

汉宁，赖因霍尔德（Hanning, Reinhold）314, 337, 352

汉诺威（Hanover）181, 398, 431

豪普特，亚当（Haupt, Adam）489

豪斯纳，吉德翁（Hausner, Gideon）283–284

《浩劫》[电影]（Shoah [film, 1985]）368–370, 380, 385, 422–423, 490

合理化（rationalization）527–528

合谋（conspiracy）213

和解（reconciliation）7, 179, 198, 200–202, 346, 441–442, 449, 451, 455, 479–480, 496, 503, 513

"和解行动：维护和平"（Action for Reconciliation: Service for Peace, Aktion Sühnezeichen: Friedensdienste）449, 513

和平时代（peacetime）27–36, 43–44

和平条约（peace treaty）256, 343

和平运动（peace movement）438

荷兰（Netherlands）179, 491

荷兰犹太人（Dutch Jews）348, 491

赫伯特（Herbert）205–206

赫茨—佐默，艾丽斯（Herz-Sommer, Alice）167

赫尔曼，汉斯（Hermann, Hans）455
赫尔曼，西格弗里德［兄弟］（Hermann, Siegfried [brother]）455
赫尔曼·戈林国家工厂（Hermann Göring works）96, 130, 221
赫克尔，卡尔-弗里德里希（Höcker, Karl-Friedrich）296–297
赫斯，鲁道夫（Hess, Rudolf）24, 238, 434, 437
赫斯，沃尔夫－吕迪格［儿子］（Hess, Wolf-Rüdiger [son]）434
赫斯特（Hoechst）254
赫扎努夫（Chrzanów）387
赫扎斯科夫斯基，盖塞尔（Chrząstkowski, Gecel）13
"黑暗旅游"（"dark tourism"）484, 508
黑格尔，海因茨（Heger, Heinz）156–157, 184, 376–377, 386, 496
黑利，亚力克斯（Haley, Alex）363
黑林，N.（Hering, N.）99
黑林，戈特利布（Hering, Gottlieb）115
黑三角（black triangles）26–27
黑森林（Black Forest）406
黑森州（Hesse）54, 266
黑森州福利协会（Welfare Association of the State of Hesse [LWV]）509
黑施尔，埃尔温（Heschl, Erwin）300
亨丽埃特（Henriette）66–67
亨宁，迪特尔［化名］（Henning, Dieter [pseudonym]）445–446
亨泽尔，赫尔穆特（Hensel, Helmut）92, 315, 320, 417–418, 427
红军士兵（Red Army soldiers）347, 453, 486
红三角（red triangles）26

红十字（Red Cross）167, 170, 334
后备警察营（Reserve Police Battalion）128
候补名单党（Alternative List）438
后记忆（postmemory）466
胡贝尔，伊姆加德（Huber, Irmgard）Fig. 31
胡达尔，阿洛伊斯（Hudal, Alois）334
胡戈·M.（Hugo M.）216
互助小组（support groups）389
互助协会（HIAG, Mutual Assistance Association）324
护理中心（care homes）52–53, 59；另参见：安乐死项目（euthanasia program）
护林工作（forestry）99, 302, 431
护士（nurses）269–273, 309
护照（passports）27–28
华沙（Warsaw）291, 493
华沙居住区（Warsaw ghetto）1, 72, 82–83, 85–86, 127, 150, 167–168, 185–186, 190–191, 327–330, 488, 491, Fig. 13
华沙条约（Warsaw Pact）263
化学战（chemical warfare）226
"皇帝咖啡公司"（"Kaisers Kaffeegesellschaft", Emperor's Coffee Company）52
黄星（yellow star）27
灰色巴士（gray buses）59, 64, 65
"灰色地带"（"gray zone"）131, 210, 366, 370
恢复纳粹化（renazification）251
恢复原职（rehabilitation）230
《恢复专业公务员法》（Law for the Restoration of a Professional Civil Service）23–24, 27, 254
《回答》［杂志］（Response [journal]）458

索　引

回忆录（memoirs）参见：出版物（publications）
《回忆者》[图书]（The Memory Man [book]）493
毁坏财物（vandalism）493–495, 504, 505
混血儿（"mixed race" [Mischling]）21, 30, 40, 60, 144, 146, 180, 459, Fig. 3
活活烧死（burning alive）71, 86–88, 97, 137, 150, 215, Fig. 28
《活着为了证明》[电影]（Paragraph 175 [film] [2000]）377, 386–387, 513–514
火化（cremation）118, 128
霍恩巴赫（Hohenbach）89, 317, 426
霍恩巴赫德意志殖民地（Hohenbach German Colony）496, Fig. 14, Fig. 35
霍恩申豪森监狱（Hohenschönhausen prison）211, 327
霍芬，瓦尔德马（Hoven, Waldemar）220
霍夫迈耶，汉斯（Hofmeyer, Hans）298
霍夫曼，埃娃（Hoffmann, Eva）177, 462–463, 465–467
霍赫，阿尔弗雷德（Hoche, Alfred）48–49, 277
霍斯，布丽吉特（Höss, Brigitte[daughter]）434
霍斯，赖纳[孙子]（Höss, Rainer [grandson]）443, 481–482
霍斯，鲁道夫（Höss, Rudolf）108–109, 112, 209, 214, 230, 290–291, 296, 411, 413, 418, 434
霍斯特·L.（Horst L.）447–448

J

"饥饿病房"（"hunger wards"）59, 274
基德隆，卡罗尔（Kidron, Carol）471
基督教（Christianity）48, 71, 148, 151–152, 182, 200, 223, 237, 291–292, 437, 489, 493
基督教民主联盟（Christian Democratic Union [CDU]）277
基督—犹太协会（Christian-Jewish Society, Christlich-Jüdische Gesellschaft）310
基辅（Kiev）417
基施纳，安和萨拉（Kirschner, Ann and Sala）372
基辛格，库尔特·格奥尔格（Kiesinger, Kurt Georg）277
"基于情感的法律体系"（jurisprudence based on emotions）273
吉卜赛人［罗姆人和辛提人］（Gypsies [Roma and Sinti]）：奥斯维辛起义（Auschwitz uprising）168；娘子谷屠杀（Babi Yar ravine massacre）106；贝乌热茨集中营（Bełżec concentration camp）114；比克瑙［奥斯维辛二号营］（Birkenau [Auschwitz II]）290；黑三角（black triangles）27；布痕瓦尔德集中营（Buchenwald concentration camp）34；德国辛提人和罗姆人中央委员会（Central Council of German Roma and Sinti）375；海乌姆诺乱葬坑（Chełmno mass graves）1–2；针对受害者的赔偿（compensation for victims）340–342, 510；死亡人数（death toll）105, 109, 290；定义（definition of）144；遣送赴死（deportation to death）144–145, 252, 341, 504, Fig. 19；种族灭绝（genocide）144–145；与《纳粹大屠杀》［迷你电视剧］（and Holocaust [television mini-series]）364, 374；生活方式（lifestyle）542n2；罗兹犹太隔离区（Łódź ghetto）80；受害者身份的边缘化（marginalization

of victimhood）503；大规模谋杀（mass murder of）144；"医学实验"（"medical experiments"）215；受害者的纪念设施（memorials for victims）4, 494, 504–505；混血儿（mixed race）144；养老金（pensions for）375；迫害（persecution of）29–30；挖坑工人（pit-workers）2；战后审判（postwar trials）233, 252, 260；在奥地利的和解（reconciliation in Austria）479；战后的社会地位（social status of after war）224；幸存者的接纳（survivor reception）183；作为目标（as targets）23；特雷布林卡集中营（Treblinka concentration camp）120；美国纳粹大屠杀纪念博物馆（United States Holocaust Memorial Museum, USHMM）365–366

吉尔泽纳赫，赖马尔（Gilsenach, Reimar）504

疾病（disease）76–77, 80–81, 95, 131, 153, 164, 186, 196, 388, 400

集体暴力（collective violence）43–44, 139–140, 206, 213, 216, 253, 261, 265, 289；与"无辜的旁观者"（and "innocent bystanders"）526；从过去习得的教训（lessons from the past）537–539；纳粹之下（under Nazism）8, 19–20, 22–23, 142；另参见：第三帝国（Third Reich）

"集体记忆"（"collective memory"）410

集体认同（collective identity）458

"集体失忆症的神话"（"myth of collective amnesia"）175

集体罪责（collective guilt）216, 533, 535

集中营（concentration camps）：管理者（administrators）126–127；以物易物和交易（barter and trade）153；伪装（camouflage）113；一氧化碳毒杀（carbon monoxide poisoning）113；海乌姆诺作为第一座死亡营（Chełmno as first death camp）1, 492；道德准则的崩塌（collapse of morality in）153；针对幸存者的赔偿（compensation for survivors）340–341, 345；集中营守卫（concentration camp guards）72；建造（construction of）93；"黑暗旅游"（"dark tourism"）484；死亡长征（death marches）135–137；死亡人数（death toll）112；20世纪30年代的早期使用（early use of in the 1930s）26；安乐死项目（euthanasia program）58, 112–113；扩张（expansion of）25；"劳动式灭绝"（"extermination through work", Vernichtung durch Arbeit）94–95；资金来源（financing of）27；强制劳动力（forced laborers）94, 96, 130；外籍劳动力（foreign laborers）128；友谊（friendships in）152；毒气室（gas chambers）56, 133, 135, 455, 485, 507, 509；吉卜赛人［罗姆人和辛提人］（Gypsies [Roma and Sinti]）30；homosexuals（同性恋者）31–32；位置（location of）25–26；失去个性（loss of individuality）151；卢布林区（Lublin District）96；纪念（memorialization of）500–501；在波兰（in Poland）99, 112–28；最初关押的是政治犯（political opponents as initial occupants）128；与战后的拘留营（and postwar internment camps）210–211；囚犯人数（prison population）130；Red Cross inspections（红十字会的检察）167；党卫队人员（SS personnel）132；斑疹伤寒（typhus）164；乌克兰守卫（Ukrainian guards in）

索引

113–114，124，422；起义（uprising）167–168, 187；野生集中营（wild concentration camps）25；另参见：个体事例（individual examples）；分营（sub-camps [Außenlager]）；审判（trials）
"集中营"文身（KL, Konzentrationslager）93, 151；另参见 concentration camps
记号（insignia）26, 72, 79–80, 149, 151, 157
记忆闪回（flashback memories）378, 389, 391
记忆叙述（memory narratives）378
记忆之墙（Wall of Remembrance）493
纪念（memorialization）："和解行动：维护和平"（Action for Reconciliation: Service for Peace [Aktion Suhnezeichen: Friedensdienste]）513；祖辈的故土（ancestral homelands）475；在奥地利（in Austria）353, 500–502, 510–511；贝乌热茨集中营（Bełżec concentration camp）491–492；贝恩堡精神病院（Bernburg Hospital for Psychiatry and Neurology）507–508；布痕瓦尔德集中营（Buchenwald concentration camp）497, 500；海乌姆诺死亡营（Chełmno death camp）3–4, 492–493；针对受害者的赔偿（as compensation for victims）344, 534, 536；集中营（of concentration camps）500–501；抗战烈士纪念设施保护委员会（Council for the Protection of Memorials to Struggle and Martyrdom）488；在东德（in East Germany）367, 497–498；埃本塞营（Ebensee camp）500–501；安乐死项目（euthanasia program）505–511；联邦德国（Federal Republic of Germany）4；科尔贝神父（Fr. Kolbe）487；男同性恋者（gay men）Fig. 39；格拉芬埃克安乐死机构（Grafeneck euthanasia institute）509–510；罪责与（guilt and）484, 497；吉卜赛人［罗姆人和辛提人］（Gypsies [Roma and Sinti]）504–505；霍恩巴赫德意志公墓（Hohenbach German cemetery）Fig. 35；霍恩巴赫德意志殖民地（Hohenbach German Colony）496；纳粹大屠杀纪念日（Holocaust Memorial Day）5；同性恋者被谋杀（homosexuals murdered）4；万湖会议之家（House of the Wannsee Conference）499；耶德瓦布内谋杀（Jedwabne murders）493–494；遣送自法国的犹太儿童（Jewish children deported from France）367；罗兹犹太隔离区（Łódź ghetto）494；马伊达内克集中营（Majdanek concentration camp）491；毛特豪森集中营（Mauthausen camp）500–501；"纪念的蜡烛"（"memorial candles"）465, 611n74；《从法国遣送走的犹太人纪念书》（The Memorial to the Jews Deported from France [1978]）367；欧洲被害犹太人纪念碑群（Memorial to the Murdered Jews of Europe）4, 484, 498, 504, 516；梅莱茨营（Mielec camp）495–496, 500–501；梅莱茨犹太会堂（Mielec synagogue）Fig. 36；纳粹受害者（of Nazi victims）146；诺因加默分营（Neuengamme sub-camp）500；向拉文斯布吕克行进的奥洛夫·帕尔默和平游行（Olof Palme Peace March to Ravensbrück）497；与行凶者的罪责（and perpetrators' guilt）484；粉三角（pink triangle）503, 516；在波兰（in Poland）488–496；政治支持（political support for）488；与偏见（and prejudice）

517；战俘（prisoners of war）110；
"和解新教教会"（Protestant Church of Reconciliation [Versöhnungskirche]）503；拉文斯布吕克集中营（Ravensbrück concentration camp）497, 500；帝国保安总局（Reich Security Main Service [RSHA]）499；萨克森豪森集中营（Sachsenhausen camp）497；圣地（sacred places）536；羞耻（shame）496–502；对奴隶劳工（of slave laborers）493, 500；索比堡集中营（Sobibór concentration camp）120, 141, 489–491；对士兵（of soldiers）502；"绊脚石"（stumbling stones [Stolpersteine]）5, 498–499；特拉夫尼基人（Trawnikis）494；特雷布林卡集中营（Treblinka concentration camp）489；在21世纪（in the 21st century）514–517；美国纳粹大屠杀纪念博物馆（United States Holocaust Memorial Museum [USHMM]）, 5, 365–366, 515；对受害者（of victims）354, 486–487, 505–506；纳粹政权受害者协会（VVN [Vereinigung der Verfolgten des Naziregimes]）507；华沙犹太隔离区起义（Warsaw ghetto uprising）488；以色列犹太大屠杀纪念馆（Yad Vashem）5

纪念品（memorabilia）475

妓女（prostitutes）23, 27, 91, 152, 157–158

继承国［第三帝国］（successor states [to Third Reich]）231–232, 265–267, 280, 338, 354, 404–405, 526–528；另参见：奥地利（Austria）；东德（East Germany）；德意志联邦共和国（Federal Republic of Germany）；德意志民主共和国（GDR）；西德（West Germany）

加尔德莱根屠杀（Gardelegen massacre）137, Fig. 28

加利西亚（Galicia）98, 116, 118, 127, 436, 512

《加利西亚区的犹太问题解决方案》（The Solution of the Jewish Question in the District of Galicia）116

加伦，克莱门斯·奥古斯特·格拉夫·冯（Galen, Clemens August Graf von）57

加拿大（Canada）177, 254, 301, 309, 351, 460, 467–468

"加拿大一号楼"（"Canada I" [Auschwitz sorting area]）112

加约夫尼泽克，弗朗齐歇克（Gajowniczek, Franciszek）487

嘉布遣修士（Capuchin monks）490

《监督》［电视节目］（Monitor [television program]）310

监狱（prisons）25

柬埔寨（Cambodia）5

检察官（prosecutors）293

见证（witnessing）159, 185, 236

绞刑（hangings）72, 121, 159, 165, 209, 218, 220, Fig. 20

"阶级敌人"（"class enemy"）224

杰坎卡诊所（Tiegenhof clinic）52, 60

杰克逊，罗伯特（Jackson, Robert）213

杰明德，耶迪达（Geminder, Yedidia）41

捷克斯洛伐克（Czechoslovakia）69, 148–149, 162, 299–300, 326, 442

解放（liberation）110, 112, 120, 128, 135, 169–170, 181, 194, 196, 207, 486, 490

解放犹太人中央委员会（Central Committee of Liberated Jews）95

金德，约翰内斯（Kinder, Johannes）243

金佩尔（Gimpel）334

索 引

经济行政本部（Economic and Administrative Central Office，WVHA）130, 221

"经历群体"（"communities of experience"）8, 142, 147, 174–177, 198, 201, 289, 362–363, 526–529

精神病患者（psychiatric patients）52, 60–61

精神失常（mental illness）55, 108, 224, 268, 430

警察总部（Police Presidium [Polizeipräsidium]）33

救助者（rescuers）8

拘留营（internment camps）210–211

拘留中心（detainment centers and detention centers）234

举证责任（burden of proof）352

绝育（sterilization）23, 131, 144, 146, 276, 449；另参见：强制绝育（compulsory sterilization）

掘墓人（gravediggers）12–13

军备生产（armaments production）93, 130, 136, 325, 351, 408, 424

《均衡负担法》（Law to Equalize Burdens [1952]）40

K

卡—蔡特尼克135633（Ka-Tsetnik 135633）参见：德—努尔，耶希勒（De-Nur, Yehiel）

卡茨曼，弗里德里希［弗里茨］（Katzmann, Friedrich [Fritz]）116, 118, 127

卡尔曼，朱迪思（Kalman, Judith）351–352, 467–468

卡哈内，约瑟夫和雅各布（Kahane, Jakob and Josef）95

卡缅纳工厂（Kamienna factory）237

卡佩休斯，维克托（Capesius, Victor）297

卡普夫，安妮（Karpf, Anne）177, 464–467, 471

卡普林斯基，索利（Kaplinski, Solly）475

卡齐米日［克拉科夫的犹太区］（Kazimierz [Jewish quarter in Kraków]）485, 493

卡齐米日·K.（Kazimierz K.）422

卡斯特罗区（Castro area）516

卡塔林霍夫护理中心（Katharinenhof care home）48

卡特，吉米（Carter, Jimmy）365

卡特尔，维尔纳（Catel, Werner）50, 276

卡廷森林（Katyn Forest）431

凯尔采屠杀（Kielce pogrom [1946]）208

凯塞林，阿尔贝特（Kesselring, Albert）222–223, 225, 298

凯耶拉，维斯瓦夫（Kielar, Wiesław）111

康拉德，阿尔弗雷德（Konrad, Alfred）496

抗战烈士纪念设施保护委员会（Council for the Protection of Memorials to Struggle and Martyrdom）488

考尔，弗里德里希·卡尔（Kaul, Friedrich Karl）279

考夫曼，阿道夫·古斯塔夫（Kaufmann, Adolf Gustav）279

科察诺乌卡射击场（Kochanówka shooting range）99

科恩，格尔松·D.（Cohen, Gerson D.）460–461

科尔，埃娃·莫泽斯（Kor, Eva Mozes）206, 350–352, 481–482

科尔，米丽娅姆（Kor, Miriam）350

科尔贝，马克西米利安（Kolbe, Maximilian）110, 487, 490

科尔恰克，雅努什（Korczak, Janusz）84
科夫纳，阿巴（Kovner, Abba）168, 205, 285
科夫诺（Kovno）105
科根，帕维尔（Kogan, Pavel）490
科贡，欧根（Kogon, Eugen）310
科赫，君特（Koch, Günter）328
科赫，卡尔（Koch, Karl）165
科亨多夫（Kochendorf）228
科隆（Cologne）275, 503, 505
"科学研究"（"scientific research"）131
"可怕的伊万"（"Ivan the Terrible"）348
克格勃（KGB）211
克拉根福（Klagenfurt）307
克拉科夫（Kraków）88, 111, 127, 149, 209, 291, 407, 444, 493
克拉斯费尔德，泽格和贝亚特（Klarsfeld, Serge and Beate）367, 460
克莱，恩斯特（Klee, Ernst）276–277, 279, 509
克莱尔，约瑟夫（Klehr, Josef）296
克莱姆，赫伯特（Klemm, Herbert）138–139
克赖斯基，布鲁诺（Kreisky, Bruno）262–263
克雷默，弗里茨（Cremer, Fritz）497
克雷奇马尔，格哈德·赫伯特［克瑙尔］（Kretschmar, Gerhard Herbert [Knauer]）50
克雷奇马尔，卡尔（Kretschmer, Karl）416–417
克里姆特，古斯塔夫（Klimt, Gustav）339
克里斯托弗森，蒂斯（Christophersen, Thies）310
克林顿，比尔（Clinton, Bill）346

克林格，凯瑟琳（Klinger, Katherine）461, 480
克林根巴赫，汉内洛蕾（Klingenbach, Hannelore）449–450
克卢夫斯基，齐格蒙特（Klukowski, Zygmunt）100–101, 185
克罗莫洛夫斯基，沃尔夫·莱布（Kromolowski, Wolf Leib）469
克罗伊茨贝格区（Kreuzberg district）499
克吕格，露特（Klüger, Ruth）111, 177, 372, 380–381, 513
克斯腾伯格，尤迪特（Kestenberg, Judith）388
克斯滕，费利克斯（Kersten, Felix）31
克特·H.（Käthe H.）270
肯尼利，托马斯（Keneally, Thomas）445, 493
肯齐亚，恩斯特（Kendzia, Ernst）239
恐怖地形图博物馆（Topography of Terror）499, 505
恐同（homophobia）156, 342, 386, 503
口述史记录（oral history recordings）191–197, 324, 362, 364, 367–368, 370, 374–375, 377, 385–386, 404, 407–408, 410, 430–431
骷髅总队（Death's Head Regiment, Totenkopfstandarte）63–64
库尔，迪尔克（Kuhl, Dirk）478–479
库尔茨，阿洛伊斯（Kurz, Alois）301
库尔卡，奥托·多夫（Kulka, Otto Dov）205, 294, 379–383
库特诺犹太隔离区（Kutno ghetto）199
匡特，约亨（Quandt, Jochen）507

L

拉波波特，南森（Rapoport, Nathan）488

索 引

拉布卡训练学校（Rabka training school）437
拉德加斯特火车站（Radegast train station）494
拉德克，约瑟夫（Radecker, Joseph）273
拉赫曼，埃里克（Lachmann, Erich）306
拉赫特，希尔德加德（Lächert, Hildegard）309, 312
拉肯巴赫营（Lackenbach camp）260
《拉孔布·吕西安》［电影］（Lacombe, Lucien [film, 1974]）366
拉默丁，海因茨（Lammerding, Heinz）330
拉默特，威尔（Lammert, Will）Fig. 37
拉塔伊恰克，阿曼达（Ratajczak, Amanda）207
拉特恩泽尔，汉斯（Laternser, Hans）222, 297–298
拉特卡，维克托（Ratka, Viktor）58, 60, Fig. 7
拉文斯布吕克集中营（Ravensbrück concentration camp）26, 132–135, 150–152, 159, 183, 228, 331, 388, 497, 500, 503, Figs. 37, 38；与安乐死项目（and euthanasia program）62；强制劳动力（forced laborers）96, 237；解放（liberation of）170；"医学实验"（"medical experiments"）131, 266；纪念（memorialization of）497, 500；政治犯（political prisoners）58, 147, 170；审判（trials）214, 222
蜡烛组织（CANDLES）351
莱，罗伯特（Ley, Robert）213, 433, 437
莱奥，安妮特（Leo, Annette）452
莱贝特，诺贝特和斯特凡（Lebert, Norbert and Stephan）434, 436, 477
莱比锡（Leipzig）50, 237, 452
莱恩克林，安娜（Lehnkering, Anna）505
莱尔曼，迈尔斯（Lerman, Miles）492
莱尔希，恩斯特（Lerch, Ernst）307
莱姆金，拉斐尔（Lemkin, Raphael）214
莱特纳，欧文·A.（Leitner, Irving A.）371
莱维，莱奥（Lewi, Leo）305
莱维，普里莫（Levi, Primo）111, 131, 148, 188, 370, 378–380
赖恩，拉塞尔（Ryan, Russell）309
赖赫曼，基尔（Rajchman, Chil）120–121, 187
赖纳·L.（Rainer L.）447–448
赖特曼—多比，丽莎（Reitman-Dobi, Lisa）468
赖希，西格蒙德（Reich, Sigmund）136–137
赖希莱特纳，弗朗茨（Reichleitner, Franz）118
赖希斯霍夫（Reichshof）316
赖兴塔尔，托米（Reichental, Tomi）442
"赖因哈德行动"（Operation Reinhard）53, 113, 120, 242, 301–308, 487, 491
赖因哈德营（Reinhard Camps）67, 113–114, 124–127, 381, Fig. 8；另参见：贝乌热茨集中营（Bełżec concentration camp）；索比堡集中营（Sobibór concentration camp）；特雷布林卡集中营（Treblinka concentration camp）；审判（trials）
兰贝特，埃尔温·赫尔曼（Lambert, Erwin Herman）123
兰道，塞西莉娅（Landau, Cecilia）参见：艾肯格林，露西尔（Eichengreen, Lucille [Cecilia Landau]）
兰多，摩西（Landau, Moshe）283
"蓝警"（"blue police"）100–101

朗，路德维希（Lang, Ludwig）95
朗拜因，赫尔曼（Langbein, Hermann）292–293, 300, 310, 380
朗格，赫伯特（Lange, Herbert）52–53
朗格费尔德（Langefeld）134
朗米勒，弗朗茨（Langmüller, Franz）260
朗兹曼，克洛德（Lanzmann, Claude）304, 368–370, 380, 385–387, 415–417, 422–423, 490
劳布，多里（Laub, Dori）368
劳动部（Ministry of Labor）133, 239
劳动力短缺（labor shortage）93
"劳动式灭绝"（"extermination through work", Vernichtung durch Arbeit）21, 94, 145–46, 237
劳动营（labor camps）21, 110, 112；另参见：强制劳动力（forced laborers）
劳里希，埃米尔（Laurich, Emil）309
劳伊齐曼，塞缪尔（Rajzmann, Samuel）305
老兵（veterans）98
老兵与战争受害者部（Ministry of War Veterans and War Victims）343
"老鼠路线"（"ratline"）334
《了了》[图书]（Everything Is Illuminated [book]）474
雷德尔，鲁道夫（Reder, Rudolf）114–117, 303, 491
雷乃，阿伦（Resnais, Alain）186
蕾切尔·P.（Rachel P.）388, 392–393, 399–400
冷战（Cold War）182, 186, 206, 212, 223, 225, 240, 256, 263, 303, 314, 326–332, 353, 355, 526
里芬施塔尔，莱尼（Riefenstahl, Leni）35–36

里斯，劳伦斯（Rees, Lawrence）350
里希特，贝恩德（Richter, Bernd）508
"历史作坊运动"（"history workshop movement"）364
立陶宛（Lithuania）105–106, 191, 420–421
利包（Libau）191
利贝斯金德，丹尼尔（Libeskind, Daniel）498
利伯恩舍尔，阿图尔（Liebehenschel, Arthur）291
利伯曼，格奥尔格、汉斯和马克斯（Liebermann, Georg, Hans, Max）52
利茨曼施塔特（Litzmannstadt）参见：罗兹犹太隔离区（Łódź ghetto）
利赫滕堡营（Lichtenburg camp）200
利洛·C.（Lilo C.）401
利沃夫（Lwów [Lvov, L'viv, Lemberg]）114, 116, 263, 436, 511–512
利希滕施泰因，海纳（Lichtenstein, Heiner）310–311
"连字符身份"（"hyphenated identities"）470
联邦法院（Federal Court of Justice）256
联邦内政部（Federal Ministry of the Interior）261–262
"联合"（Anschluss）26, 28–29, 258；另参见 Austria
联合国（United Nations）214, 264, 283, 514–515
联盟 90（Alliance 90）438
烈士（martyrdom）489, 492
邻居（neighbors）71, 421–423, 472, 499
《邻人》[图书]（Neighbors [book]）423, 493
林茨（Linz）26, 56, 259, 313

索引

林德曼，格哈德（Lindemann, Gerhard）参见：蒂勒，格哈德（Thiele, Gerhard）

林格尔布卢姆，伊曼纽尔（Ringelblum, Emanuel）185

林根斯—赖纳，埃拉（Lingens-Reiner, Ella）152–153, 155, 294, 380, 408–409, 459

林根斯—赖纳，彼得［儿子］（Lingens-Reiner, Peter [son]）153, 459

"垄断资本主义"（"monopoly capitalism"）241

卢布林区（Lublin District）96, 113, 209, 303, 308

卢丁家庭（Ludin family）442

卢卡斯，弗朗茨（Lucas, Franz）297

《卢森堡条约》［1952 年］（Luxemburg Agreement [1952]）339

卢旺达（Rwanda）5

"鲁道夫"（"Rudolf"）448

鲁德斯贝格（Rudesberg）343

鲁米那［苯巴比妥镇静剂］（Luminal [phenobarbital]）59–61, 269, 273

鲁姆科夫斯基，莫迪凯·哈伊姆（Rumkowski, Mordechai Chaim）74–75, 84, 86, 167, 469

陆军总司令部（Army High Command）219

路德维希，约翰（Ludwig, Johann）259

乱葬坑（mass graves）106, 416–417, 421, 431, 512, Fig. 28；集中营（concentration camps）1–3, 100–101, 115, 117–118, 492, 496；哈达马尔精神病院（Hadamar Psychiatric Hospital）509，Fig. 30；"收获节屠杀"（"Harvest Festival massacre" [1943]）127–128, 308, 494；海因克尔飞机制造厂屠杀（Heinkel aircraft factory massacre）321–322；战俘（prisoners of war）138, 325, Fig. 29；精神病患者（psychiatric patients）52；在乌克兰人的监视下挖掘（Ukrainians supervise digging of）Fig. 21, Fig. 22

伦敦（London）177, 189, 293

《伦敦债务协定》（London Debt Agreement [1953]）256

伦纳，卡尔（Renner, Karl）258

罗马尼亚（Romania）368, 542n2

罗姆，恩斯特（Röhm, Ernst）24–25

罗姆人（Roma peoples）参见 Gypsies (Roma and Sinti)

罗宁（Ronen）463

罗森沙夫特，梅纳赫姆·Z.（Rosensaft, Menachem Z.）460

罗森塔尔，加布里埃莱（Rosenthal, Gabriele）477–478

罗森塔尔，玛丽拉（Rosenthal, Maryla）294

罗什，莱亚（Rosh, Lea）498

罗斯，亨里克（Ross, Henryk）76

罗斯托克工厂（Rostock works）96

罗兹犹太隔离区（Łódź ghetto）1–2, 44, 73–77, 82, 84–85, 199, 443–444, 469；死亡人数（death toll）79；与遣送赴死（and deportation to death）78, 80, 145, 167, 239, 462–63, 493；日记（diaries）73–79；强制劳动力（forced laborers）72–73, 136；纪念（memorialization）494；战后审判（postwar trials）209；饿死（starvation）75–79, 84, 185, Fig. 11

《罗兹犹太隔离区编年史》（Chronicle of the Łódz Ghetto）77

洛伦茨（Lorenz）36–37

洛杉矶（Los Angeles）401–402

洛伊，阿尔弗雷德（Leu, Alfred）268, 275

吕布克，海因里希（Lübke, Heinrich）242

吕克尔，阿达尔贝特（Rückerl, Adalbert）281, 300

吕特尔，克里斯蒂安·弗雷德里克（Rüter, Christiaan Frederik）232

旅游业（tourism）111–112, 186, 484–486, 491–493, 506, 508–510, 514

律师（lawyers）138–139, 233, 241, 249, 252–253, 260, 280, 289, 309, 311, 325, 327–330, 335, 341

绿党（Green Party）438

绿三角（green triangles）26

M

马尔琴科，伊万（Marchenko, Ivan）348

马格德堡（Magdeburg）269，Fig. 1

马勒，古斯塔夫（Mahler, Gustav）28

马勒，路易（Malle, Louis）366

马里内赫工厂（Marienehe factory）228

马利，卡尔（Mally, Karl）243

马施曼，梅利塔（Maschmann, Melita）39–40, 85, 198–200, 210

马歇尔，S. L. A.（Marshall, S. L. A.）225

马歇尔计划（Marshall Plan）339

马伊达内克集中营（Majdanek concentration camp）96, 110, 126–127, 209, 291, 308–313, 488, 490–491

马伊达内克州立博物馆（Majdanek State Museum）492

马佐夫斯基，格哈德（Mazowsky, Gerhard）37

玛丽安娜·B.（Marianne B.）410–415

玛莎·E.（Martha E.）375–376

迈尔，格奥尔格·弗朗茨（Meyer, Georg Franz）300

迈因德尔，格奥尔格（Meindl, Georg）229

麦克洛伊，约翰（McCloy, John）248

芒恩，萨姆森（Munn, Samson）479–480

毛茨，格哈德（Mauz, Gerhard）336

毛特豪森—古森营（Mauthausen-Gusen camp）309

毛特豪森集中营（Mauthausen camp）26, 56, 59, 96, 129–130, 132, 135, 228–229, 263, 313, 500–502, 510, Fig. 40；另参见：埃本塞营（Ebensee camp）；古森［毛特豪森集中营分营］（Gusen [Mauthausen sub-camp]）；梅尔克分营（Melk camp）

"没用的饭桶"（"useless eaters"）21, 144

"没有生存价值的人"（"life unworthy of living"）4, 45–49, 142

梅尔策，埃瓦尔德（Meltzer, Ewald）48–49

梅尔克［毛特豪森分营］（Melk [Mauthausen sub-camp]）129–130, 229, 500, 501, Fig. 40

梅莱茨营（Mielec camp）41, 87–97, 99–102, 129–30, 151, 160–161, 227–229, 314–323, 391, 417, 495, 500–501, Fig. 15, Fig. 16, Fig. 40；另参见：审判（trials）

梅默尔（Memel）280–281

梅纳赫姆（Menachem）449

梅塞施米特飞机厂（Messerschmitt aircraft work）136

媒体报道（media coverage）436

媒体报道（press coverage）216, 241, 268–269, 285, 288, 292, 298–299, 301, 309, 320, 322, 329–330, 332, 336, 344

媒体文化（media culture）362："医学实验"（"medical experiments"）21, 26, 156, 193, 206, 214–215, 220, 266, 276, 350–351, 389, 418–420, 481；奥斯维辛集中营（Auschwitz concentration camp）131, 153–154, 178, 373, 485；安乐死项目（euthanasia program）507–508, 511

美国（America）42, 69, 146, 179, 212–213, 219–223, 255, 271–272, 286,310, 343–344, 347, 363–364, 382, 393, 457, 492；另参见：美国纳粹大屠杀纪念博物馆（United States Holocaust Memorial Museum）

美国纳粹大屠杀纪念博物馆（United States Holocaust Memorial Museum, USHMM）5, 365–366, 420, 492, 504, 515

美国纳粹大屠杀纪念委员会（US Holocaust Memorial Council）385

门茨，维利（Mentz, Willi）Fig. 8

门德尔松，丹尼尔（Mendelsohn, Daniel）474

门格勒，约瑟夫（Mengele, Josef）131, 153–154, 178, 206, 215, 263, 350–351, 389, 392, 413, 419, 420, 481

门内克，弗里德里希（Mennecke, Friedrich）47, 58, 62–63, 271, 321, Fig. 7

门特罗达（Menteroda）327

门希贝格（Mönchberg）55

盟军（Allies）34, 69, 120, 129, 139, 211–114, 217–218, 225–226, 245, 258, 287, 291；另参见：各国词条（*individual countries*），战后审判（postwar trials）

米尔地区野兔狩猎行动（Mühlviertel rabbit hunt）260

米尔希，艾尔哈德（Milch, Erhard）93, 95

米赫尼亚，希尔德（Michnia, Hilde）442–443

米库斯，约瑟夫（Mikusz, Józef）299

米拉·P.（Mila P.）387, 391, 393

米勒，彼得［化名］（Müller, Peter [pseudonym]）98–99, 229–230, 324, 429, 432, 455, Fig. 18

米勒，菲利普（Müller, Filip）111, 369–370

米勒，汉斯［儿子］［化名］（Müller, Hans [son] [pseudonym]）99, 229, 324–325, 429–432, 455–456

米丽娅姆·A.（Miriam A.）29

米卢斯（Mulhouse）172

米切尔森，阿龙·孟德尔（Michelson, Aron Mendel）参见：博德，戴维（Boder, David）

米特，威廉·奥古斯特（Miete, Wilhelm August）Fig. 8

米特堡—多拉营（Mittelbau-Dora camp）129, 136, 181, 227, 325, 340, Fig. 28

米特区（Mitte）316

米希林，吉尔贝（Michlin, Gilbert）152, 161–162, 171, 178–179

秘密武器生产（secret weapons production）129, 181

密特朗，弗朗索瓦（Mitterrand, François）173

"免罪"（"exonerated", entlastet）211

缅济热奇精神病院（Meseritz-Obrawalde hospital）60–61, 207, 270

"民间"安乐死杀戮（"wild" euthanasia）57, 59–61, 207, Fig. 7

民意调查（opinion polls）216, 259

民主德国［德意志民主共和国］（GDR [German Democratic Republic]）211, 224, 330, 338–339, 408, 427–429, 451–452, 497；对受害者的赔偿（compensation for victims）239；审判（trials）231, 234, 282, 333, 353, 356–357；另参见：东德（East Germany）

"民族共同体"（"national community" [Volksgemeinschaft]）34–40, 43–45, 142,

230, 506

民族主义（nationalism）90, 328

《明镜周刊》[新闻期刊]（Der Spiegel [news magazine]）256, 276, 332–333, 350, 419–420, 477

明希，汉斯（Münch, Hans）172, 291, 351, 418–420

"铭记、责任和未来"（Remembrance, Responsibility, and the Future [Erinnerung, Verantwortung, Zukunft, EVZ]）344–346

摩拉维亚（Moravia）113

摩萨德（Mossad）282

莫赫特维希，妮卡［格特的女儿］（Hertwig, Monika [Goeth daughter]）444–445

莫里亚克，弗朗索瓦（Mauriac, François）188

莫姆森，汉斯（Mommsen, Hans）435

莫诺维茨工厂［奥斯维辛三号营］（Monowitz plant [Auschwitz III]）21, 112, 253, 290–291, 340, 382；( )另参见：奥斯维辛集中营（Auschwitz concentration camp）; I. G. 法尔本工厂［奥斯维辛三号营］（I. G. Farben [Auschwitz III]）

《莫斯科宣言》（Moscow Declarations [1943]）258

墨西哥（Mexico）191

默克尔，安吉拉（Merkel, Angela）505

谋杀（murder）245, 246–249, 261, 271, 289, 325–326, 336；另参见：大规模谋杀（mass murder）

谋杀的协助方（accomplices to murder）246, 273–275, 305

姆鲁戈夫斯基，约阿希姆（Mrugowsky, Joachim）220

目击证人（eyewitnesses）349

慕尼黑（Munich）274, 302–303, 341, 348, 499

慕尼黑现代历史研究所（Munich Institute of Contemporary History [Institut für Zeitgeschichte]）232, 288, 295

穆尔卡，罗伯特（Mulka, Robert）294–296

穆雷尔，弗朗茨（Murer, Franz）313

穆塞尔曼［穆斯林］（Muselmänner [Muslims]）99

N

纳粹大屠杀（Holocaust）：柏林作为纳粹大屠杀纪念的首都（Berlin as Holocaust remembrance capital）484；集中营审判（concentration camp trials）289–290；对其的意识（consciousness of）363；死亡人数（death toll）20；否认者（deniers）307, 310, 349, 434；《奥斯维辛谎言》[否认纳粹大屠杀的小册子]（Die Auschwitz-Lüge [The Auschwitz lie, Holocaust denial]）310；联邦德国（Federal Republic of Germany）4；弗兰克一家（Frank family）435；与种族灭绝（and genocide）144；《纳粹大屠杀》[迷你电视剧]（Holocaust [television miniseries]）310, 374–375；"纳粹大屠杀经历"（"Holocaust experience"）111；《加尔德莱根纳粹大屠杀》（"The Holocaust of Gardelegen"）137–138；纳粹大屠杀遗址保护委员会（Holocaust Sites Preservation Committee）490；犹太历史研究所（Jewish Historical Institute [ZIH]）190；Luxemburg Agreement (1952)，《卢森堡条约》, 339；回忆录（memoirs）

370–373, 379–384；叙述（narratives of）197；《夜》［图书］（Night [book]）188；《夜与雾》［电影，1956］（Night and Fog [film, 1956]）186；口述史记录（oral history recordings）370；纳粹大屠杀总统委员会（President's Commission on the Holocaust）365；关于它的心理文献（psychological literature on），84；研究（research on）189–190, 289；作为"守护者"的第二代（second generation as "guardians" of）466；T4项目作为"排练"（T4 program as "rehearsal for"）68；旅游业（tourism）486, 514

纳粹大屠杀纪念基金会（Fondation pour la Mémoire de la Shoah）368

纳粹大屠杀幸存者子女国际大会（International Conference of Children of Holocaust Survivors [1984]）460–461

纳粹大屠杀幸存者子女国际网络（International Network of Children of Jewish Holocaust Survivors [1981]）460

纳粹大屠杀总统委员会（President's Commission on the Holocaust）365

纳粹党人（Nazis）：大赦（amnesty for）249, 261；第131条（Article 131）250, 251；给孩子的寄宿制学校（boarding school for children of）433；"棕皮书"（"Brown book" [Braunbuch]）242；纳粹父母的子女（children of Nazi parents）424–425, 447；公民的支持（citizen support for）404；"集体记忆"（"collective memory"）410；逃亡到南美洲（escapes to South America）334；《爷爷不是纳粹党》［图书］（Grandpa Was Not a Nazi [book]）478；从苏联战俘营返回家乡时受到英雄的礼遇（and hero's welcome for Soviet prisoners）440；《恢复专业公务员法》（Law for the Restoration of the Professional Civil Service）23–24, 27, 254；《均衡负担法》（Law to Equalize Burdens [1952]）340；洗劫犹太艺术品（looting of Jewish art work）339, 370–371；大规模谋杀的大师（masters of mass murder）521–522；医疗专业人士（medical professionals）242；道德自我疏远（moral self-distancing）407–408；《纳粹与纳粹同谋［惩罚］法》（Nazi and Nazi Collaborators Law [1950]）210, 283；纳粹猎人（Nazi hunters）257, 263；家庭中的纳粹遗产（Nazi legacy in families）451–456；纳粹党（Nazi Party）240, 322, 437；养老金（pensions for）338；战后年代（postwar years）243, 260, 405–410, 424–425, 432；恢复原职（rehabilitation of）527；作为归来的战争英雄（as returning war heroes）250, 340；前纳粹党人的自我审查（self-censorship of former Nazis）419；自我辩护（self-justification）454；"战俘和被拘留人士无声援助组织"（Stille Hilfe）229, 282, 310, 433–434；同情（sympathy for）310–311, 404；在西德作为受害者（as victims in West Germany）248；青年团体（youth organizations）328；（）另参见：纳粹主义（Nazism）；审判（trials）

纳粹空军（Luftwaffe）93, 219–220

纳粹政权受害者协会（Association of Persecutees of the Nazi Regime, VVN）180, 192, 237–238, 338–339, 507

纳粹政权受害者协会（League of Those

Persecuted by the Nazi Regime [also Association of Persecutees of the Nazi Regime，VVN]）180, 192, 237–238, 338, 507

纳粹政权犹太受害者全球联盟（World Jewish Federation of Victims of the Nazi Regime）257

纳粹主义（Nazism）：反犹主义（antisemitism）141, 173；"不涉足政治"的成员（"apolitical" members）222；对年轻人的吸引力（appeal to youth）37–39；雅利安化（Aryanization）260；"平庸的恶"（"banality of evil"）285；文化记忆（cultural memory）7；去纳粹化（denazification）211–212；在教育系统中（in the educational system）46；家庭遗产（family legacy of）230；四年计划（Four Year Plan）24；代际差异（generational differences）36；代际影响（generational impact of）5–6；种族灭绝（genocide）262；德国民族主义热忱（German nationalist fervor）90；"历史作坊运动"（"history workshop movement"）364；疯人院（insane asylum）46–47；7月密谋事件（July Plot [1944]）364；遗产（legacy of）535–536, 539；医疗专业人士（medical professionals）47；"垄断资本主义"（"monopoly capitalism"）241；国家民主党（National Democratic Party [NPD]）310；"一段拒绝湮灭的过去"（past that refuses to pass away）522；和平时代的暴力（peacetime violence）44；与纳粹同谋的波兰人（Polish collaborators）71；政敌（political opponents）27；战后年代（postwar years）15, 180, 200, 210–211, 230, 259, 286；"净化"运动（"purification" [epuration]）207；"种族健康"（"racial health"）506；"种族纯洁"（"racial purity"）523；掌权（rise to power）23–24；自卫团（Selbstschutz [self-protection]）90；国家支持的暴力（state-sponsored violence）22–27；"战俘和被拘留人士无声援助组织"（Stille Hilfe）229；作为迫害的目标（as targets of persecution）19；审判中的"受害者"辩护理由（"victim" defense in trials）297；受害者（victims of）224；反对"国际犹太民族"的战争（war against "international Jewry"）107；齐默尔曼遵奉（Zimmermann adherent）318；另参见：纳粹大屠杀（Holocaust）；纳粹党人（Nazis）；第三帝国（Third Reich）；审判（trials）

纳卡姆［复仇团体］（Nakam [Revenge group]）205

纳特兹维莱-史特鲁特霍夫营（Natzweiler-Struthof camp）129, 386

男同性恋者（gay men）156, 184, 376–377, 386, 430, 513–514, 516, Fig. 39；赔偿（compensation for）172–174, 342–343；对其强制绝育（compulsory sterilization of）169；死亡人数（death toll）26；原谅（pardons for）503–504；战后司法（postwar justice for）233

《南德意志报》［报纸］（Süddeutsche Zeitung [newspaper]）278, 292

南加利福尼亚大学视觉历史档案馆（USC Visual History Archive）373, 377

南美洲（South America）102, 334, 367

南斯拉夫（Yugoslavia）118

难民（refugees）42, 177

索 引

难民与战争受害者部（Federal Ministry for Expellees, Refugees, and War Victims [Bundesministerium für Vertriebene, Fluchtlinge und Kriegsgeschädigte]）250

难民与战争受害者部（Ministry for Expellees, Refugees, and Victims of War）209

内贝，阿图尔（Nebe, Arthur）252

"内在使命"运动（"Inner Mission" movement）53

尼德哈根集中营（Niederhagen concentration camp）183

尼切，赫尔曼·保罗（Nitsche, Hermann Paul）56, 58, 269, Fig. 7

尼斯利，米克洛什（Nyiszli, Miklós）111

尼特哈默尔，卢茨（Niethammer, Lutz）346

娘子谷屠杀（Babi Yar ravine massacre）106, 111, 416–417

涅瓦克，唐纳德（Niewyk, Donald）197

《纽伦堡法案》（Nuremberg Laws [1935]）27, 41, 144, 212

纽伦堡军事法庭（NMT [Nuremberg Military Tribunals]）212–213, 219–222；另参见：纽伦堡审判（Nuremberg Trials）

纽伦堡纳粹党集会（Nuremberg Party rallies）35–36, 49, 212, 499

纽伦堡审判（Nuremberg Trials）118, 190, 226, 232–233, 238, 248, 433；反人类罪（crimes against humanity）284；"医生审判"（"doctors' trials"）220, 233, 260, 266, 268, 271–272, 291, Fig. 32；特别行动突击队（Einsatzgruppen [special killing squads]）280；国际军事法庭（International Military Tribunal [IMT]）34, 212–214；正义（justice）215–216；"律师审判"（"lawyers' trial"）138–139；舆论（public opinion）216–217；追溯型司法（retroactive justice）245；"胜利者的正义"（"victor's justice"）283, 286, 526；（）另参见：国际军事法庭（IMT）；纽伦堡军事法庭（NMT [Nuremberg Military Tribunals]）；审判（trials）

纽西亚·A.（Niusia A.）149–150

纽约市（New York City）457, 460

奴隶劳工（slave laborers）："工作令你自由"（Arbeit macht frei [Work sets you free]）165；军备生产（armaments production）325；Auschwitz concentration camp（奥斯维辛集中营）109–110, 164, 221；巴尔特的法律诉讼（Bartl law suit）228–229；"博伊默与勒施"道路建设公司（Bäumer & Loesch construction）417；丁钠橡胶工厂（Buna plant）370；赔偿（compensation for）255, 257, 338, 340, 343, 370, 502, 534；反人类罪（crimes against humanity）253；登比察军队训练场（Dębica training ground）325–326；死亡人数（death toll of）257；非人化（dehumanization）151；埃本塞营（Ebensee camp）229；"劳动式灭绝"（extermination through work [Vernichtung durch Arbeit]）237；弗利克的产业（Flick industries）221；德国工业（German industry）344, 502, 525；古森分营（Gusen sub-camp）129, 229, 309；哈萨格武器制造商（Hasag armaments）221, 237；海因克尔飞机制造厂（Heinkel aircraft factory）141, 227–228, 255–256, 493；赫尔曼·戈林国家工厂（Hermann Göring works）221；纳粹大屠杀回忆录（Holocaust memoirs）370；I. G. 法尔本

工厂［奥斯维辛三号营］（I. G. Farben [Auschwitz III]）221, 226, 340, 486；犹太青年（Jewish youth）458；马伊达内克集中营（Majdanek concentration camp）308；毛特豪森集中营（Mauthausen camp）228–229, 502；梅尔克分营（Melk sub-camp）229；纪念（memorialization）486, 493, 500；米特堡—多拉营（Mittelbau-Dora camp）325, 340；奥拉宁堡营（Oranienburg camp）255；佩讷明德火箭研究项目（Peenemünde rocket research），242；养老金（pensions for）340；波拉克的审判证词（Pollack trial testimony）351；获利（profit from）125；普斯特库夫射杀（Pustków shootings）431；拉文斯布吕克集中营（Ravensbrück concentration camp）228；"铭记、责任和未来"（Remembrance, Responsibility, and the Future [EVZ]）345；萨克森豪森集中营（Sachsenhausen camp）228；文身（tattooing）110, 394；泰雷津集中营（Theresienstadt camp）340；托尔迈尔审判（Thormeyer trial）322；特雷布林卡集中营（Treblinka camp）159, 489；审判（trials）221, 253–258；战争罪（war crimes）253；作为奴隶劳工幸存者的青年（youth as survivors of）458；另参见：强制劳动力（forced laborers）

诺贝尔和平奖（Nobel Peace Prize）188, 189
诺德豪森（Nordhausen）129, 325
诺尔特，恩斯特（Nolte, Ernst）522
诺里奇，安尼塔（Norich, Anita）481
诺伦多夫广场（Nollendorfplatz）503
诺姆（Noam）462–463
诺瓦克，库尔特（Nowak, Kurt）279, 508
诺伊贝特，格哈德（Neubert, Gerhard）297
诺因加默分营（Neuengamme sub-camp）26, 129, 309, 500
《女士们，先生们，毒气室这边请》［图书］（This Way for the Gas, Ladies and Gentlemen [book]）14
女同性恋者（lesbians）27, 503，Fig. 38
女性（women）95, 107, 133, 180, 199, 200, 214, 220, 235, 237, 321, 408, 487；德国少女联盟（BDM [League of German Maidens]）148, 198；作为集中营守卫（as concentration camp guards）132–135, 312, 500；安乐死项目（euthanasia program）356；格拉扎尔的回忆录（Glazar memoirs）385；羞辱（humiliation of）150–152, 207；马伊达内克集中营审判（Majdanek concentration camp trials）309, 312；"医学实验"（"medical experiments"）131；政治犯（political prisoners）58, 147；战后审判（postwar trials of）235, 356；卖淫作为生存技能（prostitution as survival skill）157–158；《金衣女人》［电影］（Woman in Gold [film]）371；另参见：安乐死项目（euthanasia program）；拉文斯布吕克集中营（Ravensbrück concentration camp）；审判（trials）

O

欧洲（Europe）5, 128, 206–207, 470, 483；另参见：各国词条（individual countries）
欧洲公园（Euro-Park）495

P

帕贝大街监狱（Papestrasse prison）33

索 引 811

帕克斯顿，罗伯特（Paxton, Robert）366
帕拉尔奇克，安娜（Palarczyk, Anna）299
帕维亚克监狱（Pawiak prison）83, 327, 329
帕西科夫斯基，瓦迪斯瓦夫（Pasikowski, Władysław）423, 493
判决（sentencing）220, 231–232, 236, 239, 249, 319, 322–323, 326, 329, 331, 333, 352, 356–357, 416, 431, Fig. 32；另参见：审判（trials）
旁观者（bystanders）3, 5, 8–9, 34, 40, 54–56, 73, 105, 131–132, 139, 368–369, 422, 501–502, 525–526, 528–529, 531
培根，耶胡达（Bacon, Yehuda）182
赔偿（compensation）257, 259, 338–339, 342, 344–346, 510；反法西斯抵抗战士委员会（Committee of Antifascist Resistance Fighters）339；"赔偿策略"（"compensation strategies"）438；犹太人对德国物质索赔大会（Conference on Jewish Material Claims Against Germany）255；针对男同性恋者（for gay men）174, 184, 342；《犹太隔离区养老法案》（Ghetto Pensions Law[ZRBG]）345–346；针对吉卜赛人（for Gypsies）145；《均衡负担法》（Law to Equalize Burdens[1952]）340；与纪念（and memorialization）344；审判（trials）286, 530；针对奴隶劳工（for slave laborers）257, 340, 343, 344–346, 370, 502；针对幸存者（for survivors）6, 12, 146, 180, 337–338, 340–343, 345–346, 497, 529
赔款（reparations）248, 256, 260, 339–340, 343
佩讷明德火箭研究项目（Peenemünde rocket research）98, 129, 227, 242–243, 325

佩切尔斯基，亚历山大·"萨莎"（Pechersky, Alexander "Sasha"）119, 490
皮尔纳（Pirna）56, 267–268, 508–509；另参见：安乐死（euthanasia program）；索嫩斯泰恩诊所（Sonnenstein clinic）
皮夫尼克，萨姆（Pivnik, Sam）373
匹兹堡（Pittsburgh），94
偏见（prejudices）340, 517
《贫穷的波兰人眼望犹太隔离区》（"The Poor Poles Look at the Ghetto"）367
"平行世界"（"parallel worlds"）176–184, 201
"平庸的恶"（"banality of evil"）285
迫害（persecution）6, 8, 10, 19, 27–34, 142–143, 147–158, 174, 183, 384, 396, 457–458
破坏（sabotage）137, 225, 275, 408, 417
普法伊费尔，莫里茨（Pfeiffer, Moritz）455
普凡米勒，普凡米勒，赫尔曼（Pfannmüller, Hermann）赫尔曼，48, 51–52, 59, 274–275, 323
普拉茨，埃内斯特（Platz, Ernest）32–33
普鲁德尼科瓦，雷吉娜（Prudnikova, Regina）421
普鲁士（Prussia）60
普罗欣斯基，汉斯（Proschinsky, Hans）324–326, 431, 455, Fig. 17, Fig. 18
普热梅希尔营（Przemyśl camp）100, 195, 333–335
普斯特库夫劳动营（Pustków labor camp）89, 93, 98, 431
普瓦舒夫集中营（Plaszów camp）87, 96, 99, 101–102, 209, 263, 391
普瓦舒夫—克拉科夫集中营（Plaszów-Kraków concentration camp）444

Q

齐克隆B气体（Zyklon B gas）108–109, 112, 226, 253, 295, 311

齐默尔曼，克劳斯［儿子］（Zimmermann, Klaus [son]）426–428

齐默尔曼，鲁道夫［"鲁迪"］（Zimmermann, Rudolf ["Rudi"]）89–92, 95, 102, 244, 315–322, 329, 333, 409, 417–418, 425–429, 496

齐默尔曼，萨比娜（Zimmermann, Sabine [daughter-in-law]）428, 603n2

齐默尔曼，伊尔玛［妻子］（Zimmermann, Irma [wife]）319–320, 426–429

起义（uprisings）1, 85–86, 112, 119–120, 124, 167–168, 185, 187–188, 208, 327, 488

"牵绊群体"（"communities of connection"）10, 460

遣送赴死（deportations to death）：社群提供的支持（community support for）113；针对幸存者的赔偿（compensation for survivors）345；意大利犹太人（Italian Jews）67；混血儿的经历（mixed race experience）148；"重新安置"［遣送］（"resettlement" [deportation]）72；受害者自杀（suicide of victims）52

"遣送自法国的犹太人子女协会"（Association des fils et filles des déportés juifs de France, FFDJF）460

强奸（rapes）172–173, 207, 453

强制堕胎（forced abortions）214

强制绝育（compulsory sterilization）30, 47–49, 53, 169, 183, 193, 214, 266, 342, 373, 510

强制劳动力（forced laborers）96, 97, 116, 228；军备生产（armaments production）130, 136；奥斯维辛（Auschwitz）136；奥地利（Austria）129；布津（Budzyń）102；针对受害者的赔偿（compensation for victims）343–344；集中营（concentration camps）96；死亡长征（death marches）136, 181；死亡人数（death toll）130–131；遣送赴死（deportation to death）237；医生审判（"doctors' trials"）271；对德国战事至关重要（as essential to the German war effort）105；安乐死项目（euthanasia program）58, 60；弗洛森比格营（Flossenbürg camp）102, 129, 136–137；护林工作（forestry）99；德国工业（German industry）25；犹太隔离区（ghettos）239；格勒工厂（Goehle Works）238–239, 330；海因克尔飞机制造厂（Heinkel aircraft factory）91–97, 136, 321；赫尔曼·戈林国家工厂（Hermann Göring works）96, 130；同性恋者作为（homosexuals as）31；I. G. 法尔本工厂［奥斯维辛三号营］（I. G. Farben [Auschwitz III]）96, 181；耶和华见证会信徒（Jehovah's Witnesses）32；犹太女性作为（Jewish women as）237；犹太人的经历（Jews' experiences）103, 145–146；劳动力短缺（labor shortage）133；寿命（life span of）21；罗兹犹太隔离区（Łódź ghetto）72–73, 81, 136；乱葬坑（mass graves）Fig. 30；毛特豪森集中营（Mauthausen camp）96；"医学实验"（"medical experiments"）131；梅塞施米特飞机厂（Messerschmitt aircraft work），136；梅莱茨犹太人（Mielec Jews）87, 89, 99, 101–102, 160–161；莫诺维茨工厂［奥斯维辛三号营］（Monowitz plant

索引

[Auschwitz III]）290；穆塞尔曼［穆斯林］（Muselmänner [Muslims]）99；口述史记录（oral history recordings）193；奥拉宁堡营（Oranienburg camp）95–96；迫害（persecution of）6；挖坑工人（pit-workers）2;prisoners of war as（战俘作为）94, 96, 129, 198；拉文斯布吕克集中营（Ravensbrück concentration cam p）96, 237;"铭记、责任和未来"（Remembrance, Responsibility, and the Future [EVZ]）345；破坏（sabotage）137；萨克森豪森集中营（Sachsenhausen camp）96；盐矿（salt mine）96–97, 102, 485；通过劳动获救（salvation through labor）72；秘密武器生产（secret weapons production）181；西门子（Siemens）136, 237；在苏联（in Soviet Union）195–196；饿死（starvation）237；文身（tattooing）182；特雷布林卡集中营（Treblinka concentration camp）120–121, 237

乔尔，詹姆斯（Joll, James）199

乔姆斯基，马尔温·J.（Chomsky, Marvin J.）363–364

切尔明（Czermin）89, 317, 496

切尔尼霍夫斯基，绍尔（Czernichowski, Saul）75

切尔尼亚库夫，亚当（Czerniaków, Adam）83–84, 86, 185

青年（youth）70, 126–127, 133, 200, 309, 387, 404, 410, 452, 513；纳粹青年组织（Nazi youth organizations）37–39, 328, 407, 497；奴隶劳工（slave laborers）458, 495；另参见：第二代的后果（second generation consequences）

清洁（cleanliness）160, 162

《清算》（Liquidation）529

清洗（purges）206–208, 233

丘吉尔，温斯顿（Churchill, Winston）258

囚犯（prisoners）21, 26, 58, 109–110, 129–131, 135–136, 138, 147, 156, 166–168, 170, 172, 215, 260, 290, 327, 332–333；另参见：战俘（prisoners of war）

屈格勒，约阿希姆（Kügler, Joachim）295

去纳粹化（denazification）182, 211–212, 227, 238, 250, 281, 407, 419, 507

"缺场的永恒在场"（"presence of an absence"）468

缺席者的在场：纳粹大屠杀见证者与"双方后代"国际大会（The Presence of the Absence: International Holocaust Conference for Eyewitnesses and Descendants of "Both Sides" [1999]）480

群体会面（encounter groups）479

R

《然而世界保持着沉默》（And the World Remained Silent）参见：《夜》（Night）

热舒夫［赖希斯霍夫］（Rzeszów [Reichshof]）90

人民冲锋队（Volkssturm）139

《人民呼声报》（Die Volksstimme）301

"认同群体"（"communities of identification"）10

日记（diaries）73–75, 83, 88–89, 100, 184–186, 198, 216–218, 385

瑞典（Sweden）42, 178, 262, 388, 393

瑞士（Switzerland）191, 286

若望·保禄二世（John Paul II）486–487

撒马利亚人基金会（Samaritan Foundation），53

萨克森（Saxony）138

萨克森贝格诊所（Sachsenberg Clinic）268, 275

萨克森豪森集中营（Sachsenhausen camp）25–26, 32, 52, 165, 200, 211, 255, 309, 331, 497；安乐死项目（euthanasia program）62；强制劳动力（forced laborers）96, 129, 131, 228, 237

塞德尔，汉斯和蕾莱（Seidel, Hans and Rele）200–201, 567n91；另参见：施魏策尔，蕾莱［加布里埃莱］（Schweitzer, Rele [Gabriele]）

塞格罗特山洞群（Seegrotte caves）96

塞拉，里夏德（Serra, Richard）505

塞特尼克，约瑟夫（Settnik, Josef）243

赛登贝格尔，玛丽亚（Seidenberger, Maria）Fig. 27

三号营［索比堡］（Lager III [Sobibór]）118

桑兹，菲利普（Sands, Philippe）436, 511–512

森夫特，亚历山德拉（Senfft, Alexandra）442

森林（forests）316, 496

沙费尔，保罗（Schaffer, Paul）300

沙赫特，亚尔马（Schacht, Hjalmar）24

沙林，弗朗茨（Schalling, Franz）415

沙瓦迈克（Szlamek）1–3, 12–13, 53, 81

闪电战（Blitzkrieg）69

"善举辩护"（"good deed defense"）238

上奥地利州福利协会（Upper Austrian State Welfare Society）510

上海（Shanghai）33–34

上西里西亚（Upper Silesia）70, 372, 390

S

绍克尔，弗里茨（Sauckel, Fritz）93–94

舍布涅劳动营（Szebnie labor camp）444

舍尔佩，赫伯特（Scherpe, Herbert）296

舍夫勒，沃尔夫冈（Scheffler, Wolfgang）311

社会主义（socialism）318

社会主义者（socialists）25, 37, 263

社民党［社会民主党］（SPD [Social Democratic Party]）32–33, 36, 42, 223, 237, 277

射杀（shootings）：阿列克西纳接受采访（Aleksynas interview）420–421；娘子谷屠杀（Babi Yar ravine massacre）417；强制劳动力（forced laborers）132；男同性恋者（of gay men）156；格特的杀戮（Goeth killings）444；吉卜赛人（of Gypsies）145；"收获节屠杀"（Harvest Festival massacre[1943]）127, 494；海因克尔飞机制造厂屠杀（Heinkel factory workers massacre）95, 317, 320–322；战后审判中的"人性化"辩护理由（humane defense strategy in postwar trials）252；打猎（hunting）432；低效（inefficiency of）107–108；犹太奴隶劳工（Jewish slave laborers）431；利沃夫乱葬坑（Lwów mass graves）512；马伊达内克集中营（Majdanek concentration camp）308, 311–312；米勒赢得冠军（Müller championship）429；裸体犹太女孩（of naked Jewish girl）328；纳粹情妇（of Nazi mistress）95, 321, 323；普热梅希尔营（Przemyśl camp）334, 335；拉布卡训练学校（Rabka training school）437；施万贝格尔之子（Schwammberger's son）334；奴隶劳工（slave laborers）417；松嫩堡营（Sonnenburg camp）138；"死亡

索 引

之墙"（Wall of Death）487；另参见：乱葬坑（mass graves）

赦免（pardons）266, 503–504

身份政治（identity politics）363, 377, 458, 470

什切布热申（Szczebrzeszyn）100, 185

什未林（Schwerin）268

审查（censorship）82, 186

审判（trials）：缺席审判（in absentia）240, 242, 251；无罪（acquittals）264；对官员（administrators）233, 238, 355；盟军（Allies）206, 219–223, 248, 349；大赦（amnesty）221–222, 240–241；法兰克福奥斯维辛首批审判（First Frankfurt Auschwitz trial [1963–1965]）222, 247, 254, 288–301, 369–370, 409, 418；在奥地利（in Austria）239–240, 258–265, 300–301, 313, 535；巴尔特审判（Bartl trial）330；迷你黑的贝乌热茨审判（Bełżec trials in Munich [1963, 1965]）302–304；贝尔根－贝尔森（Bergen-Belsen）222, 291, 297, 351；英国占领区（British occupation zone）222；布痕瓦尔德（Buchenwald）309；举证责任（burden of proof）352；官僚组织（bureaucratic organization）221；波恩的海乌姆诺审判（Chełmno trial in Bonn [1962–1963]）302；同谋者（collaborators）239–240；集体罪责（collective guilt）216；"职责的冲突"（"collision of duties"）249；共产主义（communism）234；"经历群体"（"communities of experience"）362；赔偿（compensation）286, 530；协调辩护理由（coordination of defense in）323–326；反人类罪（crimes against humanity）219, 239；反和平罪（crimes against peace）219；罪责（culpability）246；捷克斯洛伐克（Czechoslovakia）299–300；西德对被告的同情（defendants, sympathy for in West Germany）251–252；"防御的必要性"（"defense of necessity"）253；德米扬纽克审判（Demjanjuk trial）125, 314, 337, 347–349, 350；告发（denunciations）234；拘留中心（detainment centers）234；经济行政本部（Economic and Administrative Central Office [WVHA]）221；艾希曼审判（Eichmann trial [1961]）182, 263, 280, 282–287, 351, 470；对年长行凶者的审判（of elderly perpetrators）352；与安乐死中央办公室（and Euthanasia Central Office）233；东德的安乐死审判（euthanasia trials in East Germany）63–65, 267–270, 304；"无度的行凶者"（excess perpetrator [Exzesstater]）349；联邦内政部（Federal Ministry of the Interior）261–262；终期暴力（final phase violence）234–235；外籍劳动力（foreign laborers）234；France（法国）239–240, 263；种族灭绝（genocide）219, 234, 264；格勒工厂（Goehle Works）238–239；"善举辩护"（"good deed defense"）238；哈根审判（Hagen trial）490；哈尔斯坦主义（Hallstein doctrine）281–282；汉堡（Hamburg）222；哈萨格武器制造商（Hasag armaments）237；影响（impact of）11；实业家（industrialists）355；工业（industry）221；铁幕（Iron Curtain）336, 353；在以色列（in Israel）210；犹太犯人头目（of Jewish Kapos）210；法官的观点（judges' views）300；

克雷奇马尔审判（Kretschmer trial）417；"碎玻璃之夜"（Kristallnacht, night of broken glass [November 1938]）233, 235–236, 527；与司法行业（and the legal profession）241；《伦敦债务协定》（London Debt Agreement [1953]）256；马伊达内克审判（Majdanek trial）308–313；大规模谋杀（mass murder）246, 289, 313；毛特豪森集中营（Mauthausen camp）259–260, 313；"医学实验"（"medical experiments"）214；医疗专业人士（medical professionals）233；梅莱茨营（Mielec camp）11, 317, 320–321, 333–334, 427, 495–496；莫诺维茨工厂（Monowitz plant）253；道德罪责（moral guilt）216；与慕尼黑现代历史研究所（and Munich Institute of Contemporary History[Institut für Zeitgeschichte]）232；"赖因哈德行动"营审判（Operation Reinhard camp trials）53, 113, 242, 301–308, 487, 491；狭隘本质（parochial nature of）233；佩讷明德火箭研究项目（Peenemünde rocket research）227, 242–243；种族屠杀（pogroms）235–236；在波兰（in Poland）69, 209, 291, 329–330；( ) politics and, 政治与, 231–232, 241；与战后的"地理位置疏远"（and postwar "geographic distancing"）405–407；媒体报道（press coverage of）216, 241；战俘（prisoners of war）234, 240；舆论（public opinion）216–218；拉文斯布吕克集中营（Ravensbrück concentration camp）222, 309；清算（reckoning in）358, 361；（统一社会党 SED [Socialist Unity Party]）239–243；西门子（Siemens）238；哈根的索比堡审判（Sobibór trial in Hagen [1965–1966]）305；幸存者（survivors）287；sympathy for perpetrators（对行凶者的同情）252, 304；过渡时期的正义（transitional justice）210；杜塞尔多夫的特雷布林卡审判（Treblinka trial in Düsseldorf [1964–1965]）304–305；受害者证词（victims' testimony）232, 241, 358, 361–362；战争罪（war crimes）, 209–210, 234–236, 239；西德（West Germany）118, 301–313, 315, 325–326；目击证人的证词（witnesses testimony）236, 238, 264–265, 324, 337, 344, 347, 531；女性（of women）235；另参见：法兰克福奥斯维辛首批审判（Auschwitz trial [Frankfurt 1963–1965]）；冷战（Cold War）；东德（East Germany）；"幸存者时代"（"era of the survivor"）；证人时代（"era of the witness"）；正义（justice）；纽伦堡军事法庭（NMT）；纽伦堡审判（Nuremberg Trials）；判决（sentencing）；西德（West Germany）；证人（witnesses）

生产力（productivity）50, 74–75, 81, 94

《生活》杂志（Life magazine）137

生活方式（lifestyle）144

生命的价值［展览］（Value of Life [exhibit]）510

"生者之旅"项目（March of the Living program）475, 489

圣地（sacred places）511–513, 536

"胜利者的正义"（"victor's justice"）212–219, 249, 283, 286, 526

《失去之人：六百万中寻六人》［图书］（*The Lost: A Search for Six of Six Million* [book]）474

索 引

施拉姆，希尔德［施佩尔的女儿］（Schramm, Hilde [daughter of Speer]）438–439, 449
施马伦贝格（Schmallenberg）181
施梅尔特组织（Organization Schmelt）129
施梅尔特组织（Schmelt Organization）372
施密特，菲利普（Schmidt, Philip）95, 330–332, 409
施密特，亨利（Schmidt, Henry）239
施密特，约斯特（Schmidt, Joost）166
施密特［看守］（Schmidt [guard]）116
施内尔索恩，伊萨克（Schneersohn, Isaac）190
施尼茨勒，阿图尔（Schnitzler, Arthur）29
施诺格，卡尔（Schnog, Karl）166
施潘道监狱（Spandau Prison）215, 238, 438
施佩尔，阿尔贝特（Speer, Albert）24, 93, 215, 228, 230, 238, 424, 433
施佩尔，阿诺德［儿子］（Speer, Arnold [son]）424
施皮格尔曼，马克（Spigelman, Mark）177, 395, 400–401
施普林格家族（Springer family）373
施塔恩贝格湖（Starnberger Lake）58, 501
施塔勒克，弗朗茨（Stahlecker, Franz）105
施塔斯富特（Strassfurt）228
施泰尼茨，露西（Steinitz, Lucy）460
施泰因霍夫，约翰内斯（Steinhoff, Johannes）329
施泰因韦斯，阿兰（Steinweis, Alan）476
施坦格尔，弗朗茨（Stangl, Franz）56, 118, 305, 330
施陶特，沃尔夫冈（Staudte, Wolfgang）187
施特恩，马克（Stern, Mark）137, 151, 394
施特夫勒，弗里德里希（Stöffler, Friedrich）509

施滕策尔，赖纳（Stenzel, Reiner）243
施图特霍夫集中营（Stutthof concentration camp）118, 300, 380, 488
"施托姆医生"（Dr. Storm）参见：博尔姆，库尔特（Borm, Kurt）
施瓦本（Swabia）53
施万贝格尔，约瑟夫（Schwammberger, Josef）99–102, 314, 333–335, 337, 495–496
施韦夏特（Schwechat）96
施魏策尔，蕾莱［加布里埃莱］（Schweitzer, Rele [Gabriele]）39–40, 199–201；另参见：塞德尔，汉斯和蕾莱（Seidel, Hans and Rele）
施魏策尔，玛丽安娜（Schweitzer, Marianne）199–200
"湿麻袋"（nasse Sacke [wet sack]）163
《时代》［报纸］（Die Zeit [newspaper]）336
实业家（industrialists）130, 222, 226–229, 256–257, 291, 355
士兵（soldiers）105–106, 347, 415, 431, 453, 486, 502；另参见：战俘（prisoners of war）
《世界报》（Die Welt）292
世界纳粹大屠杀幸存者大会（World Gathering of Holocaust Survivors）394, 460
世界犹太人大会（World Jewish Congress）264, 306, 339
视频证词（video testimonies）362, 368, 373, 377
"收获节屠杀"（"Harvest Festival massacre" [1943]）127–128, 308, 494
受害者（victims）158, 282–283, 287, 290, 295, 338, 346, 423, 510；奥地利作为"第

一受害者"（Austria as "first"）258, 264, 353；因为给行凶者造成不适而受到指责（blamed for causing discomfort for perpetrators）516；行凶者子女作为（children of perpetrators as）450–451；集体暴力（collective violence）140；"经历群体"（communities of experience）8；赔偿（compensation for）340, 343, 497；告发（denunciations）234；德国逃兵（deserting German soldiers）502；多样性（diversity among）146；相关的纪录片（documentation about）193；家庭的适应（family adaptations）463–464；法西斯主义（of fascism）223–224；强制劳动力（forced laborers）103；德国人作为受害者（Germans as victims）410；吉卜赛人［罗姆人和辛提人］（Gypsies [Roma and Sinti]）168；英雄主义（heroism of）536；实业家作为（industrialists as）226–228；犹太索赔大会（Jewish Claims Conference）339–340；终身伤痕（life-long scars）143, 147；边缘化（marginalization of）502–511；纪念（memorialization of）146, 354, 483–484, 486–487；国家社会主义（of National Socialism）297；《纳粹与纳粹同谋［惩罚］法》（Nazi and Nazi Collaborators Law [1950]）210；与纳粹党人的个别慈悲行为（and Nazis "acts of mercy"）408–409；行凶者作为（perpetrators as）107, 143, 198；战后的纳粹党人作为（postwar Nazis as）408；战后年代（postwar years）172；圣地（sacred places）513；与审判（and trials）232, 241, 358, 361–362；受害者身份（victimhood）9, 143, 363, 365, 369–376, 409–410, 426–427, 505–506, 525, 530–531；另参见：死亡人数（death toll）；幸存者（survivors）；审判（trials）

《受害者福利法》（Law for the Care of Victims [Opfer Fürsorge Gesetz]）342

"受害者时代"（"era of the victim"）287, 289

"狩猎犹太人"（"hunt for the Jews" [Judenjagd]）100

《授权法》［1933 年 3 月 24 日］（Enabling Act [March 24, 1933]）23

舒伯特，海因茨（Schubert, Heinz）220, 415–416

舒马赫，库尔特（Schumacher, Kurt）42

舒曼，霍斯特（Schumann, Horst）51, 53, 56, 276–277

赎罪日（Yom Kippur）163, 335

《鼠族》［图像小说］（Maus [graphic novel]）474

双胞胎实验（twins experiments）206, 215, 351, 389

"双线程"（"doubling"）419

朔贝特，约翰（Schobert, Johann）297

朔尔，黑德维希（Scholl, Hedwig）238

朔尔兄妹（Scholl siblings）497

司法部（Ministry of Justice）262

司法宫（Palace of Justice）212

司法专业人士（legal professionals）52, 233, 251；另参见 lawyers

私人财物（personal effects）58, 65, 81, 112, 117, 122, 125, 132, 150–151, 163

斯波拉（Spohla）138

斯基布阿，迪特尔（Skiba, Dieter）243

斯拉罗（Slarow）Fig. 22

斯洛伐克（Slovakia）442

索 引

斯皮尔伯格，史蒂文（Spielberg, Steven）102, 368, 444, 445, 485

斯皮格曼，阿特（Spiegelman, Art）474

斯切米斯采（Strzemieszyce）390

斯塔洛瓦沃拉（Stalowa Wola）90, 316, 333

斯塔西［国家安全部，民主德国］（Stasi [State Security Service, GDR]），240–241, 243, 282, 291–292, 329, 426–428, 498

斯太尔—戴姆勒—普赫（Steyr-Daimler-Puch）130, 229

斯特鲁普，尤尔根（Stroop, Jürgen）85–86, 327–28, Fig. 13

斯图加特（Stuttgart）228, 256, 333–334

死亡人数（death toll）：解放之后（after liberation）169；娘子谷屠杀（Babi Yar ravine massacre）106；勃兰登堡监狱（Brandenburg prison）278；针对群体的大规模谋杀（community mass murder）104；登比察军队训练场（Dębica training ground）455；死亡长征（death marches）135–136, 501；荷兰犹太人（Dutch Jews）348；安乐死项目（euthanasia program）45, 54–57, 67–68, 304；弗利克的产业（Flick industries）221；强制劳动力（forced laborers）130–131；男同性恋者（gay men）26；波兰总督府（General Government, Generalgouvernement）307；"收获节"屠杀（Harvest Festival massacre [1943]）127–128, 308, 494；耶和华见证会信徒（Jehovah's Witnesses）26；遣送自法国的犹太儿童（Jewish children deported from France）367；罗兹犹太隔离区（Łódź ghetto）75, 79；利沃夫射杀（Lwów shootings）512；梅默尔屠杀（Memel murders）280；帕维亚克监狱（Pawiak prison）329；政治犯（political prisoners）215, 290；战俘（prisoners of war）290, 502；奴隶劳工（slave laborers）257；索比堡集中营（Sobibór concentration camp）110, 120, 306, 491；苏联公民（Soviet citizens）337；特雷布林卡集中营（Treblinka concentration camp）110, 120–121, 327, 489；维尔纽斯（维尔诺）犹太隔离区（Vilnius (Wilno) ghetto）313；华沙犹太隔离区起义（Warsaw ghetto uprising）86, 329；另参见：安乐死项目（euthanasia program）；吉卜赛人［罗姆人和辛提人］（Gypsies [Roma and Sinti]）；各集中营词条（individual concentration camps）

死亡营（death camps）参见：集中营（concentration camps）

死亡长征（death marches）75, 105, 112, 135–139, 162, 181, 351, 501, Fig. 27

"死亡之墙"（Wall of Death）487

死刑（capital punishment）31；另参见 death sentence

死刑（death sentence）215, 218, 220, 222, 251, 259, 261, 269, 271–272, 274, 291, 298, 330, 356–357；另参见：各行凶者词条（individual perpetrators）；战后审判（postwar trials）

四年计划（Four Year Plan）24

松嫩堡营（Sonnenburg camp）138

苏丹（Sudan）5

《苏德互不侵犯条约》（Ribbentrop pact）69–70

苏联（Soviet Union）127, 195–196, 207, 211, 228；公民死亡人数（death toll of citizens）338；遭德国入侵（invaded by

Germany）57, 69, 105；与解放奥斯维辛（and liberation of Auschwitz[1945]）110, 112, 128, 490, 514；屠杀波兰军官（massacre of Polish officers）431；占领区（occupation zones）70, 89, 211, 219, 245；战后审判（postwar trials）213, 240, 267；战俘（prisoners of war）95, 97–98, 109, 126, 198, 225, 250, 290, 325；强奸德国妇女（rape of German women）207；《苏德互不侵犯条约》（Ribbentrop pact）69–70；另参见：冷战（Cold War）

苏联内务人民委员会（NKVD [People's Commissariat for Internal Affairs of the Soviet Union]）211

苏台德地区（Sudetenland）69, 328

苏特罗普（Suttrop）Fig. 29

诉讼时效限制（statute of limitations）231, 246–249, 261, 278, 301

绥靖政策（appeasement）69

"碎玻璃之夜"（Kristallnacht [night of broken glass] [November 1938]）27–28, 41–42, 80, 233, 235–236, 410, 454, 516, 527, Fig. 1

孙辈（grandchildren）410, 415, 474, 476

索比堡集中营（Sobibór concentration camp）53, 56, 67, 113, 118–119, 151；《索比堡起义》[电影]（Aufstand in Sobibór, Uprising in Sobibó, [film, 1989]）490；死亡人数（death toll）110, 120, 306, 491；德米扬纽克作为守卫（Demjanjuk as guard）347–348；荷兰犹太人的死亡人数（Dutch Jews death toll）120, 348；《逃离索比堡》[电影，1987]（Escape from Sobibór [film 1987]）490；首次使用毒气室（first use of gas chambers）92；纪念（memorialization）120, 489–491；"赖因哈德行动"审判（Operation Reinhard trials）302, 305–306, 308；《索比堡，1943年10月14日16点》[电影]（Sobibór, 14 octobre 1943, 16 heures [film,2001]）490；幸存策略（survival tactics in）162；幸存者（survivors of）13, 141；旅游业（tourism）491, 506；起义（uprising）119–120, 167–168, 187–188, 208

《索比堡起义》[电影]（Aufstand in Sobibór, Uprising in Sobibór [film, 1989]）490

索嫩斯泰恩诊所（Sonnenstein clinic）53, 56, 59, 267–269, 276–278, 508–509, Fig. 7

索赔大会（Claims Conference）257

T

台尔曼，恩斯特（Thälmann, Ernst）167, 497

泰雷津（Theresienstadt）164–165, 167, 181, 215, 294, 331, 340, 398

唐氏综合征（Down syndrome）50

逃兵（deserters）502

《逃离索比堡》[电影，1987]（Escape from Sobibór [film, 1987]）188, 490

特别行动突击队（Einsatzgruppen, special killing squads）70–71, 105–8, 114, 212, 214, 220, 225, 234, 243, 280–281, 331, 416–417

特尔·梅尔，弗里茨（ter Meer, Fritz）221–222, 226–227, 254

特费尔，赫尔曼（Töfferl, Hermann）301

特拉夫尼基人（Trawnikis）96, 125, 127–128, 303, 306, 347, 422, 494

特劳，雷娜塔（Trau, Renata）100

特雷布林卡集中营（Treblinka concentration

索引

camp）：关闭（closure of [1943]）123–124；死亡人数（death toll）110, 120–121, 327, 489；非人化（dehumanization）151；遣送赴死（deportation to death）328；埃贝尔作为指挥官（Eberl as commandant）54；安乐死项目（euthanasia program）67, Fig. 8；强制劳动力（forced laborers）120–121, 237；格拉扎尔的回忆录（Glazar memoirs）385；纳粹大屠杀回忆录（Holocaust memoirs）381；伊尔曼作为指挥官（Irrman as commandant）Fig. 9；纪念（memorialization）489；开张（opening of）113；奴隶劳工（slave laborers）159, 489；施坦格尔作为指挥官（Stangl as commandant）56, 118；采石场（stone quarry）32, 129, 489；幸存者（survivors）13；此地的乌克兰守卫（Ukrainian guards in）126；起义（uprising）124, 167–168, 187, 304–305；华沙居住区的犹太人（Warsaw ghetto Jews）83, 85；维尔特作为督察（Wirth as inspector）53；另参见：审判（trials）

特雷梅尔，恩斯特（）Tremmel, Ernst 352

特里，杰克［雅各布·绍博马赫］（Terry, Jack [Jakob Szabmacher]）96–97, 137, 141

特遣队（Sonderkommandos）52–53, 86, 215, 369, 416–417

滕珀尔霍夫机场（Tempelhof Airport）33

天主教会（Catholic Church）376, 490

天主教徒（Catholics）57, 60, 74, 110, 149, 154, 279, 394–395, 397, 401, 422, 489, 497, 510

天主教中央党（Catholic Centre Party [Zentrum]）33

铁幕（Iron Curtain）206–207, 313, 336, 344, 353

同辈群体压力（peer group pressure）107, 415

同路人（fellow travelers [Mitläufer]）207, 211, 224

同谋者（collaborators）9, 71, 84, 113, 125, 179, 206–207, 209–210, 235–236, 283, 366–367, 472, 523；另参见审判（trials）

同性恋（homosexuality）30, 169, 173, 184, 342, 376–377, 430–432

同性恋者（homosexuals）23, 30–33, 128, 143–144, 224, 386–387, 497, 513, 516；赔偿（compensation for）510；作为罪犯（as criminals）503；纪念（memorialization of）4, 365–366；维也纳同性恋倡议组织（Vienna Homosexual Initiative, Homosexuelle Initiative Wien），342；另参见：男同性恋者（gay men）；女同性恋者（lesbians）

统一（reunification）240, 314, 332–333, 337, 497–498

统一社会党（SED [Socialist Unity Party]）102, 223, 237, 239–243, 315, 318, 333, 425

投毒（poisoning）59, 205, 285

图林根（Thuringia）94

团结工会（Solidarity union）422–423, 490

托尔迈尔，瓦尔特（Thormeyer, Walter）90–91, 95, 102, 315–316, 320–323, 427

托希卡（Tośka）495

托伊默（Theume）92

W

挖坑工人（pit-workers）2–3, 12–13

瓦尔德，雷娜特（Wald, Renate）433, 437–438

瓦尔德海姆，库尔特（Waldheim, Kurt）
　　239, 264, 339, 353, 357, 364
瓦尔曼，阿道夫（Wahlmann, Adolph）272
瓦尔特兰省（Wartheland）1, 52–53, 60, 70,
　　72–73, 80
瓦尔特斯多夫（Waltersdorf）228
瓦尔泽，马丁（Walser, Martin）278, 516
瓦格纳，格哈德（Wagner, Gerhard）49
瓦伦迪，乌多（Walendy, Udo）310
瓦滕贝格，米丽娅姆（Wattenberg, Miriam）
　　参见：贝格，玛丽（Berg, Mary）
瓦维尔城堡（Wawel Castle）485
瓦文萨，莱赫（Wałesa, Lech）490
瓦扬—库蒂里耶，玛丽·克洛德（Vaillant-
　　Couturier, Marie Claude）214–215
外籍劳动力（foreign laborers）93–94, 128,
　　234
万湖会议（Wannsee Conference）94, 114,
　　146, 499
万湖会议之家（House of the Wannsee
　　Conference）499
卐字符（swastika）5
威廉大街（Wilhelmstrasse）220
威斯巴登（Wiesbaden）195–196, 271
威斯特伐利亚（Westphalia）181, Fig. 29
韦尔策，哈拉尔德（Welzer, Harald）478
韦尼克，希尔德（Wernicke, Hilde）60, 207,
　　270–271, 274
韦斯特博克（Westerbork）348
韦斯特哈根，德特·冯（Westernhagen,
　　Dörte von）477
韦特，康拉德（Veidt, Conrad）30
韦希特尔，奥托·古斯塔夫·冯（Wächter,
　　Otto Gustav von）127
韦希特尔，霍斯特·冯［儿子］（Wächter,
　　Horst von [son]）127, 436, 511–512
维茨莱本，沃尔夫—迪特里希·冯（Witzleben,
　　Wolf-Dietrich von）238
维尔科米尔斯基，宾杰明（Wilkomirski,
　　Binjamin）371
维尔姆，恩斯特（Wilm, Ernst）286–287
维尔纳，保罗（Werner, Paul）252
维尔尼克，扬克尔（Wiernik, Yankel）13,
　　121, 123, 151, 159, 187
维尔纽斯［维尔诺］犹太隔离区（Vilnius
　　[Wilno] ghetto）168, 205, 313
"维尔纽斯的屠夫"（"butcher of Vilnius"）
　　参见：穆雷尔，弗朗茨（Murer, Franz）
维尔诺［维尔纽斯］（Wilno [Vilnius]）189
维尔特，克里斯蒂安（Wirth, Christian）53,
　　56, 114–115, 118, 127
维克托·P.（Viktor P.）449
维利奇卡（Wieliczka）96–97, 102, 228
维纳图书馆（Wiener Library）189–190, 311
维乔雷克，海伦妮（Wieczorek, Helene）
　　60–61, 207, 270, 274
维赛尔，埃利（Wiesel, Elie）111, 188, 365,
　　461
维森塔尔，西蒙（Wiesenthal, Simon）263,
　　329
维斯穆特（Wismut）317–319
维特根斯坦，路德维希（Wittgenstein,
　　Ludwig）28
维希法国（Vichy France）173, 179,
　　209–210, 366, 402–403
维也纳（Vienna）96, 239, 263, 268, 292,
　　313, 371
维也纳同性恋倡议组织（Vienna
　　Homosexual Initiative [Homosexuelle
　　Initiative Wien]）342

索 引

伪装（camouflage）113, 117–118, 122–123
卫生研究所（Hygiene Institute）220
"为时已晚，但不算为时太晚"（"Late, but Not Too Late", "Spät, aber nicht zu spät"）337, 349
魏茨泽克，里夏德·冯（Weizsäcker, Richard von）476–477
魏玛（Weimar）25
魏玛共和国（Weimar Republic）35, 48
魏斯马克，莫纳（Weissmark, Mona）479–480
魏因贝格，维尔纳（Weinberg, Werner）365
魏因贝格尔，埃娃·埃迪特（Weinberger, Eva Edit）351
文化记忆（cultural memory）7
文身（tattooing）93, 99, 110, 151, 182, 334, 394
文施，弗朗茨（Wunsch, Franz）301
文书工作（paperwork）62
《我的纳粹遗产》[电影]（My Nazi Legacy [film]）511
《我没能采访死者》[图书]（I Did Not Interview the Dead [book]）192
《我们这群人》[音乐]（Mare Manuschenge [music]）505
沃尔夫，弗朗茨（Wolf, Franz）306
沃尔夫，希尔德加德（Wolf, Hildegard）31–32
沃尔夫拉茨豪森（Wolfratshausen）501
沃尔海姆，诺贝特（Wollheim, Norbert）253–255, 345
沃韦赖特，克劳斯（Wowereit, Klaus）504
乌布利希，瓦尔特（Ulbricht, Walter）43
乌尔巴赫（Urbach）327
乌尔里希，阿奎林（Ullrich, Aquilin）277–279
乌尔姆（Ulm）280–281, 286
乌尔苏拉·B. 的回忆录（Ursula B. memoir）409
乌尔苏拉·E.（Ursula E.）217–218
乌克兰人（Ukrainians）93, 98–100, 113–114, 117, 124–128, 253, 303, 306, 347, 357, 416, 422, 437, 512, Fig.21, Fig. 22
污名化（stigmatization）147, 158
"污染"（"pollution"）118
"无度的"残暴（"excessive" brutality）289, 325–326
"无度的行凶者"（"excess perpetrator" [Exzesstäter]）245, 325, 349
《无命运的人生》[图书]（Fateless [book]）381–383
无能为力（powerlessness）408
午夜出版社（Les Editions de Minuit）188
伍珀塔尔大会（Wuppertal conference）479
武尔夫，约瑟夫（Wulf, Josef）329
武尔姆，特奥菲尔（Wurm, Theophil）57
武器制造商克虏伯（Krupp armaments）221

X

西柏林（West Berlin）42–43
西德（West Germany）60, 199, 224, 226, 229, 289, 291–293, 327, 330, 453–454；阿登纳作为领导人（Adenauer as leader）223；反犹主义（antisemitism）242, 282；"棕皮书"（"Brown book" [Braunbuch]）242；死刑被废除（capital punishment abolished）298；行凶者子女（children of perpetrators）476–477；compensation for victims（针对受害者的赔偿）180, 340–343, 497；集中营审判

（concentration camp trials）118, 301–313, 315, 325–326；"德国国防军的罪孽"［展览］（Crimes of the German Army [Crimes of the Wehrmacht，exhibition]）106, 223, 420, 435, 498；同性恋的去罪化（decriminalization of homosexuality in）184, 376；与安乐死项目（and euthanasia program）267；弗鲁克特曼采访（Fruchtmann interviews）368；加尔德莱根屠杀（Gardelegen massacre）138；代际冲突（generational conflict）451；（ ）guilt of Nazi parents，纳粹父母的罪责，456；吉卜赛人的纪念设施（Gypsies' memorials）505；哈尔斯坦主义（Hallstein doctrine）281–282；作为"纳粹党人"的避风港（as "haven" for Nazis）353–354；《纳粹大屠杀》［迷你电视剧］（Holocaust [television mini-series, 1979]）364；恐同（homophobia）342；马歇尔计划（Marshall Plan）339；纳粹过去（Nazi past）256, 497–499, 535；纳粹战犯（Nazi war criminals）102；战后的纳粹党人（postwar Nazis）242, 405, 429–432；战后审判（postwar trials）11, 213, 231, 234–235, 242, 245–258, 261, 270–277, 280–282, 286, 320–326, 334, 349；战后年代（postwar years）180–181, 199, 249；针对安乐死的舆论（public opinion on euthanasia）277；赔款案件（reparation cases）343；行凶者的羞耻（shame of perpetrators）497；作为继承国（as successor state）231；幸存者家庭（survivor families）470, 472；对行凶者的同情（sympathy for perpetrators）304, 325；芬茨基的职业生涯（Ventzki career）209；另参见：联邦德国（Federal Republic of Germany）

西尔，皮埃尔（Seel, Pierre）172–174, 342–343, 376–377, 386, 513–514

西赫罗夫斯基，彼得（Sichrovsky, Peter）477

西门子（Siemens）136, 237–238, 344

西蒙，洛特（Simon, Lotte）40

西蒙，玛丽·雅洛维茨（Simon, Marie Jalowicz）43, 157–158

希尔贝格，劳尔（Hilberg, Raul）285, 289, 366, 522

希尔梅克营（Schirmeck camp）173, 342–343, 386, 513

希尔施，玛丽安娜（Hirsch, Marianne）466

希尔斯曼，哈伊姆（Hirszman, Chaim）114, 303, 491

希拉克，雅克（Chirac, Jacques）514

希勒尔·K.（Hillel K.）88, 163–164

希姆莱，古德龙［布尔维茨］［女儿］（Himmler, Gudrun [Burwitz] [daughter]）215, 310, 433–434, 436–437, 443, Fig. 23

希姆莱，海因里希［党卫队全国领袖］（Himmler, Heinrich [Reichsführer SS]）24–25, 30, 57, 85–86, 95, 97–98, 108, 116, 129, 144, 222, 305, 416, 433–434；与海德里希（and Heydrich）113–114；与同性恋（and homosexuality）30–31；帝国保安总局（Reich Security Main Service [RSHA]）248, 499；在教师的回忆录中（in schoolteacher memoir）413；自杀（suicide）213

希姆莱，卡特琳［侄孙女］（Himmler, Katrin [great-niece]）443

希姆莱，玛格丽特［玛格］［妻子］（Himmler, Margarete [Marga] [wife]）Fig. 23

索引

希施费尔德，马格努斯（Hirschfeld, Magnus）30
希特勒，阿道夫（Hitler, Adolf）：被委任为总理［1933年］（appointed as chancellor [1933]）23, 46；刺杀企图（assassination attempt）439, 497；鲍曼作为秘书长（Bormann as secretary）436；作为竞选人（as candidate）46；"鹰巢"（Eagle's Nest）499；经济腾飞（economic upswing）454；安乐死项目（euthanasia program）48–49, 51, 57, 267, 508, Fig. 6；犹太问题的最终解决方案（Final Solution of the Jewish Question）283；种族灭绝（genocide）282；《希特勒的子孙们》［电影］（Hitler's Children [film, 2011]）435；《希特勒心甘情愿的刽子手》［图书］（Hitler's Willing Executioners [book]）435, 498；希特勒青年团（Hitler Youth）407, 448, 452, 480；7月密谋事件（July Plot [1944]）497；凯塞林的自传（Kesselring autobiography）225；"碎玻璃之夜"（Kristallnacht）28；家乡林茨（Linz hometown）26；（）Nuremberg Laws (1935)，《纽伦堡法案》，212；纽伦堡纳粹党集会（Nuremberg Party rallies）35–36, 49, 212；"赖因哈德行动"审判（Operation Reinhard trials）305；与施佩尔一家的合照（photos with Speer family）433；《苏德互不侵犯条约》（Ribbentrop pact）69–70；反犹主义的崛起（rise of antisemitism）190；掌权（rise to power）35；在教师的回忆录中（in schoolteacher memoir）413–414；自杀（suicide of）69, 213, 217；作为技术专家（as technical expert）227–228

"希特勒万岁"（"Heil Hitler"）36–37, 46–47, 88
席尔特，托马斯（Schilter, Thomas）508–509
洗白（whitewash）238
洗劫犹太人财产（looting of Jewish possessions）339, 370–371, 421, 472–473, 491
夏伊勒，威廉（Shirer, William）36
先天畸形（congenital deformities）50
向拉文斯布吕克行进的奥洛夫·帕尔默和平游行（Olof Palme Peace March to Ravensbrück）497, 503
肖邦（Chopin）167
肖克罗斯，哈特利（Shawcross, Hartley）213
协助和教唆（aiding and abetting）245–246, 275, 278, 301
谢拉科维亚克，达维德（Sierakowiak, Dawid）73–75, 77–79, 185
谢普（Sepp）124
心理分析（psychotherapy）388, 410, 441, 450, 465
心理分析师（psychotherapists）384
辛德勒，奥斯卡（Schindler, Oskar）401
辛德勒，约翰（Schindler, Johann）300
《辛德勒的方舟》［图书］（Schindler's Ark [book]）445, 493
《辛德勒的名单》［电影］（Schindler's List [film, 1993]）102, 368, 444, 485, 493
辛提人（Sinti peoples）参见：吉卜赛人［罗姆人和辛提人］（Gypsies [Roma and Sinti]）
欣里希森，库尔特（Hinrichsen, Kurt）295
《新德意志报》［报纸］（Neues Deutschland [newspaper]）330, 332

新教徒（Protestants）279, 503, 508, 510
新鲁平医院（Neuruppin clinic）65–66, 193
新纳粹党人（neo-Nazis）375
新闻（journalism）363
《星》[电影]（Sterne [film]）187
刑法第175条（Paragraph 175）30, 376
刑事警察局（Criminal Police Department）252
行刑者（executioners）57
行凶者（perpetrators）：在欧洲得到承认（acknowledgement of in Europe）483–484；"真正"的自我和真实中的自我（"authentic self" and "real self"）417–418；贝乌热茨集中营（Bełżec concentration camp）117–118；柏林作为行凶者的首都（Berlin as capital of）497–500；冷战审判（Cold War trials）314；集体暴力（collective violence）139；"经历群体"（communities of experience）8；集中营守卫（concentration camp guards）72；集中营审判（concentration camp trials）300–301；面对纳粹过去（confronting the Nazi past）478；辩护策略（defense strategies of）423；去纳粹化（denazification）419；遣送梅莱茨犹太人（deportation of Mielec Jews）92；"文员行凶者"（"desk perpetrators"）285；"证人时代"（"era of the witness"）11；"无度的"残暴（"excessive" brutality）325–326；"无度的行凶者"（excess perpetrator [Exzesstäter]）245；与家庭动力学（and family dynamics）442–448；家庭遗产（family legacy of）424；原谅（forgiveness for）206；格拉芬埃克安乐死机构（Grafeneck euthanasia institute）510；纳粹大屠杀回忆录（Holocaust memoirs）381；作为缺乏教育的低阶层暴徒（as ill-educated lower-class thugs）253；耶德瓦布内谋杀（Jedwabne murders）493–494；正义（justice for）346–347, 514, 524, 535–536；法律后果（legal consequences for）7–8；司法定义（legal definition of）7, 9；终身伤痕（life-long scars）169；前纳粹党人的低调生活（low profile of former Nazis）420；梅莱茨营（Mielec camp）500–501；道德负担（moral burden of）416；"集体失忆症的神话"（"myth of collective amnesia"）175；纳粹党人的个别慈悲行为（Nazis' "acts of mercy"）409；人数（numbers of）104；"最后的行动机会 II"（Operation Last Chance II）337；普通公民作为（ordinary citizens as）523–526；行凶者社会（perpetrator society）523–524；战后审判（postwar trials）213–214, 248, 265, 281, 337, 355, 361；战后年代（postwar years）19–20, 172, 197–198, 201, 244, 403；对过去的合理化（rationalization of the past）527–528；Ravensbrück memorialization（拉文斯布吕克纪念）500；与幸存者和解（reconciliation with survivors）198–200；怨恨（resentment of）198；不背负罪责的责任（responsibility without guilt）345；自我辩护策略（self-defense strategies of）415；自我疏远（self-distancing）418, 447, 533；自我开罪（self-exoneration）13；《浩劫》[电影]（Shoah [film, 1985]）368–369；沉默（silence of）415；党卫队网络（SS networks）324；同情（sympathy for）

索引

252, 270, 277–278, 282, 304, 307；证言（testimonies about）193；对年长行凶者的审判（trials of the elderly）352；作为"受害者"（as "victims"）107, 143, 198；作为战争英雄（as war heroes）225；齐默尔曼作为（Zimmermann as）89；另参见：罗兹犹太隔离区（Łódź ghetto）；纳粹党人（Nazis）；审判（trials）

兴登堡（Hindenburg）23, 46, 406

幸存者（survivors）6, 14, 139, 162；子女（children of）363, 533；沟通模式（communication patterns）177；赔偿（compensation for）6, 12, 337, 345–346, 529；定义（definition of）9, 365；非人化（dehumanization）152；抑郁（depression of）386–387, 532；关于暴行的纪录片（documentation of atrocities）193；艾希曼审判（Eichmann trial [1961]）284, 289；移民以色列（emigration to Israel）182, 339；记忆闪回（flashback memories）389；男同性恋者作为（gay men as）156, 184, 376–377, 513–514；吉卜赛群体（Gypsy communities）183, 375；英雄主义（heroism of）532；作为历史学者（as historians）381；纳粹大屠杀回忆录（Holocaust memoirs）370–373；同性恋者作为（homosexuals as）386–387；敌意（hostility toward）178；对失去的家庭成员的理想化（idealization of lost family members）465–466；隔绝（isolation）177；终身伤痕（life-long scars）141；罗兹犹太隔离区（Łódź ghetto）76；边缘化（marginalization of）6, 364–365；回忆录（memoirs of）124, 177, 184–185, 197；梅莱茨屠杀（Mielec massacre）87–88；"沉默的神话"（"myth of silence"）175；纳粹遗产（Nazi legacy）528；噩梦（nightmares）391, 532；非犹太人（non-Jewish）373–375；孤儿（orphans）388；战后反犹主义（postwar antisemitism）421；战后年代（postwar years）11–12, 179–182, 184–193, 384–385；心理疗法（psychological therapy for）388；寻求"正常"的生活（quest for "normality"）392；与行凶者和解（reconciliation with perpetrators）198–200；复仇（revenge of）205–207；选择性沉默（selective silencing）176, 181, 384, 387–396；自我疏远（self-distancing）379–384；自助小组（self-help groups）363；自我保护的策略（self-preservation strategies）403；作为"独立的物种"（as "separate species"）529；索比堡集中营（Sobibór concentration camp）118–119；互助小组（support groups for）389；生存策略（survival strategies）162–165；幸存者的负罪感（survivors' guilt）149–150, 179, 186, 351–352, 390–391, 423, 468, 532；纳粹大屠杀幸存者视觉历史基金会［1994］（Survivors of the Shoah Visual History Foundation [1994]）368；幸存者综合征（survivor syndrome）155；同情（sympathy for）369；受害者地位（victimhood status of）365；世界纳粹大屠杀幸存者大会（World Gathering of Holocaust Survivors）394；以色列犹太大屠杀纪念馆（Yad Vashem）190；另参见：纳粹政权受害者协会（Association of Persecutees of the Nazi Regime [VVN]）；"幸存者时代"（"era of the survivor"）；"证人时代"

("era of the witness");第二代的后果
（second generation consequences）；审判
（trials）
"幸存者时代"（"era of the survivor"）7, 12,
290, 361–369, 377, 530–531
性关系（sexual relations）157
性虐待（sexual abuse）84
性取向（sexuality）6
性学研究所（Institute for Sexual Research）
30
《凶手就在我们中间》[电影][1946]（*The
Murderers Are Among Us*, *Die Mörder
sind unter uns* [film] [1946]）187
匈牙利（Hungary）109, 112, 145, 351,
485–486
匈牙利犹太人（Hungarian Jews）109, 112,
145, 351, 485–486, Fig. 25
羞耻（shame）373, 390, 438–441, 453,
496–502, 536
羞辱（humiliation）150–152, 154, 207
许勒，埃尔温（Schüle, Erwin）281
许勒，汉斯（Schueler, Hans）336
叙多，弗朗茨（Sydow, Franz）Fig. 8
酗酒（alcoholism）47, 85, 106–108, 317,
386, 428, 435, 442
选择性沉默（selective silencing）176,
387–396, 451, 478
学生运动（student movement）298
"血腥布丽吉特"（"Bloody Brigitte"）参
见：拉赫特，希尔德加德（Lächert,
Hildegard）

Y

"牙医"（"dentists"）121–122
雅各布森，汉斯·路德维希（Jacobson,
Hans Ludwig）参见：奥蒙德，亨利
（Ormond, Henry）
雅库博维奇，雅各布（Jakubowicz, Jakob）
305
"雅利安化"（"aryanization"）27–28, 146,
260, 340, 528–529
雅利安人（Aryans）153, 398
雅诺夫斯卡营（Janowska camp）263
雅斯贝尔斯，卡尔（Jaspers, Karl）215–216
亚力克斯·H.（Alex H.）152, 390–391
亚历山大广场监狱（Alexanderplatz prison）
200
亚美尼亚（Armenia）5, 365–366
阉割（castration）30, 144, 276
严重遗传性疾病和先天性疾病科学注册帝国
委员会[帝国委员会]（Reich Committee
for the Scientific Registration of Serious
Hereditary and Congenital Diseases
[Reichsausschuss]）50；另参见：安乐死
项目（euthanasia program）
盐矿（salt mine）96–97, 102
掩盖真相（cover-ups）424–425, 428
洋娃娃（Lalka）参见：弗朗茨，库尔特（Franz,
Kurt）
养老金（pensions）250, 338, 340, 342, 375
《爷爷不是纳粹党》[图书]（*Grandpa Was
Not a Nazi*, *Opa war kein Nazi* [book]）
478
耶德瓦布内谋杀（Jedwabne murders）71,
423, 472, 493–494
耶和华见证会信徒（Jehovah's Witnesses）
19, 23, 26, 32, 128, 143–144, 160, 182–183,
223, 374
耶克尔，埃伯哈德（Jaeckel, Eberhard）498
耶鲁大学（Yale University）368

索引

耶路撒冷（Jerusalem）282, 383
野生集中营（wild concentration camps）25
《夜》[图书]（Night [book]）188
《夜与雾》[电影][1956]（Night and Fog [film] [1956]）186
一氧化碳毒杀（carbon monoxide poisoning）113, 118
伊登，安东尼（Eden, Anthony）258
伊尔曼，弗里茨（Irrman, Fritz）114–117, Fig. 9
伊丽莎白·B.（Elisabeth B.）37–39, 45–47
伊利诺伊理工大学（Illinois Institute of Technology）191
伊曼纽尔·林格布鲁姆犹太历史研究所（Emmanuel Ringelblum Jewish Historical Institute）190
伊姆雷，凯尔泰斯（Imre, Kertész）111, 189, 381–383, 529
伊塞克·S.（Icek S.）88–89, 92–93
伊舍伍德，克里斯托弗（Isherwood, Christopher）30, 503
伊兹比察（Izbica）119
医疗专业人士（medical professionals）47–63, 67, 84, 152–153, 233, 242, 294, 296–297, 325, 418–419
"医生审判"（"doctors' trials"）参见：纽伦堡审判（Nuremberg Trials）
医学研究委员会（Medical Research Council）293
移民（emigration）28, 40–44, 79, 199
遗传病（hereditary illnesses）23
"遗传健康法"（hereditary health laws，Erbgesundheitsgesetze）47
以色列（Israel）5, 110, 182, 190, 257, 464, 486, 504；《贝尔福宣言》（Balfour Declaration [1917]）210；犹太难民（Jewish refugees）182, 187–188；( ) Luxemburg Agreement (1952)，《卢森堡条约》（1952年），339；《纳粹与纳粹同谋［惩罚］法》（Nazi and Nazi Collaborators Law [1950]）210, 283；战后审判（postwar trials）125, 210, 347；赔款（reparations for）248, 339；第二代的后果（second generation consequences）460；此地的幸存者（survivors in）150, 172, 470–471；对纳粹大屠杀受害者的同情（sympathy for Holocaust victims）368；世界纳粹大屠杀幸存者大会（World Gathering of Holocaust Survivors）394；( ) 另参见：艾希曼审判（Eichmann trial [1961]）
以色列犹太大屠杀纪念馆（Yad Vashem）5, 100, 182, 190, 464, 486
艺术作品（art work）339, 370–371
异族通婚（mixed marriage）236
抑郁（depression）98, 386–387, 390–391, 442, 532
意大利（Italy）118, 124, 191, 222, 225, 298, 304, 510
意第绪犹太研究科学院（YIVO Institute for Jewish Research）189
意第绪语（Yiddish）180, 188, 462
引渡（extradition）327, 330, 334, 367
《应当允许毁灭没有生存价值的人》[图书]（Permitting the destruction of life unworthy of living, Die Freigabe der Vernichtung lebensunwerten Lebens [book]）48, 277
英格丽德·P.（Ingrid P.）218
英国（Britain）24, 135, 213, 222, 286–287, 471, 515

英国（United Kingdom）460
英国犹太人代表董事会（Board of Deputies of British Jews）190
婴儿克雷奇马尔（Kretschmer, infant）276
"鹰巢"（Eagle's Nest）499
营养不良（malnutrition）169
优生学理论（eugenic theories）45, 56
"忧伤之湖"［奥斯维辛］（"lake of sorrows" [Auschwitz]）111
尤尔根斯，约瑟菲娜（Jürgens, Josefine）310
"犹如渣滓的存在"（"ballast existences"）506
犹太博物馆［法兰克福］（Jewish Museum [Frankfurt am Main]）444
犹太儿童（Jewish children）26, 33, 46, 55, 178, 396–403, 460, Fig. 10
犹太复国主义者（Zionists）224
犹太隔离区（ghettos）69, 72–73, 80, 82, 94, 101, 141, 149, 184, 239, 250, 345–346, 367；遣送赴死（deportation to death）85, 168；另参见：罗兹犹太隔离区（Łódź ghetto）；华沙居住区（Warsaw ghetto）
犹太会堂（synagogues）28, 74, 86, 88, 97, 410, 495, 511–512, Fig. 2, Fig. 15, Fig. 36
犹太拉比（rabbis）160–161, 192
犹太历史委员会（Jewish Historical Commission）191, 303
犹太历史研究所（Jewish Historical Institutem ZIH）190
犹太民兵（Jewish militia）82
犹太囚犯（Jewish prisoners）58, 62
"犹太人的奴仆"（"servant of the Jews" [Judenknecht]）37
犹太人对德国物质索赔大会（Conference on Jewish Material Claims Against Germany）255
犹太索赔大会（Jewish Claims Conference）339–340
犹太委员会（Jewish councils）167
犹太文化联盟（Jewish League of Culture）33
犹太问题的最终解决方案（"Final Solution of the Jewish Question"）94, 113–114, 142, 328, 499
犹太小村（shtetls）71
犹太长老会（Jewish Council of Elders）185
犹太中央历史委员会（Central Jewish Historical Commission）194
犹太中央委员会（Central Committee of Jews）237
犹太中央信息处（Central Jewish Information Office）190
游击队（"partisans"）67, 105, 107, 118, 124, 222, 225, 304, Fig. 20
友谊（friendships）9, 37, 39–40, 148–149, 152, 157, 164, 197–202
幼儿园（kindergarten）490–491
于贝尔赫尔，弗里德里希（Übelhör, Friedrich）74, 209
《余波》［电影］（Aftermath, Pokłosie[film, 2012]）423, 493
舆论（public opinion）67, 216–219, 268, 277, 286, 288, 310
"与过去划清界限"（"draw a line under the past"）258, 291, 522
"与外人结婚"（"marrying out"）470
《与众不同》［电影］（Anders als die Andern [film, 1919]）30
原谅（forgiveness）206

索 引   831

约埃尔（Joel）462–463
约翰德尔，阿洛伊斯（Johandl, Alois）259
约瑟夫（Joseph）195–196
约斯特，汉斯（Johst, Hanns）Fig. 23
越南战争（Vietnam War）363, 451, 459

Z

再教育（re-education）210
扎莫希奇（Zamość）1, 100, 114, 185
占领区（occupation zones）211–212, 222, 232–240, 291, 366
战犯（war criminals）243, 355
战俘（prisoners of war）：在奥斯维辛（in Auschwitz）153, 290；娘子谷屠杀（Babi Yar ravine massacre）106；被活活烧死（burned alive）137；赔偿（compensation for）340；登比察军队训练场（Dębica training ground）325；死亡人数（death toll of）109, 290, 502；德米扬纽克作为（Demjanjuk as）347；"牙医"（"dentists"）121–122；安乐死项目（euthanasia program）56；交换（exchange of）185, 250；法兰克福奥斯维辛首批审判（First Frankfurt Auschwitz trial [1963–1965]）297；作为强制劳动力（as forced laborers）94–96, 129；德国（German）198；意大利（Italian）510；作为犯人头目（as Kapos）369；马伊达内克集中营（Majdanek concentration camp）126；梅莱茨区域（Mielec area）98；战后审判（postwar trials）234, 240；作为奴隶劳工（as slave laborers）109–110；索比堡起义（Sobibór uprising）119；索嫩斯泰恩诊所（Sonnenstein clinic）276；苏联（Soviet Union）95, 97, 109, 126, 225, 325, 440；

"战俘和被拘留人士无声援助组织"（Stille Hilfe）229, 282, 310, 433–434；文身（tattooing）99；特拉夫尼基人（Trawnikis）125–126；起义（uprising）112；作为战争英雄（as war heroes）225；齐克隆B气体实验（Zyklon B gas experiments）108

战俘和被拘留人士无声援助组织（Stille Hilfe für Kriegsgefangene und Internierte [Silent assistance for prisoners of war and interned persons]）229, 282, 310, 433–434

战后世界（postwar world）34, 43, 175–176, 201, 362–363；反犹主义（antisemitism）421；奥斯维辛集中营（Auschwitz concentration camp）407；西德的羞耻文化（culture of shame in West Germany）453；去纳粹化（denazification）211–212, 407；友谊（friendships）177, 197–202；罪责（guilt in）15；身份政治（identity politics）470；实业家作为受害者（industrialists as victims）228–229；行凶者的生活 vs. 幸存者的生活（lives of perpetrators vs. victims）528；纪念（memorialization）484, 507；苏联内务人民委员会拘留中心（NKVD detention centers）211；purges（清洗）207；对纳粹过去的修正（revisionism of the Nazi past）248；第二代的后果（second generation consequences）464 另参见：冷战（Cold War）；审判（trials）

"战时的青年一代"（war youth generation [Kriegsjugendgeneration]）126–127
"战争的孩子"（"war children" [Kriegskinder]）410
《战争犯条例》（Kriegsverbrechergesetz）

239

战争物资生产（war material production）130, 133

战争罪（war crimes）102, 190, 213, 217–218, 233, 253, 424；另参见：审判（trials）

"长刀之夜"（night of the long knives）24–25

照片（photographs）105–106, 112, 137, 166, 181, 223, 296–297, 327, 330, 367, 420, 425, 431, 433, 440, 444, 468, 487, 493, 498

折磨（torture）33, 294

《这是不是个人》[图书]（If This Is a Man [book]）148, 188

《这些知识之后》[图书]（After Such Knowledge [book]）465

正义（justice）14, 205–206, 210–219, 230–231, 283, 314, 333, 337–338, 349, 526–529；与行凶者（and perpetrators）346–347, 514, 524, 535–537；与战后审判（and postwar trials）15, 118, 231–232, 265–266, 272–273, 277–280, 337, 353–358, 361；另参见：判决（sentencing）；审判（trials）

证人（witnesses）4, 6, 13, 176, 182, 314, 329, 343, 347–348, 351, 369, 448；"证人时代"（"era of the witness"）7, 11, 265, 302, 307, 313, 361, 530；与审判（and trials）7, 264–265, 322, 324, 329, 331, 335, 337, 347–349, 351, 369, 531；另参见：旁观者（bystanders）；审判（trials）

"证人时代"（"era of the witness"）7, 11, 265, 302, 307, 313, 361–362, 530

"证人之死"（"death of the witness"）4

政敌（political opponents）23, 25–27, 32–34, 36–37, 42, 84, 128, 143

政治（politics）6, 231–232, 241, 249, 277, 363, 377, 458, 470, 488, 500；另参见：各个党派词条（individual political parties）

政治犯（political prisoners）参见：囚犯（prisoners）

政治宣传（propaganda）24, 47–48, 242, 251, 286, Fig. 3

"职责的冲突"（"collision of duties"）249

"职责的冲突"的辩护理由（"conflict of duties" defense）273

制度化谋杀（institutionalized murder）45

中立国家（neutral territory）259

中央计划委员会（Central Planning Committee）93

中央青少年研究所（Central Institute for Youth Research）452

《终点旅店：克劳斯·巴比的人生与时光》[电影]（Hotel Terminus: The Life and Times of Klaus Barbie [film, 1988]）367

"终期暴力"（"end-phase violence" "final phase violence"）138–139, 234–235

"种族纯洁"（"racial purity"）144, 523

"种族健康"（"racial health"）506

种族灭绝（genocide）144–147, 214, 219, 230, 234, 262, 264, 365–366, 483, 526；其中的共谋（complicity in）22；艾希曼审判（Eichmann trial [1961]）282–283, 287；安乐死项目（euthanasia program）55；另参见：纳粹大屠杀（Holocaust）；大规模谋杀（mass murder）

种族事务局（Office for Racial Affairs [Rassenamt]）33

种族屠杀（pogroms）105, 235–236

"种族污染"（"racial defilement"）321, 323

种族主义（racism）375–376, 538

索 引

"重新安置"［遣送］（"resettlement" [deportation]）72–73

紫三角（purple triangles）26

自传（autobiography）455, 459

自传体小说（autofiction）188

自怜（self-pity）217

自杀（suicide）:《与众不同》[电影]（Anders als die Andern [film, 1919]）30；奥斯维辛幸存者（Auschwitz survivors）21；奥地利犹太人（Austrian Jews）29；费尔费死刑（Felfe death sentence）269；前纳粹党人（of former Nazis）14, 108, 213–214, 218, 432, 437；格特的妻子（Goeth's wife）445；黑格尔的父亲（of Heger's father）184；希特勒（of Hitler）69, 213, 217；利伯曼之死（Liebermann death）52；米勒考虑（Müller contemplation of）370；米勒的家庭成员（Müller family members）432；纳粹父母（Nazi parents）450；"赖因哈德行动"审判（Operation Reinhard trials）306；第一次世界大战后的抑郁（post–WWI depression）98；阻止（prevention of）164；施密特的妻子（Schmidt's wife）332；塞德尔之死（Seidel death）201；自杀的念头（suicidal thoughts）3, 12–13；男同性恋者的自杀式部队（suicide unit for gay men）144；华沙犹太隔离区管理者（Warsaw ghetto administrator）83

自卫团（Selbstschutz [self-protection]）90

自我保护的策略（self-preservation strategies）379–384, 403

自我辩护（self-justification）405–410, 411, 454

自我辩护策略（self-defense strategies）415

自我发现（self-discovery）396–403

自我反思（self-reflection）415

自我审查（self-censorship）419–420

自我疏远（self-distancing）379–384, 405–410, 418, 447, 533

自由德国工会联盟（FDGB, Federation of Free German Trade Unions）315, 327

自由德国民族委员会（National Committee for a Free Germany, NKFD）224

自由军团（Freikorps, Free Corps）98

自助小组（self-help groups）363, 397, 401, 458

自尊（self-respect）161–162

宗贝茨基，弗朗齐歇克（Zabecki, Franciszek）305

宗教（religion）6, 56–57, 71, 159–160, 182, 208, 249, 436；另参见：各个教派词条（individual denominations）

"棕皮书"（"Brown book" [Braunbuch]）242

总理府（Führer's Chancellery [KdF]）50, 65, 108

《走近恶》[电影]（Close to Evil [film, 2014]）442

走私（smuggling）85, 157, 185

组织领导者（professionals administrators）75–76, 82, 126–127, 130, 211, 233, 238, 250–251, 272–273, 316, 355；纳粹父母的子女（children of Nazi parents）449–451；集中营的文官政府官员（civilian administrators of concentration camps）127；去纳粹化（denazification）407；与安乐死审判（and euthanasia trials）266；作为行刑者（as executioners）22；犹太人被排除在外（Jews' excluded from）35；《恢复专业公务员法》（Law for the Restoration of the Professional Civil Service）23–24, 27，254；"律师审判"［纽伦堡］（"lawyers' trial" [Nuremberg]）138–139；司法专业人士（legal professionals）52, 233, 251；罗兹犹太隔离区管理者（Łódź ghetto administrator）75；纳粹养老金（Nazis, pensions for）338；纽伦堡军事法庭（NMT [Nuremberg Military Tribunals]）212–213；行凶者（perpetrators）172, 524；战后审判（postwar trials）219；第二代后果（second generation consequences）469–470；另参见：医疗专业人士（medical professionals）

"最后的行动机会"（Operation Last Chance）337, 349

罪犯（criminals）25–26, 156, 169, 184, 224, 503

《罪与罚》（Crime and Punishment）205

罪责（culpability）246

罪责（guilt）258–259, 438，452，484，497，511；行凶者子女（children of perpetrators）482；集体罪责（collective guilt）216, 533, 535；形而上罪责（metaphysical guilt）216；道德自我疏远（moral self-distancing）407–410；纳粹父母（Nazi parents）436, 438–441, 456；同辈群体压力（peer group pressure）415；行凶者的罪责（of perpetrators）378, 416, 497；战后世界（postwar world）15；战前移民的负罪感（of prewar emigrees）395–396；与国家支持的暴力（state-sponsored violence and）523–526；幸存者的负罪感（survivors' guilt）149–150, 179, 186, 351–352, 390–391, 423, 461–464, 468, 532；与审判（and trials）241, 314, 318–319, 326, 328, 331, 335, 347, 530, 532

左翼（leftists）277, 329, 338, 438, 526

作为"后来者"的幸存者子女（"afterness" of children of survivors）464–470

作秀审判（"show trials"）215–216, 427

M 译丛
imaginist [MIRROR]

001 没有宽恕就没有未来
　　［南非］德斯蒙德·图图 著
002 漫漫自由路：曼德拉自传
　　［南非］纳尔逊·曼德拉 著
003 断臂上的花朵：人生与法律的奇幻炼金术
　　［南非］奥比·萨克斯 著
004 历史的终结与最后的人
　　［美］弗朗西斯·福山 著
005 政治秩序的起源：从前人类时代到法国大革命
　　［美］弗朗西斯·福山 著
006 事实即颠覆：无以名之的十年的政治写作
　　［英］蒂莫西·加顿艾什 著
007 苏联的最后一天：莫斯科，1991年12月25日
　　［爱尔兰］康纳·奥克莱利 著
008 耳语者：斯大林时代苏联的私人生活
　　［英］奥兰多·费吉斯 著
009 零年：1945：现代世界诞生的时刻
　　［荷］伊恩·布鲁玛 著
010 大断裂：人类本性与社会秩序的重建
　　［美］弗朗西斯·福山 著
011 政治秩序与政治衰败：从工业革命到民主全球化
　　［美］弗朗西斯·福山 著
012 罪孽的报应：德国和日本的战争记忆
　　［荷］伊恩·布鲁玛 著
013 档案：一部个人史
　　［英］蒂莫西·加顿艾什 著
014 布达佩斯往事：冷战时期一个东欧家庭的秘密档案
　　［美］卡蒂·马顿 著
015 古拉格之恋：一个爱情与求生的真实故事
　　［英］奥兰多·费吉斯 著
016 信任：社会美德与创造经济繁荣
　　［美］弗朗西斯·福山 著
017 奥斯维辛：一部历史
　　［英］劳伦斯·里斯 著
018 活着回来的男人：一个普通日本兵的二战及战后生命史
　　［日］小熊英二 著
019 我们的后人类未来：生物科技革命的后果
　　［美］弗朗西斯·福山 著

020	奥斯曼帝国的衰亡：一战中东，1914—1920
	[美] 尤金·罗根 著
021	国家构建：21世纪的国家治理与世界秩序
	[美] 弗朗西斯·福山 著
022	战争、枪炮与选票
	[英] 保罗·科利尔 著
023	金与铁：俾斯麦、布莱希罗德与德意志帝国的建立
	[美] 弗里茨·斯特恩 著
024	创造日本：1853—1964
	[荷] 伊恩·布鲁玛 著
025	娜塔莎之舞：俄罗斯文化史
	[英] 奥兰多·费吉斯 著
026	日本之镜：日本文化中的英雄与恶人
	[荷] 伊恩·布鲁玛 著
027	教宗与墨索里尼：庇护十一世与法西斯崛起秘史
	[美] 大卫·I. 科泽 著
028	明治天皇：1852—1912
	[美] 唐纳德·基恩 著
029	八月炮火
	[美] 巴巴拉·W. 塔奇曼 著
030	资本之都：21世纪德里的美好与野蛮
	[英] 拉纳·达斯古普塔 著
031	回访历史：新东欧之旅
	[美] 伊娃·霍夫曼 著
032	克里米亚战争：被遗忘的帝国博弈
	[英] 奥兰多·费吉斯 著
033	拉丁美洲被切开的血管
	[乌拉圭] 爱德华多·加莱亚诺 著
034	不敢懈怠：曼德拉的总统岁月
	[南非] 纳尔逊·曼德拉、曼迪拉·蓝加 著
035	圣经与利剑：英国和巴勒斯坦——从青铜时代到贝尔福宣言
	[美] 巴巴拉·W. 塔奇曼 著
036	战争时期日本精神史：1931—1945
	[日] 鹤见俊辅 著
037	印尼 Etc.：众神遗落的珍珠
	[英] 伊丽莎白·皮萨尼 著
038	第三帝国的到来
	[英] 理查德·J. 埃文斯 著

039	当权的第三帝国	
	[英]理查德·J. 埃文斯 著	
040	战时的第三帝国	
	[英]理查德·J. 埃文斯 著	
041	耶路撒冷之前的艾希曼：平庸面具下的大屠杀刽子手	
	[德]贝蒂娜·施汤内特 著	
042	残酷剧场：艺术、电影与战争阴影	
	[荷]伊恩·布鲁玛 著	
043	资本主义的未来	
	[英]保罗·科利尔 著	
044	救赎者：拉丁美洲的面孔与思想	
	[墨]恩里克·克劳泽 著	
045	滔天洪水：第一次世界大战与全球秩序的重建	
	[英]亚当·图兹 著	
046	风雨横渡：英国、奴隶和美国革命	
	[英]西蒙·沙玛 著	
047	崩盘：全球金融危机如何重塑世界	
	[英]亚当·图兹 著	
048	西方政治传统：近代自由主义之发展	
	[美]弗雷德里克·沃特金斯 著	
049	美国的反智传统	
	[美]理查德·霍夫施塔特 著	
050	东京绮梦：日本最后的前卫年代	
	[荷]伊恩·布鲁玛 著	
051	身份政治：对尊严与认同的渴求	
	[美]弗朗西斯·福山 著	
052	漫长的战败：日本的文化创伤、记忆与认同	
	[美]桥本明子 著	
053	与屠刀为邻：幸存者、刽子手与卢旺达大屠杀的记忆	
	[法]让·哈茨菲尔德 著	
054	破碎的生活：普通德国人经历的20世纪	
	[美]康拉德·H. 雅劳施 著	
055	刚果战争：失败的利维坦与被遗忘的非洲大战	
	[美]贾森·斯特恩斯 著	
056	阿拉伯人的梦想宫殿：民族主义、世俗化与现代中东的困境	
	[美]福阿德·阿贾米 著	
057	贪婪已死：个人主义之后的政治	
	[英]保罗·科利尔 约翰·凯 著	

058 最底层的十亿人：贫穷国家为何失败？
　　　［英］保罗·科利尔 著

059 坂本龙马与明治维新
　　　［美］马里乌斯·詹森 著

060 创造欧洲人：现代性的诞生与欧洲文化的形塑
　　　［英］奥兰多·费吉斯 著

061 圣巴托罗缪大屠杀：16世纪一桩国家罪行的谜团
　　　［法］阿莱特·茹阿纳 著

062 无尽沧桑：一纸婚约与一个普通法国家族的浮沉，1700—1900
　　　［英］艾玛·罗斯柴尔德 著

063 何故为敌：1941年一个巴尔干小镇的族群冲突、身份认同与历史记忆
　　　［美］马克斯·伯格霍尔兹 著

064 狼性时代：第三帝国余波中的德国与德国人，1945—1955
　　　［德］哈拉尔德·耶纳 著

065 毁灭与重生：二战后欧洲文明的重建
　　　［英］保罗·贝茨 著

066 现代日本的缔造
　　　［美］马里乌斯·詹森 著

067 故国曾在：我的巴勒斯坦人生
　　　［巴勒斯坦］萨里·努赛贝 著

068 美国资本主义时代
　　　［美］乔纳森·利维 著

069 大清算：纳粹迫害的遗产与对正义的追寻
　　　［英］玛丽·弗尔布鲁克 著